中國城市競爭力年鑒2016

Yearbook of China City Competitiveness 2016

總 編 輯
總評價師 桂强芳 薛鳳旋

中國城市競爭力研究會
CHINA INSTITUTE OF CITY COMPETITIVENESS

中國・香港

内容簡介

《中國城市競爭力年鑒 2016》（以下簡稱《年鑒》）由中國城市競爭力研究會資深專家團隊分工編寫，經數十位國內外著名專家、學者、教授、經濟學家、權威人士多次審閱、論證與評價。數易其稿，終於付梓。《年鑒》編著過程中，堅持數據獲取的準確與時效、城市評價的客觀與公正，將科學態度與求實精神結合；依據研究会自主研發的 GN 評價指標體系，對涵蓋港澳臺在內的城市競爭力及相關要素進行研究、評價，並將城市綜合競爭力和成長競爭力兩項研究成果集中展示。《年鑒》共分兩大部分：第一部分對城市綜合競爭力、成長競爭力及其分項指標等進行評價、排名；第二部分為點評內容，依據城市綜合競爭力和成長競爭力的排名現狀，對中國 30 個最具綜合競爭力和最具成長競爭力的城市精准點評，期收點睛之效。

城市發展之夢想已揚帆起航，中國城市發展日新月異。《年鑒》客觀公正、全面系統地記載了過去一年中國城市的成就與變化，《年鑒》內容兼具深度與廣度，可作為城市首腦、政府、決策機構、科研教學機構、投資人、商界研究決策時的重要參考。

中國城市競爭力年鑒 2016

著　　述：中國城市競爭力研究會
編　　輯：《中國城市競爭力年鑒》編輯委員會
總 編 輯：桂強芳　薛鳳旋
出版發行：中國城市競爭力研究會　《中國城市》雜誌社
地　　址：香港灣仔軒尼詩道 338 號北海中心 29 樓 D 室
電　　話：(852) 25277992　25277979　25277980
傳　　真：(852) 25277995
網　　址：www.china-citynet.com　www.c-china.cn
訂購電話：(852) 25277992（香港）
國際書號：ISBN 978-988-12933-3-6
定　　價：1000.00 港幣
2016 年 10 月第 1 版第 1 次印刷

序　言

城市新時期新使命

縱觀2015年，國際格局繼續深刻調整，世界經濟復蘇仍疲軟乏力。2015年是國際局勢緩和的一年，習近平與馬英九舉行歷史性會晤；伊朗核協定終於達成；美國和古巴恢復外交關係；東亞地區的矛盾和分歧得到控制等。2015年又是極不平靜的一年，極端主義的影響上升，法國巴黎暴恐襲擊震驚世界，成為「9•11」以來西方遭遇的最大規模恐怖襲擊；中東亂象使難民大量湧入歐洲，「伊斯蘭國」的影響滲入歐洲；烏克蘭問題雖有所緩和，但根本問題並未解決，仍醞釀不確定因素；土耳其擊落俄羅斯戰機事件，加劇了地區局勢的複雜化；朝鮮半島的局勢依然很不穩定；南海問題由於域外國家的介入而升溫等。2015年世界經濟也在艱難中緩慢復蘇，根據IMF最新的數據，2015年全球經濟增長為3.1%，比2014年下降0.3個百分點。其中，發達經濟體經濟增速為2.0%，比2014年上升0.2個百分點，美國、日本、歐元區的GDP分別增長2.6%、0.6%、1.5%，比2014年分別提高0.2、0.7、0.6個百分點，其他發達經濟體GDP增速顯著下滑；新興市場與發展中經濟體經濟增速為4.0%，比2014年下降0.6個百分點，增速下滑程度加大，俄羅斯、巴西等國陷入負增長。種種跡象表明，美聯儲加息，新興市場經濟體的經濟增速可能進一步放緩，大宗商品持續暴跌，債務積累過快，雙邊排他性區域貿易投資協定，中東及俄羅斯等地緣政治走勢等不穩定因素依然存在，世界經濟或將繼續走低。

2015年，國際環境複雜嚴峻，中國經濟發展面臨的困難也超出預期，但中國政府主動適應引領新常態，把握「一帶一路」戰略，主推發起成立「亞投行」和「金磚國家新開發銀行」，深入推進供給側結構性改革，使得國民經濟運行穩中有進、穩中有好，全面完成「十二五」規劃確定的主要目標任務。2015年，全年國內生產總值676708億元，比上年增長6.9%，中國仍是世界經濟增長的主要拉動力，對世界經濟貢獻率超過25%；結構調整取得積極進展，第三產業增加值比重為50.5%，首次突破50%，消費對經濟增長的貢獻率達到66.4%；全年糧食產量62144萬噸，實現「十二連增」；居民收入增長超過GDP增速且城鄉差距縮小，全國居民人均可支配收入21966元，實際增長7.4%。

2015年也是中國城市建設和發展重要的一年。「十二五」時期，中國城鎮化進程穩步推進，城鎮化率顯著提升，2015年，中國城鎮化率達到56.1%，城鎮常住人口達到7.7億，年均提高1.23個百分點，每年城鎮人口增加2000萬，尤其是2011年，城鎮常住人口歷史性的首次超過農村人口，中國整體進入城市型社會階段，2012年，中國城鎮化率達到52.6%，超過世界總體水平（52.5%），並且增速高於世界平均速度（年均0.5個百分點）；城鎮化的區域差距逐步縮小，城鄉收入差距也逐年縮小；城市群建設也取得了新進展，除已形成的長三角、珠三角、京津冀三大城市群外，山東半島、長江中遊、哈長、成渝、遼中南、中原、海峽西岸、關中平原城市群正在迅速崛起；城市經濟實力、社會事業、創新創業等領域的水平均不斷提升；撤縣設市等行政區劃調整加快；各地穩步推進户籍制度改革，出臺了居住證制度；城市發展方式逐漸轉變，城市人居環境不斷改善，城鎮化質量不斷提升；中央城市工作會議更是時隔37年於2015年12月在北京召開，會議明確提出要「不斷提升城市環境質量、人民生活質量、城市競爭力，建設和諧宜居、富有活力、各具特色的現代化城市」，為今後一個時期城市發展指明了方向。

儘管成績突出，但城市發展仍然面臨著許多問題，如城市建設中暴露出規劃不科學、定位模糊、產業結構雷同、單純追求經濟發展等；城市治理能力較弱，各種「城市病」顯現，如交通擁堵、環境惡化、住房問題、農民工問題、城市安全問題、「城中村」改造問題等；支撐城市發展的資源配置不均衡，基本公共服務不均等；由於傳承斷裂造成城市文化缺失，城市同質化現象嚴重等，都嚴重阻礙中國城市健康可持續發展。

道路是曲折的，但前途是光明的，展望未來，2016年是「十三五」開局之年，是全面建成小康社會決勝階段的開局之年，也是推進結構性改革的攻堅之年，更是中國城市發展進入新時期重要的一年。中央城市工作會議明確指出，中國城市發展已進入新時期，中國將全面進入城市型社會，新時期城市也肩負著新的使命，城市經濟將佔據主導性地位，城鎮化將取代工業化成為中國發展的主要動力，城市建設也將成為現代化建設的重要引擎。新時期城市應提高管理水平，著力解決城市病等突出問題，改善生態環境，提升人民生活質量和自身競爭力，增強規劃的科學性和權威性，提升建設水平，提高發展持續性、宜居性。

2015年中國城市競爭力出現了一些新的變化，在綜合競爭力方面，深圳憑藉著創新優勢，一舉超越北京，躍居第三位，並直逼第二名的香港，香港的綜合競爭力呈現下降趨勢，有被內地更多城市超越的可能，2015年香港GDP折算成人民幣為1.79萬億元，被廣州超越，屈居第四。在成長競爭力方面，深圳更是異軍突起，憑藉自貿區和高層次的創新驅動，超越天津，重回榜首等等。這些變化在《中國城市競爭力年鑒2016》中有相應的體現。

《中國城市競爭力年鑒》編委會全體同仁與社會各界專家、學者不辭辛勞，集思廣益、精心打磨、幾經易稿，《中國城市競爭力年鑒2016》終於如期面世。它是由中國城市競爭力研究會收集整理大量原始數據資料，不斷創新研究方法，經過精確分析測算之後編寫而成的研究中國城市的權威性工具書。它記錄著中國各級城市在2015年的出色表現，展現出各級城市在2015年所取得的輝煌成就，為各級政府的城市規劃和建設提供了詳實的數據和資料，是中國城市領導者們在城市規劃和建設過程中的重要參考。

在《中國城市競爭力年鑒2016》出版之際，謹向過去一年在競爭力表現卓越、城市建設與管理中做出突出貢獻的城市領導者和建設者們表示祝賀！同時，感謝在《中國城市競爭力年鑒2016》的編寫和發行過程中付出辛勤努力的所有人士；希望各界朋友為《中國城市競爭力年鑒》的編寫繼續提供寶貴意見和建議，使我們再版時做得更好！

中國城市競爭力研究會會長 桂强芳 教授

2016年9月 香港

《中國城市競爭力年鑒》

編輯部

主　任　孫旭東

編　輯　曾令龍　黎玉娇

廣告部

廣告總監　謝　黎

廣告經理　李鋭韶 劉曉娜

資料中心

主　任　徐海源

數　據　甘文剛 嚴燕華 吳海燕

評估師中心

主　　任　張銘軒

副 主 任　王晨陽　刁潔雨　龔偉平

評 估 師　朱彩梅　戴與惺　謝榮激　謝曉明　姜洪濱　李繼紅

　　　　　陳永紅　陳　莉　鐘衛東　劉紅麗　嚴東海　羅嘉偉

發行部

主　　任　劉建文

副 主 任　黃元平

發 行 員　雷小飛

編撰單位　中國城市競爭力研究會

目　錄

「2015 中國城市競爭力排行榜」在港發佈

第五屆香港論壇暨「讓城市更優秀」頒獎禮、第三屆「中國美麗城市」香港展同期舉行
籲香港重構亞太重要經濟體競爭新優勢

2015 年 12 月 9 日，第十四屆「中國城市競爭力排行榜」新聞發佈會及「新常態下城市發展機遇與挑戰」為主題的第五屆「香港論壇」暨「讓城市更優秀」頒獎禮、第三屆「中國美麗城市」展在香港會展中心舉行。

綜合競爭力上海、香港仍居一、二位，北京被深圳超越
成長競爭力深圳超越天津重回榜首

本次新聞發佈會是中國城市競爭力研究會連續十四年在香港發佈「中國城市競爭力排行榜」，一共發佈了 2015 中國城市綜合競爭力排行榜、2015 中國城市成長競爭力排行榜、2015 中國城市資產質量排行榜、2015 中國環境資源審計先行城市排行榜、2015 中國最具特色旅遊城市排行榜、2015 中國城市十大風雲首腦排行榜、2015 中國最具競爭力百強縣排行榜、2015 中國十佳法治化建設城區排行榜、2015 中國最安全城市排行榜、2015 中國文化遺產保護傳承十佳城市排行榜、2015 中國十佳城區政要排行榜、2015 中國十佳行政縣政要排行榜、2015 中國縣域成長競爭力排行榜、2015 中國綠色競爭力十強縣排行榜、2015 中國十佳開發競爭力縣排行榜、2015 中國文化競爭力十強縣排行榜、2015 中國城市最具競爭力經濟新區排行榜、2015 中國十佳行政鎮政要排行榜、2015 中國區域最具競爭力城市排行榜等榜單。本次發佈的榜單是中國城市競爭力研究會歷時一年，對中國 34 個省、直轄市、自治區、特別行政區及 358 個地級以上城市（州、地區、盟）之綜合競爭力進行分析比較後公佈的最新研究成果。

桂强芳會長答記者問

本次發佈的中國城市綜合競爭力排行榜，上海繼續保持第一。深圳則憑借領先的創新優勢，一舉超越北京，躍居第三名，直逼第二名的香港。深圳今年 GDP 將超越香港，與中國城市競爭力研究會去年的預測一致，香港如果不努力創新、進行戰略性調整，其綜合競爭力將會被深圳超越。但桂強芳會長在分析香港競爭力減弱諸因素後表示，將進一步把該會的關切、研究、建議呈遞港府，期望港府重視香港競爭力穩定、調整、提升戰略問題，高處立足，大處著眼，凝聚合力，增強自信，安定為先，強港為重，重構香港作為亞太重要經濟體的國際區域競爭新優勢。

在成長競爭力排行榜上，深圳更是異軍突起，超越天津，重回榜首，獨佔鰲頭。深圳曾經從 2005—2009 年連續五年佔據成長競爭力第一名，後被天津取代。隨著前海自貿區

第五屆香港論壇嘉宾合影

的不斷提速及更高層次的創新驅動，深圳成長競爭力不斷提升，今年超越天津重新奪回第一名，實至名歸。

第五屆香港論壇精彩紛呈

2015 年 12 月 9 日下午，第五屆香港論壇在會展中心舉行。本屆論壇由中國城市競爭力研究會主辦，邀請了城市首腦及來自大陸、香港、專家學者、企業精英約 300 余人，就中國新常態下城市發展機遇與挑戰主題進行深入探討，出席論壇的嘉賓有中央人民政府駐香港特別行政區聯絡辦公室經濟部副部長楊益、新華社香港亞太分社社長俱孟軍、香港立法會議員、新民黨主席葉劉淑儀、香港立法會議員梁美芬等 。

論壇開始由楊益部長和中國城市競爭力研究會會長桂強芳教授致辭，惠州市長麥教猛、信陽市委副書記劉國棟、徐州市委常委、宣傳部部長馮其譜、清遠市副市長何國森、安順市常務副市長趙貢橋、佳木斯市副市長陳代文、慈溪市委書記卞吉安等城市首腦及中國城市競爭力研究會副會長薛鳳旋教授、魏達志教授等專家學者，圍繞新常態下城市發展機遇、「一帶一路」中國崛起的大戰略、深港發展中的結構比較等主題分別發表了主旨演講。

香港論壇是以城市及區域為研究和服務對象，重在提出新思路、新舉措的國際性高端學術會議。該論壇每年定期在港舉行一屆，自 2011 年舉辦以來，為兩岸四地城市交流合作搭建優質溝通平臺，促進了城市共同發展，影響力日益擴大，受到兩岸四地城市政府、專家學者、社會各界高度關注。

第五屆「讓城市更優秀」頒獎禮隆重揭曉

本屆論壇同期舉辦第五屆「讓城市更優秀」頒獎禮，它是由中國城市競爭力研究會 2011 年於香港創辦的、高端的、具有國際影響力的城市頒獎盛典，旨在回顧和總結中國城市建設與發展取得的新成就，嘉許為在城市綜合競爭力提升、創新城市、誠信政府、幸福城市、安全城市、特色旅遊、食品安全、宜居城市、投資環境、美麗城市建設等領域做出卓越貢獻的城市政府及首腦，從而推動中國城市向著國際化、現代化、品牌化的方向發展，突出中國城市在世界經濟舞臺扮演的重要角色。

本次頒獎禮，深圳、青島、合肥、惠州、信陽、徐州、肇慶、聊城、宜昌、梅州、四平、齊齊哈爾等 32 個市縣獲得此殊榮。楊益部長、桂強芳會長、葉劉淑儀主席、梁美芬議員等為獲獎城市頒發了「中國十佳宜居城市」、「中國最美麗城市」、「中國最具特色旅遊城市」、「中國最安全城市」、「中國最具幸福感城市」、「中國十佳食品安全城市」等獎牌。

頒獎禮之前，葉劉淑儀主席做了簡短的講話，她高度評價中國城市競爭力研究會近幾年的研究成果，期待港府在未來能與研究會進行高層次、多層面的深入合作。

第三屆「中國美麗城市」香港展精彩啟幕

「中國美麗城市」展由中國城市競爭力研究會主辦，每年在香港展出。它是研究會研究成果「中國最美麗城市排行榜」的延伸，目的是為上榜城市打造一個向外展示城市形象、宣傳城市品牌、提升城市魅力的國際平臺，已成為中國城市對外宣傳的重要窗口。

本次「中國美麗城市」展有惠州、信陽、青島、清遠、肇慶、徐州、聊城、濱州、齊齊哈爾、佳木斯、慈溪等 11 個城市參加。參展城市的美麗風光、特色文化、經濟成就吸引了參會的嘉賓及眾多香港市民。

第五屆香港論壇

The Fifth Hongkong Forum

（精彩摘録）

香港論壇（英文：HONG KONG FORUM，縮寫 HKF）是由中國城市競爭力研究會創辦，每年定期在香港舉辦的以城市及區域爲研究和服務對象、提出新思路、新舉措的國際性高端學術會議。旨在促進中國兩岸四地城市與國際其他城市及區域增加核心競爭力、可持續發展力，爲城市首腦在城市及區域的競爭與發展中，爲矢志探索研究城市及區域發展的專家學者提供一個開放的、廣闊的、包容的、高端的交流與合作平臺，從而爲城市及區域在世界發展的潮流中實現可持續發展、共同繁榮與進步。

第五屆香港論壇于 12 月 9 日舉行，來自兩岸四地的城市首腦、專家學者圍繞「新常態下城市發展機遇與挑戰」爲題發表了精彩演講，現將精彩部分收録如下：

傳承歷史文脉　留住城市鄉愁

麥教猛　惠州市人民政府市長

一提起惠州，人們就會想到惠州的好山、好水、好空氣。的確，惠州擁有名山峻嶺、江海湖泉，空氣質量始終保持在全國 74 個重點監測城市「十佳」行列。特別是當前仍然還有很多地方被霧霾籠罩，人們會更加向往這個可以自由呼吸的城市。記得去年第四屆香港論壇，我着重介紹了惠州優美的生態環境，今天我將向各位重點介紹惠州厚重的歷史文化。

惠州歷史悠久、人杰地靈。惠州素有「嶺南名郡」之稱，有着 5000 多年的文明史、2200 多年的建制史、1400 多年的建城史。先後有 480 多位思想家、詩人、文學家曾踏足惠州，留下了許多傳奇故事。東晋時有嶺南道教始祖葛洪寄情羅浮山水，築爐煉丹，著書立説；北宋時有蘇東坡以謫居之身，泛舟西湖，流連忘返；近代更有廖仲愷、鄧演達、葉挺等革命志士，心憂天下，取義成仁。多元文化兼容并蓄，薪火相傳，繪就了一幅人杰地靈、异彩紛呈的歷史長卷。今年 10 月，國務院批準惠州列爲國家歷史文化名城，使惠州的人文歷史價值得到全面提升。

惠州古迹衆多、底藴豐厚。惠州歷史上遺留下來的文物古迹數量衆多、内涵豐富。「一街挑兩城」的古城風貌和「九街十八巷」的城市格局依然清晰，一批歷史街鎮、傳統村落星羅棋布。目前，全市擁有不可移動文物點 1000 多處，各級文物保護單位 400 多處，館藏各類文物 10 萬多件，古樹名木 3500 多株，各類非物質文化遺産綫索 192 條，其中惠東漁歌和羅浮山百草油制作技藝列入國家級非物質文化遺産名録。千年古城的歷史遺存，承載着久遠的文化印記，積澱了豐厚的文化底藴，散發出深邃的文化魅力。

惠州注重傳承、留住鄉愁。多年來，我市在加快推進經濟社會發展和新型城鎮化建設的同時，特别注重歷史文化遺産保護工作，以申報國家歷史文化名城爲抓手，按照「保護遺産，傳承文化，彰顯風貌，體現特色」的總體思路，科學規劃，加大力度，着力保護惠州古城的空間肌理和歷史風貌，留住惠州人民深遠的鄉愁情結。先後投入近 30 億元對葉挺故居、鄧演達故居、豐湖書院、黄氏書室等文物古迹進行修繕復原，今年又將投入近 8 億元啓動東坡祠、賓興館重修工作，使歷史文化遺産得到妥善保護。我們將通過一點一滴、一磚一瓦的修復，努力讓古城的神韵更加亮麗多彩。

習近平總書記指出：「歷史文化是城市的靈魂，要像愛惜自己的生命一樣保護好城市歷史文化遺産。」我們將把保護歷史文化作爲永續的過程，擔起永久的責任，始終堅持在保護中開發、在開發中保護，更加注重歷史文脉延續和文化傳統繼承，在保護歷史風貌的前提下進行有機更新，使現代城市建設與歷史文化保護相得益彰，讓有故事的惠州更有活力，讓有特色的古城更加美麗，讓有品味的文化爲民共享。

山水是信陽騰飛的一對美麗翅膀

劉國棟 信陽市委副書記

信陽以山水而名，因生態而興。今天，我想以「山水」爲題，與大家分享信陽的故事。

山水是信陽的一世情緣。信陽位于河南最南部、鄂豫皖三省交界處，這裏是秦嶺—淮河地理分界綫，是亞熱帶和暖温帶兩種氣候的分界綫，是桐柏山與大別山兩大山脉的分界綫，是長江和淮河兩個流域的分界綫，更是北方中原文化和南方楚文化的過渡帶。自然和人文兼具南北，素稱「北國江南，江南北國」。信陽之最南端，是綿延200公里的大別山，山地面積有7000平方公里，植物2500種，森林覆蓋率達35.2%，高出全國10多個百分點。信陽之最北端，是貫穿全境363公里的淮河水，境內溪流縱橫，塘湖密布，水資源總量近90億立方米。早在一千年前，北宋文豪蘇東坡首到信陽，被這裏的山水所感動，發出感嘆：「生于斯土者，往往禀清氣，具風骨之士，不可謂非山水之靈也」。信陽人有兩個非常自豪的稱呼：一個叫「大別兒女」，一個叫「淮河兒女」。山水與信陽，結下了一世情緣。

山水是信陽的一雙眼睛。如果説，青山綠水是信陽從大自然繼承的「家業」，那麼，信陽人則把這份「家業」精心守護、精心護理，使其更美麗、更健康，更加端莊大氣，成爲「山水信陽 • 休閑茶都」的家園。出山店水庫建成後，信陽城區將有南灣湖、出山店兩座庫容超過10億立方米的國家大型水庫。鐵路（京廣、京九和寧西）、高速（京珠、大廣和滬陝）、國道（106、107和312），均爲「一横兩縱」，在境內形成「六個交叉點」。加上淮河航運、明港機場，形成了水、陸、空立體交通網。我們率先建立環境保護「負面清單」制度，拒絕污染項目。出臺《河南省信陽南灣水庫飲用水水源保護條例》，這是河南省内唯一保護地方飲用水水源的地方性法規。與聯合國開發計劃署合作，實施淮河源國家重點生態功能區和生物多樣性保護等項目，讓生態宜居城市更有魅力。我們像保護自己的眼睛一樣呵護山水，山水更像我們的眼睛一樣，讓我們看到了精彩世界，指引我們行進的方向。

山水是信陽的一張名片。山水無言却有聲，山水無語却有情。我們對山水的精心愛護，收到了豐厚的回報。信陽成爲國家級生態示範市、國家園林城市、國家衛生城市、中國優秀旅遊城市，此次，更是連續七年入選「中國十佳宜居城市」。山清水秀、宜居宜業已成爲信陽靚麗的城市名片，使信陽這個革命老區在中西部地區承接沿海地區產業轉移的競爭中占得先機。有位客商在考察信陽後説，「我們都希望到一個發展條件優越、自然環境優良的地方投資興業，到信陽不僅賺錢多、麻煩少、心情好，而且空氣好、生態好、身體好」。按照集團化引進、體系化培育、集群化發展的路子，近年來信陽培育壯大了電子信息、現代家居、綠色食品、現代物流等一批新興產業，特別是電子信息產業無中生有、後來居上，已初步形成了智能顯示終端、智能通訊終端和數碼影音終端三條較完整的產業鏈。國際家居產業小鎮被中國家具協會授予「中國（信陽）新興家居產業基地」。如果説，山水是信陽招商的一張名片，那麼，「中國十佳宜居城市」則是這張名片上一個最吸引客商的稱號。

山水是信陽的一對翅膀。進入新常態、邁入「十三五」，信陽要走生態文明和綠色發展之路，山水仍然是我們的堅强依靠。我們推進新型工業化，這種工業化必須是綠色的、環保的，寧肯放弃眼前的利益，也決不允許山受破壞、水受污染，這是挑戰，更是考驗，考驗新常態下我們這些城市管理者的定力；我們推進新型城鎮化，這種城鎮化必須是城鄉協調、山水共享的，城區面積的擴大，决不是對山水的侵占和損毁，而是把城市輕輕放在山水之間，這是挑戰，更是考驗，考驗新常態下我們這些城市管理者的智慧；我們推進農業現代化，這種現代化的農業，必須是生態的、循環的，樹立「視山如父、視水如母、視林如子」理念，讓山水作證，留住鄉愁，這是挑戰，更是考驗，考驗新常態下我們這些城市管理者的情懷。信陽依山水而生、靠山水而長、因山水而名，我們堅信，在全面建設小康社會進程中，信陽必將憑山水而騰飛，山水是信陽騰飛的一對有力翅膀。

建設「美麗徐州」新常態下的緑色振興

馮其譜　徐州市委常委、宣傳部長

徐州古稱彭城，爲華夏九州之一，擁有5000多年的文明史和2600多年的建城史，是江蘇省重點規劃建設的三大都市圈核心城市之一和淮海經濟區中心城市。作爲全國重要的老工業基地，歷史上以資源而興、靠資源發展，爲全省和全國發展作出了重要貢獻。新常態下實現可持續發展面臨着資源枯竭、環境污染、生態損壞等嚴峻問題，群衆迫切期望改變煤城灰色形象，渴望擁有緑色宜居家園。

近幾年來，市委、市政府順應群衆的期盼，實施緑色振興，實現了華麗轉身。我想用四個字來表達徐州的這種變化，即「天地人和」，就是「萬象天賦、千秋地藏、百業人杰、一脉和美」。

一、萬象天賦，徐州之美美在山水之間。讓市民「望得見山、看得見水、記得住鄉愁」是我們的奮鬥目標。强力實行「鐵腕治污」，在全省率先徹底關閉「五小」企業，推動主城區工業「退城入園」，綜合施策治理大氣污染，加大污水處理設施建設；大力實施生態修復，積極推進采煤塌陷地綜合治理和工礦廢弃地復墾利用，建成了潘安湖濕地、九裏湖濕地、督公湖等一批風光秀美的濕地公園；精心打造精品園林，大力實施藍天碧水、顯山露水、還緑于民等生態惠民工程，楚韵漢風、南秀北雄的城市特質更加鮮明；深入推進「進軍荒山」，實施兩輪「進軍荒山」行動計劃，在全國開創了「石頭縫裏種出緑色森林」的成功典範。「美麗徐州」建設成爲徐州市民最滿意工程，《人民日報》頭版頭條報道我市經驗做法，「一城青山半城湖」享譽全國。

二、千秋地藏，徐州之美美在大漢之源。徐州兩漢文化的遺迹遺物、遺存遺風，在全國是較爲集中和完整的，徐州漢墓、漢兵馬俑、漢畫像石「漢代三絶」涌動着兩漢文化的神韵，金縷玉衣等出土文物的世界巡展彰顯了兩漢文化的魅力，「沛築」作爲國家首腦出訪贈禮讓當代國人自豪。近年來，徐州市委市政府充分發揮徐州兩漢文化底藴深厚的優勢，大力實施「舞動漢風」文化建設工程，扎實開展「漢之源」文化傳承行動、「漢之賦」文藝創作行動、「漢之韵」形象打造行動，全力創作一批展現漢文化精髓的扛鼎之作。百卷《漢學大系》、六種《漢文化叢書》、《徐州通史》、《徐州簡史》及一系列漢文化著作相繼出版發行；大型音舞詩劇《漢風華章》，城市推介歌曲《一飲盡千鐘》，電視劇《解憂公主》、《漢帝劉邦》，文藝叢書《舞動漢風》等精品幾成兩漢文化復興的新標志；大氣精致兼具、文化風情濃鬱城市風格的塑造、漢文化景區的打造、「漢韵佳人」的評選、漢文化旅遊節的舉辦等等，爲構建「吴韵」、「漢風」比翼齊飛的江蘇文化新格局提供了堅實支撑。

三、百業人杰，徐州之美美在藝術璀璨。徐州是國家歷史文化名城。徐州人文薈萃，俊杰代出。武有劉邦、項羽及諸多君王，文有彭祖、張道陵及衆多賢士，劉伶、劉禹錫、陳師道等文壇巨匠閃耀歷史。近百年來，文脉徐州更代有傳人，涌現出張伯英、王子雲、李可染、劉開渠、朱德群等衆多享譽中外的名家大師，走出了尉天池、喻繼高、郭公達、張立辰、程大利、李小可、趙緒成、徐培晨等爲代表的一大批書畫大家，徐州籍書畫群體成就斐然、聲名遠播，形成了令人矚目的「彭城畫派」。

四、一脉和美，徐州之美美在生活和順。徐州是全國重要的綜合交通樞紐，是國家「一帶一路」戰略的重要節點城市。京滬、隴海兩大鐵路幹綫在此交匯，京滬高鐵使徐州融入北京、上海「三小時經濟圈」，正在建設的徐蘭客運專綫和徐州至鹽城、徐州至阜陽高速鐵路將使徐州成爲6條高鐵交匯樞紐，觀音機場已開通香港、臺灣、泰國、韓國等20多條國内外航綫，鐵路、公路、航空、水運、管道「五通匯流」的現代化立體交通體系更加完善。徐州是華東重要的能源基地，是全國重要的糧、棉、油、果、蔬等農副産品生産基地，被中國機械工業聯合會評爲中國工程機械之都，全市工業總産值超過萬億元。

新常態下清遠特色旅遊發展機遇

何國森　清遠市人民政府副市長

清遠是一座年輕而富有魅力的城市，1988年撤縣設立地級市，總面積1.92萬平方公里，總人口約450萬，下轄8個縣（市、區）和1個高新技術開發區。我想用清遠在廣東的「六個最」，粗略地勾勒一下清遠的基本輪廓：第一個最，就是跟佛山和東莞一樣，是離廣州最近的地級市；第二個最，就是廣東國土面積最大的地級市，是深圳的10倍；第三個最，就是擁有廣東的最高峰，廣東第一峰石坑崆海拔1902米，就坐落在清遠市的陽山縣；第四個最，就是生態優勢最突出；第五個最，就是民族風情最濃鬱；第六個最，擁有道教福地最多。

剛才所説的「六個最」描繪了清遠的外在特徵。下面，我以「五個特點」來概述清遠的豐富內涵。

第一，清遠區位優越，是交通便捷的樞紐之城。清遠位于廣東中北部，南融珠港澳、北拓桂湘贛，素有「三省通衢、北江要塞」之稱，被譽爲珠三角和港澳的「後花園」。清遠屬于「珠三角一小時生活圈」範疇，距廣州市中心60公里、廣州白雲國際機場30公里、香港、澳門200公里。

第二，清遠資源豐富，是潛力巨大的發展之城。清遠是廣東省陸地面積最大的地級市，土地開發强度衹有5.2%，有充足空間發展産業。清遠是廣東省礦産資源最豐富的地區之一，已發現礦産63種，探明固體礦産資源約23億噸。清遠農副産品種類衆多，清遠鷄、英德紅茶等土特産久負盛名，并有15個農副産品榮獲國家地理標志保護産品稱號，數量居廣東省之首。

第三，清遠職教發達，是極具活力的人才之城。位于清遠市中心城區的廣東省職業教育基地，總用地規模33平方公里，是以高等職業教育爲龍頭，以中等職業教育爲主體的現代職業人才「加工」基地。基地在校生規模達到10萬人，爲清遠産業發展提供强大的人才支撑。

第四，清遠服務優質，是投資興業的希望之城。清遠擁有1個國家級高新區、4個省級産業園，有强大的硬件實力承接高端産業和優質企業。

第五，清遠山清水秀，是生態優美的宜居之城。清遠素有「珠三角後花園」的美譽，森林覆蓋率超過71%，擁有旅遊資源150多處，已開發的景區85個，其中5A級景區1個、4A級景區15個，數量位于廣東省前列。榮膺「中國優秀旅遊城市」、「中國十大特色休閑城市」、「中國温泉之城」、「中國漂流之鄉」、「中國奇洞之鄉」等榮譽稱號。

旅遊作爲清遠的主業，新常態下清遠在十三五旅遊發展總體目標定位是：把清遠打造成爲「粵港澳休閑度假首選地、國際健康養生旅遊示範基地、廣東探險體驗目的地、嶺南歷史文化弘揚示範區、南方自駕遊基地示範市」。具體來説，我市「十三五」期間要實施「五個打造」：

一是打造國際森林主題旅遊大項目，實現特色旅遊發展新跨越。國際品牌長隆集團已進駐清遠，計劃總投資300億元，打造國家級珍稀動植物種源基地，世界級森林旅遊綜合體。開業後預計年接待遊客1000萬人次，帶動就業5萬人次，拉動相關産業就業20萬人次，年産值超150億元，實現綜合經濟效益達1000億元，并推動全市旅遊實現轉型升級的新跨越。

二是打造國際化旅遊大體系，提升特色旅遊發展新形象。以「三年打基礎、五年塑雛型、十年見成效」爲目標，從「管理、服務、營銷、産品、環境、功能」六大方面全面推動清遠旅遊的軟硬件建設，將清遠逐步打造成爲「國際化旅遊城市」，全面提升特色旅遊發展的新形象。

三是打造以綠色生態、民族風情爲主題的鄉村遊，開拓特色旅遊發展新領域。將鄉村遊聚焦在綠色生態、民族風情兩大特色上，并在「十三五」期間，建成旅遊特色小鎮8個，特色村16個，農家樂200個，民宿點800個；同時推出鄉村遊精品綫路，爲旅遊全域化奠定堅實的基礎，開拓特色旅遊發展的新領域。

四是打造自駕遊基地示範市，推動特色旅遊發展的新時尚。加强服務于自駕遊的軟硬件設施建設，形成明晰的交通標識、特色的汽車營地、便利的維修服務、功能完備的觀光驛站、智慧的公共服務網絡平臺，實現無障礙時尚自駕，安全出遊，推動自駕遊成爲特色旅遊發展的新時尚。

五是打造網絡服務大平臺，營造特色旅遊發展的新空間。目前「清遠旅遊」微信公衆號平均每周閱讀量超8萬人次，共26次進入中國政務微信影響力排行榜」前10位，被評爲「2015廣東十大最具傳播力政務微信公衆號。

創建國家級食品安全城市
呵護自然生態美麗家園

陳代文 佳木斯市人民政府副市長

佳木斯這個名字來自滿語，有站官屯之意，是滿族先祖的故裏。是北大荒的腹地，與俄羅斯哈巴羅夫斯克、比羅比詹隔江相望。是中國大陸最早迎接太陽升起的地方，被譽爲「華夏東極」。抗日戰爭時期，英雄輩出；解放戰爭時期是中國共産黨的重要後方基地，許多工廠、醫院、學校及文藝宣傳團體都設在這裏，有東北小延安之稱。新中國成立後，十萬官兵、百萬知青來到這裏，用青春和汗水把北大荒開拓成祖國大糧倉，建立了新中國第一個集體農莊。佳木斯市轄五縣（市）四區，總面積2.64萬平方公里，有漢、朝、蒙、滿、回等43個民族，中國六小民族之一的赫哲族在這裏世代繁衍，赫哲族的歷史史詩依瑪堪被列入聯合國非物質文化遺産名録，以原生態文化得保護和傳承。

佳木斯市連續四年被中國城市競爭力研究會評爲中國十佳食品安全城市，**首先，佳木斯地處三江平原，是世界僅存的三塊黑土地之一，土質肥沃，適合農作物生長，爲緑色食品發展提供了得天獨厚的自然條件**。黑龍江、鬆花江、烏蘇裏江和諸多中小河流及濕地爲佳木斯提供了極爲豐富的水資源，冬季被冰雪覆蓋的大地進入休眠狀態使土地得到休養生息。豐富潔净的水資源、肥沃的黑土地、350天的優質空氣、一年一季的耕作制、嚴寒的冬季自然殺滅病蟲和細菌等條件，爲生産無公害、緑色和有機食品提供了得天獨厚的優越條件。**其次，這裏的氣候特點對生産優質農産品非常有利，東北最好的大米在這裏，最好的非轉基因大豆在這裏，最優質的江魚在這裏，被譽爲「中國東北水稻之鄉」、「中國大豆之鄉」;「北方的魚米之鄉」，珍稀而獨特的鱘鰉魚、大馬哈魚和「三花五羅」享譽華夏**。2014年，對蔬菜、水果、菌類、水産品進行抽檢，在全省是唯一百分之百合格的地方。全市緑色、有機、無公害標志數量達到760個，面積1560萬畝，占總耕地面積的90%以上。2014年糧食總産量140.3億斤，商品率達80%以上，是國家重要的商品糧基地和現代農業綜合配套改革試驗區。

近些年來，佳木斯市委、市政府始終把食品安全作爲最大的民生工程和政治任務來抓，開展食品安全城市創建，爲百姓生産放心安全的食品，創造生態優良舒適的環境，努力打造全國人民安全的大糧倉，放心的大厨房。抓環境保護治理，關停一批對環境生態污染較重的造紙、化工等高污染企業，實現城市污水處理達標排放，江河湖等水源得到充分的治理；抓種植、養殖業管理，嚴格按照無公害標準、緑色及有機標準生産食用農産品，通過建立農業、農機合作社，農業股份有限公司等經濟體，規範農業生産資料的使用，糧食、蔬菜、水果及肉、蛋、奶等質量安全得到有效保障。抓食品安全監督管理。完善食品安全體制機制建設，食品安全監管機構覆蓋市、縣（區）、鄉（社區），監管實現了横向到邊縱向到底的全覆蓋。嚴格執行食品安全法，建立了一系列適合地方監管特點的法律法規及制度，填補了食品安全監督管理空白。食品檢測和風險監測實現了常規化，定期對重點企業、重點品種、重點時段的食品進行抽檢，及時發現風險較高的食品安全隱患加以解決。嚴厲依法打擊各類食品生産經營違規違法行爲，保障市民飲食安全。積極打造優良的食品品牌和放心示範企業，推選出佳木斯大米、非轉基因冬梅大豆粉、白瓜子飲料、鱘鰉魚籽醬等一批名優産品和300餘家食品安全放心示範企業。積極動員社會力量推動食品安全社會共治。成立食品安全協會來抓行業自律和規範，邀請輿論及媒體參與食品安全監督宣傳，在社區、機關、學校聘請食品安全協管員協管食品安全，組織拍攝《舌尖上的佳木斯》系列紀録片開展對佳木斯市的飲食文化及歷史進行宣傳。

通過佳木斯市委、市政府及全市人民的共同努力，食品安全已成爲佳木斯市的一張亮麗的名片，在全國人民的大力支持和鼓勵下，我們會很好的呵護這片神奇的土地，讓佳木斯人民乃至全國人民、世界人民享用大自然的無私恩惠。

以創新協調綠色開放共享發展理念 建設更具實力活力魅力競爭力的新慈溪

卞吉安 慈溪市委書記

新常態，是當前中國經濟社會發展的大邏輯。對于縣域城市而言，如何在新常態下加快提升城市競爭力，是擺在我們基層政府面前的一個重要課題。對于城市競爭力，不同專家有着不同定義，許多研究機構也提出了各自的評價指標體系。我個人認爲，城市競爭力是一個綜合性概念，不僅要看經濟總量的評比，還有生態環境、公共服務、政府管理、社會文明等多方面內容的綜合衡量，具體而言可以用實力、活力、魅力這三個力來解讀。下面，我結合慈溪的城市發展實踐，簡單談一下如何在新常態下以新的發展理念引領提升城市競爭力。

一、以開放創新提升城市實力。 慈溪歷來是一片創業熱土，從曬鹽燒瓷的「唐塗宋地」到杭州灣大橋南岸的「橋頭堡」，開放創新基因一直深植慈溪大地。近年來，我們加大了改革創新力度，經濟社會轉型不斷加快。地區生產總值突破1100億、進出口突破百億美元，十餘項產品產量成爲世界或全國冠軍，成爲全國三大家電生產基地之一，入圍全國中小城市綜合改革試點城市，長期位列全國百强縣前列。我們認爲，新常態伴隨着新矛盾、新問題、新風險，但同時也帶來了新機遇、新動力、新變化。要在新一輪區域競爭中爭得主動、贏得先機，必須把開放創新理念融入城市發展戰略，一方面要以更加開放的視野和姿態主動融入區域發展新格局，在互動合作中互利共贏；另一方面要以創新戰略驅動經濟轉型和產業升級，增强發展內生動力。爲此，我們在研究「十三五」規劃時提出要把服務寧波港口經濟圈建設、接軌上海大都市區作爲城市發展戰略方向，以開放合作帶動慈溪在大區域城市格局中的地位凸顯和作用發揮；同時，我們把創新驅動作爲城市發展的首要戰略，正積極籌建環杭州灣創新中心等重大創新平臺，加快推進寧波大學科技學院、中科院慈溪中心、慈溪醫工所等創新項目建設，深入實施「上林英才」計劃等引才工程，努力打造創新要素集聚高地，爲城市發展提供新動力。

二、以共享發展提升城市活力。 經濟學家樊綱教授指出，市場上能夠創造價值的是企業和個人，在資本、企業、個人可以自由流動的市場經濟環境中，真正競爭的不是城市，而是企業和個人。我們認爲，企業和城市居民是城市發展的核心主體，地方政府作爲城市管理者更多的是要通過改善公共服務、優化創業環境，爲企業和市民創業發展提供必要條件，吸引更多的優質資金、技術和人才流向城市。慈溪的發展實踐也證明了這一點。改革開放以來，我們大力鼓勵全民創業，從鄉鎮企業崛起到「千家萬户辦企業」、「千軍萬馬奔外向」。目前，全市市場主體突破12萬家，平均每4户家庭中就有一家企業，區域創業活力指數在同類城市保持領先，市民幸福指數也得到跨越提升，城鄉居民收入達4.3萬和2.5萬，率先進入城鄉融合發展新階段，企業、市民和城市在創業創新中同步共享到了改革發展的紅利。新常態下，城市發展要更加强調共享發展理念，突出城市發展主體尤其是廣大企業的作用。我們下步重點要加快構建完善創新生態體系和現代產業體系，爲廣大企業「二次創業」提供更加優質的創業平臺、要素保障、政策資源等發展環境，努力在與企業和市民共享共贏中提升城市能級。

三、以綠色協調提升城市魅力。 一座富有競爭力的城市，必定也具有自己的城市個性和品質。慈溪歷來人文薈萃、底蘊深厚，獨特的地理人文環境孕育了慈溪特有的城市魅力。近年來，我們大力推進文化强市建設，深度挖掘圍墾、移民、青瓷、慈孝四大特色地域文化，加快大劇院、科博中心等文化設施建設，實施市民文明素養提升和公共文化服務優化計劃，城市文化品牌和形象不斷提升，上林湖越窑遺址列入世界文化遺產預備名單，獲得全國文明城市提名城市稱號；同時，我們圍繞生態建設短板加大了專項治理和源頭管控力度，深入推進「五水共治」和「森林慈溪」建設，投入巨資建設1000多公里污水管網，加快落後產能淘汰和產業轉型提升，美麗慈溪建設成效初顯，城市生態環境質量得到有效改善，分别獲省級生態市、省級森林城市、省級園林城市等稱號。在「十三五」規劃建設中，我們將繼續把綠色、協調的發展理念貫穿城市建設管理的全過程，以全國文明城市、國家環保模範城市、國家園林城市「三城聯創」工作爲有效載體，通過文化大發展大繁榮拓展城市發展內涵，綠色生態發展打造美麗宜居城市品質，加快提升城市綜合競爭力。

第五届「讓城市更優秀」頒奬禮

第五屆「讓城市更優秀」頒獎禮于 2015 年 12 月 9 日在香港會展中心舉行，中聯辦經濟部副部長楊益，香港立法會議員、新民黨主席葉劉淑儀，會長桂強芳等爲獲獎城市頒獎，惠州市長麥教猛、信陽市委副書記劉國棟，肇慶市人大常務副主任孫德、惠州市委副書記黃雁行，徐州市委常委、宣傳部長馮其譜，安順市常務副市長趙貢橋，清遠市副市長何國森、佳木斯市副市長陳代文、慈溪市委書記卞吉安、四平市政府副秘書長韓俊峰、齊齊哈爾市政府副秘書長楊繼君、梅州市政府副秘書長姚鎧滔、六盤水市政府代表常開林、陽朔縣委書記鐘洪、青島市委宣傳部新聞辦副主任張馨、合肥市政府辦公廳秘書一室主任劉峰、聊城市旅遊局局長劉光輝、宜昌市政府駐深圳辦事處主任毛士洪等城市領導及代表出席領獎。

頒獎禮現場，中聯辦經濟部副部長楊益（右六）、桂強芳會長（左六）向獲獎城市頒發獎牌並合影留念，（左起）六盤水市政府副秘書長吳進、聊城市旅遊局局長劉光輝、青島市委宣傳部新聞辦副主任張馨、信陽市委副書記劉國棟、惠州市長麥教猛、桂強芳會長、楊益副部長、佳木斯市副市長陳代文，徐州市委常委、宣傳部長馮其譜，四平市政府副秘書長韓俊峰、深圳大學產業經濟研究中心主任魏達志教授、合肥市政府辦公廳秘書一室主任劉峰。

頒獎禮現場，中聯辦經濟部副部長楊益（右六）、桂強芳會長（左五）向獲獎城市頒發獎牌並合影留念，（左起）齐齐哈尔市政府副秘书长杨继君、四平市政府副秘书长韩俊峰、信阳市市委副秘书长程伟、肇庆市人大常务副主任孙德、桂強芳會長、慈溪市委书记卞吉安、楊益副部長、惠州市委副书记黄雁行、清远市副市长何国森、安顺市常务副市长赵贡桥、青岛市委宣传部新闻办副主任张馨、六盘水市政府代表常开林。

「中國美麗城市」香港展

「中國美麗城市」香港展由中國城市競爭力研究會主辦，以展示城市形象、宣傳城市品牌、提升城市魅力爲目的的國際平臺，是研究會研究成果「中國最美麗城市排行榜」的延伸。

自 2013 年舉辦首屆「中國美麗城市」香港展以來，每年一屆，迄今已舉辦三屆，惠州、信陽、青島、清遠、肇慶、徐州、聊城、濱州、齊齊哈爾、佳木斯、慈溪等多個城市參加。

「中國美麗城市」香港展爲城市提供了對外展示自身美麗風采的高端平臺，已成爲中國城市對外宣傳的重要窗口。

2015 年，第三屆「中國美麗城市」香港展在香港會展中心舉行，桂會長攜各城市領導參觀

2015 年，第三屆「中國美麗城市」香港展

2015 年，第三屆「中國美麗城市」香港展

青島、惠州、信陽城市展板

濱州、聊城、徐州城市展板

肇慶、慈溪城市展板

2015中國城市競爭力排行榜榜單

2015 China City Competitiveness Ranking Lists

中國城市競爭力研究會、世界城市合作組織联合發佈

2015 年 12 月 9 日，中國城市競爭力研究會在香港發佈了 2015 中國城市競爭力排行榜。

此次發佈的榜單是中國城市競爭力研究會依據其自主創立的 GN 評價指標體系，組織上百名專家、學者，根據翔實的基礎資料及大量調查研究，歷時一年，對包括内地及港、澳、臺在内的中國 34 個省、直轄市、自治區、特別行政區及 358 個地級以上城市（州、地區、盟）之綜合競爭力、成長競爭力，以及單項、專項競爭力進行分析比較後的最新研究成果。

2015 中國城市綜合競爭力排行榜

城市的綜合實力是一個城市整合自身經濟資源、社會資源、環境資源與文化資源參與區域資源分配競爭及國際資源分配競爭的能力。

《GN 中國城市綜合競爭力評價指標體系》涵蓋經濟、社會、環境、文化四大系統，由包括綜合經濟競爭力、產業競爭力、財政金融競爭力、商業貿易競爭力、基礎設施競爭力、社會體制競爭力、環境 / 資源 / 區位競爭力、人力資本教育競爭力、科技競爭力和文化形象競爭力等在内的 10 項一級指標、50 項二級指標、216 項三級指標構成。

排名	城市	分數	排名	城市	分數	排名	城市	分數
1	上海	13254.79	11	南京	5036.64	21	廈門	3808.67
2	香港	12929.16	12	成都	4952.59	22	西安	3647.21
3	深圳	12885.79	13	臺北	4858.59	23	長沙	3325.50
4	北京	11099.48	14	澳門	4796.37	24	東莞	3054.54
5	廣州	9588.69	15	青島	4519.37	25	鄭州	2938.68
6	天津	7717.06	16	大連	4349.94	26	佛山	2832.50
7	蘇州	7176.18	17	寧波	4238.00	27	合肥	2677.75
8	重慶	7051.79	18	無錫	4160.76	28	哈爾濱	2627.14
9	杭州	6977.79	19	瀋陽	4006.90	29	昆明	2597.39
10	武漢	5736.28	20	濟南	3938.92	30	福州	2553.78

2015 中國城市成長競爭力排行榜

城市成長競爭力就是城市在動態發展的過程中，充分挖掘其潛在的潛能，不斷完善城市的社會組織體制，展示其創新活力並依據城市可持續發展的內在規律逐步提升自身綜合競爭力的能力。

《GN 中國城市成長競爭力評價指標體系》由實力指數、潛力指數、活力指數、能力指數四大指標綜合而成，包括 4 項一級指標，29 項二級指標，70 項三級指標。

排名	城市	分數	排名	城市	分數	排名	城市	分數
1	深圳	1915.92	11	南京	975.27	21	廈門	758.49
2	天津	1881.51	12	成都	922.58	22	煙臺	728.43
3	重慶	1761.26	13	大連	870.09	23	無錫	666.79
4	廣州	1602.93	14	濟南	857.01	24	昆明	661.45
5	北京	1561.39	15	香港	837.25	25	西安	651.78
6	上海	1541.35	16	合肥	833.22	26	哈爾濱	645.32
7	杭州	1436.87	17	寧波	782.15	27	鄭州	619.79
8	蘇州	1056.79	18	長沙	781.41	28	常州	616.72
9	青島	1036.62	19	瀋陽	770.93	29	惠州	590.25
10	武漢	982.40	20	貴陽	766.41	30	威海	559.22

2015 中國最安全城市排行榜

安全城市的主要特徵是:當年無重特大安全責任事故，社會治安良好，投資環境優越，生產事故少發，消費品安全，生態可持續發展，能為市民、企業、政府提供良好的信息網絡環境和強有力的信息安全保障。

《GN 中國最安全城市評價指標體系》由包括社會安全、經濟安全、生態安全、信息安全在內的 4 項一級指標、10 項二級指標、59 項三級指標構成。

排名	城市	總分	排名	城市	總分	排名	城市	總分
1	香港	94.59	11	玉溪	83.05	21	邯鄲	76.12
2	拉薩	93.47	12	遵義	82.39	22	銀川	75.68
3	鎮江	92.43	13	湖州	81.73	23	張家口	75.15
4	徐州	91.30	14	四平	80.89	24	萍鄉	74.72
5	惠州	90.71	15	萊蕪	79.64	25	石嘴山	74.33
6	澳門	88.82	16	克拉瑪依	78.79	26	金華	74.07
7	威海	86.94	17	衢州	78.27	27	眉山	73.84
8	柳州	85.62	18	長春	77.85	28	丹東	73.41
9	青島	84.41	19	鄂爾多斯	77.24	29	株洲	72.76
10	無錫	83.78	20	襄陽	76.53	30	鶴壁	72.08

2015 世界十大最具影響力國家首腦排行榜

最具影響力國家首腦的主要特徵是：具超凡的國際影響力，個人魅力獨特、具高超的領導藝術，正確把握世界政治、經濟發展趨勢，強力引導國家經濟健康發展，深受本國人民愛戴與擁護、具有崇高威望。

《GN 世界影響力國家首腦指標體系》由包括領導人國際影響力、領袖風範、民意支持度、國家影響力等 4 項一級指標、36 項二級指標構成。

國家首腦	治國理念	年齡	學歷	夫人/丈夫
中國國家主席習近平	凝聚中國力量 實現中國夢	62	博士	彭麗媛
俄羅斯總統普京	給我 20 年，還你一個強大的俄羅斯	63	博士	
德國總理默克爾	大數據時代的信息化戰略	61	博士	阿希姆·紹爾
美國總統奧巴馬	美國還要領導世界 100 年	54	博士	米歇爾·奧巴馬
英國首相卡梅倫	國家安全與商業安全並重	49	學士	薩曼莎·卡梅倫
印度總理莫迪	從世界辦公室邁向創新型國家	65	碩士	賈蘇達班
日本首相安倍晉三	日本經濟再興戰略	61	學士	安倍昭惠
新加坡總理李顯龍	建構新的新加坡模式	63	碩士	何晶
法國總統奧朗德	修改法國經濟和社會發展模式	61	學士	
以色列總理內塔尼亞胡	打造地中海邊的網路強國	66	碩士	薩拉

習近平
中國國家主席

普京
俄羅斯總統

默克爾
德國總理

奧巴馬
美國總統

卡梅倫
英國首相

莫迪
印度總理

安倍晉三
日本首相

李顯龍
新加坡總理

奧朗德
法國總統

內塔尼亞胡
以色列總理

2015 中國最具特色旅遊城市排行榜

特色旅遊城市的主要特徵是：旅遊資源特色鮮明、旅遊產品個性突出、旅遊文化特徵明顯、旅遊歷史內涵豐富、公众口碑好等。

《GN 中國最具特色旅遊城市評價指標體系》由城市自然生态資源特色指數、旅遊產品特色指數、旅遊歷史与文化特色指數、遊客体验指数在内的 4 項一級指標、10 項二級指標、22 項三級指標構成。

排名	城市	分數	排名	城市	分數	排名	城市	分數
1	拉薩	92.97	11	承德	84.81	21	烏魯木齊	76.75
2	澳門	91.88	12	林芝	83.25	22	紹興	76.04
3	青島	90.85	13	肇慶	82.52	23	揚州	75.63
4	昆明	90.46	14	呼倫貝爾	84.86	24	棗莊	75.20
5	洛陽	90.13	15	聊城	81.21	25	銀川	74.67
6	大連	89.25	16	遵義	80.37	26	瀘州	74.24
7	哈爾濱	88.39	17	桂林	79.13	27	吉林	73.86
8	煙臺	88.07	18	黃山	78.29	28	九江	73.60
9	清遠	86.87	19	安順	77.76	29	大同	72.94
10	撫順	85.25	20	延安	77.03	30	湘潭	72.65

2015 中國城市資產質量排行榜

城市資產質量的特點是：城市發展動力強、經濟運行良好、財政風險可控、負債率較低、投資環境較好、城市發展具備可持續性。

《GN 中國城市資產質量評價指標體系》由包括城市實力指數、城市資源指數、城市財政管理與無形資產指數、城市發展動力指數 4 項一級指標、14 項二級指標、80 項三級指標構成。

排名	城市	總分
1	香港	86.66
2	深圳	85.21
3	上海	85.05
4	北京	84.34
5	重慶	83.08
6	廣州	82.51
7	杭州	81.25
8	武漢	79.19
9	寧波	78.64
10	成都	76.57

深圳

2015中國城市十大風雲首腦排行榜

風雲首腦主要特徵是:具國際國內影響力，領導、決策、學習、創新能力強，組織能力突出，性格魅力獨特，對突發事件有很強的反應和處置能力。

《GN中國城市首腦經營管理素質效能評價指標體系》由包括個人能力、城市經濟影響力、社會影響力、環境影響力等4項一級指標、36項二級指標構成。

城市首腦	經典語錄
重慶市長黃奇帆	將重慶建成具國際影響金融中心
濟南市委書記王文濤	做好「四種人」與濟南人共追「濟南夢」
廣州市委書記任學鋒	光吹牛沒用，要多做實在的
石家莊市委書記孫瑞彬	把人民的希望作為城市發展目標
太原市委書記吳政隆	揀硬骨頭先啃
徐州市委書記曹新平	擁抱機遇，撬動新一輪發展
廈門市委書記王蒙徽	補足精神之「鈣」，守住為政之本
西安市委書記魏民洲	在「一帶一路」建設中 西安使命獨特
信陽市委書記郭瑞民	更加精准地對接發展所需、基層所盼、民心所向
四平市委書記劉喜傑	全力以赴辦好民生實事

■ 重慶市長黃奇帆

■ 濟南市委書記王文濤

■ 廣州市委書記任學鋒

■ 石家莊市委書記孫瑞彬

■ 太原市委書記吳政隆

■ 徐州市委書記曹新平

■ 廈門市委書記王蒙徽

■ 西安市委書記魏民洲

■ 信陽市委書記郭瑞民

■ 四平市委書記劉喜杰

2015 世界城市綜合競爭力排行榜

世界城市的特徵是：在經濟、政治、社會、文化、環境、國際化等方面具有很強的影響力，經濟規模大、對外開放程度高、社會體系健全，綜合服務能力強，和全世界或大多數國家或城市發生經濟、政治、科技和文化交流關係，有著全球性影響的城市。

《GN 世界城市綜合競爭力評價指標體系》涵蓋了經濟、政治、社會、文化、環境、國際化六大系統，由包括綜合經濟競爭力、政治影響力、產業競爭力、金融服務競爭力、商業貿易競爭力、基礎設施競爭力、社會體制競爭力、環境 / 資源 / 區位競爭力、人力資本教育競爭力、科技競爭力、文化形象競爭力和國際影響力在內的 12 項一級指標、64 項二級指標構成。

排名	城市	排名	城市
1	美國紐約	16	德國柏林
2	英國倫敦	17	比利時布魯塞爾
3	法國巴黎	18	意大利羅馬
4	日本東京	19	西班牙馬德里
5	美國洛杉磯	20	德國法蘭克福
6	美國芝加哥	21	澳大利亞墨爾本
7	中國上海	22	墨西哥墨西哥城
8	韓國首爾	23	加拿大蒙特利爾
9	新加坡	24	瑞士蘇黎世
10	中國香港	25	俄羅斯莫斯科
11	澳大利亞悉尼	26	巴西聖保羅
12	中國深圳	27	阿根廷布宜諾斯艾利斯
13	加拿大多倫多	28	荷蘭阿姆斯特丹
14	中國北京	29	印度孟買
15	美國舊金山	30	土耳其伊斯坦布爾

美國紐約

英國倫敦

法國巴黎

2015 中國文化遺產保護傳承十佳城市排行榜

文化遺產保護傳承城市的特徵是：在世界遺產與中國遺產保護地，堅持有效保護、統一管理、科學規劃、永續利用的基本方針，堅持生態效益、經濟效益、社會效益的有機統一，堅持資源保護和促進地區發展相互結合。

《GN 中國文化遺產保護傳承十佳城市評價指標體系》由文化遺產品位指數、管護指數、監測指數、利用指數、傳承指數等 5 個一級指標、10 個二級指標構成。

排名	城市	總分
1	北京	88.04
2	洛陽	86.56
3	澳門	86.40
4	杭州	85.68
5	西安	84.31
6	蘇州	83.82
7	遵義	82.54
8	承德	80.45
9	紅河	79.89
10	大同	77.79

北京

2015 中國環境資源審計先行城市排行榜

排名	城市	總分
1	綿陽	86.51
2	深圳	85.07
3	南通	84.92
4	呼倫貝爾	84.15
5	蘭州	82.93
6	湖州	81.37
7	延安	80.13
8	婁底	79.06
9	馬鞍山	78.54
10	新餘	76.49

環境資源審計先行城市的主要特徵是：積極通過城市環境審計、城市主官自然資源資產離任審計的方式，促進城市主官守法、守規、盡責，強化城市對土地資源、水資源、森林資源、地下資源、空域資源等綜合環境的資源化保護、資產化管理、資本化運營，防範環境資源資產流失與投資風險，更新競爭意識、優化發展方式，實現保值增值、促進可持續發展。

《GN 中國環境資源審計先行城市評價指標體系》由政府環境競爭力理念指數、政策指數、實踐指數、規範指數、自覺指數、效應指數等 6 項一級指標，18 項二級指標構成。

綿陽

2015 中國十佳城區政要排行榜

十佳城區政要是指：在城區政要中具有較強的影響力，政績突出，口碑良好的城區政要。

《GN 中國城市政要經營管理素質效能評價指標體系》由包括影響力、領導決策力、學習創新力、親和力等 4 項一級指標、12 項二級指標構成。

地級市城區政要	為政理念
北京市西城區區委書記王寧	寧在新中失敗，不在舊中成功
杭州市拱墅區區委書記許明	環境是根本，文化是靈魂
大連市甘井子區區委書記郝方林	擔當要有責任感
廈門市思明區區委書記游文昌	幸福，要讓百姓看得見、摸得著
秦皇島市海港區區委書記馮國林	做不讓老百姓戳脊樑骨的官
泰州市高港區區委書記王建	要想說得清 得讓大家看得清
六盤水市鐘山區區委書記張濤	生態保護顯山水「綠滿新黔」圓夢來
惠州市惠城區區委書記黃幹強	老問題不能年年成為熱點
攀枝花市東區區委書記劉先偉	力爭在全市率先全面建成小康社會
泰安市岱岳區區委書記王永征	老百姓過不上好日子,我就不稱職

2015 中國十佳行政縣政要排行榜

十佳行政縣政要特徵是：在行政縣政要中具有較強的影響力，政績突出，口碑良好。

《GN 中國城市政要經營管理素質效能評價指標體系》由包括影響力、領導決策力、學習創新力、親和力等 4 項一級指標、12 項二級指標構成。

行政縣政要	為政理念
河南省蘭考縣縣委書記王新軍	學在深處 照在細處 幹在實處
新疆自治區庫車縣縣委書記楊發森	高調做事，低調做人
安徽省巢湖市市委書記胡啟生	工作再難，横下心來抓就不難
河北省香河縣縣委書記王凱軍	群眾期盼重如山
山東省安丘市市委書記劉興明	為事業擔當 為百姓實幹
貴州省遵義縣縣委書記曾瑜	讓老區人民笑容更燦爛
內蒙古自治區翁牛特旗旗委書記敖日格勒	躬身踐行修己身
湖北省紅安縣縣委書記余學武	嚴以修身要帶好頭
黑龍江省撫遠縣縣委書記周宏	奔走，為了肩上那份擔當
廣東省新豐縣縣委書記陳俊林	幹部身子「沉下去」群眾拇指豎起來

2015 中國綠色競爭力十強縣排行榜

綠色競爭力強縣的特徵是：生態環境好，森林覆蓋率高，經濟穩定，資源高效利用、人與自然和諧相處。

《GN 中國行政縣綠色競爭力評價指標體系》由綠色生態空間指數、綠色生產空間指數、綠色生活空間指數3項一級指標、16項二級指標構成。

福建省武夷山市

排名	城市	總分
1	浙江省慶元縣	89.56
2	福建省武夷山市	88.31
3	湖南省桂東縣	86.06
4	雲南省雙江縣	84.63
5	河北省興隆縣	83.60
6	吉林省延吉市	82.07
7	廣西壯族自治區桂平市	81.82
8	江西省資溪縣	80.68
9	廣東省連南縣	80.31
10	四川省沐川縣	78.85

2015 中國文化競爭力十強縣排行榜

文化競爭力是指由城市競爭力派生出的概念，指各種文化因素在推進經濟社會和人的全面發展中所產生的凝聚力、導向力、鼓舞力和推動力。文化競爭力強縣（或縣級市）其特徵是：具有豐富的各類文化資源，文化機構及其產品形象和競爭力強，文化活動氛圍好且經常舉辦。

《GN 中國文化競爭力強縣評價指標體系》包括經濟實力、文化資源、文化產業、城市文化事業在內的4項一級指標、11項二級指標、60個三級指標組成。

排名	縣（市）	形象錦言	總分
1	浙江瑞安市	理學名邦 魚米之鄉	88.14
2	山東鄒城市	鄒魯聖地 孔孟桑梓	87.59
3	江蘇句容市	秦淮上水 金陵花園	87.05
4	福建上杭縣	物種天堂 將軍搖籃	85.46
5	吉林通化縣	高句源地 剪紙名邑	84.28
6	湖南湘潭縣	湘中明珠 師哲聖地	82.71
7	海南澄邁縣	富硒沃土 壽星家園	81.33
8	雲南滄源縣	世界佤鄉 大美滇疆	79.47
9	湖北鐘祥市	關公勝跡 荊楚陪都	77.68
10	河南永城市	豫東門戶 漢興古阜	76.27

瑞安市

2015 中國區域最具競爭力城市排行榜

區域最具競爭力城市主要考慮城市的綜合競爭優勢和成長競爭優勢。其評價指標由靜態的《GN 中國城市綜合競爭力評價指標體系》和動態的《GN 中國城市成長競爭力評價指標體系》構成。

排名	城市	得分
1	重慶	87.63
2	成都	84.12
3	西安	83.23
4	昆明	80.56
5	貴陽	78.28
6	呼和浩特	74.11
7	南寧	73.85
8	六盤水	72.64
9	烏魯木齊	72.07
10	銀川	71.47

西部

排名	城市	得分
1	武漢	85.53
2	長沙	82.79
3	鄭州	82.24
4	合肥	79.21
5	南昌	78.17
6	太原	76.76
7	蕪湖	73.01
8	大同	72.45
9	宜昌	71.33
10	洛陽	70.10

中部

排名	城市	得分
1	上海	97.33
2	深圳	96.52
3	北京	94.89
4	廣州	93.48
5	天津	90.33
6	蘇州	87.26
7	杭州	86.76
8	南京	85.99
9	青島	84.12
10	寧波	83.34

东部

排名	城市	得分
1	大連	84.87
2	瀋陽	83.46
3	哈爾濱	80.09
4	長春	79.44
5	大慶	78.23
6	營口	77.58
7	盤錦	76.70
8	鞍山	74.29
9	吉林	72.68
10	本溪	71.73

东北

2015 中國縣域成長競爭力排行榜

城市成長競爭力就是城市在動態發展的過程中，充分挖掘潛能，不斷完善社會體制，展示創新活力，並依據城市可持續發展的內在規律逐步提升自身綜合競爭力的能力。

《GN 中國縣域成長競爭力評價指標體系》由能力指數、活力指數、實力指數、潛力指數在內的 4 項一級指標、29 項二級指標組成。

即墨

餘姚

餘姚

排名	城市	分數	排名	城市	分數
1	即墨市	94.27	26	萊西市	78.76
2	余姚市	94.02	27	昆山市	77.85
3	義烏市	93.65	28	海寧市	77.48
4	張家港市	93.16	29	桐鄉市	76.87
5	慈溪市	92.82	30	平度市	75.82
6	太倉市	92.21	31	滕州市	75.53
7	榮成市	91.72	32	溫嶺市	74.68
8	長沙縣	91.11	33	興義市	74.27
9	諸暨市	90.26	34	章丘市	73.85
10	常熟市	89.48	35	雙流縣	73.14
11	膠州市	89.07	36	瀏陽市	72.55
12	晉江市	88.36	37	仁懷市	72.33
13	溧陽市	87.75	38	南安市	72.17
14	海門市	87.06	39	邳州市	71.72
15	招遠市	86.49	40	泰興市	71.26
16	海安縣	85.83	41	如東縣	71.04
17	啟東市	85.27	42	句容市	70.95
18	如皋市	84.61	43	固安縣	70.58
19	宜興市	83.95	44	平潭縣	70.30
20	靜海縣	82.93	45	肥西縣	69.89
21	彭州市	82.15	46	東陽市	69.66
22	揚中市	81.17	47	琿春市	69.37
23	江陰市	80.67	48	新泰市	68.87
24	金壇市	79.97	49	博羅縣	68.65
25	靖江市	79.62	50	晉寧縣	68.42

2015 年中國最具競爭力百強縣排行榜

最具競爭力縣市主要考慮其綜合競爭優勢和成長競爭優勢。其評價指標由靜態的《GN 中國城市綜合競爭力評價指標體系》和動態的《GN 中國城市成長競爭力評價指標體系》構成。

江陰市

昆山市

张家港市

排名	城市	總分	排名	城市	總分
1	江陰市	95.81	51	玉環縣	78.64
2	昆山市	95.68	52	鞏義市	78.20
3	張家港市	94.89	53	仁懷市	77.94
4	常熟市	94.67	54	靜海縣	77.74
5	晉江市	94.22	55	桐鄉市	77.38
6	太倉市	93.58	56	興化市	77.09
7	宜興市	92.47	57	如東縣	76.97
8	義烏市	91.69	58	鄒城市	76.65
9	慈溪市	91.01	59	高密市	76.34
10	榮成市	90.88	60	東台市	76.17
11	即墨市	90.41	61	大石橋市	76.03
12	長沙縣	89.73	62	萊州市	75.98
13	諸暨市	89.51	63	長興縣	75.82
14	膠州市	89.16	64	新密市	75.71
15	海門市	88.93	65	瑞安市	75.57
16	丹陽市	89.46	66	南昌縣	75.40
17	龍口市	88.78	67	庫爾勒市	75.18
18	瀏陽市	88.26	68	福清市	74.94
19	招遠市	87.59	69	惠安縣	74.86
20	章丘市	87.07	70	普蘭店市	74.61
21	滕州市	86.61	71	諸城市	74.46
22	准格爾旗	86.27	72	長樂市	74.31
23	余姚市	85.72	73	新鄭市	74.04
24	啓東市	85.35	74	平湖市	73.83
25	寧鄉縣	84.97	75	句容市	73.62
26	如皋市	84.52	76	乳山市	73.47
27	靖江市	84.17	77	武安市	73.25
28	溧陽市	83.81	78	盤縣	73.09
29	泰興市	83.54	79	沭陽縣	72.90
30	溫嶺市	83.31	80	三河市	72.71
31	鄒平縣	82.86	81	遵化市	72.56
32	邳州市	82.49	82	沛縣	72.37
33	瓦房店市	82.25	83	龍海市	72.10
34	海安縣	82.03	84	醴陵市	72.01
35	萊西市	81.99	85	大理市	71.89
36	新泰市	81.87	86	任丘市	71.63
37	海寧市	81.64	87	大冶市	71.47
38	雙流縣	81.47	88	農安縣	71.31
39	南安市	81.15	89	開原市	71.11
40	肥城市	81.08	90	府穀縣	70.88
41	廣饒縣	80.91	91	禹州市	70.64
42	富陽市	80.76	92	青州市	70.49
43	樂清市	80.53	93	莊河市	70.30
44	壽光市	80.27	94	臨海市	70.16
45	滎陽市	80.11	95	蓬萊市	69.78
46	遷安市	79.92	96	延吉市	69.61
47	海城市	79.75	97	曲阜市	69.42
48	石獅市	79.48	98	漳浦縣	69.08
49	平度市	79.16	99	肥西縣	68.87
50	揚中市	78.88	100	博羅縣	68.61

2016中國城市分類優勢排行榜新聞發佈會現場

2016中國城市分類優勢排行榜揭曉
深圳最「快」 珠海最宜居 青島最具幸福感
香港綜合競爭力與去年持平 成長競爭力下降

2016 China City Classified Advantage Rankings

2016年6月21日，2016中國城市分類優勢排行榜新聞發佈會在香港南洋酒店隆重舉行。

中國城市競爭力研究會發佈了「2016中國省區、直轄市綜合競爭力排行榜」、「2016中國省區、直轄市成長競爭力排行榜」、「2016中國十大創新城市排行榜」、「2016中國十佳開放發展城市排行榜」、「2016中國十佳食品安全城市排行榜」、「2016中國十佳宜居城市排行榜」、「2016中國一帶一路最具開發潛力城市排行榜」、「2016中國最乾淨城市排行榜」、「2016中國縣域綜合競爭力百強排行榜」、「2016中國最具幸福感城市排行榜」、「2016中國最美麗城市排行榜」、「2016中國十佳協調發展城市排行榜」、「2016中國十佳投資環境城市排行榜」、「2016中國十佳誠信政府排行榜」、「2016中國最具幸福感縣級城市排行榜」、「2016中國十佳高效政府排行榜」、「2016中國十佳供給側改革城市排行榜」、「2016中國快城三十佳排行榜」、「2016世界十佳宜居城市排行榜」、「2016世界十佳安全城市排行榜」等榜單。

深圳「十大創新」三連冠 珠海奪「十大宜居」冠軍

在此次發佈的「2016中國十大創新城市排行榜」中，深圳再次奪得冠軍，實現三連冠。另外，深圳亦在其他多個榜單中榮獲殊榮，還分別獲得「2016中國快城三十佳排行榜」、「2016中國十佳高效政府排行榜」冠軍。

珠海則憑藉超前的城市規劃、優美的生態環境、和諧的人居環境，在「2016中國十佳宜居城市排行榜」中摘冠。青島作為中國15個副省級城市之一，蟬聯「2016中國最具幸福感城市排行榜」冠軍。

與去年相比，在「2016中國省區、直轄市綜合競爭力排行榜」中，香港仍然排在第12名，但在「2016中國省區、直轄市成長競爭力排行榜」中，香港名次較去年下降了1位，由24位下降到25位。

本屆排行榜新設了七個榜單「中國快城排行榜」獨具匠心

2015年12月20—21日，中央城市工作會議召開，這是時隔37年後，城市工作再次上升到中央層面進行專門研究部署。2016年2月6日，中央《關於進一步加強城市規劃建設管理工作的若干意見》發佈，這是中央城市工作會議的配套文件，也是「十三五」乃至未來一段時間中國城市發展的「路線圖」和「時間表」。這說明城市可持續、競爭力發展已經上升為國家戰略。

作為中國最早研究城市競爭力的研究機構，研究會與時俱進，經過嚴謹的評價，推出了全新的研究成果，這就是「2016中國十佳開放發展城市排行榜」、「2016中國一帶一路最具開發潛力城市排行榜」、「2016中國十佳協調發展城市排行榜」、「2016中國十佳供給側改革城市排行榜」、「2016中國快城三十佳排行榜」。

在中國內地一些城市紛紛爭當「慢城」的背景下，研究会却独具匠心的評出「快城」。會長桂強芳解釋說，新常態並不意味著經濟增速只會一路下行，再無回頭之力。其實，無論從總體發展態勢還是從創新水平、要素成本、勞動生產率等來看，中國城市經濟的基本面依然保持健康，富有可持續增長潛力，大眾創業、萬眾創新正在給中國城市發展注入新的熱情、活力和動力，一些「快城」將仍然是引領城市發展的先頭部隊。

據悉，30個「快城」評價依據是《GN中國快城評價指標體系》，由包括經濟持續平穩快速增長指數，城市交通方便快速指數，城市及城際物流、信息流、人流、資金流快進快出指數，政府辦事效率快捷指數，城市就業人群工作、出行、交流相對快節奏指數等5項一級指標、多項二、三級指標組成。其中一條硬指標是GDP平均增速高於全國城市平均增速，入選城市平均增速均在8.5%以上。此外，進入「快城」的城市主要分佈在交通經濟大動脈一線或周邊，比如深圳、鄭州、天津、武漢、長沙、許昌、徐州、佛山、株洲、衡陽、惠州、珠海、南昌、廊坊等近一半「快城」，分佈在京津冀－粵港澳南北快速交通中軸廊道上，可以看出一條以交通、物流、信息、人流快速流動形成的特殊「快城」經濟帶。

此外，本屆發佈會還從中外城市比較的角度發佈了「2016世界十佳宜居城市排行榜」、「2016世界十佳安全城市排行榜」。作為國際化的研究機構，中國城市競爭力研究會時刻關注世界城市的發展變化，積極研究世界城市的發展規律，總結世界城市健康發展的成功經驗，盡力為中國城市的發展提供借鑒。

中國城市競爭力研究會作為在中国最早涉足城市競爭力研究領域的學術機構，每年發佈的「中國城市分類優勢排行榜」已成為具有權威性和公信力的知名品牌，得到社會各界廣泛認可。未來研究會將不斷開拓創新，以促進城市可持續發展為宗旨，為把中國城市建設成為經濟指數高、文化特色濃、人居環境好、投資條件佳、安全係數高、生態文明優的和諧美麗城市而不懈努力。

新聞發佈會現場

2016 中國城市分類優勢排行榜榜單

2016 China City Classified Advantage Ranking Lists

中國城市競爭力研究會、世界城市合作組織联合發佈

2016 中國省區、直轄市綜合競爭力排行榜

中國城市競爭力研究會對中國省區綜合競爭力的總體評價，是以經濟、地理與行政劃分為基礎，對中國兩岸四地省、區、直轄市及特別行政區進行系統而全面的研究與評價。

《GN 中國省區、直轄市綜合競爭力評價指標體系》涵蓋經濟、社會、環境、文化四大系統，由包括經濟競爭力指數、產業競爭力指數、財政金融競爭力指數、商業貿易競爭力指數、基礎設施競爭力指數、社會體制競爭力指數、環境/資源/區位競爭力指數、人力資本教育競爭力指數、科技競爭力指數和文化形象競爭力指數在內的 10 項一級指標、50 項二級指標、216 項三級指標組成。

2016 中國省區、直轄市綜合競爭力排行榜					
排名	省域	總分	排名	省域	總分
1	廣東	13507.50	18	安徽	7249.02
2	江蘇	12762.06	19	內蒙古	7098.32
3	山東	12417.21	20	廣西	7064.98
4	浙江	11970.63	21	陝西	6691.15
5	上海	11703.82	22	黑龍江	6516.68
6	臺灣	10794.69	23	江西	6322.65
7	北京	10594.50	24	雲南	6176.16
8	河南	10260.88	25	澳門	5985.61
9	福建	9559.47	26	吉林	5744.87
10	天津	9112.18	27	貴州	5665.08
11	湖北	8682.06	28	山西	5450.42
12	香港	8320.03	29	新疆	5290.77
13	遼寧	7954.19	30	甘肅	4835.18
14	四川	7746.80	31	海南	4481.94
15	河北	7678.30	32	寧夏	4461.76
16	湖南	7600.12	33	青海	4118.87
17	重慶	7526.55	34	西藏	3785.72

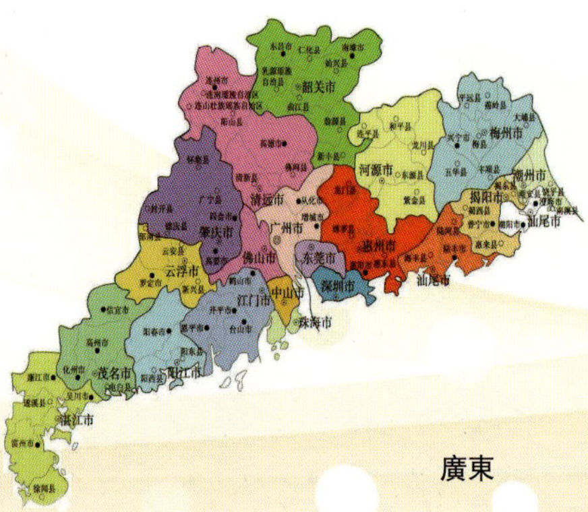

廣東

2016 中國省區、直轄市成長競爭力排行榜

省區、直轄市成長競爭力是指其在動態發展的過程中，充分挖掘其潛在的潛能，不斷完善社會組織體制，展示其創新活力並依據可持續發展的內在規律逐步提升自身綜合競爭力的能力。

《GN 中國省區、直轄市成長競爭力評價指標體系》由包括實力指數、潛力指數、活力指數、能力指數在內的 4 項一級指標、29 項二級指標、70 項三級指標組成。

天津

2016 中國省區、直轄市成長競爭力排行榜

排名	省域	總分	排名	省域	總分
1	天津	9295.48	18	浙江	5753.90
2	廣東	9217.94	19	遼寧	5584.64
3	江蘇	9045.93	20	吉林	5573.95
4	重慶	8752.77	21	江西	5380.63
5	山東	8354.81	22	雲南	5308.52
6	四川	8102.11	23	河北	5253.23
7	貴州	7920.84	24	廣西	5006.37
8	湖北	7832.43	25	香港	4867.24
9	福建	7501.08	26	新疆	4801.92
10	上海	7205.70	27	黑龍江	4683.98
11	陝西	6952.07	28	西藏	4607.82
12	河南	6653.80	29	山西	4476.19
13	北京	6469.52	30	甘肅	4419.76
14	湖南	6407.68	31	海南	4379.03
15	臺灣	6194.96	32	青海	4143.03
16	內蒙古	6003.43	33	寧夏	3785.92
17	安徽	5899.28	34	澳門	3490.44

2016 中國一帶一路最具開發潛力城市排行榜

2016 中國一帶一路最具開發潛力城市排行榜

排名	城市	總分
1	鄭州	91.37
2	連雲港	90.03
3	泉州	88.95
4	伊犁	87.11
5	寧波	86.66
6	海口	84.40
7	咸陽	83.57
8	信陽	82.51
9	湛江	81.79
10	西寧	80.15

一帶一路最具開發潛力城市是指在「一帶一路」戰略中，戰略節點城市未來經濟、社會、體制、文化等各方面具有的廣闊的發展空間和潛力。其特徵是：地域位置獨特，潛能豐富，政策支持優勢明顯，投資者關注度高。

《GN 中國一帶一路最具開發潛力城市評價指標體系》由包括投資潛力指數、支持優勢指數、政策傾向度指數、投資者關注度指數在內的 4 項一級指標、18 項二級指標、44 項三級指標組成。

2016 中國十佳宜居城市排行榜

宜居城市是指對城市適宜居住程度的綜合評價。其特徵是：環境優美，社會安全，文明進步，生活舒適，經濟和諧，美譽度高。

《GN 中國宜居城市評價指標體系》由包括生態環境健康指數、城市安全指數、生活便利指數、生活舒適指數、經濟富裕指數、社會文明指數、城市美譽度指數在內的 7 項一級指標、48 項二級指標、74 項三級指標組成。

珠海

2016 中國十佳宜居城市排行榜		
排名	城市	總分
1	珠海	89.14
2	威海	88.79
3	信陽	87.28
4	惠州	85.47
5	廈門	83.15
6	金華	82.43
7	柳州	80.32
8	曲靖	79.89
9	九江	78.01
10	綿陽	76.63

2016 中國十大創新城市排行榜

創新城市是指以科技創新為動力、以文化創新為基礎、以增強自主創新能力為主導、以轉變經濟增長方式為中心、以提高城市競爭能力為目標的城市。其特徵是：具備創新意識，積聚創新資源，發揮創新作用，創造創新成果，把創新作為基本驅動力推動城市的發展，高端輻射或引領其所在城市群以及更大範圍的其他區域。

《GN 中國創新城市評價指標體系》由包括經濟創新指數、機制創新指數、科教創新指數、文化創新指數、生態環保創新指數在內的 5 項一級指標、28 項二級指標、123 項三級指標組成。

深圳

2016 中國十大創新城市排行榜		
排名	城市	總分
1	深圳	91.55
2	北京	90.21
3	蘇州	89.13
4	上海	87.28
5	西安	86.83
6	杭州	84.57
7	廣州	83.74
8	武漢	82.67
9	成都	81.95
10	濟南	81.31

2016 中國最具幸福感城市排行榜

城市幸福感是指城市市民主體對所在城市的認同感、歸屬感、安定感、滿足感，以及外界人群的嚮往度、讚譽度。其特徵是：市民普遍感到城市宜居宜業，地域文化獨特、空間舒適美麗、生活質量良好，生態環境優化，社會文明安全，社會福利及保障水平較高。

《GN 中國幸福感城市評價指標體系》由包括滿足感指數，生活質量指數，生態環境指數，社會文明指數，經濟福利指數在內的 5 項一級指標、21 項二級指標、47 項三級指標組成。

青島

2016 中國最具幸福感城市排行榜

排名	城市	總分	排名	城市	總分
1	青島	95.45	16	澳門	79.48
2	杭州	92.96	17	揚州	78.46
3	惠州	92.70	18	徐州	78.25
4	煙臺	91.71	19	合肥	77.90
5	珠海	91.22	20	梅州	77.38
6	成都	90.16	21	四平	76.04
7	哈爾濱	89.24	22	長沙	75.10
8	信陽	88.76	23	濱州	74.74
9	濟南	87.81	24	牡丹江	73.71
10	肇慶	86.52	25	寧波	72.69
11	威海	85.69	26	撫順	71.54
12	廈門	84.77	27	萊蕪	70.03
13	蘇州	83.23	28	松原	68.07
14	重慶	81.80	29	榆林	67.16
15	金華	80.39	30	張家口	66.59

2016 中國十佳開放發展城市排行榜

開放發展城市的基本特徵是：城市積極主動的擴大對外經濟交往力度；發展開放型經濟，放開甚至取消各種限制；開放市場、投資場所；國內外貿易活躍。

《GN 中國開放發展城市評價指標體系》由包括資本開放度、技術開放度、政策開放度、貿易開放度、重大影響力事件（指當年或近年有重大國際性合作交流影響性活動與事件）在內的 5 項一級指標，12 項二級指標，26 項三級指標組成。

2016 中國十佳開放發展城市排行榜

排名	城市	重大影響力事件	總分
1	西安	“一帶一路”語言服務及大數據平臺	90.53
2	福州	福建自貿試驗區特別是平潭片區發力	89.20
3	南寧	中國－東盟博覽會 12 年，拓寬“南寧渠道”	87.14
4	昆明	南博會連續舉辦及啟動瀾湄合作機制	86.30
5	貴陽	生態文明貴陽國際論壇“三三制”凸顯國際級	84.87
6	唐山	2016 年唐山世界園藝博覽會舉辦	83.62
7	烏魯木齊	亞歐經貿合作試驗區申報取得實質進展	82.80
8	張家口	2022 冬奧會舉辦地之一和賽事主戰場	81.75
9	牡丹江	綏芬河－東寧重點開發開放試驗區獲批	81.04
10	延邊	中國圖們江區域(琿春)國際合作示範區快速建設	80.40

2016 中國最美麗城市排行榜

美麗城市的主要特徵是城市規劃設計合理，基礎設施完善，建築個性鮮明且整體協調，文化底蘊深厚，自然環境優美。

《GN 中國美麗城市評價指標體系》由包括城市規劃設計美、城市基礎設施美、城市建築美、城市文明美、城市自然環境美和城市公眾口碑美在內的 6 項一級指標、17 項二級指標、62 項三級指標組成。

拉薩

杭州

2016 中國最美麗城市排行榜

排名	城市	美態定位 2016	總分
1	拉薩	雪域聖城美	94.34
2	杭州	湖光山色美	94.01
3	深圳	青春都市美	93.72
4	青島	碧海帆船美	93.10
5	蘇州	古典園林美	92.39
6	銀川	西夏古都美	92.08
7	惠州	山湖綠地美	91.54
8	哈爾濱	北國風光美	91.27
9	信陽	山水茶都美	90.60
10	林芝	高原山花美	89.35
11	煙臺	蓬萊仙境美	88.83
12	珠海	恬靜閒適美	88.21
13	肇慶	硯都綠道美	87.54
14	長春	北方春城美	87.19
15	昆明	浪漫春色美	86.28
16	徐州	兩漢文風美	85.43
17	聊城	江北水城美	84.97
18	秦皇島	觀海聽濤美	84.28
19	許昌	建安風骨美	83.52
20	南昌	贛鄱親水美	82.67
21	柳州	青山秀水美	82.34
22	安順	雄瀑龍淵美	81.59
23	呼倫貝爾	雄雞引冠美	81.05
24	牡丹江	林海雪鄉美	80.68
25	佳木斯	中俄風情美	80.30
26	欽州	南海之濱美	79.73
27	臨滄	天下茶尊美	79.36
28	蕪湖	吳風楚韻美	78.62
29	樂山	秀山佛城美	77.59
30	恩施	鄂西林都美	76.21

2016 中國十佳高效政府排行榜

高效政府是指城市政府在行政過程當中的效率水平。其特徵是:行政程序化、法制化、規範化，決策科學，辦事效率高，公平、公正、公開，公務員素質高，機構精簡。

《GN 中國高效政府評價指標體系》由包括政府規範指數、政府效率指數、公務員素質指數、政府行政口碑指數在內的 4 項一級指標、15 項二級指標、64 項三級指標組成。

2016 中國十佳高效政府排行榜

排名	城市	總分
1	深圳	87.15
2	重慶	86.04
3	廈門	85.38
4	武漢	85.24
5	寧波	83.43
6	東莞	82.88
7	威海	81.67
8	許昌	80.28
9	萊蕪	79.53
10	銀川	77.69

2016 中國十佳協調發展城市排行榜

協調發展城市是指人與自然、社會與經濟、政府與市民的共生、有序狀態，是對城市協調有效發展綜合評價。其特徵是:民族和諧、民主法治、公平正義、誠信友愛、充滿活力、安定有序、人與自然和諧相處。

《GN 中國協調發展城市評價指標體系》由包括生活質量指數、社會公平指數、居民幸福指數、社會安全指數、城市生態指數、城市人文指數、民族和諧指數在內的 7 項一級指標、14 項二級指標、46 項三級指標組成。

金华

2016 中國十佳協調發展城市排行榜		
排名	城市	總分
1	金華	91.24
2	拉薩	89.68
3	合肥	88.07
4	中山	86.94
5	東營	85.41
6	銀川	85.15
7	萊蕪	84.33
8	克拉瑪依	83.80
9	欽州	82.53
10	怒江	81.72

2016 中國十佳食品安全城市排行榜

食品安全指食品無毒、無害，符合應當有的營養要求，對人體健康不造成任何急性、亞急性或者慢性危害。食品安全是民眾非常關心的內容，需要政府的持續監督管理。

《GN 中國食品安全城市評價指標體系》由食品質量安全、食品法規、食品安全監督與管理、食品安全技術與資金支援和食品安全信息、教育、交流和培訓在內的 5 個一級指標、15 個二級指標和 49 個三級指標構成。

2016 中國十佳食品安全城市排行榜		
排名	城市	總分
1	香港	91.13
2	澳門	90.88
3	佳木斯	89.22
4	宜昌	87.61
5	齊齊哈爾	86.46
6	呼和浩特	84.82
7	中山	83.76
8	吉林	82.45
9	銀川	80.56
10	張家口	79.54

2016 中國快城三十佳排行榜

中國快城的基本特徵是：經濟持續平穩快速增長，區位優越，交通快捷，人、財、物流通快速，工作節奏快，政府辦事講效率、落實快。

《GN 中國快城評價指標體系》由包括經濟持續平穩快速增長指數，城市交通方便快速指數，城市及城際物流、信息流、人流、資金流快進快出指數，政府辦事效率快捷指數，城市就業人群工作、出行、交流相對快節奏指數等 5 項一級指標、23 項二級指標、48 項三級指標組成。

深圳

重慶

鄭州

2016 中國快城三十佳排行榜		
排名	城市	總分
1	深圳	93.01
2	重慶	92.54
3	鄭州	91.86
4	杭州	91.46
5	天津	90.87
6	貴陽	90.35
7	武漢	88.99
8	南京	87.97
9	長沙	87.13
10	許昌	86.80
11	合肥	85.43
12	徐州	84.83
13	福州	83.07
14	佛山	81.38
15	南通	79.96
16	株洲	79.15
17	蘭州	77.82
18	蕪湖	77.38
19	泉州	77.04
20	遵義	76.33
21	衡陽	75.91
22	惠州	74.46
23	鹽城	73.84
24	珠海	72.78
25	南昌	72.43
26	南陽	71.69
27	泰州	71.07
28	廊坊	70.91
29	六盤水	70.26
30	綿陽	69.90

2016 世界十佳宜居城市排行榜

宜居城市是指對城市適宜居住程度的綜合評價。其特徵是：生態優美，環境舒適，生活愜意，安全感高，健康保障優，出行便捷，贊譽度高。

《GN 世界宜居城市評價指標體系》由包括生態環境指數、城市安全指數、生活便利指數、生活舒適指數、經濟富裕指數、城市文明指數、城市口碑指數在內的 7 項一級指標、28 項二級指標組成。

尼斯

2016 世界十佳宜居城市排行榜		
排名	城市	總分
1	法國尼斯	88.40
2	英國愛丁堡	88.05
3	意大利佛羅倫薩	86.55
4	澳大利亞達爾文	84.76
5	美國西雅圖	82.46
6	加拿大溫哥華	81.74
7	納米比亞溫得和克	79.65
8	荷屬安的列斯庫拉索	79.22
9	瑞士蘇黎世	77.36
10	中國珠海	75.99

2016 世界十佳安全城市排行榜

安全城市的主要特徵是：當年無重大影響性安全事件，社會秩序良好，營商環境優越，注重食品安全，資訊安全保障，人與環境和諧。

《GN 世界安全城市評價指標體系》由包括社會安全、經濟安全、生態安全、資訊安全在內的 4 項一級指標、16 項二級指標組成。

瑞典斯德哥爾摩

2016 世界十佳安全城市排行榜		
排名	城市	總分
1	瑞典斯德哥爾摩	92.41
2	新西蘭惠靈頓	92.05
3	德國柏林	90.48
4	新加坡	88.60
5	澳大利亞墨爾本	86.20
6	加拿大蒙特利爾	85.45
7	日本大阪	83.26
8	西班牙巴塞羅那	82.82
9	中國香港	80.87
10	韓國首爾	79.44

2016 中國最乾淨城市排行榜

最乾淨城市是指：城市綠化覆蓋率高，建築物整潔美觀，主次幹道、街巷路面清潔，垃圾、污水處理率高，城市清掃保潔制度落實到位。

《GN 中國最乾淨城市評價指標體系》包括城市綠化指數、建築物整潔美觀指數、生活環境清潔指數、廢棄物處理指數、清掃保潔指數等 5 項一級指標、21 項二級指標組成。

香港

2016 中國最乾淨城市排行榜		
排名	城市	總分
1	香港	89.30
2	澳門	87.99
3	廈門	85.96
4	大連	85.13
5	柳州	83.72
6	濱州	82.49
7	紹興	81.68
8	揚州	80.64
9	河源	79.94
10	晉城	79.31

2016 中國十佳供給側改革城市排行榜

2016 中國十佳供給側改革城市排行榜		
排名	城市	總分
1	重慶	87.32
2	深圳	86.79
3	廣州	85.26
4	上海	84.15
5	天津	82.42
6	南京	81.57
7	鎮江	80.39
8	蘭州	79.58
9	常州	78.67
10	呼和浩特	76.83

供給側改革城市是指城市用改革的辦法推進結構調整，減少無效和低端供給，擴大有效和中高端供給，提高全要素生產率，使供給體系更好適應需求結構變化。其特徵是：經濟可持續發展，人民生活水平和質量不斷提高，資源優化配置與優化再生，產業機構優化，產品質量提高，企業成本降低等。

《GN 中國供給側改革城市評價指標體系》由包括去產能指數、去庫存指數、去杠杆指數、降成本指數和補短板指數在內的 5 項一級指標、18 項二級指標、48 項三級指標組成。

2016 中國十佳投資環境城市排行榜

城市投資環境是指城市對投資者所能提供的現有支持條件。其特徵是：城市經濟發展現狀良好，基礎設施完善，配套設施充足，法制建設完備，投資扶持能力強，投資回報率高。

《GN 中國城市投資環境評價指標體系》由包括經濟發展指數，資源狀況指數，城市形象指數和政府行為指數在內的 4 項一級指標、16 項二級指標、51 項三級指標組成。

2016 中國十佳投資環境城市排行榜		
排名	城市	總分
1	南通	91.33
2	蘭州	90.09
3	揚州	88.41
4	烏魯木齊	87.76
5	佛山	86.72
6	衡陽	84.58
7	六盤水	83.28
8	紹興	82.80
9	四平	80.71
10	漳州	79.13

南通

2016 中國十佳投資環境縣排行榜

2016 中國十佳投資環境縣		
排名	縣域	總分
1	浙江慈溪市	91.75
2	湖南長沙縣	89.14
3	山東榮成市	88.66
4	江蘇海門市	86.90
5	福建晉江市	86.72
6	江西南昌縣	84.63
7	廣東惠東縣	82.17
8	湖北漢川市	81.84
9	四川郫縣	80.76
10	陝西鳳縣	78.65

城市投資環境是指城市對投資者所能提供的現有支持條件。其特徵是:城市經濟發展現狀良好，基礎設施完善，配套設施充足，法制建設完備，投資扶持能力強，投資回報率高。

《GN 中國城市投資環境評價指標體系》由包括經濟發展指數，資源狀況指數，城市形象指數和政府行為指數在內的 4 項一級指標、16 項二級指標、51 項三級指標組成。

慈溪

2016 中國縣域綜合競爭力百强排行榜

城市綜合競爭力是指一個城市整合自身經濟資源、社會資源、環境資源與文化資源參與區域資源配置競爭及國際資源配置競爭的能力。

《GN 中國縣域綜合競爭力評價指標體系》涵蓋經濟、社會、環境、文化四大系統，由包括綜合經濟競爭力指數、產業競爭力指數、財政金融競爭力指數、商業貿易競爭力指數、基礎設施競爭力指數、社會保障競爭力指數、區位競爭力指數、創新競爭力指數和文化形象競爭力指數等在內的 10 項一級指標、30 項二級指標、102 項三級指標組成。

昆山

江陰

張家港

2016 中國縣域綜合競爭力百強排行榜

排名	城市	分數	排名	城市	分數
1	江蘇昆山市	94.28	51	福建石獅市	79.17
2	江蘇江陰市	93.96	52	河南新鄭市	78.75
3	江蘇張家港市	93.62	53	江蘇海安縣	78.48
4	江蘇常熟市	93.39	54	江蘇東台市	78.19
5	福建晉江市	92.81	55	河南鞏義市	78.08
6	江蘇宜興市	92.56	56	江蘇如東縣	77.86
7	浙江慈溪市	92.05	57	浙江桐鄉市	77.74
8	江蘇太倉市	91.86	58	河南新密市	77.44
9	浙江義烏市	91.49	59	江蘇泰興市	77.29
10	內蒙古准格爾旗	90.78	60	江西南昌縣	77.02
11	浙江諸暨市	90.32	61	遼寧海城市	76.63
12	山東即墨市	90.00	62	江蘇沭陽縣	76.26
13	湖南長沙縣	89.69	63	山東萊西市	75.83
14	江蘇丹陽市	89.46	64	河北三河市	75.58
15	山東龍口市	89.10	65	福建長樂市	75.05
16	山東榮成市	88.75	66	江蘇沛縣	74.90
17	浙江余姚市	88.61	67	河北武安市	74.50
18	湖南瀏陽市	88.21	68	山東高密市	74.15
19	山東滕州市	87.91	69	河北任丘市	74.07
20	遼寧瓦房店市	87.83	70	河南滎陽市	73.55
21	江蘇海門市	87.42	71	山東青州市	73.18
22	浙江溫嶺市	87.27	72	福建惠安縣	72.91
23	山東章丘市	87.10	73	遼寧莊河市	72.24
24	湖南寧鄉縣	86.84	74	江蘇新沂市	72.08
25	山東鄒城市	86.40	75	河南禹州市	71.35
26	山東膠州市	86.20	76	江蘇儀征市	71.17
27	河北遷安市	85.86	77	浙江平湖市	70.98
28	山東鄒平縣	85.60	78	安徽肥西縣	70.07
29	江蘇靖江市	85.27	79	廣東博羅縣	69.80
30	山東新泰市	84.69	80	河北遵化市	69.59
31	山東平度市	84.34	81	湖北大冶市	69.25
32	福建福清市	84.06	82	江蘇高郵市	68.93
33	陝西神木縣	83.83	83	湖北宜都市	68.53
34	山東廣饒縣	83.62	84	山東蓬萊市	68.14
35	江蘇啟東市	83.19	85	遼寧大石橋市	67.88
36	山東壽光市	83.00	86	浙江東陽市	67.70
37	浙江瑞安市	82.40	87	黑龍江肇東市	67.42
38	福建南安市	82.30	88	湖南醴陵市	67.35
39	江蘇如皋市	81.57	89	吉林公主嶺市	67.21
40	浙江樂清市	81.20	90	江蘇句容市	66.91
41	山東諸城市	80.93	91	河南長葛市	66.76
42	浙江海寧市	80.82	92	浙江臨安市	66.42
43	新疆庫爾勒市	80.62	93	福建閩侯縣	66.36
44	山東萊州市	80.22	94	貴州仁懷市	66.28
45	浙江溧陽市	80.14	95	江蘇揚中市	65.92
46	山東肥城市	80.02	96	河北固安縣	65.57
47	江蘇邳州市	79.87	97	福建平潭縣	65.37
48	山東招遠市	79.47	98	浙江嘉善縣	65.16
49	江蘇興化市	79.33	99	貴州盤縣	64.79
50	內蒙古伊金霍洛旗	79.25	100	陝西府穀縣	64.71

2016 中國十佳誠信政府排行榜

誠信政府是指政府在指導和參與經濟社會活動過程中表現出的守信程度。其特徵是：信守承諾，政務公開，履約率高，依法依規辦事，公共形象好，投資者滿意度高，經濟開放度高，經濟發達。

《GN 中國誠信政府評價指標體系》由包括政府信用評級指數，政務公開指數，政府公共形象指數和經濟行為指數在內的 4 項一級指標、15 項二級指標、60 項三級指標組成。

香港

2016 中國十佳誠信政府排行榜

排名	城市	總分
1	香港	92.87
2	澳門	91.46
3	青島	90.51
4	徐州	89.21
5	大連	88.20
6	合肥	87.70
7	南昌	85.49
8	六盤水	84.96
9	佛山	82.25
10	長治	80.58

2016 中國最具幸福感縣級城市排行榜

2016 中國最具幸福感縣級城市排行榜

排名	城市	總分	排名	城市	總分
1	浙江桐廬縣	91.13	16	四川郫縣	84.58
2	山東即墨市	90.25	17	黑龍江東寧市	83.37
3	江蘇揚中市	90.05	18	湖北潛江市	82.96
4	浙江余姚市	89.80	19	湖南寧鄉縣	81.67
5	廣東博羅縣	89.75	20	廣東四會市	80.94
6	內蒙古伊金霍洛旗	89.40	21	山東萊州市	80.47
7	江蘇太倉市	89.23	22	福建沙縣	79.50
8	遼寧海城市	88.42	23	四川興文縣	78.18
9	吉林榆樹市	87.69	24	廣西鹿寨縣	77.82
10	浙江溫嶺市	87.50	25	山東龍口市	77.52
11	福建晉江市	87.22	26	江西樟樹市	76.47
12	江蘇海安縣	86.81	27	安徽繁昌縣	76.14
13	山東章丘市	85.79	28	河北大城縣	75.79
14	重慶雲陽縣	85.57	29	貴州惠水縣	74.64
15	河南商城縣	84.85	30	雲南鎮雄縣	73.90

城市幸福感是指城市市民主體對所在城市的認同感、歸屬感、安定感、滿足感，以及外界人群的嚮往度、讚譽度。其特徵是：市民普遍感到城市宜居宜業，地域文化獨特、空間舒適美麗、生活質量良好，生態環境優化，社會文明安全，社會福利及保障水平較高。

《GN 中國幸福感城市評價指標體系》由包括滿足感指數，生活質量指數，生態環境指數，社會文明指數，經濟福利指數在內的 5 項一級指標、21 項二級指標、47 項三級指標組成。

2016 中國最美麗縣排行榜

美麗縣城（或縣級市）的主要特徵是規劃設計合理，歷史遺跡保存完善，特色建築個性鮮明，文化底蘊深厚，自然環境優美。

《GN 中國美麗縣城評價指標體系》由包括規劃設計美、歷史遺風美、特色建築美、鄉村文明美、自然環境美和公眾口碑美在內的 6 項一級指標、17 項二級指標、62 項三級指標組成。

廣西陽朔縣

浙江桐廬縣

2016 中國最美麗縣排行榜

排名	縣城	美態定位 2016	總分
1	廣西陽朔縣	秀領天下美	92.67
2	浙江桐廬縣	瑤琳畫境美	91.43
3	江西婺源縣	水墨鄉村美	91.16
4	四川九寨溝縣	原始野趣美	90.79
5	湖南鳳凰縣	水色邊城美	90.23
6	雲南滄源縣	世界佤鄉美	89.55
7	西藏江孜縣	淨土皈域美	89.48
8	吉林琿春市	北亞國門美	89.02
9	甘肅敦煌市	大漠絲路美	88.65
10	新疆布爾津縣	幻彩山湖美	87.86
11	福建泰寧縣	丹峰雄嶠美	87.03
12	雲南晉寧縣	古滇宮闕美	86.52
13	黑龍江漠河縣	不夜邊陲美	85.68
14	浙江淳安縣	水泊千島美	85.48
15	貴州荔波縣	嫵媚黔鄉美	85.05
16	河南商城縣	淮上山湖美	84.58
17	山東新泰市	泰麓花果美	83.75
18	廣東連山縣	壯瑤合璧美	83.50
19	河北興隆縣	後山風水美	82.63
20	湖北英山縣	茶山農園美	82.27
21	福建南靖縣	土樓原著美	81.62
22	雲南綏江縣	鷗飛長湖美	80.68
23	廣東大埔縣	溪江如繪美	80.04
24	安徽休寧縣	齊雲福地美	79.33
25	福建尤溪縣	五彩雲田美	78.82
26	江蘇洪澤縣	水上長城美	77.72
27	江西鉛鼓縣	丹霞天柱美	77.08
28	湖南通道縣	侗歌笙舞美	76.62
29	陝西旬陽縣	夜色斑斕美	75.89
30	內蒙古多倫縣	草原商關美	75.12

2016 中國十佳宜居縣排行榜

宜居城市是指對城市適宜居住程度的綜合評價。其特徵是：環境優美，社會安全，文明進步，生活舒適，經濟和諧，美譽度高。

《GN 中國宜居城市評價指標體系》由包括生態環境健康指數、城市安全指數、生活便利指數、生活舒適指數、經濟富裕指數、社會文明指數、城市美譽度指數在內的 7 項一級指標，48 項二級指標，74 項三級指標組成。

浙江德清县

2016 中國十佳宜居縣		
排名	縣	總分
1	浙江德清縣	87.64
2	雲南玉龍縣	85.87
3	山東蓬萊市	84.21
4	四川平昌縣	83.40
5	廣東博羅縣	82.15
6	貴州余慶縣	80.09
7	江西峽江縣	79.24
8	湖北鐘祥市	78.37
9	吉林撫松縣	77.58
10	福建安溪縣	76.94

2016 中國十大美麗鄉鎮排行榜

美麗鄉鎮的主要特徵是規劃設計合理，歷史遺跡保存完善，特色建築個性鮮明，文化底蘊深厚，自然環境優美。

《GN 中國美麗鄉鎮評價指標體系》由包括規劃設計美、歷史遺風美、特色建築美、鄉村文明美、自然環境美和公眾口碑美在內的 6 項一級指標、17 項二級指標、62 項三級指標組成。

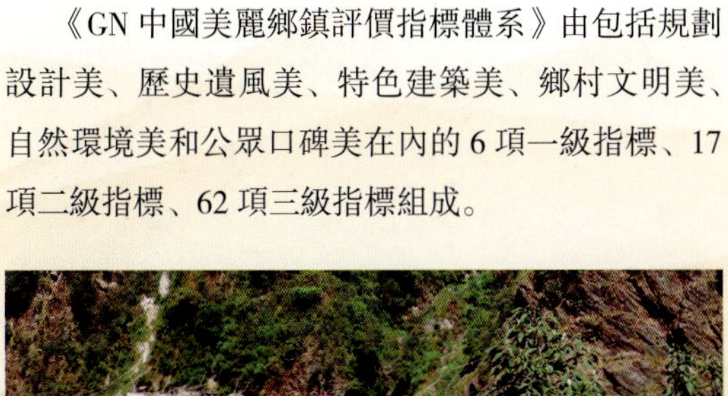

西藏日喀则市樟木镇

2016 中國十大美麗鄉鎮排行榜			
排名	鄉鎮	美態定位	總分
1	西藏聶拉木縣樟木鎮	四季山花美	92.31
2	安徽黟縣西遞鎮	民清古風美	91.04
3	江蘇蘇州市金庭鎮	虹牽麗嶼美	90.47
4	貴州六盤水市月照鄉	峰壁上月美	89.23
5	河南商城縣金剛台鎮	競秀聯村美	87.56
6	浙江嘉善縣西塘鎮	吳根越角美	86.48
7	山西昔陽縣大寨鎮	虎頭新顏美	85.15
8	海南瓊海市博鼇鎮	瓊島海天美	84.76
9	雲南貢山縣丙中洛鎮	東方奇峽美	82.11
10	廣東梅州市雁洋鎮	客家淳味美	81.07

英西峰林

清遠 中國最具特色旅遊城市

清遠，中國廣東省轄地級市。1988年1月7日經國務院批准設立，位於中國廣東省中部，北江中下遊，北面和東北面與韶關市為鄰，東南和南面接廣州市，南與佛山市接壤，西與肇慶市相連，是廣東省面積最大的地級市。

清遠旅遊資源豐富，五大類資源各具特色，分佈在各景區內的點達58處之多，是廣東省旅遊資源大市，素有「中國溫泉之鄉」、「中國龍舟之鄉」、「中國漂流之鄉」、「中國優秀旅遊城市」、「中國宜居城市」等美譽。

清遠以山地丘陵為主，大龍山、瑤山、雲開大山與北江、連江、滃江、滃江在此交匯，孕育出雄奇險陵的高山峽谷，松濤如海的原始森林、純如深閨的湖泊溫泉，以及豪放古樸的瑤、壯民族風情。飛霞風景名勝區、廣東第一峰、清新溫泉、英西峰林、連州地下河等旅遊景區遍佈清遠境內。清遠漂流、四驅越野車節是塑造「山水清遠，活力之鄉」旅遊整體形象。清遠旅遊發展著力打造清新生態、飛霞風景名勝、英西奇特峰林、英佛湖光山色、連陽民族風情等「五條熱線」和溫泉休閒、漂流感受、山水風光、溶洞奇觀、民族風情等「五大品牌」。未來，清遠旅遊特色將日漸濃厚。

鳳城新貌

新興產業發展迅猛，走綠色發展之路。2015年，總投資300億元的長隆森林主題公園全面動工，動植物種源基地建設順利推進。神華國華清遠電廠首期兩台百萬千瓦「近零排放」機組正式動工。新興際華、通用電梯、廣百海元物流、萬達廣場等重大專案也已全面動工。全市新引進工業項目129個，合同投資額474.2億元。全力實施工業轉型升級攻堅戰三年行動計劃，完成工業技改投資32.8億元，增長114.8%，增幅居廣東省第一。

環境治理成效顯著，走生態建設之路。全面啟動國家環境保護模範城市創建工作。成立環境保護委員會，設立環境與食品藥品犯罪偵查支隊，成為廣東省第三個、粵東西北首個設立「環保員警」的地級市。深入開展全國文明城市、國家衛生城市創建活動，實施「門前三包」責任制，城市環境進一步改善。全市森林覆蓋率提高到72%。空氣質量明顯改善，其中2015年12月份居廣東省第一。

「南融北康」新進展，立足「廣清一體化」戰略。推動廣清一體化戰略納入廣東省「十三五」規劃。出臺南部地區加快融入珠三角行動計畫，著力推進交通、產業、公共服務、要素配置、城市功能、生態環境等六個方面的一體化發展。廣清城軌清遠段累計完成總投資的47%；佛清從高速北段、廣清與清連高速連接線、汕湛和汕昆高速清遠段、北江航道擴能升級項目全線動工，區位優勢日漸顯著。

許昌 中國最美麗城市

許昌，又稱蓮城，地處「中原之中」，位於河南省中部，是中原城市群、中原經濟區核心城市之一，全國文明城市。

許昌歷史文化悠久。舊石器時代就有古人類定居生息，2007 年在許昌靈井發現的距今 8—10 萬年智人頭蓋骨化石，被國家文物局命名為「許昌人」，為現代東亞人類起源提供了佐證。許昌遠古時期稱許地，西周時期稱許國，秦朝置許縣。三國時期，許昌是中國北方的政治、經濟、文化中心，西元 196 年，曹操迎漢獻帝從洛陽遷都于許，「挾天子而令諸侯」，雄踞許昌 25 年；西元 221 年，曹丕廢漢立魏，因魏基昌于許，改許縣為許昌，沿用至今已有 1800 年歷史。許昌人傑地靈，數千年歷史中孕育出雜家呂不韋、法家韓非子、西漢留侯張良、改革家晁錯、三國名士徐庶、司馬徽、郭嘉、楷書鼻祖鐘繇、畫聖吳道子、行書鼻祖劉德升等一批名人先賢，是許、陳、鐘、方等姓氏的發源地，也是中國三國文化之鄉、中國蠟梅文化之鄉、中國陶瓷文化之鄉，享有「魏都」、「花都」、「鈞都」之美譽。

許昌交通區位優越。許昌地處「中原之中」，毗鄰鄭州航空港經濟綜合實驗區，距新鄭國際機場 50 公里，距省會鄭州 80 公里。京港澳等 4 條高速公路交匯許昌，107 國道、京廣鐵路、京廣客專，以及正在規劃建設的鄭州—萬州 (重慶) 鐵路、鄭州—合肥鐵路、新鄭機場至許昌城際鐵路縱貫南北。目前，新鄭機場許昌航站樓建成投用，「四站一港」零距離換乘中心基本建成，集高速公路、高速鐵路、航空為一體的快捷交通體系初步形成。

許昌生態環境優良。「中國花木之都」，被譽為省會鄭州的「南花園」，目前，全市花卉苗木面積達 90 萬畝，城市建成區綠地率達 34.3%、綠化覆蓋率達 39.15%、人均公園綠地面積 10.4 平方米，市區大氣環境質量優良天數居全省前列，先後榮獲「中國優秀旅遊城市」、「國家園林城市」、「國家森林城市」、「全國綠化模範城市」、「國家衛生城市」等榮譽。

許昌發展活力充沛。許昌堅持以開明求合作、以開放促發展，先後與 140 個國家和地區建立了經貿合作關係，引進了中國平安、國家電網、富士康集團等一批戰略投資者，與微軟、西門子、通用、沃爾瑪、瑞士迅達、日立等一批國際知名企業建立了良好合作關係。全市現有主機板上市公司 7 家、新三板掛牌公司 4 家、天交所股權掛牌公司 11 家，主營業務收入超百億元企業 7 家，所轄 5 個縣 (市) 經濟實力均居河南省前 30 強。許昌是河南省民營經濟最發達的地區，民營經濟增加值占經濟總量的 70% 以上，有 4 家企業入圍 2014 年中國民企 500 強，是河南省入圍最多的城市。

信陽 中國宜居美麗城市

信陽，古稱申州、申城，位於河南省最南部，是豫南政治、經濟、文化、教育、交通、科技、軍事中心，鄂豫皖區域性中心城市。信陽是中國著名的宜居之城、旅遊之城，全國唯一連續八年入選「中國十佳宜居城市」的城市，有「山水茶都」之美譽。

信陽交通要城。東連安徽，西、南接湖北，為三省通衢，從古至今都為江淮戰略要地和南北交通樞紐，是全國 44 個交通樞紐城市之一，是中國連接南北、承東啟西最重要的支點城市。

信陽區位優越。南距武漢 200 餘公里，北距鄭州 333 公里，東距合肥 340 公里，西距西安 590 公里，是河南省重要的交通通信樞紐。處於武漢經濟圈、皖江城市帶、中原經濟區的結合部和國務院《促進中部地區崛起規劃》中的京廣、京九「兩縱」經濟帶腹地。

信陽是文化名城和歷史古城。信陽位於淮河上遊，中原文化與古楚文化在此交融共生，形成了細膩浪漫的豫風楚韻文化風情。信陽自古以來人傑地靈，英雄輩出，孕育過戰國四公子之一的春申君、楚國名相孫叔敖、北宋宰相司馬光、明代文豪何景明、上將許世友、政協主席鄧穎超等著名歷史人物。

信陽是綠色茶城。素有「茶都」之稱，信陽毛尖舉世聞名，北宋文豪蘇軾謫居信陽時，給予「淮南茶，信陽第一，品不在浙閩下」的盛讚。先後獲「巴拿馬萬國博覽會金獎」、「全國十大名茶」、「國家金獎」、「中國茶文化名茶」等美譽，成為河南省茶葉生產的瑰寶。

信陽是革命紅城。信陽是土地革命時期僅次於中央蘇區的第二大革命根據地、鄂豫皖蘇區首府所在地，是紅軍的搖籃、將軍的故鄉。信陽共有 30 多萬優秀兒女為革命獻出了寶貴的生命，80 多位優秀的信陽兒女成長為

高級將領和國家領導人。

信陽國家戰略。2015 年 6 月 5 日經由國務院總理李克強簽批，涵蓋鄂豫皖三省，信陽市全境，規劃區域總面積達 10.86 萬平方公里的「大別山革命老區振興發展規劃」正式獲批實施。信陽作為此次規劃的核心區域和明確支援發展的重點區，「規劃」的實施勢將會為信陽市的經濟社會加快發展提供強大動力和一系列政策支援依據。

鷄公山雲海

龍崗區 深圳東部中心

龍崗區地處深圳市東北部，南望香港，北望惠州、東莞，轄區總面積387.53平方公里，是深圳市面積最大的市轄區。龍崗處於珠江口東岸深莞惠城市圈幾何中心，是深圳輻射粵東粵北地區的「橋頭堡」，更是連接珠三角區域發展的重要紐帶。截止2015年末，全區常住人口205.24萬人，實住人口400萬左右。隨著深圳「東進」戰略的不斷推進，龍崗區逐漸成為深圳東部中心。

產業轉型不斷升級，經濟綜合實力不斷增強。2015年龍崗地區生產總值達2636.79億元，同比增長10.5%，比2010年增長67.3%；公共財政收入達204.33億元，同比增長29%，五年翻兩番；全區居民人均可支配收入為39324.83元，同比增長8.8%，比2010年增長38.8%；萬元GDP水耗、電耗在「十二五」期間分別下降42.2%、38.3%；2015年戰略性新興產業增加值達1587.33億元，同比增長29.9%，五年翻番。產業轉型升級考核五年三次獲全市第一。產業體系更加完善。五年累計清理淘汰低端企業6210家。龍崗《政府工作報告》中提到，過去的五年，是龍崗建區以來經濟社會發展質量最好、綜合實力提升最快、居民生活水平改善最明顯的時期之一。

龍崗區逐漸實現由深圳重要的生產基地向深圳東部創新中心轉變，創新能力不斷增強，創新體系不斷完善。2015年，全區列入自主創新示範區面積89.6平方公里，占全市1/4；全社會研發投入占GDP比重10.7%，遠高於深圳市的4.05%，預計到2020年，研發投入占GDP比達11.2%；國際合作辦學從無到有，成果豐碩，新增香港中文大學（深圳）機器人與智能製造研究院、南嶺牛津生物醫學（中國）研究院等新型研發機構；創新平臺總量達112家，五年實現翻番；國家高新技術企業569家，是2010年的6.3倍；全區專利申請量15971件，其中發明專利申請量6735件。PCT國際專利申請量3866件，分別占全國、廣東省、深圳市的14.0%、25.8%和29.5%。

城區綜合功能持續提升，樂活宜居水平不斷提高。「十二五」期間，路網規劃建成率由35.8%提高到49.3%，供氣管網覆蓋率由39.7%提高到75.7%。博深高速、丹平快速等建成通車，軌道3號線、5號線建成運營，10號線順利開工。龍崗區九類重點民生領域投入財政資金431億元，年均增長10%；教育衛生事業取得突破，新增公辦學位4.8萬個，2015年總量達15.8萬個，是2010年的1.4倍，總量位居全市之首；新增病床2294張，2015年總量達5983張，是2010年的1.6倍；全市一流標準的平湖醫院、吉華醫院等正式動工。

《中國城市》雜誌

《中國城市》雜誌2002年創刊於香港，注重全球化視野，秉承「服務城市、宣傳城市、助力城市發展」的宗旨，成為中國城市走向全球的重要傳播平臺。

《中國城市》雜誌本著「讓世界關注中國城市，讓中國城市影響世界」的辦刊理念，重點關注全球經濟一體化背景下中國城市的全面發展進程，提供國際城市的發展經驗；聚焦國際國內城市重大新聞和重要思想觀點，提供原創性、思想性、前瞻性和權威性的報導和評論；挖掘、剖析和提煉國際城市的優秀文化，提供先進的發展理念；考察、研究、評價中外城市，提供權威、公正、高端的評價報告；走遍全球每個角落，研究世界城市特色，提供全面、豐富、獨特的旅遊資訊。

雜誌開設的欄目有：城市經濟、城市文化、城市管理、城市品牌、城市論壇、城市人物、城市旅遊、城市掃描、城市排行榜、主政金句、時評、特別關注、一帶一路、港澳臺、他山之石、國際瞭望、走遍全球、首腦養生。分為綜合刊與城市專刊兩類，主要讀者群為國內各省、自治區、直轄市、600多個大中城市首腦、2000余個縣、區領導、港澳臺政商領袖、全球華人精英及中國大陸社會各界人士、世界500強企業、中國500強企業。

雜誌先後出版香港、杭州、濟南、青島、鄭州、珠海、煙臺、金華、惠州、信陽、聊城、肇慶、欽州、柳州、徐州、吉林、韶關、商丘、威海、鄂爾多斯、東營、濱州、江門、清遠、深圳龍崗等城市專刊，宣傳中國城市形象，擴大城市招商引資成果，提高城市知名度，提升城市國際影響力，促進城市間交流合作，分享城市首腦管理城市創新理念，推動城市健康有序發展，已成為中國城市進行形象傳播，提升城市魅力的首選媒體。

Hang Zhou

Zheng Zhou

Qing Dao

Zhu Hai

Long Gang

Xin Yang

Hui Zhou

Zhao Qing

Bin Zhou

Dong Ying

第一篇　2015 年度中國城市綜合競爭力排行榜[①]

1.1 綜合競爭力的四維度

城市綜合競爭力，越來越受人們廣泛關注。城市綜合競爭力，是城市經濟實力的重要體現，它是多維度、多層次、複雜的系統結構。《中國城市綜合競爭力比較評價指標體系》認為：現代城市綜合競爭力是指城市整合自身經濟、社會、環境與文化資源參與區域配置競爭及國際資源配置競爭的能力，是城市經濟、社會、環境等綜合發展能力的集中體現。該指標的重要作用在於它反映城市在一定區域內同外界發生的物質、能量、信息的交流與集聚能力，也體現城市的生產、能力、科技創新及社會全面進步及其對外影響力等。全球化浪潮一波未平一波又起，與此同時資源的配置離不開市場的影響，在此過程中，資源稀缺性是一個不容忽視的因素，資源流動性是使資源實現向高效率地方集聚的重要力量。從資源的主要集聚方向可以有效的分析一個城市綜合競爭力，通常從以下四個方面來考察：經濟系統、社會系統、環境區位系統和文化系統。

經濟系統指由相互聯繫和相互作用的若干經濟元素組成，具有特定功能的有機整體。廣義的經濟系統是指物質生產系統和非物質生產系統中相互聯繫、相互作用的經濟元素組成的有機整體。經濟系統可以用於反映城市在創造財富、吸引和整合各種資源進行生產以滿足市民物質需求的能力，它與城市居民生活水平的聯繫是方方面面的。人們在一般情況下界定的城市競爭力就是對於經濟系統的競爭力，由此可見經濟系統競爭力在整個城市綜合競爭力價值體系中佔有重要地位。

我會對城市綜合競爭力價值評價體系的研究中分析得出，經濟系統在城市綜合競爭力中處於核心地位，包涵了十大一級單項競爭力指標中的五大單項競爭力指標。即經濟競爭力、財政金融競爭力、產業競爭力、基礎設施競爭力與商業貿易競爭力。經濟競爭力由城市多種生產要素有機結合而成，刻畫城市的整體實力、發展效益和發展水平，反映了對所在區域乃至國家的影響力。這種經濟競爭力，著眼點在於質量和效率。它不只是關注各種發展要素總量或規模所形成的某種靜態經濟實力，其經濟發展水平、人均指標以及單位指標，如人均 GDP 等都是其考察對象。經濟競爭力不是一個絕對量，而是一個相對概念，它用於橫向比較城市間競爭力，並放眼于過去與現實，同時關注城市經濟發展潛力與增長後勁。經濟競爭力注重城市綜合經濟表現，重點考察城市創造財富、集聚和整合各種資源進行生產的能力，體現了城市居民參與財富分配的能力，因此它顯示性地體現出一個城市的綜合競爭力。產業競爭力指某國或某一地區的某個特定產業相對於他國或地區同一產業在生產效率、滿足市場需求、持續獲利等方面所體現的競爭能力。它從產業效率、產業結構、產業集聚能力等方面出發，主要考察城市在參與區域產業分工及國際產業分工方面的相對競爭優勢。作為城市發展的基礎，產業競爭力在綜合競爭力中同樣具有重要作用；財政競爭力和金融競爭力統稱為城市財政金融競爭力，該指標體現城市公共財政及其金融體系集聚資本的相對優勢，如今社會化大生產緊鑼密鼓的進行，無論資本密集型生產，還是技術密集型生產都需要大量資金，資金不管在何時何地都處於稀缺狀態，一個城市若能擁有有效的財政融資能力和發達的城市金融系統，便能掌控城市的消費命脈，保證和促進城市經濟有效運行。因此財政金融體系是城市持續發展的初始條件和基本要素；商業貿易競爭力則體現了城市在區域性及全球性商品貿

[①]中國城市競爭力比較評價指標體系的設置及其評價方法請參見附錄 1 及附錄 2。另外，某城市在一特定分項競爭力或整體競爭力上得分為負，只是說明其競爭力水平在整體平均水平之下，而不是其競爭力為負值。具體的說明請見附錄 1 及附錄 2。

易流通中的地位及輻射能力，商業貿易競爭力是城市經濟發展的主要原動力，反映城市商貿往來的活躍程度及，對城市進步和發展有著不可估量的促進作用。城市起源於商業貿易，商業貿易作為城市的重要功能，其流通能力和市場活躍性反映了城市綜合商業貿易競爭能力。此外，城市基礎設施競爭力是指城市在為經濟發展和居民生活提供基本公共設施方面的能力，滿足經濟發展需求和居民生活需要的配套公共設施建設，是保證人才流、信息流、物流、價值流發揮有效作用的基本物質條件，基礎設施建設關系到城市日常工作的運轉和效率。

社會體制競爭力是城市社會系統中的唯一維度，體現了城市在社會公平、社會保障、社會治安、醫療保健及社會管理等方面的能力，是城市綜合競爭力軟環境的具體體現。社會體制競爭力是城市綜合競爭力的體現與結果，與城市綜合競爭力密不可分，二者具有作用力與反作用力的相互關系。較強的城市社會體制競爭力體現社會的良好風氣，說明社會安定及社會保障體系完善、城市人文環境和諧等積極方面。這無論對於經濟發展還是居民生活都是重要保障，是城市質量的軟體現。

環境、資源、區位競爭力是環境區位系統的唯一維度，它體現了城市在自然環境、自然資源與自然區位的相對優勢。城市的自然環境、自然資源與自然區位是先天條件，也是城市後天發展的產物，是兩種因素相互制約、相互發展的結果，是大自然的饋贈和人類勞動的有機結合。若城市對自然環境保護加以重視，並在工作和生活中保持對自然環境的愛護和維持，這有利於自然環境的良性發展。優良的自然環境、良好的自然區位將會促進城市發展，優化居民生活環境，提升城市綜合競爭力。

城市文化系統是城市綜合競爭力中的軟性系統之一，它是城市對科學技術資源、人力教育資源、人力資本和文化形象資源的整合，並使其為城市持續發展服務的能力。包括三種競爭力：人力資本教育競爭力、科技競爭力與文化形象競爭力。人力資本教育競爭力是指城市在吸引、集聚、培育人才方面的能力，它是城市競爭力的制高點，在城市人文實力方面具有突出地位。一個城市對人才重視，用合理的政策留住人才，建立配套的人才引進機制，不僅有利於城市的經濟建設，而且對於城市的良好內在形象設置有突出作用。如今不論是國家競爭力還是城市競爭力，人才都是競爭力的第一關鍵要素。科技競爭力是城市在科研投入、科研實力與科研成果轉換方面的能力，“科學技術是第一生產力”，城市在科技方面的相對優勢會極大的促進城市經濟發展，使其在生產效率和生產質量上都領先於同類城市，從而在資源配置上獲得有利地位，城市競爭力得到大幅度提升。城市文化形象競爭力是城市在歷史文化、市民意識、城市景觀和城市氛圍上區別於其它城市的能力，這種相對區別能使該城市在集聚各種資源上與其它城市相比，具有一定的優勢。有較強文化形象競爭力的城市會獲得良好的知名度和美譽度，如同城市具有天然吸引力，有利於集聚資源和城市開放，特別是對資本、人才的吸引。城市知名度和美譽度本身也是城市文化形象競爭力構成的重要因素。

1.2 四維度的城市綜合競爭力排名

如上所述，《中國城市綜合競爭力比較評價指標體系》（以下如未作特殊說明，都簡稱《比較評價體系》）涵蓋了經濟、社會、環境、人文及文化四大系統，體現了整個城市系統的經營管理能力、學習能力、創新能力、開放能力、聚集能力、可持續發展能力。它包括一級指標（單項競爭力）10 個，二級指標 50 個，三級指標 216 個。在 2015 年的中國城市競爭力比較評價工作中，我們根據《比較評價體系》對 300 個城市[①]包括香港、澳門以及臺灣省的新北、臺北、台中、台南、高雄、基隆、新竹和嘉義進行了評價計算，發現在 300 個城市綜合競爭力排名中，有 90 個城市處於平均水平之上（即有 90 個城市的綜合競爭力得分為正數，以下同），占 30%。綜合競爭力原始得分的標準差為 23.312[②]，比 2014 年有所下降，這表明城

[①]因為數據的可得性，2015 年我們一共對中國（包括港澳臺）300 個地級以上城市進行了競爭力排名。
[②]標準差說明城市在競爭力上的分散程度，標準差越大說明城市之間在某項競爭力（或指標）上的分散程度越

市之間的綜合競爭力差異可能會出現下降的拐點。在最具競爭力的 50 個城市中，東部地區城市（即屬於東部地區的城市）有 35 個，占 70%，中部地區 6 個，占 12%，西部地區 5 個，占 10%，東北地區 4 個，占 8%。這說明目前不同地區城市競爭力之間的差別比較大，並且具有較強競爭力的城市都集中於東部地區，中西部地區及東北地區[①]的城市相對而言，其綜合競爭力水平相對比較低。城市綜合競爭力所有排名請見表 1. 1。

表1. 1 2015年度中國城市綜合競爭力排行榜

系統	經濟					社會	環境	人文及文化				
城市	經濟競爭力	產業競爭力	財政金融競爭力	商業貿易競爭力	基礎設施競爭力	社會體制競爭力	環境資源區位競爭力	人力資本教育競爭力	科技競爭力	文化形象競爭力	綜合競爭力	排名
上海	0.671	1	0.786	0.8	0.897	0.908	0.976	0.855	0.895	0.778	13254.79	1
香港	1	0.443	1	1	0.565	0.972	0.633	0.843	0.668	0.764	12929.16	2
深圳	0.704	0.81	0.448	0.545	0.794	0.916	0.74	0.587	0.521	0.639	12885.79	3
北京	0.576	0.649	0.871	0.891	0.918	0.985	0.893	1	1	1	11099.48	4
廣州	0.446	0.67	0.409	0.623	0.787	0.883	0.857	0.779	0.522	0.572	9588.69	5
天津	0.46	0.748	0.41	0.491	0.632	0.806	0.695	0.62	0.521	0.398	7717.06	6
蘇州	0.392	0.875	0.348	0.46	0.479	0.924	0.756	0.465	0.468	0.517	7176.18	7
重慶	0.42	0.606	0.428	0.651	1	0.785	0.739	0.678	0.433	0.386	7051.79	8
杭州	0.319	0.509	0.382	0.43	0.532	0.858	1	0.552	0.465	0.545	6977.79	9
武漢	0.313	0.503	0.342	0.325	0.584	0.797	0.607	0.633	0.454	0.487	5736.28	10
南京	0.33	0.542	0.317	0.373	0.537	0.805	0.722	0.636	0.505	0.476	5036.64	11
成都	0.323	0.474	0.284	0.529	0.709	0.8	0.68	0.556	0.345	0.371	4952.59	12
臺北	0.354	0.305	0.326	0.449	0.372	0.964	0.525	0.613	0.497	0.346	4858.59	13
澳門	0.704	0.379	0.478	0.403	0.229	0.889	0.433	0.703	0.332	0.393	4796.37	14
青島	0.299	0.535	0.279	0.296	0.441	0.836	0.646	0.455	0.405	0.385	4519.37	15
大連	0.289	0.485	0.306	0.292	0.467	0.791	0.629	0.482	0.418	0.396	4349.94	16
寧波	0.277	0.538	0.337	0.345	0.411	0.845	0.548	0.399	0.4	0.367	4238	17
無錫	0.289	0.53	0.266	0.338	0.387	0.76	0.587	0.392	0.369	0.408	4160.76	18
瀋陽	0.289	0.465	0.285	0.296	0.517	0.781	0.688	0.481	0.41	0.413	4006.9	19
濟南	0.255	0.344	0.272	0.284	0.4	0.831	0.571	0.563	0.432	0.445	3938.92	20
廈門	0.247	0.433	0.282	0.312	0.389	0.787	0.571	0.389	0.381	0.317	3808.67	21
西安	0.261	0.34	0.296	0.276	0.544	0.763	0.508	0.548	0.404	0.472	3647.21	22
長沙	0.277	0.426	0.294	0.278	0.419	0.767	0.441	0.495	0.359	0.36	3325.5	23
東莞	0.297	0.62	0.209	0.327	0.455	0.818	0.454	0.324	0.352	0.309	3054.54	24
鄭州	0.255	0.472	0.283	0.268	0.443	0.759	0.49	0.528	0.349	0.32	2938.68	25
佛山	0.307	0.631	0.246	0.297	0.394	0.757	0.435	0.343	0.291	0.317	2832.5	26
合肥	0.225	0.404	0.251	0.226	0.428	0.723	0.501	0.46	0.394	0.324	2677.75	27
哈爾濱	0.234	0.311	0.246	0.225	0.416	0.712	0.588	0.465	0.385	0.404	2627.14	28
昆明	0.206	0.312	0.275	0.24	0.438	0.802	0.638	0.423	0.345	0.355	2597.39	29
福州	0.22	0.406	0.267	0.278	0.366	0.728	0.538	0.394	0.342	0.347	2553.78	30
長春	0.245	0.451	0.253	0.23	0.381	0.733	0.545	0.435	0.336	0.337	2551.86	31
珠海	0.228	0.405	0.217	0.298	0.352	0.802	0.547	0.39	0.317	0.324	2436.57	32
南通	0.232	0.473	0.219	0.259	0.375	0.765	0.52	0.338	0.308	0.32	2273.34	33
煙臺	0.238	0.489	0.204	0.25	0.353	0.792	0.553	0.278	0.285	0.327	2211.89	34
常州	0.254	0.446	0.216	0.306	0.326	0.74	0.595	0.368	0.302	0.255	2210.86	35
新北	0.341	0.246	0.31	0.388	0.341	0.826	0.367	0.372	0.295	0.195	2013.13	36
紹興	0.226	0.406	0.237	0.243	0.338	0.786	0.481	0.255	0.292	0.376	1945.82	37
南昌	0.208	0.344	0.248	0.206	0.329	0.734	0.52	0.431	0.309	0.326	1834.13	38

大，也就是城市之間的差異越大。我們這裡使用原始得分來計算標準差，即未將所得分乘以 100 來計算方差（請讀者參見附錄 1）（以下同）。

[①]根據中國統計局 2011 年 6 月 13 號的劃分辦法 為科學反映中國不同區域的社會經濟發展狀況 為黨中央、國務院制定區域發展政策提供依據，根據《中共中央、國務院關於促進中部地區崛起的若干意見》、《國務院發佈關於西部大開發若干政策措施的實施意見》以及黨的十六大報告的精神，將中國的經濟區域劃分為東部、中部、西部和東北四大地區。東部包括：北京、天津、河北、上海、江蘇、浙江、福建、山東、廣東、海南和香港、澳門及臺灣地區。中部包括：山西、安徽、江西、河南、湖北和湖南。西部包括：內蒙古、廣西、重慶、四川、貴州、雲南、西藏、陝西、甘肅、青海、寧夏和新疆。東北包括：遼寧、吉林和黑龍江。

表1.1 2015年度中國城市綜合競爭力排行榜

系統	經濟					社會	環境	人文及文化				
城市	經濟競爭力	產業競爭力	財政金融競爭力	商業貿易競爭力	基礎設施競爭力	社會體制競爭力	環境資源區位競爭力	人力資本教育競爭力	科技競爭力	文化形象競爭力	綜合競爭力	排名
中山	0.223	0.456	0.192	0.236	0.311	0.773	0.391	0.318	0.337	0.342	1800.11	39
嘉興	0.203	0.408	0.218	0.255	0.271	0.782	0.444	0.274	0.275	0.37	1594.41	40
台南	0.277	0.209	0.261	0.33	0.385	0.863	0.392	0.33	0.265	0.191	1573.77	41
台中	0.309	0.227	0.286	0.364	0.289	0.879	0.349	0.334	0.27	0.171	1569.63	42
石家莊	0.202	0.343	0.206	0.19	0.352	0.746	0.495	0.383	0.32	0.29	1547.94	43
太原	0.193	0.312	0.254	0.202	0.333	0.736	0.47	0.431	0.313	0.279	1522.27	44
高雄	0.313	0.228	0.289	0.371	0.297	0.869	0.313	0.35	0.262	0.145	1452.85	45
貴陽	0.185	0.296	0.199	0.208	0.456	0.723	0.524	0.369	0.271	0.29	1451.74	46
溫州	0.205	0.298	0.245	0.267	0.296	0.761	0.406	0.339	0.294	0.329	1401.69	47
桃園	0.298	0.219	0.264	0.353	0.249	0.863	0.351	0.341	0.272	0.187	1361.77	48
嘉義	0.262	0.191	0.231	0.338	0.259	1	0.341	0.33	0.256	0.155	1353.24	49
淄博	0.223	0.448	0.187	0.205	0.337	0.754	0.51	0.239	0.26	0.234	1286.93	50
南寧	0.186	0.293	0.24	0.205	0.29	0.675	0.559	0.382	0.309	0.3	1282.6	51
威海	0.189	0.372	0.184	0.2	0.289	0.764	0.55	0.246	0.287	0.303	1271.68	52
泉州	0.22	0.504	0.214	0.254	0.309	0.685	0.456	0.253	0.215	0.292	1261.01	53
鄂爾多斯	0.248	0.442	0.252	0.194	0.439	0.659	0.36	0.29	0.24	0.28	1235.54	54
新竹	0.289	0.194	0.232	0.376	0.258	0.848	0.341	0.387	0.255	0.157	1153.55	55
徐州	0.214	0.388	0.183	0.229	0.299	0.703	0.487	0.302	0.27	0.268	1106.94	56
濰坊	0.208	0.397	0.201	0.245	0.338	0.749	0.427	0.238	0.268	0.227	1059.68	57
舟山	0.187	0.275	0.214	0.199	0.298	0.798	0.511	0.273	0.253	0.289	1049.16	58
東營	0.219	0.45	0.206	0.201	0.278	0.727	0.461	0.234	0.258	0.251	1040.02	59
唐山	0.228	0.378	0.199	0.202	0.349	0.756	0.484	0.265	0.25	0.189	1028.34	60
惠州	0.205	0.466	0.192	0.228	0.284	0.747	0.3	0.262	0.312	0.221	929.48	61
基隆	0.25	0.192	0.233	0.321	0.251	0.843	0.363	0.341	0.259	0.161	875.8	62
海口	0.169	0.249	0.22	0.196	0.302	0.71	0.478	0.331	0.265	0.323	841.7	63
呼和浩特	0.21	0.278	0.244	0.202	0.327	0.662	0.438	0.33	0.266	0.257	749.94	64
鎮江	0.205	0.4	0.205	0.193	0.256	0.712	0.415	0.282	0.267	0.225	709.15	65
蘭州	0.171	0.278	0.229	0.191	0.272	0.707	0.344	0.392	0.296	0.294	703.9	66
大慶	0.218	0.414	0.128	0.186	0.314	0.675	0.445	0.341	0.253	0.222	693.66	67
台州	0.192	0.305	0.232	0.216	0.28	0.699	0.465	0.216	0.246	0.295	671.26	68
烏魯木齊	0.193	0.281	0.23	0.176	0.339	0.726	0.399	0.313	0.272	0.227	666.2	69
克拉瑪依	0.219	0.33	0.172	0.174	0.325	0.7	0.365	0.339	0.234	0.277	579.35	70
揚州	0.21	0.413	0.182	0.194	0.279	0.69	0.411	0.254	0.251	0.206	521.05	71
臨沂	0.192	0.367	0.188	0.213	0.317	0.707	0.436	0.197	0.246	0.217	511.64	72
銀川	0.169	0.24	0.252	0.173	0.28	0.718	0.399	0.285	0.262	0.3	501.15	73
泰州	0.192	0.381	0.184	0.192	0.263	0.734	0.407	0.24	0.239	0.226	475.36	74
湖州	0.18	0.322	0.209	0.201	0.247	0.754	0.414	0.247	0.219	0.265	474.99	75
金華	0.192	0.273	0.231	0.233	0.285	0.696	0.423	0.269	0.244	0.223	445.74	76
濟寧	0.192	0.346	0.182	0.203	0.289	0.705	0.457	0.212	0.251	0.213	430.51	77
鹽城	0.191	0.344	0.195	0.208	0.246	0.697	0.473	0.238	0.228	0.189	305.24	78
秦皇島	0.142	0.271	0.167	0.167	0.212	0.719	0.501	0.288	0.26	0.28	300.71	79
淮安	0.184	0.326	0.188	0.18	0.24	0.703	0.44	0.234	0.229	0.227	183.68	80
江門	0.168	0.357	0.16	0.198	0.241	0.683	0.381	0.227	0.247	0.269	147.13	81
泰安	0.179	0.322	0.156	0.208	0.234	0.733	0.403	0.216	0.252	0.211	138.12	82
包頭	0.235	0.329	0.187	0.195	0.337	0.673	0.337	0.254	0.229	0.163	124.44	83
拉薩	0.136	0.153	0.176	0.21	0.41	0.674	0.309	0.295	0.257	0.311	62.56	84
汕頭	0.18	0.343	0.134	0.196	0.206	0.701	0.4	0.237	0.252	0.239	48.43	85
鞍山	0.182	0.326	0.164	0.193	0.291	0.683	0.392	0.203	0.249	0.205	34.04	86
銅陵	0.172	0.352	0.192	0.194	0.238	0.698	0.393	0.213	0.235	0.189	22.6	87
蕪湖	0.175	0.353	0.202	0.179	0.263	0.658	0.369	0.244	0.269	0.172	13.64	88
聊城	0.16	0.332	0.179	0.176	0.218	0.69	0.447	0.164	0.245	0.249	5.18	89
連雲港	0.151	0.306	0.187	0.161	0.228	0.698	0.445	0.2	0.248	0.241	-0.63	90
韶關	0.143	0.236	0.14	0.167	0.228	0.685	0.434	0.245	0.268	0.321	-27.2	91
漳州	0.153	0.341	0.183	0.175	0.209	0.682	0.43	0.227	0.219	0.225	-84.37	92
營口	0.164	0.327	0.197	0.169	0.249	0.67	0.411	0.188	0.251	0.192	-121.33	93
宜昌	0.173	0.304	0.19	0.193	0.26	0.681	0.405	0.186	0.232	0.194	-136.26	94
德州	0.158	0.317	0.173	0.205	0.233	0.666	0.427	0.193	0.249	0.19	-159.72	95
龍岩	0.151	0.292	0.191	0.189	0.196	0.695	0.43	0.201	0.214	0.242	-168.64	96

表1.1 2015年度中國城市綜合競爭力排行榜

系統	經濟					社會	環境	人文及文化				
城市	經濟競爭力	產業競爭力	財政金融競爭力	商業貿易競爭力	基礎設施競爭力	社會體制競爭力	環境資源區位競爭力	人力資本教育競爭力	科技競爭力	文化形象競爭力	綜合競爭力	排名
濱州	0.166	0.324	0.186	0.178	0.263	0.692	0.382	0.173	0.241	0.181	-188.85	97
莆田	0.167	0.342	0.189	0.175	0.21	0.675	0.41	0.201	0.212	0.212	-194.7	98
衢州	0.148	0.274	0.195	0.171	0.173	0.72	0.389	0.235	0.237	0.237	-199.02	99
洛陽	0.185	0.312	0.169	0.187	0.29	0.626	0.3	0.219	0.232	0.269	-224.88	100
嘉峪關	0.176	0.32	0.235	0.151	0.3	0.702	0.269	0.161	0.219	0.214	-237.3	101
棗莊	0.172	0.29	0.164	0.177	0.248	0.676	0.404	0.176	0.246	0.209	-262.4	102
吉林	0.185	0.284	0.158	0.174	0.258	0.675	0.374	0.263	0.223	0.173	-309.19	103
桂林	0.14	0.254	0.152	0.149	0.228	0.643	0.465	0.248	0.248	0.245	-310.81	104
本溪	0.158	0.321	0.159	0.159	0.258	0.668	0.378	0.216	0.247	0.18	-325.75	105
撫順	0.163	0.286	0.141	0.152	0.241	0.708	0.393	0.209	0.241	0.198	-328.08	106
三亞	0.16	0.221	0.189	0.168	0.196	0.667	0.449	0.241	0.24	0.219	-334.25	107
廊坊	0.168	0.28	0.186	0.178	0.21	0.696	0.354	0.243	0.242	0.175	-336.43	108
馬鞍山	0.167	0.304	0.182	0.18	0.246	0.674	0.331	0.227	0.249	0.171	-343.34	109
邯鄲	0.154	0.284	0.163	0.151	0.29	0.615	0.486	0.228	0.227	0.178	-345.5	110
湛江	0.152	0.311	0.15	0.185	0.22	0.66	0.384	0.228	0.239	0.207	-359.65	111
三明	0.142	0.259	0.196	0.154	0.207	0.682	0.417	0.226	0.217	0.229	-366.63	112
西寧	0.146	0.228	0.23	0.151	0.247	0.67	0.349	0.215	0.25	0.227	-378.32	113
柳州	0.157	0.338	0.176	0.166	0.243	0.627	0.371	0.218	0.246	0.186	-382.38	114
盤錦	0.184	0.258	0.161	0.171	0.258	0.695	0.413	0.15	0.238	0.176	-385.12	115
烏海	0.198	0.302	0.194	0.163	0.282	0.673	0.332	0.171	0.227	0.163	-386.59	116
菏澤	0.15	0.313	0.158	0.174	0.21	0.694	0.409	0.143	0.244	0.194	-399.95	117
襄陽	0.171	0.356	0.166	0.192	0.234	0.652	0.36	0.146	0.233	0.185	-412.89	118
保定	0.156	0.267	0.161	0.152	0.277	0.629	0.381	0.257	0.25	0.199	-418.24	119
萊蕪	0.177	0.265	0.154	0.164	0.211	0.715	0.388	0.182	0.246	0.176	-430.56	120
肇慶	0.144	0.318	0.164	0.164	0.206	0.675	0.34	0.21	0.249	0.215	-432.36	121
榆林	0.179	0.34	0.182	0.142	0.226	0.653	0.294	0.234	0.224	0.22	-434.75	122
麗水	0.143	0.256	0.195	0.178	0.19	0.682	0.342	0.239	0.211	0.257	-435.26	123
宿遷	0.15	0.282	0.187	0.155	0.212	0.668	0.416	0.202	0.235	0.189	-436.18	124
株洲	0.169	0.3	0.15	0.189	0.261	0.632	0.376	0.239	0.216	0.182	-456.3	125
商丘	0.143	0.288	0.141	0.144	0.239	0.735	0.311	0.185	0.216	0.258	-457.49	126
綿陽	0.144	0.256	0.129	0.168	0.252	0.676	0.339	0.273	0.247	0.208	-477.14	127
遼陽	0.151	0.31	0.154	0.141	0.222	0.672	0.429	0.175	0.233	0.188	-479.08	128
錦州	0.153	0.245	0.165	0.161	0.248	0.669	0.394	0.218	0.244	0.187	-479.73	129
日照	0.169	0.318	0.18	0.186	0.216	0.665	0.322	0.17	0.241	0.181	-507.92	130
茂名	0.147	0.314	0.131	0.175	0.167	0.668	0.407	0.217	0.234	0.203	-521.49	131
攀枝花	0.153	0.294	0.183	0.144	0.24	0.702	0.308	0.212	0.214	0.196	-527.34	132
南平	0.132	0.238	0.183	0.142	0.196	0.722	0.392	0.197	0.226	0.216	-528.45	133
咸陽	0.164	0.284	0.137	0.181	0.225	0.655	0.347	0.207	0.218	0.245	-529.4	134
滄州	0.159	0.29	0.158	0.159	0.249	0.649	0.394	0.204	0.236	0.166	-538.04	135
寧德	0.125	0.256	0.215	0.164	0.19	0.676	0.385	0.202	0.217	0.216	-554.5	136
新餘	0.162	0.3	0.171	0.134	0.214	0.687	0.388	0.167	0.222	0.186	-559.34	137
九江	0.144	0.284	0.165	0.146	0.205	0.683	0.403	0.199	0.222	0.174	-606.62	138
湘潭	0.16	0.327	0.176	0.168	0.231	0.659	0.298	0.225	0.197	0.185	-617.95	139
蚌埠	0.137	0.279	0.163	0.164	0.226	0.69	0.34	0.189	0.237	0.175	-643.41	140
丹東	0.133	0.267	0.151	0.151	0.22	0.675	0.367	0.167	0.248	0.209	-665.15	141
曲靖	0.141	0.229	0.147	0.162	0.229	0.663	0.35	0.158	0.216	0.29	-682.21	142
德陽	0.136	0.284	0.15	0.162	0.194	0.702	0.353	0.229	0.219	0.163	-685.44	143
資陽	0.139	0.299	0.227	0.156	0.198	0.666	0.275	0.226	0.237	0.156	-687.99	144
荊州	0.159	0.241	0.141	0.335	0.183	0.626	0.334	0.173	0.225	0.179	-699.14	145
常德	0.163	0.309	0.14	0.154	0.201	0.667	0.35	0.188	0.201	0.181	-784.09	146
黃石	0.135	0.302	0.156	0.161	0.213	0.628	0.357	0.179	0.233	0.189	-793.25	147
北海	0.136	0.318	0.135	0.147	0.181	0.626	0.428	0.185	0.225	0.179	-795.05	148
荊門	0.136	0.269	0.135	0.164	0.199	0.705	0.364	0.138	0.222	0.194	-796.72	149
岳陽	0.162	0.281	0.141	0.137	0.234	0.656	0.357	0.201	0.199	0.191	-803.19	150
安慶	0.13	0.266	0.145	0.184	0.205	0.642	0.374	0.176	0.22	0.209	-803.97	151
宣城	0.135	0.245	0.176	0.223	0.202	0.643	0.314	0.197	0.23	0.182	-804.3	152
十堰	0.132	0.278	0.14	0.17	0.196	0.629	0.368	0.195	0.25	0.192	-807.01	153
新鄉	0.155	0.283	0.154	0.151	0.241	0.67	0.298	0.189	0.229	0.164	-813.18	154

表1.1 2015年度中國城市綜合競爭力排行榜

系統	經濟					社會	環境	人文及文化				
城市	經濟競爭力	產業競爭力	財政金融競爭力	商業貿易競爭力	基礎設施競爭力	社會體制競爭力	環境資源區位競爭力	人力資本教育競爭力	科技競爭力	文化形象競爭力	綜合競爭力	排名
延安	0.152	0.285	0.145	0.162	0.234	0.676	0.283	0.196	0.208	0.194	-814.57	155
黃山	0.128	0.24	0.152	0.164	0.197	0.658	0.38	0.171	0.223	0.222	-825.84	156
梅州	0.126	0.246	0.136	0.145	0.173	0.674	0.378	0.194	0.242	0.211	-836.21	157
平頂山	0.147	0.268	0.154	0.17	0.248	0.646	0.319	0.196	0.222	0.168	-837.08	158
通化	0.14	0.277	0.148	0.159	0.223	0.659	0.37	0.17	0.226	0.159	-840.34	159
張家口	0.135	0.251	0.167	0.139	0.214	0.665	0.392	0.167	0.232	0.165	-840.52	160
贛州	0.145	0.278	0.165	0.14	0.209	0.651	0.331	0.201	0.224	0.186	-841.19	161
南陽	0.167	0.271	0.153	0.189	0.255	0.63	0.297	0.182	0.226	0.162	-848.17	162
遵義	0.145	0.271	0.128	0.144	0.224	0.659	0.377	0.178	0.206	0.195	-860.9	163
郴州	0.146	0.262	0.141	0.152	0.232	0.634	0.426	0.187	0.188	0.173	-879.09	164
揭陽	0.145	0.339	0.131	0.185	0.171	0.658	0.28	0.178	0.24	0.166	-887.69	165
大同	0.146	0.241	0.142	0.13	0.241	0.645	0.357	0.235	0.23	0.157	-902.16	166
呼倫貝爾	0.182	0.211	0.145	0.161	0.264	0.664	0.263	0.225	0.222	0.167	-922.27	167
宜春	0.132	0.265	0.148	0.143	0.179	0.661	0.392	0.16	0.217	0.192	-931.92	168
邢臺	0.132	0.255	0.15	0.13	0.214	0.63	0.394	0.211	0.229	0.165	-935.06	169
寶雞	0.157	0.284	0.133	0.18	0.236	0.609	0.317	0.191	0.23	0.168	-937.2	170
鐵嶺	0.132	0.207	0.155	0.148	0.205	0.643	0.431	0.171	0.237	0.165	-949.11	171
淮南	0.142	0.234	0.163	0.166	0.221	0.617	0.337	0.243	0.225	0.163	-949.34	172
鄂州	0.156	0.288	0.15	0.141	0.196	0.655	0.351	0.136	0.216	0.181	-953.22	173
防城港	0.149	0.308	0.163	0.134	0.208	0.63	0.332	0.161	0.218	0.174	-960.08	174
通遼	0.162	0.268	0.188	0.144	0.242	0.632	0.317	0.182	0.217	0.134	-961.32	175
萍鄉	0.148	0.259	0.151	0.148	0.181	0.649	0.316	0.17	0.243	0.201	-962.14	176
上饒	0.127	0.276	0.158	0.143	0.193	0.652	0.331	0.179	0.214	0.199	-967.48	177
承德	0.124	0.242	0.176	0.137	0.19	0.661	0.336	0.191	0.235	0.179	-969.09	178
阜新	0.127	0.208	0.174	0.14	0.196	0.654	0.382	0.174	0.227	0.193	-974.02	179
銅川	0.157	0.252	0.108	0.157	0.2	0.682	0.334	0.182	0.205	0.191	-982.77	180
玉溪	0.142	0.281	0.156	0.154	0.179	0.61	0.325	0.2	0.221	0.208	-987.89	181
松原	0.162	0.235	0.145	0.147	0.2	0.642	0.397	0.188	0.207	0.159	-991.55	182
齊齊哈爾	0.136	0.227	0.139	0.149	0.191	0.657	0.384	0.175	0.225	0.183	-998.17	183
焦作	0.153	0.298	0.159	0.149	0.235	0.629	0.285	0.173	0.212	0.17	-999.03	184
安陽	0.148	0.271	0.135	0.155	0.251	0.641	0.308	0.171	0.22	0.167	-1000.7	185
鷹潭	0.116	0.284	0.149	0.136	0.167	0.659	0.419	0.168	0.195	0.172	-1010.88	186
白山	0.148	0.218	0.151	0.141	0.238	0.678	0.286	0.2	0.22	0.175	-1014.32	187
瀘州	0.14	0.288	0.133	0.168	0.213	0.675	0.294	0.154	0.212	0.165	-1019.49	188
滁州	0.133	0.251	0.16	0.177	0.197	0.64	0.351	0.186	0.219	0.149	-1023.15	189
衡陽	0.153	0.269	0.14	0.162	0.251	0.59	0.346	0.197	0.196	0.183	-1024.32	190
陽江	0.133	0.275	0.15	0.149	0.168	0.67	0.321	0.173	0.233	0.167	-1025.57	191
許昌	0.152	0.31	0.161	0.156	0.208	0.624	0.304	0.157	0.221	0.153	-1032.08	192
吉安	0.129	0.252	0.138	0.146	0.177	0.638	0.396	0.152	0.222	0.201	-1034.97	193
晉中	0.135	0.217	0.148	0.123	0.21	0.666	0.332	0.24	0.23	0.158	-1038.67	194
景德鎮	0.134	0.231	0.14	0.137	0.178	0.64	0.39	0.175	0.225	0.192	-1061.72	195
樂山	0.134	0.257	0.15	0.151	0.209	0.654	0.344	0.184	0.217	0.139	-1074	196
赤峰	0.161	0.243	0.157	0.139	0.22	0.646	0.317	0.204	0.215	0.14	-1074.93	197
佳木斯	0.127	0.183	0.157	0.129	0.27	0.654	0.353	0.181	0.215	0.173	-1085.8	198
淮北	0.139	0.255	0.144	0.149	0.19	0.629	0.328	0.21	0.223	0.169	-1092.63	199
運城	0.134	0.228	0.138	0.145	0.21	0.712	0.31	0.162	0.218	0.143	-1110.17	200
朝陽	0.122	0.217	0.154	0.129	0.202	0.668	0.328	0.166	0.228	0.192	-1119.76	201
河源	0.112	0.293	0.168	0.134	0.147	0.665	0.268	0.174	0.24	0.187	-1120.88	202
葫蘆島	0.135	0.22	0.148	0.13	0.203	0.69	0.357	0.149	0.192	0.178	-1131.8	203
漯河	0.149	0.335	0.131	0.155	0.172	0.663	0.274	0.141	0.212	0.155	-1134.5	204
長治	0.138	0.26	0.142	0.138	0.21	0.612	0.329	0.197	0.232	0.157	-1147.84	205
潮州	0.141	0.308	0.107	0.153	0.145	0.655	0.262	0.165	0.239	0.201	-1157	206
開封	0.145	0.227	0.147	0.171	0.2	0.659	0.281	0.179	0.222	0.158	-1168.42	207
遼源	0.151	0.241	0.152	0.171	0.196	0.662	0.278	0.187	0.211	0.141	-1168.7	208
欽州	0.132	0.249	0.152	0.136	0.19	0.636	0.344	0.145	0.217	0.188	-1170.35	209
清遠	0.132	0.282	0.147	0.137	0.182	0.66	0.233	0.194	0.242	0.165	-1173.86	210
白城	0.139	0.197	0.164	0.142	0.216	0.645	0.354	0.16	0.215	0.164	-1174.43	211
玉林	0.131	0.258	0.134	0.132	0.2	0.607	0.42	0.144	0.214	0.165	-1181.87	212

表1.1 2015年度中國城市綜合競爭力排行榜

系統	經濟					社會	環境	人文及文化				
城市	經濟競爭力	產業競爭力	財政金融競爭力	商業貿易競爭力	基礎設施競爭力	社會體制競爭力	環境資源區位競爭力	人力資本教育競爭力	科技競爭力	文化形象競爭力	綜合競爭力	排名
咸寧	0.122	0.244	0.149	0.156	0.181	0.645	0.348	0.12	0.222	0.187	-1186.12	213
撫州	0.12	0.241	0.142	0.135	0.177	0.633	0.345	0.182	0.218	0.196	-1194.13	214
鶴壁	0.142	0.259	0.174	0.145	0.196	0.635	0.292	0.146	0.219	0.165	-1194.14	215
渭南	0.142	0.224	0.138	0.151	0.225	0.627	0.34	0.173	0.204	0.174	-1197.12	216
石嘴山	0.143	0.256	0.17	0.122	0.241	0.68	0.245	0.149	0.211	0.143	-1200.27	217
孝感	0.122	0.227	0.141	0.17	0.206	0.626	0.334	0.163	0.232	0.163	-1201.77	218
銅仁	0.136	0.194	0.285	0.13	0.178	0.634	0.229	0.305	0.155	0.15	-1235.12	219
六安	0.134	0.225	0.146	0.189	0.207	0.613	0.315	0.164	0.217	0.165	-1238.98	220
梧州	0.115	0.315	0.157	0.146	0.18	0.6	0.317	0.156	0.214	0.166	-1250.42	221
自貢	0.139	0.27	0.138	0.154	0.188	0.632	0.288	0.184	0.207	0.164	-1252.19	222
六盤水	0.113	0.242	0.172	0.125	0.23	0.636	0.33	0.165	0.207	0.145	-1261.3	223
朔州	0.146	0.256	0.104	0.113	0.255	0.608	0.366	0.168	0.218	0.139	-1269.36	224
汕尾	0.111	0.253	0.121	0.131	0.136	0.65	0.316	0.163	0.238	0.216	-1274.87	225
三門峽	0.145	0.247	0.149	0.174	0.214	0.643	0.254	0.157	0.214	0.146	-1276.15	226
臨汾	0.137	0.232	0.132	0.12	0.203	0.641	0.334	0.185	0.212	0.159	-1283.11	227
晉城	0.139	0.264	0.136	0.117	0.206	0.602	0.352	0.203	0.211	0.141	-1287.15	228
雲浮	0.113	0.23	0.148	0.151	0.167	0.651	0.275	0.165	0.235	0.19	-1302.76	229
黃岡	0.129	0.179	0.135	0.158	0.196	0.661	0.304	0.149	0.232	0.182	-1308.01	230
駐馬店	0.145	0.225	0.136	0.145	0.233	0.634	0.284	0.151	0.219	0.164	-1310.25	231
益陽	0.136	0.239	0.138	0.148	0.189	0.643	0.343	0.161	0.189	0.157	-1311.82	232
周口	0.143	0.243	0.134	0.148	0.201	0.616	0.292	0.178	0.219	0.166	-1315.38	233
池州	0.135	0.222	0.162	0.16	0.178	0.628	0.289	0.155	0.215	0.184	-1317.78	234
雅安	0.126	0.197	0.137	0.139	0.156	0.699	0.336	0.172	0.209	0.149	-1323.45	235
四平	0.139	0.199	0.144	0.145	0.204	0.633	0.31	0.197	0.215	0.157	-1326.32	236
宜賓	0.136	0.249	0.112	0.153	0.203	0.632	0.331	0.164	0.203	0.157	-1326.95	237
阜陽	0.133	0.22	0.132	0.166	0.205	0.627	0.31	0.173	0.209	0.158	-1342.23	238
信陽	0.132	0.197	0.147	0.145	0.21	0.628	0.313	0.169	0.222	0.163	-1347.27	239
陽泉	0.143	0.216	0.128	0.138	0.239	0.615	0.302	0.201	0.213	0.145	-1353.26	240
衡水	0.126	0.245	0.146	0.14	0.207	0.582	0.351	0.16	0.209	0.169	-1362.89	241
呂梁	0.115	0.275	0.135	0.123	0.177	0.625	0.282	0.189	0.241	0.148	-1368.35	242
金昌	0.14	0.237	0.158	0.16	0.242	0.606	0.239	0.145	0.205	0.18	-1370.51	243
廣元	0.12	0.188	0.13	0.133	0.183	0.66	0.317	0.169	0.188	0.221	-1375.51	244
百色	0.124	0.181	0.157	0.136	0.194	0.625	0.383	0.154	0.215	0.149	-1384.35	245
宿州	0.132	0.223	0.131	0.152	0.19	0.647	0.298	0.163	0.212	0.154	-1390.67	246
漢中	0.126	0.186	0.13	0.148	0.187	0.642	0.317	0.181	0.223	0.164	-1398.9	247
內江	0.13	0.256	0.14	0.153	0.174	0.641	0.271	0.146	0.213	0.164	-1400.17	248
牡丹江	0.134	0.187	0.151	0.175	0.209	0.604	0.283	0.191	0.219	0.162	-1400.4	249
忻州	0.12	0.192	0.126	0.117	0.202	0.689	0.268	0.199	0.221	0.154	-1413.4	250
南充	0.125	0.231	0.132	0.151	0.226	0.624	0.297	0.161	0.208	0.146	-1416.35	251
婁底	0.127	0.238	0.142	0.129	0.2	0.624	0.36	0.155	0.188	0.139	-1429.26	252
遂寧	0.125	0.237	0.143	0.157	0.173	0.637	0.303	0.14	0.207	0.155	-1443.36	253
安順	0.12	0.228	0.177	0.129	0.157	0.634	0.31	0.186	0.207	0.136	-1444.48	254
眉山	0.128	0.233	0.143	0.151	0.195	0.631	0.275	0.173	0.212	0.141	-1452.37	255
濮陽	0.135	0.264	0.123	0.141	0.203	0.607	0.282	0.161	0.215	0.145	-1473.93	256
張家界	0.127	0.159	0.149	0.133	0.17	0.635	0.318	0.139	0.184	0.25	-1481.11	257
隨州	0.121	0.197	0.129	0.151	0.175	0.617	0.355	0.124	0.216	0.179	-1489.8	258
貴港	0.126	0.238	0.136	0.133	0.161	0.624	0.341	0.139	0.212	0.153	-1490.95	259
巴彥淖爾	0.148	0.201	0.171	0.143	0.175	0.626	0.287	0.174	0.212	0.117	-1515.89	260
安康	0.133	0.212	0.134	0.155	0.19	0.625	0.25	0.178	0.206	0.169	-1520.53	261
邵陽	0.124	0.198	0.134	0.137	0.199	0.617	0.333	0.163	0.196	0.162	-1530.55	262
崇左	0.113	0.232	0.138	0.143	0.18	0.643	0.29	0.156	0.214	0.132	-1534.41	263
烏蘭察布	0.126	0.206	0.153	0.124	0.226	0.612	0.301	0.176	0.215	0.118	-1536.62	264
亳州	0.127	0.206	0.141	0.14	0.167	0.604	0.303	0.185	0.212	0.169	-1540.58	265
綏化	0.128	0.168	0.14	0.126	0.22	0.63	0.329	0.14	0.207	0.156	-1555.38	266
永州	0.132	0.208	0.133	0.123	0.197	0.648	0.304	0.144	0.173	0.174	-1557.93	267
酒泉	0.163	0.195	0.163	0.165	0.205	0.589	0.238	0.141	0.209	0.151	-1600.31	268
來賓	0.13	0.181	0.136	0.121	0.193	0.623	0.33	0.152	0.209	0.15	-1600.39	269
廣安	0.119	0.226	0.13	0.148	0.167	0.604	0.312	0.164	0.204	0.148	-1617.53	270

表1.1 2015年度中國城市綜合競爭力排行榜

系統	經濟					社會	環境	人文及文化				
城市	經濟競爭力	產業競爭力	財政金融競爭力	商業貿易競爭力	基礎設施競爭力	社會體制競爭力	環境資源區位競爭力	人力資本教育競爭力	科技競爭力	文化形象競爭力	綜合競爭力	排名
雞西	0.113	0.202	0.119	0.134	0.191	0.642	0.305	0.141	0.204	0.156	-1625.42	271
伊春	0.12	0.149	0.1	0.11	0.22	0.633	0.35	0.121	0.204	0.197	-1643.65	272
達州	0.115	0.189	0.113	0.149	0.212	0.607	0.329	0.154	0.2	0.143	-1663.31	273
雙鴨山	0.112	0.171	0.146	0.132	0.21	0.593	0.321	0.147	0.202	0.164	-1691.8	274
懷化	0.12	0.171	0.139	0.138	0.201	0.624	0.284	0.157	0.186	0.162	-1712.58	275
白銀	0.126	0.229	0.134	0.126	0.19	0.616	0.196	0.169	0.209	0.161	-1742.91	276
賀州	0.123	0.219	0.133	0.131	0.165	0.586	0.322	0.146	0.208	0.136	-1750.15	277
鶴崗	0.111	0.159	0.13	0.116	0.179	0.605	0.278	0.164	0.219	0.18	-1802.61	278
吳忠	0.124	0.194	0.171	0.117	0.169	0.608	0.252	0.135	0.208	0.146	-1809.73	279
黑河	0.117	0.1	0.112	0.108	0.245	0.659	0.309	0.1	0.211	0.164	-1811.28	280
七台河	0.116	0.181	0.116	0.125	0.167	0.603	0.306	0.16	0.186	0.184	-1813.22	281
張掖	0.13	0.162	0.154	0.146	0.177	0.598	0.224	0.133	0.213	0.162	-1874.53	282
中衛	0.124	0.215	0.174	0.132	0.174	0.583	0.244	0.141	0.199	0.123	-1875.76	283
巴中	0.117	0.201	0.123	0.142	0.178	0.582	0.266	0.132	0.206	0.146	-1923.83	284
保山	0.123	0.166	0.146	0.135	0.132	0.595	0.251	0.149	0.212	0.161	-1955.77	285
麗江	0.105	0.175	0.157	0.14	0.168	0.565	0.271	0.165	0.206	0.121	-2002.45	286
商洛	0.128	0.216	0.117	0.122	0.172	0.632	0.174	0.131	0.209	0.129	-2008.35	287
固原	0.118	0.122	0.143	0.109	0.158	0.624	0.225	0.186	0.206	0.154	-2023.49	288
河池	0.111	0.143	0.134	0.117	0.175	0.636	0.216	0.152	0.213	0.137	-2026.01	289
武威	0.127	0.194	0.156	0.14	0.155	0.582	0.215	0.149	0.205	0.118	-2035	290
天水	0.119	0.181	0.13	0.126	0.146	0.606	0.175	0.162	0.212	0.161	-2065.34	291
慶陽	0.124	0.244	0.14	0.136	0.159	0.565	0.164	0.174	0.204	0.114	-2085.74	292
臨滄	0.1	0.146	0.157	0.134	0.152	0.615	0.217	0.157	0.222	0.105	-2107.48	293
畢節	0.132	0.184	0.121	0.1	0.181	0.631	0.298	0.165	0.1	0.124	-2112.99	294
普洱	0.101	0.14	0.148	0.138	0.164	0.579	0.218	0.137	0.213	0.1	-2296.79	295
平涼	0.11	0.139	0.137	0.122	0.156	0.559	0.178	0.184	0.207	0.145	-2321.55	296
昭通	0.109	0.177	0.127	0.126	0.146	0.571	0.21	0.14	0.202	0.103	-2363.36	297
隴南	0.1	0.136	0.137	0.117	0.267	0.555	0.1	0.14	0.173	0.117	-2564.54	298
定西	0.108	0.117	0.146	0.107	0.1	0.589	0.167	0.153	0.171	0.128	-2655.13	299
海東	0.108	0.211	0.1	0.121	0.142	0.1	0.12	0.164	0.174	0.239	-3714.74	300

第二篇 2015 年度中國城市成長競爭力排行榜

2.1 成長競爭力：動態發展比較

城市的發展是動態的，城市競爭力是動態發展的。城市成長競爭力概念由此產生，目的是衡量城市動態發展。城市成長競爭力是指城市在動態發展過程中，充分發揮其潛在的潛能，不斷完善城市的社會組織機制，展示出創新活力並依據城市可持續發展的內在規律逐步提升自身綜合競爭力的能力。城市發展與增長是一個多維的動態系統，城市成長競爭力系統由四部分構成：城市綜合實力、發展潛力、制度活力與實現能力，構成"四位一體"的系統。在我們的理論框架下，《中國城市成長競爭力比較評價指標體系》包含一級指標 4 個，二級指標 29 個（具體請參見附錄 2）。城市成長競爭力排行依據"GN 中國城市成長競爭力評價指標體系"評價，包括實力指數、潛力指數、活力指數、能力指數四項一級指標。

2.2 成長競爭力四指數

城市綜合競爭力指數化得到城市的實力指數。該指數是十項指數的綜合，包括經濟實力、財政金融實力、人力教育實力、基礎設施實力、商業貿易實力、產業實力、社會體制實力、環境/資源/區位實力、科技實力、文化形象實力等。城市實力是城市各方面能力的綜合體現，對城市的茁壯成長具有重要意義，資源是城市發展和成長需要依賴的一個方面，同時自身在競爭中的相對優勢也具有舉足輕重的地位。通常城市發展容易面臨"一強俱強"的局面，資源是稀缺的，在競爭激烈的當今社會，在城市的局部區域性競爭或國際性競爭中，強者經常處於主導性地位，弱者在競爭中處於劣勢是不容辯駁的，擁有最強競爭力的城市自然更易獲得優質資源、更廣泛的發展機會。由此，強者更強、弱者更弱顯然成為一個必然趨勢，即通常所說的"馬太效應"。因而，城市間的發展不平衡也是自然的結果。城市的發展具有一定的邊界限制，雖然到目前為止學界並未很好的回答"城市的邊界到底是什麼"這個問題，但城市規模的無限擴大將會帶來許多城市病問題，如污染嚴重、交通堵塞等。這些問題已在各個國家不同程度的出現。各個城市儘管在發展歷程中有相似之處，但城市之間，總體來說還是異多於同。存在各種規模不等、競爭力參差不齊、各種城市並存的局面，即城市發展不平衡問題。縱觀世界城市發展史，我們發現，城市群、城市帶，都是由一個或幾個中心城市帶動周邊城市不斷發展，實現整體城市群或城市帶的實力增強。城市群或城市帶中的城市雖然存在資源配置上的競爭，但其關係更多的體現在資源配置的互補性上，例如城市間勞動力、商品等資源的互通有無。城市間的比較優勢導致城市分工，並隨之發展，分工程度不斷細化，城市功能化由此展開，各城市的不同功能相伴而生，並產生較強的互補性，這是歷史發展的結果。例如勞動密集型的製造業和使用土地較多的製造業，會向勞動力和土地成本更低廉的周邊城市轉移，以提高資源利用效率，節約城市發展成本。從表 2.1 中可以看出，國內一線城市如上海、香港、深圳、北京、廣州的實力指數都相對比較大。其中上海的實力指數最大為 1。

潛力指數是城市在發展過程中在人力資本、金融資本、市場潛力、區位、可持續發展等多方面的潛在能力。它包含居民消費潛力指數、人力資本潛力指數、金融資本潛力指數、市場潛力指數、自然資源指數、區位指數、可持續發展指數與環境質量指數 8 個二級指標。潛力指數主要反映城市的內在增長力，從其包含的指標可以看出，該指數主要關注城市經濟發展所需的人力、資金、市場等驅動因素。潛力指數越高，城市擁有更好的未來前景。從 2015 年度中國城市成長競爭力排行榜中可以看出，在潛力指數的排名中，深圳、北京、天津、廣州位居前四名。

活力指數則更多關注城市軟環境。具體來說，是城市在其發展與變遷過程中經過長時間積澱下來的，具有一定的繼承性和歷史性，一方面體現在城市社會管理組織的行為與各種規章制度上，另一方面體現在城市氛圍和城市居民的精神風貌上。當然，城市管理者和城市居民可以通過學習、創新在短時期內改善這種軟環境。良好的軟環境是城市發展的助推器，對提高城市居民生活水平和生活質量有著重要作用。活力指數包括文化力指數、法制力指數、應變力指數、學習力指數、創新力指數、開放力指數和營銷力指數 7 個二級指標。其中的學習力與創新力是城市保持活躍性的關鍵，是城市軟實力的主要體現。在 2015 年度，城市活力指數排名中，深圳、上海、香港、北京位列前四。

能力指數展現的是城市在促進經濟發展、提高社會保障水平和集聚各種資源方面的能力，它包括社會保障能力、經濟增長能力、城市吸引能力和城市流通能力 4 個二級指標。它分別從城市的社會功能、經濟功能、集聚功能三個角度來分析城市在提升整體發展水平方面的能力。能力指數是城市未來的發展潛力的衡量指標。在 2015 年度，由於 GDP 與財政收入增長水平城市之間排名的變動比較大，導致城市能力指數排名較 2014 年變化較大，銅仁、荊州、資陽、安順位列前四。

通過對 2015 年 300 個城市成長競爭力排名中，有 124 個城市處於平均水平之上，與 2014 持平，占 41.33%。成長競爭力得分的標準差為 4.413，止住了 2011 年以來的上升趨勢，這說明城市之間的成長競爭力的差異加大的趨勢可能有所緩解。另外，在成長競爭力排名前 50 的城市中，東部地區有 31 個，占 62%，說明東部沿海發達地區的城市在成長性也是優於中、西、東北地區。

城市成長競爭力及一級指標具體排名見表 2.1①。

表 2.1 2015 年度中國城市成長競爭力排行榜

城市	實力指數	排名	潛力指數	排名	活力指數	排名	能力指數	排名	成長競爭力得分	排名
深圳	0.98	3	1	1	1	1	0.832	15	1915.92	1
天津	0.706	6	0.837	3	0.813	5	0.857	8	1881.51	2
重慶	0.671	8	0.746	9	0.66	9	0.879	6	1761.26	3
廣州	0.806	5	0.802	4	0.802	6	0.773	63	1602.93	4
北京	0.886	4	0.853	2	0.874	4	0.7	164	1561.39	5
上海	1	1	0.785	6	0.931	2	0.723	128	1541.35	6
杭州	0.667	9	0.715	12	0.672	8	0.759	87	1436.87	7
蘇州	0.678	7	0.75	8	0.646	10	0.743	102	1056.79	8
青島	0.537	15	0.776	7	0.637	12	0.774	59	1036.62	9
武漢	0.601	10	0.649	26	0.561	23	0.823	22	982.4	10
南京	0.564	11	0.67	19	0.624	13	0.769	70	975.27	11
成都	0.56	12	0.673	18	0.56	24	0.657	203	922.58	12
大連	0.528	16	0.692	16	0.591	16	0.448	262	870.09	13
濟南	0.506	20	0.692	16	0.568	19	0.761	81	857.01	14
香港	0.983	2	0.506	111	0.899	3	0.641	212	837.25	15
合肥	0.439	27	0.64	28	0.499	41	0.774	59	833.22	16
寧波	0.522	17	0.591	43	0.643	11	0.68	184	782.15	17
長沙	0.473	23	0.619	36	0.51	38	0.77	67	781.41	18
瀋陽	0.51	19	0.696	14	0.537	29	0.478	258	770.93	19
貴陽	0.374	45	0.716	11	0.541	28	0.834	14	766.41	20
廈門	0.499	21	0.651	25	0.603	15	0.836	12	758.49	21
煙臺	0.414	34	0.659	20	0.457	51	0.728	121	728.43	22
無錫	0.518	18	0.626	30	0.606	14	0.675	192	666.79	23
昆明	0.435	29	0.622	33	0.524	34	0.711	147	661.45	24
西安	0.49	22	0.611	40	0.504	40	0.779	56	651.78	25
哈爾濱	0.436	28	0.711	13	0.462	49	0.604	235	645.32	26
鄭州	0.453	25	0.653	24	0.521	35	0.798	35	619.79	27

①該排名由於是對綜合實力指數化後的排名，由於我們只取三位小數，因此在綜合實力上得分非常相近的城市其指數化得分將相同，因而排名也相同，有可能與第一節所述的排名有比較小的差異，請讀者注意區分。

表 2.1 2015 年度中國城市成長競爭力排行榜

城市	實力指數	排名	潛力指數	排名	活力指數	排名	能力指數	排名	成長競爭力得分	排名
常州	0.414	34	0.585	46	0.526	32	0.741	103	616.72	28
惠州	0.346	61	0.425	201	0.526	32	0.79	42	590.25	29
威海	0.364	52	0.788	5	0.517	36	0.764	76	559.22	30
東莞	0.459	24	0.615	37	0.689	7	0.797	36	550.37	31
珠海	0.426	32	0.654	23	0.578	17	0.856	9	530.16	32
南通	0.418	33	0.643	27	0.565	21	0.792	41	525.38	33
佛山	0.447	26	0.625	31	0.566	20	0.771	66	522.22	34
福州	0.432	30	0.624	32	0.529	31	0.804	30	502.3	35
長春	0.432	30	0.694	15	0.485	42	0.714	143	492.72	36
南昌	0.394	38	0.658	21	0.463	48	0.8	33	488.01	37
徐州	0.356	56	0.638	29	0.475	45	0.808	28	474.48	38
中山	0.392	39	0.511	107	0.573	18	0.741	103	458.37	39
泉州	0.364	52	0.569	53	0.479	43	0.793	38	457.2	40
嘉興	0.382	40	0.56	60	0.537	29	0.722	132	445.5	41
臺北	0.555	13	0.621	34	0.552	26	0.432	266	406.18	42
南寧	0.365	50	0.613	38	0.415	61	0.754	91	388.85	43
紹興	0.4	37	0.491	130	0.559	25	0.679	186	359.58	44
溫州	0.371	47	0.527	87	0.562	22	0.645	210	354.37	45
漳州	0.293	92	0.567	55	0.428	60	0.826	20	347.11	46
韶關	0.296	91	0.549	69	0.511	37	0.752	93	334.15	47
石家莊	0.379	43	0.585	46	0.467	47	0.641	212	333.35	48
泰州	0.322	74	0.563	57	0.43	59	0.764	76	327.78	49
揚州	0.325	71	0.535	84	0.435	55	0.78	53	322.32	50
鹽城	0.313	78	0.57	52	0.414	62	0.766	73	309.97	51
東營	0.352	59	0.597	41	0.357	81	0.734	111	297.44	52
淮安	0.307	80	0.525	91	0.433	57	0.781	50	289.23	53
鎮江	0.335	65	0.513	103	0.433	57	0.76	83	289.21	54
江門	0.305	81	0.537	82	0.507	39	0.689	176	280.59	55
舟山	0.353	57	0.506	111	0.478	44	0.691	173	279.36	56
莆田	0.287	97	0.542	76	0.377	74	0.827	17	274.04	57
濰坊	0.353	57	0.547	70	0.358	79	0.745	101	260.34	58
汕頭	0.3	84	0.497	120	0.461	50	0.748	97	247.06	59
台州	0.333	68	0.512	104	0.452	52	0.697	167	242.86	60
湖州	0.322	74	0.489	133	0.47	46	0.707	151	233.95	61
臨沂	0.324	72	0.546	71	0.322	95	0.781	50	224.74	62
湛江	0.278	111	0.512	104	0.412	64	0.78	53	220.41	63
澳門	0.551	14	0.493	126	0.545	27	0.311	290	218.99	64
連雲港	0.297	89	0.507	110	0.446	53	0.724	125	215.72	65
宜昌	0.29	94	0.562	58	0.304	110	0.811	26	211.84	66
宿遷	0.274	120	0.519	92	0.388	70	0.793	38	211.47	67
聊城	0.297	89	0.578	48	0.363	78	0.722	132	207.18	68
銀川	0.324	72	0.568	54	0.404	66	0.657	203	203.91	69
茂名	0.269	131	0.559	61	0.388	70	0.736	110	191.16	70
安慶	0.254	150	0.612	39	0.247	160	0.835	13	185.33	71
商丘	0.273	125	0.5	117	0.394	69	0.781	50	182.8	72
淄博	0.365	50	0.516	96	0.355	82	0.687	178	180.87	73
荊州	0.26	145	0.486	137	0.245	164	0.955	2	179.49	74
海口	0.342	63	0.431	198	0.435	55	0.716	140	171.2	75
濟寧	0.32	77	0.573	51	0.332	91	0.691	173	165.66	76
呼和浩特	0.337	64	0.567	55	0.383	72	0.615	226	154.91	77
肇慶	0.274	120	0.463	161	0.414	62	0.767	71	151.93	78
德州	0.289	95	0.544	75	0.313	103	0.756	89	143.95	79
梅州	0.253	156	0.536	83	0.322	95	0.799	34	143.66	80
唐山	0.352	59	0.576	50	0.344	86	0.611	230	139.86	81
蕪湖	0.298	87	0.541	77	0.324	94	0.733	113	139.69	82
蘭州	0.334	66	0.418	208	0.379	73	0.76	83	137.35	83
泰安	0.304	82	0.514	100	0.355	82	0.707	151	124.66	84
衢州	0.286	99	0.489	133	0.41	65	0.7	164	124.08	85
寧德	0.268	135	0.533	86	0.322	95	0.759	87	119.39	86
馬鞍山	0.279	107	0.538	80	0.246	163	0.809	27	113.79	87

表 2.1 2015 年度中國城市成長競爭力排行榜

城市	實力指數	排名	潛力指數	排名	活力指數	排名	能力指數	排名	成長競爭力得分	排名
蚌埠	0.263	140	0.503	115	0.245	164	0.866	7	113.71	88
菏澤	0.276	117	0.561	59	0.296	116	0.741	103	113.58	89
九江	0.265	138	0.546	71	0.259	146	0.804	30	112.13	90
曲靖	0.261	142	0.558	62	0.439	54	0.615	226	107.23	91
宜春	0.248	167	0.535	84	0.264	138	0.824	21	105	92
金華	0.321	76	0.441	187	0.4	67	0.693	171	99.2	93
銅陵	0.298	87	0.556	64	0.288	119	0.707	151	96.03	94
大慶	0.334	66	0.732	10	0.312	104	0.45	261	87.23	95
烏魯木齊	0.332	69	0.448	179	0.347	85	0.71	148	86.14	96
襄陽	0.275	118	0.452	174	0.28	123	0.841	11	85.41	97
三明	0.278	111	0.493	126	0.34	88	0.733	113	82.21	98
龍岩	0.288	96	0.541	77	0.358	79	0.653	206	82.16	99
株洲	0.273	125	0.502	116	0.307	107	0.761	81	81.35	100
南平	0.269	131	0.462	165	0.317	101	0.784	48	68.11	101
吉林	0.281	103	0.55	68	0.306	109	0.681	183	60.2	102
桂林	0.281	103	0.555	65	0.308	105	0.674	193	59.37	103
資陽	0.261	142	0.389	240	0.236	179	0.934	3	53.43	104
秦皇島	0.313	78	0.489	133	0.371	75	0.625	220	45.8	105
咸寧	0.234	212	0.518	93	0.23	186	0.827	17	40.75	106
常德	0.255	146	0.509	109	0.227	194	0.808	28	37.42	107
鄂爾多斯	0.363	54	0.484	139	0.4	67	0.531	252	34.96	108
湘潭	0.264	139	0.416	210	0.295	117	0.823	22	32.67	109
西寧	0.277	113	0.462	165	0.326	93	0.729	118	31.6	110
吉安	0.242	192	0.554	66	0.219	211	0.78	53	31.27	111
宣城	0.254	150	0.514	100	0.233	182	0.793	38	31.1	112
麗水	0.274	120	0.44	189	0.37	76	0.709	150	28.96	113
荊門	0.255	146	0.489	133	0.274	128	0.774	59	27.55	114
德陽	0.261	142	0.541	77	0.26	145	0.723	128	23.49	115
咸陽	0.269	131	0.516	96	0.281	122	0.716	140	22.37	116
廊坊	0.279	107	0.483	143	0.298	113	0.72	136	21.08	117
濱州	0.287	97	0.526	88	0.298	113	0.661	200	16.55	118
揭陽	0.25	164	0.415	212	0.342	87	0.777	58	14.56	119
克拉瑪依	0.328	70	0.511	107	0.233	182	0.683	181	8.82	120
玉林	0.234	212	0.62	35	0.212	225	0.704	160	7.56	121
郴州	0.25	164	0.526	88	0.271	129	0.723	128	5.78	122
棗莊	0.283	102	0.496	124	0.322	95	0.662	199	4.34	123
松原	0.244	182	0.657	22	0.262	142	0.598	238	1.99	124
北海	0.255	146	0.545	73	0.262	142	0.693	171	-6.73	125
六盤水	0.23	223	0.436	195	0.19	247	0.906	5	-7.57	126
開封	0.235	207	0.468	154	0.231	185	0.823	22	-11.06	127
滁州	0.243	186	0.512	104	0.226	198	0.77	67	-13.46	128
鷹潭	0.243	186	0.545	73	0.242	169	0.715	142	-18.08	129
滄州	0.268	135	0.557	63	0.261	144	0.651	208	-20.58	130
遵義	0.251	163	0.476	148	0.24	172	0.773	63	-23.98	131
上饒	0.246	173	0.423	205	0.244	166	0.83	16	-24.06	132
綿陽	0.272	127	0.5	117	0.364	77	0.594	239	-29.94	133
宿州	0.223	246	0.477	147	0.206	232	0.827	17	-36.22	134
景德鎮	0.241	195	0.517	94	0.239	173	0.731	117	-36.86	135
黃石	0.255	146	0.471	152	0.266	135	0.733	113	-39.03	136
陽江	0.243	186	0.443	184	0.308	105	0.733	113	-40.92	137
平頂山	0.253	156	0.504	114	0.247	160	0.718	138	-41.35	138
阜陽	0.226	238	0.484	139	0.222	205	0.788	45	-48.91	139
漯河	0.237	203	0.471	152	0.219	211	0.785	46	-54.83	140
十堰	0.254	150	0.452	174	0.293	118	0.71	148	-55.71	141
百色	0.224	242	0.596	42	0.192	245	0.694	169	-58.12	142
柳州	0.277	113	0.403	227	0.298	113	0.723	128	-60.16	143
孝感	0.233	217	0.451	176	0.23	186	0.79	42	-62.96	144
三亞	0.279	107	0.327	282	0.329	92	0.764	76	-64.82	145
河源	0.238	200	0.354	267	0.318	100	0.797	36	-65.52	146
日照	0.27	130	0.353	268	0.316	102	0.76	83	-66.32	147

表 2.1 2015 年度中國城市成長競爭力排行榜

城市	實力指數	排名	潛力指數	排名	活力指數	排名	能力指數	排名	成長競爭力得分	排名
新鄉	0.254	150	0.458	168	0.235	180	0.747	98	-68.81	148
許昌	0.242	192	0.466	157	0.216	218	0.772	65	-69.41	149
鄂州	0.246	173	0.495	125	0.25	156	0.703	162	-69.86	150
池州	0.227	232	0.472	150	0.225	200	0.774	59	-70.27	151
欽州	0.235	207	0.432	197	0.258	147	0.767	71	-76.68	152
白城	0.235	207	0.517	94	0.229	190	0.707	151	-77.69	153
通化	0.252	159	0.538	80	0.248	159	0.641	212	-80.5	154
拉薩	0.3	84	0.373	251	0.255	150	0.746	100	-82.28	155
黃山	0.253	156	0.437	193	0.229	190	0.762	80	-82.46	156
邯鄲	0.279	107	0.586	45	0.278	125	0.526	253	-84.28	157
撫州	0.234	212	0.457	169	0.219	211	0.77	67	-86.21	158
安陽	0.244	182	0.497	120	0.221	208	0.714	143	-87.05	159
黃岡	0.228	229	0.379	245	0.227	194	0.85	10	-87.14	160
太原	0.378	44	0.465	158	0.34	88	0.464	260	-89.44	161
寶雞	0.247	169	0.515	98	0.217	216	0.683	181	-99.07	162
信陽	0.226	238	0.462	165	0.174	266	0.803	32	-102.09	163
洛陽	0.285	100	0.444	183	0.237	178	0.685	179	-103.85	164
衡陽	0.243	186	0.463	161	0.23	186	0.726	124	-103.95	165
贛州	0.252	159	0.377	246	0.265	136	0.76	83	-112.42	166
新餘	0.267	137	0.465	158	0.276	127	0.637	215	-114.09	167
玉溪	0.245	179	0.491	130	0.244	166	0.665	197	-118.94	168
周口	0.227	232	0.439	190	0.201	238	0.779	56	-121.48	169
安順	0.22	253	0.331	280	0.176	261	0.923	4	-122.85	170
南陽	0.252	159	0.439	190	0.204	235	0.741	103	-126.76	171
內江	0.223	246	0.401	231	0.205	234	0.813	25	-128.91	172
邵陽	0.216	261	0.463	161	0.207	230	0.751	95	-132.57	173
瀘州	0.243	186	0.41	216	0.239	173	0.741	103	-132.9	174
呼倫貝爾	0.248	167	0.483	143	0.239	173	0.66	201	-133.1	175
防城港	0.246	173	0.407	222	0.279	124	0.7	164	-133.78	176
佳木斯	0.239	198	0.526	88	0.263	140	0.599	237	-135.3	177
岳陽	0.254	150	0.467	155	0.277	126	0.626	219	-137.78	178
萊蕪	0.274	120	0.455	172	0.271	129	0.619	221	-138.61	179
漢中	0.223	246	0.45	178	0.226	198	0.729	118	-141.26	180
保定	0.275	118	0.491	130	0.263	140	0.586	243	-141.59	181
廣安	0.211	270	0.453	173	0.18	259	0.782	49	-143.95	182
駐馬店	0.228	229	0.456	171	0.186	249	0.752	93	-145.86	183
銅仁	0.232	219	0.221	297	0.173	269	1	1	-148.11	184
鶴壁	0.234	212	0.457	169	0.182	256	0.734	111	-157.66	185
益陽	0.227	232	0.447	180	0.209	227	0.722	132	-160.78	186
萍鄉	0.246	173	0.403	227	0.233	182	0.719	137	-163.87	187
自貢	0.231	220	0.391	236	0.213	223	0.766	73	-167.92	188
雅安	0.227	232	0.48	145	0.185	251	0.703	162	-170.21	189
銅川	0.245	179	0.484	139	0.206	232	0.652	207	-174.38	190
張家口	0.252	159	0.479	146	0.239	173	0.615	226	-174.74	191
濮陽	0.219	256	0.442	185	0.172	270	0.753	92	-182.08	192
潮州	0.236	205	0.316	288	0.353	84	0.685	179	-182.52	193
遂寧	0.22	253	0.376	247	0.199	240	0.789	44	-186.38	194
亳州	0.215	265	0.422	206	0.197	243	0.747	98	-188.47	195
安康	0.216	261	0.425	201	0.199	240	0.739	109	-190.5	196
六安	0.231	220	0.391	236	0.224	201	0.729	118	-193.92	197
雲浮	0.228	229	0.359	263	0.299	112	0.688	177	-196.52	198
眉山	0.22	253	0.393	234	0.192	245	0.763	79	-202	199
樂山	0.24	196	0.403	227	0.229	190	0.69	175	-203.99	200
牡丹江	0.223	246	0.506	111	0.212	225	0.618	222	-206.24	201
攀枝花	0.269	131	0.402	230	0.22	209	0.658	202	-208.98	202
承德	0.246	173	0.404	225	0.223	202	0.673	195	-217.52	203
錦州	0.272	127	0.554	66	0.288	119	0.42	267	-219.6	204
營口	0.291	93	0.467	155	0.34	88	0.435	265	-219.9	205
嘉峪關	0.284	101	0.344	272	0.201	238	0.706	157	-221.37	206
齊齊哈爾	0.244	182	0.587	44	0.265	136	0.439	263	-223.25	207

表 2.1 2015 年度中國城市成長競爭力排行榜

城市	實力指數	排名	潛力指數	排名	活力指數	排名	能力指數	排名	成長競爭力得分	排名
延安	0.254	150	0.442	185	0.227	194	0.61	231	-227.56	208
包頭	0.304	82	0.407	222	0.271	129	0.54	249	-229.03	209
衡水	0.225	240	0.514	100	0.174	266	0.616	224	-234.41	210
梧州	0.231	220	0.409	218	0.216	218	0.676	190	-234.57	211
赤峰	0.24	196	0.446	181	0.223	202	0.608	233	-245.8	212
渭南	0.234	212	0.404	225	0.204	235	0.677	187	-247.58	213
廣元	0.224	242	0.381	244	0.186	249	0.727	122	-248.96	214
遼源	0.235	207	0.41	216	0.244	166	0.627	218	-249.86	215
四平	0.227	232	0.464	160	0.251	155	0.573	246	-251.64	216
烏蘭察布	0.216	261	0.515	98	0.134	286	0.648	209	-252.39	217
新北	0.404	36	0.42	207	0.268	133	0.383	282	-252.52	218
白山	0.243	186	0.424	204	0.255	150	0.589	242	-252.69	219
婁底	0.221	252	0.437	193	0.175	263	0.68	184	-252.83	220
三門峽	0.229	225	0.438	192	0.214	222	0.63	217	-253.95	221
淮南	0.247	169	0.445	182	0.222	205	0.593	240	-254.35	222
貴港	0.218	257	0.366	257	0.215	221	0.714	143	-257.68	223
張家界	0.218	257	0.317	287	0.256	149	0.722	132	-259.35	224
汕尾	0.229	225	0.36	261	0.307	107	0.605	234	-268.26	225
南充	0.222	250	0.376	247	0.184	253	0.718	138	-269.04	226
隨州	0.218	257	0.346	271	0.179	260	0.756	89	-271.36	227
台中	0.38	41	0.414	214	0.252	152	0.414	270	-271.87	228
邢臺	0.247	169	0.472	150	0.219	211	0.549	247	-271.92	229
焦作	0.244	182	0.406	224	0.184	253	0.656	205	-272.29	230
嘉義	0.369	48	0.415	212	0.234	181	0.439	263	-277.37	231
淮北	0.239	198	0.451	176	0.213	223	0.578	245	-281.14	232
烏海	0.277	113	0.361	260	0.222	205	0.614	229	-283.48	233
通遼	0.246	173	0.476	148	0.208	228	0.54	249	-289.09	234
巴彥淖爾	0.217	260	0.492	128	0.184	253	0.583	244	-289.47	235
賀州	0.204	277	0.441	187	0.163	275	0.663	198	-297.46	236
榆林	0.274	120	0.39	238	0.25	156	0.544	248	-298.24	237
巴中	0.195	284	0.352	269	0.162	276	0.765	75	-300.63	238
宜賓	0.227	232	0.498	119	0.23	186	0.506	255	-302.1	239
達州	0.209	273	0.463	161	0.175	263	0.616	224	-304.06	240
武威	0.189	290	0.37	253	0.116	295	0.785	46	-314.33	241
崇左	0.216	261	0.34	274	0.176	261	0.724	125	-314.36	242
台南	0.38	41	0.418	208	0.242	169	0.377	284	-314.49	243
高雄	0.374	45	0.392	235	0.269	132	0.384	281	-314.88	244
新竹	0.358	55	0.429	199	0.228	193	0.402	273	-318.41	245
永州	0.214	267	0.343	273	0.204	235	0.676	190	-333.48	246
遼陽	0.272	127	0.485	138	0.267	134	0.394	277	-334.57	247
基隆	0.343	62	0.409	218	0.249	158	0.401	274	-336.07	248
懷化	0.206	275	0.362	258	0.185	251	0.677	187	-340.4	249
酒泉	0.212	268	0.384	243	0.13	289	0.696	168	-344.97	250
來賓	0.212	268	0.408	221	0.165	273	0.636	216	-346.19	251
盤錦	0.277	113	0.497	120	0.252	152	0.379	283	-346.65	252
鐵嶺	0.247	169	0.578	48	0.283	121	0.295	292	-352.41	253
鞍山	0.299	86	0.387	241	0.304	110	0.403	272	-357.79	254
清遠	0.235	207	0.239	295	0.321	99	0.618	222	-358.62	255
臨滄	0.185	293	0.355	264	0.125	290	0.751	95	-359.01	256
保山	0.193	285	0.333	277	0.181	258	0.704	160	-363.06	257
固原	0.19	288	0.375	249	0.132	287	0.707	151	-368.7	258
綏化	0.215	265	0.484	139	0.223	202	0.468	259	-374.6	259
吳忠	0.201	278	0.398	232	0.151	280	0.644	211	-375.36	260
桃園	0.369	48	0.39	238	0.238	177	0.36	287	-376.43	261
麗江	0.191	286	0.367	255	0.119	293	0.706	157	-389.77	262
運城	0.238	200	0.433	196	0.216	218	0.483	257	-389.81	263
張掖	0.198	282	0.339	275	0.112	296	0.724	125	-399.1	264
普洱	0.175	295	0.323	285	0.124	292	0.741	103	-413.89	265
商洛	0.191	286	0.293	293	0.117	294	0.727	122	-445.63	266
金昌	0.224	242	0.332	279	0.151	280	0.602	236	-455.29	267

表 2.1 2015 年度中國城市成長競爭力排行榜

城市	實力指數	排名	潛力指數	排名	活力指數	排名	能力指數	排名	成長競爭力得分	排名
天水	0.187	291	0.314	289	0.137	284	0.677	187	-458.44	268
慶陽	0.186	292	0.307	290	0.111	298	0.706	157	-463.04	269
丹東	0.262	141	0.36	261	0.257	148	0.415	269	-464.06	270
撫順	0.28	105	0.355	264	0.252	152	0.401	274	-465.79	271
昭通	0.172	297	0.336	276	0.125	290	0.674	193	-469.04	272
中衛	0.198	282	0.371	252	0.131	288	0.593	240	-476.36	273
阜新	0.245	179	0.397	233	0.241	171	0.385	280	-490.41	274
平涼	0.174	296	0.298	291	0.1	300	0.707	151	-497.23	275
朝陽	0.238	200	0.369	254	0.264	138	0.393	278	-499	276
畢節	0.185	293	0.333	277	0.146	283	0.609	232	-501.28	277
本溪	0.28	105	0.367	255	0.247	160	0.357	288	-501.88	278
葫蘆島	0.237	203	0.387	241	0.217	216	0.407	271	-512.85	279
雙鴨山	0.207	274	0.497	120	0.207	230	0.331	289	-520.43	280
石嘴山	0.233	217	0.277	294	0.189	248	0.535	251	-529.7	281
雞西	0.211	270	0.426	200	0.194	244	0.396	276	-537.52	282
晉中	0.242	192	0.425	201	0.22	209	0.307	291	-562.64	283
河池	0.19	288	0.16	298	0.15	282	0.712	146	-565.25	284
七台河	0.201	278	0.413	215	0.208	228	0.361	286	-582.49	285
定西	0.156	299	0.232	296	0.112	296	0.694	169	-586.16	286
白銀	0.205	276	0.296	292	0.154	278	0.514	254	-599.64	287
黑河	0.201	278	0.362	258	0.227	194	0.366	285	-610.78	288
朔州	0.23	223	0.492	128	0.182	256	0.221	297	-630.79	289
伊春	0.21	272	0.327	282	0.169	271	0.417	268	-643.04	290
忻州	0.222	250	0.324	284	0.165	273	0.39	279	-660.96	291
臨汾	0.229	225	0.416	210	0.162	276	0.275	293	-674.85	292
大同	0.249	166	0.349	270	0.198	242	0.275	293	-683.4	293
長治	0.236	205	0.355	264	0.175	263	0.262	295	-727.38	294
隴南	0.161	298	0.1	300	0.109	299	0.666	196	-745.82	295
鶴崗	0.201	278	0.318	286	0.218	215	0.246	296	-782.47	296
晉城	0.229	225	0.409	218	0.167	272	0.157	299	-792.43	297
陽泉	0.225	240	0.374	250	0.135	285	0.198	298	-824.13	298
海東	0.1	300	0.139	299	0.154	278	0.489	256	-910.42	299
呂梁	0.224	242	0.33	281	0.174	266	0.1	300	-928.02	300

第三篇 2015 年度中國城市單項競爭力排行榜

3.1 城市經濟競爭力排名及二級指標分值

城市經濟競爭力，反映城市各種生產要素綜合而成的整體實力和發展效益及水平，以及對所在區域甚至國家的作用和輻射能力。此概念強調競爭的重要性，著重考慮經濟效率和質量，是一種靜態經濟實力，考察的對象是各發展要素總量或規模，以及經濟發展水平、人均指標以及單位指標，如：人均 GDP 等。城市競爭力不僅比較城市間競爭力的高低，也注重過去和現在的對比，是一個相對概念，同時強調城市未來的發展。衡量城市的經濟競爭力，主要看該城市經濟實力雄厚與否，經濟過程運轉如何，有效與否，經濟能否穩定、快速、健康發展，經濟發展程度如何。若城市能滿足以上要求，即說明該城市具有相對較強的城市競爭力。城市競爭力的重要性在於：其一，它能從城市的整體方面，如經濟綜合表現來考察城市創造財富、積累財富、資源配置的能力。與此同時，城市經濟競爭力，與市民的能力不可分割，若市民具有較強的配置資源和市場競爭能力，那麼該城市也具有較強的經濟競爭力，它是一個城市的現實性表現。

在我們的理論框架下，城市經濟競爭力是直接體現城市規模、效率和居民生活水平相對優勢的競爭力指標。雖然城市規模是否存在一個合理的邊界，在學術界還沒有明確結論。但城市規模的擴大既是規模經濟的結果，也是產業集聚和城市規模擴張互動機制的結果，因此我們都把城市規模看作是體現城市經濟競爭力一個重要指標。

我們發現在 2015 年城市規模指標排名中，上海、北京、重慶、廣州、香港等城市繼續排在前列。從排名中可以看出：城市規模指標與其經濟競爭力是密切相關的，存在很強的相關性。城市效率指標體現了幾種重要的城市指標，比如城市居民人均創造財富的能力、單位城市面積創造財富的規模和城市政府經營城市的能力。它是城市對各種資源利用程度的評價和政府管理能力、人均財富值多少的體現。在 2015 年度城市效率指數排名中，澳門、香港仍然排在前列。該結果與其自身土地面積、財富總值及人口規模、政府治理水平是分不開的。城市國際吸引指標體現了城市在吸收國外資本方面、參與世界市場競爭的能力，資本的本性在於其可獲利性，國外資本的流入體現了城市在某些方面的相對優勢，如該城市的人才供給充足或廉價勞動力市場、廣闊的消費市場，以及一個城市為引進外資，採取的優惠鼓勵政策與完善的配套措施等因素。國際資本的流入對城市的發展有一定的正面作用，比如它在一定程度上可以彌補城市資金短缺，加速城市產業的升級，有城市發展助推器的功能。在 2015 年國際吸引力指標排名中，香港、澳門、上海、北京、天津、深圳等主要沿海城市指數得分較高。這些城市對外開放較早。從歷史視角上看，具有國際吸引力是不爭的事實，現有的經濟環境與政策上的便利為這些城市吸引國際投資、參與世界競爭提供了機會和支持，這些城市相對來說更具經濟發展活力。城市居民在財富分配及消費分配方面的表現是城市綜合經濟實力的又一體現形式。居民生活指標反應城市居民分享財富的能力，體現了居民的消費結構與消費能力，是城市居民參與城市生活的重要體現。城市發展的根本是為了提高城市居民的生活水平及生活質量，這是城市發展的初衷，而城市居民財富的增長、消費結構的提升和消費能力的增強也會促進城市的發展，從而形成一個良性的發展態勢，相互促進共同發展。在城市居民生活指數化後，2015 年，前十名全是港澳臺的城市，而大陸排名前列的為東莞、廣州、鄂爾多斯、蘇州、上海。由此可以看出，在城市效率指標尤其是城市居民生活指標方面，大陸城市還有進一步提升的空間。

在我們《比較評價指標體系》的框架下，城市經濟競爭力比較評價指標體系包括城市規模指數、城市效率指數、城市國際吸引指數和城市居民生活指數等 4 個二級指標，城市人口規模、城市 GDP、人均可支配收入等 16 個三級指標。它涵蓋了城市 GDP、城市財政、城市居民生活水平等多個方面，並且是現代城市經濟生活中最重要的方面。在 2015 年在 300 個城市經濟競爭力排名中，有 87 個城市處於平均水平之上，比 2014 年增加了 6 個，占 29.00%。經濟競爭力得分的標準差為 4.104。比 2014 年的 4.180 有所下降，這表明城市經濟競爭力的差異延續了 2013 年以來的下降趨勢。城市經濟競爭力的所有排名請見表 3.1.1。

表 3.1.1 2015 年度城市經濟競爭力排名

城市	城市規模指數	排名	城市效率指數	排名	城市國際吸引指數	排名	城市居民生活指數	排名	經濟競爭力	排名
香港	0.719	5	0.458	2	1	1	1	1	3698.64	1
澳門	0.217	103	1	1	0.461	2	0.693	4	2372.15	2
上海	1	1	0.306	17	0.436	3	0.369	16	2222.65	3
深圳	0.689	7	0.362	5	0.188	6	0.368	17	2193.86	4
北京	0.918	2	0.3	21	0.31	4	0.338	25	1793.98	5
天津	0.704	6	0.286	24	0.243	5	0.321	34	1274.62	6
廣州	0.722	4	0.304	20	0.157	11	0.394	13	1214.02	7
重慶	0.774	3	0.204	74	0.182	7	0.28	70	1095.51	8
蘇州	0.612	8	0.251	40	0.173	9	0.373	14	967.57	9
臺北	0.245	70	0.365	4	0.14	16	0.752	2	799.78	10
新北	0.308	37	0.327	8	0.156	12	0.593	8	742.18	11
南京	0.45	12	0.308	15	0.138	18	0.336	26	691.26	12
成都	0.525	9	0.21	70	0.165	10	0.271	78	659.26	13
杭州	0.47	11	0.257	34	0.141	14	0.33	29	643.25	14
高雄	0.25	61	0.317	12	0.141	14	0.611	6	616.64	15
武漢	0.503	10	0.256	36	0.134	21	0.246	121	613.23	16
台中	0.247	66	0.319	11	0.14	16	0.592	9	597.45	17
佛山	0.402	18	0.307	16	0.119	35	0.353	19	587.09	18
青島	0.45	12	0.227	54	0.148	13	0.3	53	553.5	19
桃園	0.214	109	0.324	9	0.132	22	0.608	7	547.43	20
東莞	0.351	25	0.284	25	0.135	19	0.402	12	541.07	21
大連	0.391	19	0.241	47	0.176	8	0.265	85	508.82	22
新竹	0.134	289	0.336	7	0.111	51	0.745	3	508.53	23
瀋陽	0.407	15	0.257	34	0.135	19	0.302	50	507.24	24
無錫	0.406	16	0.25	42	0.125	26	0.341	22	505.93	25
台南	0.206	125	0.309	14	0.129	24	0.545	11	454.35	26
寧波	0.404	17	0.22	60	0.131	23	0.325	32	452.91	27
長沙	0.414	14	0.232	51	0.123	28	0.3	53	452.19	28
嘉義	0.126	294	0.338	6	0.109	64	0.616	5	387	29
西安	0.351	25	0.238	49	0.122	29	0.328	30	381.85	30
濟南	0.348	28	0.232	51	0.11	55	0.341	22	353.93	31
鄭州	0.39	20	0.216	64	0.121	31	0.264	87	353.4	32
常州	0.31	35	0.256	36	0.126	25	0.323	33	347.9	33
基隆	0.131	293	0.324	9	0.11	55	0.56	10	329.83	34
鄂爾多斯	0.294	38	0.253	38	0.108	68	0.373	14	322.68	35
廈門	0.245	70	0.298	22	0.12	34	0.352	21	320.15	36
長春	0.34	29	0.21	70	0.124	27	0.313	41	310.64	37
煙臺	0.352	24	0.189	95	0.117	38	0.308	44	277.69	38
包頭	0.255	59	0.277	26	0.108	68	0.335	27	262.69	39
哈爾濱	0.361	21	0.192	89	0.114	42	0.272	77	259.92	40
南通	0.349	27	0.18	114	0.122	29	0.285	65	251.84	41
唐山	0.353	23	0.195	85	0.108	68	0.264	87	234.73	42
珠海	0.195	147	0.314	13	0.117	38	0.321	34	232.26	43
紹興	0.285	42	0.218	63	0.109	64	0.34	24	225.43	44
合肥	0.333	32	0.193	87	0.113	44	0.277	75	220.64	45
中山	0.226	89	0.295	23	0.108	68	0.291	59	209.56	46
淄博	0.272	47	0.246	44	0.104	101	0.306	47	209.18	47
泉州	0.355	22	0.152	162	0.11	55	0.292	58	196.69	48
福州	0.333	32	0.182	111	0.112	47	0.271	78	195.58	49
東營	0.239	76	0.269	29	0.102	155	0.312	42	194.86	50
克拉瑪依	0.137	285	0.387	3	0.1	270	0.286	64	190.71	51

表 3. 1. 1 2015 年度城市經濟競爭力排名

城市	城市規模指數	排名	城市效率指數	排名	城市國際吸引指數	排名	城市居民生活指數	排名	經濟競爭力	排名
大慶	0.249	63	0.266	31	0.103	123	0.289	62	189.85	52
徐州	0.335	31	0.181	113	0.113	44	0.238	130	172.28	53
揚州	0.274	45	0.22	60	0.116	40	0.252	114	153.82	54
呼和浩特	0.233	83	0.235	50	0.104	101	0.332	28	151.87	55
濰坊	0.329	34	0.148	176	0.107	77	0.296	55	144.81	56
南昌	0.271	48	0.206	73	0.121	31	0.264	87	144.35	57
昆明	0.283	44	0.208	72	0.112	47	0.246	121	133.96	58
鎮江	0.247	66	0.212	69	0.121	31	0.279	73	128.72	59
溫州	0.31	35	0.148	176	0.105	91	0.317	39	128.64	60
惠州	0.252	60	0.196	81	0.118	37	0.306	47	128.52	61
嘉興	0.25	61	0.168	122	0.119	35	0.353	19	121.88	62
石家莊	0.339	30	0.153	157	0.107	77	0.231	139	116.53	63
烏海	0.138	283	0.306	17	0.101	205	0.327	31	99.08	64
烏魯木齊	0.218	101	0.277	26	0.102	155	0.196	206	77.13	65
太原	0.221	94	0.244	46	0.106	84	0.245	124	76.96	66
泰州	0.262	52	0.183	108	0.112	47	0.263	90	73.69	67
台州	0.263	50	0.161	134	0.104	101	0.32	36	73.31	68
濟寧	0.291	41	0.152	162	0.107	77	0.275	76	70.56	69
金華	0.256	57	0.148	176	0.104	101	0.355	18	70.5	70
臨沂	0.294	38	0.144	189	0.104	101	0.289	62	69.59	71
鹽城	0.292	40	0.149	172	0.116	40	0.249	116	65.19	72
威海	0.229	88	0.188	98	0.109	64	0.306	47	57.25	73
舟山	0.163	236	0.252	39	0.102	155	0.32	36	49.45	74
南寧	0.274	45	0.184	106	0.106	84	0.219	155	45.4	75
洛陽	0.26	54	0.159	138	0.114	42	0.267	82	41.67	76
吉林	0.235	82	0.19	92	0.105	91	0.279	73	41.11	77
貴陽	0.239	76	0.214	67	0.105	91	0.224	146	40.23	78
盤錦	0.171	207	0.229	53	0.108	68	0.316	40	37.34	79
淮安	0.239	76	0.196	81	0.111	51	0.237	132	33.66	80
鞍山	0.221	94	0.198	79	0.11	55	0.262	93	28.4	81
呼倫貝爾	0.285	42	0.143	193	0.102	155	0.26	94	25.07	82
湖州	0.201	138	0.189	95	0.113	44	0.301	51	19.16	83
汕頭	0.208	122	0.249	43	0.102	155	0.2	195	17.24	84
榆林	0.248	64	0.163	130	0.101	205	0.285	65	13.97	85
泰安	0.248	64	0.158	141	0.105	91	0.282	68	12.6	86
萊蕪	0.146	276	0.263	32	0.101	205	0.28	70	4.26	87
嘉峪關	0.132	292	0.305	19	0.1	270	0.221	148	-1.64	88
蕪湖	0.219	98	0.189	95	0.11	55	0.245	124	-3.89	89
宜昌	0.256	57	0.184	106	0.103	123	0.189	224	-13.74	90
銅陵	0.143	277	0.251	40	0.103	123	0.28	70	-16.42	91
棗莊	0.206	125	0.196	81	0.101	205	0.26	94	-19.22	92
蘭州	0.204	133	0.222	58	0.101	205	0.21	178	-22.76	93
襄陽	0.263	50	0.179	115	0.104	101	0.169	262	-23.92	94
株洲	0.22	96	0.164	129	0.106	84	0.269	81	-30.9	95
日照	0.188	167	0.2	76	0.104	101	0.266	84	-31	96
海口	0.17	210	0.261	33	0.104	101	0.186	231	-31.65	97
銀川	0.182	179	0.216	64	0.101	205	0.255	107	-32.05	98
江門	0.208	122	0.172	118	0.11	55	0.263	90	-35.97	99
廊坊	0.208	122	0.142	195	0.112	47	0.309	43	-38.02	100
莆田	0.192	157	0.222	58	0.103	123	0.211	175	-38.74	101
馬鞍山	0.172	205	0.192	89	0.11	55	0.29	61	-39.72	102
南陽	0.269	49	0.121	267	0.104	101	0.248	118	-40.96	103
濱州	0.213	112	0.146	184	0.102	155	0.308	44	-46.05	104
咸陽	0.223	91	0.14	204	0.101	205	0.291	59	-53.96	105
營口	0.204	133	0.192	89	0.107	77	0.214	170	-55.05	106
酒泉	0.211	117	0.168	122	0.1	270	0.26	94	-57.71	107
常德	0.244	73	0.152	162	0.104	101	0.215	167	-58.99	108
撫順	0.17	210	0.226	56	0.104	101	0.218	159	-60.2	109
新餘	0.154	255	0.246	44	0.103	123	0.213	172	-61.44	110
通遼	0.215	108	0.165	127	0.101	205	0.253	113	-61.93	111

表 3.1.1 2015 年度城市經濟競爭力排名

城市	城市規模指數	排名	城市效率指數	排名	城市國際吸引指數	排名	城市居民生活指數	排名	經濟競爭力	排名
松原	0.195	147	0.154	155	0.102	155	0.307	46	-64.61	112
岳陽	0.244	73	0.15	167	0.103	123	0.216	165	-64.86	113
赤峰	0.233	83	0.153	157	0.1	270	0.233	136	-69.27	114
湘潭	0.189	165	0.177	116	0.105	91	0.256	104	-71.17	115
聊城	0.233	83	0.134	225	0.101	205	0.263	90	-71.36	116
三亞	0.138	283	0.269	29	0.102	155	0.188	226	-72.83	117
滄州	0.258	56	0.123	254	0.104	101	0.226	144	-74.73	118
荊州	0.209	120	0.127	243	0.101	205	0.318	38	-75.57	119
德州	0.233	83	0.13	238	0.102	155	0.258	101	-81.34	120
本溪	0.158	248	0.225	57	0.104	101	0.218	159	-83.09	121
柳州	0.212	115	0.183	108	0.103	123	0.193	215	-84.05	122
寶雞	0.199	143	0.172	118	0.101	205	0.239	128	-85.68	123
銅川	0.133	291	0.24	48	0.1	270	0.239	128	-87.4	124
鄂州	0.151	269	0.273	28	0.101	205	0.138	293	-88.87	125
保定	0.262	52	0.117	277	0.105	91	0.207	185	-90.59	126
新鄉	0.216	105	0.133	226	0.105	91	0.26	94	-96.48	127
邯鄲	0.26	54	0.126	246	0.106	84	0.178	246	-100.42	128
漳州	0.239	76	0.135	218	0.107	77	0.198	199	-101.77	129
衡陽	0.246	68	0.126	246	0.108	68	0.201	191	-102.43	130
錦州	0.179	186	0.165	127	0.108	68	0.256	104	-102.63	131
焦作	0.2	141	0.149	172	0.104	101	0.254	111	-102.77	132
攀枝花	0.159	246	0.227	54	0.101	205	0.193	215	-104.43	133
延安	0.182	179	0.149	172	0.101	205	0.293	57	-106.6	134
許昌	0.217	103	0.127	243	0.103	123	0.257	102	-109.15	135
湛江	0.239	76	0.142	195	0.101	205	0.191	219	-109.91	136
連雲港	0.213	112	0.145	186	0.109	64	0.214	170	-110.36	137
遼陽	0.16	243	0.196	81	0.103	123	0.235	135	-111	138
遼源	0.154	255	0.187	100	0.102	155	0.267	82	-112.48	139
龍岩	0.196	146	0.156	150	0.102	155	0.241	127	-112.57	140
宿遷	0.22	96	0.153	157	0.105	91	0.19	220	-114.92	141
菏澤	0.242	75	0.121	267	0.102	155	0.217	163	-115.99	142
防城港	0.154	255	0.219	62	0.1	270	0.2	195	-120.15	143
漯河	0.17	210	0.183	108	0.104	101	0.226	144	-121.3	144
白山	0.154	255	0.185	104	0.101	205	0.255	107	-125.83	145
萍鄉	0.16	243	0.186	103	0.103	123	0.237	132	-126.36	146
巴彥淖爾	0.177	190	0.161	134	0.1	270	0.257	102	-127.74	147
安陽	0.205	129	0.133	226	0.103	123	0.248	118	-128.01	148
衢州	0.168	223	0.167	125	0.102	155	0.259	100	-128.01	149
茂名	0.233	83	0.137	213	0.102	155	0.185	233	-129.12	150
平頂山	0.197	145	0.132	232	0.103	123	0.26	94	-131.45	151
大同	0.169	217	0.19	92	0.101	205	0.207	185	-133.22	152
西寧	0.174	200	0.199	78	0.101	205	0.182	237	-133.28	153
朔州	0.148	274	0.187	100	0.101	205	0.255	107	-133.45	154
郴州	0.218	101	0.133	226	0.108	68	0.198	199	-135.87	155
三門峽	0.167	226	0.135	218	0.105	91	0.301	51	-137.66	156
開封	0.203	135	0.127	243	0.103	123	0.248	118	-139.24	157
揭陽	0.216	105	0.149	172	0.102	155	0.182	237	-140.09	158
贛州	0.245	70	0.111	287	0.11	55	0.181	240	-140.82	159
遵義	0.238	81	0.121	267	0.102	155	0.194	212	-140.89	160
駐馬店	0.226	89	0.109	291	0.102	155	0.237	132	-141.3	161
綿陽	0.205	129	0.145	186	0.102	155	0.211	175	-141.72	162
肇慶	0.212	115	0.139	205	0.11	55	0.188	226	-141.84	163
九江	0.216	105	0.137	213	0.111	51	0.181	240	-142.1	164
周口	0.246	68	0.1	300	0.103	123	0.209	181	-146.65	165
麗水	0.17	210	0.138	210	0.103	123	0.283	67	-146.65	166
石嘴山	0.136	287	0.216	64	0.1	270	0.209	181	-147.01	167
商丘	0.222	92	0.121	267	0.102	155	0.218	159	-147.11	168
陽泉	0.137	285	0.193	87	0.102	155	0.246	121	-147.47	169
韶關	0.182	179	0.156	150	0.103	123	0.22	151	-150.07	170
鶴壁	0.155	253	0.169	121	0.104	101	0.249	116	-150.58	171

表 3.1.1 2015 年度城市經濟競爭力排名

城市	城市規模指數	排名	城市效率指數	排名	城市國際吸引指數	排名	城市居民生活指數	排名	經濟競爭力	排名
秦皇島	0.169	217	0.162	133	0.105	91	0.232	137	-151.71	172
淮南	0.139	282	0.213	68	0.102	155	0.2	195	-152.21	173
渭南	0.201	138	0.122	261	0.111	51	0.227	143	-152.48	174
玉溪	0.176	194	0.159	138	0.101	205	0.23	140	-152.66	175
三明	0.198	144	0.142	195	0.102	155	0.216	165	-152.68	176
曲靖	0.21	118	0.122	261	0.101	205	0.229	141	-157.56	177
潮州	0.165	230	0.197	80	0.101	205	0.172	257	-159.37	178
金昌	0.116	297	0.201	75	0.1	270	0.26	94	-161.35	179
瀘州	0.193	156	0.152	162	0.101	205	0.201	191	-161.4	180
桂林	0.214	109	0.13	238	0.101	205	0.198	199	-161.79	181
通化	0.171	207	0.144	189	0.102	155	0.255	107	-161.99	182
晉城	0.156	249	0.136	217	0.102	155	0.296	55	-165.45	183
資陽	0.183	175	0.157	144	0.101	205	0.205	188	-165.88	184
自貢	0.169	217	0.182	111	0.101	205	0.184	234	-166.02	185
淮北	0.154	255	0.188	98	0.103	123	0.198	199	-167.14	186
白城	0.162	237	0.137	213	0.101	205	0.281	69	-167.78	187
四平	0.183	175	0.131	234	0.101	205	0.251	115	-168.07	188
長治	0.172	205	0.139	205	0.102	155	0.254	111	-168.73	189
臨汾	0.175	197	0.125	249	0.101	205	0.271	78	-173.3	190
蚌埠	0.179	186	0.157	144	0.106	84	0.187	230	-176.92	191
德陽	0.191	161	0.139	205	0.102	155	0.208	184	-177.67	192
齊齊哈爾	0.191	161	0.141	198	0.103	123	0.2	195	-178.17	193
北海	0.17	210	0.19	92	0.101	205	0.15	288	-179.46	194
荆門	0.184	174	0.147	181	0.102	155	0.201	191	-179.64	195
宜賓	0.195	147	0.141	198	0.101	205	0.195	209	-179.65	196
拉薩	0.156	249	0.2	76	0.1	270	0.159	277	-180.21	197
益陽	0.195	147	0.144	189	0.101	205	0.188	226	-180.26	198
銅仁	0.177	190	0.157	144	0.101	205	0.197	204	-181.56	199
葫蘆島	0.156	249	0.157	144	0.104	101	0.229	141	-182.73	200
黃石	0.171	207	0.16	136	0.103	123	0.196	206	-182.81	201
濮陽	0.186	171	0.133	226	0.103	123	0.219	155	-184.12	202
張家口	0.194	154	0.133	226	0.102	155	0.203	189	-184.46	203
宣城	0.169	217	0.147	181	0.104	101	0.221	148	-184.64	204
池州	0.149	272	0.17	120	0.103	123	0.218	159	-184.75	205
晉中	0.168	223	0.128	242	0.102	155	0.265	85	-185.1	206
運城	0.188	167	0.112	284	0.101	205	0.256	104	-187	207
景德鎮	0.156	249	0.163	130	0.102	155	0.217	163	-187.14	208
六安	0.192	157	0.131	234	0.102	155	0.203	189	-189.63	209
牡丹江	0.167	226	0.154	155	0.101	205	0.213	172	-189.74	210
樂山	0.179	186	0.159	138	0.101	205	0.179	245	-190.03	211
安康	0.177	190	0.141	198	0.101	205	0.215	167	-191.78	212
丹東	0.175	197	0.16	136	0.107	77	0.169	262	-192.14	213
滁州	0.188	167	0.122	261	0.104	101	0.22	151	-193.85	214
阜陽	0.202	137	0.123	254	0.101	205	0.197	204	-194.85	215
陽江	0.182	179	0.15	167	0.102	155	0.181	240	-195.22	216
畢節	0.219	98	0.116	278	0.101	205	0.175	251	-195.57	217
鐵嶺	0.165	230	0.133	226	0.103	123	0.244	126	-195.61	218
宿州	0.195	147	0.139	205	0.103	123	0.174	254	-196.08	219
清遠	0.188	167	0.157	144	0.103	123	0.155	284	-196.15	220
永州	0.206	125	0.125	249	0.104	101	0.175	251	-196.54	221
欽州	0.179	186	0.163	130	0.103	123	0.158	279	-196.7	222
十堰	0.192	157	0.147	181	0.102	155	0.167	265	-197.41	223
宜春	0.209	120	0.122	261	0.104	101	0.175	251	-197.56	224
邢臺	0.21	118	0.111	287	0.103	123	0.195	209	-199.15	225
南平	0.191	161	0.135	218	0.102	155	0.188	226	-199.6	226
信陽	0.222	92	0.124	252	0.103	123	0.144	290	-199.87	227
玉林	0.205	129	0.122	261	0.101	205	0.186	231	-201.5	228
內江	0.18	185	0.15	167	0.101	205	0.178	246	-204.93	229
安慶	0.206	125	0.121	267	0.103	123	0.176	249	-204.99	230
張掖	0.152	266	0.156	150	0.1	270	0.219	155	-207.21	231

表 3.1.1 2015 年度城市經濟競爭力排名

城市	城市規模指數	排名	城市效率指數	排名	城市國際吸引指數	排名	城市居民生活指數	排名	經濟競爭力	排名
來賓	0.153	261	0.158	141	0.1	270	0.211	175	-208.33	232
吉安	0.201	138	0.113	281	0.108	68	0.184	234	-209.47	233
黃岡	0.213	112	0.102	299	0.101	205	0.195	209	-211.82	234
商洛	0.168	223	0.124	252	0.101	205	0.238	130	-214.19	235
眉山	0.173	202	0.141	198	0.102	155	0.194	212	-215.17	236
黃山	0.148	274	0.157	144	0.103	123	0.21	178	-215.36	237
綏化	0.203	135	0.112	284	0.101	205	0.189	224	-217.03	238
亳州	0.177	190	0.131	234	0.103	123	0.198	199	-218.04	239
阜新	0.143	277	0.168	122	0.102	155	0.196	206	-218.06	240
佳木斯	0.169	217	0.153	157	0.102	155	0.171	259	-219.24	241
武威	0.153	261	0.175	117	0.1	270	0.164	272	-219.98	242
上饒	0.219	98	0.104	297	0.107	77	0.153	285	-220.32	243
婁底	0.183	175	0.123	254	0.102	155	0.201	191	-221	244
張家界	0.153	261	0.151	166	0.101	205	0.209	181	-221.01	245
漢中	0.189	165	0.119	274	0.102	155	0.193	215	-222.88	246
梅州	0.183	175	0.129	240	0.106	84	0.173	256	-224.72	247
烏蘭察布	0.176	194	0.125	249	0.101	205	0.206	187	-225.13	248
貴港	0.174	200	0.146	184	0.1	270	0.172	257	-225.94	249
白銀	0.155	253	0.155	154	0.1	270	0.194	212	-225.97	250
雅安	0.154	255	0.156	150	0.1	270	0.19	220	-226.1	251
衡水	0.181	184	0.114	280	0.102	155	0.215	167	-226.31	252
遂寧	0.169	217	0.153	157	0.101	205	0.166	269	-227.41	253
南充	0.205	129	0.135	218	0.101	205	0.129	296	-228.93	254
寧德	0.191	161	0.132	232	0.102	155	0.159	277	-229.32	255
慶陽	0.166	228	0.126	246	0.1	270	0.22	151	-231.55	256
邵陽	0.214	109	0.106	296	0.102	155	0.16	276	-231.81	257
中衛	0.135	288	0.15	167	0.1	270	0.232	137	-232.1	258
承德	0.194	154	0.129	240	0.101	205	0.156	282	-232.7	259
吳忠	0.15	270	0.141	198	0.1	270	0.221	148	-233.45	260
百色	0.195	147	0.113	281	0.101	205	0.183	236	-235.22	261
賀州	0.143	277	0.166	126	0.101	205	0.182	237	-236.79	262
保山	0.164	235	0.144	189	0.101	205	0.177	248	-239.59	263
咸寧	0.173	202	0.135	218	0.102	155	0.171	259	-241.65	264
孝感	0.195	147	0.123	254	0.103	123	0.149	289	-242.34	265
朝陽	0.166	228	0.131	234	0.102	155	0.192	218	-243.28	266
隨州	0.161	240	0.141	198	0.101	205	0.181	240	-245.47	267
懷化	0.192	157	0.111	287	0.102	155	0.17	261	-251.48	268
伊春	0.12	296	0.187	100	0.1	270	0.167	265	-251.62	269
廣元	0.161	240	0.145	186	0.101	205	0.167	265	-252.03	270
忻州	0.16	243	0.118	275	0.101	205	0.22	151	-252.27	271
撫州	0.186	171	0.139	205	0.103	123	0.124	297	-252.36	272
安順	0.165	230	0.148	176	0.101	205	0.152	287	-252.43	273
天水	0.152	266	0.15	167	0.1	270	0.174	254	-253.9	274
廣安	0.173	202	0.137	213	0.101	205	0.153	285	-256.04	275
固原	0.141	280	0.138	210	0.1	270	0.21	178	-261.09	276
巴中	0.161	240	0.138	210	0.1	270	0.166	269	-264.98	277
黑河	0.17	210	0.108	293	0.106	84	0.19	220	-266.2	278
鷹潭	0.15	270	0.148	176	0.102	155	0.157	281	-269.76	279
七台河	0.107	299	0.194	86	0.1	270	0.161	275	-270.2	280
呂梁	0.152	266	0.109	291	0.102	155	0.224	146	-273	281
達州	0.2	141	0.107	295	0.101	205	0.138	293	-273.36	282
梧州	0.162	237	0.135	218	0.101	205	0.158	279	-274.96	283
六盤水	0.185	173	0.135	218	0.102	155	0.1	300	-282.8	284
雲浮	0.162	237	0.116	278	0.102	155	0.181	240	-282.97	285
崇左	0.165	230	0.123	254	0.101	205	0.165	271	-283.54	286
雞西	0.123	295	0.158	141	0.101	205	0.176	249	-284.4	287
河源	0.175	197	0.118	275	0.104	101	0.141	291	-286.35	288
雙鴨山	0.112	298	0.143	193	0.101	205	0.219	155	-289.47	289
鶴崗	0.1	300	0.185	104	0.1	270	0.164	272	-290.03	290
河池	0.182	179	0.103	298	0.101	205	0.156	282	-292.43	291

表 3.1.1 2015 年度城市經濟競爭力排名

城市	城市規模指數	排名	城市效率指數	排名	城市國際吸引指數	排名	城市居民生活指數	排名	經濟競爭力	排名
汕尾	0.159	246	0.122	261	0.102	155	0.163	274	-292.73	292
平涼	0.134	289	0.123	254	0.1	270	0.212	174	-294.44	293
昭通	0.176	194	0.113	281	0.1	270	0.14	292	-301.12	294
定西	0.153	261	0.108	293	0.1	270	0.19	220	-305.52	295
海東	0.153	261	0.12	273	0.1	270	0.167	265	-305.73	296
麗江	0.14	281	0.123	254	0.101	205	0.169	262	-319.86	297
普洱	0.17	210	0.112	284	0.101	205	0.11	299	-336.46	298
臨滄	0.165	230	0.11	290	0.1	270	0.121	298	-339.56	299
隴南	0.149	272	0.121	267	0.1	270	0.13	295	-341.36	300

3.2 城市產業競爭力排名及二級指標分值

城市發展離不開產業，城市和產業發展是同步的，城市本身也是產業分工與發展的結果。城市產業的形成是一個歷史演變過程，隨著社會生產力的發展和社會分工的不斷深化，城市產業逐漸形成，產業和城市的發展相伴相生，互通有無。產業演進與城市發展之間存在相關性，例如第二產業向第三產業轉變，是城市功能從生產型功能向服務型功能的轉變。產業內部結構轉變會引起城市功能的細化與主要功能的變化。同時，城市發展反作用於產業變化，城市發展從多方面影響產業的發展變化。城市功能的確定，影響產業的選擇和產業結構的變遷，進一步影響產業的結構轉型和升級。產業結構是城市社會再生產過程中形成的各產業之間及其內部各行業之間的比例關係和結合狀況。世界的城市化是一個漫長進程，從進程看，以勞動密集型的生活消費品製造業為主的工業是促進城市發展的初始驅動力，工業是城市發展的第一個推動器。城市化進程不同，產業結構的側重也不同，發達國家進入後工業化階段後，城市發展的主要動力由製造業變成第三產業。一般來說，不同城市在其產業結構變遷過程中，往往會依據自身所在區域競爭中的比較優勢，分析其自身的特點和發展方向，傾向於有目的的選擇幾個能體現自身優勢的產業作為支撐城市發展的主導。城市主導產業是相對於其它產業而言能夠更多的採用先進科學技術、保持較高增長速度且能夠帶動城市其它產業發展的產業部門，能給城市帶來效益，有助於城市躋身發展前列的產業部門。城市產業競爭力是城市在發展其產業佈局的過程中，體現出來的相對於其它城市而言的產業優勢，是一個相對概念。產業競爭力是一個國家或地區產業對於該國或該地區資源稟賦結構（比較優勢）和市場環境的反映和調整能力。產業競爭力的內涵涉及兩方面的問題：一個是比較的內容，一個是比較的範圍。即產業競爭力比較的內容就是產業競爭優勢，而產業競爭優勢最終體現於產品、企業及產業的市場實現能力上。產業競爭力也是一個區域概念。因此，產業競爭力分析主要關注影響區域經濟發展的各種因素，如產業集聚、產業轉移、區位優勢等。

在我們的城市產業競爭力比較評價指標體系中並沒有將主導產業的差異顯著地表現出來，我們的研究基於宏觀層面，對城市三次產業在創造財富上的不同能力以及在城市 GDP 所占比重兩方面來對城市產業競爭力進行考察。在我們的評價體系中，工業被放在一個比較重要的位置，原因是：首先中國目前正處於工業化發展階段，其次提升製造能力是中國作為勞動力資源相對豐富的國家的必然選擇。我們的城市產業競爭力比較評價體系包括產業規模指數、產業效率指數、產業貢獻指數、產業結構指數、產業國際化指數和產業集群指數等 6 個二級指標，限額以上工業企業數、產品市場認同度等 29 個三級指標。產業規模是指一類產業的產出規模或經營規模，產業規模可用生產總值或產出量表示。產業規模指數是產業規模的指數化，它刻畫的是三次產業創造財富的規模。在 2015 年，城市產業規模指數排名中，上海、重慶、北京、蘇州、深圳排名前五。貢獻率是分析經濟效益的一個指標，它是指有效或有用成果數量與資源消耗及占用量之比，是產出量與投入量之比。第一、二、三產業增量與國內生產總值增量之比，即為各產業的貢獻率。顧名思義，產業貢獻指數是指數化了的產業貢獻。該指數體現城市產業的市場影響力及其利稅貢獻能力。在表 3.2.1 中可以看到，與 2014 年一致，上海、天津、蘇州、深圳、北京的市場影響力及其利稅貢獻能力較大，位居前五名。產業效率指數的作用是刻畫產業從業者生產效率與工業企業的經營狀況間的關係。產業結構是指國民經濟各產業部門之間以及各產業部門內部的構成。產業結構指數衡量的是工業化水平、服務化水平與產業製造能力。一個城市的產業結構是否合理是經濟能否持續有效發展的重要依據。從我們的統計結果中可以看出，在城市產業結構指數排名中，深圳、東莞、蘇州、上海等東部沿海城市賦值較高，排名靠前，具有較合理的城市產業結構。產業國際化指數反映了城市產業在吸收國際資本的能力及外資企業對該地區產業發展的貢獻度。從下面表中可以看出，在該指標排名中，蘇州、上海、深圳、東莞、廣州的產業國際化程度位於前四。產業集群指的是某個特定產業中相互關聯的、在地理位置上相對集中的很多企業和機構的集合。產業集群的崛起是產業發展適應經濟全球化和競爭日益激烈的新趨勢，是為創造競爭優勢而形成的一種產業空間組織形式，它具有的群體競爭優勢和集聚發展規模效益是其他形式無法比擬的。產業集群指數反映了城市產業的集聚水平。上海、北京、深圳、蘇州、天津、廣州的產業集群指數較高，位局前五，說明這些城市的產業與產業之間不論在互補性還是規模上都彼此影響較大，產業之間聯繫緊密。

在 2015 年 300 個城市產業競爭力排名中，有 110 個城市處於平均水平之上，比 2014 年增加了 2 個，占 36.67%。產業競爭力得分的標準差為 8.250。比 2014 年有所增加，終止了 2011 年以來的下降趨勢。城市產業競爭力所有二級指標排名及產業競爭力排名請見表 3.2.1、表 3.2.2。

表 3.2.1 2015 年度城市產業競爭力排名

城市	產業規模指數	排名	產業貢獻指數	排名	產業效率指數	排名	產業結構指數	排名
上海	1	1	1	1	0.442	136	0.815	4
蘇州	0.746	4	0.744	3	0.447	130	0.903	3
深圳	0.744	5	0.741	4	0.285	270	1	1
天津	0.741	6	0.882	2	0.53	56	0.721	9
廣州	0.698	7	0.568	6	0.547	45	0.64	18
北京	0.804	3	0.603	5	0.375	209	0.601	28
佛山	0.474	14	0.56	7	0.609	16	0.809	5
東莞	0.365	25	0.368	32	0.39	193	0.925	2
重慶	0.833	2	0.533	9	0.369	214	0.762	6
南京	0.453	16	0.507	11	0.533	54	0.602	27
寧波	0.477	13	0.449	19	0.452	122	0.669	13
青島	0.483	12	0.542	8	0.571	32	0.623	22
無錫	0.469	15	0.471	14	0.419	165	0.678	12
杭州	0.51	11	0.452	18	0.391	192	0.627	21
泉州	0.385	23	0.38	31	0.543	48	0.73	8
武漢	0.515	10	0.429	22	0.526	57	0.589	33
煙臺	0.381	24	0.471	14	0.624	12	0.595	30
大連	0.448	17	0.432	21	0.52	61	0.606	25
成都	0.542	8	0.423	24	0.378	205	0.666	14
南通	0.389	21	0.465	16	0.576	30	0.567	44
鄭州	0.398	20	0.473	13	0.552	42	0.65	17
惠州	0.244	61	0.34	41	0.512	67	0.658	16
瀋陽	0.442	18	0.438	20	0.518	64	0.566	46
中山	0.241	64	0.276	58	0.4	181	0.743	7
長春	0.337	29	0.424	23	0.559	37	0.57	42
東營	0.251	57	0.515	10	0.688	5	0.587	34
淄博	0.289	41	0.454	17	0.629	9	0.596	29
常州	0.334	32	0.393	28	0.446	132	0.584	37
香港	0.527	9	0.299	50	0.62	13	0.415	253
鄂爾多斯	0.26	52	0.347	39	1	1	0.538	78

表 3.2.1 2015 年度城市產業競爭力排名

城市	產業規模指數	排名	產業貢獻指數	排名	產業效率指數	排名	產業結構指數	排名
廈門	0.238	70	0.234	87	0.354	225	0.665	15
長沙	0.437	19	0.357	36	0.631	8	0.585	35
大慶	0.29	40	0.361	33	0.618	14	0.585	35
揚州	0.281	44	0.401	27	0.554	40	0.55	64
嘉興	0.28	45	0.315	47	0.505	73	0.632	19
紹興	0.313	37	0.348	37	0.395	188	0.591	31
福州	0.334	32	0.308	49	0.54	52	0.552	60
珠海	0.176	132	0.246	74	0.288	266	0.719	10
合肥	0.34	27	0.34	41	0.542	50	0.569	43
鎮江	0.252	56	0.337	43	0.562	36	0.567	44
濰坊	0.346	26	0.404	26	0.582	26	0.537	80
徐州	0.339	28	0.495	12	0.459	117	0.501	127
泰州	0.265	49	0.417	25	0.495	82	0.555	55
澳門	0.169	144	0.153	256	0.962	2	0.396	263
唐山	0.387	22	0.39	30	0.497	79	0.537	80
威海	0.226	75	0.296	51	0.554	40	0.591	31
臨沂	0.289	41	0.36	34	0.579	28	0.513	112
江門	0.203	92	0.217	114	0.446	132	0.56	49
襄陽	0.265	49	0.276	58	0.601	19	0.542	73
蕪湖	0.218	81	0.283	56	0.512	67	0.572	40
銅陵	0.124	252	0.185	186	0.584	24	0.619	23
濟寧	0.286	43	0.285	54	0.551	43	0.492	138
鹽城	0.302	39	0.348	37	0.466	111	0.491	139
濟南	0.335	30	0.254	69	0.474	101	0.526	92
南昌	0.26	52	0.256	68	0.471	107	0.574	39
石家莊	0.335	30	0.336	44	0.546	46	0.498	130
汕頭	0.179	125	0.208	130	0.519	63	0.528	90
莆田	0.169	144	0.198	153	0.525	58	0.558	50
漳州	0.229	74	0.263	62	0.592	21	0.479	155
西安	0.319	35	0.222	104	0.333	229	0.562	48
榆林	0.233	72	0.244	75	0.709	4	0.549	65
揭陽	0.194	103	0.248	72	0.626	11	0.531	87
柳州	0.201	94	0.221	107	0.446	132	0.553	58
漯河	0.145	205	0.231	93	0.549	44	0.555	55
聊城	0.235	71	0.345	40	0.609	16	0.501	127
克拉瑪依	0.128	242	0.232	92	0.449	127	0.629	20
包頭	0.241	64	0.216	120	0.464	112	0.558	50
營口	0.176	132	0.259	66	0.507	72	0.514	111
湘潭	0.17	143	0.207	133	0.616	15	0.525	94
淮安	0.226	75	0.262	63	0.496	80	0.489	144
鞍山	0.214	83	0.229	99	0.584	24	0.557	53
濱州	0.205	89	0.311	48	0.532	55	0.549	65
泰安	0.241	64	0.329	46	0.558	38	0.509	118
湖州	0.202	93	0.238	82	0.468	110	0.546	68
本溪	0.15	193	0.195	167	0.475	99	0.549	65
嘉峪關	0.102	298	0.184	187	0.431	146	0.679	11
日照	0.166	153	0.188	176	0.521	60	0.515	108
肇慶	0.19	109	0.239	80	0.496	80	0.483	149
北海	0.136	223	0.215	122	0.632	7	0.434	226
德州	0.25	59	0.392	29	0.456	119	0.509	118
梧州	0.145	205	0.238	82	0.605	18	0.515	108
茂名	0.208	86	0.26	65	0.68	6	0.416	251
菏澤	0.22	79	0.331	45	0.58	27	0.473	160
洛陽	0.257	54	0.259	66	0.447	130	0.542	73
太原	0.191	106	0.189	174	0.371	211	0.539	76
昆明	0.262	51	0.236	86	0.419	165	0.522	98
湛江	0.209	85	0.206	134	0.585	23	0.394	264
哈爾濱	0.332	34	0.217	114	0.384	198	0.464	171
遼陽	0.148	198	0.184	187	0.6	20	0.536	83
許昌	0.208	86	0.291	53	0.535	53	0.551	61

表 3.2.1 2015 年度城市產業競爭力排名

城市	產業規模指數	排名	產業貢獻指數	排名	產業效率指數	排名	產業結構指數	排名
常德	0.221	77	0.244	75	0.629	9	0.455	184
潮州	0.137	217	0.188	176	0.502	78	0.525	94
防城港	0.12	261	0.16	236	0.568	34	0.458	180
連雲港	0.199	96	0.284	55	0.509	71	0.453	189
台州	0.272	46	0.222	104	0.379	204	0.556	54
臺北	0.24	68	0.198	153	0.305	249	0.453	189
宜昌	0.267	47	0.294	52	0.264	278	0.575	38
馬鞍山	0.161	164	0.218	112	0.487	89	0.543	72
烏海	0.116	271	0.163	229	0.503	77	0.555	55
黃石	0.155	179	0.202	140	0.451	124	0.545	69
株洲	0.207	88	0.23	97	0.495	82	0.539	76
新餘	0.132	233	0.168	218	0.428	151	0.545	69
資陽	0.161	164	0.2	146	0.747	3	0.446	205
溫州	0.314	36	0.237	85	0.299	257	0.563	47
焦作	0.192	104	0.267	61	0.456	119	0.572	40
貴陽	0.191	106	0.194	169	0.486	90	0.51	116
攀枝花	0.135	228	0.18	192	0.413	170	0.604	26
南寧	0.239	69	0.21	127	0.442	136	0.451	194
河源	0.13	238	0.174	205	0.492	85	0.484	148
龍岩	0.176	132	0.188	176	0.546	46	0.49	143
滄州	0.251	57	0.278	57	0.424	157	0.48	153
棗莊	0.198	97	0.241	78	0.402	178	0.517	105
商丘	0.191	106	0.359	35	0.577	29	0.416	251
鄂州	0.129	240	0.172	210	0.418	167	0.537	80
瀘州	0.16	167	0.2	146	0.571	32	0.485	147
撫順	0.162	161	0.197	158	0.441	138	0.526	92
延安	0.16	167	0.217	114	0.409	171	0.534	85
寶雞	0.178	127	0.173	208	0.429	149	0.544	71
九江	0.183	117	0.261	64	0.433	141	0.516	107
鷹潭	0.12	261	0.252	71	0.542	50	0.53	88
邯鄲	0.254	55	0.225	102	0.37	212	0.483	149
咸陽	0.205	89	0.234	87	0.473	104	0.491	139
德陽	0.178	127	0.22	108	0.474	101	0.51	116
吉林	0.22	79	0.204	138	0.432	145	0.491	139
新鄉	0.195	100	0.219	109	0.47	109	0.523	97
清遠	0.151	192	0.166	222	0.436	139	0.447	204
宿遷	0.211	84	0.254	69	0.461	115	0.479	155
烏魯木齊	0.183	117	0.201	143	0.328	235	0.496	131
玉溪	0.152	189	0.217	114	0.476	98	0.518	104
岳陽	0.23	73	0.268	60	0.406	174	0.499	129
廊坊	0.196	99	0.21	127	0.46	116	0.503	124
蚌埠	0.154	182	0.182	191	0.565	35	0.45	198
呼和浩特	0.195	100	0.194	169	0.488	87	0.449	201
十堰	0.161	164	0.206	134	0.295	259	0.517	105
蘭州	0.171	141	0.194	169	0.378	205	0.52	101
贛州	0.192	104	0.231	93	0.452	122	0.457	182
通化	0.145	205	0.189	174	0.493	84	0.52	101
上饒	0.173	138	0.228	100	0.557	39	0.464	171
舟山	0.137	217	0.14	278	0.49	86	0.472	161
陽江	0.155	179	0.208	130	0.516	65	0.44	216
呂梁	0.147	202	0.202	140	0.484	94	0.551	61
衢州	0.149	196	0.186	183	0.505	73	0.505	123
金華	0.266	48	0.239	80	0.316	243	0.52	101
南陽	0.243	63	0.217	114	0.45	126	0.466	168
遵義	0.183	117	0.218	112	0.573	31	0.455	184
安陽	0.186	114	0.23	97	0.472	106	0.502	126
秦皇島	0.148	198	0.16	236	0.401	179	0.435	224
自貢	0.149	196	0.187	179	0.416	168	0.494	134
荊門	0.167	148	0.214	123	0.475	99	0.493	136
衡陽	0.221	77	0.219	109	0.425	153	0.458	180

表 3.2.1 2015 年度城市產業競爭力排名

城市	產業規模指數	排名	產業貢獻指數	排名	產業效率指數	排名	產業結構指數	排名
通遼	0.189	110	0.219	109	0.486	90	0.437	221
平頂山	0.176	132	0.205	136	0.424	157	0.508	121
保定	0.244	61	0.243	77	0.357	222	0.496	131
丹東	0.153	185	0.16	236	0.589	22	0.465	169
安慶	0.183	117	0.225	102	0.512	67	0.462	173
萊蕪	0.126	250	0.157	241	0.327	236	0.538	78
宜春	0.177	131	0.248	72	0.473	104	0.483	149
濮陽	0.165	154	0.233	90	0.426	152	0.513	112
晉城	0.139	213	0.171	214	0.387	196	0.54	75
郴州	0.189	110	0.238	82	0.42	163	0.493	136
長治	0.154	182	0.187	179	0.4	181	0.551	61
鶴壁	0.131	234	0.19	173	0.364	218	0.558	50
萍鄉	0.136	223	0.211	126	0.356	224	0.527	91
三明	0.187	112	0.197	158	0.515	66	0.455	184
盤錦	0.165	154	0.231	93	0.38	202	0.453	189
玉林	0.165	154	0.171	214	0.543	48	0.417	248
樂山	0.156	177	0.174	205	0.416	168	0.509	118
朔州	0.136	223	0.228	100	0.387	196	0.495	133
石嘴山	0.113	279	0.153	256	0.377	207	0.553	58
綿陽	0.178	127	0.198	153	0.4	181	0.472	161
麗水	0.148	198	0.196	162	0.52	61	0.48	153
寧德	0.174	137	0.217	114	0.488	87	0.453	189
內江	0.156	177	0.198	153	0.474	101	0.482	152
淮北	0.135	228	0.216	120	0.253	280	0.536	83
邢臺	0.186	114	0.196	162	0.408	172	0.46	178
桂林	0.187	112	0.199	150	0.485	93	0.438	218
汕尾	0.128	242	0.163	229	0.358	220	0.47	165
銅川	0.107	288	0.154	251	0.288	266	0.532	86
吉安	0.164	157	0.234	87	0.436	139	0.457	182
滁州	0.167	148	0.222	104	0.464	112	0.443	211
張家口	0.16	167	0.164	228	0.449	127	0.414	254
宜賓	0.172	139	0.201	143	0.376	208	0.494	134
欽州	0.138	216	0.156	245	0.458	118	0.38	276
海口	0.131	234	0.132	288	0.333	229	0.43	231
三門峽	0.155	179	0.214	123	0.367	216	0.522	98
新北	0.311	38	0.233	90	0.296	258	0.453	189
梅州	0.137	217	0.153	256	0.486	90	0.392	267
錦州	0.167	148	0.231	93	0.395	188	0.45	198
宣城	0.15	193	0.199	150	0.484	94	0.479	155
衡水	0.159	173	0.176	200	0.471	107	0.454	187
咸寧	0.147	202	0.205	136	0.479	97	0.439	217
慶陽	0.124	252	0.186	183	0.524	59	0.471	164
周口	0.215	82	0.24	79	0.424	157	0.428	233
赤峰	0.182	122	0.179	194	0.429	149	0.441	214
承德	0.162	161	0.197	158	0.444	135	0.446	205
六盤水	0.139	213	0.171	214	0.424	157	0.503	124
遼源	0.128	242	0.157	241	0.357	222	0.512	114
荊州	0.183	117	0.196	162	0.43	148	0.408	256
撫州	0.154	182	0.187	179	0.455	121	0.451	194
大同	0.134	231	0.171	214	0.266	277	0.487	146
黃山	0.118	268	0.154	251	0.504	76	0.454	187
銀川	0.153	185	0.184	187	0.318	242	0.511	115
益陽	0.162	161	0.2	146	0.407	173	0.421	241
婁底	0.157	174	0.196	162	0.38	202	0.467	167
南平	0.164	157	0.172	210	0.51	70	0.399	262
貴港	0.135	228	0.15	264	0.481	96	0.39	268
金昌	0.103	296	0.176	200	0.159	297	0.609	24
遂寧	0.137	217	0.187	179	0.425	153	0.451	194
韶關	0.148	198	0.179	194	0.322	238	0.461	176
松原	0.18	124	0.209	129	0.369	214	0.431	228

表 3.2.1 2015 年度城市產業競爭力排名

城市	產業規模指數	排名	產業貢獻指數	排名	產業效率指數	排名	產業結構指數	排名
淮南	0.134	231	0.166	222	0.173	295	0.515	108
眉山	0.146	204	0.177	198	0.398	185	0.465	169
崇左	0.126	250	0.157	241	0.505	73	0.361	282
臨汾	0.15	193	0.172	210	0.388	195	0.508	121
南充	0.176	132	0.202	140	0.37	212	0.428	233
景德鎮	0.127	248	0.165	224	0.27	275	0.522	98
雲浮	0.131	234	0.173	208	0.433	141	0.418	245
曲靖	0.184	116	0.204	138	0.345	227	0.451	194
白銀	0.115	276	0.133	286	0.344	228	0.479	155
西寧	0.137	217	0.154	251	0.249	282	0.525	94
安順	0.116	271	0.161	234	0.448	129	0.424	236
高雄	0.245	60	0.201	143	0.305	249	0.443	211
運城	0.152	189	0.179	194	0.462	114	0.431	228
台中	0.241	64	0.198	153	0.302	253	0.443	211
齊齊哈爾	0.157	174	0.154	251	0.398	185	0.358	285
孝感	0.178	127	0.197	158	0.332	231	0.488	145
開封	0.179	125	0.208	130	0.382	200	0.438	218
廣安	0.142	211	0.168	218	0.451	124	0.431	228
六安	0.16	167	0.177	198	0.401	179	0.437	221
駐馬店	0.2	95	0.2	146	0.381	201	0.404	260
渭南	0.167	148	0.154	251	0.403	177	0.468	166
宿州	0.16	167	0.175	202	0.424	157	0.38	276
池州	0.119	263	0.163	229	0.362	219	0.446	205
三亞	0.105	292	0.115	298	0.39	193	0.363	281
葫蘆島	0.131	234	0.152	260	0.367	216	0.46	178
阜陽	0.163	159	0.195	167	0.425	153	0.373	279
賀州	0.114	277	0.155	250	0.375	209	0.401	261
桃園	0.204	91	0.179	194	0.302	253	0.448	202
白山	0.128	242	0.156	245	0.28	271	0.491	139
晉中	0.143	209	0.168	218	0.331	232	0.479	155
朝陽	0.153	185	0.196	162	0.397	187	0.421	241
商洛	0.121	258	0.156	245	0.433	141	0.432	227
陽泉	0.117	270	0.125	294	0.245	284	0.53	88
中衛	0.105	292	0.156	245	0.406	174	0.418	245
安康	0.128	242	0.18	192	0.404	176	0.45	198
呼倫貝爾	0.172	139	0.212	125	0.358	220	0.384	270
海東	0.11	282	0.127	292	0.421	162	0.444	209
台南	0.195	100	0.175	202	0.292	264	0.428	233
永州	0.163	159	0.165	224	0.384	198	0.382	275
阜新	0.13	238	0.161	234	0.267	276	0.406	258
鐵嶺	0.16	167	0.199	150	0.314	245	0.422	239
烏蘭察布	0.136	223	0.162	232	0.393	191	0.441	214
亳州	0.143	209	0.168	218	0.42	163	0.379	278
雞西	0.121	258	0.125	294	0.433	141	0.328	294
巴彥淖爾	0.139	213	0.148	266	0.319	241	0.423	237
巴中	0.116	271	0.144	273	0.425	153	0.417	248
四平	0.167	148	0.162	232	0.302	253	0.394	264
邵陽	0.168	147	0.193	172	0.331	232	0.383	273
白城	0.129	240	0.146	268	0.326	237	0.413	255
雅安	0.116	271	0.144	273	0.315	244	0.461	176
隨州	0.136	223	0.175	202	0.243	286	0.435	224
信陽	0.198	97	0.186	183	0.287	268	0.384	270
酒泉	0.121	258	0.128	291	0.314	245	0.472	161
新竹	0.113	279	0.134	285	0.306	248	0.446	205
吳忠	0.111	281	0.153	256	0.294	261	0.462	173
銅仁	0.128	242	0.14	278	0.431	146	0.339	289
武威	0.114	277	0.143	276	0.329	234	0.387	269
基隆	0.11	282	0.133	286	0.302	253	0.448	202
忻州	0.124	252	0.174	205	0.32	240	0.462	173
嘉義	0.104	294	0.13	290	0.311	247	0.444	209

表 3.2.1 2015 年度城市產業競爭力排名

城市	產業規模指數	排名	產業貢獻指數	排名	產業效率指數	排名	產業結構指數	排名
達州	0.169	144	0.156	245	0.304	252	0.422	239
廣元	0.123	256	0.147	267	0.249	282	0.423	237
牡丹江	0.152	189	0.183	190	0.244	285	0.407	257
漢中	0.145	205	0.151	262	0.321	239	0.42	243
畢節	0.157	174	0.15	264	0.346	226	0.405	259
佳木斯	0.137	217	0.157	241	0.4	181	0.279	297
天水	0.116	271	0.139	282	0.262	279	0.394	264
七台河	0.102	298	0.1	300	0.19	294	0.436	223
百色	0.141	212	0.145	270	0.24	288	0.438	218
來賓	0.123	256	0.117	297	0.278	272	0.37	280
黃岡	0.181	123	0.172	210	0.295	259	0.359	284
昭通	0.127	248	0.16	236	0.271	274	0.417	248
麗江	0.103	296	0.16	236	0.294	261	0.419	244
懷化	0.153	185	0.151	262	0.223	291	0.43	231
雙鴨山	0.119	263	0.165	224	0.292	264	0.33	292
綏化	0.171	141	0.165	224	0.394	190	0.278	298
保山	0.119	263	0.145	270	0.286	269	0.342	287
張掖	0.11	282	0.14	278	0.294	261	0.342	287
張家界	0.107	288	0.131	289	0.24	288	0.384	270
鶴崗	0.108	286	0.104	299	0.239	290	0.323	295
拉薩	0.106	290	0.126	293	0.1	300	0.418	245
伊春	0.108	286	0.141	277	0.241	287	0.225	299
臨滄	0.118	268	0.152	260	0.253	280	0.339	289
河池	0.124	252	0.125	294	0.21	292	0.36	283
普洱	0.119	263	0.144	273	0.172	296	0.35	286
平涼	0.11	282	0.135	284	0.199	293	0.383	273
隴南	0.104	294	0.146	268	0.275	273	0.336	291
固原	0.1	300	0.139	282	0.15	299	0.329	293
定西	0.106	290	0.14	278	0.157	298	0.31	296
黑河	0.119	263	0.145	270	0.305	249	0.1	300

表 3.2.2 2015 年度城市產業競爭力排名（續）

城市	產業國際化指數	排名	產業集群指數	排名	城市產業競爭力	排名
上海	0.983	2	1	1	5070.95	1
蘇州	1	1	0.714	4	4178.53	2
深圳	0.706	3	0.766	3	3709.87	3
天津	0.566	6	0.607	5	3268.25	4
廣州	0.627	5	0.571	6	2705.76	5
北京	0.429	11	0.782	2	2554.12	6
佛山	0.409	13	0.548	8	2427.16	7
東莞	0.68	4	0.532	10	2352.32	8
重慶	0.313	27	0.555	7	2251.13	9
南京	0.389	15	0.538	9	1789.25	10
寧波	0.455	10	0.475	14	1764.38	11
青島	0.383	17	0.393	30	1741.33	12
無錫	0.409	13	0.495	13	1706.66	13
杭州	0.352	22	0.527	11	1552.2	14
泉州	0.47	8	0.269	106	1515.91	15
武漢	0.294	30	0.499	12	1510.51	16
煙臺	0.37	19	0.317	65	1407.49	17
大連	0.336	23	0.405	24	1382.34	18
成都	0.324	24	0.356	44	1302.56	19
南通	0.377	18	0.311	69	1292.51	20
鄭州	0.265	39	0.34	48	1292.24	21
惠州	0.467	9	0.361	40	1242.91	22
瀋陽	0.269	36	0.433	20	1240.14	23
中山	0.424	12	0.426	21	1172.96	24
長春	0.237	47	0.456	15	1137.56	25
東營	0.173	96	0.364	39	1130.8	26

表 3.2.2 2015 年度城市產業競爭力排名（續）

城市	產業國際化指數	排名	產業集群指數	排名	城市產業競爭力	排名
淄博	0.189	78	0.404	25	1114.08	27
常州	0.323	25	0.456	15	1099.21	28
香港	0.29	32	0.452	17	1081.17	29
鄂爾多斯	0.173	96	0.235	139	1070.79	30
廈門	0.471	7	0.443	18	1006.24	31
長沙	0.169	101	0.302	76	956.92	32
大慶	0.147	129	0.404	25	876.81	33
揚州	0.266	38	0.338	50	867.05	34
嘉興	0.322	26	0.275	101	827.73	35
紹興	0.273	34	0.422	22	817.08	36
福州	0.355	21	0.259	116	817	37
珠海	0.387	16	0.438	19	806.53	38
合肥	0.23	51	0.328	58	799.03	39
鎮江	0.304	28	0.288	86	774.06	40
濰坊	0.186	81	0.279	98	748.25	41
徐州	0.167	103	0.344	47	689.09	42
泰州	0.258	40	0.237	138	633.55	43
澳門	0.209	58	0.365	38	625.87	44
唐山	0.207	61	0.23	148	618.23	45
威海	0.268	37	0.228	151	570	46
臨沂	0.176	93	0.271	104	539.61	47
江門	0.357	20	0.289	84	461.54	48
襄陽	0.178	90	0.255	119	457.43	49
蕪湖	0.192	76	0.303	73	433.1	50
銅陵	0.208	59	0.325	60	428.7	51
濟寧	0.165	105	0.303	73	384	52
鹽城	0.237	47	0.226	154	372.77	53
濟南	0.159	111	0.321	63	371.45	54
南昌	0.204	63	0.275	101	370.94	55
石家莊	0.149	126	0.216	178	363.72	56
汕頭	0.202	65	0.394	29	362.94	57
莆田	0.234	49	0.328	58	355.65	58
漳州	0.293	31	0.181	228	348.26	59
西安	0.193	74	0.399	28	343.45	60
榆林	0.122	219	0.182	225	341.24	61
揭陽	0.19	77	0.235	139	336.94	62
柳州	0.226	53	0.353	46	329.53	63
漯河	0.227	52	0.273	103	307	64
聊城	0.124	207	0.202	198	285.64	65
克拉瑪依	0.106	276	0.401	27	271.28	66
包頭	0.137	151	0.356	44	262.22	67
營口	0.194	73	0.313	68	253.5	68
湘潭	0.157	113	0.287	87	249.87	69
淮安	0.215	56	0.283	94	246.29	70
鞍山	0.129	187	0.246	130	240.87	71
濱州	0.139	146	0.218	172	228.81	72
泰安	0.127	195	0.201	200	216.58	73
湖州	0.231	50	0.239	136	212.66	74
本溪	0.202	65	0.34	48	204.43	75
嘉峪關	0.1	287	0.383	32	202.73	76
日照	0.216	55	0.303	73	188.5	77
肇慶	0.276	33	0.232	144	185.35	78
北海	0.196	71	0.317	65	183.39	79
德州	0.141	141	0.192	212	178.35	80
梧州	0.156	115	0.247	128	165.6	81
茂名	0.126	203	0.251	123	155.77	82
菏澤	0.141	141	0.181	228	151.38	83
洛陽	0.129	187	0.267	110	143.36	84
太原	0.208	59	0.375	34	142.72	85
昆明	0.144	134	0.317	65	139.28	86
湛江	0.25	44	0.267	110	134.55	87

表 3.2.2 2015 年度城市產業競爭力排名（續）

城市	產業國際化指數	排名	產業集群指數	排名	城市產業競爭力	排名
哈爾濱	0.184	85	0.332	54	132.04	88
遼陽	0.161	108	0.244	132	131.24	89
許昌	0.13	179	0.17	249	125.51	90
常德	0.138	148	0.219	170	120.82	91
潮州	0.2	68	0.302	76	115.57	92
防城港	0.244	46	0.311	69	111.21	93
連雲港	0.212	57	0.222	161	102.62	94
台州	0.177	91	0.248	125	93.77	95
臺北	0.298	29	0.358	42	89.22	96
宜昌	0.148	128	0.299	79	83.94	97
馬鞍山	0.146	131	0.286	89	83.09	98
烏海	0.106	276	0.381	33	74.37	99
黃石	0.201	67	0.268	107	71.55	100
株洲	0.131	175	0.235	139	59.81	101
新餘	0.196	71	0.336	51	56.94	102
資陽	0.121	226	0.181	228	51.18	103
溫州	0.153	119	0.263	113	45.83	104
焦作	0.13	179	0.198	205	44.1	105
貴陽	0.136	155	0.295	82	24.56	106
攀枝花	0.119	232	0.322	62	15.97	107
南寧	0.186	81	0.29	83	8.2	108
河源	0.27	35	0.228	151	3.78	109
龍岩	0.175	94	0.223	157	1.62	110
滄州	0.169	101	0.204	196	-12.54	111
棗莊	0.137	151	0.289	84	-18.17	112
商丘	0.11	269	0.167	252	-25.93	113
鄂州	0.133	169	0.369	36	-26.73	114
瀘州	0.111	264	0.258	117	-29.79	115
撫順	0.13	179	0.302	76	-42.61	116
延安	0.103	283	0.329	56	-52.62	117
寶雞	0.152	121	0.268	107	-55.16	118
九江	0.173	96	0.189	216	-55.82	119
鷹潭	0.117	241	0.188	217	-57.46	120
邯鄲	0.183	87	0.25	124	-60.11	121
咸陽	0.147	129	0.213	184	-60.31	122
德陽	0.15	123	0.22	165	-60.43	123
吉林	0.136	155	0.28	97	-61.23	124
新鄉	0.144	134	0.2	203	-65.48	125
清遠	0.252	43	0.286	89	-71.83	126
宿遷	0.141	141	0.215	181	-72.9	127
烏魯木齊	0.117	241	0.417	23	-77.92	128
玉溪	0.118	236	0.257	118	-78.93	129
岳陽	0.127	195	0.223	157	-82.51	130
廊坊	0.186	81	0.181	228	-84.3	131
蚌埠	0.132	174	0.262	114	-93.15	132
呼和浩特	0.2	68	0.212	186	-97.41	133
十堰	0.254	41	0.268	107	-102.41	134
蘭州	0.126	203	0.329	56	-102.62	135
贛州	0.222	54	0.176	240	-103.74	136
通化	0.144	134	0.224	156	-104.78	137
上饒	0.193	74	0.112	298	-111.8	138
舟山	0.146	131	0.325	60	-120.73	139
陽江	0.2	68	0.2	203	-122.77	140
呂梁	0.154	118	0.156	270	-123.13	141
衢州	0.135	160	0.223	157	-129.33	142
金華	0.161	108	0.207	192	-133.35	143
南陽	0.127	195	0.213	184	-148.23	144
遵義	0.108	274	0.178	237	-149.62	145
安陽	0.117	241	0.195	209	-149.66	146
秦皇島	0.254	41	0.287	87	-153.04	147
自貢	0.13	179	0.306	71	-160.1	148

表 3.2.2 2015 年度城市產業競爭力排名（續）

城市	產業國際化指數	排名	產業集群指數	排名	城市產業競爭力	排名
荊門	0.137	151	0.202	198	-164.05	149
衡陽	0.166	104	0.209	190	-166.1	150
通遼	0.177	91	0.188	217	-169.88	151
平頂山	0.135	160	0.229	150	-170.62	152
保定	0.15	123	0.196	207	-176.72	153
丹東	0.164	106	0.147	278	-179.42	154
安慶	0.122	219	0.181	228	-188.02	155
萊蕪	0.112	261	0.384	31	-190.56	156
宜春	0.157	113	0.131	291	-197.02	157
濮陽	0.128	191	0.191	214	-201.94	158
晉城	0.188	79	0.206	194	-201.96	159
郴州	0.14	145	0.176	240	-213.19	160
長治	0.134	165	0.196	207	-227.97	161
鶴壁	0.123	216	0.247	128	-236.37	162
萍鄉	0.117	241	0.271	104	-239.22	163
三明	0.129	187	0.167	252	-239.81	164
盤錦	0.128	191	0.283	94	-243.19	165
玉林	0.188	79	0.159	265	-247.41	166
樂山	0.116	247	0.248	125	-251.83	167
朔州	0.119	232	0.252	122	-256.3	168
石嘴山	0.113	258	0.286	89	-256.93	169
綿陽	0.125	206	0.254	121	-259.26	170
麗水	0.117	241	0.165	258	-259.56	171
寧德	0.124	207	0.18	234	-260.04	172
內江	0.123	216	0.19	215	-260.53	173
淮北	0.126	203	0.33	55	-263	174
邢臺	0.186	81	0.182	225	-268.08	175
桂林	0.143	139	0.175	243	-274.77	176
汕尾	0.25	44	0.216	178	-280.62	177
銅川	0.134	165	0.358	42	-286.53	178
吉安	0.18	89	0.133	289	-290.71	179
滁州	0.155	117	0.157	268	-293.03	180
張家口	0.139	146	0.283	94	-297.43	181
宜賓	0.124	207	0.22	165	-309.54	182
欽州	0.173	96	0.296	80	-310.84	183
海口	0.181	88	0.371	35	-312.1	184
三門峽	0.164	106	0.139	284	-322.79	185
新北	0.1	287	0.215	181	-327.51	186
梅州	0.184	85	0.231	147	-331.02	187
錦州	0.153	119	0.181	228	-335.9	188
宣城	0.128	191	0.131	291	-336.37	189
衡水	0.133	169	0.183	224	-338.44	190
咸寧	0.144	134	0.161	261	-342.09	191
慶陽	0.105	278	0.156	270	-344.87	192
周口	0.135	160	0.14	281	-351.11	193
赤峰	0.121	226	0.218	172	-354.9	194
承德	0.111	264	0.205	195	-360.4	195
六盤水	0.119	232	0.187	219	-361.87	196
遼源	0.124	207	0.255	119	-365.24	197
荊州	0.136	155	0.216	178	-367.18	198
撫州	0.133	169	0.173	245	-368.49	199
大同	0.138	148	0.336	51	-368.77	200
黃山	0.114	255	0.204	196	-371.3	201
銀川	0.124	207	0.241	135	-375.48	202
益陽	0.133	169	0.23	148	-380.8	203
婁底	0.127	195	0.209	190	-388.49	204
南平	0.146	131	0.162	260	-390.43	205
貴港	0.158	112	0.233	142	-390.79	206
金昌	0.1	287	0.334	53	-393.78	207
遂寧	0.122	219	0.211	189	-396.33	208
韶關	0.171	100	0.238	137	-399.13	209

表 3.2.2 2015 年度城市產業競爭力排名（續）

城市	產業國際化指數	排名	產業集群指數	排名	城市產業競爭力	排名
松原	0.116	247	0.232	144	-407.63	210
淮南	0.134	165	0.367	37	-416.47	211
眉山	0.131	175	0.192	212	-424.37	212
崇左	0.206	62	0.165	258	-432.58	213
臨汾	0.12	230	0.156	270	-433.78	214
南充	0.118	236	0.223	157	-436.84	215
景德鎮	0.127	195	0.266	112	-437.06	216
雲浮	0.203	64	0.138	286	-445.98	217
曲靖	0.118	236	0.198	205	-452.02	218
白銀	0.121	226	0.284	93	-453.38	219
西寧	0.122	219	0.276	100	-457.05	220
安順	0.124	207	0.22	165	-457.2	221
高雄	0.1	287	0.217	175	-458.31	222
運城	0.115	252	0.16	264	-459.63	223
台中	0.1	287	0.22	165	-465.57	224
齊齊哈爾	0.156	115	0.279	98	-467.8	225
孝感	0.144	134	0.136	287	-469.07	226
開封	0.116	247	0.17	249	-469.31	227
廣安	0.112	261	0.184	222	-471.52	228
六安	0.151	122	0.153	275	-478.18	229
駐馬店	0.129	187	0.182	225	-478.83	230
渭南	0.116	247	0.159	265	-490.51	231
宿州	0.128	191	0.218	172	-495	232
池州	0.119	232	0.245	131	-504.37	233
三亞	0.13	179	0.36	41	-511.13	234
葫蘆島	0.115	252	0.219	170	-516.63	235
阜陽	0.117	241	0.201	200	-519.38	236
賀州	0.174	95	0.222	161	-525.79	237
桃園	0.1	287	0.22	165	-526.79	238
白山	0.135	160	0.232	144	-528.96	239
晉中	0.136	155	0.167	252	-539.37	240
朝陽	0.113	258	0.166	257	-540.72	241
商洛	0.131	175	0.161	261	-541.76	242
陽泉	0.118	236	0.261	115	-547.44	243
中衛	0.114	255	0.228	151	-553.33	244
安康	0.11	269	0.14	281	-571.43	245
呼倫貝爾	0.124	207	0.178	237	-581.24	246
海東	0.141	141	0.153	275	-583.83	247
台南	0.1	287	0.221	164	-592.38	248
永州	0.137	151	0.178	237	-604.16	249
阜新	0.131	175	0.296	80	-605.87	250
鐵嶺	0.122	219	0.18	234	-607.32	251
烏蘭察布	0.122	219	0.13	293	-613.28	252
亳州	0.105	278	0.185	221	-616.88	253
雞西	0.133	169	0.244	132	-648.85	254
巴彥淖爾	0.15	123	0.179	236	-649.73	255
巴中	0.105	278	0.154	274	-654.5	256
四平	0.142	140	0.193	210	-664.53	257
邵陽	0.118	236	0.171	247	-673.97	258
白城	0.149	126	0.176	240	-679.54	259
雅安	0.123	216	0.167	252	-682.49	260
隨州	0.13	179	0.214	183	-682.92	261
信陽	0.12	230	0.184	222	-683.27	262
酒泉	0.111	264	0.167	252	-698.27	263
新竹	0.1	287	0.217	175	-701.32	264
吳忠	0.116	247	0.175	243	-702.39	265
銅仁	0.105	278	0.207	192	-704.36	266
武威	0.109	273	0.248	125	-704.94	267
基隆	0.1	287	0.212	186	-717.36	268
忻州	0.1	287	0.128	296	-717.94	269
嘉義	0.1	287	0.212	186	-722.9	270

表 3.2.2 2015 年度城市產業競爭力排名（續）

城市	產業國際化指數	排名	產業集群指數	排名	城市產業競爭力	排名
達州	0.11	269	0.147	278	-738.01	271
廣元	0.127	195	0.222	161	-743.59	272
牡丹江	0.136	155	0.171	247	-755.08	273
漢中	0.113	258	0.14	281	-760.78	274
畢節	0.105	278	0.127	297	-772.87	275
佳木斯	0.135	160	0.201	200	-780.62	276
天水	0.112	261	0.242	134	-792.65	277
七台河	0.102	285	0.318	64	-794.4	278
百色	0.134	165	0.157	268	-794.71	279
來賓	0.16	110	0.217	175	-794.85	280
黃岡	0.138	148	0.13	293	-808.87	281
昭通	0.111	264	0.156	270	-825.26	282
麗江	0.114	255	0.139	284	-836.78	283
懷化	0.124	207	0.13	293	-865.86	284
雙鴨山	0.103	283	0.225	155	-866.18	285
綏化	0.13	179	0.104	299	-891.89	286
保山	0.122	219	0.193	210	-900.16	287
張掖	0.11	269	0.186	220	-935.3	288
張家界	0.121	226	0.173	245	-952.92	289
鶴崗	0.108	274	0.286	89	-954.5	290
拉薩	0.13	179	0.233	142	-993.58	291
伊春	0.127	195	0.304	72	-1024.02	292
臨滄	0.111	264	0.134	288	-1049.17	293
河池	0.124	207	0.142	280	-1064.49	294
普洱	0.127	195	0.159	265	-1089.12	295
平涼	0.1	287	0.133	289	-1097.3	296
隴南	0.1	287	0.1	300	-1117.08	297
固原	0.1	287	0.169	251	-1217.88	298
定西	0.101	286	0.153	275	-1256.86	299
黑河	0.115	252	0.161	261	-1375.98	300

3.3 城市財政金融競爭力排名及二級指標分值

財政是城市提供公共品的重要經濟保障，是城市競爭力其他指數的資金保障，具有後勤支持作用。其主要功能是為基礎設施建設、教育、公共安全等公共服務提供資金來源。中國區別於其他國家的地方是，財政的作用還在於政府利用財政支出來推動政府投資，從而促進地方經濟增長，這是中國財政的一大突出特點。城市財政支出為交通設施、教育設施、通訊設施、文化設施與衛生設施的建設，為公共事業發展，社會福利、社會保障事業、社會穩定和治安維持提供財力保證。合理科學的城市財政預算支出，既為城市經濟公共事業的方面發展提供資金保證，又是城市免於地方債務危機的前提。金融系統是有關資金的流動、集中和分配的一個體系，它是連接資金盈餘者和資金短缺者的一系列金融仲介機構和金融市場共同構成的一個有機體。金融系統是公司、家庭和政府執行其金融決策，融通資金有無的體系，包括債券、股票和其他證券市場，同時涉及到銀行和保險公司等金融中介機構。金融系統充當資金中介的角色，進行資金融通，使資金從盈餘方流向短缺方。金融系統使城市的發展資金來源平穩化，良好的城市金融系統具有良好的資金融通能力，有利於城市區域間進行資金周轉，區域性發展獲得極大動力，若配合良好的配套設施，可提高城市的國際競爭力，使城市在國際大舞臺上煥發光彩。中國改革開放較晚，城市發展起步相對國際發達國家來說較晚，資金短缺問題是其中一個制約因素。因此，如何解決資金融通問題，成為多方關注的焦點。城市財政金融競爭力是城市在公共財政和金融體系上的相對優勢，具有較強城市財政金融競爭力的城市，其發展必然要超出其它城市。

在我們的研究框架下，城市財政金融競爭力比較評價指標體系包括財政金融規模指數、金融資本質量指數、財政金融效率指數、金融資本可獲得指數與金融業人力資本指數 5 個二級指標，財政預算內收入、資本使用率、年末儲蓄總金額等 18 個三級指標。財政金融規模指數反映了城市公共財政實力與金融機構現金流規模。城市財政金融規模指數賦值高，通常就意味著該城市的公共財政實力與及金融系統的融資能力強，政府違約、政府資金周轉緊張的可能性也相對較低。較高的財政金融規模指數在一定程度上既是良好財政預算政策的體現，也是城市金融系統發達程度的反映。在表 3.3.1 中可以看出：2015 年城市財政金融規模指數排名前五的分別為上海、北京、香港、重慶、天津。與 2014 年的基本一致。總體來看，中國各城市的財政金融規模指數整體不高，且城市之間具有不平衡性。財政金融效率指數反映城市公共財政與金融機構現金流規模的人均水平及增長水平。區別于財政金融規模指數對總量的靜態描繪，財政金融效率指數反映的是人均財政金融資源的佔有量，它是一個動態指標。較高的財政金融效率指數的賦值，說明城市資金融通能力較強，能更好的應對未來資金需求，不易陷入流動性危機。類似的，依下表數據分析發現：澳門的財政金融效率指數最高，賦值為 1。從總樣本城市的指數值來看，被評價城市總體的城市財政金融效率指數水平除澳門、香港外都比較低。這反映中國大多數城市的公共財政能力和較強城市金融系統的建設仍有很大改善空間，政府需要投入一定精力致力於扭轉目前情況，以此保證各城市自身未來經濟發展的融資需求。金融資本質量指數反映的是金融機構資本使用的質量。資本質量較高，則意味著資本壞賬損失率較低，金融機構的風險敞口相對較小，即金融機構融通資金的中介作用能有效發揮。縱觀 2015 年樣本城市的金融資本質量指數排名可知，香港、北京、嘉峪關排名在前。金融資本可獲得指數是城市企業與居民獲取金融資本便利性的體現，也是城市金融業活力的體現。在城市企業與居民面臨資金流問題時，如果資本融通能力較強，則意味著該城市的金融資本可獲得指數較高，城市經濟發展居民消費來自資金方面的壓力較小。研究發現，香港、北京、上海、廣州、深圳排名前列。從整體情況來看，除國內一線城市外，其他城市金融資本可獲得性指數並不高，這意味著中國企業與居民在資金融通方面仍存在瓶頸，有待進一步改善。金融業人力資本指數反映城市從事金融業人員的多少，從一個側面顯示城市金融業的發達程度及金融業在一個城市產業中的地位。城市金融業越發達，它對不同程度的金融人才的需求也越大。在研究的 300 個城市中，我們發現，北京、上海、香港、重慶、深圳排名居前五位。顯然，該指數值的高低，一方面取決於該城市的經濟發達程度，另一方也受該城市自身產業結構和政策因素的影響。例如香港作為亞洲金融中心之一，其金融從業人員自然相對較多。此外北京、上海、重慶除受本身經濟發達程度影響外，也取決於中國的經濟政策傾向，中國有目的的偏向發展此類地區，強化其金融能力，以便打造另外的亞洲金融中心。金融從業人才的增加也是政策導向的結果之一。

結合對各城市財政金融競爭力 5 個二級指標和 18 個三級指標的賦值分析：2015 年在 300 個城市財政金融競爭力排名中，有 93 個城市處於平均水平之上，比 2014 年增加了 3 個，占 31.00%。其中香港、北京、上海財政金融競爭力依然如 2012 年、2013 年、2014 年，排名居前三位。財政金融競爭力得分的標準差為 7.051。比 2014 年的 7.170 有所下降，延續了 2013 年以來的下降趨勢。這說明城市之間的財政金融競爭力的差距有下降趨勢。城市財政金融競爭力具體排名請見表 3.3.1。

表 3.3.1 2015 年度城市財政金融競爭力排名

城市	財政金融規模指數	排名	財政金融效率指數	排名	金融資本質量指數	排名	金融資本可獲得指數	排名	金融業人力資本指數	排名	財政金融競爭力	排名
香港	0.893	3	0.85	2	1	1	1	1	0.713	3	6202.04	1
北京	0.948	2	0.384	3	0.877	2	0.868	2	1	1	5219.13	2
上海	1	1	0.372	5	0.71	4	0.816	3	0.784	2	4570.03	3
澳門	0.26	19	1	1	0.289	229	0.17	51	0.167	46	2229.5	4
深圳	0.467	6	0.37	6	0.516	35	0.441	5	0.355	5	1998.18	5

表 3.3.1 2015 年度城市財政金融競爭力排名

城市	財政金融規模指數	排名	財政金融效率指數	排名	金融資本質量指數	排名	金融資本可獲得指數	排名	金融業人力資本指數	排名	財政金融競爭力	排名
重慶	0.652	4	0.232	62	0.523	31	0.316	11	0.421	4	1847.81	6
天津	0.539	5	0.312	22	0.551	21	0.346	8	0.287	7	1705.49	7
廣州	0.414	7	0.321	20	0.532	27	0.47	4	0.278	8	1702.18	8
杭州	0.331	11	0.33	18	0.545	22	0.357	7	0.324	6	1496.85	9
蘇州	0.371	10	0.298	26	0.512	39	0.326	10	0.244	15	1235.11	10
武漢	0.381	9	0.3	25	0.536	24	0.262	15	0.253	13	1189.56	11
寧波	0.289	14	0.288	29	0.593	9	0.278	13	0.278	8	1150.99	12
臺北	0.186	37	0.356	7	0.474	60	0.358	6	0.23	20	1068.08	13
南京	0.299	13	0.311	23	0.502	43	0.313	12	0.184	32	1001.02	14
新北	0.195	33	0.338	15	0.489	51	0.251	17	0.272	10	944.54	15
大連	0.289	14	0.292	28	0.495	47	0.248	18	0.239	17	917.52	16
西安	0.245	21	0.275	35	0.47	62	0.274	14	0.254	12	843.28	17
長沙	0.235	22	0.267	41	0.563	16	0.234	24	0.243	16	827.86	18
高雄	0.171	49	0.35	8	0.475	58	0.216	29	0.233	18	786.3	19
台中	0.166	52	0.347	10	0.475	58	0.216	29	0.231	19	766.73	20
瀋陽	0.27	17	0.256	49	0.486	52	0.247	19	0.226	21	753.9	21
銅仁	0.4	8	0.381	4	0.412	105	0.105	293	0.116	235	753.47	22
成都	0.208	28	0.2	102	0.514	38	0.332	9	0.261	11	752.89	23
鄭州	0.264	18	0.272	38	0.477	57	0.244	20	0.212	23	742.71	24
廈門	0.206	30	0.336	16	0.553	18	0.213	32	0.15	70	737.81	25
青島	0.277	16	0.265	43	0.501	44	0.237	22	0.185	31	709.38	26
昆明	0.224	23	0.281	32	0.552	20	0.211	34	0.183	34	680.05	27
濟南	0.216	24	0.262	44	0.456	74	0.225	27	0.253	13	657.38	28
福州	0.213	25	0.259	47	0.554	17	0.224	28	0.18	36	620.92	29
無錫	0.248	20	0.266	42	0.458	71	0.244	20	0.176	39	609.73	30
桃園	0.142	84	0.327	19	0.467	65	0.2	41	0.208	24	594.89	31
台南	0.145	77	0.333	17	0.465	66	0.185	47	0.203	25	575.44	32
太原	0.181	42	0.296	27	0.453	78	0.214	31	0.177	38	524.53	33
長春	0.205	31	0.238	56	0.504	42	0.213	32	0.202	27	513.59	34
銀川	0.137	97	0.261	45	0.691	6	0.146	87	0.166	48	504.91	35
鄂爾多斯	0.18	43	0.303	24	0.614	7	0.134	149	0.128	153	502.55	36
合肥	0.213	25	0.247	53	0.522	32	0.188	46	0.187	30	501.51	37
南昌	0.178	44	0.261	45	0.5	45	0.203	40	0.184	32	477.05	38
佛山	0.207	29	0.255	50	0.407	112	0.258	16	0.169	45	463.71	39
哈爾濱	0.212	27	0.208	89	0.456	74	0.231	25	0.223	22	462.35	40
溫州	0.19	34	0.186	150	0.553	18	0.237	22	0.2	28	450.15	41
呼和浩特	0.152	65	0.268	40	0.579	11	0.165	56	0.163	54	441.94	42
南寧	0.178	44	0.223	69	0.569	12	0.181	49	0.182	35	416.92	43
紹興	0.17	51	0.23	63	0.517	34	0.229	26	0.153	64	390.27	44
嘉峪關	0.1	300	0.276	33	0.737	3	0.109	286	0.114	247	377.23	45
基隆	0.106	283	0.344	12	0.448	82	0.146	87	0.152	68	357.94	46
台州	0.162	55	0.213	83	0.507	41	0.198	42	0.2	28	353.5	47
新竹	0.107	277	0.34	14	0.449	81	0.146	87	0.154	63	352.98	48
嘉義	0.103	298	0.347	10	0.447	83	0.143	99	0.149	71	347.76	49
金華	0.165	53	0.233	60	0.5	45	0.192	44	0.174	42	344.81	50
西寧	0.13	120	0.275	35	0.581	10	0.139	123	0.142	91	340.79	51
烏魯木齊	0.171	49	0.284	31	0.423	100	0.161	58	0.172	44	337.2	52
蘭州	0.147	70	0.275	35	0.483	54	0.161	58	0.162	55	330.28	53
資陽	0.315	12	0.318	21	0.259	249	0.126	209	0.124	180	314.58	54
海口	0.127	142	0.248	52	0.526	29	0.167	55	0.148	74	260.94	55
南通	0.202	32	0.229	64	0.38	135	0.195	43	0.173	43	251.99	56
嘉興	0.162	55	0.225	66	0.457	72	0.209	36	0.148	74	245.56	57
珠海	0.145	77	0.35	8	0.294	223	0.137	131	0.156	61	241.9	58
常州	0.183	40	0.241	54	0.414	104	0.184	48	0.149	71	228.93	59
寧德	0.121	183	0.192	124	0.699	5	0.134	149	0.132	134	220.58	60
泉州	0.174	48	0.212	85	0.447	83	0.204	39	0.152	68	217.66	61
舟山	0.125	154	0.258	48	0.528	28	0.144	97	0.131	142	213.53	62
東莞	0.19	34	0.216	78	0.353	168	0.211	34	0.166	48	180.84	63
湖州	0.132	109	0.216	78	0.494	48	0.19	45	0.144	86	177.19	64

表 3.3.1 2015 年度城市財政金融競爭力排名

城市	財政金融規模指數	排名	財政金融效率指數	排名	金融資本質量指數	排名	金融資本可獲得指數	排名	金融業人力資本指數	排名	財政金融競爭力	排名
東營	0.137	97	0.272	38	0.442	89	0.157	67	0.115	241	156.65	65
石家莊	0.186	37	0.192	124	0.337	186	0.209	36	0.203	25	155.96	66
鎮江	0.15	67	0.241	54	0.424	99	0.159	63	0.149	71	144.05	67
煙臺	0.19	34	0.22	74	0.395	125	0.153	73	0.167	46	140.74	68
蕪湖	0.146	74	0.214	82	0.534	26	0.133	157	0.133	128	123.66	69
濰坊	0.182	41	0.196	110	0.462	70	0.162	57	0.143	87	116.86	70
貴陽	0.144	80	0.209	88	0.439	91	0.16	61	0.165	51	98.55	71
唐山	0.178	44	0.189	135	0.393	126	0.178	50	0.176	39	98.43	72
營口	0.138	93	0.213	83	0.52	33	0.141	110	0.126	169	88.78	73
三明	0.121	183	0.186	150	0.564	15	0.15	78	0.137	107	81.31	74
衢州	0.12	190	0.208	89	0.494	48	0.161	58	0.139	99	74.62	75
麗水	0.123	166	0.217	77	0.479	56	0.156	68	0.138	101	73.95	76
鹽城	0.177	47	0.201	101	0.4	118	0.159	63	0.16	58	73.16	77
烏海	0.114	235	0.255	50	0.474	60	0.118	260	0.124	180	62.49	78
中山	0.144	80	0.233	60	0.325	195	0.205	38	0.138	101	51.7	79
銅陵	0.113	242	0.223	69	0.536	24	0.125	219	0.118	224	51.09	80
惠州	0.15	67	0.219	75	0.355	166	0.17	51	0.164	53	49.49	81
龍岩	0.124	160	0.159	267	0.569	12	0.154	72	0.145	82	43.31	82
宜昌	0.146	74	0.222	72	0.426	98	0.149	82	0.127	161	30.03	83
三亞	0.118	209	0.276	33	0.375	144	0.142	106	0.111	263	24.26	84
莆田	0.119	200	0.207	91	0.493	50	0.147	83	0.128	153	22.99	85
通遼	0.127	142	0.175	207	0.606	8	0.114	270	0.121	199	18.99	86
淮安	0.154	61	0.189	135	0.47	62	0.146	87	0.135	121	18.54	87
臨沂	0.155	58	0.199	103	0.396	124	0.152	74	0.161	56	15.81	88
包頭	0.146	74	0.225	66	0.408	109	0.127	195	0.145	82	12.23	89
宿遷	0.14	88	0.195	116	0.516	35	0.137	131	0.114	247	10.42	90
連雲港	0.15	67	0.177	198	0.483	54	0.146	87	0.142	91	9.21	91
淄博	0.153	62	0.195	116	0.397	123	0.169	53	0.148	74	9.15	92
廊坊	0.147	70	0.224	68	0.399	121	0.143	99	0.132	134	4.98	93
濱州	0.136	99	0.185	156	0.515	37	0.141	110	0.123	187	-0.3	94
泰州	0.153	62	0.205	94	0.389	128	0.156	68	0.142	91	-9.72	95
威海	0.138	93	0.234	58	0.377	140	0.141	110	0.134	124	-11.93	96
南平	0.118	209	0.193	121	0.469	64	0.152	74	0.136	113	-17.95	97
攀枝花	0.129	125	0.223	69	0.453	78	0.12	256	0.125	173	-18.17	98
徐州	0.185	39	0.189	135	0.357	163	0.156	68	0.153	64	-18.24	99
漳州	0.133	107	0.198	106	0.435	93	0.156	68	0.132	134	-23.03	100
揚州	0.153	62	0.215	80	0.358	161	0.159	63	0.137	107	-24.96	101
榆林	0.156	57	0.196	110	0.436	92	0.15	78	0.118	224	-25.57	102
濟寧	0.163	54	0.181	179	0.365	156	0.146	87	0.18	36	-28.55	103
馬鞍山	0.14	88	0.229	64	0.398	122	0.127	195	0.128	153	-29.61	104
日照	0.122	175	0.218	76	0.427	97	0.133	157	0.127	161	-46.42	105
聊城	0.131	114	0.184	162	0.428	96	0.139	123	0.161	56	-46.7	106
安順	0.145	77	0.234	58	0.406	113	0.105	293	0.115	241	-64.16	107
湘潭	0.121	183	0.21	86	0.405	115	0.138	126	0.136	113	-69.63	108
承德	0.129	125	0.205	94	0.4	118	0.135	144	0.143	87	-69.93	109
柳州	0.131	114	0.206	92	0.401	117	0.14	115	0.133	128	-73.85	110
宣城	0.126	148	0.193	121	0.456	74	0.131	171	0.128	153	-74.2	111
拉薩	0.118	209	0.286	30	0.171	295	0.151	77	0.166	48	-75.92	112
中衛	0.106	283	0.179	187	0.566	14	0.111	276	0.105	294	-87.75	113
鶴壁	0.106	283	0.183	166	0.545	22	0.117	263	0.107	285	-89.11	114
阜新	0.12	190	0.195	116	0.457	72	0.124	230	0.127	161	-90.65	115
德州	0.133	107	0.19	131	0.389	128	0.142	106	0.145	82	-99.5	116
六盤水	0.139	91	0.196	110	0.465	66	0.11	280	0.109	272	-103.41	117
克拉瑪依	0.11	258	0.344	12	0.132	297	0.125	219	0.124	180	-106.91	118
新餘	0.116	224	0.187	144	0.486	52	0.124	230	0.113	252	-108.58	119
巴彥淖爾	0.117	213	0.185	156	0.511	40	0.1	300	0.122	192	-110.29	120
吳忠	0.111	250	0.179	187	0.524	30	0.114	270	0.11	268	-114.69	121
石嘴山	0.11	258	0.202	100	0.465	66	0.121	247	0.111	263	-115	122
洛陽	0.152	65	0.184	162	0.341	178	0.143	99	0.153	64	-123.51	123

表 3.3.1 2015 年度城市財政金融競爭力排名

城市	財政金融規模指數	排名	財政金融效率指數	排名	金融資本質量指數	排名	金融資本可獲得指數	排名	金融業人力資本指數	排名	財政金融競爭力	排名
河源	0.114	235	0.19	131	0.442	89	0.133	157	0.117	231	-136.41	124
張家口	0.135	100	0.178	193	0.406	113	0.134	149	0.136	113	-140.68	125
秦皇島	0.128	134	0.173	216	0.358	161	0.168	54	0.147	79	-142.16	126
襄陽	0.143	82	0.204	97	0.323	197	0.138	126	0.134	124	-152.77	127
九江	0.142	84	0.198	106	0.34	183	0.143	99	0.127	161	-154.15	128
贛州	0.155	58	0.185	156	0.35	172	0.134	149	0.136	113	-154.34	129
錦州	0.13	120	0.181	179	0.369	149	0.144	97	0.141	94	-155.86	130
白城	0.11	258	0.186	150	0.435	93	0.127	195	0.121	199	-161.26	131
鞍山	0.147	70	0.184	162	0.322	199	0.146	87	0.146	81	-162.63	132
棗莊	0.126	148	0.159	267	0.456	74	0.138	126	0.122	192	-165.45	133
肇慶	0.125	154	0.192	124	0.378	139	0.141	110	0.122	192	-165.91	134
邯鄲	0.147	70	0.151	280	0.356	165	0.15	78	0.165	51	-169.94	135
蚌埠	0.122	175	0.206	92	0.366	155	0.122	245	0.127	161	-170.67	136
酒泉	0.106	283	0.236	57	0.341	178	0.111	276	0.123	187	-173.04	137
淮南	0.127	142	0.176	201	0.421	101	0.124	230	0.128	153	-173.22	138
防城港	0.107	277	0.192	124	0.45	80	0.121	247	0.104	297	-175.75	139
池州	0.117	213	0.203	99	0.382	132	0.125	219	0.121	199	-176.92	140
盤錦	0.128	134	0.215	80	0.3	216	0.135	144	0.132	134	-185.13	141
保定	0.155	58	0.174	213	0.248	263	0.16	61	0.175	41	-186.08	142
許昌	0.123	166	0.187	144	0.41	107	0.126	209	0.111	263	-188.92	143
江門	0.134	104	0.191	129	0.277	235	0.15	78	0.155	62	-195.83	144
滁州	0.129	125	0.182	172	0.4	118	0.124	230	0.117	231	-198.7	145
焦作	0.12	190	0.17	228	0.384	131	0.131	171	0.145	82	-199.39	146
本溪	0.125	154	0.18	182	0.367	153	0.136	137	0.132	134	-200.27	147
上饒	0.142	84	0.185	156	0.342	176	0.13	182	0.128	153	-206.51	148
金昌	0.101	299	0.222	72	0.376	141	0.111	276	0.108	279	-206.79	149
菏澤	0.138	93	0.169	236	0.367	153	0.133	157	0.134	124	-208.86	150
滄州	0.143	82	0.182	172	0.287	230	0.137	131	0.159	59	-208.98	151
吉林	0.135	100	0.188	141	0.322	199	0.14	115	0.131	142	-212.19	152
麗江	0.117	213	0.196	110	0.412	105	0.107	292	0.107	285	-216.05	153
百色	0.121	183	0.169	236	0.444	87	0.12	256	0.109	272	-216.53	154
臨滄	0.114	235	0.18	182	0.463	69	0.101	299	0.104	297	-218.87	155
佳木斯	0.116	224	0.178	193	0.381	134	0.14	115	0.12	213	-219.71	156
梧州	0.119	200	0.172	223	0.408	109	0.134	149	0.114	247	-219.96	157
赤峰	0.131	114	0.173	216	0.39	127	0.117	263	0.13	146	-219.98	158
武威	0.107	277	0.21	86	0.374	145	0.11	280	0.113	252	-222.6	159
泰安	0.135	100	0.171	225	0.36	159	0.137	131	0.129	149	-223.16	160
玉溪	0.124	160	0.191	129	0.354	167	0.127	195	0.12	213	-225.36	161
黃石	0.117	213	0.188	141	0.368	151	0.142	106	0.108	279	-225.97	162
鐵嶺	0.125	154	0.146	286	0.446	86	0.131	171	0.116	235	-235.36	163
張掖	0.104	296	0.196	110	0.382	132	0.113	273	0.119	218	-237.34	164
平頂山	0.128	134	0.166	250	0.364	158	0.126	209	0.14	97	-238.8	165
遼陽	0.123	166	0.187	144	0.353	168	0.127	195	0.119	218	-240.45	166
朝陽	0.128	134	0.169	236	0.352	171	0.131	171	0.137	107	-242.41	167
新鄉	0.131	114	0.179	187	0.341	178	0.133	157	0.125	173	-242.96	168
萊蕪	0.108	272	0.163	259	0.444	87	0.125	219	0.109	272	-244.14	169
南陽	0.142	84	0.174	213	0.303	211	0.13	182	0.148	74	-247	170
烏蘭察布	0.123	166	0.188	141	0.374	145	0.103	297	0.121	199	-251.37	171
遼源	0.104	296	0.163	259	0.43	95	0.125	219	0.116	235	-252.72	172
桂林	0.132	109	0.163	259	0.337	186	0.143	99	0.133	128	-256.01	173
欽州	0.11	258	0.169	236	0.409	108	0.133	157	0.106	290	-257.46	174
黃山	0.117	213	0.183	166	0.359	160	0.121	247	0.124	180	-259.21	175
白山	0.111	250	0.17	228	0.376	141	0.133	157	0.122	192	-261.09	176
丹東	0.13	120	0.179	187	0.323	197	0.138	126	0.123	187	-261.51	177
牡丹江	0.123	166	0.204	97	0.255	256	0.121	247	0.153	64	-262.34	178
萍鄉	0.117	213	0.182	172	0.34	183	0.133	157	0.121	199	-264.9	179
樂山	0.127	142	0.177	198	0.346	174	0.13	182	0.118	224	-267.39	180
株洲	0.132	109	0.18	182	0.281	231	0.147	83	0.136	113	-268.01	181
湛江	0.129	125	0.165	252	0.32	201	0.146	87	0.135	121	-268.05	182

表 3.3.1 2015 年度城市財政金融競爭力排名

城市	財政金融規模指數	排名	財政金融效率指數	排名	金融資本質量指數	排名	金融資本可獲得指數	排名	金融業人力資本指數	排名	財政金融競爭力	排名
德陽	0.129	125	0.177	198	0.297	219	0.141	110	0.138	101	-269.85	183
邢臺	0.129	125	0.158	269	0.327	192	0.147	83	0.137	107	-270.29	184
鄂州	0.105	290	0.182	172	0.387	130	0.123	243	0.108	279	-271.61	185
陽江	0.11	258	0.175	207	0.365	156	0.136	137	0.115	241	-273.57	186
張家界	0.105	290	0.171	225	0.416	103	0.115	269	0.109	272	-277.45	187
咸寧	0.114	235	0.198	106	0.314	203	0.133	157	0.112	257	-277.52	188
鷹潭	0.113	242	0.185	156	0.368	151	0.117	263	0.111	263	-278.67	189
三門峽	0.116	224	0.184	162	0.326	193	0.121	247	0.132	134	-280.26	190
葫蘆島	0.123	166	0.17	228	0.341	178	0.127	195	0.128	153	-282.9	191
晉中	0.129	125	0.174	213	0.272	239	0.131	171	0.158	60	-284.24	192
雲浮	0.11	258	0.175	207	0.357	163	0.14	115	0.11	268	-284.52	193
通化	0.119	200	0.173	216	0.342	176	0.126	209	0.126	169	-286.04	194
宜春	0.138	93	0.185	156	0.298	218	0.121	247	0.127	161	-286.89	195
普洱	0.12	190	0.186	150	0.376	141	0.103	297	0.107	285	-288.27	196
信陽	0.126	148	0.197	109	0.273	237	0.124	230	0.13	146	-291.67	197
曲靖	0.132	109	0.134	291	0.42	102	0.13	182	0.113	252	-293.01	198
清遠	0.122	175	0.165	252	0.341	178	0.138	126	0.121	199	-293.29	199
開封	0.119	200	0.183	166	0.348	173	0.121	247	0.108	279	-297.19	200
保山	0.113	242	0.173	216	0.38	135	0.119	258	0.107	285	-298.95	201
六安	0.128	134	0.182	172	0.3	216	0.127	195	0.125	173	-301.11	202
雙鴨山	0.108	272	0.13	292	0.447	83	0.13	182	0.118	224	-301.21	203
衡水	0.12	190	0.19	131	0.262	245	0.131	171	0.138	101	-305.21	204
定西	0.111	250	0.199	103	0.339	185	0.108	289	0.106	290	-305.28	205
松原	0.112	246	0.156	271	0.38	135	0.131	171	0.116	235	-306.74	206
安慶	0.13	120	0.175	207	0.302	214	0.131	171	0.124	180	-307.84	207
延安	0.135	100	0.195	116	0.279	233	0.127	195	0.109	272	-309.85	208
呼倫貝爾	0.127	142	0.182	172	0.308	207	0.11	280	0.131	142	-311.05	209
四平	0.115	230	0.153	276	0.371	147	0.127	195	0.121	199	-319.77	210
淮北	0.111	250	0.145	287	0.408	109	0.125	219	0.115	241	-320.14	211
遂寧	0.109	265	0.186	150	0.308	207	0.134	149	0.112	257	-323.73	212
眉山	0.128	134	0.205	94	0.255	256	0.13	182	0.106	290	-324.2	213
固原	0.108	272	0.199	103	0.331	189	0.111	276	0.1	300	-325.76	214
婁底	0.117	213	0.167	248	0.343	175	0.121	247	0.119	218	-328.63	215
長治	0.134	104	0.167	248	0.273	237	0.13	182	0.14	97	-328.71	216
大同	0.129	125	0.187	144	0.227	278	0.14	115	0.136	113	-332.59	217
撫州	0.125	154	0.178	193	0.296	220	0.125	219	0.12	213	-333.16	218
孝感	0.123	166	0.187	144	0.252	261	0.143	99	0.12	213	-335.85	219
撫順	0.128	134	0.179	187	0.246	265	0.14	115	0.132	134	-336.64	220
荊州	0.124	160	0.186	150	0.249	262	0.136	137	0.127	161	-337.15	221
郴州	0.134	104	0.183	166	0.232	272	0.142	106	0.129	149	-337.34	222
商丘	0.128	134	0.17	228	0.296	220	0.131	171	0.121	199	-337.47	223
岳陽	0.126	148	0.168	243	0.28	232	0.131	171	0.133	128	-341.47	224
亳州	0.119	200	0.169	236	0.31	205	0.124	230	0.125	173	-342.73	225
韶關	0.117	213	0.175	207	0.246	265	0.159	63	0.126	169	-344.69	226
景德鎮	0.116	224	0.182	172	0.292	226	0.133	157	0.112	257	-345.04	227
綏化	0.122	175	0.156	271	0.337	186	0.125	219	0.122	192	-346.31	228
慶陽	0.118	209	0.19	131	0.309	206	0.105	293	0.112	257	-348.07	229
內江	0.119	200	0.194	120	0.254	258	0.126	209	0.121	199	-348.57	230
十堰	0.122	175	0.163	259	0.278	234	0.14	115	0.133	128	-348.61	231
常德	0.131	114	0.173	216	0.267	242	0.134	149	0.124	180	-349.38	232
衡陽	0.139	91	0.173	216	0.217	282	0.134	149	0.148	74	-350.2	233
齊齊哈爾	0.109	265	0.104	299	0.405	115	0.139	123	0.143	87	-355.81	234
懷化	0.123	166	0.161	265	0.303	211	0.135	144	0.119	218	-358.46	235
崇左	0.112	246	0.176	201	0.325	195	0.117	263	0.108	279	-360.97	236
運城	0.119	200	0.156	271	0.306	209	0.124	230	0.136	113	-361.27	237
自貢	0.111	250	0.189	135	0.243	267	0.133	157	0.129	149	-361.68	238
渭南	0.123	166	0.165	252	0.258	252	0.127	195	0.147	79	-363.12	239
吉安	0.132	109	0.176	201	0.259	249	0.13	182	0.118	224	-365.71	240
益陽	0.115	230	0.171	225	0.265	244	0.128	194	0.137	107	-365.98	241

表 3.3.1 2015 年度城市財政金融競爭力排名

城市	財政金融規模指數	排名	財政金融效率指數	排名	金融資本質量指數	排名	金融資本可獲得指數	排名	金融業人力資本指數	排名	財政金融競爭力	排名
平涼	0.109	265	0.193	121	0.294	223	0.109	286	0.11	268	-370.58	242
隴南	0.12	190	0.189	135	0.292	226	0.11	280	0.105	294	-371.51	243
咸陽	0.124	160	0.17	228	0.223	281	0.146	87	0.139	99	-372.51	244
雅安	0.114	235	0.192	124	0.261	247	0.124	230	0.113	252	-372.65	245
來賓	0.109	265	0.152	277	0.379	138	0.11	280	0.108	279	-376.92	246
梅州	0.12	190	0.18	182	0.231	276	0.136	137	0.129	149	-378.31	247
駐馬店	0.126	148	0.181	179	0.237	271	0.131	171	0.123	187	-378.81	248
晉城	0.122	175	0.165	252	0.269	241	0.126	209	0.133	128	-379.24	249
貴港	0.109	265	0.163	259	0.326	193	0.125	219	0.112	257	-379.6	250
呂梁	0.14	88	0.152	277	0.274	236	0.125	219	0.132	134	-381.57	251
安陽	0.122	175	0.165	252	0.257	253	0.13	182	0.134	124	-383.73	252
北海	0.107	277	0.156	271	0.328	191	0.124	230	0.119	218	-385.29	253
黃岡	0.127	142	0.187	144	0.196	290	0.137	131	0.131	142	-385.44	254
荊門	0.114	235	0.172	223	0.27	240	0.132	170	0.119	218	-387.07	255
周口	0.129	125	0.176	201	0.225	279	0.118	260	0.141	94	-390.65	256
玉林	0.119	200	0.156	271	0.303	211	0.126	209	0.12	213	-391.5	257
汕頭	0.125	154	0.17	228	0.205	287	0.145	96	0.138	101	-395.19	258
安康	0.111	250	0.179	187	0.257	253	0.126	209	0.121	199	-395.22	259
白銀	0.107	277	0.15	283	0.353	168	0.112	274	0.118	224	-395.89	260
河池	0.112	246	0.173	216	0.314	203	0.105	293	0.112	257	-396.35	261
邵陽	0.126	148	0.169	236	0.224	280	0.135	144	0.135	121	-396.71	262
瀘州	0.12	190	0.15	283	0.301	215	0.13	182	0.121	199	-397.99	263
寶雞	0.12	190	0.168	243	0.248	263	0.136	137	0.123	187	-401.84	264
永州	0.122	175	0.17	228	0.253	259	0.124	230	0.126	169	-403.77	265
賀州	0.105	290	0.165	252	0.331	189	0.11	280	0.109	272	-403.97	266
南充	0.117	213	0.166	250	0.23	277	0.136	137	0.138	101	-405.52	267
臨汾	0.131	114	0.151	280	0.256	255	0.127	195	0.137	107	-407.58	268
阜陽	0.13	120	0.175	207	0.241	270	0.124	230	0.117	231	-407.87	269
茂名	0.121	183	0.168	243	0.212	284	0.147	83	0.128	153	-413.24	270
宿州	0.12	190	0.168	243	0.259	249	0.122	245	0.122	192	-414.59	271
揭陽	0.115	230	0.168	243	0.253	259	0.14	115	0.113	252	-415.81	272
漯河	0.11	258	0.18	182	0.267	242	0.114	270	0.114	247	-416.95	273
漢中	0.115	230	0.178	193	0.201	288	0.133	157	0.136	113	-419.65	274
廣元	0.111	250	0.176	201	0.232	272	0.135	144	0.121	199	-420.16	275
鶴崗	0.106	283	0.127	294	0.369	149	0.119	258	0.121	199	-421.48	276
天水	0.112	246	0.183	166	0.261	247	0.116	268	0.109	272	-421.74	277
廣安	0.121	183	0.196	110	0.191	294	0.126	209	0.117	231	-422.7	278
綿陽	0.116	224	0.123	296	0.292	226	0.143	99	0.141	94	-428.02	279
隨州	0.106	283	0.189	135	0.232	272	0.129	193	0.107	285	-429.4	280
遵義	0.115	230	0.14	290	0.305	210	0.123	243	0.124	180	-437.24	281
陽泉	0.111	250	0.141	288	0.295	222	0.127	195	0.125	173	-440.8	282
大慶	0.124	160	0.149	285	0.198	289	0.152	74	0.143	87	-441.83	283
昭通	0.121	183	0.157	270	0.294	223	0.112	274	0.106	290	-445.35	284
忻州	0.124	160	0.169	236	0.206	286	0.127	195	0.125	173	-454.93	285
濮陽	0.114	235	0.178	193	0.196	290	0.127	195	0.114	247	-478.81	286
巴中	0.116	224	0.183	166	0.193	293	0.124	230	0.11	268	-479.94	287
畢節	0.117	213	0.105	298	0.37	148	0.108	289	0.115	241	-491.49	288
汕尾	0.109	265	0.16	266	0.243	267	0.13	182	0.105	294	-491.98	289
雞西	0.109	265	0.141	288	0.243	267	0.126	209	0.127	161	-506.23	290
商洛	0.108	272	0.17	228	0.208	285	0.109	286	0.118	224	-520.5	291
七台河	0.105	290	0.114	297	0.317	202	0.118	260	0.116	235	-529.13	292
達州	0.117	213	0.128	293	0.216	283	0.133	157	0.125	173	-551.1	293
黑河	0.108	272	0.152	277	0.195	292	0.117	263	0.122	192	-560.61	294
宜賓	0.113	242	0.1	300	0.262	245	0.136	137	0.13	146	-562.54	295
銅川	0.105	290	0.176	201	0.124	298	0.124	230	0.116	235	-587.38	296
潮州	0.106	283	0.151	280	0.161	296	0.137	131	0.111	263	-594.92	297
朔州	0.119	200	0.163	259	0.1	300	0.125	219	0.121	199	-617.82	298
伊春	0.105	290	0.164	258	0.106	299	0.121	247	0.115	241	-648.85	299
海東	0.107	277	0.124	295	0.232	272	0.108	289	0.101	299	-651.86	300

3.4 城市商業貿易競爭力排名及二級指標分值

商業貿易是指專門從事商品收購、調運、儲存和銷售等經濟活動的部門。在中國，一般對內稱商業，對外稱貿易。商業貿易是商品交換的表現形式，是聯系工業和農業、城市和鄉村、生產和消費之間的橋樑。城市起源於商業貿易，是商業集聚的結果。商業融通造就了城市發展。縱觀國內外城市發展歷史，就會發現，城市的出現或壯大，都離不開城市商業貿易往來。隨著開發開放步伐不斷加快，現代工業的推進，同步帶動了包括商業商貿在內的第三產業的大發展。堅持面向居民群眾生活需求、面向功能區開發建設需要，科學規劃商業佈局，不斷完善民生保障、商貿流通、市場監測、監管服務四大體系，更加多元、更加現代、更加惠民的商業商貿正在逐步繁榮起來。城市商業貿易的發展不僅能夠加強城市在人流、物流、信息流、資金流等方面的紐帶作用，而且有利於改善城市就業問題，帶動第三產業的發展。在現代城市的發展過程當中，尤其是中心城市，其功能開始逐漸向商貿中心、金融中心、信息中心、文化中心、技術中心轉變。因此，大力發展城市的商業貿易競爭力對提升城市在區域經濟的核心作用顯得非常重要。

在我們的比較評價體系中，城市商業貿易競爭力比較評價指標體系包括國內商貿規模指數、商貿人力資本指數、外貿指數、居民消費指數、商貿機構指數 5 個二級指標，批發零售貿易業商品銷售總額、外貿依存度等 18 個三級指標。國內商貿規模指數反映國內商業貿易規模和商貿水平，體現城市的商業集聚能力。從 2015 年城市商貿規模指數排名中發現：上海、北京、廣州、天津城市排名前四位，其賦值分別為 1，0.993，0.789，0.622。顯而易見，經濟越發達的城市，商業貿易活動越頻繁。經濟發達程度與商業貿易活動的活躍性彼此相互促進。總體而言，在被觀察物件中，除部分工業重鎮或部分東部沿海城市，中國城市的商貿規模指數數值並不高。這從另一個側面反映了中國城市的整體經濟發達程度。其次，外貿指數刻畫城市的外貿規模和外貿水平。以對外出口產業為主的城市，往往具有較高的外貿規模。從外貿指數排名發現，2015 年外貿指數的前四位為香港、深圳、上海、北京。觀察 300 個城市的排名發現，沿海城市的外貿指數排名均比較靠前，主要是這些城市自身的地理位置優勢及經濟結構的作用。商貿機構指數是限額以上批發零售企業規模的指數化。從該指數排名中發現，上海、北京、廣州、天津排在前 4 位，而深圳則位於第 19 位。雖然深圳的商業貿易競爭力水平排在第五，但其限額以上批發零售企業規模卻不如天津蘇州等城市，這從一個側面放映了深圳外貿企業的整體規模太小。商貿人力資本指數則是指城市從業商業貿易的人員規模。城市商業貿易越發達，其商業貿易競爭力就越強，從事商業貿易的人員也應該越多。在該指數排名中，重慶、北京、成都、上海排名前四。

在 2015 年 300 個城市商業貿易競爭力排名中，有 81 個城市處於平均水平之上，占 27.0%。比 2014 年有所增加。商業貿易競爭力得分的標準差為 5.505。低於 2014 年的 5.835，延續了 2013 年來的下降趨勢，這在一定程度上表明城市間的商業貿易競爭力的差距在 2013 年來呈現下降趨勢。城市商業貿易競爭力具體排名請見表 3.4.1。

表 3.4.1 2015 年度城市商業貿易競爭力排名

城市	國內商貿規模指數	排名	外貿指數	排名	商貿機構指數	排名	商貿人力資本指數	排名	居民消費指數	排名	商業貿易競爭力	排名
香港	0.419	10	1	1	0.291	30	0.456	5	1	1	4134.11	1
北京	0.993	2	0.363	4	0.988	2	0.93	2	0.263	55	3575.61	2
上海	1	1	0.405	3	1	1	0.554	4	0.304	24	3108.68	3
重慶	0.41	11	0.216	10	0.635	5	1	1	0.241	87	2347.79	4
廣州	0.789	3	0.2	13	0.886	3	0.395	6	0.396	13	2205.33	5
深圳	0.559	5	0.428	2	0.344	19	0.39	7	0.34	16	1802.58	6
成都	0.376	15	0.195	17	0.317	23	0.853	3	0.259	59	1724.22	7

表 3.4.1 2015 年度城市商業貿易競爭力排名

城市	國內商貿規模指數	排名	外貿指數	排名	商貿機構指數	排名	商貿人力資本指數	排名	居民消費指數	排名	商業貿易競爭力	排名
天津	0.622	4	0.254	7	0.747	4	0.239	13	0.279	40	1528.23	8
蘇州	0.453	7	0.315	5	0.618	6	0.212	20	0.32	19	1370.62	9
臺北	0.147	146	0.183	21	0.161	101	0.227	16	0.879	2	1310.13	10
杭州	0.505	6	0.183	21	0.587	7	0.28	9	0.313	20	1212.8	11
澳門	0.219	55	0.256	6	0.155	114	0.228	15	0.615	11	1075.15	12
新北	0.156	114	0.196	16	0.182	72	0.267	10	0.63	10	997.95	13
新竹	0.13	226	0.159	40	0.126	216	0.155	42	0.8	3	938.54	14
南京	0.445	9	0.17	31	0.448	11	0.256	11	0.303	25	920.65	15
高雄	0.147	146	0.184	20	0.165	92	0.23	14	0.65	6	914.91	16
台中	0.147	146	0.183	21	0.162	99	0.227	16	0.634	9	877.76	17
桃園	0.142	173	0.176	26	0.151	125	0.206	21	0.64	8	820.33	18
寧波	0.39	14	0.199	14	0.495	9	0.173	33	0.275	46	780.61	19
無錫	0.403	13	0.176	26	0.469	10	0.152	49	0.312	21	745.25	20
嘉義	0.129	231	0.157	46	0.124	226	0.15	52	0.698	5	742.9	21
荊州	0.157	109	0.143	159	0.174	79	0.109	188	0.702	4	726.21	22
台南	0.141	176	0.174	30	0.15	129	0.202	24	0.583	12	704.12	23
東莞	0.229	44	0.246	8	0.271	37	0.181	27	0.385	14	689.3	24
武漢	0.453	7	0.159	40	0.355	16	0.221	18	0.259	59	675.28	25
基隆	0.13	226	0.158	43	0.127	212	0.153	47	0.644	7	658.97	26
廈門	0.296	25	0.216	10	0.309	25	0.173	33	0.321	17	609.67	27
常州	0.301	23	0.157	46	0.538	8	0.134	63	0.285	36	581.66	28
珠海	0.294	26	0.215	12	0.28	33	0.153	47	0.321	17	539.31	29
佛山	0.298	24	0.175	29	0.323	22	0.15	52	0.342	15	534.43	30
瀋陽	0.404	12	0.162	38	0.355	16	0.174	31	0.25	74	529.93	31
青島	0.353	16	0.193	19	0.317	23	0.162	37	0.276	45	528.72	32
大連	0.325	20	0.217	9	0.328	21	0.154	44	0.253	69	508.24	33
濟南	0.342	17	0.138	192	0.347	18	0.19	25	0.271	50	468.69	34
長沙	0.335	18	0.153	58	0.285	31	0.18	28	0.285	36	438.7	35
福州	0.334	19	0.151	67	0.308	26	0.177	30	0.277	42	436.37	36
西安	0.312	21	0.169	32	0.19	63	0.206	21	0.3	28	425.26	37
鄭州	0.303	22	0.179	24	0.277	34	0.178	29	0.25	74	385.98	38
溫州	0.263	31	0.141	169	0.371	14	0.131	70	0.309	22	377.99	39
南通	0.261	32	0.163	36	0.368	15	0.141	57	0.253	69	339.14	40
嘉興	0.227	46	0.168	33	0.292	29	0.134	63	0.307	23	319.71	41
泉州	0.253	34	0.162	38	0.335	20	0.133	66	0.272	49	314.77	42
煙臺	0.281	28	0.164	35	0.272	36	0.132	68	0.277	42	294.62	43
濰坊	0.244	38	0.145	150	0.391	13	0.143	56	0.23	112	265.47	44
紹興	0.233	43	0.155	51	0.282	32	0.123	94	0.301	26	258.92	45
昆明	0.277	29	0.159	40	0.232	45	0.205	23	0.209	171	242.06	46
中山	0.214	56	0.166	34	0.237	43	0.133	66	0.296	31	223.37	47
金華	0.224	49	0.178	25	0.22	49	0.124	89	0.282	39	204	48
長春	0.25	36	0.155	51	0.145	142	0.154	44	0.3	28	192.68	49
徐州	0.22	53	0.11	282	0.44	12	0.13	72	0.227	119	184.33	50
惠州	0.181	78	0.198	15	0.164	94	0.124	89	0.301	26	178.25	51
合肥	0.243	40	0.145	150	0.22	49	0.166	35	0.249	76	168.66	52
哈爾濱	0.289	27	0.138	192	0.209	54	0.152	49	0.247	79	162.43	53
宣城	0.135	206	0.152	62	0.143	153	0.248	12	0.262	57	152.19	54
台州	0.224	49	0.149	79	0.209	54	0.126	80	0.273	48	117.8	55
臨沂	0.229	44	0.15	70	0.256	39	0.157	40	0.204	182	103.22	56
拉薩	0.157	109	0.135	208	0.117	252	0.282	8	0.215	152	88.79	57
泰安	0.206	61	0.14	177	0.266	38	0.128	76	0.239	90	79.99	58
鹽城	0.189	71	0.146	125	0.301	28	0.126	80	0.225	125	79.72	59
貴陽	0.186	72	0.155	51	0.174	79	0.163	36	0.251	71	78.09	60
南昌	0.211	58	0.157	46	0.165	92	0.155	42	0.239	90	66.14	61
南寧	0.226	48	0.135	208	0.197	57	0.156	41	0.236	101	64.26	62
德州	0.186	72	0.15	70	0.302	27	0.126	80	0.211	164	62.49	63
淄博	0.256	33	0.127	238	0.212	53	0.132	68	0.241	87	60.34	64
濟寧	0.22	53	0.132	222	0.252	40	0.128	76	0.233	106	51.92	65
唐山	0.244	38	0.155	51	0.155	114	0.141	57	0.23	112	47.86	66

表 3.4.1 2015 年度城市商業貿易競爭力排名

城市	國內商貿規模指數	排名	外貿指數	排名	商貿機構指數	排名	商貿人力資本指數	排名	居民消費指數	排名	商業貿易競爭力	排名
太原	0.276	30	0.143	159	0.191	61	0.154	44	0.192	223	47.12	67
呼和浩特	0.227	46	0.122	256	0.16	103	0.131	70	0.287	35	45.22	68
東營	0.2	64	0.141	169	0.181	75	0.149	54	0.249	76	44.52	69
湖州	0.213	57	0.147	103	0.176	77	0.11	175	0.274	47	41.05	70
威海	0.234	42	0.143	159	0.166	90	0.121	98	0.257	63	36.63	71
舟山	0.196	68	0.133	216	0.172	82	0.115	128	0.294	32	33.74	72
江門	0.186	72	0.154	55	0.187	71	0.122	96	0.254	66	25.65	73
海口	0.163	100	0.147	103	0.158	106	0.188	26	0.224	131	15.73	74
汕頭	0.199	66	0.14	177	0.188	66	0.117	113	0.262	57	15.68	75
包頭	0.238	41	0.13	229	0.147	138	0.124	89	0.266	52	12.62	76
銅陵	0.149	135	0.163	36	0.148	136	0.107	217	0.293	33	6.53	77
鄂爾多斯	0.191	69	0.152	62	0.13	205	0.108	201	0.288	34	4.38	78
揚州	0.207	59	0.131	225	0.221	48	0.129	73	0.231	110	3.83	79
鞍山	0.197	67	0.15	70	0.229	46	0.129	73	0.21	167	2.74	80
宜昌	0.183	76	0.133	216	0.194	59	0.174	31	0.214	155	1.65	81
鎮江	0.202	62	0.13	229	0.201	56	0.118	108	0.255	65	-0.16	82
襄陽	0.176	83	0.149	79	0.252	40	0.137	60	0.2	194	-1.96	83
泰州	0.186	72	0.137	200	0.195	58	0.136	61	0.24	89	-5.28	84
蘭州	0.222	52	0.146	125	0.168	87	0.136	61	0.221	139	-7.26	85
石家莊	0.245	37	0.144	155	0.151	125	0.147	55	0.204	182	-15.89	86
南陽	0.179	81	0.149	79	0.177	76	0.134	63	0.234	103	-18.18	87
六安	0.132	217	0.133	216	0.129	206	0.218	19	0.227	119	-19.33	88
株洲	0.164	97	0.146	125	0.188	66	0.119	103	0.254	66	-20.83	89
龍岩	0.164	97	0.121	257	0.245	42	0.124	89	0.248	78	-21.36	90
洛陽	0.201	63	0.145	150	0.194	59	0.129	73	0.215	152	-29.62	91
大慶	0.224	49	0.146	125	0.149	132	0.112	151	0.238	95	-34.68	92
日照	0.178	82	0.194	18	0.131	203	0.112	151	0.217	148	-36.31	93
湛江	0.18	80	0.145	150	0.171	83	0.125	85	0.239	90	-39.16	94
揭陽	0.162	102	0.139	190	0.224	47	0.114	133	0.237	96	-41.71	95
安慶	0.139	187	0.15	70	0.157	108	0.111	167	0.277	42	-43.48	96
咸陽	0.143	170	0.147	103	0.149	132	0.117	113	0.269	51	-59.89	97
馬鞍山	0.146	153	0.134	214	0.137	176	0.107	217	0.297	30	-63.32	98
淮安	0.164	97	0.119	265	0.235	44	0.118	108	0.237	96	-66.17	99
寶雞	0.15	129	0.142	166	0.156	109	0.114	133	0.265	54	-66.37	100
蕪湖	0.161	104	0.15	70	0.188	66	0.113	144	0.229	117	-69.34	101
麗水	0.162	102	0.143	159	0.154	119	0.108	201	0.259	59	-73.99	102
濱州	0.167	89	0.156	50	0.163	96	0.117	113	0.225	125	-74.07	103
廊坊	0.157	109	0.148	92	0.128	211	0.114	133	0.263	55	-76.44	104
滁州	0.131	218	0.148	92	0.163	96	0.106	237	0.266	52	-78.78	105
棗莊	0.167	89	0.135	208	0.218	51	0.114	133	0.219	144	-82.21	106
聊城	0.17	87	0.14	177	0.19	63	0.114	133	0.225	125	-86.31	107
烏魯木齊	0.251	35	0.109	283	0.188	66	0.139	59	0.189	228	-88.31	108
莆田	0.158	107	0.138	192	0.19	63	0.112	151	0.234	103	-88.74	109
牡丹江	0.152	122	0.141	169	0.148	136	0.111	167	0.258	62	-90.09	110
漳州	0.165	92	0.135	208	0.191	61	0.108	201	0.237	96	-90.46	111
茂名	0.19	70	0.141	169	0.17	84	0.117	113	0.216	149	-92.84	112
吉林	0.2	64	0.123	252	0.152	122	0.112	151	0.247	79	-93.86	113
菏澤	0.175	84	0.121	257	0.274	35	0.112	151	0.196	209	-94.71	114
克拉瑪依	0.138	193	0.148	92	0.131	203	0.119	103	0.257	63	-97.91	115
三門峽	0.14	183	0.149	79	0.143	153	0.12	101	0.246	81	-98	116
銀川	0.163	100	0.15	70	0.152	122	0.126	80	0.218	146	-101.06	117
盤錦	0.161	104	0.146	125	0.142	160	0.124	89	0.227	119	-109.48	118
遼源	0.131	218	0.147	103	0.116	254	0.102	288	0.279	40	-111.02	119
開封	0.148	141	0.147	103	0.156	109	0.126	80	0.223	134	-111.21	120
衢州	0.165	92	0.153	58	0.155	114	0.105	258	0.225	125	-112.69	121
孝感	0.15	129	0.149	79	0.146	141	0.158	38	0.191	225	-115.83	122
平頂山	0.15	129	0.141	169	0.17	84	0.119	103	0.225	125	-116.55	123
十堰	0.151	126	0.133	216	0.175	78	0.158	38	0.193	219	-118.88	124
營口	0.152	122	0.157	46	0.164	94	0.112	151	0.211	164	-122.05	125

表 3.4.1 2015 年度城市商業貿易競爭力排名

城市	國內商貿規模指數	排名	外貿指數	排名	商貿機構指數	排名	商貿人力資本指數	排名	居民消費指數	排名	商業貿易競爭力	排名
綿陽	0.158	107	0.151	67	0.145	142	0.112	151	0.224	131	-125.11	126
三亞	0.14	183	0.123	252	0.111	271	0.151	51	0.251	71	-125.56	127
瀘州	0.139	187	0.144	155	0.168	87	0.109	188	0.233	106	-127.56	128
湘潭	0.144	164	0.152	62	0.125	223	0.11	175	0.243	84	-128.35	129
秦皇島	0.165	92	0.132	222	0.134	191	0.113	144	0.244	83	-132.74	130
韶關	0.151	126	0.14	177	0.144	147	0.112	151	0.237	96	-133.92	131
淮南	0.137	199	0.148	92	0.151	125	0.112	151	0.231	110	-136.18	132
阜陽	0.139	187	0.148	92	0.153	121	0.109	188	0.23	112	-137.83	133
柳州	0.181	78	0.121	257	0.167	89	0.127	79	0.212	161	-139.06	134
酒泉	0.137	199	0.146	125	0.134	191	0.111	167	0.242	85	-140.13	135
肇慶	0.148	141	0.146	125	0.129	206	0.114	133	0.233	106	-145.21	136
蚌埠	0.144	164	0.153	58	0.143	153	0.11	175	0.221	139	-146.53	137
荊門	0.144	164	0.145	150	0.173	81	0.125	85	0.2	194	-146.65	138
寧德	0.141	176	0.152	62	0.162	99	0.106	237	0.216	149	-148.13	139
萊蕪	0.153	119	0.147	103	0.156	109	0.102	288	0.223	134	-148.71	140
黃山	0.135	206	0.14	177	0.136	179	0.11	175	0.245	82	-149.81	141
烏海	0.149	135	0.1	298	0.145	142	0.103	284	0.285	36	-152.65	142
德陽	0.147	146	0.138	192	0.144	147	0.105	258	0.237	96	-155.45	143
延安	0.12	262	0.146	125	0.135	184	0.113	144	0.239	90	-157.97	144
曲靖	0.131	218	0.147	103	0.136	179	0.121	98	0.223	134	-159.47	145
衡陽	0.152	122	0.118	267	0.182	72	0.116	120	0.223	134	-159.73	146
錦州	0.153	119	0.146	125	0.136	179	0.11	175	0.218	146	-161.95	147
連雲港	0.165	92	0.118	267	0.213	52	0.115	128	0.197	204	-164.34	148
黃石	0.157	109	0.153	58	0.143	153	0.111	167	0.203	186	-164.96	149
呼倫貝爾	0.154	117	0.135	208	0.138	171	0.113	144	0.227	119	-164.98	150
金昌	0.13	226	0.158	43	0.118	245	0.104	271	0.23	112	-169.17	151
池州	0.123	253	0.143	159	0.133	193	0.107	217	0.242	85	-169.36	152
本溪	0.145	159	0.14	177	0.16	103	0.114	133	0.208	173	-172.38	153
滄州	0.165	92	0.136	204	0.15	129	0.125	85	0.196	209	-173.2	154
通化	0.15	129	0.136	204	0.132	199	0.108	201	0.23	112	-175.61	155
黃岡	0.146	153	0.147	103	0.154	119	0.113	144	0.202	189	-175.7	156
銅川	0.116	272	0.146	125	0.124	226	0.109	188	0.239	90	-182.68	157
遂寧	0.129	231	0.143	159	0.123	231	0.106	237	0.236	101	-185.78	158
資陽	0.13	226	0.147	103	0.126	216	0.106	237	0.227	119	-186.97	159
許昌	0.149	135	0.13	229	0.16	103	0.112	151	0.212	161	-187.05	160
咸寧	0.141	176	0.137	200	0.182	72	0.109	188	0.2	194	-187.14	161
宿遷	0.141	176	0.146	125	0.169	86	0.107	217	0.194	215	-192.08	162
安陽	0.146	153	0.15	70	0.141	165	0.116	120	0.193	219	-194.45	163
安康	0.118	268	0.144	155	0.145	142	0.108	201	0.221	139	-195.45	164
漯河	0.139	187	0.133	216	0.144	147	0.109	188	0.221	139	-195.6	165
三明	0.153	119	0.103	287	0.188	66	0.108	201	0.226	124	-196.51	166
自貢	0.145	159	0.14	177	0.138	171	0.107	217	0.214	155	-197.14	167
玉溪	0.133	214	0.147	103	0.135	184	0.119	103	0.201	190	-198.67	168
常德	0.155	115	0.119	265	0.156	109	0.118	108	0.211	164	-200.1	169
內江	0.128	237	0.138	192	0.143	153	0.102	288	0.225	125	-203.03	170
宜賓	0.143	170	0.129	235	0.144	147	0.106	237	0.223	134	-203.12	171
潮州	0.15	129	0.126	244	0.126	216	0.105	258	0.233	106	-203.53	172
保定	0.207	59	0.121	257	0.158	106	0.122	96	0.167	274	-207.96	173
宿州	0.126	245	0.149	79	0.142	160	0.109	188	0.205	180	-208.64	174
郴州	0.157	109	0.154	55	0.155	114	0.112	151	0.167	274	-209.23	175
撫順	0.173	86	0.136	204	0.14	167	0.116	120	0.184	239	-209.85	176
眉山	0.129	231	0.147	103	0.137	176	0.104	271	0.21	167	-211.67	177
隨州	0.141	176	0.15	70	0.139	169	0.107	217	0.195	212	-212.48	178
丹東	0.151	126	0.146	125	0.135	184	0.109	188	0.194	215	-213.52	179
南充	0.137	199	0.147	103	0.149	132	0.111	167	0.191	225	-213.53	180
西寧	0.147	146	0.148	92	0.135	184	0.117	113	0.185	236	-213.75	181
邯鄲	0.183	76	0.126	244	0.161	101	0.12	101	0.172	268	-213.9	182
新鄉	0.145	159	0.133	216	0.15	129	0.115	128	0.197	204	-214.53	183
雲浮	0.125	248	0.136	204	0.133	193	0.11	175	0.221	139	-215.5	184

表 3.4.1 2015 年度城市商業貿易競爭力排名

城市	國內商貿規模指數	排名	外貿指數	排名	商貿機構指數	排名	商貿人力資本指數	排名	居民消費指數	排名	商業貿易競爭力	排名
嘉峪關	0.155	115	0.126	244	0.145	142	0.108	201	0.209	171	-216.15	185
渭南	0.135	206	0.127	238	0.14	167	0.118	108	0.213	157	-216.37	186
樂山	0.138	193	0.142	166	0.135	184	0.107	217	0.206	178	-216.39	187
桂林	0.149	135	0.12	261	0.133	193	0.123	94	0.21	167	-221.85	188
達州	0.138	193	0.147	103	0.133	193	0.107	217	0.199	199	-221.98	189
焦作	0.148	141	0.13	229	0.142	160	0.115	128	0.201	190	-222.52	190
淮北	0.125	248	0.149	79	0.138	171	0.105	258	0.203	186	-223.12	191
齊齊哈爾	0.141	176	0.126	244	0.112	266	0.106	237	0.234	103	-223.82	192
陽江	0.16	106	0.134	214	0.122	233	0.109	188	0.203	186	-224.56	193
萍鄉	0.131	218	0.149	79	0.11	277	0.102	288	0.216	149	-226.91	194
周口	0.149	135	0.148	92	0.132	199	0.116	120	0.178	257	-227.46	195
益陽	0.134	211	0.147	103	0.151	125	0.11	175	0.184	239	-227.87	196
鐵嶺	0.139	187	0.149	79	0.126	216	0.108	201	0.194	215	-229.29	197
漢中	0.123	253	0.146	125	0.136	179	0.112	151	0.197	204	-231.2	198
廣安	0.128	237	0.148	92	0.141	165	0.102	288	0.198	202	-231.29	199
松原	0.154	117	0.101	291	0.109	283	0.106	237	0.251	71	-235.8	200
北海	0.124	252	0.152	62	0.107	292	0.106	237	0.208	173	-237.06	201
張掖	0.119	264	0.146	125	0.118	245	0.105	258	0.213	157	-237.34	202
梧州	0.128	237	0.15	70	0.114	259	0.105	258	0.205	180	-238.95	203
吉安	0.122	258	0.154	55	0.122	233	0.107	217	0.195	212	-240.56	204
九江	0.134	211	0.138	192	0.118	245	0.116	120	0.201	190	-241	205
鶴壁	0.121	260	0.149	79	0.126	216	0.107	217	0.199	199	-242.84	206
梅州	0.138	193	0.143	159	0.126	216	0.107	217	0.195	212	-243.21	207
駐馬店	0.141	176	0.148	92	0.155	114	0.121	98	0.157	282	-243.36	208
運城	0.144	164	0.149	79	0.144	147	0.116	120	0.165	277	-243.8	209
四平	0.144	164	0.13	229	0.118	245	0.104	271	0.213	157	-245.46	210
信陽	0.148	141	0.124	251	0.142	160	0.125	85	0.185	236	-245.78	211
商丘	0.146	153	0.14	177	0.135	184	0.114	133	0.18	252	-248.35	212
攀枝花	0.147	146	0.101	291	0.152	122	0.107	217	0.224	131	-249.07	213
遵義	0.14	183	0.146	125	0.149	132	0.113	144	0.167	274	-249.16	214
通遼	0.138	193	0.146	125	0.132	199	0.107	217	0.182	244	-252.19	215
崇左	0.11	291	0.176	26	0.111	271	0.105	258	0.177	260	-253.93	216
上饒	0.133	214	0.146	125	0.127	212	0.112	151	0.181	251	-255.2	217
巴彥淖爾	0.128	237	0.138	192	0.11	277	0.104	271	0.213	157	-256.36	218
宜春	0.131	218	0.146	125	0.124	226	0.11	175	0.187	230	-257	219
白城	0.131	218	0.101	291	0.105	296	0.107	217	0.254	66	-259.32	220
南平	0.148	141	0.114	276	0.133	193	0.111	167	0.207	176	-260.45	221
榆林	0.146	153	0.123	252	0.163	96	0.109	188	0.182	244	-261.56	222
巴中	0.115	275	0.137	200	0.121	241	0.108	201	0.207	176	-262.09	223
遼陽	0.149	135	0.127	238	0.125	223	0.107	217	0.197	204	-263.19	224
鄂州	0.142	173	0.14	177	0.124	226	0.117	113	0.176	263	-266.56	225
濮陽	0.134	211	0.132	222	0.135	184	0.117	113	0.182	244	-266.67	226
白山	0.137	199	0.113	277	0.106	294	0.108	201	0.229	117	-267.31	227
武威	0.113	281	0.146	125	0.11	277	0.104	271	0.204	182	-268.83	228
阜新	0.138	193	0.141	169	0.139	169	0.106	237	0.177	260	-268.86	229
亳州	0.125	248	0.112	280	0.143	153	0.108	201	0.215	152	-270.32	230
贛州	0.136	203	0.131	225	0.122	233	0.109	188	0.196	209	-271.07	231
衡水	0.147	146	0.146	125	0.156	109	0.11	175	0.15	286	-271.96	232
麗江	0.113	281	0.147	103	0.118	245	0.114	133	0.187	230	-272.08	233
雅安	0.121	260	0.146	125	0.11	277	0.103	284	0.197	204	-273.1	234
赤峰	0.145	159	0.141	169	0.124	226	0.11	175	0.175	265	-274.79	235
張家口	0.144	164	0.126	244	0.129	206	0.118	108	0.182	244	-275.79	236
長治	0.168	88	0.118	267	0.166	90	0.115	128	0.157	282	-279.09	237
陽泉	0.175	84	0.113	277	0.127	212	0.114	133	0.182	244	-280.34	238
懷化	0.129	231	0.14	177	0.12	242	0.106	237	0.187	230	-281.87	239
普洱	0.111	287	0.148	92	0.115	257	0.106	237	0.191	225	-282.63	240
岳陽	0.108	294	0.135	208	0.142	160	0.116	120	0.182	244	-285.4	241
景德鎮	0.131	218	0.115	271	0.112	266	0.113	144	0.212	161	-285.4	242
承德	0.139	187	0.147	103	0.126	216	0.11	175	0.163	278	-285.48	243

表 3.4.1 2015 年度城市商業貿易競爭力排名

城市	國內商貿規模指數	排名	外貿指數	排名	商貿機構指數	排名	商貿人力資本指數	排名	居民消費指數	排名	商業貿易競爭力	排名
邵陽	0.128	237	0.147	103	0.147	138	0.107	217	0.16	279	-286.01	244
清遠	0.145	159	0.128	236	0.125	223	0.109	188	0.183	242	-288.05	245
鷹潭	0.126	245	0.139	190	0.109	283	0.104	271	0.194	215	-289.15	246
欽州	0.126	245	0.127	238	0.12	242	0.105	258	0.2	194	-292.34	247
百色	0.114	276	0.14	177	0.117	252	0.106	237	0.192	223	-292.77	248
慶陽	0.116	272	0.14	177	0.114	259	0.105	258	0.193	219	-292.88	249
撫州	0.128	237	0.144	155	0.116	254	0.106	237	0.178	257	-294.29	250
保山	0.114	276	0.147	103	0.123	231	0.108	201	0.175	265	-296.95	251
臨滄	0.111	287	0.147	103	0.118	245	0.105	258	0.182	244	-298.83	252
防城港	0.119	264	0.125	249	0.118	245	0.104	271	0.204	182	-299.03	253
雞西	0.129	231	0.138	192	0.115	257	0.104	271	0.184	239	-300.07	254
河源	0.122	258	0.141	169	0.113	263	0.108	201	0.18	252	-302.08	255
新餘	0.133	214	0.115	271	0.112	266	0.105	258	0.21	167	-302.16	256
張家界	0.117	270	0.14	177	0.111	271	0.106	237	0.186	234	-305	257
廣元	0.123	253	0.127	238	0.122	233	0.104	271	0.193	219	-306.19	258
貴港	0.125	248	0.12	261	0.111	271	0.102	288	0.208	173	-308.36	259
雙鴨山	0.114	276	0.128	236	0.11	277	0.106	237	0.201	190	-309.93	260
玉林	0.136	203	0.101	291	0.129	206	0.11	175	0.206	178	-311.65	261
中衛	0.107	295	0.147	103	0.11	277	0.101	298	0.185	236	-311.97	262
汕尾	0.1	300	0.158	43	0.109	283	0.107	217	0.17	270	-315.6	263
賀州	0.113	281	0.147	103	0.109	283	0.103	284	0.178	257	-316.86	264
葫蘆島	0.142	173	0.127	238	0.122	233	0.106	237	0.172	268	-321.75	265
銅仁	0.109	293	0.146	125	0.122	233	0.104	271	0.17	270	-322.64	266
邢臺	0.15	129	0.131	225	0.138	171	0.112	151	0.146	287	-323.03	267
大同	0.167	89	0.12	261	0.133	193	0.128	76	0.136	294	-323.6	268
安順	0.114	276	0.137	200	0.111	271	0.107	217	0.18	252	-326.19	269
婁底	0.131	218	0.112	280	0.144	147	0.107	217	0.18	252	-326.71	270
朝陽	0.136	203	0.131	225	0.132	199	0.108	201	0.16	279	-327.07	271
佳木斯	0.135	206	0.13	229	0.108	288	0.106	237	0.176	263	-329.13	272
白銀	0.118	268	0.149	79	0.116	254	0.102	288	0.156	284	-339.97	273
綏化	0.13	226	0.147	103	0.112	266	0.108	201	0.146	287	-342.24	274
天水	0.123	253	0.142	166	0.122	233	0.108	201	0.151	285	-342.65	275
昭通	0.111	287	0.146	125	0.114	259	0.106	237	0.16	279	-343.02	276
六盤水	0.119	264	0.102	289	0.127	212	0.106	237	0.199	199	-347.91	277
七台河	0.117	270	0.1	298	0.104	298	0.102	288	0.219	144	-348.46	278
烏蘭察布	0.128	237	0.115	271	0.105	296	0.107	217	0.186	234	-351.36	279
永州	0.135	206	0.149	79	0.122	233	0.106	237	0.128	298	-358.42	280
呂梁	0.129	231	0.148	92	0.129	206	0.105	258	0.13	297	-358.55	281
晉中	0.152	122	0.115	271	0.143	153	0.111	167	0.142	291	-358.93	282
石嘴山	0.123	253	0.12	261	0.111	271	0.112	151	0.17	270	-360.9	283
商洛	0.111	287	0.106	285	0.113	263	0.105	258	0.2	194	-361.86	284
平涼	0.119	264	0.125	249	0.107	292	0.102	288	0.177	260	-363.87	285
來賓	0.112	284	0.108	284	0.108	288	0.104	271	0.198	202	-366.27	286
海東	0.106	296	0.123	252	0.1	300	0.1	300	0.189	228	-369.75	287
臨汾	0.146	153	0.113	277	0.137	176	0.109	188	0.146	287	-373.24	288
河池	0.116	272	0.117	270	0.113	263	0.106	237	0.168	273	-385.66	289
吳忠	0.112	284	0.106	285	0.112	266	0.104	271	0.187	230	-386.99	290
忻州	0.128	237	0.115	271	0.138	171	0.114	133	0.141	292	-388.17	291
晉城	0.143	170	0.103	287	0.147	138	0.119	103	0.137	293	-388.77	292
隴南	0.104	299	0.146	125	0.108	288	0.116	120	0.132	296	-388.79	293
鶴崗	0.12	262	0.101	291	0.12	242	0.104	271	0.179	256	-395.16	294
朔州	0.14	183	0.101	291	0.136	179	0.11	175	0.144	290	-409.39	295
伊春	0.114	276	0.102	289	0.106	294	0.102	288	0.175	265	-424.11	296
固原	0.105	298	0.1	298	0.104	298	0.101	298	0.183	242	-427.25	297
黑河	0.11	291	0.151	67	0.108	288	0.112	151	0.1	300	-435.12	298
定西	0.106	296	0.146	125	0.109	283	0.103	284	0.115	299	-439.56	299
畢節	0.112	284	0.101	291	0.114	259	0.111	167	0.136	294	-475.24	300

3.5 城市基礎設施競爭力排名及二級指標分值

基礎設施是為城市經濟發展和居民生活提供基本條件的公共設施，包括交通、能源、環保、郵政、信息、水務等設施，它是城市生產與生活的重要物質基礎。基礎設施是城市賴以形成和發展的基礎，是城市在逐步形成與發展過程中的直接產物，其發展程度與城市的發展水平息息相關，並直接影響著城市的發展與成長。可以說，基礎設施狀況在很大程度上直接決定著城市系統的發展。城市基礎設施發展水平的高低，會直接影響到該城市的人才流、信息流、物流以及資金流。因此，基礎設施建設是城市發展的前提和基礎。

城市基礎設施競爭力比較評價指標體系包括基礎設施投資指數、交通設施指數、基礎設施供應指數、對外交通設施指數、居民居住指數、信息化設施指數與基礎設施人力資本指數等 7 個二級指標，以及固定資產投資水平、年供水量等 30 個三級指標。基礎設施投資指數體現城市固定資產投資和房地產開發投資水平。基礎設施供應指數體現了與居民生活息息相關的水、電、氣的供應水平和普及情況。居民居住指數反映居民居住條件的優劣。交通設施指數和對外交通設施指數描述城市對內對外交通設施發展水平。信息化設施指數則反映城市郵政、通信設施水平以及電腦普及率。基礎設施人力資本指數衡量從事基礎設施行業的人員規模，它從側面反映城市基礎設施的發展水平。一般來說，在某項指數排名靠前的城市，其在該指數方面的發展水平相對較高，未來的發展空間也相對較為有限；而排名靠後的城市，雖然目前取得的成就較小，但其未來發展空間會相對寬廣。

在 2015 年 300 個城市基礎設施競爭力排名中，有 90 個城市處於平均水平之上，比 2014 年減少了 4 個，占 30.0%。基礎設施競爭力得分的標準差為 8.927。低於 2014 年，這表明隨著欠發達城市在不斷加強基礎設施建設，城市之間的基礎設施競爭力差距可能會減少。城市基礎設施競爭力具體排名請見表 3.5.1、表 3.5.2。

表 3.5.1 2015 年度城市基礎設施競爭力排名

城市	基礎設施投資指數	排名	基礎設施供應指數	排名	城市居民居住指數	排名	交通設施指數	排名
重慶	1	1	0.441	10	0.565	9	0.734	3
北京	0.794	3	0.75	2	0.385	133	0.503	6
上海	0.66	4	1	1	0.4	105	0.469	8
深圳	0.316	32	0.646	3	0.209	297	1	1
廣州	0.489	12	0.619	4	0.325	231	0.602	4
成都	0.654	5	0.327	20	0.462	43	0.543	5
天津	0.818	2	0.464	8	0.428	75	0.485	7
武漢	0.606	8	0.448	9	0.44	61	0.409	12
香港	0.364	24	0.489	7	0.243	288	0.29	36
西安	0.526	10	0.29	30	0.494	22	0.398	13
南京	0.483	13	0.49	6	0.324	232	0.434	11
杭州	0.499	11	0.35	17	0.343	200	0.355	18
瀋陽	0.653	6	0.327	20	0.514	14	0.356	17
蘇州	0.557	9	0.367	16	0.432	71	0.374	15
大連	0.62	7	0.284	33	0.416	86	0.31	26
貴陽	0.355	25	0.271	38	0.439	63	0.287	37
東莞	0.217	69	0.576	5	0.406	100	0.465	9
鄭州	0.474	15	0.313	25	0.392	124	0.302	28
青島	0.48	14	0.249	49	0.362	169	0.383	14
鄂爾多斯	0.283	40	0.142	166	0.683	3	0.333	19
昆明	0.374	23	0.238	56	0.404	102	0.294	34
合肥	0.464	16	0.236	57	0.377	144	0.368	16
長沙	0.462	17	0.317	24	0.472	35	0.292	35
哈爾濱	0.458	18	0.232	59	0.364	165	0.267	45
寧波	0.39	22	0.277	35	0.321	237	0.296	32
拉薩	0.114	281	0.44	12	0.314	248	0.763	2
濟南	0.31	33	0.248	50	0.378	142	0.325	20
佛山	0.297	37	0.435	13	0.344	199	0.314	23

表 3.5.1 2015 年度城市基礎設施競爭力排名

城市	基礎設施投資指數	排名	基礎設施供應指數	排名	城市居民居住指數	排名	交通設施指數	排名
廈門	0.217	69	0.322	23	0.225	294	0.278	40
無錫	0.423	20	0.285	32	0.43	72	0.286	38
台南	0.152	178	0.256	46	0.399	109	0.318	21
長春	0.339	30	0.243	54	0.337	213	0.312	24
南通	0.34	29	0.186	91	0.391	126	0.222	71
臺北	0.152	178	0.342	19	0.375	149	0.243	58
福州	0.426	19	0.213	70	0.332	221	0.273	42
煙臺	0.353	27	0.178	100	0.425	77	0.279	39
珠海	0.174	133	0.37	15	0.23	292	0.315	22
石家莊	0.419	21	0.212	71	0.39	128	0.304	27
唐山	0.354	26	0.311	26	0.374	152	0.258	48
新北	0.18	117	0.274	36	0.379	139	0.296	32
烏魯木齊	0.192	94	0.347	18	0.252	286	0.268	44
紹興	0.257	45	0.253	48	0.331	224	0.2	89
濰坊	0.348	28	0.168	114	0.498	19	0.246	54
包頭	0.289	38	0.309	28	0.433	70	0.229	66
淄博	0.235	55	0.265	41	0.394	120	0.3	31
太原	0.229	60	0.323	22	0.256	285	0.237	61
南昌	0.3	36	0.267	39	0.279	273	0.246	54
呼和浩特	0.231	57	0.232	59	0.469	39	0.274	41
常州	0.32	31	0.26	43	0.414	90	0.231	65
克拉瑪依	0.123	261	0.394	14	0.489	28	0.207	80
臨沂	0.264	44	0.187	89	0.512	16	0.267	45
大慶	0.208	74	0.272	37	0.451	49	0.234	64
中山	0.184	112	0.214	69	0.397	115	0.236	62
泉州	0.288	39	0.156	133	0.395	118	0.208	79
海口	0.154	174	0.236	57	0.234	291	0.248	52
嘉峪關	0.102	298	0.441	10	0.436	66	0.168	155
徐州	0.31	33	0.202	75	0.332	221	0.246	54
舟山	0.15	186	0.188	87	0.214	295	0.197	92
高雄	0.136	229	0.24	55	0.394	120	0.311	25
溫州	0.31	33	0.187	89	0.242	289	0.255	49
鞍山	0.242	52	0.259	44	0.414	90	0.204	84
洛陽	0.273	42	0.218	64	0.42	83	0.224	69
邯鄲	0.278	41	0.176	103	0.333	220	0.301	30
南寧	0.273	42	0.232	59	0.291	263	0.247	53
威海	0.242	52	0.151	145	0.469	39	0.218	75
台中	0.138	222	0.244	53	0.394	120	0.249	51
濟寧	0.247	50	0.163	117	0.473	34	0.246	54
金華	0.207	75	0.131	202	0.299	258	0.204	84
惠州	0.226	62	0.217	66	0.422	81	0.228	67
烏海	0.123	261	0.31	27	0.445	55	0.162	164
台州	0.221	67	0.161	125	0.291	263	0.235	63
銀川	0.188	101	0.202	75	0.342	203	0.24	60
揚州	0.241	54	0.186	91	0.317	243	0.178	131
東營	0.248	49	0.208	73	0.444	56	0.207	80
保定	0.232	56	0.139	175	0.345	197	0.273	42
蘭州	0.196	86	0.256	46	0.269	279	0.22	74
嘉興	0.25	48	0.145	157	0.39	128	0.193	98
佳木斯	0.129	241	0.141	170	0.352	181	0.451	10
隴南	0.121	272	0.102	297	1	1	0.102	298
呼倫貝爾	0.167	142	0.121	248	0.463	42	0.178	131
蕪湖	0.252	47	0.193	81	0.351	182	0.25	50
泰州	0.221	67	0.156	133	0.343	200	0.179	128
濱州	0.195	89	0.147	151	0.59	8	0.181	122
株洲	0.202	80	0.185	93	0.47	38	0.222	71
宜昌	0.231	57	0.16	127	0.334	217	0.2	89
嘉義	0.1	300	0.216	67	0.395	118	0.195	93
本溪	0.155	173	0.281	34	0.409	94	0.17	147
新竹	0.103	296	0.219	63	0.392	124	0.181	122

表 3.5.1 2015 年度城市基礎設施競爭力排名

城市	基礎設施投資指數	排名	基礎設施供應指數	排名	城市居民居住指數	排名	交通設施指數	排名
盤錦	0.18	117	0.199	78	0.472	35	0.178	131
吉林	0.228	61	0.199	78	0.422	81	0.165	160
鎮江	0.223	65	0.199	78	0.381	138	0.19	105
南陽	0.23	59	0.139	175	0.453	48	0.201	88
朔州	0.148	192	0.143	162	0.494	22	0.148	210
綿陽	0.163	151	0.159	129	0.451	49	0.182	118
安陽	0.185	110	0.164	116	0.486	29	0.171	144
衡陽	0.189	97	0.163	117	0.456	46	0.242	59
基隆	0.103	296	0.216	67	0.374	152	0.186	110
營口	0.195	89	0.19	83	0.426	76	0.182	118
滄州	0.246	51	0.127	220	0.345	197	0.266	47
桃園	0.104	295	0.218	64	0.39	128	0.21	77
平頂山	0.177	122	0.154	137	0.444	56	0.178	131
棗莊	0.186	105	0.162	123	0.447	52	0.194	95
錦州	0.166	144	0.176	103	0.447	52	0.173	140
西寧	0.164	146	0.176	103	0.279	273	0.194	95
湖州	0.18	117	0.174	109	0.343	200	0.184	111
馬鞍山	0.2	81	0.175	107	0.477	32	0.184	111
鹽城	0.253	46	0.13	209	0.369	159	0.162	164
黑河	0.11	290	0.105	294	0.748	2	0.117	284
柳州	0.205	79	0.259	44	0.324	232	0.183	117
金昌	0.107	292	0.153	139	0.645	4	0.14	229
通遼	0.194	92	0.179	97	0.397	115	0.149	207
新鄉	0.206	77	0.143	162	0.443	58	0.164	161
江門	0.173	134	0.191	82	0.328	229	0.199	91
撫順	0.172	135	0.266	40	0.309	253	0.181	122
石嘴山	0.127	252	0.246	51	0.49	26	0.157	185
大同	0.177	122	0.183	94	0.342	203	0.192	100
攀枝花	0.129	241	0.265	41	0.322	234	0.179	128
淮安	0.206	77	0.189	84	0.374	152	0.18	126
陽泉	0.129	241	0.2	77	0.441	60	0.17	147
商丘	0.184	112	0.134	191	0.494	22	0.188	106
銅陵	0.143	213	0.246	51	0.346	192	0.195	93
白山	0.128	248	0.147	151	0.617	7	0.14	229
寶雞	0.195	89	0.146	155	0.496	21	0.169	152
焦作	0.186	105	0.178	100	0.429	74	0.173	140
泰安	0.223	65	0.135	186	0.398	111	0.169	152
襄陽	0.216	71	0.163	117	0.365	163	0.184	111
延安	0.164	146	0.126	225	0.534	11	0.147	213
岳陽	0.192	94	0.163	117	0.424	80	0.192	100
德州	0.211	72	0.13	209	0.406	100	0.206	82
駐馬店	0.169	138	0.117	261	0.476	33	0.191	104
郴州	0.194	92	0.132	197	0.407	98	0.193	98
湘潭	0.177	122	0.189	84	0.435	67	0.17	147
六盤水	0.164	146	0.129	214	0.348	186	0.302	28
曲靖	0.17	137	0.112	276	0.527	12	0.159	179
澳門	0.102	298	0.288	31	0.126	299	0.156	188
連雲港	0.189	97	0.149	147	0.342	203	0.178	131
桂林	0.188	101	0.141	170	0.375	149	0.184	111
韶關	0.142	214	0.163	117	0.382	137	0.16	177
南充	0.176	128	0.135	186	0.319	241	0.155	190
烏蘭察布	0.144	211	0.119	255	0.503	17	0.161	172
榆林	0.197	85	0.123	236	0.399	109	0.148	210
蚌埠	0.184	112	0.176	103	0.346	192	0.226	68
渭南	0.183	115	0.115	266	0.49	26	0.166	156
咸陽	0.225	63	0.14	172	0.44	61	0.17	147
遵義	0.207	75	0.124	229	0.375	149	0.179	128
通化	0.146	207	0.134	191	0.514	14	0.149	207
遼陽	0.147	200	0.212	71	0.376	147	0.181	122
淮南	0.152	178	0.189	84	0.33	225	0.176	138

表 3.5.1 2015 年度城市基礎設施競爭力排名

城市	基礎設施投資指數	排名	基礎設施供應指數	排名	城市居民居住指數	排名	交通設施指數	排名
湛江	0.154	174	0.142	166	0.269	279	0.164	161
伊春	0.11	290	0.152	142	0.337	213	0.184	111
赤峰	0.2	81	0.155	136	0.334	217	0.166	156
綏化	0.14	216	0.108	286	0.63	5	0.162	164
丹東	0.175	132	0.156	133	0.349	184	0.162	164
聊城	0.196	86	0.151	145	0.413	92	0.184	111
日照	0.164	146	0.174	109	0.314	248	0.172	143
白城	0.124	258	0.116	264	0.622	6	0.124	276
三門峽	0.169	138	0.122	245	0.411	93	0.139	236
新餘	0.139	218	0.188	87	0.416	86	0.153	194
邢臺	0.189	97	0.137	178	0.359	172	0.206	82
張家口	0.186	105	0.132	197	0.351	182	0.202	86
瀘州	0.156	169	0.16	127	0.348	186	0.169	152
黄石	0.157	166	0.175	107	0.384	135	0.188	106
達州	0.16	159	0.114	270	0.287	268	0.143	220
宿遷	0.196	86	0.14	172	0.371	158	0.152	196
秦皇島	0.159	163	0.181	96	0.257	284	0.192	100
萊蕪	0.125	256	0.205	74	0.425	77	0.173	140
廊坊	0.211	72	0.136	182	0.295	260	0.174	139
信陽	0.199	84	0.12	252	0.39	128	0.141	228
菏澤	0.159	163	0.121	248	0.43	72	0.151	199
運城	0.162	153	0.124	229	0.471	37	0.166	156
長治	0.167	142	0.145	157	0.409	94	0.151	199
莆田	0.187	103	0.154	137	0.261	283	0.127	265
雙鴨山	0.125	256	0.131	202	0.456	46	0.134	251
晉中	0.157	166	0.128	217	0.379	139	0.158	183
贛州	0.189	97	0.123	236	0.334	217	0.177	137
樂山	0.148	192	0.148	149	0.329	228	0.146	215
漳州	0.225	63	0.127	220	0.316	245	0.148	210
牡丹江	0.162	153	0.179	97	0.34	209	0.15	203
許昌	0.186	105	0.123	236	0.398	111	0.188	106
防城港	0.129	241	0.149	147	0.459	45	0.129	259
衡水	0.151	183	0.116	264	0.4	105	0.215	76
三明	0.187	103	0.133	194	0.278	275	0.15	203
六安	0.156	169	0.12	252	0.311	251	0.221	73
晉城	0.148	192	0.131	202	0.335	215	0.17	147
孝感	0.176	128	0.113	274	0.408	96	0.142	225
汕頭	0.15	186	0.298	29	0.211	296	0.154	193
肇慶	0.168	141	0.132	197	0.314	248	0.158	183
鐵嶺	0.176	128	0.127	220	0.377	144	0.162	164
九江	0.19	96	0.135	186	0.297	259	0.18	126
阜陽	0.144	211	0.124	229	0.308	255	0.223	70
安慶	0.177	122	0.136	182	0.338	211	0.187	109
酒泉	0.147	200	0.121	248	0.398	111	0.146	215
四平	0.136	229	0.132	197	0.494	22	0.136	247
宜賓	0.16	159	0.131	202	0.346	192	0.152	196
葫蘆島	0.147	200	0.147	151	0.362	169	0.159	179
濮陽	0.156	169	0.137	178	0.377	144	0.139	236
臨汾	0.161	155	0.123	236	0.388	132	0.14	229
朝陽	0.154	174	0.137	178	0.396	117	0.127	265
宣城	0.161	155	0.133	194	0.338	211	0.159	179
忻州	0.146	207	0.114	270	0.403	104	0.126	270
常德	0.181	116	0.131	202	0.376	147	0.171	144
周口	0.18	117	0.106	291	0.4	105	0.161	172
懷化	0.136	229	0.118	256	0.354	177	0.162	164
銅川	0.111	287	0.172	111	0.499	18	0.13	256
松原	0.161	155	0.136	182	0.438	64	0.157	185
開封	0.161	155	0.143	162	0.342	203	0.21	77
婁底	0.151	183	0.135	186	0.425	77	0.151	199
玉林	0.158	165	0.123	236	0.498	19	0.143	220

表 3.5.1 2015 年度城市基礎設施競爭力排名

城市	基礎設施投資指數	排名	基礎設施供應指數	排名	城市居民居住指數	排名	交通設施指數	排名
邵陽	0.164	146	0.12	252	0.391	126	0.178	131
荊門	0.16	159	0.142	166	0.363	168	0.159	179
資陽	0.149	189	0.112	276	0.415	88	0.123	278
滁州	0.18	117	0.124	229	0.353	178	0.202	86
永州	0.146	207	0.131	202	0.407	98	0.194	95
黃山	0.137	226	0.143	162	0.353	178	0.143	220
三亞	0.15	186	0.224	62	0.146	298	0.171	144
南平	0.176	128	0.123	236	0.31	252	0.115	287
十堰	0.153	177	0.145	157	0.27	278	0.182	118
鄂州	0.129	241	0.182	95	0.379	139	0.138	241
黃岡	0.186	105	0.108	286	0.4	105	0.15	203
龍岩	0.185	110	0.137	178	0.276	276	0.134	251
遼源	0.128	248	0.158	130	0.45	51	0.139	236
阜新	0.139	218	0.171	112	0.341	207	0.143	220
鶴壁	0.129	241	0.153	139	0.48	31	0.147	213
眉山	0.148	192	0.13	209	0.348	186	0.126	270
德陽	0.148	192	0.135	186	0.341	207	0.152	196
百色	0.147	200	0.121	248	0.446	54	0.126	270
來賓	0.123	261	0.145	157	0.543	10	0.113	288
上饒	0.172	135	0.109	283	0.346	192	0.182	118
雞西	0.114	281	0.161	125	0.321	237	0.16	177
齊齊哈爾	0.151	183	0.152	142	0.321	237	0.161	172
麗水	0.138	222	0.13	209	0.226	293	0.137	243
安康	0.124	258	0.111	280	0.461	44	0.124	276
白銀	0.117	278	0.179	97	0.327	230	0.162	164
淮北	0.147	200	0.167	115	0.322	234	0.163	163
欽州	0.133	236	0.127	220	0.442	59	0.161	172
寧德	0.166	144	0.113	274	0.249	287	0.126	270
承德	0.177	122	0.134	191	0.307	257	0.192	100
宿州	0.152	178	0.122	245	0.408	96	0.162	164
益陽	0.152	178	0.127	220	0.419	84	0.156	188
自貢	0.132	237	0.162	123	0.322	234	0.153	194
漢中	0.135	233	0.115	266	0.434	68	0.131	255
廣元	0.128	248	0.129	214	0.287	268	0.142	225
荊州	0.177	122	0.133	194	0.32	240	0.155	190
清遠	0.139	218	0.152	142	0.281	271	0.166	156
畢節	0.2	81	0.101	299	0.367	161	0.118	283
萍鄉	0.146	207	0.158	130	0.348	186	0.137	243
北海	0.147	200	0.153	139	0.347	190	0.136	247
咸寧	0.16	159	0.124	229	0.374	152	0.132	254
崇左	0.123	261	0.107	288	0.525	13	0.1	300
梧州	0.149	189	0.131	202	0.434	68	0.137	243
玉溪	0.126	254	0.129	214	0.418	85	0.127	265
宜春	0.169	138	0.117	261	0.346	192	0.145	217
鶴崗	0.105	294	0.17	113	0.288	267	0.149	207
巴中	0.138	222	0.118	256	0.316	245	0.111	291
銅仁	0.157	166	0.106	291	0.365	163	0.129	259
池州	0.13	239	0.14	172	0.347	190	0.143	220
景德鎮	0.13	239	0.142	166	0.383	136	0.144	218
吉安	0.163	151	0.112	276	0.349	184	0.14	229
撫州	0.148	192	0.124	229	0.335	215	0.14	229
張掖	0.111	287	0.123	236	0.33	225	0.129	259
呂梁	0.149	189	0.106	291	0.385	133	0.122	279
巴彥淖爾	0.147	200	0.132	197	0.269	279	0.129	259
河池	0.113	283	0.11	282	0.438	64	0.122	279
隨州	0.134	234	0.146	155	0.356	174	0.136	247
內江	0.134	234	0.122	245	0.332	221	0.14	229
中衛	0.116	280	0.177	102	0.367	161	0.161	172
梅州	0.117	278	0.118	256	0.355	175	0.135	250
衢州	0.141	215	0.148	149	0.267	282	0.137	243

表 3.5.1 2015 年度城市基礎設施競爭力排名

城市	基礎設施投資指數	排名	基礎設施供應指數	排名	城市居民居住指數	排名	交通設施指數	排名
遂寧	0.148	192	0.128	217	0.339	210	0.142	225
商洛	0.123	261	0.103	296	0.484	30	0.104	297
漯河	0.136	229	0.136	182	0.398	111	0.144	218
揭陽	0.148	192	0.157	132	0.373	156	0.117	284
張家界	0.112	285	0.123	236	0.361	171	0.139	236
吳忠	0.128	248	0.125	226	0.353	178	0.155	190
陽江	0.137	226	0.147	151	0.315	247	0.127	265
麗江	0.118	276	0.114	270	0.364	165	0.151	199
亳州	0.138	222	0.111	280	0.364	165	0.157	185
七台河	0.106	293	0.163	117	0.309	253	0.15	203
雲浮	0.137	226	0.118	256	0.281	271	0.126	270
茂名	0.14	216	0.125	226	0.295	260	0.127	265
廣安	0.139	218	0.117	261	0.355	175	0.122	279
鷹潭	0.12	274	0.128	217	0.308	255	0.138	241
賀州	0.123	261	0.125	226	0.464	41	0.105	296
普洱	0.123	261	0.115	266	0.373	156	0.117	284
貴港	0.126	254	0.123	236	0.394	120	0.13	256
慶陽	0.156	169	0.107	288	0.29	265	0.14	229
固原	0.111	287	0.115	266	0.369	159	0.139	236
安順	0.119	275	0.118	256	0.359	172	0.126	270
平涼	0.124	258	0.107	288	0.317	243	0.13	256
雅安	0.113	283	0.13	209	0.318	242	0.11	293
武威	0.123	261	0.114	270	0.33	225	0.12	282
臨滄	0.127	252	0.102	297	0.415	88	0.102	298
河源	0.122	270	0.138	177	0.272	277	0.133	253
昭通	0.131	238	0.104	295	0.378	142	0.112	290
天水	0.122	270	0.124	229	0.286	270	0.128	263
潮州	0.112	285	0.144	161	0.235	290	0.113	288
海東	0.121	272	0.109	283	0.404	102	0.107	295
汕尾	0.123	261	0.112	276	0.29	265	0.128	263
保山	0.118	276	0.109	283	0.293	262	0.108	294
定西	0.129	241	0.1	300	0.1	300	0.111	291

表 3.5.2 2015 年度城市基礎設施競爭力排名(續)

城市	對外交通設施指數	排名	信息化設施指數	排名	基礎設施行業人力資本指數	排名	基礎設施競爭力	排名
重慶	0.949	2	0.292	104	1	1	5513.45	1
北京	0.927	4	0.536	15	0.825	2	4906.27	2
上海	1	1	0.397	40	0.717	3	4749.68	3
深圳	0.73	5	1	1	0.387	15	3987	4
廣州	0.947	3	0.756	2	0.489	6	3932.46	5
成都	0.662	7	0.363	55	0.676	4	3354.54	6
天津	0.433	15	0.33	77	0.412	12	2781.48	7
武漢	0.544	8	0.417	35	0.337	20	2424.93	8
香港	0.678	6	0.676	3	0.424	11	2288.73	9
西安	0.433	15	0.537	14	0.351	18	2131.93	10
南京	0.43	17	0.414	36	0.378	16	2081.19	11
杭州	0.438	13	0.5	21	0.445	9	2039.67	12
瀋陽	0.28	34	0.342	65	0.367	17	1927.55	13
蘇州	0.305	28	0.465	27	0.224	48	1646.69	14
大連	0.39	21	0.379	49	0.246	41	1556.35	15
貴陽	0.289	30	0.382	45	0.503	5	1474.88	16
東莞	0.248	45	0.59	10	0.159	153	1469.25	17
鄭州	0.319	27	0.342	65	0.351	18	1383.59	18
青島	0.421	18	0.339	69	0.265	35	1362.67	19
鄂爾多斯	0.455	12	0.528	16	0.173	111	1352.92	20
昆明	0.489	11	0.374	51	0.324	22	1342.78	21
合肥	0.294	29	0.244	150	0.39	13	1266.88	22

表 3.5.2 2015 年度城市基礎設施競爭力排名(續)

城市	對外交通設施指數	排名	信息化設施指數	排名	基礎設施行業人力資本指數	排名	基礎設施競爭力	排名
長沙	0.286	31	0.393	41	0.214	57	1206.37	23
哈爾濱	0.252	41	0.284	112	0.457	7	1182.29	24
寧波	0.352	23	0.46	29	0.287	28	1144.95	25
拉薩	0.113	283	0.366	53	0.214	57	1132.75	26
濟南	0.381	22	0.376	50	0.295	26	1061.91	27
佛山	0.251	43	0.507	20	0.193	76	1015.64	28
廈門	0.409	19	0.555	12	0.297	24	982.33	29
無錫	0.262	36	0.39	42	0.2	67	962.2	30
台南	0.532	10	0.499	23	0.166	130	948.47	31
長春	0.227	60	0.26	134	0.425	10	918.42	32
南通	0.215	70	0.329	78	0.451	8	874.95	33
臺北	0.409	19	0.596	9	0.166	130	851.77	34
福州	0.235	55	0.366	53	0.29	27	810.35	35
煙臺	0.341	26	0.304	96	0.214	57	713.26	36
珠海	0.243	51	0.632	4	0.195	74	707.56	37
石家莊	0.249	44	0.237	166	0.243	43	705.31	38
唐山	0.266	35	0.246	146	0.242	44	682.1	39
新北	0.253	39	0.521	17	0.189	82	623.44	40
烏魯木齊	0.221	63	0.457	30	0.296	25	610.68	41
紹興	0.175	127	0.38	47	0.39	13	603.94	42
濰坊	0.22	64	0.353	61	0.204	63	601.75	43
包頭	0.286	31	0.296	101	0.189	82	592.31	44
淄博	0.245	48	0.275	117	0.275	31	591.93	45
太原	0.253	39	0.434	34	0.275	31	566.87	46
南昌	0.176	125	0.334	74	0.337	20	537.55	47
呼和浩特	0.194	95	0.357	59	0.224	48	523.23	48
常州	0.205	80	0.382	45	0.178	97	509.55	49
克拉瑪依	0.109	294	0.604	6	0.14	223	507.57	50
臨沂	0.262	36	0.198	213	0.215	54	449.49	51
大慶	0.138	224	0.361	57	0.249	40	425.09	52
中山	0.212	73	0.581	11	0.149	187	399.26	53
泉州	0.202	82	0.385	44	0.253	37	385.52	54
海口	0.436	14	0.412	37	0.169	121	334.04	55
嘉峪關	0.127	247	0.517	18	0.137	230	319.83	56
徐州	0.198	91	0.218	186	0.28	29	315.52	57
舟山	0.538	9	0.452	31	0.153	170	302.08	58
高雄	0.156	162	0.486	24	0.153	170	297.1	59
溫州	0.22	64	0.322	83	0.258	36	293.06	60
鞍山	0.196	94	0.27	122	0.209	60	252.27	61
洛陽	0.202	82	0.249	142	0.197	72	246.36	62
邯鄲	0.248	45	0.14	283	0.252	38	243.15	63
南寧	0.238	53	0.269	124	0.219	51	242.27	64
威海	0.235	55	0.322	83	0.172	114	239.81	65
台中	0.159	157	0.509	19	0.155	163	238.69	66
濟寧	0.231	58	0.178	247	0.22	50	238.53	67
金華	0.206	77	0.451	32	0.278	30	212.19	68
惠州	0.193	98	0.35	63	0.154	166	201	69
烏海	0.148	187	0.473	26	0.161	146	187.69	70
台州	0.252	41	0.322	83	0.246	41	170.63	71
銀川	0.159	157	0.409	38	0.215	54	168.83	72
揚州	0.155	167	0.331	76	0.304	23	164.68	73
東營	0.14	214	0.37	52	0.152	176	160.11	74
保定	0.206	77	0.217	188	0.267	34	147.69	75
蘭州	0.178	121	0.341	67	0.238	45	115.16	76
嘉興	0.192	101	0.401	39	0.164	136	106.48	77
佳木斯	0.153	177	0.32	90	0.141	219	96.95	78
隴南	0.121	264	0.136	287	0.137	230	76.23	79
呼倫貝爾	0.238	53	0.321	87	0.196	73	51.15	80
蕪湖	0.202	82	0.239	161	0.165	133	47.04	81

表 3.5.2 2015 年度城市基礎設施競爭力排名(續)

城市	對外交通設施指數	排名	信息化設施指數	排名	基礎設施行業人力資本指數	排名	基礎設施競爭力	排名
泰州	0.174	131	0.287	110	0.273	33	43.37	82
濱州	0.151	181	0.24	157	0.168	124	42.01	83
株洲	0.193	98	0.222	180	0.16	152	32.84	84
宜昌	0.219	67	0.24	157	0.236	46	22.62	85
嘉義	0.107	296	0.6	7	0.124	278	17.06	86
本溪	0.188	103	0.273	119	0.177	100	11.55	87
新竹	0.111	287	0.599	8	0.126	272	8.39	88
盤錦	0.139	217	0.335	73	0.161	146	8.04	89
吉林	0.197	92	0.23	169	0.19	81	6.24	90
鎮江	0.169	139	0.325	80	0.161	146	-4.36	91
南陽	0.216	69	0.133	291	0.218	52	-10.95	92
朔州	0.352	23	0.201	212	0.156	161	-11.53	93
綿陽	0.146	197	0.353	61	0.178	97	-37.04	94
安陽	0.178	121	0.205	206	0.205	62	-40.89	95
衡陽	0.22	64	0.143	280	0.17	119	-41.8	96
基隆	0.139	217	0.541	13	0.126	272	-42.38	97
營口	0.175	127	0.267	126	0.169	121	-56.21	98
滄州	0.202	82	0.196	216	0.183	92	-57.78	99
桃園	0.112	286	0.5	21	0.127	269	-58.91	100
平頂山	0.184	111	0.164	261	0.251	39	-66.23	101
棗莊	0.173	135	0.255	138	0.174	107	-67.36	102
錦州	0.168	142	0.261	133	0.198	71	-68.02	103
西寧	0.132	238	0.447	33	0.216	53	-70.18	104
湖州	0.186	108	0.337	71	0.192	79	-73.5	105
馬鞍山	0.181	116	0.24	157	0.139	225	-77.57	106
鹽城	0.186	108	0.225	175	0.228	47	-82	107
黑河	0.117	273	0.285	111	0.142	213	-86.48	108
柳州	0.155	167	0.211	195	0.208	61	-99.79	109
金昌	0.109	294	0.26	134	0.173	111	-107.95	110
通遼	0.242	52	0.265	127	0.151	182	-113.02	111
新鄉	0.147	190	0.224	176	0.215	54	-113.97	112
江門	0.185	110	0.337	71	0.161	146	-114.84	113
撫順	0.142	209	0.296	101	0.193	76	-115.29	114
石嘴山	0.136	230	0.311	92	0.13	257	-115.9	115
大同	0.26	38	0.245	148	0.161	146	-116.64	116
攀枝花	0.176	125	0.302	98	0.186	87	-123.91	117
淮安	0.161	154	0.221	183	0.202	65	-125.42	118
陽泉	0.161	154	0.324	81	0.153	170	-130.4	119
商丘	0.2	86	0.168	257	0.168	124	-134.17	120
銅陵	0.156	162	0.321	87	0.153	170	-142.06	121
白山	0.122	258	0.276	116	0.144	207	-143.43	122
寶雞	0.137	228	0.239	161	0.157	158	-156.52	123
焦作	0.168	142	0.216	192	0.174	107	-158.68	124
泰安	0.153	177	0.226	173	0.204	63	-166.78	125
襄陽	0.18	118	0.189	225	0.201	66	-167.06	126
延安	0.149	184	0.283	113	0.147	194	-167.86	127
岳陽	0.214	71	0.166	259	0.158	156	-171.61	128
德州	0.168	142	0.209	200	0.174	107	-176.67	129
駐馬店	0.197	92	0.139	285	0.199	69	-179.26	130
郴州	0.222	61	0.181	242	0.168	124	-187.43	131
湘潭	0.145	201	0.226	173	0.167	128	-188.13	132
六盤水	0.21	74	0.204	210	0.133	243	-197.93	133
曲靖	0.159	157	0.179	245	0.185	89	-204.06	134
澳門	0.106	297	0.626	5	0.165	133	-209.17	135
連雲港	0.217	68	0.236	167	0.176	102	-215.92	136
桂林	0.21	74	0.207	202	0.176	102	-216.21	137
韶關	0.169	139	0.299	99	0.186	87	-216.96	138
南充	0.244	50	0.264	128	0.191	80	-225.62	139
烏蘭察布	0.127	247	0.304	96	0.152	176	-226.1	140

表 3.5.2 2015 年度城市基礎設施競爭力排名(續)

城市	對外交通設施指數	排名	信息化設施指數	排名	基礎設施行業人力資本指數	排名	基礎設施競爭力	排名
榆林	0.139	217	0.31	93	0.179	96	-227.87	141
蚌埠	0.2	86	0.184	235	0.15	184	-230.25	142
渭南	0.154	175	0.207	202	0.162	143	-236.57	143
咸陽	0.137	228	0.192	220	0.163	141	-237.24	144
遵義	0.213	72	0.221	183	0.153	170	-242.08	145
通化	0.138	224	0.246	146	0.157	158	-249.13	146
遼陽	0.162	152	0.27	122	0.132	247	-258.42	147
淮南	0.2	86	0.198	213	0.194	75	-266.59	148
湛江	0.346	25	0.193	219	0.177	100	-270.75	149
伊春	0.116	277	0.481	25	0.133	243	-271.62	150
赤峰	0.165	148	0.264	128	0.171	117	-272.67	151
綏化	0.13	240	0.146	276	0.141	219	-273.31	152
丹東	0.147	190	0.282	114	0.183	92	-274.84	153
聊城	0.156	162	0.166	259	0.162	143	-287.36	154
日照	0.232	57	0.223	179	0.154	166	-303.38	155
白城	0.119	270	0.228	171	0.13	257	-305.02	156
三門峽	0.139	217	0.338	70	0.141	219	-315.15	157
新餘	0.147	190	0.281	115	0.127	269	-316.38	158
邢臺	0.164	150	0.143	280	0.189	82	-318.51	159
張家口	0.165	148	0.196	216	0.172	114	-320.16	160
瀘州	0.18	118	0.23	169	0.172	114	-326.09	161
黃石	0.136	230	0.228	171	0.149	187	-327.51	162
達州	0.286	31	0.24	157	0.183	92	-331.93	163
宿遷	0.138	224	0.211	195	0.189	82	-334.6	164
秦皇島	0.145	201	0.288	108	0.185	89	-334.63	165
萊蕪	0.122	258	0.242	152	0.134	237	-337.22	166
廊坊	0.138	224	0.29	106	0.164	136	-345.01	167
信陽	0.178	121	0.153	267	0.199	69	-345.01	168
菏澤	0.206	77	0.151	269	0.174	107	-346.78	169
運城	0.146	197	0.197	215	0.141	219	-349.45	170
長治	0.175	127	0.207	202	0.152	176	-349.56	171
莆田	0.159	157	0.36	58	0.176	102	-349.6	172
雙鴨山	0.122	258	0.332	75	0.139	225	-350.53	173
晉中	0.182	113	0.252	140	0.156	161	-350.87	174
贛州	0.222	61	0.192	220	0.154	166	-354.44	175
樂山	0.199	89	0.294	103	0.154	166	-354.67	176
漳州	0.142	209	0.269	124	0.171	117	-357.2	177
牡丹江	0.133	235	0.291	105	0.155	163	-358.1	178
許昌	0.17	138	0.174	250	0.146	197	-361.05	179
防城港	0.169	139	0.244	150	0.136	233	-365.51	180
衡水	0.142	209	0.189	225	0.162	143	-368.01	181
三明	0.144	204	0.363	55	0.157	158	-371.31	182
六安	0.248	45	0.15	271	0.158	156	-372.47	183
晉城	0.192	101	0.271	120	0.15	184	-374.21	184
孝感	0.162	152	0.161	262	0.2	67	-374.66	185
汕頭	0.13	240	0.249	142	0.184	91	-377.39	186
肇慶	0.124	252	0.39	42	0.135	235	-377.92	187
鐵嶺	0.155	167	0.242	152	0.148	191	-381.53	188
九江	0.179	120	0.217	188	0.169	121	-382.45	189
阜陽	0.245	48	0.176	249	0.147	194	-382.73	190
安慶	0.188	103	0.187	230	0.152	176	-386.25	191
酒泉	0.116	277	0.322	83	0.152	176	-388.4	192
四平	0.144	204	0.188	227	0.149	187	-394.7	193
宜賓	0.174	131	0.231	168	0.173	111	-397.47	194
葫蘆島	0.154	175	0.258	137	0.152	176	-400.28	195
濮陽	0.199	89	0.188	227	0.168	124	-401.29	196
臨汾	0.175	127	0.222	180	0.161	146	-402.79	197
朝陽	0.13	240	0.271	120	0.164	136	-404.23	198
宣城	0.168	142	0.241	154	0.165	133	-406.66	199

表 3.5.2 2015 年度城市基礎設施競爭力排名(續)

城市	對外交通設施指數	排名	信息化設施指數	排名	基礎設施行業人力資本指數	排名	基礎設施競爭力	排名
忻州	0.194	95	0.263	130	0.139	225	-409.53	200
常德	0.163	151	0.172	252	0.155	163	-411.7	201
周口	0.194	95	0.116	296	0.176	102	-414.35	202
懷化	0.231	58	0.184	235	0.164	136	-416.91	203
銅川	0.111	287	0.245	148	0.118	291	-421.57	204
松原	0.14	214	0.178	247	0.142	213	-422.73	205
開封	0.144	204	0.167	258	0.164	136	-422.78	206
婁底	0.203	81	0.148	274	0.138	229	-422.9	207
玉林	0.155	167	0.122	295	0.146	197	-424.25	208
邵陽	0.182	113	0.131	293	0.163	141	-428.89	209
荊門	0.151	181	0.186	232	0.175	106	-430.04	210
資陽	0.147	190	0.288	108	0.14	223	-433.2	211
滁州	0.155	167	0.207	202	0.121	283	-441.09	212
永州	0.182	113	0.111	298	0.148	191	-441.7	213
黃山	0.139	217	0.341	67	0.12	288	-446.86	214
三亞	0.181	116	0.38	47	0.118	291	-448.47	215
南平	0.147	190	0.354	60	0.144	207	-449.08	216
十堰	0.134	232	0.241	154	0.193	76	-450.45	217
鄂州	0.117	273	0.26	134	0.146	197	-450.47	218
黄岡	0.149	184	0.141	282	0.178	97	-450.8	219
龍岩	0.146	197	0.31	93	0.159	153	-452.75	220
遼源	0.11	291	0.238	163	0.13	257	-453.11	221
阜新	0.128	245	0.275	117	0.15	184	-454.34	222
鶴壁	0.131	239	0.171	253	0.13	257	-454.45	223
眉山	0.187	105	0.289	107	0.128	267	-462.55	224
德陽	0.152	179	0.263	130	0.144	207	-469.26	225
百色	0.16	156	0.183	239	0.146	197	-469.56	226
來賓	0.123	255	0.153	267	0.132	247	-470.82	227
上饒	0.193	98	0.149	272	0.151	182	-472.21	228
雞西	0.148	187	0.297	100	0.134	237	-487.45	229
齊齊哈爾	0.187	105	0.116	296	0.188	86	-488.96	230
麗水	0.129	243	0.462	28	0.137	230	-492.37	231
安康	0.174	131	0.218	186	0.118	291	-494.44	232
白銀	0.142	209	0.241	154	0.146	197	-494.92	233
淮北	0.187	105	0.184	235	0.134	237	-495.64	234
欽州	0.174	131	0.126	294	0.134	237	-496.22	235
寧德	0.178	121	0.321	87	0.166	130	-497.5	236
承德	0.139	217	0.194	218	0.148	191	-498.24	237
宿州	0.171	136	0.136	287	0.142	213	-499.27	238
益陽	0.156	162	0.151	269	0.134	237	-505.13	239
自貢	0.142	209	0.253	139	0.142	213	-511.58	240
漢中	0.134	232	0.224	176	0.133	243	-518.69	241
廣元	0.156	162	0.345	64	0.121	283	-546.67	242
荊州	0.134	232	0.184	235	0.153	170	-551.18	243
清遠	0.171	136	0.211	195	0.143	212	-556.19	244
畢節	0.146	197	0.185	234	0.145	203	-559.16	245
萍鄉	0.148	187	0.205	206	0.129	263	-559.7	246
北海	0.151	181	0.222	180	0.121	283	-560.74	247
咸寧	0.129	243	0.217	188	0.134	237	-561.66	248
崇左	0.12	268	0.18	244	0.122	281	-569.1	249
梧州	0.121	264	0.149	272	0.132	247	-571.16	250
玉溪	0.125	250	0.187	230	0.144	207	-576.74	251
宜春	0.166	147	0.145	278	0.149	187	-576.93	252
鶴崗	0.12	268	0.308	95	0.133	243	-580.93	253
巴中	0.155	167	0.25	141	0.167	128	-582.51	254
銅仁	0.21	74	0.155	266	0.126	272	-583.13	255
池州	0.133	235	0.249	142	0.121	283	-587.48	256
景德鎮	0.114	282	0.21	199	0.13	257	-588.37	257
吉安	0.147	190	0.179	245	0.147	194	-589.12	258

表 3.5.2 2015 年度城市基礎設施競爭力排名(續)

城市	對外交通設施指數	排名	信息化設施指數	排名	基礎設施行業人力資本指數	排名	基礎設施競爭力	排名
撫州	0.14	214	0.169	255	0.17	119	-591.99	259
張掖	0.111	287	0.318	91	0.145	203	-592.35	260
呂梁	0.168	142	0.191	222	0.127	269	-594.8	261
巴彥淖爾	0.111	287	0.326	79	0.142	213	-605.64	262
河池	0.145	201	0.174	250	0.136	233	-608.18	263
隨州	0.122	258	0.238	163	0.117	295	-609.2	264
內江	0.184	111	0.19	223	0.132	247	-611.02	265
中衛	0.115	280	0.188	227	0.11	298	-617.23	266
梅州	0.133	235	0.205	206	0.159	153	-619.95	267
衢州	0.147	190	0.263	130	0.131	255	-625.47	268
遂寧	0.155	167	0.158	264	0.142	213	-625.72	269
商洛	0.106	297	0.181	242	0.13	257	-626	270
漯河	0.128	245	0.146	276	0.126	272	-628.67	271
揭陽	0.124	252	0.136	287	0.146	197	-636.75	272
張家界	0.149	184	0.224	176	0.118	291	-642.9	273
吳忠	0.125	250	0.19	223	0.128	267	-651.79	274
陽江	0.123	255	0.205	206	0.145	203	-659.35	275
麗江	0.122	258	0.208	201	0.126	272	-661.11	276
亳州	0.159	157	0.136	287	0.122	281	-664.14	277
七台河	0.123	255	0.249	142	0.112	297	-665.74	278
雲浮	0.117	273	0.323	82	0.121	283	-665.94	279
茂名	0.144	204	0.16	263	0.18	95	-668.06	280
廣安	0.155	167	0.183	239	0.126	272	-668.11	281
鷹潭	0.143	208	0.211	195	0.144	207	-669.72	282
賀州	0.11	291	0.144	279	0.117	295	-684.4	283
普洱	0.124	252	0.204	210	0.131	255	-687.9	284
貴港	0.152	179	0.111	298	0.123	279	-708.14	285
慶陽	0.113	283	0.216	192	0.132	247	-725.66	286
固原	0.113	283	0.219	185	0.1	299	-734.21	287
安順	0.139	217	0.169	255	0.119	289	-738.97	288
平涼	0.126	249	0.212	194	0.129	263	-747.71	289
雅安	0.115	280	0.238	163	0.129	263	-750.24	290
武威	0.121	264	0.186	232	0.139	225	-755.75	291
臨滄	0.105	299	0.147	275	0.123	279	-779.31	292
河源	0.118	271	0.183	239	0.129	263	-811.95	293
昭通	0.122	258	0.1	300	0.132	247	-820.64	294
天水	0.118	271	0.171	253	0.135	235	-821.26	295
潮州	0.117	273	0.217	188	0.145	203	-833.31	296
海東	0.1	300	0.132	292	0.1	299	-854.94	297
汕尾	0.121	264	0.14	283	0.119	289	-897.21	298
保山	0.11	291	0.139	285	0.132	247	-927.48	299
定西	0.116	277	0.157	265	0.132	247	-1163.73	300

3.6 城市社會體制競爭力排名及二級指標分值

城市承載著社會的體制與制度安排，其本身也是體制演進與變遷的結果。城市社會體制是城市在社會治安、社會保障、社會公平、醫療保障及城市社會管理活動等方面一切活動與體制的總和，城市社會體制競爭力則是城市在社會保障、社會治安、社會公平、醫療保障和城市社會管理活動所體現出來的相對優勢。管理是人類社會賴以生存和演化出的一種職能，而城市管理是一切城市政府行為、城市政策（包括財稅政策、土地政策、產業政策、金融政策、城市發展戰略等）及社會組織行為的總稱。通過對社會體制的不斷完善和發展，不僅有利於經濟的發展、提高城市居民生活水平和生活質量，還有利於城市的社會穩定。

城市社會體制競爭力比較評價指標體系包括 4 個二級指標：社會治安指數、社會公平保障指數、醫療保健指數與社會管理指數，以及失業率、刑事案件發生率、平均預期壽命等 20 個三級指標。社會公平保障指數主要從失業率、基尼指數以及社會保障覆蓋率等方面來考察城市社會公平保障體制的完善程度。社會治安指數通過衡量刑事案件發生率、刑事案件偵破率和社會安全民眾滿意度來考察城市的社會治安水平。醫療保健指數則反映城市的醫療設施和居民的醫療保健水平。城市社會管理指數體現城市政府的管理能力。

在 2015 年 300 個城市社會體制競爭力排名中，有 111 個城市處於平均水平之上，2014 年增加了 3 個，占 37.00%。社會體制競爭力得分的標準差為 4.311。終止了 2012 年來上升趨勢，這說明城市之間的社會體制競爭力差距有開始顯現下降跡象。城市社會體制競爭力所有排名如表 3.6.1。

表 3.6.1 2015 年度城市社會體制競爭力排名

城市	社會公平保障指數	排名	社會治安指數	排名	醫療保健指數	排名	社會管理指數	排名	社會體制競爭力	排名
嘉義	0.605	17	0.594	114	1	1	0.553	37	1645.53	1
北京	0.952	2	0.885	4	0.728	10	0.772	5	1569.11	2
香港	1	1	0.667	61	0.698	18	0.958	2	1502.33	3
深圳	0.647	8	0.851	8	0.662	44	1	1	1459.23	4
臺北	0.754	4	0.612	101	0.887	2	0.572	27	1458.81	5
蘇州	0.541	39	0.966	2	0.708	15	0.952	3	1252.96	6
上海	0.556	34	1	1	0.697	20	0.859	4	1172.3	7
澳門	0.889	3	0.641	80	0.676	29	0.752	7	1074.55	8
廣州	0.627	12	0.79	15	0.729	9	0.71	8	1041.88	9
台中	0.646	9	0.601	106	0.805	3	0.558	32	1022.34	10
高雄	0.613	13	0.601	106	0.803	4	0.556	34	974.56	11
桃園	0.64	11	0.596	111	0.784	5	0.565	29	943.32	12
台南	0.675	6	0.597	109	0.771	7	0.568	28	941.98	13
杭州	0.67	7	0.857	7	0.686	23	0.62	19	916.56	14
新竹	0.61	15	0.586	121	0.778	6	0.548	42	862.37	15
寧波	0.644	10	0.833	11	0.664	40	0.687	12	851.02	16
基隆	0.61	15	0.588	119	0.771	7	0.551	38	841.02	17
青島	0.529	47	0.891	3	0.679	28	0.673	14	805.27	18
濟南	0.478	90	0.849	9	0.689	22	0.708	9	776.89	19
新北	0.68	5	0.606	103	0.714	13	0.561	30	750.82	20
東莞	0.577	24	0.74	28	0.648	67	0.768	6	710.32	21
天津	0.554	35	0.761	21	0.683	26	0.582	24	646.51	22
南京	0.506	61	0.874	5	0.64	82	0.689	11	641.38	23
珠海	0.593	18	0.718	41	0.66	47	0.641	16	629.83	24
昆明	0.391	174	0.761	21	0.702	17	0.695	10	628.28	25
成都	0.489	76	0.714	42	0.716	12	0.556	34	619.67	26
舟山	0.561	32	0.78	17	0.667	38	0.574	26	609.51	27
武漢	0.613	13	0.65	73	0.684	25	0.559	31	603.15	28
煙臺	0.587	19	0.713	44	0.67	35	0.556	34	575.29	29
大連	0.563	30	0.667	61	0.703	16	0.502	54	570.11	30
廈門	0.499	69	0.831	12	0.65	64	0.608	20	553.56	31
紹興	0.474	93	0.835	10	0.635	101	0.685	13	548.59	32

表 3.6.1 2015 年度城市社會體制競爭力排名

城市	社會公平保障指數	排名	社會治安指數	排名	醫療保健指數	排名	社會管理指數	排名	社會體制競爭力	排名
重慶	0.489	76	0.739	30	0.669	37	0.624	18	542.58	33
嘉興	0.547	36	0.818	13	0.621	151	0.638	17	525.5	34
瀋陽	0.573	26	0.688	52	0.681	27	0.501	55	520	35
中山	0.528	49	0.742	27	0.647	68	0.585	23	479.14	36
長沙	0.484	83	0.583	127	0.717	11	0.498	57	447.37	37
南通	0.413	142	0.786	16	0.671	32	0.557	33	437.73	38
威海	0.581	22	0.656	68	0.652	56	0.534	46	433.13	39
西安	0.503	64	0.653	71	0.674	31	0.549	40	429.08	40
溫州	0.419	136	0.8	14	0.63	118	0.671	15	419.66	41
無錫	0.479	89	0.775	19	0.636	96	0.59	21	413.22	42
鄭州	0.468	97	0.668	60	0.698	18	0.467	67	408.98	43
佛山	0.533	45	0.69	51	0.635	101	0.587	22	397.74	44
唐山	0.54	43	0.723	38	0.671	32	0.41	115	391.55	45
湖州	0.498	71	0.862	6	0.614	188	0.533	47	382.48	46
淄博	0.572	27	0.661	66	0.656	51	0.472	65	380.6	47
濰坊	0.542	38	0.656	68	0.665	39	0.454	71	355.52	48
惠州	0.504	63	0.645	77	0.659	49	0.519	50	343.98	49
石家莊	0.519	55	0.735	31	0.629	122	0.524	49	339.91	50
常州	0.401	163	0.776	18	0.644	77	0.544	44	307.3	51
太原	0.505	62	0.534	181	0.709	14	0.382	169	291.42	52
商丘	0.357	217	0.765	20	0.654	54	0.546	43	283.14	53
泰州	0.521	54	0.746	26	0.633	108	0.435	78	280.49	54
南昌	0.383	183	0.735	31	0.651	59	0.549	40	277.06	55
長春	0.425	133	0.761	21	0.659	49	0.438	76	274.22	56
泰安	0.466	100	0.674	59	0.656	51	0.478	61	271.93	57
福州	0.444	114	0.713	44	0.626	137	0.551	38	245.91	58
東營	0.422	135	0.675	58	0.662	44	0.478	61	242.46	59
烏魯木齊	0.491	75	0.563	149	0.67	35	0.463	69	238.51	60
貴陽	0.458	106	0.597	109	0.675	30	0.436	77	223.6	61
合肥	0.407	149	0.734	33	0.638	88	0.507	52	221.59	62
南平	0.446	112	0.685	53	0.655	53	0.433	81	215.17	63
衢州	0.481	87	0.705	48	0.636	96	0.435	78	207.33	64
秦皇島	0.541	39	0.729	36	0.613	192	0.419	106	203.61	65
銀川	0.449	109	0.655	70	0.645	71	0.478	61	196.21	66
萊蕪	0.541	39	0.639	82	0.636	96	0.393	151	182.18	67
鎮江	0.419	136	0.722	39	0.637	90	0.449	74	167.4	68
哈爾濱	0.46	103	0.71	47	0.616	181	0.488	58	166.63	69
運城	0.54	43	0.57	139	0.662	44	0.347	243	166.1	70
海口	0.353	222	0.602	105	0.671	32	0.508	51	155.7	71
撫順	0.568	29	0.555	153	0.637	90	0.398	140	145.43	72
蘭州	0.408	148	0.623	96	0.649	65	0.487	59	142.39	73
臨沂	0.583	21	0.648	75	0.604	227	0.409	119	140.86	74
荊門	0.512	58	0.568	141	0.645	71	0.409	119	129.79	75
濟寧	0.468	97	0.649	74	0.639	84	0.41	115	129.74	76
淮安	0.391	174	0.734	33	0.627	130	0.46	70	119.98	77
徐州	0.39	177	0.663	65	0.641	80	0.478	61	118.73	78
嘉峪關	0.433	125	0.494	237	0.69	21	0.398	140	116.98	79
德陽	0.523	52	0.5	230	0.649	65	0.426	91	114.4	80
攀枝花	0.445	113	0.469	265	0.685	24	0.421	100	112.71	81
汕頭	0.547	36	0.624	95	0.593	263	0.485	60	108.91	82
克拉瑪依	0.516	57	0.484	244	0.652	56	0.43	86	103.86	83
雅安	0.579	23	0.481	247	0.645	71	0.375	184	98.3	84
台州	0.45	108	0.714	42	0.617	171	0.42	104	97.2	85
連雲港	0.409	146	0.713	44	0.628	125	0.429	87	95.68	86
銅陵	0.47	96	0.618	98	0.645	71	0.377	180	94.65	87
鹽城	0.398	166	0.728	37	0.628	125	0.423	98	88.99	88
廊坊	0.407	149	0.694	50	0.637	90	0.403	133	83.36	89
金華	0.377	189	0.74	28	0.631	111	0.42	104	81.48	90
龍岩	0.403	156	0.684	55	0.627	130	0.45	72	80.63	91
盤錦	0.475	92	0.579	129	0.641	80	0.404	132	75.95	92

表 3.6.1 2015 年度城市社會體制競爭力排名

城市	社會公平保障指數	排名	社會治安指數	排名	醫療保健指數	排名	社會管理指數	排名	社會體制競爭力	排名
菏澤	0.508	60	0.635	86	0.619	160	0.387	159	72.29	93
濱州	0.43	129	0.636	85	0.638	88	0.401	138	60.56	94
蚌埠	0.411	145	0.627	92	0.643	78	0.41	115	54.77	95
揚州	0.327	245	0.749	25	0.625	141	0.465	68	53.8	96
葫蘆島	0.498	71	0.586	121	0.63	118	0.384	165	51.98	97
聊城	0.368	202	0.678	57	0.619	160	0.499	56	50.89	98
忻州	0.5	68	0.576	133	0.633	108	0.372	194	45.35	99
新餘	0.396	169	0.64	81	0.637	90	0.419	106	37.78	100
韶關	0.256	295	0.72	40	0.618	166	0.578	25	27.07	101
泉州	0.328	243	0.758	24	0.631	111	0.405	129	26.77	102
鞍山	0.563	30	0.515	209	0.625	141	0.353	232	19.1	103
江門	0.404	154	0.667	61	0.598	248	0.506	53	15.12	104
九江	0.403	156	0.629	91	0.639	84	0.389	155	14.85	105
三明	0.443	116	0.631	90	0.62	154	0.407	126	14.2	106
漳州	0.401	163	0.685	53	0.619	160	0.409	119	11.23	107
銅川	0.499	69	0.465	269	0.639	84	0.421	100	11.12	108
麗水	0.46	103	0.612	101	0.624	143	0.385	163	10.06	109
宜昌	0.324	246	0.58	128	0.664	40	0.431	84	4.18	110
石嘴山	0.488	79	0.472	262	0.651	59	0.374	187	3.65	111
白山	0.44	120	0.557	151	0.642	79	0.374	187	-8.54	112
綿陽	0.418	139	0.502	226	0.647	68	0.426	91	-17.31	113
寧德	0.335	236	0.681	56	0.626	137	0.44	75	-18.36	114
棗莊	0.353	222	0.651	72	0.619	160	0.468	66	-19.35	115
延安	0.561	32	0.439	288	0.612	195	0.434	80	-19.68	116
肇慶	0.51	59	0.573	135	0.596	256	0.426	91	-22.65	117
莆田	0.332	240	0.667	61	0.637	90	0.408	123	-22.65	118
丹東	0.522	53	0.526	188	0.627	130	0.339	261	-23.67	119
吉林	0.524	51	0.55	158	0.615	185	0.358	222	-24.52	120
大慶	0.374	192	0.568	141	0.663	42	0.352	235	-24.66	121
瀘州	0.485	82	0.485	243	0.631	111	0.408	123	-24.88	122
南寧	0.403	156	0.514	214	0.645	71	0.432	83	-25.81	123
馬鞍山	0.494	74	0.619	97	0.601	239	0.38	173	-29.41	124
拉薩	0.484	83	0.445	283	0.607	220	0.53	48	-30.81	125
梅州	0.529	47	0.531	184	0.604	227	0.406	128	-31.16	126
烏海	0.407	149	0.536	177	0.652	56	0.373	192	-33.55	127
包頭	0.381	187	0.546	165	0.66	47	0.364	208	-35.36	128
遼陽	0.57	28	0.505	224	0.618	166	0.317	280	-38.96	129
新鄉	0.526	50	0.522	197	0.612	195	0.369	198	-48.23	130
營口	0.405	152	0.563	149	0.635	101	0.395	147	-48.88	131
陽江	0.383	183	0.566	146	0.627	130	0.45	72	-49.99	132
西寧	0.311	265	0.576	133	0.653	55	0.431	84	-51.46	133
錦州	0.577	24	0.555	153	0.587	283	0.361	214	-55.12	134
茂名	0.501	65	0.551	157	0.597	252	0.414	112	-59.99	135
宿遷	0.296	275	0.732	35	0.617	171	0.429	87	-60.47	136
本溪	0.585	20	0.513	216	0.602	236	0.327	270	-60.53	137
朝陽	0.484	83	0.548	163	0.61	202	0.388	158	-62.41	138
常德	0.364	209	0.539	172	0.651	59	0.393	151	-65.57	139
三亞	0.501	65	0.533	183	0.597	252	0.425	94	-66.54	140
晉中	0.477	91	0.571	138	0.617	171	0.345	248	-68.26	141
資陽	0.486	81	0.457	275	0.64	82	0.353	232	-69.62	142
德州	0.36	214	0.635	86	0.619	160	0.421	100	-71.31	143
日照	0.431	128	0.647	76	0.598	248	0.395	147	-73.57	144
河源	0.519	55	0.524	193	0.591	269	0.427	89	-74.68	145
張家口	0.498	71	0.618	98	0.591	269	0.361	214	-75.69	146
呼倫貝爾	0.541	39	0.456	277	0.631	111	0.307	289	-80.12	147
曲靖	0.238	298	0.701	49	0.607	220	0.544	44	-83.62	148
漯河	0.403	156	0.568	141	0.634	105	0.358	222	-85.39	149
遼源	0.367	205	0.54	171	0.651	59	0.36	216	-92.46	150
呼和浩特	0.384	182	0.585	124	0.616	181	0.427	89	-92.94	151
宜春	0.403	156	0.645	77	0.604	227	0.386	162	-95.25	152

表 3.6.1 2015 年度城市社會體制競爭力排名

城市	社會公平保障指數	排名	社會治安指數	排名	醫療保健指數	排名	社會管理指數	排名	社會體制競爭力	排名
承德	0.444	114	0.594	114	0.616	181	0.339	261	-96	153
黃岡	0.426	132	0.527	186	0.637	90	0.343	249	-97.88	154
廣元	0.409	146	0.474	258	0.634	105	0.424	96	-99.18	155
湛江	0.474	93	0.538	173	0.604	227	0.389	155	-103.43	156
清遠	0.435	122	0.535	179	0.609	208	0.424	96	-103.72	157
鷹潭	0.306	268	0.637	83	0.633	108	0.398	140	-104.4	158
鄂爾多斯	0.413	142	0.499	231	0.646	70	0.347	243	-105.18	159
通化	0.447	111	0.531	184	0.63	118	0.332	267	-105.58	160
開封	0.318	254	0.534	181	0.663	42	0.369	198	-105.62	161
湘潭	0.449	109	0.468	267	0.628	125	0.397	145	-106.4	162
黑河	0.292	280	0.6	108	0.651	59	0.383	168	-108.06	163
遵義	0.387	180	0.477	255	0.645	71	0.398	140	-108.65	164
黃山	0.389	179	0.556	152	0.62	154	0.412	113	-112.53	165
揭陽	0.429	130	0.517	204	0.61	202	0.433	81	-112.8	166
蕪湖	0.347	227	0.661	66	0.604	227	0.423	98	-113.24	167
齊齊哈爾	0.489	76	0.579	129	0.602	236	0.326	271	-115.73	168
嶽陽	0.379	188	0.515	209	0.627	130	0.425	94	-124.01	169
潮州	0.484	83	0.516	207	0.592	267	0.417	109	-125.6	170
鹹陽	0.463	102	0.459	272	0.614	188	0.417	109	-125.61	171
鄂州	0.392	173	0.554	156	0.624	143	0.381	171	-126.43	172
樂山	0.501	65	0.444	285	0.62	154	0.356	226	-131.13	173
阜新	0.488	79	0.523	195	0.606	222	0.35	238	-131.96	174
佳木斯	0.468	97	0.567	144	0.597	252	0.367	201	-132.32	175
榆林	0.369	199	0.484	244	0.636	96	0.421	100	-135.34	176
上饒	0.371	197	0.637	83	0.609	208	0.37	195	-140.24	177
襄陽	0.383	183	0.514	214	0.628	125	0.395	147	-144.16	178
雲浮	0.412	144	0.501	228	0.615	185	0.417	109	-147.49	179
贛州	0.397	167	0.644	79	0.586	284	0.408	123	-147.61	180
汕尾	0.372	196	0.509	221	0.629	122	0.402	134	-151.42	181
滄州	0.396	169	0.595	112	0.617	171	0.331	268	-156.93	182
萍鄉	0.397	167	0.572	137	0.608	212	0.381	171	-160.17	183
永州	0.434	124	0.524	193	0.608	212	0.377	180	-161.55	184
宿州	0.366	207	0.618	98	0.61	202	0.356	226	-170.01	185
赤峰	0.39	177	0.55	158	0.62	154	0.352	235	-171.91	186
平頂山	0.471	95	0.497	235	0.603	235	0.362	210	-173.53	187
大同	0.443	116	0.537	174	0.598	248	0.374	187	-176.66	188
鹹寧	0.367	205	0.547	164	0.611	198	0.411	114	-179.2	189
白城	0.435	122	0.565	148	0.598	248	0.354	230	-179.38	190
宣城	0.267	289	0.626	94	0.62	154	0.419	106	-187.83	191
崇左	0.361	212	0.512	217	0.631	111	0.365	205	-188.35	192
三門峽	0.417	140	0.542	168	0.611	198	0.34	257	-189.03	193
鐵嶺	0.465	101	0.545	166	0.585	285	0.375	184	-189.47	194
桂林	0.371	197	0.516	207	0.624	143	0.375	184	-189.51	195
益陽	0.368	202	0.487	242	0.626	137	0.398	140	-190.78	196
松原	0.344	230	0.627	92	0.606	222	0.37	195	-192.43	197
雞西	0.48	88	0.527	186	0.599	245	0.317	280	-193.3	198
漢中	0.394	172	0.437	289	0.631	111	0.387	159	-194.32	199
安慶	0.349	225	0.579	129	0.611	198	0.385	163	-194.95	200
臨汾	0.404	154	0.526	188	0.613	192	0.357	224	-197.28	201
安陽	0.427	131	0.472	262	0.622	148	0.342	252	-198.8	202
內江	0.425	133	0.498	232	0.612	195	0.357	224	-199.34	203
景德鎮	0.451	107	0.587	120	0.575	295	0.378	178	-202.47	204
滁州	0.331	241	0.579	129	0.608	212	0.409	119	-205.59	205
吉安	0.303	272	0.633	88	0.617	171	0.348	240	-215.8	206
遂寧	0.342	233	0.521	199	0.622	148	0.38	173	-218.98	207
欽州	0.287	282	0.594	114	0.621	151	0.38	173	-224.66	208
河池	0.317	257	0.526	188	0.628	125	0.38	173	-225.71	209
六盤水	0.314	259	0.537	174	0.62	154	0.402	134	-227.18	210
鶴壁	0.318	254	0.537	174	0.636	96	0.337	264	-228.4	211
張家界	0.357	217	0.55	158	0.604	227	0.392	153	-231.93	212

表 3.6.1 2015 年度城市社會體制競爭力排名

城市	社會公平保障指數	排名	社會治安指數	排名	醫療保健指數	排名	社會管理指數	排名	社會體制競爭力	排名
駐馬店	0.333	239	0.497	235	0.627	130	0.384	165	-232.98	213
安順	0.313	262	0.515	209	0.626	137	0.394	150	-233.64	214
郴州	0.361	212	0.476	256	0.621	151	0.389	155	-235.46	215
銅仁	0.264	293	0.517	204	0.639	84	0.402	134	-237.29	216
撫州	0.304	271	0.632	89	0.594	261	0.41	115	-239.78	217
伊春	0.391	174	0.567	144	0.599	245	0.341	255	-240.3	218
四平	0.374	192	0.592	118	0.596	256	0.349	239	-242.13	219
株洲	0.347	227	0.442	286	0.63	118	0.396	146	-243.39	220
商洛	0.53	46	0.392	299	0.602	236	0.317	280	-243.64	221
通遼	0.382	186	0.541	170	0.606	222	0.346	245	-245.33	222
宜賓	0.366	207	0.457	275	0.629	122	0.356	226	-246.18	223
自貢	0.354	220	0.512	217	0.606	222	0.405	129	-246.93	224
畢節	0.277	285	0.515	209	0.634	105	0.392	153	-249.89	225
眉山	0.374	192	0.48	250	0.617	171	0.366	204	-252.8	226
防城港	0.368	202	0.502	226	0.609	208	0.377	180	-255.47	227
邢臺	0.399	165	0.526	188	0.611	198	0.311	286	-255.68	228
南陽	0.396	169	0.504	225	0.608	212	0.34	257	-257.27	229
綏化	0.306	268	0.606	103	0.601	239	0.384	165	-257.51	230
淮北	0.337	234	0.585	124	0.599	245	0.373	192	-259.14	231
保定	0.377	189	0.593	117	0.591	269	0.342	252	-259.62	232
十堰	0.313	262	0.473	261	0.635	101	0.374	187	-259.77	233
焦作	0.369	199	0.476	256	0.618	166	0.36	216	-261.57	234
信陽	0.295	277	0.573	135	0.618	166	0.362	210	-263.2	235
黃石	0.405	152	0.474	258	0.604	227	0.367	201	-264.6	236
池州	0.254	296	0.584	126	0.631	111	0.352	235	-266.64	237
柳州	0.386	181	0.479	251	0.61	202	0.36	216	-268.41	238
阜陽	0.359	215	0.586	121	0.596	256	0.346	245	-268.94	239
渭南	0.432	126	0.463	270	0.594	261	0.374	187	-269.07	240
孝感	0.343	231	0.49	239	0.609	208	0.4	139	-273.54	241
北海	0.324	246	0.498	232	0.619	160	0.379	177	-274.29	242
洛陽	0.417	140	0.494	237	0.6	244	0.337	264	-274.51	243
荊州	0.331	241	0.517	204	0.615	185	0.365	205	-275.95	244
巴彥淖爾	0.403	156	0.474	258	0.622	148	0.29	295	-276.75	245
安康	0.32	250	0.481	247	0.617	171	0.402	134	-278.73	246
呂梁	0.442	118	0.51	219	0.589	277	0.324	276	-280.32	247
百色	0.319	252	0.526	188	0.61	202	0.387	159	-280.78	248
固原	0.363	211	0.458	273	0.618	166	0.362	210	-283.9	249
許昌	0.314	259	0.52	200	0.624	143	0.343	249	-284.32	250
婁底	0.347	227	0.569	140	0.59	273	0.378	178	-284.96	251
懷化	0.286	283	0.518	202	0.623	147	0.382	169	-285.04	252
貴港	0.337	234	0.515	209	0.617	171	0.34	257	-287.7	253
南充	0.364	209	0.445	283	0.617	171	0.369	198	-288.66	254
來賓	0.288	281	0.51	219	0.627	130	0.365	205	-290.59	255
隨州	0.277	285	0.545	166	0.614	188	0.36	216	-322.69	256
邵陽	0.328	243	0.478	254	0.601	239	0.407	126	-323.55	257
淮南	0.403	156	0.522	197	0.582	290	0.342	252	-323.83	258
周口	0.306	268	0.542	168	0.608	212	0.346	245	-326.47	259
白銀	0.358	216	0.483	246	0.589	277	0.405	129	-329.8	260
臨滄	0.32	250	0.55	158	0.605	226	0.326	271	-332.56	261
邯鄲	0.311	265	0.555	153	0.597	252	0.363	209	-333.59	262
陽泉	0.459	105	0.424	291	0.604	227	0.273	298	-333.65	263
六安	0.293	279	0.55	158	0.608	212	0.34	257	-342.25	264
烏蘭察布	0.442	118	0.469	265	0.583	289	0.315	284	-347.26	265
長治	0.436	121	0.44	287	0.593	263	0.309	287	-349.97	266
玉溪	0.299	274	0.461	271	0.616	181	0.37	195	-357.2	267
寶雞	0.376	191	0.449	280	0.593	263	0.36	216	-364.12	268
吳忠	0.348	226	0.472	262	0.592	267	0.377	180	-367.93	269
朔州	0.317	257	0.566	146	0.589	277	0.335	266	-368.37	270
達州	0.357	217	0.49	239	0.589	277	0.353	232	-371.6	271
玉林	0.312	264	0.507	222	0.601	239	0.348	240	-373.23	272

表 3.6.1 2015 年度城市社會體制競爭力排名

城市	社會公平保障指數	排名	社會治安指數	排名	醫療保健指數	排名	社會管理指數	排名	社會體制競爭力	排名
濮陽	0.334	237	0.466	268	0.608	212	0.331	268	-373.36	273
金昌	0.308	267	0.458	273	0.61	202	0.362	210	-376.57	274
天水	0.324	246	0.507	222	0.593	263	0.354	230	-381.26	275
鶴崗	0.324	246	0.536	177	0.588	282	0.341	255	-386.17	276
牡丹江	0.334	237	0.535	179	0.589	277	0.324	276	-386.84	277
廣安	0.271	287	0.481	247	0.614	188	0.359	221	-388.54	278
亳州	0.265	292	0.595	112	0.591	269	0.343	249	-390.87	279
七台河	0.369	199	0.523	195	0.584	288	0.304	290	-393.53	280
晉城	0.432	126	0.448	281	0.581	291	0.298	294	-400.59	281
梧州	0.374	192	0.501	228	0.578	293	0.323	278	-410.62	282
張掖	0.354	220	0.411	295	0.608	212	0.309	287	-419.08	283
保山	0.295	277	0.52	200	0.581	291	0.367	201	-434.77	284
雙鴨山	0.343	231	0.518	202	0.577	294	0.312	285	-445.32	285
衡陽	0.35	224	0.421	292	0.59	273	0.326	271	-461.61	286
定西	0.296	275	0.479	251	0.59	273	0.339	261	-466.07	287
酒泉	0.318	254	0.396	298	0.613	192	0.299	293	-468.12	288
賀州	0.268	288	0.49	239	0.59	273	0.348	240	-480.16	289
中衛	0.419	136	0.431	290	0.555	299	0.326	271	-496.81	290
衡水	0.319	252	0.498	232	0.573	296	0.317	280	-499.75	291
巴中	0.264	293	0.479	251	0.585	285	0.356	226	-502.62	292
武威	0.282	284	0.399	297	0.617	171	0.289	296	-503.7	293
普洱	0.3	273	0.455	278	0.585	285	0.32	279	-518.19	294
昭通	0.266	291	0.448	281	0.595	260	0.288	297	-558.55	295
慶陽	0.232	299	0.415	294	0.596	256	0.326	271	-587.35	296
麗江	0.314	259	0.418	293	0.573	296	0.302	292	-590.94	297
平涼	0.246	297	0.401	296	0.601	239	0.269	299	-622.55	298
隴南	0.267	289	0.452	279	0.565	298	0.304	290	-642.29	299
海東	0.1	300	0.1	300	0.1	300	0.1	300	-2978.46	300

3.7 城市環境資源區位競爭力排名及二級指標分值

城市的環境水平、自然資源水平和區位水平具有先天性。根據聯合國環境規章的定義，自然資源，是指在一定條件下，能夠產生經濟價值，以提高人類當前和未來福利的自然環境因素的總和。從這個定義來看，城市的環境水平、自然資源水平與區位水平都能劃入自然資源範疇。一般來說，自然資源如土地資源、礦產資源、生物資源、海洋資源都在一定程度具有不可再生性，它是經濟發展的基礎、社會財富的本質來源。環境是人類賴以生存的自然基礎，良好的自然環境能夠提升人們的生活質量，對經濟發展具有積極影響，環境污染則會在很大的程度上阻礙經濟可持續發展，因此，環保產業成為了國民經濟中的重要組成部分。區位水平除了諸如良好的地理位置等的先天性因素外，在很大程度上是後天歷史長期發展的結果，如經濟區位、交通區位、政治區位和文化區位都是在特定歷史條件下形成的，雖然它在發展過程中一定程度上受到自然地理位置的影響，但是其在經濟發展過程中也有可能發生較大改變。城市環境資源區位競爭力是指城市在自然環境、自然資源和區位水平方面的相對優勢。良好的城市環境資源區位競爭力有利於國民經濟的發展，國民經濟的發展也會反過來促進城市環境資源區位競爭力的提升。

城市環境資源區位競爭力比較評價指標體系包括 5 個二級指標：自然資源指數、區位指數、環境資源指數、環境質量指數與環境改善投入指數，以及自然區位優勢度、土地資源絕對豐富度等 27 個三級指標。區位指數考察的是自然環境優勢、經濟區位優勢、交通便利程度、政治區位優勢以及文化區位優勢。自然資源指數考察的是土地資源、農產品資源、礦產能源三個方面的絕對量與人均擁有量。環境資源指數考察城市在城市綠化、自然災害、山水環境等方面的表現。環境質量指數考察城市在生活污水及垃圾處理、空氣質量及工業廢水、工業二氧化硫、工業煙塵、工業固體廢物的處理方面的表現。環境改善投入指數體現了城市在環境保護方面的投入力度。

在 300 個城市環境資源競爭力排名中，有 121 個城市處於平均水平之上，占 40.33%。環境資源競爭力得分的標準差為 3.931。高於 2014 年的 3.75，終止了 2012 年以來的下降趨勢，這表明隨著各個地區經濟增長的壓力不斷增加，2015 年出現的城市之間的環境資源競爭力逐漸縮小的趨勢可能終止。城市環境資源區位競爭力所有排名見表 3.7.1。

表 3.7.1 2015 年度城市環境資源區位競爭力排名

城市	區位指數	排名	自然資源指數	排名	環境資源指數	排名	環境質量指數	排名	環境改善投入指數	排名	環境資源區位競爭力	排名
杭州	0.649	9	0.2	273	0.657	12	0.767	91	1	1	1982.77	1
上海	1	1	0.152	286	0.919	4	0.56	241	0.642	3	1906.31	2
北京	1	1	0.24	261	0.502	44	0.575	237	0.703	2	1640.09	3
廣州	0.737	5	0.17	282	1	1	0.871	19	0.419	7	1525.7	4
蘇州	0.583	13	0.193	274	0.743	6	0.88	13	0.471	5	1205.98	5
深圳	0.715	7	0.41	139	0.937	2	0.872	17	0.182	95	1154.23	6
重慶	0.561	16	0.339	198	0.58	24	0.756	110	0.557	4	1150.47	7
南京	0.649	9	0.213	269	0.927	3	0.744	125	0.29	18	1097.09	8
天津	0.737	5	0.284	239	0.482	52	0.757	108	0.425	6	1009.04	9
瀋陽	0.671	8	0.362	180	0.519	38	0.782	72	0.405	8	988.03	10
成都	0.561	16	0.321	213	0.665	10	0.748	120	0.394	9	960.82	11
青島	0.583	13	0.364	179	0.714	8	0.853	30	0.236	34	853.04	12
昆明	0.561	16	0.369	170	0.695	9	0.761	99	0.277	21	827.76	13
香港	0.978	3	0.1	300	0.645	13	0.604	215	0.141	215	812.3	14
大連	0.605	12	0.264	251	0.779	5	0.757	108	0.205	62	798.21	15
武漢	0.627	11	0.246	258	0.476	57	0.737	130	0.343	11	728.21	16
常州	0.407	40	0.172	281	0.623	16	0.899	8	0.339	12	690.04	17
哈爾濱	0.517	22	0.564	36	0.399	123	0.773	86	0.336	13	670.28	18
無錫	0.451	31	0.175	280	0.737	7	0.88	13	0.231	36	666.24	19
廈門	0.561	16	0.139	290	0.665	10	0.858	27	0.186	89	615.26	20
濟南	0.561	16	0.424	124	0.5	45	0.767	91	0.246	30	613.98	21
南寧	0.429	35	0.387	156	0.553	28	0.781	74	0.283	20	575.86	22
煙臺	0.363	49	0.519	56	0.587	23	0.872	17	0.229	37	556.02	23
威海	0.363	49	0.649	13	0.599	18	0.888	10	0.179	102	547.63	24
寧波	0.495	25	0.183	278	0.548	32	0.735	132	0.288	19	541.69	25
珠海	0.407	40	0.22	266	0.598	19	1	1	0.212	49	538.14	26
長春	0.495	25	0.58	30	0.369	157	0.638	199	0.325	15	532.09	27
福州	0.539	21	0.263	252	0.518	39	0.83	38	0.204	63	510.47	28
臺北	0.89	4	0.118	297	0.417	106	0.604	215	0.119	267	467.39	29
貴陽	0.451	31	0.343	193	0.625	15	0.754	112	0.176	111	465.94	30
南昌	0.473	27	0.511	59	0.459	67	0.775	82	0.206	61	453.03	31
南通	0.385	45	0.394	150	0.558	27	0.888	10	0.193	76	452.43	32
舟山	0.429	35	0.304	229	0.629	14	0.724	147	0.182	95	423.01	33
淄博	0.232	110	0.309	223	0.547	33	0.816	46	0.329	14	420.47	34
西安	0.517	22	0.273	247	0.397	125	0.731	139	0.265	23	415	35
秦皇島	0.407	40	0.414	136	0.595	20	0.738	128	0.166	135	392.98	36
合肥	0.473	27	0.409	142	0.498	47	0.758	106	0.175	114	391.12	37
石家莊	0.451	31	0.473	75	0.381	146	0.753	115	0.235	35	371.94	38
鄭州	0.583	13	0.296	231	0.353	174	0.672	177	0.226	40	357.4	39
徐州	0.385	45	0.431	114	0.429	91	0.864	22	0.204	63	345.4	40
邯鄲	0.232	110	0.587	28	0.368	160	0.857	28	0.306	17	342.69	41
唐山	0.232	110	0.56	39	0.314	202	0.759	102	0.376	10	336.14	42
紹興	0.32	62	0.206	272	0.594	21	0.728	142	0.239	33	326.62	43
海口	0.517	22	0.186	276	0.526	36	0.571	238	0.202	66	316.55	44
鹽城	0.254	92	0.642	14	0.447	76	0.676	169	0.268	22	302.8	45
太原	0.407	40	0.278	245	0.319	200	0.732	136	0.307	16	291.91	46
台州	0.298	65	0.256	257	0.516	42	0.859	26	0.212	49	276.24	47
桂林	0.232	110	0.535	49	0.492	48	0.785	65	0.227	39	276.06	48
東營	0.21	125	0.447	96	0.539	34	0.913	5	0.183	93	264.24	49

表 3.7.1 2015 年度城市環境資源區位競爭力排名

城市	區位指數	排名	自然資源指數	排名	環境資源指數	排名	環境質量指數	排名	環境改善投入指數	排名	環境資源區位競爭力	排名
濟寧	0.232	110	0.635	16	0.481	53	0.785	65	0.194	74	252.17	50
泉州	0.385	45	0.292	236	0.549	31	0.832	37	0.117	275	248.84	51
東莞	0.451	31	0.182	279	0.551	29	0.759	102	0.119	267	240.54	52
三亞	0.341	57	0.266	249	0.567	25	0.434	279	0.265	23	225.01	53
聊城	0.21	125	0.612	18	0.464	65	0.795	57	0.2	69	218.91	54
大慶	0.188	159	0.74	5	0.42	103	0.935	3	0.158	160	213.3	55
連雲港	0.298	65	0.336	203	0.55	30	0.759	102	0.166	135	212.59	56
嘉興	0.298	65	0.274	246	0.445	78	0.813	48	0.225	41	208.34	57
長沙	0.429	35	0.309	223	0.343	180	0.732	136	0.213	47	199.37	58
淮安	0.298	65	0.333	205	0.451	71	0.8	55	0.204	63	196.55	59
呼和浩特	0.341	57	0.565	34	0.311	208	0.619	206	0.26	25	189.17	60
臨沂	0.188	159	0.509	61	0.487	49	0.785	65	0.209	56	185.74	61
佛山	0.363	49	0.238	262	0.436	82	0.814	47	0.178	106	182.21	62
韶關	0.276	74	0.443	101	0.499	46	0.727	145	0.175	114	177.11	63
澳門	0.429	35	0.121	295	0.565	26	0.604	215	0.152	175	173.21	64
鐵嶺	0.254	92	0.714	8	0.309	211	0.892	9	0.176	111	169.72	65
漳州	0.32	62	0.455	89	0.45	73	0.828	39	0.131	239	166.07	66
龍岩	0.21	125	0.472	77	0.466	62	0.803	50	0.197	73	164.06	67
遼陽	0.254	92	0.37	168	0.431	88	0.803	50	0.213	47	161.38	68
北海	0.298	65	0.392	152	0.449	75	0.84	34	0.153	170	159.1	69
濰坊	0.21	125	0.467	81	0.469	61	0.817	45	0.186	89	155.02	70
德州	0.188	159	0.501	64	0.475	58	0.784	69	0.2	69	154.94	71
郴州	0.188	159	0.532	51	0.436	82	0.76	100	0.223	43	151.82	72
金華	0.254	92	0.152	286	0.453	70	0.762	97	0.256	26	142.38	73
玉林	0.232	110	0.884	2	0.404	119	0.677	168	0.143	202	133.7	74
鷹潭	0.232	110	0.418	132	0.385	138	0.909	6	0.188	83	130.84	75
三明	0.276	74	0.383	160	0.475	58	0.703	159	0.179	102	124.15	76
宿遷	0.254	92	0.438	109	0.466	62	0.76	100	0.165	141	121.83	77
鎮江	0.276	74	0.215	268	0.427	95	0.862	23	0.192	78	118.74	78
湖州	0.32	62	0.167	283	0.454	69	0.796	56	0.179	102	115.48	79
盤錦	0.21	125	0.527	53	0.382	144	0.77	89	0.212	49	109.58	80
營口	0.276	74	0.369	170	0.441	80	0.716	155	0.188	83	105.84	81
揚州	0.276	74	0.299	230	0.416	108	0.876	16	0.165	141	105.41	82
莆田	0.298	65	0.281	241	0.471	60	0.909	6	0.107	291	101.05	83
菏澤	0.144	215	0.639	15	0.451	71	0.779	77	0.177	109	98.95	84
茂名	0.276	74	0.44	104	0.358	168	0.825	40	0.174	116	91.77	85
泰州	0.276	74	0.46	87	0.395	127	0.782	72	0.161	151	90.84	86
溫州	0.341	57	0.186	276	0.465	64	0.77	89	0.146	194	89.98	87
宜昌	0.144	215	0.576	31	0.457	68	0.774	84	0.181	99	83.96	88
棗莊	0.21	125	0.414	136	0.464	65	0.753	115	0.179	102	80.89	89
九江	0.254	92	0.489	71	0.391	131	0.786	63	0.162	149	78.87	90
泰安	0.21	125	0.469	79	0.432	86	0.718	152	0.194	74	78.34	91
汕頭	0.298	65	0.153	285	0.518	39	0.758	106	0.142	208	68.65	92
烏魯木齊	0.341	57	0.286	238	0.48	54	0.61	212	0.154	167	67.49	93
銀川	0.363	49	0.389	154	0.211	273	0.825	40	0.202	66	66.96	94
松原	0.188	159	0.75	4	0.304	213	0.862	23	0.155	163	58.31	95
吉安	0.21	125	0.572	33	0.388	134	0.802	52	0.153	170	56.36	96
錦州	0.276	74	0.592	24	0.345	178	0.731	139	0.152	175	51.66	97
邢臺	0.232	110	0.563	37	0.334	184	0.753	115	0.187	85	51.34	98
滄州	0.232	110	0.559	40	0.353	174	0.785	65	0.165	141	50.43	99
撫順	0.276	74	0.224	264	0.414	112	0.646	195	0.229	37	48.05	100
銅陵	0.21	125	0.317	216	0.388	134	0.917	4	0.171	124	46.6	101
張家口	0.254	92	0.499	67	0.34	182	0.718	152	0.193	76	44.14	102
南平	0.276	74	0.41	139	0.428	93	0.647	192	0.171	124	43.99	103
鞍山	0.254	92	0.441	103	0.399	123	0.487	268	0.25	28	43.08	104
台南	0.473	27	0.14	289	0.43	90	0.604	215	0.119	267	42.83	105
宜春	0.21	125	0.436	111	0.366	162	0.877	15	0.165	141	42.45	106
中山	0.276	74	0.158	284	0.593	22	0.668	181	0.124	255	40.86	107
景德鎮	0.188	159	0.415	135	0.429	91	0.853	30	0.153	170	38.74	108

表 3.7.1 2015 年度城市環境資源區位競爭力排名

城市	區位指數	排名	自然資源指數	排名	環境資源指數	排名	環境質量指數	排名	環境改善投入指數	排名	環境資源區位競爭力	排名
衢州	0.254	92	0.366	175	0.477	56	0.742	127	0.127	245	33.58	109
新餘	0.21	125	0.259	255	0.432	86	0.86	25	0.169	128	32.33	110
萊蕪	0.188	159	0.219	267	0.534	35	0.848	32	0.135	228	31.09	111
寧德	0.232	110	0.439	107	0.428	93	0.812	49	0.121	264	20.07	112
齊齊哈爾	0.254	92	0.766	3	0.274	233	0.611	211	0.187	85	18.43	113
湛江	0.298	65	0.347	192	0.333	186	0.728	142	0.185	91	16.82	114
百色	0.144	215	1	1	0.401	122	0.557	243	0.143	202	16.25	115
濱州	0.166	186	0.546	44	0.485	51	0.747	121	0.122	261	12.94	116
阜新	0.276	74	0.551	42	0.406	117	0.531	257	0.17	127	11.16	117
保定	0.276	74	0.464	85	0.359	167	0.692	161	0.162	149	8.64	118
江門	0.276	74	0.257	256	0.403	120	0.838	35	0.135	228	7.43	119
黃山	0.188	159	0.34	196	0.52	37	0.69	162	0.153	170	6.26	120
本溪	0.254	92	0.354	185	0.423	100	0.557	243	0.207	58	0.66	121
梅州	0.254	92	0.499	67	0.318	201	0.786	63	0.154	167	-1.5	122
遵義	0.122	252	0.576	31	0.478	55	0.686	164	0.159	156	-3.04	123
株洲	0.276	74	0.452	92	0.392	130	0.585	234	0.173	118	-6.52	124
安慶	0.21	125	0.537	46	0.314	202	0.854	29	0.146	194	-13.01	125
吉林	0.276	74	0.53	52	0.273	234	0.647	192	0.199	71	-13.64	126
柳州	0.276	74	0.279	243	0.397	125	0.474	269	0.241	32	-21.78	127
通化	0.166	186	0.517	57	0.284	227	0.802	52	0.207	58	-27.8	128
蕪湖	0.21	125	0.388	155	0.332	188	0.842	33	0.165	141	-30.08	129
十堰	0.166	186	0.445	98	0.506	43	0.622	205	0.148	187	-34.15	130
丹東	0.254	92	0.349	191	0.324	195	0.65	189	0.214	46	-35.49	131
新北	0.407	40	0.125	293	0.416	108	0.604	215	0.126	247	-36.08	132
朔州	0.232	110	0.472	77	0.272	236	0.868	21	0.153	170	-37.58	133
克拉瑪依	0.1	282	0.438	109	0.441	80	0.881	12	0.139	221	-42.59	134
荊門	0.144	215	0.5	65	0.406	117	0.733	134	0.165	141	-45.09	135
基隆	0.429	35	0.12	296	0.417	106	0.604	215	0.105	295	-48.51	136
婁底	0.122	252	0.365	176	0.364	163	0.784	69	0.212	49	-58.48	137
鄂爾多斯	0.21	125	0.414	136	0.252	252	0.676	169	0.247	29	-58.82	138
襄陽	0.144	215	0.447	96	0.419	104	0.615	207	0.202	66	-59.28	139
葫蘆島	0.188	159	0.329	210	0.424	98	0.723	149	0.157	161	-67.57	140
嶽陽	0.188	159	0.476	74	0.297	219	0.763	94	0.182	95	-68.82	141
大同	0.254	92	0.405	145	0.26	245	0.683	165	0.207	58	-68.93	142
黃石	0.144	215	0.357	182	0.425	96	0.773	86	0.159	156	-69.29	143
隨州	0.1	282	0.263	252	0.607	17	0.651	188	0.141	215	-74.35	144
廊坊	0.21	125	0.55	43	0.363	164	0.63	203	0.15	183	-78.22	145
白城	0.166	186	0.676	9	0.279	231	0.556	245	0.224	42	-78.85	146
佳木斯	0.188	159	0.725	7	0.24	258	0.754	112	0.152	175	-79.32	147
德陽	0.144	215	0.452	92	0.37	155	0.787	61	0.159	156	-79.63	148
晉城	0.21	125	0.423	126	0.296	220	0.78	75	0.167	133	-84.3	149
衡水	0.188	159	0.663	11	0.303	214	0.756	110	0.124	255	-85.46	150
滁州	0.21	125	0.392	152	0.329	191	0.777	80	0.152	175	-87.72	151
桃園	0.363	49	0.125	293	0.424	98	0.604	215	0.119	267	-87.88	152
鄂州	0.122	252	0.524	54	0.421	101	0.759	102	0.129	242	-88.03	153
曲靖	0.166	186	0.603	20	0.266	240	0.745	124	0.178	106	-89.18	154
伊春	0.188	159	0.535	49	0.312	207	0.787	61	0.137	224	-90.08	155
常德	0.144	215	0.445	98	0.377	151	0.791	58	0.147	190	-91.59	156
西寧	0.385	45	0.309	223	0.254	251	0.612	209	0.155	163	-93.69	157
台中	0.363	49	0.128	292	0.425	96	0.604	215	0.114	281	-93.86	158
鹹寧	0.1	282	0.591	26	0.435	85	0.747	121	0.117	275	-95.38	159
鹹陽	0.122	252	0.536	47	0.295	223	0.7	160	0.215	44	-101.07	160
衡陽	0.188	159	0.407	144	0.368	160	0.672	177	0.166	135	-104.06	161
撫州	0.21	125	0.35	189	0.37	155	0.763	94	0.13	241	-107.4	162
欽州	0.21	125	0.339	198	0.408	116	0.728	142	0.122	261	-108.13	163
樂山	0.144	215	0.333	205	0.378	150	0.643	197	0.215	44	-109.25	164
蘭州	0.341	57	0.365	176	0.23	267	0.376	290	0.256	26	-110.68	165
益陽	0.122	252	0.42	131	0.374	152	0.778	78	0.161	151	-113.08	166
麗水	0.21	125	0.33	208	0.415	110	0.653	186	0.142	208	-115.37	167

表 3.7.1 2015 年度城市環境資源區位競爭力排名

城市	區位指數	排名	自然資源指數	排名	環境資源指數	排名	環境質量指數	排名	環境改善投入指數	排名	環境資源區位競爭力	排名
嘉義	0.363	49	0.116	298	0.421	101	0.604	215	0.104	298	-118.01	168
貴港	0.21	125	0.371	166	0.393	129	0.524	259	0.187	85	-118.49	169
新竹	0.363	49	0.115	299	0.419	104	0.604	215	0.105	295	-118.78	170
肇慶	0.254	92	0.423	126	0.387	137	0.56	241	0.135	228	-121.65	171
蚌埠	0.188	159	0.432	113	0.291	226	0.776	81	0.159	156	-121.93	172
渭南	0.144	215	0.35	189	0.313	205	0.629	204	0.246	30	-123.55	173
綿陽	0.144	215	0.337	201	0.354	171	0.78	75	0.171	124	-125.31	174
淮南	0.188	159	0.263	252	0.32	199	0.738	128	0.192	78	-130.18	175
包頭	0.166	186	0.424	124	0.323	196	0.606	213	0.21	55	-131.5	176
雅安	0.144	215	0.43	116	0.388	134	0.789	60	0.119	267	-133.26	177
承德	0.21	125	0.462	86	0.349	177	0.569	239	0.167	133	-133.33	178
荊州	0.144	215	0.592	24	0.431	88	0.45	274	0.165	141	-139.68	179
臨汾	0.188	159	0.427	120	0.296	220	0.671	179	0.183	93	-140.27	180
孝感	0.122	252	0.421	130	0.412	114	0.707	158	0.144	200	-141.07	181
銅川	0.166	186	0.322	212	0.321	197	0.823	43	0.155	163	-142.07	182
邵陽	0.166	186	0.503	63	0.357	170	0.68	166	0.135	228	-144.53	183
防城港	0.21	125	0.245	259	0.383	142	0.676	169	0.155	163	-146.86	184
烏海	0.166	186	0.227	263	0.345	178	0.676	169	0.211	53	-148.18	185
晉中	0.21	125	0.6	23	0.299	216	0.499	265	0.178	106	-148.64	186
上饒	0.21	125	0.343	193	0.383	142	0.676	169	0.128	244	-149.66	187
贛州	0.232	110	0.485	73	0.382	144	0.405	285	0.172	121	-150.65	188
宜賓	0.122	252	0.466	82	0.342	181	0.791	58	0.141	215	-150.83	189
馬鞍山	0.21	125	0.387	156	0.296	220	0.754	112	0.142	208	-151.93	190
來賓	0.144	215	0.312	222	0.402	121	0.762	97	0.136	225	-155.12	191
六盤水	0.166	186	0.422	128	0.436	82	0.579	236	0.136	225	-155.31	192
長治	0.21	125	0.291	237	0.262	243	0.733	134	0.191	80	-156.94	193
綏化	0.144	215	0.739	6	0.211	273	0.734	133	0.154	167	-157.48	194
達州	0.122	252	0.317	216	0.333	186	0.871	19	0.151	181	-158.03	195
朝陽	0.21	125	0.435	112	0.369	157	0.552	248	0.15	183	-160.4	196
淮北	0.21	125	0.305	226	0.361	166	0.783	71	0.107	291	-160.84	197
玉溪	0.21	125	0.536	47	0.331	189	0.551	249	0.143	202	-170.02	198
日照	0.166	186	0.374	165	0.486	50	0.414	284	0.16	154	-178.93	199
賀州	0.144	215	0.317	216	0.381	146	0.825	40	0.11	288	-179.42	200
雙鴨山	0.188	159	0.588	27	0.214	272	0.727	145	0.147	190	-182.77	201
陽江	0.254	92	0.338	200	0.31	209	0.657	184	0.131	239	-182.85	202
平頂山	0.144	215	0.473	75	0.219	270	0.746	123	0.191	80	-187.96	203
張家界	0.1	282	0.425	123	0.517	41	0.464	271	0.147	190	-191.5	204
廣元	0.122	252	0.314	221	0.384	140	0.649	191	0.176	111	-193.85	205
漢中	0.122	252	0.426	122	0.31	209	0.722	150	0.168	130	-193.9	206
赤峰	0.166	186	0.603	20	0.236	262	0.645	196	0.166	135	-194.1	207
通遼	0.166	186	0.611	19	0.235	263	0.638	199	0.166	135	-196.28	208
梧州	0.21	125	0.295	233	0.413	113	0.598	229	0.12	266	-196.59	209
寶雞	0.144	215	0.455	89	0.28	229	0.763	94	0.148	187	-196.74	210
汕尾	0.254	92	0.222	265	0.328	193	0.732	136	0.113	284	-198.53	211
萍鄉	0.188	159	0.296	231	0.385	138	0.67	180	0.125	251	-198.96	212
六安	0.166	186	0.357	182	0.28	229	0.636	201	0.198	72	-202.67	213
宣城	0.166	186	0.21	270	0.294	224	0.98	2	0.106	294	-203.34	214
信陽	0.122	252	0.429	118	0.261	244	0.778	78	0.168	130	-208.12	215
高雄	0.276	74	0.137	291	0.415	110	0.604	215	0.105	295	-208.35	216
廣安	0.122	252	0.384	159	0.38	148	0.75	119	0.115	279	-210.68	217
商丘	0.122	252	0.565	34	0.227	268	0.718	152	0.173	118	-213.38	218
運城	0.188	159	0.512	58	0.256	248	0.586	233	0.168	130	-217.01	219
阜陽	0.188	159	0.442	102	0.252	252	0.736	131	0.135	228	-217.38	220
安順	0.144	215	0.418	132	0.45	73	0.46	272	0.145	198	-218.32	221
四平	0.232	110	0.603	20	0.237	261	0.426	282	0.181	99	-219.08	222
拉薩	0.473	27	0.317	216	0.313	205	0.2	296	0.123	259	-219.63	223
黑河	0.166	186	0.539	45	0.157	286	0.774	84	0.169	128	-220.19	224
攀枝花	0.166	186	0.404	147	0.39	133	0.539	253	0.14	219	-223.33	225
安陽	0.144	215	0.563	37	0.202	277	0.673	175	0.182	95	-224.65	226

表 3.7.1 2015 年度城市環境資源區位競爭力排名

城市	區位指數	排名	自然資源指數	排名	環境資源指數	排名	環境質量指數	排名	環境改善投入指數	排名	環境資源區位競爭力	排名
七台河	0.166	186	0.439	107	0.231	265	0.775	82	0.143	202	-229.29	227
雞西	0.188	159	0.41	139	0.265	241	0.656	185	0.152	175	-234.82	228
永州	0.122	252	0.353	187	0.371	154	0.664	182	0.142	208	-235.5	229
許昌	0.144	215	0.37	168	0.264	242	0.772	88	0.151	181	-236.81	230
黄岡	0.122	252	0.43	116	0.409	115	0.538	255	0.143	202	-236.99	231
亳州	0.166	186	0.351	188	0.298	217	0.722	150	0.136	225	-239.7	232
遂寧	0.144	215	0.189	275	0.391	131	0.744	125	0.125	251	-240.82	233
陽泉	0.21	125	0.356	184	0.305	212	0.593	231	0.142	208	-244.6	234
烏蘭察布	0.166	186	0.559	40	0.118	297	0.821	44	0.156	162	-245.49	235
惠州	0.298	65	0.283	240	0.321	197	0.386	288	0.161	151	-248.43	236
洛陽	0.21	125	0.327	211	0.224	269	0.658	183	0.173	118	-249.2	237
湘潭	0.166	186	0.34	196	0.372	153	0.555	247	0.142	208	-254.43	238
宿州	0.188	159	0.44	104	0.268	239	0.688	163	0.119	267	-255.37	239
畢節	0.122	252	0.52	55	0.444	79	0.448	275	0.118	273	-256.96	240
新鄉	0.144	215	0.394	150	0.24	258	0.766	93	0.149	186	-257.39	241
南陽	0.122	252	0.624	17	0.243	255	0.458	273	0.211	53	-257.78	242
南充	0.144	215	0.365	176	0.379	149	0.546	252	0.147	190	-257.87	243
瀘州	0.144	215	0.295	233	0.369	157	0.652	187	0.127	245	-267.59	244
榆林	0.122	252	0.367	172	0.258	246	0.601	228	0.209	56	-269.23	245
周口	0.144	215	0.496	69	0.271	237	0.631	202	0.141	215	-274.16	246
鶴壁	0.144	215	0.38	162	0.257	247	0.73	141	0.143	202	-274.87	247
崇左	0.144	215	0.371	166	0.394	128	0.509	261	0.134	234	-281.92	248
池州	0.144	215	0.334	204	0.252	252	0.837	36	0.114	281	-284.46	249
自貢	0.166	186	0.28	242	0.354	171	0.65	189	0.114	281	-287.43	250
巴彥淖爾	0.166	186	0.663	11	0.122	295	0.604	215	0.174	116	-291.64	251
白山	0.166	186	0.422	128	0.255	249	0.64	198	0.138	222	-294.49	252
焦作	0.166	186	0.382	161	0.231	265	0.587	232	0.18	101	-297.27	253
懷化	0.122	252	0.385	158	0.314	202	0.556	245	0.166	135	-301.24	254
駐馬店	0.144	215	0.508	62	0.182	282	0.753	115	0.132	237	-301.71	255
延安	0.144	215	0.465	83	0.281	228	0.562	240	0.148	187	-303.47	256
牡丹江	0.166	186	0.511	59	0.196	280	0.673	175	0.134	234	-305.07	257
呂梁	0.188	159	0.418	132	0.278	232	0.517	260	0.146	194	-305.52	258
濮陽	0.144	215	0.431	114	0.242	257	0.712	156	0.126	247	-306.82	259
開封	0.166	186	0.585	29	0.233	264	0.548	251	0.134	234	-309.87	260
揭陽	0.188	159	0.342	195	0.358	168	0.508	262	0.116	278	-312.75	261
遼源	0.166	186	0.265	250	0.298	217	0.679	167	0.123	259	-318.58	262
鶴崗	0.166	186	0.451	94	0.255	249	0.425	283	0.19	82	-319.75	263
雲浮	0.21	125	0.427	120	0.362	165	0.376	290	0.113	284	-327.91	264
資陽	0.122	252	0.318	215	0.354	171	0.612	209	0.122	261	-328.48	265
眉山	0.144	215	0.379	163	0.327	194	0.584	235	0.117	275	-330.1	266
漯河	0.122	252	0.354	185	0.215	271	0.801	54	0.129	242	-333.47	267
麗江	0.1	282	0.305	226	0.243	255	0.647	192	0.187	85	-342.36	268
內江	0.122	252	0.243	260	0.33	190	0.711	157	0.112	287	-342.95	269
嘉峪關	0.122	252	0.272	248	0.329	191	0.528	258	0.165	141	-347.96	270
河源	0.232	110	0.402	149	0.334	184	0.37	292	0.109	289	-352.31	271
忻州	0.188	159	0.493	70	0.27	238	0.379	289	0.152	175	-352.59	272
巴中	0.144	215	0.361	181	0.353	174	0.532	256	0.107	291	-357.09	273
呼倫貝爾	0.188	159	0.673	10	0.118	297	0.508	262	0.144	200	-368.6	274
潮州	0.232	110	0.207	271	0.335	183	0.447	276	0.118	273	-371.17	275
三門峽	0.144	215	0.454	91	0.204	276	0.606	213	0.126	247	-394.69	276
吳忠	0.122	252	0.445	98	0.187	281	0.613	208	0.146	194	-401.13	277
保山	0.144	215	0.469	79	0.273	234	0.431	280	0.135	228	-404.44	278
安康	0.122	252	0.333	205	0.239	260	0.724	147	0.1	299	-407.69	279
石嘴山	0.1	282	0.32	214	0.301	215	0.43	281	0.172	121	-423.34	280
中衛	0.1	282	0.33	208	0.174	283	0.674	174	0.16	154	-428.08	281
金昌	0.122	252	0.403	148	0.169	284	0.49	267	0.184	92	-442.89	282
酒泉	0.1	282	0.378	164	0.154	287	0.604	215	0.172	121	-446.89	283
清遠	0.254	92	0.465	83	0.292	225	0.111	299	0.125	251	-462.56	284
銅仁	0.122	252	0.44	104	0.447	76	0.1	300	0.121	264	-475.74	285

表 3.7.1 2015 年度城市環境資源區位競爭力排名

城市	區位指數	排名	自然資源指數	排名	環境資源指數	排名	環境質量指數	排名	環境改善投入指數	排名	環境資源區位競爭力	排名
固原	0.1	282	0.5	65	0.167	285	0.539	253	0.132	237	-487.28	286
張掖	0.1	282	0.487	72	0.152	288	0.437	278	0.177	109	-491.6	287
普洱	0.1	282	0.317	216	0.202	277	0.549	250	0.138	222	-510.94	288
臨滄	0.1	282	0.337	201	0.211	273	0.597	230	0.109	289	-513.89	289
河池	0.144	215	0.294	235	0.384	140	0.143	297	0.14	219	-515.96	290
武威	0.122	252	0.449	95	0.136	291	0.473	270	0.15	183	-520.88	291
昭通	0.122	252	0.405	145	0.199	279	0.441	277	0.124	255	-535.94	292
白銀	0.1	282	0.459	88	0.142	290	0.404	286	0.145	198	-581.61	293
平涼	0.1	282	0.409	142	0.146	289	0.339	294	0.142	208	-637.72	294
天水	0.1	282	0.367	172	0.108	299	0.5	264	0.113	284	-649.17	295
商洛	0.122	252	0.279	243	0.1	300	0.492	266	0.126	247	-651.87	296
定西	0.1	282	0.367	172	0.128	292	0.389	287	0.124	255	-674.01	297
慶陽	0.1	282	0.428	119	0.128	292	0.356	293	0.115	279	-682.7	298
海東	0.1	282	0.149	288	0.123	294	0.285	295	0.125	251	-822.23	299
隴南	0.1	282	0.305	226	0.12	296	0.134	298	0.1	299	-887.32	300

3.8 城市人力資本教育競爭力排名及二級指標分值

二十一世紀的競爭是人才的競爭，而人才的競爭力與國家和地區的教育水平密不可分。一個國家和地區的教育水平的高低直接影響人才的素質及競爭力。在全球化進程中，伴隨著人才的流動。不僅是國內範圍的流動，全球範圍內的人才流動也逐漸加快，世界各國對人才資源開發和利用的競爭愈演愈烈。對於城市來說，人才資源已成為最稀缺與最緊要的資源之一，如何開發和利用人才資源，在很大程度上決定了每個城市在激烈的區域性和國際性競爭中能否居於優勢地位。所以，一個城市要想提高其自身的競爭優勢，就必須加強人才資源的開發和利用，努力營造吸引人才的環境，並提升該地區的教育水平。

城市人力資本教育競爭力比較評價指標體系包括 5 個二級指標：人力資本規模指數、人力資本素質指數、人力資本投入指數、人力資本吸引指數和人力資本設施指數，以及人力資本規模、人力資本基本投入等 22 個三級指標。人力資本規模指數反映城市在勞動力規模、儲備及教育支出上的相對數量，它可以反映人力的集聚力。人力資本投入指數體現城市在勞動力工資和教育上的投入水平，它是反映吸引人力資本能力大小的重要指標之一。人力資本素質指數描述了城市居民的整體素質，它與城市的發展水平密切相關，城市如果具有高素質的人力資本，那麼其發展也就具備了智力保障。人力資本吸引指數衡量城市對外來人才的吸引程度，經濟越發達、社會體制越完善，城市對人才的吸引力就越高。人力資本教育設施指數體現城市在基礎教育和高等教育的基本狀況，從一定程度上看出城市對人力資本再生產的重視程度。

2015 年，在 300 個城市人力資本競爭力排名中，有 85 個城市處於平均水平之上，比 2014 年增加 6 個，占 28.33%。人力資本競爭力得分的標準差為 6.761，略高於 2014 年的 6.738，這說明城市之間人力資本上的競爭依然愈發激烈，雖然隨著一線城市、中心城市高房價、高擁堵等大都市病的不斷顯現，城市之間的人才流動可能出現由一線城市、中心城市向二、三線乃至四線城市反向流動的短期趨勢。由於二、三線乃至四線城市的發展平臺的局限性，一線城市仍然是人才的集聚地。城市人力資本教育競爭力具體排名請見表 3.8.1。

表 3.8.1 2015 年度城市人力資本教育競爭力排名

城市	人力資本規模指數	排名	人力資本投入指數	排名	人力資本素質指數	排名	人力資本吸引指數	排名	人力資本教育設施指數	排名	人力資本教育競爭力	排名
北京	0.837	2	0.664	4	1	1	0.906	3	1	1	3918.11	1

表 3.8.1 2015 年度城市人力資本教育競爭力排名

城市	人力資本規模指數	排名	人力資本投入指數	排名	人力資本素質指數	排名	人力資本吸引指數	排名	人力資本教育設施指數	排名	人力資本教育競爭力	排名
上海	0.757	3	0.638	6	0.76	2	0.91	2	0.759	4	3171.31	2
香港	0.536	7	0.952	2	0.728	3	0.875	6	0.528	20	3107.6	3
廣州	0.66	4	0.49	13	0.699	4	0.904	4	0.861	3	2776.87	4
澳門	0.174	199	1	1	0.596	8	0.689	18	0.592	13	2389.96	5
重慶	1	1	0.328	56	0.502	24	0.663	21	0.662	9	2258.49	6
南京	0.513	9	0.427	22	0.653	5	0.723	13	0.701	7	2039.51	7
武漢	0.565	5	0.328	56	0.622	7	0.639	23	0.898	2	2024.09	8
天津	0.561	6	0.471	15	0.515	20	0.733	12	0.652	10	1961.81	9
臺北	0.217	78	0.819	3	0.394	45	0.875	6	0.506	22	1925.5	10
深圳	0.446	13	0.532	8	0.589	10	1	1	0.223	153	1790.45	11
濟南	0.453	12	0.341	47	0.64	6	0.634	24	0.679	8	1665.84	12
成都	0.519	8	0.345	46	0.535	18	0.679	20	0.64	12	1628.5	13
杭州	0.44	14	0.422	23	0.593	9	0.722	14	0.487	23	1609.2	14
西安	0.486	11	0.332	54	0.584	11	0.549	32	0.722	6	1589.78	15
鄭州	0.494	10	0.262	126	0.544	15	0.604	29	0.738	5	1486.25	16
長沙	0.409	16	0.352	43	0.542	16	0.611	28	0.538	19	1316.8	17
大連	0.333	28	0.375	33	0.547	14	0.738	10	0.422	25	1248.83	18
瀋陽	0.365	23	0.322	63	0.558	13	0.633	25	0.544	16	1244.7	19
哈爾濱	0.393	17	0.273	112	0.482	28	0.587	30	0.644	11	1159.01	20
蘇州	0.393	17	0.387	29	0.482	28	0.701	17	0.352	36	1158.6	21
合肥	0.375	19	0.332	54	0.539	17	0.547	34	0.508	21	1132.66	22
青島	0.372	20	0.349	44	0.482	28	0.718	15	0.386	31	1109.5	23
長春	0.349	25	0.315	65	0.494	26	0.502	38	0.551	14	1007.94	24
太原	0.306	32	0.306	72	0.507	21	0.552	31	0.547	15	986.53	25
南昌	0.369	22	0.275	108	0.522	19	0.501	39	0.539	18	984.87	26
昆明	0.371	21	0.309	68	0.489	27	0.511	37	0.473	24	942.45	27
寧波	0.315	31	0.409	25	0.378	53	0.685	19	0.249	109	819.23	28
福州	0.337	27	0.327	58	0.431	36	0.549	32	0.391	29	796.8	29
無錫	0.286	35	0.388	27	0.435	35	0.645	22	0.257	91	785.19	30
蘭州	0.324	30	0.291	86	0.574	12	0.419	59	0.394	28	784.13	31
珠海	0.216	79	0.376	31	0.497	25	0.735	11	0.205	188	773.76	32
廈門	0.264	43	0.373	34	0.425	37	0.713	16	0.253	99	771.01	33
新竹	0.14	293	0.66	5	0.335	81	0.46	48	0.246	111	760.8	34
石家莊	0.355	24	0.247	154	0.36	61	0.546	35	0.542	17	739.28	35
南寧	0.345	26	0.291	86	0.453	33	0.498	41	0.401	27	732.18	36
新北	0.215	83	0.504	11	0.359	64	0.46	48	0.309	51	681.28	37
貴陽	0.284	36	0.297	82	0.503	23	0.47	46	0.37	33	663.65	38
常州	0.244	55	0.476	14	0.413	40	0.497	42	0.205	188	662.02	39
高雄	0.202	109	0.515	9	0.347	70	0.46	48	0.219	167	566.06	40
佛山	0.261	46	0.303	74	0.418	39	0.758	9	0.126	294	531.72	41
桃園	0.182	172	0.507	10	0.352	68	0.377	68	0.284	67	523.99	42
基隆	0.139	295	0.498	12	0.375	54	0.46	48	0.257	91	522.43	43
大慶	0.185	164	0.406	26	0.408	41	0.462	47	0.308	53	520.85	44
克拉瑪依	0.149	281	0.615	7	0.359	64	0.211	182	0.267	77	513.24	45
溫州	0.281	37	0.341	47	0.338	79	0.633	25	0.224	151	513.19	46
南通	0.271	41	0.372	35	0.391	47	0.5	40	0.228	140	507.83	47
台中	0.199	119	0.44	20	0.367	58	0.46	48	0.25	106	485.09	48
海口	0.216	79	0.26	132	0.505	22	0.477	44	0.338	39	469.67	49
嘉義	0.138	296	0.463	18	0.387	49	0.46	48	0.253	99	467.55	50
台南	0.177	185	0.435	21	0.346	72	0.46	48	0.297	58	466.21	51
呼和浩特	0.239	58	0.288	91	0.455	32	0.475	45	0.317	48	463.42	52
東莞	0.277	39	0.245	157	0.307	125	0.887	5	0.14	287	434.33	53
中山	0.215	83	0.299	80	0.333	83	0.766	8	0.174	252	403.69	54
烏魯木齊	0.233	61	0.354	40	0.465	31	0.373	69	0.21	180	378.71	55
銅仁	0.412	15	0.452	19	0.231	259	0.157	292	0.243	113	338.49	56
徐州	0.293	34	0.277	105	0.373	55	0.455	56	0.252	103	320.6	57
拉薩	0.166	235	0.471	15	0.311	120	0.333	85	0.236	128	284.27	58
鄂爾多斯	0.166	235	0.466	17	0.354	67	0.227	174	0.26	87	257.84	59
秦皇島	0.207	100	0.282	96	0.397	44	0.379	66	0.325	42	246.24	60

表 3.8.1 2015 年度城市人力資本教育競爭力排名

城市	人力資本規模指數	排名	人力資本投入指數	排名	人力資本素質指數	排名	人力資本吸引指數	排名	人力資本教育設施指數	排名	人力資本教育競爭力	排名
銀川	0.188	149	0.353	41	0.438	34	0.368	72	0.176	247	232.9	61
鎮江	0.204	106	0.339	51	0.42	38	0.305	92	0.241	119	217.04	62
煙臺	0.269	42	0.286	93	0.4	43	0.298	95	0.257	91	197.4	63
嘉興	0.215	83	0.333	53	0.332	85	0.479	43	0.159	274	177.27	64
綿陽	0.208	98	0.277	105	0.403	42	0.412	61	0.227	142	171.34	65
舟山	0.156	264	0.411	24	0.325	96	0.348	74	0.217	169	169.07	66
金華	0.248	50	0.34	50	0.348	69	0.347	75	0.173	255	151.78	67
唐山	0.249	49	0.285	94	0.33	89	0.38	64	0.239	123	128.21	68
吉林	0.207	100	0.236	173	0.394	45	0.379	66	0.29	60	117.43	69
惠州	0.225	70	0.28	100	0.323	102	0.522	36	0.152	279	115.44	70
保定	0.302	33	0.211	223	0.321	106	0.331	87	0.314	50	90.65	71
紹興	0.234	60	0.303	74	0.324	99	0.386	63	0.181	238	76.8	72
包頭	0.196	129	0.326	60	0.347	70	0.347	75	0.198	205	75.18	73
揚州	0.226	69	0.318	64	0.367	58	0.295	100	0.189	223	71.97	74
泉州	0.279	38	0.256	140	0.333	83	0.389	62	0.182	236	69.73	75
桂林	0.231	63	0.231	182	0.368	57	0.336	79	0.264	80	39.99	76
湖州	0.185	164	0.313	67	0.329	91	0.426	58	0.153	278	36.11	77
威海	0.194	135	0.261	129	0.382	50	0.3	94	0.269	73	30.49	78
韶關	0.186	158	0.258	135	0.36	61	0.459	55	0.169	260	26.45	79
蕪湖	0.229	65	0.261	129	0.356	66	0.293	103	0.254	97	23.52	80
廊坊	0.21	97	0.294	83	0.305	132	0.257	121	0.309	51	16.43	81
淮南	0.178	184	0.358	39	0.324	99	0.252	141	0.221	160	16.28	82
三亞	0.16	254	0.29	89	0.39	48	0.31	91	0.22	164	5.52	83
泰州	0.212	91	0.273	112	0.344	73	0.292	106	0.252	103	3.37	84
晉中	0.211	93	0.272	114	0.282	178	0.254	126	0.363	35	2.01	85
麗水	0.179	182	0.386	30	0.291	153	0.287	112	0.168	261	-1.65	86
株洲	0.2	115	0.265	123	0.373	55	0.296	98	0.234	131	-5.49	87
淄博	0.225	70	0.282	96	0.325	96	0.301	93	0.226	144	-5.85	88
濰坊	0.276	40	0.271	116	0.291	153	0.256	124	0.258	89	-7.17	89
鹽城	0.246	53	0.257	137	0.36	61	0.29	108	0.203	194	-11.68	90
汕頭	0.195	131	0.237	171	0.258	224	0.629	27	0.134	290	-15.97	91
大同	0.176	190	0.309	68	0.282	178	0.294	102	0.287	62	-25.51	92
衢州	0.167	227	0.376	31	0.307	125	0.288	110	0.156	277	-26.72	93
淮安	0.223	72	0.268	120	0.343	74	0.33	89	0.184	235	-30.16	94
榆林	0.2	115	0.388	27	0.267	206	0.166	246	0.243	113	-30.78	95
東營	0.175	193	0.363	37	0.316	113	0.26	120	0.177	245	-31.78	96
德陽	0.186	158	0.302	78	0.312	119	0.332	86	0.186	229	-56.89	97
邯鄲	0.264	43	0.209	227	0.334	82	0.334	82	0.211	178	-61.33	98
湛江	0.229	65	0.221	197	0.31	123	0.417	60	0.192	214	-62.67	99
漳州	0.203	107	0.268	120	0.29	159	0.38	64	0.2	201	-64.18	100
江門	0.199	119	0.241	166	0.326	94	0.43	57	0.166	265	-64.44	101
馬鞍山	0.176	190	0.341	47	0.319	110	0.252	141	0.186	229	-66.07	102
資陽	0.333	28	0.353	41	0.249	242	0.156	293	0.12	296	-71.37	103
三明	0.175	193	0.283	95	0.305	132	0.334	82	0.227	142	-71.93	104
湘潭	0.192	142	0.24	167	0.361	60	0.252	141	0.276	70	-76.39	105
呼倫貝爾	0.169	219	0.291	86	0.269	199	0.191	195	0.382	32	-78.4	106
洛陽	0.247	51	0.223	193	0.328	93	0.252	141	0.243	113	-108.55	107
錦州	0.186	158	0.212	216	0.38	51	0.277	117	0.253	99	-111.12	108
柳州	0.202	109	0.27	117	0.291	153	0.341	77	0.185	232	-113.98	109
茂名	0.212	91	0.239	168	0.304	134	0.369	71	0.181	238	-119.31	110
泰安	0.219	77	0.253	147	0.329	91	0.254	126	0.215	171	-120.5	111
本溪	0.151	278	0.235	177	0.307	125	0.283	114	0.338	39	-120.51	112
台州	0.227	67	0.303	74	0.286	170	0.297	96	0.131	291	-124.96	113
西寧	0.182	172	0.279	102	0.253	237	0.357	73	0.215	171	-130.11	114
銅陵	0.151	278	0.301	79	0.311	120	0.254	126	0.23	138	-136.61	115
攀枝花	0.177	185	0.368	36	0.277	189	0.219	176	0.149	280	-142.05	116
濟寧	0.245	54	0.269	119	0.255	232	0.253	136	0.224	151	-143.12	117
邢臺	0.211	93	0.211	223	0.313	116	0.334	82	0.222	157	-146.85	118
肇慶	0.203	107	0.256	140	0.316	113	0.336	79	0.147	282	-152.77	119

表 3.8.1 2015 年度城市人力資本教育競爭力排名

城市	人力資本規模指數	排名	人力資本投入指數	排名	人力資本素質指數	排名	人力資本吸引指數	排名	人力資本教育設施指數	排名	人力資本教育競爭力	排名
淮北	0.164	244	0.308	70	0.299	144	0.254	126	0.201	199	-153.03	120
撫順	0.163	245	0.234	179	0.342	75	0.254	126	0.271	72	-158.4	121
咸陽	0.227	67	0.232	180	0.29	159	0.167	236	0.318	44	-169.1	122
赤峰	0.193	140	0.314	66	0.257	226	0.188	199	0.231	135	-185.41	123
滄州	0.216	79	0.243	160	0.267	206	0.252	141	0.254	97	-185.6	124
晉城	0.168	224	0.336	52	0.21	280	0.257	121	0.222	157	-188.57	125
鞍山	0.175	193	0.217	209	0.332	85	0.278	116	0.245	112	-191.94	126
宿遷	0.211	93	0.249	151	0.323	102	0.288	110	0.142	286	-196.17	127
寧德	0.172	209	0.275	108	0.287	164	0.245	163	0.231	135	-196.25	128
莆田	0.182	172	0.255	143	0.268	204	0.331	87	0.199	203	-197.58	129
陽泉	0.157	262	0.288	91	0.27	198	0.276	119	0.22	164	-197.82	130
贛州	0.261	46	0.228	187	0.307	125	0.167	236	0.234	131	-198.1	131
龍岩	0.173	206	0.262	126	0.284	175	0.246	157	0.25	106	-198.77	132
岳陽	0.198	123	0.203	234	0.331	88	0.254	126	0.251	105	-202.38	133
連雲港	0.1	300	0.272	114	0.3	141	0.372	70	0.197	206	-204.98	134
白山	0.153	271	0.196	250	0.279	184	0.215	177	0.417	26	-205.62	135
玉溪	0.174	199	0.249	151	0.255	232	0.341	77	0.218	168	-207.33	136
忻州	0.182	172	0.212	216	0.218	274	0.254	126	0.39	30	-208.8	137
九江	0.223	72	0.219	200	0.324	99	0.211	182	0.228	140	-211.96	138
南平	0.17	216	0.259	133	0.279	184	0.245	163	0.25	106	-218.14	139
宣城	0.174	199	0.348	45	0.238	254	0.167	236	0.209	181	-218.73	140
衡陽	0.232	62	0.187	267	0.316	113	0.25	148	0.241	119	-218.82	141
臨沂	0.252	48	0.231	182	0.261	220	0.251	147	0.205	188	-220.42	142
長治	0.185	164	0.256	140	0.245	246	0.254	126	0.266	78	-221.25	143
四平	0.18	180	0.178	277	0.33	89	0.296	98	0.263	83	-222.48	144
平頂山	0.202	109	0.235	177	0.309	124	0.207	189	0.236	128	-226.38	145
延安	0.185	164	0.361	38	0.211	278	0.167	236	0.197	206	-227.86	146
十堰	0.189	147	0.177	278	0.313	116	0.295	100	0.269	73	-229.43	147
梅州	0.186	158	0.219	200	0.273	195	0.285	113	0.255	96	-234.1	148
清遠	0.185	164	0.275	108	0.291	153	0.25	148	0.167	263	-236.24	149
德州	0.207	100	0.209	227	0.275	194	0.253	136	0.265	79	-238.76	150
牡丹江	0.18	180	0.208	231	0.318	111	0.175	204	0.303	55	-251.46	151
承德	0.187	153	0.243	160	0.302	137	0.25	148	0.191	218	-252.15	152
寶雞	0.194	135	0.263	125	0.276	191	0.17	213	0.247	110	-252.7	153
呂梁	0.194	135	0.306	72	0.187	294	0.189	198	0.259	88	-261.74	154
蚌埠	0.187	153	0.237	171	0.304	134	0.248	152	0.19	219	-263.99	155
新鄉	0.243	56	0.169	284	0.34	76	0.166	246	0.257	91	-264.27	156
營口	0.171	212	0.218	204	0.323	102	0.279	115	0.192	214	-265.45	157
松原	0.16	254	0.242	163	0.269	199	0.235	168	0.268	75	-267.6	158
常德	0.2	115	0.202	238	0.322	105	0.232	172	0.22	164	-268.87	159
郴州	0.193	140	0.228	187	0.288	163	0.292	106	0.17	259	-272.8	160
遼源	0.148	283	0.196	250	0.295	151	0.234	170	0.325	42	-273.65	161
宜昌	0.22	75	0.167	287	0.379	52	0.172	207	0.226	144	-276.02	162
滁州	0.194	135	0.257	137	0.269	199	0.248	152	0.177	245	-276.93	163
安順	0.211	93	0.303	74	0.218	274	0.161	279	0.212	176	-278.18	164
固原	0.173	206	0.277	105	0.239	251	0.119	297	0.318	44	-278.39	165
商丘	0.24	57	0.193	257	0.283	177	0.159	288	0.281	69	-280.43	166
亳州	0.19	145	0.308	70	0.252	239	0.16	284	0.188	224	-280.76	167
北海	0.157	262	0.227	191	0.332	85	0.293	103	0.158	275	-280.9	168
臨汾	0.189	147	0.199	245	0.222	268	0.255	125	0.328	41	-282.5	169
平涼	0.177	185	0.298	81	0.192	292	0.166	246	0.285	64	-288.6	170
自貢	0.169	219	0.265	123	0.32	108	0.245	163	0.126	294	-289.04	171
樂山	0.19	145	0.259	133	0.321	106	0.167	236	0.173	255	-289.81	172
撫州	0.195	131	0.223	193	0.311	120	0.168	228	0.233	133	-296.31	173
銅川	0.147	285	0.278	103	0.23	261	0.17	213	0.298	57	-298.13	174
南陽	0.262	45	0.187	267	0.29	159	0.164	257	0.233	133	-299.12	175
萊蕪	0.154	268	0.28	100	0.255	232	0.257	121	0.18	240	-299.12	176
通遼	0.173	206	0.245	157	0.263	218	0.19	197	0.263	83	-299.74	177
佳木斯	0.17	216	0.191	261	0.306	131	0.194	193	0.301	56	-300.72	178

表 3.8.1 2015 年度城市人力資本教育競爭力排名

城市	人力資本規模指數	排名	人力資本投入指數	排名	人力資本素質指數	排名	人力資本吸引指數	排名	人力資本教育設施指數	排名	人力資本教育競爭力	排名
漢中	0.188	149	0.251	150	0.282	178	0.165	251	0.226	144	-302.76	179
開封	0.206	103	0.179	275	0.291	153	0.246	157	0.237	126	-311.93	180
上饒	0.22	75	0.228	187	0.29	159	0.165	251	0.205	188	-312.55	181
黃石	0.171	212	0.166	288	0.34	76	0.293	103	0.202	196	-313.11	182
遵義	0.198	123	0.289	90	0.226	264	0.16	284	0.209	181	-315.95	183
揭陽	0.195	131	0.229	186	0.278	187	0.248	152	0.175	251	-319.21	184
周口	0.247	51	0.192	259	0.279	184	0.16	284	0.243	113	-320.1	185
安康	0.182	172	0.252	149	0.28	183	0.164	257	0.221	160	-320.45	186
棗莊	0.188	149	0.236	173	0.256	229	0.252	141	0.186	229	-327.71	187
安慶	0.201	113	0.213	214	0.248	245	0.247	155	0.222	157	-327.78	188
烏蘭察布	0.152	276	0.27	117	0.235	255	0.178	203	0.264	80	-328.89	189
景德鎮	0.156	264	0.2	243	0.307	125	0.253	136	0.223	153	-331.46	190
齊齊哈爾	0.174	199	0.191	261	0.193	290	0.335	81	0.284	67	-332.1	191
遼陽	0.155	266	0.244	159	0.266	212	0.235	168	0.215	171	-332.49	192
阜新	0.166	235	0.219	200	0.298	146	0.231	173	0.203	194	-336.54	193
慶陽	0.167	227	0.258	135	0.198	288	0.163	268	0.318	44	-336.83	194
河源	0.172	209	0.228	187	0.267	206	0.246	157	0.202	196	-340.54	195
巴彥淖爾	0.152	276	0.275	108	0.257	226	0.187	200	0.212	176	-340.99	196
陽江	0.161	252	0.218	204	0.32	108	0.247	155	0.165	268	-341.69	197
眉山	0.181	178	0.257	137	0.287	164	0.163	268	0.187	228	-342.34	198
濱州	0.194	135	0.262	126	0.244	249	0.192	194	0.188	224	-343.12	199
渭南	0.195	131	0.232	180	0.239	251	0.168	228	0.264	80	-343.69	200
焦作	0.199	119	0.175	282	0.338	79	0.169	220	0.231	135	-344	201
阜陽	0.222	74	0.21	225	0.251	241	0.24	166	0.188	224	-344.47	202
荊州	0.213	89	0.181	273	0.339	78	0.164	257	0.205	188	-345.68	203
雅安	0.174	199	0.238	169	0.296	149	0.17	213	0.201	199	-351.89	204
烏海	0.138	296	0.327	58	0.264	217	0.191	195	0.118	297	-352.81	205
黃山	0.153	271	0.242	163	0.255	232	0.25	148	0.202	196	-354.59	206
安陽	0.205	105	0.176	280	0.307	125	0.183	201	0.237	126	-356.35	207
鐵嶺	0.165	241	0.217	209	0.286	170	0.208	186	0.225	148	-356.5	208
通化	0.165	241	0.192	259	0.287	164	0.236	167	0.24	122	-359.58	209
日照	0.167	227	0.249	151	0.239	251	0.253	136	0.182	236	-359.87	210
萍鄉	0.162	248	0.21	225	0.325	96	0.212	180	0.185	232	-361.29	211
信陽	0.239	58	0.177	278	0.268	204	0.158	290	0.253	99	-364.07	212
白銀	0.158	259	0.254	145	0.186	295	0.169	220	0.318	44	-366.1	213
廣元	0.162	248	0.253	147	0.291	153	0.162	273	0.192	214	-366.89	214
朔州	0.163	245	0.281	99	0.222	268	0.254	126	0.146	283	-368.1	215
鷹潭	0.147	285	0.231	182	0.326	94	0.167	236	0.197	206	-370.85	216
新餘	0.155	266	0.247	154	0.313	116	0.169	220	0.172	257	-372.71	217
張家口	0.167	227	0.191	261	0.232	258	0.314	90	0.226	144	-373.58	218
丹東	0.166	235	0.16	289	0.3	141	0.277	117	0.225	148	-377.46	219
朝陽	0.167	227	0.212	216	0.223	267	0.207	189	0.285	64	-381.26	220
六盤水	0.192	142	0.294	83	0.207	281	0.165	251	0.164	270	-385.17	221
畢節	0.208	98	0.261	129	0.224	265	0.158	290	0.185	232	-385.36	222
麗江	0.163	245	0.243	160	0.204	284	0.174	205	0.286	63	-386.18	223
潮州	0.168	224	0.2	243	0.299	144	0.297	96	0.129	292	-386.24	224
雲浮	0.168	224	0.219	200	0.296	149	0.246	157	0.143	285	-387.66	225
聊城	0.199	119	0.198	247	0.26	223	0.211	182	0.211	178	-389.49	226
六安	0.214	88	0.22	198	0.224	265	0.203	192	0.204	193	-389.89	227
宜賓	0.187	153	0.254	145	0.287	164	0.161	279	0.14	287	-390.08	228
廣安	0.187	153	0.282	96	0.286	170	0.155	294	0.1	299	-390.16	229
鶴崗	0.148	283	0.22	198	0.221	271	0.233	171	0.268	75	-391.54	230
海東	0.159	258	0.324	61	0.179	296	0.1	300	0.241	119	-392.94	231
汕尾	0.167	227	0.212	216	0.256	229	0.246	157	0.2	201	-394.18	232
孝感	0.196	129	0.15	292	0.318	111	0.167	236	0.257	91	-395.75	233
邵陽	0.213	89	0.183	270	0.301	138	0.208	186	0.163	271	-397.39	234
宿州	0.186	158	0.188	266	0.269	199	0.246	157	0.196	210	-398.02	235
運城	0.197	127	0.175	282	0.216	277	0.254	126	0.261	86	-400.62	236
天水	0.188	149	0.206	232	0.22	273	0.164	257	0.288	61	-403.41	237

表 3.8.1 2015 年度城市人力資本教育競爭力排名

城市	人力資本規模指數	排名	人力資本投入指數	排名	人力資本素質指數	排名	人力資本吸引指數	排名	人力資本教育設施指數	排名	人力資本教育競爭力	排名
南充	0.198	123	0.222	196	0.261	220	0.162	273	0.199	203	-403.73	238
防城港	0.144	290	0.23	185	0.284	175	0.169	220	0.221	160	-403.78	239
嘉峪關	0.134	299	0.324	61	0.234	256	0.18	202	0.127	293	-403.83	240
濮陽	0.182	172	0.201	242	0.287	164	0.164	257	0.223	153	-404.03	241
益陽	0.174	199	0.198	247	0.304	134	0.166	246	0.215	171	-404.86	242
白城	0.158	259	0.138	296	0.241	250	0.215	177	0.369	34	-409.79	243
衡水	0.179	182	0.189	264	0.286	170	0.253	136	0.166	265	-410.89	244
七台河	0.145	289	0.209	227	0.266	212	0.171	208	0.272	71	-410.98	245
宜春	0.206	103	0.202	238	0.297	148	0.168	228	0.165	268	-413.44	246
曲靖	0.215	83	0.218	204	0.221	271	0.21	185	0.176	247	-419.88	247
懷化	0.197	127	0.194	256	0.287	164	0.168	228	0.194	212	-424.54	248
許昌	0.187	153	0.189	264	0.282	178	0.164	257	0.223	153	-426.75	249
臨滄	0.167	227	0.217	209	0.205	283	0.174	205	0.285	64	-426.93	250
三門峽	0.167	227	0.247	154	0.252	239	0.17	213	0.18	240	-427.24	251
崇左	0.171	212	0.186	269	0.269	199	0.162	273	0.263	83	-429.28	252
梧州	0.17	216	0.168	285	0.272	196	0.29	108	0.176	247	-433.64	253
婁底	0.175	193	0.212	216	0.261	220	0.165	251	0.216	170	-435.01	254
池州	0.154	268	0.238	169	0.267	206	0.165	251	0.19	219	-437.42	255
百色	0.185	164	0.209	227	0.267	206	0.164	257	0.196	210	-440.33	256
瀘州	0.186	158	0.236	173	0.276	191	0.205	191	0.1	299	-443.03	257
達州	0.177	185	0.202	238	0.277	189	0.161	279	0.206	187	-443.85	258
定西	0.181	178	0.195	254	0.204	284	0.167	236	0.296	59	-444.74	259
吉安	0.2	115	0.216	212	0.267	206	0.169	220	0.149	280	-453.04	260
河池	0.183	171	0.202	238	0.258	224	0.162	273	0.213	175	-453.1	261
來賓	0.165	241	0.236	173	0.255	232	0.163	268	0.18	240	-453.6	262
駐馬店	0.23	64	0.159	290	0.286	170	0.159	288	0.188	224	-457.04	263
盤錦	0.154	268	0.206	232	0.249	242	0.22	175	0.197	206	-463.83	264
黃岡	0.202	109	0.143	294	0.301	138	0.162	273	0.225	148	-465.33	265
葫蘆島	0.162	248	0.216	212	0.233	257	0.167	236	0.229	139	-465.9	266
石嘴山	0.142	291	0.266	122	0.245	246	0.128	295	0.19	219	-466.47	267
武威	0.166	235	0.18	274	0.206	282	0.169	220	0.317	48	-467.81	268
保山	0.169	219	0.212	216	0.218	274	0.171	208	0.239	123	-470.05	269
雙鴨山	0.147	285	0.223	193	0.195	289	0.212	180	0.235	130	-477.18	270
鶴壁	0.16	254	0.203	234	0.298	146	0.17	213	0.161	272	-480.85	271
賀州	0.162	248	0.213	214	0.257	226	0.164	257	0.194	212	-482.31	272
內江	0.172	209	0.218	204	0.266	212	0.164	257	0.16	273	-484.03	273
襄陽	0.215	83	0.13	299	0.3	141	0.168	228	0.207	185	-485.14	274
金昌	0.14	293	0.292	85	0.177	298	0.171	208	0.174	252	-489.42	275
欽州	0.177	185	0.197	249	0.282	178	0.161	279	0.166	265	-490.31	276
玉林	0.201	113	0.196	250	0.276	191	0.161	279	0.14	287	-493.01	277
永州	0.191	144	0.195	254	0.265	215	0.164	257	0.167	263	-493.63	278
菏澤	0.216	79	0.182	272	0.231	259	0.165	251	0.19	219	-500.73	279
漯河	0.169	219	0.179	275	0.263	218	0.168	228	0.208	183	-507.68	280
酒泉	0.149	281	0.255	143	0.178	297	0.171	208	0.207	185	-508.16	281
雞西	0.136	298	0.203	234	0.191	293	0.214	179	0.258	89	-510.84	282
中衛	0.153	271	0.278	103	0.199	287	0.104	298	0.192	214	-511.21	283
隴南	0.174	199	0.199	245	0.162	299	0.104	298	0.343	38	-513.08	284
昭通	0.198	123	0.225	192	0.193	290	0.166	246	0.174	252	-513.69	285
遂寧	0.15	280	0.218	204	0.253	237	0.164	257	0.176	247	-514.72	286
綏化	0.175	193	0.142	295	0.222	268	0.17	213	0.305	54	-516.47	287
貴港	0.184	170	0.196	250	0.272	196	0.16	284	0.144	284	-520.83	288
張家界	0.153	271	0.203	234	0.249	242	0.208	186	0.158	275	-521.09	289
荊門	0.166	235	0.145	293	0.301	138	0.169	220	0.208	183	-525.04	290
普洱	0.169	219	0.183	270	0.228	263	0.171	208	0.221	160	-530.39	291
鄂州	0.146	288	0.138	296	0.294	152	0.169	220	0.243	113	-536.24	292
吳忠	0.153	271	0.242	163	0.23	261	0.124	296	0.171	258	-541.52	293
張掖	0.158	259	0.193	257	0.201	286	0.167	236	0.239	123	-549.4	294
巴中	0.176	190	0.212	216	0.256	229	0.163	268	0.111	298	-555.09	295
商洛	0.175	193	0.176	280	0.245	246	0.168	228	0.178	244	-562.34	296

表 3.8.1 2015 年度城市人力資本教育競爭力排名

城市	人力資本規模指數	排名	人力資本投入指數	排名	人力資本素質指數	排名	人力資本吸引指數	排名	人力資本教育設施指數	排名	人力資本教育競爭力	排名
隨州	0.16	254	0.157	291	0.265	215	0.163	268	0.18	240	-594.37	297
伊春	0.141	292	0.1	300	0.211	278	0.168	228	0.351	37	-610.05	298
咸寧	0.171	212	0.134	298	0.278	187	0.162	273	0.168	261	-617.85	299
黑河	0.161	252	0.168	285	0.1	300	0.17	213	0.242	118	-720.4	300

3.9 城市科技競爭力排名及二級指標分值

城市作為人類社會文明最集中的區域，它既是其所處時代最先進最高端科學技術的產物，也是先進科技的產生地。在如今“知識經濟”時代，最先掌握高新技術的國家會在國家競爭中佔領制高點，進而引領世界發展。同樣的，具有“科技”優勢的城市也能夠在區域性競爭和國際性競爭中佔領制高點。城市科技競爭力是一個城市在科研投入、科學研發、科研成果轉換方面的相對優勢。一個城市的科技水平與其經濟發展密不可分且相互促進。然而從總體上來看，由於中國整體科技水平相對較低，科研投入的力度不夠，目前中國許多城市的發展不是通過科技優勢來取得競爭的主動，而是通過模仿吸收他人現今科技和中國廉價勞動力來獲得自身產業的發展。但依此方式所獲取的競爭優勢是難以持續的，一旦失去廉價勞動力這一重要因素，城市和地區的發展將出現減緩。近年來中國沿海許多城市和地區出現的“民工荒”，使這些城市和地區的工業生產面臨困境，從側面證明“科學技術是第一生產力”這一真理。科技能夠帶動經濟發展進而提升城市競爭力，因此，中國許多城市和地區開始加大投入打造自身科技競爭優勢。

城市科技競爭力比較評估指標體系包括 5 個二級指標：科技投入指數、科研人力資本指數、科研機構指數、科技創新指數和科研成果轉化指數，以及科技經費絕對投入量、科技成果轉換率等 18 個三級指標。科技投入指數衡量城市在科研方面的投入力度，它通常是與城市科研能力成正比。科研機構指數度量城市在吸引科研機構上的能力大小。科技創新指數展示城市的科技創新水平，反映城市是否有能力佔領產業至高點的基礎指標。科研成果轉化指數體現城市在科研成果與產業化之間建立通暢的轉化機制的能力大小。北京一直以來居於科技競爭力的領先地位，究其原因主要是匯聚了大批國內一流大學，諸如北京大學、清華大學。在這些高校內部矗立著種類繁多的科研院所及各類國家級重點實驗室，使北京擁有大量科研機構及科研人才，這些科研機構及科研人才多數位於高校，培養出大量學術骨幹，產生大量優秀科研成果，並形成良性的循環。通過政府的大力宣導，企業和研究機構之間形成了一種非常順暢的連接機制，在良好機制的運轉下這些科研成果也能夠較為容易的轉化成企業的現實生產力。

在 2015 年 300 個城市科技競爭力排名中，有 72 個城市處於平均水平之上，比 2014 年增加 8 個城市，占 24.00%。科技競爭力得分的標準差為 7.410。低於 2014 年的 8.178，這表明城市之間的科技競爭力差距進一步加大的趨勢可能會緩解。這可能是國家近年來的政策所決定的。城市科技競爭力具體排名見表 3.9.1。

表 3.9.1 2015 年度城市科技競爭力排名

城市	科技投入指數	排名	科技人力資本指數	排名	科研機構指數	排名	科研創新指數	排名	科研成果轉化指數	排名	科技競爭力	排名
北京	0.932	2	1	1	1	1	1	1	1	1	6305.39	1
上海	1	1	0.708	2	0.831	5	0.803	3	0.989	2	5416.35	2
香港	0.552	4	0.561	3	0.519	24	0.812	2	0.796	7	3503.38	3
廣州	0.304	8	0.431	7	0.923	2	0.324	9	0.811	4	2279.23	4
深圳	0.619	3	0.452	6	0.376	33	0.323	10	0.68	22	2272.72	5

表 3.9.1 2015 年度城市科技競爭力排名

城市	科技投入指數	排名	科技人力資本指數	排名	科研機構指數	排名	科研創新指數	排名	科研成果轉化指數	排名	科技競爭力	排名
天津	0.445	5	0.297	16	0.677	9	0.601	5	0.657	30	2268.39	6
南京	0.269	12	0.476	5	0.729	7	0.435	6	0.727	16	2129.77	7
臺北	0.187	25	0.27	21	0.522	22	0.802	4	0.761	12	2069.36	8
蘇州	0.399	6	0.298	15	0.475	26	0.228	36	0.87	3	1822.53	9
杭州	0.291	10	0.431	7	0.591	16	0.289	16	0.757	13	1799.16	10
武漢	0.226	16	0.316	13	0.923	2	0.416	7	0.646	34	1702.07	11
重慶	0.275	11	0.314	14	0.706	8	0.314	12	0.682	21	1527.49	12
濟南	0.148	56	0.335	11	0.833	4	0.258	26	0.785	9	1518.14	13
大連	0.304	8	0.325	12	0.52	23	0.3	14	0.667	27	1400.56	14
瀋陽	0.218	18	0.285	18	0.619	15	0.366	8	0.669	26	1332.96	15
青島	0.206	21	0.269	22	0.453	27	0.285	17	0.81	5	1294.33	16
西安	0.133	81	0.5	4	0.774	6	0.236	33	0.581	90	1282.35	17
寧波	0.262	14	0.269	22	0.382	32	0.306	13	0.74	15	1247.05	18
合肥	0.217	19	0.268	24	0.666	11	0.315	11	0.642	35	1197.98	19
哈爾濱	0.149	53	0.343	10	0.665	12	0.279	20	0.639	36	1123.61	20
廈門	0.193	23	0.285	18	0.414	31	0.26	25	0.745	14	1087.84	21
無錫	0.256	15	0.226	33	0.286	41	0.191	46	0.793	8	991.6	22
長沙	0.187	25	0.294	17	0.676	10	0.266	24	0.541	131	900.64	23
東莞	0.173	30	0.237	30	0.3	37	0.178	52	0.805	6	844.37	24
鄭州	0.172	31	0.245	28	0.665	12	0.237	32	0.592	73	820.05	25
成都	0.106	261	0.396	9	0.655	14	0.274	21	0.483	273	788.42	26
昆明	0.158	44	0.254	26	0.543	21	0.214	41	0.649	32	785.3	27
福州	0.138	71	0.257	25	0.503	25	0.238	31	0.655	31	763.92	28
中山	0.164	35	0.24	29	0.29	39	0.173	59	0.762	11	722.01	29
長春	0.134	78	0.28	20	0.566	18	0.241	29	0.584	84	708.94	30
澳門	0.16	42	0.208	40	0.296	38	0.234	35	0.72	17	674.95	31
石家莊	0.133	81	0.186	47	0.576	17	0.272	22	0.575	100	572.38	32
珠海	0.206	21	0.224	35	0.278	44	0.177	53	0.649	32	549.56	33
太原	0.164	35	0.223	36	0.562	20	0.182	48	0.56	110	518.85	34
惠州	0.129	89	0.197	44	0.2	66	0.161	89	0.782	10	511.22	35
南昌	0.126	100	0.225	34	0.563	19	0.211	42	0.558	114	485.74	36
南寧	0.129	89	0.219	37	0.448	28	0.218	39	0.6	68	480.06	37
南通	0.185	27	0.195	46	0.245	49	0.175	55	0.675	24	470.14	38
常州	0.212	20	0.14	65	0.212	61	0.193	45	0.674	25	424.23	39
蘭州	0.118	143	0.254	26	0.426	29	0.216	40	0.538	137	371.33	40
新北	0.15	52	0.141	63	0.324	36	0.284	18	0.59	76	362.5	41
溫州	0.143	61	0.158	50	0.223	55	0.21	43	0.677	23	353.47	42
紹興	0.18	28	0.131	93	0.202	65	0.161	89	0.705	18	341.54	43
佛山	0.17	32	0.171	49	0.194	70	0.176	54	0.664	28	326.54	44
威海	0.155	46	0.132	86	0.191	72	0.17	64	0.705	18	294.88	45
煙臺	0.165	34	0.134	79	0.197	69	0.199	44	0.658	29	275.81	46
嘉興	0.164	35	0.144	56	0.188	75	0.17	64	0.636	38	192.46	47
烏魯木齊	0.141	67	0.204	42	0.341	35	0.144	211	0.553	117	167.87	48
桃園	0.143	61	0.137	71	0.282	42	0.228	36	0.569	103	166.87	49
貴陽	0.105	271	0.208	40	0.415	30	0.223	38	0.493	265	163.78	50
徐州	0.163	39	0.143	58	0.234	53	0.188	47	0.588	77	157.51	51
台中	0.143	61	0.135	76	0.221	56	0.24	30	0.58	92	155.89	52
蕪湖	0.263	13	0.12	142	0.206	63	0.163	80	0.528	165	141.27	53
韶關	0.118	143	0.138	69	0.164	101	0.132	278	0.703	20	134.57	54
濰坊	0.166	33	0.124	114	0.22	57	0.168	69	0.612	60	132.66	55
鎮江	0.164	35	0.142	61	0.2	66	0.169	67	0.604	67	127.84	56
呼和浩特	0.118	143	0.197	44	0.376	33	0.173	59	0.524	175	122.35	57
海口	0.116	162	0.21	39	0.276	45	0.175	55	0.551	119	113.8	58
台南	0.146	59	0.137	71	0.287	40	0.244	28	0.523	178	112.18	59
高雄	0.157	45	0.132	86	0.142	155	0.293	15	0.524	175	84.6	60
銀川	0.131	85	0.173	48	0.28	43	0.163	80	0.561	109	84.59	61
淄博	0.148	56	0.12	142	0.184	77	0.164	77	0.625	49	73.25	62
秦皇島	0.109	229	0.128	98	0.238	52	0.164	77	0.636	38	70.03	63
基隆	0.129	89	0.132	86	0.161	103	0.249	27	0.57	102	60.31	64

表 3.9.1 2015 年度城市科技競爭力排名

城市	科技投入指數	排名	科技人力資本指數	排名	科研機構指數	排名	科研創新指數	排名	科研成果轉化指數	排名	科技競爭力	排名
東營	0.134	78	0.134	79	0.154	120	0.163	80	0.628	46	49.24	65
拉薩	0.105	271	0.233	31	0.206	63	0.147	182	0.56	110	45.85	66
嘉義	0.128	93	0.132	86	0.173	90	0.235	34	0.566	105	38.44	67
新竹	0.13	86	0.132	86	0.156	113	0.269	23	0.537	139	24.91	68
大慶	0.114	178	0.233	31	0.241	51	0.155	114	0.511	215	7.35	69
舟山	0.146	59	0.14	65	0.161	103	0.153	125	0.595	71	6.61	70
汕頭	0.114	178	0.139	68	0.145	147	0.159	97	0.63	43	5.67	71
泰安	0.119	138	0.123	122	0.182	80	0.146	192	0.633	40	0.82	72
濟寧	0.135	76	0.115	178	0.171	93	0.152	139	0.619	55	-6.03	73
揚州	0.155	46	0.143	58	0.175	85	0.181	49	0.548	123	-7.89	74
營口	0.127	96	0.122	126	0.143	151	0.181	49	0.608	64	-8.4	75
唐山	0.138	71	0.122	126	0.18	83	0.165	76	0.592	73	-14.66	76
保定	0.11	220	0.148	53	0.244	50	0.156	107	0.578	96	-17.32	77
十堰	0.122	124	0.146	55	0.229	54	0.151	146	0.577	97	-18.33	78
西寧	0.113	189	0.211	38	0.258	48	0.15	159	0.516	200	-18.55	79
馬鞍山	0.149	53	0.127	103	0.175	85	0.151	146	0.586	79	-20.84	80
肇慶	0.12	133	0.117	164	0.158	107	0.154	120	0.63	43	-21.96	81
德州	0.127	96	0.121	138	0.147	140	0.14	243	0.633	40	-22.4	82
鞍山	0.113	189	0.153	52	0.14	158	0.166	73	0.6	68	-26.75	83
桂林	0.124	105	0.123	122	0.192	71	0.144	211	0.61	62	-30.08	84
丹東	0.116	162	0.147	54	0.143	151	0.156	107	0.608	64	-30.63	85
連雲港	0.152	51	0.157	51	0.148	135	0.173	59	0.543	128	-31.5	86
綿陽	0.105	271	0.202	43	0.262	47	0.151	146	0.52	187	-38.52	87
江門	0.13	86	0.127	103	0.149	131	0.134	273	0.621	54	-39.8	88
本溪	0.125	103	0.135	76	0.146	143	0.164	77	0.595	71	-41.73	89
台州	0.143	61	0.133	83	0.157	110	0.148	174	0.584	84	-47.14	90
棗莊	0.109	229	0.117	164	0.14	158	0.151	146	0.637	37	-49.17	91
萊蕪	0.123	113	0.13	94	0.149	131	0.148	174	0.61	62	-49.7	92
柳州	0.124	105	0.133	83	0.168	97	0.139	250	0.605	66	-51.77	93
臨沂	0.12	133	0.124	114	0.137	173	0.139	250	0.629	45	-52.56	94
聊城	0.118	143	0.113	199	0.138	165	0.167	72	0.617	58	-56.12	95
錦州	0.117	149	0.13	94	0.199	68	0.155	114	0.585	82	-61.52	96
金華	0.162	40	0.132	86	0.184	77	0.142	225	0.551	119	-62.6	97
菏澤	0.117	149	0.105	273	0.136	175	0.153	125	0.633	40	-66.36	98
萍鄉	0.123	113	0.117	164	0.145	147	0.142	225	0.617	58	-73.52	99
清遠	0.113	189	0.116	172	0.121	247	0.152	139	0.625	49	-80.48	100
廊坊	0.117	149	0.142	61	0.22	57	0.143	219	0.565	107	-81.14	101
梅州	0.108	238	0.128	98	0.131	193	0.149	171	0.618	57	-81.24	102
撫順	0.121	129	0.127	103	0.165	99	0.156	107	0.583	87	-88.52	103
日照	0.111	209	0.113	199	0.132	186	0.145	202	0.628	46	-89.91	104
呂梁	0.118	143	0.113	199	0.111	290	0.284	18	0.518	197	-90.99	105
濱州	0.124	105	0.107	250	0.13	198	0.141	234	0.623	53	-91.51	106
河源	0.11	220	0.115	178	0.122	229	0.15	159	0.624	52	-95.6	107
揭陽	0.102	297	0.113	199	0.129	204	0.157	105	0.625	49	-96.72	108
三亞	0.154	49	0.106	265	0.182	80	0.145	202	0.562	108	-102.01	109
鄂爾多斯	0.126	100	0.118	155	0.123	223	0.171	62	0.583	87	-102.91	110
泰州	0.14	68	0.12	142	0.175	85	0.169	67	0.547	124	-104.51	111
湛江	0.105	271	0.128	98	0.148	135	0.139	250	0.612	60	-106.75	112
潮州	0.103	292	0.119	151	0.122	229	0.153	125	0.619	55	-110.89	113
盤錦	0.119	138	0.126	109	0.126	212	0.163	80	0.584	84	-114.11	114
汕尾	0.106	261	0.114	193	0.122	229	0.141	234	0.627	48	-117.38	115
資陽	0.224	17	0.103	286	0.111	290	0.139	250	0.515	203	-122.08	116
鐵嶺	0.127	96	0.115	178	0.142	155	0.147	182	0.587	78	-123.4	117
衢州	0.142	65	0.136	73	0.143	151	0.145	202	0.552	118	-126.09	118
蚌埠	0.155	46	0.124	114	0.16	105	0.156	107	0.533	145	-126.75	119
滄州	0.108	238	0.116	172	0.172	91	0.153	125	0.586	79	-131.86	120
宿遷	0.154	49	0.114	193	0.13	198	0.18	51	0.531	151	-139.47	121
銅陵	0.178	29	0.115	178	0.15	129	0.161	89	0.51	218	-142.24	122
雲浮	0.117	149	0.113	199	0.122	229	0.145	202	0.6	68	-144.28	123

表 3.9.1 2015 年度城市科技競爭力排名

城市	科技投入指數	排名	科技人力資本指數	排名	科研機構指數	排名	科研創新指數	排名	科研成果轉化指數	排名	科技競爭力	排名
承德	0.114	178	0.127	103	0.159	106	0.144	211	0.576	98	-145.01	124
克拉瑪依	0.135	76	0.138	69	0.136	175	0.153	125	0.545	126	-147.55	125
茂名	0.104	280	0.124	114	0.14	158	0.156	107	0.586	79	-148.14	126
黃石	0.112	197	0.122	126	0.143	151	0.15	159	0.579	95	-155.37	127
遼陽	0.117	149	0.113	199	0.124	220	0.153	125	0.585	82	-159.12	128
襄陽	0.123	113	0.134	79	0.156	113	0.16	94	0.54	132	-161.71	129
陽江	0.108	238	0.115	178	0.122	229	0.166	73	0.581	90	-162.45	130
黃岡	0.129	89	0.117	164	0.147	140	0.151	146	0.56	110	-163.35	131
孝感	0.116	162	0.121	138	0.13	198	0.143	219	0.582	89	-163.39	132
長治	0.119	138	0.118	155	0.169	95	0.13	283	0.576	98	-164.58	133
洛陽	0.136	74	0.136	73	0.172	91	0.152	139	0.522	182	-165.21	134
張家口	0.107	253	0.124	114	0.148	135	0.152	139	0.573	101	-165.53	135
宜昌	0.134	78	0.144	56	0.158	107	0.163	80	0.512	211	-170.14	136
大同	0.107	253	0.124	114	0.122	229	0.174	57	0.558	114	-182.42	137
寶雞	0.111	209	0.111	219	0.121	247	0.141	234	0.592	73	-183.98	138
宣城	0.159	43	0.122	126	0.122	229	0.156	107	0.518	197	-185.26	139
晉中	0.112	197	0.122	126	0.264	46	0.142	225	0.52	187	-187.26	140
包頭	0.126	100	0.126	109	0.151	127	0.162	88	0.531	151	-188.43	141
邢臺	0.105	271	0.115	178	0.146	143	0.159	97	0.567	104	-190.09	142
新鄉	0.119	138	0.114	193	0.189	73	0.149	171	0.543	128	-190.33	143
淮安	0.149	53	0.122	126	0.166	98	0.174	57	0.493	265	-193.65	144
鹽城	0.193	23	0.122	126	0.155	117	0.159	97	0.46	279	-198.07	145
朝陽	0.112	197	0.112	212	0.112	280	0.149	171	0.58	92	-199.84	146
邯鄲	0.124	105	0.12	142	0.154	120	0.13	283	0.555	116	-204.71	147
阜新	0.113	189	0.116	172	0.124	220	0.15	159	0.566	105	-206.33	148
烏海	0.147	58	0.123	122	0.121	247	0.153	125	0.52	187	-211.38	149
南陽	0.128	93	0.114	193	0.152	124	0.141	234	0.542	130	-219.01	150
通化	0.162	40	0.128	98	0.122	229	0.143	219	0.503	237	-219.3	151
南平	0.112	197	0.13	94	0.152	124	0.151	146	0.535	142	-221.49	152
北海	0.124	105	0.113	199	0.137	173	0.168	69	0.529	161	-222.78	153
荊州	0.117	149	0.118	155	0.182	80	0.159	97	0.521	185	-223.51	154
淮南	0.13	86	0.119	151	0.163	102	0.136	266	0.53	157	-227.68	155
齊齊哈爾	0.104	280	0.122	126	0.165	99	0.154	120	0.539	134	-228.81	156
景德鎮	0.111	209	0.135	76	0.157	110	0.151	146	0.526	167	-229.28	157
贛州	0.123	113	0.117	164	0.187	76	0.151	146	0.514	208	-235.1	158
榆林	0.128	93	0.14	65	0.121	247	0.161	89	0.506	231	-238.02	159
淮北	0.112	197	0.107	250	0.134	181	0.158	102	0.549	122	-241.6	160
黃山	0.142	65	0.113	199	0.126	212	0.151	146	0.519	193	-241.79	161
漢中	0.109	229	0.113	199	0.13	198	0.142	225	0.56	110	-242.56	162
吉林	0.123	113	0.125	112	0.184	77	0.148	174	0.506	231	-245.32	163
信陽	0.108	238	0.117	164	0.145	147	0.168	69	0.527	166	-248.53	164
平頂山	0.115	172	0.118	155	0.148	135	0.129	290	0.55	121	-248.81	165
九江	0.122	124	0.122	126	0.175	85	0.136	266	0.522	182	-249.06	166
吉安	0.136	74	0.117	164	0.121	247	0.144	211	0.526	167	-249.69	167
新餘	0.123	113	0.115	178	0.177	84	0.14	243	0.52	187	-252.34	168
咸寧	0.117	149	0.111	219	0.122	229	0.151	146	0.545	126	-252.52	169
開封	0.112	197	0.119	151	0.157	110	0.147	182	0.531	151	-252.58	170
荊門	0.114	178	0.127	103	0.122	229	0.146	192	0.536	141	-252.59	171
臨滄	0.105	271	0.103	286	0.112	280	0.137	260	0.58	92	-252.76	172
呼倫貝爾	0.122	124	0.12	142	0.132	186	0.146	192	0.53	157	-253.88	173
許昌	0.116	162	0.106	265	0.138	165	0.154	120	0.54	132	-255.94	174
玉溪	0.116	162	0.121	138	0.133	184	0.148	174	0.533	145	-256.02	175
忻州	0.115	172	0.119	151	0.151	127	0.15	159	0.525	171	-257.71	176
安陽	0.123	113	0.106	265	0.155	117	0.13	283	0.539	134	-265.85	177
白山	0.113	189	0.123	122	0.125	215	0.15	159	0.531	151	-266.03	178
安慶	0.133	81	0.107	250	0.146	143	0.151	146	0.512	211	-271.29	179
漳州	0.121	129	0.136	73	0.131	193	0.156	107	0.5	249	-272.74	180
鶴崗	0.117	149	0.141	63	0.169	95	0.143	219	0.495	259	-273.19	181
牡丹江	0.117	149	0.111	219	0.171	93	0.132	278	0.53	157	-273.38	182

表 3.9.1 2015 年度城市科技競爭力排名

城市	科技投入指數	排名	科技人力資本指數	排名	科研機構指數	排名	科研創新指數	排名	科研成果轉化指數	排名	科技競爭力	排名
嘉峪關	0.104	280	0.127	103	0.136	175	0.16	94	0.52	187	-273.86	183
滁州	0.123	113	0.11	228	0.139	163	0.144	211	0.526	167	-275.45	184
德陽	0.137	73	0.118	155	0.149	131	0.141	234	0.502	242	-276.55	185
湖州	0.14	68	0.143	58	0.152	124	0.145	202	0.471	277	-278.99	186
周口	0.114	178	0.107	250	0.127	209	0.153	125	0.534	143	-279.1	187
鶴壁	0.108	238	0.102	292	0.125	215	0.152	139	0.546	125	-280.11	188
駐馬店	0.117	149	0.108	240	0.119	262	0.147	182	0.537	139	-280.24	189
朔州	0.112	197	0.118	155	0.123	223	0.138	255	0.538	137	-282.58	190
撫州	0.116	162	0.113	199	0.149	131	0.158	102	0.512	211	-282.89	191
防城港	0.111	209	0.114	193	0.117	265	0.155	114	0.532	147	-283.19	192
咸陽	0.107	253	0.112	212	0.218	59	0.142	225	0.507	226	-283.99	193
運城	0.111	209	0.122	126	0.174	89	0.138	255	0.515	203	-286.38	194
欽州	0.11	220	0.103	286	0.121	247	0.163	80	0.532	147	-289.12	195
宜春	0.121	129	0.116	172	0.13	198	0.15	159	0.515	203	-290.66	196
六安	0.117	149	0.107	250	0.146	143	0.163	80	0.511	215	-290.83	197
三明	0.124	105	0.12	142	0.142	155	0.147	182	0.503	237	-293.8	198
通遼	0.112	197	0.115	178	0.131	193	0.14	243	0.531	151	-295.34	199
寧德	0.111	209	0.134	79	0.132	186	0.153	125	0.503	237	-295.42	200
樂山	0.108	238	0.115	178	0.131	193	0.146	192	0.529	161	-296.93	201
曲靖	0.114	178	0.104	281	0.128	206	0.148	174	0.532	147	-299.45	202
株洲	0.122	124	0.132	86	0.214	60	0.154	120	0.457	280	-301.28	203
鄂州	0.112	197	0.121	138	0.126	212	0.15	159	0.516	200	-302.23	204
隨州	0.113	189	0.104	281	0.112	280	0.146	192	0.539	134	-302.49	205
商丘	0.11	220	0.105	273	0.153	123	0.141	234	0.529	161	-302.68	206
烏蘭察布	0.108	238	0.115	178	0.134	181	0.143	219	0.526	167	-307.26	207
白城	0.105	271	0.133	83	0.134	181	0.147	182	0.508	222	-307.87	208
池州	0.123	113	0.109	232	0.138	165	0.129	290	0.524	175	-308.14	209
濮陽	0.114	178	0.105	273	0.111	290	0.146	192	0.534	143	-308.32	210
四平	0.103	292	0.125	112	0.15	129	0.143	219	0.512	211	-310.97	211
泉州	0.139	70	0.13	94	0.122	229	0.166	73	0.464	278	-311.66	212
佳木斯	0.104	280	0.109	232	0.132	186	0.161	89	0.519	193	-312.18	213
赤峰	0.106	261	0.113	199	0.138	165	0.146	192	0.523	178	-312.5	214
百色	0.118	143	0.105	273	0.14	158	0.142	225	0.519	193	-313.68	215
攀枝花	0.127	96	0.112	212	0.127	209	0.153	125	0.499	253	-314.24	216
三門峽	0.12	133	0.105	273	0.112	280	0.137	260	0.531	151	-316.34	217
梧州	0.119	138	0.108	240	0.121	247	0.138	255	0.525	171	-316.36	218
龍岩	0.124	105	0.124	114	0.132	186	0.153	125	0.487	270	-317.96	219
上饒	0.115	172	0.112	212	0.138	165	0.15	159	0.508	222	-318.23	220
玉林	0.112	197	0.108	240	0.111	290	0.142	225	0.532	147	-320.76	221
崇左	0.113	189	0.112	212	0.155	117	0.134	273	0.515	203	-320.89	222
陽泉	0.11	220	0.122	126	0.136	175	0.145	202	0.506	231	-324.78	223
河池	0.115	172	0.109	232	0.121	247	0.139	250	0.523	178	-327.37	224
內江	0.11	220	0.111	219	0.121	247	0.159	97	0.51	218	-327.71	225
普洱	0.112	197	0.111	219	0.122	229	0.13	283	0.529	161	-329.19	226
張掖	0.109	229	0.124	114	0.128	206	0.135	270	0.515	203	-329.67	227
瀘州	0.116	162	0.106	265	0.147	140	0.153	125	0.5	249	-331.31	228
巴彥淖爾	0.108	238	0.111	219	0.125	215	0.138	255	0.525	171	-331.77	229
臨汾	0.11	220	0.108	240	0.138	165	0.145	202	0.514	208	-332.03	230
焦作	0.123	113	0.109	232	0.158	107	0.142	225	0.493	265	-332.06	231
莆田	0.117	149	0.115	178	0.132	186	0.154	120	0.495	259	-332.37	232
漯河	0.106	261	0.101	296	0.132	186	0.14	243	0.53	157	-333.16	233
天水	0.112	197	0.12	142	0.14	158	0.137	260	0.507	226	-334.25	234
宿州	0.108	238	0.107	250	0.12	257	0.151	146	0.519	193	-335.69	235
亳州	0.11	220	0.103	286	0.12	257	0.147	182	0.522	182	-336.49	236
貴港	0.106	261	0.115	178	0.111	290	0.148	174	0.518	197	-337.62	237
眉山	0.124	105	0.105	273	0.121	247	0.153	125	0.5	249	-337.68	238
保山	0.108	238	0.104	281	0.122	229	0.144	211	0.523	178	-338.69	239
麗水	0.133	81	0.122	126	0.144	150	0.133	277	0.481	275	-340.54	240
遼源	0.105	271	0.12	142	0.138	165	0.157	105	0.495	259	-343.75	241

表 3.9.1 2015 年度城市科技競爭力排名

城市	科技投入指數	排名	科技人力資本指數	排名	科研機構指數	排名	科研創新指數	排名	科研成果轉化指數	排名	科技競爭力	排名
晉城	0.117	149	0.118	155	0.133	184	0.129	290	0.506	231	-345.23	242
黑河	0.114	178	0.11	228	0.113	274	0.152	139	0.505	236	-346.58	243
石嘴山	0.111	209	0.111	219	0.118	264	0.134	273	0.52	187	-347.53	244
阜陽	0.111	209	0.101	296	0.136	175	0.15	159	0.506	231	-357.02	245
衡水	0.104	280	0.107	250	0.12	257	0.155	114	0.508	222	-358.99	246
酒泉	0.111	209	0.116	172	0.115	268	0.134	273	0.51	218	-361.43	247
商洛	0.106	261	0.109	232	0.123	223	0.155	114	0.501	244	-362.03	248
白銀	0.107	253	0.107	250	0.113	274	0.136	266	0.521	185	-363.05	249
來賓	0.116	162	0.112	212	0.113	274	0.131	281	0.511	215	-364.61	250
雅安	0.107	253	0.105	273	0.125	215	0.147	182	0.509	221	-364.65	251
延安	0.115	172	0.109	232	0.123	223	0.141	234	0.501	244	-367.3	252
吳忠	0.109	229	0.104	281	0.114	271	0.141	234	0.514	208	-367.71	253
南充	0.103	292	0.107	250	0.136	175	0.151	146	0.501	244	-368.53	254
賀州	0.114	178	0.107	250	0.113	274	0.13	283	0.516	200	-369.48	255
自貢	0.111	209	0.108	240	0.122	229	0.136	266	0.507	226	-374.64	256
六盤水	0.125	103	0.103	286	0.122	229	0.155	114	0.481	275	-374.97	257
安順	0.113	189	0.107	250	0.123	223	0.158	102	0.487	270	-375.87	258
松原	0.1	300	0.117	164	0.122	229	0.148	174	0.499	253	-376.07	259
綏化	0.104	280	0.105	273	0.111	290	0.153	125	0.507	226	-377.09	260
遂寧	0.104	280	0.102	292	0.112	280	0.163	80	0.5	249	-380.64	261
平涼	0.108	238	0.107	250	0.113	274	0.119	297	0.525	171	-380.65	262
遵義	0.104	280	0.108	240	0.154	120	0.152	139	0.484	272	-382	263
安康	0.104	280	0.108	240	0.122	229	0.15	159	0.498	255	-383.79	264
麗江	0.116	162	0.111	219	0.127	209	0.115	298	0.508	222	-385.03	265
巴中	0.12	133	0.109	232	0.112	280	0.135	270	0.495	259	-386.44	266
固原	0.114	178	0.112	212	0.115	268	0.13	283	0.501	244	-387.95	267
銅川	0.106	261	0.11	228	0.117	265	0.142	225	0.498	255	-393.73	268
金昌	0.105	271	0.115	178	0.123	223	0.129	290	0.502	242	-394.54	269
武威	0.104	280	0.106	265	0.124	220	0.137	260	0.503	237	-397.5	270
廣安	0.11	220	0.102	292	0.112	280	0.145	202	0.497	257	-399.86	271
伊春	0.109	229	0.114	193	0.115	268	0.132	278	0.497	257	-400.28	272
雞西	0.103	292	0.106	265	0.113	274	0.137	260	0.507	226	-400.36	273
慶陽	0.115	172	0.106	265	0.112	280	0.137	260	0.495	259	-401.23	274
渭南	0.109	229	0.111	219	0.111	290	0.14	243	0.494	264	-403.55	275
宜賓	0.103	292	0.103	286	0.12	257	0.148	174	0.493	265	-411.62	276
雙鴨山	0.107	253	0.109	232	0.114	271	0.135	270	0.492	269	-420.14	277
昭通	0.109	229	0.104	281	0.111	290	0.126	294	0.503	237	-421.77	278
常德	0.109	229	0.126	109	0.156	113	0.145	202	0.444	282	-430.69	279
達州	0.106	261	0.107	250	0.12	257	0.138	255	0.483	273	-434.87	280
中衛	0.107	253	0.1	300	0.1	299	0.126	294	0.501	244	-446.73	281
岳陽	0.116	162	0.128	98	0.156	113	0.141	234	0.43	284	-448.91	282
湘潭	0.121	129	0.116	172	0.211	62	0.171	62	0.383	296	-460.84	283
邵陽	0.104	280	0.115	178	0.138	165	0.146	192	0.446	281	-473.14	284
衡陽	0.108	238	0.118	155	0.189	73	0.14	243	0.423	287	-473.5	285
鷹潭	0.123	113	0.12	142	0.125	215	0.17	64	0.406	291	-475.73	286
葫蘆島	0.12	133	0.113	199	0.112	280	0.146	192	0.424	286	-507.06	287
益陽	0.111	209	0.115	178	0.148	135	0.16	94	0.398	292	-525.14	288
婁底	0.108	238	0.107	250	0.139	163	0.146	192	0.418	288	-535.67	289
廣元	0.108	238	0.108	240	0.122	229	0.144	211	0.425	285	-537.97	290
郴州	0.122	124	0.118	155	0.13	198	0.147	182	0.394	293	-538.24	291
懷化	0.107	253	0.108	240	0.129	204	0.15	159	0.412	290	-551.38	292
七台河	0.102	297	0.11	228	0.116	267	0.125	296	0.44	283	-552.63	293
張家界	0.104	280	0.106	265	0.114	271	0.147	182	0.417	289	-568.98	294
海東	0.106	261	0.102	292	0.1	299	0.14	243	0.39	294	-652.67	295
永州	0.108	238	0.107	250	0.128	206	0.144	211	0.363	298	-661.2	296
隴南	0.106	261	0.101	296	0.11	298	0.131	281	0.388	295	-663.59	297
定西	0.114	178	0.101	296	0.112	280	0.13	283	0.371	297	-681.46	298
銅仁	0.311	7	0.108	240	0.131	193	0.1	300	0.106	299	-818.19	299
畢節	0.102	297	0.113	199	0.119	262	0.106	299	0.1	300	-1279.16	300

3.10 城市文化形象競爭力排名及二級指標分值

城市是人類社會文明發展進步的產物，它包含著經濟、政治、文化等諸多因素，是一個複雜而有序的動態系統。城市建設及其總體發展水平能夠體現城市經濟、社會和文化的發展狀況。因為城市不僅是文明進步的產物，而且最為集中地承載了人類文明及文化成果。城市文化形象不僅是人們在感觀上對這座城市的印象和感受，還是其內部要素，如歷史文化、市民意識、城市景觀及城市氛圍給人形成的潛在且直觀的反映和評價。城市文化形象代表城市的特質和個性，它是人們區別不同城市最重要的整體感觀評價，體現出其整體上的自身特質。良好的城市文化形象使市民具有自豪感和榮譽感，能提升該城市的企業競爭力、促進城市的開放及提高該城市綜合競爭力。城市文化形象競爭力就是城市在歷史文化、市民意識、城市景觀和城市氛圍上所體現出來的，區別於其它城市的整體感觀印象。雖然各城市都有其自身特色，但不同城市在人們心中有著不同層次的文化形象，這種層次的不同對城市的發展起著難以估量的作用：良好的城市文化形象將有利於促進城市經濟社會的全面發展、促進城市形成良好的凝聚力、改善城市的投資環境，還有利於城市的可持續發展。

城市文化競爭力比較評價指標體系包括 4 個二級指標：文化設施指數、文化意識指數、文化資源指數、城市營銷能力指數，及每百萬人影劇院數、誠信意識指數等 16 個三級指標。文化設施指數是城市居民公共文化設施水平的體現。文化意識指數刻畫城市居民的精神風貌及市場意識，它有著歷史的繼承性，由城市居民在市場經濟條件下所形成的市場意識反映出的精神氛圍和整體氣質。文化資源指數概括城市人文文化資源的豐富度，其中人文精神是一種有別於科學精神的軟文化，它雖然沒有科學文化對經濟發展和社會進步有著如此顯著的推動作用，但它對提高城市居民的生活質量具有重要意義，間接影響經濟發展以及社會進步，而這種作用將會越來越明顯。

在全球化大浪潮下，文化在綜合國力競爭中佔據更加重要的地位。建設文化強國，是中華民族追求自強的必然選擇，也是中國從經濟大國走向經濟強國的必然選擇。我們要在發展經濟實力的基礎上，同時提升物質文明和精神文明，切實提升文化軟實力。從國內發展看，隨著經濟的發展，人民收入水平普遍提高，在物質需求得到更多滿足的前提下，人民群眾轉向追求更為豐富的精神文化生活，對精神文化生活需求也更廣泛、更深化、更多樣。而中國目前文化發展同經濟社會發展和人民群眾日益豐富的精神文化需求還不完全適應，某些束縛和制約文化產業發展的因素尚未解決。文化在引領風尚、教育群眾、服務社會、推動發展等方面的作用尚未得到充分發揮。城市作為國家整體發展的內部縮影，應責無旁貸的擔負起文化發展重任，切實地將文化發展與經濟發展有機結合在一起。

在 300 個城市文化競爭力排名中，有 90 個城市處於平均水平之上，占 30.00%。文化競爭力得分的標準差為 5.458。低於 2014 年的水平，終止了 2012 年來上升趨勢，表明城市間的文化發展水平差距自 2012 年以來的擴大趨勢而可能有所減少。城市文化競爭力具體排名請見表 3.10.1。

表 3.10.1 2015 年度城市文化形象競爭力排名

城市	文化設施指數	排名	文化意識指數	排名	文化資源指數	排名	城市營銷能力指數	排名	城市文化形象競爭力	排名
北京	1	1	0.669	5	1	1	0.983	3	4116.86	1
上海	0.899	2	0.492	10	0.53	8	0.938	4	2950.62	2
香港	0.511	3	1	1	0.629	3	0.99	2	2873.84	3
深圳	0.415	7	0.722	4	0.214	133	1	1	2633.71	4
廣州	0.384	9	0.737	3	0.514	9	0.74	6	1864.73	5
杭州	0.431	5	0.527	7	0.581	5	0.637	10	1720.82	6
蘇州	0.304	15	0.796	2	0.335	35	0.825	5	1576.39	7
武漢	0.451	4	0.414	33	0.489	11	0.558	19	1419.16	8

表 3.10.1 2015 年度城市文化形象競爭力排名

城市	文化設施指數	排名	文化意識指數	排名	文化資源指數	排名	城市營銷能力指數	排名	城市文化形象競爭力	排名
南京	0.394	8	0.464	15	0.536	7	0.498	28	1361.39	9
西安	0.275	20	0.407	35	0.653	2	0.645	8	1340.61	10
濟南	0.297	16	0.466	14	0.495	10	0.612	14	1198.05	11
瀋陽	0.346	10	0.372	45	0.442	15	0.522	26	1030.21	12
無錫	0.297	16	0.559	6	0.37	26	0.486	34	1001.74	13
哈爾濱	0.331	11	0.431	25	0.409	20	0.482	35	978.82	14
天津	0.292	18	0.349	57	0.418	16	0.626	13	950.03	15
大連	0.307	13	0.384	41	0.347	29	0.645	8	937.22	16
澳門	0.306	14	0.437	22	0.279	53	0.672	7	925.24	17
重慶	0.209	52	0.44	20	0.489	11	0.536	21	884.21	18
青島	0.24	32	0.418	30	0.413	19	0.598	15	878.48	19
紹興	0.23	39	0.515	8	0.346	30	0.562	18	835.61	20
成都	0.153	144	0.432	23	0.537	6	0.524	25	806.74	21
嘉興	0.328	12	0.449	17	0.295	49	0.455	40	800.67	22
寧波	0.282	19	0.43	26	0.335	35	0.508	27	785.24	23
長沙	0.266	23	0.36	52	0.403	21	0.489	32	748.08	24
昆明	0.151	150	0.432	23	0.414	18	0.627	12	723.93	25
福州	0.213	50	0.416	31	0.418	16	0.452	42	679.33	26
臺北	0.241	30	0.353	55	0.301	48	0.635	11	675.45	27
中山	0.189	73	0.454	16	0.356	28	0.53	22	656.25	28
長春	0.264	25	0.416	31	0.317	41	0.43	47	625.64	29
溫州	0.241	30	0.495	9	0.236	87	0.466	37	585.39	30
煙臺	0.238	34	0.374	44	0.314	44	0.491	31	574.12	31
南昌	0.198	65	0.389	40	0.386	24	0.454	41	568.73	32
珠海	0.208	53	0.428	28	0.284	50	0.526	24	559.98	33
合肥	0.238	34	0.369	48	0.345	31	0.435	45	558.04	34
海口	0.149	159	0.397	37	0.372	25	0.564	17	556.66	35
韶關	0.167	106	0.47	13	0.264	60	0.584	16	543.88	36
南通	0.23	39	0.49	11	0.257	68	0.421	50	540.73	37
鄭州	0.2	62	0.339	65	0.399	22	0.461	38	539.33	38
佛山	0.244	29	0.43	26	0.267	57	0.431	46	524.41	39
廈門	0.201	60	0.39	39	0.332	38	0.48	36	523.59	40
拉薩	0.143	186	0.21	222	0.627	4	0.358	62	493.15	41
東莞	0.255	26	0.442	19	0.134	288	0.547	20	483.33	42
威海	0.221	44	0.382	42	0.25	72	0.488	33	448.93	43
南寧	0.251	27	0.32	76	0.316	42	0.382	57	435.59	44
銀川	0.24	32	0.319	80	0.319	40	0.403	53	434.2	45
台州	0.232	37	0.472	12	0.239	83	0.33	71	408.83	46
蘭州	0.171	99	0.34	63	0.395	23	0.393	55	404.33	47
泉州	0.208	53	0.403	36	0.312	45	0.344	66	393.3	48
曲靖	0.117	288	0.449	17	0.283	51	0.53	22	383.24	49
貴陽	0.16	125	0.362	50	0.336	33	0.458	39	383.17	50
石家莊	0.197	66	0.329	71	0.278	55	0.496	29	379.81	51
舟山	0.204	58	0.347	59	0.31	46	0.404	52	373.58	52
秦皇島	0.168	103	0.396	38	0.335	35	0.346	64	330.55	53
鄂爾多斯	0.272	22	0.337	67	0.205	155	0.369	59	326.8	54
太原	0.265	24	0.2	251	0.361	27	0.314	76	324.93	55
克拉瑪依	0.43	6	0.21	222	0.194	184	0.161	281	313.71	56
洛陽	0.176	92	0.231	151	0.477	13	0.251	131	269.32	57
江門	0.141	198	0.439	21	0.2	168	0.494	30	268.96	58
徐州	0.152	148	0.37	46	0.315	43	0.376	58	263.07	59
湖州	0.161	122	0.408	34	0.233	92	0.416	51	248.21	60
商丘	0.125	265	0.422	29	0.247	74	0.426	49	213.82	61
麗水	0.225	42	0.294	93	0.264	60	0.319	74	208.96	62
呼和浩特	0.214	48	0.229	158	0.341	32	0.308	77	207.28	63
常州	0.163	116	0.364	49	0.262	64	0.366	60	194.68	64
東營	0.232	37	0.334	69	0.216	126	0.294	88	177.25	65
張家界	0.146	172	0.238	134	0.33	39	0.43	47	169.52	66
聊城	0.148	164	0.361	51	0.212	136	0.448	43	164.55	67

表 3.10.1 2015 年度城市文化形象競爭力排名

城市	文化設施指數	排名	文化意識指數	排名	文化資源指數	排名	城市營銷能力指數	排名	城市文化形象競爭力	排名
桂林	0.222	43	0.174	267	0.304	47	0.346	64	145.87	68
咸陽	0.146	172	0.236	141	0.446	14	0.231	171	141.81	69
龍岩	0.185	77	0.335	68	0.264	60	0.279	104	127.28	70
連雲港	0.168	103	0.358	53	0.262	64	0.287	94	122.41	71
海東	0.121	279	0.32	76	0.282	52	0.403	53	112.86	72
汕頭	0.165	109	0.323	75	0.186	203	0.438	44	111.1	73
衢州	0.195	67	0.327	73	0.232	94	0.288	92	102.44	74
淄博	0.156	132	0.355	54	0.278	55	0.257	127	86.84	75
三明	0.216	47	0.288	97	0.228	100	0.248	135	59.85	76
淮安	0.172	98	0.329	71	0.263	63	0.24	162	51.48	77
西寧	0.181	85	0.263	108	0.266	59	0.293	89	50.79	78
濰坊	0.208	53	0.341	62	0.191	189	0.246	140	48.65	79
烏魯木齊	0.174	94	0.265	106	0.267	57	0.303	81	48.35	80
泰州	0.185	77	0.338	66	0.2	168	0.282	100	41.51	81
漳州	0.195	67	0.311	87	0.217	121	0.267	114	40.26	82
鎮江	0.166	107	0.347	59	0.238	85	0.257	127	40.23	83
金華	0.184	81	0.315	83	0.212	136	0.28	103	28.67	84
黃山	0.246	28	0.233	148	0.218	117	0.224	181	24.2	85
大慶	0.205	56	0.218	198	0.244	76	0.295	87	20.61	86
廣元	0.238	34	0.238	134	0.216	126	0.234	168	18.83	87
惠州	0.135	223	0.378	43	0.188	197	0.342	67	18.21	88
榆林	0.2	62	0.249	119	0.279	53	0.206	224	9.88	89
三亞	0.142	191	0.314	84	0.194	184	0.388	56	9.63	90
臨沂	0.186	76	0.316	82	0.202	161	0.258	125	-3.25	91
寧德	0.146	172	0.306	89	0.26	66	0.27	111	-8.7	92
汕尾	0.203	59	0.301	91	0.193	187	0.244	148	-9.81	93
南平	0.176	92	0.301	91	0.235	89	0.243	152	-10.47	94
肇慶	0.166	107	0.346	61	0.182	212	0.284	98	-16.39	95
嘉峪關	0.274	21	0.209	226	0.2	168	0.172	277	-18.45	96
濟寧	0.145	180	0.334	69	0.218	117	0.287	94	-22.72	97
莆田	0.131	236	0.325	74	0.244	76	0.281	101	-30.93	98
泰安	0.13	241	0.32	76	0.211	138	0.338	68	-33.68	99
梅州	0.169	102	0.313	86	0.201	165	0.268	113	-36.41	100
丹東	0.156	132	0.255	113	0.26	66	0.274	108	-43.28	101
安慶	0.217	45	0.226	168	0.211	138	0.237	164	-47.26	102
棗莊	0.137	213	0.34	63	0.228	100	0.257	127	-47.68	103
玉溪	0.214	48	0.209	226	0.194	184	0.29	91	-48.05	104
綿陽	0.171	99	0.235	144	0.187	200	0.365	61	-50.36	105
湛江	0.125	265	0.352	56	0.171	237	0.348	63	-57.19	106
揚州	0.17	101	0.302	90	0.232	94	0.206	224	-62.05	107
鞍山	0.177	91	0.248	120	0.233	92	0.247	138	-68.77	108
茂名	0.123	272	0.32	76	0.195	182	0.331	70	-77.96	109
萍鄉	0.165	109	0.231	151	0.216	126	0.302	84	-87.99	110
潮州	0.13	241	0.37	46	0.148	276	0.315	75	-88.5	111
吉安	0.213	50	0.218	198	0.218	117	0.203	235	-88.51	112
上饒	0.159	126	0.269	100	0.232	94	0.236	166	-96.46	113
保定	0.185	77	0.247	121	0.209	145	0.237	164	-97.41	114
撫順	0.162	119	0.217	203	0.232	94	0.288	92	-100.67	115
伊春	0.189	73	0.253	116	0.182	212	0.25	133	-108.52	116
攀枝花	0.165	109	0.245	123	0.227	102	0.242	156	-111.7	117
撫州	0.185	77	0.23	155	0.223	109	0.222	187	-112.08	118
新北	0.18	86	0.214	215	0.255	69	0.199	247	-116.91	119
遵義	0.194	70	0.188	263	0.207	152	0.269	112	-119.02	120
延安	0.135	223	0.2	251	0.336	33	0.193	259	-123.14	121
宜昌	0.201	60	0.205	242	0.208	150	0.225	178	-123.56	122
荊門	0.146	172	0.268	102	0.217	121	0.262	118	-125.43	123
菏澤	0.155	137	0.256	112	0.196	178	0.286	97	-125.47	124
阜新	0.124	267	0.229	158	0.251	71	0.303	81	-131.01	125
朝陽	0.133	227	0.224	174	0.243	78	0.297	86	-133.34	126

表 3.10.1 2015 年度城市文化形象競爭力排名

城市	文化設施指數	排名	文化意識指數	排名	文化資源指數	排名	城市營銷能力指數	排名	城市文化形象競爭力	排名
景德鎮	0.145	180	0.229	158	0.23	98	0.281	101	-133.73	127
十堰	0.13	241	0.209	226	0.236	87	0.333	69	-134.9	128
營口	0.14	202	0.221	187	0.215	131	0.323	73	-136.25	129
宜春	0.195	67	0.196	256	0.203	158	0.245	144	-136.35	130
台南	0.184	81	0.22	191	0.227	102	0.201	243	-139.8	131
岳陽	0.14	202	0.217	203	0.243	78	0.283	99	-141.56	132
銅川	0.205	56	0.222	183	0.213	135	0.17	278	-141.84	133
雲浮	0.155	137	0.314	84	0.168	246	0.238	163	-146.12	134
德州	0.151	150	0.268	102	0.196	178	0.259	124	-146.56	135
唐山	0.173	96	0.223	180	0.202	161	0.251	131	-149.48	136
宿遷	0.132	232	0.348	58	0.189	195	0.214	212	-149.67	137
鹽城	0.162	119	0.309	88	0.191	189	0.187	269	-149.76	138
銅陵	0.173	96	0.217	203	0.209	145	0.247	138	-150.37	139
黃石	0.153	144	0.246	122	0.176	230	0.308	77	-150.7	140
欽州	0.128	250	0.242	127	0.203	158	0.326	72	-153.74	141
遼陽	0.142	191	0.258	111	0.217	121	0.248	135	-158.07	142
河源	0.128	250	0.293	95	0.181	215	0.292	90	-159.73	143
錦州	0.151	150	0.235	144	0.211	138	0.262	118	-160.06	144
桃園	0.178	88	0.214	215	0.226	105	0.201	243	-160.27	145
咸寧	0.127	255	0.264	107	0.25	72	0.224	181	-160.62	146
贛州	0.161	122	0.223	180	0.235	89	0.212	219	-165.87	147
柳州	0.141	198	0.192	258	0.227	102	0.307	79	-166.58	148
新餘	0.14	202	0.23	155	0.225	107	0.265	115	-168.04	149
襄陽	0.143	186	0.25	118	0.243	78	0.203	235	-172.8	150
湘潭	0.162	119	0.218	198	0.173	234	0.301	85	-173.53	151
七台河	0.178	88	0.244	124	0.164	253	0.244	148	-175.41	152
池州	0.151	150	0.242	127	0.209	145	0.242	156	-175.43	153
齊齊哈爾	0.164	114	0.244	124	0.164	253	0.273	109	-179.57	154
衡陽	0.132	232	0.251	117	0.239	83	0.223	185	-181.12	155
宣城	0.123	272	0.261	109	0.226	105	0.244	148	-187.98	156
黃岡	0.184	81	0.224	174	0.178	225	0.221	190	-188.42	157
株洲	0.128	250	0.259	110	0.196	178	0.278	105	-188.45	158
日照	0.137	213	0.293	95	0.158	262	0.273	109	-191.54	159
鄂州	0.131	236	0.224	174	0.255	69	0.222	187	-191.78	160
常德	0.165	109	0.189	262	0.175	232	0.305	80	-193.18	161
濱州	0.147	167	0.242	127	0.198	174	0.246	140	-195.27	162
本溪	0.156	132	0.206	237	0.224	108	0.229	173	-196.57	163
鶴崗	0.126	259	0.272	99	0.219	114	0.225	178	-197.55	164
金昌	0.192	71	0.228	165	0.17	240	0.198	248	-198.12	165
北海	0.147	167	0.205	242	0.202	161	0.278	105	-201.47	166
荊州	0.138	209	0.224	174	0.223	109	0.243	152	-203.7	167
隨州	0.19	72	0.215	210	0.164	253	0.222	187	-204.09	168
承德	0.149	159	0.242	127	0.218	117	0.202	239	-205.19	169
邯鄲	0.137	213	0.218	198	0.243	78	0.218	199	-207.96	170
葫蘆島	0.159	126	0.217	203	0.179	223	0.263	116	-210.67	171
萊蕪	0.118	287	0.275	98	0.201	165	0.246	140	-216.99	172
盤錦	0.137	213	0.21	222	0.216	126	0.261	123	-218	173
蚌埠	0.142	191	0.228	165	0.177	227	0.278	105	-223.4	174
白山	0.153	144	0.215	210	0.202	161	0.228	176	-226.22	175
廊坊	0.149	159	0.237	139	0.208	150	0.202	239	-226.62	176
防城港	0.146	172	0.19	259	0.238	85	0.219	198	-227.23	177
永州	0.131	236	0.22	191	0.234	91	0.221	190	-228.96	178
九江	0.143	186	0.199	253	0.219	114	0.243	152	-229.52	179
渭南	0.139	205	0.224	174	0.24	82	0.188	267	-230.42	180
吉林	0.145	180	0.238	134	0.151	273	0.287	94	-233.13	181
郴州	0.132	232	0.226	168	0.17	240	0.303	81	-233.44	182
佳木斯	0.163	116	0.229	158	0.179	223	0.215	207	-234.23	183
蕪湖	0.154	141	0.208	231	0.187	200	0.241	158	-241.37	184
鷹潭	0.154	141	0.203	247	0.188	197	0.245	144	-241.61	185

表 3.10.1 2015 年度城市文化形象競爭力排名

城市	文化設施指數	排名	文化意識指數	排名	文化資源指數	排名	城市營銷能力指數	排名	城市文化形象競爭力	排名
台中	0.149	159	0.22	191	0.201	165	0.215	207	-243.32	186
馬鞍山	0.151	150	0.209	226	0.197	176	0.223	185	-247.97	187
焦作	0.147	167	0.212	218	0.214	133	0.204	232	-248.63	188
衡水	0.146	172	0.231	151	0.209	145	0.185	271	-253.61	189
淮北	0.142	191	0.206	237	0.197	176	0.244	148	-253.9	190
安康	0.144	184	0.205	242	0.219	114	0.206	224	-255.01	191
亳州	0.131	236	0.244	124	0.188	197	0.232	170	-257	192
平頂山	0.138	209	0.269	100	0.18	220	0.196	251	-260.91	193
寶雞	0.168	103	0.199	253	0.183	207	0.202	239	-263.02	194
安陽	0.159	126	0.216	208	0.183	207	0.203	235	-264.19	195
陽江	0.12	283	0.294	93	0.158	262	0.235	167	-264.5	196
呼倫貝爾	0.199	64	0.11	296	0.223	109	0.175	275	-268.39	197
梧州	0.141	198	0.196	256	0.191	189	0.249	134	-271.19	198
滄州	0.124	267	0.229	158	0.2	168	0.234	168	-272	199
揭陽	0.123	272	0.319	80	0.141	282	0.215	207	-272.29	200
周口	0.123	272	0.238	134	0.216	126	0.201	243	-273.25	201
清遠	0.142	191	0.268	102	0.144	279	0.227	177	-274.55	202
玉林	0.124	267	0.222	183	0.199	173	0.241	158	-275.22	203
六安	0.133	227	0.219	196	0.198	174	0.224	181	-275.25	204
瀘州	0.138	209	0.212	218	0.18	220	0.248	135	-275.79	205
張家口	0.129	247	0.221	187	0.22	113	0.196	251	-277.18	206
邢臺	0.174	94	0.212	218	0.144	279	0.217	203	-277.49	207
鐵嶺	0.123	272	0.222	183	0.183	207	0.262	118	-278.64	208
鶴壁	0.145	180	0.242	127	0.166	250	0.213	215	-279.01	209
新鄉	0.139	205	0.24	133	0.189	195	0.194	256	-280.07	210
黑河	0.137	213	0.236	141	0.181	215	0.215	207	-280.09	211
內江	0.133	227	0.241	132	0.17	240	0.231	171	-282.97	212
漢中	0.126	259	0.225	172	0.203	158	0.218	199	-283.3	213
自貢	0.126	259	0.234	147	0.18	220	0.241	158	-283.56	214
白城	0.128	250	0.215	210	0.211	138	0.213	215	-283.84	215
雙鴨山	0.121	279	0.254	115	0.168	246	0.246	140	-283.91	216
駐馬店	0.128	250	0.232	149	0.211	138	0.191	261	-284.3	217
烏海	0.217	45	0.128	281	0.166	250	0.18	274	-285.08	218
包頭	0.228	41	0.142	275	0.151	273	0.16	282	-285.19	219
孝感	0.122	278	0.208	231	0.229	99	0.207	222	-285.2	220
淮南	0.112	296	0.22	191	0.21	144	0.241	158	-286.32	221
信陽	0.13	241	0.229	158	0.222	112	0.173	276	-287.01	222
德陽	0.139	205	0.222	183	0.152	272	0.262	118	-288.58	223
張掖	0.178	88	0.126	283	0.247	74	0.144	288	-291.5	224
牡丹江	0.146	172	0.232	149	0.17	240	0.203	235	-292.17	225
邵陽	0.136	219	0.221	187	0.167	249	0.243	152	-294.74	226
南陽	0.135	223	0.21	222	0.205	155	0.2	246	-294.89	227
懷化	0.155	137	0.211	221	0.154	270	0.229	173	-295.09	228
白銀	0.136	219	0.208	231	0.211	138	0.19	265	-295.67	229
基隆	0.153	144	0.221	187	0.162	258	0.208	221	-296.59	230
天水	0.135	223	0.205	242	0.196	178	0.216	206	-297.39	231
保山	0.13	241	0.19	259	0.215	131	0.215	207	-300.31	232
臨汾	0.184	81	0.135	278	0.187	200	0.191	261	-308.62	233
松原	0.116	292	0.219	196	0.174	233	0.263	116	-310.14	234
通化	0.124	267	0.22	191	0.173	234	0.245	144	-310.89	235
晉中	0.164	114	0.139	277	0.204	157	0.204	232	-312.29	236
開封	0.126	259	0.255	113	0.14	283	0.245	144	-313.27	237
阜陽	0.117	288	0.202	248	0.185	205	0.262	118	-313.56	238
益陽	0.132	232	0.223	180	0.182	212	0.202	239	-316.66	239
四平	0.117	288	0.226	168	0.166	250	0.258	125	-316.95	240
大同	0.146	172	0.145	274	0.217	121	0.214	212	-317.06	241
長治	0.156	132	0.155	272	0.207	152	0.191	261	-317.65	242
宜賓	0.157	131	0.229	158	0.134	288	0.205	229	-320.83	243
新竹	0.147	167	0.213	217	0.162	258	0.207	222	-321.31	244

表 3.10.1 2015 年度城市文化形象競爭力排名

城市	文化設施指數	排名	文化意識指數	排名	文化資源指數	排名	城市營銷能力指數	排名	城市文化形象競爭力	排名
雞西	0.127	255	0.217	203	0.181	215	0.218	199	-322.86	245
資陽	0.143	186	0.267	105	0.112	298	0.224	181	-323.04	246
綏化	0.148	164	0.231	151	0.139	284	0.213	215	-325.74	247
遂寧	0.129	247	0.236	141	0.159	261	0.218	199	-327.18	248
嘉義	0.148	164	0.209	226	0.158	262	0.206	224	-329.57	249
漯河	0.112	296	0.238	134	0.19	193	0.205	229	-331.94	250
固原	0.18	86	0.184	264	0.171	237	0.141	289	-333.4	251
宿州	0.109	299	0.208	231	0.206	154	0.221	190	-334.01	252
忻州	0.163	116	0.124	285	0.195	182	0.214	212	-335.54	253
許昌	0.133	227	0.225	172	0.171	237	0.194	256	-338.21	254
貴港	0.131	236	0.198	255	0.177	227	0.221	190	-339.51	255
酒泉	0.187	75	0.119	290	0.2	168	0.145	287	-348.08	256
銅仁	0.123	272	0.208	231	0.186	203	0.197	249	-355.51	257
來賓	0.151	150	0.19	259	0.158	262	0.196	251	-355.58	258
雅安	0.136	219	0.218	198	0.157	266	0.195	255	-358.5	259
百色	0.161	122	0.164	270	0.155	269	0.204	232	-361.16	260
滁州	0.117	288	0.216	208	0.168	246	0.221	190	-362.08	261
呂梁	0.142	191	0.14	276	0.209	145	0.192	260	-365.76	262
廣安	0.152	148	0.205	242	0.121	296	0.217	203	-367.99	263
吳忠	0.165	109	0.206	237	0.13	292	0.167	280	-375.08	264
南充	0.119	285	0.224	174	0.146	277	0.225	178	-375.56	265
巴中	0.143	186	0.237	139	0.106	299	0.213	215	-376.4	266
三門峽	0.158	130	0.173	268	0.164	253	0.17	278	-377.63	267
六盤水	0.121	279	0.206	237	0.135	287	0.256	130	-379.94	268
陽泉	0.149	159	0.132	280	0.177	227	0.217	203	-380.26	269
平涼	0.154	141	0.118	291	0.217	121	0.16	282	-381.35	270
濮陽	0.124	267	0.226	168	0.145	278	0.206	224	-383.17	271
高雄	0.114	293	0.215	210	0.169	244	0.205	229	-383.73	272
運城	0.15	157	0.125	284	0.193	187	0.186	270	-392.01	273
達州	0.142	191	0.235	144	0.1	300	0.21	220	-393.6	274
石嘴山	0.156	132	0.201	249	0.153	271	0.139	291	-394.55	275
遼源	0.12	283	0.23	155	0.127	294	0.22	196	-401.2	276
晉城	0.159	126	0.114	294	0.176	230	0.194	256	-403.97	277
眉山	0.121	279	0.228	165	0.118	297	0.229	173	-405.23	278
赤峰	0.147	167	0.127	282	0.183	207	0.188	267	-408.96	279
朔州	0.155	137	0.115	292	0.181	215	0.185	271	-411.13	280
樂山	0.113	294	0.215	210	0.142	281	0.221	190	-411.54	281
婁底	0.126	259	0.206	237	0.126	295	0.22	196	-415.1	282
河池	0.129	247	0.181	266	0.163	257	0.182	273	-422.58	283
賀州	0.13	241	0.173	268	0.157	266	0.191	261	-431.11	284
安順	0.127	255	0.207	236	0.129	293	0.196	251	-432.11	285
通遼	0.137	213	0.147	273	0.183	207	0.159	284	-438.65	286
崇左	0.127	255	0.158	271	0.16	260	0.189	266	-450.7	287
商洛	0.141	198	0.135	278	0.173	234	0.148	286	-466.6	288
定西	0.144	184	0.113	295	0.191	189	0.138	293	-471.64	289
畢節	0.1	300	0.201	249	0.132	291	0.197	249	-494.31	290
中衛	0.136	219	0.184	264	0.133	290	0.129	294	-498.09	291
麗江	0.138	209	0.115	292	0.19	193	0.114	298	-507.19	292
武威	0.113	294	0.121	287	0.184	206	0.159	284	-521.67	293
烏蘭察布	0.133	227	0.105	297	0.178	225	0.139	291	-522.98	294
隴南	0.151	150	0.104	298	0.169	244	0.106	299	-529.46	295
巴彥淖爾	0.15	157	0.1	300	0.15	275	0.141	289	-530.36	296
慶陽	0.139	205	0.103	299	0.181	215	0.1	300	-545.86	297
臨滄	0.126	259	0.121	287	0.136	286	0.126	295	-593.52	298
昭通	0.11	298	0.122	286	0.156	268	0.121	296	-603.42	299
普洱	0.119	285	0.121	287	0.137	285	0.115	297	-618.94	300

第四篇　2015 年度中國城市綜合競爭力三級指標分值

4.1 城市經濟競爭力三級指標分值

表 4.1.1 2015 年度城市經濟競爭力三級指標分值

城市	城市人口規模	城區面積	GDP 規模	GDP 增長率	人均 GDP	地均 GDP	城市經營率	城市化率
北京	0.739	0.158	0.914	0.832	0.255	0.11	0.208	0.949
天津	0.543	0.142	0.698	0.833	0.265	0.11	0.183	0.829
石家莊	0.414	0.156	0.289	0.696	0.166	0.102	0.137	0.293
唐山	0.328	0.149	0.332	0.601	0.221	0.103	0.131	0.443
秦皇島	0.186	0.128	0.139	0.63	0.15	0.101	0.156	0.339
邯鄲	0.378	0.143	0.211	0.568	0.14	0.102	0.134	0.188
邢臺	0.313	0.144	0.157	0.669	0.123	0.101	0.132	0.163
保定	0.405	0.174	0.199	0.637	0.129	0.101	0.14	0.142
張家口	0.228	0.231	0.145	0.645	0.136	0.1	0.154	0.228
承德	0.2	0.241	0.144	0.716	0.148	0.1	0.147	0.203
滄州	0.316	0.15	0.213	0.67	0.156	0.102	0.133	0.122
廊坊	0.229	0.123	0.171	0.724	0.162	0.102	0.162	0.24
衡水	0.227	0.131	0.136	0.743	0.127	0.101	0.136	0.142
太原	0.223	0.125	0.19	0.697	0.184	0.103	0.161	0.788
大同	0.196	0.15	0.131	0.669	0.134	0.101	0.159	0.55
陽泉	0.135	0.116	0.116	0.574	0.159	0.101	0.148	0.559
長治	0.196	0.149	0.144	0.544	0.15	0.101	0.17	0.254
晉城	0.163	0.133	0.132	0.562	0.16	0.101	0.157	0.214
朔州	0.146	0.138	0.131	0.483	0.181	0.101	0.159	0.446
晉中	0.194	0.158	0.132	0.611	0.137	0.1	0.169	0.229
運城	0.252	0.15	0.139	0.712	0.122	0.101	0.122	0.18
忻州	0.188	0.189	0.118	0.634	0.12	0.1	0.168	0.224
臨汾	0.227	0.172	0.139	0.525	0.13	0.1	0.16	0.234
呂梁	0.209	0.176	0.135	0.239	0.133	0.1	0.194	0.123
呼和浩特	0.184	0.161	0.204	0.753	0.248	0.101	0.138	0.558
包頭	0.177	0.199	0.232	0.664	0.308	0.101	0.136	0.67
烏海	0.11	0.106	0.115	0.708	0.268	0.103	0.171	1
赤峰	0.225	0.42	0.161	0.714	0.154	0.1	0.131	0.309
通遼	0.188	0.312	0.165	0.674	0.186	0.1	0.133	0.307
鄂爾多斯	0.154	0.409	0.253	0.706	0.435	0.1	0.166	0.22
呼倫貝爾	0.17	1	0.151	0.742	0.186	0.1	0.135	0.193
巴彥淖爾	0.144	0.329	0.126	0.667	0.172	0.1	0.141	0.363
烏蘭察布	0.158	0.294	0.126	0.688	0.153	0.1	0.154	0.16
瀋陽	0.345	0.146	0.385	0.73	0.24	0.105	0.166	0.737
大連	0.305	0.145	0.387	0.552	0.271	0.105	0.169	0.536
鞍山	0.203	0.133	0.197	0.644	0.212	0.102	0.154	0.464
撫順	0.157	0.14	0.145	0.617	0.196	0.101	0.16	0.676
本溪	0.146	0.13	0.14	0.543	0.204	0.101	0.166	0.636
丹東	0.167	0.154	0.138	0.747	0.166	0.101	0.172	0.365
錦州	0.187	0.136	0.146	0.684	0.161	0.101	0.16	0.357
營口	0.167	0.287	0.154	0.742	0.196	0.1	0.171	0.428
阜新	0.148	0.137	0.116	0.603	0.143	0.1	0.17	0.439
遼陽	0.149	0.117	0.136	0.645	0.189	0.102	0.16	0.516
盤錦	0.137	0.114	0.147	0.716	0.252	0.103	0.165	0.525
鐵嶺	0.174	0.146	0.134	0.636	0.152	0.101	0.16	0.193
朝陽	0.184	0.17	0.132	0.601	0.142	0.1	0.169	0.224
葫蘆島	0.172	0.137	0.123	0.646	0.136	0.101	0.169	0.388
長春	0.329	0.173	0.3	0.777	0.202	0.102	0.143	0.512
吉林	0.228	0.197	0.197	0.679	0.189	0.101	0.131	0.456
四平	0.197	0.15	0.142	0.746	0.148	0.101	0.128	0.225

表 4.1.1 2015 年度城市經濟競爭力三級指標分值

城市	城市人口規模	城區面積	GDP 規模	GDP 增長率	人均 GDP	地均 GDP	城市經營率	城市化率
遼源	0.13	0.118	0.122	0.806	0.189	0.101	0.119	0.423
通化	0.164	0.155	0.134	0.751	0.162	0.101	0.142	0.244
白山	0.132	0.162	0.12	0.737	0.177	0.1	0.139	0.484
松原	0.182	0.175	0.159	0.713	0.185	0.101	0.121	0.245
白城	0.155	0.192	0.121	0.733	0.145	0.1	0.13	0.292
哈爾濱	0.418	0.289	0.298	0.662	0.169	0.101	0.146	0.505
齊齊哈爾	0.257	0.251	0.14	0.535	0.123	0.1	0.119	0.29
雞西	0.15	0.18	0.113	0.21	0.133	0.1	0.15	0.487
鶴崗	0.125	0.152	0.102	0.1	0.125	0.1	0.149	0.641
雙鴨山	0.137	0.183	0.11	0.1	0.136	0.1	0.139	0.368
大慶	0.182	0.177	0.249	0.368	0.32	0.101	0.12	0.511
伊春	0.128	0.217	0.102	0.309	0.122	0.1	0.134	0.66
佳木斯	0.171	0.216	0.123	0.732	0.136	0.1	0.133	0.364
七台河	0.121	0.122	0.101	0.305	0.124	0.1	0.153	0.64
牡丹江	0.178	0.237	0.137	0.429	0.155	0.1	0.148	0.38
黑河	0.144	0.343	0.108	0.776	0.126	0.1	0.133	0.171
綏化	0.258	0.224	0.142	0.761	0.124	0.1	0.13	0.203
上海	0.831	0.122	1	0.823	0.25	0.129	0.21	0.955
南京	0.343	0.123	0.432	0.853	0.267	0.11	0.158	1
無錫	0.291	0.116	0.408	0.6	0.299	0.114	0.154	0.541
徐州	0.355	0.14	0.283	0.907	0.182	0.103	0.153	0.362
常州	0.236	0.115	0.281	0.922	0.261	0.109	0.151	0.654
蘇州	0.416	0.13	0.622	0.722	0.305	0.113	0.16	0.536
南通	0.316	0.128	0.31	0.915	0.215	0.105	0.153	0.317
連雲港	0.228	0.127	0.168	0.853	0.159	0.102	0.174	0.234
淮安	0.24	0.136	0.187	0.967	0.17	0.102	0.169	0.546
鹽城	0.313	0.16	0.24	0.861	0.174	0.102	0.159	0.248
揚州	0.229	0.123	0.235	0.961	0.224	0.104	0.143	0.53
鎮江	0.189	0.114	0.218	0.883	0.259	0.107	0.148	0.414
泰州	0.234	0.121	0.222	0.913	0.207	0.104	0.146	0.359
宿遷	0.24	0.13	0.167	0.945	0.152	0.102	0.159	0.334
杭州	0.363	0.159	0.447	0.858	0.261	0.104	0.164	0.658
寧波	0.327	0.135	0.385	0.749	0.252	0.106	0.165	0.426
溫州	0.374	0.142	0.258	0.774	0.163	0.103	0.146	0.232
嘉興	0.232	0.114	0.221	0.746	0.209	0.107	0.152	0.289
湖州	0.182	0.121	0.168	0.804	0.198	0.103	0.149	0.451
紹興	0.244	0.129	0.257	0.776	0.23	0.104	0.142	0.519
金華	0.259	0.139	0.216	0.801	0.184	0.102	0.146	0.244
衢州	0.158	0.131	0.135	0.733	0.173	0.101	0.139	0.366
舟山	0.128	0.105	0.132	0.843	0.236	0.105	0.156	0.741
台州	0.277	0.133	0.223	0.773	0.179	0.103	0.145	0.306
麗水	0.158	0.162	0.133	0.757	0.168	0.1	0.143	0.197
合肥	0.325	0.141	0.291	0.861	0.199	0.103	0.152	0.375
蕪湖	0.203	0.121	0.181	0.848	0.193	0.103	0.157	0.39
蚌埠	0.191	0.121	0.135	0.849	0.142	0.101	0.152	0.322
淮南	0.165	0.109	0.123	0.44	0.14	0.102	0.188	0.751
馬鞍山	0.16	0.114	0.145	0.699	0.188	0.103	0.205	0.396
淮北	0.158	0.11	0.121	0.737	0.143	0.102	0.141	0.526
銅陵	0.115	0.104	0.12	0.707	0.249	0.105	0.155	0.631
安慶	0.256	0.154	0.152	0.817	0.132	0.101	0.139	0.167
黃山	0.134	0.135	0.112	0.785	0.147	0.1	0.173	0.337
滁州	0.213	0.148	0.138	0.837	0.135	0.101	0.16	0.169
阜陽	0.328	0.135	0.136	0.786	0.109	0.101	0.146	0.249
宿州	0.259	0.135	0.136	0.881	0.119	0.101	0.136	0.331
六安	0.266	0.164	0.134	0.776	0.116	0.1	0.146	0.304
亳州	0.245	0.13	0.125	0.775	0.112	0.101	0.146	0.305
池州	0.136	0.129	0.112	0.816	0.144	0.1	0.181	0.446
宣城	0.171	0.144	0.127	0.798	0.144	0.101	0.174	0.348
福州	0.317	0.146	0.291	0.865	0.203	0.103	0.154	0.336

表 4.1.1 2015 年度城市經濟競爭力三級指標分值

城市	城市人口規模	城區面積	GDP 規模	GDP 增長率	人均 GDP	地均 GDP	城市經營率	城市化率
廈門	0.207	0.105	0.218	0.804	0.233	0.116	0.194	1
莆田	0.179	0.115	0.15	0.906	0.174	0.103	0.138	0.685
三明	0.169	0.182	0.155	0.842	0.193	0.101	0.133	0.151
泉州	0.348	0.139	0.313	0.846	0.2	0.104	0.137	0.197
漳州	0.243	0.145	0.189	0.913	0.17	0.102	0.137	0.166
南平	0.173	0.193	0.14	0.894	0.163	0.1	0.135	0.205
龍岩	0.172	0.168	0.155	0.836	0.19	0.101	0.144	0.211
寧德	0.18	0.148	0.145	0.886	0.166	0.101	0.139	0.183
南昌	0.251	0.126	0.234	0.848	0.204	0.104	0.149	0.475
景德鎮	0.142	0.119	0.121	0.805	0.161	0.101	0.162	0.321
萍鄉	0.15	0.114	0.126	0.8	0.162	0.102	0.161	0.48
九江	0.239	0.168	0.161	0.884	0.147	0.101	0.161	0.177
新餘	0.128	0.111	0.127	0.746	0.216	0.102	0.158	0.745
鷹潭	0.128	0.113	0.116	0.84	0.174	0.101	0.168	0.233
贛州	0.352	0.24	0.163	0.855	0.12	0.1	0.162	0.123
吉安	0.241	0.19	0.14	0.866	0.127	0.1	0.161	0.159
宜春	0.26	0.166	0.151	0.844	0.131	0.101	0.165	0.235
撫州	0.214	0.167	0.132	0.857	0.128	0.1	0.16	0.324
上饒	0.296	0.181	0.152	0.869	0.123	0.101	0.166	0.107
濟南	0.309	0.129	0.315	0.86	0.223	0.105	0.151	0.603
青島	0.369	0.14	0.427	0.807	0.247	0.106	0.156	0.503
淄博	0.234	0.121	0.247	0.73	0.232	0.105	0.141	0.683
棗莊	0.21	0.116	0.169	0.795	0.171	0.103	0.14	0.596
東營	0.157	0.129	0.224	0.716	0.362	0.103	0.132	0.481
煙臺	0.307	0.149	0.323	0.757	0.229	0.103	0.145	0.319
濰坊	0.375	0.157	0.277	0.798	0.172	0.102	0.149	0.252
濟寧	0.344	0.14	0.239	0.806	0.162	0.103	0.149	0.253
泰安	0.263	0.128	0.208	0.777	0.175	0.103	0.134	0.325
威海	0.179	0.12	0.2	0.833	0.253	0.104	0.143	0.302
日照	0.18	0.119	0.154	0.773	0.179	0.102	0.138	0.48
萊蕪	0.134	0.108	0.119	0.708	0.17	0.102	0.141	1
臨沂	0.405	0.161	0.23	0.759	0.143	0.102	0.137	0.273
德州	0.267	0.137	0.192	0.715	0.161	0.102	0.135	0.155
聊城	0.274	0.132	0.189	0.74	0.156	0.102	0.132	0.24
濱州	0.21	0.134	0.18	0.719	0.184	0.102	0.146	0.217
菏澤	0.351	0.143	0.178	0.799	0.128	0.101	0.144	0.203
鄭州	0.374	0.126	0.354	0.831	0.209	0.107	0.166	0.587
開封	0.235	0.123	0.15	0.922	0.138	0.102	0.132	0.205
洛陽	0.295	0.154	0.219	0.692	0.168	0.102	0.144	0.319
平頂山	0.244	0.128	0.155	0.705	0.14	0.102	0.145	0.228
安陽	0.248	0.126	0.161	0.743	0.143	0.102	0.131	0.235
鶴壁	0.142	0.108	0.119	0.84	0.156	0.102	0.135	0.412
新鄉	0.266	0.13	0.166	0.808	0.141	0.102	0.141	0.212
焦作	0.2	0.114	0.163	0.794	0.173	0.103	0.132	0.308
濮陽	0.202	0.115	0.141	0.877	0.143	0.102	0.129	0.21
許昌	0.224	0.118	0.173	0.873	0.167	0.103	0.131	0.135
漯河	0.171	0.108	0.129	0.866	0.146	0.103	0.134	0.536
三門峽	0.161	0.137	0.14	0.638	0.178	0.101	0.14	0.18
南陽	0.401	0.194	0.195	0.764	0.128	0.101	0.127	0.206
商丘	0.315	0.138	0.158	0.861	0.123	0.101	0.13	0.239
信陽	0.288	0.156	0.16	0.884	0.13	0.101	0.123	0.22
周口	0.361	0.142	0.169	0.958	0.122	0.101	0.122	0.1
駐馬店	0.303	0.154	0.157	0.937	0.125	0.101	0.125	0.14
武漢	0.405	0.13	0.48	0.887	0.251	0.109	0.209	0.644
黃石	0.167	0.116	0.139	0.746	0.168	0.102	0.139	0.282
十堰	0.196	0.184	0.139	0.884	0.144	0.1	0.137	0.203
宜昌	0.218	0.175	0.213	0.887	0.214	0.101	0.14	0.356
襄陽	0.264	0.17	0.213	0.886	0.179	0.101	0.137	0.415
鄂州	0.125	0.106	0.119	0.831	0.195	0.103	0.134	1

表 4.1.1 2015 年度城市經濟競爭力三級指標分值

城市	城市人口規模	城區面積	GDP 規模	GDP 增長率	人均 GDP	地均 GDP	城市經營率	城市化率
荊門	0.181	0.144	0.143	0.819	0.161	0.101	0.127	0.267
孝感	0.241	0.132	0.144	0.83	0.131	0.101	0.14	0.227
荊州	0.268	0.15	0.149	0.877	0.127	0.101	0.129	0.215
黃岡	0.284	0.162	0.149	0.876	0.124	0.101	0.133	0.1
咸寧	0.169	0.136	0.129	0.867	0.149	0.101	0.137	0.252
隨州	0.159	0.134	0.12	0.829	0.14	0.101	0.124	0.238
長沙	0.313	0.142	0.394	0.832	0.268	0.105	0.142	0.482
株洲	0.213	0.14	0.176	0.877	0.177	0.101	0.142	0.28
湘潭	0.178	0.118	0.153	0.826	0.179	0.102	0.138	0.341
衡陽	0.314	0.154	0.185	0.863	0.14	0.101	0.14	0.167
邵陽	0.313	0.174	0.141	0.899	0.113	0.1	0.132	0.136
岳陽	0.263	0.153	0.195	0.845	0.165	0.101	0.123	0.238
常德	0.27	0.165	0.189	0.88	0.157	0.101	0.129	0.272
張家界	0.139	0.134	0.108	0.914	0.129	0.1	0.138	0.346
益陽	0.226	0.144	0.141	0.897	0.132	0.101	0.124	0.322
郴州	0.235	0.169	0.164	0.883	0.152	0.101	0.148	0.191
永州	0.256	0.179	0.142	0.907	0.125	0.1	0.132	0.229
懷化	0.24	0.198	0.138	0.74	0.125	0.1	0.14	0.124
婁底	0.21	0.129	0.139	0.799	0.137	0.101	0.131	0.158
廣州	0.488	0.126	0.736	0.8	0.304	0.117	0.142	0.835
韶關	0.181	0.165	0.135	0.851	0.149	0.1	0.139	0.322
深圳	0.417	0.107	0.709	0.861	0.34	0.162	0.167	1
珠海	0.141	0.106	0.164	0.902	0.282	0.109	0.165	1
汕頭	0.26	0.107	0.158	0.838	0.137	0.106	0.14	0.987
佛山	0.316	0.113	0.385	0.804	0.261	0.116	0.135	1
江門	0.23	0.134	0.173	0.674	0.162	0.102	0.147	0.391
湛江	0.312	0.147	0.179	0.839	0.137	0.101	0.128	0.242
茂名	0.276	0.141	0.183	0.812	0.15	0.102	0.122	0.225
肇慶	0.216	0.153	0.163	0.884	0.161	0.101	0.14	0.177
惠州	0.236	0.14	0.208	0.911	0.192	0.102	0.151	0.437
梅州	0.224	0.156	0.126	0.872	0.118	0.1	0.148	0.229
汕尾	0.184	0.117	0.12	0.752	0.124	0.101	0.141	0.195
河源	0.186	0.156	0.122	0.925	0.126	0.1	0.139	0.135
陽江	0.169	0.128	0.137	0.921	0.163	0.101	0.127	0.283
清遠	0.209	0.168	0.138	0.81	0.137	0.1	0.148	0.365
東莞	0.347	0.109	0.319	0.764	0.204	0.119	0.142	1
中山	0.19	0.106	0.201	0.76	0.235	0.112	0.149	1
潮州	0.175	0.111	0.125	0.819	0.137	0.102	0.126	0.63
揭陽	0.276	0.119	0.161	0.877	0.134	0.103	0.122	0.339
雲浮	0.167	0.128	0.118	0.857	0.13	0.101	0.142	0.157
南寧	0.302	0.179	0.214	0.919	0.162	0.101	0.15	0.42
柳州	0.211	0.166	0.174	0.715	0.177	0.101	0.136	0.349
桂林	0.242	0.199	0.161	0.783	0.146	0.1	0.138	0.194
梧州	0.183	0.145	0.131	0.593	0.141	0.101	0.153	0.202
北海	0.141	0.112	0.125	1	0.175	0.102	0.129	0.41
防城港	0.12	0.122	0.115	0.914	0.195	0.101	0.142	0.617
欽州	0.189	0.143	0.125	0.953	0.129	0.101	0.131	0.404
貴港	0.222	0.138	0.123	0.806	0.116	0.101	0.123	0.398
玉林	0.265	0.146	0.144	0.909	0.124	0.101	0.134	0.199
百色	0.201	0.229	0.128	0.976	0.127	0.1	0.144	0.137
賀州	0.154	0.142	0.109	0.664	0.121	0.1	0.13	0.518
河池	0.198	0.219	0.115	0.961	0.113	0.1	0.127	0.132
來賓	0.158	0.148	0.114	0.758	0.127	0.1	0.14	0.442
崇左	0.155	0.162	0.117	0.884	0.138	0.1	0.145	0.196
海口	0.159	0.108	0.131	0.885	0.162	0.103	0.153	1
三亞	0.115	0.107	0.108	0.798	0.177	0.102	0.205	1
重慶	1	0.393	0.642	0.931	0.165	0.101	0.183	0.558
成都	0.53	0.143	0.48	0.862	0.203	0.106	0.1	0.505
自貢	0.176	0.115	0.134	0.765	0.15	0.102	0.133	0.489

表 4.1.1 2015 年度城市經濟競爭力三級指標分值

城市	城市人口規模	城區面積	GDP 規模	GDP 增長率	人均 GDP	地均 GDP	城市經營率	城市化率
攀枝花	0.13	0.126	0.126	0.812	0.204	0.101	0.179	0.635
瀘州	0.222	0.143	0.141	0.864	0.134	0.101	0.139	0.333
德陽	0.2	0.121	0.151	0.807	0.157	0.102	0.136	0.221
綿陽	0.236	0.172	0.153	0.807	0.141	0.101	0.11	0.272
廣元	0.171	0.158	0.114	0.824	0.121	0.1	0.136	0.34
遂寧	0.193	0.119	0.123	0.847	0.125	0.101	0.128	0.433
內江	0.207	0.119	0.137	0.795	0.136	0.102	0.139	0.372
樂山	0.192	0.145	0.139	0.742	0.146	0.101	0.133	0.364
南充	0.286	0.144	0.147	0.784	0.122	0.101	0.126	0.3
眉山	0.184	0.125	0.129	0.846	0.137	0.101	0.167	0.289
宜賓	0.229	0.147	0.148	0.775	0.138	0.101	0.115	0.273
廣安	0.191	0.122	0.128	0.854	0.132	0.101	0.14	0.31
達州	0.261	0.159	0.144	0.797	0.125	0.101	0.109	0.137
雅安	0.14	0.153	0.11	0.869	0.135	0.1	0.136	0.431
巴中	0.194	0.144	0.11	0.844	0.107	0.1	0.166	0.385
資陽	0.202	0.128	0.138	0.834	0.14	0.101	0.505	0.261
貴陽	0.231	0.129	0.188	1	0.177	0.102	0.13	0.623
六盤水	0.181	0.135	0.132	1	0.145	0.101	0.182	0.192
遵義	0.28	0.209	0.164	1	0.135	0.1	0.114	0.163
安順	0.163	0.133	0.112	1	0.121	0.1	0.255	0.348
畢節	0.293	0.196	0.141	1	0.116	0.1	0.12	0.224
銅仁	0.188	0.164	0.117	1	0.119	0.1	1	0.157
昆明	0.294	0.175	0.235	0.811	0.179	0.101	0.176	0.53
曲靖	0.275	0.203	0.156	0.674	0.13	0.1	0.145	0.161
玉溪	0.164	0.154	0.138	0.774	0.17	0.101	0.155	0.246
保山	0.171	0.17	0.112	0.892	0.117	0.1	0.153	0.393
昭通	0.256	0.18	0.118	0.718	0.105	0.1	0.143	0.194
麗江	0.132	0.175	0.102	0.707	0.118	0.1	0.21	0.175
普洱	0.172	0.262	0.11	0.829	0.114	0.1	0.172	0.168
臨滄	0.169	0.184	0.11	0.903	0.115	0.1	0.149	0.183
拉薩	0.11	0.205	0.106	0.951	0.191	0.1	0.189	0.527
西安	0.355	0.136	0.303	0.913	0.192	0.104	0.157	0.735
銅川	0.119	0.114	0.105	0.722	0.152	0.101	0.143	0.895
寶雞	0.207	0.164	0.156	0.769	0.159	0.101	0.126	0.407
咸陽	0.244	0.136	0.172	0.9	0.155	0.102	0.122	0.219
渭南	0.256	0.147	0.149	0.799	0.13	0.101	0.126	0.22
延安	0.16	0.232	0.146	0.621	0.19	0.1	0.17	0.242
漢中	0.197	0.197	0.13	0.922	0.133	0.1	0.121	0.194
榆林	0.196	0.255	0.208	0.718	0.235	0.101	0.154	0.194
安康	0.173	0.184	0.119	0.971	0.128	0.1	0.121	0.37
商洛	0.164	0.169	0.114	0.934	0.125	0.1	0.126	0.264
蘭州	0.204	0.146	0.166	0.767	0.172	0.101	0.14	0.689
嘉峪關	0.1	0.11	0.102	0.81	0.272	0.101	0.136	1
金昌	0.107	0.132	0.102	0.478	0.172	0.1	0.139	0.521
白銀	0.145	0.175	0.111	0.795	0.133	0.1	0.129	0.316
天水	0.193	0.151	0.111	0.656	0.109	0.1	0.133	0.388
武威	0.148	0.218	0.108	0.731	0.121	0.1	0.127	0.565
張掖	0.13	0.249	0.106	0.725	0.133	0.1	0.128	0.429
平涼	0.157	0.14	0.106	0.559	0.111	0.1	0.14	0.265
酒泉	0.127	0.791	0.117	0.509	0.181	0.1	0.125	0.404
慶陽	0.161	0.196	0.118	0.805	0.135	0.1	0.159	0.19
定西	0.177	0.172	0.103	0.797	0.1	0.1	0.138	0.202
隴南	0.171	0.199	0.102	0.706	0.101	0.1	0.206	0.243
西寧	0.162	0.127	0.134	0.852	0.164	0.101	0.138	0.571
海東	0.137	0.148	0.107	0.912	0.128	0.1	0.121	0.218
銀川	0.156	0.132	0.146	0.838	0.198	0.101	0.16	0.621
石嘴山	0.116	0.119	0.11	0.69	0.188	0.101	0.161	0.617
吳忠	0.133	0.16	0.107	0.845	0.133	0.1	0.152	0.318
固原	0.131	0.146	0.1	0.832	0.111	0.1	0.14	0.34

表 4.1.1 2015 年度城市經濟競爭力三級指標分值

城市	城市人口規模	城區面積	GDP 規模	GDP 增長率	人均 GDP	地均 GDP	城市經營率	城市化率
中衛	0.127	0.162	0.104	0.655	0.128	0.1	0.135	0.37
烏魯木齊	0.198	0.149	0.189	0.687	0.207	0.101	0.175	0.978
克拉瑪依	0.104	0.127	0.125	0.527	0.464	0.101	0.148	1
香港	0.314	0.104	0.777	0.736	0.502	0.225	0.2	1
澳門	0.112	0.1	0.224	0.538	1	1	0.274	1
新北	0.214	0.107	0.303	0.664	0.318	0.121	0.131	0.95
臺北	0.175	0.101	0.236	0.664	0.318	0.206	0.155	0.95
桃園	0.156	0.104	0.201	0.664	0.318	0.118	0.126	0.95
台中	0.176	0.108	0.237	0.664	0.318	0.113	0.134	0.95
台南	0.15	0.108	0.192	0.664	0.318	0.109	0.135	0.95
高雄	0.178	0.11	0.24	0.664	0.318	0.11	0.137	0.95
基隆	0.104	0.1	0.112	0.664	0.318	0.13	0.141	0.95
新竹	0.106	0.1	0.115	0.664	0.318	0.144	0.136	0.95
嘉義	0.101	0.1	0.107	0.664	0.318	0.148	0.138	0.95

表 4.1.2 2015 年度城市經濟競爭力三級指標分值（續）

城市	城市化帶動率	實際利用外資總額	簽訂外資合同數	國際旅遊收入	人均國際旅遊收入	人均可支配收入	人均消費支出	恩格爾係數(逆)
北京	0.986	0.169	0.386	0.455	0.122	0.284	0.243	0.686
天津	0.918	0.236	0.236	0.215	0.11	0.254	0.235	0.686
石家莊	0.372	0.108	0.11	0.103	0.1	0.177	0.167	0.563
唐山	0.426	0.111	0.104	0.102	0.1	0.2	0.187	0.629
秦皇島	0.55	0.106	0.102	0.102	0.101	0.177	0.181	0.54
邯鄲	0.291	0.107	0.112	0.102	0.1	0.148	0.138	0.434
邢臺	0.192	0.104	0.103	0.101	0.1	0.125	0.123	0.59
保定	0.289	0.105	0.104	0.103	0.1	0.14	0.137	0.588
張家口	0.36	0.102	0.101	0.102	0.101	0.138	0.138	0.574
承德	0.237	0.1	0.101	0.102	0.101	0.133	0.13	0.383
滄州	0.23	0.103	0.112	0.101	0.1	0.159	0.149	0.613
廊坊	0.276	0.106	0.17	0.101	0.1	0.204	0.205	0.793
衡水	0.25	0.102	0.105	0.1	0.1	0.122	0.123	0.69
太原	0.922	0.108	0.104	0.102	0.101	0.176	0.157	0.649
大同	0.807	0.101	0.1	0.102	0.101	0.154	0.124	0.584
陽泉	0.654	0.102	0.1	0.101	0.101	0.17	0.145	0.691
長治	0.284	0.103	0.1	0.101	0.101	0.166	0.138	0.749
晉城	0.235	0.102	0.1	0.101	0.101	0.17	0.134	0.94
朔州	0.565	0.101	0.1	0.101	0.1	0.176	0.135	0.74
晉中	0.23	0.101	0.102	0.102	0.101	0.174	0.131	0.797
運城	0.187	0.1	0.1	0.102	0.1	0.147	0.131	0.809
忻州	0.201	0.1	0.1	0.101	0.101	0.144	0.117	0.679
臨汾	0.225	0.101	0.101	0.101	0.1	0.158	0.126	0.868
呂梁	0.1	0.103	0.102	0.101	0.1	0.142	0.123	0.689
呼和浩特	0.741	0.107	0.101	0.101	0.1	0.247	0.245	0.731
包頭	0.845	0.111	0.104	0.101	0.1	0.253	0.245	0.731
烏海	1	0.101	0.101	0.1	0.1	0.219	0.24	0.773
赤峰	0.45	0.1	0.1	0.1	0.1	0.151	0.143	0.675
通遼	0.42	0.101	0.101	0.1	0.1	0.153	0.152	0.744
鄂爾多斯	0.248	0.113	0.104	0.1	0.1	0.249	0.265	0.873
呼倫貝爾	0.242	0.102	0.103	0.101	0.1	0.164	0.18	0.696
巴彥淖爾	0.339	0.101	0.1	0.1	0.1	0.147	0.163	0.753
烏蘭察布	0.212	0.102	0.101	0.1	0.1	0.149	0.145	0.549
瀋陽	0.819	0.147	0.137	0.105	0.101	0.221	0.215	0.703
大連	0.654	0.21	0.158	0.103	0.101	0.232	0.219	0.506
鞍山	0.502	0.111	0.121	0.102	0.101	0.2	0.178	0.637
撫順	0.741	0.104	0.106	0.102	0.101	0.165	0.151	0.559
本溪	0.716	0.104	0.102	0.102	0.102	0.185	0.174	0.473
丹東	0.329	0.109	0.105	0.102	0.101	0.156	0.158	0.34
錦州	0.488	0.109	0.109	0.102	0.101	0.188	0.184	0.625

表 4.1.2 2015 年度城市經濟競爭力三級指標分值（續）

城市	城市化帶動率	實際利用外資總額	簽訂外資合同數	國際旅遊收入	人均國際旅遊收入	人均可支配收入	人均消費支出	恩格爾係數(逆)
營口	0.585	0.111	0.104	0.101	0.101	0.199	0.178	0.42
阜新	0.529	0.102	0.103	0.101	0.1	0.133	0.141	0.546
遼陽	0.538	0.104	0.101	0.102	0.101	0.182	0.164	0.576
盤錦	0.629	0.112	0.104	0.101	0.101	0.231	0.196	0.79
鐵嶺	0.281	0.104	0.101	0.101	0.101	0.146	0.157	0.705
朝陽	0.274	0.102	0.102	0.101	0.1	0.131	0.126	0.558
葫蘆島	0.485	0.105	0.104	0.101	0.101	0.188	0.143	0.581
長春	0.723	0.136	0.108	0.103	0.1	0.194	0.235	0.768
吉林	0.579	0.107	0.102	0.102	0.101	0.194	0.191	0.701
四平	0.248	0.102	0.1	0.1	0.1	0.19	0.163	0.64
遼源	0.585	0.102	0.102	0.1	0.1	0.189	0.213	0.616
通化	0.331	0.103	0.101	0.1	0.1	0.191	0.176	0.629
白山	0.515	0.102	0.1	0.1	0.1	0.19	0.174	0.632
松原	0.354	0.102	0.101	0.1	0.1	0.193	0.197	0.819
白城	0.266	0.101	0.101	0.1	0.1	0.179	0.19	0.743
哈爾濱	0.657	0.118	0.113	0.103	0.1	0.187	0.202	0.661
齊齊哈爾	0.522	0.103	0.101	0.102	0.1	0.133	0.165	0.513
雞西	0.354	0.101	0.101	0.1	0.1	0.121	0.135	0.492
鶴崗	0.621	0.1	0.1	0.1	0.1	0.106	0.136	0.463
雙鴨山	0.294	0.1	0.102	0.102	0.102	0.13	0.145	0.649
大慶	0.87	0.105	0.101	0.101	0.1	0.21	0.191	0.718
伊春	0.651	0.101	0.1	0.1	0.1	0.1	0.13	0.501
佳木斯	0.477	0.102	0.11	0.1	0.1	0.122	0.135	0.465
七台河	0.78	0.1	0.1	0.1	0.1	0.124	0.155	0.37
牡丹江	0.301	0.1	0.101	0.101	0.1	0.135	0.179	0.543
黑河	0.101	0.101	0.139	0.1	0.1	0.138	0.119	0.549
綏化	0.125	0.102	0.101	0.1	0.1	0.12	0.134	0.549
上海	0.988	0.236	1	0.483	0.121	0.32	0.279	0.686
南京	1	0.133	0.228	0.106	0.101	0.305	0.262	0.598
無錫	0.533	0.127	0.157	0.105	0.101	0.309	0.27	0.6
徐州	0.609	0.112	0.141	0.102	0.1	0.174	0.173	0.59
常州	0.776	0.129	0.161	0.103	0.101	0.288	0.244	0.608
蘇州	0.525	0.17	0.325	0.106	0.101	0.342	0.284	0.65
南通	0.399	0.118	0.185	0.102	0.1	0.239	0.211	0.601
連雲港	0.36	0.107	0.135	0.101	0.1	0.167	0.153	0.534
淮安	0.612	0.111	0.134	0.101	0.1	0.168	0.182	0.579
鹽城	0.298	0.113	0.163	0.101	0.1	0.177	0.181	0.618
揚州	0.682	0.116	0.146	0.103	0.101	0.213	0.191	0.542
鎮江	0.451	0.125	0.139	0.103	0.101	0.256	0.213	0.535
泰州	0.448	0.111	0.138	0.101	0.1	0.222	0.197	0.564
宿遷	0.385	0.104	0.12	0.101	0.1	0.131	0.144	0.516
杭州	0.803	0.143	0.2	0.106	0.101	0.312	0.265	0.552
寧波	0.618	0.126	0.206	0.104	0.101	0.333	0.247	0.522
溫州	0.414	0.104	0.111	0.104	0.101	0.299	0.273	0.501
嘉興	0.273	0.118	0.16	0.103	0.101	0.31	0.265	0.66
湖州	0.465	0.109	0.151	0.103	0.101	0.284	0.237	0.532
紹興	0.608	0.107	0.133	0.104	0.101	0.322	0.261	0.587
金華	0.22	0.102	0.114	0.103	0.101	0.286	0.247	0.751
衢州	0.434	0.101	0.103	0.102	0.101	0.22	0.188	0.567
舟山	0.74	0.102	0.101	0.102	0.102	0.297	0.25	0.565
台州	0.382	0.103	0.107	0.103	0.101	0.292	0.238	0.602
麗水	0.278	0.101	0.106	0.103	0.102	0.221	0.213	0.623
合肥	0.67	0.116	0.12	0.104	0.101	0.212	0.209	0.619
蕪湖	0.618	0.113	0.114	0.102	0.101	0.196	0.19	0.544
蚌埠	0.57	0.108	0.102	0.101	0.101	0.165	0.169	0.385
淮南	0.738	0.102	0.101	0.101	0.1	0.167	0.177	0.421
馬鞍山	0.651	0.114	0.106	0.101	0.101	0.265	0.239	0.513
淮北	0.745	0.104	0.101	0.101	0.1	0.163	0.166	0.441
銅陵	0.841	0.103	0.102	0.101	0.101	0.204	0.233	0.604
安慶	0.285	0.104	0.102	0.102	0.101	0.165	0.207	0.255

表 4.1.2 2015 年度城市經濟競爭力三級指標分值（續）

城市	城市化帶動率	實際利用外資總額	簽訂外資合同數	國際旅遊收入	人均國際旅遊收入	人均可支配收入	人均消費支出	恩格爾係數(逆)
黃山	0.477	0.102	0.102	0.103	0.103	0.171	0.186	0.443
滁州	0.261	0.106	0.105	0.101	0.1	0.164	0.204	0.468
阜陽	0.35	0.101	0.102	0.101	0.1	0.149	0.177	0.441
宿州	0.429	0.104	0.101	0.101	0.1	0.156	0.147	0.384
六安	0.345	0.102	0.103	0.101	0.1	0.152	0.186	0.448
亳州	0.365	0.104	0.101	0.101	0.1	0.164	0.163	0.448
池州	0.542	0.102	0.103	0.102	0.102	0.172	0.184	0.482
宣城	0.302	0.105	0.104	0.101	0.101	0.165	0.199	0.48
福州	0.509	0.112	0.132	0.102	0.1	0.249	0.232	0.474
廈門	1	0.115	0.18	0.102	0.101	0.33	0.285	0.574
莆田	0.827	0.102	0.108	0.101	0.1	0.205	0.191	0.37
三明	0.241	0.101	0.109	0.102	0.101	0.192	0.184	0.433
泉州	0.247	0.111	0.127	0.101	0.1	0.277	0.232	0.514
漳州	0.256	0.108	0.12	0.101	0.1	0.198	0.192	0.322
南平	0.244	0.101	0.107	0.101	0.101	0.179	0.164	0.37
龍岩	0.405	0.102	0.104	0.101	0.101	0.197	0.204	0.499
寧德	0.201	0.101	0.105	0.101	0.1	0.176	0.17	0.23
南昌	0.687	0.124	0.142	0.102	0.101	0.195	0.194	0.623
景德鎮	0.533	0.101	0.106	0.101	0.101	0.176	0.168	0.502
萍鄉	0.631	0.102	0.108	0.101	0.101	0.172	0.171	0.594
九江	0.443	0.11	0.134	0.102	0.101	0.163	0.157	0.385
新餘	0.797	0.103	0.11	0.101	0.101	0.183	0.17	0.464
鷹潭	0.306	0.102	0.109	0.101	0.101	0.159	0.151	0.292
贛州	0.261	0.109	0.129	0.102	0.1	0.146	0.151	0.431
吉安	0.182	0.106	0.13	0.102	0.101	0.161	0.151	0.411
宜春	0.165	0.104	0.106	0.101	0.1	0.149	0.143	0.414
撫州	0.336	0.102	0.111	0.101	0.1	0.148	0.136	0.193
上饒	0.147	0.106	0.119	0.102	0.1	0.16	0.14	0.295
濟南	0.756	0.111	0.121	0.103	0.101	0.279	0.232	0.732
青島	0.655	0.145	0.255	0.104	0.101	0.276	0.236	0.544
淄博	0.785	0.104	0.105	0.102	0.101	0.237	0.199	0.723
棗莊	0.523	0.101	0.103	0.101	0.1	0.187	0.176	0.661
東營	0.627	0.102	0.105	0.101	0.1	0.265	0.21	0.674
煙臺	0.482	0.113	0.162	0.103	0.101	0.256	0.235	0.622
濰坊	0.306	0.107	0.112	0.103	0.1	0.215	0.189	0.742
濟寧	0.446	0.107	0.111	0.103	0.1	0.211	0.199	0.63
泰安	0.314	0.103	0.114	0.103	0.101	0.214	0.196	0.668
威海	0.293	0.107	0.127	0.102	0.101	0.242	0.216	0.681
日照	0.785	0.104	0.105	0.102	0.101	0.186	0.173	0.697
萊蕪	1	0.101	0.101	0.101	0.101	0.222	0.184	0.664
臨沂	0.432	0.102	0.11	0.103	0.1	0.232	0.169	0.715
德州	0.246	0.102	0.104	0.101	0.1	0.184	0.168	0.671
聊城	0.207	0.101	0.102	0.101	0.1	0.195	0.182	0.647
濱州	0.24	0.102	0.102	0.101	0.1	0.215	0.186	0.802
菏澤	0.241	0.102	0.103	0.101	0.1	0.152	0.15	0.582
鄭州	0.553	0.127	0.117	0.106	0.101	0.199	0.201	0.603
開封	0.283	0.104	0.103	0.102	0.101	0.136	0.168	0.722
洛陽	0.41	0.118	0.111	0.104	0.101	0.184	0.173	0.703
平頂山	0.314	0.104	0.103	0.101	0.1	0.163	0.177	0.707
安陽	0.294	0.103	0.105	0.101	0.1	0.168	0.153	0.689
鶴壁	0.515	0.105	0.105	0.1	0.1	0.152	0.15	0.733
新鄉	0.344	0.106	0.104	0.101	0.1	0.16	0.164	0.738
焦作	0.205	0.105	0.103	0.102	0.101	0.159	0.161	0.717
濮陽	0.341	0.103	0.102	0.101	0.1	0.155	0.144	0.598
許昌	0.186	0.104	0.103	0.101	0.1	0.156	0.164	0.731
漯河	0.603	0.106	0.105	0.1	0.1	0.151	0.171	0.585
三門峽	0.159	0.107	0.105	0.101	0.101	0.149	0.195	0.882
南陽	0.263	0.104	0.106	0.101	0.1	0.156	0.183	0.654
商丘	0.225	0.102	0.102	0.101	0.1	0.143	0.139	0.627
信陽	0.283	0.103	0.104	0.101	0.1	0.133	0.139	0.306

表 4.1.2 2015 年度城市經濟競爭力三級指標分值（續）

城市	城市化帶動率	實際利用外資總額	簽訂外資合同數	國際旅遊收入	人均國際旅遊收入	人均可支配收入	人均消費支出	恩格爾係數(逆)
周口	0.126	0.104	0.103	0.101	0.1	0.124	0.138	0.628
駐馬店	0.2	0.103	0.104	0.101	0.1	0.136	0.134	0.74
武漢	0.809	0.142	0.133	0.111	0.101	0.228	0.216	0.432
黃石	0.508	0.104	0.101	0.101	0.1	0.153	0.163	0.459
十堰	0.616	0.101	0.103	0.102	0.101	0.121	0.143	0.431
宜昌	0.462	0.102	0.104	0.102	0.101	0.149	0.161	0.437
襄陽	0.523	0.104	0.107	0.102	0.1	0.135	0.147	0.402
鄂州	1	0.101	0.101	0.1	0.1	0.149	0.136	0.256
荊門	0.377	0.102	0.104	0.101	0.101	0.139	0.155	0.525
孝感	0.21	0.103	0.106	0.101	0.1	0.139	0.143	0.312
荊州	0.359	0.101	0.103	0.101	0.1	0.13	0.551	0.291
黃岡	0.147	0.101	0.101	0.101	0.1	0.127	0.151	0.532
咸寧	0.264	0.102	0.101	0.102	0.101	0.128	0.15	0.419
隨州	0.482	0.101	0.102	0.101	0.101	0.139	0.153	0.44
長沙	0.642	0.127	0.136	0.104	0.101	0.262	0.239	0.567
株洲	0.508	0.106	0.118	0.102	0.101	0.218	0.201	0.591
湘潭	0.627	0.106	0.111	0.102	0.101	0.184	0.188	0.623
衡陽	0.317	0.106	0.127	0.102	0.1	0.161	0.176	0.439
邵陽	0.234	0.101	0.105	0.101	0.1	0.12	0.12	0.445
岳陽	0.442	0.102	0.103	0.102	0.101	0.152	0.174	0.534
常德	0.489	0.104	0.108	0.102	0.1	0.148	0.165	0.552
張家界	0.525	0.101	0.102	0.101	0.101	0.111	0.139	0.651
益陽	0.429	0.101	0.101	0.101	0.1	0.131	0.148	0.495
郴州	0.314	0.108	0.121	0.102	0.101	0.155	0.139	0.511
永州	0.31	0.105	0.106	0.101	0.1	0.128	0.117	0.507
懷化	0.248	0.101	0.104	0.102	0.1	0.12	0.132	0.467
婁底	0.313	0.102	0.1	0.101	0.1	0.129	0.141	0.572
廣州	0.92	0.139	0.363	0.103	0.1	0.336	0.35	0.627
韶關	0.522	0.102	0.117	0.101	0.1	0.19	0.191	0.441
深圳	1	0.144	0.595	0.102	0.1	0.359	0.305	0.552
珠海	1	0.114	0.165	0.101	0.101	0.286	0.278	0.538
汕頭	0.992	0.101	0.106	0.101	0.1	0.16	0.21	0.368
佛山	1	0.12	0.149	0.101	0.1	0.301	0.3	0.61
江門	0.553	0.107	0.14	0.101	0.1	0.227	0.214	0.514
湛江	0.509	0.101	0.102	0.101	0.1	0.162	0.185	0.373
茂名	0.356	0.101	0.112	0.1	0.1	0.141	0.169	0.424
肇慶	0.374	0.11	0.131	0.101	0.1	0.176	0.186	0.333
惠州	0.68	0.115	0.168	0.101	0.1	0.256	0.257	0.573
梅州	0.431	0.101	0.145	0.101	0.1	0.147	0.154	0.383
汕尾	0.317	0.101	0.108	0.1	0.1	0.145	0.164	0.323
河源	0.361	0.102	0.12	0.101	0.1	0.127	0.135	0.314
陽江	0.378	0.101	0.11	0.1	0.1	0.154	0.159	0.399
清遠	0.54	0.102	0.11	0.101	0.1	0.153	0.145	0.308
東莞	1	0.132	0.222	0.101	0.1	0.376	0.351	0.581
中山	1	0.105	0.142	0.101	0.1	0.267	0.257	0.48
潮州	0.764	0.101	0.106	0.1	0.1	0.138	0.183	0.338
揭陽	0.466	0.102	0.109	0.101	0.1	0.15	0.174	0.383
雲浮	0.238	0.101	0.108	0.101	0.1	0.145	0.171	0.39
南寧	0.729	0.105	0.112	0.104	0.101	0.184	0.185	0.458
柳州	0.749	0.103	0.103	0.101	0.101	0.18	0.168	0.384
桂林	0.313	0.1	0.102	0.102	0.101	0.181	0.169	0.399
梧州	0.402	0.1	0.101	0.101	0.1	0.163	0.161	0.267
北海	0.779	0.101	0.101	0.101	0.101	0.171	0.165	0.209
防城港	0.743	0.1	0.1	0.101	0.101	0.18	0.161	0.426
欽州	0.644	0.104	0.104	0.101	0.1	0.174	0.157	0.256
貴港	0.455	0.1	0.101	0.101	0.1	0.153	0.16	0.356
玉林	0.316	0.1	0.101	0.101	0.1	0.18	0.163	0.359
百色	0.241	0.1	0.101	0.101	0.1	0.154	0.148	0.431
賀州	0.546	0.101	0.1	0.101	0.1	0.156	0.139	0.437
河池	0.201	0.101	0.104	0.101	0.1	0.138	0.133	0.366

表 4.1.2 2015 年度城市經濟競爭力三級指標分值（續）

城市	城市化帶動率	實際利用外資總額	簽訂外資合同數	國際旅遊收入	人均國際旅遊收入	人均可支配收入	人均消費支出	恩格爾係數(逆)
來賓	0.489	0.1	0.101	0.101	0.1	0.172	0.16	0.495
崇左	0.226	0.1	0.1	0.101	0.1	0.152	0.137	0.37
海口	1	0.104	0.109	0.101	0.1	0.18	0.183	0.319
三亞	1	0.102	0.102	0.101	0.101	0.189	0.199	0.276
重慶	0.768	0.186	0.146	0.163	0.103	0.187	0.203	0.698
成都	0.721	0.191	0.148	0.11	0.101	0.229	0.217	0.544
自貢	0.659	0.1	0.102	0.101	0.101	0.154	0.165	0.397
攀枝花	0.744	0.101	0.1	0.101	0.101	0.184	0.179	0.35
瀘州	0.531	0.1	0.101	0.101	0.1	0.166	0.182	0.421
德陽	0.318	0.102	0.103	0.101	0.1	0.183	0.189	0.402
綿陽	0.498	0.102	0.103	0.102	0.1	0.168	0.181	0.46
廣元	0.495	0.1	0.101	0.102	0.101	0.13	0.144	0.411
遂寧	0.427	0.1	0.101	0.101	0.101	0.147	0.181	0.296
內江	0.386	0.101	0.1	0.101	0.1	0.151	0.169	0.371
樂山	0.507	0.101	0.101	0.102	0.101	0.165	0.162	0.362
南充	0.38	0.1	0.101	0.102	0.1	0.134	0.143	0.231
眉山	0.363	0.102	0.101	0.101	0.101	0.158	0.162	0.442
宜賓	0.435	0.1	0.101	0.102	0.1	0.165	0.176	0.408
廣安	0.317	0.1	0.1	0.101	0.101	0.161	0.15	0.274
達州	0.176	0.1	0.101	0.101	0.1	0.131	0.149	0.265
雅安	0.426	0.1	0.1	0.101	0.101	0.161	0.155	0.435
巴中	0.358	0.1	0.1	0.101	0.1	0.132	0.155	0.382
資陽	0.345	0.1	0.102	0.101	0.1	0.166	0.179	0.441
貴陽	0.771	0.105	0.106	0.104	0.101	0.171	0.194	0.489
六盤水	0.358	0.102	0.1	0.1	0.1	0.138	0.138	0.1
遵義	0.304	0.101	0.102	0.103	0.101	0.145	0.138	0.514
安順	0.41	0.101	0.1	0.102	0.101	0.136	0.142	0.335
畢節	0.237	0.101	0.102	0.102	0.1	0.14	0.123	0.47
銅仁	0.248	0.1	0.101	0.101	0.101	0.127	0.13	0.582
昆明	0.794	0.115	0.113	0.104	0.101	0.215	0.18	0.53
曲靖	0.335	0.1	0.101	0.101	0.1	0.179	0.175	0.536
玉溪	0.545	0.101	0.1	0.101	0.101	0.179	0.157	0.576
保山	0.394	0.101	0.101	0.101	0.1	0.155	0.139	0.418
昭通	0.319	0.1	0.1	0.101	0.1	0.13	0.119	0.339
麗江	0.356	0.1	0.101	0.101	0.101	0.152	0.14	0.385
普洱	0.239	0.1	0.102	0.101	0.1	0.134	0.142	0.147
臨滄	0.188	0.1	0.101	0.1	0.1	0.128	0.135	0.221
拉薩	0.553	0.1	0.1	0.1	0.101	0.154	0.166	0.285
西安	0.844	0.125	0.137	0.107	0.101	0.257	0.254	0.676
銅川	0.922	0.1	0.1	0.101	0.101	0.181	0.189	0.552
寶雞	0.58	0.101	0.101	0.102	0.101	0.216	0.214	0.43
咸陽	0.387	0.101	0.1	0.103	0.101	0.216	0.218	0.656
渭南	0.229	0.1	0.181	0.102	0.1	0.178	0.167	0.545
延安	0.188	0.1	0.1	0.102	0.101	0.209	0.194	0.731
漢中	0.227	0.1	0.107	0.101	0.101	0.16	0.153	0.453
榆林	0.19	0.1	0.101	0.101	0.1	0.201	0.157	0.783
安康	0.333	0.1	0.1	0.101	0.101	0.163	0.173	0.507
商洛	0.238	0.1	0.1	0.102	0.101	0.161	0.157	0.647
蘭州	0.846	0.1	0.102	0.102	0.101	0.148	0.171	0.52
嘉峪關	1	0.1	0.1	0.1	0.101	0.179	0.17	0.51
金昌	0.777	0.1	0.1	0.1	0.1	0.174	0.196	0.642
白銀	0.649	0.1	0.1	0.1	0.1	0.126	0.133	0.563
天水	0.602	0.1	0.1	0.101	0.1	0.113	0.116	0.529
武威	0.635	0.1	0.1	0.1	0.1	0.118	0.145	0.421
張掖	0.438	0.1	0.1	0.1	0.1	0.104	0.155	0.679
平涼	0.315	0.1	0.1	0.101	0.1	0.118	0.128	0.674
酒泉	0.339	0.1	0.101	0.101	0.101	0.162	0.194	0.674
慶陽	0.31	0.1	0.1	0.1	0.1	0.13	0.148	0.645
定西	0.241	0.1	0.101	0.1	0.1	0.103	0.1	0.66
隴南	0.333	0.1	0.1	0.1	0.1	0.102	0.106	0.374

表 4.1.2 2015 年度城市經濟競爭力三級指標分值（續）

城市	城市化帶動率	實際利用外資總額	簽訂外資合同數	國際旅遊收入	人均國際旅遊收入	人均可支配收入	人均消費支出	恩格爾係數(逆)
西寧	0.713	0.1	0.102	0.101	0.101	0.136	0.149	0.457
海東	0.229	0.1	0.1	0.1	0.1	0.13	0.163	0.374
銀川	0.629	0.101	0.103	0.101	0.1	0.174	0.182	0.646
石嘴山	0.731	0.1	0.1	0.1	0.1	0.161	0.147	0.534
吳忠	0.346	0.1	0.1	0.1	0.1	0.137	0.144	0.645
固原	0.445	0.1	0.1	0.1	0.1	0.13	0.142	0.61
中衛	0.487	0.1	0.1	0.1	0.1	0.139	0.147	0.686
烏魯木齊	0.992	0.102	0.107	0.101	0.1	0.153	0.151	0.483
克拉瑪依	1	0.101	0.1	0.1	0.101	0.187	0.219	0.694
香港	1	1	0.1	1	0.266	1	1	0.776
澳門	1	0.253	0.1	0.529	1	0.7	0.607	0.756
新北	0.986	0.104	0.1	0.231	0.144	0.485	0.519	0.902
臺北	0.998	0.103	0.1	0.189	0.144	0.712	0.607	1
桃園	0.951	0.102	0.1	0.168	0.144	0.492	0.547	0.901
台中	0.902	0.103	0.1	0.19	0.144	0.481	0.532	0.878
台南	0.743	0.102	0.1	0.162	0.144	0.442	0.458	0.888
高雄	0.88	0.103	0.1	0.192	0.144	0.504	0.504	0.975
基隆	0.856	0.1	0.1	0.112	0.144	0.495	0.461	0.847
新竹	0.968	0.1	0.1	0.114	0.144	0.625	0.684	0.989
嘉義	0.974	0.1	0.1	0.109	0.144	0.535	0.533	0.878

4.2 城市產業競爭力三級指標分值

表 4.2.1 2015 年度城市產業競爭力三級指標分值

城市	限額以上工業企業數	就業總人數	農業財富創造能力	工業財富創造能力	服務業財富創造能力	產品的市場認同度	企業市場認同感遞增程度	企業利稅貢獻度	企業增值稅貢獻度	企業利稅增值稅占GDP比重
北京	0.403	0.972	0.241	0.587	0.993	0.587	0.74	0.547	0.634	0.373
天津	0.548	0.398	0.264	0.918	0.51	0.859	0.759	0.774	0.954	0.674
石家莊	0.288	0.183	0.508	0.35	0.213	0.318	0.724	0.281	0.274	0.55
唐山	0.211	0.181	0.548	0.472	0.207	0.382	0.632	0.292	0.384	0.526
秦皇島	0.132	0.125	0.24	0.142	0.128	0.141	0.62	0.115	0.139	0.306
邯鄲	0.196	0.222	0.417	0.258	0.157	0.235	0.291	0.166	0.216	0.409
邢臺	0.191	0.151	0.311	0.185	0.126	0.166	0.655	0.146	0.164	0.479
保定	0.231	0.183	0.41	0.25	0.145	0.21	0.724	0.185	0.211	0.517
張家口	0.144	0.118	0.298	0.154	0.127	0.129	0.622	0.135	0.139	0.434
承德	0.143	0.124	0.277	0.165	0.121	0.147	0.756	0.146	0.168	0.576
滄州	0.265	0.151	0.359	0.264	0.161	0.232	0.795	0.229	0.229	0.628
廊坊	0.196	0.146	0.268	0.206	0.139	0.185	0.651	0.159	0.171	0.477
衡水	0.189	0.134	0.243	0.156	0.117	0.138	0.813	0.128	0.133	0.426
太原	0.134	0.189	0.132	0.209	0.173	0.19	0.601	0.122	0.166	0.248
大同	0.112	0.14	0.145	0.143	0.123	0.144	0.673	0.116	0.15	0.383
陽泉	0.111	0.118	0.108	0.131	0.111	0.115	0.12	0.111	0.138	0.428
長治	0.128	0.138	0.145	0.184	0.12	0.146	0.485	0.147	0.183	0.614
晉城	0.119	0.127	0.135	0.161	0.116	0.13	0.375	0.139	0.17	0.656
朔州	0.12	0.119	0.148	0.153	0.118	0.135	0.855	0.166	0.193	1
晉中	0.141	0.129	0.178	0.151	0.119	0.135	0.611	0.118	0.163	0.423
運城	0.139	0.118	0.264	0.15	0.122	0.142	0.862	0.124	0.139	0.384
忻州	0.125	0.116	0.152	0.13	0.112	0.117	0.713	0.126	0.146	0.66
臨汾	0.129	0.133	0.169	0.17	0.119	0.149	0.526	0.122	0.167	0.417
呂梁	0.148	0.119	0.146	0.175	0.112	0.148	0.628	0.139	0.201	0.682
呼和浩特	0.121	0.163	0.215	0.19	0.197	0.144	1	0.157	0.149	0.343
包頭	0.152	0.179	0.183	0.289	0.188	0.182	0.643	0.174	0.215	0.384
烏海	0.111	0.108	0.104	0.135	0.108	0.117	0.587	0.123	0.133	0.644
赤峰	0.145	0.133	0.322	0.188	0.13	0.151	0.74	0.139	0.135	0.377
通遼	0.148	0.123	0.317	0.207	0.126	0.174	0.818	0.162	0.179	0.539

表 4.2.1 2015 年度城市產業競爭力三級指標分值

城市	限額以上工業企業數	就業總人數	農業財富創造能力	工業財富創造能力	服務業財富創造能力	產品的市場認同度	企業市場認同感遞增程度	企業利稅貢獻度	企業增值稅貢獻度	企業利稅增值稅占GDP比重
鄂爾多斯	0.13	0.123	0.182	0.352	0.183	0.214	0.606	0.376	0.414	0.972
呼倫貝爾	0.132	0.14	0.323	0.17	0.125	0.133	0.988	0.169	0.168	0.679
巴彥淖爾	0.121	0.114	0.234	0.145	0.109	0.12	0.73	0.113	0.114	0.297
烏蘭察布	0.13	0.108	0.211	0.142	0.112	0.126	0.924	0.112	0.12	0.295
瀋陽	0.424	0.283	0.371	0.5	0.279	0.449	0.667	0.356	0.369	0.534
大連	0.357	0.309	0.481	0.497	0.277	0.383	0.723	0.362	0.476	0.57
鞍山	0.201	0.144	0.209	0.244	0.159	0.188	0.729	0.175	0.217	0.486
撫順	0.179	0.132	0.177	0.179	0.123	0.169	0.768	0.138	0.145	0.463
本溪	0.152	0.123	0.151	0.17	0.121	0.157	0.697	0.137	0.166	0.543
丹東	0.164	0.126	0.225	0.155	0.121	0.133	0.625	0.122	0.138	0.365
錦州	0.167	0.136	0.268	0.166	0.125	0.171	0.827	0.173	0.174	0.772
營口	0.221	0.144	0.193	0.182	0.132	0.176	0.776	0.2	0.237	0.951
阜新	0.148	0.124	0.208	0.125	0.108	0.121	0.869	0.112	0.12	0.374
遼陽	0.153	0.116	0.157	0.169	0.116	0.153	0.53	0.145	0.142	0.6
盤錦	0.142	0.134	0.196	0.194	0.116	0.172	0.825	0.169	0.181	0.74
鐵嶺	0.207	0.126	0.272	0.151	0.115	0.171	0.191	0.156	0.183	0.825
朝陽	0.166	0.126	0.277	0.147	0.113	0.136	0.799	0.14	0.163	0.662
葫蘆島	0.125	0.125	0.184	0.133	0.115	0.125	0.573	0.118	0.126	0.412
長春	0.191	0.249	0.385	0.39	0.215	0.35	0.753	0.39	0.427	0.806
吉林	0.19	0.151	0.31	0.233	0.159	0.181	0.602	0.152	0.2	0.38
四平	0.14	0.145	0.349	0.157	0.118	0.143	0.755	0.117	0.118	0.272
遼源	0.124	0.114	0.15	0.141	0.111	0.129	0.887	0.108	0.112	0.242
通化	0.144	0.13	0.18	0.155	0.118	0.14	0.895	0.13	0.147	0.502
白山	0.132	0.124	0.15	0.139	0.11	0.129	0.622	0.113	0.132	0.398
松原	0.148	0.132	0.322	0.18	0.132	0.16	0.856	0.165	0.152	0.56
白城	0.124	0.117	0.198	0.131	0.112	0.113	0.923	0.105	0.106	0.192
哈爾濱	0.21	0.277	0.597	0.286	0.253	0.177	0.894	0.173	0.197	0.281
齊齊哈爾	0.125	0.141	0.325	0.142	0.125	0.124	0.661	0.12	0.134	0.333
雞西	0.111	0.107	0.226	0.116	0.107	0.107	0.387	0.107	0.121	0.327
鶴崗	0.114	0.115	0.16	0.107	0.101	0.104	0.114	0.102	0.111	0.301
雙鴨山	0.114	0.109	0.221	0.115	0.103	0.116	0.649	0.115	0.136	0.65
大慶	0.135	0.152	0.236	0.429	0.134	0.216	0.631	0.443	0.392	1
伊春	0.108	0.114	0.173	0.103	0.102	0.104	0.849	0.103	0.104	0.288
佳木斯	0.128	0.119	0.311	0.115	0.115	0.115	0.982	0.111	0.113	0.276
七台河	0.107	0.112	0.123	0.105	0.102	0.105	0.1	0.1	0.111	0.238
牡丹江	0.139	0.144	0.251	0.144	0.124	0.143	1	0.119	0.136	0.34
黑河	0.106	0.121	0.26	0.102	0.105	0.102	0.963	0.105	0.105	0.253
綏化	0.131	0.13	0.5	0.131	0.121	0.12	1	0.12	0.119	0.295
上海	0.917	0.758	0.213	1	0.898	1	0.573	1	1	0.587
南京	0.331	0.372	0.279	0.487	0.359	0.423	0.733	0.48	0.581	0.677
無錫	0.55	0.311	0.22	0.537	0.303	0.476	0.583	0.368	0.462	0.542
徐州	0.338	0.23	0.486	0.34	0.212	0.373	0.89	0.426	0.584	1
常州	0.453	0.251	0.224	0.356	0.218	0.366	0.773	0.282	0.389	0.623
蘇州	1	0.486	0.28	0.843	0.441	0.88	0.608	0.512	0.6	0.495
南通	0.525	0.265	0.408	0.399	0.224	0.388	0.81	0.383	0.517	0.795
連雲港	0.236	0.148	0.327	0.186	0.14	0.204	0.924	0.208	0.256	0.862
淮安	0.284	0.173	0.347	0.21	0.153	0.222	0.904	0.189	0.203	0.577
鹽城	0.342	0.212	0.53	0.281	0.179	0.263	0.788	0.271	0.411	0.754
揚州	0.328	0.216	0.303	0.294	0.18	0.313	0.845	0.312	0.441	0.914
鎮江	0.331	0.17	0.214	0.273	0.173	0.282	0.865	0.246	0.322	0.728
泰州	0.318	0.208	0.284	0.277	0.172	0.312	0.87	0.321	0.482	1
宿遷	0.315	0.177	0.312	0.19	0.138	0.173	1	0.198	0.209	0.766
杭州	0.624	0.389	0.333	0.512	0.363	0.423	0.535	0.408	0.478	0.544
寧波	0.698	0.311	0.334	0.507	0.278	0.428	0.672	0.379	0.435	0.586
溫州	0.476	0.274	0.199	0.319	0.207	0.208	0.624	0.186	0.243	0.382
嘉興	0.492	0.181	0.232	0.285	0.171	0.274	0.794	0.225	0.304	0.631
湖州	0.314	0.161	0.209	0.201	0.14	0.198	0.77	0.172	0.199	0.604
紹興	0.439	0.228	0.265	0.328	0.195	0.336	0.711	0.258	0.299	0.595

表 4.2.1 2015 年度城市產業競爭力三級指標分值

城市	限額以上工業企業數	就業總人數	農業財富創造能力	工業財富創造能力	服務業財富創造能力	產品的市場認同度	企業市場認同感遞增程度	企業利稅貢獻度	企業增值稅貢獻度	企業利稅增值稅占GDP比重
金華	0.422	0.24	0.221	0.257	0.178	0.205	0.779	0.179	0.218	0.441
衢州	0.182	0.125	0.17	0.156	0.121	0.14	0.838	0.132	0.147	0.496
舟山	0.132	0.112	0.184	0.141	0.123	0.127	0.632	0.106	0.116	0.199
台州	0.41	0.207	0.283	0.263	0.181	0.192	0.678	0.171	0.214	0.393
麗水	0.198	0.123	0.172	0.15	0.121	0.145	0.822	0.142	0.143	0.619
合肥	0.293	0.267	0.317	0.389	0.208	0.303	0.79	0.272	0.321	0.546
蕪湖	0.252	0.166	0.213	0.252	0.132	0.217	0.833	0.21	0.266	0.766
蚌埠	0.16	0.128	0.251	0.153	0.116	0.143	0.878	0.13	0.127	0.441
淮南	0.149	0.126	0.151	0.145	0.11	0.127	0.637	0.117	0.154	0.487
馬鞍山	0.173	0.124	0.166	0.185	0.119	0.166	0.847	0.151	0.177	0.626
淮北	0.159	0.13	0.147	0.146	0.107	0.158	1	0.129	0.158	0.687
銅陵	0.118	0.109	0.11	0.148	0.107	0.157	0.735	0.121	0.132	0.509
安慶	0.238	0.138	0.275	0.179	0.125	0.166	0.962	0.166	0.163	0.642
黃山	0.14	0.111	0.144	0.119	0.109	0.112	0.82	0.111	0.116	0.401
滁州	0.203	0.146	0.282	0.16	0.115	0.15	0.912	0.166	0.163	0.803
阜陽	0.173	0.141	0.334	0.143	0.118	0.133	0.989	0.134	0.158	0.532
宿州	0.18	0.125	0.322	0.143	0.118	0.13	1	0.12	0.129	0.348
六安	0.183	0.157	0.275	0.148	0.116	0.137	0.734	0.135	0.131	0.506
亳州	0.153	0.134	0.267	0.13	0.113	0.117	0.885	0.125	0.123	0.47
池州	0.137	0.113	0.158	0.12	0.107	0.113	0.842	0.115	0.117	0.504
宣城	0.197	0.149	0.203	0.144	0.114	0.137	0.89	0.139	0.15	0.682
福州	0.282	0.244	0.454	0.338	0.227	0.268	0.804	0.243	0.3	0.477
廈門	0.237	0.256	0.122	0.255	0.189	0.224	0.642	0.183	0.181	0.422
莆田	0.184	0.139	0.201	0.182	0.126	0.151	0.911	0.145	0.146	0.486
三明	0.239	0.129	0.302	0.182	0.126	0.165	0.793	0.134	0.167	0.415
泉州	0.467	0.257	0.25	0.461	0.206	0.337	0.75	0.333	0.355	0.628
漳州	0.254	0.145	0.409	0.221	0.146	0.183	0.9	0.198	0.276	0.671
南平	0.177	0.127	0.328	0.15	0.12	0.132	0.807	0.126	0.14	0.398
龍岩	0.18	0.131	0.255	0.185	0.127	0.139	0.765	0.153	0.152	0.519
寧德	0.209	0.132	0.298	0.167	0.121	0.157	1	0.15	0.165	0.594
南昌	0.188	0.213	0.238	0.305	0.177	0.217	0.854	0.2	0.223	0.461
景德鎮	0.123	0.117	0.145	0.139	0.111	0.126	0.753	0.118	0.13	0.452
萍鄉	0.151	0.126	0.149	0.148	0.113	0.139	0.783	0.154	0.155	0.91
九江	0.182	0.161	0.215	0.198	0.132	0.2	1	0.187	0.193	0.737
新餘	0.123	0.112	0.142	0.149	0.115	0.139	0.682	0.121	0.132	0.428
鷹潭	0.115	0.111	0.139	0.134	0.107	0.179	1	0.142	0.184	1
贛州	0.183	0.169	0.335	0.182	0.136	0.166	0.966	0.163	0.206	0.591
吉安	0.176	0.147	0.27	0.16	0.119	0.16	0.852	0.166	0.197	0.842
宜春	0.177	0.143	0.287	0.182	0.122	0.169	1	0.178	0.203	0.794
撫州	0.161	0.157	0.244	0.15	0.115	0.132	0.964	0.128	0.149	0.488
上饒	0.152	0.152	0.278	0.176	0.127	0.159	0.828	0.166	0.21	0.715
濟南	0.257	0.281	0.35	0.329	0.272	0.228	0.619	0.216	0.252	0.367
青島	0.509	0.32	0.405	0.503	0.335	0.489	0.694	0.456	0.621	0.666
淄博	0.36	0.18	0.217	0.333	0.184	0.382	0.66	0.371	0.484	1
棗莊	0.224	0.169	0.229	0.211	0.135	0.189	0.718	0.174	0.234	0.648
東營	0.176	0.136	0.198	0.341	0.148	0.411	0.84	0.517	0.508	1
煙臺	0.329	0.212	0.459	0.434	0.221	0.46	0.762	0.395	0.383	0.725
濰坊	0.456	0.183	0.474	0.352	0.197	0.399	0.712	0.303	0.344	0.661
濟寧	0.261	0.178	0.462	0.295	0.174	0.24	0.804	0.216	0.28	0.527
泰安	0.262	0.166	0.323	0.247	0.166	0.264	0.801	0.256	0.314	0.812
威海	0.234	0.148	0.277	0.243	0.159	0.258	0.731	0.217	0.267	0.679
日照	0.148	0.123	0.213	0.182	0.131	0.167	0.816	0.128	0.138	0.335
萊蕪	0.138	0.12	0.141	0.134	0.111	0.137	0.637	0.113	0.121	0.369
臨沂	0.444	0.193	0.369	0.27	0.181	0.325	0.831	0.271	0.304	0.736
德州	0.41	0.175	0.33	0.237	0.148	0.302	0.898	0.295	0.408	1
聊城	0.317	0.153	0.338	0.233	0.145	0.295	0.767	0.26	0.288	0.943
濱州	0.212	0.143	0.278	0.215	0.146	0.288	0.879	0.201	0.234	0.701
菏澤	0.31	0.136	0.32	0.219	0.138	0.239	0.893	0.255	0.318	1

表 4.2.1 2015 年度城市產業競爭力三級指標分值

城市	限額以上工業企業數	就業總人數	農業財富創造能力	工業財富創造能力	服務業財富創造能力	產品的市場認同度	企業市場認同感遞增程度	企業利稅貢獻度	企業增值稅貢獻度	企業利稅增值稅占GDP比重
鄭州	0.327	0.287	0.228	0.487	0.252	0.386	0.815	0.425	0.529	0.748
開封	0.203	0.135	0.344	0.164	0.125	0.153	0.985	0.154	0.147	0.553
洛陽	0.246	0.177	0.307	0.291	0.159	0.252	0.709	0.19	0.197	0.453
平頂山	0.163	0.141	0.236	0.193	0.125	0.16	0.655	0.156	0.188	0.583
安陽	0.176	0.144	0.269	0.2	0.128	0.182	0.833	0.172	0.176	0.621
鶴壁	0.144	0.118	0.153	0.145	0.104	0.139	0.82	0.128	0.135	0.654
新鄉	0.195	0.152	0.284	0.207	0.13	0.19	0.858	0.157	0.152	0.473
焦作	0.199	0.147	0.215	0.223	0.122	0.209	0.804	0.198	0.22	0.81
濮陽	0.171	0.134	0.231	0.18	0.111	0.167	0.915	0.17	0.164	0.806
許昌	0.218	0.135	0.265	0.24	0.124	0.211	0.851	0.233	0.251	0.93
漯河	0.148	0.119	0.195	0.161	0.107	0.158	0.877	0.171	0.141	0.988
三門峽	0.151	0.12	0.183	0.179	0.115	0.184	0.604	0.161	0.146	0.709
南陽	0.217	0.181	0.484	0.235	0.143	0.183	0.746	0.171	0.185	0.447
商丘	0.18	0.146	0.402	0.177	0.126	0.163	0.873	0.252	0.648	1
信陽	0.189	0.156	0.471	0.168	0.129	0.146	0.937	0.133	0.142	0.348
周口	0.192	0.165	0.495	0.197	0.125	0.178	1	0.191	0.166	0.659
駐馬店	0.221	0.163	0.444	0.171	0.126	0.153	0.942	0.148	0.147	0.459
武漢	0.294	0.354	0.398	0.6	0.36	0.389	0.822	0.372	0.442	0.458
黄石	0.155	0.138	0.181	0.172	0.117	0.164	0.902	0.132	0.149	0.472
十堰	0.169	0.17	0.227	0.157	0.121	0.141	0.904	0.155	0.153	0.684
宜昌	0.213	0.249	0.398	0.289	0.145	0.215	0.857	0.24	0.302	0.716
襄陽	0.241	0.187	0.443	0.28	0.147	0.209	0.914	0.245	0.22	0.677
鄂州	0.139	0.113	0.168	0.137	0.108	0.13	0.833	0.117	0.131	0.463
荊門	0.179	0.141	0.265	0.168	0.119	0.165	0.885	0.153	0.152	0.615
孝感	0.193	0.185	0.312	0.163	0.121	0.154	0.863	0.142	0.147	0.504
荊州	0.181	0.165	0.382	0.163	0.123	0.145	1	0.138	0.149	0.444
黄岡	0.193	0.132	0.415	0.154	0.125	0.135	1	0.118	0.123	0.264
咸寧	0.167	0.121	0.243	0.143	0.114	0.136	1	0.144	0.146	0.689
隨州	0.151	0.137	0.209	0.131	0.11	0.126	0.889	0.123	0.122	0.504
長沙	0.31	0.23	0.357	0.541	0.271	0.292	0.873	0.328	0.371	0.484
株洲	0.222	0.17	0.238	0.229	0.135	0.166	0.891	0.164	0.23	0.547
湘潭	0.172	0.126	0.205	0.19	0.125	0.166	0.789	0.146	0.174	0.516
衡陽	0.196	0.181	0.398	0.213	0.145	0.178	0.76	0.163	0.201	0.474
邵陽	0.173	0.166	0.326	0.145	0.124	0.136	0.928	0.14	0.15	0.527
岳陽	0.209	0.168	0.336	0.246	0.147	0.218	0.699	0.198	0.272	0.632
常德	0.176	0.176	0.386	0.221	0.148	0.154	0.824	0.234	0.219	0.771
張家界	0.112	0.105	0.141	0.105	0.111	0.102	0.823	0.101	0.103	0.157
益陽	0.173	0.128	0.292	0.153	0.122	0.14	0.942	0.136	0.171	0.535
郴州	0.193	0.143	0.248	0.206	0.131	0.173	0.822	0.18	0.219	0.693
永州	0.157	0.127	0.332	0.146	0.125	0.12	0.908	0.122	0.131	0.327
懷化	0.145	0.154	0.234	0.148	0.124	0.121	0.706	0.117	0.126	0.303
婁底	0.157	0.127	0.24	0.162	0.118	0.142	0.784	0.141	0.17	0.589
廣州	0.501	0.475	0.297	0.68	0.687	0.53	0.785	0.522	0.609	0.432
韶關	0.144	0.147	0.215	0.143	0.124	0.128	0.87	0.131	0.143	0.481
深圳	0.644	0.665	0.104	0.813	0.591	0.681	0.663	0.742	0.806	0.621
珠海	0.186	0.158	0.138	0.193	0.144	0.2	0.763	0.18	0.203	0.679
汕頭	0.252	0.129	0.176	0.187	0.137	0.162	0.852	0.157	0.159	0.528
佛山	0.614	0.283	0.22	0.581	0.247	0.528	0.865	0.481	0.519	0.753
江門	0.266	0.171	0.232	0.204	0.144	0.175	0.87	0.154	0.184	0.465
湛江	0.162	0.143	0.468	0.187	0.147	0.149	0.882	0.159	0.19	0.462
茂名	0.168	0.137	0.423	0.195	0.15	0.155	0.915	0.2	0.306	0.75
肇慶	0.189	0.137	0.332	0.185	0.134	0.184	0.891	0.171	0.198	0.629
惠州	0.24	0.221	0.222	0.274	0.158	0.268	0.869	0.236	0.367	0.781
梅州	0.129	0.121	0.245	0.128	0.118	0.113	0.69	0.121	0.127	0.424
汕尾	0.119	0.121	0.192	0.129	0.112	0.124	1	0.111	0.111	0.299
河源	0.134	0.115	0.174	0.134	0.113	0.127	0.809	0.124	0.131	0.529
陽江	0.146	0.12	0.273	0.154	0.118	0.138	1	0.15	0.156	0.659
清遠	0.141	0.143	0.245	0.143	0.127	0.135	0.662	0.125	0.14	0.402

表 4.2.1 2015 年度城市產業競爭力三級指標分值

城市	限額以上工業企業數	就業總人數	農業財富創造能力	工業財富創造能力	服務業財富創造能力	產品的市場認同度	企業市場認同感遞增程度	企業利稅貢獻度	企業增值稅貢獻度	企業利稅增值稅占GDP 比重
東莞	0.547	0.305	0.117	0.374	0.27	0.382	0.778	0.227	0.341	0.417
中山	0.347	0.214	0.157	0.256	0.162	0.239	0.608	0.2	0.279	0.617
潮州	0.17	0.121	0.148	0.144	0.114	0.127	0.941	0.131	0.14	0.597
揭陽	0.255	0.13	0.236	0.211	0.124	0.192	1	0.179	0.178	0.669
雲浮	0.15	0.119	0.219	0.124	0.11	0.118	1	0.117	0.124	0.454
南寧	0.179	0.188	0.413	0.224	0.18	0.163	0.92	0.165	0.18	0.372
柳州	0.166	0.168	0.234	0.234	0.13	0.194	0.727	0.161	0.179	0.486
桂林	0.152	0.147	0.357	0.183	0.13	0.146	0.896	0.153	0.163	0.49
梧州	0.133	0.116	0.193	0.163	0.109	0.142	1	0.157	0.21	0.948
北海	0.113	0.115	0.232	0.14	0.111	0.13	1	0.147	0.164	0.849
防城港	0.112	0.106	0.161	0.129	0.107	0.121	0.947	0.111	0.109	0.331
欽州	0.12	0.118	0.264	0.132	0.113	0.128	0.629	0.12	0.121	0.408
貴港	0.132	0.115	0.239	0.129	0.114	0.118	0.652	0.118	0.119	0.39
玉林	0.15	0.135	0.318	0.156	0.123	0.129	0.845	0.127	0.139	0.373
百色	0.118	0.127	0.236	0.146	0.111	0.119	0.692	0.108	0.126	0.256
賀州	0.112	0.106	0.177	0.116	0.105	0.108	0.915	0.109	0.113	0.389
河池	0.116	0.12	0.221	0.117	0.11	0.108	0.574	0.103	0.113	0.194
來賓	0.115	0.116	0.214	0.119	0.107	0.111	0.324	0.105	0.113	0.245
崇左	0.11	0.109	0.232	0.123	0.109	0.111	0.767	0.119	0.117	0.477
海口	0.11	0.168	0.151	0.12	0.135	0.112	0.488	0.115	0.12	0.299
三亞	0.1	0.107	0.143	0.103	0.112	0.1	0.567	0.101	0.102	0.13
重慶	0.563	1	1	0.84	0.421	0.437	0.897	0.468	0.696	0.463
成都	0.37	0.566	0.41	0.572	0.373	0.38	0.828	0.36	0.446	0.447
自貢	0.143	0.134	0.202	0.161	0.114	0.139	0.808	0.13	0.159	0.517
攀枝花	0.129	0.118	0.124	0.162	0.108	0.141	0.909	0.114	0.143	0.387
瀘州	0.148	0.131	0.237	0.173	0.115	0.136	0.967	0.146	0.155	0.581
德陽	0.199	0.129	0.268	0.189	0.119	0.162	0.785	0.166	0.184	0.689
綿陽	0.159	0.149	0.307	0.178	0.125	0.151	0.717	0.144	0.189	0.518
廣元	0.129	0.119	0.182	0.123	0.108	0.115	0.714	0.11	0.113	0.353
遂寧	0.135	0.116	0.216	0.141	0.109	0.13	0.785	0.132	0.149	0.661
內江	0.136	0.122	0.252	0.169	0.111	0.142	0.824	0.138	0.172	0.592
樂山	0.152	0.124	0.211	0.171	0.115	0.138	0.772	0.125	0.142	0.399
南充	0.146	0.148	0.355	0.171	0.117	0.147	0.879	0.148	0.163	0.553
眉山	0.149	0.124	0.227	0.15	0.111	0.125	0.931	0.123	0.137	0.451
宜賓	0.143	0.147	0.27	0.185	0.117	0.148	0.564	0.169	0.173	0.719
廣安	0.138	0.119	0.232	0.144	0.112	0.129	0.853	0.12	0.126	0.396
達州	0.14	0.138	0.33	0.169	0.116	0.127	0.678	0.126	0.123	0.341
雅安	0.125	0.103	0.156	0.122	0.104	0.109	0.564	0.111	0.122	0.474
巴中	0.112	0.123	0.169	0.116	0.106	0.108	0.884	0.105	0.106	0.254
資陽	0.15	0.119	0.305	0.163	0.112	0.149	0.727	0.15	0.159	0.656
貴陽	0.137	0.185	0.178	0.2	0.173	0.162	0.803	0.172	0.119	0.42
六盤水	0.125	0.117	0.155	0.156	0.118	0.124	0.862	0.124	0.137	0.418
遵義	0.165	0.131	0.296	0.186	0.138	0.131	0.934	0.188	0.19	0.704
安順	0.12	0.117	0.158	0.115	0.111	0.108	0.927	0.115	0.112	0.461
畢節	0.127	0.133	0.29	0.151	0.123	0.113	0.719	0.119	0.133	0.314
銅仁	0.134	0.123	0.231	0.114	0.113	0.108	1	0.1	0.1	0.1
昆明	0.179	0.312	0.247	0.267	0.199	0.186	0.66	0.207	0.238	0.485
曲靖	0.143	0.164	0.34	0.185	0.123	0.143	0.913	0.155	0.17	0.547
玉溪	0.124	0.142	0.196	0.168	0.116	0.131	0.694	0.189	0.169	1
保山	0.109	0.112	0.214	0.112	0.107	0.105	0.876	0.107	0.111	0.29
昭通	0.114	0.118	0.206	0.129	0.108	0.108	0.823	0.119	0.124	0.481
麗江	0.104	0.103	0.133	0.107	0.103	0.103	0.91	0.108	0.112	0.552
普洱	0.109	0.121	0.211	0.113	0.105	0.104	0.814	0.107	0.112	0.323
臨滄	0.107	0.11	0.216	0.115	0.104	0.104	1	0.106	0.11	0.297
拉薩	0.103	0.13	0.111	0.107	0.109	0.101	0.728	0.101	0.105	0.159
西安	0.182	0.289	0.295	0.34	0.253	0.204	0.744	0.168	0.2	0.268
銅川	0.11	0.105	0.118	0.118	0.102	0.113	0.699	0.108	0.12	0.508
寶雞	0.136	0.148	0.235	0.207	0.119	0.142	0.486	0.146	0.162	0.474

表 4.2.1 2015 年度城市產業競爭力三級指標分值

城市	限額以上工業企業數	就業總人數	農業財富創造能力	工業財富創造能力	服務業財富創造能力	產品的市場認同度	企業市場認同感遞增程度	企業利稅貢獻度	企業增值稅貢獻度	企業利稅增值稅占GDP比重
咸陽	0.157	0.141	0.38	0.219	0.126	0.163	0.794	0.197	0.209	0.712
渭南	0.133	0.131	0.275	0.178	0.121	0.137	0.431	0.127	0.143	0.363
延安	0.107	0.127	0.188	0.198	0.112	0.142	0.394	0.193	0.213	0.996
漢中	0.128	0.129	0.259	0.141	0.116	0.121	0.767	0.114	0.117	0.285
榆林	0.157	0.129	0.217	0.311	0.139	0.151	0.539	0.248	0.286	0.761
安康	0.132	0.115	0.182	0.132	0.109	0.114	1	0.124	0.134	0.577
商洛	0.113	0.111	0.18	0.125	0.107	0.109	0.879	0.113	0.117	0.399
蘭州	0.131	0.176	0.142	0.186	0.15	0.158	0.706	0.153	0.158	0.462
嘉峪關	0.102	0.1	0.103	0.115	0.101	0.134	0.97	0.109	0.113	0.615
金昌	0.103	0.105	0.112	0.113	0.1	0.153	0.916	0.104	0.106	0.363
白銀	0.113	0.11	0.146	0.123	0.106	0.116	0.483	0.107	0.115	0.322
天水	0.11	0.12	0.174	0.114	0.109	0.104	0.913	0.102	0.105	0.178
武威	0.111	0.115	0.175	0.113	0.104	0.106	1	0.101	0.103	0.155
張掖	0.112	0.107	0.174	0.108	0.105	0.104	0.904	0.103	0.104	0.216
平涼	0.108	0.113	0.161	0.11	0.104	0.104	0.569	0.106	0.116	0.396
酒泉	0.121	0.108	0.153	0.129	0.11	0.112	0.513	0.108	0.109	0.258
慶陽	0.106	0.112	0.168	0.136	0.107	0.116	0.432	0.177	0.139	1
定西	0.105	0.116	0.164	0.102	0.104	0.102	1	0.101	0.102	0.147
隴南	0.105	0.107	0.152	0.103	0.104	0.101	0.948	0.103	0.105	0.292
西寧	0.117	0.134	0.132	0.153	0.123	0.131	0.758	0.108	0.129	0.238
海東	0.107	0.109	0.147	0.115	0.104	0.104	0.55	0.105	0.106	0.292
銀川	0.13	0.14	0.148	0.172	0.129	0.142	0.565	0.149	0.164	0.574
石嘴山	0.12	0.106	0.119	0.126	0.105	0.114	0.657	0.112	0.124	0.488
吳忠	0.119	0.105	0.143	0.116	0.104	0.112	0.836	0.107	0.115	0.389
固原	0.1	0.105	0.139	0.1	0.103	0.1	1	0.101	0.101	0.161
中衛	0.106	0.102	0.138	0.108	0.104	0.109	1	0.105	0.108	0.351
烏魯木齊	0.127	0.169	0.124	0.198	0.178	0.161	0.716	0.169	0.17	0.45
克拉瑪依	0.103	0.109	0.104	0.162	0.108	0.149	0.708	0.19	0.19	1
香港	0.284	0.332	0.114	0.223	1	0.184	0.55	0.296	0.531	0.274
澳門	0.131	0.118	0.1	0.115	0.273	0.113	0.55	0.136	0.181	0.274
新北	0.348	0.216	0.268	0.283	0.284	0.214	0.55	0.173	0.261	0.313
臺北	0.266	0.174	0.215	0.223	0.225	0.177	0.55	0.15	0.209	0.313
桃園	0.226	0.155	0.187	0.192	0.194	0.158	0.55	0.138	0.183	0.313
台中	0.268	0.175	0.215	0.224	0.226	0.177	0.55	0.15	0.21	0.313
台南	0.219	0.153	0.18	0.184	0.186	0.154	0.55	0.135	0.177	0.313
高雄	0.277	0.176	0.218	0.227	0.228	0.18	0.55	0.151	0.214	0.313
基隆	0.123	0.105	0.116	0.112	0.115	0.11	0.55	0.107	0.115	0.313
新竹	0.124	0.106	0.118	0.115	0.118	0.111	0.55	0.108	0.117	0.313
嘉義	0.115	0.101	0.112	0.107	0.11	0.107	0.55	0.105	0.111	0.313

表 4.2.2 2015 年度城市產業競爭力三級指標分值（續 1）

城市	從業者生產效率	企業銷售毛利率	資產/固定資產比率	銷售額/總資產比率	工業化發展水平	第二產業就業水平	第三產業發展水平	第三產業就業水平	產業製造能力	製造業人力資本指數
北京	0.198	0.28	0.752	0.415	0.303	0.227	0.798	0.889	0.464	0.271
天津	0.383	0.274	1	0.229	0.649	0.582	0.465	0.527	0.53	0.394
石家莊	0.418	0.262	0.704	0.512	0.623	0.417	0.389	0.695	0.179	0.172
唐山	0.515	0.233	0.698	0.216	0.748	0.608	0.283	0.473	0.191	0.216
秦皇島	0.293	0.171	0.858	0.299	0.498	0.46	0.454	0.651	0.128	0.192
邯鄲	0.197	0.195	0.849	0.393	0.658	0.354	0.323	0.761	0.159	0.16
邢臺	0.229	0.236	0.836	0.402	0.67	0.387	0.277	0.726	0.134	0.144
保定	0.242	0.252	0.522	0.534	0.695	0.638	0.275	0.47	0.18	0.175
張家口	0.405	0.334	0.697	0.206	0.545	0.55	0.367	0.541	0.122	0.147
承德	0.332	0.29	0.781	0.297	0.654	0.389	0.284	0.713	0.118	0.149
滄州	0.402	0.291	0.562	0.321	0.669	0.382	0.342	0.719	0.131	0.139
廊坊	0.3	0.234	0.803	0.44	0.673	0.432	0.34	0.679	0.149	0.208
衡水	0.222	0.243	0.898	0.52	0.668	0.299	0.281	0.815	0.119	0.139

表 4.2.2 2015 年度城市產業競爭力三級指標分值（續 1）

城市	從業者生產效率	企業銷售毛利率	資產/固定資產比率	銷售額/總資產比率	工業化發展水平	第二產業就業水平	第三產業發展水平	第三產業就業水平	產業製造能力	製造業人力資本指數
太原	0.213	0.148	0.903	0.355	0.563	0.58	0.543	0.528	0.173	0.27
大同	0.18	0.171	0.766	0.245	0.606	0.548	0.456	0.56	0.119	0.154
陽泉	0.201	0.235	0.659	0.19	0.735	0.804	0.38	0.3	0.109	0.166
長治	0.238	0.3	0.878	0.258	0.825	0.604	0.265	0.502	0.131	0.19
晉城	0.245	0.348	0.831	0.207	0.793	0.754	0.295	0.348	0.121	0.191
朔州	0.297	0.469	0.601	0.212	0.715	0.419	0.349	0.681	0.104	0.121
晉中	0.233	0.2	0.816	0.238	0.671	0.536	0.351	0.572	0.113	0.138
運城	0.36	0.21	0.86	0.291	0.572	0.501	0.355	0.597	0.13	0.155
忻州	0.237	0.39	0.647	0.178	0.641	0.398	0.376	0.704	0.105	0.113
臨汾	0.241	0.186	0.881	0.33	0.762	0.397	0.292	0.709	0.116	0.133
呂梁	0.329	0.255	0.985	0.246	0.893	0.77	0.189	0.333	0.122	0.156
呼和浩特	0.318	0.351	0.855	0.311	0.421	0.203	0.639	0.911	0.115	0.149
包頭	0.322	0.276	0.86	0.308	0.661	0.333	0.436	0.78	0.158	0.311
烏海	0.315	0.365	0.95	0.249	0.836	0.484	0.293	0.628	0.103	0.171
赤峰	0.338	0.25	0.668	0.397	0.652	0.377	0.296	0.693	0.117	0.137
通遼	0.466	0.261	0.532	0.424	0.735	0.341	0.232	0.585	0.115	0.146
鄂爾多斯	1	0.574	0.738	0.251	0.762	0.588	0.345	0.507	0.118	0.188
呼倫貝爾	0.254	0.501	0.576	0.212	0.613	0.256	0.302	0.64	0.11	0.137
巴彥淖爾	0.316	0.228	0.628	0.2	0.717	0.228	0.191	0.801	0.104	0.125
烏蘭察布	0.438	0.187	0.593	0.237	0.671	0.297	0.275	0.796	0.106	0.125
瀋陽	0.305	0.243	0.853	0.53	0.662	0.414	0.417	0.698	0.227	0.252
大連	0.274	0.281	0.958	0.454	0.652	0.381	0.406	0.732	0.292	0.379
鞍山	0.397	0.266	0.875	0.481	0.679	0.701	0.394	0.399	0.177	0.315
撫順	0.278	0.206	0.757	0.504	0.755	0.528	0.299	0.572	0.125	0.22
本溪	0.316	0.227	0.84	0.419	0.759	0.617	0.316	0.49	0.13	0.274
丹東	0.276	0.225	0.948	0.708	0.634	0.474	0.34	0.622	0.122	0.192
錦州	0.255	0.301	0.726	0.36	0.627	0.372	0.328	0.719	0.121	0.167
營口	0.25	0.358	0.885	0.463	0.675	0.33	0.373	0.786	0.13	0.223
阜新	0.171	0.206	0.725	0.272	0.596	0.432	0.28	0.669	0.108	0.144
遼陽	0.384	0.263	0.915	0.514	0.799	0.487	0.266	0.606	0.122	0.218
盤錦	0.271	0.285	0.673	0.356	0.854	0.55	0.188	0.141	0.114	0.196
鐵嶺	0.261	0.253	0.571	0.328	0.649	0.471	0.25	0.59	0.115	0.156
朝陽	0.243	0.32	0.72	0.376	0.64	0.436	0.238	0.67	0.116	0.153
葫蘆島	0.207	0.236	0.832	0.339	0.603	0.517	0.372	0.585	0.123	0.189
長春	0.268	0.327	0.921	0.567	0.68	0.445	0.375	0.661	0.241	0.282
吉林	0.357	0.225	0.695	0.366	0.628	0.408	0.389	0.689	0.146	0.203
四平	0.202	0.179	0.615	0.444	0.598	0.163	0.248	0.94	0.111	0.131
遼源	0.283	0.15	0.642	0.434	0.753	0.43	0.286	0.67	0.112	0.203
通化	0.233	0.248	0.926	0.529	0.692	0.507	0.331	0.594	0.141	0.277
白山	0.194	0.188	0.567	0.437	0.757	0.308	0.277	0.734	0.109	0.168
松原	0.343	0.312	0.559	0.271	0.611	0.381	0.331	0.678	0.116	0.153
白城	0.245	0.176	0.667	0.373	0.609	0.246	0.325	0.758	0.109	0.145
哈爾濱	0.23	0.285	0.766	0.357	0.455	0.317	0.529	0.773	0.202	0.193
齊齊哈爾	0.209	0.263	0.929	0.296	0.479	0.295	0.379	0.667	0.129	0.15
雞西	0.309	0.278	0.859	0.246	0.501	0.768	0.283	0.24	0.104	0.12
鶴崗	0.115	0.191	0.818	0.228	0.578	0.487	0.21	0.381	0.105	0.152
雙鴨山	0.228	0.283	0.632	0.244	0.556	0.539	0.179	0.531	0.103	0.118
大慶	0.503	0.677	0.571	0.256	1	0.511	0.1	0.596	0.124	0.181
伊春	0.118	0.244	0.72	0.272	0.428	0.225	0.284	0.406	0.108	0.174
佳木斯	0.243	0.23	0.773	0.422	0.333	0.253	0.393	0.782	0.106	0.121
七台河	0.114	0.115	0.789	0.199	0.596	0.477	0.379	0.611	0.102	0.127
牡丹江	0.189	0.185	0.666	0.253	0.532	0.204	0.404	0.828	0.115	0.151
黑河	0.136	0.419	0.72	0.237	0.244	0.181	0.31	0.348	0.106	0.136
綏化	0.274	0.289	0.691	0.365	0.359	0.307	0.307	0.774	0.121	0.135
上海	0.274	0.296	0.655	0.529	0.484	0.422	0.629	0.69	0.845	0.411
南京	0.248	0.331	0.884	0.567	0.557	0.435	0.539	0.679	0.305	0.352
無錫	0.289	0.239	0.641	0.506	0.667	0.438	0.442	0.675	0.358	0.502
徐州	0.28	0.334	0.712	0.468	0.614	0.532	0.401	0.568	0.182	0.193
常州	0.245	0.234	0.692	0.624	0.661	0.327	0.433	0.789	0.213	0.342

表 4.2.2 2015 年度城市產業競爭力三級指標分值（續 1）

城市	從業者生產效率	企業銷售毛利率	資產/固定資產比率	銷售額/總資產比率	工業化發展水平	第二產業就業水平	第三產業發展水平	第三產業就業水平	產業製造能力	製造業人力資本指數
蘇州	0.271	0.203	0.776	0.519	0.673	0.594	0.439	0.516	0.8	0.773
南通	0.257	0.292	0.953	0.637	0.667	0.894	0.385	0.205	0.24	0.292
連雲港	0.276	0.302	0.813	0.544	0.583	0.478	0.375	0.618	0.138	0.185
淮安	0.243	0.242	0.798	0.649	0.588	0.531	0.393	0.569	0.172	0.248
鹽城	0.253	0.305	0.773	0.508	0.605	0.511	0.359	0.584	0.195	0.23
揚州	0.238	0.295	0.92	0.645	0.667	0.655	0.384	0.453	0.189	0.299
鎮江	0.323	0.257	0.949	0.506	0.677	0.405	0.403	0.707	0.176	0.341
泰州	0.233	0.304	0.599	0.803	0.67	0.663	0.382	0.444	0.197	0.309
宿遷	0.19	0.364	0.888	0.447	0.614	0.499	0.354	0.613	0.156	0.215
杭州	0.245	0.287	0.58	0.53	0.567	0.558	0.522	0.553	0.355	0.391
寧波	0.271	0.267	0.738	0.509	0.672	0.555	0.414	0.555	0.377	0.465
溫州	0.195	0.255	0.432	0.555	0.645	0.381	0.451	0.734	0.22	0.229
嘉興	0.292	0.241	0.994	0.381	0.701	0.642	0.375	0.466	0.271	0.48
湖州	0.231	0.244	0.812	0.58	0.676	0.512	0.374	0.599	0.164	0.32
紹興	0.249	0.231	0.586	0.582	0.678	0.866	0.397	0.237	0.233	0.37
金華	0.182	0.247	0.578	0.492	0.627	0.45	0.446	0.664	0.155	0.2
衢州	0.274	0.253	0.967	0.431	0.673	0.333	0.367	0.782	0.123	0.21
舟山	0.4	0.147	0.907	0.304	0.571	0.412	0.436	0.701	0.114	0.228
台州	0.236	0.249	0.655	0.477	0.618	0.667	0.432	0.441	0.227	0.311
麗水	0.275	0.283	0.83	0.581	0.649	0.209	0.381	0.906	0.11	0.147
合肥	0.236	0.265	0.974	0.591	0.706	0.552	0.366	0.559	0.219	0.255
蕪湖	0.25	0.284	0.987	0.449	0.838	0.374	0.231	0.74	0.159	0.263
蚌埠	0.252	0.236	0.937	0.689	0.656	0.391	0.277	0.723	0.12	0.161
淮南	0.196	0.222	0.52	0.153	0.789	0.709	0.255	0.391	0.116	0.165
馬鞍山	0.336	0.249	0.831	0.399	0.819	0.477	0.249	0.633	0.124	0.208
淮北	0.174	0.197	0.637	0.325	0.849	0.608	0.2	0.501	0.118	0.186
銅陵	0.337	0.171	0.993	0.581	0.912	0.674	0.212	0.417	0.122	0.415
安慶	0.268	0.294	0.823	0.565	0.68	0.351	0.287	0.728	0.129	0.152
黃山	0.226	0.273	0.825	0.648	0.596	0.243	0.403	0.87	0.105	0.14
滁州	0.188	0.353	0.891	0.469	0.678	0.206	0.232	0.9	0.123	0.155
阜陽	0.198	0.301	0.794	0.488	0.532	0.23	0.294	0.884	0.114	0.113
宿州	0.274	0.233	0.699	0.497	0.543	0.492	0.294	0.605	0.117	0.128
六安	0.149	0.281	0.849	0.486	0.609	0.346	0.284	0.742	0.15	0.186
亳州	0.176	0.371	0.801	0.443	0.525	0.219	0.313	0.899	0.114	0.125
池州	0.21	0.317	0.728	0.342	0.627	0.25	0.333	0.863	0.106	0.144
宣城	0.146	0.306	0.973	0.573	0.672	0.249	0.294	0.845	0.132	0.225
福州	0.266	0.266	0.987	0.511	0.588	0.593	0.439	0.516	0.253	0.308
廈門	0.17	0.231	0.658	0.554	0.611	0.593	0.506	0.516	0.29	0.617
莆田	0.258	0.1	0.989	0.649	0.721	0.795	0.315	0.31	0.171	0.355
三明	0.342	0.202	0.774	0.566	0.669	0.305	0.281	0.798	0.116	0.162
泉州	0.271	0.293	0.888	0.584	0.786	0.835	0.313	0.267	0.442	0.514
漳州	0.361	0.33	0.818	0.569	0.627	0.613	0.323	0.463	0.171	0.244
南平	0.283	0.26	0.9	0.489	0.562	0.295	0.294	0.808	0.117	0.165
龍岩	0.323	0.368	0.93	0.37	0.688	0.461	0.305	0.641	0.129	0.212
寧德	0.273	0.272	0.841	0.492	0.649	0.376	0.272	0.733	0.128	0.197
南昌	0.241	0.267	0.85	0.506	0.708	0.651	0.37	0.45	0.205	0.303
景德鎮	0.25	0.231	0.619	0.204	0.742	0.475	0.303	0.61	0.124	0.248
萍鄉	0.216	0.372	0.542	0.444	0.755	0.395	0.298	0.717	0.122	0.218
九江	0.213	0.271	0.688	0.616	0.716	0.355	0.324	0.75	0.144	0.191
新餘	0.362	0.203	0.737	0.322	0.739	0.519	0.328	0.59	0.123	0.302
鷹潭	0.262	0.203	0.969	0.606	0.795	0.462	0.249	0.652	0.114	0.229
贛州	0.199	0.285	0.821	0.552	0.588	0.362	0.353	0.745	0.163	0.172
吉安	0.19	0.314	0.629	0.685	0.655	0.343	0.276	0.752	0.141	0.181
宜春	0.242	0.319	0.741	0.569	0.705	0.484	0.25	0.618	0.151	0.192
撫州	0.145	0.268	0.823	0.683	0.666	0.351	0.264	0.756	0.125	0.162
上饒	0.214	0.317	0.848	0.752	0.649	0.382	0.314	0.722	0.139	0.156
濟南	0.242	0.276	0.875	0.481	0.51	0.422	0.549	0.692	0.214	0.26
青島	0.294	0.279	0.761	0.754	0.586	0.423	0.489	0.691	0.351	0.379
淄博	0.351	0.289	0.9	0.652	0.728	0.797	0.364	0.307	0.214	0.35

表 4.2.2 2015 年度城市產業競爭力三級指標分值（續 1）

城市	從業者生產效率	企業銷售毛利率	資產/固定資產比率	銷售額/總資產比率	工業化發展水平	第二產業就業水平	第三產業發展水平	第三產業就業水平	產業製造能力	製造業人力資本指數
棗莊	0.212	0.262	0.742	0.487	0.723	0.463	0.316	0.65	0.138	0.197
東營	0.578	0.364	0.758	0.426	0.879	0.791	0.221	0.313	0.139	0.286
煙臺	0.377	0.26	0.899	0.613	0.7	0.564	0.346	0.546	0.27	0.345
濰坊	0.395	0.232	0.877	0.515	0.665	0.576	0.352	0.534	0.223	0.232
濟寧	0.338	0.262	0.993	0.396	0.655	0.684	0.337	0.422	0.167	0.178
泰安	0.316	0.287	0.842	0.587	0.629	0.731	0.392	0.373	0.17	0.225
威海	0.378	0.245	0.825	0.509	0.659	0.71	0.378	0.396	0.211	0.502
日照	0.401	0.181	0.798	0.464	0.669	0.653	0.36	0.453	0.144	0.254
萊蕪	0.211	0.168	0.772	0.347	0.715	0.532	0.331	0.58	0.128	0.316
臨沂	0.276	0.248	0.889	0.714	0.61	0.548	0.408	0.561	0.205	0.201
德州	0.25	0.289	0.701	0.575	0.677	0.365	0.326	0.75	0.166	0.214
聊城	0.319	0.261	0.939	0.649	0.683	0.412	0.311	0.702	0.16	0.199
濱州	0.343	0.204	0.903	0.482	0.657	0.724	0.36	0.382	0.198	0.356
菏澤	0.388	0.318	0.736	0.575	0.694	0.452	0.294	0.652	0.127	0.128
鄭州	0.271	0.322	0.987	0.48	0.714	0.618	0.392	0.49	0.339	0.362
開封	0.277	0.299	0.664	0.343	0.577	0.666	0.311	0.436	0.154	0.214
洛陽	0.301	0.215	0.812	0.41	0.736	0.48	0.307	0.631	0.18	0.22
平頂山	0.269	0.282	0.837	0.321	0.742	0.746	0.272	0.358	0.141	0.182
安陽	0.276	0.271	0.826	0.46	0.728	0.753	0.269	0.35	0.146	0.188
鶴壁	0.223	0.238	0.687	0.439	0.907	0.674	0.123	0.433	0.127	0.269
新鄉	0.255	0.223	0.87	0.502	0.722	0.824	0.273	0.277	0.181	0.242
焦作	0.265	0.276	0.779	0.481	0.854	0.562	0.197	0.547	0.163	0.279
濮陽	0.242	0.302	0.73	0.467	0.839	0.692	0.149	0.415	0.13	0.184
許昌	0.375	0.335	0.777	0.421	0.847	0.674	0.18	0.433	0.159	0.237
漯河	0.283	0.339	0.842	0.576	0.859	0.758	0.138	0.347	0.154	0.313
三門峽	0.347	0.243	0.441	0.444	0.836	0.586	0.208	0.521	0.113	0.158
南陽	0.242	0.266	0.869	0.43	0.649	0.518	0.273	0.582	0.179	0.175
商丘	0.251	0.571	0.83	0.496	0.602	0.516	0.267	0.59	0.136	0.145
信陽	0.224	0.238	0.572	0.34	0.525	0.458	0.292	0.646	0.139	0.159
周口	0.222	0.328	0.756	0.451	0.64	0.473	0.201	0.624	0.167	0.174
駐馬店	0.198	0.276	0.875	0.314	0.565	0.477	0.265	0.628	0.151	0.171
武漢	0.295	0.284	0.97	0.415	0.624	0.432	0.462	0.681	0.285	0.281
黃石	0.22	0.198	0.92	0.493	0.778	0.523	0.262	0.586	0.143	0.277
十堰	0.14	0.358	0.512	0.472	0.649	0.454	0.328	0.651	0.175	0.326
宜昌	0.171	0.338	0.599	0.258	0.765	0.35	0.233	0.763	0.214	0.381
襄陽	0.259	0.36	0.965	0.62	0.73	0.559	0.245	0.544	0.213	0.304
鄂州	0.271	0.21	0.662	0.548	0.757	0.711	0.235	0.396	0.129	0.383
荊門	0.22	0.256	0.747	0.673	0.693	0.497	0.256	0.596	0.15	0.274
孝感	0.134	0.249	0.728	0.478	0.624	0.563	0.277	0.54	0.2	0.307
荊州	0.173	0.262	0.889	0.497	0.576	0.309	0.273	0.79	0.14	0.168
黃岡	0.293	0.2	0.578	0.257	0.508	0.564	0.304	0.491	0.123	0.133
咸寧	0.269	0.333	0.755	0.501	0.623	0.396	0.289	0.716	0.12	0.18
隨州	0.145	0.266	0.583	0.342	0.621	0.203	0.289	0.915	0.115	0.17
長沙	0.422	0.333	0.777	0.591	0.705	0.491	0.38	0.62	0.233	0.284
株洲	0.226	0.287	0.939	0.494	0.764	0.378	0.279	0.735	0.152	0.231
湘潭	0.366	0.235	0.956	0.584	0.752	0.739	0.287	0.367	0.134	0.223
衡陽	0.219	0.259	0.681	0.601	0.616	0.362	0.332	0.753	0.146	0.161
邵陽	0.152	0.315	0.579	0.524	0.506	0.238	0.356	0.876	0.116	0.118
岳陽	0.276	0.261	0.571	0.543	0.702	0.359	0.302	0.753	0.145	0.179
常德	0.24	0.583	0.947	0.53	0.625	0.273	0.338	0.844	0.127	0.144
張家界	0.282	0.203	0.482	0.221	0.341	0.25	0.628	0.862	0.101	0.105
益陽	0.282	0.276	0.627	0.464	0.58	0.407	0.324	0.705	0.122	0.147
郴州	0.288	0.314	0.622	0.454	0.732	0.353	0.287	0.759	0.12	0.139
永州	0.293	0.304	0.604	0.373	0.495	0.367	0.367	0.738	0.117	0.128
懷化	0.166	0.253	0.523	0.316	0.566	0.171	0.395	0.944	0.109	0.115
婁底	0.28	0.289	0.634	0.371	0.691	0.495	0.273	0.615	0.121	0.153
廣州	0.33	0.293	0.793	0.57	0.445	0.378	0.657	0.737	0.446	0.369
韶關	0.175	0.312	0.739	0.296	0.548	0.412	0.426	0.698	0.134	0.218
深圳	0.224	0.317	0.1	0.73	0.561	0.56	0.564	0.55	1	0.962

表 4.2.2 2015 年度城市產業競爭力三級指標分值（續 1）

城市	從業者生產效率	企業銷售毛利率	資產/固定資產比率	銷售額/總資產比率	工業化發展水平	第二產業就業水平	第三產業發展水平	第三產業就業水平	產業製造能力	製造業人力資本指數
珠海	0.228	0.255	0.299	0.594	0.654	0.794	0.446	0.301	0.24	1
汕頭	0.364	0.278	0.817	0.415	0.668	0.99	0.398	0.109	0.164	0.216
佛山	0.305	0.275	0.944	0.658	0.787	0.733	0.327	0.373	0.535	0.706
江門	0.215	0.241	0.933	0.435	0.649	0.521	0.389	0.59	0.211	0.348
湛江	0.342	0.332	0.832	0.575	0.513	0.428	0.372	0.648	0.127	0.134
茂名	0.4	0.456	0.746	0.68	0.536	0.484	0.388	0.608	0.124	0.137
肇慶	0.319	0.265	0.733	0.54	0.613	0.539	0.332	0.571	0.166	0.264
惠州	0.193	0.258	0.964	0.61	0.738	0.509	0.338	0.603	0.296	0.523
梅州	0.253	0.414	0.908	0.32	0.473	0.466	0.41	0.645	0.122	0.149
汕尾	0.209	0.189	0.687	0.503	0.604	0.586	0.336	0.507	0.149	0.264
河源	0.27	0.275	0.873	0.479	0.636	0.614	0.352	0.492	0.138	0.224
陽江	0.327	0.351	0.72	0.504	0.634	0.504	0.28	0.591	0.122	0.187
清遠	0.196	0.24	0.971	0.407	0.512	0.363	0.433	0.749	0.145	0.218
東莞	0.222	0.187	0.642	0.612	0.591	1	0.531	0.1	0.8	0.957
中山	0.192	0.24	0.428	0.859	0.708	0.632	0.395	0.469	0.337	0.862
潮州	0.241	0.32	0.874	0.515	0.713	0.488	0.339	0.624	0.135	0.229
揭陽	0.365	0.267	0.807	0.73	0.802	0.63	0.225	0.466	0.156	0.192
雲浮	0.208	0.274	0.861	0.45	0.557	0.45	0.308	0.661	0.128	0.217
南寧	0.261	0.302	0.787	0.418	0.514	0.422	0.464	0.676	0.151	0.172
柳州	0.228	0.226	0.776	0.582	0.805	0.499	0.241	0.607	0.159	0.252
桂林	0.259	0.324	0.823	0.481	0.615	0.347	0.304	0.758	0.13	0.158
梧州	0.331	0.361	0.808	0.644	0.837	0.408	0.168	0.701	0.122	0.173
北海	0.298	0.394	0.89	0.671	0.652	0.283	0.254	0.812	0.112	0.173
防城港	0.346	0.199	0.975	0.509	0.719	0.33	0.263	0.693	0.105	0.161
欽州	0.272	0.242	0.834	0.453	0.544	0.369	0.301	0.727	0.109	0.126
貴港	0.288	0.295	0.874	0.389	0.53	0.277	0.343	0.834	0.11	0.12
玉林	0.255	0.276	0.869	0.65	0.567	0.403	0.323	0.69	0.134	0.158
百色	0.219	0.181	0.638	0.214	0.688	0.236	0.229	0.87	0.111	0.127
賀州	0.266	0.307	0.69	0.316	0.596	0.218	0.278	0.888	0.105	0.123
河池	0.189	0.167	0.684	0.161	0.469	0.255	0.358	0.85	0.11	0.126
來賓	0.202	0.182	0.724	0.264	0.551	0.254	0.272	0.823	0.108	0.136
崇左	0.315	0.424	0.823	0.324	0.549	0.27	0.28	0.751	0.107	0.134
海口	0.125	0.334	0.773	0.37	0.323	0.192	0.714	0.923	0.118	0.183
三亞	0.24	0.218	0.948	0.239	0.272	0.126	0.683	0.959	0.101	0.118
重慶	0.14	0.314	0.88	0.35	0.648	0.487	0.39	0.583	0.767	0.325
成都	0.178	0.282	0.995	0.219	0.591	0.468	0.49	0.639	0.467	0.358
自貢	0.215	0.249	0.592	0.686	0.761	0.317	0.237	0.798	0.117	0.162
攀枝花	0.276	0.168	0.886	0.342	0.941	0.759	0.164	0.343	0.127	0.327
瀘州	0.264	0.347	0.974	0.534	0.764	0.583	0.215	0.524	0.122	0.15
德陽	0.321	0.309	0.675	0.49	0.764	0.635	0.211	0.473	0.147	0.234
綿陽	0.225	0.267	0.686	0.509	0.658	0.461	0.282	0.65	0.149	0.204
廣元	0.183	0.231	0.584	0.315	0.618	0.213	0.3	0.905	0.105	0.115
遂寧	0.273	0.309	0.667	0.458	0.705	0.513	0.22	0.598	0.116	0.146
內江	0.306	0.276	0.764	0.463	0.786	0.523	0.16	0.586	0.125	0.166
樂山	0.305	0.227	0.808	0.311	0.783	0.545	0.221	0.555	0.131	0.193
南充	0.213	0.298	0.683	0.42	0.664	0.4	0.208	0.712	0.13	0.145
眉山	0.246	0.276	0.747	0.392	0.728	0.351	0.211	0.763	0.118	0.159
宜賓	0.217	0.381	0.758	0.271	0.771	0.394	0.194	0.716	0.136	0.179
廣安	0.28	0.235	0.671	0.586	0.67	0.175	0.253	0.942	0.102	0.102
達州	0.237	0.284	0.599	0.289	0.68	0.393	0.204	0.715	0.111	0.116
雅安	0.361	0.336	0.489	0.129	0.733	0.392	0.227	0.713	0.104	0.129
巴中	0.138	0.212	0.691	0.8	0.593	0.535	0.314	0.567	0.112	0.134
資陽	0.35	0.299	0.989	0.878	0.71	0.628	0.174	0.471	0.129	0.18
貴陽	0.219	0.327	0.949	0.435	0.528	0.616	0.55	0.492	0.162	0.236
六盤水	0.338	0.284	0.789	0.226	0.728	0.658	0.33	0.449	0.112	0.14
遵義	0.369	0.649	0.791	0.21	0.604	0.423	0.371	0.688	0.128	0.142
安順	0.185	0.448	0.96	0.266	0.499	0.315	0.459	0.793	0.113	0.157
畢節	0.252	0.376	0.672	0.212	0.558	0.23	0.349	0.886	0.106	0.105
銅仁	0.182	0.106	0.526	1	0.384	0.145	0.437	0.971	0.104	0.111

表 4.2.2 2015 年度城市產業競爭力三級指標分值（續 1）

城市	從業者生產效率	企業銷售毛利率	資產/固定資產比率	銷售額/總資產比率	工業化發展水平	第二產業就業水平	第三產業發展水平	第三產業就業水平	產業製造能力	製造業人力資本指數
昆明	0.149	0.343	0.965	0.358	0.58	0.321	0.488	0.794	0.179	0.219
曲靖	0.192	0.346	0.751	0.28	0.677	0.448	0.243	0.661	0.133	0.151
玉溪	0.198	0.644	0.802	0.278	0.767	0.327	0.251	0.785	0.127	0.217
保山	0.215	0.334	0.653	0.181	0.452	0.471	0.337	0.622	0.11	0.136
昭通	0.216	0.511	0.501	0.113	0.644	0.323	0.255	0.787	0.105	0.105
麗江	0.211	0.551	0.541	0.106	0.584	0.331	0.357	0.768	0.102	0.112
普洱	0.148	0.414	0.473	0.1	0.497	0.296	0.277	0.808	0.113	0.147
臨滄	0.226	0.373	0.546	0.135	0.546	0.37	0.216	0.677	0.108	0.131
拉薩	0.1	0.211	0.575	0.1	0.461	0.216	0.614	0.64	0.105	0.194
西安	0.223	0.227	0.596	0.456	0.56	0.466	0.513	0.646	0.258	0.283
銅川	0.23	0.228	0.643	0.271	0.847	0.558	0.216	0.551	0.106	0.171
寶雞	0.24	0.313	0.874	0.323	0.835	0.423	0.187	0.686	0.151	0.236
咸陽	0.328	0.399	0.66	0.397	0.737	0.631	0.201	0.472	0.159	0.218
渭南	0.297	0.242	0.82	0.263	0.703	0.564	0.256	0.528	0.132	0.156
延安	0.315	0.527	0.614	0.165	0.913	0.477	0.139	0.628	0.108	0.133
漢中	0.224	0.227	0.742	0.278	0.581	0.377	0.312	0.731	0.122	0.164
榆林	0.611	0.669	0.668	0.203	0.883	0.54	0.203	0.564	0.119	0.156
安康	0.247	0.42	0.618	0.392	0.68	0.247	0.278	0.867	0.105	0.117
商洛	0.254	0.351	0.787	0.355	0.645	0.482	0.284	0.62	0.107	0.126
蘭州	0.19	0.278	0.84	0.353	0.595	0.41	0.5	0.703	0.143	0.217
嘉峪關	0.302	0.153	0.865	0.374	0.941	0.759	0.186	0.346	0.113	0.699
金昌	0.173	0.116	0.571	0.215	0.918	0.77	0.154	0.309	0.117	0.486
白銀	0.236	0.182	0.821	0.282	0.698	0.608	0.301	0.488	0.112	0.172
天水	0.16	0.21	0.789	0.212	0.483	0.308	0.422	0.791	0.112	0.134
武威	0.161	0.145	0.877	0.371	0.563	0.325	0.292	0.778	0.105	0.129
張掖	0.208	0.23	0.766	0.207	0.459	0.368	0.36	0.667	0.105	0.139
平涼	0.155	0.326	0.565	0.156	0.555	0.365	0.312	0.734	0.101	0.103
酒泉	0.331	0.214	0.635	0.165	0.678	0.518	0.331	0.541	0.109	0.179
慶陽	0.28	1	0.474	0.219	0.757	0.387	0.231	0.726	0.101	0.101
定西	0.117	0.158	0.65	0.201	0.343	0.301	0.43	0.809	0.103	0.109
隴南	0.165	0.399	0.684	0.154	0.393	0.338	0.438	0.741	0.103	0.111
西寧	0.214	0.15	0.678	0.24	0.673	0.424	0.415	0.687	0.126	0.216
海東	0.197	0.309	0.905	0.361	0.672	0.136	0.28	0.969	0.103	0.121
銀川	0.238	0.328	0.68	0.2	0.683	0.355	0.399	0.738	0.117	0.181
石嘴山	0.294	0.257	0.791	0.211	0.817	0.422	0.261	0.684	0.112	0.267
吳忠	0.26	0.208	0.676	0.216	0.694	0.402	0.275	0.687	0.108	0.165
固原	0.155	0.292	0.482	0.138	0.351	0.1	0.48	1	0.1	0.1
中衛	0.264	0.207	0.945	0.248	0.576	0.246	0.363	0.83	0.104	0.134
烏魯木齊	0.259	0.32	0.646	0.23	0.516	0.358	0.593	0.744	0.129	0.183
克拉瑪依	0.399	0.455	0.561	0.232	0.971	0.824	0.17	0.28	0.11	0.384
香港	0.54	0.768	0.377	0.292	0.116	0.222	0.984	0.897	0.138	0.149
澳門	0.974	0.843	0.377	0.292	0.1	0.288	1	0.829	0.102	0.136
新北	0.336	0.285	0.377	0.292	0.438	0.598	0.635	0.503	0.115	0.137
臺北	0.348	0.285	0.377	0.292	0.438	0.337	0.635	0.777	0.11	0.137
桃園	0.344	0.285	0.377	0.292	0.438	0.777	0.635	0.314	0.107	0.137
台中	0.345	0.285	0.377	0.292	0.438	0.675	0.635	0.383	0.11	0.137
台南	0.331	0.285	0.377	0.292	0.438	0.703	0.635	0.285	0.107	0.137
高雄	0.348	0.285	0.377	0.292	0.438	0.612	0.635	0.445	0.111	0.137
基隆	0.344	0.285	0.377	0.292	0.438	0.475	0.635	0.628	0.101	0.137
新竹	0.35	0.285	0.377	0.292	0.438	0.673	0.635	0.422	0.101	0.137
嘉義	0.357	0.285	0.377	0.292	0.438	0.414	0.635	0.669	0.1	0.137

表 4.2.3 2015 年度城市產業競爭力三級指標分值（續 2）

城市	外資企業數	外資企業產出規模	外資企業貢獻度	外資企業平均產出能力	外資企業相對量	工業集中度	企業固定資產集中度	市區工業企業相對量	企業總資產規模
北京	0.268	0.403	0.564	0.397	0.477	0.981	0.985	0.958	0.701
天津	0.417	0.581	0.587	0.349	0.582	0.921	0.936	0.843	0.489

表 4.2.3 2015 年度城市產業競爭力三級指標分值（續 2）

城市	外資企業數	外資企業產出規模	外資企業貢獻度	外資企業平均產出能力	外資企業相對量	工業集中度	企業固定資產集中度	市區工業企業相對量	企業總資產規模
石家莊	0.117	0.123	0.18	0.324	0.16	0.209	0.362	0.19	0.222
唐山	0.122	0.166	0.267	0.579	0.236	0.208	0.66	0.1	0.212
秦皇島	0.117	0.127	0.568	0.36	0.439	0.654	0.701	0.572	0.154
邯鄲	0.109	0.13	0.256	0.621	0.166	0.329	0.509	0.246	0.223
邢臺	0.108	0.121	0.308	0.56	0.155	0.249	0.462	0.161	0.158
保定	0.122	0.116	0.204	0.223	0.212	0.372	0.533	0.205	0.144
張家口	0.105	0.105	0.2	0.25	0.181	0.566	1	0.344	0.151
承德	0.102	0.101	0.115	0.191	0.129	0.36	0.491	0.263	0.156
滄州	0.12	0.129	0.245	0.34	0.181	0.309	0.278	0.176	0.204
廊坊	0.134	0.126	0.297	0.223	0.337	0.238	0.337	0.252	0.164
衡水	0.111	0.105	0.184	0.179	0.18	0.374	0.463	0.224	0.133
太原	0.105	0.121	0.326	0.872	0.185	0.872	0.903	0.705	0.198
大同	0.102	0.103	0.181	0.315	0.214	0.879	0.895	0.539	0.167
陽泉	0.102	0.101	0.133	0.198	0.176	0.637	0.729	0.48	0.13
長治	0.102	0.104	0.15	0.433	0.143	0.318	0.296	0.286	0.174
晉城	0.103	0.109	0.335	0.562	0.205	0.409	0.411	0.252	0.164
朔州	0.101	0.101	0.126	0.288	0.135	0.592	0.65	0.368	0.151
晉中	0.105	0.104	0.189	0.244	0.181	0.222	0.205	0.296	0.16
運城	0.103	0.102	0.127	0.197	0.147	0.183	0.25	0.232	0.157
忻州	0.1	0.1	0.1	0.1	0.1	0.169	0.153	0.18	0.136
臨汾	0.102	0.102	0.13	0.248	0.154	0.168	0.24	0.212	0.158
呂梁	0.102	0.107	0.192	0.603	0.131	0.105	0.156	0.119	0.193
呼和浩特	0.106	0.115	0.366	0.521	0.272	0.376	0.462	0.36	0.154
包頭	0.107	0.109	0.168	0.314	0.183	0.758	0.775	0.726	0.203
烏海	0.101	0.1	0.107	0.153	0.13	1	1	1	0.132
赤峰	0.102	0.102	0.132	0.296	0.13	0.481	0.503	0.39	0.137
通遼	0.103	0.114	0.229	0.796	0.146	0.385	0.28	0.4	0.14
鄂爾多斯	0.103	0.115	0.195	0.835	0.171	0.17	0.272	0.234	0.26
呼倫貝爾	0.104	0.103	0.15	0.196	0.187	0.233	0.431	0.25	0.147
巴彥淖爾	0.102	0.104	0.219	0.437	0.155	0.36	0.32	0.34	0.134
烏蘭察布	0.102	0.102	0.148	0.23	0.152	0.17	0.179	0.197	0.133
瀋陽	0.179	0.236	0.364	0.384	0.265	0.727	0.789	0.644	0.325
大連	0.249	0.263	0.475	0.279	0.494	0.544	0.598	0.465	0.364
鞍山	0.112	0.107	0.155	0.192	0.183	0.414	0.609	0.306	0.183
撫順	0.112	0.106	0.161	0.189	0.197	0.684	0.895	0.58	0.142
本溪	0.108	0.123	0.356	0.583	0.2	0.855	0.891	0.738	0.148
丹東	0.117	0.109	0.279	0.188	0.278	0.206	0.35	0.249	0.12
錦州	0.113	0.113	0.223	0.27	0.225	0.413	0.449	0.311	0.114
營口	0.132	0.127	0.344	0.238	0.279	0.639	0.829	0.677	0.159
阜新	0.106	0.103	0.186	0.184	0.177	0.741	0.777	0.681	0.128
遼陽	0.106	0.112	0.249	0.401	0.179	0.458	0.651	0.46	0.146
盤錦	0.106	0.105	0.15	0.244	0.193	0.623	0.796	0.429	0.16
鐵嶺	0.108	0.104	0.143	0.192	0.15	0.265	0.334	0.277	0.156
朝陽	0.104	0.101	0.125	0.152	0.143	0.293	0.39	0.237	0.13
葫蘆島	0.102	0.101	0.128	0.182	0.152	0.585	0.535	0.325	0.128
長春	0.13	0.183	0.339	0.557	0.32	0.93	0.932	0.782	0.287
吉林	0.106	0.108	0.17	0.312	0.148	0.649	0.628	0.494	0.166
四平	0.103	0.106	0.177	0.452	0.143	0.428	0.333	0.459	0.125
遼源	0.101	0.102	0.137	0.337	0.13	0.624	0.729	0.508	0.119
通化	0.104	0.106	0.203	0.343	0.164	0.51	0.68	0.304	0.128
白山	0.104	0.104	0.182	0.273	0.171	0.517	0.649	0.489	0.116
松原	0.101	0.101	0.119	0.276	0.118	0.357	0.679	0.327	0.159
白城	0.103	0.103	0.249	0.273	0.18	0.344	0.443	0.367	0.111
哈爾濱	0.119	0.127	0.312	0.331	0.217	0.651	0.765	0.537	0.214
齊齊哈爾	0.104	0.106	0.253	0.329	0.2	0.657	0.768	0.567	0.134
雞西	0.101	0.101	0.181	0.311	0.148	0.516	0.866	0.414	0.113
鶴崗	0.101	0.1	0.117	0.128	0.147	0.723	0.825	0.679	0.109
雙鴨山	0.101	0.1	0.103	0.121	0.124	0.37	0.796	0.503	0.105
大慶	0.104	0.11	0.161	0.53	0.173	0.866	0.951	0.753	0.225

表 4.2.3 2015 年度城市產業競爭力三級指標分值（續 2）

城市	外資企業數	外資企業產出規模	外資企業貢獻度	外資企業平均產出能力	外資企業相對量	工業集中度	企業固定資產集中度	市區工業企業相對量	企業總資產規模
伊春	0.102	0.101	0.173	0.144	0.235	0.791	0.912	0.725	0.106
佳木斯	0.102	0.102	0.199	0.256	0.155	0.434	0.505	0.439	0.112
七台河	0.1	0.1	0.101	0.111	0.115	0.863	0.921	0.742	0.112
牡丹江	0.105	0.103	0.2	0.215	0.182	0.279	0.548	0.3	0.108
黑河	0.101	0.1	0.135	0.124	0.2	0.359	0.328	0.354	0.105
綏化	0.102	0.102	0.175	0.258	0.151	0.121	0.122	0.158	0.117
上海	0.925	1	0.845	0.279	0.79	0.991	0.98	0.987	1
南京	0.227	0.33	0.587	0.398	0.474	1	1	1	0.35
無錫	0.358	0.332	0.514	0.247	0.492	0.432	0.513	0.584	0.5
徐州	0.134	0.14	0.2	0.292	0.197	0.518	0.785	0.366	0.271
常州	0.262	0.241	0.472	0.243	0.412	0.792	0.826	0.827	0.315
蘇州	1	0.974	0.867	0.26	0.784	0.425	0.445	0.497	0.828
南通	0.342	0.275	0.514	0.219	0.488	0.384	0.492	0.378	0.284
連雲港	0.14	0.142	0.37	0.27	0.3	0.382	0.592	0.263	0.163
淮安	0.136	0.149	0.379	0.322	0.233	0.645	0.709	0.504	0.159
鹽城	0.163	0.171	0.395	0.285	0.276	0.39	0.321	0.294	0.201
揚州	0.18	0.201	0.421	0.306	0.339	0.675	0.708	0.598	0.218
鎮江	0.22	0.209	0.503	0.249	0.452	0.426	0.518	0.412	0.237
泰州	0.168	0.197	0.406	0.333	0.313	0.469	0.481	0.443	0.161
宿遷	0.124	0.11	0.192	0.172	0.175	0.385	0.502	0.303	0.16
杭州	0.326	0.269	0.462	0.223	0.395	0.774	0.801	0.69	0.44
寧波	0.477	0.325	0.56	0.198	0.53	0.684	0.682	0.519	0.423
溫州	0.149	0.117	0.198	0.155	0.19	0.404	0.422	0.416	0.22
嘉興	0.306	0.2	0.486	0.18	0.458	0.287	0.292	0.273	0.291
湖州	0.195	0.14	0.377	0.169	0.402	0.421	0.445	0.425	0.179
紹興	0.251	0.194	0.366	0.202	0.403	0.685	0.756	0.624	0.323
金華	0.155	0.118	0.214	0.154	0.217	0.209	0.239	0.236	0.221
衢州	0.11	0.105	0.193	0.183	0.182	0.481	0.546	0.371	0.141
舟山	0.105	0.106	0.218	0.278	0.208	0.799	0.729	0.842	0.144
台州	0.153	0.125	0.273	0.176	0.217	0.407	0.413	0.373	0.205
麗水	0.106	0.102	0.136	0.163	0.142	0.27	0.333	0.261	0.136
合肥	0.136	0.176	0.367	0.447	0.226	0.646	0.676	0.42	0.238
蕪湖	0.127	0.138	0.311	0.334	0.219	0.614	0.694	0.417	0.205
蚌埠	0.106	0.105	0.175	0.236	0.169	0.589	0.786	0.513	0.126
淮南	0.104	0.104	0.188	0.262	0.148	0.903	0.992	0.775	0.159
馬鞍山	0.11	0.11	0.209	0.254	0.195	0.629	0.785	0.472	0.159
淮北	0.105	0.104	0.16	0.223	0.155	0.765	0.905	0.703	0.151
銅陵	0.105	0.117	0.358	0.701	0.258	0.88	0.814	0.706	0.139
安慶	0.11	0.105	0.147	0.176	0.148	0.313	0.48	0.209	0.138
黃山	0.104	0.101	0.132	0.127	0.161	0.484	0.484	0.471	0.109
滁州	0.115	0.111	0.25	0.225	0.197	0.35	0.1	0.316	0.139
阜陽	0.105	0.102	0.137	0.167	0.141	0.385	0.535	0.397	0.122
宿州	0.105	0.103	0.175	0.209	0.142	0.464	0.645	0.402	0.117
六安	0.105	0.108	0.233	0.366	0.138	0.264	0.235	0.316	0.127
亳州	0.101	0.1	0.11	0.133	0.116	0.451	0.409	0.362	0.114
池州	0.103	0.101	0.15	0.15	0.16	0.561	0.771	0.478	0.113
宣城	0.109	0.104	0.17	0.169	0.165	0.174	0.185	0.241	0.127
福州	0.232	0.234	0.626	0.268	0.588	0.369	0.352	0.401	0.23
廈門	0.253	0.26	1	0.272	0.848	1	1	1	0.218
莆田	0.141	0.129	0.479	0.215	0.426	0.855	0.848	0.79	0.131
三明	0.115	0.106	0.161	0.165	0.172	0.282	0.381	0.229	0.136
泉州	0.423	0.31	0.695	0.207	0.7	0.292	0.37	0.228	0.277
漳州	0.198	0.159	0.579	0.199	0.528	0.271	0.277	0.247	0.168
南平	0.112	0.106	0.229	0.191	0.2	0.284	0.425	0.209	0.124
龍岩	0.125	0.112	0.306	0.174	0.311	0.486	0.465	0.438	0.142
寧德	0.107	0.105	0.152	0.204	0.144	0.204	0.591	0.192	0.14
南昌	0.127	0.14	0.338	0.338	0.308	0.581	0.499	0.559	0.179
景德鎮	0.105	0.102	0.157	0.181	0.227	0.571	0.784	0.443	0.143
萍鄉	0.104	0.102	0.135	0.192	0.146	0.669	0.754	0.59	0.12

表 4.2.3 2015 年度城市產業競爭力三級指標分值（續 2）

城市	外資企業數	外資企業產出規模	外資企業貢獻度	外資企業平均產出能力	外資企業相對量	工業集中度	企業固定資產集中度	市區工業企業相對量	企業總資產規模
九江	0.12	0.122	0.27	0.283	0.264	0.352	0.418	0.268	0.144
新餘	0.104	0.113	0.342	0.642	0.207	0.821	0.907	0.778	0.14
鷹潭	0.103	0.101	0.121	0.191	0.202	0.274	0.292	0.429	0.15
贛州	0.145	0.13	0.408	0.212	0.458	0.341	0.339	0.264	0.14
吉安	0.119	0.118	0.317	0.26	0.264	0.206	0.251	0.192	0.122
宜春	0.113	0.113	0.239	0.267	0.214	0.148	0.172	0.211	0.136
撫州	0.11	0.104	0.184	0.162	0.212	0.403	0.362	0.324	0.115
上饒	0.108	0.12	0.343	0.491	0.207	0.1	0.145	0.172	0.126
濟南	0.133	0.121	0.216	0.203	0.243	0.592	0.703	0.495	0.221
青島	0.393	0.29	0.413	0.206	0.587	0.584	0.647	0.417	0.342
淄博	0.138	0.159	0.24	0.355	0.2	0.799	0.771	0.823	0.251
棗莊	0.114	0.11	0.177	0.218	0.175	0.63	0.602	0.707	0.155
東營	0.109	0.134	0.175	0.715	0.179	0.456	0.556	0.434	0.33
煙臺	0.232	0.32	0.52	0.373	0.491	0.429	0.375	0.35	0.306
濰坊	0.17	0.152	0.218	0.221	0.234	0.256	0.32	0.232	0.304
濟寧	0.122	0.126	0.238	0.297	0.192	0.563	0.491	0.385	0.247
泰安	0.115	0.11	0.141	0.208	0.161	0.234	0.307	0.284	0.193
威海	0.185	0.176	0.435	0.246	0.528	0.283	0.423	0.305	0.203
日照	0.116	0.131	0.406	0.414	0.323	0.704	0.769	0.496	0.171
萊蕪	0.105	0.101	0.116	0.134	0.179	1	1	1	0.136
臨沂	0.142	0.143	0.233	0.27	0.183	0.488	0.491	0.413	0.208
德州	0.118	0.119	0.165	0.272	0.14	0.205	0.313	0.174	0.198
聊城	0.108	0.109	0.13	0.282	0.124	0.189	0.207	0.218	0.224
濱州	0.111	0.114	0.159	0.314	0.167	0.209	0.211	0.217	0.243
菏澤	0.113	0.115	0.177	0.295	0.141	0.26	0.289	0.231	0.171
鄭州	0.121	0.21	0.368	0.948	0.164	0.43	0.374	0.309	0.344
開封	0.106	0.103	0.133	0.173	0.137	0.254	0.373	0.226	0.145
洛陽	0.109	0.11	0.143	0.287	0.14	0.436	0.434	0.36	0.226
平頂山	0.103	0.105	0.156	0.422	0.128	0.423	0.498	0.337	0.17
安陽	0.104	0.103	0.124	0.228	0.133	0.313	0.464	0.206	0.161
鶴壁	0.103	0.103	0.144	0.251	0.142	0.492	0.645	0.596	0.126
新鄉	0.108	0.112	0.19	0.326	0.16	0.346	0.386	0.285	0.163
焦作	0.106	0.108	0.149	0.313	0.141	0.261	0.435	0.242	0.172
濮陽	0.104	0.105	0.15	0.313	0.135	0.313	0.486	0.269	0.143
許昌	0.105	0.108	0.146	0.332	0.131	0.189	0.182	0.193	0.185
漯河	0.104	0.122	0.391	0.981	0.157	0.581	0.655	0.7	0.134
三門峽	0.102	0.11	0.182	0.815	0.129	0.187	0.2	0.226	0.136
南陽	0.108	0.106	0.155	0.226	0.147	0.323	0.505	0.274	0.17
商丘	0.103	0.101	0.114	0.161	0.127	0.226	0.22	0.394	0.143
信陽	0.103	0.103	0.138	0.256	0.12	0.479	0.367	0.218	0.135
周口	0.104	0.107	0.161	0.385	0.129	0.16	0.19	0.146	0.154
駐馬店	0.107	0.105	0.168	0.234	0.137	0.273	0.356	0.198	0.166
武漢	0.16	0.246	0.446	0.496	0.311	0.842	0.919	0.656	0.379
黄石	0.107	0.121	0.36	0.611	0.179	0.592	0.751	0.435	0.149
十堰	0.105	0.126	0.505	0.974	0.147	0.718	0.527	0.503	0.153
宜昌	0.113	0.116	0.195	0.302	0.176	0.432	0.774	0.327	0.227
襄陽	0.112	0.131	0.252	0.534	0.156	0.522	0.561	0.447	0.166
鄂州	0.104	0.104	0.18	0.254	0.167	1	1	1	0.115
荊門	0.106	0.108	0.178	0.303	0.153	0.409	0.516	0.353	0.129
孝感	0.112	0.109	0.209	0.223	0.187	0.166	0.195	0.237	0.134
荊州	0.108	0.106	0.189	0.231	0.165	0.435	0.501	0.444	0.133
黄岡	0.109	0.106	0.204	0.21	0.163	0.164	0.147	0.198	0.139
咸寧	0.106	0.107	0.216	0.275	0.161	0.327	0.272	0.321	0.123
隨州	0.105	0.103	0.181	0.212	0.161	0.425	0.612	0.412	0.12
長沙	0.128	0.136	0.224	0.312	0.191	0.461	0.529	0.375	0.255
株洲	0.112	0.107	0.169	0.199	0.164	0.534	0.599	0.307	0.151
湘潭	0.107	0.113	0.231	0.405	0.163	0.647	0.831	0.528	0.143
衡陽	0.11	0.118	0.256	0.406	0.167	0.432	0.507	0.364	0.135
邵陽	0.106	0.102	0.139	0.162	0.152	0.297	0.474	0.284	0.117

表 4.2.3 2015 年度城市產業競爭力三級指標分值（續 2）

城市	外資企業數	外資企業產出規模	外資企業貢獻度	外資企業平均產出能力	外資企業相對量	工業集中度	企業固定資產集中度	市區工業企業相對量	企業總資產規模
岳陽	0.108	0.108	0.144	0.25	0.152	0.437	0.583	0.312	0.151
常德	0.107	0.107	0.188	0.278	0.158	0.512	0.467	0.359	0.143
張家界	0.101	0.1	0.165	0.149	0.156	0.354	0.417	0.398	0.104
益陽	0.107	0.105	0.184	0.214	0.165	0.562	0.528	0.499	0.123
郴州	0.112	0.109	0.189	0.232	0.185	0.31	0.37	0.253	0.142
永州	0.111	0.103	0.201	0.147	0.227	0.357	0.44	0.346	0.115
懷化	0.102	0.102	0.158	0.243	0.133	0.188	0.289	0.18	0.117
婁底	0.103	0.103	0.156	0.289	0.135	0.443	0.586	0.299	0.132
廣州	0.432	0.576	0.835	0.336	0.664	0.887	0.936	0.761	0.456
韶關	0.115	0.109	0.301	0.195	0.322	0.58	0.658	0.366	0.132
深圳	0.654	0.64	0.721	0.26	0.795	1	1	1	0.668
珠海	0.21	0.192	0.805	0.237	0.955	1	1	1	0.211
汕頭	0.152	0.124	0.356	0.175	0.333	0.999	0.993	0.998	0.152
佛山	0.361	0.349	0.486	0.257	0.446	1	1	1	0.365
江門	0.253	0.172	0.716	0.177	0.724	0.594	0.623	0.578	0.176
湛江	0.117	0.135	0.554	0.437	0.28	0.663	0.761	0.407	0.14
茂名	0.115	0.104	0.144	0.139	0.245	0.742	0.717	0.333	0.124
肇慶	0.157	0.157	0.547	0.265	0.531	0.423	0.661	0.368	0.146
惠州	0.278	0.289	0.86	0.275	0.954	0.813	0.805	0.632	0.212
梅州	0.115	0.105	0.35	0.16	0.423	0.585	0.636	0.426	0.117
汕尾	0.113	0.117	0.566	0.318	0.519	0.483	0.742	0.289	0.114
河源	0.13	0.123	0.605	0.226	0.663	0.535	0.622	0.432	0.12
陽江	0.118	0.117	0.389	0.258	0.354	0.448	0.443	0.409	0.123
清遠	0.133	0.123	0.532	0.215	0.63	0.716	0.696	0.636	0.136
東莞	0.689	0.438	0.915	0.194	1	1	1	1	0.342
中山	0.301	0.249	0.798	0.222	0.653	1	1	1	0.195
潮州	0.133	0.112	0.388	0.159	0.409	0.798	0.654	0.874	0.119
揭陽	0.143	0.129	0.311	0.209	0.289	0.495	0.467	0.557	0.14
雲浮	0.121	0.11	0.426	0.174	0.381	0.213	0.201	0.336	0.115
南寧	0.117	0.122	0.329	0.313	0.243	0.697	0.705	0.591	0.15
柳州	0.107	0.136	0.345	1	0.166	0.881	0.827	0.698	0.178
桂林	0.106	0.107	0.201	0.293	0.179	0.302	0.396	0.291	0.132
梧州	0.111	0.109	0.233	0.226	0.319	0.607	0.649	0.51	0.121
北海	0.107	0.112	0.352	0.383	0.414	0.91	0.887	0.688	0.116
防城港	0.104	0.115	0.504	0.772	0.275	0.823	0.863	0.729	0.118
欽州	0.105	0.108	0.298	0.382	0.249	0.786	0.929	0.529	0.121
貴港	0.107	0.105	0.278	0.21	0.247	0.479	0.697	0.485	0.117
玉林	0.115	0.112	0.368	0.234	0.3	0.281	0.421	0.214	0.12
百色	0.102	0.103	0.169	0.346	0.157	0.292	0.255	0.273	0.131
賀州	0.104	0.103	0.343	0.238	0.286	0.607	0.443	0.566	0.109
河池	0.102	0.101	0.168	0.197	0.155	0.336	0.193	0.22	0.121
來賓	0.102	0.103	0.278	0.326	0.2	0.54	0.657	0.325	0.115
崇左	0.104	0.107	0.437	0.405	0.296	0.312	0.41	0.302	0.113
海口	0.108	0.104	0.321	0.188	0.522	1	1	1	0.118
三亞	0.101	0.1	0.179	0.149	0.272	1	1	1	0.103
重慶	0.165	0.296	0.43	0.594	0.196	0.843	0.819	0.706	0.464
成都	0.159	0.259	0.56	0.546	0.247	0.688	0.737	0.52	0.247
自貢	0.102	0.103	0.154	0.356	0.131	0.777	0.819	0.678	0.131
攀枝花	0.102	0.102	0.129	0.272	0.133	0.83	0.682	0.804	0.147
瀘州	0.103	0.101	0.119	0.161	0.136	0.665	0.591	0.582	0.126
德陽	0.109	0.112	0.221	0.317	0.161	0.344	0.479	0.359	0.167
綿陽	0.107	0.104	0.154	0.187	0.178	0.677	0.484	0.452	0.153
廣元	0.102	0.102	0.172	0.234	0.146	0.57	0.504	0.509	0.113
遂寧	0.103	0.102	0.148	0.206	0.158	0.481	0.446	0.512	0.118
內江	0.103	0.103	0.143	0.245	0.154	0.373	0.402	0.386	0.129
樂山	0.103	0.102	0.13	0.206	0.135	0.547	0.599	0.463	0.145
南充	0.103	0.102	0.131	0.232	0.137	0.518	0.503	0.436	0.132
眉山	0.104	0.103	0.183	0.233	0.153	0.412	0.445	0.372	0.121
宜賓	0.101	0.102	0.132	0.357	0.12	0.52	0.391	0.306	0.163

表 4.2.3 2015 年度城市產業競爭力三級指標分值（續 2）

城市	外資企業數	外資企業產出規模	外資企業貢獻度	外資企業平均產出能力	外資企業相對量	工業集中度	企業固定資產集中度	市區工業企業相對量	企業總資產規模
廣安	0.102	0.101	0.121	0.198	0.126	0.344	0.562	0.3	0.113
達州	0.101	0.1	0.113	0.207	0.112	0.28	0.289	0.187	0.127
雅安	0.101	0.101	0.16	0.23	0.128	0.395	0.219	0.334	0.127
巴中	0.101	0.1	0.108	0.133	0.127	0.308	0.295	0.389	0.103
資陽	0.102	0.102	0.134	0.293	0.127	0.418	0.393	0.308	0.122
貴陽	0.106	0.106	0.176	0.253	0.209	0.713	0.529	0.753	0.156
六盤水	0.101	0.101	0.125	0.299	0.123	0.366	0.372	0.293	0.144
遵義	0.102	0.101	0.112	0.154	0.121	0.306	0.297	0.224	0.16
安順	0.101	0.101	0.154	0.287	0.123	0.56	0.532	0.46	0.114
畢節	0.101	0.1	0.107	0.135	0.118	0.228	0.202	0.159	0.122
銅仁	0.1	0.1	0.108	0.151	0.107	0.254	1	0.257	0.102
昆明	0.117	0.111	0.19	0.206	0.242	0.672	0.626	0.557	0.206
曲靖	0.102	0.102	0.132	0.245	0.134	0.417	0.361	0.286	0.154
玉溪	0.103	0.102	0.133	0.202	0.168	0.684	0.687	0.344	0.143
保山	0.101	0.101	0.158	0.185	0.167	0.416	0.445	0.45	0.112
昭通	0.101	0.1	0.122	0.155	0.139	0.329	0.231	0.23	0.135
麗江	0.101	0.1	0.135	0.157	0.159	0.226	0.258	0.251	0.118
普洱	0.101	0.101	0.181	0.206	0.159	0.251	0.374	0.284	0.122
臨滄	0.101	0.1	0.124	0.155	0.14	0.21	0.258	0.254	0.113
拉薩	0.1	0.1	0.193	0.209	0.154	0.552	0.825	0.329	0.111
西安	0.122	0.135	0.307	0.361	0.28	0.805	0.858	0.821	0.23
銅川	0.101	0.101	0.157	0.441	0.132	0.96	0.987	0.944	0.115
寶雞	0.103	0.108	0.197	0.501	0.161	0.615	0.669	0.48	0.15
咸陽	0.107	0.11	0.202	0.341	0.176	0.472	0.41	0.394	0.145
渭南	0.103	0.102	0.126	0.197	0.156	0.194	0.186	0.297	0.155
延安	0.1	0.1	0.101	0.126	0.127	0.859	0.934	0.271	0.194
漢中	0.101	0.101	0.123	0.194	0.13	0.212	0.2	0.27	0.127
榆林	0.101	0.101	0.117	0.407	0.109	0.212	0.267	0.191	0.188
安康	0.101	0.1	0.115	0.198	0.111	0.247	0.27	0.292	0.11
商洛	0.1	0.101	0.147	0.451	0.117	0.284	0.537	0.187	0.11
蘭州	0.103	0.104	0.141	0.291	0.166	0.828	0.775	0.698	0.16
嘉峪關	0.1	0.1	0.1	0.1	0.1	1	1	1	0.134
金昌	0.1	0.1	0.1	0.1	0.1	0.867	0.9	0.483	0.173
白銀	0.101	0.101	0.141	0.235	0.16	0.785	0.759	0.578	0.123
天水	0.101	0.1	0.125	0.184	0.133	0.652	0.706	0.444	0.109
武威	0.1	0.1	0.113	0.187	0.119	0.718	0.624	0.533	0.107
張掖	0.101	0.1	0.122	0.136	0.144	0.342	0.485	0.435	0.109
平涼	0.1	0.1	0.1	0.1	0.1	0.182	0.261	0.276	0.112
酒泉	0.102	0.101	0.118	0.134	0.173	0.444	0.172	0.309	0.13
慶陽	0.1	0.1	0.103	0.163	0.115	0.406	0.207	0.284	0.119
定西	0.1	0.1	0.1	0.1	0.117	0.308	0.285	0.366	0.105
隴南	0.1	0.1	0.1	0.1	0.1	0.132	0.109	0.198	0.107
西寧	0.103	0.102	0.139	0.196	0.209	0.575	0.649	0.67	0.144
海東	0.1	0.101	0.18	0.483	0.129	0.287	0.399	0.271	0.107
銀川	0.105	0.103	0.143	0.208	0.199	0.522	0.416	0.39	0.175
石嘴山	0.102	0.101	0.126	0.15	0.164	0.706	0.795	0.596	0.128
吳忠	0.1	0.1	0.121	0.279	0.112	0.313	0.318	0.439	0.121
固原	0.1	0.1	0.1	0.1	0.1	0.454	0.241	0.447	0.102
中衛	0.1	0.1	0.12	0.236	0.13	0.417	0.591	0.584	0.12
烏魯木齊	0.103	0.102	0.123	0.199	0.18	0.998	0.988	0.99	0.185
克拉瑪依	0.1	0.1	0.102	0.145	0.147	1	1	1	0.16
香港	0.27	0.158	0.458	0.156	0.568	1	1	1	0.231
澳門	0.106	0.103	0.458	0.185	0.486	1	1	1	0.109
新北	0.1	0.1	0.1	0.1	0.1	0.531	0.594	0.455	0.104
臺北	0.26	0.176	0.458	0.178	0.605	1	1	1	0.1
桃園	0.1	0.1	0.1	0.1	0.1	0.531	0.594	0.455	0.111
台中	0.1	0.1	0.1	0.1	0.1	0.531	0.594	0.455	0.11
台南	0.1	0.1	0.1	0.1	0.1	0.531	0.594	0.455	0.112
高雄	0.1	0.1	0.1	0.1	0.1	0.531	0.594	0.455	0.106

表 4.2.3 2015 年度城市產業競爭力三級指標分值（續 2）

城市	外資企業數	外資企業產出規模	外資企業貢獻度	外資企業平均產出能力	外資企業相對量	工業集中度	企業固定資產集中度	市區工業企業相對量	企業總資產規模
基隆	0.1	0.1	0.1	0.1	0.1	0.531	0.594	0.455	0.1
新竹	0.1	0.1	0.1	0.1	0.1	0.531	0.594	0.455	0.107
嘉義	0.1	0.1	0.1	0.1	0.1	0.531	0.594	0.455	0.1

4.3 城市財政金融競爭力三級指標分值

表 4.3.1 2015 年度城市財政金融競爭力三級指標分值

城市	財政預算內收入	財政預算內支出	年末儲蓄總餘額	年末貸款總餘額	財政收入占 GDP 比重	人均財政預算內收入	人均財政預算內支出	人均年末儲蓄額	人均年末貸款額	人均財政收入增長率
北京	0.901	0.924	1	0.875	0.208	0.186	0.268	0.417	0.419	0.738
天津	0.554	0.602	0.342	0.493	0.183	0.17	0.247	0.217	0.33	0.876
石家莊	0.166	0.199	0.19	0.189	0.137	0.114	0.136	0.157	0.165	0.833
唐山	0.167	0.194	0.163	0.178	0.131	0.12	0.149	0.155	0.181	0.654
秦皇島	0.121	0.135	0.12	0.124	0.157	0.117	0.15	0.146	0.165	0.564
邯鄲	0.135	0.169	0.134	0.14	0.134	0.108	0.127	0.12	0.128	0.433
邢臺	0.117	0.147	0.123	0.126	0.132	0.105	0.123	0.117	0.121	0.641
保定	0.137	0.187	0.145	0.136	0.14	0.108	0.132	0.125	0.12	0.779
張家口	0.123	0.154	0.118	0.125	0.154	0.112	0.151	0.125	0.142	0.751
承德	0.12	0.148	0.114	0.12	0.147	0.113	0.158	0.127	0.144	0.986
滄州	0.135	0.166	0.131	0.13	0.133	0.111	0.134	0.125	0.126	0.925
廊坊	0.142	0.154	0.132	0.143	0.162	0.122	0.15	0.15	0.177	0.898
衡水	0.112	0.133	0.117	0.116	0.136	0.107	0.129	0.124	0.123	1
太原	0.151	0.159	0.203	0.242	0.161	0.128	0.158	0.279	0.393	0.814
大同	0.118	0.142	0.121	0.117	0.159	0.113	0.153	0.145	0.138	0.87
陽泉	0.108	0.113	0.11	0.11	0.148	0.116	0.147	0.158	0.168	0.267
長治	0.13	0.144	0.117	0.116	0.17	0.121	0.156	0.134	0.136	0.754
晉城	0.118	0.127	0.116	0.115	0.157	0.119	0.153	0.152	0.155	0.803
朔州	0.118	0.126	0.109	0.103	0.159	0.126	0.171	0.141	0.114	0.786
晉中	0.122	0.138	0.117	0.116	0.169	0.116	0.149	0.135	0.137	0.838
運城	0.107	0.141	0.113	0.115	0.122	0.103	0.131	0.113	0.115	0.718
忻州	0.113	0.138	0.113	0.11	0.168	0.111	0.153	0.128	0.121	0.786
臨汾	0.123	0.148	0.116	0.115	0.16	0.112	0.145	0.123	0.122	0.67
呂梁	0.133	0.154	0.114	0.114	0.194	0.12	0.16	0.124	0.125	0.829
呼和浩特	0.137	0.154	0.145	0.185	0.138	0.129	0.179	0.212	0.349	0.584
包頭	0.144	0.166	0.122	0.131	0.136	0.138	0.207	0.159	0.195	0.835
烏海	0.112	0.114	0.103	0.107	0.171	0.161	0.238	0.177	0.244	1
赤峰	0.117	0.165	0.111	0.115	0.131	0.109	0.164	0.114	0.123	0.951
通遼	0.12	0.155	0.105	0.112	0.133	0.115	0.177	0.108	0.128	0.842
鄂爾多斯	0.194	0.199	0.122	0.146	0.166	0.209	0.322	0.185	0.303	0.859
呼倫貝爾	0.116	0.158	0.109	0.11	0.134	0.116	0.203	0.126	0.131	0.726
巴彥淖爾	0.11	0.134	0.104	0.109	0.141	0.116	0.195	0.122	0.149	0.852
烏蘭察布	0.114	0.146	0.104	0.106	0.154	0.117	0.197	0.115	0.124	1
瀋陽	0.273	0.271	0.22	0.278	0.166	0.148	0.187	0.204	0.284	0.766
大連	0.284	0.311	0.221	0.283	0.169	0.161	0.231	0.226	0.328	0.79
鞍山	0.15	0.16	0.124	0.127	0.154	0.132	0.172	0.147	0.159	0.587
撫順	0.127	0.141	0.111	0.11	0.16	0.131	0.189	0.14	0.138	0.606
本溪	0.126	0.132	0.108	0.111	0.166	0.137	0.186	0.138	0.156	0.64
丹東	0.127	0.14	0.112	0.114	0.172	0.127	0.174	0.136	0.146	0.668
錦州	0.127	0.14	0.113	0.117	0.16	0.121	0.156	0.13	0.144	0.613
營口	0.138	0.145	0.113	0.124	0.171	0.137	0.182	0.14	0.185	0.699
阜新	0.113	0.13	0.106	0.11	0.17	0.119	0.177	0.126	0.151	0.732
遼陽	0.122	0.128	0.111	0.114	0.16	0.129	0.17	0.147	0.167	0.568
盤錦	0.13	0.134	0.11	0.111	0.165	0.151	0.213	0.16	0.171	0.66
鐵嶺	0.12	0.139	0.107	0.112	0.16	0.118	0.165	0.118	0.135	0.378

表 4. 3. 1 2015 年度城市財政金融競爭力三級指標分值

城市	財政預算內收入	財政預算內支出	年末儲蓄總餘額	年末貸款總餘額	財政收入占GDP比重	人均財政預算內收入	人均財政預算內支出	人均年末儲蓄額	人均年末貸款額	人均財政收入增長率
朝陽	0.122	0.141	0.11	0.112	0.169	0.118	0.16	0.121	0.131	0.641
葫蘆島	0.117	0.132	0.11	0.113	0.169	0.116	0.154	0.128	0.138	0.644
長春	0.181	0.221	0.181	0.229	0.143	0.124	0.165	0.173	0.24	0.767
吉林	0.128	0.161	0.118	0.121	0.131	0.115	0.158	0.126	0.133	0.867
四平	0.11	0.131	0.106	0.109	0.128	0.108	0.138	0.11	0.116	0.677
遼源	0.103	0.114	0.101	0.103	0.119	0.109	0.16	0.114	0.128	0.674
通化	0.113	0.135	0.106	0.108	0.142	0.115	0.169	0.118	0.126	0.817
白山	0.107	0.123	0.103	0.105	0.139	0.117	0.186	0.124	0.137	0.661
松原	0.111	0.127	0.105	0.108	0.121	0.109	0.14	0.11	0.118	0.674
白城	0.105	0.127	0.103	0.105	0.13	0.108	0.16	0.11	0.12	0.894
哈爾濱	0.186	0.237	0.189	0.225	0.146	0.118	0.151	0.155	0.195	0.791
齊齊哈爾	0.106	0.116	0.111	0.116	0.119	0.103	0.109	0.109	0.117	0.123
雞西	0.107	0.111	0.106	0.105	0.151	0.111	0.129	0.125	0.123	0.595
鶴崗	0.102	0.111	0.102	0.104	0.149	0.108	0.155	0.126	0.14	0.109
雙鴨山	0.103	0.116	0.103	0.106	0.139	0.109	0.154	0.121	0.141	0.373
大慶	0.129	0.132	0.119	0.113	0.12	0.123	0.148	0.147	0.135	0.592
伊春	0.1	0.115	0.102	0.1	0.134	0.105	0.169	0.124	0.107	0.909
佳木斯	0.107	0.135	0.107	0.11	0.133	0.107	0.161	0.119	0.131	0.812
七台河	0.101	0.108	0.101	0.102	0.153	0.109	0.153	0.121	0.126	0.313
牡丹江	0.117	0.14	0.109	0.109	0.148	0.115	0.163	0.123	0.122	1
黑河	0.102	0.122	0.103	0.102	0.133	0.106	0.162	0.116	0.11	0.709
綏化	0.111	0.15	0.106	0.108	0.13	0.105	0.137	0.102	0.103	0.842
上海	1	0.995	0.844	1	0.21	0.185	0.26	0.326	0.425	0.726
南京	0.28	0.265	0.292	0.378	0.158	0.15	0.185	0.272	0.397	0.791
無錫	0.253	0.237	0.218	0.263	0.153	0.154	0.19	0.232	0.317	0.695
徐州	0.19	0.214	0.139	0.146	0.153	0.124	0.153	0.127	0.137	0.825
常州	0.187	0.179	0.166	0.186	0.151	0.143	0.171	0.201	0.256	0.692
蘇州	0.39	0.336	0.313	0.413	0.16	0.162	0.194	0.246	0.356	0.739
南通	0.204	0.21	0.176	0.189	0.153	0.132	0.162	0.173	0.2	0.834
連雲港	0.148	0.168	0.115	0.125	0.174	0.125	0.165	0.121	0.143	0.76
淮安	0.157	0.172	0.116	0.126	0.169	0.127	0.163	0.119	0.139	0.841
鹽城	0.178	0.206	0.132	0.142	0.159	0.124	0.16	0.126	0.142	0.861
揚州	0.154	0.159	0.138	0.145	0.143	0.128	0.155	0.16	0.183	0.824
鎮江	0.153	0.152	0.133	0.146	0.148	0.139	0.172	0.175	0.224	0.876
泰州	0.152	0.164	0.135	0.145	0.146	0.126	0.158	0.153	0.179	0.686
宿遷	0.138	0.157	0.113	0.124	0.159	0.118	0.149	0.115	0.135	0.857
杭州	0.305	0.266	0.332	0.472	0.164	0.153	0.178	0.293	0.47	0.728
寧波	0.271	0.282	0.234	0.352	0.165	0.151	0.201	0.227	0.387	0.717
溫州	0.168	0.183	0.181	0.242	0.146	0.116	0.134	0.159	0.228	0.763
嘉興	0.159	0.156	0.152	0.176	0.152	0.13	0.151	0.181	0.242	0.722
湖州	0.131	0.129	0.125	0.141	0.149	0.125	0.143	0.162	0.222	0.759
紹興	0.162	0.158	0.166	0.208	0.142	0.129	0.148	0.196	0.289	0.735
金華	0.15	0.16	0.163	0.2	0.146	0.121	0.145	0.182	0.257	0.781
衢州	0.113	0.129	0.113	0.123	0.139	0.116	0.161	0.147	0.194	0.815
舟山	0.117	0.133	0.113	0.124	0.156	0.14	0.24	0.196	0.297	0.699
台州	0.152	0.161	0.153	0.186	0.145	0.119	0.14	0.16	0.219	0.773
麗水	0.113	0.134	0.114	0.124	0.143	0.116	0.174	0.151	0.198	0.803
合肥	0.193	0.221	0.186	0.241	0.152	0.128	0.166	0.179	0.257	0.777
蕪湖	0.144	0.159	0.12	0.136	0.157	0.129	0.171	0.138	0.184	0.903
蚌埠	0.118	0.134	0.111	0.114	0.152	0.113	0.145	0.122	0.133	0.881
淮南	0.121	0.129	0.11	0.116	0.188	0.122	0.155	0.132	0.155	0.771
馬鞍山	0.147	0.136	0.113	0.118	0.205	0.15	0.174	0.144	0.17	1
淮北	0.108	0.117	0.106	0.11	0.141	0.111	0.137	0.123	0.139	0.509
銅陵	0.111	0.116	0.104	0.109	0.155	0.143	0.214	0.161	0.23	0.566
安慶	0.119	0.151	0.118	0.119	0.139	0.108	0.138	0.12	0.123	0.82
黃山	0.11	0.123	0.105	0.107	0.173	0.121	0.182	0.135	0.15	0.648
滁州	0.122	0.145	0.111	0.116	0.16	0.113	0.148	0.116	0.128	0.875
阜陽	0.116	0.158	0.116	0.114	0.146	0.104	0.128	0.108	0.105	0.969

表 4. 3. 1 2015 年度城市財政金融競爭力三級指標分值

城市	財政預算內收入	財政預算內支出	年末儲蓄總餘額	年末貸款總餘額	財政收入占GDP 比重	人均財政預算內收入	人均財政預算內支出	人均年末儲蓄額	人均年末貸款額	人均財政收入增長率
宿州	0.112	0.14	0.11	0.109	0.136	0.105	0.128	0.107	0.105	0.991
六安	0.115	0.152	0.114	0.114	0.146	0.106	0.136	0.112	0.113	0.877
亳州	0.111	0.137	0.107	0.108	0.146	0.105	0.129	0.105	0.106	1
池州	0.111	0.122	0.104	0.106	0.181	0.122	0.174	0.124	0.138	0.989
宣城	0.121	0.136	0.107	0.112	0.174	0.12	0.163	0.119	0.138	0.979
福州	0.197	0.202	0.194	0.264	0.154	0.13	0.157	0.19	0.291	0.889
廈門	0.205	0.198	0.166	0.217	0.194	0.165	0.216	0.231	0.375	0.838
莆田	0.118	0.124	0.111	0.119	0.138	0.116	0.137	0.127	0.156	0.956
三明	0.117	0.133	0.11	0.12	0.133	0.117	0.158	0.128	0.168	0.839
泉州	0.173	0.179	0.155	0.179	0.137	0.12	0.137	0.143	0.175	0.878
漳州	0.131	0.148	0.117	0.125	0.137	0.115	0.139	0.12	0.137	0.866
南平	0.113	0.131	0.109	0.116	0.135	0.112	0.152	0.125	0.15	0.929
龍岩	0.123	0.135	0.109	0.119	0.144	0.122	0.161	0.124	0.16	0.828
寧德	0.117	0.133	0.108	0.121	0.139	0.114	0.15	0.119	0.162	1
南昌	0.161	0.179	0.169	0.209	0.149	0.127	0.164	0.195	0.28	0.939
景德鎮	0.113	0.123	0.104	0.105	0.162	0.122	0.166	0.124	0.127	0.743
萍鄉	0.116	0.125	0.104	0.105	0.161	0.122	0.163	0.117	0.123	0.828
九江	0.136	0.163	0.116	0.119	0.161	0.117	0.155	0.12	0.127	0.985
新餘	0.116	0.121	0.104	0.109	0.158	0.136	0.19	0.136	0.173	0.577
鷹潭	0.112	0.116	0.102	0.104	0.168	0.128	0.17	0.124	0.137	0.774
贛州	0.138	0.191	0.125	0.13	0.162	0.11	0.142	0.115	0.121	1
吉安	0.124	0.152	0.113	0.112	0.161	0.111	0.144	0.115	0.113	0.862
宜春	0.132	0.156	0.116	0.116	0.165	0.113	0.141	0.115	0.117	0.916
撫州	0.119	0.141	0.109	0.11	0.16	0.111	0.143	0.113	0.114	0.823
上饒	0.133	0.166	0.115	0.118	0.166	0.111	0.139	0.11	0.114	0.956
濟南	0.203	0.199	0.214	0.257	0.151	0.133	0.157	0.216	0.29	1
青島	0.27	0.297	0.215	0.278	0.156	0.143	0.192	0.19	0.267	0.869
淄博	0.157	0.16	0.134	0.145	0.141	0.129	0.154	0.151	0.179	0.83
棗莊	0.126	0.137	0.111	0.117	0.14	0.116	0.14	0.116	0.133	0.772
東營	0.138	0.142	0.127	0.14	0.132	0.143	0.191	0.199	0.27	0.835
煙臺	0.193	0.203	0.159	0.174	0.145	0.13	0.161	0.157	0.185	0.952
濰坊	0.181	0.194	0.151	0.176	0.149	0.12	0.139	0.134	0.163	1
濟寧	0.164	0.181	0.135	0.142	0.149	0.117	0.138	0.125	0.135	0.965
泰安	0.134	0.147	0.122	0.126	0.134	0.114	0.133	0.123	0.133	0.663
威海	0.14	0.148	0.122	0.128	0.143	0.134	0.176	0.158	0.185	0.968
日照	0.119	0.127	0.116	0.124	0.138	0.116	0.141	0.139	0.168	1
萊蕪	0.107	0.111	0.105	0.109	0.141	0.116	0.142	0.136	0.165	0.753
臨沂	0.145	0.176	0.137	0.148	0.137	0.109	0.127	0.119	0.131	1
德州	0.13	0.149	0.118	0.124	0.135	0.112	0.133	0.117	0.128	0.996
聊城	0.127	0.147	0.118	0.126	0.132	0.11	0.13	0.116	0.13	1
濱州	0.134	0.146	0.118	0.131	0.146	0.121	0.15	0.13	0.165	0.785
菏澤	0.132	0.159	0.118	0.122	0.144	0.108	0.125	0.108	0.113	0.794
鄭州	0.256	0.258	0.231	0.288	0.166	0.138	0.171	0.201	0.274	0.897
開封	0.115	0.135	0.109	0.112	0.132	0.107	0.129	0.11	0.114	1
洛陽	0.149	0.17	0.133	0.138	0.144	0.117	0.142	0.131	0.141	0.802
平頂山	0.123	0.141	0.115	0.119	0.145	0.111	0.132	0.117	0.126	0.758
安陽	0.117	0.139	0.114	0.113	0.131	0.108	0.129	0.115	0.113	0.736
鶴壁	0.106	0.113	0.102	0.106	0.135	0.111	0.14	0.111	0.131	0.935
新鄉	0.126	0.149	0.116	0.119	0.141	0.11	0.134	0.115	0.12	0.902
焦作	0.119	0.132	0.11	0.113	0.132	0.113	0.138	0.116	0.127	0.808
濮陽	0.11	0.13	0.108	0.105	0.129	0.107	0.135	0.112	0.106	1
許昌	0.121	0.136	0.112	0.118	0.131	0.111	0.134	0.117	0.129	0.911
漯河	0.109	0.121	0.105	0.105	0.134	0.109	0.135	0.111	0.111	1
三門峽	0.115	0.126	0.107	0.109	0.14	0.117	0.153	0.124	0.131	0.895
南陽	0.124	0.181	0.124	0.125	0.127	0.105	0.129	0.11	0.11	0.897
商丘	0.116	0.158	0.114	0.115	0.13	0.105	0.13	0.107	0.107	0.951
信陽	0.112	0.156	0.117	0.116	0.123	0.104	0.134	0.113	0.112	0.955
周口	0.114	0.166	0.115	0.112	0.122	0.103	0.127	0.105	0.101	1

表 4. 3. 1 2015 年度城市財政金融競爭力三級指標分值

城市	財政預算內收入	財政預算內支出	年末儲蓄總餘額	年末貸款總餘額	財政收入占GDP 比重	人均財政預算內收入	人均財政預算內支出	人均年末儲蓄額	人均年末貸款額	人均財政收入增長率
駐馬店	0.113	0.157	0.116	0.113	0.125	0.104	0.131	0.11	0.106	0.948
武漢	0.477	0.319	0.258	0.358	0.209	0.184	0.19	0.21	0.317	1
黃石	0.114	0.125	0.109	0.113	0.139	0.115	0.146	0.128	0.142	0.899
十堰	0.113	0.142	0.113	0.113	0.137	0.11	0.153	0.125	0.126	0.47
宜昌	0.142	0.167	0.123	0.133	0.14	0.124	0.17	0.137	0.164	1
襄陽	0.139	0.168	0.121	0.123	0.137	0.116	0.15	0.122	0.127	1
鄂州	0.106	0.11	0.101	0.103	0.134	0.117	0.151	0.12	0.133	0.845
荊門	0.11	0.127	0.109	0.109	0.127	0.109	0.141	0.121	0.122	0.875
孝感	0.117	0.141	0.112	0.111	0.14	0.108	0.133	0.113	0.111	1
荊州	0.113	0.146	0.116	0.114	0.129	0.105	0.131	0.114	0.112	1
黃岡	0.115	0.155	0.116	0.111	0.132	0.105	0.134	0.112	0.105	1
咸寧	0.11	0.127	0.105	0.107	0.137	0.111	0.148	0.115	0.119	1
隨州	0.104	0.116	0.105	0.104	0.124	0.106	0.132	0.117	0.114	1
長沙	0.215	0.235	0.206	0.288	0.142	0.136	0.178	0.205	0.325	0.719
株洲	0.13	0.147	0.117	0.117	0.142	0.118	0.15	0.128	0.13	0.725
湘潭	0.119	0.132	0.112	0.117	0.138	0.116	0.15	0.13	0.15	0.828
衡陽	0.132	0.168	0.12	0.115	0.14	0.11	0.136	0.113	0.108	0.838
邵陽	0.112	0.157	0.113	0.111	0.132	0.103	0.129	0.107	0.103	1
岳陽	0.12	0.151	0.111	0.111	0.123	0.108	0.136	0.109	0.108	0.859
常德	0.124	0.159	0.115	0.114	0.129	0.109	0.14	0.113	0.112	0.816
張家界	0.103	0.113	0.101	0.104	0.138	0.107	0.143	0.111	0.122	0.784
益陽	0.109	0.135	0.108	0.108	0.124	0.105	0.132	0.109	0.107	0.886
郴州	0.129	0.156	0.113	0.111	0.148	0.115	0.149	0.116	0.112	0.954
永州	0.113	0.147	0.11	0.109	0.132	0.105	0.135	0.108	0.105	0.869
懷化	0.114	0.147	0.109	0.11	0.14	0.107	0.139	0.109	0.11	0.752
婁底	0.111	0.133	0.108	0.11	0.131	0.107	0.136	0.111	0.116	0.918
廣州	0.348	0.371	0.462	0.546	0.142	0.143	0.187	0.306	0.4	0.614
韶關	0.113	0.129	0.111	0.109	0.139	0.111	0.143	0.125	0.123	0.852
深圳	0.477	0.431	0.419	0.501	0.167	0.181	0.234	0.321	0.43	0.853
珠海	0.14	0.146	0.139	0.138	0.165	0.16	0.233	0.292	0.315	0.9
汕頭	0.122	0.134	0.124	0.117	0.14	0.109	0.123	0.128	0.119	0.844
佛山	0.193	0.193	0.22	0.242	0.135	0.129	0.151	0.218	0.266	0.804
江門	0.132	0.138	0.132	0.129	0.147	0.116	0.134	0.148	0.15	0.857
湛江	0.12	0.148	0.121	0.123	0.128	0.106	0.124	0.114	0.118	0.82
茂名	0.117	0.139	0.114	0.111	0.122	0.106	0.124	0.111	0.106	0.832
肇慶	0.124	0.135	0.114	0.119	0.14	0.114	0.136	0.122	0.134	0.844
惠州	0.152	0.161	0.129	0.135	0.151	0.126	0.154	0.142	0.158	0.992
梅州	0.112	0.137	0.111	0.109	0.148	0.107	0.134	0.113	0.11	0.969
汕尾	0.108	0.117	0.102	0.102	0.141	0.107	0.123	0.103	0.1	0.859
河源	0.108	0.129	0.105	0.109	0.139	0.107	0.141	0.11	0.121	1
陽江	0.109	0.118	0.106	0.108	0.127	0.11	0.133	0.116	0.125	0.992
清遠	0.118	0.133	0.112	0.115	0.148	0.111	0.135	0.12	0.127	0.673
東莞	0.187	0.184	0.19	0.195	0.143	0.124	0.139	0.175	0.192	0.817
中山	0.147	0.143	0.138	0.141	0.149	0.135	0.158	0.188	0.209	0.759
潮州	0.105	0.113	0.107	0.104	0.126	0.106	0.12	0.117	0.107	0.839
揭陽	0.112	0.128	0.114	0.112	0.122	0.104	0.116	0.11	0.108	0.868
雲浮	0.107	0.117	0.105	0.107	0.142	0.108	0.132	0.115	0.122	0.991
南寧	0.153	0.179	0.167	0.222	0.15	0.118	0.146	0.168	0.251	0.758
柳州	0.125	0.143	0.122	0.131	0.136	0.115	0.147	0.14	0.163	0.733
桂林	0.122	0.153	0.119	0.123	0.138	0.11	0.144	0.124	0.132	0.635
梧州	0.116	0.131	0.105	0.109	0.153	0.113	0.145	0.111	0.12	0.841
北海	0.106	0.115	0.104	0.106	0.129	0.112	0.147	0.123	0.131	0.593
防城港	0.106	0.113	0.102	0.104	0.142	0.122	0.18	0.129	0.155	0.812
欽州	0.107	0.122	0.105	0.108	0.132	0.106	0.129	0.108	0.115	1
貴港	0.104	0.124	0.106	0.107	0.123	0.102	0.121	0.105	0.107	0.865
玉林	0.114	0.137	0.11	0.111	0.134	0.105	0.124	0.107	0.107	0.822
百色	0.112	0.142	0.105	0.11	0.144	0.108	0.15	0.107	0.117	0.84
賀州	0.102	0.117	0.101	0.103	0.13	0.104	0.139	0.106	0.108	0.807

表 4.3.1 2015 年度城市財政金融競爭力三級指標分值

城市	財政預算內收入	財政預算內支出	年末儲蓄總餘額	年末貸款總餘額	財政收入占GDP比重	人均財政預算內收入	人均財政預算內支出	人均年末儲蓄額	人均年末貸款額	人均財政收入增長率
河池	0.103	0.134	0.105	0.106	0.127	0.103	0.142	0.107	0.108	0.94
來賓	0.105	0.12	0.102	0.104	0.14	0.107	0.143	0.107	0.112	0.783
崇左	0.108	0.124	0.103	0.104	0.145	0.11	0.154	0.11	0.113	0.915
海口	0.116	0.122	0.128	0.149	0.153	0.119	0.146	0.2	0.302	0.884
三亞	0.112	0.113	0.107	0.11	0.205	0.145	0.2	0.194	0.241	0.767
重慶	0.51	1	0.336	0.451	0.183	0.131	0.229	0.151	0.194	0.738
成都	0.106	0.123	0.352	0.456	0.1	0.1	0.1	0.226	0.313	0.1
自貢	0.11	0.119	0.108	0.107	0.133	0.109	0.129	0.119	0.116	1
攀枝花	0.121	0.145	0.106	0.11	0.179	0.144	0.273	0.142	0.177	1
瀘州	0.115	0.133	0.112	0.113	0.139	0.108	0.131	0.117	0.119	0.5
德陽	0.117	0.153	0.116	0.117	0.136	0.112	0.165	0.131	0.136	0.906
綿陽	0.104	0.131	0.123	0.123	0.11	0.102	0.125	0.132	0.136	0.1
廣元	0.105	0.124	0.107	0.106	0.136	0.105	0.142	0.12	0.116	1
遂寧	0.105	0.119	0.107	0.108	0.128	0.104	0.124	0.112	0.114	1
內江	0.114	0.134	0.109	0.108	0.139	0.109	0.138	0.113	0.112	1
樂山	0.112	0.157	0.114	0.117	0.133	0.109	0.177	0.128	0.139	0.426
南充	0.111	0.13	0.118	0.114	0.126	0.104	0.116	0.114	0.11	0.916
眉山	0.119	0.146	0.109	0.108	0.167	0.116	0.168	0.12	0.119	1
宜賓	0.106	0.128	0.114	0.113	0.115	0.103	0.124	0.119	0.118	0.1
廣安	0.11	0.146	0.109	0.106	0.14	0.108	0.162	0.118	0.11	1
達州	0.102	0.147	0.114	0.111	0.109	0.101	0.134	0.113	0.108	0.1
雅安	0.103	0.134	0.106	0.106	0.136	0.108	0.203	0.135	0.136	0.379
巴中	0.108	0.128	0.104	0.103	0.166	0.106	0.136	0.106	0.101	1
資陽	0.263	0.437	0.109	0.108	0.505	0.205	0.524	0.114	0.113	1
貴陽	0.124	0.139	0.159	0.183	0.13	0.112	0.135	0.194	0.256	0.1
六盤水	0.127	0.168	0.105	0.11	0.182	0.123	0.206	0.111	0.125	1
遵義	0.107	0.126	0.121	0.122	0.114	0.103	0.113	0.119	0.122	0.1
安順	0.125	0.166	0.104	0.106	0.255	0.126	0.229	0.111	0.121	1
畢節	0.107	0.142	0.106	0.109	0.12	0.102	0.124	0.1	0.102	0.1
銅仁	0.296	0.492	0.104	0.107	1	0.246	0.668	0.107	0.114	1
昆明	0.196	0.212	0.206	0.284	0.176	0.133	0.171	0.216	0.342	0.894
曲靖	0.124	0.155	0.112	0.118	0.145	0.109	0.136	0.109	0.118	0.857
玉溪	0.12	0.136	0.109	0.112	0.155	0.122	0.17	0.13	0.142	0.864
保山	0.107	0.126	0.103	0.105	0.153	0.107	0.144	0.107	0.113	0.919
昭通	0.108	0.148	0.106	0.107	0.143	0.103	0.135	0.103	0.102	0.915
麗江	0.107	0.118	0.102	0.105	0.211	0.117	0.171	0.121	0.137	0.918
普洱	0.109	0.136	0.104	0.106	0.172	0.109	0.161	0.109	0.115	0.769
臨滄	0.105	0.132	0.101	0.104	0.149	0.106	0.157	0.103	0.11	0.944
拉薩	0.108	0.122	0.111	0.107	0.189	0.144	0.303	0.282	0.236	0.985
西安	0.207	0.241	0.245	0.302	0.157	0.128	0.168	0.222	0.301	1
銅川	0.102	0.112	0.101	0.1	0.143	0.113	0.178	0.128	0.111	0.816
寶雞	0.113	0.139	0.115	0.113	0.126	0.108	0.144	0.126	0.124	0.749
咸陽	0.114	0.148	0.117	0.113	0.122	0.107	0.139	0.12	0.115	0.806
渭南	0.111	0.15	0.114	0.112	0.126	0.105	0.138	0.113	0.111	0.877
延安	0.131	0.154	0.109	0.109	0.17	0.134	0.211	0.131	0.134	0.758
漢中	0.105	0.138	0.111	0.108	0.121	0.104	0.147	0.119	0.113	0.894
榆林	0.154	0.179	0.123	0.134	0.154	0.138	0.204	0.149	0.185	0.634
安康	0.103	0.133	0.106	0.105	0.121	0.104	0.155	0.114	0.113	0.856
商洛	0.103	0.125	0.104	0.103	0.126	0.104	0.147	0.11	0.105	0.9
蘭州	0.124	0.144	0.156	0.187	0.14	0.116	0.151	0.214	0.309	0.91
嘉峪關	0.1	0.1	0.1	0.105	0.136	0.132	0.177	0.193	0.362	0.897
金昌	0.101	0.103	0.1	0.101	0.139	0.116	0.165	0.136	0.156	0.894
白銀	0.102	0.119	0.103	0.104	0.129	0.106	0.153	0.115	0.122	0.551
天水	0.103	0.13	0.106	0.106	0.133	0.103	0.139	0.109	0.108	0.905
武威	0.101	0.122	0.104	0.106	0.127	0.104	0.157	0.117	0.127	1
張掖	0.101	0.115	0.102	0.104	0.128	0.106	0.163	0.119	0.131	1
平涼	0.102	0.121	0.103	0.104	0.14	0.104	0.147	0.113	0.114	0.831
酒泉	0.103	0.115	0.105	0.107	0.125	0.111	0.17	0.147	0.164	1

表 4.3.1 2015 年度城市財政金融競爭力三級指標分值

城市	財政預算內收入	財政預算內支出	年末儲蓄總餘額	年末貸款總餘額	財政收入占GDP比重	人均財政預算內收入	人均財政預算內支出	人均年末儲蓄額	人均年末貸款額	人均財政收入增長率
慶陽	0.111	0.132	0.104	0.105	0.159	0.113	0.165	0.112	0.114	0.91
定西	0.101	0.131	0.103	0.104	0.138	0.102	0.149	0.105	0.107	1
隴南	0.107	0.127	0.103	0.104	0.206	0.107	0.147	0.108	0.108	1
西寧	0.112	0.137	0.128	0.153	0.138	0.114	0.173	0.192	0.308	0.956
海東	0.1	0.126	0.101	0.101	0.121	0.103	0.187	0.111	0.108	0.55
銀川	0.127	0.139	0.122	0.152	0.16	0.131	0.186	0.182	0.322	0.892
石嘴山	0.107	0.112	0.103	0.106	0.161	0.129	0.19	0.144	0.184	1
吳忠	0.104	0.123	0.102	0.105	0.152	0.111	0.187	0.116	0.138	0.784
固原	0.1	0.125	0.1	0.101	0.14	0.104	0.199	0.107	0.11	1
中衛	0.101	0.118	0.101	0.104	0.135	0.106	0.179	0.114	0.138	0.835
烏魯木齊	0.163	0.166	0.158	0.178	0.175	0.143	0.183	0.223	0.296	0.906
克拉瑪依	0.112	0.112	0.109	0.104	0.148	0.186	0.28	0.331	0.244	0.819
香港	0.89	0.815	0.957	0.828	0.228	0.35	0.54	1	1	0.604
澳門	0.346	0.224	0.137	0.15	0.312	1	1	0.567	0.834	0.617
新北	0.159	0.156	0.237	0.298	0.131	0.135	0.16	0.36	0.544	0.584
臺北	0.17	0.165	0.193	0.234	0.155	0.161	0.208	0.36	0.544	0.54
桃園	0.125	0.119	0.17	0.202	0.126	0.13	0.143	0.36	0.544	0.515
台中	0.144	0.141	0.193	0.235	0.134	0.138	0.166	0.36	0.544	0.689
台南	0.131	0.128	0.164	0.193	0.135	0.139	0.168	0.36	0.544	0.454
高雄	0.148	0.146	0.195	0.238	0.137	0.141	0.173	0.36	0.544	0.693
基隆	0.105	0.102	0.11	0.117	0.141	0.146	0.171	0.36	0.544	0.581
新竹	0.105	0.102	0.112	0.119	0.136	0.14	0.161	0.36	0.544	0.589
嘉義	0.102	0.1	0.107	0.111	0.138	0.143	0.164	0.36	0.544	0.672

表 4.3.2 2015 年度城市財政金融競爭力三級指標分值（續）

城市	人均年末存款增長率	資本使用率	資本充裕指數	獲得銀行貸款便利度	獲得證券市場資本便利度	獲得民間及風險資本便利度	金融業從業人數	金融從業人員每萬人擁有量
北京	0.374	0.3	1	0.897	0.731	0.972	1	0.593
天津	0.652	0.679	0.17	0.381	0.406	0.259	0.284	0.231
石家莊	0.557	0.364	0.187	0.25	0.184	0.203	0.199	0.195
唐山	0.556	0.48	0.149	0.203	0.184	0.166	0.171	0.193
秦皇島	0.511	0.459	0.122	0.213	0.156	0.147	0.136	0.229
邯鄲	0.725	0.445	0.133	0.175	0.146	0.147	0.162	0.162
邢臺	0.703	0.411	0.126	0.175	0.146	0.138	0.136	0.142
保定	0.724	0.271	0.156	0.194	0.156	0.147	0.173	0.167
張家口	0.617	0.529	0.118	0.156	0.128	0.138	0.131	0.169
承德	0.742	0.523	0.116	0.166	0.128	0.128	0.134	0.204
滄州	0.657	0.345	0.136	0.156	0.137	0.138	0.155	0.173
廊坊	0.874	0.51	0.127	0.166	0.146	0.138	0.128	0.16
衡水	0.758	0.322	0.125	0.156	0.128	0.128	0.133	0.174
太原	0.473	0.553	0.159	0.25	0.221	0.184	0.164	0.266
大同	0.539	0.266	0.132	0.156	0.146	0.138	0.129	0.19
陽泉	0.274	0.377	0.117	0.147	0.128	0.128	0.114	0.222
長治	0.361	0.338	0.125	0.147	0.128	0.138	0.132	0.201
晉城	0.141	0.333	0.124	0.138	0.137	0.128	0.123	0.212
朔州	0.246	0.1	0.122	0.147	0.119	0.128	0.113	0.186
晉中	0.428	0.337	0.124	0.156	0.137	0.119	0.145	0.252
運城	0.617	0.388	0.12	0.138	0.137	0.119	0.133	0.159
忻州	0.522	0.245	0.124	0.147	0.128	0.128	0.12	0.164
臨汾	0.4	0.314	0.125	0.147	0.128	0.128	0.132	0.172
呂梁	0.143	0.342	0.122	0.147	0.128	0.119	0.127	0.172
呼和浩特	0.699	0.778	0.11	0.184	0.184	0.147	0.147	0.278
包頭	0.529	0.53	0.12	0.147	0.128	0.128	0.133	0.234
烏海	0.279	0.632	0.108	0.138	0.119	0.119	0.106	0.279
赤峰	0.441	0.51	0.114	0.128	0.128	0.119	0.126	0.158
通遼	0.512	0.818	0.106	0.128	0.128	0.109	0.117	0.153

表 4.3.2 2015 年度城市財政金融競爭力三級指標分值（續）

城市	人均年末存款增長率	資本使用率	資本充裕指數	獲得銀行貸款便利度	獲得證券市場資本便利度	獲得民間及風險資本便利度	金融業從業人數	金融從業人員每萬人擁有量
鄂爾多斯	0.317	0.83	0.105	0.156	0.156	0.109	0.118	0.203
呼倫貝爾	0.518	0.395	0.116	0.119	0.119	0.119	0.122	0.196
巴彥淖爾	0.419	0.684	0.108	0.1	0.119	0.109	0.113	0.193
烏蘭察布	0.446	0.492	0.111	0.1	0.119	0.119	0.115	0.176
瀋陽	0.509	0.601	0.157	0.269	0.267	0.222	0.217	0.253
大連	0.506	0.618	0.153	0.278	0.267	0.213	0.226	0.301
鞍山	0.514	0.403	0.128	0.166	0.146	0.147	0.137	0.212
撫順	0.486	0.305	0.12	0.156	0.146	0.138	0.121	0.216
本溪	0.385	0.48	0.113	0.147	0.146	0.138	0.12	0.234
丹東	0.485	0.415	0.118	0.166	0.146	0.119	0.116	0.173
錦州	0.714	0.478	0.117	0.175	0.146	0.128	0.131	0.211
營口	0.718	0.694	0.11	0.166	0.146	0.128	0.119	0.184
阜新	0.723	0.608	0.11	0.138	0.128	0.128	0.117	0.211
遼陽	0.582	0.458	0.116	0.147	0.128	0.128	0.112	0.175
盤錦	0.545	0.382	0.117	0.166	0.128	0.128	0.118	0.252
鐵嶺	0.483	0.592	0.11	0.156	0.128	0.128	0.112	0.145
朝陽	0.587	0.457	0.115	0.156	0.128	0.128	0.129	0.205
葫蘆島	0.581	0.442	0.116	0.147	0.128	0.128	0.121	0.187
長春	0.774	0.649	0.133	0.241	0.23	0.184	0.194	0.229
吉林	0.65	0.408	0.123	0.156	0.137	0.147	0.127	0.158
四平	0.58	0.486	0.112	0.147	0.128	0.128	0.117	0.148
遼源	0.567	0.572	0.108	0.147	0.119	0.128	0.108	0.187
通化	0.5	0.446	0.112	0.138	0.128	0.138	0.118	0.188
白山	0.459	0.496	0.11	0.147	0.137	0.138	0.112	0.213
松原	0.595	0.5	0.111	0.156	0.119	0.138	0.113	0.142
白城	0.757	0.578	0.109	0.147	0.119	0.138	0.114	0.178
哈爾濱	0.653	0.567	0.15	0.25	0.258	0.203	0.218	0.214
齊齊哈爾	0.522	0.532	0.114	0.147	0.146	0.147	0.138	0.17
雞西	0.395	0.306	0.115	0.138	0.128	0.138	0.117	0.206
鶴崗	0.496	0.486	0.109	0.119	0.137	0.128	0.109	0.217
雙鴨山	0.303	0.594	0.109	0.147	0.128	0.138	0.11	0.186
大慶	0.217	0.227	0.131	0.166	0.156	0.156	0.132	0.222
伊春	0.361	0.117	0.113	0.138	0.119	0.128	0.107	0.184
佳木斯	0.622	0.499	0.112	0.156	0.146	0.138	0.115	0.163
七台河	0.187	0.414	0.109	0.138	0.109	0.128	0.107	0.202
牡丹江	0.803	0.319	0.118	0.138	0.109	0.138	0.139	0.259
黑河	0.435	0.241	0.113	0.128	0.1	0.147	0.114	0.196
綏化	0.558	0.438	0.113	0.147	0.1	0.147	0.12	0.129
上海	0.664	0.474	0.595	0.831	0.879	0.737	0.79	0.424
南京	0.53	0.59	0.19	0.363	0.323	0.259	0.179	0.198
無錫	0.421	0.552	0.167	0.269	0.267	0.213	0.169	0.21
徐州	0.658	0.443	0.136	0.175	0.165	0.147	0.151	0.152
常州	0.579	0.511	0.146	0.231	0.174	0.156	0.142	0.193
蘇州	0.585	0.599	0.195	0.353	0.369	0.269	0.238	0.238
南通	0.698	0.449	0.162	0.231	0.202	0.166	0.168	0.194
連雲港	0.504	0.641	0.112	0.166	0.146	0.147	0.136	0.183
淮安	0.625	0.623	0.113	0.166	0.156	0.138	0.131	0.161
鹽城	0.763	0.513	0.126	0.175	0.165	0.156	0.156	0.176
揚州	0.673	0.445	0.136	0.175	0.156	0.166	0.132	0.171
鎮江	0.656	0.547	0.124	0.184	0.165	0.147	0.138	0.233
泰州	0.709	0.493	0.13	0.175	0.165	0.147	0.136	0.179
宿遷	0.83	0.689	0.11	0.156	0.146	0.128	0.113	0.117
杭州	0.497	0.668	0.172	0.381	0.425	0.278	0.308	0.365
寧波	0.455	0.795	0.111	0.325	0.313	0.203	0.263	0.338
溫州	0.27	0.73	0.12	0.306	0.211	0.194	0.195	0.206
嘉興	0.602	0.587	0.13	0.25	0.221	0.166	0.141	0.194
湖州	0.657	0.655	0.115	0.259	0.174	0.138	0.133	0.227
紹興	0.422	0.677	0.124	0.288	0.23	0.175	0.146	0.197
金華	0.665	0.65	0.127	0.231	0.202	0.156	0.165	0.228

表 4. 3. 2 2015 年度城市財政金融競爭力三級指標分值（續）

城市	人均年末存款增長率	資本使用率	資本充裕指數	獲得銀行貸款便利度	獲得證券市場資本便利度	獲得民間及風險資本便利度	金融業從業人數	金融從業人員每萬人擁有量
衢州	0.638	0.657	0.111	0.203	0.146	0.147	0.126	0.241
舟山	0.422	0.706	0.11	0.175	0.128	0.147	0.115	0.268
台州	0.664	0.664	0.122	0.231	0.165	0.213	0.189	0.261
麗水	0.701	0.635	0.112	0.203	0.128	0.147	0.125	0.238
合肥	0.787	0.678	0.129	0.213	0.211	0.156	0.18	0.209
蕪湖	0.63	0.714	0.111	0.147	0.146	0.128	0.127	0.177
蚌埠	1	0.477	0.115	0.147	0.119	0.119	0.121	0.167
淮南	0.411	0.555	0.113	0.138	0.128	0.128	0.12	0.195
馬鞍山	0.671	0.52	0.115	0.147	0.128	0.128	0.12	0.2
淮北	0.45	0.538	0.111	0.147	0.119	0.128	0.11	0.152
銅陵	0.561	0.719	0.108	0.147	0.128	0.119	0.106	0.221
安慶	0.686	0.379	0.124	0.156	0.128	0.128	0.122	0.133
黃山	0.552	0.47	0.112	0.138	0.119	0.128	0.113	0.215
滁州	0.662	0.525	0.114	0.138	0.128	0.128	0.115	0.132
阜陽	0.728	0.292	0.125	0.138	0.128	0.128	0.117	0.109
宿州	0.602	0.325	0.118	0.147	0.119	0.119	0.12	0.129
六安	0.826	0.38	0.12	0.147	0.128	0.128	0.123	0.132
亳州	0.608	0.4	0.114	0.138	0.128	0.128	0.123	0.139
池州	0.642	0.503	0.11	0.147	0.119	0.128	0.112	0.199
宣城	0.581	0.605	0.11	0.156	0.119	0.138	0.121	0.187
福州	0.682	0.73	0.122	0.241	0.258	0.194	0.174	0.203
廈門	0.959	0.733	0.117	0.241	0.23	0.184	0.14	0.216
莆田	0.829	0.657	0.11	0.175	0.146	0.138	0.121	0.179
三明	0.492	0.758	0.108	0.175	0.146	0.147	0.127	0.22
泉州	0.818	0.57	0.134	0.231	0.202	0.194	0.15	0.154
漳州	0.89	0.572	0.115	0.175	0.146	0.166	0.129	0.154
南平	0.636	0.624	0.111	0.166	0.156	0.156	0.126	0.211
龍岩	0.103	0.765	0.107	0.184	0.137	0.156	0.133	0.244
寧德	0.524	0.949	0.103	0.156	0.128	0.138	0.124	0.193
南昌	0.668	0.648	0.129	0.222	0.221	0.184	0.173	0.254
景德鎮	0.644	0.377	0.112	0.147	0.137	0.138	0.107	0.152
萍鄉	0.638	0.444	0.111	0.147	0.137	0.138	0.114	0.183
九江	0.738	0.436	0.12	0.166	0.137	0.147	0.124	0.146
新餘	0.488	0.65	0.108	0.138	0.128	0.128	0.106	0.174
鷹潭	0.572	0.485	0.11	0.128	0.119	0.128	0.105	0.163
贛州	0.665	0.442	0.127	0.156	0.137	0.128	0.135	0.132
吉安	0.683	0.321	0.122	0.147	0.128	0.138	0.117	0.127
宜春	0.741	0.375	0.122	0.138	0.128	0.119	0.125	0.138
撫州	0.768	0.378	0.116	0.147	0.119	0.128	0.117	0.138
上饒	0.766	0.439	0.119	0.147	0.128	0.138	0.127	0.131
濟南	0.473	0.551	0.165	0.25	0.248	0.194	0.239	0.319
青島	0.687	0.632	0.148	0.278	0.267	0.175	0.18	0.189
淄博	0.433	0.505	0.128	0.194	0.165	0.166	0.141	0.192
棗莊	0.413	0.605	0.112	0.166	0.128	0.138	0.118	0.144
東營	0.776	0.576	0.12	0.184	0.156	0.147	0.11	0.153
煙臺	0.597	0.486	0.145	0.175	0.156	0.147	0.162	0.189
濰坊	0.537	0.596	0.129	0.184	0.184	0.138	0.142	0.136
濟寧	0.52	0.458	0.132	0.166	0.156	0.138	0.175	0.191
泰安	0.71	0.46	0.123	0.156	0.146	0.128	0.126	0.14
威海	0.711	0.485	0.122	0.166	0.146	0.128	0.126	0.199
日照	0.837	0.56	0.115	0.147	0.156	0.119	0.121	0.177
萊蕪	0.265	0.59	0.11	0.147	0.128	0.119	0.105	0.146
臨沂	0.881	0.503	0.13	0.166	0.174	0.138	0.159	0.151
德州	0.734	0.504	0.119	0.175	0.137	0.128	0.141	0.169
聊城	0.655	0.561	0.116	0.147	0.156	0.138	0.154	0.194
濱州	0.533	0.687	0.111	0.166	0.146	0.128	0.12	0.149
菏澤	0.775	0.473	0.12	0.147	0.137	0.138	0.133	0.129
鄭州	0.791	0.577	0.167	0.269	0.286	0.194	0.206	0.22
開封	0.749	0.451	0.115	0.138	0.119	0.128	0.109	0.107

表 4.3.2 2015 年度城市財政金融競爭力三級指標分值（續）

城市	人均年末存款增長率	資本使用率	資本充裕指數	獲得銀行貸款便利度	獲得證券市場資本便利度	獲得民間及風險資本便利度	金融業從業人數	金融從業人員每萬人擁有量
洛陽	0.657	0.423	0.133	0.166	0.146	0.138	0.149	0.171
平頂山	0.617	0.47	0.118	0.138	0.137	0.128	0.136	0.171
安陽	0.717	0.318	0.123	0.147	0.128	0.138	0.13	0.155
鶴壁	0.684	0.732	0.107	0.128	0.119	0.128	0.104	0.13
新鄉	0.715	0.436	0.12	0.147	0.137	0.138	0.123	0.133
焦作	0.595	0.503	0.114	0.156	0.137	0.119	0.136	0.211
濮陽	0.68	0.237	0.118	0.147	0.128	0.128	0.112	0.127
許昌	0.774	0.538	0.114	0.138	0.137	0.128	0.111	0.115
漯河	0.669	0.341	0.113	0.128	0.119	0.119	0.111	0.142
三門峽	0.586	0.422	0.114	0.138	0.128	0.119	0.122	0.212
南陽	0.737	0.374	0.129	0.147	0.128	0.138	0.147	0.137
商丘	0.647	0.374	0.121	0.156	0.128	0.128	0.121	0.117
信陽	1	0.338	0.124	0.138	0.128	0.128	0.128	0.136
周口	0.747	0.27	0.125	0.138	0.109	0.128	0.14	0.136
駐馬店	0.807	0.287	0.125	0.156	0.128	0.128	0.122	0.122
武漢	0.591	0.679	0.148	0.278	0.313	0.213	0.246	0.253
黃石	0.622	0.48	0.114	0.156	0.146	0.147	0.106	0.122
十堰	0.749	0.35	0.12	0.156	0.146	0.138	0.126	0.182
宜昌	0.756	0.556	0.119	0.166	0.156	0.147	0.123	0.154
襄陽	0.828	0.408	0.125	0.138	0.146	0.156	0.131	0.151
鄂州	0.624	0.512	0.109	0.128	0.137	0.128	0.104	0.151
荊門	0.566	0.341	0.117	0.138	0.137	0.147	0.115	0.153
孝感	0.784	0.312	0.121	0.156	0.137	0.156	0.118	0.13
荊州	0.792	0.304	0.125	0.147	0.146	0.138	0.125	0.137
黃岡	0.821	0.228	0.127	0.156	0.137	0.138	0.129	0.139
咸寧	0.845	0.407	0.113	0.147	0.137	0.138	0.109	0.135
隨州	0.806	0.291	0.114	0.138	0.128	0.147	0.106	0.124
長沙	0.656	0.744	0.121	0.306	0.248	0.147	0.23	0.299
株洲	0.68	0.349	0.124	0.175	0.146	0.138	0.13	0.177
湘潭	0.957	0.53	0.114	0.166	0.137	0.128	0.127	0.207
衡陽	0.725	0.254	0.131	0.156	0.128	0.138	0.145	0.157
邵陽	0.623	0.271	0.123	0.166	0.128	0.128	0.133	0.138
岳陽	0.662	0.353	0.119	0.156	0.128	0.128	0.13	0.149
常德	0.719	0.331	0.123	0.156	0.128	0.138	0.122	0.13
張家界	0.693	0.552	0.108	0.138	0.109	0.119	0.105	0.14
益陽	0.712	0.335	0.116	0.156	0.119	0.128	0.132	0.174
郴州	0.655	0.282	0.123	0.175	0.137	0.128	0.126	0.151
永州	0.712	0.316	0.118	0.138	0.128	0.128	0.124	0.138
懷化	0.647	0.387	0.116	0.166	0.128	0.128	0.117	0.128
婁底	0.557	0.445	0.114	0.138	0.128	0.119	0.116	0.137
廣州	0.701	0.483	0.338	0.513	0.518	0.381	0.273	0.242
韶關	0.585	0.306	0.12	0.203	0.128	0.156	0.12	0.172
深圳	0.646	0.496	0.303	0.428	0.508	0.409	0.343	0.357
珠海	0.997	0.347	0.144	0.156	0.137	0.138	0.133	0.347
汕頭	0.614	0.232	0.137	0.156	0.146	0.156	0.134	0.158
佛山	0.691	0.458	0.19	0.297	0.276	0.213	0.164	0.188
江門	0.62	0.329	0.139	0.175	0.137	0.156	0.147	0.21
湛江	0.645	0.402	0.125	0.166	0.146	0.147	0.133	0.138
茂名	0.748	0.253	0.125	0.175	0.128	0.156	0.127	0.136
肇慶	0.834	0.491	0.117	0.166	0.137	0.138	0.119	0.144
惠州	0.786	0.447	0.129	0.175	0.174	0.184	0.154	0.224
梅州	0.717	0.284	0.12	0.147	0.137	0.147	0.125	0.156
汕尾	0.654	0.309	0.111	0.147	0.128	0.138	0.105	0.109
河源	0.779	0.586	0.11	0.147	0.146	0.128	0.113	0.142
陽江	0.537	0.478	0.112	0.147	0.146	0.138	0.111	0.145
清遠	0.666	0.44	0.117	0.166	0.128	0.138	0.118	0.144
東莞	0.683	0.391	0.182	0.222	0.239	0.194	0.163	0.173
中山	0.728	0.395	0.139	0.269	0.193	0.156	0.13	0.2
潮州	0.465	0.188	0.118	0.156	0.137	0.138	0.109	0.13

表 4.3.2 2015 年度城市財政金融競爭力三級指標分值（續）

城市	人均年末存款增長率	資本使用率	資本充裕指數	獲得銀行貸款便利度	獲得證券市場資本便利度	獲得民間及風險資本便利度	金融業從業人數	金融從業人員每萬人擁有量
揭陽	0.742	0.312	0.122	0.156	0.137	0.147	0.113	0.11
雲浮	0.571	0.467	0.112	0.156	0.137	0.147	0.108	0.131
南寧	0.649	0.759	0.113	0.203	0.211	0.147	0.175	0.214
柳州	0.904	0.519	0.121	0.156	0.146	0.138	0.127	0.171
桂林	0.595	0.429	0.123	0.156	0.137	0.156	0.13	0.157
梧州	0.624	0.538	0.111	0.156	0.128	0.138	0.111	0.135
北海	0.512	0.427	0.112	0.138	0.119	0.138	0.112	0.186
防城港	0.548	0.599	0.108	0.138	0.128	0.119	0.101	0.133
欽州	0.552	0.54	0.11	0.147	0.128	0.147	0.106	0.11
貴港	0.683	0.423	0.113	0.147	0.109	0.138	0.111	0.117
玉林	0.585	0.387	0.117	0.138	0.128	0.138	0.119	0.124
百色	0.606	0.59	0.11	0.128	0.119	0.138	0.108	0.115
賀州	0.68	0.433	0.109	0.119	0.128	0.109	0.107	0.135
河池	0.667	0.406	0.112	0.119	0.1	0.119	0.111	0.125
來賓	0.465	0.501	0.109	0.119	0.109	0.128	0.106	0.126
崇左	0.626	0.424	0.11	0.128	0.119	0.128	0.106	0.13
海口	0.535	0.7	0.113	0.175	0.193	0.156	0.133	0.274
三亞	1	0.491	0.112	0.156	0.156	0.138	0.103	0.176
重慶	0.722	0.608	0.201	0.334	0.369	0.259	0.429	0.212
成都	0.686	0.572	0.225	0.353	0.36	0.297	0.259	0.214
自貢	0.773	0.304	0.117	0.147	0.128	0.147	0.121	0.184
攀枝花	0.19	0.602	0.11	0.128	0.128	0.128	0.112	0.227
瀘州	0.685	0.383	0.119	0.147	0.128	0.138	0.118	0.137
德陽	0.384	0.372	0.123	0.166	0.128	0.147	0.13	0.191
綿陽	0.582	0.36	0.129	0.166	0.137	0.147	0.135	0.176
廣元	0.537	0.289	0.116	0.166	0.119	0.138	0.116	0.165
遂寧	0.819	0.396	0.114	0.156	0.128	0.138	0.11	0.126
內江	0.866	0.319	0.117	0.128	0.128	0.147	0.118	0.145
樂山	0.841	0.446	0.118	0.147	0.128	0.138	0.115	0.143
南充	0.636	0.275	0.128	0.147	0.137	0.147	0.135	0.149
眉山	0.816	0.319	0.118	0.147	0.128	0.138	0.105	0.11
宜賓	0.371	0.325	0.122	0.147	0.137	0.147	0.127	0.157
廣安	0.782	0.229	0.12	0.128	0.128	0.147	0.114	0.141
達州	0.841	0.259	0.125	0.147	0.137	0.138	0.123	0.134
雅安	1	0.331	0.115	0.138	0.119	0.138	0.108	0.159
巴中	0.797	0.238	0.114	0.138	0.119	0.138	0.109	0.12
資陽	0.716	0.326	0.117	0.138	0.128	0.138	0.12	0.155
貴陽	1	0.556	0.137	0.166	0.174	0.166	0.155	0.232
六盤水	0.518	0.62	0.109	0.119	0.128	0.109	0.108	0.122
遵義	1	0.38	0.126	0.128	0.128	0.138	0.123	0.127
安順	1	0.536	0.11	0.119	0.109	0.109	0.111	0.149
畢節	0.604	0.485	0.112	0.119	0.119	0.109	0.115	0.111
銅仁	0.933	0.545	0.11	0.119	0.109	0.109	0.113	0.14
昆明	0.609	0.725	0.125	0.222	0.258	0.175	0.175	0.22
曲靖	0.1	0.553	0.114	0.147	0.137	0.128	0.113	0.11
玉溪	0.565	0.46	0.115	0.147	0.128	0.128	0.114	0.166
保山	0.642	0.501	0.11	0.147	0.109	0.119	0.106	0.118
昭通	0.524	0.378	0.114	0.109	0.128	0.128	0.107	0.1
麗江	0.668	0.546	0.109	0.109	0.119	0.119	0.103	0.137
普洱	0.888	0.495	0.11	0.1	0.119	0.119	0.106	0.117
臨滄	0.7	0.618	0.108	0.109	0.119	0.1	0.103	0.108
拉薩	0.103	0.198	0.123	0.184	0.146	0.138	0.12	0.56
西安	0.588	0.556	0.18	0.306	0.295	0.231	0.243	0.283
銅川	0.532	0.144	0.112	0.138	0.119	0.138	0.106	0.203
寶雞	0.589	0.304	0.124	0.147	0.137	0.147	0.119	0.148
咸陽	0.654	0.266	0.127	0.166	0.137	0.156	0.134	0.167
渭南	0.568	0.319	0.122	0.147	0.119	0.138	0.141	0.177
延安	0.529	0.354	0.117	0.147	0.119	0.138	0.106	0.128
漢中	0.685	0.241	0.121	0.147	0.128	0.147	0.129	0.188

表 4.3.2 2015 年度城市財政金融競爭力三級指標分值（續）

城市	人均年末存款增長率	資本使用率	資本充裕指數	獲得銀行貸款便利度	獲得證券市場資本便利度	獲得民間及風險資本便利度	金融業從業人數	金融從業人員每萬人擁有量
榆林	0.383	0.57	0.119	0.175	0.137	0.156	0.115	0.141
安康	0.728	0.327	0.114	0.138	0.119	0.147	0.116	0.163
商洛	0.623	0.258	0.113	0.109	0.119	0.128	0.113	0.158
蘭州	0.815	0.626	0.128	0.175	0.193	0.138	0.15	0.252
嘉峪關	0.554	1	0.105	0.128	0.109	0.109	0.1	0.231
金昌	0.955	0.497	0.108	0.128	0.109	0.119	0.101	0.173
白銀	0.548	0.463	0.11	0.138	0.1	0.119	0.111	0.177
天水	0.849	0.331	0.114	0.147	0.1	0.119	0.108	0.117
武威	0.975	0.492	0.11	0.119	0.128	0.109	0.109	0.153
張掖	0.713	0.505	0.109	0.119	0.119	0.128	0.109	0.199
平涼	0.996	0.38	0.112	0.128	0.109	0.109	0.107	0.135
酒泉	1	0.444	0.112	0.128	0.119	0.109	0.111	0.228
慶陽	0.769	0.4	0.111	0.119	0.109	0.109	0.109	0.139
定西	1	0.443	0.11	0.119	0.119	0.109	0.105	0.113
隴南	0.8	0.377	0.111	0.119	0.119	0.119	0.105	0.112
西寧	0.797	0.781	0.108	0.147	0.165	0.128	0.129	0.247
海東	0.103	0.295	0.11	0.119	0.119	0.109	0.101	0.107
銀川	0.499	0.942	0.1	0.166	0.165	0.128	0.143	0.344
石嘴山	0.231	0.621	0.108	0.138	0.119	0.128	0.104	0.18
吳忠	0.535	0.704	0.107	0.128	0.119	0.119	0.105	0.152
固原	0.755	0.434	0.108	0.128	0.119	0.109	0.1	0.104
中衛	0.544	0.763	0.107	0.128	0.119	0.109	0.102	0.132
烏魯木齊	0.693	0.531	0.139	0.175	0.174	0.156	0.156	0.284
克拉瑪依	0.761	0.145	0.122	0.147	0.119	0.128	0.104	0.298
香港	0.451	0.503	0.968	1	1	1	0.651	1
澳門	0.469	0.357	0.128	0.147	0.211	0.184	0.122	0.546
新北	0.29	0.593	0.168	0.278	0.313	0.175	0.238	0.506
臺北	0.29	0.593	0.149	0.363	0.388	0.344	0.193	0.506
桃園	0.29	0.593	0.138	0.222	0.239	0.156	0.17	0.506
台中	0.29	0.593	0.149	0.241	0.258	0.166	0.194	0.506
台南	0.29	0.593	0.136	0.213	0.221	0.138	0.164	0.506
高雄	0.29	0.593	0.15	0.241	0.267	0.156	0.196	0.506
基隆	0.29	0.593	0.112	0.166	0.165	0.128	0.11	0.506
新竹	0.29	0.593	0.113	0.166	0.165	0.128	0.113	0.506
嘉義	0.29	0.593	0.111	0.166	0.156	0.128	0.107	0.506

4.4 城市商業貿易競爭力三級指標分值

表 4.4.1 2015 年度城市商業貿易競爭力三級指標分值

城市	商品銷售總額	社會消費品零售額	人均商品銷售額	人均社會消費品零售額	外貿依存度	進出口總額	進出口總額增長率	實際利用外資金額	批發零售企業數
北京	0.914	1	1	0.756	0.417	0.48	0.646	0.169	0.981
天津	0.55	0.579	0.814	0.599	0.229	0.214	0.751	0.236	0.727
石家莊	0.138	0.31	0.182	0.402	0.143	0.112	0.696	0.108	0.148
唐山	0.139	0.283	0.217	0.463	0.132	0.111	0.925	0.111	0.15
秦皇島	0.113	0.152	0.195	0.37	0.157	0.104	0.535	0.106	0.125
邯鄲	0.123	0.216	0.156	0.285	0.118	0.103	0.494	0.107	0.157
邢臺	0.106	0.173	0.117	0.25	0.117	0.102	0.633	0.104	0.134
保定	0.151	0.228	0.214	0.286	0.131	0.105	0.374	0.105	0.155
張家口	0.105	0.151	0.126	0.276	0.104	0.1	0.57	0.102	0.124
承德	0.105	0.139	0.131	0.273	0.103	0.1	1	0.1	0.121
滄州	0.11	0.192	0.128	0.289	0.113	0.102	0.732	0.103	0.145
廊坊	0.107	0.166	0.132	0.328	0.145	0.105	0.864	0.106	0.123
衡水	0.109	0.15	0.148	0.272	0.152	0.103	0.853	0.102	0.145
太原	0.168	0.235	0.468	0.592	0.157	0.108	0.696	0.108	0.174

表 4.4.1 2015 年度城市商業貿易競爭力三級指標分值

城市	商品銷售總額	社會消費品零售額	人均商品銷售額	人均社會消費品零售額	外貿依存度	進出口總額	進出口總額增長率	實際利用外資金額	批發零售企業數
大同	0.122	0.148	0.248	0.32	0.108	0.1	0.458	0.101	0.125
陽泉	0.116	0.123	0.374	0.386	0.105	0.1	0.327	0.102	0.114
長治	0.126	0.143	0.281	0.297	0.112	0.101	0.402	0.103	0.15
晉城	0.107	0.129	0.171	0.303	0.114	0.101	0.1	0.102	0.132
朔州	0.107	0.12	0.189	0.296	0.102	0.1	0.1	0.101	0.122
晉中	0.112	0.143	0.183	0.304	0.107	0.1	0.366	0.101	0.132
運城	0.105	0.156	0.121	0.263	0.123	0.102	1	0.1	0.138
忻州	0.106	0.123	0.141	0.217	0.105	0.1	0.381	0.1	0.129
臨汾	0.11	0.148	0.152	0.267	0.109	0.101	0.313	0.101	0.131
呂梁	0.101	0.134	0.106	0.237	0.111	0.101	1	0.103	0.123
呼和浩特	0.109	0.22	0.165	0.73	0.109	0.101	0.441	0.107	0.144
包頭	0.117	0.213	0.246	0.745	0.109	0.102	0.555	0.111	0.134
烏海	0.102	0.109	0.2	0.432	0.1	0.1	0.1	0.101	0.114
赤峰	0.103	0.154	0.116	0.291	0.108	0.101	0.873	0.1	0.119
通遼	0.104	0.137	0.125	0.286	0.102	0.1	1	0.101	0.124
鄂爾多斯	0.113	0.157	0.244	0.55	0.104	0.101	1	0.113	0.119
呼倫貝爾	0.104	0.146	0.134	0.39	0.125	0.102	0.699	0.102	0.127
巴彥淖爾	0.101	0.118	0.119	0.281	0.126	0.101	0.768	0.101	0.106
烏蘭察布	0.101	0.123	0.109	0.275	0.101	0.1	0.381	0.102	0.103
瀋陽	0.228	0.44	0.461	0.739	0.13	0.113	0.773	0.147	0.333
大連	0.162	0.369	0.307	0.701	0.241	0.161	0.682	0.21	0.302
鞍山	0.123	0.183	0.247	0.46	0.128	0.104	0.888	0.111	0.2
撫順	0.106	0.153	0.166	0.504	0.112	0.101	0.747	0.104	0.126
本溪	0.103	0.129	0.138	0.375	0.157	0.104	0.699	0.104	0.136
丹東	0.103	0.143	0.13	0.382	0.168	0.105	0.753	0.109	0.124
錦州	0.105	0.15	0.14	0.355	0.139	0.103	0.828	0.109	0.127
營口	0.107	0.139	0.166	0.354	0.165	0.106	0.943	0.111	0.144
阜新	0.105	0.122	0.162	0.302	0.108	0.1	0.863	0.102	0.124
遼陽	0.104	0.132	0.152	0.379	0.113	0.101	0.564	0.104	0.116
盤錦	0.107	0.128	0.221	0.422	0.114	0.101	0.867	0.112	0.123
鐵嶺	0.103	0.135	0.125	0.306	0.112	0.101	1	0.104	0.118
朝陽	0.104	0.133	0.129	0.274	0.11	0.101	0.659	0.102	0.124
葫蘆島	0.104	0.136	0.131	0.32	0.126	0.101	0.516	0.105	0.116
長春	0.125	0.309	0.172	0.516	0.16	0.118	0.616	0.136	0.141
吉林	0.112	0.212	0.163	0.494	0.106	0.101	0.476	0.107	0.142
四平	0.104	0.145	0.125	0.307	0.104	0.1	0.66	0.102	0.114
遼源	0.101	0.115	0.125	0.316	0.105	0.1	1	0.102	0.108
通化	0.104	0.139	0.142	0.367	0.109	0.101	0.768	0.103	0.122
白山	0.101	0.12	0.11	0.368	0.106	0.1	0.332	0.102	0.103
松原	0.103	0.152	0.122	0.383	0.101	0.1	0.1	0.102	0.107
白城	0.101	0.124	0.116	0.293	0.103	0.1	0.1	0.101	0.104
哈爾濱	0.135	0.391	0.174	0.518	0.114	0.104	0.626	0.118	0.203
齊齊哈爾	0.103	0.156	0.11	0.256	0.11	0.101	0.559	0.103	0.111
雞西	0.102	0.119	0.128	0.275	0.135	0.101	0.753	0.101	0.11
鶴崗	0.101	0.108	0.115	0.255	0.105	0.1	0.1	0.1	0.109
雙鴨山	0.101	0.108	0.112	0.2	0.142	0.101	0.547	0.1	0.106
大慶	0.125	0.195	0.295	0.61	0.113	0.103	0.911	0.105	0.136
伊春	0.1	0.106	0.109	0.211	0.113	0.1	0.1	0.101	0.103
佳木斯	0.102	0.132	0.112	0.3	0.161	0.103	0.519	0.102	0.105
七台河	0.1	0.106	0.112	0.234	0.102	0.1	0.1	0.1	0.102
牡丹江	0.108	0.142	0.164	0.339	0.264	0.111	0.481	0.1	0.135
黑河	0.101	0.106	0.112	0.169	0.257	0.104	0.733	0.101	0.105
綏化	0.103	0.141	0.11	0.211	0.103	0.1	1	0.102	0.111
上海	1	0.965	0.971	0.65	0.411	0.512	0.64	0.236	1
南京	0.25	0.478	0.528	0.816	0.199	0.149	0.567	0.133	0.416
無錫	0.229	0.394	0.566	0.806	0.235	0.162	0.54	0.127	0.424
徐州	0.135	0.258	0.193	0.379	0.12	0.106	0.11	0.112	0.412
常州	0.174	0.27	0.466	0.665	0.194	0.126	0.562	0.129	0.461
蘇州	0.293	0.492	0.526	0.671	0.454	0.374	0.572	0.17	0.587

表 4.4.1 2015 年度城市商業貿易競爭力三級指標分值

城市	商品銷售總額	社會消費品零售額	人均商品銷售額	人均社會消費品零售額	外貿依存度	進出口總額	進出口總額增長率	實際利用外資金額	批發零售企業數
南通	0.137	0.306	0.218	0.535	0.183	0.126	0.79	0.118	0.34
連雲港	0.113	0.167	0.167	0.335	0.153	0.106	0.244	0.107	0.192
淮安	0.11	0.175	0.144	0.337	0.123	0.103	0.305	0.111	0.212
鹽城	0.115	0.222	0.145	0.357	0.127	0.106	0.792	0.113	0.279
揚州	0.117	0.216	0.188	0.504	0.14	0.108	0.432	0.116	0.199
鎮江	0.114	0.191	0.205	0.551	0.148	0.109	0.319	0.125	0.176
泰州	0.12	0.187	0.2	0.39	0.149	0.109	0.563	0.111	0.178
宿遷	0.11	0.145	0.145	0.239	0.127	0.103	0.891	0.104	0.157
杭州	0.348	0.478	0.755	0.762	0.211	0.158	0.649	0.143	0.547
寧波	0.249	0.381	0.555	0.668	0.308	0.189	0.62	0.126	0.456
溫州	0.14	0.327	0.2	0.478	0.175	0.118	0.564	0.104	0.351
嘉興	0.13	0.226	0.253	0.529	0.249	0.128	0.739	0.118	0.257
湖州	0.128	0.179	0.32	0.53	0.177	0.108	0.714	0.109	0.156
紹興	0.131	0.239	0.246	0.536	0.223	0.13	0.621	0.107	0.252
金華	0.12	0.249	0.184	0.524	0.268	0.13	1	0.102	0.202
衢州	0.107	0.145	0.181	0.438	0.153	0.103	1	0.101	0.136
舟山	0.113	0.133	0.363	0.577	0.295	0.111	0.235	0.102	0.135
台州	0.123	0.253	0.185	0.491	0.202	0.119	0.66	0.103	0.195
麗水	0.107	0.142	0.179	0.42	0.139	0.102	0.84	0.101	0.135
合肥	0.16	0.256	0.283	0.414	0.155	0.116	0.606	0.116	0.209
蕪湖	0.111	0.157	0.17	0.348	0.137	0.105	0.865	0.113	0.168
蚌埠	0.105	0.143	0.132	0.307	0.124	0.102	1	0.108	0.133
淮南	0.104	0.128	0.141	0.293	0.11	0.1	1	0.102	0.135
馬鞍山	0.108	0.129	0.181	0.315	0.142	0.103	0.537	0.114	0.124
淮北	0.103	0.118	0.127	0.238	0.11	0.1	1	0.104	0.125
銅陵	0.102	0.114	0.17	0.442	0.228	0.105	1	0.103	0.118
安慶	0.103	0.153	0.11	0.25	0.118	0.102	1	0.104	0.149
黃山	0.102	0.118	0.131	0.329	0.125	0.101	0.812	0.102	0.119
滁州	0.105	0.133	0.126	0.229	0.125	0.102	0.929	0.106	0.15
阜陽	0.112	0.152	0.134	0.195	0.119	0.101	0.99	0.101	0.148
宿州	0.108	0.13	0.13	0.178	0.107	0.1	1	0.104	0.136
六安	0.104	0.144	0.115	0.213	0.112	0.101	0.706	0.102	0.125
亳州	0.102	0.134	0.105	0.201	0.108	0.1	0.288	0.104	0.136
池州	0.101	0.112	0.123	0.253	0.113	0.1	0.892	0.102	0.118
宣城	0.103	0.13	0.128	0.284	0.132	0.102	1	0.105	0.13
福州	0.166	0.386	0.308	0.704	0.195	0.128	0.568	0.112	0.286
廈門	0.2	0.202	0.726	0.527	0.504	0.174	0.782	0.115	0.263
莆田	0.111	0.145	0.187	0.35	0.15	0.104	0.693	0.102	0.165
三明	0.109	0.138	0.18	0.344	0.116	0.101	0.1	0.101	0.161
泉州	0.137	0.307	0.201	0.479	0.18	0.126	0.84	0.111	0.315
漳州	0.109	0.177	0.141	0.34	0.161	0.109	0.533	0.108	0.176
南平	0.104	0.141	0.133	0.351	0.121	0.101	0.32	0.101	0.123
龍岩	0.11	0.149	0.185	0.4	0.131	0.103	0.404	0.102	0.202
寧德	0.104	0.137	0.132	0.306	0.137	0.103	1	0.101	0.145
南昌	0.127	0.219	0.22	0.454	0.142	0.109	0.859	0.124	0.155
景德鎮	0.101	0.12	0.117	0.307	0.124	0.101	0.332	0.101	0.107
萍鄉	0.101	0.122	0.112	0.298	0.125	0.101	0.974	0.102	0.107
九江	0.103	0.144	0.113	0.238	0.142	0.104	0.637	0.11	0.115
新餘	0.101	0.115	0.125	0.334	0.136	0.102	0.278	0.103	0.106
鷹潭	0.101	0.111	0.123	0.282	0.215	0.104	0.592	0.102	0.104
贛州	0.104	0.157	0.108	0.195	0.128	0.103	0.554	0.109	0.121
吉安	0.102	0.129	0.108	0.188	0.145	0.103	1	0.106	0.118
宜春	0.105	0.14	0.119	0.209	0.12	0.102	0.91	0.104	0.121
撫州	0.102	0.133	0.109	0.229	0.119	0.101	0.901	0.102	0.113
上饒	0.103	0.149	0.109	0.207	0.132	0.103	0.868	0.106	0.124
濟南	0.166	0.393	0.315	0.743	0.126	0.108	0.637	0.111	0.32
青島	0.188	0.419	0.325	0.644	0.241	0.169	0.666	0.145	0.3
淄博	0.129	0.266	0.243	0.66	0.135	0.108	0.451	0.104	0.192
棗莊	0.111	0.166	0.168	0.369	0.11	0.101	0.741	0.101	0.193

表 4.4.1 2015 年度城市商業貿易競爭力三級指標分值

城市	商品銷售總額	社會消費品零售額	人均商品銷售額	人均社會消費品零售額	外貿依存度	進出口總額	進出口總額增長率	實際利用外資金額	批發零售企業數
東營	0.116	0.161	0.282	0.564	0.16	0.112	0.674	0.102	0.153
煙臺	0.14	0.33	0.232	0.607	0.229	0.144	0.607	0.113	0.253
濰坊	0.142	0.294	0.204	0.419	0.153	0.114	0.693	0.107	0.369
濟寧	0.128	0.262	0.178	0.399	0.122	0.105	0.59	0.107	0.239
泰安	0.133	0.21	0.237	0.404	0.113	0.102	0.82	0.103	0.242
威海	0.115	0.214	0.223	0.738	0.197	0.115	0.552	0.107	0.148
日照	0.124	0.148	0.297	0.365	0.422	0.129	1	0.104	0.122
萊蕪	0.105	0.125	0.186	0.409	0.157	0.102	0.87	0.101	0.13
臨沂	0.132	0.289	0.17	0.379	0.141	0.108	0.897	0.102	0.246
德州	0.117	0.204	0.166	0.378	0.121	0.103	1	0.102	0.274
聊城	0.114	0.185	0.154	0.318	0.139	0.105	0.742	0.101	0.178
濱州	0.11	0.168	0.16	0.374	0.157	0.107	1	0.102	0.15
菏澤	0.115	0.208	0.138	0.29	0.121	0.103	0.429	0.102	0.259
鄭州	0.155	0.376	0.237	0.561	0.199	0.138	0.896	0.127	0.263
開封	0.104	0.159	0.118	0.294	0.105	0.1	0.986	0.104	0.146
洛陽	0.116	0.234	0.154	0.409	0.109	0.102	0.799	0.118	0.183
平頂山	0.111	0.155	0.149	0.268	0.105	0.1	0.856	0.104	0.159
安陽	0.109	0.154	0.138	0.261	0.116	0.102	1	0.103	0.135
鶴壁	0.101	0.112	0.119	0.237	0.106	0.1	1	0.105	0.115
新鄉	0.107	0.158	0.128	0.252	0.109	0.101	0.678	0.106	0.143
焦作	0.104	0.15	0.122	0.324	0.119	0.102	0.581	0.105	0.133
濮陽	0.104	0.136	0.123	0.256	0.108	0.101	0.685	0.103	0.127
許昌	0.106	0.156	0.13	0.3	0.116	0.102	0.61	0.104	0.148
漯河	0.104	0.133	0.131	0.305	0.107	0.1	0.691	0.106	0.131
三門峽	0.104	0.13	0.138	0.319	0.104	0.1	1	0.107	0.129
南陽	0.11	0.228	0.121	0.288	0.111	0.102	1	0.104	0.173
商丘	0.109	0.164	0.128	0.229	0.102	0.1	0.858	0.102	0.131
信陽	0.104	0.17	0.111	0.263	0.106	0.101	0.522	0.103	0.137
周口	0.105	0.178	0.112	0.229	0.106	0.101	1	0.104	0.13
駐馬店	0.105	0.16	0.115	0.227	0.104	0.1	1	0.103	0.149
武漢	0.264	0.519	0.472	0.734	0.134	0.119	0.674	0.142	0.339
黃石	0.104	0.147	0.14	0.403	0.137	0.103	1	0.104	0.13
十堰	0.107	0.149	0.147	0.328	0.106	0.1	0.715	0.101	0.157
宜昌	0.11	0.19	0.156	0.44	0.112	0.102	0.682	0.102	0.176
襄陽	0.11	0.197	0.139	0.364	0.108	0.101	1	0.104	0.23
鄂州	0.101	0.119	0.114	0.413	0.111	0.1	0.838	0.101	0.111
荊門	0.105	0.139	0.139	0.316	0.109	0.101	0.932	0.102	0.153
孝感	0.105	0.162	0.123	0.294	0.112	0.101	1	0.103	0.138
荊州	0.105	0.176	0.119	0.302	0.115	0.101	0.889	0.101	0.164
黃岡	0.105	0.164	0.118	0.253	0.106	0.1	0.999	0.101	0.147
咸寧	0.105	0.131	0.147	0.302	0.105	0.1	0.786	0.102	0.157
隨州	0.104	0.13	0.143	0.325	0.128	0.101	1	0.101	0.126
長沙	0.154	0.399	0.274	0.742	0.12	0.109	0.798	0.127	0.265
株洲	0.108	0.168	0.146	0.368	0.119	0.102	0.899	0.106	0.17
湘潭	0.104	0.14	0.129	0.325	0.126	0.102	1	0.106	0.118
衡陽	0.107	0.176	0.121	0.255	0.112	0.102	0.369	0.106	0.174
邵陽	0.104	0.143	0.109	0.185	0.107	0.101	0.999	0.101	0.142
岳陽	0.108	0.105	0.129	0.107	0.104	0.101	0.745	0.102	0.136
常德	0.105	0.175	0.116	0.296	0.104	0.1	0.431	0.104	0.149
張家界	0.101	0.11	0.112	0.222	0.102	0.1	0.884	0.101	0.106
益陽	0.104	0.14	0.117	0.24	0.106	0.1	1	0.101	0.142
郴州	0.11	0.164	0.146	0.311	0.132	0.103	1	0.108	0.146
永州	0.111	0.137	0.146	0.203	0.105	0.1	1	0.105	0.119
懷化	0.103	0.138	0.11	0.217	0.101	0.1	0.865	0.101	0.117
婁底	0.104	0.133	0.124	0.233	0.119	0.101	0.277	0.102	0.135
廣州	0.557	0.839	0.927	0.988	0.212	0.205	0.577	0.139	0.852
韶關	0.104	0.148	0.13	0.36	0.133	0.102	0.796	0.102	0.132
深圳	0.381	0.575	0.716	0.792	0.628	0.575	0.823	0.144	0.33
珠海	0.142	0.175	0.72	0.853	0.56	0.148	0.889	0.114	0.204

表 4.4.1 2015 年度城市商業貿易競爭力三級指標分值

城市	商品銷售總額	社會消費品零售額	人均商品銷售額	人均社會消費品零售額	外貿依存度	進出口總額	進出口總額增長率	實際利用外資金額	批發零售企業數
汕頭	0.115	0.222	0.161	0.442	0.185	0.108	0.638	0.101	0.175
佛山	0.157	0.341	0.28	0.61	0.232	0.157	0.635	0.12	0.3
江門	0.114	0.194	0.17	0.425	0.249	0.117	0.642	0.107	0.171
湛江	0.117	0.206	0.152	0.323	0.138	0.105	0.861	0.101	0.164
茂名	0.122	0.206	0.184	0.368	0.108	0.101	0.865	0.101	0.161
肇慶	0.108	0.15	0.145	0.291	0.16	0.106	0.738	0.11	0.123
惠州	0.114	0.189	0.169	0.393	0.401	0.151	0.837	0.115	0.153
梅州	0.103	0.145	0.115	0.261	0.131	0.102	0.861	0.101	0.122
汕尾	0.101	0.1	0.109	0.1	0.192	0.104	1	0.101	0.107
河源	0.102	0.122	0.11	0.215	0.166	0.103	0.739	0.102	0.11
陽江	0.102	0.154	0.116	0.444	0.132	0.102	0.677	0.101	0.115
清遠	0.103	0.152	0.114	0.311	0.158	0.104	0.479	0.102	0.12
東莞	0.146	0.257	0.226	0.387	0.509	0.235	0.657	0.132	0.256
中山	0.122	0.193	0.263	0.56	0.298	0.132	0.663	0.105	0.202
潮州	0.111	0.135	0.197	0.306	0.172	0.103	0.416	0.101	0.119
揭陽	0.121	0.168	0.178	0.27	0.141	0.104	0.726	0.102	0.208
雲浮	0.104	0.119	0.137	0.226	0.137	0.101	0.704	0.101	0.123
南寧	0.133	0.253	0.21	0.443	0.122	0.104	0.669	0.105	0.186
柳州	0.115	0.179	0.188	0.417	0.121	0.103	0.418	0.103	0.153
桂林	0.104	0.162	0.118	0.293	0.108	0.101	0.456	0.1	0.128
梧州	0.101	0.128	0.109	0.251	0.128	0.102	1	0.1	0.11
北海	0.101	0.115	0.118	0.262	0.15	0.102	1	0.101	0.104
防城港	0.101	0.106	0.133	0.237	0.215	0.104	0.33	0.1	0.108
欽州	0.103	0.126	0.121	0.228	0.165	0.103	0.437	0.104	0.115
貴港	0.101	0.131	0.106	0.213	0.104	0.1	0.471	0.1	0.109
玉林	0.104	0.149	0.114	0.229	0.105	0.1	0.1	0.1	0.125
百色	0.102	0.116	0.11	0.169	0.11	0.101	0.866	0.1	0.113
賀州	0.101	0.11	0.11	0.184	0.107	0.1	1	0.101	0.106
河池	0.101	0.118	0.107	0.182	0.113	0.1	0.403	0.101	0.11
來賓	0.101	0.11	0.107	0.179	0.103	0.1	0.254	0.1	0.105
崇左	0.101	0.107	0.11	0.164	0.349	0.109	1	0.1	0.107
海口	0.103	0.15	0.127	0.467	0.175	0.104	0.798	0.104	0.138
三亞	0.102	0.11	0.169	0.37	0.106	0.1	0.525	0.102	0.104
重慶	0.249	0.593	0.214	0.346	0.174	0.16	1	0.186	0.641
成都	0.203	0.502	0.265	0.529	0.179	0.145	0.666	0.191	0.31
自貢	0.105	0.139	0.137	0.325	0.115	0.101	0.846	0.1	0.127
攀枝花	0.104	0.12	0.174	0.385	0.103	0.1	0.1	0.101	0.126
瀘州	0.107	0.141	0.137	0.248	0.103	0.1	0.943	0.1	0.155
德陽	0.106	0.147	0.137	0.309	0.135	0.103	0.73	0.102	0.134
綿陽	0.109	0.167	0.142	0.319	0.128	0.102	1	0.102	0.137
廣元	0.102	0.12	0.115	0.23	0.11	0.1	0.612	0.1	0.116
遂寧	0.103	0.13	0.117	0.242	0.111	0.1	0.917	0.1	0.117
內江	0.103	0.131	0.115	0.227	0.105	0.1	0.834	0.101	0.134
樂山	0.103	0.139	0.121	0.286	0.115	0.101	0.882	0.101	0.127
南充	0.104	0.153	0.111	0.224	0.107	0.101	1	0.1	0.144
眉山	0.103	0.127	0.121	0.245	0.105	0.1	1	0.102	0.128
宜賓	0.105	0.15	0.123	0.272	0.109	0.101	0.632	0.1	0.136
廣安	0.103	0.128	0.118	0.237	0.117	0.101	1	0.1	0.131
達州	0.104	0.15	0.116	0.235	0.104	0.1	1	0.1	0.128
雅安	0.101	0.113	0.113	0.245	0.102	0.1	1	0.1	0.106
巴中	0.102	0.116	0.109	0.175	0.105	0.1	0.822	0.1	0.116
資陽	0.102	0.133	0.113	0.243	0.107	0.1	1	0.1	0.121
貴陽	0.124	0.182	0.224	0.378	0.142	0.106	1	0.105	0.16
六盤水	0.101	0.119	0.106	0.207	0.107	0.1	0.1	0.102	0.12
遵義	0.111	0.148	0.141	0.213	0.102	0.1	1	0.101	0.143
安順	0.103	0.109	0.132	0.165	0.101	0.1	0.81	0.101	0.108
畢節	0.103	0.118	0.107	0.135	0.101	0.1	0.1	0.101	0.113
銅仁	0.102	0.11	0.11	0.148	0.1	0.1	1	0.1	0.116
昆明	0.171	0.28	0.351	0.523	0.172	0.115	0.861	0.115	0.216

表 4.4.1 2015 年度城市商業貿易競爭力三級指標分值

城市	商品銷售總額	社會消費品零售額	人均商品銷售額	人均社會消費品零售額	外貿依存度	進出口總額	進出口總額增長率	實際利用外資金額	批發零售企業數
曲靖	0.109	0.138	0.131	0.191	0.104	0.1	1	0.1	0.131
玉溪	0.107	0.121	0.167	0.248	0.109	0.101	1	0.101	0.124
保山	0.102	0.112	0.118	0.174	0.106	0.1	1	0.101	0.117
昭通	0.103	0.115	0.109	0.137	0.1	0.1	1	0.1	0.112
麗江	0.101	0.105	0.127	0.183	0.107	0.1	1	0.1	0.109
普洱	0.102	0.109	0.115	0.16	0.118	0.1	1	0.1	0.11
臨滄	0.101	0.109	0.112	0.163	0.109	0.1	1	0.1	0.113
拉薩	0.102	0.112	0.175	0.521	0.243	0.103	0.483	0.1	0.105
西安	0.166	0.372	0.276	0.587	0.152	0.116	1	0.125	0.182
銅川	0.1	0.105	0.113	0.229	0.101	0.1	1	0.1	0.11
寶雞	0.11	0.147	0.158	0.296	0.108	0.101	0.893	0.101	0.144
咸陽	0.111	0.146	0.148	0.241	0.105	0.101	1	0.101	0.141
渭南	0.112	0.136	0.148	0.2	0.103	0.1	0.628	0.1	0.134
延安	0.102	0.115	0.122	0.215	0.101	0.1	1	0.1	0.123
漢中	0.103	0.124	0.12	0.206	0.101	0.1	1	0.1	0.128
榆林	0.119	0.129	0.227	0.234	0.1	0.1	0.547	0.1	0.148
安康	0.102	0.115	0.117	0.194	0.101	0.1	0.958	0.1	0.132
商洛	0.101	0.11	0.107	0.171	0.102	0.1	0.205	0.1	0.109
蘭州	0.142	0.188	0.366	0.477	0.134	0.104	0.904	0.1	0.153
嘉峪關	0.103	0.101	0.367	0.356	0.15	0.101	0.499	0.1	0.107
金昌	0.102	0.103	0.186	0.292	0.343	0.103	0.727	0.1	0.105
白銀	0.101	0.111	0.119	0.218	0.125	0.101	1	0.1	0.11
天水	0.107	0.118	0.145	0.187	0.112	0.1	0.893	0.1	0.117
武威	0.101	0.109	0.107	0.193	0.101	0.1	1	0.1	0.106
張掖	0.101	0.108	0.122	0.232	0.101	0.1	1	0.1	0.109
平涼	0.103	0.112	0.137	0.195	0.101	0.1	0.582	0.1	0.105
酒泉	0.105	0.112	0.199	0.297	0.103	0.1	1	0.1	0.116
慶陽	0.101	0.113	0.11	0.196	0.102	0.1	0.879	0.1	0.109
定西	0.101	0.106	0.107	0.134	0.102	0.1	1	0.1	0.107
隴南	0.101	0.104	0.104	0.126	0.101	0.1	1	0.1	0.106
西寧	0.108	0.131	0.18	0.321	0.118	0.101	1	0.1	0.123
海東	0.1	0.104	0.102	0.158	0.102	0.1	0.55	0.1	0.1
銀川	0.113	0.134	0.248	0.367	0.127	0.102	1	0.101	0.134
石嘴山	0.101	0.106	0.136	0.272	0.116	0.1	0.446	0.1	0.104
吳忠	0.101	0.105	0.119	0.184	0.107	0.1	0.199	0.1	0.106
固原	0.1	0.102	0.1	0.151	0.1	0.1	0.1	0.1	0.102
中衛	0.101	0.102	0.114	0.159	0.108	0.1	1	0.1	0.105
烏魯木齊	0.153	0.201	0.46	0.559	0.149	0.107	0.1	0.102	0.167
克拉瑪依	0.102	0.103	0.23	0.323	0.114	0.101	1	0.101	0.107
香港	0.161	0.518	0.295	1	1	1	0.615	1	0.271
澳門	0.103	0.134	0.196	0.996	0.468	0.171	0.561	0.253	0.119
新北	0.114	0.151	0.183	0.299	0.386	0.188	0.589	0.104	0.165
臺北	0.11	0.134	0.183	0.299	0.386	0.16	0.589	0.103	0.144
桃園	0.107	0.125	0.183	0.299	0.386	0.146	0.589	0.102	0.133
台中	0.11	0.134	0.183	0.299	0.386	0.16	0.589	0.103	0.144
台南	0.107	0.123	0.183	0.299	0.386	0.142	0.589	0.102	0.131
高雄	0.11	0.135	0.183	0.299	0.386	0.162	0.589	0.103	0.147
基隆	0.101	0.102	0.183	0.299	0.386	0.108	0.589	0.1	0.106
新竹	0.101	0.103	0.183	0.299	0.386	0.11	0.589	0.1	0.106
嘉義	0.101	0.101	0.183	0.299	0.386	0.106	0.589	0.1	0.104

表 4.4.2 2015 年度城市商業貿易競爭力三級指標分值（續）

城市	批發零售企業每萬人擁有量	批發零售貿易業從業人數	住宿餐飲業從業人數	租賃和商業服務業從業人數	商貿從業者萬人擁有量	人均消費支出	人均消費支出增長率	居民消費傾向	社會消費品零售額增長率
北京	0.585	0.667	0.539	1	0.389	0.243	0.455	0.15	0.707
天津	0.596	0.241	0.193	0.178	0.172	0.235	0.726	0.167	0.802
石家莊	0.149	0.145	0.121	0.136	0.132	0.167	0.808	0.153	0.603

表 4.4.2 2015 年度城市商業貿易競爭力三級指標分值（續）

城市	批發零售企業每萬人擁有量	批發零售貿易業從業人數	住宿餐飲業從業人數	租賃和商業服務業從業人數	商貿從業者萬人擁有量	人均消費支出	人均消費支出增長率	居民消費傾向	社會消費品零售額增長率
唐山	0.172	0.147	0.111	0.128	0.139	0.187	0.739	0.157	0.772
秦皇島	0.193	0.109	0.107	0.107	0.125	0.181	1	0.176	0.791
邯鄲	0.167	0.125	0.11	0.108	0.115	0.138	0.568	0.14	0.795
邢臺	0.152	0.114	0.107	0.104	0.111	0.123	0.389	0.141	0.793
保定	0.159	0.126	0.112	0.11	0.115	0.137	0.65	0.149	0.621
張家口	0.16	0.118	0.11	0.107	0.127	0.138	0.71	0.154	0.796
承德	0.166	0.108	0.105	0.106	0.117	0.13	0.567	0.144	0.771
滄州	0.168	0.114	0.106	0.134	0.122	0.149	0.802	0.145	0.774
廊坊	0.157	0.109	0.107	0.112	0.119	0.205	0.926	0.179	0.791
衡水	0.218	0.112	0.104	0.103	0.115	0.123	0.425	0.148	0.797
太原	0.299	0.136	0.133	0.136	0.179	0.157	0.597	0.138	0.792
大同	0.185	0.126	0.109	0.116	0.152	0.124	0.25	0.109	0.801
陽泉	0.223	0.109	0.103	0.106	0.146	0.145	0.648	0.127	0.79
長治	0.272	0.111	0.104	0.112	0.127	0.138	0.349	0.119	0.807
晉城	0.259	0.116	0.106	0.108	0.147	0.134	0.1	0.109	0.801
朔州	0.245	0.11	0.102	0.102	0.132	0.135	0.193	0.105	0.81
晉中	0.212	0.11	0.104	0.105	0.12	0.131	0.267	0.1	0.799
運城	0.181	0.116	0.113	0.103	0.12	0.131	0.564	0.129	0.807
忻州	0.205	0.113	0.107	0.104	0.127	0.117	0.454	0.106	0.805
臨汾	0.178	0.11	0.102	0.106	0.114	0.126	0.386	0.107	0.797
呂梁	0.168	0.102	0.106	0.102	0.107	0.123	0.853	0.119	0.1
呼和浩特	0.271	0.121	0.118	0.115	0.16	0.245	0.706	0.184	0.762
包頭	0.242	0.115	0.111	0.115	0.148	0.245	0.34	0.179	0.785
烏海	0.405	0.101	0.101	0.101	0.116	0.24	0.678	0.208	0.786
赤峰	0.149	0.11	0.106	0.103	0.114	0.143	0.532	0.145	0.787
通遼	0.187	0.107	0.104	0.103	0.114	0.152	0.493	0.159	0.778
鄂爾多斯	0.21	0.104	0.106	0.102	0.12	0.265	0.379	0.206	0.738
呼倫貝爾	0.222	0.109	0.106	0.107	0.128	0.18	0.72	0.191	0.778
巴彥淖爾	0.139	0.104	0.101	0.102	0.113	0.163	0.763	0.187	0.773
烏蘭察布	0.117	0.106	0.104	0.102	0.119	0.145	0.688	0.152	0.772
瀋陽	0.427	0.17	0.143	0.143	0.164	0.215	0.55	0.173	0.797
大連	0.438	0.145	0.134	0.133	0.153	0.219	0.55	0.168	0.795
鞍山	0.422	0.13	0.107	0.115	0.152	0.178	0.55	0.145	0.797
撫順	0.244	0.108	0.103	0.114	0.139	0.151	0.55	0.142	0.8
本溪	0.344	0.105	0.102	0.114	0.138	0.174	0.55	0.156	0.8
丹東	0.213	0.106	0.104	0.104	0.12	0.158	0.55	0.165	0.795
錦州	0.2	0.109	0.102	0.107	0.12	0.184	0.55	0.166	0.797
營口	0.309	0.109	0.105	0.107	0.128	0.178	0.55	0.146	0.802
阜新	0.254	0.105	0.101	0.103	0.118	0.141	0.55	0.167	0.798
遼陽	0.199	0.103	0.102	0.107	0.119	0.164	0.55	0.144	0.795
盤錦	0.29	0.109	0.104	0.121	0.174	0.196	0.55	0.14	0.798
鐵嶺	0.178	0.108	0.101	0.104	0.117	0.157	0.55	0.178	0.797
朝陽	0.191	0.109	0.102	0.104	0.117	0.126	0.55	0.14	0.798
葫蘆島	0.17	0.104	0.103	0.104	0.113	0.143	0.55	0.106	0.795
長春	0.158	0.146	0.128	0.141	0.149	0.235	0.96	0.233	0.788
吉林	0.209	0.11	0.102	0.111	0.117	0.191	0.89	0.171	0.802
四平	0.145	0.1	0.108	0.101	0.105	0.163	0.863	0.133	0.802
遼源	0.179	0.102	0.101	0.1	0.108	0.213	1	0.209	0.798
通化	0.207	0.106	0.102	0.104	0.119	0.176	0.876	0.152	0.813
白山	0.129	0.102	0.101	0.108	0.126	0.174	0.907	0.149	0.809
松原	0.126	0.106	0.103	0.102	0.113	0.197	0.848	0.18	0.795
白城	0.119	0.106	0.102	0.103	0.119	0.19	1	0.187	0.794
哈爾濱	0.209	0.126	0.143	0.146	0.131	0.202	0.665	0.195	0.801
齊齊哈爾	0.12	0.108	0.101	0.104	0.107	0.165	1	0.215	0.792
雞西	0.159	0.104	0.101	0.1	0.112	0.135	0.55	0.174	1
鶴崗	0.204	0.102	0.102	0.101	0.116	0.136	0.649	0.205	0.73
雙鴨山	0.147	0.103	0.101	0.104	0.119	0.145	0.849	0.18	0.797
大慶	0.241	0.115	0.104	0.101	0.127	0.191	0.801	0.153	0.788
伊春	0.129	0.101	0.101	0.101	0.108	0.13	0.637	0.202	0.788

表 4.4.2 2015 年度城市商業貿易競爭力三級指標分值（續）

城市	批發零售企業每萬人擁有量	批發零售貿易業從業人數	住宿餐飲業從業人數	租賃和商業服務業從業人數	商貿從業者萬人擁有量	人均消費支出	人均消費支出增長率	居民消費傾向	社會消費品零售額增長率
佳木斯	0.123	0.107	0.102	0.101	0.115	0.135	0.55	0.172	0.865
七台河	0.124	0.1	0.1	0.101	0.107	0.155	1	0.21	0.731
牡丹江	0.244	0.108	0.103	0.109	0.123	0.179	0.999	0.239	0.932
黑河	0.133	0.108	0.107	0.103	0.136	0.119	0.1	0.117	0.42
綏化	0.119	0.112	0.101	0.103	0.11	0.134	0.1	0.174	0.828
上海	0.533	0.273	0.407	0.672	0.228	0.279	0.55	0.16	0.705
南京	0.549	0.257	0.191	0.18	0.24	0.262	0.722	0.154	0.798
無錫	0.683	0.146	0.134	0.126	0.155	0.27	0.737	0.159	0.783
徐州	0.522	0.133	0.108	0.122	0.125	0.173	0.843	0.167	0.802
常州	1	0.121	0.125	0.122	0.145	0.244	0.715	0.148	0.797
蘇州	0.636	0.198	0.157	0.19	0.177	0.284	0.663	0.149	0.784
南通	0.482	0.134	0.108	0.144	0.139	0.211	0.73	0.152	0.782
連雲港	0.341	0.102	0.108	0.12	0.117	0.153	0.729	0.143	0.8
淮安	0.369	0.114	0.107	0.115	0.124	0.182	0.837	0.188	0.8
鹽城	0.388	0.123	0.111	0.12	0.125	0.181	0.696	0.175	0.797
揚州	0.357	0.114	0.112	0.131	0.138	0.191	0.677	0.15	0.796
鎮江	0.379	0.114	0.109	0.11	0.134	0.213	0.741	0.139	0.798
泰州	0.295	0.122	0.131	0.119	0.148	0.197	0.738	0.149	0.793
宿遷	0.236	0.107	0.103	0.105	0.109	0.144	0.743	0.177	0.801
杭州	0.69	0.248	0.201	0.236	0.245	0.265	0.735	0.152	0.909
寧波	0.642	0.152	0.126	0.177	0.165	0.247	0.569	0.122	0.787
溫州	0.416	0.12	0.116	0.131	0.122	0.273	0.674	0.169	0.743
嘉興	0.502	0.12	0.112	0.134	0.146	0.265	0.809	0.153	0.738
湖州	0.322	0.104	0.106	0.108	0.117	0.237	0.752	0.143	0.709
紹興	0.458	0.119	0.112	0.114	0.13	0.261	0.734	0.141	0.798
金華	0.317	0.116	0.112	0.121	0.128	0.247	0.648	0.153	0.759
衢州	0.296	0.101	0.104	0.104	0.111	0.188	0.674	0.14	0.765
舟山	0.465	0.105	0.106	0.108	0.153	0.25	0.765	0.148	0.805
台州	0.281	0.12	0.11	0.123	0.129	0.238	0.687	0.139	0.75
麗水	0.295	0.103	0.104	0.106	0.119	0.213	0.744	0.171	0.791
合肥	0.264	0.168	0.132	0.139	0.163	0.209	0.616	0.175	0.811
蕪湖	0.32	0.112	0.108	0.104	0.123	0.19	0.612	0.166	0.806
蚌埠	0.217	0.109	0.103	0.106	0.119	0.169	0.821	0.171	0.808
淮南	0.272	0.108	0.102	0.109	0.127	0.177	0.834	0.183	0.794
馬鞍山	0.228	0.105	0.101	0.106	0.118	0.239	0.952	0.161	0.813
淮北	0.235	0.103	0.101	0.104	0.113	0.166	0.558	0.17	0.799
銅陵	0.39	0.103	0.102	0.101	0.131	0.233	0.905	0.217	0.79
安慶	0.204	0.111	0.107	0.104	0.113	0.207	1	0.236	0.796
黃山	0.269	0.102	0.11	0.102	0.131	0.186	0.891	0.192	0.801
滁州	0.247	0.105	0.102	0.104	0.108	0.204	0.884	0.231	0.803
阜陽	0.17	0.113	0.102	0.104	0.108	0.177	0.748	0.21	0.8
宿州	0.174	0.11	0.103	0.105	0.11	0.147	0.746	0.146	1
六安	0.148	0.216	0.195	0.125	0.245	0.186	0.55	0.221	0.793
亳州	0.182	0.111	0.103	0.102	0.111	0.163	0.838	0.163	0.795
池州	0.251	0.102	0.103	0.104	0.122	0.184	0.873	0.188	0.814
宣城	0.235	0.243	0.184	0.115	0.451	0.199	0.904	0.221	0.805
福州	0.394	0.162	0.135	0.165	0.173	0.232	0.699	0.167	0.831
廈門	0.61	0.153	0.149	0.134	0.222	0.285	0.69	0.158	0.739
莆田	0.368	0.112	0.106	0.103	0.127	0.191	0.731	0.158	0.775
三明	0.383	0.106	0.103	0.104	0.117	0.184	0.7	0.163	0.782
泉州	0.397	0.135	0.125	0.111	0.128	0.232	0.695	0.144	0.802
漳州	0.277	0.103	0.106	0.107	0.108	0.192	0.724	0.167	0.782
南平	0.201	0.107	0.106	0.105	0.123	0.164	0.695	0.146	0.829
龍岩	0.561	0.114	0.106	0.121	0.152	0.204	0.679	0.186	0.793
寧德	0.284	0.102	0.105	0.105	0.111	0.17	0.712	0.16	0.827
南昌	0.222	0.148	0.128	0.132	0.171	0.194	0.713	0.173	0.799
景德鎮	0.15	0.11	0.104	0.105	0.142	0.168	0.716	0.156	0.794
萍鄉	0.14	0.102	0.101	0.1	0.105	0.171	0.709	0.167	0.79
九江	0.134	0.109	0.107	0.116	0.12	0.157	0.711	0.154	0.799

表 4.4.2 2015 年度城市商業貿易競爭力三級指標分值（續）

城市	批發零售企業每萬人擁有量	批發零售貿易業從業人數	住宿餐飲業從業人數	租賃和商業服務業從業人數	商貿從業者萬人擁有量	人均消費支出	人均消費支出增長率	居民消費傾向	社會消費品零售額增長率
新餘	0.163	0.102	0.102	0.101	0.117	0.17	0.702	0.152	0.747
鷹潭	0.146	0.101	0.103	0.101	0.113	0.151	0.719	0.148	0.79
贛州	0.125	0.108	0.107	0.105	0.106	0.151	0.698	0.166	0.797
吉安	0.141	0.107	0.104	0.104	0.109	0.151	0.711	0.147	0.805
宜春	0.14	0.113	0.104	0.102	0.112	0.143	0.707	0.147	0.806
撫州	0.135	0.108	0.103	0.101	0.11	0.136	0.704	0.137	0.783
上饒	0.139	0.113	0.106	0.106	0.112	0.14	0.699	0.129	0.807
濟南	0.462	0.195	0.146	0.145	0.194	0.232	0.697	0.142	0.79
青島	0.355	0.161	0.137	0.134	0.15	0.236	0.697	0.149	0.79
淄博	0.33	0.129	0.111	0.122	0.146	0.199	0.71	0.138	0.82
棗莊	0.383	0.116	0.105	0.106	0.125	0.176	0.705	0.156	0.793
東營	0.394	0.113	0.113	0.155	0.214	0.21	0.707	0.13	0.793
煙臺	0.353	0.128	0.118	0.122	0.131	0.235	0.7	0.166	0.794
濰坊	0.437	0.156	0.12	0.115	0.136	0.189	0.705	0.145	0.792
濟寧	0.294	0.134	0.114	0.111	0.125	0.199	0.731	0.163	0.614
泰安	0.396	0.13	0.112	0.115	0.135	0.196	0.708	0.157	0.793
威海	0.297	0.119	0.111	0.106	0.146	0.216	0.703	0.155	0.792
日照	0.189	0.113	0.105	0.102	0.126	0.173	0.73	0.152	0.79
萊蕪	0.36	0.101	0.101	0.101	0.107	0.184	0.701	0.132	0.784
臨沂	0.263	0.166	0.146	0.113	0.142	0.169	0.674	0.105	0.789
德州	0.454	0.13	0.111	0.11	0.132	0.168	0.715	0.148	0.794
聊城	0.25	0.116	0.109	0.104	0.117	0.182	0.716	0.156	0.79
濱州	0.25	0.115	0.106	0.112	0.128	0.186	0.684	0.142	0.787
菏澤	0.317	0.116	0.105	0.104	0.11	0.15	0.729	0.157	0.796
鄭州	0.305	0.18	0.152	0.137	0.163	0.201	0.773	0.179	0.783
開封	0.213	0.13	0.11	0.109	0.139	0.168	0.76	0.214	0.816
洛陽	0.243	0.133	0.113	0.114	0.132	0.173	0.676	0.156	0.799
平頂山	0.236	0.119	0.109	0.109	0.126	0.177	0.72	0.188	0.801
安陽	0.176	0.115	0.106	0.109	0.12	0.153	0.661	0.142	0.794
鶴壁	0.211	0.105	0.102	0.102	0.121	0.15	0.785	0.156	0.803
新鄉	0.186	0.118	0.109	0.104	0.118	0.164	0.677	0.17	0.626
焦作	0.206	0.113	0.105	0.109	0.126	0.161	0.63	0.166	0.787
濮陽	0.185	0.111	0.103	0.118	0.129	0.144	0.62	0.142	0.816
許昌	0.229	0.112	0.105	0.106	0.118	0.164	0.72	0.176	0.799
漯河	0.239	0.107	0.102	0.107	0.12	0.171	0.74	0.194	0.805
三門峽	0.248	0.122	0.104	0.104	0.152	0.195	0.699	0.241	0.772
南陽	0.18	0.143	0.113	0.117	0.125	0.183	0.734	0.21	0.785
商丘	0.147	0.122	0.105	0.102	0.114	0.139	0.651	0.148	0.805
信陽	0.165	0.131	0.11	0.109	0.129	0.139	0.702	0.163	0.799
周口	0.135	0.13	0.103	0.101	0.115	0.138	0.588	0.176	0.801
駐馬店	0.18	0.129	0.108	0.108	0.123	0.134	0.364	0.148	0.799
武漢	0.37	0.234	0.193	0.137	0.19	0.216	0.679	0.169	0.804
黃石	0.24	0.109	0.105	0.103	0.125	0.163	0.629	0.179	0.767
十堰	0.296	0.175	0.114	0.111	0.219	0.143	0.725	0.191	0.794
宜昌	0.314	0.174	0.13	0.135	0.222	0.161	0.767	0.18	0.845
襄陽	0.37	0.147	0.122	0.104	0.149	0.147	0.769	0.176	0.832
鄂州	0.227	0.11	0.105	0.103	0.165	0.136	0.676	0.136	0.787
荊門	0.313	0.128	0.11	0.103	0.155	0.155	0.677	0.183	0.801
孝感	0.189	0.145	0.145	0.124	0.178	0.143	0.774	0.161	0.79
荊州	0.226	0.11	0.105	0.102	0.11	0.551	1	1	0.793
黃岡	0.185	0.119	0.105	0.102	0.115	0.151	0.744	0.196	0.796
咸寧	0.366	0.107	0.105	0.103	0.12	0.15	0.722	0.192	0.799
隨州	0.236	0.106	0.103	0.101	0.117	0.153	0.421	0.181	1
長沙	0.364	0.168	0.164	0.136	0.178	0.239	0.817	0.164	0.75
株洲	0.306	0.116	0.108	0.112	0.13	0.201	0.872	0.158	0.8
湘潭	0.173	0.108	0.105	0.104	0.12	0.188	0.855	0.179	0.802
衡陽	0.216	0.114	0.111	0.109	0.114	0.176	0.698	0.189	0.8
邵陽	0.165	0.11	0.102	0.102	0.106	0.12	0.631	0.144	0.802
岳陽	0.173	0.12	0.107	0.106	0.12	0.174	0.736	0.2	0.1

表 4.4.2 2015 年度城市商業貿易競爭力三級指標分值（續）

城市	批發零售企業每萬人擁有量	批發零售貿易業從業人數	住宿餐飲業從業人數	租賃和商業服務業從業人數	商貿從業者萬人擁有量	人均消費支出	人均消費支出增長率	居民消費傾向	社會消費品零售額增長率
常德	0.195	0.113	0.107	0.117	0.119	0.165	0.682	0.189	0.798
張家界	0.146	0.101	0.105	0.102	0.116	0.139	0.716	0.203	0.73
益陽	0.209	0.106	0.104	0.11	0.114	0.148	0.513	0.183	0.799
郴州	0.212	0.111	0.107	0.106	0.117	0.139	0.488	0.134	0.782
永州	0.139	0.106	0.103	0.104	0.107	0.117	0.206	0.125	0.799
懷化	0.137	0.104	0.104	0.104	0.107	0.132	0.739	0.17	0.911
婁底	0.203	0.104	0.103	0.107	0.111	0.141	0.574	0.173	0.8
廣州	0.779	0.335	0.254	0.366	0.267	0.35	0.707	0.212	0.823
韶關	0.227	0.108	0.108	0.106	0.124	0.191	0.7	0.174	0.82
深圳	0.35	0.307	0.237	0.391	0.294	0.305	0.69	0.157	0.741
珠海	0.867	0.125	0.13	0.121	0.254	0.278	0.703	0.185	0.792
汕頭	0.257	0.12	0.109	0.105	0.121	0.21	0.707	0.248	0.776
佛山	0.418	0.146	0.134	0.125	0.148	0.3	0.698	0.195	0.768
江門	0.282	0.119	0.119	0.105	0.132	0.214	0.692	0.166	0.765
湛江	0.201	0.12	0.115	0.116	0.123	0.185	0.723	0.203	0.862
茂名	0.215	0.121	0.107	0.107	0.12	0.169	0.699	0.206	0.763
肇慶	0.165	0.111	0.109	0.106	0.121	0.186	0.714	0.185	0.798
惠州	0.23	0.123	0.112	0.112	0.134	0.257	0.694	0.189	0.798
梅州	0.156	0.107	0.104	0.103	0.11	0.154	0.674	0.169	0.758
汕尾	0.125	0.106	0.103	0.103	0.113	0.164	0.708	0.191	0.1
河源	0.136	0.105	0.106	0.104	0.114	0.135	0.716	0.164	0.784
陽江	0.171	0.107	0.105	0.103	0.12	0.159	0.71	0.169	0.782
清遠	0.158	0.106	0.11	0.101	0.114	0.145	0.669	0.146	0.743
東莞	0.317	0.153	0.158	0.163	0.166	0.351	0.658	0.183	0.726
中山	0.475	0.125	0.122	0.113	0.163	0.257	0.696	0.179	0.731
潮州	0.179	0.101	0.106	0.103	0.109	0.183	0.701	0.239	0.761
揭陽	0.307	0.118	0.107	0.104	0.117	0.174	0.734	0.202	1
雲浮	0.207	0.111	0.104	0.101	0.125	0.171	0.717	0.205	0.787
南寧	0.244	0.139	0.128	0.15	0.155	0.185	0.766	0.174	0.83
柳州	0.258	0.114	0.107	0.13	0.141	0.168	0.714	0.152	0.813
桂林	0.164	0.114	0.116	0.115	0.129	0.169	0.685	0.152	0.777
梧州	0.138	0.104	0.102	0.104	0.109	0.161	0.698	0.16	0.796
北海	0.129	0.102	0.104	0.103	0.116	0.165	0.672	0.158	0.802
防城港	0.201	0.101	0.101	0.102	0.116	0.161	0.716	0.141	0.806
欽州	0.154	0.104	0.102	0.103	0.109	0.157	0.724	0.142	0.787
貴港	0.122	0.1	0.103	0.102	0.102	0.16	0.759	0.172	0.789
玉林	0.149	0.109	0.103	0.108	0.111	0.163	0.705	0.144	0.806
百色	0.14	0.106	0.103	0.102	0.109	0.148	0.714	0.15	0.802
賀州	0.134	0.101	0.101	0.102	0.106	0.139	0.693	0.133	0.763
河池	0.131	0.105	0.103	0.104	0.111	0.133	0.6	0.144	0.774
來賓	0.128	0.102	0.101	0.104	0.11	0.16	0.677	0.148	0.736
崇左	0.139	0.102	0.102	0.104	0.111	0.137	0.676	0.132	0.806
海口	0.304	0.189	0.125	0.12	0.338	0.183	0.675	0.174	0.772
三亞	0.169	0.104	0.149	0.102	0.305	0.199	0.711	0.188	0.871
重慶	0.309	1	1	0.391	0.34	0.203	0.55	0.197	0.803
成都	0.268	0.786	0.75	0.449	0.499	0.217	0.687	0.169	0.786
自貢	0.215	0.104	0.106	0.102	0.113	0.165	0.743	0.179	0.806
攀枝花	0.352	0.103	0.106	0.101	0.125	0.179	0.699	0.164	0.805
瀘州	0.249	0.112	0.102	0.104	0.115	0.182	0.757	0.191	0.819
德陽	0.211	0.103	0.105	0.103	0.108	0.189	0.716	0.181	0.813
綿陽	0.19	0.113	0.108	0.104	0.117	0.181	0.664	0.187	0.769
廣元	0.17	0.103	0.101	0.103	0.108	0.144	0.736	0.179	0.797
遂寧	0.159	0.105	0.103	0.102	0.11	0.181	0.765	0.218	0.814
內江	0.203	0.101	0.103	0.101	0.102	0.169	0.832	0.191	0.811
樂山	0.194	0.107	0.104	0.102	0.113	0.162	0.674	0.161	0.812
南充	0.177	0.109	0.105	0.108	0.11	0.143	0.725	0.168	0.817
眉山	0.206	0.105	0.103	0.101	0.109	0.162	0.738	0.169	0.806
宜賓	0.193	0.105	0.103	0.105	0.108	0.176	0.711	0.183	0.81
廣安	0.211	0.102	0.101	0.101	0.103	0.15	0.777	0.145	0.814

表 4.4.2 2015 年度城市商業貿易競爭力三級指標分值（續）

城市	批發零售企業每萬人擁有量	批發零售貿易業從業人數	住宿餐飲業從業人數	租賃和商業服務業從業人數	商貿從業者萬人擁有量	人均消費支出	人均消費支出增長率	居民消費傾向	社會消費品零售額增長率
達州	0.156	0.109	0.103	0.104	0.109	0.149	0.712	0.186	0.817
雅安	0.145	0.102	0.101	0.101	0.11	0.155	0.734	0.153	0.746
巴中	0.154	0.104	0.11	0.102	0.114	0.155	0.735	0.198	0.812
資陽	0.165	0.106	0.102	0.104	0.111	0.179	0.708	0.187	0.814
貴陽	0.253	0.153	0.133	0.135	0.191	0.194	0.811	0.205	0.82
六盤水	0.179	0.106	0.102	0.103	0.112	0.138	0.959	0.154	0.81
遵義	0.178	0.116	0.104	0.107	0.115	0.138	0.452	0.144	0.816
安順	0.137	0.105	0.103	0.103	0.115	0.142	0.562	0.165	0.808
畢節	0.119	0.111	0.104	0.107	0.11	0.123	0.248	0.122	0.798
銅仁	0.159	0.104	0.102	0.101	0.107	0.13	0.624	0.154	0.808
昆明	0.304	0.185	0.166	0.166	0.21	0.18	0.516	0.133	0.801
曲靖	0.158	0.12	0.11	0.113	0.124	0.175	0.756	0.165	0.803
玉溪	0.218	0.12	0.106	0.103	0.149	0.157	0.739	0.137	0.801
保山	0.174	0.108	0.104	0.101	0.119	0.139	0.607	0.133	0.801
昭通	0.124	0.107	0.104	0.102	0.107	0.119	0.688	0.128	0.794
麗江	0.185	0.105	0.11	0.104	0.147	0.14	0.78	0.139	0.801
普洱	0.145	0.104	0.102	0.104	0.112	0.142	0.748	0.168	0.798
臨滄	0.157	0.106	0.102	0.101	0.112	0.135	0.729	0.162	0.803
拉薩	0.212	0.173	0.147	0.119	1	0.166	0.711	0.182	0.833
西安	0.209	0.16	0.195	0.175	0.182	0.254	0.753	0.186	0.776
銅川	0.239	0.105	0.103	0.101	0.138	0.189	0.776	0.183	0.79
寶雞	0.235	0.117	0.105	0.103	0.125	0.214	0.798	0.177	0.814
咸陽	0.193	0.115	0.112	0.106	0.122	0.218	0.773	0.183	0.813
渭南	0.172	0.119	0.111	0.106	0.123	0.167	0.765	0.153	0.776
延安	0.221	0.109	0.109	0.103	0.133	0.194	0.755	0.159	0.784
漢中	0.192	0.111	0.107	0.103	0.121	0.153	0.689	0.152	0.817
榆林	0.264	0.106	0.107	0.103	0.115	0.157	0.534	0.115	0.739
安康	0.24	0.107	0.107	0.101	0.118	0.173	0.745	0.181	0.79
商洛	0.142	0.104	0.103	0.101	0.111	0.157	0.693	0.158	0.794
蘭州	0.269	0.122	0.123	0.122	0.159	0.171	0.747	0.2	0.778
嘉峪關	0.465	0.101	0.102	0.101	0.148	0.17	0.656	0.156	0.781
金昌	0.226	0.101	0.101	0.101	0.124	0.196	0.493	0.203	0.778
白銀	0.166	0.102	0.1	0.102	0.107	0.133	0.309	0.162	0.816
天水	0.156	0.109	0.105	0.101	0.115	0.116	0.54	0.146	0.816
武威	0.139	0.102	0.101	0.104	0.11	0.145	0.847	0.201	0.816
張掖	0.188	0.103	0.101	0.102	0.117	0.155	0.787	0.252	0.77
平涼	0.126	0.101	0.101	0.101	0.105	0.128	0.784	0.164	0.779
酒泉	0.273	0.104	0.104	0.105	0.139	0.194	0.698	0.218	0.765
慶陽	0.146	0.105	0.103	0.1	0.113	0.148	0.671	0.185	0.803
定西	0.125	0.101	0.102	0.101	0.104	0.1	0.272	0.124	0.778
隴南	0.125	0.112	0.114	0.1	0.134	0.106	0.411	0.14	0.808
西寧	0.218	0.114	0.106	0.107	0.143	0.149	0.772	0.178	0.55
海東	0.1	0.1	0.1	0.1	0.1	0.163	0.55	0.215	0.55
銀川	0.29	0.115	0.105	0.121	0.165	0.182	0.6	0.181	0.732
石嘴山	0.17	0.101	0.108	0.104	0.149	0.147	0.468	0.14	0.718
吳忠	0.155	0.102	0.102	0.102	0.113	0.144	0.654	0.166	0.806
固原	0.119	0.101	0.101	0.1	0.105	0.142	0.606	0.172	0.811
中衛	0.15	0.101	0.1	0.1	0.105	0.147	0.569	0.169	0.814
烏魯木齊	0.325	0.125	0.119	0.129	0.168	0.151	0.55	0.158	0.843
克拉瑪依	0.328	0.101	0.102	0.109	0.201	0.219	0.55	0.22	0.758
香港	0.374	0.152	0.493	0.417	0.392	1	0.55	0.226	0.55
澳門	0.454	0.137	0.178	0.1	0.68	0.607	0.55	0.178	0.55
新北	0.29	0.309	0.172	0.122	0.401	0.615	0.572	0.233	0.55
臺北	0.288	0.242	0.149	0.115	0.401	0.878	0.602	0.174	0.55
桃園	0.287	0.208	0.137	0.112	0.401	0.623	0.587	0.247	0.55
台中	0.289	0.242	0.149	0.115	0.401	0.609	0.71	0.244	0.55
台南	0.293	0.2	0.135	0.111	0.401	0.564	0.629	0.22	0.55
高雄	0.294	0.247	0.151	0.116	0.401	0.637	0.59	0.212	0.55
基隆	0.302	0.12	0.107	0.102	0.401	0.626	0.71	0.19	0.55

表 4.4.2 2015 年度城市商業貿易競爭力三級指標分值（續）

城市	批發零售企業每萬人擁有量	批發零售貿易業從業人數	住宿餐飲業從業人數	租賃和商業服務業從業人數	商貿從業者萬人擁有量	人均消費支出	人均消費支出增長率	居民消費傾向	社會消費品零售額增長率
新竹	0.287	0.122	0.108	0.102	0.401	0.777	0.76	0.247	0.55
嘉義	0.295	0.114	0.105	0.102	0.401	0.672	0.818	0.213	0.55

4.5 城市基礎設施競爭力三級指標分值

表 4.5.1 2015 年度城市基礎設施競爭力三級指標分值

城市	固定資產投資水平	房地產開發水平	年供水總量	人均生活用水量	年用電總量	人均生活用電量	煤氣液化氣供應水平	家庭用煤氣液化氣普及率	市民居住條件	住宅投資總額
北京	0.666	1	0.634	0.327	0.669	0.157	0.536	0.877	0.153	0.859
天津	0.921	0.482	0.321	0.234	0.594	0.171	0.222	0.506	0.165	0.661
石家莊	0.437	0.336	0.198	0.183	0.195	0.119	0.115	0.327	0.155	0.395
唐山	0.388	0.245	0.173	0.184	0.461	0.199	0.127	0.332	0.139	0.292
秦皇島	0.158	0.159	0.131	0.193	0.147	0.132	0.109	0.384	0.154	0.176
邯鄲	0.313	0.177	0.14	0.137	0.198	0.122	0.111	0.259	0.15	0.186
邢臺	0.211	0.13	0.122	0.127	0.131	0.109	0.112	0.214	0.169	0.138
保定	0.251	0.174	0.126	0.122	0.149	0.11	0.107	0.191	0.168	0.213
張家口	0.199	0.15	0.123	0.146	0.147	0.123	0.103	0.122	0.143	0.159
承德	0.193	0.135	0.115	0.138	0.129	0.118	0.102	0.214	0.14	0.143
滄州	0.282	0.146	0.11	0.112	0.144	0.113	0.104	0.167	0.166	0.164
廊坊	0.221	0.177	0.113	0.125	0.142	0.12	0.107	0.206	0.173	0.215
衡水	0.159	0.129	0.106	0.111	0.118	0.109	0.101	0.175	0.158	0.144
太原	0.232	0.209	0.191	0.291	0.247	0.173	0.138	0.808	0.151	0.236
大同	0.18	0.167	0.124	0.165	0.15	0.132	0.105	0.447	0.141	0.184
陽泉	0.135	0.117	0.114	0.191	0.15	0.177	0.136	0.457	0.151	0.123
長治	0.184	0.123	0.121	0.156	0.125	0.116	0.102	0.272	0.155	0.129
晉城	0.163	0.111	0.106	0.126	0.113	0.112	0.107	0.27	0.163	0.116
朔州	0.158	0.121	0.106	0.134	0.132	0.139	0.102	0.281	0.148	0.129
晉中	0.172	0.118	0.109	0.123	0.12	0.113	0.104	0.228	0.16	0.123
運城	0.177	0.122	0.107	0.111	0.132	0.113	0.1	0.189	0.176	0.131
忻州	0.162	0.108	0.106	0.116	0.107	0.105	0.103	0.184	0.132	0.113
臨汾	0.18	0.115	0.106	0.112	0.119	0.109	0.112	0.199	0.173	0.121
呂梁	0.166	0.107	0.102	0.105	0.106	0.103	0.101	0.16	0.148	0.11
呼和浩特	0.218	0.249	0.138	0.216	0.14	0.128	0.116	0.714	0.175	0.272
包頭	0.339	0.152	0.179	0.357	0.252	0.216	0.12	0.652	0.17	0.162
烏海	0.129	0.111	0.11	0.267	0.202	0.491	0.101	0.803	0.168	0.114
赤峰	0.223	0.136	0.129	0.16	0.137	0.118	0.101	0.29	0.156	0.141
通遼	0.224	0.116	0.157	0.266	0.145	0.131	0.101	0.251	0.147	0.121
鄂爾多斯	0.338	0.134	0.109	0.142	0.115	0.115	0.104	0.322	0.174	0.144
呼倫貝爾	0.183	0.126	0.107	0.123	0.109	0.108	0.1	0.224	0.144	0.131
巴彥淖爾	0.161	0.113	0.105	0.13	0.112	0.115	0.101	0.283	0.134	0.118
烏蘭察布	0.16	0.106	0.103	0.113	0.11	0.11	0.101	0.22	0.127	0.108
瀋陽	0.617	0.664	0.254	0.268	0.258	0.141	0.124	0.726	0.141	0.793
大連	0.625	0.541	0.215	0.249	0.268	0.151	0.115	0.519	0.145	0.654
鞍山	0.247	0.216	0.187	0.319	0.204	0.161	0.107	0.504	0.14	0.234
撫順	0.185	0.137	0.16	0.363	0.168	0.17	0.106	0.66	0.135	0.145
本溪	0.164	0.132	0.172	0.479	0.182	0.201	0.103	0.566	0.131	0.14
丹東	0.177	0.164	0.115	0.155	0.118	0.116	0.102	0.387	0.139	0.181
錦州	0.173	0.147	0.138	0.21	0.131	0.121	0.104	0.376	0.163	0.16
營口	0.199	0.178	0.119	0.172	0.164	0.156	0.101	0.447	0.162	0.206
阜新	0.142	0.133	0.122	0.21	0.125	0.129	0.102	0.395	0.138	0.138
遼陽	0.152	0.136	0.132	0.256	0.161	0.17	0.101	0.483	0.148	0.139
盤錦	0.188	0.157	0.121	0.234	0.133	0.149	0.101	0.533	0.16	0.16
鐵嶺	0.18	0.161	0.109	0.131	0.109	0.107	0.102	0.248	0.156	0.185
朝陽	0.162	0.133	0.114	0.142	0.117	0.112	0.101	0.274	0.148	0.145
葫蘆島	0.147	0.145	0.113	0.147	0.139	0.132	0.103	0.264	0.154	0.165

表 4.5.1 2015 年度城市基礎設施競爭力三級指標分值

城市	固定資產投資水平	房地產開發水平	年供水總量	人均生活用水量	年用電總量	人均生活用電量	煤氣液化氣供應水平	家庭用煤氣液化氣普及率	市民居住條件	住宅投資總額
長春	0.361	0.257	0.204	0.22	0.183	0.123	0.122	0.514	0.155	0.292
吉林	0.253	0.158	0.159	0.221	0.17	0.133	0.112	0.352	0.155	0.175
四平	0.147	0.111	0.11	0.126	0.121	0.113	0.102	0.254	0.153	0.117
遼源	0.136	0.11	0.11	0.175	0.114	0.124	0.101	0.403	0.138	0.115
通化	0.157	0.12	0.11	0.141	0.113	0.112	0.102	0.268	0.148	0.127
白山	0.136	0.109	0.11	0.174	0.113	0.121	0.1	0.326	0.136	0.112
松原	0.176	0.125	0.114	0.144	0.122	0.116	0.103	0.244	0.151	0.131
白城	0.134	0.102	0.104	0.121	0.105	0.106	0.101	0.204	0.167	0.104
哈爾濱	0.499	0.318	0.2	0.184	0.2	0.12	0.117	0.448	0.185	0.356
齊齊哈爾	0.16	0.128	0.126	0.143	0.138	0.115	0.109	0.277	0.14	0.14
雞西	0.119	0.106	0.112	0.161	0.125	0.128	0.101	0.393	0.139	0.11
鶴崗	0.109	0.101	0.113	0.212	0.122	0.144	0.101	0.4	0.142	0.104
雙鴨山	0.135	0.103	0.107	0.142	0.113	0.119	0.1	0.251	0.135	0.106
大慶	0.22	0.17	0.174	0.329	0.22	0.187	0.116	0.54	0.15	0.185
伊春	0.116	0.101	0.113	0.206	0.113	0.124	0.1	0.319	0.13	0.103
佳木斯	0.135	0.116	0.118	0.164	0.112	0.11	0.102	0.283	0.15	0.12
七台河	0.111	0.101	0.11	0.204	0.117	0.139	0.102	0.378	0.152	0.103
牡丹江	0.176	0.126	0.163	0.303	0.114	0.111	0.101	0.303	0.155	0.136
黑河	0.115	0.103	0.101	0.107	0.105	0.107	0.1	0.152	1	0.106
綏化	0.151	0.114	0.107	0.11	0.104	0.102	0.101	0.161	1	0.119
上海	0.557	0.828	1	0.436	1	0.179	0.431	1	0.168	0.811
南京	0.512	0.367	0.457	0.494	0.395	0.177	0.14	0.754	0.165	0.421
無錫	0.42	0.39	0.221	0.268	0.276	0.158	0.128	0.441	0.184	0.423
徐州	0.348	0.197	0.165	0.167	0.23	0.132	0.107	0.274	0.183	0.227
常州	0.328	0.275	0.174	0.242	0.279	0.181	0.125	0.38	0.197	0.308
蘇州	0.571	0.464	0.298	0.268	0.45	0.17	0.151	0.344	0.203	0.535
南通	0.365	0.253	0.161	0.174	0.186	0.125	0.107	0.279	0.192	0.295
連雲港	0.205	0.143	0.128	0.156	0.131	0.115	0.104	0.267	0.188	0.157
淮安	0.214	0.179	0.154	0.2	0.158	0.126	0.107	0.357	0.181	0.201
鹽城	0.276	0.183	0.12	0.123	0.129	0.109	0.105	0.197	0.182	0.209
揚州	0.261	0.18	0.149	0.198	0.169	0.133	0.107	0.32	0.183	0.205
鎮江	0.238	0.175	0.147	0.233	0.169	0.146	0.114	0.352	0.193	0.197
泰州	0.239	0.168	0.125	0.147	0.149	0.122	0.107	0.274	0.193	0.194
宿遷	0.201	0.177	0.119	0.134	0.142	0.119	0.105	0.216	0.191	0.198
杭州	0.444	0.578	0.271	0.274	0.409	0.174	0.128	0.43	0.162	0.615
寧波	0.375	0.389	0.233	0.256	0.297	0.155	0.13	0.314	0.168	0.382
溫州	0.309	0.288	0.174	0.171	0.178	0.118	0.104	0.288	0.198	0.329
嘉興	0.251	0.23	0.128	0.154	0.163	0.129	0.106	0.138	0.19	0.246
湖州	0.182	0.167	0.124	0.176	0.148	0.135	0.107	0.368	0.179	0.178
紹興	0.259	0.237	0.192	0.268	0.256	0.167	0.114	0.355	0.193	0.284
金華	0.207	0.198	0.117	0.127	0.131	0.112	0.102	0.201	0.233	0.21
衢州	0.15	0.121	0.114	0.158	0.143	0.143	0.102	0.239	0.18	0.13
舟山	0.156	0.135	0.113	0.202	0.122	0.14	0.102	0.542	0.167	0.141
台州	0.218	0.216	0.139	0.157	0.16	0.121	0.102	0.251	0.209	0.24
麗水	0.142	0.129	0.111	0.148	0.111	0.111	0.1	0.245	0.197	0.138
合肥	0.478	0.384	0.206	0.224	0.175	0.121	0.117	0.484	0.158	0.396
蕪湖	0.262	0.214	0.144	0.21	0.155	0.132	0.113	0.392	0.162	0.235
蚌埠	0.182	0.182	0.144	0.223	0.125	0.117	0.11	0.357	0.172	0.194
淮南	0.16	0.131	0.127	0.203	0.135	0.132	0.104	0.483	0.145	0.136
馬鞍山	0.212	0.164	0.147	0.295	0.172	0.169	0.108	0.1	0.157	0.176
淮北	0.152	0.133	0.115	0.164	0.121	0.121	0.103	0.441	0.166	0.139
銅陵	0.148	0.131	0.122	0.382	0.137	0.207	0.108	0.633	0.148	0.127
安慶	0.192	0.137	0.124	0.14	0.126	0.11	0.113	0.203	0.169	0.146
黃山	0.138	0.135	0.11	0.166	0.108	0.113	0.101	0.328	0.177	0.137
滁州	0.183	0.166	0.116	0.135	0.113	0.107	0.106	0.187	0.148	0.174
阜陽	0.148	0.135	0.118	0.12	0.124	0.106	0.104	0.179	0.224	0.143
宿州	0.158	0.135	0.114	0.122	0.12	0.108	0.101	0.182	0.177	0.14
六安	0.164	0.136	0.112	0.118	0.115	0.106	0.103	0.191	0.157	0.15
亳州	0.139	0.137	0.108	0.113	0.109	0.104	0.102	0.158	0.198	0.137

表 4.5.1 2015 年度城市基礎設施競爭力三級指標分值

城市	固定資產投資水平	房地產開發水平	年供水總量	人均生活用水量	年用電總量	人均生活用電量	煤氣液化氣供應水平	家庭用煤氣液化氣普及率	市民居住條件	住宅投資總額
池州	0.133	0.125	0.107	0.146	0.119	0.128	0.101	0.29	0.186	0.128
宣城	0.165	0.147	0.108	0.128	0.113	0.11	0.101	0.287	0.184	0.153
福州	0.409	0.426	0.194	0.215	0.173	0.121	0.108	0.381	0.181	0.481
廈門	0.204	0.236	0.208	0.363	0.228	0.173	0.111	0.783	0.165	0.233
莆田	0.19	0.171	0.125	0.179	0.133	0.125	0.103	0.276	0.197	0.173
三明	0.204	0.14	0.118	0.165	0.125	0.121	0.101	0.181	0.175	0.147
泉州	0.295	0.25	0.137	0.139	0.152	0.113	0.106	0.255	0.214	0.268
漳州	0.235	0.19	0.113	0.122	0.133	0.114	0.101	0.182	0.19	0.206
南平	0.192	0.133	0.107	0.123	0.128	0.123	0.101	0.171	0.183	0.138
龍岩	0.201	0.141	0.119	0.168	0.126	0.122	0.1	0.207	0.201	0.139
寧德	0.169	0.155	0.104	0.114	0.109	0.107	0.1	0.179	0.203	0.167
南昌	0.332	0.203	0.227	0.321	0.195	0.139	0.109	0.504	0.17	0.206
景德鎮	0.139	0.109	0.113	0.174	0.11	0.114	0.107	0.284	0.176	0.114
萍鄉	0.163	0.104	0.111	0.152	0.127	0.131	0.111	0.356	0.174	0.108
九江	0.218	0.118	0.122	0.141	0.124	0.111	0.102	0.222	0.171	0.125
新餘	0.153	0.109	0.115	0.221	0.136	0.166	0.102	0.456	0.193	0.112
鷹潭	0.127	0.108	0.105	0.142	0.105	0.108	0.1	0.269	0.17	0.11
贛州	0.204	0.149	0.121	0.121	0.113	0.103	0.102	0.194	0.195	0.155
吉安	0.182	0.114	0.108	0.113	0.109	0.104	0.101	0.172	0.191	0.119
宜春	0.187	0.124	0.111	0.117	0.11	0.104	0.102	0.186	0.227	0.133
撫州	0.16	0.119	0.114	0.13	0.11	0.105	0.101	0.221	0.182	0.129
上饒	0.19	0.126	0.111	0.113	0.105	0.102	0.101	0.156	0.196	0.133
濟南	0.311	0.285	0.194	0.219	0.217	0.135	0.12	0.481	0.155	0.326
青島	0.506	0.37	0.208	0.206	0.23	0.131	0.131	0.417	0.152	0.394
淄博	0.265	0.15	0.176	0.248	0.266	0.176	0.141	0.408	0.179	0.168
棗莊	0.196	0.155	0.126	0.161	0.145	0.125	0.104	0.318	0.162	0.174
東營	0.286	0.144	0.126	0.213	0.194	0.195	0.112	0.381	0.182	0.159
煙臺	0.384	0.248	0.144	0.155	0.179	0.124	0.111	0.296	0.155	0.288
濰坊	0.376	0.254	0.143	0.14	0.187	0.12	0.111	0.223	0.156	0.284
濟寧	0.274	0.169	0.145	0.148	0.163	0.116	0.108	0.242	0.136	0.188
泰安	0.257	0.131	0.118	0.128	0.126	0.11	0.12	0.205	0.133	0.143
威海	0.252	0.205	0.118	0.158	0.133	0.125	0.103	0.292	0.153	0.248
日照	0.182	0.117	0.118	0.158	0.18	0.159	0.103	0.304	0.181	0.126
萊蕪	0.134	0.108	0.112	0.183	0.167	0.205	0.104	0.501	0.188	0.11
臨沂	0.294	0.176	0.15	0.143	0.204	0.122	0.125	0.264	0.179	0.196
德州	0.233	0.149	0.108	0.111	0.136	0.113	0.107	0.21	0.168	0.167
聊城	0.219	0.136	0.118	0.126	0.181	0.129	0.107	0.197	0.173	0.149
濱州	0.219	0.131	0.12	0.147	0.132	0.118	0.105	0.273	0.184	0.145
菏澤	0.161	0.152	0.112	0.112	0.138	0.11	0.106	0.133	0.179	0.179
鄭州	0.455	0.472	0.199	0.196	0.331	0.153	0.139	0.617	0.18	0.517
開封	0.172	0.133	0.121	0.14	0.131	0.114	0.105	0.257	0.175	0.148
洛陽	0.307	0.176	0.145	0.161	0.256	0.15	0.11	0.352	0.177	0.2
平頂山	0.196	0.129	0.13	0.153	0.151	0.122	0.104	0.246	0.184	0.144
安陽	0.204	0.136	0.114	0.123	0.193	0.139	0.126	0.224	0.193	0.149
鶴壁	0.137	0.111	0.113	0.176	0.122	0.13	0.101	0.323	0.189	0.117
新鄉	0.223	0.157	0.12	0.131	0.148	0.118	0.106	0.218	0.176	0.177
焦作	0.207	0.128	0.122	0.156	0.194	0.157	0.109	0.282	0.197	0.141
濮陽	0.172	0.117	0.115	0.137	0.131	0.119	0.106	0.222	0.166	0.126
許昌	0.207	0.129	0.112	0.124	0.119	0.109	0.102	0.191	0.225	0.147
漯河	0.148	0.11	0.111	0.138	0.122	0.119	0.101	0.26	0.211	0.118
三門峽	0.188	0.12	0.105	0.12	0.111	0.111	0.105	0.217	0.194	0.122
南陽	0.266	0.132	0.126	0.121	0.148	0.11	0.106	0.193	0.204	0.145
商丘	0.197	0.147	0.11	0.111	0.16	0.118	0.102	0.178	0.194	0.169
信陽	0.213	0.157	0.11	0.112	0.127	0.109	0.105	0.168	0.187	0.183
周口	0.189	0.152	0.108	0.107	0.11	0.102	0.103	0.126	0.184	0.185
駐馬店	0.178	0.145	0.113	0.116	0.127	0.108	0.101	0.136	0.2	0.167
武漢	0.584	0.592	0.456	0.414	0.34	0.15	0.164	0.652	0.173	0.65
黄石	0.172	0.12	0.125	0.191	0.143	0.137	0.109	0.368	0.159	0.128
十堰	0.165	0.124	0.128	0.174	0.123	0.115	0.102	0.247	0.153	0.13

表 4.5.1 2015 年度城市基礎設施競爭力三級指標分值

城市	固定資產投資水平	房地產開發水平	年供水總量	人均生活用水量	年用電總量	人均生活用電量	煤氣液化氣供應水平	家庭用煤氣液化氣普及率	市民居住條件	住宅投資總額
宜昌	0.261	0.151	0.13	0.165	0.151	0.127	0.106	0.269	0.202	0.165
襄陽	0.234	0.163	0.15	0.18	0.138	0.114	0.108	0.264	0.199	0.19
鄂州	0.141	0.102	0.111	0.193	0.138	0.176	0.102	0.434	0.18	0.105
荊門	0.175	0.121	0.12	0.163	0.122	0.116	0.104	0.251	0.186	0.127
孝感	0.194	0.127	0.109	0.116	0.111	0.105	0.101	0.167	0.191	0.138
荊州	0.2	0.118	0.121	0.133	0.125	0.109	0.106	0.21	0.191	0.124
黃岡	0.207	0.132	0.11	0.114	0.106	0.102	0.101	0.143	0.181	0.145
咸寧	0.173	0.127	0.108	0.129	0.11	0.109	0.103	0.229	0.213	0.134
隨州	0.146	0.106	0.11	0.142	0.107	0.107	0.101	0.377	0.203	0.11
長沙	0.471	0.397	0.248	0.285	0.188	0.126	0.132	0.831	0.197	0.437
株洲	0.218	0.157	0.149	0.213	0.151	0.128	0.11	0.338	0.227	0.166
湘潭	0.194	0.13	0.127	0.187	0.15	0.138	0.162	0.339	0.227	0.138
衡陽	0.213	0.127	0.156	0.169	0.143	0.113	0.109	0.245	0.204	0.135
邵陽	0.179	0.125	0.121	0.125	0.11	0.103	0.101	0.177	0.204	0.134
岳陽	0.216	0.127	0.161	0.198	0.144	0.117	0.105	0.205	0.206	0.136
常德	0.2	0.13	0.122	0.134	0.117	0.106	0.106	0.215	0.22	0.141
張家界	0.112	0.116	0.107	0.142	0.106	0.109	0.1	0.221	0.277	0.12
益陽	0.164	0.124	0.115	0.129	0.114	0.107	0.102	0.226	0.209	0.132
郴州	0.216	0.136	0.119	0.137	0.126	0.112	0.101	0.209	0.191	0.149
永州	0.156	0.121	0.126	0.143	0.113	0.105	0.102	0.215	0.226	0.137
懷化	0.144	0.119	0.113	0.123	0.112	0.105	0.101	0.183	0.172	0.128
婁底	0.159	0.129	0.112	0.128	0.142	0.124	0.101	0.203	0.222	0.134
廣州	0.459	0.507	0.654	0.486	0.508	0.167	0.181	0.837	0.128	0.538
韶關	0.147	0.13	0.123	0.173	0.139	0.128	0.101	0.334	0.178	0.141
深圳	0.3	0.328	0.549	0.481	0.566	0.193	0.244	1	0.146	0.361
珠海	0.174	0.171	0.195	0.64	0.18	0.206	0.11	0.973	0.153	0.192
汕頭	0.154	0.137	0.181	0.233	0.198	0.138	0.102	0.935	0.155	0.146
佛山	0.29	0.291	0.477	0.567	0.436	0.198	0.144	0.1	0.187	0.322
江門	0.177	0.161	0.158	0.216	0.165	0.131	0.104	0.333	0.158	0.176
湛江	0.16	0.138	0.134	0.141	0.136	0.111	0.104	0.207	0.155	0.152
茂名	0.149	0.118	0.115	0.121	0.131	0.111	0.101	0.172	0.165	0.126
肇慶	0.177	0.143	0.131	0.17	0.127	0.114	0.103	0.139	0.122	0.156
惠州	0.21	0.252	0.174	0.242	0.199	0.145	0.102	0.353	0.175	0.306
梅州	0.118	0.118	0.112	0.124	0.112	0.106	0.101	0.183	0.163	0.124
汕尾	0.133	0.102	0.108	0.124	0.106	0.104	0.1	0.166	0.172	0.105
河源	0.123	0.121	0.117	0.151	0.114	0.11	0.101	0.275	0.183	0.127
陽江	0.144	0.121	0.121	0.177	0.126	0.123	0.103	0.254	0.222	0.128
清遠	0.136	0.147	0.13	0.171	0.153	0.13	0.103	0.204	0.156	0.165
東莞	0.208	0.227	0.553	0.593	0.497	0.202	0.134	0.76	0.259	0.261
中山	0.174	0.201	0.14	0.214	0.239	0.193	0.104	0.297	0.172	0.228
潮州	0.116	0.109	0.115	0.15	0.138	0.13	0.171	0.1	0.158	0.112
揭陽	0.163	0.113	0.129	0.142	0.124	0.109	0.104	0.358	0.18	0.12
雲浮	0.146	0.115	0.108	0.13	0.107	0.106	0.1	0.199	0.157	0.12
南寧	0.294	0.206	0.22	0.257	0.168	0.121	0.106	0.424	0.163	0.232
柳州	0.219	0.162	0.238	0.423	0.149	0.127	0.105	0.451	0.179	0.162
桂林	0.202	0.148	0.131	0.156	0.117	0.107	0.102	0.252	0.191	0.169
梧州	0.161	0.122	0.114	0.144	0.118	0.113	0.1	0.227	0.22	0.13
北海	0.148	0.142	0.114	0.181	0.119	0.126	0.101	0.332	0.21	0.152
防城港	0.132	0.124	0.111	0.214	0.12	0.147	0.1	0.252	0.249	0.134
欽州	0.141	0.117	0.113	0.138	0.125	0.117	0.101	0.185	0.205	0.122
貴港	0.133	0.112	0.112	0.126	0.121	0.111	0.101	0.184	0.269	0.118
玉林	0.173	0.121	0.116	0.125	0.114	0.105	0.101	0.205	0.274	0.127
百色	0.161	0.113	0.112	0.13	0.132	0.119	0.1	0.132	0.21	0.12
賀州	0.132	0.104	0.107	0.131	0.128	0.13	0.1	0.177	0.224	0.107
河池	0.119	0.103	0.106	0.116	0.11	0.106	0.1	0.15	0.254	0.105
來賓	0.129	0.112	0.106	0.127	0.126	0.126	0.1	0.334	0.172	0.116
崇左	0.132	0.106	0.103	0.113	0.106	0.106	0.1	0.149	0.188	0.11
海口	0.148	0.165	0.157	0.337	0.135	0.135	0.11	0.597	0.155	0.19
三亞	0.138	0.177	0.129	0.465	0.116	0.146	0.102	0.505	0.14	0.2

表 4.5.1 2015 年度城市基礎設施競爭力三級指標分值

城市	固定資產投資水平	房地產開發水平	年供水總量	人均生活用水量	年用電總量	人均生活用電量	煤氣液化氣供應水平	家庭用煤氣液化氣普及率	市民居住條件	住宅投資總額
重慶	1	0.878	0.396	0.188	0.509	0.129	0.241	0.42	0.149	1
成都	0.627	0.644	0.33	0.244	0.281	0.127	0.191	0.388	0.165	0.668
自貢	0.138	0.118	0.114	0.147	0.12	0.115	0.11	0.419	0.16	0.123
攀枝花	0.138	0.111	0.137	0.373	0.157	0.198	0.174	0.574	0.151	0.115
瀘州	0.165	0.132	0.129	0.161	0.123	0.112	0.134	0.304	0.169	0.14
德陽	0.159	0.12	0.115	0.137	0.118	0.111	0.12	0.226	0.176	0.125
綿陽	0.171	0.142	0.125	0.148	0.13	0.114	0.12	0.326	0.179	0.152
廣元	0.135	0.113	0.109	0.131	0.123	0.119	0.104	0.211	0.167	0.116
遂寧	0.159	0.12	0.109	0.125	0.109	0.106	0.104	0.257	0.179	0.126
內江	0.141	0.118	0.109	0.122	0.11	0.106	0.104	0.214	0.177	0.124
樂山	0.156	0.127	0.112	0.133	0.149	0.132	0.111	0.246	0.174	0.134
南充	0.184	0.152	0.122	0.131	0.116	0.105	0.107	0.246	0.168	0.172
眉山	0.155	0.132	0.108	0.125	0.134	0.124	0.102	0.197	0.189	0.143
宜賓	0.169	0.135	0.116	0.132	0.124	0.111	0.104	0.214	0.169	0.136
廣安	0.149	0.115	0.105	0.114	0.113	0.108	0.102	0.195	0.197	0.12
達州	0.175	0.124	0.11	0.116	0.116	0.106	0.103	0.149	0.169	0.132
雅安	0.118	0.105	0.106	0.138	0.113	0.118	0.102	0.246	0.176	0.108
巴中	0.148	0.115	0.106	0.116	0.105	0.103	0.103	0.217	0.164	0.12
資陽	0.155	0.134	0.106	0.115	0.107	0.104	0.102	0.173	0.18	0.142
貴陽	0.343	0.353	0.173	0.246	0.211	0.152	0.113	0.677	0.159	0.378
六盤水	0.181	0.119	0.109	0.128	0.131	0.123	0.103	0.19	0.148	0.117
遵義	0.223	0.16	0.114	0.119	0.129	0.11	0.102	0.176	0.178	0.167
安順	0.119	0.122	0.106	0.123	0.124	0.122	0.1	0.155	0.175	0.122
畢節	0.22	0.144	0.104	0.105	0.112	0.104	0.1	0.102	0.181	0.14
銅仁	0.171	0.122	0.106	0.116	0.115	0.111	0.1	0.11	0.191	0.125
昆明	0.335	0.433	0.192	0.226	0.166	0.121	0.118	0.554	0.204	0.482
曲靖	0.178	0.146	0.111	0.115	0.122	0.108	0.1	0.125	0.21	0.149
玉溪	0.127	0.125	0.107	0.128	0.126	0.123	0.103	0.208	0.209	0.143
保山	0.119	0.119	0.105	0.118	0.106	0.105	0.1	0.16	0.188	0.122
昭通	0.14	0.111	0.104	0.105	0.109	0.103	0.1	0.13	0.157	0.114
麗江	0.119	0.119	0.104	0.132	0.103	0.105	0.1	0.188	0.245	0.126
普洱	0.13	0.11	0.103	0.109	0.105	0.104	0.101	0.218	0.154	0.11
臨滄	0.129	0.123	0.101	0.105	0.103	0.103	0.1	0.141	0.193	0.122
拉薩	0.122	0.1	0.131	0.614	0.1	0.1	1	0.181	0.23	0.1
西安	0.509	0.511	0.236	0.242	0.24	0.135	0.163	0.509	0.168	0.646
銅川	0.116	0.104	0.104	0.148	0.134	0.185	0.104	0.423	0.171	0.108
寶雞	0.224	0.119	0.118	0.142	0.124	0.114	0.109	0.292	0.159	0.126
咸陽	0.255	0.143	0.131	0.156	0.109	0.104	0.107	0.254	0.177	0.173
渭南	0.206	0.124	0.119	0.131	0.106	0.102	0.102	0.155	0.184	0.132
延安	0.189	0.103	0.105	0.119	0.11	0.11	0.104	0.254	0.159	0.105
漢中	0.143	0.116	0.107	0.117	0.105	0.103	0.101	0.202	0.166	0.123
榆林	0.225	0.121	0.105	0.113	0.123	0.114	0.109	0.193	0.151	0.126
安康	0.13	0.111	0.104	0.113	0.111	0.109	0.1	0.165	0.188	0.118
商洛	0.133	0.103	0.102	0.108	0.102	0.102	0.101	0.145	0.188	0.106
蘭州	0.203	0.172	0.175	0.286	0.187	0.151	0.152	0.51	0.155	0.184
嘉峪關	0.103	0.104	0.11	0.503	0.2	1	0.101	1	0.168	0.108
金昌	0.111	0.101	0.108	0.269	0.1	0.1	0.1	0.333	0.168	0.102
白銀	0.124	0.104	0.13	0.258	0.153	0.165	0.102	0.272	0.165	0.108
天水	0.13	0.108	0.109	0.123	0.114	0.109	0.1	0.224	0.14	0.113
武威	0.132	0.106	0.105	0.128	0.109	0.11	0.101	0.165	0.16	0.11
張掖	0.113	0.11	0.105	0.142	0.102	0.104	0.1	0.24	0.152	0.116
平涼	0.131	0.109	0.103	0.114	0.108	0.108	0.1	0.143	0.169	0.114
酒泉	0.163	0.109	0.106	0.15	0.107	0.114	0.101	0.197	0.159	0.114
慶陽	0.173	0.115	0.102	0.108	0.103	0.103	0.1	0.175	0.157	0.101
定西	0.137	0.114	0.101	0.103	0.101	0.101	0.1	0.134	0.149	0.119
隴南	0.131	0.101	0.1	0.1	0.103	0.102	0.1	0.151	0.147	0.102
西寧	0.169	0.149	0.142	0.27	0.151	0.148	0.145	0.144	0.14	0.154
海東	0.128	0.108	0.1	0.102	0.12	0.129	0.102	0.121	0.14	0.111
銀川	0.188	0.184	0.133	0.243	0.132	0.133	0.174	0.387	0.159	0.185

表 4.5.1 2015 年度城市基礎設施競爭力三級指標分值

城市	固定資產投資水平	房地產開發水平	年供水總量	人均生活用水量	年用電總量	人均生活用電量	煤氣液化氣供應水平	家庭用煤氣液化氣普及率	市民居住條件	住宅投資總額
石嘴山	0.132	0.115	0.111	0.24	0.176	0.314	0.106	0.601	0.153	0.117
吳忠	0.136	0.113	0.105	0.139	0.111	0.118	0.102	0.217	0.166	0.116
固原	0.114	0.11	0.102	0.117	0.105	0.109	0.1	0.205	0.162	0.105
中衛	0.118	0.114	0.102	0.116	0.207	0.302	0.105	0.196	0.161	0.118
烏魯木齊	0.199	0.168	0.186	0.326	0.22	0.174	0.201	0.891	0.146	0.187
克拉瑪依	0.129	0.111	0.137	1	0.132	0.278	0.114	0.963	0.157	0.116
香港	0.328	0.417	0.377	0.446	0.365	0.178	0.172	1	0.104	0.457
澳門	0.102	0.109	0.119	0.375	0.123	0.177	0.113	1	0.1	0.11
新北	0.167	0.205	0.197	0.32	0.17	0.137	0.114	0.686	0.161	0.136
臺北	0.143	0.17	0.273	0.679	0.148	0.138	0.109	0.686	0.162	0.124
台中	0.132	0.153	0.15	0.32	0.137	0.138	0.107	0.686	0.222	0.118
台南	0.144	0.171	0.166	0.32	0.151	0.14	0.109	0.686	0.232	0.124
高雄	0.13	0.15	0.146	0.32	0.13	0.134	0.107	0.686	0.224	0.117
桃園	0.103	0.111	0.111	0.32	0.107	0.133	0.102	0.686	0.226	0.104
基隆	0.102	0.109	0.109	0.32	0.106	0.131	0.101	0.686	0.179	0.103
新竹	0.103	0.11	0.11	0.32	0.108	0.139	0.101	0.686	0.232	0.103
嘉義	0.1	0.106	0.106	0.32	0.105	0.136	0.101	0.686	0.241	0.102

表 4.5.2 2015 年度城市基礎設施競爭力三級指標分值（續 1）

城市	房價收入比（逆）	地區客運總量	地區貨運總量	人均鋪路面積	每萬人擁有公共汽、電車數	每萬人擁有出租車數	年末實有鋪裝道路面積	路網設施指數	港口設施指數	航空設施指數
北京	0.135	0.417	0.185	0.114	0.269	0.236	0.75	0.84	0.1	0.951
天津	0.24	0.231	0.266	0.129	0.203	0.192	0.942	0.508	0.189	0.207
石家莊	0.294	0.16	0.218	0.135	0.26	0.126	0.406	0.308	0.1	0.153
唐山	0.318	0.162	0.258	0.118	0.168	0.135	0.303	0.366	0.111	0.103
秦皇島	0.235	0.113	0.126	0.142	0.192	0.16	0.224	0.166	0.112	0.101
邯鄲	0.308	0.186	0.222	0.144	0.286	0.131	0.31	0.346	0.1	0.102
邢臺	0.345	0.138	0.151	0.13	0.248	0.115	0.188	0.207	0.1	0.1
保定	0.306	0.168	0.189	0.144	0.3	0.126	0.261	0.276	0.1	0.1
張家口	0.338	0.123	0.132	0.13	0.244	0.152	0.187	0.208	0.1	0.1
承德	0.3	0.126	0.13	0.128	0.225	0.171	0.155	0.166	0.1	0.1
滄州	0.322	0.145	0.217	0.134	0.343	0.142	0.159	0.261	0.111	0.1
廊坊	0.254	0.115	0.142	0.12	0.172	0.178	0.155	0.164	0.1	0.1
衡水	0.387	0.115	0.123	0.132	0.353	0.122	0.142	0.169	0.1	0.1
太原	0.215	0.124	0.151	0.123	0.186	0.186	0.338	0.302	0.1	0.172
大同	0.321	0.116	0.167	0.121	0.15	0.162	0.233	0.365	0.1	0.103
陽泉	0.437	0.114	0.128	0.115	0.199	0.168	0.137	0.202	0.1	0.1
長治	0.401	0.116	0.139	0.109	0.182	0.121	0.121	0.22	0.103	0.105
晉城	0.33	0.109	0.14	0.128	0.221	0.125	0.132	0.253	0.1	0.1
朔州	0.489	0.116	0.176	0.113	0.127	0.123	0.131	0.519	0.1	0.1
晉中	0.372	0.118	0.144	0.132	0.156	0.115	0.164	0.237	0.1	0.1
運城	0.455	0.126	0.129	0.116	0.216	0.113	0.136	0.172	0.1	0.107
忻州	0.409	0.111	0.144	0.117	0.113	0.108	0.13	0.257	0.1	0.1
臨汾	0.377	0.124	0.148	0.111	0.13	0.116	0.131	0.225	0.1	0.1
呂梁	0.386	0.108	0.136	0.119	0.126	0.103	0.115	0.213	0.102	0.1
呼和浩特	0.407	0.114	0.159	0.133	0.363	0.178	0.243	0.213	0.1	0.157
包頭	0.409	0.109	0.207	0.133	0.17	0.189	0.266	0.404	0.1	0.108
烏海	0.438	0.102	0.14	0.126	0.16	0.173	0.147	0.178	0.1	0.103
赤峰	0.323	0.123	0.14	0.125	0.137	0.131	0.209	0.205	0.1	0.104
通遼	0.395	0.116	0.135	0.119	0.136	0.139	0.157	0.334	0.1	0.103
鄂爾多斯	0.663	0.112	0.32	0.319	0.26	0.152	0.293	0.678	0.1	0.119
呼倫貝爾	0.459	0.121	0.156	0.137	0.19	0.14	0.144	0.32	0.1	0.114
巴彥淖爾	0.273	0.108	0.111	0.13	0.112	0.13	0.159	0.118	0.1	0.1
烏蘭察布	0.511	0.11	0.123	0.154	0.171	0.142	0.154	0.145	0.1	0.1
瀋陽	0.289	0.209	0.171	0.128	0.191	0.198	0.625	0.366	0.1	0.146
大連	0.237	0.159	0.234	0.127	0.248	0.165	0.392	0.345	0.366	0.152

表 4.5.2 2015 年度城市基礎設施競爭力三級指標分值（續 1）

城市	房價收入比（逆）	地區客運總量	地區貨運總量	人均鋪路面積	每萬人擁有公共汽、電車數	每萬人擁有出租車數	年末實有鋪裝道路面積	路網設施指數	港口設施指數	航空設施指數
鞍山	0.377	0.137	0.166	0.117	0.195	0.163	0.192	0.259	0.1	0.1
撫順	0.304	0.113	0.132	0.118	0.174	0.183	0.189	0.17	0.1	0.1
本溪	0.406	0.119	0.134	0.12	0.165	0.166	0.165	0.247	0.1	0.1
丹東	0.33	0.125	0.125	0.125	0.168	0.132	0.167	0.165	0.119	0.1
錦州	0.426	0.13	0.155	0.12	0.146	0.158	0.168	0.213	0.102	0.1
營口	0.39	0.119	0.16	0.114	0.177	0.187	0.144	0.22	0.106	0.1
阜新	0.337	0.107	0.119	0.111	0.148	0.165	0.129	0.147	0.1	0.1
遼陽	0.368	0.119	0.148	0.129	0.151	0.182	0.186	0.204	0.1	0.1
盤錦	0.452	0.115	0.143	0.127	0.165	0.194	0.158	0.166	0.1	0.1
鐵嶺	0.351	0.123	0.128	0.137	0.171	0.133	0.152	0.192	0.1	0.1
朝陽	0.386	0.114	0.119	0.111	0.131	0.127	0.122	0.15	0.1	0.1
葫蘆島	0.344	0.118	0.138	0.109	0.157	0.171	0.133	0.177	0.118	0.1
長春	0.275	0.153	0.131	0.136	0.214	0.193	0.556	0.281	0.108	0.132
吉林	0.399	0.124	0.129	0.113	0.155	0.146	0.187	0.234	0.138	0.1
四平	0.491	0.112	0.12	0.117	0.138	0.137	0.132	0.167	0.109	0.1
遼源	0.452	0.105	0.106	0.12	0.169	0.135	0.131	0.116	0.1	0.1
通化	0.509	0.141	0.112	0.116	0.171	0.124	0.122	0.158	0.108	0.1
白山	0.62	0.126	0.108	0.112	0.153	0.145	0.123	0.133	0.103	0.101
松原	0.431	0.114	0.124	0.125	0.183	0.13	0.147	0.159	0.112	0.1
白城	0.617	0.109	0.105	0.109	0.142	0.137	0.113	0.13	0.102	0.1
哈爾濱	0.271	0.159	0.137	0.118	0.211	0.161	0.419	0.315	0.103	0.149
齊齊哈爾	0.316	0.135	0.138	0.112	0.163	0.123	0.159	0.244	0.1	0.102
雞西	0.326	0.122	0.117	0.113	0.174	0.166	0.139	0.179	0.1	0.101
鶴崗	0.295	0.102	0.11	0.111	0.175	0.176	0.125	0.132	0.102	0.1
雙鴨山	0.463	0.114	0.111	0.113	0.156	0.13	0.121	0.137	0.1	0.1
大慶	0.426	0.111	0.128	0.149	0.203	0.197	0.326	0.159	0.102	0.105
伊春	0.347	0.106	0.106	0.121	0.154	0.299	0.155	0.125	0.1	0.101
佳木斯	0.35	0.117	1	0.112	0.142	0.141	0.132	0.154	0.144	0.103
七台河	0.312	0.106	0.109	0.115	0.175	0.171	0.128	0.138	0.1	0.1
牡丹江	0.331	0.104	0.104	0.12	0.175	0.143	0.162	0.153	0.1	0.104
黑河	0.464	0.105	0.105	0.114	0.138	0.123	0.106	0.122	0.108	0.101
綏化	0.342	0.119	0.114	0.152	0.118	0.118	0.252	0.15	0.1	0.1
上海	0.161	0.185	0.402	0.113	0.207	0.189	0.772	0.509	0.655	1
南京	0.216	0.169	0.196	0.138	0.194	0.159	0.964	0.417	0.232	0.278
無錫	0.314	0.142	0.146	0.149	0.218	0.125	0.509	0.258	0.226	0.123
徐州	0.283	0.175	0.202	0.121	0.153	0.117	0.35	0.235	0.127	0.111
常州	0.332	0.137	0.139	0.131	0.202	0.126	0.348	0.239	0.143	0.106
蘇州	0.273	0.303	0.14	0.147	0.219	0.115	0.64	0.41	0.143	0.1
南通	0.316	0.148	0.156	0.134	0.156	0.107	0.355	0.245	0.156	0.106
連雲港	0.314	0.125	0.144	0.134	0.168	0.114	0.214	0.273	0.124	0.105
淮安	0.334	0.138	0.134	0.118	0.126	0.11	0.286	0.167	0.144	0.104
鹽城	0.326	0.142	0.145	0.118	0.125	0.104	0.209	0.181	0.179	0.104
揚州	0.276	0.122	0.135	0.118	0.151	0.123	0.254	0.152	0.15	0.103
鎮江	0.338	0.124	0.126	0.14	0.199	0.116	0.239	0.209	0.108	0.1
泰州	0.302	0.142	0.154	0.125	0.132	0.105	0.245	0.15	0.198	0.1
宿遷	0.329	0.129	0.118	0.119	0.133	0.105	0.212	0.15	0.118	0.1
杭州	0.172	0.262	0.201	0.122	0.263	0.151	0.465	0.37	0.36	0.231
寧波	0.226	0.217	0.219	0.124	0.274	0.124	0.29	0.347	0.264	0.167
溫州	0.155	0.243	0.138	0.134	0.226	0.116	0.276	0.241	0.145	0.132
嘉興	0.332	0.156	0.157	0.126	0.205	0.107	0.176	0.186	0.19	0.1
湖州	0.311	0.137	0.155	0.136	0.151	0.11	0.233	0.151	0.222	0.1
紹興	0.26	0.181	0.133	0.121	0.154	0.113	0.265	0.192	0.145	0.1
金華	0.239	0.236	0.141	0.132	0.151	0.106	0.202	0.261	0.111	0.111
衢州	0.252	0.124	0.128	0.121	0.122	0.108	0.158	0.175	0.103	0.102
舟山	0.2	0.174	0.17	0.128	0.173	0.128	0.166	0.151	1	0.105
台州	0.23	0.236	0.173	0.133	0.144	0.109	0.28	0.233	0.257	0.103
麗水	0.202	0.126	0.115	0.12	0.162	0.106	0.124	0.136	0.117	0.1
合肥	0.279	0.279	0.229	0.144	0.242	0.149	0.468	0.38	0.127	0.132

表 4.5.2 2015 年度城市基礎設施競爭力三級指標分值（續 1）

城市	房價收入比（逆）	地區客運總量	地區貨運總量	人均鋪路面積	每萬人擁有公共汽、電車數	每萬人擁有出租車數	年末實有鋪裝道路面積	路網設施指數	港口設施指數	航空設施指數
蕪湖	0.306	0.176	0.184	0.146	0.181	0.14	0.313	0.21	0.181	0.1
蚌埠	0.312	0.183	0.187	0.129	0.199	0.131	0.204	0.231	0.147	0.1
淮南	0.325	0.138	0.151	0.115	0.137	0.155	0.195	0.256	0.115	0.1
馬鞍山	0.453	0.137	0.169	0.128	0.155	0.143	0.177	0.215	0.126	0.1
淮北	0.308	0.143	0.141	0.118	0.14	0.131	0.168	0.246	0.1	0.1
銅陵	0.342	0.154	0.142	0.12	0.201	0.191	0.129	0.172	0.129	0.1
安慶	0.321	0.146	0.199	0.128	0.157	0.112	0.169	0.235	0.115	0.101
黃山	0.336	0.115	0.126	0.13	0.153	0.115	0.143	0.14	0.129	0.105
滁州	0.334	0.188	0.155	0.155	0.165	0.112	0.198	0.186	0.107	0.1
阜陽	0.274	0.236	0.227	0.113	0.124	0.108	0.203	0.314	0.134	0.102
宿州	0.39	0.134	0.188	0.112	0.108	0.11	0.181	0.218	0.101	0.1
六安	0.296	0.255	0.232	0.111	0.114	0.112	0.177	0.303	0.159	0.1
亳州	0.34	0.142	0.163	0.114	0.109	0.107	0.187	0.192	0.108	0.1
池州	0.33	0.133	0.13	0.12	0.133	0.116	0.145	0.15	0.107	0.1
宣城	0.313	0.16	0.159	0.118	0.118	0.115	0.154	0.186	0.137	0.1
福州	0.199	0.187	0.164	0.125	0.298	0.137	0.271	0.188	0.19	0.192
廈門	0.181	0.166	0.152	0.135	0.276	0.156	0.338	0.212	0.423	0.314
莆田	0.226	0.13	0.112	0.105	0.113	0.113	0.151	0.143	0.174	0.1
三明	0.259	0.113	0.133	0.123	0.196	0.104	0.119	0.164	0.112	0.1
泉州	0.321	0.164	0.157	0.141	0.176	0.107	0.247	0.203	0.163	0.127
漳州	0.272	0.125	0.122	0.128	0.159	0.107	0.153	0.134	0.148	0.1
南平	0.291	0.112	0.11	0.108	0.135	0.102	0.112	0.14	0.148	0.104
龍岩	0.251	0.11	0.126	0.116	0.158	0.106	0.125	0.162	0.119	0.101
寧德	0.214	0.135	0.112	0.112	0.133	0.106	0.118	0.149	0.208	0.1
南昌	0.242	0.152	0.135	0.129	0.236	0.141	0.331	0.204	0.106	0.124
景德鎮	0.374	0.108	0.109	0.133	0.172	0.114	0.15	0.12	0.1	0.105
萍鄉	0.342	0.134	0.117	0.114	0.136	0.114	0.141	0.179	0.1	0.1
九江	0.287	0.155	0.143	0.145	0.154	0.112	0.197	0.213	0.123	0.101
新餘	0.402	0.109	0.144	0.123	0.148	0.122	0.169	0.168	0.114	0.1
鷹潭	0.303	0.126	0.125	0.124	0.157	0.108	0.115	0.158	0.118	0.1
贛州	0.305	0.149	0.169	0.128	0.166	0.104	0.162	0.257	0.156	0.106
吉安	0.333	0.121	0.135	0.124	0.141	0.101	0.144	0.166	0.114	0.104
宜春	0.313	0.126	0.164	0.112	0.123	0.102	0.148	0.196	0.119	0.1
撫州	0.319	0.119	0.144	0.116	0.119	0.102	0.167	0.166	0.101	0.1
上饒	0.324	0.176	0.166	0.144	0.152	0.101	0.159	0.231	0.133	0.1
濟南	0.305	0.157	0.159	0.141	0.215	0.149	0.603	0.492	0.155	0.147
青島	0.268	0.222	0.203	0.142	0.25	0.145	0.63	0.41	0.258	0.241
淄博	0.366	0.29	0.191	0.124	0.174	0.155	0.346	0.342	0.1	0.1
棗莊	0.422	0.137	0.183	0.119	0.143	0.107	0.257	0.216	0.108	0.1
東營	0.417	0.12	0.124	0.153	0.199	0.168	0.249	0.15	0.123	0.101
煙臺	0.365	0.264	0.176	0.134	0.208	0.111	0.316	0.296	0.355	0.119
濰坊	0.438	0.208	0.186	0.136	0.151	0.109	0.33	0.289	0.111	0.105
濟寧	0.452	0.146	0.19	0.146	0.165	0.106	0.384	0.26	0.175	0.103
泰安	0.394	0.128	0.14	0.119	0.158	0.108	0.209	0.164	0.132	0.1
威海	0.422	0.179	0.121	0.157	0.223	0.122	0.225	0.177	0.287	0.11
日照	0.299	0.121	0.168	0.126	0.133	0.114	0.217	0.289	0.142	0.1
萊蕪	0.413	0.118	0.121	0.125	0.166	0.149	0.209	0.136	0.1	0.1
臨沂	0.474	0.208	0.222	0.13	0.15	0.109	0.366	0.339	0.14	0.101
德州	0.382	0.155	0.163	0.146	0.205	0.116	0.193	0.213	0.1	0.1
聊城	0.392	0.142	0.152	0.135	0.146	0.108	0.239	0.193	0.1	0.1
濱州	0.566	0.128	0.147	0.145	0.182	0.106	0.198	0.185	0.101	0.1
菏澤	0.398	0.131	0.145	0.116	0.119	0.105	0.188	0.276	0.102	0.1
鄭州	0.247	0.272	0.197	0.113	0.197	0.148	0.356	0.429	0.1	0.149
開封	0.322	0.14	0.132	0.129	0.267	0.132	0.185	0.174	0.1	0.1
洛陽	0.382	0.189	0.173	0.122	0.176	0.126	0.25	0.263	0.103	0.107
平頂山	0.421	0.151	0.171	0.12	0.157	0.116	0.166	0.24	0.1	0.1
安陽	0.459	0.143	0.184	0.115	0.143	0.109	0.161	0.231	0.1	0.1
鶴壁	0.464	0.136	0.126	0.121	0.145	0.116	0.144	0.152	0.1	0.1

表 4.5.2 2015 年度城市基礎設施競爭力三級指標分值（續 1）

城市	房價收入比（逆）	地區客運總量	地區貨運總量	人均鋪路面積	每萬人擁有公共汽、電車數	每萬人擁有出租車數	年末實有鋪裝道路面積	路網設施指數	港口設施指數	航空設施指數
新鄉	0.412	0.135	0.14	0.119	0.167	0.111	0.169	0.178	0.1	0.1
焦作	0.403	0.123	0.174	0.123	0.159	0.115	0.177	0.213	0.1	0.1
濮陽	0.367	0.126	0.12	0.117	0.143	0.119	0.139	0.144	0.261	0.1
許昌	0.362	0.134	0.181	0.127	0.215	0.112	0.136	0.216	0.1	0.1
漯河	0.376	0.122	0.12	0.11	0.157	0.116	0.15	0.145	0.103	0.1
三門峽	0.392	0.125	0.121	0.119	0.168	0.106	0.116	0.165	0.1	0.1
南陽	0.423	0.209	0.181	0.119	0.117	0.106	0.225	0.273	0.126	0.101
商丘	0.459	0.177	0.191	0.108	0.154	0.115	0.155	0.266	0.102	0.1
信陽	0.354	0.165	0.141	0.103	0.111	0.111	0.123	0.202	0.139	0.1
周口	0.365	0.157	0.163	0.125	0.134	0.102	0.143	0.231	0.134	0.1
駐馬店	0.44	0.185	0.186	0.124	0.148	0.108	0.166	0.249	0.118	0.1
武漢	0.253	0.232	0.247	0.131	0.231	0.168	0.664	0.694	0.189	0.206
黃石	0.375	0.123	0.13	0.144	0.215	0.126	0.192	0.152	0.11	0.1
十堰	0.264	0.137	0.121	0.132	0.239	0.108	0.157	0.149	0.111	0.1
宜昌	0.3	0.175	0.157	0.126	0.169	0.116	0.215	0.226	0.186	0.111
襄陽	0.323	0.171	0.153	0.113	0.141	0.114	0.213	0.221	0.114	0.104
鄂州	0.372	0.111	0.11	0.118	0.142	0.118	0.168	0.111	0.123	0.1
荊門	0.346	0.137	0.142	0.122	0.163	0.11	0.149	0.183	0.104	0.1
孝感	0.385	0.144	0.121	0.113	0.141	0.106	0.144	0.202	0.103	0.1
荊州	0.303	0.146	0.126	0.114	0.157	0.11	0.156	0.143	0.119	0.1
黃岡	0.378	0.162	0.12	0.144	0.129	0.102	0.149	0.169	0.117	0.1
咸寧	0.345	0.131	0.113	0.115	0.139	0.109	0.13	0.135	0.117	0.1
隨州	0.34	0.126	0.11	0.117	0.156	0.113	0.127	0.131	0.107	0.1
長沙	0.347	0.269	0.192	0.118	0.222	0.139	0.299	0.339	0.123	0.171
株洲	0.426	0.177	0.167	0.137	0.207	0.12	0.22	0.249	0.108	0.1
湘潭	0.401	0.122	0.135	0.129	0.169	0.128	0.188	0.165	0.114	0.1
衡陽	0.43	0.218	0.18	0.147	0.192	0.106	0.249	0.294	0.108	0.1
邵陽	0.365	0.166	0.169	0.126	0.154	0.104	0.159	0.222	0.119	0.1
岳陽	0.397	0.163	0.172	0.119	0.182	0.112	0.172	0.248	0.157	0.1
常德	0.343	0.173	0.14	0.118	0.136	0.106	0.19	0.183	0.127	0.103
張家界	0.316	0.131	0.107	0.116	0.152	0.127	0.128	0.129	0.16	0.111
益陽	0.392	0.152	0.137	0.111	0.148	0.108	0.152	0.164	0.14	0.1
郴州	0.381	0.138	0.19	0.121	0.204	0.113	0.153	0.244	0.179	0.1
永州	0.374	0.276	0.136	0.11	0.145	0.103	0.142	0.18	0.175	0.1
懷化	0.342	0.152	0.118	0.122	0.203	0.105	0.125	0.182	0.282	0.101
婁底	0.393	0.151	0.159	0.116	0.133	0.107	0.124	0.266	0.109	0.1
廣州	0.19	0.498	0.392	0.128	0.269	0.17	0.793	0.888	0.348	0.684
韶關	0.363	0.179	0.142	0.114	0.131	0.109	0.145	0.193	0.13	0.1
深圳	0.129	1	0.198	0.173	1	0.163	0.878	0.7	0.276	0.523
珠海	0.204	0.232	0.128	0.185	0.259	0.157	0.411	0.187	0.289	0.114
汕頭	0.199	0.118	0.115	0.107	0.115	0.109	0.265	0.124	0.108	0.127
佛山	0.262	0.32	0.191	0.117	0.225	0.118	0.335	0.304	0.161	0.103
江門	0.305	0.191	0.133	0.13	0.159	0.103	0.247	0.169	0.196	0.1
湛江	0.255	0.171	0.145	0.11	0.138	0.106	0.161	0.222	0.479	0.105
茂名	0.286	0.139	0.126	0.106	0.115	0.102	0.131	0.159	0.118	0.1
肇慶	0.309	0.134	0.115	0.137	0.17	0.107	0.167	0.134	0.108	0.1
惠州	0.349	0.177	0.164	0.129	0.221	0.114	0.239	0.192	0.185	0.1
梅州	0.347	0.129	0.122	0.114	0.133	0.102	0.147	0.148	0.106	0.103
汕尾	0.286	0.156	0.106	0.108	0.132	0.103	0.113	0.134	0.1	0.1
河源	0.257	0.125	0.113	0.125	0.153	0.105	0.123	0.123	0.108	0.1
陽江	0.286	0.119	0.127	0.117	0.117	0.105	0.139	0.129	0.112	0.1
清遠	0.262	0.165	0.134	0.119	0.138	0.104	0.191	0.168	0.166	0.1
東莞	0.32	0.448	0.142	0.209	0.163	0.138	0.795	0.321	0.134	0.1
中山	0.351	0.253	0.155	0.112	0.236	0.119	0.166	0.229	0.177	0.1
潮州	0.234	0.117	0.113	0.103	0.108	0.112	0.124	0.121	0.11	0.1
揭陽	0.361	0.128	0.11	0.105	0.107	0.101	0.141	0.123	0.1	0.123
雲浮	0.277	0.134	0.114	0.104	0.152	0.1	0.101	0.123	0.107	0.1
南寧	0.247	0.137	0.207	0.124	0.184	0.139	0.335	0.28	0.125	0.142

表 4.5.2 2015 年度城市基礎設施競爭力三級指標分值（續 1）

城市	房價收入比（逆）	地區客運總量	地區貨運總量	人均鋪路面積	每萬人擁有公共汽、電車數	每萬人擁有出租車數	年末實有鋪裝道路面積	路網設施指數	港口設施指數	航空設施指數
柳州	0.298	0.114	0.145	0.13	0.186	0.119	0.218	0.179	0.112	0.105
桂林	0.342	0.144	0.128	0.121	0.225	0.122	0.155	0.194	0.187	0.132
梧州	0.405	0.119	0.118	0.122	0.155	0.107	0.136	0.123	0.114	0.101
北海	0.314	0.111	0.122	0.125	0.136	0.113	0.153	0.135	0.159	0.107
防城港	0.418	0.104	0.127	0.121	0.139	0.104	0.138	0.202	0.117	0.1
欽州	0.42	0.121	0.192	0.113	0.127	0.106	0.168	0.207	0.122	0.1
貴港	0.352	0.132	0.139	0.106	0.103	0.102	0.148	0.132	0.174	0.1
玉林	0.451	0.117	0.166	0.116	0.115	0.102	0.159	0.19	0.102	0.1
百色	0.424	0.12	0.13	0.109	0.132	0.114	0.108	0.197	0.103	0.1
賀州	0.441	0.106	0.113	0.103	0.106	0.107	0.117	0.115	0.101	0.1
河池	0.406	0.119	0.12	0.111	0.141	0.102	0.109	0.171	0.105	0.1
來賓	0.534	0.109	0.108	0.109	0.116	0.105	0.134	0.133	0.106	0.1
崇左	0.512	0.1	0.113	0.108	0.106	0.101	0.108	0.131	0.103	0.1
海口	0.208	0.303	0.14	0.116	0.186	0.153	0.195	0.248	0.45	0.301
三亞	0.122	0.124	0.112	0.112	0.192	0.208	0.122	0.133	0.213	0.123
重慶	0.268	0.865	0.422	0.112	0.157	0.128	0.962	1	0.645	0.241
成都	0.271	0.653	0.243	0.125	0.26	0.143	0.602	0.912	0.116	0.249
自貢	0.315	0.147	0.118	0.113	0.145	0.115	0.169	0.148	0.131	0.1
攀枝花	0.321	0.129	0.151	0.12	0.191	0.15	0.147	0.219	0.111	0.1
瀘州	0.332	0.164	0.128	0.116	0.152	0.114	0.186	0.159	0.196	0.104
德陽	0.328	0.156	0.132	0.118	0.143	0.108	0.141	0.187	0.1	0.1
綿陽	0.428	0.146	0.122	0.123	0.198	0.111	0.199	0.164	0.109	0.108
廣元	0.281	0.163	0.122	0.109	0.13	0.108	0.13	0.166	0.136	0.101
遂寧	0.325	0.126	0.111	0.122	0.108	0.107	0.216	0.131	0.182	0.1
內江	0.319	0.157	0.123	0.104	0.137	0.106	0.125	0.158	0.209	0.1
樂山	0.314	0.139	0.141	0.112	0.129	0.11	0.151	0.192	0.197	0.1
南充	0.294	0.159	0.123	0.112	0.124	0.106	0.191	0.17	0.324	0.103
眉山	0.325	0.132	0.121	0.11	0.119	0.104	0.131	0.135	0.246	0.1
宜賓	0.332	0.169	0.124	0.109	0.143	0.108	0.142	0.183	0.151	0.104
廣安	0.337	0.152	0.118	0.104	0.1	0.103	0.122	0.147	0.159	0.1
達州	0.274	0.152	0.157	0.106	0.129	0.106	0.11	0.221	0.349	0.103
雅安	0.311	0.111	0.116	0.108	0.111	0.106	0.115	0.124	0.1	0.1
巴中	0.309	0.136	0.112	0.1	0.106	0.103	0.105	0.139	0.171	0.1
資陽	0.395	0.134	0.124	0.107	0.114	0.101	0.127	0.144	0.146	0.1
貴陽	0.347	0.369	0.17	0.112	0.187	0.16	0.206	0.333	0.111	0.198
六盤水	0.347	0.344	0.333	0.126	0.172	0.112	0.14	0.283	0.1	0.1
遵義	0.347	0.216	0.147	0.109	0.159	0.11	0.127	0.213	0.2	0.101
安順	0.347	0.137	0.111	0.108	0.125	0.112	0.123	0.133	0.141	0.1
畢節	0.347	0.14	0.12	0.102	0.106	0.101	0.117	0.143	0.144	0.1
銅仁	0.347	0.17	0.111	0.106	0.119	0.105	0.107	0.129	0.306	0.101
昆明	0.263	0.177	0.193	0.127	0.258	0.151	0.362	0.512	0.141	0.375
曲靖	0.494	0.13	0.143	0.12	0.169	0.109	0.148	0.198	0.1	0.1
玉溪	0.388	0.116	0.124	0.129	0.116	0.108	0.14	0.141	0.1	0.1
保山	0.278	0.109	0.107	0.106	0.116	0.105	0.119	0.112	0.1	0.107
昭通	0.375	0.112	0.113	0.107	0.118	0.102	0.121	0.134	0.103	0.1
麗江	0.328	0.112	0.105	0.122	0.222	0.124	0.107	0.115	0.1	0.129
普洱	0.373	0.115	0.111	0.112	0.137	0.102	0.11	0.121	0.123	0.102
臨滄	0.398	0.104	0.106	0.11	0.112	0.103	0.108	0.107	0.1	0.101
拉薩	0.292	0.105	0.102	1	0.192	1	1	0.106	0.1	0.121
西安	0.31	0.271	0.265	0.123	0.223	0.159	0.573	0.465	0.1	0.354
銅川	0.493	0.108	0.113	0.11	0.131	0.151	0.126	0.118	0.1	0.1
寶雞	0.488	0.146	0.133	0.116	0.148	0.135	0.183	0.161	0.1	0.1
咸陽	0.41	0.162	0.126	0.124	0.152	0.124	0.174	0.161	0.1	0.1
渭南	0.471	0.16	0.146	0.127	0.124	0.105	0.193	0.185	0.106	0.1
延安	0.532	0.138	0.127	0.107	0.176	0.115	0.11	0.181	0.1	0.101
漢中	0.425	0.144	0.122	0.108	0.131	0.109	0.114	0.157	0.1	0.1
榆林	0.394	0.138	0.144	0.119	0.141	0.111	0.134	0.158	0.1	0.111
安康	0.446	0.138	0.125	0.108	0.104	0.107	0.13	0.147	0.202	0.1

表 4.5.2 2015 年度城市基礎設施競爭力三級指標分值（續 1）

城市	房價收入比（逆）	地區客運總量	地區貨運總量	人均鋪路面積	每萬人擁有公共汽、電車數	每萬人擁有出租車數	年末實有鋪裝道路面積	路網設施指數	港口設施指數	航空設施指數
商洛	0.472	0.118	0.103	0.105	0.112	0.104	0.108	0.111	0.1	0.1
蘭州	0.245	0.121	0.135	0.122	0.195	0.183	0.293	0.193	0.1	0.15
嘉峪關	0.432	0.124	0.117	0.137	0.15	0.23	0.121	0.143	0.1	0.103
金昌	0.64	0.105	0.109	0.138	0.155	0.145	0.126	0.114	0.1	0.1
白銀	0.324	0.132	0.144	0.124	0.15	0.15	0.138	0.17	0.1	0.1
天水	0.29	0.129	0.11	0.107	0.122	0.126	0.136	0.13	0.1	0.1
武威	0.328	0.121	0.109	0.104	0.122	0.124	0.117	0.135	0.1	0.1
張掖	0.329	0.119	0.11	0.114	0.128	0.142	0.123	0.118	0.1	0.1
平涼	0.311	0.114	0.116	0.12	0.137	0.117	0.133	0.144	0.1	0.1
酒泉	0.395	0.134	0.109	0.12	0.163	0.13	0.126	0.125	0.1	0.103
慶陽	0.292	0.116	0.115	0.115	0.18	0.115	0.116	0.122	0.1	0.1
定西	0.1	0.122	0.114	0.108	0.108	0.105	0.111	0.126	0.1	0.1
隴南	1	0.118	0.108	0.101	0.102	0.109	0.1	0.135	0.1	0.1
西寧	0.269	0.124	0.111	0.112	0.234	0.204	0.155	0.143	0.1	0.113
海東	0.408	0.12	0.111	0.103	0.113	0.108	0.1	0.1	0.1	0.1
銀川	0.315	0.118	0.15	0.134	0.267	0.21	0.22	0.182	0.1	0.123
石嘴山	0.487	0.112	0.128	0.131	0.128	0.197	0.145	0.159	0.101	0.1
吳忠	0.347	0.12	0.126	0.123	0.18	0.132	0.129	0.141	0.1	0.1
固原	0.368	0.113	0.114	0.115	0.125	0.188	0.121	0.122	0.1	0.1
中衛	0.361	0.113	0.107	0.125	0.194	0.169	0.132	0.114	0.114	0.101
烏魯木齊	0.229	0.124	0.166	0.121	0.243	0.251	0.293	0.244	0.1	0.177
克拉瑪依	0.484	0.103	0.111	0.149	0.219	0.273	0.16	0.114	0.1	0.101
香港	0.145	0.118	0.142	0.11	0.319	0.21	0.365	0.19	0.587	0.779
澳門	0.145	0.104	0.1	0.11	0.196	0.176	0.134	0.1	0.103	0.112
新北	0.368	0.231	0.134	0.119	0.225	0.21	0.368	0.294	0.1	0.18
臺北	0.368	0.188	0.123	0.114	0.225	0.21	0.244	0.231	0.125	0.587
台中	0.368	0.167	0.117	0.127	0.225	0.21	0.294	0.199	0.1	0.1
台南	0.368	0.189	0.123	0.143	0.225	0.21	0.505	0.232	0.873	0.111
高雄	0.368	0.163	0.116	0.164	0.225	0.21	0.508	0.192	0.1	0.102
桃園	0.368	0.115	0.104	0.168	0.225	0.21	0.203	0.121	0.1	0.1
基隆	0.368	0.113	0.103	0.134	0.225	0.21	0.141	0.117	0.165	0.1
新竹	0.368	0.114	0.103	0.122	0.225	0.21	0.129	0.119	0.1	0.1
嘉義	0.368	0.109	0.102	0.169	0.225	0.21	0.16	0.112	0.1	0.1

表 4.5.3 2015 年度城市基礎設施競爭力三級指標分值（續 2）

城市	郵政網點設施指數	市民郵政消費	市民通信消費	固定電話使用者普及率	移動電話普及率	互聯網用戶普及率	電氣水生產供應從業人數	建築業從業人數	交通倉儲郵電通信業從業人數	基礎設施從業者每萬人擁有量
北京	0.484	0.22	0.573	0.449	0.599	0.439	0.979	0.316	0.896	0.405
天津	0.61	0.19	0.289	0.29	0.296	0.271	0.552	0.252	0.292	0.29
石家莊	0.273	0.178	0.24	0.21	0.311	0.345	0.34	0.141	0.186	0.186
唐山	0.281	0.14	0.238	0.25	0.36	0.338	0.36	0.142	0.156	0.207
秦皇島	0.361	0.138	0.254	0.284	0.396	0.36	0.227	0.117	0.145	0.249
邯鄲	0.246	0.124	0.183	0.153	0.209	0.244	0.374	0.17	0.138	0.215
邢臺	0.268	0.122	0.182	0.184	0.169	0.251	0.291	0.126	0.115	0.156
保定	0.274	0.146	0.218	0.221	0.317	0.306	0.332	0.239	0.131	0.281
張家口	0.38	0.133	0.207	0.195	0.228	0.255	0.254	0.112	0.116	0.158
承德	0.382	0.132	0.209	0.174	0.236	0.256	0.177	0.116	0.116	0.18
滄州	0.324	0.141	0.2	0.223	0.258	0.252	0.256	0.132	0.122	0.168
廊坊	0.326	0.173	0.268	0.286	0.379	0.352	0.218	0.125	0.108	0.183
衡水	0.321	0.132	0.182	0.244	0.224	0.273	0.216	0.119	0.116	0.174
太原	0.389	0.16	0.35	0.341	0.644	0.517	0.348	0.19	0.139	0.423
大同	0.414	0.137	0.217	0.202	0.341	0.299	0.222	0.111	0.115	0.171
陽泉	0.547	0.141	0.262	0.214	0.403	0.381	0.183	0.109	0.11	0.245
長治	0.356	0.124	0.214	0.181	0.275	0.298	0.208	0.108	0.114	0.155
晉城	0.507	0.125	0.233	0.23	0.329	0.304	0.192	0.107	0.115	0.182

表 4.5.3 2015 年度城市基礎設施競爭力三級指標分值（續 2）

城市	郵政網點設施指數	市民郵政消費	市民通信消費	固定電話使用者普及率	移動電話普及率	互聯網用戶普及率	電氣水生產供應從業人數	建築業從業人數	交通倉儲郵電通信業從業人數	基礎設施從業者每萬人擁有量
朔州	0.409	0.128	0.212	0.157	0.278	0.238	0.208	0.111	0.103	0.214
晉中	0.456	0.129	0.222	0.244	0.277	0.315	0.206	0.113	0.114	0.175
運城	0.388	0.122	0.202	0.203	0.237	0.257	0.19	0.108	0.111	0.128
忻州	0.597	0.132	0.199	0.246	0.28	0.246	0.173	0.108	0.113	0.156
臨汾	0.384	0.124	0.23	0.181	0.295	0.296	0.201	0.109	0.139	0.168
呂梁	0.361	0.125	0.201	0.176	0.253	0.263	0.142	0.104	0.122	0.135
呼和浩特	0.415	0.18	0.351	0.319	0.486	0.301	0.321	0.121	0.142	0.284
包頭	0.407	0.119	0.264	0.224	0.522	0.294	0.248	0.129	0.113	0.276
烏海	0.691	0.137	0.199	0.288	0.734	0.585	0.161	0.11	0.101	0.402
赤峰	0.692	0.118	0.205	0.175	0.305	0.212	0.233	0.12	0.118	0.183
通遼	0.454	0.115	0.31	0.15	0.437	0.212	0.207	0.109	0.109	0.161
鄂爾多斯	0.648	0.712	0.327	0.174	0.566	0.22	0.247	0.105	0.118	0.204
呼倫貝爾	0.718	0.125	0.155	0.227	0.452	0.296	0.28	0.111	0.13	0.239
巴彥淖爾	0.783	0.121	0.194	0.208	0.429	0.253	0.177	0.107	0.106	0.188
烏蘭察布	0.796	0.123	0.258	0.175	0.294	0.22	0.218	0.102	0.109	0.157
瀋陽	0.324	0.179	0.334	0.37	0.441	0.345	0.457	0.239	0.241	0.397
大連	0.399	0.184	0.34	0.406	0.475	0.351	0.267	0.182	0.189	0.304
鞍山	0.35	0.141	0.243	0.306	0.341	0.33	0.228	0.148	0.148	0.336
撫順	0.442	0.14	0.237	0.329	0.341	0.344	0.233	0.132	0.113	0.343
本溪	0.453	0.139	0.222	0.281	0.282	0.356	0.185	0.13	0.112	0.367
丹東	0.443	0.142	0.231	0.364	0.283	0.31	0.219	0.13	0.116	0.303
錦州	0.384	0.131	0.213	0.321	0.304	0.335	0.267	0.129	0.121	0.267
營口	0.353	0.136	0.252	0.291	0.34	0.325	0.178	0.124	0.131	0.289
阜新	0.421	0.124	0.214	0.304	0.342	0.347	0.181	0.115	0.104	0.232
遼陽	0.377	0.155	0.23	0.288	0.333	0.332	0.136	0.114	0.105	0.213
盤錦	0.573	0.174	0.258	0.287	0.392	0.305	0.149	0.128	0.105	0.372
鐵嶺	0.495	0.135	0.205	0.233	0.273	0.261	0.185	0.115	0.107	0.19
朝陽	0.581	0.14	0.202	0.28	0.269	0.262	0.195	0.129	0.108	0.242
葫蘆島	0.469	0.145	0.209	0.266	0.295	0.287	0.165	0.126	0.108	0.244
長春	0.331	0.132	0.257	0.288	0.353	0.31	0.793	0.176	0.161	0.296
吉林	0.382	0.131	0.208	0.259	0.266	0.304	0.277	0.123	0.121	0.197
四平	0.38	0.131	0.183	0.198	0.247	0.23	0.183	0.109	0.125	0.169
遼源	0.468	0.136	0.196	0.256	0.269	0.264	0.145	0.107	0.102	0.201
通化	0.518	0.14	0.193	0.272	0.221	0.279	0.199	0.115	0.109	0.216
白山	0.516	0.155	0.2	0.338	0.256	0.286	0.181	0.106	0.104	0.203
松原	0.385	0.125	0.182	0.185	0.24	0.21	0.183	0.111	0.107	0.163
白城	0.478	0.129	0.187	0.235	0.253	0.265	0.155	0.106	0.106	0.158
哈爾濱	0.392	0.14	0.278	0.292	0.364	0.296	0.822	0.167	0.239	0.263
齊齊哈爾	0.1	0.124	0.198	0.201	0.214	0.21	0.241	0.111	0.165	0.184
雞西	0.651	0.156	0.207	0.248	0.311	0.266	0.162	0.106	0.107	0.169
鶴崗	0.676	0.139	0.232	0.209	0.367	0.265	0.139	0.105	0.11	0.223
雙鴨山	0.771	0.15	0.209	0.226	0.362	0.283	0.17	0.105	0.107	0.189
大慶	0.585	0.157	0.283	0.248	0.507	0.319	0.401	0.127	0.119	0.296
伊春	0.747	0.444	0.217	0.226	0.218	0.707	0.165	0.103	0.104	0.176
佳木斯	0.81	0.137	0.21	0.214	0.305	0.273	0.165	0.114	0.109	0.188
七台河	0.455	0.128	0.208	0.201	0.381	0.26	0.12	0.101	0.103	0.143
牡丹江	0.697	0.147	0.183	0.225	0.264	0.307	0.208	0.112	0.109	0.182
黑河	0.734	0.133	0.248	0.201	0.206	0.26	0.172	0.103	0.116	0.188
綏化	0.467	0.125	0.109	0.205	0.1	0.204	0.18	0.112	0.114	0.136
上海	0.299	0.192	0.44	0.402	0.482	0.384	0.628	0.283	1	0.359
南京	0.295	0.311	0.355	0.415	0.433	0.452	0.287	0.342	0.283	0.565
無錫	0.292	0.266	0.362	0.397	0.452	0.398	0.232	0.158	0.142	0.24
徐州	0.342	0.153	0.216	0.241	0.274	0.261	0.293	0.26	0.16	0.36
常州	0.383	0.255	0.325	0.386	0.39	0.409	0.177	0.159	0.125	0.277
蘇州	0.306	0.368	0.431	0.382	0.512	0.446	0.237	0.184	0.181	0.227
南通	0.48	0.216	0.254	0.385	0.288	0.324	0.208	0.622	0.137	0.998
連雲港	0.364	0.155	0.217	0.283	0.252	0.294	0.186	0.155	0.116	0.271
淮安	0.419	0.153	0.205	0.25	0.228	0.25	0.195	0.184	0.126	0.338

表 4.5.3 2015 年度城市基礎設施競爭力三級指標分值（續 2）

城市	郵政網點設施指數	市民郵政消費	市民通信消費	固定電話使用者普及率	移動電話普及率	互聯網用戶普及率	電氣水生產供應從業人數	建築業從業人數	交通倉儲郵電通信業從業人數	基礎設施從業者每萬人擁有量
鹽城	0.38	0.15	0.21	0.277	0.244	0.262	0.206	0.234	0.133	0.346
揚州	0.478	0.201	0.261	0.363	0.324	0.331	0.177	0.334	0.13	0.772
鎮江	0.404	0.197	0.262	0.371	0.343	0.354	0.191	0.125	0.116	0.225
泰州	0.438	0.181	0.238	0.345	0.262	0.314	0.172	0.312	0.108	0.667
宿遷	0.348	0.195	0.204	0.222	0.237	0.242	0.144	0.206	0.108	0.372
杭州	0.369	0.165	0.434	0.42	0.666	0.614	0.311	0.486	0.248	0.713
寧波	0.423	0.154	0.369	0.429	0.603	0.538	0.29	0.254	0.177	0.394
溫州	0.245	0.134	0.323	0.31	0.466	0.446	0.309	0.222	0.145	0.286
嘉興	0.391	0.139	0.408	0.378	0.44	0.488	0.222	0.114	0.123	0.166
湖州	0.33	0.1	0.283	0.377	0.452	0.473	0.17	0.161	0.125	0.402
紹興	0.373	0.141	0.294	0.404	0.508	0.466	0.228	0.455	0.117	1
金華	0.432	0.172	0.329	0.344	0.695	0.508	0.181	0.313	0.13	0.604
衢州	0.354	0.13	0.228	0.289	0.317	0.372	0.15	0.109	0.107	0.172
舟山	0.518	0.15	0.335	0.465	0.502	0.523	0.147	0.111	0.12	0.316
台州	0.299	0.147	0.3	0.301	0.442	0.435	0.199	0.266	0.122	0.452
麗水	1	0.141	0.25	0.282	0.512	0.384	0.178	0.105	0.105	0.153
合肥	0.306	0.135	0.277	0.283	0.307	0.282	0.405	0.353	0.184	0.57
蕪湖	0.402	0.13	0.239	0.249	0.237	0.32	0.163	0.132	0.136	0.255
蚌埠	0.328	0.126	0.208	0.219	0.213	0.254	0.155	0.127	0.118	0.228
淮南	0.348	0.122	0.211	0.251	0.195	0.282	0.294	0.111	0.115	0.227
馬鞍山	0.384	0.131	0.229	0.304	0.234	0.307	0.147	0.116	0.11	0.214
淮北	0.29	0.122	0.195	0.228	0.243	0.275	0.145	0.114	0.106	0.201
銅陵	0.472	0.143	0.259	0.316	0.333	0.41	0.124	0.115	0.105	0.417
安慶	0.399	0.134	0.184	0.232	0.186	0.23	0.195	0.121	0.114	0.158
黃山	0.687	0.132	0.386	0.239	0.242	0.298	0.12	0.108	0.104	0.186
滁州	0.45	0.119	0.21	0.221	0.206	0.246	0.138	0.107	0.109	0.126
阜陽	0.296	0.128	0.168	0.151	0.143	0.439	0.19	0.112	0.122	0.126
宿州	0.31	0.127	0.177	0.156	0.174	0.199	0.149	0.131	0.114	0.175
六安	0.368	0.118	0.176	0.173	0.181	0.194	0.191	0.12	0.131	0.165
亳州	0.349	0.128	0.172	0.139	0.175	0.181	0.132	0.108	0.116	0.126
池州	0.548	0.136	0.205	0.251	0.222	0.27	0.119	0.108	0.105	0.19
宣城	0.514	0.123	0.212	0.258	0.219	0.273	0.22	0.103	0.129	0.187
福州	0.379	0.142	0.345	0.338	0.44	0.46	0.255	0.287	0.166	0.454
廈門	0.313	0.354	0.446	0.502	0.638	0.593	0.166	0.273	0.184	0.77
莆田	0.287	0.237	0.258	0.284	0.338	0.673	0.144	0.165	0.106	0.39
三明	0.716	0.163	0.242	0.263	0.355	0.383	0.204	0.112	0.113	0.2
泉州	0.331	0.261	0.318	0.333	0.486	0.434	0.257	0.253	0.133	0.341
漳州	0.347	0.133	0.254	0.248	0.365	0.358	0.197	0.14	0.121	0.22
南平	0.751	0.152	0.236	0.273	0.322	0.356	0.166	0.112	0.117	0.193
龍岩	0.539	0.135	0.254	0.247	0.394	0.324	0.181	0.12	0.119	0.239
寧德	0.523	0.138	0.264	0.243	0.381	0.383	0.213	0.119	0.116	0.22
南昌	0.368	0.197	0.277	0.294	0.433	0.4	0.272	0.304	0.188	0.669
景德鎮	0.389	0.121	0.201	0.205	0.252	0.299	0.134	0.11	0.107	0.205
萍鄉	0.396	0.126	0.196	0.197	0.258	0.271	0.136	0.112	0.105	0.196
九江	0.497	0.12	0.198	0.221	0.2	0.265	0.207	0.134	0.118	0.205
新餘	0.567	0.146	0.243	0.213	0.27	0.321	0.129	0.108	0.104	0.212
鷹潭	0.402	0.143	0.192	0.22	0.221	0.288	0.125	0.114	0.113	0.318
贛州	0.46	0.122	0.179	0.196	0.164	0.272	0.202	0.118	0.122	0.132
吉安	0.494	0.138	0.165	0.161	0.151	0.227	0.174	0.117	0.124	0.162
宜春	0.399	0.128	0.153	0.165	0.16	0.188	0.179	0.117	0.125	0.156
撫州	0.506	0.125	0.17	0.131	0.147	0.215	0.152	0.156	0.123	0.297
上饒	0.396	0.118	0.186	0.172	0.118	0.209	0.181	0.135	0.109	0.165
濟南	0.369	0.133	0.268	0.304	0.671	0.434	0.278	0.279	0.165	0.455
青島	0.312	0.139	0.292	0.31	0.512	0.438	0.329	0.163	0.217	0.246
淄博	0.368	0.129	0.242	0.222	0.434	0.344	0.316	0.228	0.116	0.473
棗莊	0.331	0.122	0.348	0.226	0.297	0.296	0.184	0.151	0.113	0.28
東營	0.454	0.132	0.277	0.3	0.573	0.413	0.14	0.133	0.106	0.306
煙臺	0.441	0.133	0.237	0.289	0.421	0.349	0.288	0.133	0.163	0.203

表 4.5.3 2015 年度城市基礎設施競爭力三級指標分值（續 2）

城市	郵政網點設施指數	市民郵政消費	市民通信消費	固定電話使用者普及率	移動電話普及率	互聯網用戶普及率	電氣水生產供應從業人數	建築業從業人數	交通倉儲郵電通信業從業人數	基礎設施從業者每萬人擁有量
濰坊	0.355	0.124	0.212	0.234	0.342	0.834	0.268	0.153	0.138	0.187
濟寧	0.337	0.129	0.194	0.173	0.252	0.235	0.311	0.162	0.126	0.209
泰安	0.315	0.138	0.198	0.228	0.38	0.271	0.228	0.177	0.121	0.289
威海	0.418	0.147	0.25	0.294	0.368	0.463	0.224	0.118	0.118	0.226
日照	0.337	0.118	0.197	0.213	0.357	0.306	0.147	0.124	0.131	0.253
萊蕪	0.396	0.133	0.195	0.222	0.341	0.319	0.135	0.11	0.108	0.231
臨沂	0.319	0.133	0.197	0.167	0.323	0.269	0.264	0.178	0.142	0.209
德州	0.461	0.131	0.19	0.174	0.278	0.227	0.229	0.128	0.123	0.18
聊城	0.355	0.13	0.17	0.178	0.207	0.238	0.207	0.119	0.128	0.16
濱州	0.392	0.142	0.177	0.244	0.363	0.285	0.224	0.123	0.112	0.197
菏澤	0.288	0.135	0.184	0.133	0.257	0.208	0.232	0.135	0.12	0.159
鄭州	0.329	0.132	0.337	0.313	0.497	0.398	0.453	0.261	0.189	0.37
開封	0.325	0.123	0.198	0.159	0.212	0.256	0.167	0.149	0.117	0.242
洛陽	0.347	0.132	0.225	0.229	0.317	0.38	0.247	0.148	0.137	0.216
平頂山	0.323	0.135	0.189	0.16	0.225	0.227	0.446	0.122	0.117	0.2
安陽	0.303	0.136	0.209	0.199	0.309	0.279	0.191	0.2	0.117	0.355
鶴壁	0.237	0.122	0.181	0.231	0.211	0.317	0.132	0.113	0.103	0.214
新鄉	0.335	0.148	0.203	0.209	0.339	0.284	0.22	0.204	0.117	0.339
焦作	0.387	0.125	0.23	0.202	0.265	0.276	0.197	0.122	0.144	0.239
濮陽	0.339	0.135	0.231	0.148	0.279	0.22	0.18	0.146	0.108	0.27
許昌	0.322	0.128	0.187	0.186	0.237	0.25	0.17	0.125	0.109	0.181
漯河	0.306	0.127	0.18	0.136	0.207	0.23	0.132	0.113	0.106	0.171
三門峽	0.412	0.155	0.197	0.169	0.302	0.794	0.172	0.11	0.109	0.183
南陽	0.334	0.133	0.17	0.137	0.155	0.2	0.286	0.172	0.137	0.202
商丘	0.345	0.136	0.176	0.165	0.247	0.212	0.193	0.145	0.124	0.186
信陽	0.398	0.125	0.182	0.155	0.167	0.19	0.245	0.161	0.123	0.236
周口	0.287	0.129	0.161	0.137	0.159	0.186	0.215	0.152	0.12	0.178
駐馬店	0.35	0.13	0.165	0.115	0.211	0.189	0.228	0.172	0.128	0.245
武漢	0.332	0.142	0.333	0.335	0.613	0.584	0.282	0.334	0.229	0.435
黃石	0.328	0.138	0.22	0.229	0.303	0.319	0.139	0.131	0.111	0.276
十堰	0.481	0.126	0.182	0.2	0.251	0.371	0.243	0.14	0.115	0.283
宜昌	0.398	0.127	0.216	0.214	0.327	0.309	0.278	0.153	0.164	0.345
襄陽	0.383	0.126	0.194	0.196	0.227	0.249	0.231	0.169	0.122	0.273
鄂州	0.41	0.183	0.214	0.257	0.296	0.303	0.125	0.119	0.104	0.352
荊門	0.36	0.129	0.196	0.189	0.206	0.277	0.224	0.123	0.116	0.241
孝感	0.333	0.134	0.175	0.177	0.198	0.238	0.194	0.185	0.122	0.336
荊州	0.357	0.133	0.192	0.185	0.203	0.278	0.173	0.133	0.118	0.181
黃岡	0.308	0.12	0.163	0.197	0.162	0.22	0.205	0.16	0.112	0.225
咸寧	0.381	0.124	0.188	0.223	0.301	0.284	0.141	0.116	0.109	0.199
隨州	0.343	0.132	0.19	0.221	0.415	0.291	0.115	0.111	0.104	0.164
長沙	0.411	0.211	0.34	0.318	0.56	0.366	0.173	0.206	0.168	0.316
株洲	0.329	0.139	0.238	0.238	0.256	0.301	0.168	0.144	0.109	0.246
湘潭	0.381	0.126	0.245	0.195	0.336	0.239	0.14	0.156	0.107	0.357
衡陽	0.32	0.127	0.185	0.176	0.149	0.217	0.19	0.157	0.116	0.202
邵陽	0.35	0.123	0.176	0.156	0.14	0.176	0.203	0.134	0.118	0.166
岳陽	0.326	0.122	0.203	0.182	0.225	0.213	0.165	0.148	0.115	0.213
常德	0.424	0.124	0.191	0.167	0.167	0.225	0.161	0.149	0.111	0.206
張家界	0.521	0.132	0.24	0.179	0.173	0.269	0.122	0.107	0.103	0.165
益陽	0.369	0.131	0.18	0.152	0.153	0.223	0.139	0.127	0.107	0.176
郴州	0.365	0.14	0.206	0.186	0.203	0.229	0.234	0.123	0.11	0.176
永州	0.337	0.121	0.157	0.129	0.113	0.183	0.181	0.125	0.111	0.163
懷化	0.492	0.123	0.196	0.159	0.182	0.2	0.23	0.116	0.116	0.159
婁底	0.273	0.121	0.201	0.156	0.2	0.24	0.141	0.126	0.111	0.193
廣州	0.267	0.522	0.534	0.465	0.974	0.895	0.474	0.231	0.568	0.391
韶關	0.503	0.142	0.216	0.364	0.316	0.309	0.223	0.139	0.112	0.299
深圳	0.763	1	0.681	0.497	0.95	0.646	0.302	0.293	0.383	0.441
珠海	0.484	0.18	0.497	0.549	0.864	0.657	0.154	0.141	0.129	0.518
汕頭	0.213	0.118	0.271	0.3	0.385	0.33	0.191	0.17	0.118	0.269

表 4.5.3 2015 年度城市基礎設施競爭力三級指標分值（續 2）

城市	郵政網點設施指數	市民郵政消費	市民通信消費	固定電話使用者普及率	移動電話普及率	互聯網用戶普及率	電氣水生產供應從業人數	建築業從業人數	交通倉儲郵電通信業從業人數	基礎設施從業者每萬人擁有量
佛山	0.419	0.178	0.423	0.445	0.704	0.528	0.253	0.132	0.146	0.182
江門	0.338	0.174	0.296	0.35	0.477	0.348	0.195	0.124	0.124	0.191
湛江	0.271	0.136	0.266	0.164	0.296	0.233	0.2	0.148	0.135	0.2
茂名	0.291	0.131	0.238	0.186	0.166	0.216	0.216	0.153	0.115	0.219
肇慶	0.381	0.141	0.256	0.219	0.329	0.917	0.16	0.111	0.115	0.147
惠州	0.409	0.122	0.321	0.327	0.459	0.414	0.195	0.114	0.125	0.16
梅州	0.426	0.14	0.178	0.205	0.263	0.231	0.217	0.118	0.11	0.168
汕尾	0.248	0.124	0.221	0.19	0.175	0.19	0.144	0.103	0.104	0.117
河源	0.435	0.12	0.2	0.219	0.145	0.228	0.158	0.105	0.11	0.134
陽江	0.303	0.138	0.225	0.243	0.26	0.262	0.139	0.128	0.109	0.254
清遠	0.38	0.129	0.252	0.194	0.253	0.241	0.187	0.11	0.11	0.146
東莞	0.75	0.146	0.438	0.419	0.873	0.448	0.193	0.119	0.141	0.144
中山	0.479	0.315	0.48	0.404	0.763	0.523	0.173	0.116	0.119	0.193
潮州	0.273	0.121	0.223	0.284	0.293	0.298	0.2	0.106	0.106	0.149
揭陽	0.228	0.1	0.1	0.237	0.246	0.268	0.189	0.122	0.106	0.146
雲浮	0.391	0.448	0.113	0.214	0.135	0.592	0.137	0.107	0.103	0.142
南寧	0.349	0.139	0.248	0.215	0.351	0.405	0.207	0.198	0.156	0.31
柳州	0.352	0.12	0.21	0.19	0.271	0.326	0.2	0.179	0.126	0.386
桂林	0.432	0.122	0.194	0.193	0.228	0.287	0.237	0.129	0.116	0.193
梧州	0.315	0.121	0.198	0.171	0.156	0.232	0.169	0.104	0.108	0.134
北海	0.289	0.122	0.223	0.211	0.339	0.328	0.128	0.107	0.105	0.169
防城港	0.415	0.128	0.231	0.207	0.317	0.309	0.127	0.107	0.111	0.275
欽州	0.296	0.122	0.169	0.161	0.146	0.21	0.136	0.123	0.108	0.197
貴港	0.257	0.126	0.159	0.163	0.134	0.199	0.147	0.107	0.105	0.123
玉林	0.267	0.122	0.166	0.179	0.146	0.205	0.177	0.12	0.115	0.153
百色	0.521	0.117	0.175	0.158	0.169	0.214	0.202	0.106	0.11	0.139
賀州	0.405	0.116	0.163	0.138	0.152	0.214	0.145	0.1	0.102	0.114
河池	0.51	0.121	0.17	0.146	0.159	0.209	0.18	0.104	0.109	0.13
來賓	0.417	0.118	0.17	0.137	0.175	0.206	0.168	0.106	0.103	0.151
崇左	0.466	0.128	0.183	0.145	0.214	0.199	0.151	0.101	0.104	0.124
海口	0.336	0.154	0.372	0.332	0.678	0.427	0.14	0.126	0.145	0.347
三亞	0.499	0.137	0.249	0.374	0.59	0.357	0.118	0.102	0.106	0.188
重慶	0.601	0.156	0.224	0.248	0.254	0.328	1	1	0.619	0.555
成都	0.384	0.131	0.317	0.335	0.598	0.341	0.712	0.541	0.461	0.604
自貢	0.662	0.139	0.189	0.214	0.207	0.247	0.137	0.125	0.114	0.232
攀枝花	0.437	0.129	0.256	0.316	0.357	0.361	0.17	0.133	0.107	0.491
瀘州	0.585	0.132	0.2	0.177	0.238	0.22	0.155	0.163	0.117	0.297
德陽	0.549	0.136	0.222	0.201	0.288	0.294	0.14	0.132	0.112	0.225
綿陽	0.892	0.131	0.224	0.218	0.343	0.286	0.228	0.139	0.112	0.22
廣元	0.989	0.13	0.205	0.213	0.284	0.242	0.139	0.106	0.105	0.139
遂寧	0.446	0.124	0.16	0.156	0.168	0.194	0.155	0.127	0.103	0.204
內江	0.606	0.121	0.119	0.185	0.181	0.194	0.133	0.126	0.104	0.186
樂山	0.687	0.124	0.21	0.25	0.297	0.269	0.207	0.113	0.11	0.171
南充	0.843	0.132	0.175	0.172	0.173	0.217	0.263	0.143	0.114	0.197
眉山	0.827	0.126	0.188	0.197	0.255	0.226	0.137	0.116	0.105	0.173
宜賓	0.595	0.127	0.192	0.185	0.245	0.217	0.234	0.126	0.114	0.192
廣安	0.503	0.132	0.174	0.161	0.188	0.196	0.16	0.105	0.104	0.126
達州	0.783	0.128	0.172	0.165	0.168	0.19	0.243	0.142	0.111	0.206
雅安	0.544	0.117	0.206	0.195	0.271	0.257	0.16	0.104	0.102	0.159
巴中	0.9	0.13	0.16	0.168	0.138	0.161	0.171	0.147	0.109	0.287
資陽	0.976	0.139	0.167	0.153	0.188	0.194	0.138	0.13	0.108	0.21
貴陽	0.46	0.139	0.309	0.276	0.63	0.379	0.866	0.228	0.151	0.589
六盤水	0.454	0.119	0.195	0.165	0.322	0.189	0.175	0.106	0.103	0.137
遵義	0.523	0.127	0.206	0.169	0.284	0.205	0.2	0.12	0.114	0.147
安順	0.431	0.117	0.184	0.144	0.223	0.193	0.138	0.104	0.104	0.132
畢節	0.266	0.111	0.165	0.113	0.121	0.592	0.214	0.103	0.107	0.109
銅仁	0.436	0.125	0.186	0.13	0.165	0.182	0.161	0.103	0.104	0.122
昆明	0.505	0.128	0.344	0.299	0.499	0.371	0.283	0.263	0.238	0.504

表 4.5.3 2015 年度城市基礎設施競爭力三級指標分值（續 2）

城市	郵政網點設施指數	市民郵政消費	市民通信消費	固定電話使用者普及率	移動電話普及率	互聯網用戶普及率	電氣水生產供應從業人數	建築業從業人數	交通倉儲郵電通信業從業人數	基礎設施從業者每萬人擁有量
曲靖	0.34	0.111	0.314	0.118	0.226	0.183	0.243	0.144	0.114	0.205
玉溪	0.388	0.113	0.182	0.139	0.296	0.255	0.155	0.121	0.105	0.229
保山	0.415	0.109	0.135	0.118	0.221	0.179	0.136	0.12	0.103	0.203
昭通	0.333	0.11	0.164	0.1	0.14	0.145	0.175	0.107	0.104	0.116
麗江	0.588	0.119	0.125	0.177	0.246	0.227	0.145	0.105	0.103	0.174
普洱	0.528	0.111	0.193	0.163	0.259	0.193	0.154	0.111	0.104	0.164
臨滄	0.385	0.111	0.174	0.133	0.22	0.176	0.136	0.11	0.103	0.156
拉薩	0.795	0.132	0.115	0.413	0.634	0.1	0.18	0.114	0.125	0.7
西安	0.387	0.19	0.358	0.397	1	0.517	0.34	0.276	0.263	0.442
銅川	0.541	0.137	0.133	0.205	0.364	0.259	0.119	0.104	0.102	0.184
寶雞	0.466	0.141	0.201	0.223	0.306	0.254	0.185	0.121	0.123	0.198
咸陽	0.35	0.123	0.197	0.178	0.284	0.255	0.193	0.14	0.11	0.208
渭南	0.49	0.122	0.192	0.188	0.262	0.203	0.215	0.123	0.114	0.167
延安	0.645	0.131	0.135	0.21	0.432	0.258	0.174	0.112	0.113	0.205
漢中	0.508	0.145	0.193	0.198	0.254	0.225	0.139	0.118	0.112	0.177
榆林	0.535	0.126	0.297	0.21	0.451	0.259	0.247	0.114	0.126	0.201
安康	0.516	0.133	0.187	0.202	0.231	0.232	0.124	0.11	0.104	0.15
商洛	0.432	0.124	0.16	0.173	0.245	0.214	0.115	0.122	0.108	0.227
蘭州	0.454	0.128	0.309	0.287	0.493	0.339	0.28	0.173	0.131	0.403
嘉峪關	0.588	0.157	0.342	0.493	0.699	0.499	0.128	0.102	0.1	0.324
金昌	0.441	0.121	0.269	0.16	0.376	0.301	0.125	0.116	0.102	0.585
白銀	0.544	0.115	0.22	0.244	0.275	0.202	0.171	0.114	0.104	0.227
天水	0.461	0.124	0.174	0.165	0.211	0.165	0.161	0.113	0.106	0.159
武威	0.505	0.115	0.197	0.169	0.195	0.182	0.145	0.117	0.106	0.236
張掖	0.794	0.119	0.195	0.27	0.319	0.255	0.168	0.109	0.104	0.24
平涼	0.6	0.111	0.194	0.149	0.243	0.184	0.152	0.109	0.102	0.165
酒泉	0.762	0.122	0.265	0.205	0.344	0.245	0.162	0.114	0.104	0.301
慶陽	0.589	0.117	0.129	0.17	0.336	0.178	0.151	0.112	0.104	0.178
定西	0.441	0.111	0.167	0.121	0.257	0.148	0.138	0.12	0.104	0.194
隴南	0.512	0.113	0.121	0.13	0.134	0.157	0.172	0.105	0.112	0.151
西寧	0.966	0.124	0.296	0.339	0.435	0.331	0.244	0.129	0.152	0.392
海東	0.273	0.11	0.17	0.135	0.297	0.147	0.101	0.101	0.1	0.108
銀川	0.512	0.128	0.385	0.295	0.622	0.351	0.314	0.119	0.118	0.306
石嘴山	0.601	0.124	0.263	0.24	0.375	0.294	0.154	0.102	0.102	0.185
吳忠	0.41	0.113	0.227	0.14	0.278	0.202	0.154	0.104	0.102	0.167
固原	0.74	0.115	0.118	0.137	0.272	0.154	0.105	0.1	0.1	0.1
中衛	0.438	0.11	0.207	0.163	0.232	0.219	0.117	0.101	0.102	0.132
烏魯木齊	0.563	0.149	0.392	0.464	0.492	0.433	0.306	0.155	0.245	0.509
克拉瑪依	0.893	0.161	0.391	0.466	0.71	0.524	0.1	0.108	0.102	0.414
香港	0.107	0.129	0.774	1	0.34	1	0.247	0.244	0.532	0.611
澳門	0.183	0.129	0.605	1	0.34	0.925	0.108	0.113	0.123	0.522
新北	0.126	0.129	1	0.586	0.222	0.521	0.194	0.136	0.158	0.281
臺北	0.138	0.129	1	0.798	0.243	0.612	0.163	0.124	0.139	0.281
台中	0.15	0.129	1	0.521	0.207	0.525	0.148	0.118	0.129	0.28
台南	0.138	0.129	1	0.555	0.201	0.464	0.163	0.124	0.139	0.28
高雄	0.154	0.129	1	0.515	0.179	0.45	0.144	0.117	0.127	0.282
桃園	0.323	0.129	1	0.456	0.196	0.386	0.11	0.104	0.105	0.283
基隆	0.375	0.129	1	0.513	0.203	0.453	0.108	0.103	0.104	0.285
新竹	0.337	0.129	1	0.6	0.228	0.64	0.109	0.103	0.105	0.28
嘉義	0.478	0.129	1	0.709	0.194	0.426	0.106	0.102	0.102	0.283

4. 6 城市社會體制競爭力三級指標分值

表 4.6.1 2015 年度城市社會體制競爭力三級指標分值

城市	失業率(逆)	基尼指數(逆)	社會保障補助支出	社會保障覆蓋率	社會服務業人力資本規模	人均社會保障補助支出	社會服務業從業者每萬人擁有量
北京	0.946	1	1	0.887	0.333	0.214	0.521
天津	0.649	0.966	0.287	0.894	0.187	0.134	0.327
石家莊	0.638	0.899	0.207	0.97	0.147	0.127	0.271
唐山	0.607	0.894	0.23	1	0.138	0.145	0.29
秦皇島	0.566	0.888	0.198	1	0.119	0.186	0.344
邯鄲	0.616	0.856	0.191	0.452	0.135	0.126	0.246
邢臺	0.755	0.866	0.246	0.557	0.124	0.154	0.228
保定	0.684	0.861	0.168	0.624	0.142	0.118	0.257
張家口	0.621	0.864	0.147	1	0.122	0.128	0.29
承德	0.575	0.86	0.164	0.833	0.118	0.149	0.295
滄州	0.755	0.869	0.167	0.641	0.129	0.124	0.253
廊坊	0.864	0.863	0.156	0.628	0.118	0.134	0.251
衡水	0.621	0.767	0.146	0.562	0.118	0.128	0.257
太原	0.728	0.899	0.196	0.802	0.134	0.16	0.405
大同	0.396	0.837	0.17	0.929	0.116	0.156	0.279
陽泉	0.804	0.897	0.125	0.79	0.107	0.148	0.292
長治	0.83	0.834	0.19	0.652	0.117	0.171	0.291
晉城	0.882	0.824	0.147	0.689	0.11	0.155	0.272
朔州	0.851	0.887	0.13	0.383	0.107	0.147	0.261
晉中	0.838	0.873	0.16	0.801	0.116	0.149	0.284
運城	0.756	0.91	0.176	1	0.122	0.139	0.262
忻州	0.788	0.909	0.17	0.853	0.115	0.161	0.279
臨汾	0.77	0.885	0.19	0.595	0.118	0.155	0.261
呂梁	0.859	0.845	0.161	0.73	0.114	0.143	0.245
呼和浩特	0.905	0.908	0.196	0.388	0.118	0.186	0.331
包頭	0.667	0.895	0.213	0.497	0.113	0.209	0.274
烏海	0.596	0.891	0.12	0.685	0.103	0.195	0.34
赤峰	0.602	0.879	0.233	0.56	0.121	0.183	0.282
通遼	0.619	0.889	0.208	0.548	0.114	0.193	0.269
鄂爾多斯	0.688	0.945	0.2	0.538	0.11	0.233	0.283
呼倫貝爾	0.612	0.891	0.224	0.892	0.118	0.231	0.374
巴彥淖爾	0.503	0.87	0.181	0.648	0.109	0.231	0.308
烏蘭察布	0.342	0.842	0.233	0.789	0.109	0.269	0.254
瀋陽	0.689	0.899	0.442	0.664	0.178	0.211	0.464
大連	0.743	0.913	0.432	0.681	0.142	0.228	0.332
鞍山	0.749	0.841	0.252	0.892	0.126	0.213	0.379
撫順	0.469	0.858	0.242	1	0.114	0.282	0.349
本溪	0.431	0.822	0.171	1	0.131	0.211	0.783
丹東	0.526	0.687	0.196	1	0.122	0.206	0.442
錦州	0.828	0.816	0.209	1	0.118	0.195	0.317
營口	0.855	0.862	0.198	0.597	0.1	0.207	0.1
阜新	0.634	0.833	0.165	0.865	0.112	0.198	0.352
遼陽	0.832	0.843	0.17	1	0.111	0.202	0.321
盤錦	0.739	0.903	0.163	0.741	0.108	0.219	0.32
鐵嶺	0.719	0.839	0.166	0.82	0.113	0.166	0.286
朝陽	0.757	0.84	0.201	0.785	0.115	0.191	0.299
葫蘆島	0.618	0.879	0.187	0.905	0.112	0.19	0.271
長春	0.552	0.921	0.279	0.584	0.152	0.162	0.358
吉林	0.672	0.84	0.239	0.898	0.124	0.185	0.311
四平	0.709	0.865	0.178	0.527	0.119	0.162	0.317
遼源	0.606	0.826	0.143	0.595	0.107	0.195	0.305
通化	0.824	0.852	0.17	0.682	0.113	0.181	0.307
白山	0.73	0.863	0.162	0.646	0.108	0.229	0.341
松原	0.754	0.883	0.152	0.472	0.114	0.148	0.282
白城	0.594	0.89	0.159	0.735	0.113	0.178	0.345
哈爾濱	0.694	0.918	0.36	0.524	0.169	0.166	0.348

表 4.6.1 2015 年度城市社會體制競爭力三級指標分值

城市	失業率(逆)	基尼指數(逆)	社會保障補助支出	社會保障覆蓋率	社會服務業人力資本規模	人均社會保障補助支出	社會服務業從業者每萬人擁有量
齊齊哈爾	0.887	0.854	0.215	0.756	0.124	0.157	0.273
雞西	0.501	0.84	0.156	1	0.106	0.181	0.223
鶴崗	0.594	0.828	0.128	0.438	0.11	0.171	0.459
雙鴨山	0.467	0.839	0.141	0.649	0.105	0.175	0.23
大慶	0.621	0.866	0.177	0.542	0.12	0.171	0.358
伊春	0.335	0.805	0.168	0.713	0.107	0.259	0.319
佳木斯	0.599	0.541	0.185	1	0.112	0.19	0.273
七台河	0.666	0.833	0.126	0.61	0.105	0.175	0.291
牡丹江	0.718	0.841	0.171	0.424	0.116	0.169	0.319
黑河	0.843	0.899	0.15	0.238	0.109	0.18	0.297
綏化	0.62	0.9	0.204	0.399	0.117	0.151	0.219
上海	0.735	0.981	0.1	1	0.277	0.1	0.38
南京	0.813	0.938	0.306	0.65	0.152	0.167	0.342
無錫	0.84	0.916	0.233	0.676	0.136	0.155	0.315
徐州	0.79	0.919	0.243	0.451	0.145	0.145	0.302
常州	0.844	0.925	0.213	0.462	0.127	0.165	0.322
蘇州	0.9	0.932	0.384	0.642	0.155	0.172	0.301
南通	0.758	0.929	0.218	0.578	0.132	0.143	0.267
連雲港	0.819	0.882	0.158	0.621	0.122	0.135	0.287
淮安	0.815	0.9	0.183	0.532	0.123	0.146	0.284
鹽城	0.851	0.906	0.213	0.506	0.132	0.142	0.27
揚州	0.76	0.918	0.161	0.407	0.12	0.137	0.273
鎮江	0.852	0.927	0.147	0.598	0.119	0.14	0.334
泰州	0.835	0.917	0.174	0.88	0.125	0.143	0.306
宿遷	0.858	0.91	0.179	0.267	0.118	0.144	0.242
杭州	0.919	0.945	0.335	0.925	0.191	0.171	0.494
寧波	0.774	0.915	0.342	1	0.154	0.185	0.37
溫州	0.93	0.913	0.173	0.565	0.146	0.121	0.292
嘉興	0.792	0.904	0.154	1	0.127	0.132	0.325
湖州	0.885	0.914	0.14	0.821	0.118	0.137	0.334
紹興	0.814	0.907	0.165	0.77	0.129	0.135	0.321
金華	0.888	0.893	0.165	0.455	0.134	0.132	0.341
衢州	0.767	0.894	0.137	0.845	0.112	0.146	0.318
舟山	0.816	0.908	0.121	1	0.11	0.149	0.427
台州	0.833	0.917	0.171	0.688	0.134	0.131	0.314
麗水	0.79	0.858	0.138	0.753	0.116	0.148	0.389
合肥	0.908	0.902	0.23	0.452	0.144	0.146	0.322
蕪湖	0.791	0.88	0.177	0.419	0.118	0.158	0.295
蚌埠	0.698	0.866	0.149	0.713	0.114	0.141	0.269
淮南	0.592	0.837	0.146	0.717	0.114	0.153	0.335
馬鞍山	0.728	0.877	0.145	0.921	0.109	0.155	0.264
淮北	0.608	0.871	0.13	0.545	0.112	0.138	0.318
銅陵	0.551	0.878	0.122	0.892	0.105	0.181	0.363
安慶	0.569	0.884	0.177	0.577	0.12	0.139	0.244
黃山	0.766	0.883	0.137	0.568	0.108	0.174	0.317
滁州	0.828	0.884	0.168	0.405	0.114	0.146	0.238
阜陽	0.863	0.911	0.223	0.407	0.124	0.143	0.218
宿州	0.786	0.904	0.151	0.552	0.12	0.125	0.237
六安	0.866	0.894	0.168	0.255	0.129	0.132	0.292
亳州	0.786	0.901	0.173	0.245	0.115	0.139	0.213
池州	0.597	0.894	0.129	0.32	0.106	0.155	0.262
宣城	0.671	0.879	0.146	0.254	0.119	0.148	0.38
福州	0.866	0.935	0.209	0.572	0.148	0.14	0.348
廈門	0.879	0.924	0.187	0.758	0.121	0.162	0.313
莆田	0.909	0.921	0.133	0.393	0.112	0.131	0.256
三明	0.859	0.893	0.136	0.7	0.114	0.139	0.316
泉州	0.939	0.933	0.178	0.337	0.124	0.125	0.209
漳州	0.88	0.904	0.162	0.579	0.119	0.134	0.244
南平	0.709	0.886	0.141	0.771	0.116	0.142	0.334

表 4.6.1 2015 年度城市社會體制競爭力三級指標分值

城市	失業率(逆)	基尼指數(逆)	社會保障補助支出	社會保障覆蓋率	社會服務業人力資本規模	人均社會保障補助支出	社會服務業從業者每萬人擁有量
龍岩	0.775	0.898	0.139	0.6	0.117	0.141	0.359
寧德	0.871	0.858	0.144	0.402	0.115	0.141	0.307
南昌	0.692	0.904	0.211	0.486	0.135	0.157	0.357
景德鎮	0.73	0.856	0.147	0.774	0.108	0.178	0.288
萍鄉	0.815	0.843	0.15	0.593	0.109	0.171	0.281
九江	0.934	0.853	0.197	0.512	0.121	0.155	0.272
新餘	0.53	0.9	0.127	0.751	0.105	0.163	0.255
鷹潭	0.639	0.878	0.128	0.461	0.104	0.165	0.235
贛州	0.746	0.931	0.27	0.48	0.135	0.154	0.258
吉安	0.55	0.85	0.185	0.465	0.117	0.147	0.236
宜春	0.521	0.906	0.213	0.687	0.122	0.156	0.251
撫州	0.753	0.909	0.17	0.352	0.114	0.148	0.235
上饒	0.642	0.859	0.2	0.594	0.124	0.14	0.237
濟南	0.828	0.93	0.253	0.593	0.157	0.158	0.407
青島	0.779	0.947	0.279	0.788	0.148	0.153	0.305
淄博	0.774	0.899	0.189	1	0.133	0.152	0.375
棗莊	0.837	0.9	0.156	0.442	0.12	0.139	0.3
東營	0.885	0.935	0.142	0.614	0.109	0.153	0.271
煙臺	0.739	0.906	0.273	0.961	0.147	0.166	0.356
濰坊	0.745	0.911	0.202	0.956	0.15	0.13	0.309
濟寧	0.741	0.905	0.192	0.786	0.138	0.13	0.276
泰安	0.759	0.871	0.174	0.808	0.125	0.136	0.273
威海	0.916	0.922	0.178	0.936	0.12	0.174	0.376
日照	0.745	0.883	0.141	0.747	0.113	0.139	0.27
萊蕪	0.863	0.896	0.12	1	0.107	0.14	0.303
臨沂	0.855	0.907	0.231	1	0.149	0.134	0.284
德州	0.843	0.903	0.183	0.439	0.126	0.139	0.275
聊城	0.637	0.905	0.171	0.578	0.128	0.132	0.279
濱州	0.809	0.884	0.18	0.652	0.118	0.156	0.277
菏澤	0.748	0.893	0.219	0.87	0.138	0.138	0.27
鄭州	0.832	0.933	0.265	0.561	0.171	0.148	0.394
開封	0.643	0.857	0.169	0.46	0.121	0.14	0.274
洛陽	0.689	0.847	0.188	0.682	0.136	0.136	0.307
平頂山	0.726	0.897	0.173	0.823	0.123	0.14	0.275
安陽	0.726	0.838	0.153	0.755	0.124	0.128	0.282
鶴壁	0.859	0.865	0.125	0.396	0.107	0.142	0.274
新鄉	0.679	0.905	0.164	1	0.13	0.13	0.304
焦作	0.811	0.856	0.15	0.523	0.119	0.138	0.306
濮陽	0.762	0.844	0.162	0.498	0.109	0.146	0.194
許昌	0.355	0.902	0.151	0.61	0.117	0.132	0.251
漯河	0.784	0.913	0.133	0.642	0.112	0.134	0.285
三門峽	0.823	0.875	0.133	0.673	0.111	0.139	0.291
南陽	0.74	0.901	0.229	0.541	0.146	0.134	0.275
商丘	0.682	0.908	0.207	0.471	0.136	0.14	0.288
信陽	0.909	0.907	0.183	0.232	0.127	0.135	0.262
周口	0.649	0.907	0.219	0.363	0.132	0.136	0.239
駐馬店	0.819	0.922	0.209	0.339	0.13	0.142	0.265
武漢	0.76	0.944	0.47	0.737	0.18	0.197	0.398
黃石	0.628	0.844	0.164	0.66	0.116	0.17	0.347
十堰	0.754	0.86	0.183	0.294	0.124	0.166	0.377
宜昌	0.841	0.907	0.192	0.286	0.123	0.161	0.315
襄陽	0.722	0.901	0.233	0.467	0.131	0.164	0.315
鄂州	0.607	0.831	0.121	0.716	0.106	0.154	0.321
荊門	0.758	0.887	0.155	0.947	0.112	0.151	0.263
孝感	0.758	0.904	0.164	0.436	0.127	0.136	0.31
荊州	0.469	0.85	0.203	0.531	0.128	0.148	0.288
黃岡	0.694	0.863	0.218	0.67	0.129	0.151	0.277
咸寧	0.634	0.816	0.147	0.552	0.122	0.151	0.435
隨州	0.912	0.9	0.141	0.206	0.11	0.15	0.281

表 4.6.1 2015 年度城市社會體制競爭力三級指標分值

城市	失業率(逆)	基尼指數(逆)	社會保障補助支出	社會保障覆蓋率	社會服務業人力資本規模	人均社會保障補助支出	社會服務業從業者每萬人擁有量
長沙	0.733	0.928	0.226	0.692	0.16	0.147	0.417
株洲	0.835	0.872	0.191	0.376	0.121	0.162	0.305
湘潭	0.646	0.887	0.17	0.772	0.115	0.167	0.303
衡陽	0.586	0.854	0.234	0.493	0.135	0.15	0.285
邵陽	0.724	0.909	0.234	0.354	0.128	0.15	0.248
岳陽	0.768	0.863	0.222	0.492	0.125	0.159	0.275
常德	0.729	0.91	0.238	0.427	0.125	0.164	0.266
張家界	0.648	0.91	0.131	0.57	0.107	0.155	0.273
益陽	0.642	0.884	0.198	0.528	0.121	0.16	0.288
郴州	0.621	0.904	0.2	0.507	0.124	0.157	0.294
永州	0.593	0.923	0.207	0.729	0.123	0.154	0.266
懷化	0.672	0.844	0.201	0.294	0.126	0.156	0.304
婁底	0.588	0.864	0.166	0.567	0.117	0.146	0.267
廣州	0.651	0.981	0.461	0.857	0.189	0.175	0.363
韶關	0.15	0.917	0.152	0.487	0.117	0.148	0.321
深圳	0.952	0.991	0.295	1	0.155	0.149	0.298
珠海	0.896	0.94	0.145	0.98	0.114	0.176	0.43
汕頭	0.881	0.906	0.157	1	0.121	0.128	0.243
佛山	0.881	0.948	0.185	0.858	0.142	0.131	0.323
江門	0.863	0.852	0.172	0.568	0.125	0.143	0.311
湛江	0.71	0.916	0.194	0.82	0.129	0.135	0.255
茂名	0.547	0.886	0.185	1	0.125	0.138	0.259
肇慶	0.922	0.91	0.157	0.829	0.122	0.138	0.312
惠州	0.924	0.936	0.166	0.799	0.123	0.138	0.289
梅州	0.66	0.906	0.174	1	0.121	0.146	0.29
汕尾	0.719	0.863	0.135	0.655	0.108	0.132	0.199
河源	0.75	0.896	0.159	0.963	0.112	0.152	0.254
陽江	0.686	0.732	0.139	0.712	0.112	0.142	0.281
清遠	0.805	0.91	0.157	0.7	0.117	0.14	0.266
東莞	0.95	0.93	0.166	1	0.142	0.121	0.294
中山	0.933	0.935	0.147	0.876	0.117	0.14	0.302
潮州	0.764	0.887	0.127	0.932	0.11	0.127	0.237
揭陽	0.925	0.913	0.159	0.671	0.114	0.127	0.19
雲浮	0.882	0.878	0.137	0.633	0.111	0.141	0.269
南寧	0.757	0.921	0.206	0.507	0.149	0.142	0.374
柳州	0.731	0.886	0.154	0.537	0.131	0.138	0.404
桂林	0.622	0.897	0.17	0.573	0.128	0.139	0.318
梧州	0.62	0.867	0.138	0.649	0.115	0.135	0.299
北海	0.703	0.933	0.114	0.465	0.109	0.124	0.31
防城港	0.845	0.904	0.122	0.454	0.106	0.166	0.376
欽州	0.782	0.876	0.138	0.319	0.117	0.132	0.305
貴港	0.702	0.9	0.138	0.526	0.116	0.124	0.243
玉林	0.744	0.904	0.158	0.392	0.125	0.128	0.269
百色	0.815	0.904	0.164	0.341	0.118	0.148	0.293
賀州	0.576	0.89	0.126	0.393	0.109	0.135	0.269
河池	0.747	0.907	0.149	0.384	0.119	0.138	0.308
來賓	0.82	0.895	0.126	0.312	0.111	0.133	0.292
崇左	0.816	0.89	0.14	0.488	0.11	0.153	0.295
海口	0.895	0.914	0.131	0.343	0.121	0.138	0.472
三亞	0.776	0.912	0.114	0.881	0.105	0.151	0.38
重慶	0.915	0.953	0.446	0.376	0.283	0.131	0.336
成都	0.866	0.945	0.283	0.537	0.23	0.134	0.447
自貢	0.619	0.866	0.149	0.573	0.114	0.148	0.294
攀枝花	0.606	0.901	0.125	0.825	0.107	0.154	0.324
瀘州	0.71	0.879	0.176	0.876	0.118	0.148	0.264
德陽	0.678	0.893	0.161	1	0.117	0.146	0.285
綿陽	0.625	0.862	0.189	0.704	0.124	0.151	0.297
廣元	0.51	0.887	0.156	0.752	0.113	0.159	0.299
遂寧	0.1	0.87	0.162	0.816	0.111	0.151	0.229

表 4.6.1 2015 年度城市社會體制競爭力三級指標分值

城市	失業率(逆)	基尼指數(逆)	社會保障補助支出	社會保障覆蓋率	社會服務業人力資本規模	人均社會保障補助支出	社會服務業從業者每萬人擁有量
內江	0.677	0.863	0.156	0.772	0.114	0.14	0.245
樂山	0.546	0.888	0.166	1	0.115	0.154	0.274
南充	0.57	0.882	0.208	0.59	0.121	0.146	0.229
眉山	0.693	0.882	0.151	0.577	0.116	0.146	0.306
宜賓	0.73	0.876	0.164	0.551	0.12	0.139	0.269
廣安	0.591	0.792	0.151	0.427	0.111	0.143	0.23
達州	0.748	0.919	0.195	0.464	0.121	0.146	0.249
雅安	0.849	0.912	0.162	1	0.108	0.208	0.292
巴中	0.664	0.903	0.165	0.285	0.113	0.153	0.245
資陽	0.546	0.895	0.162	0.965	0.116	0.147	0.27
貴陽	0.78	0.929	0.167	0.701	0.131	0.14	0.365
六盤水	0.744	0.918	0.143	0.432	0.108	0.14	0.21
遵義	0.545	0.909	0.176	0.662	0.13	0.133	0.289
安順	0.75	0.905	0.142	0.393	0.11	0.149	0.269
畢節	0.736	0.911	0.175	0.306	0.119	0.131	0.21
銅仁	0.747	0.911	0.161	0.231	0.113	0.152	0.265
昆明	0.847	0.912	0.242	0.357	0.154	0.158	0.415
曲靖	0.617	0.896	0.191	0.251	0.114	0.141	0.188
玉溪	0.903	0.874	0.154	0.243	0.113	0.163	0.313
保山	0.737	0.857	0.152	0.362	0.111	0.155	0.26
昭通	0.547	0.847	0.207	0.342	0.117	0.154	0.222
麗江	0.673	0.894	0.135	0.437	0.105	0.174	0.244
普洱	0.756	0.889	0.167	0.321	0.111	0.169	0.258
臨滄	0.712	0.873	0.152	0.461	0.107	0.156	0.213
拉薩	1	0.888	0.211	0.1	0.106	0.634	0.485
西安	0.69	0.92	0.294	0.693	0.168	0.161	0.401
銅川	0.896	0.837	0.129	0.826	0.105	0.193	0.317
寶雞	0.764	0.845	0.171	0.525	0.123	0.151	0.334
咸陽	0.766	0.931	0.173	0.763	0.123	0.14	0.278
渭南	0.724	0.877	0.186	0.712	0.123	0.143	0.268
延安	0.79	0.896	0.168	0.955	0.116	0.183	0.383
漢中	0.802	0.883	0.157	0.564	0.12	0.145	0.323
榆林	0.741	0.933	0.191	0.459	0.116	0.172	0.28
安康	0.709	0.91	0.142	0.423	0.114	0.142	0.298
商洛	0.774	0.927	0.131	1	0.111	0.135	0.282
蘭州	0.875	0.924	0.169	0.502	0.126	0.151	0.37
嘉峪關	0.734	0.891	0.107	0.737	0.101	0.176	0.313
金昌	0.73	0.847	0.112	0.389	0.103	0.169	0.353
白銀	0.731	0.893	0.144	0.515	0.108	0.17	0.268
天水	0.73	0.808	0.193	0.411	0.113	0.176	0.253
武威	0.821	0.89	0.15	0.24	0.108	0.174	0.278
張掖	0.798	0.883	0.141	0.432	0.107	0.191	0.319
平涼	0.565	0.837	0.15	0.306	0.109	0.164	0.272
酒泉	0.713	0.84	0.13	0.438	0.106	0.173	0.291
慶陽	0.355	0.86	0.17	0.318	0.11	0.185	0.273
定西	0.748	0.886	0.188	0.285	0.11	0.186	0.244
隴南	0.696	0.858	0.166	0.284	0.109	0.169	0.239
西寧	0.645	0.901	0.156	0.32	0.12	0.167	0.436
海東	0.645	0.1	0.144	0.241	0.105	0.182	0.22
銀川	0.669	0.91	0.15	0.715	0.117	0.164	0.414
石嘴山	0.667	0.869	0.12	0.889	0.106	0.171	0.388
吳忠	0.412	0.901	0.133	0.662	0.105	0.167	0.256
固原	0.805	0.884	0.143	0.48	0.105	0.193	0.256
中衛	0.863	0.898	0.126	0.645	0.105	0.163	0.269
烏魯木齊	0.713	0.909	0.176	0.758	0.133	0.159	0.466
克拉瑪依	0.96	0.907	0.11	0.812	0.103	0.17	0.393
香港	0.683	0.931	0.974	0.794	0.268	0.428	1
澳門	0.781	0.95	0.295	0.794	0.108	1	0.63
新北	0.596	0.894	0.264	0.794	0.998	0.212	0.444

表 4.6.1 2015 年度城市社會體制競爭力三級指標分值

城市	失業率(逆)	基尼指數(逆)	社會保障補助支出	社會保障覆蓋率	社會服務業人力資本規模	人均社會保障補助支出	社會服務業從業者每萬人擁有量
臺北	0.586	0.908	0.34	0.794	0.997	0.342	0.444
桃園	0.596	0.899	0.18	0.794	0.998	0.18	0.444
台中	0.596	0.899	0.173	0.794	0.998	0.205	0.444
台南	0.586	0.896	0.235	0.794	0.997	0.23	0.444
高雄	0.586	0.915	0.112	0.794	0.997	0.17	0.444
基隆	0.586	0.868	0.112	0.794	0.997	0.186	0.444
新竹	0.596	0.915	0.109	0.794	0.998	0.159	0.444
嘉義	0.615	0.875	0.106	0.794	1	0.157	0.445

表 4.6.2 2015 年度城市社會體制競爭力三級指標分值（續 1）

城市	刑事案件發生率(逆)	刑事案件偵破率	社會安全民眾滿意度	平均預期壽命	嬰兒死亡率(逆)	每十萬人擁有醫生數	每十萬人擁有醫院病床數
北京	0.921	0.933	0.793	1	0.871	0.333	0.302
天津	0.882	0.766	0.642	0.981	0.893	0.254	0.186
石家莊	0.856	0.702	0.647	0.867	0.813	0.295	0.211
唐山	0.839	0.657	0.661	0.933	0.861	0.313	0.197
秦皇島	0.774	0.804	0.616	0.847	0.79	0.296	0.207
邯鄲	0.76	0.445	0.468	0.836	0.811	0.263	0.155
邢臺	0.763	0.434	0.4	0.835	0.843	0.259	0.172
保定	0.745	0.501	0.529	0.85	0.78	0.246	0.175
張家口	0.713	0.548	0.581	0.849	0.769	0.287	0.152
承德	0.728	0.505	0.542	0.84	0.821	0.291	0.187
滄州	0.737	0.499	0.543	0.861	0.828	0.256	0.183
廊坊	0.777	0.693	0.611	0.906	0.853	0.249	0.171
衡水	0.777	0.408	0.342	0.796	0.786	0.247	0.17
太原	0.776	0.422	0.421	0.865	0.869	0.435	0.325
大同	0.782	0.418	0.426	0.839	0.749	0.301	0.211
陽泉	0.772	0.293	0.25	0.825	0.771	0.306	0.219
長治	0.781	0.284	0.289	0.825	0.774	0.284	0.193
晉城	0.789	0.278	0.307	0.793	0.77	0.27	0.208
朔州	0.806	0.414	0.483	0.825	0.786	0.266	0.175
晉中	0.794	0.413	0.504	0.844	0.841	0.269	0.176
運城	0.848	0.453	0.433	0.84	0.844	0.342	0.295
忻州	0.859	0.429	0.457	0.844	0.813	0.267	0.286
臨汾	0.855	0.349	0.398	0.831	0.842	0.261	0.185
呂梁	0.776	0.353	0.414	0.79	0.823	0.222	0.216
呼和浩特	0.866	0.52	0.406	0.863	0.812	0.293	0.163
包頭	0.877	0.381	0.405	0.875	0.86	0.318	0.233
烏海	0.838	0.393	0.401	0.866	0.791	0.399	0.237
赤峰	0.828	0.415	0.425	0.846	0.801	0.314	0.203
通遼	0.833	0.37	0.434	0.848	0.798	0.275	0.183
鄂爾多斯	0.872	0.35	0.315	0.865	0.816	0.309	0.263
呼倫貝爾	0.805	0.33	0.275	0.849	0.805	0.322	0.231
巴彥淖爾	0.828	0.358	0.281	0.835	0.827	0.294	0.208
烏蘭察布	0.802	0.336	0.305	0.832	0.785	0.24	0.167
瀋陽	0.806	0.692	0.574	0.887	0.871	0.377	0.227
大連	0.783	0.636	0.581	0.919	0.949	0.328	0.207
鞍山	0.779	0.394	0.393	0.869	0.822	0.326	0.145
撫順	0.803	0.361	0.498	0.846	0.846	0.313	0.206
本溪	0.767	0.371	0.415	0.812	0.786	0.356	0.158
丹東	0.786	0.392	0.415	0.838	0.812	0.35	0.193
錦州	0.773	0.483	0.428	0.816	0.807	0.259	0.154
營口	0.745	0.47	0.478	0.91	0.813	0.288	0.18
阜新	0.724	0.469	0.398	0.807	0.825	0.331	0.148
遼陽	0.691	0.424	0.411	0.819	0.802	0.36	0.186
盤錦	0.812	0.49	0.453	0.854	0.828	0.332	0.219
鐵嶺	0.793	0.486	0.386	0.858	0.744	0.248	0.188

表 4.6.2 2015 年度城市社會體制競爭力三級指標分值（續 1）

城市	刑事案件發生率(逆)	刑事案件偵破率	社會安全民眾滿意度	平均預期壽命	嬰兒死亡率(逆)	每十萬人擁有醫生數	每十萬人擁有醫院病床數
朝陽	0.767	0.434	0.454	0.836	0.835	0.298	0.141
葫蘆島	0.769	0.509	0.488	0.826	0.825	0.321	0.232
長春	0.83	0.829	0.634	0.873	0.868	0.34	0.199
吉林	0.804	0.444	0.423	0.841	0.802	0.301	0.2
四平	0.812	0.487	0.488	0.861	0.773	0.264	0.17
遼源	0.839	0.401	0.403	0.895	0.865	0.291	0.186
通化	0.813	0.388	0.409	0.848	0.842	0.298	0.196
白山	0.868	0.449	0.387	0.913	0.79	0.317	0.21
松原	0.903	0.506	0.491	0.857	0.85	0.212	0.152
白城	0.921	0.439	0.376	0.845	0.807	0.233	0.185
哈爾濱	0.918	0.652	0.574	0.856	0.775	0.341	0.182
齊齊哈爾	0.876	0.515	0.387	0.829	0.816	0.289	0.156
雞西	0.814	0.461	0.346	0.806	0.792	0.327	0.172
鶴崗	0.807	0.388	0.428	0.787	0.706	0.398	0.213
雙鴨山	0.798	0.385	0.392	0.8	0.731	0.314	0.195
大慶	0.863	0.361	0.486	0.92	0.822	0.315	0.24
伊春	0.828	0.454	0.439	0.805	0.818	0.31	0.153
佳木斯	0.889	0.489	0.367	0.847	0.762	0.297	0.178
七台河	0.87	0.414	0.329	0.819	0.784	0.267	0.162
牡丹江	0.861	0.363	0.404	0.827	0.759	0.32	0.157
黑河	0.897	0.478	0.451	0.855	0.807	0.292	0.331
綏化	0.895	0.499	0.449	0.862	0.838	0.211	0.147
上海	0.97	1	0.989	0.963	0.929	0.3	0.17
南京	0.914	0.971	0.743	0.9	0.812	0.294	0.208
無錫	0.903	0.714	0.699	0.89	0.822	0.293	0.193
徐州	0.917	0.518	0.561	0.886	0.851	0.3	0.168
常州	0.925	0.731	0.672	0.893	0.853	0.275	0.195
蘇州	0.939	0.904	1	0.917	0.993	0.3	0.194
南通	0.896	0.745	0.71	0.924	0.895	0.289	0.184
連雲港	0.921	0.64	0.588	0.863	0.875	0.255	0.159
淮安	0.934	0.732	0.562	0.878	0.809	0.292	0.195
鹽城	0.964	0.669	0.573	0.878	0.833	0.271	0.18
揚州	0.927	0.722	0.611	0.895	0.815	0.263	0.18
鎮江	0.927	0.658	0.594	0.907	0.823	0.271	0.192
泰州	0.98	0.656	0.615	0.891	0.835	0.272	0.179
宿遷	0.957	0.676	0.582	0.88	0.825	0.268	0.147
杭州	0.958	0.838	0.766	0.899	0.885	0.329	0.259
寧波	0.95	0.801	0.742	0.884	0.918	0.257	0.213
溫州	0.904	0.825	0.678	0.87	0.862	0.236	0.194
嘉興	0.911	0.834	0.71	0.908	0.789	0.273	0.172
湖州	0.945	0.903	0.74	0.865	0.801	0.272	0.191
紹興	0.967	0.808	0.729	0.904	0.818	0.272	0.197
金華	0.997	0.65	0.591	0.87	0.834	0.271	0.204
衢州	0.948	0.632	0.556	0.841	0.847	0.278	0.244
舟山	1	0.69	0.657	0.909	0.895	0.273	0.206
台州	0.992	0.636	0.542	0.867	0.832	0.235	0.188
麗水	0.826	0.491	0.524	0.847	0.806	0.299	0.223
合肥	0.986	0.666	0.572	0.92	0.791	0.312	0.185
蕪湖	0.98	0.506	0.516	0.873	0.785	0.264	0.171
蚌埠	0.935	0.475	0.49	0.868	0.879	0.304	0.157
淮南	0.896	0.37	0.339	0.824	0.744	0.295	0.181
馬鞍山	0.912	0.489	0.476	0.894	0.78	0.233	0.162
淮北	0.81	0.498	0.465	0.852	0.774	0.29	0.167
銅陵	0.878	0.517	0.478	0.859	0.816	0.359	0.222
安慶	0.872	0.524	0.384	0.921	0.79	0.237	0.148
黃山	0.854	0.429	0.41	0.861	0.816	0.284	0.186
滁州	0.892	0.424	0.444	0.845	0.851	0.249	0.143
阜陽	0.88	0.463	0.44	0.853	0.819	0.242	0.134
宿州	0.887	0.523	0.469	0.852	0.867	0.227	0.139

表 4.6.2 2015 年度城市社會體制競爭力三級指標分值（續 1）

城市	刑事案件發生率(逆)	刑事案件偵破率	社會安全民眾滿意度	平均預期壽命	嬰兒死亡率(逆)	每十萬人擁有醫生數	每十萬人擁有醫院病床數
六安	0.86	0.388	0.423	0.855	0.854	0.232	0.138
亳州	0.827	0.476	0.49	0.867	0.83	0.213	0.108
池州	0.855	0.483	0.439	0.863	0.868	0.258	0.176
宣城	0.85	0.518	0.52	0.858	0.851	0.257	0.166
福州	0.855	0.661	0.623	0.889	0.81	0.27	0.194
廈門	0.899	0.831	0.754	0.916	0.869	0.24	0.195
莆田	0.838	0.584	0.579	0.895	0.875	0.253	0.153
三明	0.835	0.525	0.538	0.854	0.821	0.309	0.166
泉州	0.93	0.772	0.594	0.902	0.864	0.243	0.141
漳州	0.924	0.553	0.584	0.866	0.871	0.246	0.132
南平	0.883	0.557	0.611	0.884	0.864	0.346	0.169
龍岩	0.925	0.594	0.548	0.861	0.832	0.339	0.14
寧德	0.909	0.62	0.535	0.876	0.85	0.268	0.152
南昌	0.89	0.752	0.582	0.898	0.857	0.295	0.187
景德鎮	0.755	0.489	0.516	0.787	0.787	0.278	0.157
萍鄉	0.729	0.474	0.512	0.795	0.838	0.301	0.184
九江	0.824	0.508	0.554	0.881	0.885	0.254	0.164
新餘	0.804	0.555	0.56	0.877	0.864	0.263	0.183
鷹潭	0.75	0.575	0.578	0.872	0.862	0.263	0.179
贛州	0.761	0.568	0.595	0.856	0.793	0.242	0.126
吉安	0.774	0.536	0.58	0.853	0.872	0.249	0.139
宜春	0.75	0.614	0.57	0.856	0.838	0.245	0.133
撫州	0.763	0.59	0.546	0.858	0.839	0.205	0.126
上饒	0.718	0.622	0.567	0.851	0.858	0.231	0.144
濟南	0.784	0.911	0.824	0.91	0.875	0.35	0.251
青島	0.797	0.988	0.859	0.895	0.925	0.288	0.217
淄博	0.753	0.699	0.544	0.874	0.86	0.315	0.219
棗莊	0.762	0.624	0.568	0.845	0.867	0.267	0.148
東營	0.742	0.683	0.599	0.879	0.89	0.331	0.179
煙臺	0.725	0.718	0.678	0.929	0.836	0.325	0.225
濰坊	0.711	0.643	0.605	0.902	0.835	0.316	0.254
濟寧	0.694	0.7	0.557	0.873	0.794	0.315	0.251
泰安	0.718	0.696	0.604	0.912	0.848	0.306	0.19
威海	0.697	0.679	0.589	0.92	0.803	0.341	0.196
日照	0.682	0.674	0.581	0.86	0.794	0.251	0.164
萊蕪	0.665	0.683	0.567	0.899	0.806	0.304	0.193
臨沂	0.717	0.615	0.601	0.872	0.793	0.273	0.151
德州	0.709	0.65	0.549	0.848	0.835	0.255	0.201
聊城	0.748	0.669	0.611	0.859	0.843	0.276	0.153
濱州	0.75	0.631	0.536	0.866	0.853	0.3	0.183
菏澤	0.726	0.641	0.544	0.862	0.834	0.259	0.179
鄭州	0.75	0.633	0.613	0.916	0.903	0.398	0.189
開封	0.735	0.422	0.451	0.881	0.839	0.284	0.303
洛陽	0.634	0.433	0.422	0.829	0.778	0.305	0.186
平頂山	0.642	0.473	0.392	0.854	0.769	0.305	0.176
安陽	0.637	0.433	0.363	0.868	0.813	0.287	0.188
鶴壁	0.637	0.458	0.505	0.902	0.827	0.288	0.171
新鄉	0.699	0.396	0.469	0.849	0.818	0.303	0.147
焦作	0.68	0.389	0.375	0.79	0.878	0.29	0.188
濮陽	0.699	0.364	0.354	0.792	0.87	0.28	0.166
許昌	0.713	0.489	0.384	0.867	0.841	0.259	0.181
漯河	0.718	0.501	0.488	0.907	0.829	0.281	0.161
三門峽	0.696	0.48	0.458	0.846	0.784	0.322	0.182
南陽	0.696	0.437	0.396	0.858	0.839	0.252	0.141
商丘	0.902	0.675	0.706	0.914	0.894	0.26	0.159
信陽	0.709	0.534	0.482	0.869	0.878	0.219	0.137
周口	0.671	0.479	0.476	0.872	0.829	0.24	0.145
駐馬店	0.651	0.496	0.367	0.869	0.864	0.258	0.158
武漢	0.695	0.635	0.607	0.946	0.85	0.345	0.22

表 4.6.2 2015 年度城市社會體制競爭力三級指標分值（續 1）

城市	刑事案件發生率(逆)	刑事案件偵破率	社會安全民眾滿意度	平均預期壽命	嬰兒死亡率(逆)	每十萬人擁有醫生數	每十萬人擁有醫院病床數
黃石	0.632	0.44	0.368	0.825	0.785	0.331	0.171
十堰	0.648	0.417	0.371	0.859	0.794	0.363	0.206
宜昌	0.702	0.521	0.516	0.919	0.846	0.328	0.194
襄陽	0.675	0.382	0.477	0.886	0.818	0.3	0.165
鄂州	0.704	0.477	0.483	0.873	0.84	0.279	0.153
荊門	0.685	0.497	0.516	0.859	0.878	0.298	0.187
孝感	0.693	0.389	0.398	0.855	0.857	0.228	0.146
荊州	0.695	0.482	0.395	0.871	0.819	0.275	0.156
黃岡	0.701	0.497	0.402	0.853	0.781	0.279	0.329
咸寧	0.696	0.548	0.419	0.862	0.785	0.277	0.2
隨州	0.665	0.455	0.506	0.868	0.832	0.262	0.152
長沙	0.695	0.532	0.519	0.911	0.912	0.411	0.248
株洲	0.478	0.428	0.413	0.881	0.802	0.318	0.186
湘潭	0.509	0.455	0.432	0.871	0.813	0.298	0.196
衡陽	0.474	0.407	0.381	0.836	0.799	0.262	0.147
邵陽	0.523	0.45	0.451	0.867	0.821	0.261	0.116
岳陽	0.637	0.405	0.491	0.918	0.833	0.236	0.151
常德	0.644	0.515	0.462	0.87	0.82	0.269	0.312
張家界	0.631	0.51	0.502	0.808	0.841	0.284	0.16
益陽	0.606	0.482	0.387	0.86	0.885	0.243	0.151
郴州	0.621	0.433	0.386	0.855	0.82	0.312	0.165
永州	0.638	0.461	0.47	0.868	0.814	0.268	0.144
懷化	0.644	0.47	0.444	0.829	0.829	0.3	0.212
婁底	0.685	0.521	0.501	0.869	0.779	0.242	0.15
廣州	0.76	0.838	0.75	0.922	1	0.321	0.242
韶關	0.686	0.68	0.753	0.863	0.828	0.298	0.145
深圳	0.746	0.805	0.938	0.975	0.861	0.209	0.199
珠海	0.7	0.764	0.673	0.891	0.853	0.288	0.249
汕頭	0.662	0.616	0.581	0.86	0.818	0.205	0.148
佛山	0.674	0.73	0.649	0.895	0.853	0.257	0.173
江門	0.678	0.594	0.694	0.854	0.794	0.26	0.16
湛江	0.629	0.483	0.495	0.861	0.827	0.243	0.146
茂名	0.619	0.555	0.48	0.869	0.795	0.238	0.157
肇慶	0.649	0.547	0.518	0.873	0.802	0.232	0.141
惠州	0.611	0.637	0.657	0.924	0.893	0.248	0.18
梅州	0.584	0.515	0.488	0.86	0.841	0.228	0.137
汕尾	0.57	0.525	0.436	0.912	0.875	0.192	0.151
河源	0.634	0.484	0.456	0.858	0.808	0.221	0.144
陽江	0.618	0.54	0.53	0.897	0.854	0.232	0.157
清遠	0.62	0.49	0.487	0.86	0.833	0.234	0.165
東莞	0.606	0.775	0.791	0.923	0.885	0.229	0.162
中山	0.605	0.842	0.748	0.912	0.866	0.265	0.17
潮州	0.593	0.487	0.465	0.856	0.834	0.191	0.146
揭陽	0.58	0.498	0.469	0.878	0.877	0.177	0.136
雲浮	0.546	0.521	0.437	0.852	0.875	0.223	0.15
南寧	0.527	0.512	0.49	0.874	0.847	0.296	0.212
柳州	0.506	0.461	0.458	0.857	0.778	0.3	0.191
桂林	0.527	0.529	0.482	0.918	0.805	0.241	0.178
梧州	0.484	0.506	0.494	0.837	0.758	0.254	0.162
北海	0.51	0.471	0.495	0.874	0.818	0.273	0.172
防城港	0.496	0.54	0.463	0.845	0.84	0.251	0.163
欽州	0.559	0.583	0.611	0.858	0.847	0.231	0.205
貴港	0.535	0.51	0.489	0.866	0.881	0.225	0.13
玉林	0.57	0.465	0.476	0.864	0.832	0.229	0.133
百色	0.597	0.463	0.506	0.85	0.793	0.263	0.217
賀州	0.579	0.409	0.469	0.852	0.803	0.236	0.141
河池	0.591	0.451	0.517	0.898	0.855	0.243	0.148
來賓	0.572	0.442	0.5	0.906	0.83	0.266	0.147
崇左	0.582	0.451	0.49	0.934	0.833	0.238	0.145

表 4.6.2 2015 年度城市社會體制競爭力三級指標分值（續 1）

城市	刑事案件發生率(逆)	刑事案件偵破率	社會安全民眾滿意度	平均預期壽命	嬰兒死亡率(逆)	每十萬人擁有醫生數	每十萬人擁有醫院病床數
海口	0.552	0.655	0.58	0.921	0.842	0.322	0.235
三亞	0.573	0.519	0.498	0.901	0.839	0.1	0.181
重慶	0.606	0.882	0.707	0.921	0.899	0.297	0.167
成都	0.554	0.817	0.735	0.937	0.887	0.402	0.25
自貢	0.506	0.539	0.481	0.86	0.78	0.326	0.143
攀枝花	0.536	0.493	0.388	0.858	0.885	0.403	0.241
瀘州	0.545	0.48	0.43	0.857	0.85	0.304	0.169
德陽	0.53	0.534	0.436	0.871	0.872	0.307	0.19
綿陽	0.563	0.49	0.452	0.847	0.853	0.355	0.194
廣元	0.554	0.516	0.369	0.858	0.817	0.342	0.191
遂寧	0.555	0.515	0.485	0.872	0.83	0.277	0.167
內江	0.591	0.522	0.396	0.861	0.82	0.306	0.126
樂山	0.529	0.414	0.39	0.866	0.792	0.309	0.189
南充	0.541	0.406	0.39	0.85	0.846	0.272	0.16
眉山	0.565	0.458	0.418	0.853	0.846	0.294	0.13
宜賓	0.584	0.407	0.386	0.861	0.859	0.318	0.129
廣安	0.607	0.427	0.413	0.862	0.85	0.252	0.141
達州	0.612	0.435	0.424	0.858	0.79	0.266	0.121
雅安	0.61	0.381	0.445	0.851	0.861	0.364	0.157
巴中	0.601	0.429	0.41	0.849	0.75	0.266	0.175
資陽	0.593	0.395	0.389	0.86	0.856	0.323	0.175
貴陽	0.637	0.615	0.535	0.892	0.881	0.334	0.226
六盤水	0.604	0.521	0.481	0.857	0.851	0.29	0.134
遵義	0.622	0.417	0.399	0.881	0.898	0.295	0.13
安順	0.623	0.528	0.41	0.861	0.892	0.259	0.124
畢節	0.626	0.524	0.411	0.861	0.892	0.298	0.118
銅仁	0.616	0.534	0.415	0.858	0.894	0.299	0.139
昆明	0.627	0.768	0.831	0.903	0.89	0.383	0.26
曲靖	0.597	0.698	0.758	0.869	0.82	0.278	0.119
玉溪	0.576	0.396	0.41	0.855	0.804	0.303	0.178
保山	0.56	0.504	0.486	0.86	0.767	0.252	0.13
昭通	0.55	0.387	0.404	0.842	0.847	0.246	0.1
麗江	0.543	0.382	0.34	0.839	0.764	0.249	0.136
普洱	0.525	0.405	0.427	0.844	0.821	0.235	0.106
臨滄	0.486	0.432	0.669	0.849	0.858	0.243	0.121
拉薩	0.499	0.398	0.428	0.818	0.783	0.294	0.235
西安	0.574	0.726	0.637	0.874	0.906	0.32	0.224
銅川	0.555	0.437	0.404	0.849	0.836	0.328	0.209
寶雞	0.568	0.358	0.416	0.853	0.778	0.297	0.132
咸陽	0.572	0.402	0.403	0.864	0.801	0.297	0.168
渭南	0.517	0.446	0.423	0.857	0.802	0.245	0.144
延安	0.524	0.446	0.358	0.856	0.812	0.304	0.146
漢中	0.556	0.399	0.363	0.881	0.835	0.294	0.167
榆林	0.574	0.428	0.445	0.872	0.853	0.309	0.157
安康	0.586	0.457	0.405	0.87	0.825	0.277	0.154
商洛	0.583	0.315	0.296	0.832	0.83	0.27	0.145
蘭州	0.589	0.715	0.559	0.874	0.8	0.352	0.244
嘉峪關	0.603	0.414	0.457	0.871	0.873	0.39	0.273
金昌	0.565	0.387	0.418	0.814	0.8	0.31	0.214
白銀	0.617	0.428	0.41	0.85	0.782	0.261	0.145
天水	0.582	0.513	0.431	0.813	0.853	0.245	0.129
武威	0.602	0.267	0.336	0.848	0.778	0.297	0.238
張掖	0.597	0.307	0.339	0.864	0.797	0.269	0.178
平涼	0.577	0.292	0.34	0.837	0.791	0.308	0.154
酒泉	0.595	0.278	0.323	0.826	0.805	0.306	0.206
慶陽	0.633	0.306	0.321	0.883	0.783	0.244	0.144
定西	0.63	0.336	0.459	0.876	0.759	0.277	0.13
隴南	0.595	0.307	0.441	0.835	0.788	0.218	0.104
西寧	0.665	0.588	0.483	0.855	0.801	0.4	0.243

表 4.6.2 2015 年度城市社會體制競爭力三級指標分值（續 1）

城市	刑事案件發生率(逆)	刑事案件偵破率	社會安全民眾滿意度	平均預期壽命	嬰兒死亡率(逆)	每十萬人擁有醫生數	每十萬人擁有醫院病床數
海東	0.1	0.1	0.1	0.1	0.1	0.246	0.251
銀川	0.738	0.584	0.627	0.87	0.801	0.341	0.243
石嘴山	0.655	0.372	0.397	0.836	0.878	0.348	0.197
吳忠	0.644	0.418	0.369	0.849	0.796	0.253	0.146
固原	0.615	0.396	0.373	0.841	0.87	0.26	0.153
中衛	0.592	0.375	0.34	0.795	0.764	0.236	0.136
烏魯木齊	0.65	0.56	0.483	0.861	0.796	0.424	0.286
克拉瑪依	0.658	0.376	0.42	0.898	0.856	0.303	0.187
香港	0.733	0.604	0.644	0.958	0.888	0.178	0.368
澳門	0.718	0.564	0.622	0.938	0.921	0.245	0.188
新北	0.65	0.587	0.569	0.901	0.867	0.419	0.313
臺北	0.649	0.596	0.577	0.885	0.867	0.858	0.625
桃園	0.635	0.566	0.571	0.887	0.859	0.561	0.498
台中	0.639	0.568	0.578	0.882	0.867	0.627	0.515
台南	0.632	0.585	0.561	0.878	0.852	0.583	0.444
高雄	0.639	0.578	0.571	0.888	0.853	0.629	0.518
基隆	0.63	0.562	0.559	0.88	0.848	0.518	0.512
新竹	0.624	0.561	0.559	0.877	0.854	0.619	0.438
嘉義	0.642	0.568	0.56	0.875	0.85	1	1

表 4.6.3 2015 年度城市社會體制競爭力三級指標分值（續 2）

城市	政府機構規模指數	地方法規條例健全程度	政策法規透明度	政府執法能力	政府辦事效率	民眾對政府的滿意度
北京	0.39	0.844	0.813	0.822	0.543	0.762
天津	0.234	0.686	0.454	0.666	0.506	0.613
石家莊	0.227	0.569	0.543	0.583	0.422	0.541
唐山	0.261	0.455	0.388	0.487	0.29	0.442
秦皇島	0.294	0.484	0.362	0.482	0.302	0.444
邯鄲	0.238	0.33	0.374	0.417	0.344	0.362
邢臺	0.23	0.342	0.344	0.327	0.255	0.316
保定	0.233	0.355	0.373	0.346	0.296	0.359
張家口	0.318	0.335	0.437	0.405	0.245	0.35
承德	0.292	0.335	0.343	0.373	0.291	0.327
滄州	0.238	0.338	0.358	0.38	0.264	0.342
廊坊	0.29	0.354	0.452	0.382	0.292	0.493
衡水	0.226	0.334	0.345	0.358	0.296	0.29
太原	0.297	0.356	0.471	0.412	0.323	0.333
大同	0.321	0.384	0.443	0.39	0.277	0.342
陽泉	0.316	0.273	0.32	0.311	0.223	0.206
長治	0.308	0.314	0.317	0.292	0.285	0.288
晉城	0.28	0.328	0.312	0.322	0.251	0.268
朔州	0.361	0.299	0.352	0.34	0.25	0.342
晉中	0.302	0.363	0.363	0.335	0.268	0.36
運城	0.282	0.361	0.418	0.331	0.251	0.361
忻州	0.336	0.37	0.43	0.366	0.268	0.371
臨汾	0.337	0.372	0.399	0.377	0.258	0.327
呂梁	0.386	0.33	0.325	0.326	0.241	0.294
呼和浩特	0.32	0.484	0.448	0.449	0.337	0.382
包頭	0.233	0.387	0.351	0.408	0.309	0.385
烏海	0.336	0.46	0.343	0.359	0.283	0.361
赤峰	0.253	0.353	0.365	0.339	0.281	0.417
通遼	0.239	0.385	0.328	0.385	0.3	0.353
鄂爾多斯	0.392	0.385	0.33	0.335	0.278	0.297
呼倫貝爾	0.331	0.318	0.321	0.307	0.237	0.295
巴彥淖爾	0.35	0.287	0.297	0.279	0.258	0.249
烏蘭察布	0.38	0.296	0.338	0.287	0.261	0.284
瀋陽	0.243	0.607	0.492	0.497	0.387	0.54
大連	0.222	0.645	0.461	0.586	0.398	0.48

表 4.6.3 2015 年度城市社會體制競爭力三級指標分值（續 2）

城市	政府機構規模指數	地方法規條例健全程度	政策法規透明度	政府執法能力	政府辦事效率	民眾對政府的滿意度
鞍山	0.252	0.355	0.355	0.415	0.262	0.39
撫順	0.264	0.488	0.405	0.433	0.283	0.396
本溪	0.262	0.342	0.337	0.32	0.293	0.335
丹東	0.245	0.359	0.34	0.339	0.297	0.364
錦州	0.238	0.453	0.313	0.355	0.304	0.394
營口	0.27	0.406	0.393	0.429	0.309	0.428
阜新	0.264	0.394	0.385	0.362	0.282	0.334
遼陽	0.259	0.331	0.34	0.331	0.27	0.317
盤錦	0.358	0.414	0.399	0.456	0.286	0.391
鐵嶺	0.273	0.4	0.351	0.434	0.291	0.392
朝陽	0.312	0.446	0.393	0.42	0.297	0.357
葫蘆島	0.269	0.458	0.377	0.424	0.282	0.386
長春	0.231	0.479	0.435	0.618	0.265	0.454
吉林	0.257	0.414	0.397	0.421	0.237	0.352
四平	0.2	0.369	0.403	0.407	0.245	0.387
遼源	0.239	0.396	0.4	0.44	0.25	0.356
通化	0.277	0.38	0.343	0.357	0.234	0.342
白山	0.405	0.398	0.35	0.417	0.248	0.347
松原	0.24	0.372	0.419	0.431	0.242	0.416
白城	0.365	0.367	0.365	0.355	0.217	0.383
哈爾濱	0.225	0.499	0.571	0.532	0.322	0.561
齊齊哈爾	0.194	0.386	0.334	0.395	0.276	0.31
雞西	0.261	0.307	0.326	0.378	0.198	0.38
鶴崗	0.284	0.346	0.421	0.394	0.199	0.348
雙鴨山	0.331	0.283	0.319	0.36	0.242	0.298
大慶	0.258	0.341	0.389	0.398	0.27	0.368
伊春	0.266	0.312	0.351	0.402	0.215	0.419
佳木斯	0.242	0.36	0.445	0.382	0.286	0.385
七台河	0.275	0.352	0.351	0.281	0.236	0.296
牡丹江	0.236	0.32	0.335	0.399	0.236	0.358
黑河	0.338	0.368	0.34	0.428	0.299	0.404
綏化	0.21	0.422	0.422	0.385	0.282	0.455
上海	0.204	0.943	0.915	0.919	0.663	0.921
南京	0.223	0.532	0.882	0.754	0.47	0.839
無錫	0.203	0.599	0.565	0.773	0.454	0.624
徐州	0.208	0.483	0.489	0.574	0.347	0.547
常州	0.205	0.638	0.501	0.717	0.364	0.58
蘇州	0.213	0.974	0.954	1	0.905	0.952
南通	0.185	0.577	0.504	0.623	0.463	0.663
連雲港	0.223	0.439	0.407	0.524	0.314	0.497
淮安	0.201	0.513	0.468	0.516	0.364	0.498
鹽城	0.194	0.452	0.384	0.561	0.349	0.435
揚州	0.21	0.498	0.456	0.515	0.39	0.506
鎮江	0.23	0.47	0.419	0.546	0.349	0.492
泰州	0.209	0.466	0.468	0.49	0.34	0.462
宿遷	0.179	0.523	0.384	0.485	0.382	0.444
杭州	0.296	0.646	0.715	0.632	0.505	0.59
寧波	0.252	0.662	0.736	0.807	0.449	0.802
溫州	0.22	0.543	0.676	0.762	0.587	0.791
嘉興	0.216	0.7	0.629	0.819	0.479	0.636
湖州	0.245	0.59	0.694	0.515	0.348	0.562
紹興	0.204	0.666	0.747	0.73	0.542	0.783
金華	0.255	0.509	0.343	0.466	0.33	0.455
衢州	0.313	0.486	0.443	0.472	0.334	0.41
舟山	0.421	0.665	0.554	0.618	0.429	0.493
台州	0.231	0.509	0.31	0.576	0.345	0.401
麗水	0.336	0.459	0.332	0.434	0.332	0.317
合肥	0.221	0.538	0.473	0.586	0.413	0.556
蕪湖	0.208	0.484	0.463	0.441	0.344	0.437
蚌埠	0.185	0.432	0.455	0.421	0.344	0.459

表 4.6.3 2015 年度城市社會體制競爭力三級指標分值（續 2）

城市	政府機構規模指數	地方法規條例健全程度	政策法規透明度	政府執法能力	政府辦事效率	民眾對政府的滿意度
淮南	0.198	0.428	0.371	0.39	0.27	0.325
馬鞍山	0.232	0.36	0.394	0.435	0.342	0.388
淮北	0.197	0.444	0.349	0.433	0.294	0.407
銅陵	0.321	0.41	0.384	0.384	0.311	0.352
安慶	0.198	0.438	0.425	0.379	0.335	0.402
黃山	0.313	0.48	0.349	0.469	0.35	0.375
滁州	0.2	0.46	0.357	0.455	0.347	0.468
阜陽	0.17	0.407	0.375	0.404	0.27	0.367
宿州	0.167	0.368	0.415	0.409	0.312	0.367
六安	0.213	0.409	0.38	0.355	0.27	0.34
亳州	0.156	0.376	0.357	0.387	0.283	0.399
池州	0.241	0.385	0.368	0.398	0.246	0.389
宣城	0.422	0.46	0.39	0.397	0.316	0.396
福州	0.234	0.69	0.554	0.612	0.402	0.549
廈門	0.204	0.674	0.61	0.614	0.443	0.741
莆田	0.185	0.391	0.44	0.37	0.393	0.484
三明	0.3	0.387	0.408	0.365	0.384	0.431
泉州	0.176	0.389	0.468	0.4	0.415	0.41
漳州	0.196	0.383	0.463	0.395	0.404	0.437
南平	0.251	0.431	0.386	0.46	0.406	0.469
龍岩	0.278	0.438	0.448	0.382	0.425	0.51
寧德	0.244	0.442	0.452	0.476	0.374	0.466
南昌	0.284	0.459	0.573	0.54	0.507	0.613
景德鎮	0.278	0.41	0.395	0.378	0.311	0.382
萍鄉	0.28	0.436	0.373	0.389	0.31	0.382
九江	0.241	0.358	0.416	0.453	0.332	0.402
新餘	0.277	0.401	0.411	0.469	0.344	0.448
鷹潭	0.264	0.376	0.409	0.482	0.299	0.427
贛州	0.218	0.448	0.462	0.366	0.344	0.45
吉安	0.216	0.376	0.354	0.398	0.293	0.361
宜春	0.222	0.407	0.455	0.48	0.294	0.355
撫州	0.24	0.492	0.429	0.442	0.325	0.395
上饒	0.234	0.4	0.413	0.447	0.266	0.368
濟南	0.285	0.718	0.625	0.82	0.508	0.837
青島	0.22	0.65	0.599	0.712	0.499	0.9
淄博	0.238	0.559	0.472	0.447	0.344	0.557
棗莊	0.281	0.533	0.475	0.424	0.353	0.532
東營	0.314	0.536	0.464	0.438	0.318	0.58
煙臺	0.23	0.565	0.537	0.653	0.45	0.601
濰坊	0.21	0.524	0.498	0.457	0.371	0.471
濟寧	0.248	0.534	0.427	0.408	0.284	0.426
泰安	0.217	0.529	0.452	0.507	0.37	0.56
威海	0.237	0.509	0.573	0.642	0.414	0.564
日照	0.216	0.42	0.423	0.447	0.3	0.431
萊蕪	0.229	0.423	0.435	0.458	0.332	0.361
臨沂	0.217	0.456	0.489	0.425	0.323	0.405
德州	0.291	0.463	0.478	0.428	0.274	0.452
聊城	0.258	0.463	0.483	0.54	0.458	0.536
濱州	0.273	0.44	0.455	0.418	0.309	0.387
菏澤	0.254	0.456	0.456	0.426	0.262	0.369
鄭州	0.288	0.484	0.567	0.62	0.294	0.401
開封	0.24	0.393	0.447	0.347	0.288	0.392
洛陽	0.264	0.36	0.348	0.351	0.266	0.357
平頂山	0.259	0.38	0.406	0.363	0.291	0.373
安陽	0.223	0.353	0.368	0.41	0.292	0.331
鶴壁	0.249	0.367	0.346	0.387	0.269	0.336
新鄉	0.249	0.363	0.411	0.394	0.283	0.405
焦作	0.289	0.351	0.348	0.408	0.282	0.384
濮陽	0.25	0.383	0.341	0.338	0.277	0.331
許昌	0.243	0.402	0.344	0.392	0.232	0.373

表 4.6.3 2015 年度城市社會體制競爭力三級指標分值（續 2）

城市	政府機構規模指數	地方法規條例健全程度	政策法規透明度	政府執法能力	政府辦事效率	民眾對政府的滿意度
漯河	0.256	0.377	0.407	0.397	0.23	0.395
三門峽	0.281	0.375	0.392	0.384	0.225	0.33
南陽	0.209	0.36	0.384	0.346	0.245	0.41
商丘	0.236	0.563	0.608	0.556	0.402	0.624
信陽	0.251	0.406	0.355	0.362	0.281	0.41
周口	0.235	0.395	0.363	0.379	0.267	0.357
駐馬店	0.231	0.412	0.428	0.419	0.282	0.414
武漢	0.219	0.659	0.544	0.64	0.459	0.55
黃石	0.239	0.345	0.456	0.394	0.307	0.357
十堰	0.253	0.35	0.46	0.384	0.333	0.352
宜昌	0.211	0.494	0.483	0.408	0.374	0.443
襄陽	0.259	0.475	0.367	0.38	0.316	0.434
鄂州	0.218	0.435	0.409	0.404	0.334	0.368
荊門	0.223	0.5	0.468	0.367	0.322	0.431
孝感	0.227	0.414	0.447	0.338	0.358	0.454
荊州	0.227	0.389	0.398	0.399	0.311	0.363
黃岡	0.198	0.365	0.356	0.426	0.288	0.342
咸寧	0.285	0.434	0.392	0.441	0.295	0.469
隨州	0.192	0.383	0.469	0.413	0.262	0.359
長沙	0.246	0.643	0.494	0.663	0.343	0.421
株洲	0.236	0.469	0.443	0.452	0.301	0.362
湘潭	0.241	0.444	0.426	0.448	0.287	0.411
衡陽	0.247	0.367	0.345	0.341	0.29	0.305
邵陽	0.218	0.469	0.453	0.468	0.314	0.392
岳陽	0.339	0.472	0.471	0.386	0.306	0.429
常德	0.23	0.478	0.449	0.388	0.288	0.405
張家界	0.258	0.396	0.494	0.4	0.307	0.38
益陽	0.243	0.447	0.427	0.444	0.302	0.402
郴州	0.267	0.41	0.463	0.467	0.27	0.359
永州	0.265	0.463	0.385	0.415	0.286	0.354
懷化	0.282	0.363	0.393	0.475	0.287	0.384
婁底	0.265	0.398	0.484	0.386	0.286	0.353
廣州	0.254	0.82	0.702	0.819	0.503	0.741
韶關	0.274	0.599	0.629	0.613	0.439	0.608
深圳	0.271	1	1	0.971	0.986	1
珠海	0.378	0.716	0.621	0.696	0.457	0.635
汕頭	0.182	0.495	0.518	0.514	0.401	0.559
佛山	0.185	0.578	0.606	0.716	0.442	0.664
江門	0.221	0.543	0.562	0.543	0.402	0.525
湛江	0.178	0.442	0.394	0.423	0.318	0.439
茂名	0.187	0.434	0.447	0.43	0.341	0.478
肇慶	0.233	0.432	0.455	0.455	0.355	0.456
惠州	0.257	0.556	0.552	0.53	0.478	0.485
梅州	0.222	0.47	0.402	0.466	0.303	0.433
汕尾	0.202	0.439	0.433	0.422	0.318	0.452
河源	0.239	0.418	0.469	0.463	0.319	0.483
陽江	0.267	0.495	0.438	0.487	0.336	0.492
清遠	0.242	0.43	0.481	0.475	0.32	0.441
東莞	0.169	0.867	0.864	0.816	0.737	0.664
中山	0.189	0.662	0.604	0.655	0.514	0.568
潮州	0.167	0.433	0.476	0.444	0.351	0.463
揭陽	0.164	0.458	0.457	0.476	0.376	0.48
雲浮	0.248	0.444	0.462	0.485	0.314	0.409
南寧	0.244	0.46	0.459	0.494	0.355	0.418
柳州	0.228	0.414	0.351	0.402	0.286	0.382
桂林	0.234	0.375	0.4	0.386	0.308	0.424
梧州	0.205	0.355	0.32	0.341	0.262	0.379
北海	0.226	0.4	0.399	0.433	0.328	0.37
防城港	0.319	0.358	0.399	0.356	0.319	0.39
欽州	0.18	0.394	0.415	0.422	0.314	0.424

表 4.6.3 2015 年度城市社會體制競爭力三級指標分值（續 2）

城市	政府機構規模指數	地方法規條例健全程度	政策法規透明度	政府執法能力	政府辦事效率	民眾對政府的滿意度
貴港	0.172	0.372	0.371	0.397	0.269	0.374
玉林	0.165	0.362	0.404	0.399	0.297	0.369
百色	0.261	0.379	0.386	0.435	0.313	0.415
賀州	0.253	0.314	0.332	0.416	0.281	0.394
河池	0.233	0.339	0.383	0.41	0.323	0.451
來賓	0.215	0.329	0.357	0.402	0.32	0.438
崇左	0.255	0.317	0.31	0.425	0.336	0.416
海口	0.35	0.583	0.523	0.549	0.35	0.484
三亞	0.301	0.449	0.436	0.41	0.339	0.451
重慶	0.213	0.723	0.656	0.667	0.472	0.661
成都	0.251	0.639	0.542	0.63	0.452	0.542
自貢	0.195	0.47	0.425	0.47	0.327	0.406
攀枝花	0.291	0.428	0.443	0.436	0.326	0.445
瀘州	0.193	0.453	0.463	0.445	0.331	0.42
德陽	0.216	0.448	0.454	0.469	0.327	0.473
綿陽	0.214	0.47	0.475	0.442	0.328	0.461
廣元	0.295	0.451	0.448	0.442	0.327	0.431
遂寧	0.184	0.463	0.344	0.455	0.309	0.405
內江	0.197	0.401	0.408	0.39	0.25	0.404
樂山	0.24	0.361	0.409	0.357	0.288	0.383
南充	0.208	0.412	0.41	0.399	0.271	0.409
眉山	0.236	0.384	0.415	0.413	0.302	0.35
宜賓	0.223	0.407	0.377	0.405	0.287	0.351
廣安	0.208	0.386	0.343	0.39	0.292	0.421
達州	0.196	0.414	0.336	0.378	0.28	0.409
雅安	0.322	0.412	0.391	0.379	0.268	0.38
巴中	0.204	0.384	0.386	0.368	0.296	0.395
資陽	0.178	0.36	0.387	0.374	0.3	0.407
貴陽	0.321	0.525	0.386	0.505	0.319	0.412
六盤水	0.254	0.498	0.39	0.487	0.306	0.364
遵義	0.247	0.434	0.369	0.474	0.342	0.389
安順	0.259	0.454	0.407	0.465	0.287	0.379
畢節	0.218	0.443	0.408	0.477	0.298	0.389
銅仁	0.3	0.443	0.404	0.473	0.288	0.387
昆明	0.279	0.712	0.702	0.747	0.656	0.641
曲靖	0.18	0.682	0.62	0.576	0.463	0.482
玉溪	0.253	0.47	0.348	0.336	0.293	0.409
保山	0.21	0.452	0.372	0.435	0.276	0.365
昭通	0.209	0.315	0.32	0.29	0.264	0.295
麗江	0.29	0.338	0.306	0.273	0.249	0.314
普洱	0.24	0.353	0.335	0.29	0.287	0.343
臨滄	0.237	0.358	0.352	0.303	0.288	0.342
拉薩	1	0.387	0.382	0.386	0.398	0.418
西安	0.262	0.502	0.566	0.712	0.448	0.534
銅川	0.403	0.442	0.432	0.438	0.291	0.392
寶雞	0.228	0.405	0.328	0.401	0.319	0.373
咸陽	0.266	0.48	0.423	0.4	0.354	0.421
渭南	0.26	0.407	0.362	0.403	0.288	0.411
延安	0.514	0.37	0.455	0.432	0.326	0.372
漢中	0.275	0.371	0.37	0.479	0.324	0.383
榆林	0.408	0.416	0.383	0.482	0.317	0.388
安康	0.297	0.434	0.483	0.452	0.289	0.352
商洛	0.272	0.299	0.372	0.296	0.289	0.311
蘭州	0.31	0.436	0.446	0.553	0.374	0.565
嘉峪關	0.386	0.347	0.356	0.429	0.292	0.443
金昌	0.303	0.367	0.334	0.374	0.298	0.392
白銀	0.34	0.343	0.38	0.434	0.335	0.442
天水	0.307	0.343	0.378	0.405	0.264	0.35
武威	0.233	0.244	0.315	0.318	0.263	0.318
張掖	0.312	0.283	0.337	0.311	0.27	0.294

表 4.6.3 2015 年度城市社會體制競爭力三級指標分值（續 2）

城市	政府機構規模指數	地方法規條例健全程度	政策法規透明度	政府執法能力	政府辦事效率	民眾對政府的滿意度
平涼	0.266	0.271	0.299	0.274	0.246	0.249
酒泉	0.321	0.303	0.325	0.288	0.252	0.273
慶陽	0.33	0.371	0.311	0.328	0.299	0.267
定西	0.251	0.362	0.294	0.384	0.284	0.37
隴南	0.258	0.362	0.285	0.319	0.303	0.256
西寧	0.254	0.498	0.434	0.457	0.347	0.434
海東	0.252	0.1	0.1	0.1	0.1	0.1
銀川	0.332	0.572	0.432	0.447	0.357	0.517
石嘴山	0.335	0.441	0.396	0.328	0.292	0.354
吳忠	0.298	0.457	0.393	0.36	0.317	0.335
固原	0.241	0.478	0.418	0.367	0.278	0.316
中衛	0.206	0.417	0.383	0.334	0.282	0.283
烏魯木齊	0.438	0.489	0.413	0.421	0.355	0.47
克拉瑪依	0.519	0.377	0.439	0.466	0.284	0.374
香港	0.278	0.985	0.959	0.966	1	0.847
澳門	0.377	0.798	0.844	0.746	0.574	0.723
新北	0.147	0.671	0.67	0.55	0.451	0.582
臺北	0.205	0.675	0.667	0.549	0.453	0.583
桃園	0.178	0.68	0.666	0.55	0.455	0.568
台中	0.137	0.678	0.67	0.54	0.453	0.579
台南	0.215	0.664	0.67	0.551	0.442	0.574
高雄	0.1	0.682	0.666	0.549	0.466	0.578
基隆	0.179	0.667	0.652	0.539	0.433	0.557
新竹	0.154	0.661	0.65	0.526	0.444	0.57
嘉義	0.177	0.661	0.653	0.538	0.441	0.565

4.7 城市環境資源區位競爭力三級指標分值

表 4.7.1 2015 年度城市環境資源區位競爭力三級指標分值

城市	自然區位優勢度	交通區位優勢度	經濟區位優勢度	政治區位優勢度	文化區位優勢度	土地資源絕對豐富度	土地資源相對豐富度	農產品絕對自給度	農產品相對自給度	礦產能源絕對豐富度
北京	0.8	1	0.8	1	1	0.156	0.109	0.401	0.173	0.21
天津	0.9	0.8	0.3	0.8	0.6	0.196	0.123	0.487	0.209	0.204
石家莊	0.4	0.6	0.2	0.6	0.3	0.235	0.146	0.881	0.495	0.207
唐山	0.3	0.3	0.2	0.2	0.1	0.233	0.161	0.843	0.605	0.384
秦皇島	0.8	0.6	0.2	0.2	0.1	0.14	0.147	0.297	0.432	0.472
邯鄲	0.3	0.3	0.2	0.2	0.1	0.259	0.16	0.825	0.425	0.565
邢臺	0.3	0.3	0.2	0.2	0.1	0.257	0.177	0.64	0.328	0.469
保定	0.3	0.5	0.2	0.2	0.1	0.286	0.164	0.668	0.398	0.297
張家口	0.3	0.4	0.2	0.2	0.1	0.266	0.233	0.442	0.519	0.382
承德	0.3	0.3	0.1	0.2	0.1	0.164	0.165	0.288	0.403	0.468
滄州	0.3	0.4	0.1	0.2	0.1	0.272	0.183	0.571	0.351	0.477
廊坊	0.3	0.3	0.1	0.2	0.1	0.189	0.171	0.395	0.442	0.646
衡水	0.3	0.2	0.1	0.2	0.1	0.235	0.209	0.548	0.45	0.569
太原	0.4	0.4	0.3	0.5	0.3	0.131	0.126	0.146	0.165	0.561
大同	0.3	0.4	0.2	0.2	0.1	0.191	0.195	0.17	0.205	0.652
陽泉	0.3	0.2	0.2	0.2	0.1	0.117	0.143	0.113	0.145	0.571
長治	0.3	0.2	0.2	0.2	0.1	0.184	0.188	0.173	0.214	0.303
晉城	0.3	0.2	0.2	0.2	0.1	0.147	0.172	0.152	0.213	0.392
朔州	0.3	0.3	0.2	0.2	0.1	0.189	0.281	0.189	0.35	0.473
晉中	0.3	0.3	0.1	0.2	0.1	0.189	0.195	0.232	0.33	0.742
運城	0.3	0.2	0.1	0.2	0.1	0.234	0.191	0.356	0.331	0.561
忻州	0.3	0.2	0.1	0.2	0.1	0.258	0.28	0.161	0.203	0.558
臨汾	0.3	0.2	0.1	0.2	0.1	0.22	0.197	0.2	0.221	0.569

表 4.7.1 2015 年度城市環境資源區位競爭力三級指標分值

城市	自然區位優勢度	交通區位優勢度	經濟區位優勢度	政治區位優勢度	文化區位優勢度	土地資源絕對豐富度	土地資源相對豐富度	農產品絕對自給度	農產品相對自給度	礦產能源絕對豐富度
呂梁	0.3	0.2	0.1	0.2	0.1	0.228	0.22	0.165	0.186	0.566
呼和浩特	0.3	0.4	0.3	0.4	0.2	0.238	0.264	0.394	0.477	0.656
包頭	0.2	0.2	0.1	0.2	0.1	0.203	0.232	0.283	0.379	0.475
烏海	0.2	0.2	0.1	0.2	0.1	0.102	0.111	0.105	0.147	0.294
赤峰	0.2	0.2	0.1	0.2	0.1	0.345	0.302	0.415	0.5	0.568
通遼	0.2	0.2	0.1	0.2	0.1	0.362	0.397	0.354	0.543	0.474
鄂爾多斯	0.2	0.2	0.3	0.2	0.1	0.198	0.272	0.178	0.304	0.299
呼倫貝爾	0.2	0.3	0.1	0.2	0.1	0.378	0.49	0.373	0.625	0.302
巴彥淖爾	0.2	0.2	0.1	0.2	0.1	0.242	0.4	0.33	0.927	0.297
烏蘭察布	0.2	0.2	0.1	0.2	0.1	0.316	0.461	0.24	0.425	0.296
瀋陽	0.6	0.8	0.5	0.6	0.6	0.1	0.1	0.647	0.428	0.295
大連	0.9	0.8	0.5	0.4	0.2	0.1	0.1	0.535	0.325	0.126
鞍山	0.3	0.4	0.2	0.2	0.1	0.1	0.1	0.349	0.431	0.656
撫順	0.3	0.5	0.2	0.2	0.1	0.1	0.1	0.174	0.264	0.293
本溪	0.3	0.4	0.2	0.2	0.1	0.1	0.1	0.137	0.198	0.664
丹東	0.3	0.4	0.2	0.2	0.1	0.1	0.1	0.278	0.391	0.383
錦州	0.3	0.5	0.2	0.2	0.1	0.1	0.1	0.582	0.808	0.564
營口	0.4	0.4	0.2	0.2	0.1	0.1	0.1	0.246	0.336	0.476
阜新	0.3	0.5	0.2	0.2	0.1	0.1	0.1	0.394	1	0.483
遼陽	0.3	0.4	0.2	0.2	0.1	0.1	0.1	0.175	0.301	0.569
盤錦	0.3	0.3	0.1	0.2	0.1	0.1	0.1	0.217	0.463	0.663
鐵嶺	0.3	0.5	0.1	0.2	0.1	0.1	0.1	0.463	0.812	0.65
朝陽	0.3	0.3	0.1	0.2	0.1	0.1	0.1	0.426	0.689	0.3
葫蘆島	0.3	0.2	0.1	0.2	0.1	0.1	0.1	0.324	0.533	0.294
長春	0.4	0.7	0.3	0.6	0.3	0.418	0.246	0.471	0.343	0.742
吉林	0.3	0.4	0.2	0.3	0.1	0.246	0.217	0.286	0.324	0.837
四平	0.2	0.4	0.2	0.2	0.1	0.307	0.315	0.378	0.501	0.467
遼源	0.2	0.2	0.1	0.2	0.1	0.158	0.267	0.14	0.262	0.193
通化	0.2	0.2	0.1	0.2	0.1	0.175	0.215	0.158	0.232	0.654
白山	0.2	0.2	0.1	0.2	0.1	0.112	0.132	0.116	0.168	0.56
松原	0.2	0.3	0.1	0.2	0.1	0.389	0.451	0.369	0.622	0.569
白城	0.2	0.2	0.1	0.2	0.1	0.318	0.48	0.248	0.513	0.564
哈爾濱	0.5	0.7	0.3	0.6	0.3	0.544	0.248	0.599	0.318	0.393
齊齊哈爾	0.2	0.5	0.2	0.2	0.1	0.645	0.46	0.473	0.412	0.654
雞西	0.2	0.2	0.2	0.2	0.1	0.201	0.292	0.165	0.272	0.474
鶴崗	0.2	0.2	0.1	0.2	0.1	0.139	0.23	0.123	0.202	0.651
雙鴨山	0.2	0.2	0.2	0.2	0.1	0.199	0.339	0.163	0.32	0.657
大慶	0.2	0.2	0.2	0.2	0.1	0.253	0.285	0.391	0.532	1
伊春	0.2	0.3	0.1	0.2	0.1	0.15	0.254	0.146	0.291	0.834
佳木斯	0.2	0.3	0.1	0.2	0.1	0.38	0.488	0.261	0.422	0.743
七台河	0.2	0.2	0.1	0.2	0.1	0.137	0.243	0.123	0.229	0.561
牡丹江	0.2	0.2	0.1	0.2	0.1	0.219	0.251	0.203	0.324	0.652
黑河	0.2	0.2	0.1	0.2	0.1	0.307	0.539	0.173	0.318	0.297
綏化	0.2	0.1	0.1	0.2	0.1	0.503	0.364	0.593	0.504	0.561
上海	1	1	1	0.8	0.8	0.1	0.1	0.278	0.139	0.115
南京	0.7	0.8	0.4	0.6	0.5	0.159	0.126	0.253	0.203	0.2
無錫	0.7	0.8	0.3	0.1	0.2	0.134	0.119	0.172	0.161	0.213
徐州	0.6	0.8	0.2	0.1	0.1	0.244	0.159	0.714	0.476	0.202
常州	0.8	0.6	0.3	0.1	0.1	0.143	0.133	0.185	0.188	0.123
蘇州	0.8	0.8	0.3	0.4	0.4	0.156	0.119	0.22	0.158	0.205
南通	0.8	0.6	0.2	0.1	0.1	0.214	0.155	0.586	0.384	0.209
連雲港	0.5	0.5	0.2	0.1	0.1	0.19	0.172	0.367	0.396	0.204
淮安	0.5	0.5	0.2	0.1	0.1	0.219	0.187	0.326	0.361	0.291
鹽城	0.5	0.3	0.2	0.1	0.1	0.29	0.193	1	0.662	0.294
揚州	0.5	0.4	0.2	0.1	0.1	0.174	0.159	0.272	0.281	0.295
鎮江	0.5	0.4	0.2	0.1	0.1	0.142	0.147	0.168	0.215	0.204
泰州	0.5	0.4	0.2	0.1	0.1	0.177	0.159	0.548	0.579	0.295
宿遷	0.5	0.3	0.2	0.1	0.1	0.207	0.178	0.331	0.367	0.294
杭州	0.8	0.7	0.4	0.6	0.5	0.1	0.1	0.289	0.215	0.206

表 4.7.1 2015 年度城市環境資源區位競爭力三級指標分值

城市	自然區位優勢度	交通區位優勢度	經濟區位優勢度	政治區位優勢度	文化區位優勢度	土地資源絕對豐富度	土地資源相對豐富度	農產品絕對自給度	農產品相對自給度	礦產能源絕對豐富度
寧波	0.8	0.7	0.2	0.4	0.2	0.1	0.1	0.321	0.216	0.115
溫州	0.7	0.5	0.2	0.1	0.1	0.1	0.1	0.221	0.153	0.195
嘉興	0.6	0.4	0.2	0.1	0.1	0.1	0.1	0.258	0.284	0.303
湖州	0.6	0.5	0.2	0.1	0.1	0.1	0.1	0.199	0.253	0.127
紹興	0.7	0.4	0.2	0.1	0.1	0.1	0.1	0.216	0.233	0.206
金華	0.4	0.4	0.2	0.1	0.1	0.1	0.1	0.214	0.194	0.112
衢州	0.4	0.4	0.2	0.1	0.1	0.1	0.1	0.205	0.356	0.386
舟山	0.9	0.7	0.2	0.1	0.1	0.1	0.1	0.259	0.395	0.303
台州	0.7	0.3	0.2	0.1	0.1	0.1	0.1	0.328	0.232	0.294
麗水	0.4	0.2	0.2	0.1	0.1	0.1	0.1	0.152	0.252	0.392
合肥	0.5	0.5	0.3	0.6	0.3	0.182	0.138	0.394	0.275	0.558
蕪湖	0.2	0.4	0.1	0.2	0.1	0.143	0.142	0.278	0.269	0.474
蚌埠	0.2	0.3	0.1	0.2	0.1	0.172	0.179	0.333	0.484	0.38
淮南	0.2	0.3	0.1	0.2	0.1	0.128	0.141	0.168	0.243	0.384
馬鞍山	0.2	0.4	0.1	0.2	0.1	0.13	0.149	0.183	0.266	0.475
淮北	0.2	0.4	0.1	0.2	0.1	0.133	0.154	0.15	0.216	0.393
銅陵	0.2	0.4	0.1	0.2	0.1	0.106	0.127	0.118	0.194	0.39
安慶	0.2	0.4	0.1	0.2	0.1	0.173	0.148	0.435	0.31	0.642
黃山	0.2	0.3	0.1	0.2	0.1	0.111	0.13	0.138	0.252	0.399
滁州	0.2	0.4	0.1	0.2	0.1	0.199	0.189	0.317	0.365	0.297
阜陽	0.2	0.3	0.1	0.2	0.1	0.24	0.164	0.386	0.302	0.57
宿州	0.2	0.3	0.1	0.2	0.1	0.217	0.176	0.407	0.38	0.47
六安	0.2	0.3	0.1	0.1	0.1	0.206	0.166	0.344	0.295	0.389
亳州	0.2	0.3	0.1	0.1	0.1	0.222	0.187	0.281	0.286	0.391
池州	0.2	0.2	0.1	0.1	0.1	0.12	0.15	0.201	0.318	0.384
宣城	0.2	0.3	0.1	0.1	0.1	0.138	0.152	0.209	0.298	0.123
福州	0.8	0.5	0.3	0.6	0.3	0.137	0.118	0.435	0.264	0.205
廈門	0.9	0.8	0.3	0.4	0.2	0.105	0.105	0.123	0.136	0.21
莆田	0.6	0.4	0.2	0.1	0.1	0.118	0.123	0.237	0.28	0.384
三明	0.6	0.3	0.2	0.1	0.1	0.147	0.167	0.209	0.36	0.303
泉州	0.8	0.6	0.2	0.1	0.1	0.136	0.115	0.282	0.18	0.39
漳州	0.8	0.4	0.1	0.1	0.1	0.144	0.132	0.396	0.332	0.481
南平	0.5	0.4	0.2	0.1	0.1	0.157	0.178	0.25	0.399	0.384
龍岩	0.5	0.2	0.1	0.1	0.1	0.14	0.155	0.226	0.366	0.568
寧德	0.5	0.3	0.1	0.1	0.1	0.133	0.142	0.224	0.259	0.479
南昌	0.5	0.6	0.2	0.6	0.3	0.163	0.143	0.504	0.501	0.659
景德鎮	0.2	0.3	0.1	0.2	0.1	0.121	0.145	0.143	0.257	0.49
萍鄉	0.2	0.3	0.1	0.2	0.1	0.116	0.129	0.148	0.241	0.392
九江	0.3	0.5	0.1	0.2	0.1	0.172	0.153	0.366	0.257	0.572
新餘	0.2	0.4	0.1	0.2	0.1	0.12	0.161	0.142	0.243	0.293
鷹潭	0.2	0.5	0.1	0.2	0.1	0.121	0.167	0.142	0.279	0.288
贛州	0.2	0.5	0.1	0.2	0.1	0.19	0.137	0.352	0.253	0.562
吉安	0.2	0.4	0.1	0.2	0.1	0.202	0.175	0.305	0.325	0.65
宜春	0.2	0.4	0.1	0.2	0.1	0.214	0.174	0.363	0.322	0.469
撫州	0.2	0.4	0.1	0.2	0.1	0.176	0.168	0.266	0.311	0.386
上饒	0.2	0.4	0.1	0.2	0.1	0.193	0.149	0.299	0.24	0.298
濟南	0.5	0.8	0.4	0.6	0.3	0.188	0.144	0.434	0.35	0.566
青島	0.9	0.8	0.4	0.4	0.2	0.225	0.149	0.579	0.364	0.209
淄博	0.5	0.3	0.1	0.1	0.1	0.15	0.139	0.229	0.254	0.471
棗莊	0.4	0.3	0.1	0.1	0.1	0.159	0.154	0.288	0.392	0.566
東營	0.4	0.3	0.1	0.1	0.1	0.154	0.19	0.379	0.416	0.475
煙臺	0.8	0.5	0.2	0.1	0.1	0.209	0.155	0.63	0.419	0.564
濰坊	0.4	0.3	0.1	0.1	0.1	0.291	0.173	0.763	0.473	0.204
濟寧	0.4	0.4	0.1	0.1	0.1	0.246	0.163	0.711	0.399	0.742
泰安	0.4	0.3	0.1	0.1	0.1	0.184	0.153	0.473	0.486	0.478
威海	0.8	0.5	0.2	0.1	0.1	0.147	0.159	0.482	0.552	0.654
日照	0.3	0.2	0.1	0.1	0.1	0.156	0.169	0.289	0.402	0.393
萊蕪	0.3	0.3	0.1	0.1	0.1	0.117	0.144	0.141	0.28	0.204
臨沂	0.3	0.3	0.1	0.1	0.1	0.305	0.171	0.632	0.4	0.474

表 4.7.1 2015 年度城市環境資源區位競爭力三級指標分值

城市	自然區位優勢度	交通區位優勢度	經濟區位優勢度	政治區位優勢度	文化區位優勢度	土地資源絕對豐富度	土地資源相對豐富度	農產品絕對自給度	農產品相對自給度	礦產能源絕對豐富度
德州	0.3	0.3	0.1	0.1	0.1	0.251	0.194	0.597	0.448	0.298
聊城	0.3	0.4	0.1	0.1	0.1	0.238	0.182	0.526	0.478	0.742
濱州	0.3	0.2	0.1	0.1	0.1	0.209	0.2	0.454	0.376	0.566
菏澤	0.2	0.2	0.1	0.1	0.1	0.302	0.185	0.73	0.382	0.734
鄭州	0.6	0.9	0.3	0.6	0.3	0.172	0.128	0.348	0.238	0.296
開封	0.2	0.3	0.1	0.1	0.1	0.196	0.173	0.527	0.607	0.557
洛陽	0.2	0.5	0.1	0.1	0.1	0.187	0.146	0.312	0.268	0.387
平頂山	0.2	0.2	0.1	0.1	0.1	0.176	0.154	0.307	0.325	0.657
安陽	0.2	0.2	0.1	0.1	0.1	0.196	0.167	0.408	0.458	0.656
鶴壁	0.2	0.2	0.1	0.1	0.1	0.123	0.152	0.203	0.401	0.392
新鄉	0.2	0.2	0.1	0.1	0.1	0.198	0.161	0.429	0.402	0.291
焦作	0.2	0.3	0.1	0.1	0.1	0.144	0.145	0.296	0.388	0.386
濮陽	0.2	0.2	0.1	0.1	0.1	0.16	0.16	0.318	0.427	0.387
許昌	0.2	0.2	0.1	0.1	0.1	0.179	0.165	0.301	0.344	0.301
漯河	0.1	0.2	0.1	0.1	0.1	0.14	0.156	0.256	0.405	0.294
三門峽	0.1	0.3	0.1	0.1	0.1	0.14	0.163	0.195	0.329	0.383
南陽	0.1	0.2	0.1	0.1	0.1	0.329	0.18	0.841	0.526	0.472
商丘	0.1	0.2	0.1	0.1	0.1	0.262	0.179	0.675	0.543	0.475
信陽	0.1	0.2	0.1	0.1	0.1	0.238	0.177	0.511	0.461	0.291
周口	0.1	0.3	0.1	0.1	0.1	0.301	0.181	0.698	0.467	0.198
駐馬店	0.1	0.3	0.1	0.1	0.1	0.301	0.204	0.676	0.578	0.212
武漢	0.5	0.8	0.4	0.6	0.6	0.149	0.117	0.437	0.267	0.113
黃石	0.1	0.2	0.2	0.1	0.1	0.122	0.132	0.191	0.264	0.468
十堰	0.1	0.3	0.2	0.1	0.1	0.142	0.145	0.213	0.293	0.563
宜昌	0.1	0.3	0.1	0.1	0.1	0.163	0.154	0.419	0.486	0.829
襄陽	0.1	0.3	0.1	0.1	0.1	0.209	0.169	0.488	0.419	0.478
鄂州	0.1	0.2	0.1	0.1	0.1	0.11	0.133	0.208	0.501	0.828
荊門	0.1	0.3	0.1	0.1	0.1	0.164	0.179	0.428	0.582	0.468
孝感	0.1	0.2	0.1	0.1	0.1	0.164	0.147	0.468	0.433	0.392
荊州	0.1	0.3	0.1	0.1	0.1	0.214	0.17	0.693	0.457	0.649
黃岡	0.1	0.2	0.1	0.1	0.1	0.184	0.147	0.643	0.451	0.205
咸寧	0.1	0.1	0.1	0.1	0.1	0.138	0.154	0.244	0.409	0.735
隨州	0.1	0.1	0.1	0.1	0.1	0.135	0.157	0.245	0.401	0.204
長沙	0.4	0.3	0.3	0.6	0.4	0.16	0.13	0.351	0.306	0.298
株洲	0.4	0.5	0.2	0.1	0.1	0.144	0.139	0.238	0.298	0.654
湘潭	0.2	0.2	0.2	0.1	0.1	0.13	0.138	0.218	0.327	0.396
衡陽	0.2	0.3	0.2	0.1	0.1	0.18	0.139	0.478	0.356	0.393
邵陽	0.2	0.2	0.2	0.1	0.1	0.185	0.142	0.324	0.267	0.655
岳陽	0.2	0.3	0.2	0.1	0.1	0.169	0.144	0.428	0.342	0.56
常德	0.2	0.1	0.2	0.1	0.1	0.199	0.161	0.674	0.452	0.288
張家界	0.1	0.1	0.1	0.1	0.1	0.122	0.152	0.151	0.292	0.557
益陽	0.1	0.2	0.1	0.1	0.1	0.159	0.148	0.414	0.395	0.479
郴州	0.2	0.3	0.2	0.1	0.1	0.157	0.143	0.268	0.305	0.743
永州	0.1	0.2	0.1	0.1	0.1	0.17	0.147	0.389	0.41	0.293
懷化	0.1	0.2	0.1	0.1	0.1	0.165	0.148	0.24	0.26	0.384
婁底	0.1	0.2	0.1	0.1	0.1	0.136	0.134	0.211	0.25	0.39
廣州	0.8	0.8	0.6	0.6	0.6	0.124	0.107	0.267	0.166	0.123
韶關	0.6	0.3	0.2	0.1	0.1	0.132	0.139	0.2	0.314	0.568
深圳	0.9	0.8	0.8	0.6	0.2	0.746	0.315	0.108	0.103	0.207
珠海	0.8	0.6	0.2	0.1	0.2	0.104	0.108	0.139	0.173	0.292
汕頭	0.7	0.3	0.2	0.1	0.1	0.118	0.112	0.193	0.177	0.122
佛山	0.7	0.5	0.3	0.1	0.1	0.109	0.104	0.218	0.165	0.383
江門	0.5	0.3	0.3	0.1	0.1	0.132	0.125	0.254	0.236	0.297
湛江	0.7	0.3	0.2	0.1	0.1	0.212	0.155	0.41	0.296	0.295
茂名	0.5	0.4	0.2	0.1	0.1	0.161	0.136	0.398	0.328	0.563
肇慶	0.5	0.3	0.2	0.1	0.1	0.146	0.141	0.28	0.325	0.467
惠州	0.5	0.5	0.2	0.1	0.1	0.127	0.12	0.208	0.235	0.293
梅州	0.4	0.4	0.2	0.1	0.1	0.14	0.133	0.224	0.262	0.478
汕尾	0.4	0.4	0.2	0.1	0.1	0.124	0.128	0.205	0.237	0.211

表 4.7.1 2015 年度城市環境資源區位競爭力三級指標分值

城市	自然區位優勢度	交通區位優勢度	經濟區位優勢度	政治區位優勢度	文化區位優勢度	土地資源絕對豐富度	土地資源相對豐富度	農產品絕對自給度	農產品相對自給度	礦產能源絕對豐富度
河源	0.4	0.3	0.2	0.1	0.1	0.131	0.137	0.158	0.211	0.384
陽江	0.4	0.4	0.2	0.1	0.1	0.125	0.136	0.277	0.343	0.3
清遠	0.4	0.4	0.2	0.1	0.1	0.166	0.161	0.223	0.293	0.576
東莞	0.8	0.8	0.3	0.1	0.1	0.109	0.104	0.118	0.11	0.3
中山	0.7	0.2	0.2	0.1	0.1	0.112	0.114	0.152	0.157	0.204
潮州	0.7	0.1	0.1	0.1	0.1	0.118	0.124	0.142	0.166	0.209
揭陽	0.4	0.1	0.2	0.1	0.1	0.13	0.118	0.199	0.192	0.479
雲浮	0.4	0.2	0.2	0.1	0.1	0.124	0.135	0.187	0.276	0.386
南寧	0.5	0.5	0.2	0.6	0.2	0.267	0.186	0.354	0.305	0.385
柳州	0.4	0.4	0.3	0.1	0.1	0.186	0.179	0.193	0.241	0.294
桂林	0.3	0.4	0.2	0.1	0.1	0.18	0.158	0.335	0.371	0.654
梧州	0.2	0.5	0.1	0.1	0.1	0.127	0.133	0.19	0.279	0.291
北海	0.6	0.4	0.2	0.1	0.1	0.13	0.168	0.244	0.39	0.384
防城港	0.4	0.3	0.1	0.1	0.1	0.122	0.188	0.16	0.295	0.212
欽州	0.3	0.4	0.1	0.1	0.1	0.152	0.158	0.253	0.31	0.387
貴港	0.3	0.4	0.1	0.1	0.1	0.179	0.166	0.23	0.259	0.554
玉林	0.3	0.5	0.1	0.1	0.1	1	0.667	0.313	0.3	0.573
百色	0.2	0.2	0.1	0.1	0.1	1	1	0.203	0.262	0.48
賀州	0.2	0.2	0.1	0.1	0.1	0.14	0.171	0.174	0.313	0.379
河池	0.2	0.2	0.1	0.1	0.1	0.191	0.194	0.174	0.217	0.204
來賓	0.2	0.2	0.1	0.1	0.1	0.199	0.264	0.163	0.266	0.297
崇左	0.2	0.2	0.1	0.1	0.1	0.227	0.321	0.152	0.242	0.289
海口	0.8	0.5	0.3	0.6	0.2	0.111	0.119	0.139	0.191	0.205
三亞	0.7	0.5	0.2	0.1	0.1	0.103	0.117	0.127	0.286	0.288
重慶	0.3	0.8	0.4	0.8	0.3	0.1	0.1	0.525	0.183	0.57
成都	0.4	0.7	0.3	0.6	0.6	0.179	0.12	0.259	0.181	0.555
自貢	0.1	0.3	0.2	0.1	0.1	0.133	0.143	0.148	0.225	0.381
攀枝花	0.1	0.3	0.2	0.1	0.1	0.11	0.129	0.115	0.188	0.653
瀘州	0.1	0.3	0.1	0.1	0.1	0.151	0.143	0.15	0.183	0.468
德陽	0.1	0.2	0.2	0.1	0.1	0.145	0.145	0.176	0.254	0.654
綿陽	0.1	0.2	0.2	0.1	0.1	0.169	0.152	0.207	0.256	0.473
廣元	0.1	0.2	0.1	0.1	0.1	0.141	0.157	0.178	0.315	0.384
遂寧	0.1	0.3	0.1	0.1	0.1	0.137	0.141	0.16	0.202	0.214
內江	0.1	0.2	0.1	0.1	0.1	0.14	0.138	0.17	0.23	0.302
樂山	0.1	0.3	0.1	0.1	0.1	0.136	0.14	0.141	0.181	0.573
南充	0.1	0.3	0.1	0.1	0.1	0.174	0.141	0.237	0.25	0.566
眉山	0.1	0.3	0.1	0.1	0.1	0.142	0.149	0.165	0.236	0.559
宜賓	0.1	0.2	0.1	0.1	0.1	0.159	0.147	0.17	0.209	0.75
廣安	0.1	0.2	0.1	0.1	0.1	0.142	0.146	0.17	0.258	0.653
達州	0.1	0.2	0.1	0.1	0.1	0.174	0.148	0.216	0.249	0.298
雅安	0.1	0.3	0.1	0.1	0.1	0.114	0.132	0.123	0.206	0.564
巴中	0.1	0.3	0.1	0.1	0.1	0.137	0.14	0.148	0.199	0.65
資陽	0.1	0.2	0.1	0.1	0.1	0.165	0.165	0.188	0.264	0.391
貴陽	0.2	0.6	0.4	0.6	0.3	0.123	0.118	0.184	0.22	0.659
六盤水	0.1	0.3	0.2	0.1	0.1	0.176	0.193	0.136	0.173	0.465
遵義	0.1	0.2	0.1	0.1	0.1	0.306	0.219	0.312	0.313	0.65
安順	0.1	0.3	0.1	0.1	0.1	0.126	0.14	0.162	0.265	0.647
畢節	0.1	0.2	0.1	0.1	0.1	0.343	0.232	0.227	0.215	0.64
銅仁	0.1	0.2	0.1	0.1	0.1	0.143	0.149	0.199	0.291	0.641
昆明	0.6	0.6	0.5	0.6	0.3	0.138	0.12	0.266	0.235	0.653
曲靖	0.1	0.4	0.1	0.1	0.1	0.166	0.139	0.457	0.401	0.743
玉溪	0.1	0.5	0.2	0.1	0.1	0.162	0.194	0.218	0.379	0.568
保山	0.1	0.3	0.1	0.1	0.1	0.138	0.152	0.202	0.305	0.74
昭通	0.1	0.2	0.1	0.1	0.1	0.18	0.153	0.226	0.226	0.567
麗江	0.1	0.1	0.1	0.1	0.1	0.125	0.17	0.138	0.237	0.203
普洱	0.1	0.1	0.1	0.1	0.1	0.151	0.17	0.164	0.218	0.211
臨滄	0.1	0.1	0.1	0.1	0.1	0.166	0.194	0.172	0.247	0.207
拉薩	0.2	0.4	0.4	0.6	0.6	0.109	0.154	0.115	0.249	0.38
西安	0.2	0.5	0.5	0.6	0.6	0.16	0.125	0.29	0.213	0.388

表 4.7.1 2015 年度城市環境資源區位競爭力三級指標分值

城市	自然區位優勢度	交通區位優勢度	經濟區位優勢度	政治區位優勢度	文化區位優勢度	土地資源絕對豐富度	土地資源相對豐富度	農產品絕對自給度	農產品相對自給度	礦產能源絕對豐富度
銅川	0.1	0.3	0.2	0.1	0.1	0.116	0.166	0.123	0.239	0.477
寶雞	0.1	0.2	0.2	0.1	0.1	0.173	0.169	0.252	0.292	0.566
咸陽	0.1	0.2	0.1	0.1	0.1	0.188	0.163	0.389	0.409	0.648
渭南	0.1	0.3	0.1	0.1	0.1	0.227	0.184	0.362	0.295	0.294
延安	0.1	0.3	0.1	0.1	0.1	0.159	0.194	0.184	0.314	0.47
漢中	0.1	0.2	0.1	0.1	0.1	0.15	0.152	0.245	0.348	0.471
榆林	0.1	0.2	0.1	0.1	0.1	0.241	0.249	0.193	0.248	0.296
安康	0.1	0.2	0.1	0.1	0.1	0.148	0.165	0.207	0.335	0.387
商洛	0.1	0.2	0.1	0.1	0.1	0.133	0.149	0.155	0.219	0.291
蘭州	0.2	0.4	0.2	0.6	0.2	0.165	0.164	0.169	0.231	0.645
嘉峪關	0.1	0.2	0.1	0.1	0.1	0.101	0.115	0.104	0.232	0.213
金昌	0.1	0.2	0.1	0.1	0.1	0.122	0.265	0.122	0.423	0.302
白銀	0.1	0.1	0.1	0.1	0.1	0.197	0.301	0.154	0.3	0.478
天水	0.1	0.1	0.1	0.1	0.1	0.225	0.235	0.191	0.283	0.386
武威	0.1	0.2	0.1	0.1	0.1	0.187	0.271	0.213	0.438	0.472
張掖	0.1	0.1	0.1	0.1	0.1	0.162	0.281	0.179	0.471	0.473
平涼	0.1	0.1	0.1	0.1	0.1	0.194	0.259	0.175	0.325	0.38
酒泉	0.1	0.1	0.1	0.1	0.1	0.141	0.23	0.208	0.429	0.302
慶陽	0.1	0.1	0.1	0.1	0.1	0.262	0.358	0.186	0.336	0.29
定西	0.1	0.1	0.1	0.1	0.1	0.264	0.31	0.146	0.198	0.296
隴南	0.1	0.1	0.1	0.1	0.1	0.235	0.285	0.141	0.193	0.209
西寧	0.2	0.5	0.3	0.6	0.2	0.135	0.155	0.154	0.239	0.473
海東	0.1	0.1	0.1	0.1	0.1	0.149	0.222	0.1	0.1	0.1
銀川	0.2	0.4	0.3	0.6	0.2	0.131	0.153	0.1	0.1	0.643
石嘴山	0.1	0.1	0.1	0.1	0.1	0.119	0.189	0.134	0.361	0.293
吳忠	0.1	0.2	0.1	0.1	0.1	0.176	0.305	0.189	0.417	0.291
固原	0.1	0.1	0.1	0.1	0.1	0.186	0.346	0.157	0.416	0.47
中衛	0.1	0.1	0.1	0.1	0.1	0.156	0.276	0.146	0.325	0.293
烏魯木齊	0.2	0.4	0.3	0.5	0.2	0.113	0.114	0.134	0.153	0.565
克拉瑪依	0.1	0.1	0.1	0.1	0.1	0.105	0.15	0.116	0.145	0.464
香港	1	0.8	1	0.7	1	0.1	0.1	0.1	0.1	0.114
澳門	0.8	0.3	0.4	0.3	0.2	0.1	0.1	0.1	0.1	0.195
新北	0.6	0.5	0.4	0.2	0.2	0.107	0.106	0.14	0.144	0.117
臺北	0.8	1	0.6	0.7	1	0.101	0.101	0.126	0.143	0.118
桃園	0.4	0.5	0.4	0.2	0.2	0.109	0.115	0.12	0.144	0.12
台中	0.4	0.5	0.4	0.2	0.2	0.112	0.116	0.127	0.144	0.119
台南	0.7	0.7	0.4	0.2	0.2	0.123	0.143	0.125	0.15	0.116
高雄	0.2	0.3	0.4	0.2	0.2	0.111	0.115	0.15	0.159	0.12
基隆	0.6	0.6	0.4	0.2	0.2	0.1	0.102	0.108	0.165	0.12
新竹	0.4	0.5	0.4	0.2	0.2	0.101	0.105	0.105	0.146	0.117
嘉義	0.4	0.5	0.4	0.2	0.2	0.1	0.106	0.103	0.143	0.121

表 4.7.2 2015 年度城市環境資源區位競爭力三級指標分值（續 1）

城市	礦產能源相對豐富度	城市綠化絕對量	城市綠化相對量	氣候環境舒適度	自然災害少發率	山水環境優美度	建成區綠化覆蓋率	生活污水處理率	生活垃圾處理率	空氣質量指數
北京	0.126	0.539	0.333	0.442	0.538	0.392	0.69	0.822	0.994	0.851
天津	0.114	0.259	0.221	0.61	0.679	0.396	0.507	0.875	0.971	0.851
石家莊	0.116	0.163	0.167	0.567	0.723	0.157	0.594	0.944	0.762	0.887
唐山	0.2	0.166	0.195	0.517	0.44	0.202	0.574	0.948	0.895	0.964
秦皇島	0.385	0.135	0.231	0.837	0.658	0.741	0.748	0.949	0.912	0.874
邯鄲	0.293	0.135	0.142	0.566	0.529	0.357	0.635	0.971	1	0.917
邢臺	0.553	0.126	0.14	0.517	0.527	0.288	0.531	0.898	0.999	0.887
保定	0.206	0.138	0.141	0.553	0.509	0.352	0.577	0.908	0.72	0.917
張家口	0.301	0.123	0.158	0.528	0.507	0.306	0.578	1	0.888	0.947
承德	0.563	0.132	0.202	0.562	0.465	0.297	0.573	0.863	0.873	0.934
滄州	0.549	0.114	0.121	0.515	0.577	0.343	0.524	0.977	0.77	0.937
廊坊	0.556	0.13	0.174	0.56	0.557	0.288	0.609	0.898	0.344	0.921

表 4.7.2 2015 年度城市環境資源區位競爭力三級指標分值（續 1）

城市	礦產能源相對豐富度	城市綠化絕對量	城市綠化相對量	氣候環境舒適度	自然災害少發率	山水環境優美度	建成區綠化覆蓋率	生活污水處理率	生活垃圾處理率	空氣質量指數
衡水	0.816	0.112	0.13	0.485	0.471	0.283	0.579	0.862	0.69	0.921
太原	0.205	0.176	0.301	0.43	0.342	0.292	0.559	0.827	1	0.94
大同	0.389	0.131	0.205	0.313	0.329	0.336	0.592	0.806	0.602	0.904
陽泉	0.557	0.113	0.208	0.393	0.353	0.42	0.573	0.852	0.748	0.974
長治	0.284	0.116	0.154	0.353	0.377	0.32	0.625	0.891	0.73	0.964
晉城	0.82	0.111	0.154	0.495	0.404	0.287	0.553	0.942	0.955	0.947
朔州	0.563	0.113	0.182	0.329	0.432	0.305	0.678	0.968	0.822	0.983
晉中	0.905	0.112	0.139	0.364	0.441	0.409	0.519	0.917	0.721	0.97
運城	0.549	0.111	0.123	0.413	0.315	0.337	0.489	0.986	0.964	0.98
忻州	0.647	0.106	0.121	0.393	0.349	0.383	0.457	0.632	0.486	0.914
臨汾	0.473	0.112	0.131	0.464	0.371	0.374	0.536	0.794	0.534	0.977
呂梁	0.468	0.105	0.116	0.413	0.355	0.395	0.549	0.715	0.562	0.854
呼和浩特	0.384	0.158	0.319	0.346	0.364	0.324	0.52	0.777	0.988	0.854
包頭	0.294	0.151	0.309	0.332	0.466	0.297	0.588	0.829	0.946	0.768
烏海	0.383	0.117	0.442	0.365	0.387	0.33	0.569	0.922	0.875	0.841
赤峰	0.385	0.125	0.165	0.312	0.293	0.325	0.545	0.848	0.904	0.897
通遼	0.381	0.115	0.155	0.326	0.251	0.37	0.48	0.75	0.73	0.931
鄂爾多斯	0.557	0.173	0.508	0.191	0.185	0.225	0.592	0.762	0.956	0.964
呼倫貝爾	0.556	0.107	0.133	0.154	0.1	0.275	0.473	0.844	0.886	0.927
巴彥淖爾	0.565	0.11	0.169	0.168	0.123	0.215	0.54	0.924	0.931	0.947
烏蘭察布	0.557	0.115	0.181	0.156	0.1	0.215	0.573	0.982	0.983	0.947
瀋陽	0.121	0.3	0.372	0.545	0.726	0.366	0.586	0.942	1	0.964
大連	0.107	0.225	0.303	1	1	0.779	0.615	0.953	0.891	0.864
鞍山	0.374	0.143	0.235	0.474	0.656	0.339	0.546	0.85	1	0.887
撫順	0.204	0.134	0.285	0.459	0.593	0.434	0.58	0.711	1	0.947
本溪	0.459	0.136	0.338	0.393	0.595	0.477	0.674	0.91	1	0.957
丹東	0.385	0.114	0.164	0.372	0.608	0.302	0.55	0.573	1	0.944
錦州	0.468	0.121	0.175	0.297	0.578	0.469	0.581	0.711	0.887	0.977
營口	0.462	0.128	0.227	0.714	0.608	0.333	0.553	0.758	0.996	0.94
阜新	0.376	0.12	0.223	0.479	0.588	0.463	0.581	0.436	1	0.94
遼陽	0.477	0.127	0.265	0.434	0.669	0.476	0.572	1	1	0.96
盤錦	0.816	0.117	0.234	0.408	0.565	0.46	0.553	1	1	0.97
鐵嶺	0.989	0.114	0.159	0.293	0.591	0.348	0.782	1	1	0.947
朝陽	0.371	0.109	0.133	0.473	0.642	0.378	0.373	0.919	1	0.967
葫蘆島	0.207	0.121	0.19	0.589	0.64	0.404	0.571	0.913	0.871	0.974
長春	0.2	0.173	0.206	0.44	0.726	0.187	0.412	0.755	0.825	0.934
吉林	0.374	0.144	0.213	0.333	0.487	0.188	0.605	0.904	0.65	0.94
四平	0.557	0.112	0.14	0.316	0.482	0.177	0.489	0.787	0.424	0.97
遼源	0.204	0.112	0.211	0.394	0.478	0.264	0.555	0.955	0.925	0.934
通化	0.822	0.11	0.15	0.407	0.518	0.221	0.507	0.912	0.977	0.937
白山	0.831	0.107	0.161	0.277	0.528	0.222	0.413	0.624	0.869	0.964
松原	0.646	0.112	0.147	0.474	0.534	0.216	0.585	0.951	0.962	0.983
白城	0.638	0.107	0.142	0.405	0.502	0.233	0.428	0.728	0.468	0.967
哈爾濱	0.208	0.191	0.196	0.482	0.614	0.364	0.515	0.89	0.886	0.841
齊齊哈爾	0.381	0.142	0.187	0.326	0.383	0.333	0.536	0.707	0.581	0.937
雞西	0.384	0.119	0.215	0.237	0.445	0.318	0.563	0.423	0.865	0.878
鶴崗	0.647	0.119	0.308	0.218	0.291	0.361	0.487	0.37	0.1	0.878
雙鴨山	0.816	0.119	0.243	0.188	0.259	0.328	0.601	0.758	1	0.884
大慶	0.647	0.252	0.682	0.211	0.416	0.368	0.622	0.921	0.957	0.987
伊春	0.646	0.133	0.421	0.249	0.445	0.268	0.436	0.827	1	0.987
佳木斯	0.643	0.126	0.216	0.256	0.441	0.199	0.579	0.618	0.929	0.934
七台河	0.649	0.117	0.304	0.244	0.303	0.236	0.562	0.829	1	0.818
牡丹江	0.556	0.135	0.241	0.203	0.303	0.188	0.547	0.1	1	0.927
黑河	0.557	0.103	0.121	0.197	0.265	0.234	0.446	0.69	1	0.987
綏化	0.468	0.105	0.111	0.25	0.409	0.253	0.465	0.997	0.748	0.864
上海	0.107	0.951	0.496	0.856	0.864	0.679	0.596	0.858	0.946	0.907
南京	0.117	0.69	0.911	0.696	0.942	0.636	0.614	0.556	0.917	0.841
無錫	0.116	0.225	0.317	0.664	0.938	1	0.593	0.845	1	0.927
徐州	0.107	0.204	0.236	0.517	0.468	0.537	0.553	0.86	0.999	0.884

表 4.7.2 2015 年度城市環境資源區位競爭力三級指標分值（續 1）

城市	礦產能源相對豐富度	城市綠化絕對量	城市綠化相對量	氣候環境舒適度	自然災害少發率	山水環境優美度	建成區綠化覆蓋率	生活污水處理率	生活垃圾處理率	空氣質量指數
常州	0.126	0.155	0.232	0.844	0.789	0.687	0.593	0.855	1	0.931
蘇州	0.122	0.246	0.255	0.886	0.928	0.854	0.585	0.737	1	0.96
南通	0.214	0.15	0.176	0.84	0.718	0.576	0.584	0.866	1	0.914
連雲港	0.203	0.236	0.445	0.62	0.547	0.581	0.56	0.649	0.842	0.894
淮安	0.121	0.142	0.198	0.628	0.555	0.525	0.569	0.671	0.814	0.947
鹽城	0.29	0.127	0.142	0.688	0.573	0.501	0.563	0.645	0.826	0.831
揚州	0.21	0.146	0.215	0.53	0.521	0.503	0.598	0.811	1	0.907
鎮江	0.193	0.15	0.279	0.482	0.522	0.522	0.588	0.753	1	0.914
泰州	0.284	0.124	0.159	0.509	0.503	0.537	0.569	0.555	1	0.891
宿遷	0.557	0.157	0.232	0.552	0.578	0.587	0.584	0.811	0.804	0.891
杭州	0.123	0.217	0.248	0.852	0.585	0.938	0.564	0.93	1	0.894
寧波	0.114	0.175	0.209	0.871	0.46	0.706	0.541	0.735	1	0.861
溫州	0.206	0.147	0.158	0.774	0.452	0.571	0.537	0.784	0.982	0.904
嘉興	0.289	0.131	0.177	0.713	0.536	0.47	0.608	0.896	1	0.887
湖州	0.123	0.129	0.212	0.693	0.513	0.514	0.657	0.901	1	0.838
紹興	0.203	0.148	0.209	0.783	0.6	0.855	0.57	0.841	1	0.861
金華	0.12	0.119	0.138	0.708	0.506	0.583	0.535	0.85	0.989	0.891
衢州	0.557	0.117	0.188	0.765	0.543	0.537	0.571	0.748	1	0.967
舟山	0.299	0.191	1	0.61	0.349	0.581	0.541	0.586	1	0.98
台州	0.209	0.134	0.164	0.718	0.605	0.678	0.606	0.864	1	0.967
麗水	0.565	0.109	0.149	0.753	0.406	0.491	0.611	0.75	1	0.917
合肥	0.295	0.208	0.26	0.682	0.672	0.406	0.622	0.851	1	0.795
蕪湖	0.464	0.142	0.231	0.482	0.371	0.364	0.559	0.915	0.966	0.974
蚌埠	0.375	0.128	0.198	0.457	0.332	0.32	0.547	0.909	0.742	0.957
淮南	0.204	0.128	0.236	0.441	0.299	0.441	0.557	0.749	0.902	0.894
馬鞍山	0.561	0.137	0.291	0.443	0.248	0.332	0.605	0.85	1	0.904
淮北	0.384	0.128	0.249	0.445	0.456	0.423	0.612	0.879	1	0.947
銅陵	0.56	0.134	0.628	0.348	0.329	0.367	0.629	0.835	1	0.993
安慶	0.65	0.122	0.146	0.398	0.418	0.436	0.571	0.844	0.973	0.944
黃山	0.558	0.189	0.84	0.456	0.392	0.436	0.629	0.883	0.996	1
滁州	0.384	0.127	0.176	0.429	0.424	0.424	0.55	0.952	0.934	0.983
阜陽	0.286	0.131	0.145	0.302	0.26	0.446	0.48	0.831	0.809	0.954
宿州	0.292	0.116	0.133	0.421	0.272	0.403	0.539	0.819	0.884	0.967
六安	0.214	0.118	0.136	0.395	0.316	0.426	0.53	0.892	0.856	0.993
亳州	0.21	0.11	0.122	0.38	0.375	0.473	0.56	0.886	1	0.974
池州	0.382	0.109	0.174	0.395	0.289	0.318	0.569	0.897	0.761	1
宣城	0.127	0.123	0.199	0.381	0.45	0.293	1	0.92	0.995	0.987
福州	0.113	0.167	0.202	0.809	0.455	0.672	0.592	0.866	0.933	0.983
廈門	0.107	0.22	0.463	0.929	0.472	0.786	0.581	0.903	0.993	0.993
莆田	0.206	0.115	0.159	0.767	0.381	0.701	0.629	0.833	0.992	0.993
三明	0.554	0.109	0.139	0.737	0.457	0.699	0.575	0.792	0.983	0.897
泉州	0.289	0.155	0.173	0.749	0.458	0.888	0.585	0.833	0.992	0.983
漳州	0.558	0.116	0.136	0.797	0.32	0.674	0.579	0.746	0.978	0.99
南平	0.471	0.108	0.134	0.723	0.299	0.696	0.65	0.8	0.896	0.993
龍岩	0.65	0.112	0.152	0.71	0.422	0.708	0.591	0.833	0.992	0.98
寧德	0.74	0.107	0.126	0.71	0.33	0.689	0.591	0.798	0.915	0.967
南昌	0.289	0.168	0.248	0.598	0.618	0.446	0.588	0.933	0.905	0.937
景德鎮	0.726	0.126	0.284	0.569	0.572	0.413	0.692	0.669	1	1
萍鄉	0.38	0.113	0.18	0.525	0.574	0.403	0.565	0.776	0.982	0.983
九江	0.644	0.134	0.179	0.537	0.655	0.314	0.7	0.86	1	0.993
新餘	0.288	0.125	0.345	0.589	0.627	0.29	0.684	0.963	1	0.99
鷹潭	0.891	0.108	0.18	0.507	0.659	0.34	0.566	0.84	1	1
贛州	0.653	0.124	0.131	0.599	0.646	0.284	0.545	0.333	0.563	1
吉安	0.825	0.115	0.135	0.538	0.63	0.386	0.757	0.677	0.671	0.99
宜春	0.387	0.118	0.137	0.496	0.626	0.345	0.597	0.921	1	1
撫州	0.286	0.117	0.148	0.476	0.585	0.412	0.663	0.9	1	0.997
上饒	0.385	0.114	0.123	0.551	0.588	0.412	0.649	0.888	1	1
濟南	0.213	0.188	0.24	0.555	0.748	0.506	0.549	0.887	0.94	0.851
青島	0.114	0.292	0.338	0.922	0.858	0.648	0.615	0.946	1	0.897

表 4.7.2 2015 年度城市環境資源區位競爭力三級指標分值（續 1）

城市	礦產能源相對豐富度	城市綠化絕對量	城市綠化相對量	氣候環境舒適度	自然災害少發率	山水環境優美度	建成區綠化覆蓋率	生活污水處理率	生活垃圾處理率	空氣質量指數
淄博	0.204	0.212	0.374	0.673	0.632	0.526	0.607	0.947	1	0.858
棗莊	0.302	0.137	0.21	0.614	0.63	0.505	0.563	0.925	0.821	0.825
東營	0.374	0.147	0.351	0.669	0.653	0.566	0.592	0.942	1	0.96
煙臺	0.296	0.179	0.226	0.849	0.727	0.591	0.598	0.941	1	0.954
濰坊	0.123	0.165	0.179	0.625	0.581	0.568	0.561	0.951	0.876	0.947
濟寧	0.465	0.148	0.165	0.678	0.624	0.547	0.512	0.942	1	0.878
泰安	0.304	0.133	0.167	0.601	0.588	0.487	0.607	0.937	1	0.629
威海	0.822	0.143	0.272	0.884	0.665	0.654	0.653	0.945	1	0.944
日照	0.288	0.139	0.251	0.606	0.648	0.539	0.596	0.936	1	0.1
萊蕪	0.207	0.142	0.455	0.622	0.597	0.552	0.612	0.934	1	0.907
臨沂	0.213	0.167	0.173	0.643	0.64	0.563	0.583	0.911	1	0.904
德州	0.384	0.128	0.156	0.634	0.65	0.571	0.518	0.918	0.988	0.887
聊城	0.465	0.119	0.136	0.689	0.625	0.53	0.634	0.935	0.998	0.633
濱州	0.562	0.133	0.197	0.617	0.677	0.554	0.8	0.917	1	0.633
菏澤	0.384	0.124	0.131	0.643	0.609	0.539	0.571	0.906	0.995	0.818
鄭州	0.206	0.192	0.212	0.4	0.532	0.338	0.48	0.952	0.908	0.844
開封	0.474	0.124	0.158	0.414	0.337	0.175	0.474	0.731	0.505	0.861
洛陽	0.204	0.142	0.171	0.334	0.28	0.251	0.528	0.976	0.777	0.838
平頂山	0.477	0.118	0.14	0.414	0.265	0.221	0.558	0.921	0.919	0.861
安陽	0.564	0.118	0.14	0.313	0.27	0.253	0.423	0.93	0.941	0.841
鶴壁	0.466	0.117	0.216	0.453	0.281	0.237	0.586	0.865	0.833	0.881
新鄉	0.286	0.129	0.156	0.452	0.268	0.233	0.57	0.837	0.934	0.861
焦作	0.382	0.124	0.178	0.33	0.363	0.206	0.535	0.853	0.883	0.831
濮陽	0.476	0.112	0.136	0.434	0.299	0.266	0.552	0.838	0.991	0.851
許昌	0.382	0.12	0.153	0.467	0.365	0.223	0.511	0.965	0.966	0.848
漯河	0.373	0.115	0.167	0.34	0.289	0.23	0.589	0.942	0.91	0.887
三門峽	0.818	0.108	0.14	0.308	0.349	0.196	0.601	0.965	0.932	0.861
南陽	0.299	0.144	0.148	0.336	0.379	0.241	0.388	0.586	0.733	0.841
商丘	0.298	0.115	0.122	0.305	0.355	0.289	0.578	0.784	0.745	0.884
信陽	0.212	0.129	0.151	0.404	0.422	0.211	0.589	0.777	0.93	0.931
周口	0.293	0.116	0.12	0.477	0.452	0.19	0.604	0.873	0.865	0.874
駐馬店	0.208	0.116	0.126	0.306	0.288	0.179	0.567	0.836	0.943	0.894
武漢	0.118	0.222	0.234	0.676	0.522	0.489	0.547	0.913	1	0.805
黃石	0.476	0.118	0.183	0.634	0.46	0.556	0.466	0.889	1	0.844
十堰	0.642	0.186	0.388	0.632	0.48	0.574	0.598	0.893	0.973	0.937
宜昌	0.466	0.137	0.202	0.668	0.494	0.569	0.574	0.896	0.924	0.944
襄陽	0.209	0.131	0.162	0.602	0.49	0.54	0.464	0.888	0.99	0.821
鄂州	0.553	0.112	0.225	0.622	0.452	0.521	0.496	0.87	1	0.931
荊門	0.378	0.112	0.148	0.594	0.524	0.497	0.557	0.826	1	0.848
孝感	0.288	0.112	0.129	0.611	0.544	0.503	0.413	0.896	1	0.977
荊州	0.377	0.117	0.133	0.689	0.515	0.52	0.548	0.625	0.517	0.911
黃岡	0.294	0.108	0.113	0.659	0.495	0.513	0.42	0.502	0.629	0.921
咸寧	0.907	0.124	0.21	0.632	0.519	0.503	0.526	0.896	1	1
隨州	0.119	0.214	0.689	0.644	0.545	0.555	0.601	0.885	0.91	0.95
長沙	0.201	0.166	0.202	0.454	0.463	0.348	0.495	0.958	1	0.921
株洲	0.555	0.136	0.202	0.508	0.526	0.449	0.576	0.666	1	0.911
湘潭	0.37	0.12	0.179	0.524	0.551	0.373	0.567	0.86	1	0.454
衡陽	0.288	0.132	0.149	0.586	0.484	0.378	0.473	0.677	1	0.967
邵陽	0.647	0.114	0.121	0.538	0.538	0.376	0.514	0.762	0.973	0.868
岳陽	0.472	0.131	0.162	0.545	0.33	0.29	0.586	0.872	1	0.864
常德	0.201	0.123	0.144	0.58	0.523	0.395	0.6	0.836	1	0.864
張家界	0.645	0.11	0.178	0.524	0.491	0.997	0.549	0.778	0.302	0.937
益陽	0.295	0.117	0.143	0.568	0.564	0.36	0.54	0.908	0.937	0.983
郴州	0.73	0.119	0.145	0.567	0.481	0.677	0.543	0.887	1	1
永州	0.207	0.113	0.127	0.58	0.503	0.419	0.521	0.775	1	0.957
懷化	0.55	0.113	0.129	0.483	0.519	0.277	0.503	0.804	0.925	0.987
婁底	0.557	0.111	0.132	0.538	0.531	0.404	0.56	0.773	1	1
廣州	0.117	1	0.884	0.736	0.658	0.878	0.572	0.901	0.921	0.987
韶關	0.64	0.127	0.205	0.612	0.659	0.629	0.632	0.709	0.82	0.987

表 4.7.2 2015 年度城市環境資源區位競爭力三級指標分值（續 1）

城市	礦產能源相對豐富度	城市綠化絕對量	城市綠化相對量	氣候環境舒適度	自然災害少發率	山水環境優美度	建成區綠化覆蓋率	生活污水處理率	生活垃圾處理率	空氣質量指數
深圳	0.119	0.762	0.801	0.756	0.728	0.866	0.62	0.956	0.985	0.99
珠海	0.297	0.156	0.497	0.815	0.332	0.812	0.845	0.867	1	1
汕頭	0.114	0.168	0.239	0.768	0.364	0.765	0.583	0.845	0.692	1
佛山	0.206	0.139	0.16	0.754	0.659	0.279	0.547	0.934	0.982	0.974
江門	0.201	0.176	0.29	0.614	0.406	0.378	0.598	0.852	1	0.993
湛江	0.206	0.127	0.142	0.609	0.437	0.279	0.569	0.798	0.574	1
茂名	0.389	0.121	0.14	0.602	0.336	0.493	0.474	0.846	1	1
肇慶	0.549	0.136	0.202	0.688	0.326	0.45	0.506	0.773	0.757	1
惠州	0.372	0.153	0.226	0.565	0.333	0.272	0.514	0.948	1	0.97
梅州	0.986	0.113	0.134	0.53	0.336	0.425	0.594	0.763	0.732	1
汕尾	0.203	0.104	0.116	0.529	0.4	0.427	0.574	0.827	0.849	1
河源	0.809	0.109	0.132	0.54	0.397	0.419	0.609	0.642	0.686	1
陽江	0.391	0.111	0.15	0.579	0.38	0.287	0.518	0.918	1	0.752
清遠	0.646	0.115	0.143	0.513	0.333	0.335	0.422	0.857	0.708	0.123
東莞	0.214	0.368	0.463	0.72	0.596	0.286	0.688	0.895	0.708	0.977
中山	0.119	0.124	0.186	0.914	0.659	0.711	0.568	0.893	1	1
潮州	0.292	0.111	0.147	0.573	0.462	0.31	0.606	0.842	0.913	1
揭陽	0.474	0.126	0.148	0.496	0.534	0.386	0.39	0.196	0.597	1
雲浮	0.824	0.104	0.121	0.532	0.472	0.478	0.24	0.591	0.661	0.997
南寧	0.208	0.376	0.553	0.493	0.493	0.524	0.585	0.668	0.964	0.954
柳州	0.207	0.151	0.248	0.492	0.48	0.471	0.578	0.316	0.989	0.954
桂林	0.644	0.117	0.139	0.572	0.485	0.893	0.585	0.885	0.854	0.96
梧州	0.379	0.115	0.157	0.585	0.46	0.585	0.531	0.641	0.925	1
北海	0.465	0.116	0.215	0.584	0.548	0.578	0.55	0.885	0.955	0.993
防城港	0.204	0.107	0.185	0.501	0.482	0.51	0.476	0.461	0.933	1
欽州	0.302	0.12	0.171	0.536	0.493	0.564	0.5	0.685	0.841	0.997
貴港	0.293	0.111	0.128	0.53	0.518	0.539	0.359	0.308	0.935	0.974
玉林	0.459	0.117	0.134	0.549	0.523	0.545	0.517	0.968	1	0.974
百色	0.729	0.111	0.134	0.552	0.506	0.552	0.531	0.628	0.839	0.974
賀州	0.295	0.109	0.15	0.509	0.481	0.532	0.64	0.707	0.942	0.974
河池	0.374	0.104	0.113	0.548	0.463	0.564	0.432	0.569	0.943	0.123
來賓	0.211	0.108	0.142	0.519	0.512	0.577	0.499	0.797	1	0.983
崇左	0.38	0.105	0.13	0.546	0.539	0.51	0.523	0.534	0.744	0.993
海口	0.203	0.132	0.265	0.766	0.61	0.562	0.588	0.959	1	1
三亞	0.374	0.11	0.258	0.81	0.595	0.718	0.5	0.821	1	1
重慶	0.119	0.429	0.224	0.616	0.736	0.537	0.58	0.922	0.994	0.858
成都	0.199	0.231	0.202	0.845	0.916	0.677	0.563	0.859	1	0.858
自貢	0.301	0.125	0.203	0.484	0.468	0.396	0.557	0.885	0.929	0.944
攀枝花	0.652	0.119	0.272	0.588	0.534	0.303	0.603	0.806	0.971	0.894
瀘州	0.293	0.131	0.181	0.606	0.5	0.318	0.56	0.418	0.842	0.924
德陽	0.648	0.116	0.151	0.52	0.513	0.437	0.557	0.833	0.996	0.97
綿陽	0.292	0.127	0.165	0.498	0.493	0.392	0.538	0.807	0.903	1
廣元	0.286	0.112	0.154	0.518	0.559	0.445	0.528	0.784	0.973	1
遂寧	0.11	0.14	0.238	0.586	0.468	0.386	0.474	0.922	0.966	0.983
內江	0.204	0.115	0.144	0.512	0.514	0.298	0.599	0.737	0.668	1
樂山	0.377	0.121	0.172	0.516	0.548	0.41	0.504	0.778	0.712	0.983
南充	0.294	0.126	0.146	0.535	0.538	0.424	0.572	0.753	0.81	0.997
眉山	0.476	0.111	0.141	0.508	0.485	0.326	0.539	0.541	1	0.911
宜賓	0.642	0.12	0.151	0.517	0.511	0.332	0.468	0.889	0.988	0.987
廣安	0.379	0.11	0.135	0.575	0.496	0.458	0.517	0.739	1	0.99
達州	0.385	0.11	0.12	0.502	0.552	0.311	0.592	0.786	1	0.99
雅安	0.813	0.107	0.153	0.542	0.538	0.468	0.582	0.862	0.982	1
巴中	0.388	0.107	0.124	0.551	0.498	0.392	0.548	0.853	0.994	0.997
資陽	0.296	0.11	0.133	0.52	0.537	0.374	0.551	0.74	0.775	0.987
貴陽	0.297	0.187	0.317	0.869	0.745	0.599	0.601	0.942	0.977	0.947
六盤水	0.733	0.101	0.106	0.593	0.636	0.555	0.397	0.7	0.91	1
遵義	0.65	0.118	0.132	0.689	0.627	0.588	0.458	0.799	0.901	0.947
安順	0.554	0.106	0.128	0.656	0.592	0.564	0.362	0.753	0.753	0.993
畢節	0.55	0.108	0.113	0.665	0.583	0.554	0.448	0.847	0.887	0.914

表 4.7.2 2015 年度城市環境資源區位競爭力三級指標分值（續 1）

城市	礦產能源相對豐富度	城市綠化絕對量	城市綠化相對量	氣候環境舒適度	自然災害少發率	山水環境優美度	建成區綠化覆蓋率	生活污水處理率	生活垃圾處理率	空氣質量指數
銅仁	0.551	0.106	0.121	0.652	0.591	0.563	0.348	0.377	0.266	0.937
昆明	0.288	0.198	0.268	0.888	0.938	0.693	0.552	0.912	1	1
曲靖	0.726	0.113	0.125	0.408	0.264	0.426	0.501	0.89	1	0.954
玉溪	0.824	0.108	0.137	0.461	0.463	0.42	0.444	0.729	0.847	0.983
保山	0.556	0.103	0.114	0.301	0.407	0.438	0.402	0.256	0.987	0.993
昭通	0.47	0.104	0.108	0.27	0.309	0.29	0.458	0.519	0.598	0.897
麗江	0.553	0.106	0.157	0.347	0.351	0.287	0.571	0.904	0.953	0.934
普洱	0.554	0.106	0.128	0.295	0.266	0.296	0.57	0.66	0.981	0.993
臨滄	0.549	0.105	0.121	0.317	0.281	0.302	0.548	0.804	0.892	1
拉薩	0.48	0.111	0.328	0.328	0.409	0.342	0.431	0.883	0.979	1
西安	0.124	0.208	0.241	0.437	0.728	0.226	0.586	0.902	0.999	0.798
銅川	0.379	0.111	0.253	0.312	0.476	0.395	0.609	0.875	0.899	0.878
寶雞	0.567	0.126	0.179	0.404	0.331	0.351	0.632	0.906	0.989	0.841
咸陽	0.549	0.116	0.137	0.402	0.324	0.469	0.456	0.814	0.94	0.844
渭南	0.209	0.112	0.125	0.45	0.393	0.437	0.345	0.806	0.921	0.831
延安	0.736	0.109	0.147	0.441	0.351	0.345	0.558	0.875	0.899	0.838
漢中	0.549	0.107	0.123	0.36	0.467	0.449	0.54	0.873	0.964	0.931
榆林	0.385	0.111	0.138	0.35	0.394	0.315	0.432	0.816	0.919	0.897
安康	0.294	0.111	0.146	0.293	0.315	0.368	0.567	0.836	1	0.99
商洛	0.38	0.103	0.116	0.15	0.163	0.168	0.37	0.885	0.973	0.954
蘭州	0.286	0.141	0.227	0.19	0.404	0.237	0.49	0.791	0.3	0.593
嘉峪關	0.555	0.117	0.908	0.113	0.276	0.166	0.53	0.908	1	0.792
金昌	0.56	0.108	0.307	0.151	0.3	0.1	0.519	0.587	0.658	0.931
白銀	0.554	0.112	0.177	0.11	0.347	0.117	0.46	0.596	0.853	0.527
天水	0.303	0.109	0.132	0.1	0.263	0.128	0.497	0.665	0.269	0.957
武威	0.375	0.105	0.129	0.316	0.155	0.133	0.344	0.676	0.99	0.954
張掖	0.552	0.107	0.169	0.32	0.147	0.155	0.325	0.647	0.982	0.927
平涼	0.465	0.108	0.146	0.319	0.171	0.133	0.107	0.25	1	0.96
酒泉	0.389	0.11	0.198	0.298	0.174	0.127	0.519	0.796	0.985	0.904
慶陽	0.386	0.104	0.119	0.308	0.127	0.15	0.108	0.781	1	0.957
定西	0.372	0.102	0.107	0.304	0.165	0.128	0.41	0.142	1	1
隴南	0.289	0.1	0.1	0.284	0.17	0.122	0.119	0.374	0.475	0.881
西寧	0.288	0.122	0.208	0.311	0.336	0.316	0.544	0.668	0.934	0.825
海東	0.1	0.102	0.112	0.281	0.172	0.122	0.469	1	0.475	0.881
銀川	0.643	0.151	0.374	0.206	0.207	0.19	0.572	1	1	0.894
石嘴山	0.388	0.146	0.788	0.137	0.167	0.233	0.1	1	1	0.858
吳忠	0.555	0.116	0.242	0.152	0.233	0.29	0.55	0.492	0.989	0.868
固原	0.562	0.107	0.167	0.147	0.235	0.3	0.423	0.7	0.935	0.904
中衛	0.29	0.11	0.2	0.144	0.241	0.287	0.518	0.995	1	0.838
烏魯木齊	0.293	0.267	0.645	0.496	0.318	0.435	0.537	0.792	0.923	0.706
克拉瑪依	1	0.128	0.945	0.304	0.265	0.366	0.594	0.929	0.99	0.99
香港	0.116	0.203	0.259	0.9	0.642	0.787	0.328	1	1	0.917
澳門	0.12	0.108	0.25	0.894	0.561	0.675	0.328	1	1	0.917
新北	0.114	0.103	0.109	0.885	0.136	0.681	0.328	1	1	0.917
臺北	0.114	0.105	0.119	0.87	0.142	0.682	0.328	1	1	0.917
桃園	0.116	0.107	0.137	0.888	0.129	0.683	0.328	1	1	0.917
台中	0.117	0.105	0.122	0.892	0.139	0.689	0.328	1	1	0.917
台南	0.112	0.109	0.153	0.882	0.131	0.693	0.328	1	1	0.917
高雄	0.115	0.101	0.103	0.887	0.136	0.682	0.328	1	1	0.917
基隆	0.114	0.101	0.128	0.867	0.139	0.685	0.328	1	1	0.917
新竹	0.118	0.101	0.125	0.88	0.134	0.684	0.328	1	1	0.917
嘉義	0.119	0.1	0.124	0.878	0.142	0.689	0.328	1	1	0.917

表 4.7.3 2015 年度城市環境資源區位競爭力三級指標分值（續 2）

城市	工業廢水排放達標率	工業固體廢物綜合利用率	工業二氧化硫去除率	工業煙塵去除率	三廢綜合利用產品產值	環保從業人數	環保從業者每萬人擁有量
北京	0.989	0.832	0.703	0.1	0.117	1	0.505

表 4.7.3 2015 年度城市環境資源區位競爭力三級指標分值（續 2）

城市	工業廢水排放達標率	工業固體廢物綜合利用率	工業二氧化硫去除率	工業煙塵去除率	三廢綜合利用產品產值	環保從業人數	環保從業者每萬人擁有量
天津	1	0.94	0.738	0.992	0.196	0.478	0.335
石家莊	0.993	0.934	0.77	0.85	0.13	0.266	0.237
唐山	0.984	0.72	0.645	0.974	0.318	0.257	0.284
秦皇島	1	0.517	0.57	0.967	0.117	0.158	0.276
邯鄲	0.974	0.907	0.688	0.98	0.251	0.238	0.227
邢臺	0.973	0.899	0.639	0.974	0.143	0.183	0.194
保定	0.984	0.858	0.546	0.974	0.122	0.177	0.153
張家口	0.982	0.429	0.743	0.991	0.112	0.2	0.31
承德	0.992	0.146	0.625	0.986	0.11	0.168	0.278
滄州	0.984	0.942	0.777	0.973	0.119	0.177	0.185
廊坊	0.998	0.936	0.516	0.984	0.11	0.157	0.209
衡水	1	0.944	0.757	0.981	0.104	0.134	0.159
太原	0.976	0.561	0.778	0.993	0.167	0.276	0.497
大同	0.934	0.868	0.748	0.991	0.14	0.184	0.333
陽泉	1	0.297	0.611	0.99	0.108	0.127	0.289
長治	1	0.667	0.701	0.973	0.122	0.182	0.326
晉城	1	0.762	0.685	0.979	0.122	0.148	0.296
朔州	0.997	0.833	0.733	0.997	0.102	0.141	0.33
晉中	0.916	0.803	0.768	0.12	0.109	0.177	0.319
運城	0.952	0.642	0.1	0.981	0.131	0.162	0.2
忻州	0.561	0.823	0.735	0.769	0.104	0.154	0.259
臨汾	0.968	0.784	0.81	0.98	0.119	0.185	0.275
呂梁	0.917	0.788	0.538	0.967	0.116	0.145	0.202
呼和浩特	1	0.402	0.784	0.994	0.1	0.254	0.603
包頭	0.984	0.507	0.679	0.987	0.118	0.193	0.423
烏海	0.995	0.619	0.695	0.991	0.123	0.129	0.662
赤峰	0.978	0.317	0.87	0.993	0.112	0.172	0.249
通遼	0.923	0.819	0.736	0.988	0.116	0.16	0.277
鄂爾多斯	0.958	0.411	0.732	0.988	0.116	0.208	0.626
呼倫貝爾	0.855	0.464	0.423	0.985	0.105	0.142	0.254
巴彥淖爾	0.935	0.627	0.254	0.988	0.113	0.149	0.385
烏蘭察布	0.98	0.721	0.789	0.993	0.107	0.146	0.306
瀋陽	0.967	0.884	0.464	0.975	0.108	0.498	0.564
大連	0.957	0.864	0.619	0.99	0.12	0.225	0.26
鞍山	0.963	0.305	0.235	0.958	0.103	0.256	0.519
撫順	0.971	0.442	0.64	0.979	0.143	0.181	0.478
本溪	0.85	0.237	0.211	0.978	0.104	0.177	0.542
丹東	0.773	0.913	0.606	0.963	0.102	0.2	0.503
錦州	0.951	0.889	0.6	0.979	0.107	0.152	0.255
營口	1	0.827	0.52	0.985	0.113	0.173	0.386
阜新	0.692	0.824	0.364	0.987	0.108	0.151	0.375
遼陽	0.998	0.726	0.633	0.992	0.109	0.182	0.535
盤錦	0.947	0.879	0.438	0.977	0.101	0.173	0.604
鐵嶺	0.919	0.672	0.721	0.994	0.138	0.15	0.273
朝陽	0.676	0.59	0.608	0.958	0.103	0.152	0.261
葫蘆島	0.802	0.557	0.879	0.988	0.105	0.153	0.293
長春	0.966	0.944	0.626	0.962	0.144	0.356	0.413
吉林	0.972	0.792	0.402	0.992	0.115	0.206	0.322
四平	0.847	0.878	0.1	0.981	0.129	0.167	0.281
遼源	0.63	0.91	0.54	0.991	0.101	0.117	0.233
通化	0.83	0.863	0.95	0.989	0.183	0.144	0.278
白山	0.953	0.638	0.948	0.992	0.113	0.121	0.26
松原	0.889	0.852	0.913	0.942	0.101	0.158	0.284
白城	0.62	0.904	0.956	0.98	0.101	0.199	0.581
哈爾濱	0.982	0.893	0.951	0.981	0.134	0.401	0.362
齊齊哈爾	0.908	0.7	0.932	0.889	0.108	0.205	0.277
雞西	0.914	0.862	0.944	0.949	0.103	0.142	0.319
鶴崗	0.951	0.845	0.952	0.984	0.104	0.147	0.548
雙鴨山	0.827	0.653	0.965	0.945	0.102	0.133	0.322

表 4.7.3 2015 年度城市環境資源區位競爭力三級指標分值（續 2）

城市	工業廢水排放達標率	工業固體廢物綜合利用率	工業二氧化硫去除率	工業煙塵去除率	三廢綜合利用產品產值	環保從業人數	環保從業者每萬人擁有量
大慶	1	0.915	0.941	0.98	0.138	0.136	0.207
伊春	0.988	0.806	0.911	0.976	0.113	0.118	0.26
佳木斯	0.945	0.789	0.945	0.973	0.103	0.151	0.285
七台河	0.935	0.836	0.953	0.992	0.117	0.117	0.286
牡丹江	0.99	0.945	0.947	0.976	0.103	0.137	0.218
黑河	0.939	0.889	0.932	0.985	0.101	0.151	0.401
綏化	0.942	0.945	0.911	0.94	0.114	0.162	0.194
上海	0.982	0.921	0.647	0.1	0.185	0.843	0.386
南京	0.957	0.871	0.982	0.989	0.205	0.256	0.27
無錫	0.993	0.869	0.976	0.993	0.181	0.198	0.232
徐州	0.991	0.939	0.999	0.994	0.135	0.216	0.214
常州	1	0.93	0.974	0.985	0.332	0.183	0.258
蘇州	0.996	0.928	0.977	0.991	0.42	0.294	0.262
南通	0.994	0.929	0.975	0.987	0.144	0.189	0.202
連雲港	0.983	0.906	0.965	0.991	0.105	0.178	0.259
淮安	1	0.926	0.97	0.989	0.131	0.2	0.29
鹽城	0.934	0.773	0.971	0.98	0.247	0.185	0.198
揚州	0.985	0.926	0.979	0.991	0.113	0.17	0.238
鎮江	0.987	0.929	0.982	0.991	0.133	0.173	0.315
泰州	0.976	0.93	0.966	0.985	0.127	0.156	0.203
宿遷	0.952	0.859	0.946	0.925	0.119	0.168	0.223
杭州	0.972	0.895	0.57	0.991	1	0.412	0.433
寧波	0.959	0.861	0.791	0.997	0.215	0.242	0.265
溫州	0.963	0.937	0.735	1	0.12	0.156	0.139
嘉興	0.987	0.903	0.674	1	0.179	0.182	0.262
湖州	0.965	0.914	0.62	1	0.144	0.151	0.259
紹興	0.986	0.884	0.55	1	0.197	0.186	0.256
金華	0.96	0.93	0.673	1	0.163	0.237	0.334
衢州	0.931	0.887	0.531	1	0.121	0.117	0.166
舟山	0.97	0.944	0.564	1	0.107	0.144	0.489
台州	0.912	0.915	0.796	1	0.173	0.181	0.214
麗水	0.966	0.918	0.136	1	0.113	0.132	0.241
合肥	0.966	0.889	0.698	1	0.119	0.19	0.197
蕪湖	0.994	0.929	0.698	1	0.139	0.146	0.211
蚌埠	0.998	0.937	0.715	1	0.117	0.153	0.25
淮南	0.984	0.851	0.772	1	0.122	0.169	0.382
馬鞍山	0.985	0.694	0.676	1	0.124	0.127	0.209
淮北	0.983	0.882	0.476	1	0.107	0.109	0.131
銅陵	0.996	0.803	0.983	1	0.141	0.117	0.352
安慶	0.982	0.919	0.867	1	0.123	0.145	0.165
黃山	1	0.732	0.1	1	0.1	0.136	0.362
滁州	0.995	0.918	0.449	1	0.116	0.152	0.216
阜陽	0.992	0.945	0.707	1	0.124	0.136	0.125
宿州	0.988	0.61	0.653	1	0.102	0.132	0.139
六安	0.917	0.751	0.297	1	0.108	0.219	0.29
亳州	0.998	0.944	0.202	1	0.105	0.148	0.177
池州	0.958	0.945	0.849	1	0.105	0.112	0.179
宣城	0.976	0.81	0.435	1	0.107	0.109	0.121
福州	0.957	0.897	0.716	1	0.115	0.23	0.256
廈門	1	0.896	0.69	1	0.102	0.195	0.338
莆田	0.976	0.945	0.84	1	0.101	0.115	0.137
三明	0.981	0.819	0.504	1	0.155	0.14	0.248
泉州	0.999	0.914	0.656	1	0.114	0.122	0.104
漳州	0.992	0.901	0.756	1	0.103	0.143	0.168
南平	0.924	0.781	0.115	1	0.103	0.167	0.344
龍岩	0.986	0.83	0.633	1	0.197	0.129	0.2
寧德	0.929	0.905	0.786	1	0.1	0.128	0.182
南昌	0.948	0.927	0.554	0.987	0.114	0.219	0.312
景德鎮	0.96	0.924	0.672	1	0.121	0.13	0.281

表 4.7.3 2015 年度城市環境資源區位競爭力三級指標分值（續 2）

城市	工業廢水排放達標率	工業固體廢物綜合利用率	工業二氧化硫去除率	工業煙塵去除率	三廢綜合利用產品產值	環保從業人數	環保從業者每萬人擁有量
萍鄉	0.94	0.907	0.193	1	0.108	0.12	0.198
九江	0.928	0.501	0.67	1	0.12	0.163	0.214
新餘	0.921	0.881	0.522	1	0.163	0.116	0.235
鷹潭	0.991	0.88	0.99	1	0.183	0.117	0.253
贛州	0.967	0.802	0.1	1	0.125	0.184	0.177
吉安	0.933	0.922	0.715	1	0.105	0.166	0.217
宜春	0.995	0.937	0.66	1	0.137	0.156	0.183
撫州	0.981	0.852	0.207	1	0.103	0.139	0.182
上饒	0.852	0.255	0.624	1	0.117	0.132	0.127
濟南	0.997	0.935	0.728	0.99	0.173	0.227	0.26
青島	0.983	0.902	0.765	0.99	0.172	0.222	0.214
淄博	1	0.905	0.692	0.994	0.296	0.201	0.302
棗莊	0.993	0.945	0.763	0.997	0.13	0.167	0.258
東營	1	0.933	0.871	0.996	0.168	0.132	0.242
煙臺	1	0.808	0.841	0.994	0.131	0.244	0.286
濰坊	0.988	0.945	0.698	0.994	0.146	0.183	0.168
濟寧	0.989	0.871	0.768	0.994	0.163	0.174	0.169
泰安	0.983	0.933	0.763	0.995	0.162	0.168	0.202
威海	1	0.889	0.727	0.994	0.104	0.176	0.358
日照	1	0.936	0.634	0.993	0.176	0.112	0.126
萊蕪	0.996	0.929	0.712	0.983	0.147	0.105	0.13
臨沂	0.985	0.867	0.619	0.99	0.114	0.248	0.223
德州	0.939	0.938	0.752	0.992	0.146	0.189	0.237
聊城	0.99	0.932	1	0.994	0.188	0.153	0.17
濱州	0.967	0.806	0.649	0.992	0.119	0.118	0.13
菏澤	0.997	0.945	0.713	0.984	0.115	0.199	0.196
鄭州	0.983	0.722	0.691	0.997	0.132	0.249	0.241
開封	0.957	0.945	0.663	0.943	0.102	0.147	0.182
洛陽	0.991	0.604	0.771	0.993	0.143	0.163	0.175
平頂山	0.973	0.908	0.644	0.99	0.122	0.196	0.275
安陽	0.984	0.824	0.725	0.973	0.157	0.156	0.191
鶴壁	0.969	0.897	0.634	0.994	0.102	0.133	0.299
新鄉	0.983	0.925	0.732	0.996	0.12	0.151	0.171
焦作	0.983	0.584	0.542	0.992	0.147	0.153	0.235
濮陽	0.956	0.905	0.566	0.995	0.109	0.129	0.165
許昌	0.995	0.935	0.72	0.992	0.118	0.151	0.2
漯河	1	0.945	0.664	0.994	0.103	0.131	0.208
三門峽	0.835	0.389	0.603	0.993	0.111	0.121	0.182
南陽	0.985	0.691	0.616	0.991	0.127	0.236	0.213
商丘	1	0.937	0.724	0.967	0.124	0.182	0.192
信陽	0.959	0.935	0.686	0.991	0.113	0.184	0.211
周口	0.95	0.911	0.218	0.968	0.118	0.151	0.136
駐馬店	0.928	0.934	0.668	0.989	0.103	0.151	0.152
武漢	0.993	0.903	0.648	0.994	0.226	0.315	0.29
黃石	0.989	0.897	0.909	0.994	0.164	0.117	0.158
十堰	0.989	0.435	0.366	0.978	0.119	0.142	0.209
宜昌	0.998	0.505	0.948	0.994	0.132	0.171	0.256
襄陽	0.963	0.929	0.341	0.995	0.127	0.208	0.274
鄂州	0.993	0.863	0.675	0.989	0.117	0.112	0.215
荊門	0.953	0.88	0.684	0.988	0.159	0.128	0.18
孝感	0.962	0.686	0.718	0.999	0.11	0.152	0.189
荊州	0.957	0.393	0.622	0.998	0.131	0.162	0.188
黃岡	0.933	0.881	0.75	0.998	0.116	0.15	0.159
咸寧	0.922	0.575	0.753	0.999	0.102	0.121	0.171
隨州	0.914	0.945	0.1	0.963	0.103	0.138	0.262
長沙	0.921	0.824	0.601	1	0.134	0.222	0.249
株洲	0.966	0.851	0.1	1	0.14	0.155	0.223
湘潭	0.973	0.916	0.65	1	0.125	0.129	0.19
衡陽	0.963	0.793	0.594	0.993	0.13	0.168	0.173

表 4.7.3 2015 年度城市環境資源區位競爭力三級指標分值（續 2）

城市	工業廢水排放達標率	工業固體廢物綜合利用率	工業二氧化硫去除率	工業煙塵去除率	三廢綜合利用產品產值	環保從業人數	環保從業者每萬人擁有量
邵陽	0.947	0.641	0.874	0.971	0.106	0.152	0.152
岳陽	0.972	0.886	0.648	0.98	0.13	0.182	0.228
常德	0.995	0.928	0.69	0.989	0.113	0.156	0.177
張家界	0.962	0.922	0.159	0.991	0.103	0.134	0.32
益陽	0.945	0.851	0.661	0.967	0.129	0.153	0.204
郴州	0.891	0.506	0.886	0.993	0.196	0.167	0.226
永州	0.905	0.802	0.508	0.925	0.104	0.157	0.188
懷化	0.888	0.355	0.524	0.968	0.119	0.169	0.224
婁底	0.98	0.933	0.537	0.999	0.19	0.156	0.229
廣州	0.969	0.905	0.873	0.997	0.1	0.563	0.438
韶關	0.969	0.765	0.625	0.991	0.119	0.163	0.305
深圳	0.968	0.765	0.793	0.998	0.115	0.21	0.182
珠海	0.982	0.885	0.774	0.99	0.106	0.175	0.57
汕頭	0.864	0.925	0.757	0.992	0.103	0.159	0.188
佛山	0.959	0.887	0.679	0.978	0.13	0.184	0.194
江門	0.952	0.868	0.706	0.992	0.109	0.142	0.175
湛江	0.866	0.926	0.828	0.991	0.119	0.201	0.221
茂名	0.872	0.911	0.94	0.985	0.15	0.156	0.173
肇慶	0.982	0.492	0.46	0.985	0.102	0.145	0.194
惠州	0.991	0.1	0.672	0.1	0.11	0.171	0.232
梅州	0.974	0.937	0.757	0.998	0.107	0.162	0.227
汕尾	0.539	0.942	0.839	0.992	0.106	0.117	0.14
河源	0.988	0.408	0.676	0.1	0.1	0.117	0.142
陽江	0.766	0.944	0.694	0.982	0.104	0.131	0.213
清遠	0.895	0.848	0.346	0.955	0.105	0.132	0.167
東莞	0.967	0.767	0.596	0.978	0.121	0.118	0.1
中山	0.973	0.63	0.378	0.876	0.115	0.121	0.15
潮州	0.9	0.944	0.105	0.1	0.104	0.122	0.167
揭陽	0.924	0.944	0.826	0.989	0.101	0.13	0.13
雲浮	0.972	0.767	0.3	0.974	0.107	0.115	0.147
南寧	0.959	0.9	0.767	0.993	0.139	0.301	0.375
柳州	0.1	0.891	0.779	0.988	0.1	0.253	0.484
桂林	0.963	0.847	0.742	0.963	0.115	0.24	0.369
梧州	0.978	0.751	0.348	0.904	0.103	0.126	0.172
北海	0.96	0.944	0.736	0.991	0.105	0.138	0.331
防城港	0.962	0.941	0.677	0.99	0.104	0.126	0.394
欽州	0.98	0.923	0.715	0.982	0.107	0.125	0.162
貴港	0.946	0.769	0.716	0.981	0.188	0.134	0.162
玉林	0.974	0.852	0.151	0.993	0.104	0.159	0.185
百色	0.951	0.52	0.515	0.988	0.111	0.144	0.208
賀州	0.963	0.734	0.931	0.996	0.102	0.113	0.153
河池	0.999	0.372	0.856	0.978	0.122	0.133	0.18
來賓	0.966	0.712	0.815	0.997	0.113	0.128	0.217
崇左	0.965	0.549	0.472	0.964	0.114	0.125	0.212
海口	1	0.893	0.1	0.375	0.1	0.186	0.489
三亞	1	0.945	0.1	0.1	0.1	0.164	1
重慶	0.953	0.81	0.684	0.992	0.246	0.655	0.264
成都	0.977	0.937	0.595	0.992	0.132	0.501	0.359
自貢	0.812	0.866	0.335	0.985	0.102	0.12	0.159
攀枝花	0.975	0.249	0.398	0.986	0.119	0.118	0.247
瀘州	0.956	0.861	0.782	0.995	0.103	0.138	0.171
德陽	0.978	0.945	0.556	0.988	0.123	0.151	0.227
綿陽	0.995	0.93	0.617	0.997	0.112	0.179	0.251
廣元	0.969	0.945	0.1	0.985	0.102	0.171	0.366
遂寧	1	0.937	0.5	0.944	0.115	0.123	0.154
內江	0.992	0.866	0.603	0.993	0.111	0.114	0.119
樂山	0.989	0.907	0.434	0.992	0.168	0.17	0.3
南充	0.913	0.785	0.275	0.731	0.102	0.168	0.187
眉山	0.993	0.945	0.196	0.979	0.102	0.124	0.165

表 4.7.3 2015 年度城市環境資源區位競爭力三級指標分值（續 2）

城市	工業廢水排放達標率	工業固體廢物綜合利用率	工業二氧化硫去除率	工業煙塵去除率	三廢綜合利用產品產值	環保從業人數	環保從業者每萬人擁有量
宜賓	0.926	0.87	0.789	0.994	0.119	0.139	0.17
廣安	0.971	0.728	0.761	0.994	0.1	0.124	0.158
達州	0.962	0.944	0.831	0.996	0.116	0.157	0.184
雅安	0.969	0.512	0.898	0.972	0.102	0.117	0.201
巴中	0.989	0.909	0.101	0.417	0.101	0.116	0.13
資陽	0.991	0.94	0.181	0.965	0.102	0.13	0.168
貴陽	0.962	0.614	0.638	0.994	0.122	0.175	0.249
六盤水	0.924	0.464	0.754	0.989	0.124	0.125	0.171
遵義	0.941	0.935	0.575	0.996	0.118	0.167	0.189
安順	0.926	0.738	0.199	0.991	0.105	0.14	0.264
畢節	0.1	0.64	0.826	0.997	0.1	0.135	0.133
銅仁	0.1	0.603	0.752	0.989	0.1	0.128	0.176
昆明	0.996	0.446	0.801	0.991	0.206	0.231	0.28
曲靖	0.994	0.631	0.77	0.995	0.166	0.147	0.158
玉溪	0.995	0.326	0.688	0.986	0.117	0.132	0.226
保山	0.956	0.869	0.109	0.987	0.11	0.131	0.209
昭通	0.936	0.436	0.8	0.995	0.102	0.139	0.153
麗江	0.98	0.875	0.1	0.979	0.1	0.153	0.521
普洱	0.931	0.459	0.333	0.926	0.109	0.135	0.222
臨滄	0.972	0.769	0.1	0.975	0.105	0.112	0.134
拉薩	0.1	0.116	0.114	0.997	0.1	0.108	0.273
西安	0.963	0.907	0.603	0.99	0.106	0.322	0.339
銅川	0.995	0.945	0.836	0.972	0.106	0.124	0.394
寶雞	0.997	0.525	0.898	0.995	0.112	0.15	0.216
咸陽	1	0.909	0.758	0.987	0.131	0.214	0.313
渭南	0.945	0.945	0.766	0.998	0.145	0.24	0.344
延安	0.978	0.769	0.199	0.957	0.11	0.139	0.268
漢中	0.976	0.543	0.806	0.993	0.114	0.165	0.275
榆林	0.991	0.92	0.362	0.957	0.115	0.203	0.391
安康	0.988	0.862	0.318	0.988	0.102	0.107	0.113
商洛	0.982	0.266	0.477	0.966	0.104	0.127	0.201
蘭州	0.956	0.923	0.614	0.991	0.139	0.236	0.459
嘉峪關	0.996	0.503	0.302	0.984	0.102	0.108	0.547
金昌	0.832	0.279	0.94	0.993	0.136	0.116	0.472
白銀	0.871	0.573	0.985	0.994	0.105	0.134	0.291
天水	0.873	0.904	0.612	0.997	0.101	0.121	0.148
武威	0.994	0.804	0.1	0.959	0.101	0.141	0.32
張掖	0.681	0.691	0.491	0.983	0.114	0.14	0.435
平涼	0.757	0.688	0.775	0.99	0.111	0.133	0.248
酒泉	0.934	0.62	0.523	0.932	0.101	0.14	0.468
慶陽	0.945	0.932	0.1	0.773	0.1	0.119	0.175
定西	0.697	0.811	0.325	0.996	0.101	0.129	0.192
隴南	0.897	0.583	0.463	0.996	0.1	0.108	0.118
西寧	0.901	0.925	0.519	0.981	0.116	0.142	0.275
海東	0.697	0.861	0.1	0.55	0.1	0.12	0.237
銀川	0.995	0.817	0.764	0.995	0.115	0.176	0.458
石嘴山	0.553	0.733	0.767	0.983	0.122	0.124	0.429
吳忠	0.863	0.743	0.753	0.997	0.109	0.128	0.308
固原	0.727	1	0.55	0.813	0.1	0.122	0.276
中衛	0.883	0.874	0.467	0.978	0.105	0.133	0.396
烏魯木齊	0.928	0.841	0.702	0.986	0.113	0.152	0.235
克拉瑪依	1	0.863	0.778	0.992	0.102	0.108	0.368
香港	0.93	0.785	0.492	0.934	0.1	0.165	0.168
澳門	0.93	0.785	0.492	0.934	0.1	0.119	0.424
新北	0.93	0.785	0.492	0.934	0.1	0.138	0.178
臺北	0.93	0.785	0.492	0.934	0.1	0.125	0.178
桃園	0.93	0.785	0.492	0.934	0.1	0.125	0.178
台中	0.93	0.785	0.492	0.934	0.1	0.117	0.178
台南	0.93	0.785	0.492	0.934	0.1	0.126	0.178

表 4.7.3 2015 年度城市環境資源區位競爭力三級指標分值（續 2）

城市	工業廢水排放達標率	工業固體廢物綜合利用率	工業二氧化硫去除率	工業煙塵去除率	三廢綜合利用產品產值	環保從業人數	環保從業者每萬人擁有量
高雄	0.93	0.785	0.492	0.934	0.1	0.102	0.178
基隆	0.93	0.785	0.492	0.934	0.1	0.101	0.178
新竹	0.93	0.785	0.492	0.934	0.1	0.102	0.178
嘉義	0.93	0.785	0.492	0.934	0.1	0.1	0.178

4.8 城市人力教育競爭力三級指標分值

表 4.8.1 2015 年度城市人力教育競爭力三級指標分值

城市	人力資本規模	高素質人力資本儲備量	其它人力資本儲備量	教育支出絕對規模	教育支出相對規模	城市就業率	人力資本基本成本
北京	0.969	0.639	0.439	0.869	0.147	0.994	0.734
天津	0.409	0.549	0.343	0.62	0.143	0.941	0.504
石家莊	0.186	0.465	0.395	0.228	0.132	0.951	0.273
唐山	0.184	0.202	0.311	0.207	0.121	0.943	0.315
秦皇島	0.127	0.256	0.169	0.134	0.14	0.902	0.315
邯鄲	0.224	0.177	0.399	0.193	0.14	0.967	0.231
邢臺	0.152	0.144	0.298	0.159	0.148	0.973	0.237
保定	0.185	0.337	0.398	0.185	0.141	0.957	0.236
張家口	0.12	0.114	0.198	0.153	0.154	0.875	0.205
承德	0.125	0.138	0.196	0.156	0.159	0.948	0.261
滄州	0.152	0.149	0.294	0.176	0.132	0.965	0.271
廊坊	0.146	0.18	0.212	0.157	0.138	0.98	0.327
衡水	0.135	0.114	0.235	0.135	0.144	0.954	0.209
太原	0.191	0.447	0.216	0.159	0.131	0.96	0.34
大同	0.143	0.127	0.185	0.142	0.159	0.901	0.345
陽泉	0.119	0.111	0.132	0.118	0.145	0.972	0.317
長治	0.138	0.13	0.195	0.143	0.145	0.978	0.281
晉城	0.127	0.106	0.164	0.132	0.144	0.989	0.376
朔州	0.119	0.101	0.18	0.127	0.139	0.979	0.305
晉中	0.129	0.209	0.186	0.147	0.164	0.978	0.298
運城	0.119	0.142	0.264	0.155	0.165	0.955	0.188
忻州	0.116	0.117	0.178	0.148	0.202	0.974	0.224
臨汾	0.134	0.14	0.209	0.146	0.153	0.966	0.217
呂梁	0.118	0.118	0.212	0.166	0.185	1	0.334
呼和浩特	0.164	0.31	0.166	0.139	0.117	0.956	0.32
包頭	0.181	0.164	0.152	0.146	0.115	0.953	0.359
烏海	0.108	0.103	0.103	0.106	0.119	0.953	0.36
赤峰	0.134	0.117	0.216	0.18	0.162	0.945	0.343
通遼	0.124	0.127	0.172	0.144	0.132	0.953	0.266
鄂爾多斯	0.123	0.104	0.136	0.163	0.119	0.957	0.502
呼倫貝爾	0.142	0.114	0.141	0.143	0.139	0.949	0.316
巴彥淖爾	0.115	0.107	0.13	0.122	0.137	0.951	0.302
烏蘭察布	0.109	0.119	0.131	0.131	0.152	0.898	0.294
瀋陽	0.287	0.451	0.255	0.246	0.124	0.963	0.353
大連	0.313	0.353	0.232	0.235	0.122	0.964	0.414
鞍山	0.145	0.134	0.165	0.132	0.114	0.964	0.242
撫順	0.133	0.141	0.13	0.117	0.117	0.947	0.262
本溪	0.124	0.114	0.122	0.125	0.129	0.917	0.251
丹東	0.127	0.127	0.144	0.128	0.133	0.962	0.168
錦州	0.137	0.178	0.157	0.125	0.125	0.972	0.237
營口	0.144	0.12	0.144	0.13	0.126	0.98	0.236
阜新	0.125	0.142	0.13	0.119	0.146	0.948	0.24

表 4.8.1 2015 年度城市人力教育競爭力三級指標分值

城市	人力資本規模	高素質人力資本儲備量	其它人力資本儲備量	教育支出絕對規模	教育支出相對規模	城市就業率	人力資本基本成本
遼陽	0.116	0.116	0.133	0.122	0.128	0.957	0.267
盤錦	0.135	0.106	0.125	0.118	0.118	0.965	0.219
鐵嶺	0.126	0.116	0.155	0.129	0.139	0.963	0.237
朝陽	0.127	0.105	0.166	0.134	0.147	0.976	0.231
葫蘆島	0.125	0.108	0.154	0.128	0.151	0.956	0.237
長春	0.253	0.468	0.263	0.206	0.125	0.957	0.352
吉林	0.152	0.193	0.187	0.156	0.127	0.956	0.258
四平	0.146	0.133	0.168	0.135	0.138	0.966	0.193
遼源	0.114	0.106	0.116	0.115	0.13	0.962	0.208
通化	0.13	0.111	0.143	0.13	0.139	0.98	0.203
白山	0.124	0.101	0.114	0.122	0.146	0.967	0.199
松原	0.132	0.103	0.151	0.128	0.121	0.968	0.27
白城	0.118	0.118	0.132	0.126	0.152	0.943	0.139
哈爾濱	0.282	0.551	0.292	0.223	0.13	0.957	0.305
齊齊哈爾	0.143	0.147	0.183	0.117	0.12	0.939	0.221
雞西	0.108	0.108	0.121	0.114	0.141	0.865	0.226
鶴崗	0.116	0.105	0.109	0.111	0.174	0.936	0.239
雙鴨山	0.11	0.102	0.117	0.117	0.158	0.945	0.242
大慶	0.154	0.164	0.155	0.138	0.111	0.946	0.462
伊春	0.115	0.101	0.109	0.108	0.159	0.911	0.1
佳木斯	0.12	0.141	0.135	0.133	0.16	0.936	0.203
七台河	0.112	0.102	0.109	0.105	0.152	0.967	0.232
牡丹江	0.145	0.146	0.137	0.136	0.144	0.964	0.224
黑河	0.121	0.109	0.135	0.118	0.167	0.979	0.178
綏化	0.131	0.109	0.181	0.15	0.154	0.956	0.151
上海	0.769	0.562	0.452	0.867	0.142	0.967	0.711
南京	0.374	0.839	0.255	0.239	0.119	0.981	0.481
無錫	0.312	0.202	0.232	0.234	0.12	0.984	0.428
徐州	0.231	0.225	0.378	0.235	0.135	0.98	0.304
常州	0.252	0.197	0.202	0.172	0.118	0.983	0.542
蘇州	0.485	0.285	0.283	0.319	0.119	0.991	0.427
南通	0.266	0.17	0.248	0.247	0.133	0.983	0.41
連雲港	0.186	0.134	0.246	0.168	0.147	0.1	0.297
淮安	0.174	0.161	0.243	0.18	0.144	0.979	0.29
鹽城	0.212	0.15	0.28	0.215	0.14	0.985	0.278
揚州	0.217	0.175	0.212	0.161	0.121	0.981	0.355
鎮江	0.17	0.176	0.155	0.153	0.121	0.983	0.374
泰州	0.208	0.145	0.193	0.161	0.123	0.987	0.302
宿遷	0.177	0.116	0.259	0.174	0.152	0.987	0.269
杭州	0.39	0.532	0.313	0.281	0.124	0.987	0.469
寧波	0.313	0.236	0.294	0.265	0.127	0.974	0.451
溫州	0.274	0.172	0.335	0.228	0.139	0.988	0.383
嘉興	0.182	0.158	0.199	0.177	0.13	0.975	0.367
湖州	0.161	0.124	0.166	0.144	0.13	0.984	0.346
紹興	0.23	0.171	0.233	0.177	0.123	0.971	0.334
金華	0.24	0.174	0.267	0.183	0.134	0.985	0.379
衢州	0.125	0.112	0.159	0.135	0.144	0.966	0.419
舟山	0.112	0.121	0.113	0.123	0.132	0.973	0.453
台州	0.207	0.129	0.286	0.185	0.133	0.982	0.336
麗水	0.123	0.136	0.163	0.14	0.154	0.976	0.426
合肥	0.272	0.506	0.316	0.215	0.128	0.949	0.369
蕪湖	0.166	0.241	0.18	0.154	0.131	0.98	0.283
蚌埠	0.129	0.158	0.197	0.135	0.145	0.959	0.262
淮南	0.128	0.174	0.161	0.122	0.142	0.925	0.41
馬鞍山	0.124	0.147	0.156	0.132	0.133	0.972	0.379
淮北	0.131	0.13	0.157	0.115	0.131	0.952	0.353

表 4.8.1 2015 年度城市人力教育競爭力三級指標分值

城市	人力資本規模	高素質人力資本儲備量	其它人力資本儲備量	教育支出絕對規模	教育支出相對規模	城市就業率	人力資本基本成本
銅陵	0.11	0.13	0.111	0.113	0.128	0.953	0.322
安慶	0.139	0.137	0.268	0.161	0.155	0.953	0.233
黃山	0.111	0.117	0.127	0.111	0.137	0.973	0.269
滁州	0.146	0.14	0.212	0.142	0.15	0.983	0.287
阜陽	0.141	0.132	0.369	0.165	0.179	0.989	0.234
宿州	0.126	0.119	0.246	0.145	0.157	0.966	0.208
六安	0.158	0.137	0.277	0.162	0.181	0.978	0.242
亳州	0.134	0.111	0.267	0.14	0.167	0.984	0.353
池州	0.114	0.12	0.14	0.118	0.156	0.915	0.258
宣城	0.149	0.11	0.153	0.132	0.151	0.986	0.392
福州	0.245	0.391	0.32	0.219	0.129	0.982	0.361
廈門	0.256	0.24	0.188	0.187	0.135	0.984	0.404
莆田	0.139	0.117	0.192	0.145	0.142	0.987	0.275
三明	0.129	0.122	0.167	0.141	0.135	0.98	0.307
泉州	0.257	0.209	0.349	0.201	0.122	0.991	0.284
漳州	0.145	0.161	0.237	0.151	0.127	0.985	0.301
南平	0.128	0.122	0.171	0.133	0.138	0.959	0.284
龍岩	0.132	0.115	0.171	0.142	0.135	0.968	0.283
寧德	0.132	0.108	0.176	0.137	0.137	0.985	0.304
南昌	0.213	0.576	0.252	0.18	0.128	0.992	0.301
景德鎮	0.117	0.121	0.143	0.119	0.139	0.936	0.215
萍鄉	0.126	0.109	0.155	0.124	0.14	0.967	0.225
九江	0.161	0.173	0.243	0.17	0.154	0.989	0.235
新餘	0.112	0.127	0.133	0.118	0.129	0.949	0.263
鷹潭	0.112	0.105	0.131	0.113	0.134	0.952	0.251
贛州	0.171	0.178	0.406	0.212	0.183	0.958	0.248
吉安	0.148	0.116	0.245	0.167	0.175	0.965	0.233
宜春	0.144	0.14	0.27	0.166	0.16	0.952	0.219
撫州	0.157	0.123	0.211	0.15	0.169	0.973	0.242
上饒	0.153	0.121	0.328	0.191	0.181	0.953	0.248
濟南	0.281	0.766	0.262	0.197	0.121	0.984	0.383
青島	0.322	0.375	0.298	0.292	0.128	0.975	0.38
淄博	0.181	0.183	0.207	0.183	0.126	0.972	0.305
棗莊	0.169	0.121	0.201	0.14	0.127	0.98	0.262
東營	0.136	0.124	0.149	0.147	0.117	0.981	0.393
煙臺	0.214	0.253	0.244	0.212	0.123	0.964	0.313
濰坊	0.185	0.215	0.344	0.246	0.14	0.965	0.295
濟寧	0.179	0.181	0.303	0.205	0.136	0.97	0.299
泰安	0.166	0.193	0.229	0.155	0.124	0.978	0.284
威海	0.148	0.156	0.145	0.159	0.127	0.988	0.273
日照	0.124	0.12	0.167	0.133	0.128	0.964	0.275
萊蕪	0.12	0.105	0.126	0.117	0.137	0.983	0.308
臨沂	0.194	0.156	0.372	0.206	0.139	0.986	0.257
德州	0.175	0.137	0.223	0.165	0.133	0.982	0.228
聊城	0.154	0.138	0.238	0.157	0.13	0.965	0.218
濱州	0.144	0.143	0.201	0.155	0.132	0.98	0.286
菏澤	0.137	0.131	0.368	0.175	0.146	0.964	0.2
鄭州	0.29	0.784	0.388	0.247	0.127	0.974	0.285
開封	0.136	0.179	0.266	0.14	0.137	0.962	0.196
洛陽	0.178	0.208	0.328	0.182	0.132	0.961	0.244
平頂山	0.141	0.154	0.262	0.148	0.14	0.964	0.262
安陽	0.145	0.157	0.271	0.153	0.14	0.955	0.19
鶴壁	0.118	0.11	0.155	0.119	0.142	0.981	0.217
新鄉	0.153	0.23	0.316	0.165	0.146	0.962	0.18
焦作	0.149	0.176	0.21	0.14	0.129	0.96	0.187
濮陽	0.135	0.109	0.236	0.143	0.148	0.971	0.217

表 4.8.1 2015 年度城市人力教育競爭力三級指標分值

城市	人力資本規模	高素質人力資本儲備量	其它人力資本儲備量	教育支出絕對規模	教育支出相對規模	城市就業率	人力資本基本成本
許昌	0.137	0.131	0.249	0.151	0.132	0.93	0.203
漯河	0.12	0.127	0.173	0.126	0.139	0.971	0.193
三門峽	0.12	0.113	0.165	0.134	0.138	0.977	0.266
南陽	0.182	0.163	0.472	0.204	0.152	0.964	0.204
商丘	0.148	0.169	0.388	0.187	0.17	0.957	0.209
信陽	0.156	0.165	0.36	0.181	0.163	0.988	0.188
周口	0.167	0.129	0.464	0.202	0.17	0.959	0.208
駐馬店	0.163	0.129	0.381	0.176	0.162	0.986	0.169
武漢	0.358	0.985	0.298	0.252	0.118	0.971	0.365
黃石	0.138	0.134	0.167	0.121	0.124	0.966	0.18
十堰	0.171	0.145	0.175	0.13	0.135	0.968	0.193
宜昌	0.249	0.155	0.171	0.152	0.121	0.988	0.175
襄陽	0.189	0.159	0.237	0.161	0.125	0.963	0.134
鄂州	0.113	0.112	0.117	0.109	0.121	0.961	0.144
荊門	0.142	0.119	0.149	0.121	0.123	0.969	0.157
孝感	0.186	0.135	0.192	0.14	0.142	0.971	0.162
荊州	0.168	0.204	0.225	0.138	0.136	0.934	0.203
黃岡	0.134	0.144	0.269	0.165	0.161	0.934	0.15
咸寧	0.122	0.136	0.175	0.126	0.138	0.957	0.139
隨州	0.137	0.106	0.14	0.113	0.129	0.989	0.173
長沙	0.232	0.625	0.309	0.231	0.12	0.963	0.389
株洲	0.17	0.168	0.186	0.139	0.124	0.977	0.297
湘潭	0.127	0.212	0.158	0.127	0.124	0.944	0.267
衡陽	0.184	0.193	0.302	0.163	0.135	0.945	0.206
邵陽	0.167	0.125	0.305	0.161	0.167	0.974	0.202
岳陽	0.17	0.137	0.228	0.152	0.125	0.96	0.224
常德	0.177	0.136	0.22	0.154	0.128	0.963	0.223
張家界	0.105	0.111	0.134	0.115	0.161	0.961	0.221
益陽	0.129	0.127	0.189	0.137	0.141	0.94	0.219
郴州	0.145	0.12	0.235	0.165	0.147	0.951	0.247
永州	0.128	0.123	0.263	0.155	0.159	0.946	0.213
懷化	0.156	0.135	0.219	0.153	0.163	0.952	0.21
婁底	0.128	0.126	0.203	0.138	0.144	0.936	0.234
廣州	0.491	1	0.434	0.384	0.12	0.934	0.548
韶關	0.147	0.134	0.188	0.137	0.147	0.98	0.284
深圳	0.662	0.175	0.343	0.423	0.125	0.994	0.585
珠海	0.158	0.216	0.144	0.154	0.14	0.986	0.388
汕頭	0.129	0.109	0.328	0.156	0.145	0.961	0.264
佛山	0.283	0.143	0.297	0.213	0.118	0.991	0.334
江門	0.172	0.131	0.218	0.154	0.135	0.974	0.265
湛江	0.144	0.17	0.354	0.175	0.145	0.966	0.244
茂名	0.138	0.131	0.379	0.164	0.136	0.954	0.266
肇慶	0.138	0.161	0.243	0.152	0.138	0.976	0.282
惠州	0.221	0.125	0.261	0.179	0.135	0.989	0.305
梅州	0.121	0.12	0.212	0.153	0.185	0.96	0.238
汕尾	0.122	0.104	0.194	0.128	0.158	0.965	0.234
河源	0.116	0.111	0.199	0.136	0.168	0.961	0.249
陽江	0.121	0.107	0.171	0.125	0.13	0.965	0.24
清遠	0.143	0.111	0.208	0.147	0.156	0.977	0.305
東莞	0.304	0.156	0.302	0.225	0.127	0.997	0.266
中山	0.214	0.135	0.184	0.172	0.133	0.994	0.317
潮州	0.121	0.115	0.2	0.122	0.138	0.974	0.222
揭陽	0.13	0.111	0.323	0.15	0.138	0.98	0.257
雲浮	0.119	0.107	0.183	0.127	0.159	0.984	0.24
南寧	0.189	0.504	0.322	0.176	0.132	0.973	0.327
柳州	0.169	0.16	0.215	0.144	0.128	0.968	0.301

表 4.8.1 2015 年度城市人力教育競爭力三級指標分值

城市	人力資本規模	高素質人力資本儲備量	其它人力資本儲備量	教育支出絕對規模	教育支出相對規模	城市就業率	人力資本基本成本
桂林	0.148	0.248	0.225	0.153	0.14	0.965	0.256
梧州	0.117	0.112	0.197	0.139	0.155	0.949	0.175
北海	0.116	0.115	0.154	0.116	0.128	0.967	0.249
防城港	0.106	0.103	0.121	0.108	0.124	0.977	0.252
欽州	0.118	0.116	0.224	0.133	0.156	0.971	0.214
貴港	0.115	0.102	0.273	0.142	0.175	0.978	0.214
玉林	0.135	0.115	0.332	0.155	0.158	0.961	0.215
百色	0.128	0.122	0.214	0.15	0.178	0.945	0.223
賀州	0.106	0.109	0.157	0.122	0.176	0.974	0.232
河池	0.12	0.113	0.213	0.144	0.206	0.963	0.216
來賓	0.116	0.106	0.162	0.127	0.174	0.971	0.256
崇左	0.109	0.132	0.147	0.13	0.168	0.979	0.193
海口	0.167	0.234	0.148	0.124	0.135	1	0.289
三亞	0.107	0.138	0.115	0.112	0.151	0.979	0.31
重慶	1	0.748	1	1	0.185	0.989	0.34
成都	0.571	0.742	0.462	0.122	0.1	0.976	0.409
自貢	0.135	0.129	0.164	0.124	0.131	0.956	0.299
攀枝花	0.118	0.12	0.13	0.158	0.194	0.959	0.356
瀘州	0.131	0.14	0.255	0.129	0.132	0.966	0.268
德陽	0.13	0.151	0.177	0.146	0.142	0.96	0.337
綿陽	0.151	0.202	0.227	0.135	0.131	0.951	0.316
廣元	0.12	0.108	0.171	0.126	0.17	0.934	0.281
遂寧	0.119	0.113	0.178	0.132	0.157	0.824	0.241
內江	0.123	0.121	0.187	0.135	0.142	0.957	0.242
樂山	0.125	0.14	0.173	0.169	0.18	0.938	0.271
南充	0.149	0.161	0.271	0.131	0.13	0.949	0.254
眉山	0.124	0.12	0.165	0.154	0.181	0.965	0.273
宜賓	0.148	0.122	0.247	0.137	0.135	0.964	0.288
廣安	0.119	0.107	0.22	0.16	0.193	0.97	0.302
達州	0.139	0.12	0.268	0.114	0.115	0.966	0.235
雅安	0.103	0.139	0.129	0.136	0.214	0.954	0.24
巴中	0.124	0.1	0.199	0.135	0.213	0.961	0.233
資陽	0.12	0.101	0.207	0.488	0.553	0.94	0.237
貴陽	0.186	0.398	0.234	0.139	0.12	0.971	0.338
六盤水	0.117	0.109	0.201	0.184	0.213	0.95	0.3
遵義	0.132	0.154	0.334	0.13	0.121	0.95	0.336
安順	0.117	0.112	0.173	0.189	0.345	0.974	0.294
畢節	0.133	0.112	0.392	0.153	0.159	0.973	0.297
銅仁	0.124	0.118	0.235	0.516	1	0.957	0.312
昆明	0.312	0.453	0.313	0.204	0.137	0.985	0.341
曲靖	0.164	0.122	0.266	0.182	0.168	0.988	0.235
玉溪	0.142	0.116	0.159	0.132	0.138	0.987	0.271
保山	0.112	0.11	0.169	0.131	0.191	0.964	0.23
昭通	0.119	0.106	0.279	0.163	0.234	0.949	0.247
麗江	0.104	0.121	0.127	0.119	0.214	0.955	0.259
普洱	0.121	0.109	0.155	0.129	0.193	0.967	0.197
臨滄	0.11	0.105	0.153	0.134	0.208	0.96	0.233
拉薩	0.129	0.117	0.111	0.117	0.177	1	0.502
西安	0.294	0.789	0.377	0.225	0.129	0.957	0.371
銅川	0.105	0.103	0.11	0.115	0.173	0.946	0.294
寶雞	0.148	0.134	0.193	0.158	0.148	0.978	0.286
咸陽	0.142	0.211	0.263	0.166	0.143	0.966	0.253
渭南	0.131	0.116	0.234	0.172	0.168	0.969	0.252
延安	0.127	0.124	0.174	0.161	0.161	0.976	0.381
漢中	0.129	0.14	0.188	0.148	0.169	0.968	0.273
榆林	0.129	0.115	0.203	0.208	0.148	0.978	0.408

表 4.8.1 2015 年度城市人力教育競爭力三級指標分值

城市	人力資本規模	高素質人力資本儲備量	其它人力資本儲備量	教育支出絕對規模	教育支出相對規模	城市就業率	人力資本基本成本
安康	0.116	0.118	0.172	0.152	0.208	0.965	0.265
商洛	0.111	0.115	0.164	0.14	0.202	0.97	0.178
蘭州	0.176	0.526	0.198	0.145	0.132	0.986	0.325
嘉峪關	0.1	0.103	0.1	0.1	0.115	0.963	0.362
金昌	0.105	0.103	0.106	0.103	0.132	0.969	0.325
白銀	0.11	0.102	0.151	0.122	0.166	0.97	0.278
天水	0.121	0.138	0.202	0.136	0.208	0.964	0.224
武威	0.115	0.115	0.146	0.121	0.181	0.979	0.191
張掖	0.107	0.119	0.13	0.115	0.168	0.974	0.204
平涼	0.113	0.106	0.166	0.136	0.255	0.961	0.323
酒泉	0.108	0.106	0.123	0.115	0.138	0.966	0.275
慶陽	0.113	0.114	0.171	0.138	0.182	0.926	0.275
定西	0.116	0.105	0.181	0.13	0.268	0.977	0.212
隴南	0.107	0.105	0.168	0.127	0.259	0.968	0.216
西寧	0.135	0.159	0.158	0.131	0.142	0.959	0.307
海東	0.109	0.1	0.138	0.121	0.186	0.979	0.358
銀川	0.141	0.185	0.169	0.124	0.124	0.953	0.399
石嘴山	0.106	0.107	0.114	0.109	0.133	0.948	0.29
吳忠	0.105	0.102	0.14	0.118	0.175	0.951	0.26
固原	0.105	0.106	0.142	0.124	0.286	0.973	0.293
中衛	0.102	0.1	0.132	0.114	0.178	0.977	0.305
烏魯木齊	0.17	0.234	0.21	0.164	0.134	0.963	0.39
克拉瑪依	0.109	0.104	0.103	0.117	0.129	0.995	0.647
香港	0.338	0.399	0.232	0.783	0.15	0.959	0.981
澳門	0.118	0.127	0.103	0.172	0.127	0.978	1
新北	0.22	0.142	0.19	0.183	0.118	0.949	0.567
臺北	0.176	0.143	0.17	0.221	0.143	0.948	0.904
桃園	0.157	0.133	0.157	0.15	0.123	0.948	0.563
台中	0.178	0.151	0.179	0.16	0.12	0.949	0.487
台南	0.155	0.125	0.145	0.152	0.126	0.947	0.471
高雄	0.179	0.141	0.166	0.18	0.127	0.949	0.565
基隆	0.105	0.107	0.103	0.107	0.124	0.948	0.55
新竹	0.106	0.106	0.108	0.109	0.125	0.949	0.743
嘉義	0.101	0.109	0.104	0.104	0.125	0.952	0.506

表 4.8.2 2015 年度城市人力教育競爭力三級指標分值（續 1）

城市	人力資本教育成本	高素質人力資本相對儲備量	成人識字率	大專以上人口比重	創業人員指數	各類專業技術人員數	專業技術人員比重
北京	0.334	0.296	0.919	1	0.991	1	1
天津	0.328	0.335	0.851	0.446	0.76	0.209	0.249
石家莊	0.172	0.368	0.668	0.255	0.465	0.139	0.17
唐山	0.184	0.202	0.781	0.249	0.459	0.112	0.124
秦皇島	0.172	0.493	0.704	0.349	0.327	0.108	0.15
邯鄲	0.158	0.164	0.647	0.359	0.613	0.112	0.12
邢臺	0.146	0.147	0.726	0.286	0.498	0.106	0.111
保定	0.146	0.279	0.611	0.298	0.366	0.14	0.174
張家口	0.174	0.125	0.604	0.297	0.107	0.109	0.136
承德	0.203	0.184	0.64	0.326	0.386	0.109	0.147
滄州	0.162	0.152	0.597	0.241	0.478	0.107	0.112
廊坊	0.18	0.238	0.602	0.247	0.487	0.118	0.18
衡水	0.147	0.124	0.677	0.246	0.512	0.105	0.117
太原	0.186	0.724	0.672	0.41	0.412	0.145	0.316
大同	0.178	0.163	0.672	0.255	0.364	0.107	0.141
陽泉	0.192	0.163	0.668	0.25	0.297	0.103	0.14
長治	0.181	0.167	0.561	0.222	0.378	0.105	0.124

表 4.8.2 2015 年度城市人力教育競爭力三級指標分值（續 1）

城市	人力資本教育成本	高素質人力資本相對儲備量	成人識字率	大專以上人口比重	創業人員指數	各類專業技術人員數	專業技術人員比重
晉城	0.191	0.119	0.55	0.182	0.313	0.103	0.125
朔州	0.207	0.104	0.543	0.166	0.481	0.102	0.128
晉中	0.191	0.354	0.566	0.174	0.362	0.106	0.135
運城	0.164	0.163	0.568	0.217	0.15	0.109	0.128
忻州	0.199	0.143	0.566	0.182	0.291	0.105	0.127
臨汾	0.164	0.169	0.514	0.175	0.393	0.106	0.121
呂梁	0.212	0.137	0.55	0.174	0.1	0.107	0.133
呼和浩特	0.183	0.639	0.652	0.243	0.618	0.127	0.289
包頭	0.207	0.279	0.634	0.248	0.683	0.11	0.172
烏海	0.206	0.139	0.564	0.238	0.499	0.102	0.178
赤峰	0.218	0.131	0.591	0.243	0.431	0.108	0.133
通遼	0.191	0.166	0.593	0.234	0.41	0.107	0.14
鄂爾多斯	0.31	0.115	0.738	0.478	0.428	0.105	0.154
呼倫貝爾	0.213	0.142	0.579	0.254	0.474	0.107	0.157
巴彥淖爾	0.189	0.134	0.561	0.235	0.503	0.103	0.136
烏蘭察布	0.198	0.168	0.55	0.227	0.294	0.105	0.145
瀋陽	0.21	0.428	0.763	0.699	0.643	0.168	0.268
大連	0.222	0.381	0.783	0.642	0.74	0.158	0.271
鞍山	0.153	0.173	0.722	0.365	0.305	0.121	0.218
撫順	0.153	0.249	0.674	0.347	0.451	0.106	0.154
本溪	0.2	0.161	0.668	0.352	0.338	0.106	0.179
丹東	0.174	0.185	0.699	0.219	0.398	0.113	0.209
錦州	0.15	0.295	0.72	0.37	0.513	0.109	0.156
營口	0.181	0.164	0.726	0.242	0.604	0.105	0.138
阜新	0.172	0.28	0.665	0.144	0.491	0.104	0.148
遼陽	0.181	0.165	0.674	0.159	0.428	0.104	0.141
盤錦	0.189	0.131	0.683	0.17	0.279	0.106	0.182
鐵嶺	0.17	0.147	0.604	0.316	0.438	0.106	0.144
朝陽	0.172	0.112	0.629	0.1	0.418	0.106	0.135
葫蘆島	0.17	0.123	0.629	0.117	0.433	0.105	0.139
長春	0.183	0.467	0.774	0.445	0.582	0.16	0.257
吉林	0.179	0.262	0.742	0.433	0.529	0.109	0.138
四平	0.164	0.174	0.697	0.25	0.667	0.108	0.142
遼源	0.189	0.135	0.668	0.262	0.533	0.102	0.134
通化	0.184	0.137	0.661	0.251	0.471	0.106	0.154
白山	0.22	0.105	0.647	0.237	0.552	0.103	0.144
松原	0.16	0.108	0.627	0.231	0.534	0.104	0.123
白城	0.185	0.167	0.609	0.105	0.405	0.11	0.198
哈爾濱	0.168	0.426	0.699	0.429	0.611	0.206	0.305
齊齊哈爾	0.114	0.167	0.233	0.318	0.432	0.109	0.129
雞西	0.15	0.135	0.582	0.144	0.152	0.102	0.121
鶴崗	0.18	0.139	0.552	0.138	0.332	0.106	0.227
雙鴨山	0.18	0.11	0.541	0.127	0.344	0.102	0.13
大慶	0.183	0.268	0.672	0.403	0.499	0.141	0.395
伊春	0.157	0.107	0.552	0.152	0.383	0.102	0.147
佳木斯	0.184	0.224	0.668	0.233	0.499	0.104	0.126
七台河	0.153	0.113	0.69	0.159	0.511	0.101	0.136
牡丹江	0.184	0.227	0.668	0.219	0.614	0.105	0.13
黑河	0.174	0.143	0.1	0.189	0.297	0.103	0.133
綏化	0.155	0.113	0.505	0.201	0.476	0.105	0.111
上海	0.303	0.247	0.914	0.712	1	0.632	0.561
南京	0.205	0.795	0.729	0.48	0.695	0.264	0.52
無錫	0.231	0.221	0.729	0.478	0.772	0.129	0.189
徐州	0.196	0.212	0.742	0.377	0.579	0.115	0.128
常州	0.196	0.26	0.735	0.392	0.752	0.113	0.151
蘇州	0.23	0.235	0.758	0.557	0.84	0.152	0.196

表 4.8.2 2015 年度城市人力教育競爭力三級指標分值（續 1）

城市	人力資本教育成本	高素質人力資本相對儲備量	成人識字率	大專以上人口比重	創業人員指數	各類專業技術人員數	專業技術人員比重
南通	0.227	0.174	0.781	0.476	0.468	0.124	0.161
連雲港	0.197	0.16	0.681	0.278	0.333	0.125	0.215
淮安	0.204	0.198	0.702	0.353	0.518	0.108	0.13
鹽城	0.199	0.154	0.828	0.303	0.58	0.112	0.126
揚州	0.185	0.229	0.744	0.322	0.538	0.119	0.183
鎮江	0.208	0.285	0.839	0.348	0.631	0.11	0.163
泰州	0.182	0.175	0.735	0.341	0.528	0.107	0.127
宿遷	0.196	0.126	0.704	0.328	0.579	0.104	0.11
杭州	0.228	0.476	0.758	0.649	0.618	0.24	0.43
寧波	0.236	0.237	0.735	0.319	0.654	0.123	0.156
溫州	0.185	0.161	0.692	0.3	0.681	0.112	0.119
嘉興	0.207	0.199	0.704	0.317	0.486	0.11	0.14
湖州	0.197	0.164	0.688	0.314	0.546	0.11	0.166
紹興	0.197	0.21	0.688	0.311	0.46	0.108	0.129
金華	0.196	0.206	0.704	0.305	0.629	0.109	0.13
衢州	0.209	0.143	0.656	0.291	0.552	0.105	0.15
舟山	0.242	0.244	0.665	0.324	0.39	0.104	0.168
台州	0.186	0.137	0.706	0.198	0.49	0.111	0.132
麗水	0.227	0.232	0.627	0.164	0.572	0.104	0.138
合肥	0.193	0.511	0.751	0.663	0.561	0.137	0.195
蕪湖	0.196	0.403	0.604	0.246	0.619	0.106	0.129
蚌埠	0.168	0.238	0.602	0.265	0.497	0.107	0.142
淮南	0.161	0.341	0.672	0.263	0.329	0.104	0.131
馬鞍山	0.196	0.262	0.582	0.317	0.497	0.106	0.153
淮北	0.146	0.209	0.638	0.268	0.469	0.103	0.122
銅陵	0.234	0.412	0.595	0.187	0.379	0.101	0.152
安慶	0.17	0.154	0.568	0.185	0.494	0.106	0.117
黃山	0.16	0.198	0.525	0.184	0.534	0.103	0.14
滁州	0.166	0.178	0.532	0.189	0.666	0.106	0.125
阜陽	0.147	0.132	0.573	0.184	0.574	0.103	0.1
宿州	0.149	0.127	0.582	0.339	0.377	0.106	0.117
六安	0.166	0.15	0.566	0.192	0.312	0.106	0.116
亳州	0.146	0.117	0.564	0.197	0.602	0.103	0.108
池州	0.191	0.206	0.555	0.183	0.563	0.102	0.13
宣城	0.182	0.131	0.591	0.184	0.368	0.108	0.163
福州	0.2	0.406	0.69	0.422	0.515	0.142	0.214
廈門	0.251	0.388	0.744	0.37	0.538	0.121	0.212
莆田	0.204	0.146	0.634	0.262	0.381	0.103	0.118
三明	0.208	0.168	0.656	0.267	0.555	0.104	0.132
泉州	0.172	0.2	0.742	0.28	0.507	0.111	0.119
漳州	0.162	0.195	0.634	0.256	0.432	0.111	0.14
南平	0.182	0.164	0.561	0.269	0.515	0.108	0.157
龍岩	0.206	0.145	0.638	0.278	0.439	0.106	0.142
寧德	0.183	0.123	0.629	0.256	0.534	0.109	0.165
南昌	0.196	0.807	0.738	0.344	0.453	0.135	0.239
景德鎮	0.181	0.201	0.677	0.278	0.424	0.104	0.151
萍鄉	0.185	0.139	0.744	0.287	0.562	0.102	0.124
九江	0.192	0.217	0.686	0.241	0.585	0.108	0.13
新餘	0.21	0.278	0.654	0.235	0.481	0.101	0.121
鷹潭	0.184	0.131	0.756	0.319	0.488	0.102	0.134
贛州	0.179	0.171	0.699	0.243	0.534	0.109	0.114
吉安	0.185	0.126	0.582	0.24	0.559	0.106	0.118
宜春	0.173	0.157	0.713	0.244	0.459	0.105	0.114
撫州	0.18	0.144	0.729	0.239	0.585	0.103	0.109
上饒	0.183	0.124	0.695	0.245	0.517	0.104	0.105
濟南	0.184	0.826	0.774	0.544	0.609	0.192	0.371

表 4.8.2 2015 年度城市人力教育競爭力三級指標分值（續 1）

城市	人力資本教育成本	高素質人力資本相對儲備量	成人識字率	大專以上人口比重	創業人員指數	各類專業技術人員數	專業技術人員比重
青島	0.234	0.334	0.776	0.53	0.752	0.125	0.151
淄博	0.214	0.238	0.631	0.368	0.413	0.107	0.127
棗莊	0.164	0.142	0.577	0.186	0.562	0.105	0.121
東營	0.249	0.187	0.796	0.216	0.374	0.107	0.173
煙臺	0.199	0.268	0.767	0.397	0.55	0.12	0.153
濰坊	0.197	0.196	0.622	0.257	0.461	0.115	0.126
濟寧	0.177	0.176	0.618	0.187	0.407	0.107	0.111
泰安	0.158	0.229	0.769	0.259	0.393	0.11	0.132
威海	0.237	0.254	0.787	0.39	0.419	0.109	0.165
日照	0.173	0.155	0.625	0.168	0.354	0.102	0.111
萊蕪	0.189	0.127	0.613	0.166	0.507	0.104	0.164
臨沂	0.16	0.142	0.638	0.187	0.443	0.116	0.124
德州	0.169	0.149	0.638	0.176	0.57	0.109	0.128
聊城	0.156	0.15	0.618	0.184	0.509	0.104	0.108
濱州	0.191	0.186	0.586	0.173	0.389	0.104	0.117
菏澤	0.151	0.128	0.622	0.181	0.322	0.107	0.108
鄭州	0.199	0.674	0.844	0.411	0.535	0.154	0.218
開封	0.152	0.231	0.688	0.239	0.317	0.107	0.124
洛陽	0.174	0.226	0.659	0.291	0.496	0.121	0.161
平頂山	0.158	0.184	0.776	0.282	0.289	0.106	0.121
安陽	0.163	0.186	0.735	0.298	0.327	0.105	0.113
鶴壁	0.182	0.147	0.735	0.265	0.412	0.101	0.109
新鄉	0.169	0.276	0.774	0.3	0.292	0.111	0.133
焦作	0.171	0.267	0.772	0.24	0.439	0.105	0.125
濮陽	0.174	0.119	0.674	0.324	0.382	0.103	0.113
許昌	0.173	0.156	0.672	0.273	0.372	0.105	0.116
漯河	0.164	0.181	0.64	0.253	0.297	0.101	0.104
三門峽	0.2	0.143	0.597	0.247	0.367	0.102	0.118
南陽	0.159	0.148	0.722	0.226	0.415	0.116	0.125
商丘	0.171	0.173	0.69	0.243	0.37	0.106	0.109
信陽	0.177	0.179	0.611	0.215	0.415	0.113	0.137
周口	0.169	0.125	0.677	0.251	0.439	0.108	0.111
駐馬店	0.166	0.132	0.699	0.236	0.457	0.108	0.117
武漢	0.191	0.767	0.738	0.598	0.732	0.171	0.239
黃石	0.155	0.206	0.649	0.394	0.502	0.105	0.137
十堰	0.155	0.202	0.636	0.307	0.482	0.108	0.147
宜昌	0.179	0.203	0.758	0.318	0.661	0.119	0.191
襄陽	0.166	0.181	0.618	0.282	0.479	0.117	0.159
鄂州	0.164	0.187	0.677	0.285	0.35	0.102	0.138
荊門	0.145	0.152	0.683	0.263	0.483	0.107	0.149
孝感	0.149	0.155	0.787	0.248	0.449	0.108	0.129
荊州	0.137	0.239	0.722	0.248	0.583	0.107	0.12
黃岡	0.162	0.154	0.781	0.267	0.311	0.107	0.116
咸寧	0.167	0.211	0.649	0.183	0.446	0.104	0.131
隨州	0.14	0.122	0.582	0.172	0.702	0.102	0.113
長沙	0.214	0.66	0.851	0.368	0.577	0.155	0.255
株洲	0.161	0.233	0.738	0.352	0.607	0.108	0.135
湘潭	0.162	0.408	0.699	0.314	0.338	0.103	0.118
衡陽	0.149	0.199	0.654	0.275	0.572	0.108	0.116
邵陽	0.148	0.127	0.731	0.192	0.623	0.106	0.11
岳陽	0.155	0.151	0.747	0.275	0.56	0.114	0.145
常德	0.155	0.148	0.726	0.22	0.652	0.113	0.14
張家界	0.172	0.156	0.629	0.147	0.46	0.102	0.121
益陽	0.15	0.147	0.79	0.212	0.445	0.104	0.114
郴州	0.187	0.133	0.754	0.154	0.53	0.106	0.122
永州	0.162	0.133	0.715	0.169	0.407	0.106	0.116

表 4.8.2 2015 年度城市人力教育競爭力三級指標分值（續 1）

城市	人力資本教育成本	高素質人力資本相對儲備量	成人識字率	大專以上人口比重	創業人員指數	各類專業技術人員數	專業技術人員比重
懷化	0.167	0.156	0.677	0.154	0.632	0.106	0.121
婁底	0.16	0.152	0.674	0.17	0.417	0.104	0.118
廣州	0.238	0.636	0.869	0.651	0.852	0.278	0.385
韶關	0.181	0.189	0.776	0.344	0.545	0.105	0.128
深圳	0.295	0.155	1	0.582	0.874	0.255	0.403
珠海	0.334	0.664	0.794	0.357	0.33	0.119	0.355
汕頭	0.161	0.112	0.722	0.295	0.116	0.108	0.124
佛山	0.195	0.146	0.837	0.499	0.595	0.119	0.148
江門	0.174	0.154	0.717	0.321	0.523	0.105	0.119
湛江	0.162	0.175	0.765	0.248	0.404	0.108	0.117
茂名	0.163	0.139	0.747	0.291	0.395	0.105	0.11
肇慶	0.18	0.217	0.74	0.239	0.437	0.105	0.119
惠州	0.206	0.141	0.815	0.184	0.595	0.108	0.129
梅州	0.176	0.136	0.729	0.216	0.334	0.106	0.123
汕尾	0.159	0.111	0.649	0.221	0.42	0.103	0.113
河源	0.175	0.129	0.717	0.237	0.294	0.103	0.116
陽江	0.164	0.123	0.756	0.344	0.426	0.102	0.117
清遠	0.177	0.123	0.699	0.219	0.563	0.104	0.118
東莞	0.192	0.152	0.763	0.237	0.433	0.114	0.127
中山	0.247	0.186	0.79	0.214	0.555	0.107	0.145
潮州	0.151	0.143	0.738	0.221	0.492	0.104	0.126
揭陽	0.147	0.114	0.742	0.237	0.365	0.104	0.108
雲浮	0.171	0.122	0.765	0.229	0.46	0.102	0.111
南寧	0.166	0.554	0.742	0.338	0.453	0.139	0.215
柳州	0.171	0.219	0.656	0.167	0.495	0.113	0.164
桂林	0.166	0.333	0.758	0.265	0.497	0.109	0.133
梧州	0.185	0.132	0.677	0.221	0.433	0.104	0.122
北海	0.17	0.173	0.754	0.261	0.555	0.103	0.142
防城港	0.176	0.126	0.749	0.189	0.438	0.102	0.148
欽州	0.166	0.14	0.742	0.174	0.474	0.102	0.111
貴港	0.16	0.104	0.744	0.162	0.45	0.109	0.137
玉林	0.158	0.121	0.738	0.18	0.448	0.107	0.118
百色	0.19	0.148	0.634	0.177	0.547	0.103	0.114
賀州	0.172	0.135	0.665	0.152	0.473	0.102	0.122
河池	0.181	0.128	0.643	0.175	0.487	0.105	0.124
來賓	0.184	0.121	0.627	0.156	0.544	0.104	0.135
崇左	0.199	0.222	0.622	0.167	0.432	0.104	0.138
海口	0.173	0.575	0.79	0.403	0.558	0.119	0.282
三亞	0.233	0.502	0.681	0.297	0.446	0.1	0.123
重慶	0.293	0.268	0.824	0.456	0.719	0.28	0.22
成都	0.1	0.446	0.826	0.37	0.556	0.303	0.395
自貢	0.154	0.181	0.697	0.251	0.597	0.104	0.124
攀枝花	0.423	0.225	0.622	0.229	0.363	0.102	0.141
瀘州	0.139	0.172	0.661	0.23	0.4	0.105	0.117
德陽	0.183	0.212	0.713	0.262	0.391	0.109	0.147
綿陽	0.144	0.268	0.81	0.356	0.457	0.132	0.24
廣元	0.167	0.124	0.686	0.245	0.524	0.103	0.124
遂寧	0.16	0.132	0.643	0.215	0.391	0.102	0.105
內江	0.157	0.144	0.586	0.263	0.445	0.106	0.129
樂山	0.238	0.195	0.677	0.354	0.391	0.107	0.144
南充	0.125	0.174	0.627	0.157	0.49	0.107	0.116
眉山	0.218	0.153	0.634	0.25	0.542	0.103	0.114
宜賓	0.149	0.138	0.647	0.253	0.548	0.103	0.108
廣安	0.22	0.117	0.618	0.269	0.613	0.102	0.108
達州	0.109	0.127	0.613	0.276	0.504	0.106	0.116
雅安	0.26	0.295	0.634	0.263	0.303	0.101	0.118

表 4.8.2 2015 年度城市人力教育競爭力三級指標分值（續 1）

城市	人力資本教育成本	高素質人力資本相對儲備量	成人識字率	大專以上人口比重	創業人員指數	各類專業技術人員數	專業技術人員比重
巴中	0.165	0.1	0.616	0.261	0.412	0.105	0.124
資陽	0.828	0.102	0.634	0.258	0.346	0.102	0.109
貴陽	0.151	0.607	0.724	0.534	0.382	0.129	0.229
六盤水	0.292	0.124	0.5	0.212	0.337	0.102	0.11
遵義	0.124	0.167	0.507	0.211	0.36	0.108	0.119
安順	0.358	0.14	0.451	0.199	0.498	0.103	0.122
畢節	0.146	0.114	0.487	0.2	0.494	0.112	0.131
銅仁	1	0.145	0.469	0.196	0.554	0.104	0.123
昆明	0.198	0.514	0.787	0.317	0.635	0.162	0.293
曲靖	0.184	0.128	0.491	0.166	0.542	0.104	0.108
玉溪	0.19	0.152	0.55	0.175	0.599	0.104	0.134
保山	0.178	0.131	0.564	0.163	0.375	0.102	0.114
昭通	0.172	0.109	0.489	0.156	0.387	0.104	0.109
麗江	0.206	0.23	0.451	0.144	0.311	0.102	0.137
普洱	0.171	0.126	0.473	0.198	0.546	0.105	0.134
臨滄	0.189	0.116	0.48	0.202	0.402	0.102	0.109
拉薩	0.334	0.34	0.489	0.228	0.291	0.11	0.498
西安	0.189	0.718	0.749	0.261	0.485	0.321	0.641
銅川	0.238	0.128	0.568	0.212	0.346	0.101	0.134
寶雞	0.198	0.17	0.616	0.203	0.535	0.106	0.13
咸陽	0.183	0.272	0.645	0.22	0.339	0.109	0.131
渭南	0.183	0.123	0.652	0.203	0.266	0.108	0.127
延安	0.286	0.185	0.423	0.192	0.412	0.103	0.129
漢中	0.189	0.189	0.634	0.228	0.45	0.107	0.135
榆林	0.31	0.134	0.643	0.221	0.351	0.117	0.204
安康	0.229	0.154	0.643	0.244	0.473	0.104	0.125
商洛	0.214	0.149	0.595	0.226	0.334	0.104	0.129
蘭州	0.178	1	0.647	0.395	0.507	0.133	0.285
嘉峪關	0.185	0.196	0.457	0.238	0.355	0.1	0.194
金昌	0.178	0.151	0.365	0.172	0.36	0.101	0.153
白銀	0.186	0.109	0.451	0.208	0.301	0.102	0.122
天水	0.17	0.189	0.412	0.208	0.43	0.109	0.156
武威	0.18	0.165	0.412	0.151	0.532	0.102	0.12
張掖	0.189	0.219	0.387	0.152	0.371	0.104	0.176
平涼	0.214	0.122	0.437	0.154	0.449	0.103	0.123
酒泉	0.202	0.145	0.405	0.147	0.349	0.103	0.152
慶陽	0.213	0.15	0.46	0.162	0.387	0.102	0.118
定西	0.17	0.114	0.444	0.19	0.492	0.101	0.106
隴南	0.168	0.115	0.417	0.173	0.256	0.101	0.106
西寧	0.192	0.299	0.367	0.193	0.433	0.12	0.284
海東	0.202	0.1	0.469	0.192	0.277	0.101	0.108
銀川	0.177	0.413	0.683	0.49	0.502	0.11	0.204
石嘴山	0.198	0.167	0.5	0.244	0.449	0.101	0.139
吳忠	0.199	0.113	0.534	0.241	0.404	0.101	0.116
固原	0.235	0.135	0.473	0.214	0.579	0.102	0.14
中衛	0.192	0.1	0.398	0.23	0.498	0.1	0.103
烏魯木齊	0.218	0.398	0.686	0.59	0.454	0.126	0.254
克拉瑪依	0.445	0.183	0.717	0.479	0.335	0.101	0.197
香港	0.727	0.418	0.995	0.807	0.562	0.309	0.709
澳門	0.883	0.427	0.921	0.732	0.182	0.118	0.731
新北	0.235	0.182	0.697	0.5	0.323	0.115	0.176
臺北	0.398	0.221	0.772	0.548	0.283	0.11	0.176
桃園	0.263	0.223	0.677	0.496	0.252	0.11	0.176
台中	0.245	0.245	0.706	0.473	0.317	0.107	0.176
台南	0.285	0.201	0.629	0.523	0.287	0.111	0.176
高雄	0.291	0.213	0.593	0.547	0.311	0.101	0.176

表 4.8.2 2015 年度城市人力教育競爭力三級指標分值（續 1）

城市	人力資本教育成本	高素質人力資本相對儲備量	成人識字率	大專以上人口比重	創業人員指數	各類專業技術人員數	專業技術人員比重
基隆	0.27	0.254	0.744	0.524	0.191	0.101	0.176
新竹	0.276	0.198	0.686	0.482	0.195	0.101	0.176
嘉義	0.276	0.35	0.683	0.522	0.215	0.1	0.176

表 4.8.3 2015 年度城市人力教育競爭力三級指標分值（續 2）

城市	移民化程度指數	吸引人才指數	高校畢業生求職選擇	高校數	高校老師數	每萬人中小學校數	中小學老師學生比	中小學校密度
北京	0.323	1	1	1	1	0.138	0.457	0.126
天津	0.289	0.8	0.811	0.656	0.521	0.152	0.482	0.128
石家莊	0.187	0.6	0.621	0.596	0.407	0.27	0.325	0.129
唐山	0.187	0.4	0.432	0.181	0.175	0.274	0.346	0.125
秦皇島	0.186	0.4	0.432	0.231	0.188	0.291	0.49	0.119
邯鄲	0.161	0.4	0.337	0.151	0.146	0.354	0.281	0.146
邢臺	0.163	0.4	0.337	0.14	0.132	0.326	0.37	0.132
保定	0.147	0.4	0.337	0.262	0.234	0.352	0.328	0.129
張家口	0.163	0.4	0.289	0.14	0.116	0.245	0.464	0.104
承德	0.159	0.3	0.242	0.151	0.136	0.266	0.323	0.104
滄州	0.169	0.3	0.242	0.171	0.138	0.317	0.415	0.127
廊坊	0.19	0.3	0.242	0.221	0.173	0.313	0.448	0.137
衡水	0.173	0.3	0.242	0.12	0.111	0.342	0.261	0.129
太原	0.216	0.6	0.621	0.545	0.412	0.281	0.403	0.128
大同	0.176	0.3	0.337	0.11	0.123	0.366	0.601	0.115
陽泉	0.187	0.3	0.289	0.12	0.107	0.395	0.397	0.12
長治	0.176	0.3	0.242	0.161	0.127	0.481	0.4	0.12
晉城	0.188	0.3	0.242	0.12	0.107	0.446	0.378	0.119
朔州	0.176	0.3	0.242	0.11	0.101	0.388	0.226	0.111
晉中	0.176	0.3	0.242	0.262	0.168	0.39	0.528	0.113
運城	0.176	0.3	0.242	0.171	0.133	0.357	0.424	0.122
忻州	0.176	0.3	0.242	0.14	0.125	0.787	0.624	0.117
臨汾	0.183	0.3	0.242	0.14	0.141	0.488	0.586	0.118
呂梁	0.167	0.2	0.195	0.11	0.109	0.53	0.452	0.116
呼和浩特	0.245	0.5	0.526	0.333	0.264	0.207	0.297	0.105
包頭	0.232	0.3	0.432	0.151	0.162	0.151	0.377	0.102
烏海	0.176	0.2	0.195	0.11	0.104	0.133	0.278	0.106
赤峰	0.159	0.2	0.195	0.14	0.124	0.247	0.471	0.102
通遼	0.169	0.2	0.195	0.13	0.126	0.309	0.54	0.102
鄂爾多斯	0.251	0.2	0.242	0.12	0.106	0.147	0.652	0.1
呼倫貝爾	0.176	0.2	0.195	0.13	0.113	0.213	0.933	0.1
巴彥淖爾	0.155	0.2	0.195	0.12	0.108	0.151	0.515	0.1
烏蘭察布	0.115	0.2	0.195	0.13	0.113	0.193	0.616	0.101
瀋陽	0.209	0.7	0.716	0.565	0.457	0.143	0.405	0.113
大連	0.218	0.8	0.858	0.403	0.341	0.198	0.397	0.117
鞍山	0.184	0.4	0.195	0.13	0.13	0.294	0.477	0.119
撫順	0.166	0.4	0.147	0.151	0.134	0.193	0.581	0.105
本溪	0.209	0.4	0.195	0.13	0.121	0.134	0.839	0.104
丹東	0.179	0.4	0.195	0.13	0.121	0.342	0.418	0.109
錦州	0.178	0.4	0.195	0.191	0.165	0.252	0.402	0.112
營口	0.189	0.4	0.195	0.13	0.115	0.176	0.424	0.101
阜新	0.161	0.3	0.195	0.12	0.129	0.171	0.456	0.104
遼陽	0.183	0.3	0.195	0.12	0.114	0.237	0.461	0.115
盤錦	0.204	0.3	0.147	0.12	0.107	0.139	0.473	0.107
鐵嶺	0.148	0.3	0.147	0.14	0.115	0.258	0.452	0.108
朝陽	0.147	0.3	0.147	0.11	0.106	0.396	0.602	0.11
葫蘆島	0.158	0.2	0.147	0.11	0.107	0.356	0.463	0.115
長春	0.183	0.5	0.621	0.474	0.445	0.319	0.48	0.12

表 4.8.3 2015 年度城市人力教育競爭力三級指標分值（續 2）

城市	移民化程度指數	吸引人才指數	高校畢業生求職選擇	高校數	高校老師數	每萬人中小學校數	中小學老師學生比	中小學校密度
吉林	0.183	0.4	0.432	0.181	0.174	0.276	0.503	0.107
四平	0.186	0.3	0.337	0.14	0.129	0.445	0.44	0.118
遼源	0.177	0.3	0.195	0.12	0.106	0.459	0.657	0.119
通化	0.187	0.3	0.195	0.11	0.11	0.255	0.547	0.106
白山	0.181	0.3	0.147	0.11	0.104	0.342	1	0.104
松原	0.184	0.3	0.195	0.11	0.107	0.412	0.546	0.109
白城	0.181	0.3	0.147	0.13	0.115	0.438	0.776	0.106
哈爾濱	0.193	0.6	0.716	0.606	0.534	0.176	0.536	0.105
齊齊哈爾	0.167	0.4	0.337	0.161	0.144	0.302	0.535	0.106
雞西	0.176	0.3	0.147	0.11	0.104	0.152	0.66	0.102
鶴崗	0.172	0.3	0.195	0.151	0.106	0.2	0.601	0.102
雙鴨山	0.17	0.3	0.147	0.11	0.103	0.211	0.567	0.102
大慶	0.185	0.5	0.526	0.171	0.153	0.268	0.596	0.106
伊春	0.16	0.2	0.147	0.11	0.103	0.177	0.906	0.101
佳木斯	0.189	0.2	0.195	0.13	0.128	0.203	0.699	0.102
七台河	0.176	0.2	0.147	0.11	0.106	0.184	0.676	0.104
牡丹江	0.194	0.2	0.147	0.171	0.14	0.229	0.618	0.102
黑河	0.17	0.2	0.147	0.11	0.107	0.288	0.545	0.101
綏化	0.17	0.2	0.147	0.11	0.107	0.292	0.711	0.107
上海	0.342	1	1	0.788	0.649	0.112	0.441	0.159
南京	0.242	0.8	0.811	0.636	0.816	0.122	0.375	0.121
無錫	0.267	0.7	0.716	0.221	0.181	0.108	0.416	0.12
徐州	0.141	0.6	0.432	0.211	0.204	0.207	0.34	0.125
常州	0.245	0.6	0.479	0.201	0.168	0.126	0.307	0.119
蘇州	0.326	0.8	0.716	0.353	0.246	0.1	0.423	0.116
南通	0.165	0.6	0.526	0.181	0.16	0.126	0.412	0.116
連雲港	0.14	0.5	0.337	0.14	0.126	0.211	0.377	0.119
淮安	0.145	0.4	0.337	0.161	0.146	0.154	0.327	0.111
鹽城	0.146	0.4	0.242	0.151	0.14	0.146	0.405	0.109
揚州	0.169	0.4	0.242	0.171	0.167	0.142	0.307	0.114
鎮江	0.216	0.4	0.242	0.161	0.171	0.126	0.47	0.115
泰州	0.155	0.4	0.242	0.171	0.137	0.122	0.523	0.114
宿遷	0.138	0.4	0.242	0.12	0.113	0.148	0.305	0.112
杭州	0.237	0.8	0.811	0.484	0.475	0.14	0.356	0.111
寧波	0.254	0.8	0.716	0.242	0.203	0.162	0.316	0.119
溫州	0.21	0.7	0.716	0.181	0.167	0.179	0.363	0.122
嘉興	0.253	0.6	0.432	0.161	0.14	0.122	0.271	0.12
湖州	0.203	0.5	0.432	0.13	0.127	0.143	0.313	0.11
紹興	0.205	0.5	0.337	0.191	0.152	0.175	0.253	0.116
金華	0.212	0.5	0.242	0.171	0.159	0.192	0.246	0.115
衢州	0.136	0.4	0.242	0.12	0.108	0.219	0.319	0.108
舟山	0.218	0.5	0.242	0.13	0.114	0.152	0.488	0.118
台州	0.18	0.4	0.242	0.14	0.122	0.169	0.222	0.116
麗水	0.129	0.4	0.242	0.13	0.116	0.229	0.329	0.104
合肥	0.193	0.6	0.621	0.606	0.422	0.251	0.213	0.127
蕪湖	0.16	0.4	0.242	0.201	0.189	0.259	0.349	0.125
蚌埠	0.147	0.3	0.242	0.151	0.141	0.389	0.222	0.136
淮南	0.169	0.3	0.242	0.151	0.142	0.308	0.337	0.147
馬鞍山	0.168	0.3	0.242	0.161	0.14	0.262	0.272	0.123
淮北	0.176	0.3	0.242	0.13	0.125	0.322	0.326	0.142
銅陵	0.174	0.3	0.242	0.13	0.117	0.261	0.461	0.126
安慶	0.142	0.3	0.242	0.151	0.13	0.449	0.3	0.127
黃山	0.157	0.3	0.242	0.12	0.112	0.299	0.402	0.107
滁州	0.147	0.3	0.242	0.14	0.13	0.266	0.296	0.113
阜陽	0.111	0.3	0.242	0.14	0.125	0.458	0.185	0.162
宿州	0.139	0.3	0.242	0.12	0.112	0.314	0.357	0.129

表 4.8.3 2015 年度城市人力教育競爭力三級指標分值（續 2）

城市	移民化程度指數	吸引人才指數	高校畢業生求職選擇	高校數	高校老師數	每萬人中小學校數	中小學老師學生比	中小學校密度
六安	0.126	0.3	0.147	0.151	0.126	0.463	0.25	0.125
亳州	0.124	0.2	0.147	0.12	0.11	0.441	0.257	0.145
池州	0.147	0.2	0.147	0.13	0.117	0.41	0.29	0.112
宣城	0.156	0.2	0.147	0.12	0.106	0.221	0.467	0.107
福州	0.205	0.6	0.621	0.424	0.362	0.248	0.228	0.123
廈門	0.393	0.7	0.811	0.272	0.231	0.165	0.211	0.16
莆田	0.139	0.5	0.242	0.12	0.112	0.322	0.352	0.137
三明	0.152	0.5	0.242	0.13	0.113	0.227	0.495	0.104
泉州	0.222	0.5	0.337	0.1	0.19	0.287	0.277	0.136
漳州	0.178	0.5	0.337	0.11	0.149	0.324	0.349	0.121
南平	0.135	0.3	0.242	0.14	0.116	0.276	0.515	0.104
龍岩	0.14	0.3	0.242	0.12	0.113	0.3	0.535	0.106
寧德	0.132	0.3	0.242	0.12	0.107	0.236	0.518	0.108
南昌	0.18	0.5	0.621	0.535	0.515	0.343	0.251	0.141
景德鎮	0.17	0.3	0.242	0.13	0.121	0.49	0.322	0.126
萍鄉	0.169	0.3	0.147	0.13	0.114	0.37	0.28	0.131
九江	0.162	0.3	0.147	0.171	0.171	0.412	0.271	0.117
新餘	0.164	0.2	0.147	0.151	0.124	0.197	0.31	0.111
鷹潭	0.156	0.2	0.147	0.11	0.104	0.485	0.3	0.127
贛州	0.155	0.2	0.147	0.191	0.173	0.425	0.252	0.115
吉安	0.165	0.2	0.147	0.11	0.113	0.387	0.22	0.112
宜春	0.163	0.2	0.147	0.12	0.124	0.346	0.256	0.117
撫州	0.163	0.2	0.147	0.14	0.12	0.456	0.363	0.116
上饒	0.146	0.2	0.147	0.13	0.115	0.496	0.276	0.125
濟南	0.213	0.7	0.716	0.798	0.525	0.189	0.325	0.125
青島	0.217	0.8	0.811	0.322	0.351	0.193	0.404	0.124
淄博	0.197	0.4	0.242	0.181	0.172	0.174	0.368	0.121
棗莊	0.168	0.3	0.242	0.13	0.118	0.251	0.333	0.134
東營	0.206	0.3	0.242	0.14	0.122	0.168	0.36	0.106
煙臺	0.194	0.3	0.337	0.201	0.219	0.147	0.397	0.111
濰坊	0.188	0.3	0.242	0.231	0.204	0.197	0.338	0.118
濟寧	0.169	0.3	0.242	0.171	0.17	0.257	0.328	0.131
泰安	0.176	0.3	0.242	0.181	0.173	0.198	0.323	0.122
威海	0.202	0.3	0.337	0.181	0.144	0.132	0.546	0.109
日照	0.174	0.3	0.242	0.12	0.116	0.25	0.354	0.122
萊蕪	0.192	0.3	0.242	0.13	0.11	0.23	0.348	0.122
臨沂	0.161	0.3	0.242	0.13	0.142	0.257	0.368	0.125
德州	0.173	0.3	0.242	0.14	0.135	0.292	0.507	0.127
聊城	0.175	0.2	0.242	0.13	0.126	0.245	0.407	0.126
濱州	0.178	0.2	0.195	0.13	0.137	0.223	0.355	0.114
菏澤	0.147	0.2	0.147	0.14	0.125	0.322	0.285	0.137
鄭州	0.176	0.6	0.763	0.666	0.85	0.232	0.319	0.146
開封	0.137	0.3	0.242	0.151	0.169	0.496	0.243	0.162
洛陽	0.165	0.3	0.242	0.171	0.177	0.46	0.267	0.134
平頂山	0.157	0.2	0.242	0.14	0.141	0.456	0.316	0.149
安陽	0.139	0.2	0.195	0.161	0.148	0.445	0.284	0.153
鶴壁	0.169	0.2	0.147	0.12	0.11	0.39	0.204	0.149
新鄉	0.154	0.2	0.147	0.201	0.21	0.465	0.205	0.153
焦作	0.165	0.2	0.147	0.161	0.17	0.333	0.306	0.148
濮陽	0.142	0.2	0.147	0.11	0.109	0.523	0.294	0.179
許昌	0.143	0.2	0.147	0.14	0.127	0.402	0.31	0.159
漯河	0.161	0.2	0.147	0.13	0.124	0.351	0.304	0.171
三門峽	0.173	0.2	0.147	0.11	0.112	0.265	0.373	0.109
南陽	0.143	0.2	0.147	0.161	0.155	0.536	0.237	0.135
商丘	0.121	0.2	0.147	0.161	0.16	0.53	0.34	0.163
信陽	0.114	0.2	0.147	0.151	0.147	0.504	0.333	0.135

表 4.8.3 2015 年度城市人力教育競爭力三級指標分值（續 2）

城市	移民化程度指數	吸引人才指數	高校畢業生求職選擇	高校數	高校老師數	每萬人中小學校數	中小學老師學生比	中小學校密度
周口	0.122	0.2	0.147	0.13	0.129	0.673	0.216	0.187
駐馬店	0.12	0.2	0.147	0.12	0.116	0.452	0.255	0.136
武漢	0.235	0.7	0.716	0.909	0.86	0.164	0.436	0.13
黃石	0.16	0.4	0.242	0.13	0.131	0.361	0.313	0.133
十堰	0.169	0.4	0.242	0.171	0.137	0.28	0.496	0.106
宜昌	0.182	0.2	0.147	0.151	0.148	0.169	0.456	0.105
襄陽	0.162	0.2	0.147	0.151	0.138	0.238	0.371	0.111
鄂州	0.167	0.2	0.147	0.11	0.109	0.393	0.45	0.144
荊門	0.166	0.2	0.147	0.11	0.114	0.187	0.489	0.107
孝感	0.157	0.2	0.147	0.12	0.121	0.224	0.571	0.119
荊州	0.144	0.2	0.147	0.181	0.162	0.174	0.328	0.111
黃岡	0.136	0.2	0.147	0.14	0.145	0.246	0.421	0.114
咸寧	0.134	0.2	0.147	0.12	0.129	0.309	0.28	0.113
隨州	0.139	0.2	0.147	0.11	0.106	0.199	0.414	0.107
長沙	0.198	0.7	0.668	0.606	0.532	0.254	0.186	0.125
株洲	0.173	0.4	0.242	0.201	0.156	0.228	0.355	0.113
湘潭	0.168	0.3	0.242	0.201	0.193	0.318	0.372	0.13
衡陽	0.157	0.3	0.242	0.191	0.18	0.398	0.261	0.132
邵陽	0.15	0.3	0.147	0.13	0.121	0.353	0.231	0.12
岳陽	0.174	0.3	0.242	0.151	0.147	0.305	0.444	0.119
常德	0.166	0.3	0.195	0.151	0.133	0.23	0.416	0.112
張家界	0.148	0.3	0.147	0.11	0.11	0.245	0.328	0.106
益陽	0.155	0.2	0.147	0.14	0.124	0.233	0.424	0.113
郴州	0.155	0.4	0.242	0.12	0.116	0.328	0.291	0.113
永州	0.141	0.2	0.147	0.13	0.122	0.219	0.319	0.108
懷化	0.161	0.2	0.147	0.13	0.12	0.202	0.407	0.105
婁底	0.146	0.2	0.147	0.14	0.119	0.401	0.328	0.132
廣州	0.31	1	1	0.909	0.855	0.176	0.313	0.147
韶關	0.148	0.7	0.337	0.12	0.124	0.184	0.362	0.104
深圳	0.763	1	1	0.201	0.157	0.107	0.319	0.177
珠海	0.289	0.9	0.716	0.201	0.18	0.175	0.265	0.126
汕頭	0.18	0.8	0.621	0.11	0.11	0.275	0.13	0.221
佛山	0.397	0.9	0.716	0.13	0.124	0.14	0.214	0.139
江門	0.211	0.6	0.337	0.13	0.12	0.175	0.336	0.113
湛江	0.15	0.6	0.337	0.13	0.153	0.319	0.287	0.129
茂名	0.126	0.5	0.337	0.12	0.119	0.461	0.222	0.142
肇慶	0.161	0.5	0.242	0.151	0.135	0.158	0.255	0.106
惠州	0.265	0.6	0.526	0.13	0.12	0.22	0.273	0.114
梅州	0.133	0.3	0.337	0.11	0.116	0.262	0.574	0.111
汕尾	0.139	0.3	0.242	0.11	0.104	0.42	0.324	0.144
河源	0.138	0.3	0.242	0.11	0.106	0.354	0.391	0.111
陽江	0.145	0.3	0.242	0.11	0.105	0.158	0.395	0.107
清遠	0.158	0.3	0.242	0.11	0.107	0.192	0.381	0.106
東莞	1	0.9	0.716	0.161	0.14	0.112	0.193	0.152
中山	0.433	0.9	0.716	0.151	0.14	0.155	0.291	0.141
潮州	0.179	0.4	0.242	0.11	0.11	0.395	0.121	0.158
揭陽	0.147	0.3	0.242	0.12	0.108	0.359	0.24	0.169
雲浮	0.137	0.3	0.242	0.11	0.106	0.247	0.282	0.112
南寧	0.163	0.5	0.621	0.413	0.34	0.369	0.236	0.119
柳州	0.185	0.5	0.242	0.161	0.146	0.384	0.214	0.113
桂林	0.161	0.5	0.242	0.191	0.191	0.397	0.336	0.112
梧州	0.147	0.4	0.242	0.12	0.109	0.478	0.233	0.119
北海	0.161	0.4	0.242	0.13	0.111	0.417	0.183	0.134
防城港	0.168	0.2	0.147	0.11	0.102	0.818	0.206	0.121
欽州	0.127	0.2	0.147	0.12	0.113	0.517	0.179	0.123
貴港	0.124	0.2	0.147	0.11	0.102	0.443	0.173	0.13

表 4.8.3 2015 年度城市人力教育競爭力三級指標分值（續 2）

城市	移民化程度指數	吸引人才指數	高校畢業生求職選擇	高校數	高校老師數	每萬人中小學校數	中小學老師學生比	中小學校密度
玉林	0.128	0.2	0.147	0.11	0.111	0.43	0.157	0.132
百色	0.143	0.2	0.147	0.14	0.12	0.571	0.21	0.109
賀州	0.141	0.2	0.147	0.11	0.107	0.54	0.272	0.116
河池	0.135	0.2	0.147	0.12	0.109	0.621	0.27	0.111
來賓	0.138	0.2	0.147	0.11	0.107	0.475	0.269	0.113
崇左	0.133	0.2	0.147	0.151	0.118	0.528	0.4	0.11
海口	0.256	0.5	0.526	0.211	0.124	0.216	0.644	0.132
三亞	0.241	0.4	0.242	0.151	0.129	0.345	0.352	0.122
重慶	0.148	0.8	0.716	0.737	0.606	0.289	0.246	0.117
成都	0.225	0.8	0.716	0.636	0.759	0.125	0.264	0.121
自貢	0.135	0.3	0.242	0.12	0.124	0.215	0.21	0.121
攀枝花	0.201	0.3	0.147	0.12	0.116	0.158	0.325	0.104
瀘州	0.136	0.3	0.147	0.151	0.128	0.18	0.118	0.109
德陽	0.152	0.4	0.337	0.151	0.143	0.219	0.309	0.121
綿陽	0.141	0.5	0.432	0.201	0.192	0.218	0.311	0.108
廣元	0.133	0.2	0.147	0.12	0.107	0.248	0.407	0.106
遂寧	0.143	0.2	0.147	0.11	0.109	0.183	0.397	0.117
內江	0.145	0.2	0.147	0.12	0.118	0.203	0.315	0.122
樂山	0.155	0.2	0.147	0.13	0.131	0.262	0.302	0.111
南充	0.136	0.2	0.147	0.14	0.152	0.19	0.372	0.115
眉山	0.139	0.2	0.147	0.12	0.116	0.217	0.39	0.114
宜賓	0.13	0.2	0.147	0.12	0.118	0.22	0.262	0.112
廣安	0.1	0.2	0.147	0.11	0.105	0.235	0.164	0.119
達州	0.128	0.2	0.147	0.12	0.116	0.5	0.287	0.129
雅安	0.171	0.2	0.147	0.12	0.136	0.243	0.409	0.104
巴中	0.14	0.2	0.147	0.11	0.1	0.202	0.226	0.108
資陽	0.104	0.2	0.147	0.11	0.102	0.236	0.224	0.117
貴陽	0.223	0.5	0.526	0.383	0.303	0.309	0.253	0.129
六盤水	0.148	0.2	0.147	0.12	0.108	0.449	0.212	0.122
遵義	0.125	0.2	0.147	0.161	0.138	0.463	0.245	0.116
安順	0.129	0.2	0.147	0.12	0.113	0.561	0.282	0.124
畢節	0.116	0.2	0.147	0.12	0.112	0.594	0.19	0.125
銅仁	0.109	0.2	0.147	0.13	0.115	0.66	0.304	0.12
昆明	0.225	0.5	0.621	0.515	0.443	0.281	0.228	0.114
曲靖	0.159	0.3	0.147	0.13	0.118	0.444	0.228	0.116
玉溪	0.197	0.4	0.337	0.12	0.111	0.398	0.394	0.11
保山	0.175	0.2	0.147	0.12	0.11	0.562	0.371	0.113
昭通	0.155	0.2	0.147	0.11	0.105	0.532	0.215	0.122
麗江	0.19	0.2	0.147	0.12	0.113	0.588	0.49	0.106
普洱	0.176	0.2	0.147	0.12	0.107	0.405	0.412	0.104
臨滄	0.188	0.2	0.147	0.11	0.104	0.666	0.466	0.112
拉薩	0.159	0.4	0.337	0.151	0.12	0.263	0.468	0.1
西安	0.192	0.7	0.526	0.737	0.733	0.309	0.249	0.144
銅川	0.172	0.2	0.147	0.11	0.104	0.309	0.682	0.111
寶雞	0.169	0.2	0.147	0.12	0.125	0.346	0.485	0.112
咸陽	0.158	0.2	0.147	0.231	0.175	0.43	0.397	0.136
渭南	0.161	0.2	0.147	0.11	0.117	0.368	0.531	0.125
延安	0.159	0.2	0.147	0.12	0.121	0.289	0.39	0.103
漢中	0.149	0.2	0.147	0.13	0.129	0.384	0.395	0.108
榆林	0.15	0.2	0.147	0.12	0.111	0.302	0.519	0.104
安康	0.141	0.2	0.147	0.12	0.112	0.46	0.372	0.109
商洛	0.161	0.2	0.147	0.12	0.11	0.492	0.239	0.11
蘭州	0.173	0.5	0.432	0.353	0.35	0.335	0.319	0.115
嘉峪關	0.219	0.2	0.147	0.11	0.103	0.199	0.275	0.102
金昌	0.175	0.2	0.147	0.11	0.102	0.23	0.392	0.102
白銀	0.168	0.2	0.147	0.11	0.102	0.705	0.541	0.11

表 4.8.3 2015 年度城市人力教育競爭力三級指標分值（續 2）

城市	移民化程度指數	吸引人才指數	高校畢業生求職選擇	高校數	高校老師數	每萬人中小學校數	中小學老師學生比	中小學校密度
天水	0.144	0.2	0.147	0.14	0.123	0.709	0.373	0.129
武威	0.167	0.2	0.147	0.12	0.11	0.68	0.531	0.106
張掖	0.157	0.2	0.147	0.12	0.111	0.494	0.412	0.102
平涼	0.152	0.2	0.147	0.11	0.103	0.774	0.401	0.125
酒泉	0.176	0.2	0.147	0.11	0.104	0.363	0.415	0.1
慶陽	0.138	0.2	0.147	0.11	0.11	0.818	0.475	0.112
定西	0.158	0.2	0.147	0.11	0.104	0.732	0.458	0.117
隴南	0.155	0.1	0.1	0.11	0.104	1	0.455	0.116
西寧	0.176	0.4	0.384	0.191	0.152	0.215	0.333	0.11
海東	0.137	0.1	0.1	0.1	0.1	0.61	0.394	0.111
銀川	0.226	0.4	0.384	0.231	0.183	0.206	0.139	0.107
石嘴山	0.174	0.1	0.147	0.11	0.104	0.221	0.433	0.105
吳忠	0.155	0.1	0.147	0.11	0.104	0.406	0.289	0.105
固原	0.129	0.1	0.147	0.11	0.105	0.982	0.394	0.116
中衛	0.158	0.1	0.1	0.1	0.1	0.523	0.308	0.106
烏魯木齊	0.253	0.4	0.384	0.302	0.241	0.151	0.1	0.105
克拉瑪依	0.176	0.2	0.242	0.11	0.104	0.184	0.669	0.101
香港	0.176	1	1	0.403	0.3	0.244	0.465	0.358
澳門	0.176	0.8	0.763	0.201	0.127	0.275	0.46	1
新北	0.176	0.5	0.526	0.333	0.113	0.135	0.429	0.138
臺北	0.176	1	1	0.373	0.248	0.161	0.56	0.342
桃園	0.176	0.4	0.432	0.262	0.107	0.203	0.423	0.153
台中	0.176	0.5	0.526	0.211	0.109	0.193	0.426	0.137
台南	0.176	0.5	0.526	0.262	0.106	0.243	0.46	0.134
高雄	0.176	0.5	0.526	0.13	0.109	0.197	0.465	0.129
基隆	0.176	0.5	0.526	0.12	0.101	0.249	0.482	0.216
新竹	0.176	0.5	0.526	0.12	0.101	0.197	0.465	0.227
嘉義	0.176	0.5	0.526	0.12	0.101	0.223	0.436	0.263

4.9 城市科技競爭力三級指標分值

表 4.9.1 2015 年度城市科技競爭力三級指標分值

城市	科技經費絕對投入量	人均科技經費擁有量	科技經費相對投入量	專業技術人員擁有量	科技服務人員擁有量	專業技術人員相對擁有量	科技服務人員相對擁有量	計算機人才擁有量	計算機人才相對擁有量
北京	0.92	0.766	0.395	1	1	1	1	1	1
天津	0.424	0.476	0.256	0.209	0.262	0.249	0.329	0.155	0.177
石家莊	0.127	0.14	0.138	0.139	0.148	0.17	0.193	0.13	0.159
唐山	0.131	0.165	0.135	0.112	0.112	0.124	0.13	0.112	0.131
秦皇島	0.104	0.122	0.127	0.108	0.108	0.15	0.156	0.108	0.157
邯鄲	0.118	0.129	0.143	0.112	0.116	0.12	0.132	0.11	0.12
邢臺	0.104	0.105	0.117	0.106	0.107	0.111	0.117	0.107	0.118
保定	0.108	0.109	0.12	0.14	0.167	0.174	0.235	0.113	0.125
張家口	0.104	0.113	0.123	0.109	0.11	0.136	0.146	0.108	0.139
承德	0.107	0.131	0.139	0.109	0.108	0.147	0.149	0.11	0.157
滄州	0.107	0.111	0.114	0.107	0.107	0.112	0.117	0.107	0.119
廊坊	0.111	0.137	0.137	0.118	0.118	0.18	0.183	0.119	0.189
衡水	0.102	0.105	0.114	0.105	0.104	0.117	0.116	0.107	0.13
太原	0.139	0.254	0.217	0.145	0.156	0.316	0.374	0.134	0.267
大同	0.104	0.115	0.127	0.107	0.109	0.141	0.154	0.107	0.14
陽泉	0.103	0.135	0.136	0.103	0.103	0.14	0.151	0.103	0.143
長治	0.109	0.145	0.153	0.105	0.105	0.124	0.131	0.105	0.13
晉城	0.107	0.151	0.152	0.103	0.103	0.125	0.126	0.104	0.138

表 4.9.1 2015 年度城市科技競爭力三級指標分值

城市	科技經費絕對投入量	人均科技經費擁有量	科技經費相對投入量	專業技術人員擁有量	科技服務人員擁有量	專業技術人員相對擁有量	科技服務人員相對擁有量	計算機人才擁有量	計算機人才相對擁有量
朔州	0.104	0.143	0.134	0.102	0.102	0.128	0.123	0.104	0.147
晉中	0.106	0.126	0.141	0.106	0.107	0.135	0.141	0.107	0.142
運城	0.106	0.115	0.137	0.109	0.105	0.128	0.117	0.113	0.151
忻州	0.106	0.129	0.167	0.105	0.104	0.127	0.123	0.106	0.143
臨汾	0.105	0.117	0.134	0.106	0.105	0.121	0.121	0.107	0.134
呂梁	0.109	0.135	0.159	0.107	0.102	0.133	0.107	0.113	0.173
呼和浩特	0.11	0.157	0.125	0.127	0.13	0.289	0.312	0.125	0.276
包頭	0.115	0.192	0.129	0.11	0.11	0.172	0.172	0.111	0.185
烏海	0.108	0.359	0.205	0.102	0.102	0.178	0.182	0.102	0.187
赤峰	0.104	0.112	0.115	0.108	0.107	0.133	0.132	0.11	0.146
通遼	0.107	0.135	0.126	0.107	0.106	0.14	0.138	0.108	0.154
鄂爾多斯	0.113	0.214	0.122	0.105	0.106	0.154	0.159	0.106	0.161
呼倫貝爾	0.11	0.169	0.152	0.107	0.107	0.157	0.16	0.108	0.166
巴彥淖爾	0.103	0.128	0.125	0.103	0.103	0.136	0.141	0.103	0.143
烏蘭察布	0.103	0.123	0.127	0.105	0.105	0.145	0.153	0.105	0.15
瀋陽	0.197	0.298	0.195	0.168	0.196	0.268	0.343	0.141	0.202
大連	0.261	0.497	0.26	0.158	0.13	0.271	0.189	0.187	0.365
鞍山	0.108	0.137	0.121	0.121	0.134	0.218	0.296	0.109	0.15
撫順	0.109	0.172	0.149	0.106	0.108	0.154	0.181	0.104	0.138
本溪	0.11	0.195	0.159	0.106	0.107	0.179	0.192	0.106	0.177
丹東	0.107	0.148	0.145	0.113	0.119	0.209	0.268	0.107	0.16
錦州	0.108	0.144	0.145	0.109	0.112	0.156	0.184	0.106	0.141
營口	0.113	0.188	0.16	0.105	0.105	0.138	0.14	0.106	0.149
阜新	0.104	0.137	0.151	0.104	0.104	0.148	0.151	0.105	0.158
遼陽	0.107	0.161	0.144	0.104	0.104	0.141	0.147	0.104	0.147
盤錦	0.107	0.184	0.136	0.106	0.107	0.182	0.2	0.105	0.175
鐵嶺	0.111	0.172	0.182	0.106	0.108	0.144	0.164	0.105	0.137
朝陽	0.105	0.128	0.14	0.106	0.107	0.135	0.15	0.105	0.132
葫蘆島	0.108	0.15	0.176	0.105	0.106	0.139	0.152	0.105	0.138
長春	0.127	0.156	0.135	0.16	0.163	0.257	0.27	0.157	0.256
吉林	0.115	0.155	0.14	0.109	0.11	0.138	0.146	0.109	0.142
四平	0.102	0.107	0.111	0.108	0.108	0.142	0.146	0.109	0.152
遼源	0.101	0.12	0.114	0.102	0.102	0.134	0.134	0.103	0.146
通化	0.125	0.284	0.281	0.106	0.106	0.154	0.15	0.108	0.17
白山	0.104	0.151	0.142	0.103	0.103	0.144	0.147	0.103	0.153
松原	0.1	0.1	0.1	0.104	0.105	0.123	0.131	0.104	0.128
白城	0.102	0.115	0.122	0.11	0.116	0.198	0.264	0.104	0.143
哈爾濱	0.141	0.162	0.156	0.206	0.156	0.305	0.209	0.258	0.413
齊齊哈爾	0.103	0.105	0.116	0.109	0.108	0.129	0.13	0.111	0.141
雞西	0.101	0.107	0.115	0.102	0.101	0.121	0.114	0.104	0.14
鶴崗	0.103	0.146	0.191	0.106	0.101	0.227	0.116	0.113	0.351
雙鴨山	0.102	0.119	0.132	0.102	0.102	0.13	0.124	0.103	0.149
大慶	0.108	0.147	0.113	0.141	0.172	0.395	0.618	0.111	0.177
伊春	0.101	0.123	0.152	0.102	0.102	0.147	0.14	0.104	0.166
佳木斯	0.102	0.109	0.117	0.104	0.104	0.126	0.133	0.104	0.131
七台河	0.1	0.104	0.114	0.101	0.102	0.136	0.147	0.102	0.137
牡丹江	0.108	0.146	0.151	0.105	0.104	0.13	0.13	0.106	0.144
黑河	0.103	0.136	0.17	0.103	0.103	0.133	0.145	0.103	0.133
綏化	0.102	0.104	0.113	0.105	0.104	0.111	0.113	0.106	0.122
上海	1	0.74	0.393	0.632	0.406	0.561	0.365	0.864	0.768
南京	0.24	0.391	0.219	0.264	0.199	0.52	0.353	0.331	0.696
無錫	0.222	0.422	0.212	0.129	0.124	0.189	0.176	0.135	0.213
徐州	0.15	0.196	0.175	0.115	0.115	0.128	0.133	0.115	0.135
常州	0.177	0.379	0.218	0.113	0.114	0.151	0.16	0.112	0.154
蘇州	0.366	0.531	0.246	0.152	0.135	0.196	0.166	0.17	0.237
南通	0.166	0.252	0.187	0.124	0.13	0.161	0.184	0.118	0.151
連雲港	0.13	0.215	0.218	0.125	0.112	0.215	0.157	0.139	0.286
淮安	0.131	0.206	0.194	0.108	0.109	0.13	0.138	0.108	0.135

表 4.9.1 2015 年度城市科技競爭力三級指標分值

城市	科技經費絕對投入量	人均科技經費擁有量	科技經費相對投入量	專業技術人員擁有量	科技服務人員擁有量	專業技術人員相對擁有量	科技服務人員相對擁有量	計算機人才擁有量	計算機人才相對擁有量
鹽城	0.169	0.26	0.236	0.112	0.111	0.126	0.129	0.113	0.136
揚州	0.136	0.236	0.173	0.119	0.121	0.183	0.196	0.118	0.183
鎮江	0.137	0.299	0.185	0.11	0.113	0.163	0.188	0.108	0.149
泰州	0.126	0.195	0.158	0.107	0.11	0.127	0.142	0.106	0.125
宿遷	0.132	0.21	0.226	0.104	0.102	0.11	0.108	0.106	0.126
杭州	0.261	0.411	0.232	0.24	0.23	0.43	0.408	0.252	0.462
寧波	0.231	0.391	0.23	0.123	0.129	0.156	0.176	0.118	0.148
溫州	0.134	0.16	0.159	0.112	0.115	0.119	0.132	0.109	0.12
嘉興	0.142	0.254	0.193	0.11	0.113	0.14	0.157	0.108	0.136
湖州	0.12	0.219	0.179	0.11	0.106	0.166	0.145	0.114	0.2
紹興	0.155	0.288	0.197	0.108	0.11	0.129	0.141	0.107	0.129
金華	0.142	0.229	0.199	0.109	0.107	0.13	0.124	0.113	0.148
衢州	0.117	0.235	0.215	0.105	0.103	0.15	0.134	0.108	0.178
舟山	0.114	0.307	0.203	0.104	0.104	0.168	0.185	0.103	0.164
台州	0.13	0.183	0.166	0.111	0.113	0.132	0.144	0.11	0.132
麗水	0.113	0.203	0.195	0.104	0.105	0.138	0.145	0.104	0.142
合肥	0.19	0.301	0.233	0.137	0.144	0.195	0.22	0.13	0.181
蕪湖	0.192	0.537	0.406	0.106	0.108	0.129	0.145	0.105	0.126
蚌埠	0.125	0.23	0.273	0.107	0.11	0.142	0.164	0.105	0.132
淮南	0.111	0.179	0.209	0.104	0.106	0.131	0.156	0.102	0.117
馬鞍山	0.121	0.261	0.218	0.106	0.107	0.153	0.171	0.105	0.147
淮北	0.104	0.132	0.144	0.103	0.103	0.122	0.125	0.103	0.131
銅陵	0.116	0.493	0.28	0.101	0.102	0.152	0.169	0.102	0.147
安慶	0.119	0.157	0.194	0.106	0.106	0.117	0.122	0.106	0.124
黃山	0.111	0.236	0.266	0.103	0.102	0.14	0.138	0.104	0.156
滁州	0.112	0.147	0.175	0.106	0.106	0.125	0.129	0.107	0.134
阜陽	0.106	0.109	0.141	0.103	0.104	0.1	0.106	0.103	0.107
宿州	0.104	0.109	0.129	0.106	0.108	0.117	0.128	0.105	0.119
六安	0.109	0.122	0.162	0.106	0.11	0.116	0.135	0.103	0.109
亳州	0.105	0.113	0.144	0.103	0.102	0.108	0.107	0.105	0.121
池州	0.106	0.17	0.192	0.102	0.103	0.13	0.14	0.102	0.132
宣城	0.123	0.255	0.299	0.108	0.108	0.163	0.164	0.109	0.174
福州	0.13	0.165	0.141	0.142	0.158	0.214	0.263	0.126	0.174
廈門	0.157	0.36	0.232	0.121	0.122	0.212	0.221	0.12	0.214
莆田	0.109	0.15	0.143	0.103	0.102	0.118	0.116	0.104	0.132
三明	0.111	0.176	0.152	0.104	0.104	0.132	0.134	0.105	0.143
泉州	0.132	0.161	0.139	0.111	0.105	0.119	0.109	0.118	0.143
漳州	0.113	0.143	0.139	0.111	0.107	0.14	0.128	0.115	0.164
南平	0.105	0.134	0.133	0.108	0.106	0.157	0.148	0.11	0.179
龍岩	0.112	0.176	0.154	0.106	0.105	0.142	0.144	0.106	0.152
寧德	0.106	0.131	0.13	0.109	0.103	0.165	0.125	0.116	0.219
南昌	0.118	0.157	0.136	0.135	0.135	0.239	0.239	0.137	0.249
景德鎮	0.103	0.137	0.138	0.104	0.105	0.151	0.168	0.104	0.146
萍鄉	0.108	0.173	0.172	0.102	0.103	0.124	0.133	0.102	0.127
九江	0.113	0.142	0.154	0.108	0.11	0.13	0.143	0.107	0.13
新餘	0.107	0.203	0.158	0.101	0.101	0.121	0.123	0.102	0.132
鷹潭	0.106	0.189	0.175	0.102	0.102	0.134	0.143	0.102	0.138
贛州	0.115	0.126	0.162	0.109	0.11	0.114	0.121	0.109	0.121
吉安	0.119	0.163	0.217	0.106	0.106	0.118	0.122	0.106	0.126
宜春	0.112	0.135	0.161	0.105	0.103	0.114	0.107	0.109	0.134
撫州	0.108	0.131	0.158	0.103	0.102	0.109	0.111	0.104	0.121
上饒	0.109	0.119	0.144	0.104	0.101	0.105	0.1	0.108	0.122
濟南	0.138	0.187	0.147	0.192	0.151	0.371	0.249	0.235	0.504
青島	0.19	0.268	0.177	0.125	0.131	0.151	0.169	0.12	0.145
淄博	0.132	0.217	0.159	0.107	0.109	0.127	0.14	0.106	0.127
棗莊	0.106	0.122	0.12	0.105	0.108	0.121	0.14	0.103	0.115
東營	0.117	0.239	0.135	0.107	0.11	0.173	0.196	0.106	0.162
煙臺	0.151	0.222	0.163	0.12	0.126	0.153	0.176	0.115	0.143

表 4.9.1 2015 年度城市科技競爭力三級指標分值

城市	科技經費絕對投入量	人均科技經費擁有量	科技經費相對投入量	專業技術人員擁有量	科技服務人員擁有量	專業技術人員相對擁有量	科技服務人員相對擁有量	計算機人才擁有量	計算機人才相對擁有量
濰坊	0.153	0.195	0.183	0.115	0.116	0.126	0.133	0.115	0.132
濟寧	0.127	0.151	0.151	0.107	0.109	0.111	0.12	0.106	0.114
泰安	0.113	0.136	0.131	0.11	0.114	0.132	0.15	0.108	0.127
威海	0.13	0.281	0.18	0.109	0.115	0.165	0.209	0.104	0.132
日照	0.106	0.132	0.126	0.102	0.103	0.111	0.118	0.102	0.117
萊蕪	0.106	0.184	0.174	0.104	0.1	0.164	0.109	0.108	0.232
臨沂	0.116	0.122	0.132	0.116	0.115	0.124	0.127	0.117	0.134
德州	0.118	0.152	0.152	0.109	0.112	0.128	0.141	0.108	0.127
聊城	0.112	0.131	0.135	0.104	0.103	0.108	0.109	0.106	0.12
濱州	0.114	0.161	0.146	0.104	0.104	0.117	0.118	0.106	0.13
菏澤	0.112	0.12	0.139	0.107	0.108	0.108	0.118	0.105	0.112
鄭州	0.16	0.208	0.165	0.154	0.175	0.218	0.269	0.134	0.176
開封	0.107	0.123	0.136	0.107	0.106	0.124	0.126	0.108	0.134
洛陽	0.126	0.163	0.158	0.121	0.135	0.161	0.209	0.108	0.123
平頂山	0.109	0.127	0.14	0.106	0.109	0.121	0.136	0.105	0.118
安陽	0.114	0.143	0.158	0.105	0.104	0.113	0.113	0.107	0.127
鶴壁	0.103	0.127	0.13	0.101	0.101	0.109	0.117	0.101	0.114
新鄉	0.112	0.133	0.147	0.111	0.114	0.133	0.151	0.108	0.128
焦作	0.113	0.16	0.152	0.105	0.105	0.125	0.127	0.106	0.136
濮陽	0.107	0.131	0.143	0.103	0.102	0.113	0.11	0.105	0.13
許昌	0.11	0.135	0.133	0.105	0.105	0.116	0.123	0.105	0.121
漯河	0.103	0.116	0.123	0.101	0.101	0.104	0.106	0.102	0.116
三門峽	0.108	0.163	0.152	0.102	0.103	0.118	0.13	0.102	0.118
南陽	0.121	0.131	0.158	0.116	0.123	0.125	0.144	0.11	0.119
商丘	0.107	0.111	0.128	0.106	0.104	0.109	0.109	0.108	0.122
信陽	0.106	0.111	0.123	0.113	0.113	0.137	0.139	0.115	0.147
周口	0.11	0.115	0.137	0.108	0.104	0.111	0.107	0.112	0.128
駐馬店	0.111	0.123	0.149	0.108	0.11	0.117	0.126	0.107	0.121
武漢	0.21	0.281	0.181	0.171	0.2	0.239	0.304	0.142	0.185
黃石	0.105	0.137	0.134	0.105	0.107	0.137	0.159	0.103	0.127
十堰	0.111	0.151	0.167	0.108	0.106	0.147	0.138	0.111	0.168
宜昌	0.121	0.187	0.15	0.119	0.129	0.191	0.246	0.109	0.146
襄陽	0.116	0.145	0.136	0.117	0.127	0.159	0.198	0.109	0.131
鄂州	0.103	0.153	0.136	0.102	0.102	0.138	0.138	0.102	0.15
荊門	0.107	0.139	0.14	0.107	0.106	0.149	0.146	0.109	0.164
孝感	0.109	0.127	0.148	0.108	0.109	0.129	0.135	0.109	0.136
荊州	0.11	0.126	0.152	0.107	0.106	0.12	0.121	0.109	0.132
黃岡	0.117	0.142	0.186	0.107	0.105	0.116	0.115	0.109	0.13
咸寧	0.107	0.145	0.154	0.104	0.104	0.131	0.134	0.105	0.141
隨州	0.104	0.134	0.15	0.102	0.102	0.113	0.117	0.102	0.122
長沙	0.17	0.264	0.166	0.155	0.179	0.255	0.329	0.132	0.191
株洲	0.113	0.153	0.144	0.108	0.11	0.135	0.151	0.106	0.131
湘潭	0.11	0.162	0.15	0.103	0.104	0.118	0.128	0.103	0.121
衡陽	0.106	0.11	0.117	0.108	0.11	0.116	0.126	0.107	0.12
邵陽	0.103	0.102	0.117	0.106	0.104	0.11	0.109	0.109	0.123
岳陽	0.111	0.129	0.129	0.114	0.12	0.145	0.172	0.108	0.13
常德	0.107	0.115	0.118	0.113	0.118	0.14	0.164	0.108	0.127
張家界	0.101	0.11	0.121	0.102	0.101	0.121	0.114	0.103	0.141
益陽	0.106	0.119	0.135	0.104	0.105	0.114	0.119	0.105	0.122
郴州	0.113	0.146	0.153	0.106	0.107	0.122	0.131	0.106	0.125
永州	0.105	0.112	0.128	0.106	0.105	0.116	0.116	0.108	0.129
懷化	0.104	0.109	0.124	0.106	0.106	0.121	0.124	0.107	0.13
婁底	0.104	0.117	0.128	0.104	0.104	0.118	0.118	0.106	0.13
廣州	0.289	0.348	0.184	0.278	0.31	0.385	0.441	0.245	0.336
韶關	0.108	0.147	0.157	0.105	0.105	0.128	0.137	0.104	0.132
深圳	0.564	0.851	0.322	0.255	0.218	0.403	0.333	0.293	0.483
珠海	0.142	0.556	0.273	0.119	0.112	0.355	0.259	0.127	0.462
汕頭	0.109	0.123	0.137	0.108	0.105	0.124	0.117	0.112	0.144

表 4.9.1 2015 年度城市科技競爭力三級指標分值

城市	科技經費絕對投入量	人均科技經費擁有量	科技經費相對投入量	專業技術人員擁有量	科技服務人員擁有量	專業技術人員相對擁有量	科技服務人員相對擁有量	計算機人才擁有量	計算機人才相對擁有量
佛山	0.157	0.23	0.154	0.119	0.117	0.148	0.145	0.123	0.164
江門	0.118	0.165	0.164	0.105	0.105	0.119	0.119	0.107	0.132
湛江	0.104	0.105	0.111	0.108	0.107	0.117	0.118	0.11	0.129
茂名	0.103	0.105	0.108	0.105	0.105	0.11	0.114	0.106	0.119
肇慶	0.111	0.145	0.146	0.105	0.104	0.119	0.119	0.106	0.131
惠州	0.119	0.166	0.146	0.108	0.106	0.129	0.127	0.11	0.144
梅州	0.104	0.112	0.134	0.106	0.105	0.123	0.124	0.107	0.134
汕尾	0.102	0.111	0.127	0.103	0.101	0.113	0.103	0.105	0.137
河源	0.104	0.121	0.144	0.103	0.102	0.116	0.114	0.105	0.131
陽江	0.104	0.123	0.124	0.102	0.102	0.117	0.115	0.104	0.132
清遠	0.107	0.128	0.144	0.104	0.103	0.118	0.115	0.106	0.133
東莞	0.159	0.218	0.174	0.114	0.116	0.127	0.136	0.113	0.131
中山	0.136	0.296	0.197	0.107	0.108	0.145	0.15	0.108	0.152
潮州	0.101	0.107	0.114	0.104	0.102	0.126	0.117	0.106	0.149
揭陽	0.102	0.101	0.106	0.104	0.102	0.108	0.103	0.108	0.126
雲浮	0.106	0.139	0.169	0.102	0.101	0.111	0.106	0.103	0.129
南寧	0.121	0.149	0.149	0.139	0.151	0.215	0.253	0.129	0.187
柳州	0.114	0.159	0.148	0.113	0.121	0.164	0.212	0.105	0.127
桂林	0.115	0.147	0.161	0.109	0.113	0.133	0.154	0.106	0.125
梧州	0.108	0.145	0.162	0.104	0.104	0.122	0.128	0.104	0.13
北海	0.108	0.187	0.173	0.103	0.104	0.142	0.16	0.103	0.137
防城港	0.102	0.151	0.134	0.102	0.102	0.148	0.152	0.102	0.156
欽州	0.104	0.12	0.138	0.102	0.103	0.111	0.122	0.102	0.112
貴港	0.103	0.109	0.13	0.109	0.104	0.137	0.116	0.115	0.172
玉林	0.107	0.117	0.139	0.107	0.108	0.118	0.127	0.106	0.123
百色	0.108	0.136	0.168	0.103	0.105	0.114	0.129	0.102	0.112
賀州	0.104	0.13	0.169	0.102	0.103	0.122	0.129	0.103	0.127
河池	0.105	0.124	0.173	0.105	0.106	0.124	0.134	0.104	0.126
來賓	0.105	0.137	0.171	0.104	0.104	0.135	0.141	0.104	0.142
崇左	0.104	0.135	0.152	0.104	0.106	0.138	0.165	0.102	0.124
海口	0.106	0.148	0.148	0.119	0.121	0.282	0.305	0.117	0.268
三亞	0.109	0.331	0.288	0.1	0.101	0.123	0.143	0.1	0.116
重慶	0.275	0.196	0.191	0.28	0.246	0.22	0.2	0.315	0.252
成都	0.107	0.103	0.101	0.303	0.283	0.395	0.368	0.325	0.431
自貢	0.105	0.128	0.134	0.104	0.103	0.124	0.126	0.105	0.135
攀枝花	0.108	0.213	0.171	0.102	0.104	0.141	0.171	0.101	0.124
瀘州	0.108	0.13	0.15	0.105	0.105	0.117	0.123	0.105	0.123
德陽	0.119	0.19	0.195	0.109	0.105	0.147	0.128	0.113	0.18
綿陽	0.104	0.109	0.116	0.132	0.156	0.24	0.352	0.109	0.137
廣元	0.103	0.115	0.138	0.103	0.102	0.124	0.115	0.106	0.147
遂寧	0.102	0.106	0.118	0.102	0.101	0.105	0.105	0.103	0.119
內江	0.105	0.12	0.133	0.106	0.102	0.129	0.11	0.111	0.162
樂山	0.104	0.119	0.126	0.107	0.112	0.144	0.175	0.104	0.124
南充	0.102	0.101	0.11	0.107	0.108	0.116	0.122	0.107	0.123
眉山	0.11	0.156	0.183	0.103	0.103	0.114	0.12	0.103	0.121
宜賓	0.102	0.104	0.109	0.103	0.104	0.108	0.117	0.103	0.112
廣安	0.104	0.12	0.137	0.102	0.102	0.108	0.108	0.103	0.12
達州	0.104	0.108	0.121	0.106	0.107	0.116	0.125	0.105	0.119
雅安	0.102	0.119	0.133	0.101	0.101	0.118	0.11	0.103	0.138
巴中	0.106	0.129	0.21	0.105	0.103	0.124	0.118	0.107	0.143
資陽	0.158	0.379	0.478	0.102	0.102	0.109	0.109	0.104	0.122
貴陽	0.104	0.11	0.109	0.129	0.135	0.229	0.264	0.123	0.204
六盤水	0.111	0.163	0.18	0.102	0.102	0.11	0.116	0.102	0.116
遵義	0.103	0.104	0.111	0.108	0.111	0.119	0.135	0.105	0.115
安順	0.104	0.129	0.164	0.103	0.104	0.122	0.136	0.102	0.12
畢節	0.102	0.1	0.11	0.112	0.121	0.131	0.165	0.103	0.109
銅仁	0.175	0.514	1	0.104	0.106	0.123	0.139	0.103	0.12
昆明	0.142	0.206	0.185	0.162	0.168	0.293	0.318	0.156	0.279

表 4.9.1 2015 年度城市科技競爭力三級指標分值

城市	科技經費絕對投入量	人均科技經費擁有量	科技經費相對投入量	專業技術人員擁有量	科技服務人員擁有量	專業技術人員相對擁有量	科技服務人員相對擁有量	計算機人才擁有量	計算機人才相對擁有量
曲靖	0.108	0.12	0.138	0.104	0.105	0.108	0.115	0.105	0.115
玉溪	0.107	0.148	0.143	0.104	0.105	0.134	0.143	0.104	0.137
保山	0.103	0.115	0.143	0.102	0.103	0.114	0.124	0.102	0.117
昭通	0.104	0.108	0.145	0.104	0.106	0.109	0.12	0.103	0.111
麗江	0.103	0.137	0.188	0.102	0.103	0.137	0.156	0.102	0.131
普洱	0.103	0.12	0.161	0.105	0.107	0.134	0.16	0.103	0.121
臨滄	0.102	0.109	0.131	0.102	0.102	0.109	0.112	0.102	0.119
拉薩	0.1	0.125	0.117	0.11	0.11	0.498	0.502	0.111	0.502
西安	0.127	0.15	0.135	0.321	0.283	0.641	0.548	0.361	0.742
銅川	0.101	0.125	0.13	0.101	0.101	0.134	0.137	0.102	0.144
寶雞	0.106	0.126	0.128	0.106	0.108	0.13	0.141	0.106	0.131
咸陽	0.105	0.112	0.115	0.109	0.112	0.131	0.147	0.107	0.127
渭南	0.105	0.113	0.127	0.108	0.112	0.127	0.145	0.106	0.12
延安	0.107	0.15	0.135	0.103	0.105	0.129	0.15	0.102	0.12
漢中	0.104	0.117	0.132	0.107	0.109	0.135	0.153	0.105	0.129
榆林	0.117	0.183	0.14	0.117	0.109	0.204	0.155	0.127	0.266
安康	0.102	0.108	0.119	0.104	0.104	0.125	0.129	0.104	0.133
商洛	0.102	0.113	0.13	0.104	0.105	0.129	0.143	0.103	0.127
蘭州	0.11	0.145	0.139	0.133	0.15	0.285	0.39	0.115	0.188
嘉峪關	0.1	0.133	0.111	0.1	0.1	0.194	0.177	0.101	0.223
金昌	0.1	0.124	0.121	0.101	0.101	0.153	0.15	0.101	0.168
白銀	0.102	0.118	0.132	0.102	0.103	0.122	0.133	0.102	0.124
天水	0.104	0.117	0.162	0.109	0.115	0.156	0.197	0.104	0.127
武威	0.101	0.108	0.124	0.102	0.103	0.12	0.139	0.101	0.112
張掖	0.102	0.125	0.143	0.104	0.107	0.176	0.225	0.102	0.138
平涼	0.102	0.113	0.147	0.103	0.104	0.123	0.138	0.102	0.121
酒泉	0.103	0.144	0.135	0.103	0.104	0.152	0.173	0.102	0.142
慶陽	0.105	0.137	0.159	0.102	0.102	0.118	0.121	0.103	0.127
定西	0.103	0.115	0.19	0.101	0.102	0.106	0.113	0.102	0.112
隴南	0.101	0.105	0.143	0.101	0.101	0.106	0.108	0.102	0.117
西寧	0.105	0.139	0.138	0.12	0.126	0.284	0.343	0.115	0.235
海東	0.101	0.115	0.131	0.101	0.102	0.108	0.129	0.1	0.1
銀川	0.113	0.208	0.172	0.11	0.115	0.204	0.251	0.107	0.169
石嘴山	0.102	0.15	0.137	0.101	0.101	0.139	0.146	0.102	0.145
吳忠	0.102	0.126	0.144	0.101	0.101	0.116	0.12	0.102	0.125
固原	0.102	0.127	0.188	0.102	0.101	0.14	0.118	0.104	0.174
中衛	0.101	0.119	0.138	0.1	0.1	0.103	0.104	0.101	0.115
烏魯木齊	0.123	0.214	0.17	0.126	0.138	0.254	0.331	0.114	0.187
克拉瑪依	0.105	0.334	0.144	0.101	0.102	0.197	0.247	0.101	0.158
香港	0.478	1	0.261	0.309	0.359	0.709	0.857	0.258	0.561
澳門	0.115	0.504	0.13	0.118	0.103	0.731	0.225	0.101	0.123
新北	0.133	0.242	0.144	0.115	0.131	0.176	0.172	0.117	0.192
臺北	0.148	0.407	0.198	0.11	0.109	0.176	0.172	0.112	0.192
桃園	0.121	0.272	0.153	0.11	0.109	0.176	0.172	0.112	0.192
台中	0.124	0.253	0.147	0.107	0.106	0.176	0.172	0.108	0.192
台南	0.121	0.293	0.161	0.111	0.11	0.176	0.172	0.112	0.192
高雄	0.132	0.299	0.162	0.101	0.101	0.176	0.172	0.102	0.192
基隆	0.103	0.278	0.156	0.101	0.101	0.176	0.172	0.102	0.192
新竹	0.104	0.284	0.158	0.101	0.101	0.176	0.172	0.102	0.192
嘉義	0.102	0.284	0.158	0.1	0.101	0.176	0.172	0.101	0.192

表 4.9.2 2015 年度城市科技競爭力三級指標分值(續)

城市	科研人員吸引指數	大學科研院所指數	大學科研院所相對擁有量	科研環境指數	專利總數	論文發表數	科技成果數	科技成果轉換率	科技進步對 GDP 貢獻率
北京	1	1	0.341	1	1	1	1	1	1
天津	0.621	0.656	0.314	0.719	0.477	0.388	0.838	0.499	0.893

表 4.9.2 2015 年度城市科技競爭力三級指標分值(續)

城市	科研人員吸引指數	大學科研院所指數	大學科研院所相對擁有量	科研環境指數	專利總數	論文發表數	科技成果數	科技成果轉換率	科技進步對 GDP 貢獻率
石家莊	0.337	0.596	0.367	0.438	0.282	0.195	0.313	0.408	0.825
唐山	0.147	0.181	0.159	0.156	0.151	0.134	0.211	0.415	0.857
秦皇島	0.147	0.231	0.344	0.156	0.145	0.165	0.197	0.476	0.876
邯鄲	0.147	0.151	0.131	0.156	0.125	0.128	0.153	0.407	0.777
邢臺	0.147	0.14	0.132	0.156	0.147	0.144	0.193	0.405	0.811
保定	0.147	0.262	0.19	0.156	0.152	0.139	0.184	0.417	0.819
張家口	0.147	0.14	0.152	0.156	0.126	0.127	0.207	0.4	0.833
承德	0.147	0.151	0.181	0.156	0.15	0.154	0.149	0.405	0.831
滄州	0.147	0.171	0.155	0.156	0.145	0.126	0.19	0.428	0.822
廊坊	0.147	0.221	0.254	0.156	0.129	0.141	0.173	0.392	0.826
衡水	0.1	0.12	0.126	0.109	0.169	0.155	0.157	0.414	0.65
太原	0.289	0.545	0.689	0.391	0.225	0.156	0.166	0.396	0.806
大同	0.147	0.11	0.117	0.156	0.174	0.165	0.193	0.405	0.787
陽泉	0.147	0.12	0.183	0.156	0.137	0.122	0.179	0.418	0.639
長治	0.147	0.161	0.201	0.156	0.118	0.124	0.16	0.426	0.801
晉城	0.147	0.12	0.15	0.156	0.129	0.134	0.143	0.422	0.633
朔州	0.147	0.11	0.133	0.156	0.132	0.124	0.168	0.394	0.755
晉中	0.147	0.262	0.377	0.156	0.132	0.132	0.173	0.391	0.714
運城	0.147	0.171	0.177	0.156	0.142	0.13	0.154	0.414	0.666
忻州	0.147	0.14	0.174	0.156	0.145	0.15	0.172	0.409	0.699
臨汾	0.1	0.14	0.152	0.109	0.144	0.127	0.172	0.398	0.687
呂梁	0.1	0.11	0.115	0.109	0.111	0.114	0.555	0.393	0.705
呼和浩特	0.242	0.333	0.539	0.344	0.171	0.169	0.192	0.4	0.711
包頭	0.1	0.151	0.204	0.109	0.159	0.165	0.178	0.423	0.694
烏海	0.1	0.11	0.204	0.109	0.14	0.14	0.188	0.408	0.688
赤峰	0.1	0.14	0.153	0.109	0.143	0.116	0.179	0.414	0.686
通遼	0.1	0.13	0.155	0.109	0.122	0.131	0.178	0.419	0.698
鄂爾多斯	0.1	0.12	0.157	0.109	0.179	0.156	0.187	0.391	0.872
呼倫貝爾	0.1	0.13	0.168	0.109	0.139	0.17	0.157	0.419	0.696
巴彥淖爾	0.1	0.12	0.169	0.109	0.136	0.134	0.157	0.405	0.705
烏蘭察布	0.1	0.13	0.181	0.109	0.146	0.143	0.155	0.409	0.701
瀋陽	0.621	0.565	0.419	0.719	0.427	0.291	0.353	0.544	0.857
大連	0.811	0.403	0.347	0.859	0.235	0.228	0.414	0.546	0.849
鞍山	0.147	0.13	0.148	0.156	0.17	0.156	0.181	0.471	0.793
撫順	0.147	0.151	0.237	0.156	0.153	0.149	0.178	0.446	0.789
本溪	0.147	0.13	0.199	0.156	0.127	0.157	0.221	0.48	0.767
丹東	0.147	0.13	0.171	0.156	0.147	0.157	0.179	0.488	0.787
錦州	0.147	0.191	0.267	0.156	0.129	0.159	0.196	0.464	0.766
營口	0.147	0.13	0.17	0.156	0.179	0.162	0.208	0.498	0.773
阜新	0.1	0.12	0.164	0.109	0.129	0.13	0.198	0.451	0.739
遼陽	0.1	0.12	0.162	0.109	0.137	0.166	0.178	0.469	0.758
盤錦	0.1	0.12	0.18	0.109	0.156	0.177	0.179	0.48	0.739
鐵嶺	0.1	0.14	0.186	0.109	0.119	0.159	0.186	0.433	0.818
朝陽	0.1	0.11	0.119	0.109	0.13	0.156	0.181	0.464	0.754
葫蘆島	0.1	0.11	0.122	0.109	0.139	0.156	0.163	0.447	0.391
長春	0.621	0.474	0.374	0.813	0.262	0.255	0.226	0.405	0.852
吉林	0.147	0.181	0.204	0.156	0.156	0.154	0.154	0.407	0.653
四平	0.147	0.14	0.167	0.156	0.12	0.159	0.175	0.4	0.681
遼源	0.147	0.12	0.193	0.156	0.148	0.16	0.179	0.388	0.655
通化	0.147	0.11	0.125	0.156	0.143	0.144	0.158	0.373	0.699
白山	0.147	0.11	0.144	0.156	0.136	0.156	0.177	0.402	0.724
松原	0.147	0.11	0.12	0.156	0.133	0.17	0.168	0.382	0.676
白城	0.1	0.13	0.184	0.109	0.146	0.162	0.157	0.388	0.688
哈爾濱	0.716	0.606	0.369	0.813	0.252	0.312	0.304	0.498	0.852
齊齊哈爾	0.147	0.161	0.164	0.156	0.141	0.128	0.195	0.422	0.716
雞西	0.1	0.11	0.131	0.109	0.131	0.11	0.174	0.427	0.627
鶴崗	0.1	0.151	0.37	0.109	0.13	0.127	0.179	0.399	0.638
雙鴨山	0.1	0.11	0.139	0.109	0.11	0.12	0.184	0.408	0.619
大慶	0.242	0.171	0.237	0.438	0.129	0.153	0.199	0.426	0.637

表 4.9.2 2015 年度城市科技競爭力三級指標分值(續)

城市	科研人員吸引指數	大學科研院所指數	大學科研院所相對擁有量	科研環境指數	專利總數	論文發表數	科技成果數	科技成果轉換率	科技進步對 GDP 貢獻率
伊春	0.1	0.11	0.15	0.109	0.13	0.125	0.154	0.416	0.617
佳木斯	0.1	0.13	0.167	0.109	0.153	0.154	0.188	0.438	0.641
七台河	0.1	0.11	0.162	0.109	0.104	0.122	0.164	0.397	0.503
牡丹江	0.1	0.171	0.244	0.109	0.1	0.119	0.187	0.402	0.721
黑河	0.1	0.11	0.134	0.109	0.133	0.161	0.183	0.387	0.682
綏化	0.1	0.11	0.111	0.109	0.152	0.146	0.174	0.43	0.622
上海	1	0.788	0.261	1	0.695	0.654	0.99	0.99	0.988
南京	0.905	0.636	0.471	0.953	0.389	0.465	0.477	0.645	0.848
無錫	0.526	0.221	0.206	0.484	0.193	0.177	0.211	0.768	0.831
徐州	0.242	0.211	0.173	0.297	0.184	0.196	0.204	0.423	0.837
常州	0.195	0.201	0.222	0.203	0.187	0.175	0.224	0.548	0.863
蘇州	0.811	0.353	0.235	0.887	0.197	0.215	0.28	0.88	0.855
南通	0.432	0.181	0.163	0.456	0.166	0.177	0.198	0.552	0.86
連雲港	0.147	0.14	0.152	0.156	0.178	0.159	0.19	0.433	0.709
淮安	0.147	0.161	0.171	0.156	0.162	0.165	0.206	0.438	0.575
鹽城	0.147	0.151	0.14	0.156	0.15	0.167	0.179	0.405	0.542
揚州	0.147	0.171	0.19	0.156	0.191	0.181	0.187	0.443	0.705
鎮江	0.195	0.161	0.209	0.297	0.164	0.186	0.181	0.423	0.876
泰州	0.147	0.171	0.186	0.156	0.169	0.192	0.174	0.438	0.709
宿遷	0.147	0.12	0.124	0.156	0.173	0.182	0.2	0.414	0.708
杭州	0.905	0.484	0.346	0.906	0.301	0.242	0.313	0.71	0.828
寧波	0.811	0.242	0.205	0.859	0.223	0.194	0.457	0.666	0.851
溫州	0.337	0.181	0.15	0.363	0.188	0.167	0.269	0.619	0.765
嘉興	0.242	0.161	0.175	0.259	0.164	0.178	0.188	0.643	0.627
湖州	0.195	0.13	0.159	0.203	0.15	0.134	0.161	0.286	0.749
紹興	0.195	0.191	0.204	0.203	0.164	0.168	0.171	0.686	0.733
金華	0.195	0.171	0.174	0.203	0.145	0.15	0.15	0.422	0.746
衢州	0.195	0.12	0.154	0.203	0.136	0.151	0.167	0.408	0.768
舟山	0.195	0.13	0.25	0.203	0.148	0.171	0.164	0.478	0.769
台州	0.195	0.14	0.138	0.203	0.141	0.125	0.183	0.483	0.735
麗水	0.147	0.13	0.181	0.156	0.127	0.142	0.151	0.331	0.706
合肥	0.716	0.606	0.476	0.766	0.276	0.257	0.396	0.505	0.847
蕪湖	0.147	0.201	0.259	0.156	0.158	0.143	0.193	0.391	0.733
蚌埠	0.147	0.151	0.189	0.156	0.146	0.155	0.183	0.416	0.708
淮南	0.147	0.151	0.221	0.156	0.12	0.152	0.159	0.406	0.716
馬鞍山	0.147	0.161	0.256	0.156	0.151	0.147	0.17	0.416	0.841
淮北	0.1	0.13	0.18	0.109	0.161	0.169	0.165	0.438	0.714
銅陵	0.1	0.13	0.333	0.109	0.159	0.178	0.17	0.388	0.693
安慶	0.1	0.151	0.154	0.109	0.14	0.148	0.179	0.413	0.66
黃山	0.1	0.12	0.184	0.109	0.148	0.168	0.162	0.408	0.686
滁州	0.1	0.14	0.158	0.109	0.136	0.144	0.167	0.426	0.678
阜陽	0.1	0.14	0.13	0.109	0.141	0.147	0.176	0.4	0.664
宿州	0.1	0.12	0.121	0.109	0.147	0.163	0.165	0.409	0.683
六安	0.1	0.151	0.15	0.109	0.128	0.179	0.206	0.395	0.686
亳州	0.1	0.12	0.123	0.109	0.14	0.134	0.177	0.415	0.683
池州	0.1	0.13	0.221	0.109	0.13	0.156	0.132	0.413	0.691
宣城	0.1	0.12	0.145	0.109	0.164	0.147	0.167	0.404	0.689
福州	0.621	0.424	0.35	0.709	0.236	0.217	0.265	0.555	0.805
廈門	0.811	0.272	0.361	0.822	0.26	0.211	0.299	0.697	0.817
莆田	0.147	0.12	0.14	0.156	0.16	0.16	0.159	0.421	0.607
三明	0.147	0.13	0.168	0.156	0.153	0.146	0.158	0.436	0.605
泉州	0.195	0.1	0.1	0.203	0.165	0.16	0.185	0.56	0.32
漳州	0.195	0.11	0.112	0.203	0.16	0.176	0.158	0.416	0.628
南平	0.147	0.14	0.187	0.156	0.159	0.144	0.163	0.446	0.669
龍岩	0.147	0.12	0.144	0.156	0.164	0.166	0.151	0.407	0.608
寧德	0.147	0.12	0.14	0.156	0.157	0.147	0.169	0.426	0.62
南昌	0.432	0.535	0.575	0.484	0.218	0.21	0.22	0.467	0.695
景德鎮	0.195	0.13	0.206	0.203	0.161	0.155	0.155	0.428	0.672
萍鄉	0.147	0.13	0.191	0.156	0.146	0.145	0.153	0.421	0.911

表 4.9.2 2015 年度城市科技競爭力三級指標分值(續)

城市	科研人員吸引指數	大學科研院所指數	大學科研院所相對擁有量	科研環境指數	專利總數	論文發表數	科技成果數	科技成果轉換率	科技進步對 GDP 貢獻率
九江	0.147	0.171	0.184	0.156	0.14	0.159	0.136	0.419	0.677
新餘	0.147	0.151	0.348	0.156	0.142	0.152	0.147	0.422	0.668
鷹潭	0.147	0.11	0.15	0.156	0.173	0.17	0.183	0.406	0.406
贛州	0.147	0.191	0.161	0.156	0.146	0.157	0.169	0.418	0.657
吉安	0.147	0.11	0.112	0.156	0.155	0.14	0.151	0.423	0.681
宜春	0.147	0.12	0.121	0.156	0.161	0.148	0.156	0.413	0.668
撫州	0.147	0.14	0.158	0.156	0.158	0.159	0.173	0.405	0.672
上饒	0.147	0.13	0.126	0.156	0.156	0.147	0.163	0.402	0.667
濟南	0.621	0.798	0.659	0.775	0.264	0.246	0.272	0.744	0.847
青島	0.811	0.322	0.239	0.887	0.248	0.243	0.357	0.76	0.884
淄博	0.147	0.181	0.199	0.156	0.169	0.168	0.173	0.489	0.827
棗莊	0.147	0.13	0.145	0.156	0.16	0.156	0.156	0.511	0.827
東營	0.147	0.14	0.209	0.156	0.177	0.156	0.168	0.517	0.795
煙臺	0.147	0.201	0.182	0.156	0.174	0.18	0.248	0.518	0.867
濰坊	0.147	0.231	0.18	0.156	0.173	0.167	0.179	0.476	0.817
濟寧	0.147	0.171	0.149	0.156	0.154	0.181	0.152	0.464	0.853
泰安	0.147	0.181	0.182	0.156	0.156	0.16	0.146	0.47	0.877
威海	0.147	0.181	0.263	0.156	0.144	0.159	0.218	0.559	0.926
日照	0.147	0.12	0.14	0.156	0.155	0.163	0.143	0.48	0.849
萊蕪	0.147	0.13	0.228	0.156	0.132	0.16	0.174	0.488	0.794
臨沂	0.147	0.13	0.117	0.156	0.131	0.155	0.156	0.483	0.848
德州	0.147	0.14	0.14	0.156	0.15	0.125	0.155	0.489	0.848
聊城	0.147	0.13	0.129	0.156	0.166	0.15	0.192	0.471	0.835
濱州	0.1	0.13	0.145	0.109	0.165	0.139	0.135	0.487	0.827
菏澤	0.1	0.14	0.127	0.109	0.143	0.153	0.179	0.498	0.836
鄭州	0.526	0.666	0.449	0.559	0.233	0.217	0.264	0.515	0.707
開封	0.147	0.151	0.162	0.156	0.147	0.152	0.161	0.419	0.698
洛陽	0.147	0.171	0.161	0.156	0.159	0.152	0.161	0.395	0.713
平頂山	0.147	0.14	0.146	0.156	0.135	0.131	0.138	0.438	0.717
安陽	0.1	0.161	0.167	0.109	0.123	0.145	0.146	0.423	0.714
鶴壁	0.1	0.12	0.171	0.109	0.173	0.155	0.146	0.427	0.725
新鄉	0.1	0.201	0.201	0.109	0.147	0.142	0.169	0.424	0.723
焦作	0.1	0.161	0.198	0.109	0.151	0.143	0.147	0.416	0.61
濮陽	0.1	0.11	0.116	0.109	0.167	0.161	0.134	0.434	0.685
許昌	0.1	0.14	0.153	0.109	0.139	0.16	0.18	0.426	0.71
漯河	0.1	0.13	0.167	0.109	0.15	0.15	0.142	0.434	0.675
三門峽	0.1	0.11	0.126	0.109	0.143	0.157	0.136	0.423	0.693
南陽	0.1	0.161	0.134	0.109	0.152	0.142	0.146	0.425	0.718
商丘	0.1	0.161	0.147	0.109	0.141	0.146	0.154	0.42	0.692
信陽	0.1	0.151	0.145	0.109	0.181	0.155	0.177	0.413	0.698
周口	0.1	0.13	0.12	0.109	0.159	0.158	0.161	0.42	0.706
駐馬店	0.1	0.12	0.117	0.109	0.162	0.165	0.139	0.441	0.681
武漢	0.811	0.909	0.548	0.859	0.371	0.386	0.486	0.506	0.857
黃石	0.147	0.13	0.17	0.156	0.157	0.141	0.164	0.407	0.836
十堰	0.242	0.171	0.219	0.391	0.141	0.149	0.177	0.429	0.798
宜昌	0.147	0.151	0.17	0.156	0.159	0.187	0.17	0.4	0.681
襄陽	0.147	0.151	0.151	0.156	0.166	0.146	0.177	0.4	0.75
鄂州	0.147	0.11	0.154	0.156	0.164	0.168	0.143	0.401	0.688
荊門	0.147	0.11	0.12	0.156	0.159	0.157	0.144	0.395	0.748
孝感	0.147	0.12	0.124	0.156	0.137	0.143	0.165	0.408	0.844
荊州	0.147	0.181	0.18	0.156	0.161	0.171	0.166	0.412	0.684
黃岡	0.147	0.14	0.137	0.156	0.151	0.147	0.168	0.409	0.786
咸寧	0.1	0.12	0.146	0.109	0.146	0.155	0.169	0.405	0.757
隨州	0.1	0.11	0.126	0.109	0.16	0.161	0.141	0.396	0.752
長沙	0.716	0.606	0.496	0.803	0.277	0.262	0.272	0.333	0.852
株洲	0.195	0.201	0.245	0.203	0.142	0.184	0.166	0.281	0.721
湘潭	0.147	0.201	0.304	0.156	0.184	0.186	0.166	0.166	0.708
衡陽	0.147	0.191	0.171	0.156	0.136	0.144	0.156	0.211	0.741
邵陽	0.147	0.13	0.124	0.156	0.145	0.153	0.159	0.271	0.708

表 4.9.2 2015 年度城市科技競爭力三級指標分值(續)

城市	科研人員吸引指數	大學科研院所指數	大學科研院所相對擁有量	科研環境指數	專利總數	論文發表數	科技成果數	科技成果轉換率	科技進步對 GDP 貢獻率
岳陽	0.147	0.151	0.152	0.156	0.157	0.172	0.126	0.273	0.664
常德	0.147	0.151	0.149	0.156	0.161	0.158	0.137	0.267	0.71
張家界	0.1	0.11	0.138	0.109	0.153	0.162	0.15	0.29	0.607
益陽	0.147	0.14	0.152	0.156	0.167	0.146	0.175	0.219	0.668
郴州	0.147	0.12	0.125	0.156	0.147	0.145	0.165	0.188	0.704
永州	0.1	0.13	0.132	0.109	0.15	0.169	0.141	0.135	0.707
懷化	0.1	0.13	0.136	0.109	0.15	0.171	0.155	0.22	0.699
婁底	0.1	0.14	0.16	0.109	0.137	0.157	0.165	0.225	0.708
廣州	0.905	0.909	0.454	0.906	0.37	0.37	0.269	0.765	0.879
韶關	0.242	0.12	0.14	0.306	0.144	0.154	0.125	0.601	0.857
深圳	1	0.201	0.154	1	0.368	0.299	0.304	0.547	0.88
珠海	0.289	0.201	0.46	0.391	0.183	0.158	0.197	0.557	0.788
汕頭	0.242	0.11	0.11	0.269	0.156	0.129	0.194	0.525	0.788
佛山	0.337	0.13	0.124	0.419	0.183	0.157	0.193	0.568	0.807
江門	0.195	0.13	0.138	0.203	0.138	0.146	0.141	0.505	0.796
湛江	0.195	0.13	0.124	0.203	0.145	0.153	0.141	0.496	0.786
茂名	0.195	0.12	0.119	0.203	0.146	0.169	0.176	0.506	0.706
肇慶	0.147	0.151	0.171	0.156	0.17	0.171	0.145	0.52	0.796
惠州	0.526	0.13	0.137	0.438	0.16	0.156	0.178	0.751	0.829
梅州	0.195	0.11	0.113	0.203	0.14	0.15	0.174	0.493	0.807
汕尾	0.147	0.11	0.119	0.156	0.153	0.151	0.139	0.509	0.803
河源	0.147	0.11	0.119	0.156	0.152	0.169	0.154	0.511	0.794
陽江	0.147	0.11	0.123	0.156	0.182	0.165	0.167	0.507	0.693
清遠	0.147	0.11	0.115	0.156	0.159	0.147	0.165	0.513	0.794
東莞	0.716	0.161	0.141	0.794	0.182	0.147	0.205	0.81	0.797
中山	0.716	0.151	0.19	0.756	0.179	0.158	0.189	0.733	0.805
潮州	0.147	0.11	0.121	0.156	0.159	0.16	0.158	0.504	0.791
揭陽	0.147	0.12	0.119	0.156	0.16	0.144	0.176	0.511	0.797
雲浮	0.147	0.11	0.124	0.156	0.167	0.153	0.136	0.472	0.791
南寧	0.432	0.413	0.359	0.484	0.224	0.241	0.217	0.403	0.896
柳州	0.147	0.161	0.189	0.156	0.147	0.153	0.139	0.416	0.888
桂林	0.147	0.191	0.206	0.156	0.143	0.156	0.155	0.409	0.911
梧州	0.1	0.12	0.139	0.109	0.129	0.139	0.163	0.381	0.742
北海	0.1	0.13	0.208	0.109	0.174	0.185	0.169	0.395	0.731
防城港	0.1	0.11	0.164	0.109	0.155	0.181	0.158	0.417	0.703
欽州	0.1	0.12	0.136	0.109	0.164	0.173	0.173	0.419	0.701
貴港	0.1	0.11	0.114	0.109	0.135	0.166	0.167	0.406	0.685
玉林	0.1	0.11	0.11	0.109	0.15	0.156	0.142	0.425	0.692
百色	0.1	0.14	0.165	0.109	0.155	0.157	0.137	0.41	0.683
賀州	0.1	0.11	0.129	0.109	0.135	0.125	0.145	0.404	0.684
河池	0.1	0.12	0.133	0.109	0.145	0.15	0.143	0.41	0.691
來賓	0.1	0.11	0.127	0.109	0.123	0.127	0.156	0.394	0.688
崇左	0.1	0.151	0.241	0.109	0.133	0.153	0.141	0.405	0.68
海口	0.337	0.211	0.39	0.381	0.175	0.164	0.195	0.46	0.687
三亞	0.1	0.151	0.491	0.109	0.138	0.158	0.161	0.479	0.685
重慶	0.526	0.737	0.221	0.616	0.346	0.251	0.327	0.567	0.854
成都	0.621	0.636	0.312	0.691	0.317	0.231	0.266	0.232	0.86
自貢	0.1	0.12	0.142	0.109	0.136	0.147	0.147	0.343	0.751
攀枝花	0.1	0.12	0.193	0.109	0.152	0.165	0.165	0.355	0.714
瀘州	0.1	0.151	0.167	0.109	0.138	0.173	0.174	0.361	0.708
德陽	0.1	0.151	0.181	0.109	0.148	0.169	0.136	0.353	0.726
綿陽	0.337	0.201	0.222	0.438	0.149	0.143	0.174	0.345	0.781
廣元	0.1	0.12	0.145	0.109	0.149	0.165	0.144	0.37	0.507
遂寧	0.1	0.11	0.117	0.109	0.177	0.155	0.169	0.353	0.72
內江	0.1	0.12	0.131	0.109	0.145	0.16	0.187	0.376	0.709
樂山	0.1	0.13	0.153	0.109	0.137	0.145	0.171	0.341	0.81
南充	0.1	0.14	0.136	0.109	0.137	0.149	0.181	0.356	0.718
眉山	0.1	0.12	0.138	0.109	0.154	0.157	0.166	0.355	0.718
宜賓	0.1	0.12	0.126	0.109	0.136	0.154	0.173	0.345	0.716

表 4.9.2 2015 年度城市科技競爭力三級指標分值(續)

城市	科研人員吸引指數	大學科研院所指數	大學科研院所相對擁有量	科研環境指數	專利總數	論文發表數	科技成果數	科技成果轉換率	科技進步對 GDP 貢獻率
廣安	0.1	0.11	0.118	0.109	0.166	0.161	0.133	0.356	0.709
達州	0.1	0.12	0.121	0.109	0.145	0.141	0.146	0.344	0.691
雅安	0.1	0.12	0.175	0.109	0.139	0.16	0.163	0.37	0.717
巴中	0.1	0.11	0.117	0.109	0.135	0.153	0.144	0.355	0.704
資陽	0.1	0.11	0.116	0.109	0.15	0.126	0.15	0.386	0.708
貴陽	0.384	0.383	0.455	0.391	0.235	0.224	0.224	0.326	0.742
六盤水	0.1	0.12	0.14	0.109	0.176	0.165	0.144	0.307	0.743
遵義	0.1	0.161	0.156	0.109	0.16	0.159	0.156	0.31	0.747
安順	0.1	0.12	0.15	0.109	0.179	0.152	0.156	0.315	0.744
畢節	0.1	0.12	0.118	0.109	0.117	0.114	0.108	0.1	0.1
銅仁	0.1	0.13	0.155	0.109	0.111	0.112	0.1	0.103	0.111
昆明	0.432	0.515	0.457	0.522	0.225	0.218	0.217	0.559	0.785
曲靖	0.1	0.13	0.129	0.109	0.147	0.152	0.163	0.408	0.718
玉溪	0.147	0.12	0.149	0.156	0.152	0.141	0.164	0.414	0.712
保山	0.1	0.12	0.145	0.109	0.159	0.153	0.141	0.393	0.719
昭通	0.1	0.11	0.111	0.109	0.121	0.131	0.144	0.36	0.718
麗江	0.1	0.12	0.19	0.109	0.117	0.134	0.119	0.369	0.718
普洱	0.1	0.12	0.144	0.109	0.135	0.13	0.143	0.393	0.734
臨滄	0.1	0.11	0.123	0.109	0.145	0.142	0.142	0.417	0.823
拉薩	0.147	0.151	0.612	0.156	0.15	0.157	0.154	0.398	0.804
西安	0.716	0.737	0.52	0.784	0.246	0.245	0.237	0.389	0.868
銅川	0.1	0.11	0.168	0.109	0.148	0.136	0.154	0.413	0.626
寶雞	0.1	0.12	0.131	0.109	0.138	0.162	0.149	0.423	0.846
咸陽	0.1	0.231	0.251	0.109	0.158	0.141	0.142	0.428	0.626
渭南	0.1	0.11	0.111	0.109	0.142	0.116	0.165	0.402	0.632
延安	0.1	0.12	0.152	0.109	0.133	0.157	0.156	0.416	0.629
漢中	0.1	0.13	0.15	0.109	0.132	0.173	0.154	0.428	0.758
榆林	0.1	0.12	0.134	0.109	0.166	0.15	0.177	0.42	0.634
安康	0.1	0.12	0.143	0.109	0.151	0.141	0.17	0.416	0.62
商洛	0.1	0.12	0.149	0.109	0.157	0.147	0.173	0.415	0.631
蘭州	0.526	0.353	0.493	0.531	0.226	0.237	0.209	0.357	0.81
嘉峪關	0.1	0.11	0.343	0.109	0.152	0.163	0.182	0.364	0.754
金昌	0.1	0.11	0.223	0.109	0.115	0.128	0.16	0.337	0.749
白銀	0.1	0.11	0.133	0.109	0.154	0.146	0.13	0.366	0.754
天水	0.1	0.14	0.17	0.109	0.143	0.162	0.134	0.351	0.74
武威	0.1	0.12	0.163	0.109	0.12	0.154	0.163	0.34	0.748
張掖	0.1	0.12	0.195	0.109	0.12	0.131	0.167	0.353	0.758
平涼	0.1	0.11	0.127	0.109	0.101	0.1	0.163	0.362	0.77
酒泉	0.1	0.11	0.152	0.109	0.127	0.119	0.166	0.343	0.762
慶陽	0.1	0.11	0.126	0.109	0.138	0.13	0.155	0.328	0.747
定西	0.1	0.11	0.121	0.109	0.129	0.125	0.15	0.14	0.717
隴南	0.1	0.11	0.122	0.1	0.12	0.147	0.149	0.16	0.729
西寧	0.337	0.191	0.327	0.4	0.154	0.176	0.149	0.362	0.748
海東	0.1	0.1	0.1	0.1	0.136	0.159	0.15	0.162	0.731
銀川	0.289	0.231	0.457	0.297	0.169	0.166	0.171	0.406	0.794
石嘴山	0.1	0.11	0.175	0.109	0.126	0.135	0.158	0.356	0.765
吳忠	0.1	0.11	0.144	0.109	0.139	0.159	0.15	0.36	0.746
固原	0.1	0.11	0.146	0.109	0.145	0.136	0.128	0.336	0.748
中衛	0.1	0.1	0.1	0.1	0.133	0.127	0.135	0.336	0.748
烏魯木齊	0.337	0.302	0.431	0.344	0.14	0.134	0.169	0.359	0.845
克拉瑪依	0.147	0.11	0.251	0.156	0.154	0.162	0.163	0.361	0.82
香港	1	0.403	0.337	0.859	0.596	0.977	0.948	0.756	0.857
澳門	0.242	0.201	1	0.203	0.243	0.224	0.243	0.723	0.716
新北	0.147	0.333	0.432	0.156	0.223	0.22	0.391	0.467	0.775
臺北	0.811	0.373	0.672	0.813	0.701	0.906	0.855	0.698	0.856
桃園	0.147	0.262	0.545	0.156	0.176	0.164	0.327	0.457	0.737
台中	0.147	0.211	0.332	0.156	0.201	0.218	0.304	0.441	0.788
台南	0.147	0.262	0.586	0.156	0.177	0.192	0.352	0.382	0.736
高雄	0.147	0.13	0.162	0.156	0.23	0.241	0.395	0.384	0.734

表 4.9.2 2015 年度城市科技競爭力三級指標分值(續)

城市	科研人員吸引指數	大學科研院所指數	大學科研院所相對擁有量	科研環境指數	專利總數	論文發表數	科技成果數	科技成果轉換率	科技進步對 GDP 貢獻率
基隆	0.147	0.12	0.407	0.156	0.174	0.206	0.359	0.419	0.797
新竹	0.147	0.12	0.365	0.156	0.195	0.242	0.371	0.396	0.748
嘉義	0.147	0.12	0.523	0.156	0.161	0.224	0.328	0.412	0.797

4. 10 城市文化形象競爭力三級指標分值

表 4.10.1 2015 年度城市文化形象競爭力三級指標分值

城市	劇院數	公共藏書總量	每百萬人影劇院數	每百人公共圖書數	誠信意識指數	競爭意識指數	重商意識指數	創新意識指數	寬容意識指數
北京	1	0.761	0.645	0.556	0.628	0.846	0.639	0.643	0.641
天津	0.196	0.283	0.183	0.282	0.528	0.29	0.458	0.274	0.296
石家莊	0.166	0.169	0.181	0.196	0.355	0.382	0.381	0.311	0.319
唐山	0.176	0.127	0.226	0.152	0.304	0.17	0.273	0.17	0.317
秦皇島	0.146	0.114	0.295	0.169	0.513	0.296	0.526	0.357	0.379
邯鄲	0.136	0.12	0.15	0.131	0.288	0.19	0.218	0.201	0.311
邢臺	0.193	0.116	0.264	0.133	0.211	0.234	0.25	0.275	0.212
保定	0.216	0.124	0.245	0.134	0.26	0.255	0.335	0.209	0.292
張家口	0.11	0.117	0.129	0.156	0.184	0.191	0.303	0.225	0.323
承德	0.156	0.101	0.305	0.104	0.242	0.262	0.297	0.251	0.274
滄州	0.117	0.115	0.129	0.13	0.275	0.196	0.251	0.228	0.314
廊坊	0.12	0.125	0.157	0.183	0.236	0.28	0.345	0.217	0.225
衡水	0.15	0.107	0.244	0.123	0.225	0.273	0.33	0.199	0.245
太原	0.163	0.182	0.288	0.38	0.206	0.19	0.215	0.247	0.264
大同	0.136	0.109	0.238	0.139	0.173	0.162	0.222	0.159	0.139
陽泉	0.113	0.109	0.222	0.195	0.15	0.152	0.187	0.151	0.151
長治	0.126	0.121	0.2	0.189	0.188	0.176	0.194	0.159	0.188
晉城	0.143	0.105	0.34	0.135	0.126	0.151	0.155	0.133	0.139
朔州	0.123	0.109	0.27	0.178	0.113	0.143	0.165	0.163	0.127
晉中	0.143	0.116	0.267	0.169	0.163	0.15	0.176	0.163	0.174
運城	0.146	0.115	0.214	0.142	0.155	0.133	0.163	0.119	0.19
忻州	0.15	0.11	0.304	0.148	0.172	0.121	0.147	0.136	0.179
臨汾	0.176	0.119	0.322	0.163	0.167	0.153	0.212	0.157	0.117
呂梁	0.126	0.114	0.189	0.154	0.16	0.159	0.213	0.145	0.154
呼和浩特	0.146	0.139	0.298	0.29	0.247	0.236	0.292	0.222	0.269
包頭	0.156	0.138	0.361	0.299	0.149	0.152	0.16	0.131	0.252
烏海	0.117	0.108	0.483	0.316	0.133	0.116	0.187	0.126	0.21
赤峰	0.126	0.12	0.179	0.168	0.11	0.108	0.148	0.152	0.253
通遼	0.12	0.111	0.182	0.153	0.123	0.137	0.205	0.188	0.213
鄂爾多斯	0.15	0.146	0.415	0.432	0.365	0.335	0.411	0.371	0.305
呼倫貝爾	0.15	0.123	0.351	0.234	0.14	0.142	0.122	0.112	0.17
巴彥淖爾	0.12	0.108	0.252	0.173	0.124	0.142	0.109	0.1	0.163
烏蘭察布	0.123	0.103	0.24	0.122	0.143	0.138	0.1	0.12	0.16
瀋陽	0.249	0.258	0.331	0.38	0.391	0.322	0.499	0.385	0.361
大連	0.12	0.28	0.137	0.479	0.374	0.302	0.511	0.395	0.431
鞍山	0.136	0.13	0.229	0.221	0.318	0.23	0.295	0.229	0.285
撫順	0.126	0.114	0.262	0.196	0.315	0.197	0.253	0.244	0.196
本溪	0.117	0.113	0.223	0.209	0.237	0.226	0.248	0.197	0.246
丹東	0.13	0.112	0.257	0.171	0.3	0.248	0.348	0.284	0.212
錦州	0.123	0.117	0.196	0.182	0.244	0.252	0.32	0.268	0.212
營口	0.107	0.117	0.135	0.2	0.191	0.211	0.333	0.261	0.23
阜新	0.11	0.105	0.171	0.138	0.263	0.175	0.35	0.256	0.218
遼陽	0.107	0.113	0.146	0.206	0.318	0.231	0.325	0.247	0.285
盤錦	0.11	0.107	0.188	0.173	0.271	0.17	0.266	0.252	0.211
鐵嶺	0.123	0.101	0.211	0.104	0.198	0.223	0.253	0.24	0.315
朝陽	0.117	0.11	0.171	0.151	0.236	0.194	0.286	0.265	0.256

表 4.10.1 2015 年度城市文化形象競爭力三級指標分值

城市	劇院數	公共藏書總量	每百萬人影劇院數	每百人公共圖書數	誠信意識指數	競爭意識指數	重商意識指數	創新意識指數	寬容意識指數
葫蘆島	0.15	0.104	0.346	0.124	0.232	0.185	0.303	0.243	0.243
長春	0.199	0.201	0.265	0.291	0.523	0.335	0.488	0.326	0.498
吉林	0.113	0.126	0.138	0.188	0.253	0.235	0.274	0.204	0.341
四平	0.107	0.108	0.125	0.134	0.3	0.261	0.235	0.247	0.206
遼源	0.103	0.104	0.135	0.152	0.267	0.256	0.275	0.259	0.21
通化	0.103	0.11	0.118	0.165	0.282	0.187	0.304	0.208	0.238
白山	0.113	0.109	0.231	0.204	0.288	0.208	0.29	0.225	0.185
松原	0.103	0.108	0.115	0.142	0.256	0.19	0.258	0.284	0.225
白城	0.113	0.106	0.183	0.141	0.28	0.176	0.228	0.274	0.239
哈爾濱	0.365	0.196	0.418	0.231	0.48	0.438	0.45	0.41	0.465
齊齊哈爾	0.156	0.12	0.234	0.156	0.34	0.236	0.279	0.261	0.222
雞西	0.113	0.104	0.191	0.135	0.316	0.213	0.252	0.184	0.24
鶴崗	0.103	0.105	0.14	0.17	0.343	0.242	0.304	0.24	0.345
雙鴨山	0.11	0.103	0.187	0.126	0.343	0.256	0.25	0.224	0.312
大慶	0.15	0.132	0.317	0.257	0.321	0.215	0.263	0.176	0.234
伊春	0.126	0.111	0.395	0.235	0.329	0.262	0.28	0.274	0.234
佳木斯	0.15	0.106	0.349	0.134	0.371	0.174	0.289	0.22	0.21
七台河	0.13	0.103	0.515	0.145	0.329	0.281	0.287	0.217	0.221
牡丹江	0.123	0.113	0.207	0.169	0.308	0.236	0.233	0.258	0.242
黑河	0.12	0.104	0.252	0.134	0.362	0.221	0.237	0.191	0.288
綏化	0.143	0.116	0.202	0.142	0.361	0.182	0.283	0.186	0.26
上海	0.484	1	0.304	0.644	0.641	0.548	0.427	0.434	0.488
南京	0.279	0.287	0.38	0.434	0.412	0.518	0.525	0.398	0.553
無錫	0.318	0.149	0.531	0.21	0.565	0.503	0.665	0.474	0.656
徐州	0.13	0.137	0.144	0.163	0.411	0.411	0.462	0.337	0.324
常州	0.123	0.135	0.163	0.21	0.423	0.42	0.438	0.329	0.308
蘇州	0.199	0.268	0.22	0.332	0.873	0.848	0.704	0.8	0.786
南通	0.199	0.166	0.274	0.231	0.569	0.454	0.553	0.367	0.587
連雲港	0.123	0.137	0.167	0.222	0.39	0.393	0.461	0.36	0.286
淮安	0.153	0.126	0.241	0.178	0.422	0.361	0.411	0.301	0.253
鹽城	0.146	0.133	0.182	0.167	0.367	0.312	0.378	0.305	0.288
揚州	0.12	0.141	0.157	0.233	0.341	0.319	0.403	0.287	0.269
鎮江	0.113	0.132	0.154	0.247	0.433	0.349	0.432	0.325	0.294
泰州	0.166	0.127	0.283	0.185	0.424	0.339	0.423	0.303	0.302
宿遷	0.123	0.113	0.162	0.139	0.453	0.32	0.407	0.327	0.332
杭州	0.299	0.324	0.388	0.469	0.58	0.506	0.604	0.445	0.572
寧波	0.259	0.183	0.366	0.258	0.428	0.412	0.551	0.428	0.419
溫州	0.133	0.231	0.146	0.307	0.527	0.44	0.677	0.46	0.447
嘉興	0.222	0.198	0.444	0.415	0.478	0.376	0.567	0.474	0.434
湖州	0.117	0.125	0.173	0.226	0.359	0.347	0.601	0.416	0.406
紹興	0.213	0.137	0.391	0.209	0.549	0.499	0.641	0.48	0.48
金華	0.166	0.132	0.256	0.186	0.359	0.287	0.389	0.298	0.347
衢州	0.146	0.118	0.379	0.221	0.35	0.312	0.388	0.32	0.369
舟山	0.123	0.116	0.36	0.304	0.342	0.396	0.492	0.314	0.293
台州	0.246	0.13	0.409	0.172	0.381	0.398	0.642	0.46	0.562
麗水	0.169	0.119	0.52	0.23	0.324	0.232	0.368	0.298	0.355
合肥	0.236	0.154	0.328	0.203	0.408	0.405	0.494	0.347	0.291
蕪湖	0.13	0.119	0.206	0.176	0.232	0.207	0.282	0.162	0.279
蚌埠	0.123	0.113	0.192	0.16	0.296	0.183	0.299	0.235	0.245
淮南	0.103	0.105	0.118	0.131	0.204	0.206	0.319	0.27	0.223
馬鞍山	0.12	0.113	0.215	0.187	0.199	0.168	0.309	0.251	0.241
淮北	0.117	0.11	0.199	0.171	0.15	0.203	0.329	0.274	0.195
銅陵	0.11	0.108	0.273	0.265	0.172	0.236	0.255	0.247	0.293
安慶	0.183	0.148	0.298	0.23	0.227	0.23	0.248	0.286	0.259
黃山	0.133	0.128	0.413	0.398	0.188	0.252	0.26	0.252	0.329
滁州	0.107	0.109	0.121	0.133	0.209	0.231	0.328	0.223	0.211
阜陽	0.12	0.107	0.133	0.113	0.188	0.213	0.265	0.182	0.284
宿州	0.11	0.103	0.123	0.109	0.271	0.167	0.327	0.204	0.194
六安	0.103	0.128	0.107	0.171	0.246	0.193	0.296	0.25	0.229
亳州	0.136	0.105	0.194	0.115	0.316	0.232	0.317	0.199	0.272

表 4.10.1 2015 年度城市文化形象競爭力三級指標分值

城市	劇院數	公共藏書總量	每百萬人影劇院數	每百人公共圖書數	誠信意識指數	競爭意識指數	重商意識指數	創新意識指數	寬容意識指數
池州	0.123	0.105	0.309	0.15	0.279	0.273	0.336	0.18	0.259
宣城	0.107	0.109	0.133	0.152	0.329	0.277	0.281	0.246	0.287
福州	0.203	0.148	0.279	0.195	0.479	0.434	0.488	0.382	0.387
廈門	0.117	0.157	0.157	0.322	0.535	0.286	0.445	0.387	0.392
莆田	0.113	0.111	0.16	0.156	0.33	0.276	0.429	0.304	0.392
三明	0.146	0.133	0.336	0.291	0.279	0.286	0.407	0.271	0.307
泉州	0.176	0.165	0.217	0.214	0.315	0.511	0.513	0.352	0.414
漳州	0.133	0.155	0.186	0.263	0.296	0.307	0.421	0.307	0.327
南平	0.126	0.125	0.229	0.24	0.25	0.335	0.398	0.29	0.337
龍岩	0.14	0.122	0.297	0.225	0.287	0.304	0.48	0.318	0.386
寧德	0.12	0.115	0.19	0.177	0.224	0.317	0.452	0.29	0.352
南昌	0.13	0.161	0.174	0.273	0.379	0.334	0.488	0.388	0.45
景德鎮	0.113	0.11	0.205	0.187	0.267	0.218	0.33	0.221	0.229
萍鄉	0.13	0.111	0.303	0.185	0.296	0.23	0.227	0.222	0.297
九江	0.117	0.124	0.144	0.174	0.194	0.227	0.293	0.197	0.207
新餘	0.107	0.108	0.173	0.197	0.289	0.229	0.253	0.226	0.273
鷹潭	0.12	0.105	0.323	0.162	0.181	0.267	0.238	0.201	0.249
贛州	0.143	0.138	0.165	0.165	0.29	0.195	0.302	0.209	0.24
吉安	0.189	0.137	0.335	0.21	0.22	0.218	0.248	0.199	0.324
宜春	0.209	0.116	0.355	0.143	0.228	0.233	0.21	0.178	0.253
撫州	0.173	0.118	0.335	0.166	0.214	0.2	0.324	0.228	0.3
上饒	0.166	0.116	0.227	0.135	0.286	0.255	0.346	0.264	0.309
濟南	0.183	0.236	0.25	0.381	0.563	0.414	0.485	0.484	0.468
青島	0.232	0.168	0.287	0.21	0.474	0.349	0.469	0.481	0.405
淄博	0.126	0.128	0.173	0.188	0.45	0.259	0.435	0.363	0.367
棗莊	0.12	0.114	0.166	0.155	0.419	0.232	0.447	0.366	0.338
東營	0.173	0.119	0.544	0.235	0.362	0.28	0.403	0.39	0.338
煙臺	0.186	0.179	0.257	0.264	0.459	0.23	0.438	0.437	0.403
濰坊	0.219	0.143	0.265	0.169	0.404	0.23	0.424	0.372	0.376
濟寧	0.13	0.129	0.146	0.151	0.401	0.21	0.456	0.329	0.374
泰安	0.113	0.119	0.13	0.149	0.363	0.198	0.402	0.356	0.385
威海	0.146	0.14	0.311	0.31	0.442	0.283	0.574	0.345	0.362
日照	0.13	0.105	0.233	0.126	0.454	0.255	0.246	0.257	0.362
萊蕪	0.1	0.106	0.1	0.166	0.451	0.205	0.215	0.227	0.389
臨沂	0.193	0.14	0.216	0.157	0.435	0.272	0.311	0.273	0.395
德州	0.146	0.117	0.204	0.144	0.385	0.237	0.273	0.195	0.362
聊城	0.123	0.129	0.15	0.171	0.46	0.296	0.426	0.329	0.391
濱州	0.126	0.118	0.188	0.168	0.406	0.212	0.279	0.23	0.197
菏澤	0.169	0.115	0.205	0.126	0.437	0.265	0.267	0.172	0.255
鄭州	0.146	0.179	0.165	0.225	0.334	0.391	0.437	0.291	0.342
開封	0.12	0.109	0.155	0.13	0.303	0.268	0.275	0.206	0.336
洛陽	0.183	0.121	0.26	0.147	0.222	0.277	0.256	0.256	0.264
平頂山	0.126	0.115	0.168	0.146	0.31	0.242	0.329	0.27	0.306
安陽	0.16	0.113	0.25	0.138	0.295	0.216	0.221	0.239	0.228
鶴壁	0.12	0.106	0.258	0.156	0.238	0.264	0.229	0.298	0.297
新鄉	0.133	0.115	0.175	0.139	0.238	0.288	0.313	0.224	0.252
焦作	0.133	0.113	0.221	0.152	0.224	0.24	0.273	0.172	0.273
濮陽	0.117	0.107	0.159	0.129	0.262	0.264	0.315	0.175	0.235
許昌	0.12	0.114	0.159	0.146	0.275	0.207	0.212	0.227	0.324
漯河	0.103	0.105	0.116	0.129	0.188	0.267	0.32	0.184	0.345
三門峽	0.12	0.116	0.213	0.208	0.165	0.197	0.217	0.198	0.213
南陽	0.143	0.115	0.155	0.121	0.203	0.188	0.288	0.277	0.216
商丘	0.126	0.11	0.147	0.12	0.403	0.399	0.494	0.486	0.415
信陽	0.13	0.111	0.16	0.125	0.294	0.231	0.227	0.226	0.285
周口	0.13	0.108	0.143	0.113	0.218	0.274	0.286	0.272	0.256
駐馬店	0.136	0.106	0.168	0.113	0.273	0.265	0.252	0.272	0.217
武漢	0.481	0.252	0.577	0.317	0.372	0.497	0.484	0.408	0.401
黃石	0.12	0.116	0.204	0.194	0.281	0.237	0.305	0.28	0.24
十堰	0.113	0.112	0.15	0.151	0.267	0.192	0.23	0.235	0.24
宜昌	0.176	0.128	0.338	0.201	0.207	0.268	0.224	0.198	0.249

表 4.10.1 2015 年度城市文化形象競爭力三級指標分值

城市	劇院數	公共藏書總量	每百萬人影劇院數	每百人公共圖書數	誠信意識指數	競爭意識指數	重商意識指數	創新意識指數	寬容意識指數
襄陽	0.13	0.12	0.168	0.151	0.267	0.258	0.27	0.3	0.272
鄂州	0.107	0.105	0.18	0.167	0.274	0.24	0.259	0.185	0.281
荊門	0.123	0.113	0.203	0.168	0.29	0.247	0.33	0.266	0.317
孝感	0.113	0.111	0.135	0.132	0.244	0.235	0.224	0.203	0.254
荊州	0.133	0.114	0.174	0.136	0.278	0.206	0.258	0.262	0.235
黃岡	0.193	0.121	0.29	0.148	0.232	0.273	0.261	0.217	0.256
咸寧	0.107	0.111	0.134	0.162	0.288	0.271	0.28	0.277	0.319
隨州	0.123	0.128	0.236	0.288	0.219	0.176	0.266	0.25	0.287
長沙	0.153	0.226	0.194	0.356	0.245	0.386	0.367	0.383	0.52
株洲	0.107	0.117	0.122	0.162	0.301	0.245	0.313	0.281	0.27
湘潭	0.133	0.116	0.251	0.184	0.273	0.229	0.335	0.167	0.21
衡陽	0.117	0.122	0.129	0.145	0.273	0.249	0.339	0.195	0.316
邵陽	0.13	0.118	0.153	0.137	0.263	0.192	0.292	0.262	0.214
岳陽	0.14	0.111	0.192	0.13	0.235	0.184	0.258	0.26	0.266
常德	0.166	0.118	0.246	0.145	0.209	0.194	0.2	0.201	0.267
張家界	0.126	0.103	0.324	0.126	0.267	0.157	0.34	0.257	0.287
益陽	0.12	0.113	0.158	0.145	0.245	0.221	0.277	0.239	0.253
郴州	0.12	0.114	0.155	0.145	0.289	0.198	0.237	0.227	0.296
永州	0.12	0.115	0.148	0.141	0.268	0.226	0.266	0.212	0.25
懷化	0.143	0.119	0.214	0.158	0.215	0.256	0.231	0.178	0.294
婁底	0.113	0.111	0.144	0.143	0.199	0.218	0.259	0.207	0.266
廣州	0.279	0.331	0.277	0.36	0.73	0.851	0.725	0.672	0.748
韶關	0.143	0.115	0.291	0.173	0.507	0.468	0.545	0.442	0.469
深圳	0.1	0.455	0.1	0.588	0.595	0.993	0.855	0.538	0.673
珠海	0.146	0.114	0.473	0.232	0.476	0.367	0.548	0.357	0.481
汕頭	0.133	0.136	0.177	0.195	0.277	0.347	0.474	0.341	0.279
佛山	0.256	0.145	0.373	0.19	0.444	0.375	0.489	0.454	0.478
江門	0.107	0.127	0.119	0.189	0.44	0.467	0.484	0.434	0.458
湛江	0.113	0.117	0.124	0.135	0.451	0.335	0.437	0.322	0.312
茂名	0.117	0.112	0.135	0.129	0.313	0.377	0.46	0.29	0.264
肇慶	0.143	0.122	0.237	0.181	0.416	0.34	0.455	0.312	0.307
惠州	0.123	0.115	0.163	0.145	0.244	0.402	0.608	0.405	0.329
梅州	0.163	0.115	0.287	0.15	0.273	0.356	0.443	0.302	0.299
汕尾	0.203	0.104	0.54	0.117	0.199	0.376	0.42	0.333	0.281
河源	0.117	0.108	0.17	0.137	0.205	0.323	0.437	0.32	0.288
陽江	0.103	0.109	0.117	0.153	0.187	0.358	0.443	0.314	0.274
清遠	0.13	0.112	0.201	0.147	0.199	0.34	0.379	0.299	0.236
東莞	0.143	0.232	0.166	0.332	0.445	0.551	0.497	0.401	0.4
中山	0.166	0.117	0.367	0.176	0.444	0.417	0.65	0.438	0.405
潮州	0.12	0.106	0.194	0.133	0.405	0.373	0.461	0.326	0.382
揭陽	0.117	0.112	0.135	0.129	0.279	0.341	0.441	0.336	0.3
雲浮	0.13	0.111	0.257	0.169	0.276	0.371	0.447	0.308	0.272
南寧	0.16	0.205	0.211	0.323	0.35	0.26	0.4	0.289	0.404
柳州	0.11	0.123	0.133	0.187	0.187	0.171	0.216	0.204	0.307
桂林	0.176	0.151	0.3	0.253	0.188	0.158	0.228	0.179	0.245
梧州	0.12	0.113	0.186	0.163	0.19	0.208	0.274	0.211	0.221
北海	0.12	0.107	0.26	0.163	0.252	0.166	0.281	0.217	0.233
防城港	0.113	0.104	0.289	0.161	0.237	0.208	0.214	0.158	0.257
欽州	0.11	0.112	0.14	0.155	0.291	0.254	0.266	0.222	0.294
貴港	0.123	0.11	0.17	0.134	0.179	0.184	0.27	0.161	0.321
玉林	0.1	0.121	0.1	0.155	0.254	0.219	0.253	0.185	0.315
百色	0.14	0.117	0.243	0.171	0.15	0.182	0.233	0.149	0.234
賀州	0.11	0.108	0.164	0.158	0.157	0.176	0.233	0.169	0.255
河池	0.11	0.113	0.137	0.157	0.169	0.209	0.237	0.165	0.25
來賓	0.126	0.109	0.258	0.164	0.227	0.213	0.196	0.17	0.27
崇左	0.107	0.109	0.142	0.162	0.14	0.196	0.185	0.144	0.253
海口	0.13	0.107	0.276	0.148	0.406	0.268	0.496	0.437	0.469
三亞	0.107	0.104	0.216	0.189	0.354	0.232	0.43	0.295	0.364
重慶	0.14	0.24	0.117	0.169	0.435	0.452	0.48	0.436	0.485
成都	0.169	0.124	0.162	0.124	0.321	0.429	0.492	0.482	0.523

表 4.10.1 2015 年度城市文化形象競爭力三級指標分值

城市	劇院數	公共藏書總量	每百萬人影劇院數	每百人公共圖書數	誠信意識指數	競爭意識指數	重商意識指數	創新意識指數	寬容意識指數
自貢	0.117	0.106	0.177	0.131	0.205	0.285	0.311	0.269	0.217
攀枝花	0.117	0.11	0.272	0.224	0.228	0.272	0.244	0.269	0.33
瀘州	0.123	0.115	0.17	0.151	0.274	0.26	0.217	0.24	0.192
德陽	0.13	0.11	0.208	0.139	0.184	0.261	0.258	0.278	0.246
綿陽	0.156	0.122	0.254	0.17	0.265	0.237	0.291	0.268	0.232
廣元	0.206	0.113	0.633	0.177	0.253	0.268	0.269	0.278	0.237
遂寧	0.123	0.106	0.191	0.127	0.224	0.189	0.316	0.259	0.307
內江	0.13	0.107	0.202	0.126	0.318	0.221	0.304	0.208	0.272
樂山	0.103	0.107	0.113	0.132	0.218	0.188	0.358	0.205	0.226
南充	0.11	0.113	0.12	0.13	0.309	0.182	0.268	0.266	0.216
眉山	0.117	0.104	0.171	0.119	0.24	0.186	0.329	0.211	0.293
宜賓	0.15	0.115	0.242	0.149	0.218	0.225	0.313	0.231	0.277
廣安	0.12	0.121	0.179	0.195	0.193	0.171	0.211	0.276	0.295
達州	0.14	0.113	0.192	0.135	0.217	0.247	0.302	0.276	0.25
雅安	0.107	0.109	0.155	0.188	0.178	0.233	0.233	0.235	0.33
巴中	0.136	0.107	0.241	0.131	0.244	0.271	0.325	0.244	0.221
資陽	0.123	0.115	0.183	0.163	0.299	0.226	0.332	0.264	0.325
貴陽	0.117	0.136	0.147	0.215	0.443	0.243	0.418	0.406	0.4
六盤水	0.113	0.105	0.159	0.127	0.217	0.215	0.258	0.25	0.211
遵義	0.153	0.152	0.21	0.224	0.191	0.184	0.246	0.207	0.236
安順	0.113	0.106	0.174	0.14	0.283	0.202	0.243	0.193	0.235
畢節	0.1	0.102	0.1	0.104	0.278	0.188	0.239	0.181	0.242
銅仁	0.113	0.107	0.155	0.133	0.286	0.196	0.234	0.197	0.249
昆明	0.123	0.134	0.145	0.176	0.476	0.394	0.506	0.433	0.439
曲靖	0.126	0.101	0.157	0.103	0.493	0.433	0.512	0.422	0.471
玉溪	0.173	0.115	0.5	0.197	0.236	0.189	0.241	0.274	0.229
保山	0.113	0.109	0.166	0.151	0.192	0.168	0.25	0.162	0.3
昭通	0.1	0.11	0.1	0.127	0.1	0.119	0.219	0.159	0.145
麗江	0.11	0.106	0.2	0.173	0.115	0.1	0.212	0.147	0.139
普洱	0.1	0.11	0.1	0.159	0.116	0.108	0.21	0.14	0.165
臨滄	0.107	0.11	0.134	0.159	0.127	0.104	0.209	0.141	0.158
拉薩	0.113	0.1	0.403	0.1	0.346	0.214	0.21	0.187	0.215
西安	0.262	0.183	0.342	0.241	0.37	0.424	0.471	0.427	0.433
銅川	0.126	0.108	0.502	0.246	0.308	0.21	0.242	0.205	0.266
寶雞	0.153	0.116	0.281	0.163	0.183	0.235	0.245	0.208	0.249
咸陽	0.136	0.116	0.194	0.147	0.322	0.176	0.249	0.242	0.31
渭南	0.136	0.112	0.187	0.133	0.177	0.236	0.247	0.288	0.291
延安	0.107	0.113	0.138	0.184	0.246	0.231	0.218	0.196	0.234
漢中	0.113	0.11	0.15	0.142	0.238	0.163	0.305	0.269	0.268
榆林	0.186	0.114	0.427	0.163	0.289	0.264	0.292	0.244	0.27
安康	0.126	0.109	0.229	0.151	0.17	0.178	0.285	0.202	0.313
商洛	0.126	0.106	0.245	0.139	0.14	0.163	0.159	0.122	0.226
蘭州	0.16	0.113	0.31	0.154	0.455	0.33	0.338	0.288	0.39
嘉峪關	0.117	0.103	1	0.283	0.197	0.251	0.198	0.2	0.323
金昌	0.113	0.105	0.463	0.245	0.187	0.242	0.292	0.252	0.287
白銀	0.11	0.109	0.174	0.176	0.297	0.228	0.232	0.201	0.206
天水	0.123	0.11	0.19	0.143	0.176	0.158	0.316	0.251	0.247
武威	0.103	0.104	0.123	0.132	0.178	0.137	0.159	0.128	0.137
張掖	0.12	0.112	0.31	0.245	0.192	0.164	0.167	0.112	0.127
平涼	0.13	0.109	0.283	0.16	0.204	0.145	0.137	0.102	0.14
酒泉	0.133	0.106	0.482	0.182	0.153	0.159	0.163	0.115	0.139
慶陽	0.12	0.108	0.214	0.152	0.158	0.145	0.141	0.107	0.1
定西	0.13	0.108	0.238	0.143	0.164	0.149	0.141	0.105	0.14
隴南	0.13	0.111	0.248	0.16	0.156	0.136	0.151	0.106	0.108
西寧	0.13	0.122	0.268	0.241	0.374	0.229	0.291	0.245	0.288
海東	0.103	0.106	0.13	0.156	0.379	0.343	0.353	0.34	0.29
銀川	0.14	0.139	0.344	0.376	0.386	0.338	0.35	0.337	0.291
石嘴山	0.107	0.107	0.212	0.239	0.279	0.149	0.244	0.221	0.234
吳忠	0.117	0.111	0.262	0.224	0.271	0.17	0.247	0.207	0.257
固原	0.133	0.106	0.441	0.175	0.225	0.164	0.196	0.182	0.278

表 4.10.1 2015 年度城市文化形象競爭力三級指標分值

城市	劇院數	公共藏書總量	每百萬人影劇院數	每百人公共圖書數	誠信意識指數	競爭意識指數	重商意識指數	創新意識指數	寬容意識指數
中衛	0.11	0.105	0.213	0.164	0.258	0.151	0.188	0.181	0.267
烏魯木齊	0.113	0.139	0.149	0.264	0.307	0.273	0.275	0.277	0.308
克拉瑪依	0.117	0.123	0.659	1	0.209	0.231	0.247	0.234	0.25
香港	0.471	0.268	0.756	0.439	1	1	1	1	1
澳門	0.117	0.124	0.433	0.645	0.421	0.477	0.49	0.441	0.444
新北	0.189	0.106	0.389	0.122	0.282	0.203	0.288	0.203	0.214
臺北	0.226	0.107	0.696	0.139	0.375	0.313	0.46	0.377	0.337
桃園	0.16	0.104	0.471	0.122	0.289	0.202	0.283	0.205	0.212
台中	0.143	0.103	0.303	0.122	0.297	0.21	0.278	0.201	0.232
台南	0.163	0.102	0.527	0.112	0.278	0.209	0.291	0.204	0.236
高雄	0.11	0.101	0.146	0.122	0.28	0.212	0.278	0.206	0.22
基隆	0.11	0.101	0.441	0.123	0.289	0.208	0.296	0.214	0.219
新竹	0.11	0.101	0.394	0.121	0.273	0.2	0.286	0.196	0.23
嘉義	0.107	0.1	0.413	0.122	0.286	0.204	0.272	0.193	0.214

表 4.10.2 2015 年度城市文化形象競爭力三級指標分值(續)

城市	城市歷史文化指數	藝術家和文化組織指數	名勝古跡指數	教育文化人力資本指數	城市文化影響指數	城市功能定位指數	城市建築景觀和諧程度	城市知名度	城市推廣度
北京	1	1	1	0.859	1	0.808	0.849	1	1
天津	0.814	0.212	0.541	0.377	0.668	0.453	0.384	0.769	0.753
石家莊	0.6	0.174	0.25	0.342	0.535	0.499	0.297	0.583	0.52
唐山	0.424	0.125	0.192	0.323	0.259	0.18	0.21	0.346	0.322
秦皇島	0.47	0.123	0.617	0.402	0.4	0.168	0.41	0.395	0.377
邯鄲	0.533	0.122	0.27	0.323	0.245	0.181	0.218	0.253	0.265
邢臺	0.295	0.111	0.193	0.256	0.349	0.175	0.156	0.227	0.254
保定	0.417	0.12	0.246	0.319	0.386	0.151	0.222	0.242	0.251
張家口	0.441	0.115	0.21	0.363	0.284	0.1	0.186	0.266	0.229
承德	0.463	0.117	0.174	0.365	0.353	0.157	0.152	0.228	0.2
滄州	0.38	0.119	0.226	0.331	0.372	0.181	0.165	0.248	0.273
廊坊	0.439	0.108	0.188	0.351	0.224	0.179	0.206	0.211	0.273
衡水	0.435	0.109	0.174	0.367	0.221	0.18	0.187	0.196	0.229
太原	0.415	0.171	0.415	0.601	0.293	0.269	0.364	0.293	0.384
大同	0.326	0.12	0.238	0.408	0.205	0.152	0.236	0.264	0.292
陽泉	0.267	0.105	0.178	0.386	0.18	0.162	0.265	0.285	0.267
長治	0.306	0.122	0.182	0.429	0.189	0.167	0.29	0.195	0.202
晉城	0.292	0.108	0.203	0.346	0.139	0.156	0.23	0.235	0.297
朔州	0.354	0.106	0.152	0.355	0.177	0.155	0.249	0.234	0.201
晉中	0.322	0.115	0.2	0.404	0.166	0.176	0.237	0.248	0.273
運城	0.298	0.13	0.183	0.383	0.161	0.161	0.236	0.262	0.201
忻州	0.319	0.108	0.175	0.402	0.198	0.18	0.284	0.219	0.265
臨汾	0.261	0.119	0.234	0.368	0.162	0.112	0.258	0.241	0.268
呂梁	0.27	0.118	0.24	0.421	0.157	0.11	0.28	0.243	0.254
呼和浩特	0.39	0.155	0.447	0.552	0.261	0.268	0.318	0.367	0.36
包頭	0.236	0.114	0.179	0.319	0.161	0.118	0.203	0.169	0.251
烏海	0.232	0.102	0.173	0.384	0.202	0.13	0.188	0.258	0.212
赤峰	0.184	0.111	0.229	0.419	0.176	0.173	0.196	0.22	0.262
通遼	0.228	0.11	0.246	0.377	0.149	0.127	0.163	0.248	0.209
鄂爾多斯	0.298	0.112	0.236	0.401	0.236	0.316	0.294	0.454	0.553
呼倫貝爾	0.201	0.119	0.367	0.425	0.206	0.137	0.132	0.277	0.217
巴彥淖爾	0.211	0.104	0.234	0.308	0.1	0.142	0.139	0.239	0.192
烏蘭察布	0.191	0.109	0.265	0.378	0.145	0.125	0.119	0.235	0.18
瀋陽	0.602	0.188	0.666	0.527	0.341	0.463	0.347	0.771	0.631
大連	0.568	0.164	0.579	0.355	0.342	0.356	0.665	0.763	0.986
鞍山	0.424	0.115	0.266	0.374	0.169	0.2	0.239	0.351	0.337
撫順	0.468	0.11	0.267	0.347	0.185	0.206	0.33	0.447	0.314
本溪	0.254	0.106	0.343	0.42	0.167	0.212	0.21	0.319	0.305
丹東	0.444	0.109	0.244	0.462	0.195	0.194	0.355	0.372	0.302
錦州	0.408	0.115	0.26	0.327	0.168	0.229	0.321	0.304	0.344

表 4.10.2 2015 年度城市文化形象競爭力三級指標分值(續)

城市	城市歷史文化指數	藝術家和文化組織指數	名勝古跡指數	教育文化人力資本指數	城市文化影響指數	城市功能定位指數	城市建築景觀和諧程度	城市知名度	城市推廣度
營口	0.45	0.108	0.335	0.265	0.164	0.257	0.344	0.491	0.387
阜新	0.447	0.107	0.279	0.413	0.208	0.198	0.375	0.379	0.391
遼陽	0.452	0.106	0.33	0.277	0.161	0.229	0.348	0.278	0.288
盤錦	0.379	0.107	0.277	0.355	0.197	0.174	0.268	0.402	0.318
鐵嶺	0.352	0.106	0.251	0.297	0.182	0.233	0.364	0.298	0.286
朝陽	0.39	0.106	0.288	0.424	0.159	0.201	0.337	0.457	0.372
葫蘆島	0.299	0.104	0.317	0.278	0.187	0.259	0.294	0.306	0.326
長春	0.595	0.187	0.159	0.508	0.341	0.353	0.333	0.593	0.512
吉林	0.293	0.113	0.102	0.333	0.201	0.224	0.258	0.41	0.388
四平	0.411	0.11	0.103	0.303	0.225	0.255	0.281	0.329	0.259
遼源	0.281	0.103	0.1	0.284	0.187	0.205	0.233	0.283	0.264
通化	0.442	0.112	0.108	0.299	0.159	0.189	0.351	0.334	0.253
白山	0.387	0.105	0.162	0.389	0.228	0.26	0.212	0.304	0.205
松原	0.42	0.108	0.139	0.299	0.167	0.307	0.331	0.331	0.234
白城	0.347	0.107	0.131	0.46	0.143	0.28	0.218	0.281	0.219
哈爾濱	0.693	0.202	0.567	0.423	0.342	0.448	0.372	0.663	0.543
齊齊哈爾	0.301	0.115	0.311	0.225	0.179	0.322	0.305	0.374	0.235
雞西	0.341	0.108	0.334	0.241	0.163	0.221	0.295	0.265	0.219
鶴崗	0.411	0.105	0.29	0.338	0.228	0.314	0.257	0.199	0.199
雙鴨山	0.312	0.106	0.272	0.264	0.213	0.306	0.344	0.222	0.207
大慶	0.357	0.124	0.304	0.419	0.203	0.281	0.316	0.488	0.228
伊春	0.275	0.103	0.316	0.304	0.15	0.315	0.357	0.21	0.278
佳木斯	0.318	0.107	0.328	0.254	0.208	0.2	0.295	0.182	0.268
七台河	0.345	0.102	0.284	0.227	0.217	0.292	0.324	0.26	0.193
牡丹江	0.35	0.111	0.226	0.27	0.223	0.231	0.273	0.18	0.191
黑河	0.33	0.109	0.178	0.351	0.2	0.221	0.246	0.225	0.259
綏化	0.285	0.108	0.168	0.265	0.159	0.183	0.328	0.269	0.203
上海	0.945	0.392	0.62	0.384	0.778	0.998	0.683	0.999	0.991
南京	0.763	0.214	0.98	0.461	0.519	0.281	0.485	0.643	0.516
無錫	0.589	0.137	0.802	0.289	0.334	0.477	0.578	0.507	0.493
徐州	0.594	0.121	0.521	0.325	0.33	0.185	0.404	0.49	0.477
常州	0.399	0.131	0.499	0.305	0.269	0.282	0.368	0.443	0.477
蘇州	0.522	0.15	0.763	0.242	0.739	0.83	0.723	0.762	0.88
南通	0.471	0.122	0.474	0.268	0.336	0.529	0.32	0.432	0.474
連雲港	0.463	0.108	0.478	0.301	0.259	0.276	0.253	0.321	0.371
淮安	0.395	0.112	0.465	0.353	0.299	0.24	0.266	0.258	0.201
鹽城	0.289	0.124	0.364	0.269	0.235	0.234	0.208	0.161	0.185
揚州	0.312	0.117	0.406	0.353	0.257	0.224	0.221	0.149	0.258
鎮江	0.406	0.112	0.385	0.326	0.249	0.288	0.299	0.234	0.275
泰州	0.434	0.11	0.248	0.29	0.281	0.305	0.364	0.226	0.281
宿遷	0.265	0.105	0.332	0.317	0.24	0.221	0.26	0.205	0.22
杭州	0.813	0.218	0.911	0.601	0.606	0.594	0.61	0.649	0.618
寧波	0.501	0.143	0.665	0.328	0.329	0.588	0.596	0.492	0.481
溫州	0.385	0.141	0.422	0.281	0.373	0.484	0.417	0.506	0.516
嘉興	0.443	0.126	0.572	0.329	0.408	0.482	0.387	0.483	0.484
湖州	0.342	0.108	0.485	0.293	0.364	0.45	0.341	0.474	0.441
紹興	0.598	0.129	0.663	0.311	0.441	0.628	0.5	0.594	0.571
金華	0.39	0.123	0.303	0.305	0.338	0.275	0.277	0.284	0.274
衢州	0.493	0.109	0.296	0.313	0.352	0.21	0.307	0.341	0.274
舟山	0.458	0.109	0.565	0.383	0.306	0.489	0.393	0.394	0.429
台州	0.441	0.119	0.425	0.273	0.323	0.459	0.242	0.27	0.382
麗水	0.442	0.113	0.322	0.42	0.34	0.22	0.384	0.361	0.319
合肥	0.674	0.154	0.449	0.376	0.456	0.281	0.361	0.568	0.488
蕪湖	0.338	0.105	0.266	0.309	0.248	0.206	0.263	0.35	0.201
蚌埠	0.281	0.106	0.335	0.27	0.307	0.199	0.337	0.402	0.194
淮南	0.402	0.105	0.282	0.323	0.297	0.22	0.237	0.244	0.273
馬鞍山	0.385	0.104	0.333	0.264	0.304	0.22	0.23	0.173	0.262
淮北	0.455	0.101	0.284	0.253	0.321	0.201	0.376	0.185	0.199
銅陵	0.358	0.102	0.32	0.327	0.32	0.181	0.333	0.224	0.239

表 4.10.2 2015 年度城市文化形象競爭力三級指標分值(續)

城市	城市歷史文化指數	藝術家和文化組織指數	名勝古跡指數	教育文化人力資本指數	城市文化影響指數	城市功能定位指數	城市建築景觀和諧程度	城市知名度	城市推廣度
安慶	0.393	0.114	0.31	0.304	0.273	0.26	0.281	0.209	0.227
黃山	0.442	0.105	0.324	0.291	0.293	0.221	0.284	0.171	0.224
滁州	0.345	0.101	0.276	0.245	0.283	0.213	0.31	0.174	0.199
阜陽	0.449	0.106	0.283	0.217	0.311	0.276	0.321	0.227	0.229
宿州	0.432	0.107	0.312	0.268	0.247	0.156	0.303	0.225	0.248
六安	0.319	0.149	0.333	0.264	0.251	0.189	0.299	0.224	0.231
亳州	0.378	0.106	0.319	0.249	0.245	0.149	0.352	0.224	0.261
池州	0.445	0.112	0.276	0.288	0.278	0.133	0.353	0.222	0.289
宣城	0.422	0.148	0.256	0.33	0.262	0.125	0.33	0.256	0.308
福州	0.703	0.167	0.612	0.447	0.466	0.394	0.357	0.529	0.487
廈門	0.567	0.143	0.482	0.397	0.42	0.488	0.503	0.464	0.484
莆田	0.39	0.107	0.369	0.369	0.287	0.213	0.348	0.29	0.317
三明	0.317	0.107	0.33	0.399	0.261	0.166	0.292	0.275	0.309
泉州	0.556	0.118	0.619	0.28	0.409	0.197	0.33	0.416	0.387
漳州	0.414	0.111	0.357	0.278	0.293	0.146	0.366	0.277	0.306
南平	0.319	0.11	0.404	0.365	0.232	0.183	0.238	0.284	0.34
龍岩	0.344	0.109	0.434	0.414	0.283	0.116	0.332	0.364	0.348
寧德	0.345	0.109	0.503	0.356	0.262	0.137	0.307	0.373	0.324
南昌	0.721	0.148	0.67	0.321	0.429	0.45	0.354	0.527	0.481
景德鎮	0.351	0.11	0.425	0.314	0.218	0.201	0.276	0.369	0.389
萍鄉	0.361	0.103	0.385	0.301	0.251	0.328	0.33	0.361	0.28
九江	0.39	0.116	0.405	0.264	0.138	0.192	0.278	0.414	0.255
新餘	0.415	0.102	0.421	0.268	0.218	0.315	0.297	0.278	0.269
鷹潭	0.298	0.101	0.372	0.272	0.183	0.273	0.264	0.268	0.299
贛州	0.459	0.114	0.397	0.273	0.223	0.194	0.271	0.269	0.178
吉安	0.446	0.112	0.43	0.211	0.233	0.252	0.223	0.181	0.208
宜春	0.435	0.106	0.379	0.215	0.241	0.33	0.323	0.196	0.199
撫州	0.348	0.107	0.387	0.325	0.177	0.271	0.314	0.195	0.226
上饒	0.473	0.108	0.436	0.235	0.192	0.283	0.304	0.187	0.28
濟南	0.783	0.185	0.769	0.498	0.515	0.374	0.549	0.783	0.741
青島	0.652	0.157	0.766	0.374	0.465	0.318	0.581	0.737	0.798
淄博	0.396	0.13	0.398	0.424	0.278	0.185	0.233	0.311	0.338
棗莊	0.309	0.106	0.464	0.316	0.26	0.153	0.289	0.341	0.301
東營	0.362	0.103	0.378	0.305	0.308	0.165	0.32	0.381	0.337
煙臺	0.575	0.13	0.307	0.47	0.41	0.367	0.411	0.579	0.642
濰坊	0.324	0.118	0.271	0.313	0.224	0.172	0.233	0.351	0.311
濟寧	0.488	0.131	0.255	0.282	0.315	0.153	0.287	0.354	0.372
泰安	0.324	0.109	0.345	0.33	0.277	0.372	0.306	0.359	0.399
威海	0.459	0.108	0.355	0.35	0.407	0.386	0.513	0.521	0.569
日照	0.331	0.105	0.237	0.247	0.286	0.192	0.268	0.324	0.343
萊蕪	0.467	0.101	0.308	0.24	0.276	0.173	0.246	0.296	0.3
臨沂	0.39	0.117	0.277	0.297	0.277	0.127	0.291	0.299	0.351
德州	0.358	0.109	0.285	0.305	0.284	0.152	0.222	0.358	0.338
聊城	0.436	0.113	0.351	0.253	0.312	0.47	0.369	0.484	0.581
濱州	0.369	0.108	0.344	0.266	0.314	0.157	0.256	0.293	0.272
菏澤	0.396	0.114	0.279	0.279	0.281	0.127	0.282	0.434	0.353
鄭州	0.686	0.283	0.255	0.525	0.416	0.439	0.197	0.69	0.529
開封	0.28	0.118	0.226	0.225	0.221	0.116	0.258	0.471	0.223
洛陽	0.882	0.123	0.985	0.298	0.246	0.144	0.28	0.418	0.227
平頂山	0.353	0.117	0.221	0.295	0.148	0.139	0.291	0.264	0.221
安陽	0.41	0.113	0.213	0.277	0.188	0.174	0.274	0.251	0.209
鶴壁	0.343	0.101	0.236	0.268	0.209	0.18	0.218	0.264	0.273
新鄉	0.364	0.111	0.227	0.317	0.235	0.102	0.262	0.228	0.226
焦作	0.437	0.109	0.252	0.326	0.192	0.192	0.29	0.181	0.244
濮陽	0.324	0.107	0.19	0.244	0.182	0.149	0.284	0.225	0.268
許昌	0.349	0.109	0.212	0.286	0.187	0.143	0.267	0.22	0.238
漯河	0.318	0.108	0.248	0.34	0.216	0.148	0.281	0.214	0.246
三門峽	0.248	0.107	0.217	0.331	0.166	0.144	0.224	0.195	0.216
南陽	0.347	0.128	0.208	0.37	0.229	0.152	0.254	0.215	0.232

表 4.10.2 2015 年度城市文化形象競爭力三級指標分值(續)

城市	城市歷史文化指數	藝術家和文化組織指數	名勝古跡指數	教育文化人力資本指數	城市文化影響指數	城市功能定位指數	城市建築景觀和諧程度	城市知名度	城市推廣度
商丘	0.647	0.108	0.171	0.339	0.402	0.372	0.486	0.421	0.431
信陽	0.314	0.121	0.211	0.446	0.183	0.135	0.245	0.171	0.223
周口	0.46	0.113	0.235	0.325	0.18	0.156	0.232	0.272	0.245
駐馬店	0.403	0.117	0.223	0.352	0.206	0.135	0.273	0.217	0.212
武漢	0.79	0.215	0.633	0.534	0.479	0.545	0.435	0.684	0.574
黃石	0.258	0.108	0.277	0.319	0.297	0.298	0.292	0.355	0.331
十堰	0.445	0.117	0.336	0.322	0.288	0.277	0.263	0.382	0.478
宜昌	0.332	0.141	0.304	0.312	0.245	0.159	0.329	0.2	0.264
襄陽	0.443	0.122	0.295	0.366	0.238	0.135	0.352	0.146	0.223
鄂州	0.332	0.103	0.516	0.347	0.235	0.144	0.335	0.24	0.228
荊門	0.365	0.113	0.445	0.252	0.297	0.176	0.366	0.225	0.299
孝感	0.428	0.125	0.295	0.333	0.321	0.169	0.242	0.173	0.208
荊州	0.439	0.116	0.425	0.231	0.291	0.146	0.335	0.239	0.265
黃岡	0.389	0.111	0.25	0.253	0.258	0.205	0.259	0.189	0.268
咸寧	0.49	0.104	0.262	0.394	0.291	0.122	0.281	0.209	0.289
隨州	0.302	0.102	0.291	0.252	0.331	0.165	0.259	0.18	0.246
長沙	0.697	0.214	0.396	0.504	0.443	0.516	0.295	0.586	0.562
株洲	0.454	0.109	0.226	0.281	0.255	0.211	0.249	0.378	0.347
湘潭	0.288	0.108	0.265	0.298	0.407	0.23	0.26	0.349	0.296
衡陽	0.455	0.122	0.398	0.277	0.307	0.192	0.237	0.175	0.277
邵陽	0.27	0.104	0.41	0.2	0.295	0.186	0.247	0.254	0.296
岳陽	0.446	0.107	0.423	0.292	0.271	0.124	0.282	0.368	0.416
常德	0.364	0.115	0.268	0.245	0.416	0.199	0.282	0.343	0.324
張家界	0.473	0.102	0.8	0.283	0.284	0.191	0.254	0.704	0.699
益陽	0.469	0.111	0.235	0.222	0.256	0.144	0.207	0.243	0.243
郴州	0.34	0.107	0.264	0.257	0.319	0.18	0.271	0.403	0.38
永州	0.476	0.11	0.358	0.288	0.244	0.115	0.293	0.243	0.285
懷化	0.293	0.11	0.194	0.284	0.362	0.124	0.253	0.196	0.281
婁底	0.269	0.106	0.189	0.227	0.353	0.141	0.224	0.209	0.248
廣州	0.873	0.285	0.706	0.434	0.619	0.63	0.521	0.995	0.782
韶關	0.395	0.108	0.467	0.357	0.547	0.557	0.527	0.584	0.618
深圳	0.364	0.213	0.252	0.272	0.996	0.998	0.748	0.996	0.995
珠海	0.454	0.117	0.221	0.532	0.512	0.439	0.538	0.567	0.513
汕頭	0.392	0.11	0.205	0.307	0.324	0.267	0.353	0.746	0.478
佛山	0.439	0.117	0.484	0.316	0.461	0.361	0.35	0.54	0.424
江門	0.412	0.109	0.333	0.249	0.54	0.418	0.478	0.47	0.518
湛江	0.275	0.113	0.223	0.324	0.397	0.155	0.33	0.483	0.393
茂名	0.3	0.113	0.178	0.409	0.368	0.126	0.274	0.438	0.475
肇慶	0.303	0.108	0.224	0.341	0.234	0.148	0.275	0.41	0.399
惠州	0.389	0.119	0.241	0.281	0.336	0.308	0.26	0.457	0.372
梅州	0.354	0.108	0.235	0.357	0.301	0.161	0.262	0.311	0.359
汕尾	0.384	0.105	0.304	0.269	0.293	0.154	0.237	0.266	0.334
河源	0.291	0.107	0.241	0.336	0.384	0.156	0.295	0.33	0.338
陽江	0.272	0.104	0.214	0.302	0.296	0.134	0.235	0.302	0.278
清遠	0.268	0.106	0.217	0.261	0.261	0.14	0.244	0.27	0.288
東莞	0.379	0.137	0.26	0.1	0.434	0.682	0.451	0.674	0.422
中山	0.682	0.111	0.726	0.261	0.421	0.504	0.598	0.577	0.487
潮州	0.281	0.104	0.211	0.271	0.34	0.148	0.26	0.421	0.438
揭陽	0.282	0.107	0.184	0.264	0.244	0.166	0.266	0.248	0.226
雲浮	0.29	0.103	0.18	0.343	0.353	0.156	0.265	0.215	0.265
南寧	0.497	0.162	0.344	0.473	0.388	0.309	0.319	0.529	0.368
柳州	0.343	0.113	0.282	0.402	0.293	0.221	0.226	0.416	0.413
桂林	0.279	0.124	0.738	0.357	0.195	0.204	0.228	0.645	0.476
梧州	0.281	0.106	0.322	0.321	0.221	0.29	0.28	0.271	0.244
北海	0.298	0.104	0.27	0.376	0.17	0.189	0.267	0.489	0.325
防城港	0.319	0.101	0.313	0.442	0.154	0.215	0.314	0.252	0.237
欽州	0.354	0.103	0.302	0.321	0.287	0.414	0.303	0.258	0.395
貴港	0.314	0.101	0.232	0.322	0.176	0.226	0.264	0.248	0.266
玉林	0.36	0.108	0.216	0.36	0.196	0.247	0.359	0.214	0.254

表 4.10.2 2015 年度城市文化形象競爭力三級指標分值(續)

城市	城市歷史文化指數	藝術家和文化組織指數	名勝古跡指數	教育文化人力資本指數	城市文化影響指數	城市功能定位指數	城市建築景觀和諧程度	城市知名度	城市推廣度
百色	0.272	0.105	0.221	0.29	0.177	0.17	0.32	0.211	0.223
賀州	0.245	0.103	0.225	0.311	0.194	0.191	0.319	0.108	0.231
河池	0.276	0.106	0.212	0.315	0.174	0.186	0.314	0.11	0.218
來賓	0.272	0.103	0.194	0.317	0.189	0.199	0.324	0.122	0.229
崇左	0.265	0.102	0.226	0.309	0.188	0.194	0.305	0.124	0.222
海口	0.494	0.135	0.385	0.636	0.403	0.48	0.444	0.809	0.609
三亞	0.278	0.106	0.256	0.375	0.198	0.276	0.473	0.591	0.402
重慶	0.687	0.371	0.686	0.413	0.439	0.483	0.47	0.724	0.498
成都	0.686	0.365	0.716	0.539	0.449	0.465	0.475	0.669	0.501
自貢	0.318	0.106	0.378	0.227	0.241	0.231	0.269	0.282	0.246
攀枝花	0.352	0.105	0.401	0.326	0.272	0.207	0.208	0.34	0.248
瀘州	0.364	0.104	0.293	0.254	0.26	0.264	0.248	0.299	0.228
德陽	0.272	0.104	0.285	0.238	0.241	0.211	0.335	0.354	0.225
綿陽	0.256	0.106	0.305	0.335	0.32	0.308	0.408	0.423	0.378
廣元	0.308	0.102	0.327	0.377	0.271	0.16	0.34	0.229	0.238
遂寧	0.287	0.102	0.338	0.215	0.264	0.185	0.291	0.192	0.235
內江	0.355	0.106	0.32	0.209	0.31	0.174	0.282	0.236	0.224
樂山	0.331	0.11	0.169	0.24	0.26	0.152	0.294	0.223	0.247
南充	0.238	0.113	0.204	0.289	0.269	0.156	0.307	0.229	0.235
眉山	0.253	0.103	0.176	0.225	0.271	0.151	0.348	0.247	0.197
宜賓	0.182	0.11	0.211	0.29	0.192	0.181	0.319	0.229	0.184
廣安	0.196	0.103	0.21	0.25	0.151	0.182	0.306	0.26	0.261
達州	0.14	0.108	0.174	0.245	0.169	0.182	0.293	0.21	0.274
雅安	0.237	0.101	0.214	0.327	0.197	0.141	0.264	0.196	0.263
巴中	0.169	0.113	0.173	0.241	0.218	0.157	0.307	0.183	0.276
資陽	0.179	0.108	0.19	0.244	0.197	0.147	0.348	0.254	0.245
貴陽	0.581	0.139	0.501	0.392	0.408	0.297	0.527	0.571	0.456
六盤水	0.209	0.103	0.182	0.301	0.171	0.198	0.352	0.367	0.249
遵義	0.434	0.108	0.199	0.345	0.233	0.179	0.305	0.456	0.223
安順	0.14	0.101	0.17	0.339	0.188	0.102	0.285	0.265	0.226
畢節	0.14	0.106	0.169	0.342	0.196	0.11	0.272	0.267	0.225
銅仁	0.151	0.105	0.167	0.498	0.188	0.109	0.287	0.26	0.227
昆明	0.592	0.169	0.573	0.532	0.422	0.394	0.545	0.858	0.812
曲靖	0.499	0.107	0.518	0.312	0.4	0.427	0.498	0.622	0.639
玉溪	0.201	0.106	0.405	0.326	0.245	0.152	0.342	0.329	0.425
保山	0.232	0.102	0.524	0.293	0.195	0.126	0.346	0.257	0.228
昭通	0.235	0.104	0.231	0.312	0.13	0.126	0.134	0.138	0.194
麗江	0.259	0.109	0.211	0.401	0.137	0.115	0.127	0.123	0.189
普洱	0.23	0.106	0.214	0.267	0.135	0.112	0.144	0.111	0.193
臨滄	0.249	0.102	0.205	0.264	0.175	0.12	0.136	0.125	0.192
拉薩	0.908	0.132	0.547	1	0.493	0.162	0.302	0.568	0.278
西安	0.993	0.208	0.999	0.641	0.72	0.387	0.414	0.867	0.725
銅川	0.264	0.102	0.352	0.379	0.163	0.152	0.233	0.18	0.219
寶雞	0.197	0.112	0.384	0.306	0.198	0.167	0.266	0.211	0.247
咸陽	0.722	0.118	0.814	0.432	0.202	0.161	0.302	0.262	0.297
渭南	0.23	0.119	0.486	0.374	0.184	0.139	0.249	0.237	0.22
延安	0.236	0.114	0.795	0.451	0.19	0.12	0.285	0.203	0.255
漢中	0.174	0.108	0.453	0.337	0.215	0.147	0.259	0.256	0.291
榆林	0.269	0.116	0.51	0.449	0.19	0.174	0.243	0.214	0.291
安康	0.222	0.105	0.472	0.343	0.191	0.204	0.27	0.247	0.198
商洛	0.235	0.108	0.216	0.368	0.165	0.129	0.226	0.14	0.185
蘭州	0.547	0.151	0.486	0.586	0.412	0.282	0.394	0.448	0.426
嘉峪關	0.337	0.1	0.325	0.313	0.166	0.15	0.213	0.249	0.177
金昌	0.376	0.1	0.217	0.271	0.174	0.14	0.254	0.241	0.264
白銀	0.29	0.102	0.192	0.462	0.165	0.166	0.256	0.251	0.199
天水	0.341	0.107	0.251	0.342	0.224	0.189	0.23	0.248	0.266
武威	0.218	0.11	0.342	0.323	0.179	0.218	0.123	0.225	0.152
張掖	0.2	0.105	0.331	0.533	0.154	0.227	0.1	0.203	0.141
平涼	0.205	0.105	0.352	0.428	0.168	0.229	0.118	0.235	0.149

表 4.10.2 2015 年度城市文化形象競爭力三級指標分值(續)

城市	城市歷史文化指數	藝術家和文化組織指數	名勝古跡指數	教育文化人力資本指數	城市文化影響指數	城市功能定位指數	城市建築景觀和諧程度	城市知名度	城市推廣度
酒泉	0.194	0.11	0.352	0.38	0.154	0.219	0.11	0.199	0.151
慶陽	0.164	0.104	0.275	0.402	0.123	0.18	0.101	0.116	0.106
定西	0.193	0.104	0.353	0.36	0.136	0.202	0.111	0.202	0.151
隴南	0.176	0.108	0.322	0.323	0.148	0.201	0.107	0.1	0.1
西寧	0.431	0.123	0.376	0.388	0.346	0.181	0.347	0.366	0.268
海東	0.592	0.102	0.366	0.353	0.433	0.42	0.36	0.416	0.378
銀川	0.588	0.123	0.36	0.448	0.434	0.421	0.354	0.42	0.379
石嘴山	0.234	0.102	0.214	0.315	0.224	0.12	0.24	0.111	0.112
吳忠	0.163	0.103	0.186	0.314	0.224	0.173	0.222	0.15	0.163
固原	0.146	0.102	0.192	0.442	0.177	0.163	0.226	0.125	0.121
中衛	0.164	0.102	0.187	0.323	0.167	0.152	0.203	0.116	0.119
烏魯木齊	0.3	0.161	0.276	0.505	0.302	0.208	0.336	0.415	0.291
克拉瑪依	0.1	0.101	0.184	0.547	0.157	0.177	0.264	0.131	0.177
香港	0.864	0.354	0.32	0.965	0.688	1	1	1	1
澳門	0.45	0.143	0.352	0.409	0.679	0.542	0.534	0.712	0.767
新北	0.119	0.393	0.222	0.394	0.25	0.214	0.248	0.178	0.188
臺北	0.37	0.298	0.314	0.394	0.586	0.656	0.473	0.576	0.776
桃園	0.136	0.299	0.221	0.394	0.23	0.226	0.259	0.184	0.191
台中	0.119	0.239	0.219	0.394	0.26	0.239	0.263	0.184	0.203
台南	0.13	0.306	0.221	0.394	0.246	0.216	0.247	0.193	0.187
高雄	0.129	0.133	0.228	0.394	0.245	0.231	0.242	0.2	0.186
基隆	0.121	0.127	0.211	0.394	0.26	0.229	0.253	0.182	0.193
新竹	0.115	0.13	0.212	0.394	0.259	0.227	0.238	0.197	0.196
嘉義	0.119	0.119	0.21	0.394	0.258	0.218	0.244	0.197	0.192

第五篇 2015 年度中國城市成長競爭力二級指標及排名

5.1 城市潛力指數二級指標分值及排名[①]

城市潛力指數包括居民消費潛力指數、金融資本潛力指數、人力資本潛力指數、市場潛力指數、區位指數、自然資源指數、環境質量指數與可持續發展指數 8 個二級指標，它反映城市成長競爭力方面在未來或潛在競爭中可持續發展的能力。

居民消費潛力指數。居民消費潛力從城市居民的收入水平、收入增長水平以及居民消費水平、消費增長水平來衡量城市居民的消費潛力。城市是創造財富、分配財富、消費財富的集中地，居民消費是城市生態鏈條中最重要環節。實物只有經過消費領域才能成為真正意義上的財富，繼而開啟下一個創造、分配、消費財富的過程。城市居民消費水平越高意味著進入下一個財富創造過程的資源越多，該城市就具有更強的財富創造能力。居民消費潛力指數是衡量城市未來發展潛力的有效指標。居民消費水平的高低體現了城市在創造財富方面的能力，具有較高居民消費水平的城市為自身的產業創造了一個更具潛力的市場，因此適當的提高居民的消費能力和消費水平可以使城市的發展處於一個良性的循環當中。

金融資本潛力指數。金融資本潛力指數從支援城市發展資金鏈的可獲得性來考察城市發展潛力。資本作為社會化大生產的直接參與要素，在價值創造過程中發揮著重要作用。資本獲得便利性極大地決定著城市產業規模擴張程度。資本是稀缺和零散的，所以金融業發達的城市能夠靈活高效的完成資金供給，使其產品成本低廉，市場佔有率大，有利於該城市價值體系擴大。城市經濟得以健康發展，順利運行。許多城市和地區發展緩慢在很大程度上是由於遇到“資本”瓶頸，金融業不發達，企業融資困難，融資成本高，城市金融資本潛力將會對城市未來的發展起著決定性作用。

人力資本潛力指數。人力資本潛力指數從勞動力與人才未來的可獲得性來考察城市發展潛力。在當今“知識經濟”時代，科學文化技術是經濟發展和社會進步的核心推動力，而科學文化技術的承載體、創造主體和應用主體就是人才，因此城市在人才上的吸引力將會對城市未來的發展起重要作用。高質量的人力資源可加快城市產業技術發明和技術創新的步伐，使城市產業獲得資源和產品的競爭優勢，擁有更高的市場佔有率。所以在條件充分的情況下，城市的人力資本投入越多，城市產業規模就越大。城市人力資本潛力決定於教育，所以城市的教育規模、質量、教育體系的健全性可以有效地反映城市人力資本潛力。

市場潛力指數。市場潛力指數反映城市產業在佔領市場方面的潛力和經濟輻射潛力。現今中國已由賣方市場步入買方市場，市場競爭日益激烈，因此對市場的控制能力與潛力將對城市產業的發展起著重要作用，如果說“中國製造”能夠體現出中國“世界工廠”的地位，那麼，城市產業對市場的佔有率將體現城市產業在競爭中的相對優勢，經濟輻射力更是城市競爭力的體現。

區位指數、自然資源指數與環境質量指數。區位指數、自然資源指數和環境質量指數這三項指數是城市在區位水平、自然資源豐富度和環境資源豐富度的刻畫，人類的經濟活動都是在一定自然條件下進行的，良好的自然條件，如優良的區位水平、豐富的自然資源和良好的環境質量將大大促進城市經濟發展和社會進步。城市經濟發展和社會進步也會改善區位水平和環境質量。需要注意的是，區位水平中的自然區位便利度是城市城市競爭力重要的影響力量，但經濟區位、行政區為等也發揮著越來越重的作用。城市處於較大的市場規模之內將

[①]實力指數(即綜合實力競爭力)在前面的章節中已有詳述，在此略去。讀者可以參閱第 1 篇。

有利於該城市企業擴大生產規模；高行政級別的城市擁有著更強的資源配置能力。

可持續發展指數。可持續發展是城市在整合各種資源，如人力資源、資本資源、信息資源、技術資源、自然資源、環境資源使城市生態系統、經濟系統、社會系統處於良性循環發展的系統工程。資源具有稀缺的天然特性，且許多自然資源和環境資源具有不可再生性，因此城市在發展過程當中，應當制定自身的可持續發展戰略，轉化生產方式。從而保持自身在市場競爭中的長遠發展態勢。若城市的經濟增長是以犧牲更多環境為代價，那麼該城市的收益將大打折扣。所以可持續發展能力是表現城市競爭力的重要方面。

在 300 個城市潛力指數排名中，有 135 個城市處於平均水平之上，占 45.3%。其中，東部地區 58 個，中部地區 37 個，西部地區 28 個，東北部地區 12 個。另外潛力指數得分標準差為 0.117，比 2014 年的 0.128 有所下降，說明城市之間的潛力差異有所下降。

潛力指數二級指標的分值與排名見表 5.1.1、表 5.1.2。

表 5.1.1 2015 年度城市潛力指數二級指標分值及排名

城市	居民消費潛力指數	排名	金融資本潛力指數	排名	人力資本潛力指數	排名	市場潛力指數	排名
深圳	0.699	62	0.735	3	1	1	0.771	2
天津	0.702	57	0.64	6	0.735	9	0.591	6
廣州	0.761	21	0.642	5	0.897	6	0.614	5
上海	0.588	226	0.98	2	0.934	5	1	1
青島	0.685	77	0.485	17	0.691	17	0.482	10
北京	0.518	272	1	1	0.94	4	0.739	3
蘇州	0.696	66	0.411	23	0.685	18	0.585	7
重慶	0.585	231	0.617	7	0.636	21	0.482	10
大慶	0.708	50	0.312	67	0.472	50	0.256	92
杭州	0.786	12	0.643	4	0.713	15	0.438	16
哈爾濱	0.645	164	0.478	18	0.554	30	0.319	42
香港	0.884	2	0.599	8	0.983	2	0.654	4
瀋陽	0.592	225	0.489	16	0.606	26	0.515	8
長春	0.808	9	0.468	22	0.487	44	0.377	24
大連	0.595	223	0.497	15	0.714	14	0.492	9
濟南	0.684	79	0.477	19	0.613	25	0.364	27
威海	0.675	90	0.305	104	0.287	101	0.284	66
成都	0.662	118	0.546	10	0.654	20	0.398	21
南京	0.718	44	0.525	11	0.715	13	0.458	13
煙臺	0.684	79	0.315	59	0.292	99	0.372	25
南昌	0.667	102	0.381	29	0.478	48	0.279	69
松原	0.737	31	0.299	193	0.226	167	0.203	187
珠海	0.707	52	0.31	74	0.717	12	0.263	78
鄭州	0.694	67	0.58	9	0.57	29	0.399	20
廈門	0.684	79	0.475	20	0.697	16	0.312	48
武漢	0.666	103	0.503	13	0.616	23	0.453	14
南通	0.681	86	0.335	45	0.496	39	0.347	34
合肥	0.631	188	0.375	30	0.532	34	0.361	28
徐州	0.725	38	0.315	59	0.441	55	0.348	31
無錫	0.722	41	0.363	33	0.634	22	0.412	18
佛山	0.702	57	0.367	32	0.718	11	0.464	12
福州	0.7	60	0.395	24	0.537	31	0.348	31
昆明	0.561	252	0.391	26	0.493	41	0.403	19
臺北	0.731	34	0.209	291	0.95	3	0.441	15
玉林	0.65	148	0.299	193	0.156	253	0.188	230
長沙	0.725	38	0.393	25	0.595	27	0.366	26
東莞	0.692	68	0.347	41	0.822	8	0.393	22
南寧	0.706	54	0.37	31	0.484	45	0.264	77
安慶	0.819	6	0.301	158	0.23	164	0.216	158
西安	0.71	49	0.502	14	0.537	31	0.42	17
東營	0.681	86	0.313	65	0.278	108	0.307	54
百色	0.642	169	0.296	232	0.157	250	0.168	274

表 5.1.1 2015 年度城市潛力指數二級指標分值及排名

城市	居民消費潛力指數	排名	金融資本潛力指數	排名	人力資本潛力指數	排名	市場潛力指數	排名
貴陽	0.726	37	0.362	35	0.456	53	0.356	29
寧波	0.633	184	0.504	12	0.675	19	0.348	31
齊齊哈爾	0.795	11	0.305	104	0.303	93	0.22	146
邯鄲	0.556	258	0.311	70	0.316	87	0.228	134
石家莊	0.599	218	0.383	28	0.514	37	0.308	51
常州	0.704	56	0.328	50	0.519	36	0.385	23
鐵嶺	0.556	258	0.3	177	0.194	195	0.138	297
聊城	0.658	130	0.306	97	0.195	192	0.25	107
唐山	0.664	109	0.327	51	0.37	68	0.325	39
濟寧	0.583	233	0.31	74	0.251	131	0.231	131
鹽城	0.648	153	0.315	59	0.279	107	0.292	62
泉州	0.69	73	0.338	43	0.375	66	0.319	42
銀川	0.564	249	0.309	80	0.377	64	0.269	73
呼和浩特	0.672	94	0.361	36	0.457	52	0.316	45
漳州	0.663	113	0.312	67	0.369	69	0.217	154
泰州	0.682	84	0.314	64	0.284	102	0.321	41
宜昌	0.699	62	0.311	70	0.15	269	0.226	136
菏澤	0.648	153	0.303	126	0.15	269	0.24	119
嘉興	0.734	32	0.338	43	0.468	51	0.297	59
茂名	0.623	201	0.307	91	0.351	75	0.259	86
曲靖	0.681	86	0.301	158	0.198	187	0.202	190
滄州	0.675	90	0.305	104	0.247	136	0.227	135
銅陵	0.781	13	0.296	232	0.257	124	0.189	227
桂林	0.627	196	0.307	91	0.318	85	0.254	95
吉安	0.645	164	0.301	158	0.162	236	0.203	187
錦州	0.574	241	0.305	104	0.253	128	0.257	91
吉林	0.76	22	0.305	104	0.353	73	0.237	126
韶關	0.669	97	0.31	74	0.436	56	0.243	116
濰坊	0.66	124	0.319	56	0.252	130	0.288	63
九江	0.645	164	0.306	97	0.203	182	0.235	130
臨沂	0.638	176	0.313	65	0.239	150	0.27	72
鷹潭	0.64	174	0.294	251	0.162	236	0.226	136
北海	0.631	188	0.297	218	0.28	106	0.258	88
德州	0.652	143	0.304	114	0.236	156	0.267	75
莆田	0.664	109	0.307	91	0.321	84	0.258	88
德陽	0.672	94	0.305	104	0.327	80	0.249	110
蕪湖	0.616	206	0.303	126	0.284	102	0.224	141
龍岩	0.65	148	0.31	74	0.247	136	0.185	243
通化	0.752	27	0.299	193	0.213	176	0.198	200
馬鞍山	0.831	4	0.299	193	0.265	119	0.204	181
江門	0.652	143	0.311	70	0.403	60	0.316	45
梅州	0.6	217	0.303	126	0.267	116	0.218	149
宜春	0.637	177	0.297	218	0.156	253	0.222	144
揚州	0.647	157	0.316	57	0.298	94	0.319	42
寧德	0.668	98	0.302	146	0.249	134	0.217	154
溫州	0.666	103	0.35	38	0.615	24	0.251	104
濱州	0.645	164	0.305	104	0.193	197	0.259	86
佳木斯	0.58	238	0.304	114	0.173	214	0.197	204
郴州	0.509	274	0.304	114	0.275	111	0.258	88
淮安	0.724	40	0.308	84	0.322	83	0.286	64
宿遷	0.653	141	0.303	126	0.284	102	0.276	70
咸寧	0.644	168	0.302	146	0.136	292	0.208	170
白城	0.812	7	0.298	208	0.182	205	0.19	224
景德鎮	0.652	143	0.302	146	0.233	163	0.177	260
淄博	0.686	76	0.32	55	0.295	97	0.276	70
咸陽	0.719	42	0.308	84	0.164	230	0.197	204
寶雞	0.731	34	0.304	114	0.173	214	0.209	168
烏蘭察布	0.611	210	0.29	277	0.177	208	0.195	212
衡水	0.471	280	0.301	158	0.234	161	0.189	227

表 5.1.1 2015 年度城市潛力指數二級指標分值及排名

城市	居民消費潛力指數	排名	金融資本潛力指數	排名	人力資本潛力指數	排名	市場潛力指數	排名
泰安	0.665	105	0.304	114	0.246	138	0.24	119
宣城	0.77	16	0.3	177	0.189	202	0.197	204
鎮江	0.699	62	0.315	59	0.312	88	0.308	51
滁州	0.76	22	0.298	208	0.242	140	0.204	181
台州	0.663	113	0.334	46	0.297	95	0.25	107
湛江	0.698	65	0.309	80	0.388	62	0.253	98
中山	0.659	128	0.331	49	0.725	10	0.263	78
克拉瑪依	0.569	245	0.195	292	0.295	97	0.183	251
常德	0.631	188	0.302	146	0.214	174	0.249	110
連雲港	0.654	134	0.308	84	0.365	72	0.281	68
牡丹江	0.876	3	0.296	232	0.161	238	0.211	164
舟山	0.738	30	0.305	104	0.367	70	0.218	149
平頂山	0.66	124	0.3	177	0.204	180	0.182	253
蚌埠	0.713	47	0.295	242	0.24	145	0.198	200
株洲	0.758	24	0.307	91	0.288	100	0.262	82
綿陽	0.616	206	0.307	91	0.395	61	0.237	126
商丘	0.605	215	0.301	158	0.145	282	0.206	173
宜賓	0.659	128	0.304	114	0.161	238	0.167	276
安陽	0.614	208	0.301	158	0.168	221	0.21	167
盤錦	0.587	227	0.301	158	0.203	182	0.205	175
雙鴨山	0.708	50	0.3	177	0.197	189	0.215	160
汕頭	0.654	134	0.31	74	0.584	28	0.256	92
棗莊	0.651	146	0.303	126	0.24	145	0.201	192
鄂州	0.608	212	0.297	218	0.141	287	0.188	230
三明	0.646	160	0.308	84	0.333	78	0.251	104
澳門	0.7	60	0.121	297	0.825	7	0.309	49
巴彥淖爾	0.66	124	0.288	285	0.191	200	0.173	267
朔州	0.369	292	0.297	218	0.253	128	0.245	114
紹興	0.728	36	0.347	41	0.376	65	0.314	47
保定	0.506	275	0.316	57	0.31	89	0.263	78
玉溪	0.663	113	0.299	193	0.323	81	0.226	136
秦皇島	0.806	10	0.315	59	0.367	70	0.222	144
荊門	0.624	200	0.303	126	0.142	285	0.208	170
湖州	0.673	92	0.323	52	0.416	58	0.262	82
衢州	0.63	192	0.312	67	0.307	92	0.245	114
荊州	1	1	0.304	114	0.146	281	0.212	162
遼陽	0.564	249	0.299	193	0.224	170	0.218	149
綏化	0.321	296	0.297	218	0.137	291	0.201	192
阜陽	0.673	92	0.298	208	0.226	167	0.205	175
銅川	0.691	69	0.297	218	0.176	212	0.219	148
鄂爾多斯	0.496	277	0.303	126	0.276	109	0.304	57
廊坊	0.78	14	0.308	84	0.26	123	0.192	219
呼倫貝爾	0.649	152	0.293	259	0.196	190	0.205	175
雅安	0.627	196	0.297	218	0.166	226	0.15	289
張家口	0.63	192	0.303	126	0.284	102	0.218	149
宿州	0.763	20	0.295	242	0.223	171	0.205	175
通遼	0.514	273	0.293	259	0.186	204	0.205	175
遵義	0.506	275	0.3	177	0.171	218	0.199	199
邢臺	0.45	284	0.308	84	0.317	86	0.237	126
池州	0.752	27	0.296	232	0.159	245	0.182	253
黃石	0.586	228	0.306	97	0.264	121	0.262	82
漯河	0.668	98	0.293	259	0.148	279	0.204	181
開封	0.682	84	0.296	232	0.226	167	0.213	161
營口	0.576	240	0.304	114	0.257	124	0.254	95
岳陽	0.296	298	0.3	177	0.235	159	0.263	78
許昌	0.653	141	0.3	177	0.15	269	0.223	143
新餘	0.621	202	0.297	218	0.17	220	0.176	263
太原	0.582	234	0.388	27	0.531	35	0.294	60
四平	0.733	33	0.298	208	0.266	118	0.238	124

表 5.1.1 2015 年度城市潛力指數二級指標分值及排名

城市	居民消費潛力指數	排名	金融資本潛力指數	排名	人力資本潛力指數	排名	市場潛力指數	排名
肇慶	0.661	120	0.304	114	0.323	81	0.269	73
邵陽	0.581	236	0.302	146	0.189	202	0.253	98
達州	0.648	153	0.303	126	0.149	278	0.17	270
衡陽	0.647	157	0.303	126	0.228	165	0.253	98
信陽	0.628	195	0.298	208	0.144	284	0.205	175
南平	0.657	131	0.311	70	0.241	141	0.239	122
西寧	0.538	264	0.348	40	0.347	77	0.285	65
新鄉	0.538	264	0.303	126	0.148	279	0.216	158
撫州	0.62	203	0.297	218	0.164	230	0.203	187
鶴壁	0.681	86	0.294	251	0.163	234	0.191	223
駐馬店	0.447	286	0.301	158	0.14	289	0.209	168
萊蕪	0.654	134	0.296	232	0.254	127	0.17	270
廣安	0.683	82	0.3	177	0.164	230	0.189	227
十堰	0.639	175	0.305	104	0.267	116	0.253	98
襄陽	0.685	77	0.307	91	0.136	292	0.23	132
淮北	0.568	247	0.297	218	0.263	122	0.217	154
孝感	0.663	113	0.306	97	0.142	285	0.201	192
漢中	0.641	171	0.302	146	0.163	234	0.177	260
烏魯木齊	0.579	239	0.321	53	0.38	63	0.294	60
益陽	0.533	270	0.298	208	0.153	262	0.204	181
赤峰	0.535	269	0.295	242	0.201	184	0.187	236
淮南	0.717	45	0.298	208	0.272	113	0.166	278
洛陽	0.636	180	0.308	84	0.241	141	0.226	136
陽江	0.635	181	0.303	126	0.235	159	0.262	82
濮陽	0.598	219	0.298	208	0.156	253	0.212	162
延安	0.683	82	0.299	193	0.193	197	0.147	293
賀州	0.607	213	0.292	264	0.16	242	0.187	236
金華	0.65	148	0.332	47	0.352	74	0.267	75
麗水	0.691	69	0.309	80	0.309	90	0.246	113
周口	0.567	248	0.295	242	0.15	269	0.226	136
南陽	0.661	120	0.302	146	0.15	269	0.201	192
三門峽	0.642	169	0.295	242	0.168	221	0.186	238
黃山	0.755	26	0.295	242	0.239	150	0.179	258
婁底	0.562	251	0.296	232	0.156	253	0.188	230
六盤水	0.769	18	0.292	264	0.177	208	0.241	117
運城	0.556	258	0.298	208	0.228	165	0.196	207
欽州	0.646	160	0.302	146	0.155	258	0.166	278
海口	0.626	198	0.363	33	0.454	54	0.249	110
新竹	0.811	8	0.102	298	0.534	33	0.308	51
雞西	0.65	148	0.299	193	0.195	192	0.184	248
惠州	0.691	69	0.321	53	0.498	38	0.303	58
晉中	0.4	289	0.301	158	0.251	131	0.167	276
安康	0.665	105	0.299	193	0.166	226	0.198	200
白山	0.765	19	0.301	158	0.195	192	0.165	281
上饒	0.634	183	0.301	158	0.16	242	0.2	196
亳州	0.712	48	0.297	218	0.176	212	0.188	230
新北	0.631	188	0.231	290	0.493	41	0.351	30
蘭州	0.657	131	0.361	36	0.406	59	0.239	122
台南	0.633	184	0.124	296	0.475	49	0.326	38
湘潭	0.739	29	0.303	126	0.239	150	0.251	104
臨汾	0.456	283	0.3	177	0.237	154	0.164	282
揭陽	0.77	16	0.305	104	0.24	145	0.284	66
嘉義	0.777	15	0.1	300	0.483	46	0.306	56
台中	0.707	52	0.142	293	0.48	47	0.336	36
七台河	0.757	25	0.294	251	0.159	245	0.1	300
瀘州	0.691	69	0.301	158	0.199	186	0.204	181
遼源	0.825	5	0.296	232	0.213	176	0.194	215
基隆	0.69	73	0.102	298	0.488	43	0.307	54
晉城	0.313	297	0.3	177	0.268	114	0.193	217

表 5.1.1 2015 年度城市潛力指數二級指標分值及排名

城市	居民消費潛力指數	排名	金融資本潛力指數	排名	人力資本潛力指數	排名	市場潛力指數	排名
梧州	0.637	177	0.301	158	0.268	114	0.211	164
來賓	0.597	221	0.292	264	0.167	225	0.126	298
包頭	0.493	278	0.3	177	0.348	76	0.19	224
防城港	0.655	133	0.295	242	0.218	172	0.196	207
焦作	0.597	221	0.3	177	0.151	268	0.218	149
承德	0.537	266	0.302	146	0.24	145	0.186	238
渭南	0.668	98	0.299	193	0.161	238	0.149	291
柳州	0.661	120	0.306	97	0.33	79	0.309	49
萍鄉	0.646	160	0.302	146	0.198	187	0.186	238
樂山	0.635	181	0.301	158	0.168	221	0.185	243
攀枝花	0.654	134	0.296	232	0.241	141	0.253	98
內江	0.719	42	0.3	177	0.155	258	0.192	219
吳忠	0.609	211	0.293	259	0.132	296	0.181	256
阜新	0.548	262	0.297	218	0.214	174	0.24	119
眉山	0.664	109	0.3	177	0.164	230	0.196	207
高雄	0.641	171	0.142	293	0.495	40	0.337	35
自貢	0.668	98	0.302	146	0.241	141	0.241	117
六安	0.569	245	0.299	193	0.194	195	0.18	257
榆林	0.526	271	0.31	74	0.204	180	0.166	278
桃園	0.648	153	0.132	295	0.421	57	0.328	37
資陽	0.662	118	0.299	193	0.18	206	0.185	243
鞍山	0.573	242	0.309	80	0.257	124	0.254	95
葫蘆島	0.555	261	0.299	193	0.157	250	0.159	285
酒泉	0.637	177	0.292	264	0.171	218	0.147	293
廣元	0.647	157	0.301	158	0.159	245	0.169	273
黃岡	0.654	134	0.303	126	0.138	290	0.208	170
贛州	0.632	186	0.303	126	0.161	238	0.217	154
遂寧	0.69	73	0.301	158	0.157	250	0.183	251
南充	0.651	146	0.304	114	0.153	262	0.2	196
固原	0.584	232	0.291	273	0.136	292	0.193	217
陽泉	0.602	216	0.299	193	0.275	111	0.159	285
拉薩	0.665	105	0.472	21	0.375	66	0.322	40
中衛	0.571	243	0.332	47	0.122	298	0.196	207
武威	0.716	46	0.292	264	0.15	269	0.195	212
朝陽	0.54	263	0.3	177	0.191	200	0.186	238
麗江	0.672	94	0.291	273	0.172	217	0.185	243
本溪	0.571	243	0.303	126	0.265	119	0.238	124
貴港	0.664	109	0.297	218	0.158	249	0.163	283
懷化	0.702	57	0.301	158	0.155	258	0.171	269
黑河	0.1	300	0.294	251	0.145	282	0.19	224
烏海	0.663	113	0.294	251	0.208	178	0.157	287
汕尾	0.276	299	0.3	177	0.236	156	0.256	92
丹東	0.557	256	0.303	126	0.24	145	0.22	146
雲浮	0.646	160	0.304	114	0.234	161	0.253	98
長治	0.449	285	0.301	158	0.249	134	0.211	164
臨滄	0.641	171	0.287	289	0.166	226	0.195	212
撫順	0.557	256	0.304	114	0.238	153	0.25	107
河源	0.625	199	0.302	146	0.237	154	0.237	126
日照	0.661	120	0.303	126	0.246	138	0.202	190
巴中	0.66	124	0.297	218	0.153	262	0.184	248
大同	0.385	290	0.306	97	0.296	96	0.23	132
隨州	0.593	224	0.301	158	0.141	287	0.192	219
嘉峪關	0.614	208	0.289	283	0.196	190	0.204	181
永州	0.354	294	0.298	208	0.15	269	0.192	219
崇左	0.619	204	0.294	251	0.15	269	0.173	267
張掖	0.665	105	0.293	259	0.152	266	0.185	243
昭通	0.607	213	0.294	251	0.159	245	0.177	260
保山	0.581	236	0.294	251	0.16	242	0.182	253
畢節	0.38	291	0.29	277	0.166	226	0.168	274

表 5. 1. 1 2015 年度城市潛力指數二級指標分值及排名

城市	居民消費潛力指數	排名	金融資本潛力指數	排名	人力資本潛力指數	排名	市場潛力指數	排名
金昌	0.537	266	0.291	273	0.18	206	0.206	173
安順	0.561	252	0.288	285	0.177	208	0.188	230
呂梁	0.331	295	0.349	39	0.2	185	0.174	266
三亞	0.705	55	0.306	97	0.309	90	0.2	196
伊春	0.582	234	0.295	242	0.126	297	0.179	258
忻州	0.49	279	0.299	193	0.236	156	0.17	270
普洱	0.654	134	0.29	277	0.156	253	0.175	265
鶴崗	0.561	252	0.296	232	0.216	173	0.102	299
張家界	0.598	219	0.292	264	0.193	197	0.176	263
潮州	0.63	192	0.303	126	0.276	109	0.198	200
天水	0.537	266	0.292	264	0.154	261	0.186	238
慶陽	0.617	205	0.288	285	0.168	221	0.14	296
平涼	0.654	134	0.29	277	0.177	208	0.15	289
白銀	0.426	288	0.291	273	0.173	214	0.145	295
商洛	0.632	186	0.292	264	0.15	269	0.184	248
石嘴山	0.468	281	0.295	242	0.134	295	0.163	283
清遠	0.586	228	0.303	126	0.251	131	0.224	141
定西	0.366	293	0.29	277	0.153	262	0.194	215
銅仁	0.586	228	0.288	285	0.208	178	0.196	207
河池	0.558	255	0.289	283	0.152	266	0.151	288
海東	0.429	287	0.29	277	0.122	298	0.148	292
隴南	0.458	282	0.292	264	0.1	300	0.188	230

表 5. 1. 2 2015 年度城市潛力指數三級指標分值及排名（續）

城市	區位指數	排名	自然資源指數	排名	環境質量指數	排名	可持續發展指數	排名	潛力指數得分	排名
深圳	0.715	7	0.41	139	0.872	17	1	1	0.74775	1
天津	0.737	5	0.284	239	0.757	108	0.975	2	0.6468	2
廣州	0.737	5	0.17	282	0.871	19	0.759	10	0.62485	3
上海	1	1	0.152	286	0.56	241	0.797	6	0.6144	4
青島	0.583	13	0.364	179	0.853	30	0.803	5	0.6092	5
北京	1	1	0.24	261	0.575	237	0.697	17	0.5946	6
蘇州	0.583	13	0.193	274	0.88	13	0.864	4	0.59295	7
重慶	0.561	16	0.339	198	0.756	110	0.896	3	0.59045	8
大慶	0.188	159	0.74	5	0.935	3	0.616	123	0.5815	9
杭州	0.649	9	0.2	273	0.767	91	0.761	8	0.5714	10
哈爾濱	0.517	22	0.564	36	0.773	86	0.666	31	0.56895	11
香港	0.978	3	0.1	300	0.604	215	0.605	156	0.5655	12
瀋陽	0.671	8	0.362	180	0.782	72	0.689	22	0.55955	13
長春	0.495	25	0.58	30	0.638	199	0.688	23	0.55825	14
大連	0.605	12	0.264	251	0.757	108	0.782	7	0.55715	15
濟南	0.561	16	0.424	124	0.767	91	0.675	27	0.5567	16
威海	0.363	49	0.649	13	0.888	10	0.649	49	0.5547	17
成都	0.561	16	0.321	213	0.748	120	0.708	13	0.54495	18
南京	0.649	9	0.213	269	0.744	125	0.7	14	0.5433	19
煙臺	0.363	49	0.519	56	0.872	17	0.681	25	0.53625	20
南昌	0.473	27	0.511	59	0.775	82	0.651	43	0.53575	21
松原	0.188	159	0.75	4	0.862	23	0.597	178	0.53555	22
珠海	0.407	40	0.22	266	1	1	0.623	109	0.5335	23
鄭州	0.583	13	0.296	231	0.672	177	0.76	9	0.53255	24
廈門	0.561	16	0.139	290	0.858	27	0.727	11	0.53145	25
武漢	0.627	11	0.246	258	0.737	130	0.711	12	0.5306	26
南通	0.385	45	0.394	150	0.888	10	0.636	75	0.52685	27
合肥	0.473	27	0.409	142	0.758	106	0.694	19	0.52495	28
徐州	0.385	45	0.431	114	0.864	22	0.62	112	0.52375	29
無錫	0.451	31	0.175	280	0.88	13	0.67	28	0.51595	30
佛山	0.363	49	0.238	262	0.814	47	0.668	30	0.51525	31

表 5. 1. 2 2015 年度城市潛力指數三級指標分值及排名（續）

城市	區位指數	排名	自然資源指數	排名	環境質量指數	排名	可持續發展指數	排名	潛力指數得分	排名
福州	0.539	21	0.263	252	0.83	38	0.65	46	0.5149	32
昆明	0.561	16	0.369	170	0.761	99	0.676	26	0.5137	33
臺北	0.89	4	0.118	297	0.604	215	0.638	67	0.5129	34
玉林	0.232	110	0.884	2	0.677	168	0.604	157	0.51235	35
長沙	0.429	35	0.309	223	0.732	136	0.698	16	0.5117	36
東莞	0.451	31	0.182	279	0.759	102	0.684	24	0.5094	37
南寧	0.429	35	0.387	156	0.781	74	0.651	43	0.5083	38
安慶	0.21	125	0.537	46	0.854	29	0.634	81	0.5075	39
西安	0.517	22	0.273	247	0.731	139	0.665	32	0.50705	40
東營	0.21	125	0.447	96	0.913	5	0.642	58	0.49805	41
百色	0.144	215	1	1	0.557	243	0.595	187	0.4977	42
貴陽	0.451	31	0.343	193	0.754	112	0.645	54	0.49745	43
寧波	0.495	25	0.183	278	0.735	132	0.692	21	0.49445	44
齊齊哈爾	0.254	92	0.766	3	0.611	211	0.528	269	0.49175	45
邯鄲	0.232	110	0.587	28	0.857	28	0.582	211	0.4916	46
石家莊	0.451	31	0.473	75	0.753	115	0.528	269	0.49065	47
常州	0.407	40	0.172	281	0.899	8	0.643	57	0.4905	48
鐵嶺	0.254	92	0.714	8	0.892	9	0.472	288	0.4864	49
聊城	0.21	125	0.612	18	0.795	57	0.611	137	0.4863	50
唐山	0.232	110	0.56	39	0.759	102	0.568	238	0.4851	51
濟寧	0.232	110	0.635	16	0.785	65	0.588	200	0.48355	52
鹽城	0.254	92	0.642	14	0.676	169	0.606	149	0.4813	53
泉州	0.385	45	0.292	236	0.832	37	0.651	43	0.48075	54
銀川	0.363	49	0.389	154	0.825	40	0.649	49	0.48	55
呼和浩特	0.341	57	0.565	34	0.619	206	0.57	237	0.4798	56
漳州	0.32	62	0.455	89	0.828	39	0.567	239	0.4796	57
泰州	0.276	74	0.46	87	0.782	72	0.626	97	0.47725	58
宜昌	0.144	215	0.576	31	0.774	84	0.664	33	0.4766	59
菏澤	0.144	215	0.639	15	0.779	77	0.616	123	0.4756	60
嘉興	0.298	65	0.274	246	0.813	48	0.642	58	0.47495	61
茂名	0.276	74	0.44	104	0.825	40	0.602	162	0.47435	62
曲靖	0.166	186	0.603	20	0.745	124	0.637	71	0.4741	63
滄州	0.232	110	0.559	40	0.785	65	0.576	224	0.47335	64
銅陵	0.21	125	0.317	216	0.917	4	0.649	49	0.47295	65
桂林	0.232	110	0.535	49	0.785	65	0.575	226	0.47195	66
吉安	0.21	125	0.572	33	0.802	52	0.615	128	0.47165	67
錦州	0.276	74	0.592	24	0.731	139	0.606	149	0.4714	68
吉林	0.276	74	0.53	52	0.647	192	0.602	162	0.4688	69
韶關	0.276	74	0.443	101	0.727	145	0.61	141	0.4687	70
濰坊	0.21	125	0.467	81	0.817	45	0.606	149	0.4673	71
九江	0.254	92	0.489	71	0.786	63	0.638	67	0.46635	72
臨沂	0.188	159	0.509	61	0.785	65	0.626	97	0.4663	73
鷹潭	0.232	110	0.418	132	0.909	6	0.622	110	0.4658	74
北海	0.298	65	0.392	152	0.84	34	0.621	111	0.46575	75
德州	0.188	159	0.501	64	0.784	69	0.628	92	0.46545	76
莆田	0.298	65	0.281	241	0.909	6	0.615	128	0.46395	77
德陽	0.144	215	0.452	92	0.787	61	0.637	71	0.46355	78
蕪湖	0.21	125	0.388	155	0.842	33	0.67	28	0.4635	79
龍岩	0.21	125	0.472	77	0.803	50	0.634	81	0.46335	80
通化	0.166	186	0.517	57	0.802	52	0.571	236	0.4619	81
馬鞍山	0.21	125	0.387	156	0.754	112	0.658	37	0.46175	82
江門	0.276	74	0.257	256	0.838	35	0.659	36	0.4613	83
梅州	0.254	92	0.499	67	0.786	63	0.597	178	0.46055	84
宜春	0.21	125	0.436	111	0.877	15	0.626	97	0.46	85
揚州	0.276	74	0.299	230	0.876	16	0.624	107	0.45955	86
寧德	0.232	110	0.439	107	0.812	49	0.608	143	0.4586	87
溫州	0.341	57	0.186	276	0.77	89	0.628	92	0.4546	88
濱州	0.166	186	0.546	44	0.747	121	0.608	143	0.45425	89
佳木斯	0.188	159	0.725	7	0.754	112	0.468	289	0.45395	90

表 5.1.2 2015 年度城市潛力指數三級指標分值及排名（續）

城市	區位指數	排名	自然資源指數	排名	環境質量指數	排名	可持續發展指數	排名	潛力指數得分	排名
郴州	0.188	159	0.532	51	0.76	100	0.625	105	0.4539	91
淮安	0.298	65	0.333	205	0.8	55	0.588	200	0.4537	92
宿遷	0.254	92	0.438	109	0.76	100	0.585	206	0.4496	93
咸寧	0.1	282	0.591	26	0.747	121	0.615	128	0.449	94
白城	0.166	186	0.676	9	0.556	245	0.585	206	0.4487	95
景德鎮	0.188	159	0.415	135	0.853	30	0.594	189	0.4486	96
淄博	0.232	110	0.309	223	0.816	46	0.635	78	0.44805	97
咸陽	0.122	252	0.536	47	0.7	160	0.652	42	0.44805	98
寶雞	0.144	215	0.455	89	0.763	94	0.644	56	0.4475	99
烏蘭察布	0.166	186	0.559	40	0.821	44	0.535	266	0.44725	100
衡水	0.188	159	0.663	11	0.756	110	0.523	273	0.447	101
泰安	0.21	125	0.469	79	0.718	152	0.626	97	0.44675	102
宣城	0.166	186	0.21	270	0.98	2	0.633	83	0.4465	103
鎮江	0.276	74	0.215	268	0.862	23	0.63	86	0.446	104
滁州	0.21	125	0.392	152	0.777	80	0.606	149	0.4457	105
台州	0.298	65	0.256	257	0.859	26	0.615	128	0.44535	106
湛江	0.298	65	0.347	192	0.728	142	0.597	178	0.4453	107
中山	0.276	74	0.158	284	0.668	181	0.699	15	0.4452	108
克拉瑪依	0.1	282	0.438	109	0.881	12	0.606	149	0.44485	109
常德	0.144	215	0.445	98	0.791	58	0.629	90	0.4439	110
連雲港	0.298	65	0.336	203	0.759	102	0.591	195	0.4423	111
牡丹江	0.166	186	0.511	59	0.673	175	0.575	226	0.44175	112
舟山	0.429	35	0.304	229	0.724	147	0.561	246	0.44155	113
平頂山	0.144	215	0.473	75	0.746	123	0.638	67	0.44035	114
蚌埠	0.188	159	0.432	113	0.776	81	0.578	221	0.4399	115
株洲	0.276	74	0.452	92	0.585	234	0.637	71	0.4395	116
綿陽	0.144	215	0.337	201	0.78	75	0.642	58	0.4383	117
商丘	0.122	252	0.565	34	0.718	152	0.625	105	0.43795	118
宜賓	0.122	252	0.466	82	0.791	58	0.619	114	0.43675	119
安陽	0.144	215	0.563	37	0.673	175	0.637	71	0.43645	120
盤錦	0.21	125	0.527	53	0.77	89	0.541	262	0.4363	121
雙鴨山	0.188	159	0.588	27	0.727	145	0.473	287	0.4362	122
汕頭	0.298	65	0.153	285	0.758	106	0.642	58	0.4361	123
棗莊	0.21	125	0.414	136	0.753	115	0.616	123	0.43535	124
鄂州	0.122	252	0.524	54	0.759	102	0.618	116	0.43495	125
三明	0.276	74	0.383	160	0.703	159	0.599	174	0.43375	126
澳門	0.429	35	0.121	295	0.604	215	0.642	58	0.43365	127
巴彥淖爾	0.166	186	0.663	11	0.604	215	0.558	248	0.4331	128
朔州	0.232	110	0.472	77	0.868	21	0.546	258	0.433	129
紹興	0.32	62	0.206	272	0.728	142	0.635	78	0.4327	130
保定	0.276	74	0.464	85	0.692	161	0.6	170	0.43245	131
玉溪	0.21	125	0.536	47	0.551	249	0.63	86	0.43235	132
秦皇島	0.407	40	0.414	136	0.738	128	0.366	298	0.43155	133
荊門	0.144	215	0.5	65	0.733	134	0.626	97	0.43125	134
湖州	0.32	62	0.167	283	0.796	56	0.626	97	0.431	135
衢州	0.254	92	0.366	175	0.742	127	0.597	178	0.431	136
荊州	0.144	215	0.592	24	0.45	274	0.615	128	0.42915	137
遼陽	0.254	92	0.37	168	0.803	50	0.608	143	0.429	138
綏化	0.144	215	0.739	6	0.734	133	0.528	269	0.42815	139
阜陽	0.188	159	0.442	102	0.736	131	0.579	220	0.42815	140
銅川	0.166	186	0.322	212	0.823	43	0.636	75	0.42815	141
鄂爾多斯	0.21	125	0.414	136	0.676	169	0.693	20	0.4279	142
廊坊	0.21	125	0.55	43	0.63	203	0.494	283	0.42765	143
呼倫貝爾	0.188	159	0.673	10	0.508	262	0.601	168	0.42745	144
雅安	0.144	215	0.43	116	0.789	60	0.617	117	0.42595	145
張家口	0.254	92	0.499	67	0.718	152	0.483	286	0.4253	146
宿州	0.188	159	0.44	104	0.688	163	0.566	240	0.4237	147
通遼	0.166	186	0.611	19	0.638	199	0.598	176	0.42315	148
遵義	0.122	252	0.576	31	0.686	164	0.617	117	0.423	149

表 5.1.2 2015 年度城市潛力指數三級指標分值及排名（續）

城市	區位指數	排名	自然資源指數	排名	環境質量指數	排名	可持續發展指數	排名	潛力指數得分	排名
邢臺	0.232	110	0.563	37	0.753	115	0.443	294	0.42105	150
池州	0.144	215	0.334	204	0.837	36	0.576	224	0.42095	151
黄石	0.144	215	0.357	182	0.773	86	0.62	112	0.41995	152
漯河	0.122	252	0.354	185	0.801	54	0.642	58	0.4199	153
開封	0.166	186	0.585	29	0.548	251	0.585	206	0.4184	154
營口	0.276	74	0.369	170	0.716	155	0.601	168	0.4178	155
岳陽	0.188	159	0.476	74	0.763	94	0.639	65	0.41755	156
許昌	0.144	215	0.37	168	0.772	88	0.629	90	0.41685	157
新餘	0.21	125	0.259	255	0.86	25	0.636	75	0.41645	158
太原	0.407	40	0.278	245	0.732	136	0.433	295	0.41635	159
四平	0.232	110	0.603	20	0.426	282	0.592	193	0.41565	160
肇慶	0.254	92	0.423	126	0.56	241	0.624	107	0.41535	161
邵陽	0.166	186	0.503	63	0.68	166	0.58	218	0.4153	162
達州	0.122	252	0.317	216	0.871	19	0.603	159	0.41525	163
衡陽	0.188	159	0.407	144	0.672	177	0.617	117	0.41495	164
信陽	0.122	252	0.429	118	0.778	78	0.587	204	0.41485	165
南平	0.276	74	0.41	139	0.647	192	0.585	206	0.4148	166
西寧	0.385	45	0.309	223	0.612	209	0.65	46	0.4143	167
新鄉	0.144	215	0.394	150	0.766	93	0.65	46	0.4122	168
撫州	0.21	125	0.35	189	0.763	94	0.617	117	0.41175	169
鶴壁	0.144	215	0.38	162	0.73	141	0.627	94	0.41165	170
駐馬店	0.144	215	0.508	62	0.753	115	0.594	189	0.4106	171
萊蕪	0.188	159	0.219	267	0.848	32	0.616	123	0.4104	172
廣安	0.122	252	0.384	159	0.75	119	0.6	170	0.40915	173
十堰	0.166	186	0.445	98	0.622	205	0.596	184	0.4084	174
襄陽	0.144	215	0.447	96	0.615	207	0.658	37	0.4082	175
淮北	0.21	125	0.305	226	0.783	71	0.599	174	0.40795	176
孝感	0.122	252	0.421	130	0.707	158	0.617	117	0.40795	177
漢中	0.122	252	0.426	122	0.722	150	0.602	162	0.4072	178
烏魯木齊	0.341	57	0.286	238	0.61	212	0.626	97	0.4057	179
益陽	0.122	252	0.42	131	0.778	78	0.598	176	0.40555	180
赤峰	0.166	186	0.603	20	0.645	196	0.502	281	0.4049	181
淮南	0.188	159	0.263	252	0.738	128	0.614	134	0.40425	182
洛陽	0.21	125	0.327	211	0.658	183	0.654	39	0.40365	183
陽江	0.254	92	0.338	200	0.657	184	0.616	123	0.403	184
濮陽	0.144	215	0.431	114	0.712	156	0.591	195	0.4024	185
延安	0.144	215	0.465	83	0.562	240	0.662	34	0.40225	186
賀州	0.144	215	0.317	216	0.825	40	0.591	195	0.4018	187
金華	0.254	92	0.152	286	0.762	97	0.615	128	0.40155	188
麗水	0.21	125	0.33	208	0.653	186	0.577	222	0.4008	189
周口	0.144	215	0.496	69	0.631	202	0.614	134	0.40035	190
南陽	0.122	252	0.624	17	0.458	273	0.627	94	0.4002	191
三門峽	0.144	215	0.454	91	0.606	213	0.641	64	0.39945	192
黄山	0.188	159	0.34	196	0.69	162	0.555	252	0.39905	193
婁底	0.122	252	0.365	176	0.784	69	0.606	149	0.3989	194
六盤水	0.166	186	0.422	128	0.579	236	0.602	162	0.3982	195
運城	0.188	159	0.512	58	0.586	233	0.577	222	0.39665	196
欽州	0.21	125	0.339	198	0.728	142	0.593	192	0.39625	197
海口	0.517	22	0.186	276	0.571	238	0.572	231	0.39545	198
新竹	0.363	49	0.115	299	0.604	215	0.597	178	0.39385	199
雞西	0.188	159	0.41	139	0.656	185	0.563	245	0.3924	200
惠州	0.298	65	0.283	240	0.386	288	0.695	18	0.39185	201
晉中	0.21	125	0.6	23	0.499	265	0.617	117	0.39175	202
安康	0.122	252	0.333	205	0.724	147	0.604	157	0.3914	203
白山	0.166	186	0.422	128	0.64	198	0.517	276	0.39075	204
上饒	0.21	125	0.343	193	0.676	169	0.611	137	0.3905	205
亳州	0.166	186	0.351	188	0.722	150	0.534	268	0.38995	206
新北	0.407	40	0.125	293	0.604	215	0.607	147	0.38825	207
蘭州	0.341	57	0.365	176	0.376	290	0.649	49	0.3871	208

表 5.1.2 2015 年度城市潛力指數三級指標分值及排名（續）

城市	區位指數	排名	自然資源指數	排名	環境質量指數	排名	可持續發展指數	排名	潛力指數得分	排名
台南	0.473	27	0.14	289	0.604	215	0.595	187	0.387	209
湘潭	0.166	186	0.34	196	0.555	247	0.631	84	0.38595	210
臨汾	0.188	159	0.427	120	0.671	179	0.582	211	0.38585	211
揭陽	0.188	159	0.342	195	0.508	262	0.639	65	0.38555	212
嘉義	0.363	49	0.116	298	0.604	215	0.602	162	0.38555	213
台中	0.363	49	0.128	292	0.604	215	0.607	147	0.38505	214
七台河	0.166	186	0.439	107	0.775	82	0.376	297	0.38435	215
瀘州	0.144	215	0.295	233	0.652	187	0.631	84	0.38255	216
遼源	0.166	186	0.265	250	0.679	167	0.552	254	0.3821	217
基隆	0.429	35	0.12	296	0.604	215	0.59	198	0.382	218
晉城	0.21	125	0.423	126	0.78	75	0.495	282	0.38165	219
梧州	0.21	125	0.295	233	0.598	229	0.638	67	0.3815	220
來賓	0.144	215	0.312	222	0.762	97	0.582	211	0.381	221
包頭	0.166	186	0.424	124	0.606	213	0.557	250	0.3807	222
防城港	0.21	125	0.245	259	0.676	169	0.627	94	0.3806	223
焦作	0.166	186	0.382	161	0.587	232	0.654	39	0.37965	224
承德	0.21	125	0.462	86	0.569	239	0.558	248	0.3786	225
渭南	0.144	215	0.35	189	0.629	204	0.626	97	0.37855	226
柳州	0.276	74	0.279	243	0.474	269	0.661	35	0.37815	227
萍鄉	0.188	159	0.296	231	0.67	180	0.597	178	0.378	228
樂山	0.144	215	0.333	205	0.643	197	0.63	86	0.37785	229
攀枝花	0.166	186	0.404	147	0.539	253	0.587	204	0.3774	230
內江	0.122	252	0.243	260	0.711	157	0.619	114	0.3765	231
吳忠	0.122	252	0.445	98	0.613	208	0.581	216	0.3751	232
阜新	0.276	74	0.551	42	0.531	257	0.449	292	0.37445	233
眉山	0.144	215	0.379	163	0.584	235	0.6	170	0.37195	234
高雄	0.276	74	0.137	291	0.604	215	0.602	162	0.3709	235
自貢	0.166	186	0.28	242	0.65	189	0.564	243	0.37055	236
六安	0.166	186	0.357	182	0.636	201	0.589	199	0.3703	237
榆林	0.122	252	0.367	172	0.601	228	0.653	41	0.3702	238
桃園	0.363	49	0.125	293	0.604	215	0.603	159	0.36965	239
資陽	0.122	252	0.318	215	0.612	209	0.63	86	0.36945	240
鞍山	0.254	92	0.441	103	0.487	268	0.546	258	0.36825	241
葫蘆島	0.188	159	0.329	210	0.723	149	0.539	263	0.3678	242
酒泉	0.1	282	0.378	164	0.604	215	0.603	159	0.36645	243
廣元	0.122	252	0.314	221	0.649	191	0.596	184	0.3646	244
黃岡	0.122	252	0.43	116	0.538	255	0.582	211	0.3633	245
贛州	0.232	110	0.485	73	0.405	285	0.594	189	0.3616	246
遂寧	0.144	215	0.189	275	0.744	125	0.575	226	0.36115	247
南充	0.144	215	0.365	176	0.546	252	0.614	134	0.3611	248
固原	0.1	282	0.5	65	0.539	253	0.555	252	0.36095	249
陽泉	0.21	125	0.356	184	0.593	231	0.513	278	0.35995	250
拉薩	0.473	27	0.317	216	0.2	296	0.645	54	0.3593	251
中衛	0.1	282	0.33	208	0.674	174	0.58	218	0.35835	252
武威	0.122	252	0.449	95	0.473	270	0.572	231	0.35755	253
朝陽	0.21	125	0.435	112	0.552	248	0.528	269	0.3569	254
麗江	0.1	282	0.305	226	0.647	192	0.557	250	0.3557	255
本溪	0.254	92	0.354	185	0.557	243	0.509	280	0.35545	256
貴港	0.21	125	0.371	166	0.524	259	0.572	231	0.35495	257
懷化	0.122	252	0.385	158	0.556	245	0.539	263	0.3529	258
黑河	0.166	186	0.539	45	0.774	84	0.447	293	0.3527	259
烏海	0.166	186	0.227	263	0.676	169	0.55	256	0.352	260
汕尾	0.254	92	0.222	265	0.732	136	0.606	149	0.35145	261
丹東	0.254	92	0.349	191	0.65	189	0.425	296	0.3512	262
雲浮	0.21	125	0.427	120	0.376	290	0.592	193	0.35105	263
長治	0.21	125	0.291	237	0.733	134	0.463	291	0.3484	264
臨滄	0.1	282	0.337	201	0.597	230	0.56	247	0.34825	265
撫順	0.276	74	0.224	264	0.646	195	0.522	274	0.3482	266
河源	0.232	110	0.402	149	0.37	292	0.611	137	0.3478	267

表 5.1.2 2015 年度城市潛力指數三級指標分值及排名（續）

城市	區位指數	排名	自然資源指數	排名	環境質量指數	排名	可持續發展指數	排名	潛力指數得分	排名
日照	0.166	186	0.374	165	0.414	284	0.611	137	0.3469	268
巴中	0.144	215	0.361	181	0.532	256	0.566	240	0.3462	269
大同	0.254	92	0.405	145	0.683	165	0.362	299	0.34485	270
隨州	0.1	282	0.263	252	0.651	188	0.588	200	0.34265	271
嘉峪關	0.122	252	0.272	248	0.528	258	0.647	53	0.3415	272
永州	0.122	252	0.353	187	0.664	182	0.582	211	0.341	273
崇左	0.144	215	0.371	166	0.509	261	0.572	231	0.33885	274
張掖	0.1	282	0.487	72	0.437	278	0.521	275	0.3384	275
昭通	0.122	252	0.405	145	0.441	277	0.608	143	0.3367	276
保山	0.144	215	0.469	79	0.431	280	0.546	258	0.3349	277
畢節	0.122	252	0.52	55	0.448	275	0.588	200	0.33435	278
金昌	0.122	252	0.403	148	0.49	267	0.566	240	0.334	279
安順	0.144	215	0.418	132	0.46	272	0.564	243	0.33355	280
呂梁	0.188	159	0.418	132	0.517	260	0.573	230	0.33275	281
三亞	0.341	57	0.266	249	0.434	279	0.486	285	0.331	282
伊春	0.188	159	0.535	49	0.787	61	0.1	300	0.33065	283
忻州	0.188	159	0.493	70	0.379	289	0.535	266	0.32915	284
普洱	0.1	282	0.317	216	0.549	250	0.542	261	0.3286	285
鶴崗	0.166	186	0.451	94	0.425	283	0.517	276	0.3252	286
張家界	0.1	282	0.425	123	0.464	271	0.51	279	0.32465	287
潮州	0.232	110	0.207	271	0.447	276	0.61	141	0.3242	288
天水	0.1	282	0.367	172	0.5	264	0.572	231	0.323	289
慶陽	0.1	282	0.428	119	0.356	293	0.6	170	0.31855	290
平涼	0.1	282	0.409	142	0.339	294	0.584	210	0.3128	291
白銀	0.1	282	0.459	88	0.404	286	0.581	216	0.3116	292
商洛	0.122	252	0.279	243	0.492	266	0.552	254	0.3098	293
石嘴山	0.1	282	0.32	214	0.43	281	0.635	78	0.30025	294
清遠	0.254	92	0.465	83	0.111	299	0.49	284	0.27625	295
定西	0.1	282	0.367	172	0.389	287	0.538	265	0.27215	296
銅仁	0.122	252	0.44	104	0.1	300	0.575	226	0.2654	297
河池	0.144	215	0.294	235	0.143	297	0.548	257	0.22735	298
海東	0.1	282	0.149	288	0.285	295	0.596	184	0.2143	299
隴南	0.1	282	0.305	226	0.134	298	0.468	289	0.19035	300

5.2 城市活力指數二級指標分值及排名

城市活力指數包括文化力指數、學習力指數、創新力指數、法制力指數、應變力指數、開放力指數與營銷力指數 7 個二級指數。它反映成長競爭力方面城市在文化、學習、創新、法制等軟環境的活力。一個充滿活力、富有創造力的城市軟環境將會大大提升城市綜合競爭力。

文化力指數。文化力指數反映城市居民精神風貌，在我們的框架下，它主要是反映城市居民的市場經濟意識，如居民的誠信意識、參與競爭意識、經商意識、創新意識等。城市商業氣氛濃郁，商人在商業上取得成功被社會認可，將會使人們更傾向于從商發展實業。同時市場經濟意識的增強能對居民形成強烈的創業激勵，從而提高勞動者積極性。資源向實際產業的流入，將會擴大城市產業規模，促進城市經濟發展。文化力作為軟環境活力的體現，在提升城市形象、進行招商引資、提高城市居民自豪感等都至關重要。

學習力指數。學習力指數體現城市居民的學習意識、學習能力及學習氛圍，21 世紀是“知識經濟”時代，“知識經濟”的特點就是信息的爆炸性、幾何級數的增長及科學技術以前所未有的速度更新。因此，城市要在知識競爭中保持不被淘汰，就要形成學習的緊迫感和危機感，良好的學習氛圍、學習意識與學習能力將有利於城市經濟發展和社會進步。

創新力指數。創新力指數包括兩個方面，一是制度的創新，二是科學技術文化知識的創新，二者舉足輕重、缺一不可。科技創新可提高企業的生產技術、工藝水平，從而提高勞動生產率。不僅如此，科技創新還可通過產品質量的改善來擴大市場佔有率。制度創新是生產力，中國改革開放過程就是一個制度創新的過程，中國改革開放的“視窗”城市——深圳就是制度創新的產物，改革開放前，它只是一個邊陲小漁村，而今卻成了中國制度創新和科技創新的現代化大都市。

法制力指數。法制力指數反映城市在市場經濟條件下法制的健全程度和政府的執行力。市場經濟從某種意義上來說就是“法制經濟”，它是在一系列健全的法律和規章制度下，各經濟主體公平競爭的經濟。城市法規條例的健全和連續，是經濟健康平穩運行的前提，也是吸引外資的重要方面。城市法制越健全，政府在法律與規章制度下執行力越強、越透明，該城市的經濟就會越有活力。

應變力指數。應變力指數是城市作為一個整體應對其所處環境突發性變化的能力。未來世界具有很強的不確定性，時時刻刻都可能出現影響經濟發展和社會進步的突發性事件，如 2003 年爆發的“SARS”、2005 年全球爆發的“禽流感”以及 2007 年至 2008 年全球爆發的“甲型 H1N1 流感”對中國經濟發展造成了巨大影響，提升對突發事件的應變力已經成為許多城市政府亟待解決的課題。

開放力指數。開放力指數反映城市對內對外的開放度。城市開放程度高，生產要素的流動性高，城市企業能根據利潤最大化原則迅速合理地配置生產要素，有效地降低生產成本和交易成本，提高產品競爭力。隨著全球化進程加快，人們越來越意識到參與區域性、全球性資源配置和競爭的必要性與緊迫性，人為的封閉政策只會走入死胡同。在目前的發展條件下，應打破所謂的“條條塊塊”，加強區域經濟合作，促成“雙贏”乃至“多贏”的局面。

營銷力指數。營銷力指數反映城市在經營城市、提高城市形象方面的意識與能力。城市營銷力直接影響其對跨國、跨區域資源的吸引，繼而影響城市產業聚集，最終影響城市創造價值。在市場經濟環境中，城市之間的競爭日益加劇，城市之間的資源配置已由原來的行政計劃分配轉為市場配置。為在日趨激烈競爭中贏得相對有利地位，許多城市加大了對自身形象的營銷力度，其中北京、上海、廣州、香港、深圳、等城市便是這方面的先行者，並且取得令人矚目的成就。

在 300 個城市活力指數排名中，有 105 個城市處於平均水平之上，占 35.23%。其中，東部地區 73 個，中部地區 9 個，西部地區 15 個，東北部地區 8 個。另外活力指數得分標準差為 0.141，比 2014 年的 0.131 有所上升，說明城市之間的活力差異有所上升。

活力指數的二級指標分值與排名見表 5.2.1、表 5.2.2。

表 5.2.1 2015 年度城市活力指數二級指標分值及排名

城市	文化力指數	排名	學習力指數	排名	創新力指數	排名	法制力指數	排名
深圳	0.722	4	0.602	4	0.826	4	1	1
蘇州	0.796	2	0.53	6	0.74	6	0.99	2
上海	0.492	10	0.743	3	0.915	3	0.935	4
香港	1	1	0.577	5	0.783	5	0.981	3
北京	0.669	5	1	1	0.953	2	0.835	6
天津	0.349	57	0.763	2	1	1	0.615	38
廣州	0.737	3	0.525	7	0.727	7	0.793	8
東莞	0.442	19	0.334	16	0.609	11	0.856	5
杭州	0.527	7	0.435	9	0.59	15	0.668	18
重慶	0.44	20	0.521	8	0.671	8	0.688	15
寧波	0.43	26	0.377	12	0.607	12	0.751	9
青島	0.418	30	0.394	11	0.601	14	0.667	19
南京	0.464	15	0.419	10	0.648	10	0.734	11

表 5.2.1 2015 年度城市活力指數二級指標分值及排名

城市	文化力指數	排名	學習力指數	排名	創新力指數	排名	法制力指數	排名
無錫	0.559	6	0.336	15	0.522	18	0.666	20
廈門	0.39	39	0.345	14	0.588	16	0.637	23
大連	0.384	41	0.331	17	0.477	25	0.573	48
珠海	0.428	28	0.304	27	0.483	23	0.687	16
中山	0.454	16	0.328	18	0.484	22	0.649	21
濟南	0.466	14	0.312	24	0.472	27	0.739	10
佛山	0.43	26	0.307	26	0.493	21	0.649	21
南通	0.49	11	0.315	22	0.529	17	0.58	46
溫州	0.495	9	0.323	20	0.605	13	0.678	17
武漢	0.414	33	0.309	25	0.507	19	0.624	33
成都	0.432	23	0.286	31	0.474	26	0.613	39
紹興	0.515	8	0.261	37	0.457	34	0.724	14
臺北	0.353	55	0.368	13	0.66	9	0.629	27
澳門	0.437	22	0.327	19	0.481	24	0.799	7
嘉興	0.449	17	0.288	30	0.405	53	0.734	11
瀋陽	0.372	45	0.295	29	0.47	29	0.534	56
福州	0.416	31	0.25	44	0.471	28	0.625	32
常州	0.364	49	0.323	20	0.457	34	0.635	24
惠州	0.378	43	0.277	33	0.459	33	0.55	53
昆明	0.432	23	0.249	45	0.395	58	0.731	13
鄭州	0.339	65	0.264	35	0.42	46	0.569	50
韶關	0.47	13	0.254	39	0.466	30	0.62	34
長沙	0.36	52	0.251	42	0.462	32	0.613	39
江門	0.439	21	0.254	39	0.416	48	0.555	52
西安	0.407	35	0.263	36	0.406	51	0.611	41
合肥	0.369	48	0.275	34	0.455	36	0.544	54
長春	0.416	31	0.228	55	0.414	49	0.527	58
泉州	0.403	36	0.206	67	0.429	44	0.421	156
舟山	0.347	59	0.254	39	0.441	41	0.619	35
徐州	0.37	46	0.302	28	0.495	20	0.527	58
湖州	0.408	34	0.245	47	0.382	64	0.598	44
石家莊	0.329	71	0.261	37	0.39	60	0.573	48
南昌	0.389	40	0.211	61	0.397	57	0.531	57
哈爾濱	0.431	25	0.198	76	0.392	59	0.539	55
汕頭	0.323	75	0.284	32	0.447	38	0.515	60
煙臺	0.374	44	0.198	76	0.241	100	0.599	43
台州	0.472	12	0.243	48	0.42	46	0.481	70
連雲港	0.358	53	0.315	22	0.445	40	0.468	82
貴陽	0.362	50	0.201	71	0.384	63	0.481	70
曲靖	0.449	17	0.151	179	0.352	76	0.628	29
揚州	0.302	90	0.21	63	0.464	31	0.498	64
海口	0.397	37	0.185	97	0.366	71	0.556	51
淮安	0.329	71	0.233	51	0.446	39	0.506	61
鎮江	0.347	59	0.195	83	0.432	42	0.49	68
泰州	0.338	66	0.204	69	0.427	45	0.481	70
漳州	0.311	87	0.223	57	0.449	37	0.415	169
威海	0.382	42	0.18	107	0.213	119	0.588	45
南寧	0.32	76	0.211	61	0.359	72	0.478	76
鹽城	0.309	88	0.199	74	0.403	54	0.481	70
肇慶	0.346	61	0.251	42	0.38	65	0.453	104
湛江	0.352	56	0.239	49	0.367	69	0.424	148
衢州	0.327	73	0.239	49	0.407	50	0.472	78
銀川	0.319	80	0.177	114	0.367	69	0.484	69
鄂爾多斯	0.337	67	0.197	78	0.242	99	0.352	271
金華	0.315	83	0.247	46	0.386	62	0.447	113
商丘	0.422	29	0.146	200	0.353	74	0.58	46
茂名	0.32	76	0.233	51	0.402	55	0.44	124
宿遷	0.348	58	0.206	67	0.432	42	0.471	79
呼和浩特	0.229	158	0.181	105	0.346	81	0.464	89

表 5.2.1 2015 年度城市活力指數二級指標分值及排名

城市	文化力指數	排名	學習力指數	排名	創新力指數	排名	法制力指數	排名
蘭州	0.34	63	0.197	78	0.346	81	0.491	67
莆田	0.325	74	0.188	92	0.406	51	0.402	184
秦皇島	0.396	38	0.231	54	0.204	134	0.451	108
麗水	0.294	93	0.232	53	0.402	55	0.415	169
綿陽	0.235	144	0.21	63	0.332	89	0.465	86
聊城	0.361	51	0.175	119	0.191	160	0.505	62
濰坊	0.341	62	0.176	117	0.24	101	0.495	65
龍岩	0.335	68	0.142	216	0.344	84	0.422	155
東營	0.334	69	0.17	135	0.26	97	0.48	74
淄博	0.355	54	0.208	65	0.19	166	0.493	66
泰安	0.32	76	0.178	113	0.226	105	0.502	63
潮州	0.37	46	0.194	87	0.378	66	0.456	100
烏魯木齊	0.265	106	0.197	78	0.341	85	0.444	118
唐山	0.223	180	0.227	56	0.217	112	0.452	107
揭陽	0.319	80	0.185	97	0.353	74	0.47	81
營口	0.221	187	0.169	137	0.236	103	0.416	166
太原	0.2	251	0.213	59	0.323	90	0.417	164
三明	0.288	97	0.182	103	0.387	61	0.388	215
濟寧	0.334	69	0.171	131	0.201	141	0.456	100
三亞	0.314	84	0.168	140	0.204	134	0.434	136
西寧	0.263	108	0.185	97	0.346	81	0.467	85
蕪湖	0.208	231	0.179	110	0.249	98	0.465	86
臨沂	0.316	82	0.179	110	0.193	156	0.458	96
寧德	0.306	89	0.139	235	0.356	73	0.464	89
梅州	0.313	86	0.197	78	0.298	93	0.453	104
棗莊	0.34	63	0.179	110	0.204	134	0.476	77
清遠	0.268	102	0.197	78	0.306	92	0.468	82
河源	0.293	95	0.207	66	0.296	94	0.456	100
南平	0.301	91	0.143	211	0.347	80	0.434	136
日照	0.293	95	0.171	131	0.215	115	0.437	130
德州	0.268	102	0.186	94	0.231	104	0.458	96
大慶	0.218	198	0.172	127	0.201	141	0.382	233
陽江	0.294	93	0.213	59	0.32	91	0.48	74
桂林	0.174	267	0.216	58	0.216	113	0.391	210
汕尾	0.301	91	0.204	69	0.29	95	0.435	133
株洲	0.259	110	0.2	73	0.194	154	0.459	95
吉林	0.238	134	0.152	177	0.206	126	0.416	166
鞍山	0.248	120	0.195	83	0.214	117	0.383	230
宜昌	0.205	242	0.135	253	0.222	107	0.461	92
雲浮	0.314	84	0.187	93	0.28	96	0.471	79
廊坊	0.237	139	0.185	97	0.215	115	0.399	193
濱州	0.242	127	0.165	145	0.213	119	0.439	126
柳州	0.192	258	0.199	74	0.179	201	0.394	204
菏澤	0.256	112	0.172	127	0.192	159	0.448	111
湘潭	0.218	198	0.185	97	0.205	131	0.445	116
十堰	0.209	226	0.181	105	0.175	211	0.4	190
錦州	0.235	144	0.158	160	0.186	176	0.376	246
銅陵	0.217	203	0.155	165	0.184	183	0.395	202
鐵嶺	0.222	183	0.161	153	0.206	126	0.403	181
咸陽	0.236	141	0.154	169	0.175	211	0.436	131
襄陽	0.25	118	0.156	163	0.184	183	0.409	176
防城港	0.19	259	0.152	177	0.198	147	0.374	249
邯鄲	0.218	198	0.173	125	0.204	134	0.382	233
岳陽	0.217	203	0.15	183	0.176	209	0.442	120
新餘	0.23	155	0.151	179	0.201	141	0.435	133
荊門	0.268	102	0.146	200	0.167	232	0.441	122
包頭	0.142	275	0.151	179	0.204	134	0.388	215
萊蕪	0.275	98	0.177	114	0.17	222	0.445	116
郴州	0.226	168	0.168	140	0.214	117	0.453	104

表 5.2.1 2015 年度城市活力指數二級指標分值及排名

城市	文化力指數	排名	學習力指數	排名	創新力指數	排名	法制力指數	排名
高雄	0.215	210	0.18	107	0.375	68	0.631	25
新北	0.214	215	0.192	88	0.376	67	0.629	27
遼陽	0.258	111	0.159	156	0.186	176	0.337	278
黃石	0.246	122	0.186	94	0.191	160	0.402	184
齊齊哈爾	0.244	124	0.172	127	0.141	284	0.377	242
贛州	0.223	180	0.138	239	0.223	106	0.424	148
宜春	0.196	256	0.14	230	0.191	160	0.456	100
朝陽	0.224	174	0.167	143	0.198	147	0.424	148
佳木斯	0.229	158	0.167	143	0.186	176	0.398	194
保定	0.247	121	0.173	125	0.179	201	0.36	262
松原	0.219	196	0.168	140	0.195	151	0.414	172
北海	0.205	242	0.143	211	0.205	131	0.417	164
滄州	0.229	158	0.176	117	0.164	242	0.364	256
德陽	0.222	183	0.189	90	0.16	256	0.463	91
九江	0.199	253	0.155	165	0.184	183	0.418	161
欽州	0.242	127	0.15	183	0.216	113	0.416	166
丹東	0.255	113	0.159	156	0.168	226	0.348	273
張家界	0.238	134	0.154	169	0.159	258	0.431	139
白山	0.215	210	0.149	192	0.205	131	0.395	202
拉薩	0.21	222	0.135	253	0.24	101	0.389	213
撫順	0.217	203	0.201	71	0.165	240	0.446	115
盤錦	0.21	222	0.151	179	0.199	145	0.43	141
台中	0.22	191	0.182	103	0.349	77	0.626	31
四平	0.226	168	0.175	119	0.182	192	0.398	194
榆林	0.249	119	0.105	296	0.175	211	0.438	127
鄂州	0.224	174	0.142	216	0.174	215	0.42	157
基隆	0.221	187	0.195	83	0.341	85	0.618	36
通化	0.22	191	0.159	156	0.167	232	0.363	258
本溪	0.206	237	0.164	146	0.169	224	0.335	280
平頂山	0.269	100	0.137	246	0.171	221	0.384	224
安慶	0.226	168	0.139	235	0.17	222	0.414	172
馬鞍山	0.209	226	0.141	220	0.21	125	0.404	180
荊州	0.224	174	0.15	183	0.195	151	0.4	190
蚌埠	0.228	165	0.141	220	0.183	190	0.438	127
上饒	0.269	100	0.145	204	0.206	126	0.427	144
玉溪	0.209	226	0.175	119	0.164	242	0.384	224
遼源	0.23	155	0.147	195	0.179	201	0.419	160
鷹潭	0.203	247	0.14	230	0.218	111	0.432	138
台南	0.22	191	0.195	83	0.348	78	0.627	30
阜新	0.229	158	0.156	163	0.198	147	0.383	230
遵義	0.188	263	0.131	265	0.181	195	0.435	133
瀘州	0.212	218	0.15	183	0.194	154	0.457	98
景德鎮	0.229	158	0.135	253	0.161	252	0.396	199
張家口	0.221	187	0.169	137	0.206	126	0.397	197
呼倫貝爾	0.11	296	0.171	131	0.213	119	0.317	289
桃園	0.214	215	0.191	89	0.339	87	0.63	26
洛陽	0.231	151	0.136	249	0.176	209	0.356	265
資陽	0.267	105	0.138	239	0.219	109	0.377	242
新鄉	0.24	133	0.148	194	0.213	119	0.393	207
嘉義	0.209	226	0.186	94	0.338	88	0.616	37
宣城	0.261	109	0.155	165	0.188	170	0.418	161
萍鄉	0.231	151	0.15	183	0.165	240	0.402	184
克拉瑪依	0.21	222	0.163	151	0.195	151	0.436	131
開封	0.255	113	0.141	220	0.166	237	0.394	204
宜賓	0.229	158	0.143	211	0.177	206	0.402	184
孝感	0.208	231	0.128	269	0.173	218	0.397	197
咸寧	0.264	107	0.132	261	0.167	232	0.429	142
衡陽	0.251	117	0.141	220	0.188	170	0.354	269
白城	0.215	210	0.15	183	0.173	218	0.365	255

表 5.2.1 2015 年度城市活力指數二級指標分值及排名

城市	文化力指數	排名	學習力指數	排名	創新力指數	排名	法制力指數	排名
黃山	0.233	148	0.15	183	0.187	174	0.441	122
欒山	0.215	210	0.145	204	0.189	168	0.377	242
新竹	0.213	217	0.189	90	0.348	78	0.61	42
黑河	0.236	141	0.158	160	0.184	183	0.387	218
黃岡	0.224	174	0.15	183	0.163	247	0.391	210
常德	0.189	262	0.155	165	0.157	262	0.438	127
延安	0.2	251	0.123	274	0.175	211	0.424	148
滁州	0.216	208	0.134	258	0.174	215	0.431	139
漢中	0.225	172	0.108	291	0.182	192	0.418	161
池州	0.242	127	0.141	220	0.164	242	0.389	213
六安	0.219	196	0.147	195	0.206	126	0.382	233
承德	0.242	127	0.175	119	0.174	215	0.357	264
綏化	0.231	151	0.154	169	0.143	282	0.411	174
赤峰	0.127	282	0.153	175	0.193	156	0.355	267
阜陽	0.202	248	0.131	265	0.186	176	0.401	189
淮南	0.22	191	0.142	216	0.153	268	0.4	190
烏海	0.128	281	0.175	119	0.213	119	0.388	215
安陽	0.216	208	0.134	258	0.179	201	0.384	224
攀枝花	0.245	123	0.138	239	0.181	195	0.44	124
晉中	0.139	277	0.157	162	0.19	166	0.355	267
吉安	0.218	198	0.136	249	0.159	258	0.382	233
撫州	0.23	155	0.144	209	0.211	124	0.457	98
邢臺	0.212	218	0.174	124	0.149	272	0.34	276
漯河	0.238	134	0.15	183	0.178	205	0.398	194
鶴崗	0.272	99	0.159	156	0.143	282	0.392	209
葫蘆島	0.217	203	0.164	146	0.145	277	0.424	148
寶雞	0.199	253	0.14	230	0.168	226	0.384	224
運城	0.125	284	0.177	114	0.198	147	0.37	252
梧州	0.196	256	0.154	169	0.149	272	0.342	275
許昌	0.225	172	0.141	220	0.219	109	0.384	224
貴港	0.198	255	0.143	211	0.181	195	0.385	222
三門峽	0.173	268	0.145	204	0.184	183	0.387	218
淮北	0.206	237	0.145	204	0.189	168	0.415	169
自貢	0.234	147	0.154	169	0.141	284	0.461	92
牡丹江	0.232	149	0.164	146	0.166	237	0.359	263
玉林	0.222	183	0.142	216	0.191	160	0.393	207
益陽	0.223	180	0.14	230	0.204	134	0.444	118
七台河	0.244	124	0.154	169	0.1	300	0.326	284
通遼	0.147	273	0.164	146	0.199	145	0.372	250
邵陽	0.221	187	0.145	204	0.181	195	0.468	82
雙鴨山	0.254	115	0.164	146	0.112	296	0.328	283
銅川	0.222	183	0.138	239	0.182	192	0.442	120
宿州	0.208	231	0.137	246	0.153	268	0.402	184
內江	0.241	132	0.14	230	0.202	140	0.403	181
南陽	0.21	222	0.147	195	0.169	224	0.366	254
渭南	0.224	174	0.136	249	0.161	252	0.396	199
永州	0.22	191	0.147	195	0.2	144	0.425	146
周口	0.238	134	0.153	175	0.183	190	0.383	230
嘉峪關	0.209	226	0.135	253	0.177	206	0.386	220
安康	0.205	242	0.114	283	0.186	176	0.461	92
遂寧	0.236	141	0.139	235	0.187	174	0.428	143
大同	0.145	274	0.18	107	0.193	156	0.409	176
亳州	0.244	124	0.136	249	0.158	261	0.378	240
雞西	0.217	203	0.163	151	0.122	291	0.345	274
百色	0.164	270	0.135	253	0.181	195	0.408	179
眉山	0.228	165	0.134	258	0.188	170	0.409	176
六盤水	0.206	237	0.132	261	0.167	232	0.465	86
石嘴山	0.201	249	0.118	278	0.184	183	0.386	220
廣元	0.238	134	0.137	246	0.168	226	0.451	108

表 5.2.1 2015 年度城市活力指數二級指標分值及排名

城市	文化力指數	排名	學習力指數	排名	創新力指數	排名	法制力指數	排名
駐馬店	0.232	149	0.138	239	0.164	242	0.424	148
懷化	0.211	221	0.141	220	0.191	160	0.42	157
雅安	0.218	198	0.138	239	0.186	176	0.396	199
巴彥淖爾	0.1	300	0.101	298	0.167	232	0.289	298
焦作	0.212	218	0.144	209	0.168	226	0.376	246
南充	0.224	174	0.127	271	0.185	182	0.41	175
鶴壁	0.242	127	0.147	195	0.159	258	0.372	250
朔州	0.115	292	0.17	135	0.156	264	0.334	281
保山	0.19	259	0.114	283	0.188	170	0.426	145
廣安	0.205	242	0.13	268	0.168	226	0.378	240
隨州	0.215	210	0.138	239	0.162	250	0.425	146
崇左	0.158	271	0.127	271	0.181	195	0.361	261
安順	0.207	236	0.118	278	0.149	272	0.448	111
長治	0.155	272	0.169	137	0.173	218	0.31	291
婁底	0.206	237	0.143	211	0.135	286	0.423	154
達州	0.235	144	0.139	235	0.16	256	0.379	239
信陽	0.229	158	0.146	200	0.161	252	0.376	246
呂梁	0.14	276	0.132	261	0.221	108	0.33	282
衡水	0.231	151	0.172	127	0.15	271	0.35	272
銅仁	0.208	231	0.12	277	0.125	290	0.447	113
濮陽	0.226	168	0.146	200	0.144	281	0.356	265
伊春	0.253	116	0.149	192	0.106	298	0.363	258
晉城	0.114	294	0.171	131	0.149	272	0.323	287
來賓	0.19	259	0.131	265	0.134	287	0.37	252
忻州	0.124	285	0.184	102	0.177	206	0.39	212
賀州	0.173	268	0.141	220	0.156	264	0.364	256
臨汾	0.135	278	0.16	154	0.145	277	0.385	222
巴中	0.237	139	0.141	220	0.161	252	0.382	233
白銀	0.208	231	0.121	276	0.132	288	0.394	204
海東	0.32	76	0.108	291	0.184	183	0.1	300
金昌	0.228	165	0.124	273	0.111	297	0.363	258
吳忠	0.206	237	0.114	283	0.191	160	0.403	181
河池	0.181	266	0.141	220	0.168	226	0.384	224
畢節	0.201	249	0.118	278	0.113	295	0.45	110
天水	0.205	242	0.109	289	0.131	289	0.382	233
陽泉	0.132	280	0.16	154	0.12	292	0.305	295
烏蘭察布	0.105	297	0.117	281	0.149	272	0.307	293
固原	0.184	264	0.105	296	0.163	247	0.42	157
中衛	0.184	264	0.1	299	0.163	247	0.377	242
酒泉	0.119	290	0.116	282	0.154	267	0.306	294
昭通	0.122	286	0.132	261	0.104	299	0.309	292
臨滄	0.121	287	0.112	286	0.164	242	0.337	278
普洱	0.121	287	0.1	299	0.157	262	0.326	284
麗江	0.115	292	0.128	269	0.145	277	0.305	295
商洛	0.135	278	0.107	293	0.151	270	0.323	287
武威	0.121	287	0.123	274	0.162	250	0.297	297
定西	0.113	295	0.109	289	0.145	277	0.354	269
張掖	0.126	283	0.107	293	0.117	294	0.313	290
慶陽	0.103	299	0.11	288	0.155	266	0.339	277
隴南	0.104	298	0.107	293	0.166	237	0.325	286
平涼	0.118	291	0.111	287	0.12	292	0.283	299

表 5. 2. 2 2015 年度活力指數三級指標分值及排名（續）

城市	應變力指數	排名	開放力指數	排名	營銷力指數	排名	活力指數得分	排名
深圳	1	1	0.999	2	1	1	0.8861	1
蘇州	0.963	3	1	1	0.825	5	0.8386	2
上海	0.981	2	0.763	3	0.938	4	0.8254	3

表 5.2.2 2015 年度活力指數三級指標分值及排名（續）

城市	應變力指數	排名	開放力指數	排名	營銷力指數	排名	活力指數得分	排名
香港	0.906	7	0.623	7	0.99	2	0.7968	4
北京	0.923	4	0.371	246	0.983	3	0.7756	5
天津	0.913	6	0.658	6	0.626	13	0.7216	6
廣州	0.918	5	0.662	5	0.74	6	0.7121	7
東莞	0.844	18	0.712	4	0.547	20	0.6123	8
杭州	0.86	12	0.605	8	0.637	10	0.5972	9
重慶	0.867	11	0.511	22	0.536	21	0.5869	10
寧波	0.86	12	0.574	11	0.508	27	0.5721	11
青島	0.875	10	0.535	18	0.598	15	0.5665	12
南京	0.858	15	0.435	49	0.498	28	0.5551	13
無錫	0.842	19	0.539	16	0.486	34	0.5392	14
廈門	0.81	27	0.591	9	0.48	36	0.5367	15
大連	0.9	8	0.523	19	0.645	8	0.526	16
珠海	0.814	26	0.548	14	0.526	24	0.515	17
中山	0.791	32	0.542	15	0.53	22	0.5106	18
濟南	0.845	17	0.393	108	0.612	14	0.5055	19
佛山	0.826	21	0.539	16	0.431	46	0.5039	20
南通	0.816	25	0.517	20	0.421	50	0.5034	21
溫州	0.774	38	0.393	108	0.466	37	0.5006	22
武漢	0.818	24	0.473	29	0.558	19	0.5	23
成都	0.836	20	0.506	23	0.524	25	0.4985	24
紹興	0.791	32	0.46	33	0.562	18	0.4976	25
臺北	0.848	16	0.213	291	0.635	11	0.4919	26
澳門	0.88	9	0.205	292	0.672	7	0.4853	27
嘉興	0.794	31	0.492	27	0.455	40	0.4786	28
瀋陽	0.86	12	0.462	32	0.522	26	0.4784	29
福州	0.78	36	0.5	25	0.452	42	0.4714	30
常州	0.823	22	0.486	28	0.366	60	0.469	31
惠州	0.798	29	0.58	10	0.342	67	0.4689	32
昆明	0.79	35	0.397	102	0.627	12	0.4672	33
鄭州	0.795	30	0.559	13	0.461	38	0.4646	34
韶關	0.717	55	0.401	94	0.584	16	0.4552	35
長沙	0.822	23	0.406	85	0.489	32	0.4547	36
江門	0.744	42	0.502	24	0.494	30	0.4519	37
西安	0.725	52	0.427	55	0.645	8	0.4492	38
合肥	0.803	28	0.433	51	0.435	45	0.4448	39
長春	0.791	32	0.442	43	0.43	47	0.4328	40
泉州	0.742	45	0.564	12	0.344	66	0.4271	41
舟山	0.78	36	0.384	145	0.404	52	0.4262	42
徐州	0.74	46	0.384	145	0.376	58	0.4235	43
湖州	0.736	47	0.435	49	0.416	51	0.4191	44
石家莊	0.766	39	0.392	116	0.496	29	0.417	45
南昌	0.744	42	0.426	57	0.454	41	0.4132	46
哈爾濱	0.732	50	0.406	85	0.482	35	0.4121	47
汕頭	0.709	57	0.417	65	0.438	44	0.4118	48
煙臺	0.749	40	0.514	21	0.491	31	0.4077	49
台州	0.724	53	0.409	79	0.33	71	0.4035	50
連雲港	0.723	54	0.41	75	0.287	94	0.3983	51
貴陽	0.748	41	0.391	119	0.458	39	0.394	52
曲靖	0.654	72	0.377	194	0.53	22	0.3918	53
揚州	0.735	49	0.444	40	0.206	224	0.389	54
海口	0.62	81	0.41	75	0.564	17	0.3883	55
淮安	0.728	51	0.412	71	0.24	162	0.3867	56
鎮江	0.701	61	0.463	31	0.257	127	0.3866	57
泰州	0.708	58	0.443	41	0.282	100	0.3845	58
漳州	0.706	59	0.46	33	0.267	114	0.3829	59
威海	0.696	62	0.451	36	0.488	33	0.3731	60
南寧	0.71	56	0.406	85	0.382	57	0.3712	61
鹽城	0.736	47	0.438	45	0.187	269	0.37	62
肇慶	0.661	70	0.457	35	0.284	98	0.3699	63

表 5.2.2 2015 年度活力指數三級指標分值及排名（續）

城市	應變力指數	排名	開放力指數	排名	營銷力指數	排名	活力指數得分	排名
湛江	0.667	66	0.443	41	0.348	63	0.3686	64
衢州	0.693	63	0.389	123	0.288	92	0.367	65
銀川	0.688	64	0.382	165	0.403	53	0.3618	66
鄂爾多斯	0.743	44	0.499	26	0.369	59	0.3582	67
金華	0.663	69	0.415	68	0.28	103	0.3575	68
商丘	0.578	97	0.37	250	0.426	49	0.3528	69
茂名	0.621	79	0.378	187	0.331	70	0.3473	70
宿遷	0.621	79	0.389	123	0.214	212	0.3471	71
呼和浩特	0.702	60	0.406	85	0.308	77	0.3432	72
蘭州	0.59	92	0.381	170	0.393	55	0.3393	73
莆田	0.585	95	0.431	52	0.281	101	0.3378	74
秦皇島	0.644	75	0.438	45	0.346	64	0.3328	75
麗水	0.584	96	0.375	213	0.319	74	0.3314	76
綿陽	0.617	82	0.383	159	0.365	61	0.3266	77
聊城	0.653	73	0.377	194	0.448	43	0.3256	78
濰坊	0.665	68	0.41	75	0.246	140	0.3211	79
龍岩	0.616	83	0.393	108	0.279	104	0.3205	80
東營	0.637	76	0.402	92	0.294	88	0.3198	81
淄博	0.683	65	0.403	90	0.257	127	0.3184	82
泰安	0.658	71	0.378	187	0.338	68	0.318	83
潮州	0.469	136	0.409	79	0.315	75	0.3162	84
烏魯木齊	0.599	87	0.357	276	0.303	81	0.3115	85
唐山	0.667	66	0.427	55	0.251	131	0.3083	86
揭陽	0.524	114	0.41	75	0.215	207	0.3068	87
營口	0.653	73	0.421	61	0.323	73	0.3054	88
太原	0.557	104	0.421	61	0.314	76	0.3052	89
三明	0.572	98	0.361	270	0.248	135	0.305	90
濟寧	0.623	78	0.393	108	0.287	94	0.2981	91
三亞	0.604	86	0.371	246	0.388	56	0.2956	92
西寧	0.488	127	0.38	180	0.293	89	0.2927	93
蕪湖	0.595	91	0.417	65	0.241	158	0.2907	94
臨沂	0.596	89	0.409	79	0.258	125	0.2896	95
寧德	0.475	134	0.383	159	0.27	111	0.2895	96
梅州	0.479	130	0.409	79	0.268	113	0.2892	97
棗莊	0.59	92	0.381	170	0.257	127	0.2891	98
清遠	0.475	134	0.436	48	0.227	177	0.2883	99
河源	0.413	163	0.451	36	0.292	90	0.2853	100
南平	0.5	123	0.375	213	0.243	152	0.2847	101
日照	0.526	113	0.451	36	0.273	109	0.2841	102
德州	0.558	103	0.391	119	0.259	124	0.2812	103
大慶	0.635	77	0.392	116	0.295	87	0.2801	104
陽江	0.403	174	0.412	71	0.235	167	0.277	105
桂林	0.589	94	0.376	207	0.346	64	0.2765	106
汕尾	0.411	164	0.45	39	0.244	148	0.2763	107
株洲	0.567	101	0.384	145	0.278	105	0.2761	108
吉林	0.611	84	0.375	213	0.287	94	0.2752	109
鞍山	0.596	89	0.384	145	0.247	138	0.2734	110
宜昌	0.61	85	0.385	137	0.225	178	0.2734	111
雲浮	0.41	166	0.415	68	0.238	163	0.269	112
廊坊	0.569	100	0.412	71	0.202	239	0.2683	113
濱州	0.555	105	0.393	108	0.246	140	0.2681	114
柳州	0.562	102	0.419	64	0.307	79	0.2679	115
菏澤	0.548	106	0.376	207	0.286	97	0.2661	116
湘潭	0.515	117	0.4	98	0.301	85	0.2653	117
十堰	0.511	118	0.439	44	0.333	69	0.2637	118
錦州	0.572	98	0.394	107	0.262	118	0.2595	119
銅陵	0.545	107	0.431	52	0.247	138	0.2592	120
鐵嶺	0.537	109	0.381	170	0.262	118	0.2551	121
咸陽	0.544	108	0.393	108	0.231	171	0.2532	122
襄陽	0.534	111	0.409	79	0.203	235	0.2522	123

表 5.2.2 2015 年度活力指數三級指標分值及排名（續）

城市	應變力指數	排名	開放力指數	排名	營銷力指數	排名	活力指數得分	排名
防城港	0.535	110	0.43	54	0.219	198	0.2512	124
邯鄲	0.528	112	0.4	98	0.218	199	0.2504	125
岳陽	0.524	114	0.376	207	0.283	99	0.2493	126
新餘	0.477	131	0.401	94	0.265	115	0.2486	127
荊門	0.501	120	0.386	133	0.262	118	0.2473	128
包頭	0.598	88	0.378	187	0.16	282	0.2447	129
萊蕪	0.483	128	0.375	213	0.246	140	0.2442	130
郴州	0.416	160	0.393	108	0.303	81	0.244	131
高雄	0.489	126	0.114	294	0.205	229	0.2428	132
新北	0.476	133	0.12	293	0.199	247	0.2421	133
遼陽	0.509	119	0.389	123	0.248	135	0.2411	134
黃石	0.395	180	0.422	59	0.308	77	0.2397	135
齊齊哈爾	0.518	116	0.386	133	0.273	109	0.2394	136
贛州	0.433	150	0.422	59	0.212	219	0.2393	137
宜春	0.465	138	0.397	102	0.245	144	0.2381	138
朝陽	0.45	145	0.366	260	0.297	86	0.2379	139
佳木斯	0.501	120	0.377	194	0.215	207	0.2376	140
保定	0.501	120	0.381	170	0.237	164	0.2375	141
松原	0.483	128	0.353	283	0.263	116	0.2362	142
北海	0.416	160	0.42	63	0.278	105	0.2361	143
滄州	0.495	125	0.398	100	0.234	168	0.2351	144
德陽	0.438	148	0.389	123	0.262	118	0.2344	145
九江	0.462	140	0.401	94	0.243	152	0.2341	146
欽州	0.368	202	0.395	106	0.326	72	0.2325	147
丹東	0.456	142	0.401	94	0.274	108	0.2318	148
張家界	0.379	188	0.375	213	0.43	47	0.2312	149
白山	0.468	137	0.369	254	0.228	176	0.2302	150
拉薩	0.372	197	0.377	194	0.358	62	0.2299	151
撫順	0.407	171	0.378	187	0.288	92	0.2279	152
盤錦	0.417	159	0.382	165	0.261	123	0.2275	153
台中	0.438	148	0.114	294	0.215	207	0.2273	154
四平	0.428	151	0.381	170	0.258	125	0.2264	155
榆林	0.477	131	0.367	258	0.206	224	0.2262	156
鄂州	0.456	142	0.382	165	0.222	187	0.2256	157
基隆	0.449	146	0.101	298	0.208	221	0.225	158
通化	0.465	138	0.385	137	0.245	144	0.2244	159
本溪	0.453	144	0.417	65	0.229	173	0.2235	160
平頂山	0.458	141	0.383	159	0.196	251	0.2234	161
安慶	0.445	147	0.381	170	0.237	164	0.223	162
馬鞍山	0.415	162	0.385	137	0.223	185	0.222	163
荊州	0.41	166	0.384	145	0.243	152	0.2216	164
蚌埠	0.384	183	0.387	129	0.278	105	0.2213	165
上饒	0.334	222	0.415	68	0.236	166	0.2208	166
玉溪	0.423	155	0.377	194	0.29	91	0.2206	167
遼源	0.424	154	0.381	170	0.22	196	0.2203	168
鷹潭	0.386	182	0.373	236	0.245	144	0.2192	169
台南	0.405	173	0.109	297	0.201	243	0.2186	170
阜新	0.367	203	0.381	170	0.303	81	0.2181	171
遵義	0.411	164	0.372	240	0.269	112	0.2168	172
瀘州	0.375	194	0.373	236	0.248	135	0.2165	173
景德鎮	0.427	153	0.366	260	0.281	101	0.2164	174
張家口	0.396	179	0.377	194	0.196	251	0.2158	175
呼倫貝爾	0.497	124	0.375	213	0.175	275	0.2158	176
桃園	0.402	175	0.11	296	0.201	243	0.2153	177
洛陽	0.42	157	0.382	165	0.251	131	0.2144	178
資陽	0.361	209	0.379	183	0.224	181	0.2138	179
新鄉	0.374	196	0.384	145	0.194	256	0.2129	180
嘉義	0.406	172	0.1	300	0.206	224	0.2115	181
宣城	0.338	219	0.385	137	0.244	148	0.2111	182
萍鄉	0.363	208	0.378	187	0.302	84	0.2107	183

表 5. 2. 2 2015 年度活力指數三級指標分值及排名（續）

城市	應變力指數	排名	開放力指數	排名	營銷力指數	排名	活力指數得分	排名
克拉瑪依	0.397	178	0.372	240	0.161	281	0.2107	184
開封	0.38	187	0.376	207	0.245	144	0.2087	185
宜賓	0.4	177	0.371	246	0.205	229	0.2083	186
孝感	0.402	175	0.392	116	0.207	222	0.2082	187
咸寧	0.36	210	0.385	137	0.224	181	0.2081	188
衡陽	0.376	193	0.387	129	0.223	185	0.208	189
白城	0.418	158	0.37	250	0.213	215	0.2071	190
黃山	0.348	215	0.372	240	0.224	181	0.207	191
樂山	0.39	181	0.374	228	0.221	190	0.207	192
新竹	0.369	200	0.101	298	0.207	222	0.2061	193
黑河	0.367	203	0.378	187	0.215	207	0.206	194
黃岡	0.384	183	0.387	129	0.221	190	0.2058	195
常德	0.352	212	0.374	228	0.305	80	0.2057	196
延安	0.41	166	0.369	254	0.193	259	0.2052	197
滁州	0.35	214	0.397	102	0.221	190	0.2049	198
漢中	0.381	186	0.375	213	0.218	199	0.2048	199
池州	0.369	200	0.376	207	0.242	156	0.2037	200
六安	0.333	223	0.387	129	0.224	181	0.2027	201
承德	0.375	194	0.374	228	0.202	239	0.2023	202
綏化	0.378	189	0.384	145	0.213	215	0.2022	203
赤峰	0.428	151	0.376	207	0.188	267	0.2018	204
阜陽	0.347	216	0.377	194	0.262	118	0.2015	205
淮南	0.364	207	0.386	133	0.241	158	0.201	206
烏海	0.408	170	0.348	287	0.18	274	0.2009	207
安陽	0.377	191	0.378	187	0.203	235	0.2006	208
攀枝花	0.33	226	0.355	280	0.242	156	0.1995	209
晉中	0.41	166	0.37	250	0.204	232	0.1993	210
吉安	0.355	211	0.412	71	0.203	235	0.1988	211
撫州	0.274	239	0.384	145	0.222	187	0.1988	212
邢臺	0.37	199	0.403	90	0.217	203	0.1985	213
漯河	0.294	235	0.426	57	0.205	229	0.1984	214
鶴崗	0.372	197	0.349	286	0.225	178	0.1973	215
葫蘆島	0.343	217	0.366	260	0.263	116	0.1972	216
寶雞	0.365	206	0.393	108	0.202	239	0.1971	217
運城	0.378	189	0.377	194	0.186	270	0.1962	218
梧州	0.366	205	0.398	100	0.249	134	0.1962	219
許昌	0.314	231	0.375	213	0.194	256	0.1955	220
貴港	0.339	218	0.384	145	0.221	190	0.195	221
三門峽	0.351	213	0.402	92	0.17	278	0.1942	222
淮北	0.293	236	0.383	159	0.244	148	0.1932	223
自貢	0.303	233	0.38	180	0.241	158	0.1929	224
牡丹江	0.338	219	0.384	145	0.203	235	0.1924	225
玉林	0.284	238	0.39	122	0.241	158	0.192	226
益陽	0.261	245	0.385	137	0.202	239	0.19	227
七台河	0.421	156	0.346	289	0.244	148	0.1891	228
通遼	0.323	227	0.407	84	0.159	284	0.1889	229
邵陽	0.25	247	0.377	194	0.243	152	0.1882	230
雙鴨山	0.377	191	0.36	273	0.246	140	0.1877	231
銅川	0.289	237	0.385	137	0.17	278	0.1872	232
宿州	0.321	229	0.384	145	0.221	190	0.1871	233
內江	0.255	246	0.375	213	0.231	171	0.1866	234
南陽	0.322	228	0.383	159	0.2	246	0.1856	235
渭南	0.333	223	0.366	260	0.188	267	0.1851	236
永州	0.239	250	0.388	128	0.221	190	0.185	237
周口	0.267	242	0.386	133	0.201	243	0.183	238
嘉峪關	0.336	221	0.357	276	0.172	277	0.1824	239
安康	0.263	244	0.372	240	0.206	224	0.1808	240
遂寧	0.239	250	0.377	194	0.218	199	0.1807	241
大同	0.27	240	0.374	228	0.214	212	0.1801	242
亳州	0.299	234	0.353	283	0.232	170	0.1788	243

表 5.2.2 2015 年度活力指數三級指標分值及排名（續）

城市	應變力指數	排名	開放力指數	排名	營銷力指數	排名	活力指數得分	排名
雞西	0.32	230	0.381	170	0.218	199	0.1763	244
百色	0.269	241	0.382	165	0.204	232	0.175	245
眉山	0.213	265	0.384	145	0.229	173	0.1744	246
六盤水	0.228	254	0.355	280	0.256	130	0.173	247
石嘴山	0.307	232	0.361	270	0.139	291	0.1719	248
廣元	0.195	272	0.372	240	0.234	168	0.1699	249
駐馬店	0.222	259	0.384	145	0.191	261	0.1692	250
懷化	0.191	274	0.377	194	0.229	173	0.1688	251
雅安	0.22	263	0.379	183	0.195	255	0.1684	252
巴彥淖爾	0.384	183	0.389	123	0.141	289	0.1679	253
焦作	0.245	249	0.375	213	0.204	232	0.1678	254
南充	0.198	271	0.377	194	0.225	178	0.1674	255
鶴壁	0.221	261	0.381	170	0.213	215	0.166	256
朔州	0.333	223	0.355	280	0.185	271	0.1657	257
保山	0.204	269	0.379	183	0.215	207	0.1651	258
廣安	0.231	252	0.375	213	0.217	203	0.1643	259
隨州	0.187	276	0.385	137	0.222	187	0.1633	260
崇左	0.19	275	0.437	47	0.189	266	0.1611	261
安順	0.215	264	0.375	213	0.196	251	0.1609	262
長治	0.265	243	0.371	246	0.191	261	0.1602	263
婁底	0.225	257	0.365	267	0.22	196	0.1602	264
達州	0.205	268	0.374	228	0.21	220	0.1601	265
信陽	0.227	255	0.366	260	0.173	276	0.1592	266
呂梁	0.201	270	0.396	105	0.192	260	0.1587	267
衡水	0.211	266	0.384	145	0.185	271	0.1586	268
銅仁	0.231	252	0.37	250	0.197	249	0.1584	269
濮陽	0.221	261	0.375	213	0.206	224	0.1569	270
伊春	0.222	259	0.359	275	0.25	133	0.1545	271
晉城	0.249	248	0.391	119	0.194	256	0.1531	272
來賓	0.224	258	0.379	183	0.196	251	0.1513	273
忻州	0.195	272	0.352	285	0.214	212	0.1511	274
賀州	0.176	278	0.406	85	0.191	261	0.1492	275
臨汾	0.227	255	0.361	270	0.191	261	0.1486	276
巴中	0.154	283	0.366	260	0.213	215	0.1483	277
白銀	0.169	281	0.38	180	0.19	265	0.1416	278
海東	0.109	296	0.377	194	0.403	53	0.1412	279
金昌	0.185	277	0.374	228	0.198	248	0.139	280
吳忠	0.134	287	0.356	279	0.167	280	0.139	281
河池	0.143	286	0.366	260	0.182	273	0.138	282
畢節	0.16	282	0.348	287	0.197	249	0.1341	283
天水	0.11	295	0.372	240	0.216	206	0.1263	284
陽泉	0.173	279	0.36	273	0.217	203	0.1245	285
烏蘭察布	0.211	266	0.363	268	0.139	291	0.1236	286
固原	0.117	292	0.345	290	0.141	289	0.1222	287
中衛	0.111	294	0.375	213	0.129	294	0.1209	288
酒泉	0.17	280	0.374	228	0.145	287	0.1202	289
昭通	0.113	293	0.465	30	0.121	296	0.116	290
臨滄	0.134	287	0.374	228	0.126	295	0.1154	291
普洱	0.145	285	0.383	159	0.115	297	0.1145	292
麗江	0.146	284	0.375	213	0.114	298	0.1106	293
商洛	0.121	290	0.363	268	0.148	286	0.1092	294
武威	0.1	300	0.373	236	0.159	284	0.1077	295
定西	0.102	298	0.368	256	0.138	293	0.1048	296
張掖	0.133	289	0.373	236	0.144	288	0.1041	297
慶陽	0.119	291	0.367	258	0.1	300	0.1037	298
隴南	0.102	298	0.368	256	0.106	299	0.1015	299
平涼	0.109	296	0.357	276	0.16	282	0.0938	300

5.3 城市能力指數二級指標分值及排名

能力指數包括經濟增長能力、社會保障能力、城市吸引能力、城市流通能力 4 個二級指標，它反映城市整合資源實現經濟發展和社會進步的能力。經濟增長能力是城市在提升自身競爭力最重要的能力之一，是城市可持續競爭力的重要表現。沒有經濟增長就不可能有社會進步，經濟增長能力是城市發展的物質保證，是城市綜合競爭力提升的引擎。沒有經濟增長，城市的充分就業、教育、醫療甚至城市形象都得不到相應改善。當然在關注經濟增長時還必須考慮成本投入。當經濟增長帶來更多的擁擠、污染、存貨增加時，反而會阻礙社會進步，因此最重要一點就是經濟可持續增長。

經濟增長能力體現城市效率，社會保障能力則體現了城市公平，社會發展不僅要追求高效發展，更要兼顧社會公平的實現。現代社會，公平的概念在人們的意識中變得愈加清晰和重要，任何不公平的現象都會遭到鄙視和譴責，甚至引起一定程度的社會矛盾，不利於社會和諧。所以社會公平的實現是社會進步的重要標誌。社會公平的含義之一是機會平等，也就是說城市居民應在教育、就業等方面具有相同的機會，這可以通過適齡兒童入學率和就業率來體現，另外就是結果均等，也就是說社會中的貧富差距不應過大，社會保障覆蓋率及醫療保障覆蓋率要高。

城市吸引能力體現城市集聚各種資源的能力，這些資源不僅包括國內資源，也包括國外資源。現代城市之間的競爭是人才、資本、市場的競爭，誰能在競爭中獲取更多資源，誰就能在競爭中脫穎而出。城市只有在其充滿各種創業的機會、富有競爭力的時候才會集聚各種資源。城市起初都是充分利用本區域的優勢資源發展優勢產業，繼而再通過集聚域外資源發展壯大，且這種集聚能力會提升它的競爭力，這是一個良性循環過程。

城市流通能力是城市在人流、物流、資金流與信息流樞紐作用的實現能力，具有區域經濟中心或國際經濟中心的城市就是人流、物流、資金流與信息流的區域中心或國際中心，也是資源集聚的體現。這樣城市的企業可以降低交易、生產要素運輸、產品運輸、信息的獲得等費用。有利於城市產業規模的擴大。

在 300 個城市能力指數排名中，有 166 個城市處於平均水平之上，占 55.7%。其中，東部地區 54 個，中部地區 45 個，西部地區 45 個，東北部地區 22 個。另外能力指數得分標準差為 0.143，比 2014 年的 0.151 有所下降，說明城市之間的能力差異有所下降。

能力指數的二級指標分值與排名見表 5.3.1。

表 5.3.1 2015 年度城市能力指數二級指標分值及排名

城市	經濟增長能力	排名	社會保障能力	排名	城市吸引能力	排名	城市流通能力	排名	能力指數得分	排名
銅仁	1	1	0.262	291	0.145	289	0.1	294	0.814	1
荊州	0.946	2	0.334	234	0.163	239	0.145	188	0.7745	2
資陽	0.919	3	0.487	75	0.145	289	0.136	214	0.7565	3
安順	0.919	3	0.316	250	0.154	266	0.109	282	0.7465	4
六盤水	0.901	5	0.316	250	0.163	239	0.127	248	0.7325	5
重慶	0.802	15	0.487	75	0.496	22	0.442	8	0.7085	6
蚌埠	0.847	6	0.415	136	0.217	163	0.154	156	0.6975	7
天津	0.757	50	0.55	35	0.595	12	0.55	5	0.689	8
珠海	0.775	31	0.595	18	0.604	11	0.19	85	0.6885	9
黃岡	0.838	7	0.424	131	0.154	266	0.163	128	0.6835	10
襄陽	0.829	8	0.379	183	0.172	203	0.172	109	0.6755	11
廈門	0.766	41	0.496	68	0.577	14	0.181	97	0.6715	12
安慶	0.82	9	0.352	220	0.208	176	0.172	109	0.67	13
貴陽	0.793	21	0.46	102	0.361	49	0.181	97	0.6695	14
深圳	0.685	148	0.649	8	0.973	2	0.469	7	0.668	15
上饒	0.82	9	0.37	192	0.163	239	0.172	109	0.666	16

表 5.3.1 2015 年度城市能力指數二級指標分值及排名

城市	經濟增長能力	排名	社會保障能力	排名	城市吸引能力	排名	城市流通能力	排名	能力指數得分	排名
宿州	0.811	12	0.37	192	0.217	163	0.163	128	0.6635	17
莆田	0.802	15	0.334	234	0.316	68	0.145	188	0.6635	18
咸寧	0.82	9	0.37	192	0.154	266	0.136	214	0.663	19
漳州	0.793	21	0.397	163	0.334	62	0.163	128	0.662	20
宜春	0.811	12	0.406	146	0.172	203	0.163	128	0.6605	21
開封	0.811	12	0.316	250	0.217	163	0.154	156	0.66	22
湘潭	0.802	15	0.451	107	0.226	135	0.145	188	0.66	23
武漢	0.748	60	0.613	13	0.487	24	0.316	18	0.6595	24
內江	0.802	15	0.424	131	0.163	239	0.136	214	0.651	25
宜昌	0.802	15	0.325	243	0.181	191	0.163	128	0.649	26
馬鞍山	0.784	25	0.496	68	0.226	135	0.172	109	0.648	27
徐州	0.766	41	0.388	173	0.37	45	0.262	31	0.647	28
常德	0.793	21	0.361	209	0.226	135	0.145	188	0.647	29
福州	0.757	50	0.442	112	0.397	36	0.226	49	0.643	30
九江	0.784	25	0.406	146	0.226	135	0.172	109	0.643	31
信陽	0.802	15	0.298	273	0.145	289	0.145	188	0.6425	32
南昌	0.766	41	0.379	183	0.343	59	0.199	72	0.64	33
梅州	0.775	31	0.532	45	0.208	176	0.154	156	0.639	34
鄭州	0.748	60	0.469	95	0.397	36	0.253	35	0.638	35
河源	0.775	31	0.523	50	0.208	176	0.136	214	0.6375	36
東莞	0.667	171	0.577	22	1	1	0.217	58	0.637	37
宿遷	0.775	31	0.298	273	0.262	109	0.181	97	0.6335	38
宣城	0.793	21	0.271	287	0.163	239	0.118	270	0.6335	39
泉州	0.757	50	0.325	243	0.361	49	0.244	38	0.6335	40
南通	0.748	60	0.415	136	0.388	39	0.226	49	0.6325	41
孝感	0.784	25	0.343	227	0.172	203	0.136	214	0.6315	42
惠州	0.739	71	0.505	60	0.433	30	0.163	128	0.631	43
遂寧	0.784	25	0.343	227	0.163	239	0.136	214	0.6305	44
阜陽	0.775	31	0.361	209	0.199	188	0.163	128	0.629	45
漯河	0.775	31	0.406	146	0.181	191	0.118	270	0.627	46
武威	0.784	25	0.28	284	0.172	203	0.109	282	0.6265	47
南平	0.766	41	0.442	112	0.208	176	0.145	188	0.6255	48
廣安	0.784	25	0.271	287	0.145	289	0.127	248	0.624	49
商丘	0.775	31	0.361	209	0.154	266	0.154	156	0.6235	50
淮安	0.757	50	0.388	173	0.271	98	0.172	109	0.623	51
臨沂	0.748	60	0.586	19	0.226	135	0.208	64	0.623	52
揚州	0.739	71	0.325	243	0.289	81	0.478	6	0.6225	53
湛江	0.739	71	0.478	87	0.37	45	0.163	128	0.6225	54
吉安	0.775	31	0.307	265	0.172	203	0.145	188	0.622	55
周口	0.775	31	0.307	265	0.154	266	0.172	109	0.6215	56
西安	0.721	91	0.505	60	0.451	27	0.244	38	0.6215	57
揭陽	0.757	50	0.433	121	0.226	135	0.154	156	0.6195	58
青島	0.703	121	0.532	45	0.523	19	0.289	22	0.6175	59
合肥	0.73	81	0.406	146	0.397	36	0.226	49	0.617	60
池州	0.775	31	0.253	295	0.163	239	0.127	248	0.617	61
荊門	0.757	50	0.514	57	0.172	203	0.136	214	0.617	62
廣州	0.667	171	0.631	12	0.685	8	0.424	9	0.6165	63
遵義	0.766	41	0.388	173	0.154	266	0.145	188	0.6165	64
許昌	0.766	41	0.316	250	0.172	203	0.163	128	0.6155	65
佛山	0.685	148	0.532	45	0.667	10	0.235	44	0.6145	66
撫州	0.766	41	0.307	265	0.172	203	0.145	188	0.614	67
長沙	0.712	103	0.487	75	0.451	27	0.271	26	0.614	68
滁州	0.757	50	0.334	234	0.217	163	0.163	128	0.6135	69
南京	0.694	134	0.505	60	0.541	15	0.343	14	0.613	70
肇慶	0.73	81	0.514	57	0.325	65	0.154	156	0.611	71
欽州	0.766	41	0.289	279	0.154	266	0.145	188	0.611	72
鹽城	0.739	71	0.397	163	0.271	98	0.226	49	0.6105	73
自貢	0.757	50	0.352	220	0.208	176	0.109	282	0.6105	74
巴中	0.766	41	0.262	291	0.154	266	0.145	188	0.6095	75

表 5.3.1 2015 年度城市能力指數二級指標分值及排名

城市	經濟增長能力	排名	社會保障能力	排名	城市吸引能力	排名	城市流通能力	排名	能力指數得分	排名
泰州	0.73	81	0.523	50	0.28	88	0.19	85	0.6085	76
威海	0.73	81	0.577	22	0.244	115	0.199	72	0.608	77
三亞	0.73	81	0.505	60	0.316	68	0.127	248	0.608	78
眉山	0.757	50	0.37	192	0.163	239	0.127	248	0.6075	79
黃山	0.748	60	0.388	173	0.217	163	0.136	214	0.607	80
濟南	0.703	121	0.478	87	0.46	25	0.253	35	0.6055	81
株洲	0.739	71	0.343	227	0.28	88	0.172	109	0.6055	82
鎮江	0.73	81	0.415	136	0.316	68	0.154	156	0.6045	83
贛州	0.748	60	0.397	163	0.172	203	0.172	109	0.6045	84
日照	0.739	71	0.433	121	0.235	121	0.154	156	0.6045	85
蘭州	0.73	81	0.406	146	0.325	65	0.145	188	0.6045	86
杭州	0.676	157	0.667	7	0.523	19	0.343	14	0.604	87
寧德	0.748	60	0.334	234	0.208	176	0.154	156	0.604	88
德州	0.739	71	0.361	209	0.226	135	0.19	85	0.6015	89
隨州	0.757	50	0.28	284	0.154	266	0.127	248	0.6015	90
南寧	0.721	91	0.406	146	0.325	65	0.208	64	0.6	91
濮陽	0.748	60	0.334	234	0.172	203	0.136	214	0.599	92
駐馬店	0.748	60	0.334	234	0.154	266	0.154	156	0.598	93
韶關	0.721	91	0.253	295	0.415	33	0.145	188	0.598	94
邵陽	0.739	71	0.325	243	0.217	163	0.163	128	0.597	95
臨滄	0.748	60	0.316	250	0.181	191	0.1	294	0.597	96
汕頭	0.685	148	0.55	35	0.514	21	0.163	128	0.5945	97
亳州	0.748	60	0.262	291	0.154	266	0.154	156	0.594	98
新鄉	0.73	81	0.523	50	0.172	203	0.136	214	0.5935	99
拉薩	0.721	91	0.487	75	0.262	109	0.118	270	0.5925	100
濰坊	0.712	103	0.541	38	0.235	121	0.244	38	0.5915	101
蘇州	0.658	182	0.541	38	0.595	12	0.361	12	0.59	102
常州	0.694	134	0.397	163	0.433	30	0.226	49	0.5885	103
普洱	0.739	71	0.298	273	0.172	203	0.127	248	0.5885	104
菏澤	0.721	91	0.505	60	0.172	203	0.199	72	0.588	105
南陽	0.73	81	0.397	163	0.163	239	0.181	97	0.588	106
中山	0.658	182	0.532	45	0.685	8	0.154	156	0.588	107
瀘州	0.721	91	0.487	75	0.208	176	0.145	188	0.588	108
安康	0.739	71	0.316	250	0.154	266	0.118	270	0.587	109
茂名	0.703	121	0.505	60	0.307	75	0.145	188	0.584	110
鶴壁	0.73	81	0.316	250	0.181	191	0.127	248	0.5825	111
東營	0.703	121	0.424	131	0.244	115	0.316	18	0.582	112
蕪湖	0.712	103	0.343	227	0.28	88	0.172	109	0.5815	113
三明	0.703	121	0.442	112	0.316	68	0.145	188	0.5815	114
黃石	0.712	103	0.406	146	0.271	98	0.127	248	0.5815	115
陽江	0.721	91	0.379	183	0.208	176	0.136	214	0.5815	116
景德鎮	0.712	103	0.451	107	0.226	135	0.136	214	0.5795	117
六安	0.721	91	0.289	279	0.199	188	0.172	109	0.5775	118
漢中	0.721	91	0.397	163	0.163	239	0.136	214	0.5775	119
西寧	0.712	103	0.307	265	0.28	88	0.136	214	0.5775	120
煙臺	0.694	134	0.586	19	0.244	115	0.208	64	0.577	121
廣元	0.721	91	0.406	146	0.154	266	0.127	248	0.5765	122
商洛	0.712	103	0.532	45	0.163	239	0.127	248	0.5765	123
衡陽	0.712	103	0.352	220	0.226	135	0.154	156	0.575	124
連雲港	0.694	134	0.406	146	0.316	68	0.181	97	0.5735	125
崇左	0.721	91	0.361	209	0.154	266	0.118	270	0.5735	126
張掖	0.721	91	0.352	220	0.163	239	0.109	282	0.5735	127
上海	0.586	228	0.559	30	0.829	5	0.721	2	0.573	128
柳州	0.694	134	0.388	173	0.334	62	0.154	156	0.573	129
郴州	0.703	121	0.361	209	0.271	98	0.154	156	0.5725	130
德陽	0.694	134	0.523	50	0.271	98	0.136	214	0.5725	131
嘉興	0.667	171	0.55	35	0.433	30	0.208	64	0.572	132
聊城	0.712	103	0.37	192	0.181	191	0.172	109	0.572	133
張家界	0.712	103	0.361	209	0.208	176	0.127	248	0.572	134

表 5.3.1 2015 年度城市能力指數二級指標分值及排名

城市	經濟增長能力	排名	社會保障能力	排名	城市吸引能力	排名	城市流通能力	排名	能力指數得分	排名
益陽	0.712	103	0.37	192	0.163	239	0.208	64	0.572	135
廊坊	0.694	134	0.406	146	0.244	115	0.262	31	0.57	136
萍鄉	0.703	121	0.397	163	0.226	135	0.154	156	0.5695	137
南充	0.712	103	0.361	209	0.163	239	0.154	156	0.5685	138
平頂山	0.703	121	0.469	95	0.172	203	0.163	128	0.568	139
海口	0.685	148	0.352	220	0.379	44	0.136	214	0.567	140
咸陽	0.703	121	0.46	102	0.172	203	0.154	156	0.567	141
鷹潭	0.712	103	0.307	265	0.172	203	0.136	214	0.5655	142
長春	0.676	157	0.424	131	0.343	59	0.244	38	0.565	143
貴港	0.712	103	0.334	234	0.154	266	0.136	214	0.565	144
安陽	0.703	121	0.424	131	0.163	239	0.163	128	0.5645	145
河池	0.712	103	0.316	250	0.154	266	0.127	248	0.5635	146
昆明	0.676	157	0.388	173	0.361	49	0.199	72	0.5625	147
十堰	0.694	134	0.316	250	0.271	98	0.136	214	0.561	148
烏魯木齊	0.676	157	0.487	75	0.316	68	0.163	128	0.561	149
麗水	0.685	148	0.46	102	0.253	112	0.163	128	0.5605	150
湖州	0.667	171	0.496	68	0.352	54	0.19	85	0.559	151
銅陵	0.685	148	0.469	95	0.235	121	0.163	128	0.559	152
泰安	0.685	148	0.469	95	0.235	121	0.163	128	0.559	153
平涼	0.712	103	0.244	297	0.163	239	0.1	294	0.559	154
白城	0.685	148	0.433	121	0.226	135	0.208	64	0.5585	155
固原	0.712	103	0.361	209	0.1	299	0.1	294	0.5585	156
嘉峪關	0.694	134	0.433	121	0.199	188	0.109	282	0.558	157
慶陽	0.712	103	0.235	298	0.154	266	0.109	282	0.558	158
麗江	0.703	121	0.316	250	0.181	191	0.109	282	0.5575	159
玉林	0.703	121	0.316	250	0.154	266	0.145	188	0.5565	160
保山	0.703	121	0.298	273	0.172	203	0.118	270	0.556	161
雅安	0.685	148	0.577	22	0.172	203	0.118	270	0.5555	162
鄂州	0.694	134	0.388	173	0.181	191	0.136	214	0.555	163
衢州	0.676	157	0.478	87	0.253	112	0.154	156	0.553	164
防城港	0.694	134	0.37	192	0.172	203	0.136	214	0.553	165
北京	0.532	246	0.955	2	0.739	6	1	1	0.5525	166
台州	0.667	171	0.451	107	0.289	81	0.199	72	0.55	167
酒泉	0.694	134	0.316	250	0.172	203	0.127	248	0.5495	168
百色	0.694	134	0.316	250	0.154	266	0.127	248	0.5475	169
定西	0.694	134	0.298	273	0.163	239	0.127	248	0.5475	170
北海	0.676	157	0.325	243	0.271	98	0.163	128	0.547	171
金華	0.658	182	0.379	183	0.352	54	0.226	49	0.5465	172
舟山	0.649	187	0.559	30	0.361	49	0.136	214	0.5445	173
濟寧	0.667	171	0.469	95	0.235	121	0.19	85	0.5445	174
樂山	0.676	157	0.505	60	0.163	239	0.145	188	0.544	175
江門	0.649	187	0.406	146	0.406	34	0.172	109	0.543	176
雲浮	0.676	157	0.415	136	0.208	176	0.118	270	0.5425	177
淄博	0.649	187	0.568	27	0.298	78	0.199	72	0.5415	178
洛陽	0.667	171	0.415	136	0.226	135	0.181	97	0.54	179
潮州	0.658	182	0.487	75	0.289	81	0.127	248	0.54	180
克拉瑪依	0.667	171	0.514	57	0.172	203	0.154	156	0.538	181
寶雞	0.676	157	0.379	183	0.172	203	0.136	214	0.5375	182
吉林	0.649	187	0.523	50	0.28	88	0.19	85	0.5365	183
寧波	0.604	217	0.64	10	0.532	17	0.271	26	0.5355	184
婁底	0.676	157	0.343	227	0.163	239	0.154	156	0.5355	185
紹興	0.64	198	0.478	87	0.352	54	0.199	72	0.5345	186
懷化	0.676	157	0.289	279	0.172	203	0.136	214	0.5325	187
渭南	0.667	171	0.433	121	0.172	203	0.136	214	0.5325	188
天水	0.676	157	0.325	243	0.163	239	0.118	270	0.5325	189
梧州	0.658	182	0.37	192	0.262	109	0.154	156	0.532	190
永州	0.667	171	0.433	121	0.163	239	0.136	214	0.5315	191
無錫	0.613	210	0.478	87	0.496	22	0.28	25	0.531	192
桂林	0.649	187	0.37	192	0.316	68	0.154	156	0.53	193

表 5.3.1 2015 年度城市能力指數二級指標分值及排名

城市	經濟增長能力	排名	社會保障能力	排名	城市吸引能力	排名	城市流通能力	排名	能力指數得分	排名
昭通	0.676	157	0.262	291	0.163	239	0.136	214	0.53	194
承德	0.649	187	0.442	112	0.217	163	0.271	26	0.5295	195
隴南	0.676	157	0.271	287	0.109	297	0.109	282	0.523	196
玉溪	0.649	187	0.298	273	0.289	81	0.136	214	0.522	197
賀州	0.667	171	0.271	287	0.154	266	0.118	270	0.5205	198
棗莊	0.649	187	0.352	220	0.235	121	0.145	188	0.5195	199
濱州	0.649	187	0.433	121	0.181	191	0.163	128	0.519	200
呼倫貝爾	0.64	198	0.541	38	0.172	203	0.19	85	0.5175	201
攀枝花	0.64	198	0.442	112	0.235	121	0.145	188	0.5165	202
成都	0.586	228	0.487	75	0.541	15	0.334	16	0.5155	203
銀川	0.631	205	0.451	107	0.298	78	0.127	248	0.515	204
焦作	0.649	187	0.37	192	0.181	191	0.145	188	0.5145	205
龍岩	0.64	198	0.406	146	0.208	176	0.154	156	0.512	206
銅川	0.64	198	0.496	68	0.172	203	0.118	270	0.511	207
滄州	0.631	205	0.397	163	0.226	135	0.235	44	0.51	208
烏蘭察布	0.64	198	0.442	112	0.145	289	0.154	156	0.507	209
溫州	0.595	222	0.415	136	0.451	27	0.244	38	0.5045	210
吳忠	0.649	187	0.352	220	0.109	297	0.109	282	0.5035	211
石家莊	0.586	228	0.523	50	0.388	39	0.352	13	0.5015	212
香港	0.469	256	1	1	0.973	2	0.577	4	0.5015	213
通化	0.622	208	0.451	107	0.235	121	0.145	188	0.501	214
新餘	0.631	205	0.397	163	0.172	203	0.127	248	0.498	215
來賓	0.64	198	0.289	279	0.154	266	0.109	282	0.497	216
三門峽	0.622	208	0.415	136	0.172	203	0.145	188	0.492	217
遼源	0.613	210	0.37	192	0.226	135	0.181	97	0.4895	218
岳陽	0.613	210	0.379	183	0.226	135	0.154	156	0.4885	219
秦皇島	0.577	234	0.541	38	0.289	81	0.424	9	0.4875	220
萊蕪	0.595	222	0.541	38	0.244	115	0.127	248	0.482	221
牡丹江	0.613	210	0.334	234	0.181	191	0.163	128	0.4815	222
清遠	0.604	217	0.433	121	0.217	163	0.136	214	0.4815	223
衡水	0.604	217	0.316	250	0.226	135	0.199	72	0.4795	224
達州	0.613	210	0.361	209	0.154	266	0.154	156	0.4795	225
張家口	0.586	228	0.496	68	0.271	98	0.208	64	0.479	226
呼和浩特	0.577	234	0.388	173	0.361	49	0.271	26	0.4785	227
曲靖	0.613	210	0.235	298	0.217	163	0.136	214	0.4785	228
烏海	0.604	217	0.406	146	0.181	191	0.172	109	0.478	229
唐山	0.55	244	0.541	38	0.289	81	0.64	3	0.4755	230
延安	0.595	222	0.559	30	0.163	239	0.136	214	0.4745	231
畢節	0.613	210	0.28	284	0.145	289	0.136	214	0.473	232
赤峰	0.595	222	0.388	173	0.163	239	0.271	26	0.4725	233
汕尾	0.595	222	0.37	192	0.217	163	0.127	248	0.4695	234
哈爾濱	0.559	241	0.46	102	0.388	39	0.262	31	0.469	235
金昌	0.604	217	0.307	265	0.172	203	0.1	294	0.4675	236
佳木斯	0.586	228	0.469	95	0.181	191	0.163	128	0.465	237
松原	0.586	228	0.343	227	0.226	135	0.181	97	0.464	238
綿陽	0.568	238	0.415	136	0.307	75	0.172	109	0.4605	239
淮南	0.577	234	0.406	146	0.235	121	0.163	128	0.4595	240
中衛	0.595	222	0.415	136	0.118	296	0.1	294	0.4595	241
白山	0.568	238	0.442	112	0.226	135	0.226	49	0.456	242
保定	0.559	241	0.379	183	0.271	98	0.289	22	0.453	243
巴彥淖爾	0.577	234	0.406	146	0.163	239	0.145	188	0.4505	244
淮北	0.568	238	0.334	234	0.235	121	0.136	214	0.446	245
四平	0.559	241	0.37	192	0.235	121	0.172	109	0.442	246
邢臺	0.523	249	0.397	163	0.28	88	0.253	35	0.421	247
榆林	0.541	245	0.37	192	0.163	239	0.145	188	0.4165	248
通遼	0.532	246	0.379	183	0.172	203	0.208	64	0.4135	249
包頭	0.523	249	0.379	183	0.253	112	0.181	97	0.413	250
石嘴山	0.532	246	0.487	75	0.127	295	0.109	282	0.409	251
鄂爾多斯	0.514	251	0.415	136	0.217	163	0.226	49	0.4055	252

表 5.3.1 2015 年度城市能力指數二級指標分值及排名

城市	經濟增長能力	排名	社會保障能力	排名	城市吸引能力	排名	城市流通能力	排名	能力指數得分	排名
邯鄲	0.496	255	0.307	265	0.28	88	0.415	11	0.401	253
白銀	0.514	251	0.361	209	0.172	203	0.1	294	0.3905	254
宜賓	0.505	254	0.37	192	0.154	266	0.154	156	0.384	255
海東	0.514	251	0.1	300	0.1	299	0.109	282	0.3685	256
運城	0.46	258	0.541	38	0.226	135	0.199	72	0.364	257
瀋陽	0.415	260	0.577	22	0.46	25	0.325	17	0.359	258
綏化	0.469	256	0.307	265	0.172	203	0.163	128	0.351	259
太原	0.415	260	0.505	60	0.406	34	0.289	22	0.347	260
大慶	0.424	259	0.37	192	0.334	62	0.199	72	0.3345	261
大連	0.379	269	0.559	30	0.532	17	0.307	20	0.333	262
嘉義	0.397	265	0.604	17	0.388	39	0.127	248	0.3255	263
齊齊哈爾	0.415	260	0.487	75	0.271	98	0.181	97	0.325	264
營口	0.415	260	0.406	146	0.28	88	0.19	85	0.322	265
臺北	0.334	284	0.757	4	0.73	7	0.19	85	0.3195	266
錦州	0.388	267	0.577	22	0.28	88	0.217	58	0.309	267
伊春	0.415	260	0.388	173	0.163	239	0.154	156	0.306	268
丹東	0.388	267	0.523	50	0.28	88	0.19	85	0.3045	269
台中	0.37	272	0.649	8	0.352	54	0.19	85	0.3035	270
葫蘆島	0.397	265	0.496	68	0.172	203	0.154	156	0.297	271
鞍山	0.37	272	0.559	30	0.289	81	0.235	44	0.294	272
新竹	0.361	279	0.613	13	0.388	39	0.118	270	0.2935	273
基隆	0.361	279	0.613	13	0.37	45	0.136	214	0.2925	274
撫順	0.37	272	0.568	27	0.271	98	0.226	49	0.292	275
雞西	0.379	269	0.478	87	0.226	135	0.181	97	0.2875	276
遼陽	0.37	272	0.568	27	0.235	121	0.199	72	0.2865	277
朝陽	0.379	269	0.487	75	0.208	176	0.163	128	0.285	278
忻州	0.37	272	0.496	68	0.226	135	0.217	58	0.2825	279
阜新	0.37	272	0.487	75	0.217	163	0.163	128	0.278	280
高雄	0.343	283	0.613	13	0.352	54	0.19	85	0.2775	281
新北	0.334	284	0.676	5	0.37	45	0.217	58	0.2765	282
盤錦	0.361	279	0.478	87	0.244	115	0.172	109	0.273	283
台南	0.334	284	0.676	5	0.343	59	0.172	109	0.271	284
黑河	0.37	272	0.289	279	0.172	203	0.163	128	0.262	285
七台河	0.361	279	0.37	192	0.172	203	0.145	188	0.2575	286
桃園	0.325	287	0.64	10	0.307	75	0.163	128	0.2565	287
本溪	0.325	287	0.586	19	0.298	78	0.181	97	0.2535	288
雙鴨山	0.325	287	0.343	227	0.226	135	0.172	109	0.2315	289
澳門	0.181	297	0.892	3	0.901	4	0.262	31	0.214	290
晉中	0.289	290	0.478	87	0.226	135	0.235	44	0.2105	291
鐵嶺	0.28	291	0.469	95	0.217	163	0.217	58	0.2	292
大同	0.262	292	0.442	112	0.226	135	0.199	72	0.1825	293
臨汾	0.262	292	0.406	146	0.226	135	0.235	44	0.1825	294
長治	0.244	294	0.433	121	0.226	135	0.298	21	0.1715	295
鶴崗	0.244	294	0.325	243	0.226	135	0.154	156	0.1575	296
朔州	0.217	296	0.316	250	0.226	135	0.199	72	0.1355	297
陽泉	0.181	297	0.46	102	0.235	121	0.244	38	0.115	298
晉城	0.145	299	0.433	121	0.235	121	0.217	58	0.08	299
呂梁	0.1	300	0.442	112	0.172	203	0.154	156	0.03	300

第六篇　2015 年度中國城市分項競爭力特徵分析

6.1 2015 年度中國城市綜合競爭力及分項競爭力特徵分析

城市作為人口集聚和政治、經濟、文化中心，歷來都在區域和國家發展中發揮著重要作用。中國作為一個發展中國家，城市在區域和國家發展中的中心地位和引擎作用更加突出。城市綜合競爭力指一個城市在一定區域範圍內集散資源、提供產品和服務的能力，是城市經濟、社會、科技、環境等綜合發展能力的集中體現。城市綜合競爭力，既針對其所包含的各種發展要素所綜合形成的整體實力，發展效率以及未來的發展趨勢，同時也包括城市在整個社會中的作用和影響力。

一般地說，城市綜合競爭力主要包括城市的經濟發展競爭力、社會發展競爭力、環境發展競爭力和文化發展競爭力，此為城市發展的四維競爭力。在目前階段，經濟競爭力仍然是城市綜合競爭力的最主要方面。在新世紀加入 WTO 以及迎接經濟市場化、全球化發展挑戰等方面，城市綜合競爭力仍然將主要表現為經濟競爭力。城市經濟競爭力必須以社會發展競爭力為前提，因為社會發展競爭力為城市維持及增強經濟發展競爭力提供良好的社會環境和原動力，如社會公平、社會治安等形成的社會發展競爭力，可進一步增強城市經濟發展競爭力。穩定的社會環境、良好的生活質量和社會保障水平，也是維持城市經濟發展競爭力的重要條件。環境發展競爭力則不僅是形成和維持城市經濟發展競爭力及社會發展競爭力的重要條件，而且自然優美、舒適宜人的城市環境，是現代城市發展所追求的更高層次的目標。未來城市發展的競爭將主要表現為城市環境建設與發展的競爭，所以未來城市的綜合競爭力將更加依賴於城市環境發展競爭力。廣義地理解，城市的環境建設與發展，也包括城市的城區規模及設施建設等，而這些方面又構成城市發展以及維持和增強城市經濟、社會發展競爭力的物質基礎。可以說，沒有足夠的城區規模、先進的設施水平、優美的自然環境，就難以形成和維持更強的經濟發展競爭力及社會發展競爭力。文化作為城市軟實力的主要來源，對城市的綜合競爭力有著意義非凡的影響。它不僅可以為城市綜合實力的發展提供強大的精神動力，也為其提供智力支援。同時，文化創造經濟價值也塑造了城市形象，它逐漸成為城市綜合競爭力的重要組成部分和標誌。只有城市經濟、環境的硬實力和社會、文化軟實力四維有機結合，才能形成和增強城市發展綜合競爭力。

綜上所述，《中國城市綜合競爭力比較評價體系》（以下如未作特殊說明，都簡稱《比較評價體系》）包含經濟、社會、環境和文化四大體系，體現了整個城市系統發展的規模、效率和增長，反應了城市在經營管理、創新、學習、合理資源配置以創造經濟價值和文化價值的能力。《比較評價體系》包含一級指標 10 個，二級指標 50 個，三級指標 216 個。

在對中國城市綜合競爭力排名進行統計分析發現，中國 300 個城市的綜合競爭力得分是否服從正態性分佈的 JB 檢驗統計量為 2396.6，在 1%的統計性顯著水平下拒絕了原假設，即說明中國城市綜合競爭力不服從正態分佈。並且偏度為 3.03，峰度為 15.45，說明中國城市綜合競爭力呈尖峰厚尾分佈，並且具有右偏性質（圖 6.1.1）。進一步分析發現，綜合競爭力的地區性不平衡現象依然存在，呈東強西弱格局，在 90 個綜合競爭力水平在平均水平之上的城市中，東部地區城市有 62 個，占 68.89%，西部地區有 14 個，占 15.56%。而中部地區有 8 個，占 8.89%，東北地區城市有 6 個，占 6.67%[①]。這說明在轉型時期，東北地區城市

[①]根據中國統計局 2011 年 6 月 13 號的劃分辦法，為科學反映中國不同區域的社會經濟發展狀況，為黨中央、國務院制定區域發展政策提供依據，根據《中共中央、國務院關於促進中部地區崛起的若干意見》、《國務院發佈關於西部大開發若干政策措施的實施意見》以及黨的十六大報告的精神，將中國的經濟區域劃分為東部、中部、西部和東北四大地區。東部包括：北京、天津、河北、上海、江蘇、浙江、福建、山東、廣

的發展任重而道遠。同時，東部、中部、西部、東北地區城市綜合競爭力的均值比較表明（表6.1.1），東部地區的城市綜合競爭力的均值(14.95)明顯要高於中部(-7.02)、西部地區(-8.61)、東北地區(-4.28)城市綜合競爭力的均值，而中部地區、西部地區及東北地區城市綜合競爭力均值無顯著性差異，說明從城市綜合競爭力的平均水平來看，中國城市綜合競爭力呈現出東部地區、中部西部及東北地區的兩極分化格局。進一步地，由不同地區城市綜合競爭力方差的比較分析可以得出，東部地區最高，為 30.37，其次為西部地區，為 15.92，再次為東北地區，為 15.46，中部地區最低，為 11.33。由此可見，中國中部地區的城市綜合競爭力離散程度及差異程度要低一些，而東部地區的城市綜合競爭力離散程度及差異程度則非常高。

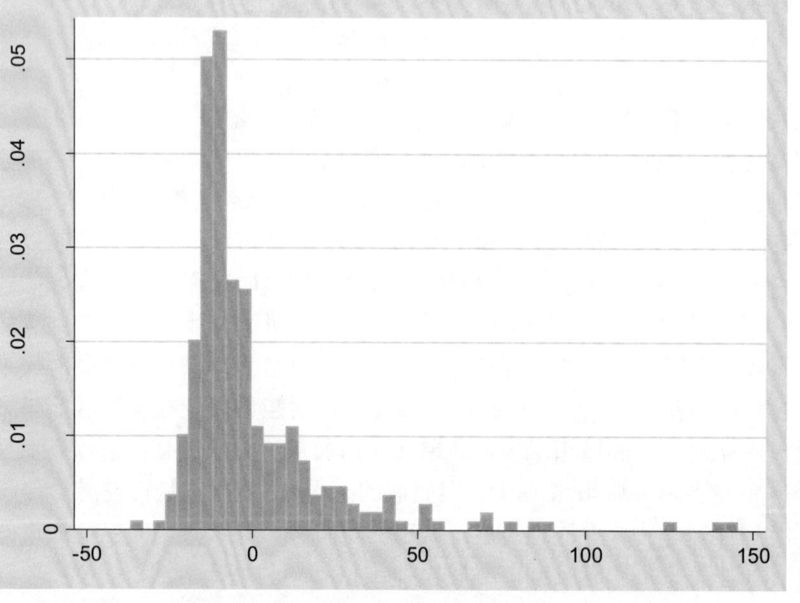

圖 6.1.1 城市綜合競爭力得分直方圖

表 6.1.1 城市綜合競爭力東、中、西、東北部地區比較

A				
	東部	中部	西部	東北
均值	14.95	-7.02	-8.61	-4.28
方差	30.37	11.33	15.92	15.46
樣本數	98	80	88	34
B				
	東中	東西	中西	東部東北
均值比較檢驗	0	0	0.46	0
方差比較檢驗	0	0	0	0
	中部東北	西部東北		
均值比較檢驗	0.29	0.18		
方差比較檢驗	0.03	0.88		

注：A 部分為實際值，B 部分為相應檢驗的 P 值

進一步分析上述 10 項指標對競爭力的相對重要性，即由競爭力得分關於上述 10 項指數

東、海南和香港、澳門及臺灣地區。中部包括：山西、安徽、江西、河南、湖北和湖南。西部包括：內蒙古、廣西、重慶、四川、貴州、雲南、西藏、陝西、甘肅、青海、寧夏和新疆。東北包括：遼寧、吉林和黑龍江。

做 OLS 回歸。結果表明（表 6.1.2），所有變量的系數都在 1%的顯著性水平下統計顯著，並且由VIF可以看出，自變量不存在嚴重多重共線性。同時，當經濟競爭力得分每增加 0.01，綜合競爭力得分增加 0.26。當產業競爭力得分每增加 0.01，綜合競爭力得分增加 0.25。當財政金融競爭力得分每增加 0.01，綜合競爭力得分增加 0.26。當商業貿易競爭力得分每增加 0.01，綜合競爭力得分增加 0.23。當基礎設施競爭力得分每增加 0.01，綜合競爭力得分增加 0.22。當社會體制競爭力得分每增加 0.01，綜合競爭力得分增加 0.31。當環境資源競爭力得分每增加0.01，綜合競爭力得分增加 0.22。當人力資本教育競爭力得分每增加 0.01，綜合競爭力得分增加 0.19。當科技競爭力得分每增加 0.01，綜合競爭力得分增加 0.30。當文化形象競爭力得分每增加 0.01，綜合競爭力得分增加 0.26。

因此，對綜合競爭力而言，所有分項競爭力指標的重要性依次為社會體制競爭力、科技競爭力、財政金融競爭力、經濟競爭力、文化形象競爭力、產業競爭力、商業貿易競爭力、環境資源競爭力、基礎設施競爭力、人力資本教育競爭力（圖 6.1.2），而不是 2014 年的經濟競爭力、商業貿易競爭力、環境資源區位競爭力、產業競爭力、文化形象競爭力、財政金融競爭力、人力資本教育競爭力、社會體制競爭力、基礎設施競爭力、科技競爭力，這說明隨著中國增長方式的轉變，由於許多地方經濟在轉型中處於非常困難境地，社會體制競爭力、科技競爭力、財政金融競爭力愈發重要。

表 6.1.2 城市綜合競爭力 OLS 回歸方程

變量	系數	t 值	P 值
經濟競爭力	26.31	472.05	0
產業競爭力	25.43	1059.2	0
財政金融競爭力	26.32	488.89	0
商業貿易競爭力	23.36	513.12	0
基礎設施競爭力	21.55	715.69	0
社會體制競爭力	31.01	1118.54	0
環境資源競爭力	21.61	854.97	0
人力資本教育競爭力	18.63	538.94	0
科技競爭力	29.9	549.52	0
文化形象競爭力	25.76	656.97	0
常數	-73.84	-4703.94	0
F 統計量	28747571	F 統計量 P 值	0
R 方	1	VIF	9.03

注：VIF 為膨脹因數，當其大於 10 時，表明自變量存在嚴重多重共線性

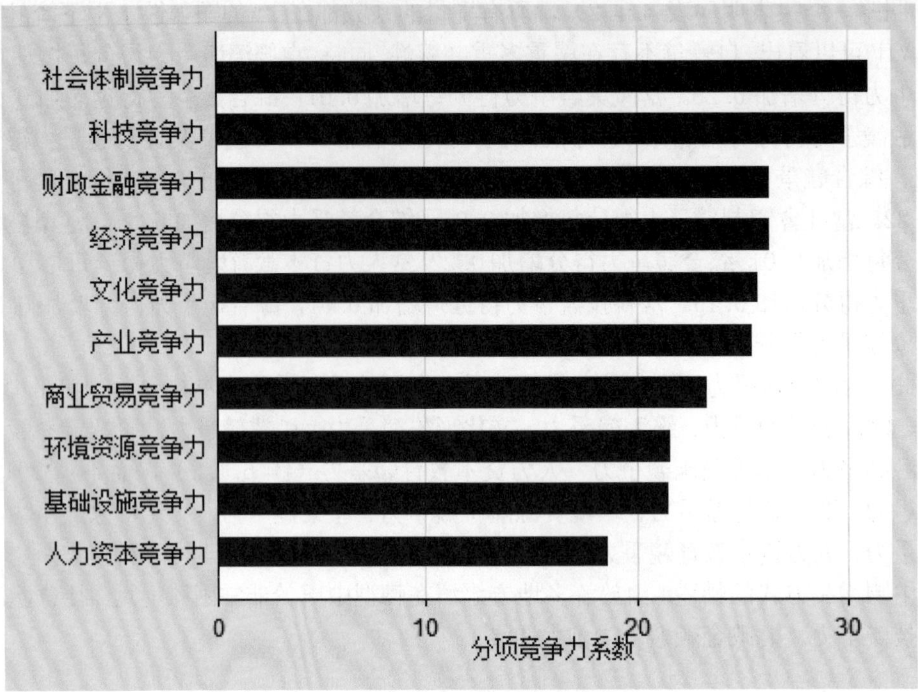

圖 6.1.2 各分項競爭力對綜合競爭力的影響大小

下文進一步分析各分項競爭力及其二級指標的特徵：

6.1.1 經濟競爭力特徵分析

城市是一個經濟實體，是現代生產力的載體，是人類經濟活動在空間上的投影。城市經濟發展是城市居民生活水平提高的物質基礎，也是城市物質文明建設和發展的保證。城市經濟競爭力反映了城市工業化程度，是城市綜合競爭力的基礎，表明一個城市的總體經濟發展水平和經濟發展階段。城市經濟競爭力強，意味著該城市的經濟整體實力雄厚，經濟運轉有效，經濟穩定、健康、高速、有序的發展，經濟水平發展階段有利於改善人民生活。

在對中國城市經濟競爭力進行統計分析發現，城市經濟競爭力的分佈特徵與綜合競爭力分佈特徵類似。具體地，中國 300 個城市的經濟競爭力得分是否服從正態性分佈的 JB 檢驗統計量為 11171.8，在 1%的統計顯著水平下拒絕了原假設，即說明中國城市經濟競爭力不服從正態分佈。並且偏度為 4.45，峰度為 31.54，說明經濟競爭力呈尖峰厚尾分佈，並且具有右偏性質（圖 6.1.3）。進一步分析發現，經濟競爭力的地區性不平衡現象依然存在，呈東強西弱格局，在 87 個經濟競爭力水平在平均水平之上的城市中，東部地區城市有 58 個，占 66.67%，東北地區城市有 8 個，占 9.20%。而中部地區有 7 個，占 8.05%，西部地區有 14 個，占 16.09%。同時，東部、中部、西部、東北地區城市經濟競爭力的均值比較表明，東部地區的城市經濟競爭力的均值(2.38)明顯要高於中部(-1.19)、西部地區(-1.25)、東北地區(-0.83)城市經濟競爭力的均值，而中部地區城市經濟競爭力均值與西部地區及東北地區城市經濟競爭力均值無顯著差異，說明從城市經濟競爭力的平均水平來看，中國城市經濟競爭力呈現出東部地區與中部西部東北地區的兩級分化格局。進一步地，由不同地區城市經濟競爭力方差的比較分析可以得出，東部地區最高，為 6.00，其次為西部地區，為 2.14，再次為東北地區，為 2.11，中部地區最低，為 1.49。

由此可見，中部地區的城市經濟競爭力離散程度及差異程度要低一些，而東部地區的城市經濟競爭力離散程度及差異程度則非常高。（表 6.1.3）。

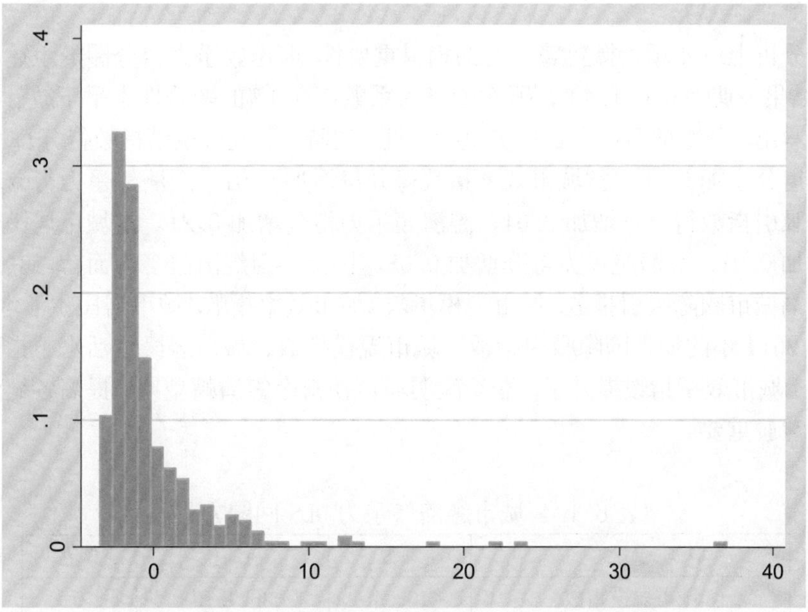

圖 6.1.3 城市經濟競爭力得分直方圖

表 6.1.3 城市經濟競爭力東、中、西、東北部地區比較

A				
	東部	中部	西部	東北
均值	2.38	-1.19	-1.25	-0.83
方差	6	1.49	2.14	2.11
樣本數	98	80	88	34
B				
	東中	東西	中西	東部東北
均值比較檢驗	0	0	0.84	0
方差比較檢驗	0	0	0	0
	中部東北	西部東北		
均值比較檢驗	0.3	0.33		
方差比較檢驗	0.01	0.97		

注：A 部分為實際值，B 部分為相應檢驗的 P 值

經濟競爭力由城市規模指數、城市效率指數、城市國際吸引指數、城市居民生活指數四個維度。其中，城市規模是指每個城市的人口數量、用地面積和社會經濟實力。其中又以城市的人口規模作為城市規模的主要衡量標準，它體現了城市對人流、物流的集聚能力。城市規模的擴大能在一定程度上由於集聚效應而極大促進城市在各方面的發展 但是到一定規模之後又不可避免的帶來城市病等負面效應。城市效率是指城市在單位時間內的人力、物力和財力投入創造或增值的物質產品或精神產品的價值量。在中國當前的城市化水平下，城市的效率已經影響到的城市生產力的發展水平，對城市的經濟發展起著至關重要的作用。它直接體現了城市的發展是否處於一個積極的趨勢當中，關系著城市未來經濟的走向。城市國際吸引指數度量的是城市獲得國外資源的能力，如今的城市發展不僅僅要依靠城市本身，在經濟全球化的環境下，與國際合作，引進外資也成為增強城市經濟競爭力的主流手段。城市通過引進外資彌補資金短缺，通過吸引國際旅遊發展旅遊業宣揚城市文化，提高城市的綜合競爭力。城市的發展最主要的目的在於提高居民的生活水平和生活質量，提升居民的財富分享能力，優化居民的消費結構及提升居民的消費水平。城市居民生活的提高與城市經濟的發展相

互聯繫相互促進。

進一步分析上述 4 項指標對競爭力的相對重要性，即由競爭力得分關於上述 4 項指數做 OLS 回歸。結果表明（表 6.1.4），所有變量的系數都在 1 %的顯著性水平下統計顯著，並且由 VIF 可以看出，自變量不存在嚴重多重共線性。同時，當城市規模指數得分每增加 0.01，經濟競爭力得分增加 0.16。當城市效率指數得分每增加 0.01，經濟競爭力得分增加 0.16。當城市國際吸引指數得分每增加 0.01，經濟競爭力得分增加 0.21。當城市居民生活水平指數得分每增加 0.01，經濟競爭力得分增加 0.08。因此，對經濟競爭力而言，其二級指標的重要性依次為城市國際吸引指數、城市規模指數、城市效率指數、城市居民生活水平指數（圖 6.1.4），與 2014 年的城市國際吸引指數、城市規模指數、城市居民生活水平指數、城市效率指數相比，城市效率指數提升了一位。說明城市在當今經濟轉型期，提高各經濟要素的使用效率變得愈發重要。

表 6.1.4 城市經濟競爭力 OLS 回歸方程

變量	系數	t 值	P 值
城市規模指數	16.21	2674.19	0
城市效率指數	15.82	1498.46	0
城市國際吸引指數	20.66	1585.9	0
城市居民生活水平指數	8.32	1005.78	0
常數	-10.89	-6402.5	0
F 統計量	12780940	F 統計量 P 值	0
R 方	1	VIF	1.9

注：VIF 為膨脹因數，當其大於 10 時，表明自變量存在嚴重多重共線性

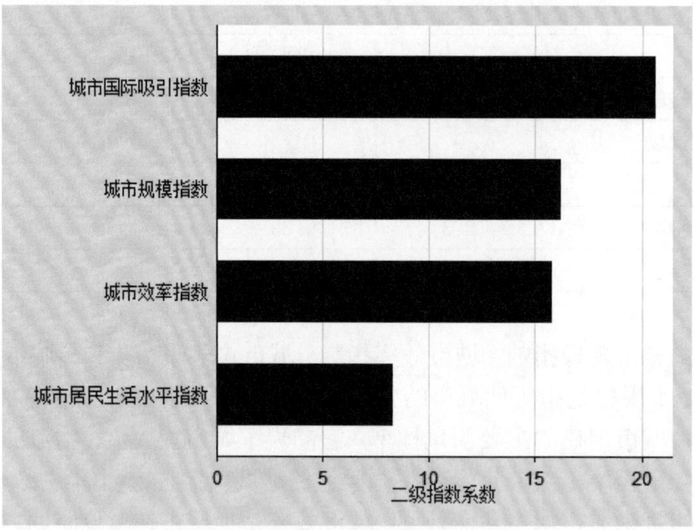

圖 6.1.4 各二級指數對經濟競爭力的影響大小

同時還進一步的分析了城市經濟競爭力四項二級指標的分佈特徵，結果顯示，所有二級指標都不服從正態分佈，並呈尖峰厚尾分佈，且具有右偏性質[①]。另外，上述二級指標的東、中、西、東北部地區均值比較與方差比較表明（表 6.1.5），中國城市國際吸引指數、城市規模指數、城市效率指數、城市居民生活水平指數的平均水平雖然也存在區域性差異，但是僅僅是呈東部地區明顯高於中西東北部地區的二級階梯狀特徵，而中部地區、西部地區和東

[①]由於篇幅所限，此處或下文中並未給出一些檢驗相應檢驗結果。如讀者有興趣，可向編者索取。

北地區在上述指標上並不存在統計顯著的差異。另外，從區域內部的差異性來看，與 2014 年一樣，東部地區雖然從整體來看各項指數的水平比較高，但是其內部的離散程度比較大。並且從城市效率來看，中西部與東北地區城市的離散程度基本差不多。

表 6.1.5 城市經濟競爭力二級指標東、中、西、東北部地區比較

A	城市規模指數				城市效率指數			
	東部	中部	西部	東北	東部	中部	西部	東北
均值	0.28	0.2	0.2	0.19	0.21	0.15	0.17	0.18
方差	0.16	0.06	0.08	0.08	0.11	0.04	0.05	0.04
樣本數	98	80	88	34	98	80	88	34
B								
	東中	東西	中西	東部東北	東中	東西	中西	東部東北
均值比較檢驗	0	0	0.43	0	0	0	0.07	0.06
方差比較檢驗	0	0	0	0	0	0	0.02	0
	中部東北	西部東北			中部東北	西部東北		
均值比較檢驗	0.37	0.85			0	0.26		
方差比較檢驗	0.09	0.57			0.94	0.1		
A	城市國際吸引指數				城市居民生活水平指數			
	東部	中部	西部	東北	東部	中部	西部	東北
均值	0.13	0.1	0.1	0.11	0.31	0.22	0.21	0.23
方差	0.1	0.01	0.01	0.01	0.15	0.04	0.05	0.05
樣本數	98	80	88	34	98	80	88	34
B								
	東中	東西	中西	東部東北	東中	東西	中西	東部東北
均值比較檢驗	0.02	0.01	0.28	0.16	0	0	0.14	0
方差比較檢驗	0	0	0	0	0	0	0.06	0
	中部東北	西部東北			中部東北	西部東北		
均值比較檢驗	0.19	0.11			0.11	0.01		
方差比較檢驗	0	0.11			0.47	0.47		

注：A 部分為實際值，B 部分為相應檢驗的 P 值

6.1.2 產業競爭力特徵分析

城市競爭力的競爭主體表現為城市地方政府之間的競爭，根本在於城市產業發展能力的競爭。城市產業競爭力是指某個城市特定產業在國內外市場競爭中優於其他城市或地區同一產業所具有的生存、發展以及獲取收益的能力。城市產業競爭力是指城市整體產業通過對生產要素和資源的高效配置及轉換，穩定持續地生產出比競爭對手更多財富的能力，也就是在地域空間分異規律作用下，城市產業所具有的綜合運用當地生產要素和區位優勢獲得最大效益的能力。城市產業競爭力具有中觀性、綜合性、相對穩定性及動態性的特點。

在對中國城市產業競爭力進行統計分析發現，中國 300 個城市的產業競爭力得分是否服從正態性分佈的 JB 檢驗統計量為 1170.5，在 1%的統計性顯著水平下拒絕了原假設，即說明中國城市產業競爭力不服從正態分佈。並且偏度為 2.34，峰度為 11.47，說明中國城市產業競爭力呈尖峰厚尾分佈，並且具有右偏性質。（圖 6.1.5）。產業競爭力的地區性不平衡現象依然存在，呈東強西弱格局，在 110 個產業競爭力水平在平均水平之上的城市中，東部地區

城市有 63 個，占 57.27%，東北地區城市有 9 個，占 8.18%。而中部地區有 20 個，占 18.18%，西部地區有 18 個，占 16.36%。同時，東部、中部、西部、東北地區城市產業競爭力的均值比較表明，東部地區的城市產業競爭力的均值(5.27)明顯要高於中部(-1.65)、西部地區(-3.37)、東北地區(-2.60)城市產業競爭力的均值，中部地區城市產業競爭力均值與西部地區東北地區城市產業競爭力均值無顯著差異，說明從城市產業競爭力的平均水平來看，中國城市產業競爭力呈現出東部地區與中部西部東北地區兩級分化格局。進一步地，由不同地區城市產業競爭力方差的比較分析可以得出，東部地區最高，為 10.56，其次為西部地區，為 5.35，再次為東北地區，為 6.57，中部地區最低，為 4.28。由此可見，中國中部地區的城市產業競爭力離散程度及差異程度要低一些，而東部地區的城市產業競爭力離散程度及差異程度則非常高。(表 6.1.6)。

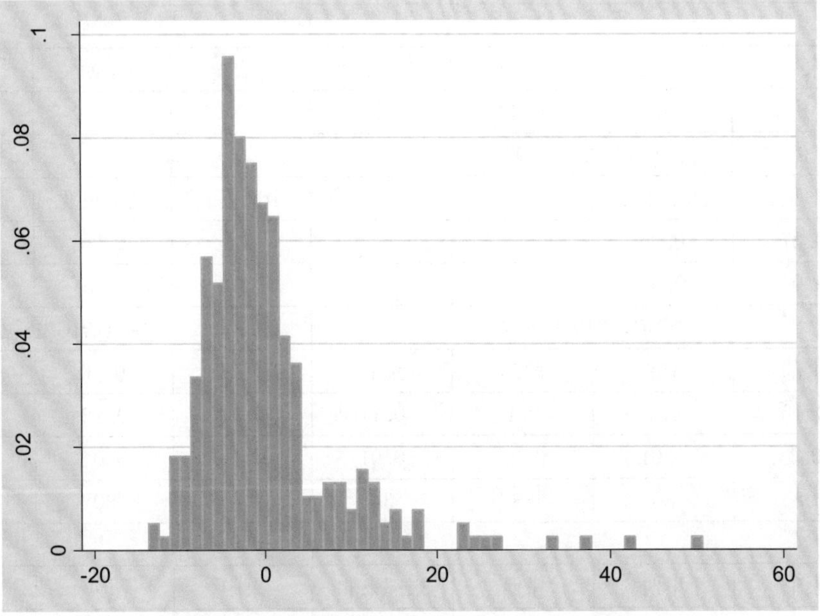

圖 6.1.5 城市產業競爭力得分直方圖

表 6.1.6 城市產業競爭力東、中、西、東北部地區比較

A				
	東部	中部	西部	東北
均值	5.27	-1.65	-3.37	-2.6
方差	10.56	4.28	5.35	6.57
樣本數	98	80	88	34
B				
	東中	東西	中西	東部東北
均值比較檢驗	0	0	0.02	0
方差比較檢驗	0	0	0.05	0
	中部東北	西部東北		
均值比較檢驗	0.36	0.51		
方差比較檢驗	0	0.13		

注：A 部分為實際值，B 部分為相應檢驗的 P 值

產業競爭力是由產業規模指數、產業貢獻指數、產業效率指數、產業結構指數、產業國際化指數、產業集群水平指數分別體現。產業規模指數體現產業創造財富的規模，隨著規模

的擴大，產業創造的價值在一定程度上有所增長，然而過大的規模也會導致規模不經濟，因此，評價產業的規模成為評價產業競爭力的一項重要指標。產業貢獻指數是對城市產業的市場影響力和其利稅的貢獻能力的綜合反映。市場影響力提升產業創造價值的能力，成為產業軟實力的重要組成部分，對提高企業的利稅貢獻能力有輔助作用。而產業的利稅能力則是評價這個產業是否能成為城市主要發展產業的標準。產業效率反映了城市產業的生產經營狀況以及價值的創造積累效率，效率創造價值，產業的效率對產業的規模和貢獻有直接影響。它成為衡量一個產業價值多少的重要標準。產業結構是指各產業的構成及各產業之間的聯繫和比例關系。在經濟發展過程中，由於分工越來越細，因而產生了越來越多的生產部門。不同的生產部門，受到不同因素的影響和制約，會在增長速度、就業人數、在經濟總量中的比重、對經濟增長的推動作用等方面表現出很大的差異。好的產業結構，能促使城市經濟穩定有序高效運行。城市產業國際化指數顯示了城市吸收國際資本能力及外資企業對城市的貢獻度。在城市產業結構當中，外資企業佔有越來越多的比重，外資企業促進城市經濟和產業發展，為城市引入更多資本和先進的技術和管理理論，影響城市的競爭力。產業集群是指在一個特定區域的一個特別領域，一組相互關聯的公司、供應商、關聯產業和專門化的制度和協會集聚起來，通過這種區域集聚形成有效的市場競爭，構建出專業化生產要素集聚窪地，使企業共享區域公共設施、市場環境和外部經濟，降低信息交流和物流成本，形成區域集聚效應、規模效應、外部效應和區域競爭力。產業集群指數則反映了城市產業的集聚水平。

進一步分析上述 6 項指標對競爭力的相對重要性，即由競爭力得分關於上述 6 項指數做 OLS 回歸。結果表明（表 6.1.7），所有變量的系數都在 1％的顯著性水平下統計顯著，並且由 VIF 可以看出，自變量不存在嚴重多重共線性。同時，當產業規模指數得分每增加 0.01，競爭力得分增加 0.12。當產業貢獻指數得分每增加 0.01，競爭力得分增加 0.14。當產業效率指數得分每增加 0.01，競爭力得分增加 0.14。當產業結構指數得分每增加 0.01，競爭力得分增加 0.18。當產業國際化指數得分每增加 0.01，競爭力得分增加 0.17。當企業集群指數得分每增加 0.01，競爭力得分增加 0.15。所以，對產業競爭力而言，其二級指標的重要性依次為產業結構指數、產業國際化指數、企業集群指數、產業效率指數、產業貢獻指數、產業規模指數（圖 6.1.6），與 2014 年的產業結構指數、企業集群指數、產業國際化指數、產業貢獻指數、產業效率指數、產業規模指數有所變化，不過企業國際化指數的重要性有所提升。

表 6.1.7 城市產業競爭力 OLS 回歸方程

變量	系數	t 值	P 值
產業規模指數	12.24	912.49	0
產業貢獻指數	13.82	921.33	0
產業效率指數	14.16	2440.03	0
產業結構指數	18.35	1852.98	0
產業國際化指數	16.54	1651.57	0
企業集群指數	14.81	1528.15	0
常數	-27.65	-6978.64	0
F 統計量	28896565	F 統計量 P 值	0
R 方	1	VIF	4.22

注：VIF 為膨脹因數，當其大於 10 時，表明自變量存在嚴重多重共線性

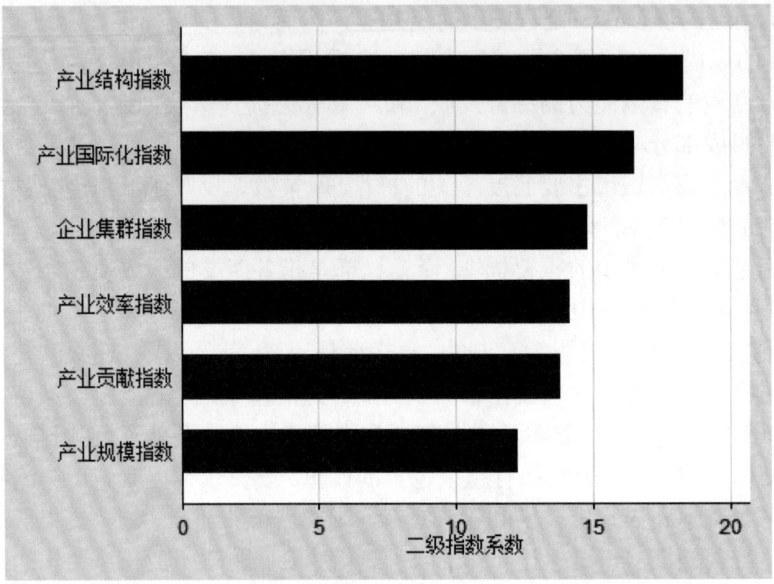

圖 6.1.6 各二級指數對產業競爭力的影響大小

進一步分析城市產業競爭力六項二級指標的分佈特徵，結果顯示，所有二級指標也都不服從正態分佈，並同樣呈尖峰厚尾分佈，且具有右偏性質①。另外，上述二級指標的東、中、西、東北部地區均值比較與方差比較表明（表 6.1.8），從平均水平來看，中國城市產業規模指數、產業貢獻指數、產業國際化指數、產業效率指數、企業集群指數也存在區域性差異，並呈東部地區比中西東北部地區高的二級階梯狀特徵。產業結構指數卻呈現東部地區、中部地區、西部東北地區從高及低的三級階梯狀特徵。另外，從區域內部的差異性來看，東部地區雖然從整體來看各項指數的水平比較高，但是除產業效率指數之外，其它二級指數內部的離散程度比較大。

表 6.1.8 城市產業競爭力二級指標東、中、西、東北部地區比較

A	產業規模指數				產業貢獻指數			
	東部	中部	西部	東北	東部	中部	西部	東北
均值	0.28	0.18	0.16	0.18	0.3	0.22	0.18	0.2
方差	0.17	0.07	0.09	0.09	0.16	0.06	0.06	0.09
樣本數	98	80	88	34	98	80	88	34
B								
	東中	東西	中西	東部東北	東中	東西	中西	東部東北
均值比較檢驗	0	0	0.11	0	0	0	0	0
方差比較檢驗	0	0	0	0	0	0	0.98	0
	中部東北	西部東北			中部東北	西部東北		
均值比較檢驗	0.95	0.29			0.31	0.13		
方差比較檢驗	0.07	0.69			0.01	0		
A	產業效率指數				產業結構指數			
	東部	中部	西部	東北	東部	中部	西部	東北
均值	0.47	0.42	0.4	0.4	0.54	0.49	0.46	0.44
方差	0.11	0.1	0.14	0.12	0.12	0.06	0.08	0.11

①由於篇幅所限，此處或下文中並未給出一些檢驗相應檢驗結果。如讀者有興趣，可向編者索取。

樣本數	98	80	88	34	98	80	88	34
B								
	東中	東西	中西	東部東北	東中	東西	中西	東部東北
均值比較檢驗	0.01	0	0.12	0	0	0	0.02	0
方差比較檢驗	0.36	0.07	0.01	0.79	0	0	0.02	0.81
	中部東北	西部東北			中部東北	西部東北		
均值比較檢驗	0.26	0.88			0	0.16		
方差比較檢驗	0.34	0.31			0	0.02		
A	產業國際化指數				企業集群指數			
	東部	中部	西部	東北	東部	中部	西部	東北
均值	0.26	0.15	0.14	0.15	0.31	0.22	0.23	0.26
方差	0.17	0.04	0.04	0.05	0.15	0.07	0.08	0.08
樣本數	98	80	88	34	98	80	88	34
B								
	東中	東西	中西	東部東北	東中	東西	中西	東部東北
均值比較檢驗	0	0	0.03	0	0	0	0.44	0.05
方差比較檢驗	0	0	0.6	0	0	0	0.22	0
	中部東北	西部東北			中部東北	西部東北		
均值比較檢驗	0.88	0.1			0.02	0.1		
方差比較檢驗	0.09	0.19			0.28	0.9		

注：A 部分為實際值，B 部分為相應檢驗的 P 值

6.1.3 財政金融競爭力特徵分析

城市財政，是在城市範圍內利用價值形式對社會產品和國民收入進行分配與再分配的工具。城市財政促進城市建設及各項社會事業的發展，為城市人民的生活提供保障。城市金融競爭力表現為城市所擁有、控制或可利用的金融資源的數量，獲得的便利性、成本以及城市金融產業的發展狀況，金融基礎設施的建設現狀，金融人才的競爭力，以及其制度環境因素和開放程度等。城市金融競爭力評價以能夠全面、客觀地反映城市金融產業現狀和城市金融業發展潛力為目標，可以深入客觀地分析一個城市金融業發展的優勢及不足之處，對一個城市更好地發展金融業有著重要的意義。

在對中國城市財政金融競爭力排名進行統計分析發現，中國 300 個城市的財政金融競爭力得分是否服從正態性分佈的 JB 檢驗統計量為 15990.4，在 1%的統計性顯著水平下拒絕了原假設，即說明中國城市財政金融競爭力不服從正態分佈。並且偏度為 5，峰度為 37.34，說明中國城市財政金融競爭力呈尖峰厚尾分佈，並且具有右偏性質。（圖 6.1.7）。進一步分析發現，財政金融競爭力的地區性不平衡現象依然存在，呈東強西弱格局，在 93 個財政金融競爭力水平在平均水平之上的城市中，東部地區城市有 61 個，占 65.59%，東北地區城市有 5 個，占 5.38%。而中部地區有 9 個，占 9.68%，西部地區有 18 個，占 19.35%。同時，東部、中部、西部、東北地區城市財政金融競爭力的均值比較表明，東部地區的城市財政金融競爭力的均值（3.67）明顯要高於中部（-2.10）、西部地區（-1.49）、東北地區（-1.78）城市財政金融競爭力的均值，中部地區城市財政金融競爭力均值與西部地區城市財政金融競爭力均值、東北地區財政金融競爭力均值無顯著差異，說明從城市財政金融競爭力的平均水平來看，中國城市財政金融競爭力呈現出東部地區與中部西部東北地區兩級分化格局。進一步地，由不同地區城市財政金融競爭力方差的比較分析可以得出，東部地區最高，為 10.38，其次

為西部地區，為 3.91，再次為東北地區，為 3.47，中部地區最低，為 2.99。由此可見，中國中部地區的城市財政金融競爭力離散程度及差異程度要低一些，而東部地區的城市財政金融競爭力離散程度及差異程度則非常高。（表 6.1.9）。

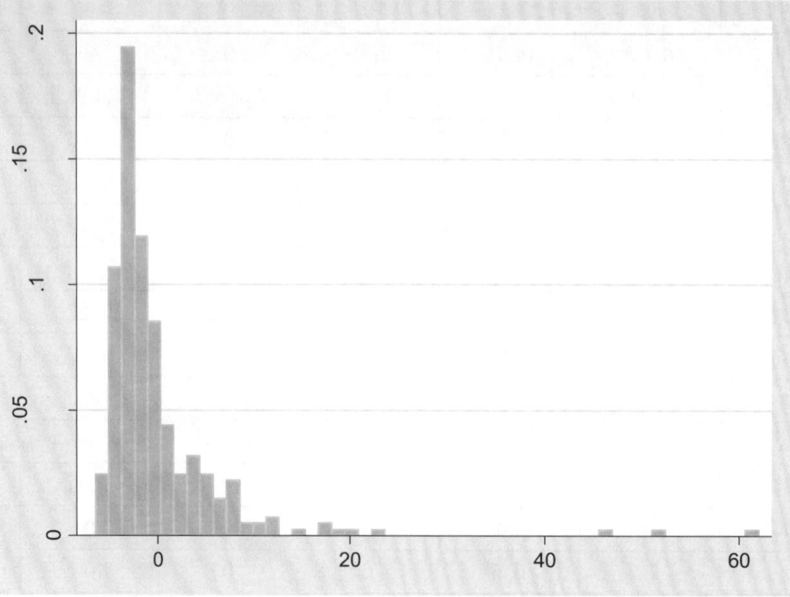

圖 6.1.7 城市財政金融競爭力得分直方圖

表 6.1.9 城市財政金融競爭力東、中、西、東北部地區比較

A				
	東部	中部	西部	東北
均值	3.67	-2.1	-1.49	-1.78
方差	10.38	2.99	3.91	3.47
樣本數	98	80	88	34
B				
	東中	東西	中西	東部東北
均值比較檢驗	0	0	0.26	0
方差比較檢驗	0	0	0.02	0
	中部東北	西部東北		
均值比較檢驗	0.62	0.71		
方差比較檢驗	0.29	0.44		

注：A 部分為實際值，B 部分為相應檢驗的 P 值

城市財政金融競爭力由財政金融規模指數、財政金融效率指數、金融資本質量指數、金融資本可獲得指數、金融業人力資本指數綜合而成。財政金融規模指數，反映城市的財政實力和財政收入、支出能力，體現了城市財政資金供應總量和資本使用規模。同時，它也反映了城市金融業的發展規模，主要為金融機構的交易量。相對于財政金融規模指數，財政金融效率指數更關注財政實力和金融現金流量的人均水平和人均增長率。因此，通過對財政金融效率的分析，更能體現城市在財政金融方面真實情況和發展趨勢。金融資本質量指數，意在分析城市資本使用率和資本充裕指數，反應城市資本使用的質量。資本使用率的提高有利於提高財政金融規模，為金融機構獲取更多的經濟利益。而資本充裕指數則反應金融機構佔有的資本規模，同時也是金融機構可持續發展的保障。金融資本可獲得指數反應了城市企業和居民獲得資本的難易程度，資本包含銀行資本，證券市場資本和民間及風險資本。高的金融

資本可獲得指數促進企業的發展，提高人民的生活和消費水平，是城市金融業活力的體現。同時，過高的資本可獲得指數又提高了金融機構風險。金融業人力資本指數反應了金融業的從業人數以及其占城市總人口的比重。它反應了城市金融業的活力和發達程度以及其對金融產業的重視程度。

表 6.1.10 城市財政金融競爭力 OLS 回歸方程

變量	系數	t 值	P 值
財政金融規模指數	16.33	846.12	0
財政金融效率指數	26.56	2379.54	0
金融資本質量指數	12.06	1720.65	0
金融資本可獲得指數	17.43	675.48	0
金融業人力資本指數	18.92	651.56	0
常數	-18.12	-6882.25	0
F 統計量	20819220	F 統計量 P 值	0
R 方	1	VIF	6.86

注：VIF 為膨脹因數，當其大於 10 時，表明自變量存在嚴重多重共線性

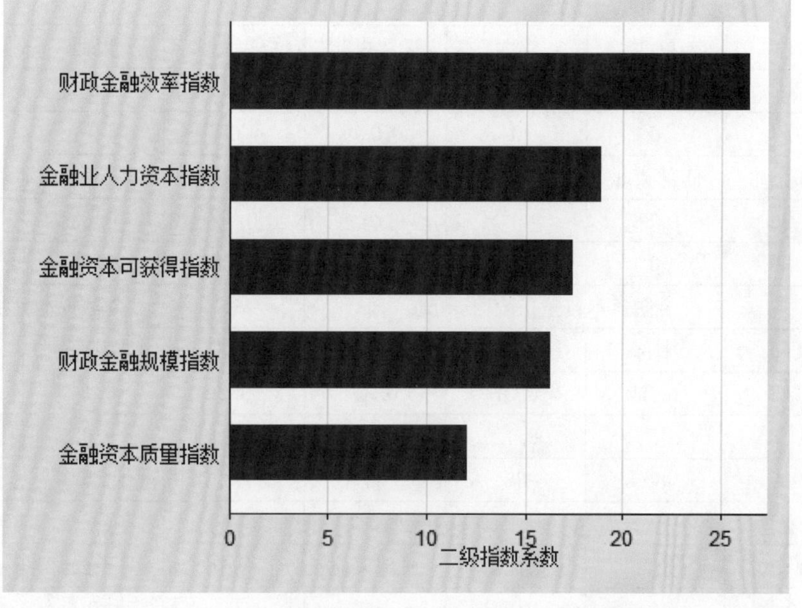

圖 6.1.8 各二級指數對財政金融競爭力的影響大小

進一步分析上述 5 項指標對競爭力的相對重要性，即由競爭力得分關於上述 5 項指數做 OLS 回歸。結果表明（表 6.1.10），所有變量的系數都在 1 %的顯著性水平下統計顯著，並且由 VIF 可以看出，自變量不存在嚴重多重共線性。同時，當財政金融規模指數得分每增加 0.01，財政金融競爭力得分增加 0.16。當財政金融效率指數得分每增加 0.01，財政金融競爭力得分增加 0.27。當金融資本質量指數得分每增加 0.01，財政金融競爭力得分增加 0.12。當金融資本可獲得指數得分每增加 0.01，財政金融競爭力得分增加 0.17。當金融業人力資本指數得分每增加 0.01，財政金融競爭力得分增加 0.19。所以，對財政金融競爭力而言，其二級指標的重要性依次為財政金融效率指數、金融業人力資本指數、金融資本可獲得指數、財政金融規模指數、金融資本質量指數（圖 6.1.8），與 2014 年的金融業人力資本指數、財政金融效率指數、金融資本可獲得指數、財政金融規模指數、金融資本質量指數有很大變

化，並體現了當今金融體系良好運行中效率與人才的重要性。

進一步分析城市財政金融競爭力 5 項二級指標的分佈特徵，結果顯示，所有二級指標也都不服從正態分佈，並同樣呈尖峰厚尾分佈，且具有右偏性質。另外，上述二級指標的東、中、西、東北部地區均值比較與方差比較表明（表 6.1.11），與 2014 年的情況一致，從平均水平來看，中國城市財政金融規模指數、財政金融效率指數、金融資本質量指數、金融業人力資本指數、金融資本可獲得指數都存在區域性差異，並呈東部地區比中西部東北地區高的二級階梯狀特徵。另外，從區域內部的差異性來看，除了金融資本質量指數之外，東部地區雖然從整體來看各項指數的水平比較高，但是所有指數的內部離散程度比較大。金融資本質量指數在不同地區的離散程度並無顯著差異，說明中國不同城市間金融資本質量具有類似性，這也可能是由於中國金融系統是以国有銀行為主導的系統所導致的。

表 6.1.11 城市財政金融競爭力二級指標東、中、西、東北部地區比較

A	財政金融規模指數				財政金融效率指數			
	東部	中部	西部	東北	東部	中部	西部	東北
均值	0.19	0.13	0.14	0.13	0.24	0.19	0.2	0.18
方差	0.15	0.04	0.07	0.04	0.12	0.03	0.05	0.04
樣本數	98	80	88	34	98	80	88	34
B								
	東中	東西	中西	東部東北	東中	東西	中西	東部東北
均值比較檢驗	0	0	0.8	0.04	0	0	0.1	0
方差比較檢驗	0	0	0	0	0	0	0	0
	中部東北	西部東北			中部東北	西部東北		
均值比較檢驗	0.96	0.88			0.12	0.03		
方差比較檢驗	0.29	0			0.08	0.08		
A	金融資本質量指數				金融資本可獲得指數			
	東部	中部	西部	東北	東部	中部	西部	東北
均值	0.43	0.33	0.37	0.36	0.2	0.14	0.13	0.14
方差	0.13	0.1	0.12	0.09	0.14	0.03	0.04	0.04
樣本數	98	80	88	34	98	80	88	34
B								
	東中	東西	中西	東部東北	東中	東西	中西	東部東北
均值比較檢驗	0	0	0.04	0	0	0	0.36	0.02
方差比較檢驗	0.01	0.91	0.02	0.07	0	0	0	0
	中部東北	西部東北			中部東北	西部東北		
均值比較檢驗	0.13	0.8			0.25	0.12		
方差比較檢驗	1	0.08			0.06	0.61		
A	金融業人力資本指數							
	東部	中部	西部	東北				
均值	0.18	0.13	0.13	0.14				
方差	0.13	0.03	0.04	0.03				
樣本數	98	80	88	34				
B								
	東中	東西	中西	東部東北				

均值比較檢驗	0	0	0.6	0.05				
方差比較檢驗	0	0	0	0				
	中部東北	西部東北						
均值比較檢驗	0.3	0.27						
方差比較檢驗	0.08	0.13						

注：A 部分為實際值，B 部分為相應檢驗的 P 值

6.1.4 商業貿易競爭力特徵分析

城市起源於商業貿易，如今已逐步成為商業貿易的主要載體。城市是商業貿易中心，一個城市的商業貿易發展程度與城市的經濟和綜合競爭力息息相關。商業貿易不僅為城市帶來經濟利益，也提高了城市居民的消費水平和幸福指數，帶動其他產業的發展的同時增加了城市的就業人數。因此，提高城市的商業貿易競爭力對提高城市的競爭力有著至關重要的作用。

在對中國城市商業貿易競爭力排名進行統計分析發現，中國 300 個城市的商業貿易競爭力得分是否服從正態性分佈的 JB 檢驗統計量為 6101.70，在 1%的統計性顯著水平下拒絕了原假設，即說明中國城市商業貿易競爭力不服從正態分佈。並且偏度為 3.98，峰度為 23.61，說明中國城市商業貿易競爭力呈尖峰厚尾分佈，並且具有右偏性質。（圖 6.1.9）。進一步分析發現，商業貿易競爭力的地區性不平衡現象依然存在，呈東強西弱格局，在 81 個商業貿易競爭力水平在平均水平之上的城市中，東部地區城市有 56 個，占 69.14%，東北地區城市有 5 個，占 6.17%。而中部地區有 10 個，占 12.35%，西部地區有 10 個，占 12.35%。同時，東部、中部、西部、東北地區城市商業貿易競爭力的均值比較表明，東部地區的城市商業貿易競爭力的均值(3.30)明顯要高於中部(-1.52)、西部地區(-1.65)、東北地區(-1.65)城市商業貿易競爭力的均值，中部地區城市商業貿易競爭力均值與西部地區東北地區城市商業貿易競爭力均值無顯著差異，說明從城市商業貿易競爭力的平均水平來看，中國城市商業貿易競爭力呈現出東部地區與中部西部東北地區的兩級分化格局。進一步地，由不同地區城市商業貿易競爭力方差的比較分析可以得出，東部地區最高，為 7.72，其次為西部地區，為 3.70，再次為東北地區，為 2.25，中部地區最低，為 2.06。由此可見，中國中部地區的城市商業貿易競爭力離散程度及差異程度要低一些，而東部地區的城市商業貿易競爭力離散程度及差異程度則非常高。（表 6.1.12）。

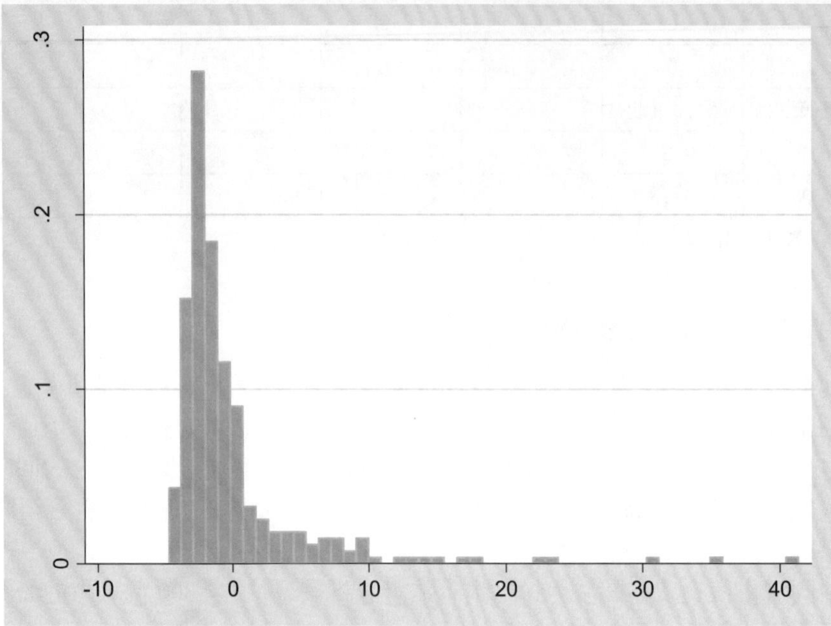

圖 6.1.9 城市商業貿易競爭力得分直方圖

表 6.1.12 城市商業貿易競爭力東、中、西、東北部地區比較

A				
	東部	中部	西部	東北
均值	3.3	-1.52	-1.65	-1.65
方差	7.72	2.06	3.7	2.25
樣本數	98	80	88	34
B				
	東中	東西	中西	東部東北
均值比較檢驗	0	0	0.78	0
方差比較檢驗	0	0	0	0
	中部東北	西部東北		
均值比較檢驗	0.76	1		
方差比較檢驗	0.51	0		

注：A 部分為實際值，B 部分為相應檢驗的 P 值

商業貿易競爭力是由國內商貿規模指數、外貿指數、商貿機構指數、商貿人力資本指數、居民消費指數 5 項二級指標綜合而成。商貿規模是評價城市商業貿易的首要因素，國內商貿規模指數體現城市的批發零售貿易業商品和社會消費品的消費總量及人均水平。批發零售業是社會化大生產過程中的重要環節，是決定經濟運行速度、質量和效益的引導性力量，是中國市場化程度最高、競爭最為激烈的行業之一。目前，從宏觀經濟走勢來看，居民收入水平整體上處於較快上升階段，從長遠來看，中國居民消費無論是從總量上，還是從結構上都有相當大的發展空間，這為中國批發零售行業的發展提供了良好的中長期宏觀環境。對外貿易是城市商業貿易的重要組成部分，是城市與國際連接的手段和紐帶。對外貿易有利於對資源進行優化配置，節約社會勞動力，有利於吸收和引進先進的科學技術成果，提高勞動生產率和國際化水平。對外貿易指數反映了城市對外貿的依存程度和外貿規模及水平。商貿機構指數意在分析城市中企業的總數量及平均水平，體現限額以上批發零售業的規模。貿易機構的增長在一定程度上反映城市商業貿易水平的提升及創業者數目的增多。商貿人力資本指數體現了城市批發零售貿易業及住宿餐飲業的從業人員數量，指數的高低反映著城市商業貿易的

規模和商業機構的數量，是城市商業貿易競爭力的有力說明。居民消費指數，反映居民可支配收入水平，從而反映居民購買消費品能力，指數從側面說明了城市商業貿易的發展程度。

分析上述 5 項指標對商業貿易競爭力的相對重要性時發現（表 6.1.13），所有變量的系數都在 1 %的顯著性水平下統計顯著，並且由 VIF 可以看出，自變量不存在嚴重多重共線性。同時，當國內商業貿易規模指數得分每增加 0.01，商業貿易競爭力得分增加 0.11。當外貿指數得分每增加 0.01，商業貿易競爭力得分增加 0.22。當商貿機構指數得分每增加 0.01，商業貿易競爭力得分增加 0.10。當商貿人力資本指數得分每增加 0.01，商業貿易競爭力得分增加 0.17。當居民消費指數得分每增加 0.01，商業貿易競爭力得分增加 0.18。所以，對商業貿易競爭力而言，對其影響最大的二級指標依次為外貿指數、居民消費指數、商貿人力資本指數、國內商業貿易規模指數、商貿機構指數（圖 6.1.10），與 2014 年的居民消費指數、外貿指數、商貿人力資本指數、國內商業貿易規模指數、商貿機構指數有所區別。這說明隨著中國經濟處於轉型期，外需轉移至成本更低廉的其它國家，因此之前靠外貿來提升經濟活力的城市面臨較大困境，因此外貿在短期內顯得更加重要。需要加大創新的力度，增加產品的在國際市場的競爭力。並同時提升居民消費能力與消費意願。

表 6.1.13 城市商業貿易競爭力 OLS 回歸方程

變量	系數	t 值	P 值
國內商業貿易規模指數	10.89	673.26	0
外貿指數	21.86	1624.76	0
商貿機構指數	10.01	742.87	0
商貿人力資本指數	17.29	1894.07	0
居民消費指數	17.75	2742.65	0
常數	-13.64	-7871.82	0
F 統計量	17203770	F 統計量 P 值	0
R 方	1	VIF	4.25

注：VIF 為膨脹因數，當其大於 10 時，表明自變量存在嚴重多重共線性

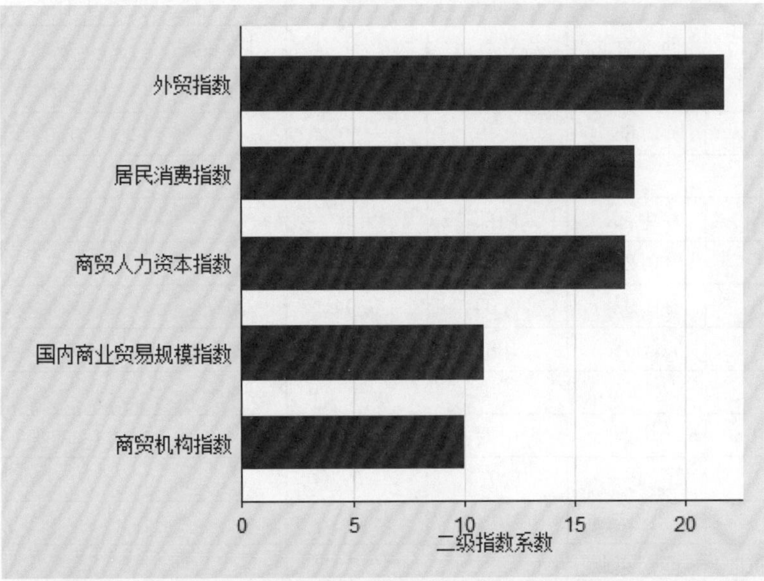

圖 6.1.10 各二級指數對商業貿易競爭力的影響大小

進一步分析城市商業貿易競爭力 5 項二級指標的分佈特徵，結果顯示，所有二級指標也都不服從正態分佈，並同樣呈尖峰厚尾分佈，且具有右偏性質。另外，上述二級指標的東、中、西、東北部地區均值比較與方差比較表明（表 6.1.14），與 2013 年一致，從平均水平

來看，中國國內商業貿易規模指數、商貿機構指數、商貿人力資本指數、居民消費指數、外貿指數也存在區域性差異，並呈東部地區比中西部東北地區高的二級階梯狀特徵。另外，從區域內部的差異性來看，除了外貿指數之外，東部地區雖然從整體來看各項指數的平均水平比較高，但是各個二級指標的離散程度比較大。

表 6.1.14 城市商業貿易競爭力二級指標東、中、西、東北部地區比較

A	國內商業貿易規模指數				外貿指數			
	東部	中部	西部	東北	東部	中部	西部	東北
均值	0.24	0.15	0.15	0.17	0.17	0.14	0.14	0.14
方差	0.16	0.05	0.05	0.06	0.1	0.01	0.02	0.02
樣本數	98	80	88	34	98	80	88	34
B								
	東中	東西	中西	東部東北	東中	東西	中西	東部東北
均值比較檢驗	0	0	0.23	0.01	0.01	0	0.64	0.04
方差比較檢驗	0	0	0.5	0	0	0	0.01	0
	中部東北	西部東北			中部東北	西部東北		
均值比較檢驗	0.33	0.08			0.34	0.59		
方差比較檢驗	0.08	0.21			0	0.27		
A	商貿機構指數				商貿人力資本指數			
	東部	中部	西部	東北	東部	中部	西部	東北
均值	0.25	0.15	0.14	0.14	0.16	0.12	0.13	0.11
方差	0.17	0.04	0.06	0.06	0.11	0.03	0.12	0.02
樣本數	98	80	88	34	98	80	88	34
B								
	東中	東西	中西	東部東北	東中	東西	中西	東部東北
均值比較檢驗	0	0	0.09	0	0	0.1	0.45	0.01
方差比較檢驗	0	0	0	0	0	0.16	0	0
	中部東北	西部東北			中部東北	西部東北		
均值比較檢驗	0.35	0.69			0.13	0.39		
方差比較檢驗	0.01	0.66			0	0		
A	居民消費指數							
	東部	中部	西部	東北				
均值	0.3	0.21	0.21	0.21				
方差	0.16	0.07	0.03	0.04				
樣本數	98	80	88	34				
B								
	東中	東西	中西	東部東北				
均值比較檢驗	0	0	0.73	0				
方差比較檢驗	0	0	0	0				
	中部東北	西部東北						
均值比較檢驗	0.86	0.49						
方差比較檢驗	0	0.22						

注：A 部分為實際值，B 部分為相應檢驗的 P 值

6.1.5 基礎設施競爭力特徵分析

城市基礎設施是城市生存和發展所必須具備的工程性基礎設施和社會性基礎設施的總稱，是城市為順利進行各種經濟活動和其他社會活動而建設的各類設施的總稱。它是一切企業、單位和居民生產經營、工作和生活的共同物質基礎，是城市主體設施正常運行的保證，既是物質生產的重要條件，也是勞動力再生產的重要條件。基礎設施作為經濟社會發展的基礎和必備條件，為發展積蓄能量、增添後勁。城市基礎設施狀況是城市發展水平和文明程度的重要支撐，是城市經濟和社會協調發展的物質條件。基礎設施的增長不僅是城市容量的基礎，更是城市生活質量提高和城市文明的保證。近年來，中國城市基礎設施的現代化程度顯著提高，新技術、新手段得到大量應用，基礎設施功能日益完善，承載能力、系統性和效率都有了顯著的進步，推動了城市經濟發展和居民生活條件改善。

在對中國城市基礎設施競爭力排名進行統計分析發現，中國 300 個城市的基礎設施競爭力得分是否服從正態性分佈的 JB 檢驗統計量為 2371.6，在 1%的統計性顯著水平下拒絕了原假設，即說明中國城市基礎設施競爭力不服從正態分佈。並且偏度為 3.09，峰度為 15.31，說明中國城市基礎設施競爭力呈尖峰厚尾分佈，並且具有右偏性質。（圖 6.1.11）。進一步分析發現，基礎設施競爭力的地區性不平衡現象依然存在，呈東強西弱格局，在 90 個基礎設施競爭力水平在平均水平之上的城市中，東部地區城市有 52 個，占 57.78%，東北地區城市有 10 個，占 11.11%。而中部地區有 10 個，占 11.11%，西部地區有 18 個，占 20%。同時，東部、中部、西部、東北地區城市基礎設施競爭力的均值比較表明，東部地區的城市基礎設施競爭力的均值(3.45)明顯要高於中部(-2.27)、西部地區(-1.61)、東北地區(-0.46)城市基礎設施競爭力的均值，中部地區城市基礎設施競爭力均值與西部地區東北地區城市基礎設施競爭力均值無顯著差異，說明從城市基礎設施競爭力的平均水平來看，中國城市基礎設施競爭力呈現出東部地區與中部西部東北地區兩級分化格局。進一步地，由不同地區城市基礎設施競爭力方差的比較分析可以得出，東部地區最高，為 10.96，其次為西部地區，為 9.15，再次為東北地區，為 5.97，中部地區最低，為 4.92。由此可見，中國中部地區的城市基礎設施競爭力離散程度及差異程度要低一些，而東部地區的城市基礎設施競爭力離散程度及差異程度則非常高（表 6.1.15）。

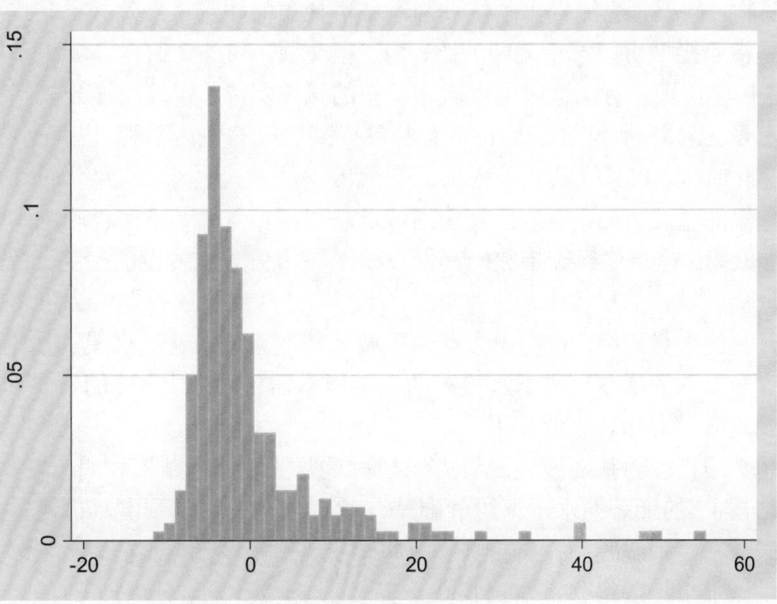

圖 6.1.11 城市基礎設施競爭力得分直方圖

表 6.1.15 城市基礎設施競爭力東、中、西、東北部地區比較

A				
	東部	中部	西部	東北
均值	3.45	-2.27	-1.61	-0.46
方差	10.96	4.92	9.15	5.97
樣本數	98	80	88	34
B				
	東中	東西	中西	東部東北
均值比較檢驗	0	0	0.57	0.05
方差比較檢驗	0	0.09	0	0
	中部東北	西部東北		
均值比較檢驗	0.1	0.5		
方差比較檢驗	0.16	0.01		

注：A 部分為實際值，B 部分為相應檢驗的 P 值

基礎設施競爭力是由基礎設施投資指數、基礎設施供應指數、居民居住指數、交通設施指數、對外交通設施指數、信息化設施指數、基礎設施行業人力資本指數 7 項二級指標綜合而成。基礎設施投資指數反映了城市固定資產投資水平和房地產開發水平，指數的高低說明了城市基礎設施建設的發展程度和發展規模。基礎設施的增長不僅是城市容量的基礎，更是城市生活質量提高和城市文明的保障。基礎設施的建設在一定程度上反映了當地的經濟發展水平和對人民生活水平的重視程度。基礎設施供應指數體現了與居民生活息息相關的水、電、氣的供應水平和普及水平，反映了社會的居民生活保障程度，是居民生活福利的一部分。高的基礎設施供應指數，從一方面體現了社會的發展和進步程度。居民居住指數著重反映居民的住房問題，體現居民的居住條件，包括居民的人均住房使用面積、居住投資量和購房的難易程度。居民居住指數的高低影響居民的社會保障、社會福利，同時也對社會的穩定性和城市的競爭力有著深遠的影響。居民居住指數從側面反映了城市房價的高低。交通設施指數反映了城市的交通設施水平。隨著人口的增長和城市人口流動性的增加，好的交通設施為方便市民工作、購物、娛樂、交流提供了條件，為城市社會的和諧、高效和穩定提供了保障。對外交通設施是指連接城市與城市之間的路、海、空交通。對外交通作為城市基礎設施的重要組成部分，是影響居民出行，是居民生活和工作的重要保障。對外交通設施指數反映城市對外交通設施水平。提高對外交通設施指數有利於提高居民的生活福利，也有利於城市的發展。城市進入信息化時代，信息交流成為人與人交流的主要方式之一，信息化設施也隨之成為社會基礎設施建設的重要方面。信息化設施指數反映了城市郵政、通信設施水平以及計算機和網絡的使用普及率。信息化設施指數的高低反映了城市信息化程度的優劣。較高的信息化設施指數有利於提升城市的居民生活水平和綜合競爭力。基礎設施行業人力資本指數是城市從事基礎設施行業的人員規模，它從側面反映了城市基礎設施的建設規模和水平。城市基礎設施規模的擴大和投入的增多勢必引起更多的人力資本需求，提升人才的質量和數量，對提升城市的基礎設施競爭力起著重要作用。

關於上述 7 項指標對基礎設施競爭力的相對重要性的分析結果表明（表 6.1.16），所有變量的系數都在 1％的顯著性水平下統計顯著，並且由 VIF 可以看出，自變量不存在嚴重多重共線性。同時，當基礎設施投資指數得分每增加 0.01，基礎設施競爭力得分增加 0.16。當基礎設施供應水平指數得分每增加 0.01，基礎設施競爭力得分增加 0.15。當城市居民居住指數得分每增加 0.01，基礎設施競爭力得分增加 0.14。當交通設施水平指數得分每增加 0.01，基礎設施競爭力得分增加 0.17。當對外交通設施水平指數得分每增加 0.01，基礎設

施競爭力得分增加 0.14。當信息化設施水平指數得分每增加 0.01，基礎設施競爭力得分增加 0.12。當基礎設施行業人力資本指數得分每增加 0.01，基礎設施競爭力得分增加 0.20。從而可以看出，對基礎設施競爭力影響從大到小的二級指標依次為基礎設施行業人力資本指數、交通設施水平指數、基礎設施投資指數、基礎設施供應水平指數、對外交通設施水平指數、城市居民居住指數、信息化設施水平指數（圖 6.1.12），與 2014 年的基礎設施供應水平指數、城市居民居住指數、資訊化設施水平指數、交通設施水平指數、基礎設施行業人力資本指數、對外交通設施水平指數、基礎設施投資指數有一定變化，基礎設施行業人力資本指數處於最重要的位置。

表 6.1.16 城市基礎設施競爭力 OLS 回歸方程

變量	系數	t 值	P 值
基礎設施投資指數	15.93	1401.45	0
基礎設施供應水平指數	14.73	1211.75	0
城市居民居住指數	14.13	1857.61	0
交通設施水平指數	17.01	1438.83	0
對外交通設施水平指數	14.33	1430.94	0
信息化設施水平指數	11.85	1557.35	0
基礎設施行業人力資本指數	19.76	1379.69	0
常數	-24.59	-6824.59	0
F 統計量	25281699	F 統計量 P 值	0
R 方	1	VIF	3.19

注：VIF 為膨脹因數，當其大於 10 時，表明自變量存在嚴重多重共線性

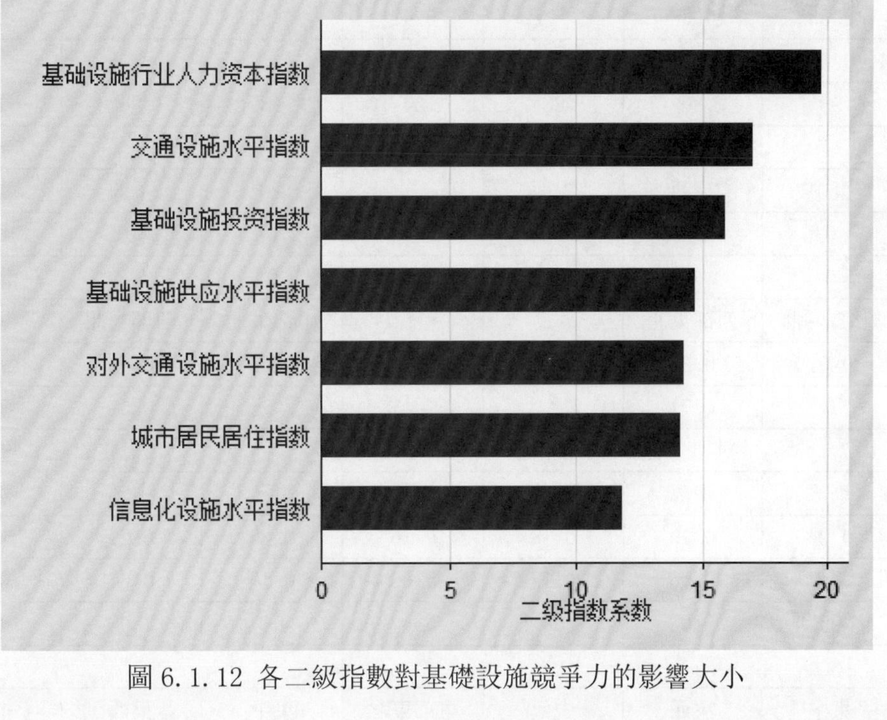

圖 6.1.12 各二級指數對基礎設施競爭力的影響大小

關於城市基礎設施競爭力 7 項二級指標的分佈特徵的分析表明，所有二級指標也都不服從正態分佈，並同樣呈尖峰厚尾分佈，且具有右偏性質。另外，上述二級指標的東、中、西、東北部地區均值比較與方差比較表明（表 6.1.17），與 2014 年一致，從平均水平來看，中

國城市基礎設施投資指數、基礎設施供應水平指數、交通設施水平指數、對外交通設施水平指數、基礎設施行業人力資本指數也存在區域性差異，並也呈東部地區比中西部東北地區高的二級階梯狀特徵，信息化設施水平指數呈現東部地區、西部東北地區、中部地區從高到低的三級階梯狀特徵。不過東部地區由於高房價問題，各地區城市居民居住指數呈現出中西部東北地區居民居住指數高於東部地區的二級階梯狀特徵。另外，從區域內部的差異性來看，東部地區雖然從整體來看各項指數的水平比較高，但是各個二級指標的離散程度比較大，而中西部東北地區各個二級指標的離散程度基本上卻比較小。

表 6.1.17 城市基礎設施競爭力二級指標東、中、西、東北部地區比較

A	基礎設施投資指數				基礎設施供應水平指數			
	東部	中部	西部	東北	東部	中部	西部	東北
均值	0.24	0.19	0.18	0.19	0.23	0.16	0.16	0.18
方差	0.14	0.08	0.12	0.13	0.15	0.06	0.08	0.06
樣本數	98	80	88	34	98	80	88	34
B								
	東中	東西	中西	東部東北	東中	東西	中西	東部東北
均值比較檢驗	0	0	0.51	0.09	0	0	0.47	0.07
方差比較檢驗	0	0.26	0	0.84	0	0	0	0
	中部東北	西部東北			中部東北	西部東北		
均值比較檢驗	0.67	0.44			0.04	0.28		
方差比較檢驗	0	0.54			0.89	0.02		
A	城市居民居住指數				交通設施水平指數			
	東部	中部	西部	東北	東部	中部	西部	東北
均值	0.35	0.38	0.4	0.42	0.24	0.18	0.18	0.19
方差	0.08	0.05	0.11	0.11	0.12	0.05	0.11	0.07
樣本數	98	80	88	34	98	80	88	34
B								
	東中	東西	中西	東部東北	東中	東西	中西	東部東北
均值比較檢驗	0	0	0.21	0	0	0	0.83	0.03
方差比較檢驗	0	0	0	0.02	0	0.4	0	0
	中部東北	西部東北			中部東北	西部東北		
均值比較檢驗	0.01	0.31			0.61	0.67		
方差比較檢驗	0	0.77			0	0.01		
A	對外交通設施水平指數				信息化設施水平指數			
	東部	中部	西部	東北	東部	中部	西部	東北
均值	0.24	0.19	0.18	0.16	0.35	0.21	0.26	0.27
方差	0.17	0.06	0.12	0.06	0.16	0.07	0.1	0.07
樣本數	98	80	88	34	98	80	88	34
B								
	東中	東西	中西	東部東北	東中	東西	中西	東部東北
均值比較檢驗	0	0	0.65	0.01	0	0	0	0.01
方差比較檢驗	0	0	0	0	0	0	0	0
	中部東北	西部東北			中部東北	西部東北		

均值比較檢驗	0.05	0.41			0	0.34		
方差比較檢驗	0.67	0			0.98	0.01		
A	基礎設施行業人力資本指數							
	東部	中部	西部	東北				
均值	0.22	0.17	0.18	0.18				
方差	0.11	0.05	0.12	0.08				
樣本數	98	80	88	34				
B								
	東中	東西	中西	東部東北				
均值比較檢驗	0	0.02	0.72	0.11				
方差比較檢驗	0	0.67	0	0.03				
	中部東北	西部東北						
均值比較檢驗	0.31	0.73						
方差比較檢驗	0	0.01						

注：A 部分為實際值，B 部分為相應檢驗的 P 值

6.1.6 社會體制競爭力特徵分析

社會體制即社會管理體制，是在特定的國家或地區內以明確的政府、市場與社會組織職能，清晰的中央、地方各級政府之間事權、財權責任進行社會管理、公共服務、解決社會糾紛的一組機制與制度。而城市社會體制競爭力則是城市在社會公平、社會治安、醫療保健、社會管理方面與其他城市相比的所具有的優勢。好的城市社會體制需要好的政府管理，包括政府實施的行為和制定的政策。社會體制的完善和發展將有利於城市經濟的發展，有利於城市居民生活水平和質量的提高，有利於城市社會穩定。

在對中國城市社會體制競爭力排名進行統計分析發現，中國 300 個城市的社會體制競爭力得分是否服從正態性分佈的 JB 檢驗統計量為 975.6，在 1%的統計性顯著水平下拒絕了原假設，即說明中國城市社會體制競爭力不服從正態分佈。並且偏度為 2.14，峰度為 11.83，說明中國城市社會體制競爭力呈尖峰厚尾分佈，並且具有右偏性質（圖 6.1.13）。進一步分析發現，社會體制競爭力的地區性不平衡現象依然存在，呈東強西弱格局，在 111 個社會體制競爭力水平在平均水平之上的城市中，東部地區城市有 73 個，占 65.77%，東北地區城市有 8 個，占 7.21%。而中部地區有 15 個，占 13.51%，西部地區有 15 個，占 13.51%。同時，東部、中部、西部、東北地區城市社會體制競爭力的均值比較表明，東部地區的城市社會體制競爭力的均值(3.34)明顯要高於中部(-1.40)、西部地區(-2.18)、東北地區(-0.68)城市社會體制競爭力的均值，東北地區城市社會體制競爭力均值高於中部地區城市社會體制競爭力均值，中部地區城市社會體制競爭力均值高於西部地區城市社會體制競爭力均值，說明從城市社會體制競爭力的平均水平來看，中國城市社會體制競爭力呈現出東部地區、東北地區、中部地區、西部地區由高到低的四級階梯狀格局。進一步地，由不同地區城市社會體制競爭力方差的比較分析可以得出，東部地區最高，為 4.58，其次為西部地區，為 3.93，再次為東北地區，為 2.23，中部地區最低，為 2.02。由此可見，中國中部地區的城市社會體制競爭力離散程度及差異程度要低一些，而東部地區的城市社會體制競爭力離散程度及差異程度則非常高（表 6.1.18）。

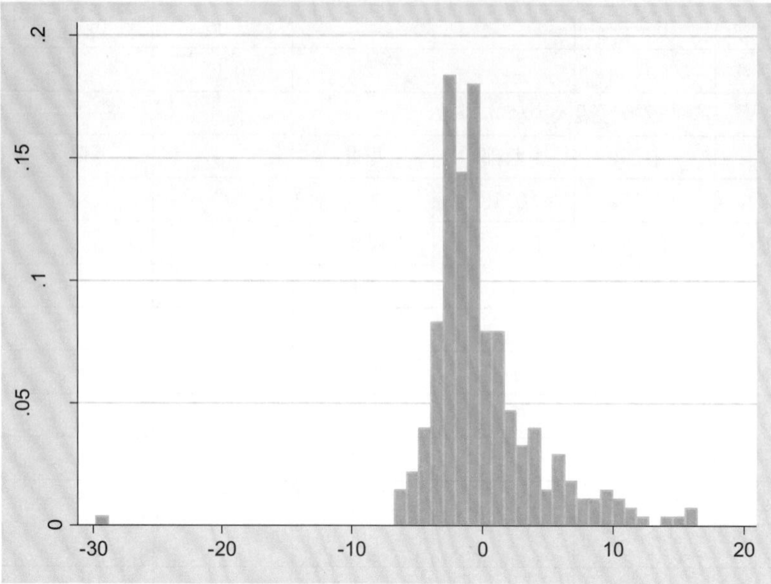

圖 6.1.13 城市社會體制競爭力得分直方圖

表 6.1.18 城市社會體制競爭力東、中、西、東北部地區比較

A				
	東部	中部	西部	東北
均值	3.34	-1.4	-2.18	-0.68
方差	4.58	2.02	3.93	2.23
樣本數	98	80	88	34
B				
	東中	東西	中西	東部東北
均值比較檢驗	0	0	0.11	0
方差比較檢驗	0	0.15	0	0
	中部東北	西部東北		
均值比較檢驗	0.09	0.04		
方差比較檢驗	0.47	0		

注：A 部分為實際值，B 部分為相應檢驗的 P 值

社會體制競爭力由社會公平保障指數、社會治安指數、醫療保健指數、社會管理指數 4 項二級指標綜合而成。社會公平是市場經濟體制得以確立和正常運行的基本原則之一。社會保障作為實現社會公平的重要手段，它確保機會公平、保證起點公平、維護過程公平、縮小結果的不公平。社會公平保障要保證社會成員所獲得的機會平等，在獲取權益的過程中的平等以及最終獲得的收入和回報平等。是否建立完善的社會保障體系，是好的市場經濟與壞的市場經濟的分水嶺；是否促進實現社會公平，是強的社會保障制度與弱的社會保障制度的分水嶺。社會公平保障指數從失業率、基尼指數、社會保障覆蓋率等方面來考察城市社會公平保障機制的完善程度。社會治安狀況，是當前社會治安現狀，它是一種客觀的治安現象，同時也是一種複雜的社會現象。社會治安目的在於維護城市的穩定，保障居民的安全。社會治安作為社會制度的重要組成部分，是城市發展的基本環節和重中之重。沒有安全的社會環境，就沒有穩定的城市發展。社會治安指數從刑事案件發生率、刑事案件偵破率和社會安全民眾滿意度來考察城市的社會治安水平。醫療保健是社會保障的重要內容，是社會制度的重要組成部分。發展醫療保健有益於提高人們的身體健康和心理健康，有益於提高城市居民的社會

福利和生活保障，有益於城市的發展與社會的穩定，對提高城市的競爭力起促進作用。醫療保健指數反映城市居民的基本健康狀況以及城市醫療建設的規模和發展狀況。社會管理主要是政府和社會組織為促進社會系統協調運轉，對社會系統的組成部分、社會生活的不同領域以及社會發展的各個環節進行組織、協調、監督和控制的過程。社會管理的基本任務包括協調社會關系、規範社會行為、解決社會問題、化解社會矛盾、促進社會公正、應對社會風險、保持社會穩定等方面。社會管理指數反映城市政府的管理能力以及居民對政府的滿意程度。

進一步分析上述 4 項指標對社會體制競爭力的相對重要性(即由社會體制競爭力得分關於上述 4 項指數做 OLS 回歸），結果表明（表 6.1.19），所有變量的系數都在 1 %的顯著性水平下統計顯著，並且由 VIF 可以看出，自變量不存在嚴重多重共線性。同時，當社會公平保障水平指數得分每增加 0.01，社會體制競爭力得分增加 0.12。當社會治安水平指數得分每增加 0.01，社會體制競爭力得分增加 0.09。當醫療保健水平指數得分每增加 0.01，社會體制競爭力得分增加 0.35。當政府社會管理水平指數得分每增加 0.01，社會體制競爭力得分增加 0.09。這樣，對社會體制競爭力來說，其二級指標的重要性依次為醫療保健水平指數、社會公平保障水平指數、政府社會管理水平指數、社會治安水平指數（圖 6.1.14），與 2014 年的醫療保健水平指數、社會治安水平指數、社會公平保障水平指數、政府社會管理水平指數有所變化，但是醫療保健水平指數依舊排名第 1 位，表明中國當前醫療問題仍是一個非常重要的民生領域。

表 6.1.19 城市社會體制競爭力 OLS 回歸方程

變量	系數	t 值	P 值
社會公平保障水平指數	11.86	1566.64	0
社會治安水平指數	8.86	1002.41	0
醫療保健水平指數	35.1	2401.11	0
政府社會管理水平指數	9.47	911.02	0
常數	-36.32	-4559.17	0
F 統計量	11177667	F 統計量 P 值	0
R 方	1	VIF	2.26

注：VIF 為膨脹因數，當其大於 10 時，表明自變量存在嚴重多重共線性

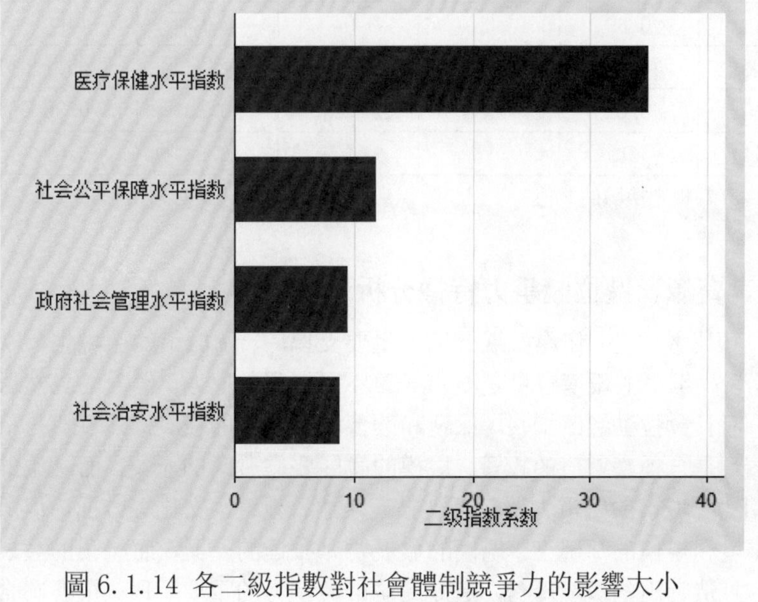

圖 6.1.14 各二級指數對社會體制競爭力的影響大小

對城市社會體制競爭力 7 項二級指標的分佈特徵進行分析時發現 所有二級指標也都不

服從正態分佈，並同樣呈尖峰厚尾分佈，且具有右偏性質。另外，上述二級指標的東、中、西、東北部地區均值比較與方差比較表明（表 6.1.20），從平均水平來看，中國城市社會公平保障水平指數存在區域性差異，呈現東部地區、東北地區、中西部地區的由高到低的三階梯格局。而社會治安水平指數、醫療保健水平指數、政府社會管理水平指數呈現東部地區、中西部地區東北地區二級分化格局。另外，從區域內部的差異性來看，東部地區雖然從整體來看各項指數的水平比較高，但是各個二級指標的離散程度也同樣比較大。

表 6.1.20 城市社會體制競爭力二級指標東、中、西、東北部地區比較

A	社會公平保障水平指數				社會治安水平指數			
	東部	中部	西部	東北	東部	中部	西部	東北
均值	0.5	0.39	0.38	0.45	0.68	0.56	0.5	0.57
方差	0.13	0.07	0.09	0.09	0.11	0.07	0.08	0.06
樣本數	98	80	88	34	98	80	88	34
B								
	東中	東西	中西	東部東北	東中	東西	中西	東部東北
均值比較檢驗	0	0	0.45	0.06	0	0	0	0
方差比較檢驗	0	0	0.06	0.01	0	0.02	0.13	0
	中部東北	西部東北			中部東北	西部東北		
均值比較檢驗	0	0			0.28	0		
方差比較檢驗	0.13	0.97			0.25	0.03		
A	醫療保健水平指數				政府社會管理水平指數			
	東部	中部	西部	東北	東部	中部	西部	東北
均值	0.65	0.62	0.62	0.62	0.51	0.38	0.38	0.37
方差	0.06	0.03	0.06	0.03	0.14	0.05	0.08	0.05
樣本數	98	80	88	34	98	80	88	34
B								
	東中	東西	中西	東部東北	東中	東西	中西	東部東北
均值比較檢驗	0	0	0.56	0	0	0	0.95	0
方差比較檢驗	0	0.89	0	0	0	0	0	0
	中部東北	西部東北			中部東北	西部東北		
均值比較檢驗	0.75	0.82			0.23	0.36		
方差比較檢驗	0.54	0			0.93	0.01		

注：A 部分為實際值，B 部分為相應檢驗的 P 值

6.1.7 環境、資源、區位競爭力特徵分析

環境是一項比較優勢，作為發展經濟的重要支撐，一個城市的環境也反映了城市核心競爭力的一部分。高水平的環境質量是城市一筆不可多得的財富。優美的自然環境不僅能提升城市的功能，而且會拉動經濟增長。保護和改善城市環境的投資，其實質是為城市“增值”的戰略性投資，是一種高增值的投資。規模的發展要靠發達的產業，而產業的發展則要靠增強環境的吸引力，城市的競爭力還包括科技、人才、教育、文化等方面，但所有這些都要建立在產業、環境和規模的基礎上。規模的發展要靠發達的產業，而產業的發展則要靠增強環境的吸引力，打造突出的環境優勢，是提高城市競爭力的重要手段。根據聯合國環境規劃署對自然資源的定義，自然資源是指在一定條件下，能夠產生經濟價值，以提高人類當前和未

來福利的自然環境因素的綜合。自然環境是經濟發展的先天性基礎，也是社會財富的來源。區位競爭力是一個區域通過合理的配置資源，獲取競爭優勢，使經濟得到發展。區位競爭力的本質是資源優化配置能力。因此區位競爭力主要體現在資源優化配置上，包括戰略資源有效安排，外部稀缺資源的有效吸納，內外資源的有效協調配合。區位競爭力的戰略目標是通過對區域內外資源的優化配置，確保區域經濟運行和發展，以保證區域經濟發展目標的達成。良好的城市環境區位競爭力是城市在自然環境、自然資源和區位水平上的相對優勢。

在對中國城市環境資源區位競爭力排名進行統計分析發現，中國 300 個城市的環境資源競爭力得分是否服從正態性分佈的 JB 檢驗統計量為 502，在 1%的統計性顯著水平下拒絕了原假設，即說明中國城市環境資源區位競爭力不服從正態分佈。並且偏度為 1.76，峰度為 8.27，說明中國城市環境資源競區位爭力呈尖峰厚尾分佈，並且具有右偏性質(圖 6.1.15)。進一步分析發現，環境資源競爭力的地區性不平衡現象依然存在，呈東強西弱格局，在 121 個環境資源競爭力水平在平均水平之上的城市中，東部地區城市有 76 個，占 62.81%，東北地區城市有 16 個，占 13.22%，而中部地區有 16 個，占 13.22%，西部地區有 13 個，占 10.74%。同時，東部、中部、西部、東北地區城市環境資源競爭力的均值比較表明，東部地區的城市環境資源區位競爭力的均值(2.51)明顯要高於中部(-1.03)、西部地區(-1.97)、東北地區(0.28)城市環境資源區位競爭力的均值，東北地區城市環境資源區位競爭力均值高於中部地區城市環境資源區位競爭力均值，中部地區城市環境資源區位競爭力均值高於西部地區城市環境資源區位競爭力均值，說明從城市環境資源區位競爭力的平均水平來看，中國城市環境資源區位競爭力呈現出東部地區、東北地區、中部地區、西部地區由高到低的四級階梯狀格局。進一步地，由不同地區城市環境資源區位競爭力方差的比較分析可以得出，東部地區最高，為 4.49，其次為西部地區，為 3.40，再次為東北地區，為 3.09，中部地區最低，為 1.92。由此可見，中國中部地區的城市環境資源區位競爭力離散程度及差異程度要低一些，而東部地區的城市環境資源區位競爭力離散程度及差異程度則非常高（表 6.1.21）。

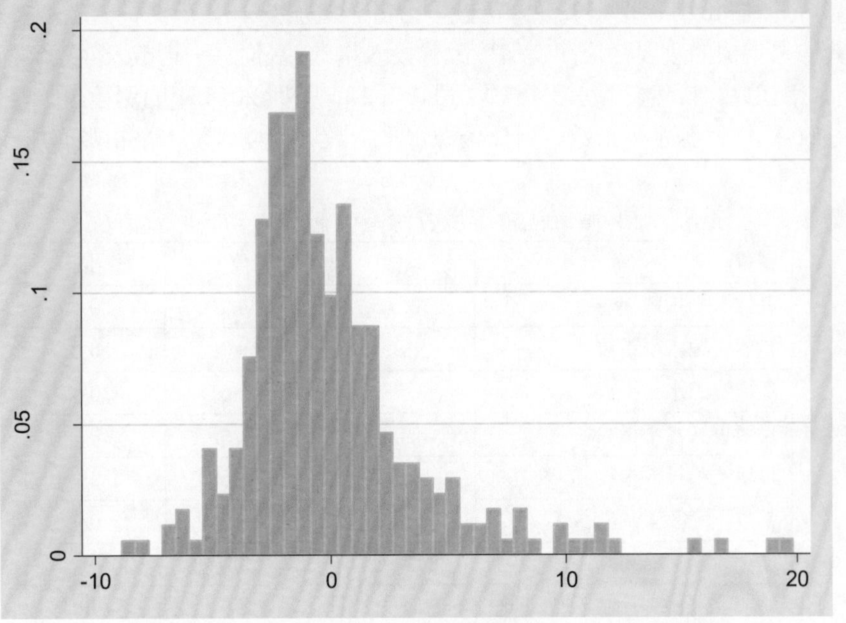

圖 6.1.15 城市環境資源區位競爭力得分直方圖

表 6.1.21 城市環境資源區位競爭力東、中、西、東北部地區比較

A				
	東部	中部	西部	東北
均值	2.51	-1.03	-1.97	0.28
方差	4.49	1.92	3.4	3.09
樣本數	98	80	88	34
B				
	東中	東西	中西	東部東北
均值比較檢驗	0	0	0.03	0.01
方差比較檢驗	0	0.01	0	0.02
	中部東北	西部東北		
均值比較檢驗	0.01	0		
方差比較檢驗	0	0.55		

注：A 部分為實際值，B 部分為相應檢驗的 P 值

環境、資源、區位競爭力由區位指數、自然資源指數、環境資源指數、環境質量指數、環境改善投入指數五項二級指標綜合而成。因此，進一步分析了上述 5 項指標對環境資源區位競爭力的相對重要性（即由環境資源區位競爭力得分關於上述 5 項指數做 OLS 回歸）。結果表明（表 6.1.22），所有變量的系數都在 1％的顯著性水平下統計顯著，並且由 VIF 可以看出，自變量不存在嚴重多重共線性。同時，當區位水平指數得分每增加 0.01，環境資源區位競爭力得分增加 0.11。當自然資源水平指數得分每增加 0.01，環境資源區位競爭力得分增加 0.04。當環境資源水平指數得分每增加 0.01，環境資源區位競爭力得分增加 0.10。當環境質量水平指數得分每增加 0.01，環境資源區位競爭力得分增加 0.06。當環境改善投入指數得分每增加 0.01，環境資源區位競爭力得分增加 0.16。因此，對環境資源區位競爭力而言，其二級指標的重要性依次為環境改善投入指數、區位水平指數、環境資源水平指數、環境質量水平指數、自然資源水平指數（圖 6.1.16），與 2014 年的環境改善投入指數、區位水平指數、環境資源水平指數、自然資源水平指數、環境質量水平指數有所改變。

表 6.1.22 城市社會環境資源區位競爭力 OLS 回歸方程

變量	系數	t 值	P 值
區位水平指數	10.72	2934.8	0
自然資源水平指數	3.99	1382.32	0
環境資源水平指數	9.78	2662.51	0
環境質量水平指數	5.56	2101.95	0
環境改善投入指數	16.06	3032.68	0
常數	-14.68	-6662.93	0
F 統計量	22422911	F 統計量 P 值	0
R 方	1	VIF	1.66

注：VIF 為膨脹因數，當其大於 10 時，表明自變量存在嚴重多重共線性

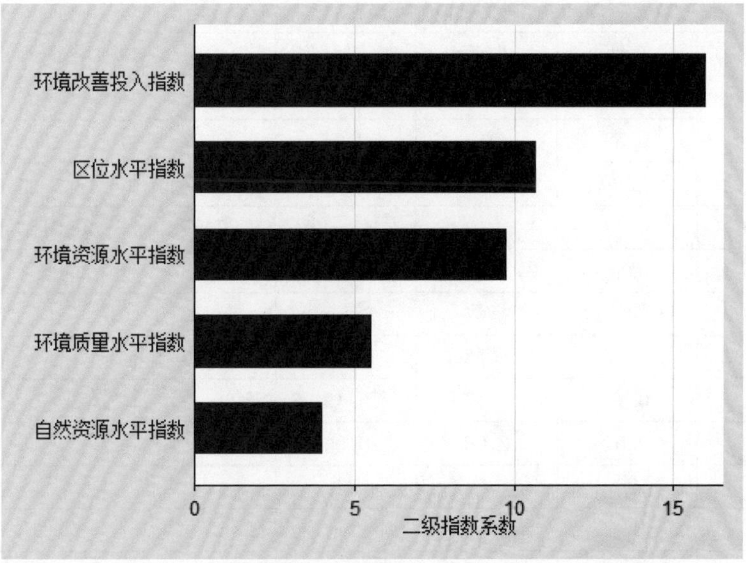

圖 6.1.16 各二級指數對環境資源區位競爭力的影響大小

對城市環境資源區位競爭力 5 項二級指標的分佈特徵進行分析時發現，所有二級指標也都不服從正態分佈，並同樣呈尖峰厚尾分佈，且具有右偏性質。另外，上述二級指標的東、中、西、東北部地區均值比較與方差比較表明（表 6.1.23），從平均水平來看，中國城市區位水平指數存在區域性差異，並也呈現東部地區、中西部地區、東北地區由高及低的三級階梯狀特徵。自然資源水平指數呈現東部地區、東北地區、中西部地區由高及低的三級階梯狀特徵。環境資源水平指數呈現出東部地區、中西部東北地區的二級階梯狀特徵。但是中國城市環境質量水平指數四個地區卻不存在顯著差異。而環境改善投入指數表現出東部東北地區高於中西部的兩極分化格局。

表 6.1.23 城市環境資源區位競爭力二級指標東、中、西、東北部地區比較

A	區位水平指數				自然資源水平指數			
	東部	中部	西部	東北	東部	中部	西部	東北
均值	0.36	0.2	0.19	0.25	0.34	0.42	0.4	0.51
方差	0.18	0.1	0.11	0.13	0.16	0.09	0.13	0.15
樣本數	98	80	88	34	98	80	88	34
B								
	東中	東西	中西	東部東北	東中	東西	中西	東部東北
均值比較檢驗	0	0	0.48	0	0	0	0.3	0
方差比較檢驗	0	0	0.13	0.02	0	0.12	0	0.89
	中部東北	西部東北			中部東北	西部東北		
均值比較檢驗	0.01	0			0	0		
方差比較檢驗	0.05	0.44			0	0.31		
A	環境資源水平指數				環境質量水平指數			
	東部	中部	西部	東北	東部	中部	西部	東北
均值	0.49	0.34	0.32	0.34	0.72	0.71	0.6	0.69
方差	0.14	0.09	0.13	0.12	0.14	0.12	0.17	0.12
樣本數	98	80	88	34	98	80	88	34

B								
	東中	東西	中西	東部東北	東中	東西	中西	東部東北
均值比較檢驗	0	0	0.23	0	0.35	0	0	0.23
方差比較檢驗	0	0.58	0	0.26	0.07	0.15	0	0.3
	中部東北	西部東北			中部東北	西部東北		
均值比較檢驗	0.89	0.48			0.55	0.01		
方差比較檢驗	0.05	0.46			0.78	0.05		
A	環境改善投入指數							
	東部	中部	西部	東北				
均值	0.2	0.16	0.17	0.19				
方差	0.13	0.04	0.06	0.06				
樣本數	98	80	88	34				
B								
	東中	東西	中西	東部東北				
均值比較檢驗	0.01	0.02	0.78	0.64				
方差比較檢驗	0	0	0	0				
	中部東北	西部東北						
均值比較檢驗	0	0.04						
方差比較檢驗	0	0.71						

注：A 部分為實際值，B 部分為相應檢驗的 P 值

6.1.8 人力資本教育競爭力特徵分析

人力資本理論強調人力資源的資本性，認為人力資源有投資和收益性，具有再生和創造價值的能力。衡量城市人力資本教育競爭力，人才數量是規模經濟基礎，質量是效率保障，資源配置反映資源利用效率、管理水平和所處階段，人力資本教育展現可持續性和再生創造性。研究發現，對城市競爭力的提升起決定性作用的是人才因素。人才的聚集存在“乘數效應”和“規模效應”，城市會因為擁有豐富的人才而獲得人力資源的規模效益，最終實現城市競爭力的提升。城市文化教育的發展、人素質的提高，對經濟發展具有重要促進作用。現代社會的一切競爭最終取決於人才的數量和質量競爭。很多國家城市飛速發展的成功經驗表明，重視教育、發展科技，注重開發人力資源、提高人口素質，走科教興國、科教興市之路是一條有效的途徑。21 世紀的競爭是人才的競爭，而人才的競爭力與國家和地區教育水平密切相關。一個國家和地區人才素質和教育水平的高低直接影響它的競爭力。當今全球化進程逐步加快，人才的流動不僅僅是國內範圍的流動，全球範圍內的人才流動也在逐漸加快。世界各國對人才資源的開發和利用的競爭也日趨激烈。對於城市而言，人才資源已經成為最為稀缺的資源之一，開發和利用人才資源已成為每個城市在激烈的區域性和國際性競爭中能否居於優勢地位的關鍵因素。城市要想提升自身的競爭力，就必須加強人才資源的開發和利用，也就是要營造吸引人才的環境和提升培養人才的教育水平。

在對中國城市人力資本教育競爭力排名進行統計分析發現，中國 300 個城市的人力資本教育競爭力得分是否服從正態性分佈的 JB 檢驗統計量為 1122.9，在 1%的統計性顯著水平下拒絕了原假設，即說明中國城市人力資本教育競爭力不服從正態分佈。並且偏度為 2.58，峰度為 10.95，說明中國城市人力資本教育競爭力呈尖峰厚尾分佈，並且具有右偏性質（圖 6.1.17）。進一步分析發現，人力資本教育競爭力的地區性不平衡現象依然存在，呈東強西弱格局，在 85 個人力資本教育競爭力水平在平均水平之上的城市中，東部地區城市有 53

個，占 62.35%，東北地區城市有 6 個，占 7.06%。而中部地區有 9 個，占 10.59%，西部地區有 17 個，占 20%。同時，東部、中部、西部、東北地區城市人力資本教育競爭力的均值比較表明，東部地區的城市人力資本教育競爭力的均值(3.51)明顯要高於中部(-1.90)、西部地區(-1.67)、東北地區(-1.33)城市人力資本教育競爭力的均值，中部地區城市人力資本教育競爭力均值與西部地區東北地區城市人力資本教育競爭力均值無顯著差異，說明從城市人力資本教育競爭力的平均水平來看，中國城市人力資本教育競爭力呈現出東部地區與中部西部東北地區兩極分化格局。進一步地，由不同地區城市人力資本教育競爭力方差的比較分析可以得出，東部地區最高，為 8.52，其次為西部地區，為 5.03，再次為東北地區，為 5.27，中部地區最低，為 4.65。由此可見，中國中部地區的城市人力資本教育競爭力離散程度及差異程度要低一些，而東部地區的城市人力資本教育競爭力離散程度及差異程度則非常高（表 6.1.24）。

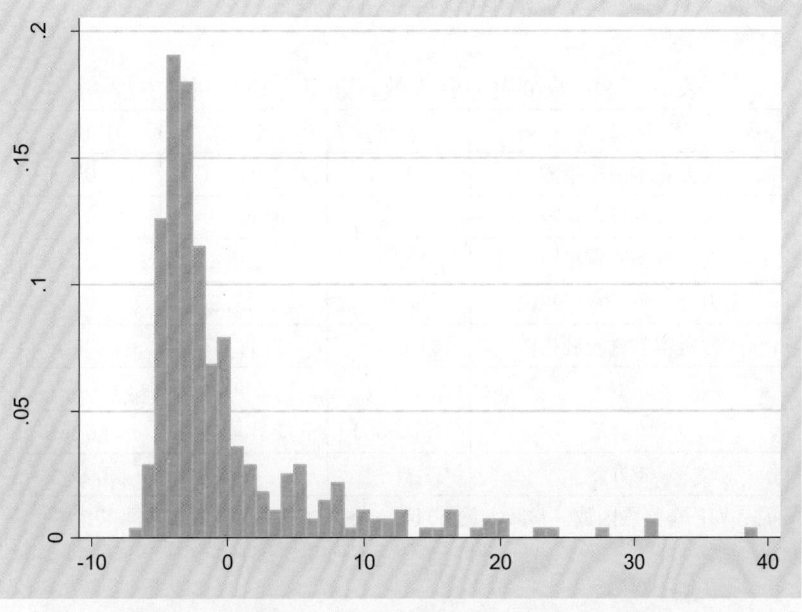

圖 6.1.17 城市人力資本教育競爭力得分直方圖

表 6.1.24 城市人力資本教育競爭力東、中、西、東北部地區比較

A				
	東部	中部	西部	東北
均值	3.51	-1.9	-1.67	-1.33
方差	8.52	4.65	5.03	5.27
樣本數	98	80	88	34
B				
	東中	東西	中西	東部東北
均值比較檢驗	0	0	0.75	0
方差比較檢驗	0	0	0.48	0
	中部東北	西部東北		
均值比較檢驗	0.56	0.74		
方差比較檢驗	0.37	0.72		

注：A 部分為實際值，B 部分為相應檢驗的 P 值

城市人力資本教育競爭力比較評價指標體系包括人力資本規模指數、人力資本投入指數、

人力資本素質指數、人力資本吸引指數和人力資本設施指數 5 個二級指標。進一步分析了上述 5 項指標對人力資本教育競爭力的相對重要性，即由人力資本教育競爭力得分關於上述 5 項指數做 OLS 回歸。結果表明（表 6.1.25），所有變量的系數都在 1 %的顯著性水平下統計顯著，並且由 VIF 可以看出，自變量不存在嚴重多重共線性。同時，當人力資本規模指數得分每增加 0.01，人力資本教育競爭力得分增加 0.14。當人力資本投入指數得分每增加 0.01，人力資本教育競爭力得分增加 0.19。當人力資源素質指數得分每增加 0.01，人力資本教育競爭力得分增加 0.13。當人力資本吸引水平指數得分每增加 0.01，人力資本教育競爭力得分增加 0.09。當人力資本教育設施指數得分每增加 0.01，人力資本教育競爭力得分增加 0.11。由此可以看出，對城市人力資本教育競爭力而言，其重要性排序依次為人力資本投入指數、人力資本規模指數、人力資源素質指數、人力資本教育設施指數、人力資本吸引水平指數（圖 6.2.18），與 2014 年的人力資本投入指數、人力資源素質指數、人力資本教育設施指數、人力資本規模指數、人力資本吸引水平指數有些許變化。

表 6.1.25 城市人力資本教育競爭力 OLS 回歸方程

變量	系數	t 值	P 值
人力資本規模指數	14.48	1626.94	0
人力資本投入指數	18.68	3149.19	0
人力資源素質指數	13.45	1388.4	0
人力資本吸引水平指數	9.42	1817.9	0
人力資本教育設施指數	10.94	1732.87	0
常數	-18.27	-9980.3	0
F 統計量	36708669	F 統計量 P 值	0
R 方	1	VIF	3.12

注：VIF 為膨脹因數，當其大於 10 時，表明自變量存在嚴重多重共線性

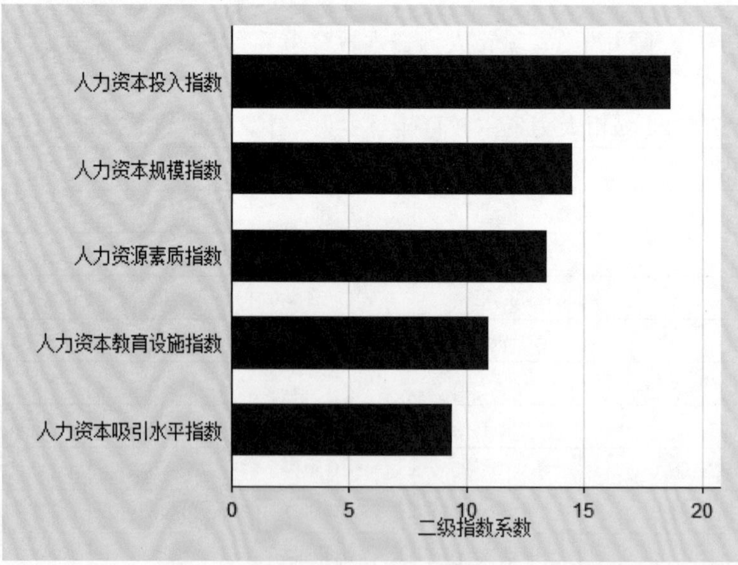

圖 6.1.18 各二級指數對人力資本教育競爭力的影響大小

對城市人力資本教育競爭力 5 項二級指標的分佈特徵進行分析時發現，所有二級指標也都不服從正態分佈，並同樣呈尖峰厚尾分佈，且具有右偏性質。另外，上述二級指標的東、中、西、東北部地區均值比較與方差比較表明（表 6.1.26），從平均水平來看，中國城市人

力資本規模指數呈現東部地區、中西部、東北地區由高到低的三級階梯狀特徵，東北由於人口遷移及計劃生育執行及經濟轉型期處於陣痛中，人口處於負增長境地。人力資源素質指數存在區域性差異，並也呈東部地區比中西部東北地區高的二級階梯狀特徵，而人力資本投入指數卻呈現出東部地區、西部地區、中部東北地區由高到低的三級階梯狀特徵。但是人力資本吸引水平指數呈現東部地區、中西部地區東北地區人的二級分化格局。而資本教育設施指數平均水平來看四個地區卻無明顯差異。

表 6.1.26 城市人力資本教育競爭力二級指標東、中、西、東北部地區比較

A	人力資本規模指數				人力資本投入指數			
	東部	中部	西部	東北	東部	中部	西部	東北
均值	0.25	0.21	0.21	0.19	0.33	0.23	0.27	0.22
方差	0.12	0.07	0.11	0.07	0.15	0.06	0.07	0.06
樣本數	98	80	88	34	98	80	88	34
B								
	東中	東西	中西	東部東北	東中	東西	中西	東部東北
均值比較檢驗	0.01	0.01	0.78	0.01	0	0	0	0
方差比較檢驗	0	0.23	0	0	0	0	0.03	0
	中部東北	西部東北			中部東北	西部東北		
均值比較檢驗	0.11	0.35			0.73	0		
方差比較檢驗	0.73	0			0.6	0.28		
A	人力資源素質指數				人力資本吸引水平指數			
	東部	中部	西部	東北	東部	中部	西部	東北
均值	0.37	0.31	0.28	0.3	0.43	0.24	0.22	0.28
方差	0.13	0.08	0.09	0.1	0.2	0.11	0.12	0.14
樣本數	98	80	88	34	98	80	88	34
B								
	東中	東西	中西	東部東北	東中	東西	中西	東部東北
均值比較檢驗	0	0	0.06	0.01	0	0	0.5	0
方差比較檢驗	0	0	0.17	0.16	0	0	0.31	0.02
	中部東北	西部東北			中部東北	西部東北		
均值比較檢驗	0.82	0.28			0.1	0.02		
方差比較檢驗	0.06	0.4			0.06	0.27		
A	人力資本教育設施指數							
	東部	中部	西部	東北				
均值	0.27	0.25	0.24	0.3				
方差	0.16	0.12	0.11	0.1				
樣本數	98	80	88	34				
B								
	東中	東西	中西	東部東北				
均值比較檢驗	0.46	0.17	0.52	0.21				
方差比較檢驗	0.01	0	0.28	0.01				
	中部東北	西部東北						
均值比較檢驗	0.03	0						

方差比較檢驗	0.3	0.79						

注：A 部分為實際值，B 部分為相應檢驗的 P 值

6.1.9 科技競爭力特徵分析

科學技術是推動現代生產力發展的重要因素和力量，是現代生產力發展和經濟增長的第一要素。現代化科學技術的超前性對生產力發展具有先導作用。隨著知識經濟的到來，經濟社會發展將日益取決於科技進步和創新。經濟全球化進程日益加快、經濟與科技融合程度的不斷加深，體現在經濟、政治、科技、軍事等全方位的國際競爭日益激烈。世界主要國家比以往任何時候都更加深刻地認識到科技對促進經濟增長的重要性，認識到科技競爭是國際競爭的核心要素之一，從而紛紛調整其科技創新發展戰略，制定科技創新促進發展的政策，力爭在 21 世紀擁有科技、產業和經濟的國際競爭優勢並佔據關鍵科技領域的制高點。

在對中國城市科技競爭力排名進行統計分析發現，中國 300 個城市的科技競爭力得分是否服從正態性分佈的 JB 檢驗統計量為 10785，在 1%的統計性顯著水平下拒絕了原假設，即說明中國城市科技競爭力不服從正態分佈。並且偏度為 4.47，峰度為 30.98，說明中國城市科技競爭力呈尖峰厚尾分佈，並且具有右偏性質（圖 6.1.19）。進一步分析發現，科技競爭力的地區性不平衡現象依然存在，呈東強西弱格局，在 72 個科技競爭力水平在平均水平之上的城市中，東部地區城市有 49 個，占 68.06%，東北地區城市有 5 個，占 6.94%。而中部地區有 7 個，占 9.72%，西部地區有 11 個，占 15.28%。同時，東部、中部、西部、東北地區城市科技競爭力的均值比較表明，東部地區的城市科技競爭力的均值(3.93)明顯要高於中部(-1.89)、西部地區(-2.36)、東北地區(-0.78)城市科技競爭力的均值，中部地區城市科技競爭力均值與西部地區東北地區城市科技競爭力均值無顯著差異，說明從城市科技競爭力的平均水平來看，中國城市科技競爭力呈現出東部地區與中西部地區、東北地區二級階梯狀格局。進一步地，由不同地區城市科技競爭力方差的比較分析可以得出，東部地區最高，為 10.68，其次為西部地區，為 3.74，再次為東北地區，為 4.83，中部地區最低，為 3.66。由此可見，中國中部地區的城市科技競爭力離散程度及差異程度要低一些，而東部地區的城市科技競爭力離散程度及差異程度則非常高（表 6.1.27）。

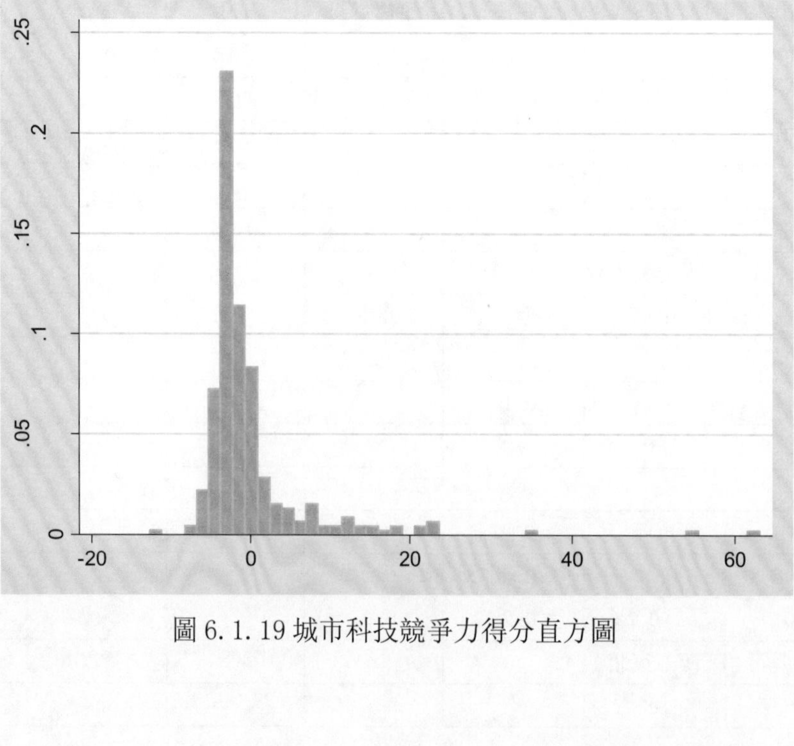

圖 6.1.19 城市科技競爭力得分直方圖

表 6.1.27 城市科技競爭力東、中、西、東北部地區比較

A				
	東部	中部	西部	東北
均值	3.93	-1.89	-2.36	-0.78
方差	10.68	3.66	3.74	4.83
樣本數	98	80	88	34
B				
	東中	東西	中西	東部東北
均值比較檢驗	0	0	0.41	0.01
方差比較檢驗	0	0	0.86	0
	中部東北	西部東北		
均值比較檢驗	0.18	0.06		
方差比較檢驗	0.05	0.06		

注：A 部分為實際值，B 部分為相應檢驗的 P 值

科技競爭力由科技投入指數、科技人力資本指數、科研機構指數、科技創新指數、科技轉化指數 5 項二級指標綜合而成。進一步分析了上述 5 項指標對科技競爭力的相對重要性，即由科技競爭力得分關於上述 5 項指數做 OLS 回歸。結果表明（表 6.1.28），所有變量的系數都在 1％的顯著性水平下統計顯著，並且由 VIF 可以看出，自變量不存在嚴重多重共線性。同時，當科技投入水平指數得分每增加 0.01，科技競爭力得分增加 0.22。當科技人力資本指數得分每增加 0.01，科技競爭力得分增加 0.19。當科研機構指數得分每增加 0.01，科技競爭力得分增加 0.08。當科研創新指數得分每增加 0.01，科技競爭力得分增加 0.17。當科研成果轉化指數得分每增加 0.01，科技競爭力得分增加 0.21。由此可以認為，對科技競爭力而言，其二級指標對其的重要性依次為科技投入水平指數、科研成果轉化指數、科技人力資本指數、科研創新指數、科研機構指數（圖 6.1.20），與 2014 年的科研成果轉化指數、科技人力資本指數、科研創新指數、科技投入水平指數、科研機構指數有所變化。

表 6.1.28 城市科技競爭力 OLS 回歸方程

變量	系數	t 值	P 值
科技投入水平指數	21.99	1364.09	0
科技人力資本指數	18.75	817.5	0
科研機構指數	8.49	915.46	0
科研創新指數	16.58	1145.28	0
科研成果轉化指數	20.76	2200.53	0
常數	-22.02	-4898.37	0
F 統計量	22977070	F 統計量 P 值	0
R 方	1	VIF	4.73

注：VIF 為膨脹因數，當其大於 10 時，表明自變量存在嚴重多重共線性

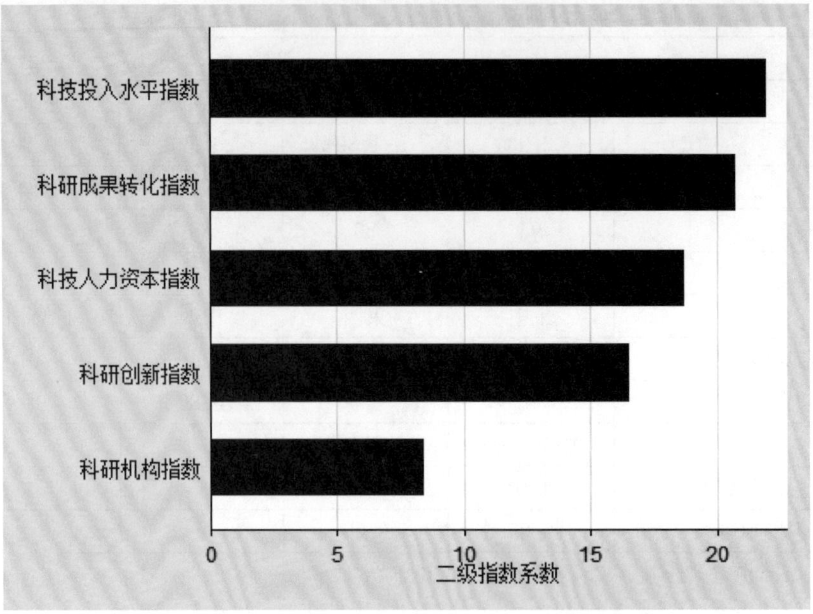

圖 6.1.20 各二級指數對科技競爭力的影響大小

對城市科技競爭力 5 項二級指標的分佈特徵進行分析時發現，所有二級指標也都不服從正態分佈，並同樣呈尖峰厚尾分佈，且具有右偏性質。另外，上述二級指標的東、中、西、東北部地區均值比較與方差比較表明（表 6.1.29），從平均水平來看，中國城市科技投入水平指數、科技人力資本指數、科研機構指數、科研創新指數都存在區域性差異，並也呈東部地區比中西部東北地區高的二級階梯狀特徵，科研成果轉化指數呈現東部地區、東北地區、中西部地區由高到低的三級階梯狀特徵。同時東部地區雖然各項二級指數的平均水平比較高，但是離散程度也比其它地區高。

表 6.1.29 城市科技競爭力二級指標東、中、西、東北部地區比較

A	科技投入水平指數				科技人力資本指數			
	東部	中部	西部	東北	東部	中部	西部	東北
均值	0.18	0.13	0.12	0.12	0.18	0.13	0.13	0.15
方差	0.14	0.03	0.03	0.04	0.13	0.04	0.06	0.06
樣本數	98	80	88	34	98	80	88	34
B								
	東中	東西	中西	東部東北	東中	東西	中西	東部東北
均值比較檢驗	0	0	0.17	0.04	0	0	0.47	0.15
方差比較檢驗	0	0	0.28	0	0	0	0	0
	中部東北	西部東北			中部東北	西部東北		
均值比較檢驗	0.85	0.45			0.05	0.3		
方差比較檢驗	0.02	0.11			0	0.88		
A	科研機構指數				科研創新指數			
	東部	中部	西部	東北	東部	中部	西部	東北
均值	0.25	0.19	0.17	0.19	0.22	0.16	0.15	0.17
方差	0.19	0.15	0.13	0.15	0.15	0.04	0.03	0.05
樣本數	98	80	88	34	98	80	88	34

B								
	東中	東西	中西	東部東北	東中	東西	中西	東部東北
均值比較檢驗	0.02	0	0.46	0.13	0	0	0.14	0.07
方差比較檢驗	0.03	0	0.32	0.19	0	0	0.01	0
	中部東北	西部東北			中部東北	西部東北		
均值比較檢驗	0.85	0.44			0.4	0.04		
方差比較檢驗	0.78	0.29			0.16	0		
A	科研成果轉化指數							
	東部	中部	西部	東北				
均值	0.63	0.52	0.51	0.55				
方差	0.1	0.05	0.08	0.06				
樣本數	98	80	88	34				
B								
	東中	東西	中西	東部東北				
均值比較檢驗	0	0	0.43	0				
方差比較檢驗	0	0.01	0	0				
	中部東北	西部東北						
均值比較檢驗	0.01	0.01						
方差比較檢驗	0.26	0.28						

注：A 部分為實際值，B 部分為相應檢驗的 P 值

6.1.10 文化形象競爭力特徵分析

文化是社會文明的精華，城市文化是城市在發展過程中創造和形成的獨具特色的價值觀、城市精神、行為規範等精神財富的總和。它是城市發展過程中形成的，植根于全體市民中的價值觀念。

城市形象是指能夠激發人們思想感情活動的城市形態和特徵，是城市內部與外部公眾對城市內在實力、外顯活力和發展前景的具體感知、總體看法和綜合評價。它涵蓋物質文明、精神文明、政治文明三個領域，包括政治、經濟、文化、生態以及市容市貌、市民素質、社會秩序、歷史文化等諸多方面。城市實體形象的外在直觀性決定了城市形象具有很好的對外傳播作用。對實體形象加以選擇地烘托渲染之後，其傳播功能更加強化。通過傳播，可以產生兩個層面的效應：一是促進開放，加深合作與交流；二是提高城市在市場經濟中的競爭能力。城市通過自我形象魅力的展示，使外部公眾對其產生良好的心理感受。具有這種心理感受的外部公眾，在進行與該城市有關的活動時，會做出有利於該城市的行為選擇，無形之中提高了城市的競爭能力。

在對中國城市文化形象競爭力排名進行統計分析發現，中國 300 個城市的文化形象競爭力得分是否服從正態性分佈的 JB 檢驗統計量為 3590.3，在 1%的統計性顯著水平下拒絕了原假設，即說明中國城市文化形象競爭力不服從正態分佈。並且偏度為 3.24，峰度為 18.66，說明中國城市文化形象競爭力呈尖峰厚尾分佈，並且具有右偏性質（圖 6.1.21）。進一步分析發現，文化形象競爭力的地區性不平衡現象依然存在，呈東強西弱格局，在 90 個文化形象競爭力水平在平均水平之上的城市中，東部地區城市有 55 個，占 61.11%，東北地區城市有 5 個，占 5.56%。而中部地區有 10 個，占 11.11%，西部地區有 20 個，占 22.22%。同時，東部、中部、西部、東北地區城市文化形象競爭力的均值比較表明，東部地區的城市文化形象競爭力的均值(3.11)明顯要高於中部(-1.54)、西部地區(-1.75)、東北地區(-0.80)城市

文化形象競爭力的均值，中部地區城市文化形象競爭力均值與西部地區東北地區城市文化形象競爭力均值無顯著差異，說明從城市文化形象競爭力的平均水平來看，中國城市文化形象競爭力呈現出東部地區與中部西部東北地區兩級分化格局。進一步地，由不同地區城市文化形象競爭力方差的比較分析可以得出，東部地區最高，為 7.32，其次為西部地區，為 3.63，再次為東北地區，為 3.76，中部地區最低，為 2.89。由此可見，中國中部地區的城市文化形象競爭力離散程度及差異程度要低一些，而東部地區的城市文化形象競爭力離散程度及差異程度則非常高（表 6.1.30）。

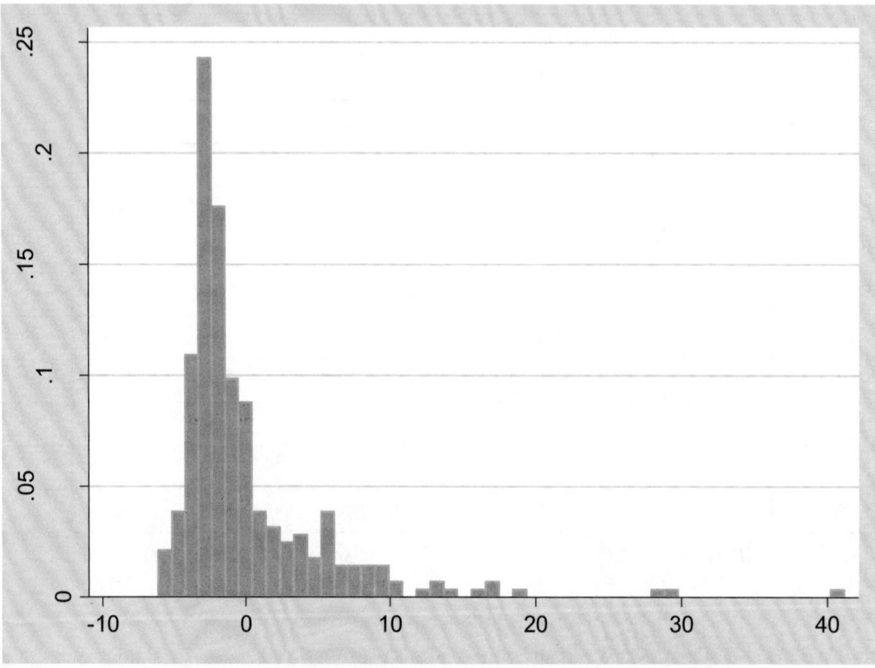

圖 6.1.21 城市文化形象競爭力得分直方圖

表 6.1.30 城市文化形象競爭力東、中、西、東北部地區比較

A				
	東部	中部	西部	東北
均值	3.11	-1.54	-1.75	-0.8
方差	7.32	2.89	3.63	3.76
樣本數	98	80	88	34
B				
	東中	東西	中西	東部東北
均值比較檢驗	0	0	0.69	0
方差比較檢驗	0	0	0.04	0
	中部東北	西部東北		
均值比較檢驗	0.26	0.2		
方差比較檢驗	0.06	0.78		

注：A 部分為實際值，B 部分為相應檢驗的 P 值

文化形象競爭力由文化設施指數、文化意識指數、文化資源指數、城市營銷能力指數 4 項二級指標綜合而成。進一步分析上述 4 項指標對文化形象競爭力的相對重要性，即由文化形象競爭力得分關於上述 4 項指數做 OLS 回歸。結果表明（表 6.1.31），所有變量的系數都在 1 %的顯著性水平下統計顯著，並且由 VIF 可以看出，自變量不存在嚴重多重共線性。同

時，當文化設施指數得分每增加 0.01，文化形象競爭力得分增加 0.22。當文化意識指數得分每增加 0.01，文化形象競爭力得分增加 0.12。當文化資源指數得分每增加 0.01，文化形象競爭力得分增加 0.15。當城市營銷能力指數得分每增加 0.01，文化形象競爭力得分增加 0.10。由此可以看出，對文化形象競爭力而言，其二級指標對其的重要性依次為文化設施指數、文化資源指數、文化意識指數、城市營銷能力指數（圖 6.1.22），與 2014 年文化設施指數、文化資源指數、城市營銷能力指數、文化意識指數有所變化。

表 6.1.31 城市文化形象競爭力 OLS 回歸方程

變量	系數	t 值	P 值
文化設施指數	22.49	2726	0
文化意識指數	11.82	1350.18	0
文化資源指數	14.6	1947.93	0
城市營銷能力指數	9.75	1204.78	0
常數	-13.42	-9433.97	0
F 統計量	31601560	F 統計量 P 值	0
R 方	1	VIF	3.71

注：VIF 為膨脹因數，當其大於 10 時，表明自變量存在嚴重多重共線性

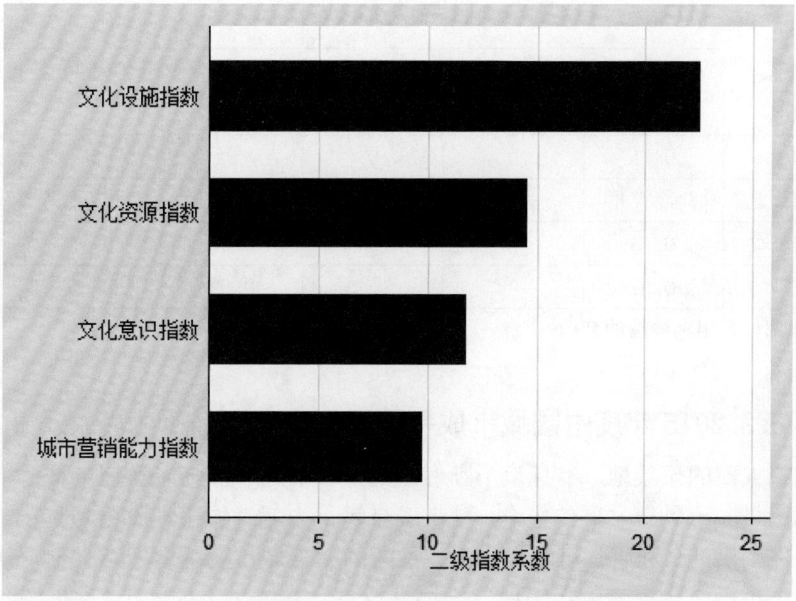

圖 6.1.22 各二級指數對文化形象競爭力的影響大小

對城市文化形象競爭力 4 項二級指標的分佈特徵進行分析時發現 所有二級指標也都不服從正態分佈，並同樣呈尖峰厚尾分佈，且具有右偏性質。另外，上述二級指標的東、中、西、東北部地區均值比較與方差比較表明（表 6.1.32），從平均水平來看，中國城市文化設施指數、文化資源指數存在區域性差異，並也呈東部地區比中西部東北地區高的二級階梯狀特徵，而文化意識指數、城市營銷能力指數呈東部地區、東北地區、中西部地區由高到低的三級階梯狀特徵。同時東部地區雖然各項二級指數的平均水平比較高，但是離散程度也比其它地區高。

表 6.1.32 城市科技競爭力二級指標東、中、西、東北部地區比較

A	文化設施指數				文化意識指數			
	東部	中部	西部	東北	東部	中部	西部	東北
均值	0.21	0.16	0.16	0.17	0.36	0.23	0.21	0.25
方差	0.13	0.05	0.05	0.06	0.13	0.06	0.08	0.06
樣本數	98	80	88	34	98	80	88	34
B								
	東中	東西	中西	東部東北	東中	東西	中西	東部東北
均值比較檢驗	0	0	0.66	0.06	0	0	0.28	0
方差比較檢驗	0	0	0.7	0	0	0	0.01	0
	中部東北	西部東北			中部東北	西部東北		
均值比較檢驗	0.47	0.69			0.03	0.01		
方差比較檢驗	0.09	0.16			0.96	0.06		
A	文化資源指數				城市營銷能力指數			
	東部	中部	西部	東北	東部	中部	西部	東北
均值	0.26	0.22	0.22	0.22	0.38	0.25	0.24	0.28
方差	0.12	0.07	0.1	0.07	0.19	0.08	0.11	0.1
樣本數	98	80	88	34	98	80	88	34
B								
	東中	東西	中西	東部東北	東中	東西	中西	東部東北
均值比較檢驗	0	0.01	0.88	0.04	0	0	0.45	0.01
方差比較檢驗	0	0.11	0	0	0	0	0	0
	中部東北	西部東北			中部東北	西部東北		
均值比較檢驗	0.83	0.96			0.06	0.05		
方差比較檢驗	0.77	0.01			0.09	0.35		

注：A 部分為實際值，B 部分為相應檢驗的 P 值

6.2 2015 年度中國城市成長競爭力及分項競爭力特徵分析

城市作為人類的聚集地，本身是不斷發展的，城市是一個動態發展的概念，城市成長競爭力是一個衡量城市動態發展的概念，城市成長競爭力就是城市在動態發展的過程中，要充分挖掘其潛在的潛能，利用其可利用資源，不斷的完善城市的社會組織體制，展示其創新活力並依據城市可持續發展的內在規律逐步提升自身綜合競爭力的能力。城市的發展不是靜態的，其是一個動態多維的過程。《中國城市成長競爭力評價指標體系》由實力指數、潛力指數、活力指數、能力指數 4 項一級指標，29 項二級指標構成。

按照 300 個城市的統計數據及調查數據，並根據中國城市競爭力研究會所構建的《中國城市成長競爭力比較評價指標體系》[①]計算分析，得出了 2015 年中國城市成長競爭力排名[②]。在對中國城市成長競爭力排名進行統計分析發現，中國 300 個城市的成長競爭力得分是否服從正態性分佈的 JB 檢驗統計量為 245.9，在 1%的統計性顯著水平下拒絕了原假設，即說明中國城市成長競爭力不服從正態分佈。並且偏度為 1.4，峰度為 6.44，說明中國城市成長競爭力呈尖峰厚尾分佈，並且具有右偏性質（圖 6.1.23）。進一步分析發現，成長競爭力的地區性不平衡現象依然存在，呈東強西弱格局，在 124 個成長競爭力在平均水平之上的城市中，

[①]具體請參見附錄 1。

[②]詳見第二篇。

東部地區城市有 74 個，占 59.68%，東北地區城市有 7 個，占 5.65%。而中部地區有 24 個，占 19.35%，西部地區有 19 個，占 15.32%。同時，東部、中部、西部、東北地區城市成長競爭力的均值比較表明，東部地區的城市成長競爭力的均值(3.01)明顯要高於中部(-0.92)、西部地區(-1.62)、東北地區(-2.33)城市成長競爭力的均值，中部地區城市成長競爭力均值與西部地區東北地區城市成長競爭力均值無顯著差異，說明從城市成長競爭力的平均水平來看，中國城市成長競爭力呈現出東部地區與中部西部東北地區的兩級分化格局。進一步地，由不同地區城市成長競爭力方差的比較分析可以得出，東部地區最高，為 4.95，其次為西部地區，為 3.19，再次為東北地區，為 3.49，中部地區最低，為 3.17。由此可見，中國中部地區的城市成長競爭力離散程度及差異程度要低一些，而東部地區的城市成長競爭力離散程度及差異程度則非常高（表 6.1.33）。

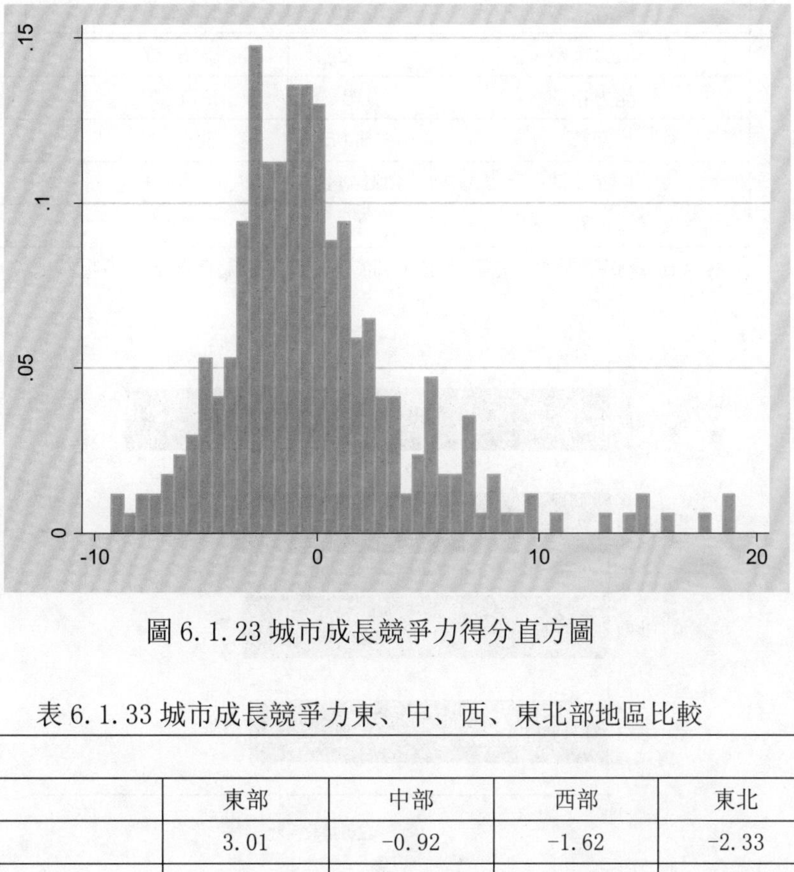

圖 6.1.23 城市成長競爭力得分直方圖

表 6.1.33 城市成長競爭力東、中、西、東北部地區比較

A				
	東部	中部	西部	東北
均值	3.01	-0.92	-1.62	-2.33
方差	4.95	3.17	3.19	3.49
樣本數	98	80	88	34
B				
	東中	東西	中西	東部東北
均值比較檢驗	0	0	0.15	0
方差比較檢驗	0	0	0.97	0.03
	中部東北	西部東北		
均值比較檢驗	0.04	0.29		
方差比較檢驗	0.48	0.49		

注：A 部分為實際值，B 部分為相應檢驗的 P 值

進一步分析上述 4 項指標對成長競爭力的相對重要性，即由成長競爭力得分關於上述 4 項指數做 OLS 回歸。結果表明（表 6.1.34），所有變量的係數都在 1 %的顯著性水平下統計

顯著，並且由 VIF 可以看出，自變量不存在嚴重多重共線性。同時，當實力指數得分每增加 0.01，成長競爭力得分增加 0.13。當潛力指數得分每增加 0.01，成長競爭力得分增加 0.10。當活力指數得分每增加 0.01，成長競爭力得分增加 0.10。當能力指數得分每增加 0.01，成長競爭力得分增加 0.10。因此可以得出，對成長競爭力而言，其二級指標的重要性依次為實力指數、潛力指數、能力指數、活力指數（圖 6.1.24），與 2014 年的潛力指數、活力指數、能力指數、實力指數有一定變化。說明當前城市競爭力的成長性主要取決於發展實力與發展潛力。

表 6.1.34 城市成長競爭力 OLS 回歸方程

變量	系數	t 值	P 值
實力指數	12.94	1828.89	0
潛力指數	10.16	2164.28	0
活力指數	9.62	1718.57	0
能力指數	9.8	3971.96	0
常數	-18.05	-8267.13	0
F 統計量	40214447	F 統計量 P 值	0
R 方	1	VIF	3.84

注：VIF 為膨脹因數，當其大於 10 時，表明自變量存在嚴重多重共線性

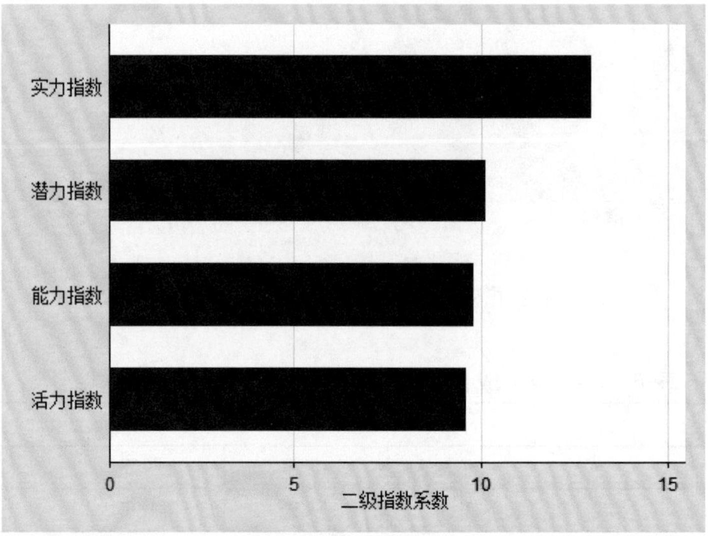

圖 6.1.24 各二級指數對成長競爭力的影響大小

下面來繼續分析潛力指數、活力指數與能力指數的特徵[①]。

6.2.1 潛力指數特徵分析

潛力指數包括居民消費潛力、金融資本潛力、人力資本潛力、市場潛力、區位、自然資源、環境質量、可持續發展八項指數，從八個維度來度量城市的發展潛力。金融資本潛力考慮城市金融條件，反映城市財富，顯示城市財政基礎上的潛力。人力資本潛力，由於人力資本具有創新性，創造性，具有有效配置資源性，人力資本潛力在反映城市在資源配置方面的潛力的同時，反映城市的創新性，創造性。市場潛力反映城市的投資潛力，市場潛力通過八個維度來反映城市成長競爭力。區位，自然資源，環境質量是發展之本，只有佔有著合適的區位，充分的利用城市的自然資源，並且堅持可持續發展，城市才能長久穩定健康的發展。

分析發現，中國 300 個城市的潛力指數得分是否服從正態性分佈的 JB 檢驗統計量為

[①]實力指數的指標與綜合實力競爭力一致，此處略去，請參照 6.1 節。

40.95，在 0.00%的統計性顯著水平下拒絕了原假設，即說明中國城市潛力指數不服從正態分佈。另外，潛力指數的方差為 0.12，並且偏度為 0.47，峰度為 4.55，說明中國城市潛力指數呈尖峰厚尾分佈，並且具有右偏性質（圖 6.1.25）。進一步分析發現，潛力指數的地區性不平衡現象依然存在，呈東強西弱格局，同時，東部、中部、西部、東北地區城市潛力指數的均值比較表明，東部地區的城市潛力指數的均值(0.54)明顯要高於中部(0.47)、西部地區(0.42)、東北地區(0.49)城市潛力指數的均值，中部、東北地區城市潛力指數均值要高於西部地區城市潛力指數均值，說明從城市成長指數的平均水平來看，中國城市潛力指數呈現出東部地區、中部與東北地區、西部地區由高到低的三級階梯狀格局。進一步地，由不同地區城市潛力指數方差的比較分析可以得出，東部地區與東北地區最高，為 0.12，其次為西部地區，為 0.11，中部地區最低，為 0.07。由此可見，中國中部地區的城市潛力指數離散程度及差異程度要低一些，而東部地區與東北地區的城市潛力指數離散程度及差異程度則非常高（表 6.1.35）。

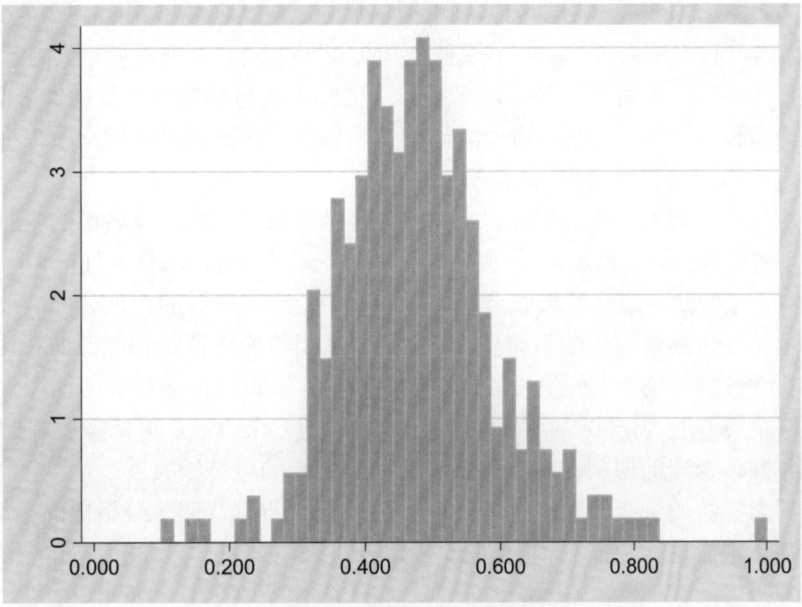

圖 6.1.25 潛力指數直方圖

表 6.1.35 城市潛力指數東、中、西、東北部地區比較

A				
	東部	中部	西部	東北
均值	0.54	0.47	0.42	0.49
方差	0.12	0.07	0.11	0.12
樣本數	98	80	88	34
B				
	東中	東西	中西	東部東北
均值比較檢驗	0	0	0	0.06
方差比較檢驗	0	0.53	0	0.97
	中部東北	西部東北		
均值比較檢驗	0.2	0		
方差比較檢驗	0	0.62		

注：A 部分為實際值，B 部分為相應檢驗的 P 值

潛力指數由居民消費潛力、金融資本潛力、人力資本潛力、市場潛力、區位、自然資源、環境質量、可持續發展這八項二級指數進一步合成。居民消費潛力指數由人均可支配收入，人均可支配收入年增長率，人均消費支出，人均消費支出增長率及居民消費傾向來衡量。城市是創造，分配，消費財富的集中地，只有消費才能帶動增長，而居民消費在整個消費體系中占絕大比重，是城市生態鏈條中至關重要的一環。城市居民消費水平的高低在反映城市創造財富能力的同時，也為城市自身產業的發展創造出一個更具有潛力的市場。以消費帶動發展。適度的提高居民消費能力和水平，有助於城市的穩定，健康，長久的發展。

資本的流向先導於一個國家、地區的經濟起飛，而一個國家、地區的真正崛起，很大程度上取決於其金融體系的效率和資本市場的發達程度。區域經濟的快速發展必將帶動資本市場發展，並對資本市場提出更高要求。金融資本潛力指數由年末儲蓄總餘額，獲得銀行貸款的便利程度，獲得證券市場資本的便利程度，獲得民間資本的便利程度，獲得國家財政支持的程度，外資金融機構指數等指標來衡量。

城市人力資本的規模及其變動影響城市價值體系。與其他城市相比，城市人口，從業人員，專業技術人員和創業人員，為城市價值創造提供了生產和消費基礎。人力資本潛力指數由人力資本投入指數，人力資本吸引水平指數，勞動力的自然增長率等指標來衡量。

市場潛力指數由市場認同度，市場認同度遞增程度，經濟輻射區域指數來度量，反映了城市在市場方面的認同潛力及經濟輻射潛力。

可持續發展是經濟發展的長期目標，在整合各種資源時，為了使城市的生態系統，經濟系統，社會系統運行良好，就要注重可持續的發展。資源具有稀缺性，且很大一部分為一次性使用，不可再生資源，這就要求城市在發展過程中，注重資源的合理分配，合理使用。經濟生產模式由粗放型逐漸向集約型轉型。可持續發展指數通過資源和能源的耗速率(逆)，城市發展的可持續發展戰略，生態環境的退化速率(逆)，城市可持續發展的能源供給，工業化發展水平，產業製造能力，GDP 產值每億元耗電量（逆）來衡量。可持續發展指數與科技發展程度息息相關，合理的規劃，整合資源，有助於城市的可持續發展。

對城市潛力指數的二級指標進行統計分析時發現，所有八個二級指標的 JB 檢驗表明所有二級指標都不服從正態分佈[①]。並且進一步地分析表明（表 6.1.36），從平均水平來看，城市居民消費潛力指數、金融資本潛力指數、人力資本潛力指數、城市市場潛力指數並不存在明顯的區域性差異。而城市區位指數的平均水平呈現出東部地區、東北地區、中西部地區由高到低的三級階梯格局。而自然資源水平指數卻呈現出東北地區、中西部地區、東部地區由高到低的三級階梯格局。環境質量水平指數呈現出東中部東北地區高於西部地區的兩級分化格局。可持續發展指數呈現出東部地區、中西部地區、東北地區由高到低的三級階梯格局。

表 6.1.36 城市潛力指數二級指標東、中、西、東北部地區比較

A	城市居民消費潛力指數				城市金融資本潛力指數			
	東部	中部	西部	東北	東部	中部	西部	東北
均值	0.66	0.62	0.62	0.63	0.34	0.31	0.31	0.32
方差	0.08	0.12	0.08	0.15	0.14	0.04	0.05	0.06
樣本數	98	80	88	34	98	80	88	34
B								
	東中	東西	中西	東部東北	東中	東西	中西	東部東北
均值比較檢驗	0	0	0.86	0.09	0.08	0.08	0.93	0.48
方差比較檢驗	0	0.78	0	0	0	0	0.02	0

①因爲篇幅問題，此處有些統計結果未給出。

	中部東北	西部東北			中部東北	西部東北		
均值比較檢驗	0.73	0.57			0.27	0.37		
方差比較檢驗	0.13	0			0.01	0.51		
A	城市人力資本潛力指數				城市市場潛力指數			
	東部	中部	西部	東北	東部	中部	西部	東北
均值	0.43	0.22	0.23	0.26	0.31	0.22	0.21	0.23
方差	0.21	0.11	0.12	0.14	0.13	0.05	0.06	0.09
樣本數	98	80	88	34	98	80	88	34
B								
	東中	東西	中西	東部東北	東中	東西	中西	東部東北
均值比較檢驗	0	0	0.94	0	0	0	0.38	0
方差比較檢驗	0	0	0.44	0.01	0	0	0.02	0.01
	中部東北	西部東北			中部東北	西部東北		
均值比較檢驗	0.1	0.12			0.41	0.2		
方差比較檢驗	0.05	0.16			0	0.03		
A	區位水平指數				自然資源水平指數			
	東部	中部	西部	東北	東部	中部	西部	東北
均值	0.36	0.2	0.19	0.25	0.34	0.42	0.4	0.51
方差	0.18	0.1	0.11	0.13	0.16	0.09	0.13	0.15
樣本數	98	80	88	34	98	80	88	34
B								
	東中	東西	中西	東部東北	東中	東西	中西	東部東北
均值比較檢驗	0	0	0.48	0	0	0	0.3	0
方差比較檢驗	0	0	0.13	0.02	0	0.12	0	0.89
	中部東北	西部東北			中部東北	西部東北		
均值比較檢驗	0.01	0			0	0		
方差比較檢驗	0.05	0.44			0	0.31		
A	環境質量水平指數				可持續發展指數			
	東部	中部	西部	東北	東部	中部	西部	東北
均值	0.72	0.71	0.6	0.69	0.63	0.6	0.6	0.54
方差	0.14	0.12	0.17	0.12	0.09	0.06	0.05	0.11
樣本數	98	80	88	34	98	80	88	34
B								
	東中	東西	中西	東部東北	東中	東西	中西	東部東北
均值比較檢驗	0.35	0	0	0.23	0.06	0.04	0.97	0
方差比較檢驗	0.07	0.15	0	0.3	0	0	0.42	0.04
	中部東北	西部東北			中部東北	西部東北		
均值比較檢驗	0.55	0.01			0	0		
方差比較檢驗	0.78	0.05			0	0		

注：A 部分為實際值，B 部分為相應檢驗的 P 值

6.2.2 活力指數特徵分析

充滿活力、富有創造性的城市軟環境將會大幅度的提高城市綜合競爭能力。一個城市具有活力，必然能吸引來更多的人力，資本的投入。世界城市的發展史告訴我们，那些快速發展的城市必然是充滿活力的城市。城市活力指數包括文化力，學習力，創新力，法制力，應變力，開放力等指數衡量。其衡量城市文化，學習，創新，法制等軟環境的活力。

學習力體現了一個城市在接受新理念、新思維的能力，良好的城市學習力將使城市在科技與觀念日新月異的現代社會中充滿活力，從而提升城市競爭力。

創新是打造國際化城市的根本要求和核心要素，致力於建設現代化國際化的城市，應該轉變城市發展理念，加大創新力度，以可持續的發展理念，引領城市發展的各項事業。

法制力指數，反映了法制的健全程度和執行力。市場經濟需要一系列的健全的法律和規章制度來保障其公平公正。城市的法制力與政府的執行力相關。法制建設對發揮城市的環境優勢具有基本意義。因為法制力不僅僅是信用、機關效能的保證，還是戰略的制度基礎。創造一個穩定有序的社會環境，是城市發展的迫切需要。法制力指數由地方法規條例健全程度，政策法規透明度，政府執法能力共同衡量。

應變力考驗一個城市對突發事件的應對能力。世界充滿了偶然，未來充滿了不確定性。一個城市具有良好突發事件的應對能力，才能不斷發展。例如面對 2008 年發生的經濟危機，許多城市採取了有效的應對措施。應變力指數由城市根據外部環境的變化及時調整自身發展戰略的能力和應對緊急事件的能力兩方面共同度量。

開放力指數反映城市的開放程度。隨著時代的進步，城市的開放已經成為不可逆轉的趨勢。只有打破條條框框，城市才能更好的發展，城市的開放力很好的衡量了城市的經濟發展潛力，開放力指數由外貿指數，產業國際化指數，對內對外政策，國際吸引指數共同衡量。

經過統計分析發現，中國 300 個城市的活力指數得分是否服從正態性分佈的 JB 檢驗統計量為 280.65，在 0.00%的統計性顯著水平下拒絕了原假設，即說明中國城市活力指數不服從正態分佈。另外，活力指數的方差為 0.16，並且偏度為 1.67，峰度為 6.36，說明中國城市活力指數呈尖峰厚尾分佈，並且具有右偏性質（圖 6.1.26）。進一步分析發現，活力指數的地區性不平衡現象依然存在，呈東強西弱格局，同時，東部、中部、西部、東北地區城市活力指數的均值比較表明，東部地區的城市活力指數的均值(0.44)明顯要高於中部(0.25)、西部地區(0.23)、東北地區(0.28)城市活力指數的均值，東北地區城市活力指數均值要高於中部、西部地區城市活力指數均值，說明從城市活力指數的平均水平來看，中國城市活力指數呈現出東部地區、東北地區、中部與西部地區由高到低的三級階梯狀格局。進一步地，由不同地區城市活力指數方差的比較分析可以得出，東部地區最高，為 0.17，其次為西部地區，為 0.11，再次為東北地區，為 0.10，中部地區最低，為 0.08。由此可見，中國中部地區的城市活力指數離散程度及差異程度要低一些，而東部地區的城市活力指數離散程度及差異程度則非常高（表 6.1.37）。

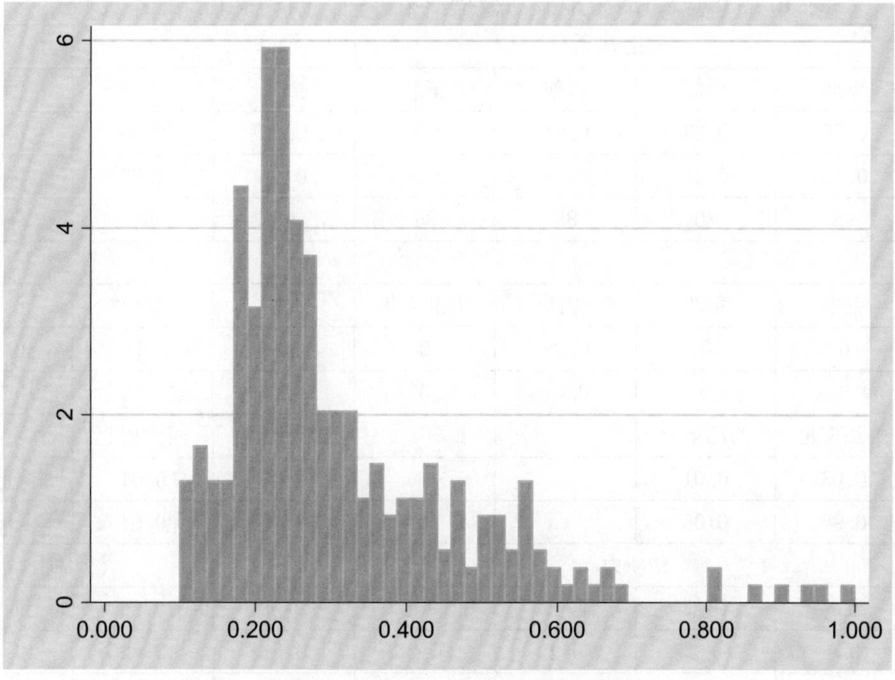

圖 6.1.26 活力指數直方圖

表 6.1.37 城市活力指數東、中、西、東北部地區比較

A				
	東部	中部	西部	東北
均值	0.44	0.25	0.23	0.28
方差	0.17	0.08	0.11	0.1
樣本數	98	80	88	34
B				
	東中	東西	中西	東部東北
均值比較檢驗	0	0	0.24	0
方差比較檢驗	0	0	0.01	0
	中部東北	西部東北		
均值比較檢驗	0.06	0.02		
方差比較檢驗	0.23	0.43		

注：A 部分為實際值，B 部分為相應檢驗的 P 值

對城市活力指數的二級指標進行統計分析時發現，所有七個二級指標的 JB 檢驗表明，所有二級指標都不服從正態分佈。並且進一步地分析表明（表 6.1.38），從平均水平來看，城市創新力指數、城市法治力指數、城市開放力指數的平均水平呈現出東部高於中西部地區東北地區的二級分化格局。而城市文化力指數、學習力指數、城市應變力指數、營銷力指數卻基本呈現出東部地區、東北地區、中西部地區由高到低的三級階梯格局。另外，幾乎所有的二級指標中，東部地區的離散程度是最高的。

表 6.1.38 城市活力指數二級指標東、中、西、東北部地區比較

A	文化力				學習力			
	東部	中部	西部	東北	東部	中部	西部	東北
均值	0.36	0.23	0.21	0.25	0.26	0.16	0.15	0.17
方差	0.13	0.06	0.08	0.06	0.14	0.03	0.05	0.04
樣本數	98	80	88	34	98	80	88	34
B								
	東中	東西	中西	東部東北	東中	東西	中西	東部東北
均值比較檢驗	0	0	0.28	0	0	0	0.24	0
方差比較檢驗	0	0	0.01	0	0	0	0	0
	中部東北	西部東北			中部東北	西部東北		
均值比較檢驗	0.03	0.01			0.02	0.01		
方差比較檢驗	0.96	0.06			0.18	0.04		
A	創新力				法治力			
	東部	中部	西部	東北	東部	中部	西部	東北
均值	0.4	0.2	0.2	0.2	0.55	0.42	0.41	0.4
方差	0.18	0.07	0.09	0.09	0.15	0.06	0.09	0.06
樣本數	98	80	88	34	98	80	88	34
B								
	東中	東西	中西	東部東北	東中	東西	中西	東部東北
均值比較檢驗	0	0	0.8	0	0	0	0.37	0
方差比較檢驗	0	0	0.06	0	0	0	0	0
	中部東北	西部東北			中部東北	西部東北		
均值比較檢驗	0.88	0.96			0.29	0.87		
方差比較檢驗	0.08	0.77			0.77	0.03		
A	應變力				開放力			
	東部	中部	西部	東北	東部	中部	西部	東北
均值	0.66	0.39	0.34	0.49	0.43	0.39	0.38	0.39
方差	0.17	0.15	0.2	0.15	0.15	0.03	0.03	0.03
樣本數	98	80	88	34	98	80	88	34
B								
	東中	東西	中西	東部東北	東中	東西	中西	東部東北
均值比較檢驗	0	0	0.1	0	0.03	0.01	0.16	0.14
方差比較檢驗	0.26	0.09	0.01	0.59	0	0	0.59	0
	中部東北	西部東北			中部東北	西部東北		
均值比較檢驗	0	0			0.73	0.51		
方差比較檢驗	0.77	0.09			0.2	0.38		
A	營銷力							
	東部	中部	西部	東北				
均值	0.38	0.25	0.24	0.28				
方差	0.19	0.08	0.11	0.1				
樣本數	98	80	88	34				
B								

	東中	東西	中西	東部東北				
均值比較檢驗	0	0	0.45	0.01				
方差比較檢驗	0	0	0	0				
	中部東北	西部東北						
均值比較檢驗	0.06	0.05						
方差比較檢驗	0.09	0.35						

注：A 部分為實際值，B 部分為相應檢驗的 P 值

6.2.3 能力指數特徵分析

能力指數包括經濟增長能力、社會保障能力、城市吸引能力、城市流通能力 4 個二級指標，經濟增長能力反映城市在充分利用其可利用資源，合理規劃城市整體發展條件下，城市經濟發展的能力。社會保障能力體現了城市經濟發展在追求效率的同時兼顧公平的能力，而吸引能力如同城市活力一樣，體現了城市對人才和投資的吸引程度。流通能力體現了各種資源的有效配置程度，是資源積聚的體現。

經濟增長能力是城市經濟發展過程中利用優勢，提高自身競爭力最重要的能力之一，沒有經濟增長就不可能有社會進步，只有城市經濟增長才能為城市發展的提供物質保證，只有保證穩定的經濟增長，才能有效保證城市的發展。

社會保障，是指國家和社會在通過立法對國民收入進行分配和再分配，對社會成員特別是生活有特殊困難的人們的基本生活權利給予保障的社會安全制度。社會保障的本質是維護社會公平進而促進社會穩定發展。城市的社會保障能力則體現了城市的公平，社會經濟的發展在追求高效率的同時通過社會保障對社會財富進行再分配，適當縮小各階層社會成員之間的收入差距，避免貧富懸殊，使社會成員的基本生活得到保障，協調社會關系，維護社會穩定。

城市的發展，在某種程度上是城市吸引力不斷增強的過程，由此可以吸引更多的人流、物流、資金流、信息流等，從而推動城市實力不斷提升。城市實力的提升與影響範圍的擴大，本質上仍然是一種吸引力，儘管其流動的方向從表像上看是相反的，但其影響力的擴展本身就表明了其對外部環境的吸引力在擴大。城市吸引能力體現了城市集聚各種國內資源和國外資源的能力。正由於城市具有多元性，其對外的輸出能力和能級可擴散的範圍也就越大，這又支持了整個城市實力的進一步擴展，從而使其發展得更快。

流通能力影響城市競爭力，只有好的周轉實現能力才能保證城市在經濟發展中的實現能力。城市流通能力是城市在人流、物流、資金流與信息流樞紐作用的實現能力，也是資源集聚的體現。城市流通能力強的城市在人流，物流，資金流，信息流的競爭優勢，使其能力指數排在前面。一般而言，城市流通能力與城市發展程度，經濟增長速度相關。

統計分析發現，中國 300 個城市的能力指數得分是否服從正態性分佈的 JB 檢驗統計量為 99.85，在 0.00%的統計性顯著水平下拒絕了原假設，即說明中國城市能力指數不服從正態分佈。另外，能力指數的方差為 0.15，並且偏度為-1.24，峰度為 4.36，說明中國城市能力指數呈尖峰厚尾分佈，並且具有右偏性質（圖 6.1.27）。進一步分析發現，能力指數的地區性不平衡現象表現不明顯，同時，東部、中部、西部、東北地區城市能力指數的均值比較表明，東部地區的城市能力指數的均值(0.69)與中部(0.69)、西部地區(0.70)無明顯差異，但是要顯著市高於東北地區(0.47)城市能力指數的均值，說明從城市成長指數的平均水平來看，由於東北地區在轉型時期舉步維艱，中國城市能力指數呈現出東部中西部與東北地區的兩級分化格局。進一步地，由不同地區城市能力指數方差的比較分析可以得出，中部地區最高，為 0.18，東部地區東北地區次之，均為 0.12，最低為西部地區，為 0.09。由此可見，中國西部地區的城市能力指數離散程度及差異程度要低一些，而中部地區的城市能力指數離

散程度及差異程度則非常高（表 6.1.39）。

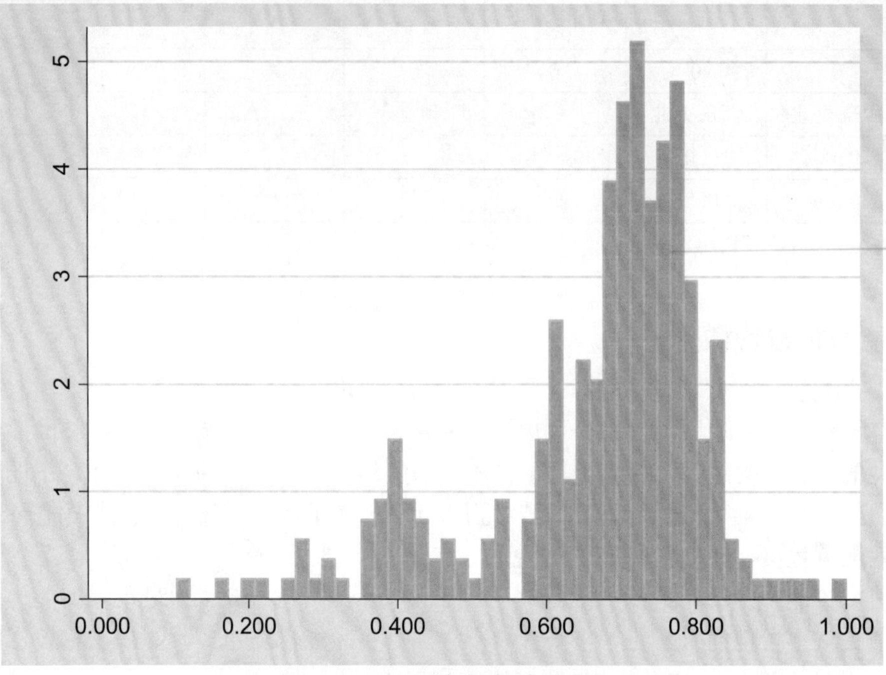

圖 6.1.27 能力指數直方圖

表 6.1.39 城市能力指數東、中、西、東北部地區比較

A				
	東部	中部	西部	東北
均值	0.69	0.69	0.7	0.47
方差	0.12	0.18	0.09	0.12
樣本數	98	80	88	34
B				
	東中	東西	中西	東部東北
均值比較檢驗	1	0.79	0.85	0
方差比較檢驗	0	0.01	0	0.85
	中部東北	西部東北		
均值比較檢驗	0	0		
方差比較檢驗	0.02	0.03		

注：A 部分為實際值，B 部分為相應檢驗的 P 值

對城市能力指數的二級指標進行統計分析時發現，所有四個二級指標的 JB 檢驗表明所有二級指標都不服從正態分佈。並且進一步地分析表明（表 6.1.40），從平均水平來看，由於中國所有地區的增長方式處於艱難的轉變時期，並且尤其以東北地區為最為艱難的地區，因此，城市經濟增長能力的平均水平呈現出東部中部西部與東北地區的兩極分化現象。而城市吸引能力、城市流通能力及城市社會保障能力均呈東部高於中西部東北地區的二級分化格局。另外，就從各個二級指標的離散程度來看，二級指標的離散程度都是東部地區最高。

表 6.1.40 城市能力指數二級指標東、中、西、東北部地區比較

A	經濟增長能力				社會保障能力			
	東部	中部	西部	東北	東部	中部	西部	東北

均值	0.65	0.68	0.68	0.45	0.5	0.39	0.38	0.45
方差	0.13	0.18	0.09	0.12	0.13	0.07	0.09	0.09
樣本數	98	80	88	34	98	80	88	34
B								
	東中	東西	中西	東部東北	東中	東西	中西	東部東北
均值比較檢驗	0.18	0.02	0.72	0	0	0	0.43	0.06
方差比較檢驗	0	0	0	0.83	0	0	0.05	0.01
	中部東北	西部東北			中部東北	西部東北		
均值比較檢驗	0	0			0	0		
方差比較檢驗	0.01	0.03			0.12	0.96		
A	城市吸引能力				城市流通能力			
	東部	中部	西部	東北	東部	中部	西部	東北
均值	0.38	0.21	0.2	0.26	0.23	0.17	0.15	0.19
方差	0.19	0.07	0.08	0.08	0.14	0.04	0.05	0.04
樣本數	98	80	88	34	98	80	88	34
B								
	東中	東西	中西	東部東北	東中	東西	中西	東部東北
均值比較檢驗	0	0	0.29	0	0	0	0	0.1
方差比較檢驗	0	0	0.05	0	0	0	0.05	0
	中部東北	西部東北			中部東北	西部東北		
均值比較檢驗	0.01	0			0	0		
方差比較檢驗	0.2	0.83			0.81	0.22		

注：A 部分為實際值，B 部分為相應檢驗的 P 值

第七篇　中國 30 個最具綜合競爭力城市點評分析

7.1 上海綜合競爭力點評分析

上海，位於長江入海口，是中國南北海岸中心點，中國第一大城市，中國國家中心城市，作為遠東最大都市之一，有"中國的商業櫥窗"之稱，是中國的經濟、交通、科技、工業、金融、貿易、會展和航運中心。上海擁有中國大陸首個自貿區"中國（上海）自由貿易試驗區"，並與江蘇省和浙江省共同構成了以上海為龍頭的中國最大的經濟區——"長三角經濟圈"。2015 年上海 GDP 以 24964.99 億元的總量居中國城市之首，上海港貨物輸送量和集裝箱輸送量均居世界第一，是一個良好的濱江濱海國際性港口。上海正致力於在 2020 年建成國際金融、航運和貿易中心。

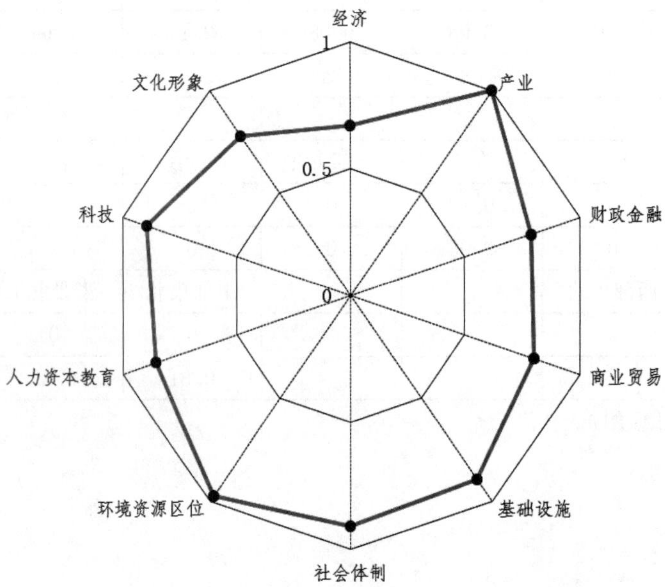

圖 7.1.1　2015 年上海分項競爭力雷達圖

上海 2015 年綜合競爭力的基本情況如下：經濟競爭力得分為 2222.65，排名第 3，下降 1 位；產業競爭力得分為 5070.95，排名第 1，與上年持平；財政金融競爭力得分為 4570.03，排名第 3，與上年持平；商業貿易競爭力得分為 3108.68，排名第 3，與上年持平；基礎設施競爭力得分為 4749.68，排名第 3，與上年持平；社會體制競爭力得分為 1172.3，排名第 7，下降 6 位；環境資源區位競爭力得分為 1906.31，排名第 2，與上年持平；人力資本教育競爭力得分為 3171.31，排名第 2，與上年持平；科技競爭力得分為 5416.35，排名第 2，與上年持平；文化形象競爭力得分為 2950.62，排名第 2，與上年持平；綜合競爭力得分為 13254.79，排名第 1，與上年持平。

經濟競爭力得分為 2222.65，排名第 3，下降 1 位。上海市國民生產總值為 24964.99 億元，比上年增長 6.9%，其中人均生產總值 10.31 萬元。二級指標城市居民生活指數排名從第 13 位上升到 10 位，居民居住指標較去年增加了 4.6%。排名雖下降了 1 位，但整體得分變化不大。

產業競爭力得分為 5070.95，排名第 1，與上年持平。二級指標產業貢獻指數仍為 1，保持不變；二級指標產業規模指數為 1，產業結構指數為 0.815，產業效率指數為 0.442，相比落後於其他二級指標，但由於所有指標的疊加作用，其他指數都為最高點。其中第三產業增加幅度占到了上海市國民生產總值的 67.8%，增加了 3 個百分點。

商業貿易競爭力得分為 3108.68，排名第 3，與上年持平。二級指標國內商貿規模指數為 1，排名由第 2 位上升至第 1 位；批發零售增加 3826.42 億元，較上年增長 8.1%。商貿機構指數 1，排名第 1，居民消費指數 0.304，排名第 24，商業貿易人力資本指數 0.554，排名第 4。

基礎設施競爭力得分為 4749.68，排名第 3，與上年持平。其中基礎設施建設投資 1425.08 億元，較去年上漲 34.8%。二級指標基礎設施供應指數依然保持第 1 名，基礎設施投資指數為 0.66，排名第 4。交通設施指數為 0.469，排名第 8。

社會體制競爭力得分為 1172.3，排名第 7，下降 6 位。具體來看，除社會治安指數為 1，依然保持在第 1 的位置，其他各項二級指標均有一定幅度的下降，失去了去年的 1 位優勢。社會公平保障指數為 0.556，下降至第 34 位，醫療保健指數為 0.697，下降至 20 位，社會管理指數為 0.859，排名第 4，社會體制競爭力排名第 7。

環境資源區位競爭力得分 1906.31，排名第 2，與上年持平。二級指標區位指數排名沒有變化，兩年數值都為 1，環境改善投入指數為 0.642，其中三級指標自然區位優勢，交通區位優勢以及經濟區位優勢均為 1，優勢比較明顯。

人力資本教育競爭力得分為 3171.31，排名第 2，與上年持平。二級指標人力資本規模指數排名 0.757，排名為 3，人力資本吸引指數 0.91，排名第 2。人力資本教育競爭力 3171.31，排名第 2。

科技資本競爭力得分為 5416.35，排名第 2，與上年持平。二級指標科技投入指數排名保持不變數值為 1，全年用於研究與試驗發展（R&D）經費支出 925 億元，相當於上海市生產總值的比例為 3.7%。科研成果轉化指數排名較去年下降 1 位，排名第 2；科研創新指數下降 2 位，排名第 3；科研機構指數 0.831，排名第 5，與上年持平。

文化形象競爭力得分為 2950.62，排名第 2，與上年持平。二級指標文化意識指數較去年下降 8 位，排名第 10；城市營銷能力指數為 0.938，下降 3 位，排名第 4；文化設施指數 0.899，排名為 2，城市文化形象競爭力 2950.62 排名也為 2。上海市 2015 年城市文化形象競爭力排名第 2，與上年持平，總體來看文化形象競爭力變化不大。

綜合分析，2015 年上海綜合排名和去年持平，只有社會體制競爭力與上年比有一定程度下降，其他指標基本還是保持在前三名的位置，說明上海市整體有很高的發展活力，國民經濟保持了平穩增長的態勢，發展質量和效益不斷提高，民生持續改善，人民生活水平得到了進一步提升。尤其是人力資本教育競爭力和科技競爭力排名都比較靠前，說明上海市對人才的吸引力較大，這更有助於上海市各方面的進一步的發展。

7.2 香港綜合競爭力點評分析

香港，全稱香港特別行政區，有“東方之珠”、“美食天堂”和“購物天堂”等美譽。地處中國華南，珠江口東側，南臨中國南海，北接廣東省深圳市，與澳門特別行政區、廣東省珠海市以及中山市隔珠江口相望。香港集國際商業、貿易及金融樞紐於一身，是全球聞名的國際大都市，是繼紐約、倫敦後的全球第三大金融中心，並齊稱為“紐倫港”。香港是中西文化交融之地，是亞洲重要的金融、服務和航運中心，是全球最安全、富裕、繁榮的地區之一，也是國際和亞太地區重要的航運樞紐和最具競爭力的城市之一，經濟自由度指數連續 21 年居世界首位。由於香港發展基於深厚的自由市場經濟政策，已發展為一個現代化、充滿活力和具大都會魅力的服務型經濟，為其作為全球商業平臺的角色創造理想環境。

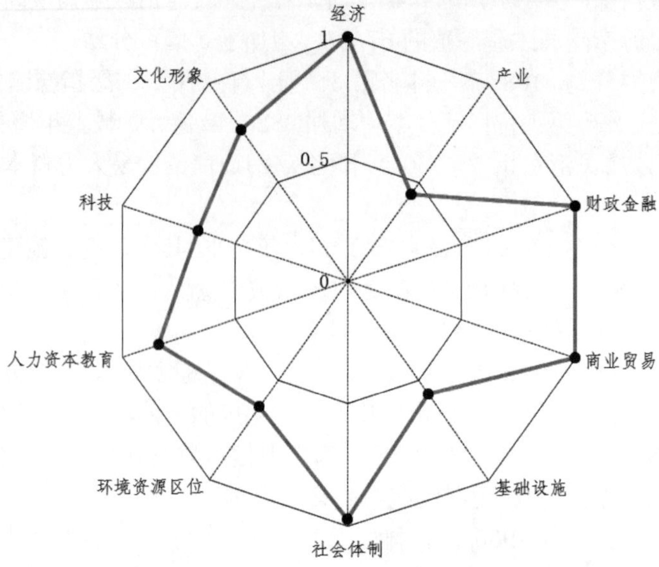

圖 7.2.1　2015 年香港分項競爭力雷達圖

香港 2015 年綜合競爭力的基本情況如下：經濟競爭力得分為 3698.64，排名第 1，與上年持平；產業競爭力得分為 1081.17，排名第 29，下降 5 位；財政金融競爭力得分為 6202.04，排名第 1，與上年持平；商業貿易競爭力得分為 4134.11，排名第 1，與上年持平；基礎設施競爭力得分為 2288.72，排名第 9，與上年持平；社會體制競爭力得分為 1502.33，排名第 3，下降 1 位；環境資源區位競爭力得分為 812.30，排名第 14，下降 4 位；人力資本教育競爭力得分為 3107.6，排名第 3，與上年持平；科技競爭力得分為 3503.38，排名第 3，與上年持平；文化形象競爭力得分為 2873.84，排名第 3，上升 1 位；綜合競爭力得分為 12929.16，排名第 2，與上年持平。

經濟競爭力得分為 3698.64，排名第 1，與上年持平。二級經濟指標城市規模指數為 0.719，排名第 5，城市國際吸引指數和城市居民生活指數為 1，其中三級指標城市人口規模指數為 0.314，城區面積指數為 0.104。

產業競爭力得分 1081.17，排名第 29，下降 5 位。二級指標產業效率指數從 0.599 上升到 0.62，產業結構指數為 0.415，排名為 253。三級指標企業總資產指數 0.231，外資企業相對量 0.27，但三級指標中除服務業財富創造能力為 1 外，其他指標所占比例均較小，使得產業競爭力綜合實力有所下降。

財政金融競爭力得分為 6202.04，排名第 1，與上年持平。二級指標財政金融效率指數較上年有所下降，具體數值為 0.85；金融資本質量指數和金融資本可獲得指數為 1，均由去年的第 2 位上升至 1 位。三級指標人均財政預算內收入指數為 0.35，人均年末存款指數為 1。

商業貿易競爭力得分為 4134.11，排名第 1，與上年持平。二級指標外貿指數排名不變，仍保持第 1 名，三級指標外貿依存度、進出口總額指數均為 1。外貿指數保持了穩定，使得商業貿易競爭力排名也相對穩定。

基礎設施競爭力得分為 2288.72，排名第 9，與上年持平。二級指標基礎設施投資指數從 0.415 下降到 0.364，排名從 22 名下降到 24 名，三級指標固定資產投資水平指數 0.328 和房地產開發水平 0.417，二三級指標的合力作用使得基礎設施競爭力仍保持上年水平。

環境資源區位競爭力得分為 812.3，排名第 14，較上年下降了 4 位。二級指標區位指數不變，數值為 0.978，環境改善投入指數為 0.141，排名由去年的 192 位下降至 215 位；三級指標交通區位優勢度保持不變仍為 0.8，經濟區位優勢度 1。

社會體制競爭力得分為 1502.33，排名第 3，下降 1 位。二級指標社會公平保障指數不變，數值為 1，排名 1，社會管理指數 0.958，排名上升至第 2，社會治安指數排名大幅下降，由去年的第 4 下降至第 61。三級指標基尼指數 0.931，社會保障覆蓋率 79.4%。

人力資本教育競爭力得分為 3107.6，排名第 3，與上年持平。二級指標人力資本規模由 0.598 下降為 0.536，其中的三級指標人力資本規模 0.338 和高素質人力資本儲備量 0.399，具有明顯的人才優勢。

科技競爭力得分為 3503.38，排名第 3，下降 1 位。二級指標科技投入指數 0.552，排名為 4；科技人力資本指數 0.561，排名為 3。其中三級指標科技經費絕對投入量 0.497，科技經費相對投入量 0.603。比較重視科技發展，科技競爭力保持相當的水平。

文化形象競爭力得分為 2873.84，排名第 3，上升 1 位。二級指標文化意識指數不變連續四年數值為 1；三級指標誠信意識指數 1 和創新意識指數 1，公民的誠信指數和創新意識指數都比較高，文化形象競爭力較強，保持了穩定的位置。

從雷達圖可知，香港綜合競爭力與上年持平，僅有個別指標有小幅變動，說明香港與內地城市相比發展步伐比較一致。其中產業競爭力繼去年下降 3 位後，今年又下降 5 位，說明近年香港產業效率有較大程度的下降。香港四大支柱產業占香港經濟總量近六成，雇傭了全港近一半的雇員，以往一直帶動經濟增長，但今年來各支柱產業面臨瓶頸，尤其是旅遊業遭遇重創，使得香港產業效率近年呈現了明顯的下降趨勢。除此之外，其他指標相對平穩。

7.3 深圳綜合競爭力點評分析

深圳，副省級城市，計劃單列市，國家創新型城市，國際花園城市，是中國四大一線城市之一。位於珠江三角洲東岸，東臨大鵬灣，西連珠江口，南鄰香港，與九龍半島接壤，與香港新界一水之隔，被稱為“香港後花園”。深圳是改革開放設立的第一個經濟特區，是中國改革開放的窗口，中國對外交往的重要國際門戶，中國國家區域中心城市（華南），國際重要的空海樞紐和外貿口岸，中國重要的經濟和金融中心，現已發展為有相當影響力的國際化城市，在中國的制度創新、擴大開放等方面承擔著試驗和示範的重要使命，創造了舉世矚目的“深圳速度”。深圳是中國改革開放和現代化建設的精彩縮影。因毗鄰香港，深圳市域邊界設有中國最多的出入境口岸，是重要的邊境口岸城市，皇崗口岸實施 24 小時通關。

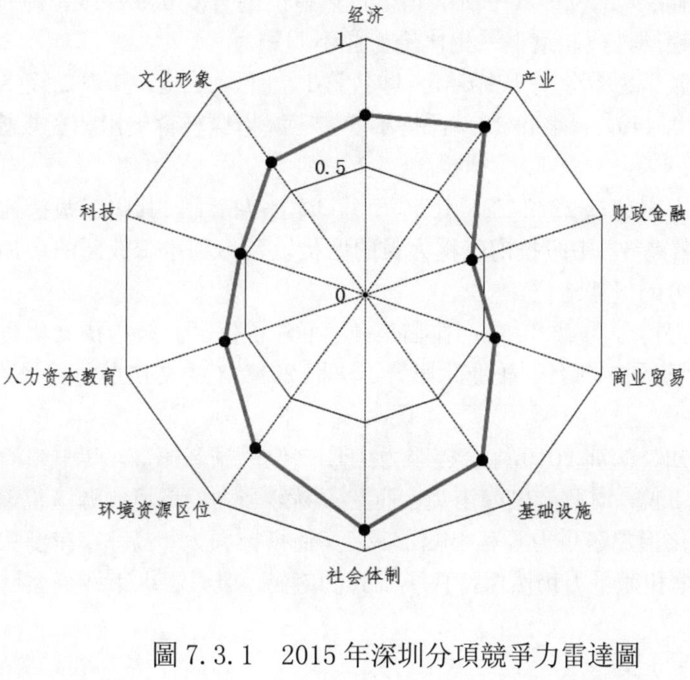

圖 7.3.1　2015 年深圳分項競爭力雷達圖

深圳 2015 年綜合競爭力的基本情況如下：經濟競爭力得分為 2193.86，排名第 4，上升 1 位；產業競爭力得分為 3709.87，排名第 3，上升 1 位；財政金融競爭力得分為 1998.18，排名第 5，下降 1 位；商業貿易競爭力得分為 1802.58，排名第 6，下降 1 位；基礎設施競爭力得分為 3987，排名第 4，與上年持平；社會體制競爭力得分為 1459.23，排名第 4，與上年持平；環境資源區位競爭力得分為 1154.23，排名第 6，下降 2 位；人力資本教育競爭力得分為 1790.45，排名第 11，下降 1 位；科技競爭力得分為 2272.72，排名第 5，與上年持平；文化形象競爭力得分為 2633.71，排名第 4，下降 1 位；綜合競爭力得分為 12885.79，排名第 3，上升 1 位。

經濟競爭力得分為 2193.86，排名第 4，上升 1 位。全年本地生產總值 17502.99 億元，比上年增長 8.9%。人均生產總值 157985 元，增長 5.2%。2015 年深圳居民人均可支配收入 44633.3 元，名義增長 9.0%。居民人均消費支出 32359.2 元，名義增長 12.2%。綜合來看，經濟競爭力上升了 1 位。

產業競爭力得分為 3709.87，排名第 3 位，上升 1 位。二級指標產業貢獻指數由去年的 0.666 上升為 0.741，排名第 4，產業結構指數為 1，由第 2 位升至第 1 位。各級指標的上升導致了深圳 2015 年產業競爭力排名上升 1 位。

財政金融競爭力得分為 1998.18，排名第 5，下降 1 位。年末全市國內金融機構人民幣存款餘額 51806.18 億元，比年初增長 16.2%；國內金融機構人民幣貸款餘額 27129.99 億元，比年初增長 19.0%；年末全部金融機構本外幣各項存款餘額 57778.90 億元，比年初增長 15.6%；金融機構本外幣各項貸款餘額 32449.04 億元，比年初增長 15.4%。

商業貿易競爭力得分為 1802.58，排名第 6，下降 1 位。二級指標中商貿機構指數從 0.349 下降到 0.344，商貿人力資本指數由第 6 位下降到第 7 位。限額以上批發和零售業零售額以及商貿機構指數等指標的小幅下降使得近年深圳的商業貿易競爭力排名下降了 1 位。

基礎設施競爭力得分為 3987，排名第 4，與上年持平。二級指標城市基礎供應指數數值 0.646，排名第 3，與上年持平，城市居民居住指數自去年大幅提升後，今年又回落至第 297 名。房價收入比自去年大幅上升到 2.144 後今年又回落到了 0.129。

社會體制競爭力得分為 1459.23，排名第 4，與上年持平，二級指標醫療保健指數從第 6 名下降至第 44 名；三級指標嬰兒死亡率 0.861，增加了 0.05，整體情況與去年持平。

環境資源區位競爭力得分為 1154.23，排名第 6，下降 2 位。其中區位指數連續四年保持不變為 0.715，排名第 7 位；其中三級指標自然區位優勢度 0.9 和政治區位優勢度 0.6，這些指標也與上年趨同，與北京上海相比優勢並不明顯。

人力資本教育競爭力得分為 1790.45，排名第 11，下降 1 位。其中二級指標人力資本規模從 0.486 下降到 0.446，排名第 13，保持不變；三級指標教育支出相對規模 0.125，比上年有所上升。

科技資本競爭力得分為 2272.72，排名第 5，與上年持平。其中二級指標科技人力指數數值為 0.452，排名為 6。中級技術職稱人員的增長以及專利申請數額的增加使得深圳保持住了科技資本競爭力的優勢地位。

文化形象競爭力得分為 2633.71，排名第 4，下降 1 位。二級指標文化資源指數由上年排名 20 名，大幅回落到 133 名，並受此影響，深圳 2015 年的文化形象競爭力排名下降了 1 位。

從以上數據可知，深圳 2015 綜合競爭力上升 1 位，排名第 3。其中經濟競爭力和產業競爭力較去年上升 1 位，財政金融競爭力、商業貿易競爭力、環境資源區位競爭力、人力資本教育競爭力和文化形象競爭力等有小幅下降，其他指標與上年持平。在多數指標排名下降的情況下，深圳市總和競爭力仍然保持住了上升的趨勢，這與深圳市經濟發展和產業發展的良好態勢密切相關。

7.4 北京綜合競爭力點評分析

北京，中華人民共和國首都、直轄市、國家中心城市，是中國的政治、文化中心和國際交往樞紐，是中國重要的交通樞紐和最大空港，國家經濟的決策和管理中心，是中華人民共和國中央人民政府和全國人民代表大會的辦公所在地。北京位於華北平原西北邊緣，背靠燕山，東南和天津市相接，轄 12 區 6 縣。北京是世界歷史文化名城和古都，中國四大古都之一，擁有 7 項世界遺產，是世界上擁有數最多的城市，是一座有著三千餘年建城史、八百六十餘年建都史的歷史文化名城。北京攜手張家口獲得了 2022 年冬季奧林匹克運動會的舉辦權，並由此成為了全球首個既舉辦過夏季奧運會又即將舉辦冬季奧運會的城市。

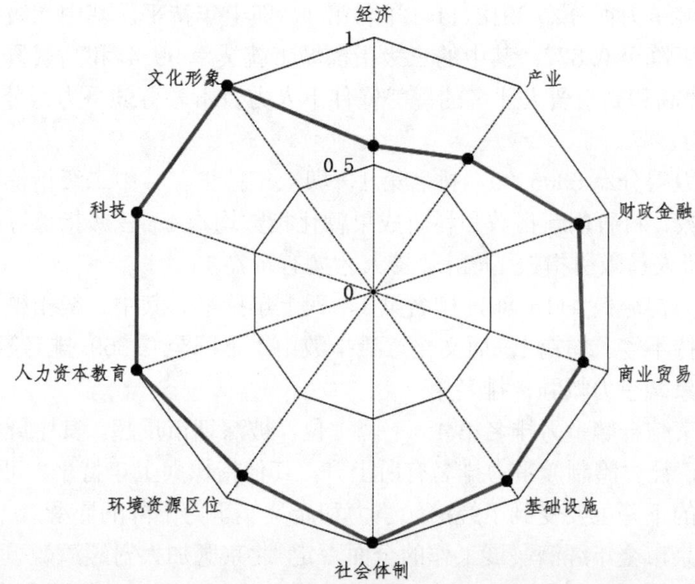

圖 7.4.1　2015 年北京分項競爭力雷達圖

北京 2015 年綜合競爭力的基本情況如下：經濟競爭力得分為 1793.98，排名第 5，下降 1 位；產業競爭力得分為 2554.12，排名第 6，下降 1 位；財政金融競爭力得分為 5219.13，排名第 2，與上年持平；商業貿易競爭力得分為 3575.61，排名第 2，與上年持平；基礎設施競爭力得分為 4906.26，排名第 2，與上年持平；社會體制競爭力得分為 1569.11，排名第 2，上升 1 位；環境資源區位競爭力得分為 1640.09，排名第 3，與上年持平；人力資本教育競爭力得分為 3918.11，排名第 1，與上年持平；科技競爭力得分為 6305.39，排名第 1，與上年持平；文化形象競爭力得分為 4116.86，排名第 1，與上年持平；綜合競爭力得分為 11099.48，排名第 4，下降 1 位。

經濟競爭力得分為 1793.98，排名第 5，下降 1 位。全年實現地區生產總值 22968.6 億元，比上年增長 6.9%。二級指標城市效率指數從 0.346 下降到 0.3，其中三級指標人均 GDP（人均創造財富能力）為 0.255 和地均 GDP（單位城市面積創造財富的規模）為 0.11。受到各項指標下降的影響，2015 年北京市經濟競爭力排名較去年下降 1 位。

產業競爭力得分為 2554.12，排名第 6，下降 1 位。二級指標產業貢獻指數比 14 年數值有所上升為 0.603，其中三級指標產品的市場認同度 0.587 和企業利稅貢獻度 0.547。

財政金融競爭力得分為 5219.13，排名第 2，與上年持平。二級指標金融資本質量指數為 0.877，排名第 2，下降 1 位，金融業人力資本指數為 1，與去年持平。資本充裕指數為 1。

商業貿易競爭力得分為 3575.61，排名第 2，與上年持平。二級指標商貿機構指數為 0.988，下降至第 2，國內商貿規模為 0.993，下降至第 2。三級指標商品銷售總額以及社會消費品零售額均為 1。

基礎設施競爭力得分為 4906.26，排名第 2，與上年持平。二級指標基礎設施投資指數有所下降，數值為 0.794、基礎設施供應指數 0.75，三級指標房地產開發水平指數為 1、煤氣液化氣供應水平為 0.877，基礎設施整體水平與上年持平，無太大變化。

社會體制競爭力得分為 1569.11，排名第 2，上升 1 位。二級指標社會公平保障指數為 0.952，排名第 2，與上年持平，社會治安指數為 0.885，下降至第 4；三級指標基尼指數為 1，社會保障覆蓋率為 88.7%，較上年有小幅下降。

環境資源區位競爭力得分為 1640.09，排名第 3，與上年持平。通過二級指標可以看到區位指數不變，數值為 1，環境投入指數為 0.703，排名第 2。其中三級指標交通區位優勢度 1、文化區位優勢度 1、政治區位優勢也為 1。

人力資本教育競爭力得分為 3918.11，排名第 1，與上年持平。其中二級指標中的資本規模指數由 0.982 下降至 0.837；其中的三級指標城市就業率 99.4%和高素質人力資本儲備量 0.639。在就業率高和高素質人才多的優勢條件下人力資本教育競爭力得分最高，與上年水平相當，排名第 1。

科技資本競爭力得分為 6305.39，排名第 1，與上年持平。其中二級指標科技人力資本指數、科研機構指數、科研創新指數和科研成果轉化指數均為 1；三級指標專業技術人員相對擁有量為 1，科研人員吸引指數 1，計算機人才擁有量為 1。

文化形象競爭力得分為 4116.86，排名第 1，與上年持平。其中二級指標文化設施指數和文化資源指數保持不變，均為 1，而文化意識指數由 1 下降至 0.669. 排名第 5；人均圖書資源較多，文化形象競爭力較強，排名第一。

綜上分析，北京綜合競爭力排名第 4，下降 1 位，被深圳市反超。其中經濟和產業競爭力排名各下降 1 位，社會體制競爭力排名有所上升，其他指標與上年持平。可以看出，北京市綜合競爭力排名的下降主要受到了經濟競爭力和產業競爭力下降的影響。當然，排名的下降並不意味著對北京市全年經濟發展工作的全面否定，北京應加大對經濟競爭力和產業競爭力排名下降的重視，積極進行戰略性調整，加快創新步伐，促進經濟轉型和快速發展。

7.5 廣州綜合競爭力點評分析

廣州，別稱羊城，廣東省會、副省級城市，中國國家中心城市，世界著名港口城市，位於廣東省東南部，珠江三角洲北緣，接近珠江流域下游入海口，西江、北江、東江三江匯合處，瀕臨南海，隔海與香港、澳門特別行政區相望，地理位置優越，是“海上絲綢之路”的起點之一，有“千年商都”之稱，是中國的“南大門”，國家綜合交通樞紐，國家重要的經濟、金融、貿易、交通、會展和航運中心，中國南方的政治、軍事、文化、科教中心，是繼上海、北京之後的中國大陸經濟規模第三大的城市，與北京、上海並稱“北上廣”。每年春秋兩季專門在廣州舉辦的“中國進出口商品交易會”（即“廣交會”），與世界 200 多個國家和地區建立經貿聯繫，吸引了大量的客商及投資者。

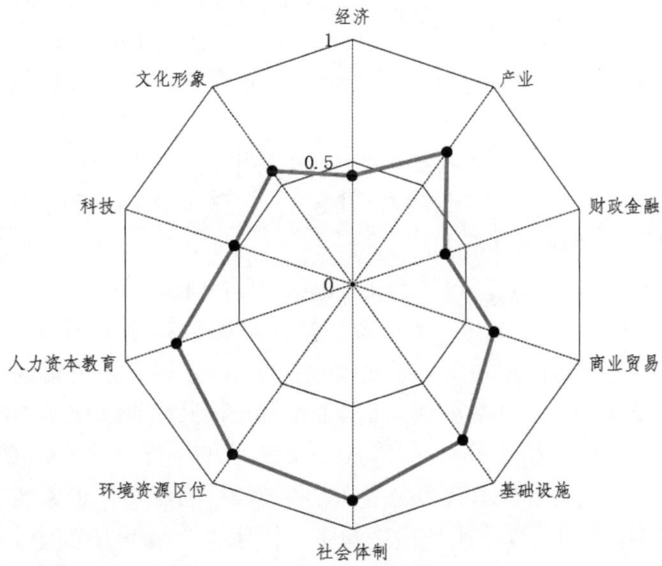

圖 7.5.1　2015 年廣州分項競爭力雷達圖

廣州 2015 年綜合競爭力的基本情況如下：經濟競爭力得分為 1214.02，排名第 7，下降 1 位；產業競爭力得分為 2705.76，排名第 5，上升 1 位；財政金融競爭力得分為 1702.18，排名第 8，下降 3 位；商業貿易競爭力得分為 2205.33，排名第 5，下降 1 位；基礎設施競爭力得分為 3932.46，排名第 5，與上年持平；社會體制競爭力得分為 1041.88，排名第 9，下降 1 位；環境資源區位競爭力得分為 1525.7，排名第 4，上升 1 位；人力資本教育競爭力得分為 2776.87，排名第 4，與上年持平；科技競爭力得分為 2279.23，排名第 4，與上年持平；文化形象競爭力得分為 1864.73，排名第 5，與上年持平；綜合競爭力得分為 9588.69，排名第 5，與上年持平。

經濟競爭力得分為 2705.76，排名第 5，上升 1 位。二級指標城市居民生活指數 0.394，排名第 13。2015 年，廣州市實現地區生產總值（GDP）18100.41 億元，比上年增長 8.4%。

產業競爭力得分為 2705.76，排名第 5，上升 1 位。第一、二、三次產業增加值的比例為 1.26:31.97:66.77。二級指標產業貢獻指數為 0.568，排名第 6。

財政金融競爭力得分為 1702.18，排名第 8，下降 3 位。二級指標金融資本質量指數為 0.532，排名降至第 27。三級指標資本使用率 0.483，較上年有所下降。各項指標的下降使得廣州市 2015 年財政金融競爭力排名下降了 3 位。

商業貿易競爭力得分為 2205.33，排名第 5，下降 1 位，全年社會消費品零售總額 7932.96 億元，比上年增長 11.0%。限額以上批發和零售業企業和個體戶實現零售額 3917.52 億元，增長 9.3%，占全市批發和零售業零售額的 56.5%。

基礎設施競爭力得分為 3932.46，排名第 5，與上年持平。二級指標基礎設施投資指數由上年的第 13 上升到今年的第 12。三級指標固定資產投資水平 0.459，房地產開發水平為 0.507。基本保持了去年的基礎設施競爭力優勢。

社會體制競爭力得分為 1041.88，排名第 9，下降 1 位。二級指標社會公平保障指數從 0.552 上升到 0.627；其中的三級指標基尼指數 0.981，和上年基本持平。受到參加養老保險和基本醫療保險人數減少的影響，社會體制競爭力下降 1 位。

環境資源區位競爭力得分為 1525.7，排名第 4，上升 1 位。二級指標區位指數不變，仍為 0.737；其中三級指標自然區位優勢度和交通區位優勢度均為 0.8，區位指數的各方面較為均衡，環境資源區位競爭力整體保持上升趨勢。

人力資本教育競爭力得分為 2776.78，排名第 4，與上年持平。其中二級指標力資本規模指數數值為 0.66，比上年有所減少，減少值為 0.074。全年研究生教育招生 2.71 萬人，在學研究生 7.95 萬人，畢業生 2.32 萬人。普通高等教育本專科招生 30.74 萬人，在校生 104.32 萬人，畢業生 27.14 萬人。

科技競爭力得分為 2279.23，排名第 4，與上年持平。二級指標科研機構指數從 0.913 上升到 0.923。三級指標大學科研院所指數為 0.891，大學科研院所相對擁有量為 0.61。各項指標均去年基本持平，變化幅度不大。

文化形象競爭力得分為 1864.73，排名第 5，與上年持平。其中二級指標文化設施指數為 0.384，排名由 12 位上升至第 9 位。文化資源指數為 0.514，排名第 9，城市歷史文化指數由 0.891 下降到 0.873，藝術家和文化組織指數為 0.285，名勝古跡指數為 0.706。

綜上所述，廣州 2015 年綜合競爭力排名與上年持平，其中經濟競爭力、財政金融競爭力、商業貿易競爭力和社會體制競爭力排名均有一定程度的下降，而產業競爭力、設施競爭力、環境資源區位競爭力、人力資本教育競爭力、科技競爭力和文化形象競爭力則與上年持平或有小幅上升，各項指標的共同作用使得廣州市保持住綜合競爭力全國排名第 5 的優勢地位。

7.6 天津綜合競爭力點評分析

天津，簡稱“津”，有“渤海明珠”的美稱，是中華人民共和國直轄市、中國國家中心城市、環渤海地區經濟中心、國際港口城市和生態城市、國際航運融資中心、亞太區域海洋儀器檢測評價中心。天津地處華北平原東北部，渤海之濱，位於海河下游，是北京通往東北、華東地區鐵路的交通咽喉和遠洋航運的港口，有“河海要衝”和“畿輔門戶”之稱。天津港是世界等級最高、中國最大的人工深水港、輸送量世界第四的綜合性港口。天津是夏季達沃斯論壇常駐舉辦城市。天津濱海新區被譽為“中國經濟第三增長極”，經濟增速連續多年位於全國領先位置。2015 年 4 月 21 日，中國(天津)自由貿易試驗區正式掛牌。中國（天津）自由貿易試驗區為中國北方唯一的自貿區。

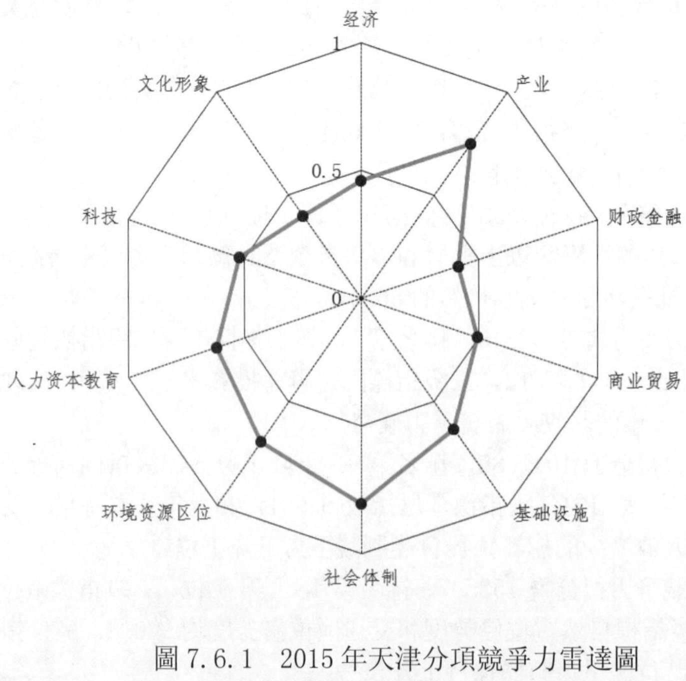

圖 7.6.1　2015 年天津分項競爭力雷達圖

天津 2015 年綜合競爭力的基本情況如下：經濟競爭力得分為 1274.62，排名第 6，上升 1 位；產業競爭力得分為 3268.25，排名第 4，下降 1 位；財政金融競爭力得分為 1705.49，排名第 7，下降 1 位；商業貿易競爭力得分為 1528.23，排名第 8，下降 1 位；基礎設施競爭力得分為 2781.48，排名第 7 位，下降 1 位；社會體制競爭力得分為 646.51，排名第 22，下降 10 位；環境資源區位競爭力得分為 1009.04，排名第 9，與上年持平；人力資本教育競爭力得分為 1961.81，排名第 9，下降 1 位；科技競爭力得分為 2268.39，排名第 6，與上年持平；文化形象競爭力得分為 950.03，排名第 15，下降 4 位；綜合競爭力得分為 7717.06，排名第 6，與上年持平。

經濟競爭力得分為 1274.62，上升 1 位，排名第 6。實現地區生產總值（GDP）16538.19 億元，比上年增長 9.3%。二級指標城市居民生活指數排名下降至 34 位，三級指標城市化率為由 82.9%上升至 90%，農村常住居民人均可支配收入 18482 元，增長 8.6%。各項指標的上升使得天津市 2015 年經濟競爭力排名上升 1 位。

產業競爭力得分為 3268.25，排名第 4，下降 1 位。二級指標產業貢獻指數為 0.741，排名上升至第 6 位，全年全部工業增加值 6981.27 億元，增長 9.2%。其中，規模以上工業增加值增長 9.3%。規模以上工業總產值 28016.75 億元，增長 0.3%。

財政金融競爭力得分為 1705.49，排名第 7，下降 2 位。二級指標金融資本質量指數排名從第 19 下降到第 21，數值為 0.551。三級指標資本使用率 0.679，較上年有所下降。

商業貿易競爭力得分為 1528.23，排名第 8，下降 1 位，二級指標商貿人力資本指數為 0.239，排名 13，下降 1 位。全年批發和零售業增加值 2075.14 億元，增長 6.1%；批發零售業網上零售額 244.03 億元，增長 95.2%，占限額以上社會消費品零售總額的 8.9%。全年批發和零售業商品銷售總額 42624.66 億元，增長 8.7%。

基礎設施競爭力得分為 2781.48，排名第 7，下降 1 位。二級指標城市基礎設施供應指數為 0.464，排名下降至第 8，城市居民居住指數大幅下降至 75 位。各項指標排名的下降使得基礎設施競爭力排名下降 1 位。

社會體制競爭力得分為 646.51，排名第 22，比 2014 年排名下降了 10 位。二級指標社會公平保障指數排名從 24 下降到 35 名，截至 2015 年末，全市參加基本養老保險 686.28 萬人，參加醫療保險 1054.11 萬人，醫療保健指數為 0.683，排名由第 17 下降到第 26。

環境資源區位競爭力得分為 1009.04，排名第 9，與上年持平。二級指標中的環境質量指數排名從 56 名大幅下降到 108 名。2015 全年環境空氣達標天數 220 天，比上年增加 45 天，成功舉辦第三屆中國綠化博覽會。環境改善投入指數保持在第 6 的水平。

人力資本教育競爭力得分為 1961.81，排名第 9，下降 1 位。二級指標人力資本質量指數為 0.515，排名保持不變，為 20 名；三級指標成人識字率 0.851，兩年水平相當，專業技術擁有量為 0.209，相比全國的水平，人才素質較高。

科技競爭力得分為 2268.39，排名第 6，與上年持平。其中二級指標科技投入指數由 0.401 增加到 0.445，但排名沒有明顯變化；截止 2015 年末，引進國家“千人計畫”人才 113 人，國家優秀創新群體和團隊達到 42 個，在津兩院院士 37 名，國家“937”計畫項目首席科學家 37 名。

文化形象競爭力得分為 950.03，排名第 15，下降 4 位。二級指標文化設施指數排名較去年下降 1 位，排名 18，各項指標的小幅下降使得今年的文化形象競爭力下降 4 位。

從數據可以看出，天津綜合競爭力排名第 6，與上年持平。其中產業競爭力、財政金融競爭力、商業貿易競爭力、基礎設施競爭力、社會體制競爭力、人力資本教育競爭力和文化形象競爭力的排名都較上年有一定程度的下降，而經濟競爭力、環境資源區位競爭力和科技競爭力則相對上升或持平。在大多數指標都呈現下降趨勢的情況下，天津市依然保持了綜合競爭力全國排名第 6 的優勢地位，主要得益於經濟競爭力提升的帶動作用。

7.7 蘇州綜合競爭力點評分析

蘇州，位於江蘇省東南部，長江三角洲中部，著名的魚米之鄉、狀元之鄉、院士之鄉、歷史文化名城，自古享有“人間天堂”的美譽。蘇州是經國務院批准的享有地方立法權的較大的市，長江三角洲經濟圈北翼最重要的經濟中心，是江蘇省經濟最發達、現代化程度最高的城市，經濟總量長期居全省之冠，是全省的經濟中心、工商業中心、對外貿易中心和物流中心，也是全省重要的金融、文化、科教城市及交通樞紐。根據長江三角洲地區區域規劃，蘇州計畫建成高技術產業基地、現代服務業基地和創新型城市、歷史文化名城和旅遊勝地。蘇州園林是中國私家園林的代表，被聯合國教科文組織列為世界文化遺產。

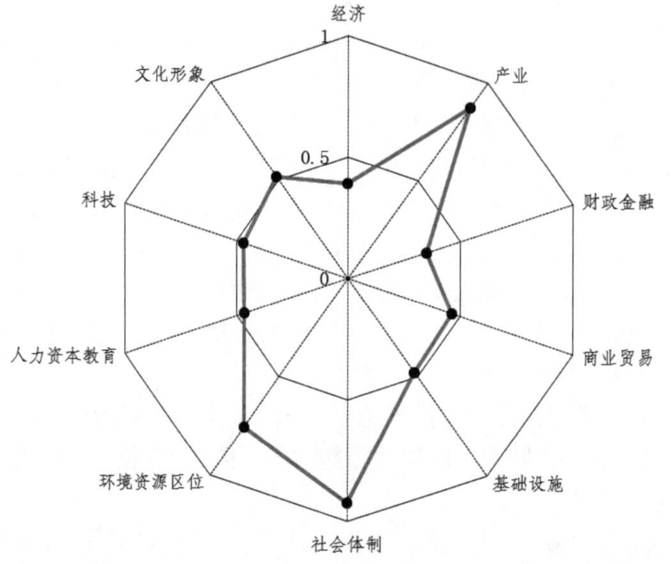

圖 7.7.1　2015 年蘇州分項競爭力雷達圖

蘇州 2015 年綜合競爭力的基本情況如下：經濟競爭力得分為 967.57，排名第 9，下降 1 位；產業競爭力得分為 4178.53，排名第 2，與上年持平；財政金融競爭力得分為 1235.11，排名第 10，與上年持平；商業貿易競爭力得分為 1370.62，排名第 9，下降 1 位；基礎設施競爭力得分為 1646.69，排名第 14，下降 1 位；社會體制競爭力得分為 1252.96，排名第 6，與上年持平；環境資源區位競爭力得分為 1205.98，排名第 5，上升 3 位；人力資本教育競爭力得分為 1158.6，排名第 21，與上年持平；科技競爭力得分為 1822.53，排名第 9，上升 2 位；文化形象競爭力得分為 1576.39，排名第 7，與上年持平；綜合競爭力得分為 7176.18，排名第 7，與上年持平。

經濟競爭力得分為 967.57，排名第 9，下降 1 位。2015 年，全市實現地區生產總值 1.45 萬億元，比上年增長 7.5%，人均地區生產總值 13.63 萬元，按年平均匯率折算超過 2.1 萬美元。

產業競爭力得分為 4178.53，排名第 2，與上年持平。二級指標產業貢獻指數為 0.744，比 2014 年數值減少，排名第 3 位。產業結構不斷優化，全年實現服務業增加值 7170 億元，比上年增長 9%，占地區生產總值的比重達 49.5%，形成“三二一”發展格局。

財政金融競爭力得分為 1235.11，排名第 10，與上年持平。二級指標金融資本質量指數為 0.512，排名第 39，下降 1 位。財政效率指數由 2014 年的 0.435，排名第 9。下降到 0.298，排名第 26。財政金融競爭力排第 10。

商業貿易競爭力得分為 1370.62，排名第 9，下降 1 位。對外貿易規模保持穩定。全市實現進出口總額 3053.5 億美元，比上年下降 1.9%，其中出口 1814.6 億美元，比上年增長 0.2%。

基礎設施競爭力得分為 1646.69，排名第 14，下降 1 位。全年完成基礎設施投資 1070.9 億元，比上年增長 4.8%。23 項“智慧蘇州”重點項目順利推進。“千兆蘇州”全光網順利建成，入選國家首批地下綜合管廊試點城市。

社會體制競爭力得分為 1252.96，排名第 6，與上年持平。醫療衛生服務能力持續增強。二級指標社會公平保障指數排名從第 20 下降到第 39，2015 年數值為 0.541；醫療保健指數由排名第 10 下降到第 15，平均預期壽命由 2014 年的 0.919 下降到 0.917。

環境資源區位競爭力得分為 1205.98，排名第 5，上升 3 位。全市環保投入 576 億元，比上年增長 7.2%，占地區生產總值的比重達 4.0%。突出抓好生態文明建設“十大工程”，實施 95 個重點項目，完成投資 180 億元。陸地森林覆蓋率為 29.56%，建成區綠化覆蓋率 42.7%，市區建成區人均公園綠地面積 14.99 平方米。

人力資本教育競爭力得分為 1158.6，排名第 21，與上年持平。2015 年末全市各類人才總量 227 萬人，其中高層次人才 17.8 萬人，高技能人才 49.2 萬人。年末擁有各類專業技術人員 148.5 萬人，比上年增長 8.7%。新增國家“千人計劃”30 人，累計達 187 人，其中創業類人才 107 人，居全國城市首位。

科技競爭力得分為 1822.53，排名第 9，上升 2 位。科技創新加快推進。全市財政性科技投入 86.9 億元，占公共財政預算支出的 5.7%。研究與試驗發展經費支出占地區生產總值的比重達到 2.68%。全市新增高新技術企業 712 家，累計 3478 家。

文化形象競爭力得分為 1576.39，排名第 7，與上年持平。公共文化服務體系進一步完善。年末全市共有文化館 11 個、文化站 98 個、公共圖書館 11 個、博物館 40 個。啟動國家“海上絲綢之路”和“江南水鄉古鎮”申遺工作。全市現有市級以上文物保護單位 816 處，其中全國重點文物保護單位 59 處、省級 112 處。

從數據得分可以看出，2015 年蘇州經濟競爭力下降 1 位，排名第 9。財政金融競爭力與上年持平，排名第 10。基礎設施競爭力排名第 14，比上年下降了 1 位。科技競爭力排名上升了 2 位，排名第 9。部分指標有所上升，另外一些指標小幅下降，綜合來說，2015 年蘇州綜合競爭力得分為 7176.18，排名第 7，與上年持平。但是由於蘇州地處長江三角洲地帶，交通發達並具有一定的地域優勢，所以還是具有較強的競爭力。

7.8 重慶綜合競爭力點評分析

重慶市，四個直轄市之一，2010 年被住房和城鄉建設部列為中國大陸五大國家中心城市之一，國家歷史文化名城，世界溫泉之都；國務院定位的國際大都市，長江上游地區經濟中心、金融中心和創新中心，及政治、航運、文化、科技、教育、通信、設計等中心，中國大陸西部最大的水、陸、空綜合交通樞紐，是中國人口最多、面積最大的城市。重慶是歷史文化名城，中國重要的現代製造業基地，統籌城鄉綜合配套改革試驗區。重慶是世界上少有的將遠端電梯作為公共交通工具的城市，主城區有一處自動扶梯和一處升降式電梯，均位於主城區的渝中區，可通用公交 IC 卡。重慶擁有國家級新區——兩江新區、渝新歐國際鐵路、兩路—寸灘保稅港區、西永綜合保稅區、過境 72 小時內免簽，進口整車、水果、首飾、肉類等口岸。

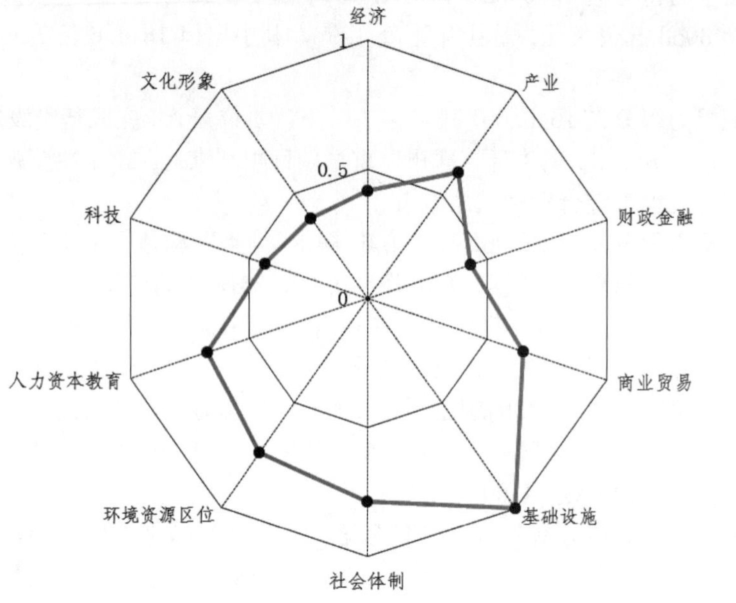

圖 7.8.1　2015 年重慶分項競爭力雷達圖

重慶 2015 年綜合競爭力的基本情況如下：經濟競爭力得分為 1095.51，排名第 8，上升 1 位；產業競爭力得分為 2251.13，排名第 9，上升 2 位；財政金融競爭力得分為 1847.81，排名第 6，上升 3 位；商業貿易競爭力得分為 2347.79，排名第 4，上升 2 位；基礎設施競爭力得分為 5513.45，排名第 1，與上年持平；社會體制競爭力得分為 542.58，排名第 33，上升 2 位；環境資源區位競爭力得分為 1150.47，排名第 7，下降 1 位；人力資本教育競爭力得分為 2258.49，排名第 6，上升 5 位；科技競爭力得分為 1527.49，排名第 12，與上年持平；文化形象競爭力得分為 884.21，排名第 18，上升 2 位；綜合競爭力得分為 7051.79，排名第 8，上升 1 位。

經濟競爭力得分為 1095.51，排名第 8，上升 1 位。2015 年全年實現地區生產總值 15719.72 億元，比上年增長 11.0%。全市人均地區生產總值達到 52330 元（8402 美元），比上年增長 10.1%。

產業競爭力得分為 2251.13，排名第 9，上升 2 位，其中二級指標產業規模指數排名第 2，數值由 0.801 上升至 0.833。三次產業結構比為 7.3∶45.0∶47.7。

財政金融競爭力得分為 1847.81，排名第 6，上升 3 位。全市金融業實現增加值 1410.18 億元，比上年增長 15.4%，占全市地區生產總值的 9.0%。金融機構資產規模達到 4.3 萬億元，增長 11.6%。金融機構本外幣貸款餘額為 22955.21 億元，增長 11.2%。

商業貿易競爭力得分為 2347.79，排名第 4，上升 2 位。全年批發和零售業實現增加值 1345.38 億元，增長 9.2%，占全市地區生產總值的 8.6%。全年實現社會消費品零售總額 6424.02 億元，增長 12.5%，扣除價格因素，實際增長 12.3%。

基礎設施競爭力得分為 5513.45，排名第 1，與上年持平。二級指標基礎設施投資指數排名不變，數值為 1。全年房地產開發投資 3751.28 億元，增長 3.3%。全年建成公租房 340.9 萬平方米。

社會體制競爭力得分為 542.58，排名第 33，上升 2 位。全市參加城鄉居民社會養老保險人數 1111.06 萬人，下降 0.1%。城鄉居民基本醫療保險參保人數 2677.75 萬人，下降 0.1%。工傷保險參保人數 428.47 萬人，增長 0.6%。生育保險參保人數 354.33 萬人，增長 2.0%。

環境資源區位競爭力得分為 1150.47，排名第 7，下降 1 位。二級指標自然資源指數排名從第 173 下降到第 198，數值為 0.339；三級指標土地資源絕對豐富度為 0.1 和礦產能源相對豐富度為 0.564。

人力資本教育競爭力得分為 2258.49，排名第 6，上升 5 位。其中二級指標人力資本素質指數排名從第 33 上升到第 24，數值為 0.502；三級指標高素質人力資本儲備量為 0.748。

科技競爭力得分為 1527.49，排名第 12，與上年持平，其中的二級指標科技投入指數排名從第 17 上升到第 11，數值為 0.275，全年研究與試驗發展（R&D）經費支出 240 億元，比上年增長 18.9%，占全市地區生產總值的 1.53%，科技投入增加引起排名上升。

文化形象競爭力得分為 884.21，排名第 18，上升 2 位。其中二級指標文化資源指數從第13上升到第11，數值為0.489，三級指標城市歷史文化指數由去年的0.721下降到0.687。

總的來說，2015 年重慶綜合競爭力排名第 8，上升 1 位，在西南地區排名第一，結果說明重慶市在西部大開發背景下有較強的發展潛力。重慶市發展不平衡、不協調、不可持續問題依然突出，政府工作還存在諸多困難和不足，但應積極尋找解決辦法，為重慶市穩定發展奠定堅實基礎。

7.9 杭州綜合競爭力點評分析

杭州，浙江省省會，浙江省第一大城市，長三角副中心城市、華東地區中心城市之一，是長三角南翼金融中心，華東地區重要的經濟、科教、文化、金融中心及交通、通信樞紐。杭州位於中國東南沿海、浙江省北部、錢塘江下游北岸、京杭大運河南端，是公安部授權的口岸簽證城市，國家旅遊局確定的中國最佳旅遊目的地城市，與蘇州並稱“蘇杭”，素有“上有天堂，下有蘇杭”的美譽。杭州是吳越文化的發源地之一，歷史文化積澱深厚。其中主要代表性的獨特文化有良渚文化、絲綢文化、茶文化、以及流傳下來的許多故事傳說成為杭州文化的代表。杭州多次榮獲中國最具安全感的城市（第一），最具幸福感城市（第一）。杭州目前正在以“城市東擴、旅遊西進、沿江開發、跨江發展”為總體發展目標，由“西湖時代”向“錢塘江時代”前進。

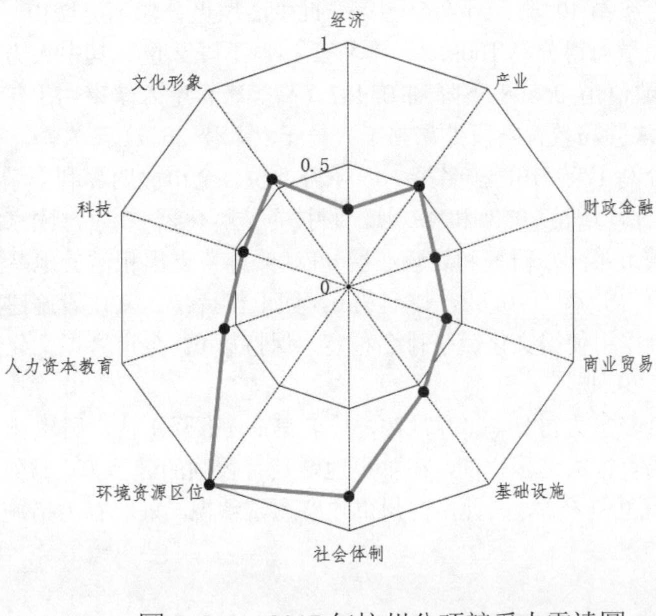

圖 7.9.1　2015 年杭州分項競爭力雷達圖

杭州 2015 年綜合競爭力的基本情況如下：經濟競爭力得分為 643.25，排名第 14，下降 1 位；產業競爭力得分為 1552.2，排名第 14，與上年持平；財政金融競爭力得分為 1496.84，排名第 9，下降 2 位；商業貿易競爭力得分為 1212.8，排名第 11，下降 1 位；基礎設施競爭力得分為 2039.67，排名第 12，下降 2 位；社會體制競爭力得分為 916.56，排名第 14，下降 4 位；環境資源區位競爭力得分為 1982.77，排名第 1，與上年持平；人力資本教育競爭力得分為 1609.2，排名第 14，下降 2 位；科技競爭力得分為 1799.16，排名第 10，下降 3 位；文化形象競爭力得分為 1720.82，排名第 6，與上年持平；綜合競爭力得分為 6977.79，排名第 9，下降 1 位。

經濟競爭力得分為 643.25，排名第 14，下降 1 位。2015 年，全市實現生產總值 10053.58 億元，增長 10.2%。人均生產總值 112268 元，增長 9.1%。按年平均匯率折算 18025 美元。

產業競爭力得分為 1552.2，排名第 14，與上年持平。二級產業效率指數排名從第 259 上升到第 192，2015 年三次產業結構為 2.9：38.9：58.2。全市民營經濟實現增加值 5951.72 億元，占全市的 59.2%；實現財政收入 912.56 億元，占全市財政總收入的 40.8%。

財政金融競爭力得分為 1496.84，排名第 9，下降 2 位。二級指標財政金融效率指數排名從第 11 下降到第 18。全市實現金融業增加值 978.03 億元，增長 15.2%。

商業貿易競爭力得分為 1212.8，排名第 11，下降 1 位。全市實現批發和零售業增加值 815.29 億元，增長 2.3%。全市社會消費品零售總額 4697.23 億元，實際增長 11.6%。全市居民網絡消費額 1119.1 億元，增長 38.2%。

基礎設施競爭力得分為 2039.67，排名第 12，下降 2 位。二級指標基礎設施投資指數為 0.499，排第 11 名，上升 1 名。全市房地產開發投資 2472.07 億元，增長 7.4%。全年商品房銷售面積 1481.45 萬平方米，增長 32.1%。保障性安居工程項目開工 47394 套，竣工 57530 套。

社會體制競爭力得分為 916.56，排名第 14，下降 4 位。2015 年末，全市擁有各類醫療衛生機構 4443 個，擁有床位 6.3 萬張，有各類專業衛生技術人員 9.36 萬人，醫療機構完成診療人數 11733.03 萬人次，全市嬰兒死亡率和 5 歲以下兒童死亡率分別為 2.32‰和 3.0‰，每十萬孕產婦死亡率為 6.94 人。

環境資源區位競爭力得分為 1982.77，排名第 1，與上年持平。市區完成截污納管項目 416 個，完成 84 條 137 公里黑臭河整治。關停轉遷落後產能企業 426 家。城市污水集中處理率 95.56%，市區空氣質量優良天數為 242 天，市區建成區人均公園綠地面積達 15.1 平方米，建成區綠化覆蓋率為 40.5%，評為全國第一批生活垃圾分類示範城市。

人力資本教育競爭力得分為 1609.2，排名第 14，下降 2 位。其中人力資本教育設施指數排名仍為 23，但數值由 0.508 下降到 0.487。高等教育毛入學率由上年的 59.8%提高到 60.4%。全市累計解決義務教育階段外來務工人員子女入學 26.71 萬人。

科技競爭力得分為 1799.16，排名第 10，下降 3 位。全市發明專利申請量 17777 件，發明專利授權量 8296 件，增長 20.3%和 49.4%。科技企業孵化器 83 家，國家級孵化器總量連續 3 年居全國省會城市第一，研究和試驗發展（R&D）經費支出相當於地區生產總值的 3%。

文化形象競爭力得分為 1720.82，排名第 6，與上年持平。文化設施建設保持了穩定增長，二級指標的綜合作用使得文化競爭排名穩定，保持第 6。全市實現文化創業產業增加值 2232.14 億元，增長 20.4%。

總的來說，綜合競爭力得分為 6977.79，排名第 9，下降 1 位，雖然排名稍有下降，但杭州經濟社會發展仍有很大進步空間，在華東地區具有較強的競爭力。當然，杭州經濟社會發展中還存在不少問題和矛盾，對此，杭州市政府應當重視，采取有力措施，認真改進和解決。

7.10 武漢綜合競爭力點評分析

武漢，簡稱“漢”，湖北省省會，中國中部地區中心城市，地處中國中心，江漢平原東部。武漢是世界第三大河長江及其最大支流漢水橫貫市境中央，將武漢城區一分為三，形成了武昌、漢口、漢陽三鎮隔江鼎立的格局。唐朝詩人李白曾在此寫下“黃鶴樓中吹玉笛，江城五月落梅花”，因此武漢自古又稱江城。武漢有著優越的地理位置，是承東啟西、接南轉北的國家地理中心，獨特的區位優勢內聯九省、外通海洋，造就了其全國重要的水陸空綜合交樞紐地位，歷來有九省通衢之稱。武漢也是中國重要的科研教育基地，其高等院校、科研院所數僅次於北京、上海，居全國第三。

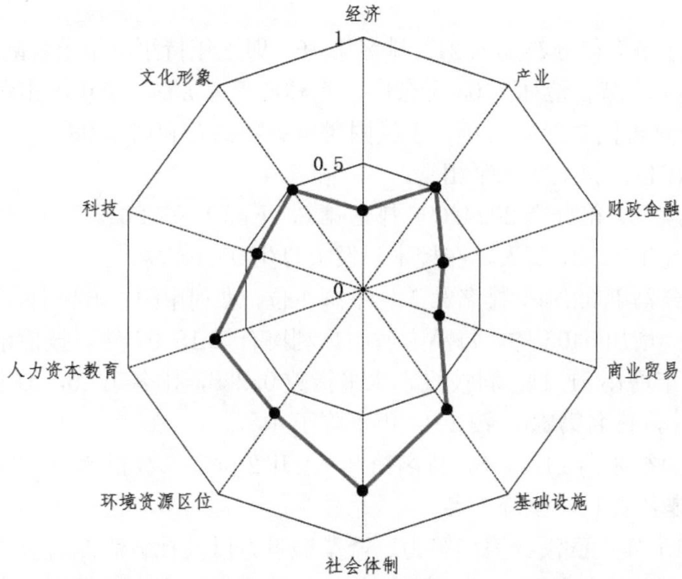

圖 7.10.1　2015 年武漢分項競爭力雷達圖

武漢 2015 年綜合競爭力的基本情況如下：經濟競爭力得分為 613.23，排名第 16，上升 3 位；產業競爭力得分為 1510.51，排名第 16，上升 4 位；財政金融競爭力得分為 1189.56，排名第 11，上升 4 位；商業貿易競爭力得分為 675.28，排名第 25，下降 3 位；基礎設施競爭力得分為 2424.93，排名第 8，下降 1 位；社會體制競爭力得分為 603.15，排名第 28，上升 6 位；環境資源區位競爭力得分為 728.21，排名第 16，與上年持平；人力資本教育競爭力得分為 2024.09，排名第 8，下降 1 位；科技競爭力得分為 1702.06，排名第 11，下降 1 位；文化形象競爭力得分為 1419.16，排名第 8，上升 2 位；綜合競爭力得分為 5736.28，排名第 10，上升 1 位。

經濟競爭力得分為 613.23，排名第 16，上升 3 位。2015 年，全年地區生產總值 (GDP) 10905.60 億元，增長 8.8%。人均生產總值 104132 元，增長 6.8%。從二級指標來看，城市效率指數為 0.256，上升 3 位，排名第 36；城市國際吸引指數為 0.134，排名第 21，下降 3 位。

產業競爭力得分為 1510.51，排名第 16 位，上升了 4 位。三次產業結構由上年的 3.5:47.5:49.0 調整為 3.3:45.7:51.0，第三產業占比提高 2 個百分點。全年實現工業增加值 4081.91 億元，增長 8.4%。二級指標產業規模指數 0.515，比上年上升了 2 名，排第 10。

財政金融競爭力得分為 1189.56，排名第 11，上升 4 位。2015 年末武漢地區金融機構本外幣存款餘額 19393.16 億元，消費貸款 2834.60 億元，增長 36.1%。2015 年末總部設在武漢的金融機構有 23 家；在漢設立或籌建後臺服務中心的金融機構 33 家；上市公司累計 62 家，其中，境外 16 家，境內 46 家。

商業貿易競爭力得分為 675.28，排名第 25，下降 3 位。從二級指標來看，2015 年國內商業貿易規模指數 0.453，排名第 7，上升 2 位；2015 年商貿機構指數 0.355，排名第 16。

基礎設施競爭力得分為 2424.93，排名第 8，下降 1 位。全年自來水廠日供水能力 480.7 萬噸，全社會用電量 464.28 億千瓦時，比上年增長 4.3%。供應液化石油氣 0.9 億立方米，供應 15.2 億立方米。

社會體制競爭力得分為 603.15，排名第 28，上升 6 位。社會治安水平指數為 0.65，由去年的排名第 68 下降到第 73。武漢市 2015 年政府社會管理水平指數為 0.559，排名第 31，上升 3 位。

環境資源區位競爭力得分為 728.21，排名第 16，與上年持平。年末公園 75 個，新增綠道 233.7 公里，增長 5.3%。造林 7.03 千公頃，森林覆蓋率 28%。全年城市污水集中處理率 95%，城市生活垃圾無害化處理率 100%。工業固體廢棄物綜合利用率 98.70%。環境改善投入指數 0.343，排名第 11，與上年水平相當。

人力資本教育競爭力得分為 2024.09，排名第 8，下降 1 位。2015 年末普通高校 82 所，增加 2 所，在校研究生 11.27 萬人，在校本科及大專生 95.68 萬人。

科技競爭力得分為 1702.06，排名第 11，下降 1 位。專利申請 33620 件，增加 5818 件。專利授權 21740 件，增加 5405 件。每萬人發明專利擁有量 18.97 件。技術市場合同成交額 405.30 億元，比上年增長 31.1%。科技投入水平指數 0.226，排名第 16，前進 8 位。科技人力資本指數為 0.316，排名第 13，較 2014 年下降了 4 名。

文化形象競爭力得分為 1419.16，排名第 8，上升 2 位。二級指標中，2015 年武漢文化資源指數 0.489，排名第 11，下降 1 名。

綜合來看，2015 年，武漢經濟競爭力、產業競爭力以及社會體制競爭力都有一定程度上升，使得綜合競爭力排名上升 1 位，排名第 10。武漢市政府積極把握和主動適應經濟發展新常態，圍繞“支點之點”，突出運用改革方法釋放發展潛力，突出創新驅動加快轉型升級，突出建管並重提升城市功能質量，突出完善公共服務增進民生福祉，努力實現經濟平穩較快增長，確保社會和諧穩定，圓滿完成“十二五”規劃的各項目標任務，為建設國家中心城市、復興武漢奠定堅實基礎。

7.11 南京綜合競爭力點評分析

南京，江蘇省省會，地處中國東部地區，長江下游，瀕江近海。南京襟江帶河，依山傍水，古跡眾多，是國務院確定的首批中國歷史文化名城和全國重點風景旅遊城市。南京是長江下游地區重要的產業城市和經濟中心，中國重要的文化教育中心之一，也是華東地區重要的交通樞紐。先後榮獲中國首批歷史文化名城、全國文明城市、全國衛生城市、國家園林城市、聯合國人居特別榮譽獎、全國首家軟體名城等稱號。經過多年的發展，南京已形成電子信息、石油化工、汽車製造、鋼鐵為支柱，以軟體和服務外包、智慧電網、風電光伏、軌道交通等新興產業為支撐，先進製造業和現代服務協調發展的產業格局。此外南京還有著 6000 多年文明史、近 2600 年建城史和近 500 年的建都史，是中國四大古都之一，有“六朝古都”、“十朝都會”之稱，是中華文明的重要發祥地，歷史上長期是中國南方的政治文化中心，有厚重的文化底蘊和豐富的歷史遺存。

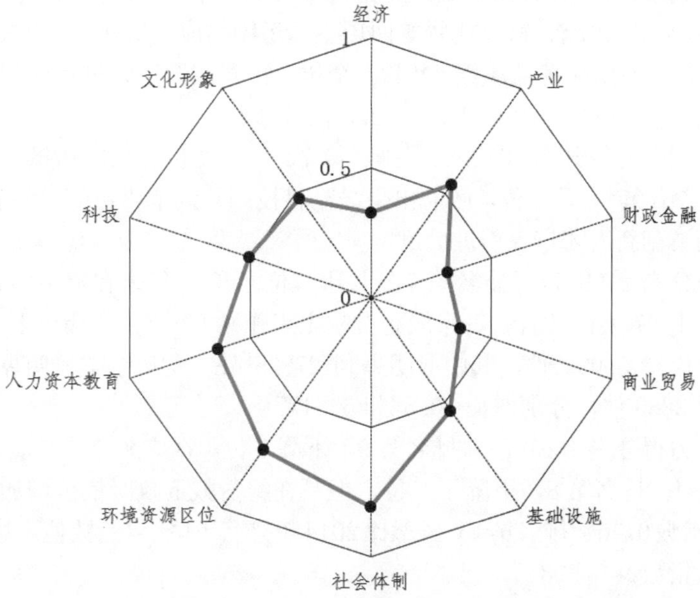

圖 7.11.1 2015 年南京分項競爭力雷達圖

南京 2015 年綜合競爭力的基本情況如下：經濟競爭力得分為 691.26，排名第 12，下降 1 位；產業競爭力得分為 1789.24，排名第 10，上升 3 位；財政金融競爭力得分為 1001.02，排名第 14，與上年持平；商業貿易競爭力得分為 920.65，排名第 15，上升 3 位；基礎設施競爭力得分為 2081.19，排名第 11，與上年持平；社會體制競爭力得分為 641.38，排名第 23，下降 2 位；環境資源區位競爭力得分為 1097.09，排名第 8，下降 1 位；人力資本教育競爭力得分為 2039.51，排名第 7，上升 2 位；科技競爭力得分為 2129.77，排名第 7，上升 2 位；文化形象競爭力得分為 1361.39，排名第 9，下降 1 位；綜合競爭力得分為 5036.64，排名第 11，下降 1 位。

經濟競爭力得分為 691.26，排名第 12，下降 1 位。實現地區生產總值 9720.77 億元，增長 9.3%。人均地區生產總值達到 118171 元，按平均匯率折算為 18973 美元。

產業競爭力得分為 1789.24，排名第 10，上升 3 位。三次產業增加值比例調整為 2.4：40.3：57.3。民營經濟實現增加值 4279.21 億元，增長 10.2%，占地區生產總值比重達到 44.0%。民營工業總產值增長 1.4%，高於規模以上工業 3 個百分點，比重達到 30.0%。

財政金融競爭力得分為 1001.02，排名第 14，與上年持平。二級指標中，財政金融效率指數 0.311，排名第 23，較 2014 年下降了 9 位。但總體來說，金融市場發展態勢較好。全年金融業增加值突破 1000 億元，達到 1122.23 億元，可比增長 16.1%，占全市地區生產總值的比重達到 11.5%，比上年提高 0.6 個百分點。

商業貿易競爭力得分為 920.65，排名第 15，上升 3 位。全年實現社會消費品零售總額 4590.17 億元，比上年增長 10.2%。

基礎設施競爭力得分為 2081.19，排名第 11，與上年持平。全年城市基礎設施投資 927.11 億元，占全社會固定資產投資的比重達 16.9%。重點項目建設提速推進，寧安高鐵建成投運，寧高新通道、地鐵 3 號線、揚子江隧道建成通車，5 條軌道交通線路同步建設。智慧交通、智慧社區、智慧醫療等信息惠民示範工程加快推進。

社會體制競爭力得分為 641.38，排名第 23，下降 2 位。在二級指標中，2015 年南京社會公平保障水平指數 0.506，排名第 60，下降 15 位；2015 年社會管理指數排名第 11，上升 2 位。

環境資源區位競爭力得分為 1097.09，排名第 8，下降 1 位。首次開展排污權交易拍賣，化學需氧量、氨氮、二氧化硫、氮氧化物等四項主要污染物成交比例達 100%。新增綠化造林面積 4.2 萬畝。建成區綠化覆蓋率達 44.1%。全年全市建成區空氣質量達到國家二級標準天數 235 天，達標率為 64.4%，比上年上升 12.3 個百分點。

人力資本教育競爭力得分為 2039.51，排名第 7，上升 2 位。二級指標中，人力資本規模指數 0.513，排名第 9，上升 1 位，政府出臺鼓勵科技創新創業“1+8”系列政策、“科技九條”等，加大創業創新人才培養引進力度。

科技競爭力得分為 2129.77，排名第 7，上升 2 位。2015 年末在寧中國科學院院士 46 人、中國工程院院士 37 人；共有省、市級企業院士工作站 62 家；省級以上重點實驗室 89 家。全年受理專利申請 56099 件，其中發明專利 27825 件。全年企業發明專利申請 10798 件、發明專利授權 2883 件，分別增長 10.6%和 64.1%。

文化形象競爭力得分為 1361.39，排名第 9，下降 1 位。從二級指標來看，2015 年南京文化設施指數 0.394，排名第 8，下降了 2 位，但是在絕對數上政府依舊增加了對文化建設的投入。文化意識指數 0.464，排名第 15，雖然比 2014 年排名下降，但是數值上增加了 0.085；三級指標創新意識指數為 0.398。

總的來說，綜合競爭力得分為 5036.64，排名第 11，下降 1 位。在全市經濟快速發展的同時，南京市政府也清醒地認識到，經濟社會發展中還存在一些問題和挑戰，正面對著深刻的供給側、結構性和體制性矛盾。應直面問題，切實增強憂患意識、責任意識，努力在破除瓶頸、補齊短板上取得明顯進展。

7.12 成都綜合競爭力點評分析

成都，境內地勢平坦、河網縱橫、物產豐富，自古就有“天府之國”的美譽，並由此催生了繁榮商貿業。北宋年間在成都出現了世界最早的紙幣“交子”，官府在成都設立了世界最早的管理儲蓄銀行“交子務”，這都表明成都當時商業的繁榮程度。1993 年被國務院確定為西南地區的科技、商貿、金融中心和交通、通訊樞紐。2011 年，成都榮膺“2011 中國十佳優質生活城市”。2012 年 2 月 21 日，工信部正式授予成都“中國軟件名城”稱號。2015 年 11 月，經國務院批復，被定位為國家重要的高新技術產業基地、商貿物流中心和綜合交通樞紐，西部地區重要的中心城市。

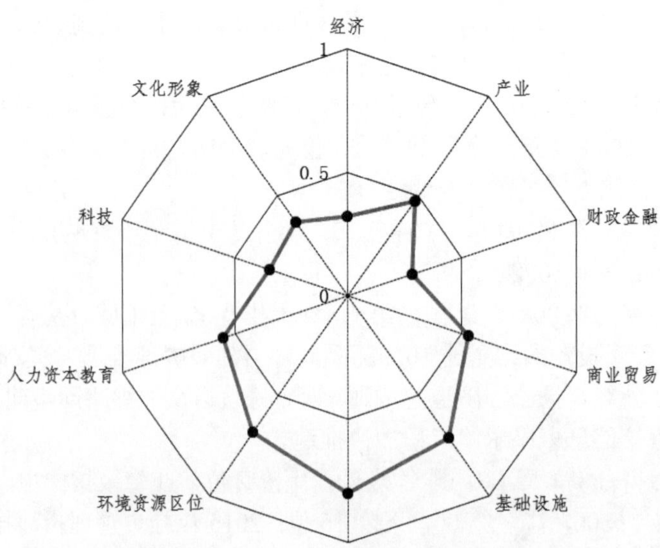

圖 7.12.1　2015 年成都分項競爭力雷達圖

成都 2015 年綜合競爭力的基本情況如下：經濟競爭力得分為 659.26，排名第 13，上升 2 位；產業競爭力得分為 1302.56，排名第 19，下降 2 位；財政金融競爭力得分為 752.89，排名第 23，下降 10 位；商業貿易競爭力得分為 1724.22，排名第 7，上升 10 位；基礎設施競爭力得分為 3354.54，排名第 6，上升 2 位；社會體制競爭力得分為 619.67，排名第 26，上升 4 位；環境資源區位競爭力得分為 960.82，排名第 11，上升 2 位；人力資本教育競爭力得分為 1628.5，排名第 13，上升 1 位；科技競爭力得分為 788.42，排名第 26，下降 3 位；文化形象競爭力得分為 806.74，排名第 21，下降 8 位；綜合競爭力得分為 4952.59，排名第 12，上升 2 位。

經濟競爭力得分為 659.26，排名第 13，上升 2 位。2015 年，成都地區生產總值 10801.2 億元，增長 7.9%。從二級指標來看，城市效率指數為 0.21，排第 70，但城市國際吸引指數和城市規模指數均排在前 10 位。

產業競爭力得分為 1302.56，排名第 19，下降 2 位。二級指標產業結構指數 0.666，排名第 14，上升 16 位。成都市集中力量扶持擁有國際性產品和代表未來產業發展方向的企業做大做強，強與企業交流對接，引進、培養高端創新型人才，為企業發展提供了堅實支撐。

財政金融競爭力得分為 752.89，排名第 23，下降 10 位。從二級指標分析，2015 年成都市金融業人力資本指數 0.261，排名第 11，與 2014 年持平。

商業貿易競爭力得分為 1724.22，排名第 7，上升 10 位。從二級指標來看，主要是商貿人力資本指數的變化，得分由上年度的 0.185 上升到 0.853，排名由上年度的第 22 位上升到第 3 位。成都正在積極地科學規劃功能區、促進資源聚集、促進商業創新等各個方面做出卓有成效的探索。

基礎設施競爭力得分為 3354.54，排名第 6，上升 2 位。從二級指標來看，交通設施指數得分 0.543，排名為第 5，上升 2 位，基礎設施行業人力資本指數得分 0.676，排名第 4，上升 7 位。

社會體制競爭力得分為 619.67，排名第 26，上升 4 位。民生保障支出 994 億元，增長 11.1%，占一般公共預算支出 67.2%，十大民生實事全面完成。城鎮職工養老金調增至月均 2588 元/人，資助 3.8 萬名殘疾人參加養老保險，將 4600 餘名城市低保對象納入城鎮職工養老保險範疇。

環境資源區位競爭力得分為 960.82，排名第 11，上升 2 位。環境治理成效明顯。水環境質量進一步改善，城鎮集中式飲用水源水質達標率 100%。國家生態文明先行示範區加快建設，低碳城市建設和國際合作取得階段成效，創建低碳示範社區和校園 8 個，成為中西部首個通過國家生態市技術評估的副省級城市。

人力資本教育競爭力得分為 1628.5，排名第 13，上升 1 位。2015 年成都市二級指標人力資本教育設施指數 0.64，排名第 12，和去年水平相當。

科技競爭力得分為 788.42，名第 26，下降 3 位。在二級指標中，2015 年成都市科技投入指數為 0.106，下降 234 位，為第 261；科技人力資本指數 0.396，排名第 9，上升 8 位。

文化形象競爭力得分為 806.74，排名第 21，下降 8 位。二級指標中，文化意識指數得分 0.432，排名第 23，下降 6 位，城市營銷能力指數得分 0.524，排名 25，下降 7 位。

綜合來看，2015 年成都綜合競爭力得分為 4952.59，排名第 12，上升 2 位，保持平穩發展。從上述指標中可以看出成都經濟社會發展還存在一些亟需解決的矛盾和問題：工業基礎還不夠牢固，部分行業和企業生產經營困難；經濟轉型升級任務仍然艱巨，城市建設管理任務依然繁重。

7.13 臺北綜合競爭力點評分析

臺北市，臺灣省省會，臺灣最大城市，也是臺灣省的政治、經濟、文化中心。西界淡水河及其支流新店溪，東至南港附近，南至木柵以南丘陵區，北包大屯山東南麓。東西寬處20.5 公里，南北長約 28 公里。轄 16 區，面積 272 平方公里，人口 267 萬餘。面積位於臺灣第 16 位，人口位臺灣第 4 位，人口密度為臺灣第 1 位。這裡是臺灣近代歷史的發展舞臺，集許多臺灣文化與人文地景之大成。臺北為臺灣的核心城市；也是臺灣的工商業中心，全島規模最大的公司、企業、銀行、商店總部都設在這裡。2014 年 7 月 14 日，臺北市入圍 2014 城市氣候獎，成亞洲唯一入選城市。

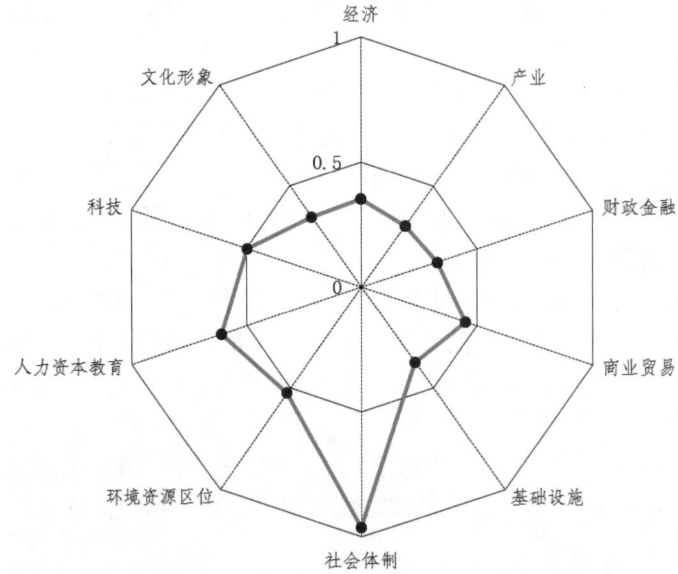

圖 7.13.1　2015 年臺北分項競爭力雷達圖

臺北 2015 年綜合競爭力的基本情況如下：經濟競爭力得分為 799.78，排名第 10，與上年持平；產業競爭力得分為 89.22，排名第 96，下降 8 位；財政金融競爭力得分為 1068.08，排名第 13，下降 1 位；商業貿易競爭力得分為 1310.13，排名第 10，下降 1 位；基礎設施競爭力得分為 851.77，排名第 34，下降 1 位；社會體制競爭力得分為 1458.81，排名第 5，上升 2 位；環境資源區位競爭力得分為 467.39，排名第 29，下降 5 位；人力資本教育競爭力得分為 1925.49，排名第 10，下降 4 位；科技競爭力得分為 2069.36，排名第 8，與上年持平；文化形象競爭力得分為 675.45，排名第 27，下降 1 位；綜合競爭力得分為 4858.59，排名第 13，與上年持平。

經濟競爭力得分為 799.78，排名第 10，上年持平，二級指標城市效率指數為 0.365，排名第 4。

產業競爭力得分為 89.22，排名第 96，下降 8 位，二級指標產業規模指數為 0.24，排名 68，下降 1 位，產業國際化指數為 0.298，排名 29 位，下降 3 位。

產業貢獻指數為 0.198，排名從 90 下降到 153 名。

財政金融競爭力得分為 1068.08，排名第 13，下降 1 位，二級指標財政金融規模指數排名從 27 下降到 37 名，數值為 0.186，臺北財政預算內收入 2014 年為 348.88 億新臺幣，2015 年為 331.30 億新臺幣，比上年有所下降。

商業貿易競爭力得分為 1310.13，排名第 10，下降 1 位，二級指標國內商貿規模指數排名從 133 下降到 146 名，數值為 0.147，三級指標批發零售貿易業商品銷售總額 635.08 億新臺幣，商貿機構指數由去年的 85 名下降到 101，但其他三級指標基本沒什麼變化。

基礎設施競爭力得分為 851.77，排名第 34，下降 1 位，二級指標基礎設施供應指數指數數值為 0.342，排名有所下降，今年為 19 名；二級指標社會公平保障指數排名從 5 下降到 6，但數值有所增加，為 0.719。

環境資源區位競爭力得分為 467.39，排名第 29，下降 5 位，其中二級指標區位指數排名不變，數值為 0.89，排名為 4，連續四年保持這個水平。

人力資本教育競爭力得分為 1925.49，排名第 10 位，下降 4 位，其中的二級指標人力資本投入指數排名不變，數值為 0.819。

科技競爭力得分為 2069.36，排名第 8，與上年持平，其中二級指標科研機構指數排名不變，為 22 位，數值為 0.522。

文化形象競爭力得分為 675.45，排名第 27，下降 1 位，其二級指標中城市營銷能力指數排名 11，數值為 0.635。

從數據分析可以看出，2015 年臺北產業競爭力排名第 96，下降 8 位，基礎設施競爭力排名第 34，下降 1 位。社會體制方面，排名第 5，上升 2 位。商業貿易競爭力方面，排名第 10，下降 1 名。綜合來看，在所有指標下降的情況下，臺北經濟發展速度也相對減緩，綜合競爭力排名第 13 位，與去年持平。

7.14 澳門綜合競爭力點評分析

澳門是中華人民共和國兩個特別行政區之一，位於中國東南沿海的珠江三角洲西側，由澳門半島、氹仔島、路環島和路氹城四部分組成，東面則與香港相距 60 公里，中間以珠江口相隔。其著名的紡織品、玩具、旅遊業、酒店和娛樂場使得澳門長盛不衰。東西文化的融合共存使澳門成為一個風貌獨特的城市，留下了大量歷史文化遺跡。澳門是一個自由港，世界四大賭城之一，為全球最發達、富裕的地區之一。

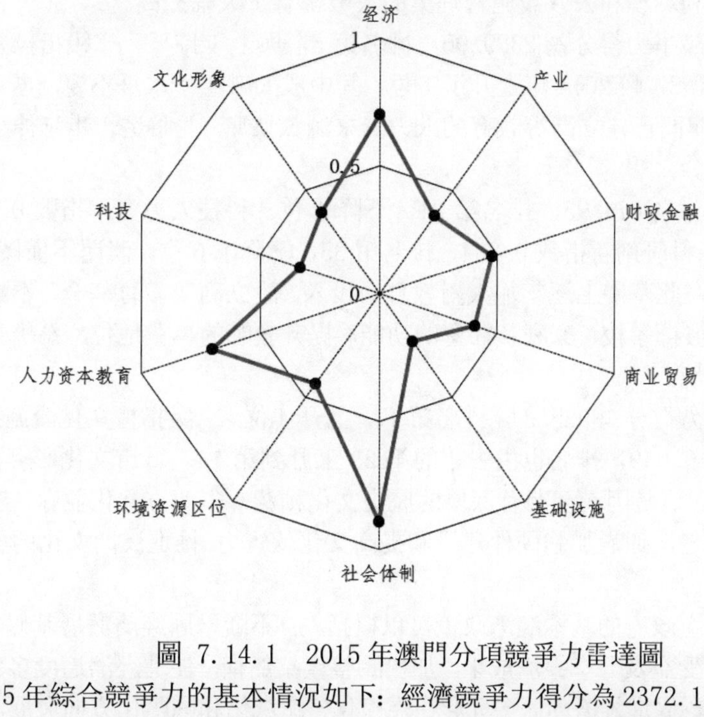

圖 7.14.1　2015 年澳門分項競爭力雷達圖

澳門 2015 年綜合競爭力的基本情況如下：經濟競爭力得分為 2372.15，排名第 2，上升 1 位；產業競爭力得分為 625.87，排名第 44，上升 18 位；財政金融競爭力得分為 2229.5，排名第 4，上升 4 位；商業貿易競爭力得分為 1075.15，排名第 12，下降 1 位；基礎設施競爭力得分為-209.17，排名第 135，下降 60 位；社會體制競爭力得分為 1074.55，排名第 8，上升 3 位；環境資源區位競爭力得分為 173.21，排名第 64，下降 15 位；人力資本教育競爭力得分為 2389.96，排名第 5，與上年持平；科技競爭力得分為 674.95，排名第 31，下降 1 位；文化形象競爭力得分為 925.24，排名第 17，上升 4 位；綜合競爭力得分為 4796.37，排名第 14，下降 2 位。

經濟競爭力得分為 2372.15，排名第 2，上升 1 位。從二級指標來看，城市效率指數排名第 1，澳門 GDP 為 3687.28 億人民幣，增長-20.3%，大幅縮減，人均 GDP 為 511552 元人民幣，究其原因是賭場巨頭淨利潤下跌超 50%。

產業競爭力得分為 625.87，排名第 44，上升 18 位。二級指標產業規模指數 0.169，排名下降 3 名，位於 144 位。產業效率指數 0.962，排名第 2，上升了 0.189。產業規模排名有所下降，其原因是博彩收入由 3527.14 億澳元下降至 2318.11 億澳元，降幅-34.28%。

財政金融競爭力得分為 2229.5，排名第 4，上升 4 位。2014 年財政金融規模指數為 0.26，排名第 19，較 2014 年下降了 7 名。金融資本可獲得指數 0.17，排名第 51，下降 19 名，同樣受到博彩行業的影響，財政金融規模下降較大。

商業貿易競爭力得分為 1075.15，排名第 12，下降 1 位。從二級指標來看，2015 年國內商業貿易規模指數為 0.219，55 名，下降 2 位。批發零售貿易業銷售總額不變。

基礎設施競爭力得分為 209.17，排名第 135，下降 60 位。城市居民居住指數 0.126，排名第 299，下降 1 位。新建成私人樓宇面積 2577817 平方米，比去年增加 486.1%，可以看出 2015 年，澳門特區政府把保障和改善民生作為施政重點，及時優化各項民生福利政策。

社會體制競爭力得分為 1074.55，排名第 8，上升 3 位。從二級指標來看，2015 年澳門社會公平保障水平指數為 0.889，排名不變，為第 3 名，這是因為社會保障覆蓋率由 2014 年的 70%上升到 80%。社會管理指數排名第 8，上升 4 位，人均社會保障補助支出為 1。

環境資源區位競爭力得分為 173.21，排名第 64，下降 15 位。2015 年澳門二級指標環境資源水平指數 0.565，排名第 25，但城市綠化相對量和綠化絕對量不變。針對九澳隧道工程施工，政府加強對工地內的污染控制，嚴防對周邊環境帶來不良影響。三廢綜合利用產品產值和城市從事水利環境和公共設施管理業的人數都有了大幅提高。

人力資本教育競爭力得分為 2389.96，排名第 5，與上年持平。二級指標人力資源素質指數 0.596，排名第 8，較 2014 年上升了 1 位，其中成人識字率水平不變，專業技術人員比重上升了 5.2 倍。澳門已建立高等教育的人力資來源數據庫，並將進一步延伸至赴內地和海外升學的澳門學生。

科技競爭力得分為 674.95，排名第 31，下降 1 位。科技人力資本指數 0.208，排名第 40，下降了 15 位，科研創新指數 0.234，排名第 35，下降了 6 位。澳門不僅擁有 15 年的免費教育政策，而且在此基礎上逐年加大對教育的投入，設立高等教育基金，不斷優化軟硬件條件及設施。充分發揮學校、家庭及社會的功能，提升教師的專業地位，為學生的全面發展營造健康的成長環境。

文化形象競爭力得分為 925.24，排名第 17，上升 4 位。二級指標文化設施指數 0.306，數值較上年增長了 0.049，排名也由去年的第 23 上升到第 14。城市文化影響指數 0.679，城市推廣度 0.767，這是因為澳門有深厚的歷史文化積澱，中西方文化並存，交相輝映，澳門政府要把握住機遇，通過加強硬件建設和提高文化軟實力，推進澳門文化的發展，繼續加大澳門的城市影響力。

澳門特別行政區政府的基本經濟政策可以概括為：不斷鞏固經濟發展基礎，逐步讓更多居民從經濟發展中受益及分享經濟成果，加快調整產業結構，促進經濟適度多元化，逐步提升經濟綜合競爭力，促進經濟朝著多元化、規範化、區域化和國際化方向發展，有效和妥善處理經濟發展中存在的問題，努力實現經濟健康、協調及可持續發展。在該政策的指引下澳門的各項指標穩中有進，僅少數指標出現下降，綜合競爭力有窄幅下降。

7.15 青島綜合競爭力點評分析

青島是山東省省轄市，副省級城市、計劃單列市、山東省經濟中心城市、全國首批沿海開放城市、國家級歷史文化名城、全國文明城市、國家衛生城市。青島因名牌企業眾多，被譽為“中國品牌之都”、“世界啤酒之城”、“世界帆船之都”。2011 年 1 月，國務院批准山東半島藍色經濟區規劃，青島市作為其核心區域和龍頭城市。2012 年度城市科學發展指數排名中，位列第七位。2013-2014 年連續兩屆舉辦世界杯帆船賽。

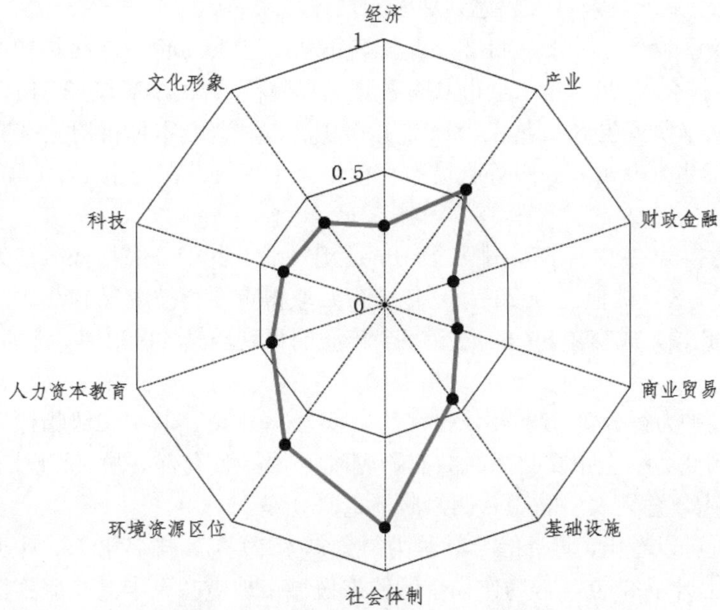

圖 7.15.1　2015 年青島分項競爭力雷達圖

青島 2015 年綜合競爭力的基本情況如下：經濟競爭力得分為 553.5，排名第 19，上升 3 位；產業競爭力得分為 1741.33，排名第 12，與上年持平；財政金融競爭力得分為 709.38，排名第 26，下降 3 位；商業貿易競爭力得分為 528.72，排名第 32，下降 4 位；基礎設施競爭力得分為 1362.67，排名第 19，下降 1 位；社會體制競爭力得分為 805.27，排名第 18，上升 10 位；環境資源區位競爭力得分為 853.04，排名第 12，上升 3 位；人力資本教育競爭力得分為 1109.5，排名第 23，上升 1 位；科技競爭力得分為 1294.33，排名第 16，上升 4 位；文化形象競爭力得分為 878.48，排名第 19，下降 1 位；綜合競爭力得分為 4519.37，排名第 15，上升 3 位。

經濟競爭力得分為 553.5，排名第 19，上升 3 位，二級指標居民生活指數排名 53 不變，數值為 0.3，2015 年，全市生產總值 9300.07 億元，增長 8.1%。人均 GDP 達到 102519 元。

產業競爭力得分為 1741.33，排名第 12，與上年持平，二級指標產業規模排名從 14 上升到 12 名，數值 0.483，三次產業比例為 3.9:43.3:52.8。

財政金融競爭力得分為 709.38，排名第 26，下降 3 位，二級指標財政金融規模指數排名與上年持平 17 位，數值為 0.277，全年財政總收入實現 2713.7 億元，下降 4.3%。

商業貿易競爭力得分為 528.72，排名第 32，下降 4 位，二級指標外貿指數從 13 下降到 19 名，數值為 0.193，青島口岸對外貿易進出口總額 8972.6 億元，下降 11.1%。實際到賬外資金額 66.9 億美元，增長 10.0%。

基礎設施競爭力得分為 1362.67，排名第 19，下降 1 位，二級指標基礎設施供應指數排名從 39 下降到 49 名，數值 0.249，全年供應液化氣總量 3.3 萬噸，供應天然氣總量 7.9 億立方米。城市氣化率達到 100%。全年新增供熱面積 560 萬平方米，年末供熱面積達到 1.2 億平方米。

社會體制競爭力得分為 805.27，排名第 18，上升 10 位，二級指標社會公平保障排名從第 92 上升到第 47，數值為 0.529；年末全市共有衛生機構(含診所)3146 處，年末各類衛生技術人員 6.6 萬人，擁有醫療床位 4.9 萬張。

環境資源區位競爭力得分為 853.04，排名第 12，上升 3 位，其中二級指標環境質量指數排名從 39 上升到 30 名，數值為 0.853，環境改善投入指數排名從 42 上升到 34 名，數值為 0.236，市區空氣質量優良天數達到 293 天，優良率 80.3%。

人力資本教育競爭力得分為 1109.5，排名第 23，上升 1 位。二級指標中除人力資本素質指數 0.482，排名第 28；年末全市共有各類大專院校(含民辦高校)23 所，全年研究生招生 1.1 萬人，在學研究生 3.1 萬人，畢業生 0.9 萬人。普通本專科招生 9.2 萬人，在校生 32.2 萬人，畢業生 8.0 萬人。中等職業教育招生 4.1 萬人，在校生 11.9 萬人，畢業生 4.4 萬人。

科技競爭力得分為 1294.33，排名第 16，上升 4 位，其中二級指標科技人力資本指數排名不變，位列 22 名，數值為 0.269；全年全市共取得重要科技成果 639 項。全年共成交技術合同項目 5206 項，成交額 89.54 億元。全年發明專利申請 44962 件，發明專利授權 5170 件。

文化形象競爭力得分為 878.48，排名第 19，下降 1 位，其中二級指標文化設施指數排名第 32，數值為 0.24；全市文化系統共有影劇院 47 處，文化館(站)152 處，博物館 53 處，公共圖書館 13 處，藝術表演團體 8 個，廣播電臺 8 座。

從數據分析可以看出，青島綜合競爭力得分為 4519.37，排名第 15，上升 3 位。科技競爭力排名 16，上升了 4 位。青島作為全國的旅遊城市地處膠東半島，服務業和運輸業有較大的發展前景，這一點從數據中也可以看出。

7.16 大連綜合競爭力點評分析

大連，別稱鯤城，位於遼東半島南端，地處黃渤海之濱，背依中國東北腹地，與山東半島隔海相望。大連是中國東部沿海重要的經濟、貿易、港口、工業、旅遊城市。有“東北之窗”、“北方明珠”、“浪漫之都”之稱，是中國東北對外開放的視窗和最大的港口城市；曾獲得中國最佳旅遊城市、國際花園城市、國家環保模範城市等榮譽稱號。

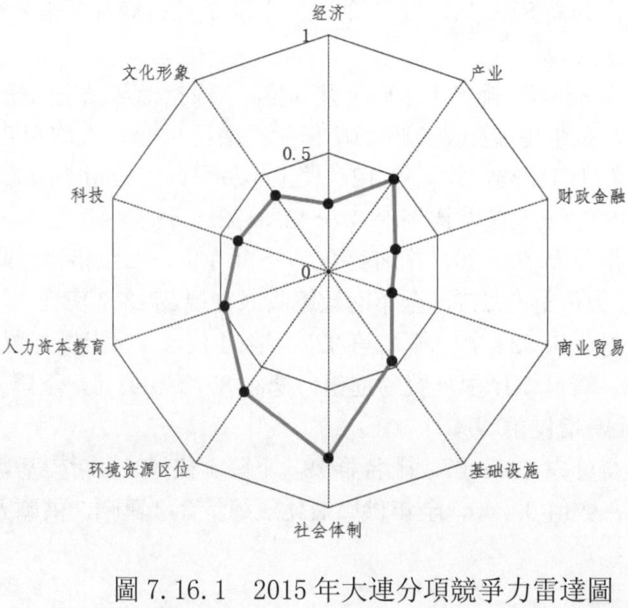

圖 7.16.1　2015 年大連分項競爭力雷達圖

大連 2015 年綜合競爭力的基本情況如下：經濟競爭力得分為 508.82，排名第 22，下降 6 位；產業競爭力得分為 1382.34，排名第 18，下降 2 位；財政金融競爭力得分為 917.52，排名第 16，上升 1 位；商業貿易競爭力得分為 508.24，排名第 33，下降 12 位；基礎設施競爭力得分為 1556.34，排名第 15，與上年持平；社會體制競爭力得分為 570.11，排名第 30，下降 1 位；環境資源區位競爭力得分為 798.21，排名第 15，下降 3 位；人力資本教育競爭力得分為 1248.83，排名第 18，下降 1 位；科技競爭力得分為 1400.56，排名第 14，上升 2 位；文化形象競爭力得分為 937.22，排名第 16，上升 3 位；綜合競爭力得分為 4349.94，排名第 16，下降 1 位。

經濟競爭力得分為 508.82，排名第 22，下降 6 位。全年地區生產總值 7731.6 億元，比上年增長 4.2%。人均生產總值 110673 元，按年平均匯率折算為 17769 美元。

產業競爭力得分為 1382.34，排名第 18 位，下降 2 位。其二級指標產業效率指數由數值 0.594 下降到 0.52，排名下降到 61。

財政金融競爭力得分為 917.52，排名第 16，上升 1 位，二級指標財政金融規模指數增加數值 0.289，排名為 14，上升 1 位，財政金融效率指數由 35 上升到 28。

商業貿易競爭力得分為 508.24，排名第 33，下降 12 位。全年社會消費品零售總額 3084.3 億元，增長 8.5%。二級指標國內商貿規模指數排名 20，數值為 0.325，下降 2 位。

基礎設施競爭力得分為 1556.34，排名第 15，與上年持平。二級指標基礎設施投資排名第 7，數值為 0.62；全年固定資產投資 4559.3 億元，下降 32.7%。

社會體制競爭力得分為 570.11，排名第 30，下降 1 位，二級指標社會公平保障指數排名從第 41 上升到第 30，數值為 0.563，相比去年數值增加了 0.007；三級指標基尼指數 0.964 下降到 0.913。

科技競爭力得分為 1400.56，排名第 14，上升 2 位；2015 年全年 10 名個人和 1 個基地入選國家創新人才推進計畫。全市擁有國家級重點實驗室 6 個、工程技術研究中心 8 個、企業技術中心 13 個；省級重點實驗室 83 個、工程技術研究中心 70 個。

環境資源區位競爭力得分為 798.21，排名第 15，下降 3 位。二級指標其中區位指數保持三年不變數值 0.605，排名為 12；三級指標自然區位優勢度 0.9，和上年水平相當，交通區位優勢度 0.8，也與去年的指標數值相同。

人力資本教育競爭力得分為 1248.83，排名第 18 位，比 2014 年排名下降了 1 位。二級指標人力資本素質排名從 18 上升到 14 數值為 0.547；其中的三級指標高素質人力資本相對儲備量 397.9188，大專以上人口比重 0.65，略有下降。

文化形象競爭力得分為 937.22，排名第 16，上升 3 位。二級指標文化設施指數排名從 24 上升到 13 名，數值為 0.307，增加了 0.052；文化設施地增加，使得文化形象競爭力也有所增加。

大連綜合競爭力得分為 4349.94，排名第 16。財政金融競爭力得分為 917.52，排名第 16，上升 1 位。2015 年大連財政金融業實現了平穩發展。2015 年大連社會體制競爭力下滑，排名第 30，下降 1 位。失業率上升，綜合來看，大連在財政金融、基礎設施、科技資本、文化形象等方面實現了穩定發展。但是在經濟、產業、商業貿易等方面卻出現下降走勢。綜合起來，大連市的綜合競爭力排名有所降低，較上年下降了 1 位。

7.17 寧波綜合競爭力點評分析

寧波，是副省級的計劃單列市以及國務院批准的較大的市，擁有地方性法規的立法權。寧波位於浙東，長江三角洲南翼，北臨杭州灣，西接紹興，南靠台州，東北與舟山隔海相望。在中央及浙江省的文件中，寧波市分別被定義為長三角南翼經濟中心和浙江省經濟中心。全國紡織服裝企業 500 強出爐，寧波獨佔 16 席，寧波人文積澱豐厚，屬於典型的江南水鄉兼海港城市，是國家歷史文化名城、中國大運河最南端出海口、“海上絲綢之路”東方始發港、中國優秀旅遊城市，公衆首選宜居城市之一。

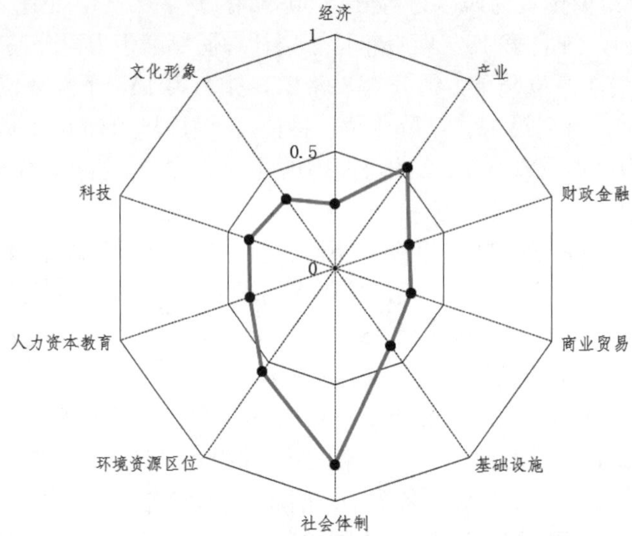

圖 7.17.1　2015 年寧波分項競爭力雷達圖

寧波 2015 年綜合競爭力的基本情況如下：經濟競爭力得分為 452.91，排名第 27，下降 1 位；產業競爭力得分為 1764.38，排名第 11，下降 1 位；財政金融競爭力得分為 1150.99，排名第 12，下降 1 位；商業貿易競爭力得分為 780.61，排名第 19，下降 3 位；基礎設施競爭力得分為 1144.95，排名第 25，下降 4 位；社會體制競爭力得分為 851.02，排名第 16，上升 4 位；環境資源區位競爭力得分為 541.69，排名第 25，下降 2 位；人力資本教育競爭力得分為 819.23，排名第 28，上升 5 位；科技競爭力得分為 1247.05，排名第 18，上升 1 位；文化形象競爭力得分為 785.24，排名第 23，下降 6 位；綜合競爭力得分為 4238，排名第 17，與上年持平。

經濟競爭力得分為 452.91，排名第 27，下降 1 位；二級指標城市效率指數為 0.22，排名第 60 位，下降 11 名；其三級指標 2015 年地區生產總值為 8011.5 億元，增長 8.0%，高於全國平均水平，全市人均地區生產總值為 102475 元。

產業競爭力得分為 1764.38，排名第 11，下降 1 位，二級指標產業結構指數為 0.669，排名第 13；三次產業之比為 3.6∶49.0∶47.4，可以看出第三產業在產業競爭力中的作用在逐漸增強。

財政金融競爭力得分為 1150.99，排名第 12 位，下降 1 位，二級指標金融資本質量指數排名不變 位列第 9 名，數值 0.593；2015 年全市實現財政總收入 2072.7 億元 增長 11.4%。節能環保、交通運輸、社會保障和就業、城鄉社區、醫療衛生與計劃生育等支出分別增長 56.6%、24.2%、23.5%、38.4%和 13.0%。

商業貿易競爭力得分為 780.61，排名第 19，下降 3 位，二級指標國內商貿規模排名從 13 到 14，下降 1 位，數值為 0.39；2015 年全市商品銷售總額 1.78 萬億元，增長 10.5%。全年完成社會消費品零售總額 3349.6 億元 增長 12.0% 年末全市限額以上貿易企業達 3709 家，全年實現營業收入 11144.5 億元，實現利潤總額 103.8 億元。

基礎設施競爭力得分為 1144.95，排名第 25，下降 4 位，二級指標基礎設施投資指數排名從 23 下降到 22 名，數值 0.39；三級指標房地產開發水平 1123.14 億元和固定資產投資水平 3422.95 億元。

社會體制競爭力得分為 851.02，排名第 16，上升 4 位，二級指標社會公平保障指數排名從 42 上升到 10 位，數值 0.644，2015 年末全市擁有各類醫療衛生機構 4069 個，按戶籍人口統計，每千人床位數、衛技人員數、執業醫師（含助理）數和註冊護士數分別達到 5.5 張、9.6 人、3.7 人和 3.7 人。

環境資源區位競爭力得分為 541.69，排名第 25，下降 2 位，其中二級指標環境質量指數 0.735，排名較 2014 年的 56 下降到 132。

人力資本教育競爭力得分為 819.23，排名第 28，上升 5 位。其中二級指標人力資本教育設施指數 0.249，排名第 109，上升 9 位，2015 年末全市共有各級各類學校 2092 所，在校學生總數 131.3 萬人。

科技競爭力得分為1247.05，排名第18，上升1位，其中二級指標科研機構指數為0.382，排名第 32，2015 年全市專利申請量 58779 件，獲得省級科學技術獎 29 項，共有企業研究院 79 家，省級高新技術企業研究開發中心 313 家，培育創新型初創型企業 1848 家，累計達到 6982 家。

文化形象競爭力得分為 785.24，排名第 23，下降 6 位。其中二級指標文化設施指數，文化意識指數，文化資源指數排名均有不同程度提高。2015 年 9 月寧波榮膺“東亞文化之都”。

寧波綜合競爭力排名第 17，與上年持平。但在環境資源上取得了進步，綜合來看，寧波在 2015 年各方面都實現了平穩的發展，經濟，文化，社會，環境齊頭發展，這也使得寧波市綜合競爭力沒有發生變化，與上年持平，保持在第 17 位。

7.18 無錫綜合競爭力點評分析

無錫，古稱梁溪，被譽為“太湖明珠”，位於江蘇省南部，長江三角洲平原腹地，太湖流域的交通中樞，北倚長江，南瀕太湖，東接蘇州，西連常州，京杭大運河從中穿過；運河絕版地、江南水弄堂就位於無錫。無錫自古就是著名的魚米之鄉、中國四大米市之一。無錫是中國民族工業的發源地之一，素有布碼頭、錢碼頭、小上海之稱。無錫地處太湖之濱，風景絕美秀麗，歷史千年悠長，是在江南濛濛煙雨中孕育出的一顆璀璨的太湖明珠，具有豐富而優越的自然風光和厚重而悠長的歷史文化無錫，是長三角先進製造業基地、服務外包與創意設計基地和區域性商貿物流中心、職業教育中心、旅遊度假中心。

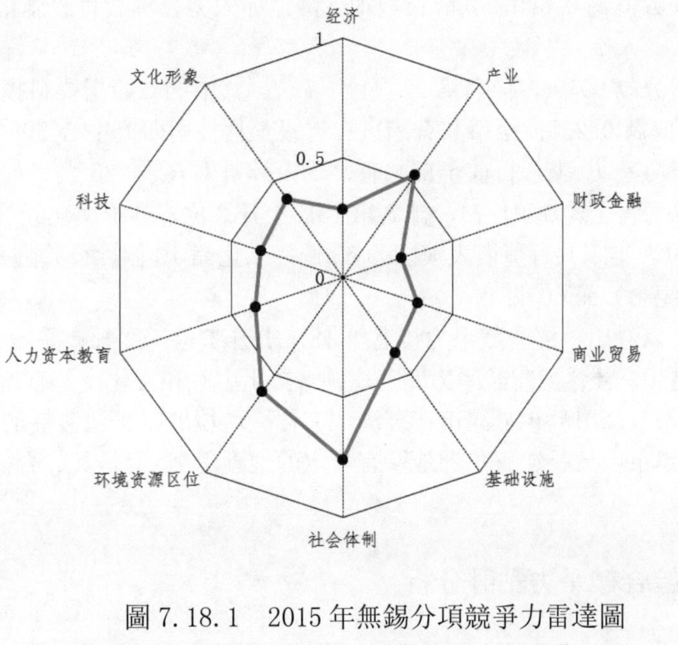

圖 7.18.1　2015 年無錫分項競爭力雷達圖

無錫 2015 年綜合競爭力的基本情況如下：經濟競爭力得分為 505.93，排名第 25，下降 4 位；產業競爭力得分為 1706.66，排名第 13，下降 4 位；財政金融競爭力得分為 609.73，排名第 30，下降 9 位；商業貿易競爭力得分為 745.25，排名第 20，上升 4 位；基礎設施競爭力得分為 962.20，排名第 30，下降 5 位；社會體制競爭力得分為 413.22，排名第 42，下降 18 位；環境資源區位競爭力得分為 666.24，排名第 19，下降 1 位；人力資本教育競爭力得分為 785.19，排名第 30，上升 5 位；科技競爭力得分為 991.6，排名第 22，上升 7 位；文化形象競爭力得分為 1001.74，排名第 13，上升 3 位；綜合競爭力得分為 4160.76，排名第 18，上升 1 位。

經濟競爭力得分為 505.93，排名第 25，下降 4 位；二級指標城市規模指數排名由 13 上升到 15，全市實現地區生產總值 8205.31 億元，比上年增長 8.2%。人均生產總值達到 12.65 萬元，按現行匯率折算達到 2.07 萬美元。

產業競爭力得分為 1706.66，排名第 13 位，下降 4 位，二級指標產業規模指數排名第 15，與上年持平，產業結構升級加快。三次產業比例調整為 1.6:49.3:49.1。

財政金融競爭力得分為 609.73，排名第 30，下降 9 位，二級指標財政金融效率指數排名 17，與上年持平，數值為 0.395。全市一般公共預算收入 710.91 億元，減少 7.4%。一般公共預算支出 711.49 億元，減少 4.8%。全市城鎮登記失業率為 1.89%。

商業貿易競爭力得分為 745.25，排名第 20，上升 4 位，二級指標商貿機構指數排名從 11 上升到 10 名，數值為 0.469，全年市區居民消費價格指數（CPI）為 101.8，比上年回落 0.4 個百分點。

基礎設施競爭力得分為 962.20，排名第 30，下降 5 位；二級指標基礎設施投資排名由 19 位到 20 位，下降 1 位，數值為 0.423；三級指標全年固定資產投資完成 3973.52 億元，降低 14.2%。全年房地產業實現增加值 405.95 億元，增長 7.5%。

社會體制競爭力得分為 413.22，排名第 42，下降 18 位；二級指標醫療保健指數排名從 45 下降到 96 名，數值為 0.636；城鎮化率 75.40%。全體居民人均可支配收入 39461 元，增長 8.2%。

環境資源區位競爭力得分為 666.24，排名第 19，下降 1 位，二級指標自然資源指數排名 265 到 280，下降 15 位，數值為 0.175，人均公園綠地面積 14.91 平方米，建成區綠化覆蓋率達到 42.98%。

人力資本教育競爭力得分為 785.19，排名第 30，上升 5 位。其中二級指標人力資本吸引指數與去年持平數值為 0.645，其餘指數均下降，如人力資本教育設施指數 0.257，排名下降 17 位。

科技競爭力得分為 991.6，排名第 22，上升 7 位，其中的二級指標科技人力資本指數排名不變 33 名，數值為 0.226；全市共有國家、省級工程技術研究中心 506 家，國家、省級高技術研究重點實驗室 10 家，目前全市共有“千人計畫”人才 226 人。

文化形象競爭力得分為 1001.74，排名第 13，上升 3 位。其中文化設施指數 0.297，排名第 16，上升 1 位。年末共有藝術表演團體 53 個，文化館 10 個，公共圖書館 10 個，文化站 80 個，博物（紀念）館 60 個。

從數據分析可以看出，經濟競爭力排名第 18，上升 1 位。從社會系統來看，2015 年無錫取得了巨大的進步，社會體制競爭力顯著增強。文化事業和文化產業有所發展。環境保護力度加強。總體看來，2015 年無錫市在經濟、文化、環境取得平穩發展的基礎上，取得了較好的成績。而無錫市處於長江三角洲地區有一定的地理優勢，但是其綜合競爭力不如蘇州、寧波等城市。

7.19 瀋陽綜合競爭力點評分析

瀋陽，遼寧省省會，別稱盛京，中國 15 個副省級城市之一，中國七大區域中心城市之一，中國特大城市，東北地區最大的國際大都市。瀋陽位於中國東北地區南部，是長三角、珠三角、京津冀地區通往關東地區的的綜合樞紐城市。瀋陽是建國初期國家重點建設起來的以裝備製造業為主的全國重工業基地之一，是東北地區最大的鐵路、公路、航空交通樞紐中心，擁有東北地區最大的民用航空港，全國最大的鐵路編組站和全國最高等級的"一環五射"高速公路網。

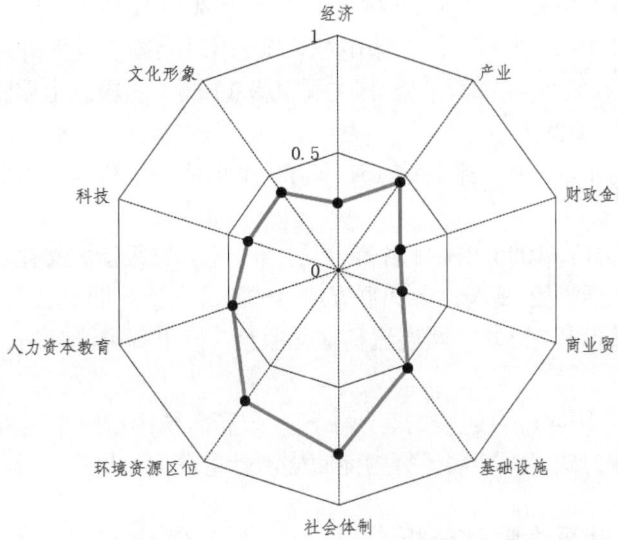

圖 7.19.1　2015 年瀋陽分項競爭力雷達圖

瀋陽 2015 年綜合競爭力的基本情況如下：經濟競爭力得分為 507.24，排名第 24，下降 1 位；產業競爭力得分為 1240.14，排名第 23，下降 4 位；財政金融競爭力得分為 753.9，排名第 21，下降 1 位；商業貿易競爭力得分為 529.93，排名第 31，下降 8 位；基礎設施競爭力得分為 1927.55，排名第 13，下降 1 位；社會體制競爭力得分為 520，排名第 35，上升 4 位；環境資源區位競爭力得分為 988.03，排名第 10，上升 1 位；人力資本教育競爭力得分為 1244.7，排名第 19，與上年持平；科技競爭力得分為 1332.96，排名第 15，與上年持平；文化形象競爭力得分為 1030.21，排名第 12，上升 3 位；綜合競爭力得分為 4006.9，排名第 19，下降 3 位。

經濟競爭力得分為 507.24，排名第 24，下降 1 位。城市居民生活水平指數 0.302，排名第 50。實現生產總值 7280.5 億元，增長 3.5%。2015 年，城市居民人均可支配收入 36664.0 元，增長 7.1%，農村居民人均可支配收入 13498.0 元，增長 7.8%。

產業競爭力得分為 1240.14，排名第 23，下降 4 位。從二級指標來看，2015 年產業貢獻指數 0.438，排名 20 位，下降 6 位。實現規模以上工業增加值 2620.7 億元，增長-2.9%；固定資產投資 5326.0 億元，增長-18.9%。

財政金融競爭力得分爲 753.9，排名第 21，下降 1 位。從二級指標來看，財政金融規模指數 0.270，排名第 17，下降 1 位，金融資本可獲得指數 0.247，排 19，下降 2 位。全年一般公共預算收入 606.2 億元，下降 22.8%，其中各項稅收 492.4 億元，下降 19.3%。

商業貿易競爭力得分爲 529.93，排名第 31，下降 8 位。從二級指標來看，國內商貿規模指數 0.404，排名 12，下降 1 位，外貿指數 0.162，排名 38 位，下降 17 位。全年進出口總額 140.8 億美元，比上年下降 10.8%。其中，進口總額 72.9 億美元，下降 15.7%；出口總額 67.9 億美元，下降 5.0%。

基礎設施競爭力得分為 1927.55，排名第 13，下降 1 位。城市居民居住指數 0.514，下降 9 位，為 14 名。基礎設施供應水平指數 0.327，排名 20，上升 1 位。全市供熱面積達到 2.68 億平方米。建成區綠化覆蓋率 41.78%，城區人均公園綠地面積 14.10 平方米。

社會體制競爭力得分為 520，排名第 35，上升 4 位。二級指標社會公平保障指數為 0.573，排名 26，上升 53 位。社會管理指數 0.501，排名下降了 6 名，為 55 名。

環境資源區位競爭力得分爲 988.03，排名第 10，上升 1 位。二級指標自然資源水準指數 0.362，排名 182，上升 18 位。全年完成 8 個公園的提升改造、19 塊節點綠地綠化、8 條特色花街建設，新增綠籬街路 16 條。

人力資本教育競爭力得分爲 1244.7，排名第 19，比 2014 年持平。其中人力資本素質指數 0.558，排名 13，上升 6 位。年末，全市擁有市及市以上獨立科學研究與技術開發機構 107 個;省級以上工程(技術)中心 237 個，其中國家級 14 個；省級以上重點實驗室 288 個，其中國家級 16 個，新增 2 個。

科技競爭力得分為 1332.96，排名第 15，與 2014 年持平。科技人力資本指數 0.285，排名 18，與 2014 年持平。

文化形象競爭力得分為 1030.21，排名第 12，上升 3 位。二級指數文化資源指數 0.442。全年開展各類群眾文化活動 2 萬場，參與群眾達 1592 萬人次。開展公益性藝術培訓 2700 場次，組織公益性文藝演出 700 場；開展流動文化服務，推出圖書流動站、流動博物館“四進”等活動。

綜合來看，2015 年瀋陽綜合競爭力有所下降，政府需積極搶抓中央實施新一輪東北振興戰略的重大機遇，轉方式、調結構，努力促使經濟社會健康發展。

7.20 濟南綜合競爭力點評分析

濟南，山東省省會及最大城市，位於山東省中西部，北臨黃河，南依泰山。濟南是山東省政治、文化、教育中心，華東五大城市之一，中國歷史文化名城，也是國家批准的十五個副省級城市之一。濟南被稱為“泉城”，素有“四面荷花三面柳 一城山色半城湖”的美譽，是國家歷史文化名城，首批中國優秀旅遊城市，史前文化龍山文化的發祥地之一。濟南是連接華東與華北的門戶，是連接華東、華北和中西部地區的重要樞紐之一，地理位置優越，交通發達，是全省公路網路中心和高速公路中心樞紐。

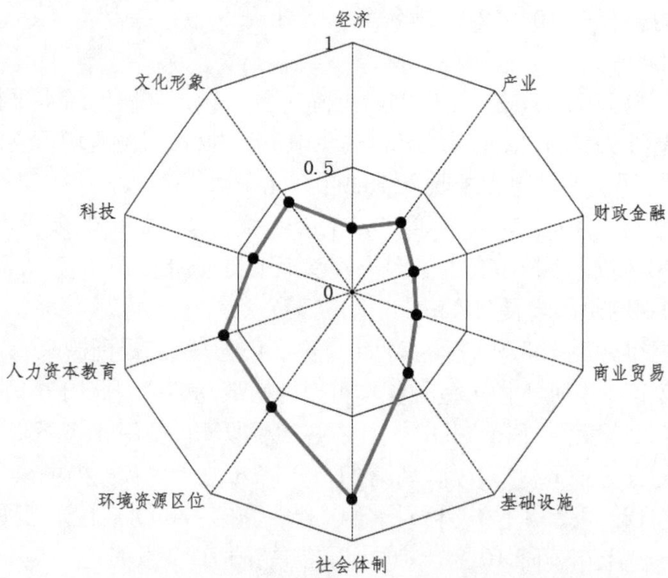

圖 7.20.1 2015 年濟南分項競爭力雷達圖

濟南 2015 年綜合競爭力的基本情況如下：經濟競爭力得分為 353.93，排名第 31，上升 6 位；產業競爭力得分為 371.45，排名第 54，上升 4 位；財政金融競爭力得分為 657.38，排名第 28，下降 3 位；商業貿易競爭力得分為 468.69，排名第 34，下降 4 位；基礎設施競爭力得分為 1061.91，排名第 27，下降 5 位；社會體制競爭力得分為 776.89，排名第 19，上升 7 位；環境資源區位競爭力得分為 613.98，排名第 21，下降 1 位；人力資本教育競爭力得分為 1665.84，排名第 12，上升 1 位；科技競爭力得分為 1518.14，排名第 13，與上年持平；文化形象競爭力得分為 1198.05，排名第 11，上升 1 位；綜合競爭力得分為 3938.92，排名第 20，上升 1 位。

經濟競爭力得分為 359.93，排名第 31，上升 6 位。城市規模指數 0.348，排名第 28，上升 2 位，城市效率指数 0.232，排名第 51，上升 2 位。全市生產總值 6100.23 億元，增長 8.1%。人均生产总值 85919 元，增长 7.0%，按年平均汇率折算为 13795 美元，增长 5.6%。

產業競爭力得分為 371.45，排名第 54，上升 4 位，二級指標產業效率指數排名從 174 上升到 101 名，數值為 0.474，三次產業比例由上年的 5.0:39.2:55.8 調整為 5.0:37.8:57.2。

財政金融競爭力得分為 657.38 排名第 28，下降 3 位，二級指標財政金融規模指數 0.216，上升 1 位，公共財政預算收入 614.3 億元，增長 13.1%。一般公共預算支出 658.6 億元，增長 15.2%，其中各項民生和社會重點事業支出 494.8 億元，增長 16.5%，占一般公共預算支出比重為 75.1%。

商業貿易競爭力得分為 468.69，排名第 34，下降 4 位，二級指標國內商貿規模指數為 0.342，排名由第 16 下降至第 17。全市民營經濟增加值 2260.16 億元，增長 9.5%。民營經濟增加值占全市地區生產總值比重為 37.1%，提高 0.5 個百分點。

基礎設施競爭力得分為 1061.97，排名第 22，下降 5 位，二級指標基礎設施投資指數為 0.31，下降 0.005。全市新能源發電裝機總容量 33.69 萬千瓦，占全市發電總裝機容量的 9.3%。

社會體制競爭力得分為 776.89，排名第 19，上升 7 位，二級指標社會公平保障指數排名從 64 下降到 90 名，數值 0.478。全年刑事案件立案 35047 件，下降 22.32%。破獲刑事案件 20806 件，下降 22.77%；受理社會治安案件 86217 件，下降 6.16%。

環境資源區位競爭力得分為 613.98，排名第 21，下降 1 位，其中二級指標環境資源指數排名從 41 下降至 45 名，數值為 0.500。年末城市建成區面積 496.71 平方公里，增加 11.39 平方公里。年末綠地覆蓋率 39.94%，人均公園綠地面積 11.55 平方米。

人力資本教育競爭力得分為 1665.84，排名第 12，上升 1 位，其中二級指標人力資本素質指數排名從第 10 名上升到第 6 名，數值為 0.64，上升了 4 位。普通高等學校 43 所，普通本專科在校生 53.62 萬人。其中民辦普通高校 11 所，普通本專科在校生 9.97 萬人。普通中學在校生 30.16 萬人。普通小學在校生 41.44 萬人。學齡兒童入學率和小學畢業生升學率均為 100%。

科技競爭力得分為 1518.146，排名第 13，與 2014 年持平，其中二級指標科研機構指數排名第 4，數值為 0.833。全年專利申請量 28944 件，增長 23.11%。專利授權量 15537 件，增長 32.78%。全市獲省科技進步一等獎 1 項、二等獎 7 項，省技術發明二等獎 1 項。

文化形象競爭力得分為 1198.05，排名第 11，上升 1 位，其中二級指標文化意識指數排名 14 位，數值為 0.466、文化設施指數排名 16 位，數值為 0.297、文化資源指數排名 10 位，數值為 0.495、城市營銷能力指數排名 14 位，數值為 0.612。中國非物質文化遺產博覽會永久落戶濟南，填補了濟南市缺少國家級永久文化展會的空白。

從數據分析可知，濟南 2015 年綜合競爭力得分為 3938.92，排名第 20。經濟競爭力排名第 31 位，上升 6 位。文化方面發展平緩，中國非物質文化遺產博覽會永久落戶濟南。總體來看，濟南市經濟、社會、文化、環境各方面發展平穩，變化不大。

7.21 廈門綜合競爭力點評分析

廈門，位於福建省東南端，西接漳州台商投資區，東南與大小金門和大擔島隔海相望，是閩南地區的主要城市之一，與漳州、泉州並稱“廈漳泉”，閩南金三角經濟區。中國 15

個副省級城市之一，五個計劃單列市之一，享有省級經濟管理許可權並擁有地方立法權，既是中國最早實行對外開放政策的四個經濟特區之一，又是十個國家綜合配套改革試驗區之一（即“新特區”）；東南沿海重要的中心城市，現代化國際性港口風景旅遊城市。

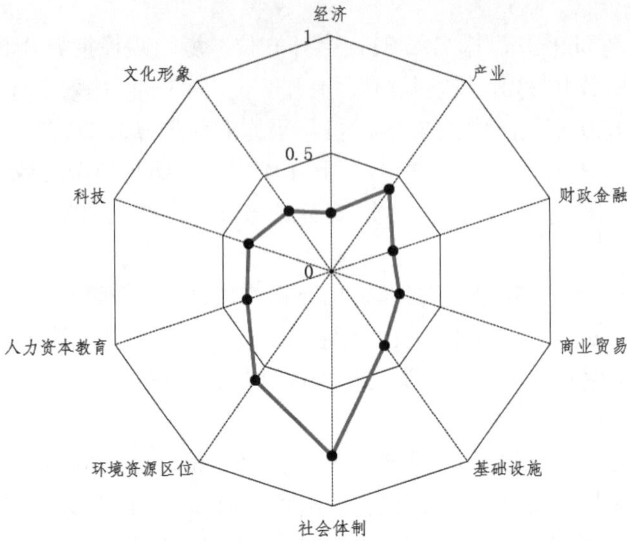

圖 7.21.1　2015 年廈門分項競爭力雷達圖

廈門 2015 年綜合競爭力的基本情況如下：經濟競爭力得分為 320.15，排名第 36，下降 5 位；產業競爭力得分為 1006.24，排名第 31，下降 3 位；財政金融競爭力得分為 737.81，排名第 25，下降 9 位；商業貿易競爭力得分為 609.67，排名第 27，下降 7 位；基礎設施競爭力得分為 982.33，排名第 29，下降 12 位；社會體制競爭力得分為 553.56，排名第 31，下降 18 位；環境資源區位競爭力得分為 615.26，排名第 20，下降 3 位；人力資本教育競爭力得分為 771.01，排名第 33，下降 8 位；科技競爭力得分為 1087.84，排名第 21，上升 1 位；文化形象競爭力得分為 523.59，排名第 40，下降 18 位；綜合競爭力得分為 3808.67，排名第 21，下降 1 位。

經濟競爭力得分 320.15，排名第 36，下降 5 位。全年地區生產總值（GDP）3466.01 億元，增長 7.2%。人均地區生產總值 90378 元，增長 5.3%，折合 14514 美元。

產業競爭力得分為 1006.24，排名第 31，下降 3 位。二級指標產業規模指數 0.238，排名 70 位。三次產業結構為 0.7：43.5：55.8。

財政金融競爭力排得分 737.81，排名第 25，下降 9 位。二級指標金融資本可獲得指數 0.213，排名 32 位，下降 9 位。全市實現公共財政預算總收入 1001.71 億元，增長 10.2%；全年財政支出 652.05 億元，增長 18.9%。

商業貿易競爭力得分為 609.67，排名第 27，下降 7 位。二級指標國內商貿規模指數 0.296，排名第 25，下降 5 位。在限額以上批發零售貿易企業商品零售額中，汽車類零售額 258.42 億元，下降 4.4%；化妝品類零售額 6.20 億元，下降 7.4%。

基礎設施競爭力得分為 851.77，排名第 37，下降 17 位。二級指标基础设施投资指数 0.217，排名第 69，下降 14 位，基础设施供应指数 0.322，排名第 23，下降 7 位。基礎設施投資 590.36 億元，其中交通運輸業投資 312.85 億元，工業投資 354.59 億元。

社會體制競爭力得分為 553.56，排名第 31，下降 18 位。二級指標醫療保健指數 0.65，排名第 64，下降 41 位。年末，實有登記失業人數 2.55 萬人，城鎮登記失業率為 3.22%。

環境資源區位競爭力得分為 615.26，排名第 20，下降 3 位。分析二級指標，環境改善投入指數 0.186，排名第 89，下降 31 位。城市建成區面積擴大到 317 平方公里，擁有公園 110 個，占地面積 2500 公頃；人均公園綠地面積（不含暫住人口）20.92 平方米；建成區綠化覆蓋面積 13278 公頃，綠化覆蓋率為 41.89%；污水集中處理率 94.00%；生活垃圾無害化處理率 100%。

人力資本教育競爭力得分為 771.01，排名第 33，下降 8 位。全市擁有各級學校（含成人教育、社會辦學）1275 所，學年初招生數 22.91 萬人，在校學生數 89.17 萬人。

科技競爭力得分為 1087.84，排名第 21，上升 1 位。科技投入水平指數 0.193，排名 23，下降了 4 位，全市高新技術企業 1000 家，其中國家火炬計畫重點高新技術企業 31 家。創新型（試點）企業 331 家，其中國家級 14 家。

文化形象競爭力得分為 523.59，排名第 40，下降 18 位。二級指標文化設施指數排名 60，下降 34 位。文化資源指數 0.332，排名由 2014 年的 22 名上升到 2015 年的 38。兩岸關係發展的新形勢和廈門獨特的區位與文化優勢，為深化廈台文化交流合作提供良好條件，文化發展的政策法制環境有待進一步完善。

綜合來看，廈門綜合競爭力排名第 21 位，下降 1 位，除科技競爭力較上年上升 1 位，其他 9 項一級指標較上年均有所下降。廈門需進一步提升經濟、社會、環境、文化等方面的競爭力，從薄弱環節入手，完善基礎設施，加強文化建設，發揮好經濟特區視窗和示範作用。

7.22 西安綜合競爭力點評分析

西安，古稱長安，陝西省省會，副省級市，西北地區第一大城市，中國國家區域中心城市（西北），國家重要的科研、教育和工業基地，陝西省的政治、經濟、文化和科教中心。西安兼具現代感和歷史感，作為華夏文明的發源地，是世界四大文明古都（西安、羅馬、開羅、雅典）之一，是中國陸地版圖中心和中國中西部兩大經濟區域的結合部，是西北通往中原、華北和華東各地市的必經之路。西安是絲綢之路經濟帶的經濟、文化、商貿中心，新亞歐大陸橋及黃河流域最大城市。2014 年國務院批復成立的西鹹新區是中國第七個國家級新區。西安科技力量雄厚、人才眾多，科技實力僅次於北京、上海，居全國第三位，是首批中國優秀旅遊城市。

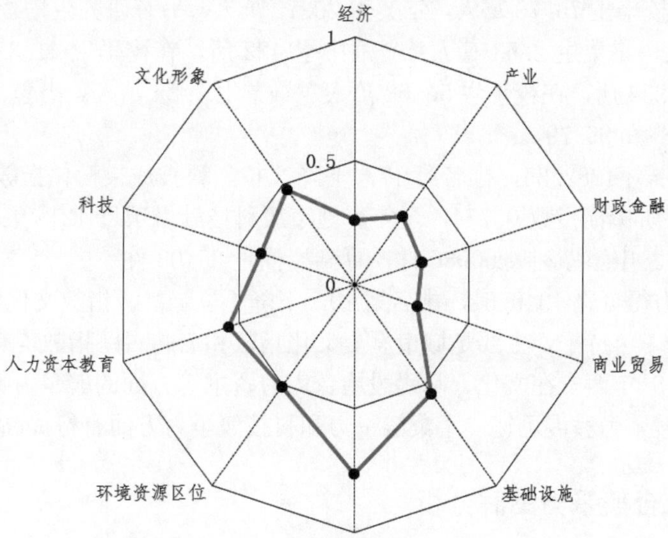

圖 7.22.1　2015 年西安分項競爭力雷達圖

西安 2015 年綜合競爭力的基本情況如下：經濟競爭力得分為 381.85，排名第 30，上升 2 位；產業競爭力得分為 343.45，排名第 60，下降 12 位；財政金融競爭力得分為 843.28，排名第 17，上升 7 位；商業貿易競爭力得分為 425.26，排名第 37，下降 1 位；基礎設施競爭力得分為 2131.93，排名第 10，上升 4 位；社會體制競爭力得分為 429.08，排名第 40，上升 7 位；環境資源區位競爭力得分為 415，排名第 35，上升 2 位；人力資本教育競爭力得分為 1589.78，排名第 15，與上年持平；科技競爭力得分為 1282.35，排名第 17，下降 3 位；文化形象競爭力得分為 1340.61，排名第 10，下降 1 位；綜合競爭力得分為 3647.21，排名第 22，上升 1 位。

西安經濟競爭力得分 381.85，排名第 30，上升 2 位。二級指標城市規模指數 0.351，排名第 25，其中全年生產總值（GDP）5810.03 億元，增長 8.2%。

產業競爭力得分為 343.45，排名第 60，下降 12 位。二級指標產業規模指數 0.319，排名 35 位，上升 4 位。三次產業結構為 3.8∶37.3∶58.9。

財政金融競爭力排名 843.28，排名第 17，上升 7 位。財政金融效率指數為 0.275，排名第 35，金融資本質量指數 0.47，排名 62，都較上年有大幅提升。

商業貿易競爭力得分為 425.26，排名第 37，下降 1 位。二級指標商貿機構指數排名由 60 下降到 63 位，主要由於全年批准外商直接投資項目 73 個，批准合同外資 19.37 億美元，下降 24.1%。

基礎設施競爭力得分為 2131.93，排名第 10，上升 4 位。二級指標基礎設施供應指數 0.29，排名 30 位，上升 3 位，基礎設施行業人力資本指數 0.351，排名 18，上升 4 位。全年完成市政公用設施投資 392.70 億元。

社會體制競爭力得分為 429.08，排名第 40，上升 7 位。具體來看，年末全市城鎮基本醫療保險參保人數 419.52 萬人，城鎮企業職工養老保險參保人數 335.37 萬人，失業保險參保人數 149.62 萬人，工傷保險參保人數 149.22 萬人，職工生育保險參保人數 110.04 萬人。年末農村新型合作醫療參保人數 406.11 萬人，實際參合率 99.22%。

環境資源區位競爭力得分為 415，排名第 35，上升 2 位。二級指標環境資源指數 0.397，排名第 125，上升 20 位。全年城市環境空氣質量好於國家二級標準（良好）以上的天數 251 天。全市集中式飲用水源地的水質達標率為 100%。

人力資本教育競爭力得分為 1589.78，排名第 15，與 2014 年持平。人力資本投入指數 0.332，排名第 54，上升 17 位；人力資本教育設施指數 0.722，排名第 6，下降 1 位。全市普通高校 63 所，在校學生 75.75 萬人，畢業生 20.72 萬人，另有研究生培養單位 43 個，在學研究生 9.14 萬人，畢業生 2.53 萬人；普通中學 422 所，在校學生 41.37 萬人，畢業生 13.92 萬人；小學 1234 所，在校學生 56.62 萬人，畢業生 7.85 萬人。小學、初中學齡人口入學率分別為 99.98%和 99.79%。

科技競爭力得分為 1282.35，排名第 17，下降 3 位。科技成果轉化指數 0.58，排名第 90，下降 27 位，科研機構指數 0.774，全年實施市級科技計畫項目 121 項。全年技術市場交易額 657.44 億元。申請專利量 60986 件，專利授權量 25103 件。

文化形象競爭力得分為 1340.61，排名第 10，下降 1 位。二級指數文化資源指數 0.653 排名第 2 位，與 2014 年持平。主要是城市歷史文化指數和名勝古跡指數均有下降。

綜合來看，2015 年西安在文化、基礎設施、人力資本等方面的競爭力較強，財政金融競爭力和基礎設施競爭力發展迅速，產業競爭力和科技競爭力方面有待提高。

7.23 長沙綜合競爭力點評分析

長沙，簡稱長，湖南省省會，國家首批歷史文化名城，國家綜合配套改革試驗區之一，國家級兩化融合試驗區之一，國家“十二五”規劃確定的重點開發區域，是湖南省的政治、經濟、文化、科教和商貿中心。長沙是中國南方地區重要的中心城市，綜合實力位居全國前列，同時，長沙致力於打造中部最開放、具有重大國際影響力的文化名城和世界級旅遊城市。

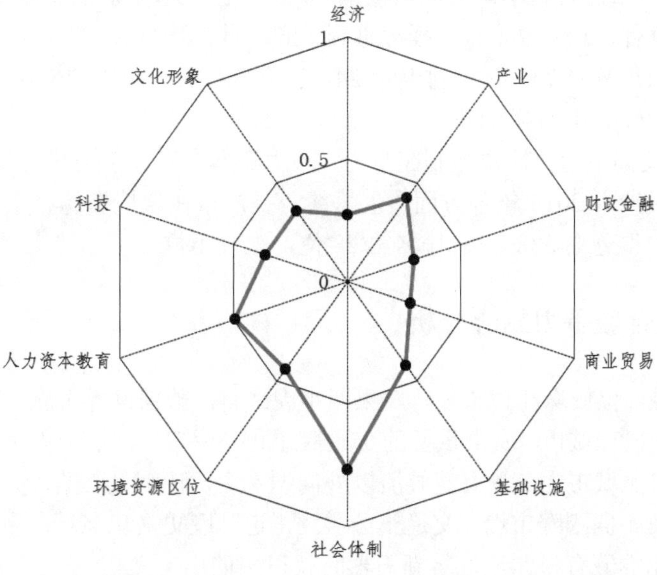

圖 7.23.1　2015 年長沙分項競爭力雷達圖

長沙 2015 年綜合競爭力的基本情況如下：經濟競爭力得分為 452.19，排名第 28，與上年持平；產業競爭力得分為 956.92，排名第 32，上升 5 位；財政金融競爭力得分為 827.86，排名第 18，與上年持平；商業貿易競爭力得分為 438.7，排名第 35，與上年持平；基礎設施競爭力得分為 1206.37，排名第 23，與上年持平；社會體制競爭力得分為 447.37，排名第 37，上升 14 位；環境資源區位競爭力得分為 199.37，排名第 58，下降 6 位；人力資本教育競爭力得分為 1316.8，排名第 17，上升 1 位；科技競爭力得分為 900.64，排名第 23，下降 2 位；文化形象競爭力得分為 748.08，排名第 24，上升 5 位；綜合競爭力得分為 3325.5，排名第 23，上升 1 位。

經濟競爭力得分 452.19，排名第 28，與 2014 年持平。在二級指標當中，城市規模指數為 0.414，排名第 14 位，城市效率指數為 0.232，排名 51。全年實現地區生產總值 8510.13 億元，增長 9.9%。

產業競爭力得分為 958.92，排名第 32，上升 5 位。2015 年長沙產業效率指數 0.631，排名 8 位，較 2014 年 83 位相比上升很大幅度，與 2013 年的第 8 位持平，二級指標產業結構指數 0.585，排名 35，與 2014 年持平。

財政金融競爭力得分為 827.86，排名第 18，與 2014 年持平。全年財政總收入 1113.48 億元，比上年增長 11.0%，一般公共預算支出 922.06 億元，增長 14.9%。

商業貿易競爭力得分為 438.7，排名第 35，與上年持平。二級指標外貿指數 0.153，排名 58 位，下降 12 位，商貿機構指數 0.285，排名 31，上升 7 位。

基礎設施競爭力得分為 1206.37，排名第 23，比 2014 年持平。其中人均生活用水量立方米和人均生活用電量與上年基本平衡，指數變化不大。

社會體制競爭力得分為 447.37，排名第 37，上升 14 位。從二級指標來看，社會公平保障水平指數排名由 76 到 83，下跌 7 位，醫療保健水平指數 0.717，排名由 25 上升至 17，上升 8 位。

環境資源區位競爭力得分為 199.37，排名第 58，下降 6 位。二級指標環境資源指數 0.343，排名 180 較上年上升 4 位，環境質量指數 0.732，排名 136，後退了 84 位。

人力資本教育競爭力得分為 1316.8，排名第 17，上升 1 位。二級指標人力資源素質指數 0.542，排名 16，上升 6 位。人力資本規模指數 0.409，排名第 16。

科技競爭力得分為 900.64，排名第 23，下降 2 位。分析二級指標，科技人力資本指數

0.297，下降 4 位。全市擁有科學研究開發機構 96 個。全年共取得省部級以上科技成果 340 項。專利申請 21999 件，增長 23.8%，授權專利 14633 件，增長 27.8%。

文化形象競爭力得分為 748.08，排名第 24，上升 5 位。二級指數文化資源指數由 2014 年的第 24 位上升到 2015 年的第 21 位。

2015 年長沙產業競爭力、社會體制競爭力、人力資本教育競爭力排名均比 2014 年有所上升，總體來看，長沙市 2015 年各方面發展平緩，長沙市在環境資源區位競爭力上還有加強力度。綜合競爭力得分為 3325.5，排名第 23 位，上升 1 位。

7.24 東莞綜合競爭力點評分析

東莞，又稱莞城，位於珠江口東岸，廣東四小虎之首，號稱世界工廠，國際花園城市，全國文明城市，全國籃球城市，廣東重要的交通樞紐和外貿口岸，是全國 4 個不設縣的地級市之一。我國科技資訊城市之一。東莞經濟以外向型為主，特別是工業，大部分的資金、原材料和產品銷售都離不開國際市場，交通十分發達，也是歷史文化名城，嶺南古邑，名勝古跡甚多，東莞博物館珍藏有村頭遺址等新石器時代以來的出土文物。

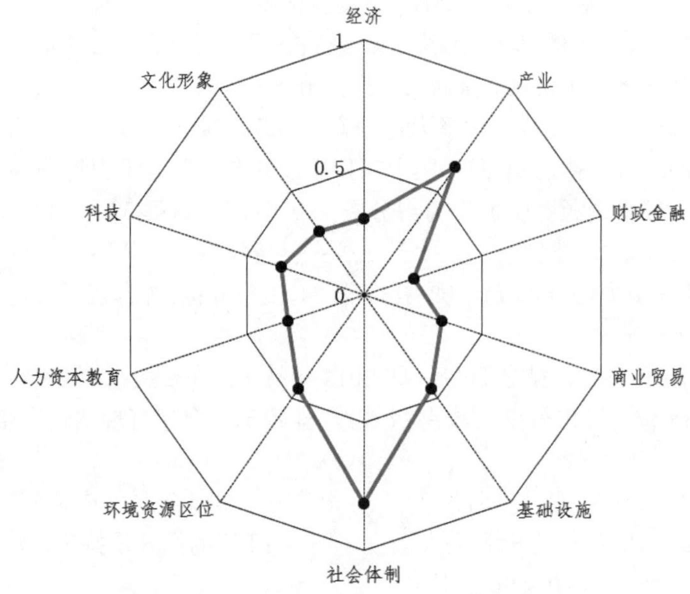

圖 7.24.1　2015 年東莞分項競爭力雷達圖

東莞 2015 年綜合競爭力的基本情況如下：經濟競爭力得分為 541.07，排名第 21，下降 7 位；產業競爭力得分為 2352.32，排名第 8，下降 1 位；財政金融競爭力得分為 180.84，排名第 63，下降 37 位；商業貿易競爭力得分為 689.30，排名第 24，下降 5 位；基礎設施競爭力得分為 1469.25，排名第 17，下降 1 位；社會體制競爭力得分為 710.32，排名第 21，下降 16 位；環境資源區位競爭力得分為 240.54，排名第 52，下降 20 位；人力資本教育競爭力得分為 434.33，排名第 53，下降 26 位；科技競爭力得分為 844.37，排名第 24，上升 1 位；文化形象競爭力得分為 483.33，排名第 42，下降 18 位；綜合競爭力得分為 3054.54，排名第 24，下降 2 位。

經濟競爭力得分爲 541.07，排名第 21，下降 7 位。二級指標方面，其中城市國際吸引指數 0.135，排名第 19 位，下降 4 位。全年實際利用外資 53.20 億美元，其中通信設備、電腦及其他電子設備製造業實際利用外資 6.61 億美元，下降 26.6%；

產業競爭力得分爲 2352.32，排名第 8，下降 1 位。二級指標方面，產業效率指數下降較爲明顯，而產業規模、產業結構指數有所上升。三大產業比例爲 0.3：46.3：53.4，工業結構和工業發展模式有待進一步調整。

財政金融競爭力得分爲 180.84，排名第 63，下降 37 位。二級指標方面，財政金融效率指数下降幅度较大。

商業貿易競爭力得分爲 689.3，排名第 24，下降 5 位。二級指標方面，國內商貿規模指數 0.229，排名第 44 位，下降 19 位，外貿指數 0.246，排名第 8 位，下降 2 位。全年商品零售價格下降 0.6%。工業生產者出廠價格下降 1.8%。

基礎設施競爭力得分爲 1469.25，排名第 17，下降 9 位。二級指標方面，雖然基礎設施投入指數、基礎設施供應指數、交通設施指數等指數有所上升，但城市居民居住指數 0.406，排名第 100，下降 55 位，是造成基礎設施競爭力下降的主要原因。

社會體制競爭力得分爲 710.32，排名第 21，下降 6 位。二級指標方面，社會公平保障指數 0.577，排名第 24 位，較上年度排名第三，下降幅度明顯。全市五大險種參保總人次爲 2659.94 萬人次，比上年下降 3.2%。

環境資源區位競爭力得分為 240.54，排名第 52，下降 20 位。分析二級指標，自然資源指數為 0.182，排名由 277 位下降至 279，森林覆蓋率為 37.4%，城市建成區綠地率為 41.63%，綠化覆蓋率為 44.71%，城市人均公園綠地面積 22.85 平方米；全市已建成公園 1223 個。

人力資本教育競爭力得分為 434.33，排名第 53，下降 26 位。分析二級指標，人力資本投入指數 0.245，排名第 157，下降 148 位。人力資本教育設施指數 0.14 排名 287，下降 92 位。全市有普通高等院校 8 所，在校學生 11.46 萬人。

科技競爭力得分為 844.37，排名第 24，上升 1 位。分析二級指標，科技投入指數 0.173，排名 20，下降 5 名，全市專利申請量和授權量分別為 38094 件和 26820 件。

文化形象競爭力得分為 483.33，排名第 42，下降 18 位。二級指數文化設施指數、文化意識指數和城市營銷能力指數排名均下降。年末全市有公共圖書館 641 個，公共電子閱覽室 589 個，公辦博物館 17 個，民辦博物館 31 個，文化廣場 769 個。

綜合來看，2015 年東莞在經濟、產業、商業、基礎設施、社會體制方面具有較強的競爭力，財政金融、環境資源區位競爭力、人力資本教育和文化形象競爭力下降明顯，東莞經濟如果要持續發展並保持一定的競爭力，產業轉型是當前最首要的工作。

7.25 鄭州綜合競爭力點評分析

鄭州，地處中華腹地，九州之中，中原地區都會，河南省省會，中國建城區面積和建城區人口第十三大城市，全市總面積 7446.2 平方公里，是中原經濟區建設主要城市、中國歷史文化名城、中國八大古都之一、中國歷史文化名城、中原文化代表、世界歷史都市聯盟成員城市、中國優秀旅遊城市、國家園林城市、國家衛生城市，中華人文始祖軒轅黃帝故里，商朝都邑，今河南省政治、經濟、教育、科研、文化中心。中國中部地區重要的中心城市和國家重要的綜合交通樞紐。

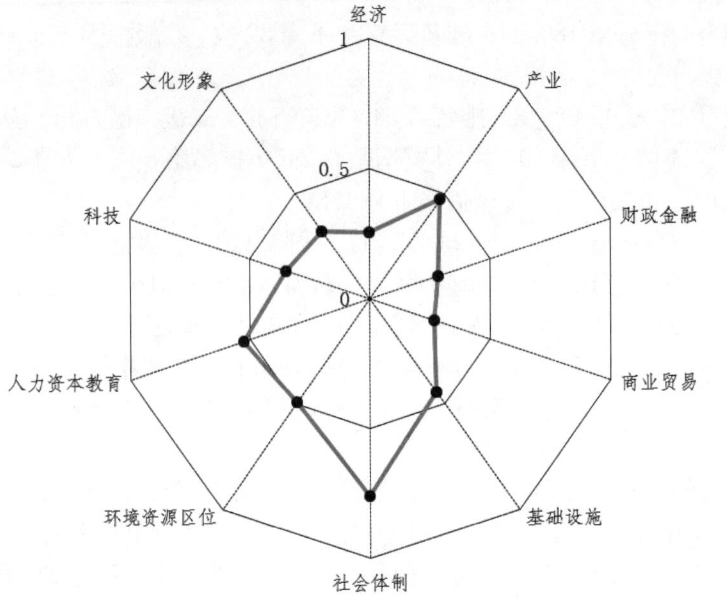

圖 7.25.1　2015 年鄭州分項競爭力雷達圖

鄭州 2015 年綜合競爭力的基本情況如下：經濟競爭力得分為 353.4，排名第 32，上升 1 位；產業競爭力得分為 1292.24，排名第 21，上升 2 位；財政金融競爭力得分為 742.71，排名第 24，上升 22 位；商業貿易競爭力得分為 385.98，排名第 38，與上年持平；基礎設施競爭力得分為 1383.59，排名第 18，上升 2 位；社會體制競爭力得分為 408.98，排名第 43，上升 32 位；環境資源區位競爭力得分為 357.4，排名第 39，下降 9 位；人力資本教育競爭力得分為 1486.25，排名第 16，與上年持平；科技競爭力得分為 820.05，排名第 25，下降 1 位；文化形象競爭力得分為 539.33，排名第 38，上升 4 位；綜合競爭力得分為 2938.68，排名第 25，上升 1 位。

經濟競爭力得分為 353.4，排名第 32，上升 1 位。全年完成生產總值 7315.2 億元，增長 10.1%；人均生產總值 77217 元，增長 7.9%。

產業競爭力得分為 1292.24，排名第 21，上升 2 位。分析二級指標，產業結構指數為 0.65，排名 17 位，上升 2 位，其中第一產業增加值 151 億元，增長 3.1%；第二產業增加值 3625.5 億元，增長 9.4%；第三產業增加值 3538.7 億元，增長 11.4%。

財政金融競爭力得分為 742.71，排名第 24，上升 22 位。二級指標財政金融規模指數 0.264，排名第 18，與上年持平。具體來看，社會保障與就業支出 77.8 億元，增長 24.7%；公共安全支出 41.4 億元，增長 13.9%。

商業貿易競爭力得分為 385.98，排名第 38，與上年持平。分析二級指標，2015 年鄭州市商貿機構指數 0.277，排名第 34，下降 7 位，居民消費指數由 138 上升到 74。

基礎設施競爭力得分為 1383.59，排名第 18，上升 2 位。鄭州市在房地產調控方面初見成效。市內道路、水電煤氣和文化衛生等基礎設施落後的狀況有一定改觀，但仍未表現出明顯的優勢，較其他城市發展，略顯緩慢。

社會體制競爭力得分為 408.98，排名第 43，上升 32 位。二級指標社會公平保障指數 0.468，排名 97，上升 46 位。具體來看，政府機構規模指數為 0.288。

環境資源區位競爭力得分為 357.4，排名第 39，下降 9 位。二級指標自然資源指數 0.296，排名 231，與 2014 年相比上升了 7 位，但仍較為靠後，年末全市建成區面積 437.6 平方公里；全市人均公園綠地面積 7.1 平方米，建成區綠化覆蓋率 40.3%。

人力資本教育競爭力得分為 1486.25，排名第 16，與上年持平。分析二級指標，人力資本教育設施指數 0.738，排名第 5，上升 1 位。其中全市共有專任教師 14.9 萬人，增長 3.1%；其中高等學校 4.1 萬人，增長 0.1%。

科技競爭力得分為 820.05，排名第 25，下降 1 位。從二級指標來看，科研創新指數 0.237，排名 32，下降 2 位。其中全市共組織實施科技項目 1007 項，比上年下降 18.2%；其中省級以上項目 335 項，增長 18.8%；市級項目 672 項，下降 29.2%。

文化形象競爭力得分為 539.33，排名第 38，上升 4 位。文化設施指數 0.2，排名第 62，下降 20 名，二級指標文化資源指數 0.399，排名第 22 名，上升 18 名，全市共有公共圖書館 15 個，群眾藝術館、文化館 12 個，博物館 31 個，綜合檔案館 13 個。

綜合來看，2015 年鄭州經濟平穩發展，相對於其他城市增速較慢。應該加大投資力度，加快產業轉型。社會體制方面投入初見成效，社會體制競爭力明顯增強。綜合競爭力較去年上升 1 名。

7.26 佛山綜合競爭力點評分析

佛山，位於廣東省中部，地處珠三角腹地，東接廣州，南鄰香港、澳門，佛山是國家級歷史文化名城，歷史上是中國天下四聚、四大名鎮之一，是中國龍舟龍獅文化名城，粵劇發源地，嶺南文化分支廣府文化發源地和興盛地之一，崇文尚武彰顯佛山精神。如今發展為中國先進製造業基地、廣東重要的製造業中心，與廣州地緣相連、歷史相承、文化同源，是“廣佛都市圈”、“廣佛肇經濟圈”、“珠三角經濟圈”的重要組成部分，在廣東省經濟發展中處於領先地位。佛山商業發展歷史源遠流長，有著“廣紗中心”、“南國陶都”的美譽，悠久的歷史，孕育了佛山獨具魅力的嶺南傳統文化。

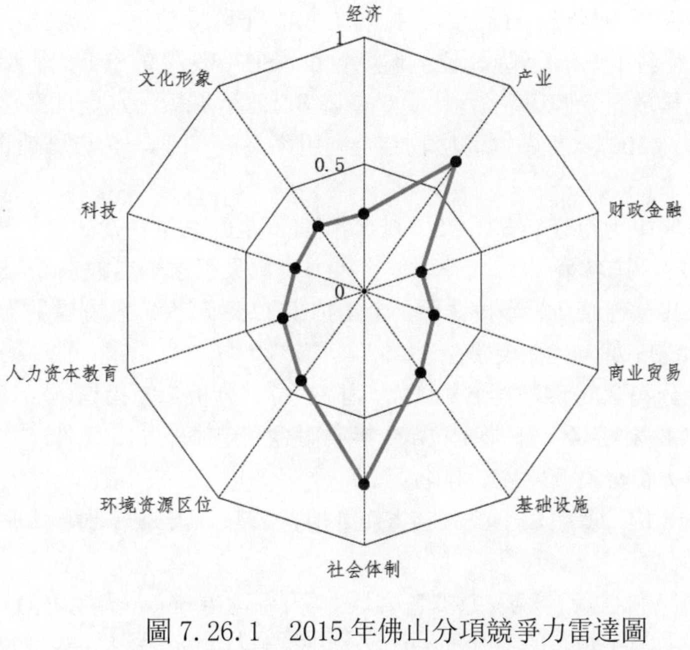

圖 7.26.1　2015 年佛山分項競爭力雷達圖

佛山 2015 年綜合競爭力的基本情況如下：經濟競爭力得分為 587.09，排名第 18，上升 2 位；產業競爭力得分為 2427.16，排名第 7，上升 1 位；財政金融競爭力得分為 463.71，排名第 39，下降 8 位；商業貿易競爭力得分為 534.43，排名第 30，下降 1 位；基礎設施競爭力得分為 1015.64，排名第 28，下降 4 位；社會體制競爭力得分為 397.74，排名第 44，下降 17 位；環境資源區位競爭力得分為 182.21，排名第 62，下降 5 位；人力資本教育競爭力得分為 531.72，排名第 41，上升 6 位；科技競爭力得分為 326.54，排名第 44，下降 2 位；文化形象競爭力得分為 524.41，排名第 39，下降了 8 位；綜合競爭力得分為 2832.5，排名第 26，下降 1 位。

經濟競爭力得分為 587.09，排名第 18，上升 2 位。分析二級指標，城市規模指數 0.402，較 2014 年的 0.4 略有增長，排名與上年持平，為第 18 名，2015 年全市生產總值 8003.92 億元。2015 年城市居民生活水平指數 0.353，排名 19，上升 2 位。

產業競爭力得分為 2427.16，排名第 7，上升 1 位。產業規模指數 0.474，排名第 14，上升 3 位，產業結構指數 0.809，排名第 5，上升 15 位，第一產業增加值 136.42 億元，增長 2.6%；第二產業增加值 4838.89 億元，增長 7.6%；第三產業增加值 3028.61 億元，增長 10.3%。從數據中可以看出，佛山第二產業競爭力較強，第一、三產業競爭力較弱，工業競爭力總體水平較高，但高技術產業競爭力亟待提升。

財政金融競爭力得分為 463.71，排名第 39，下降 8 位。從二級指標來看，財政金融規模指數 0.207，排名 29，上升 2 位，財政金融效率指數 0.255，排名 50，而 2014 年排名 16 名，排名下降幅度顯著。

商業貿易競爭力得分為 534.43，排名第 30，下降 1 位。二級指標國內商貿人力資本指數 0.15，排名第 52，上升 50 名，全年居民消費價格總水平上漲 1.6%，其中消費品價格上漲 1.4%，服務項目價格上漲 1.9%。但相比其他省市，仍處於落後地位。

基礎設施競爭力得分為 1015.64，排名第 28，下降 4 位。二級指標基礎設施供應水平指數 0.435，排名第 13，上升 3 位，分析具體指標，全年基礎產業投資完成 580.01 億元。基礎設施投資完成 477.44 億元，其中交通運輸業 119.66 億元，水利管理 16.15 億元，電力、熱力的生產和供應業 50.10 億元。

社會體制競爭力得分爲 397.74，排名第 44，下降 17 位。從二級指標來看，社會公平保障水準指數爲 0.533，排名第 45，下降 23 位；政府社會管理水準指數爲 0.587，排名第 22，上升 4 位。

環境資源區位競爭力得分為 182.21，排名第 62，下降 5 位。從二級指標來看，環境資源指數為 0.436，排名第 82，下降 8 位；環境質量水平指數為 0.814，排名第 47，下降 18 位。其中二氧化硫排放量 6.56 萬噸，比上年下降 8.12%。城鎮污水處理率達到 96.49%，飲用水源水質達標率為 100%，工業固體廢物綜合利用率為 87.18%，全市城鎮生活垃圾無害化處理率達到 100%。

人力資本教育競爭力得分為 531.72，排名第 41，上升 6 位。從二級指標來看，人力資本素質指數為 0.418，排名第 39，上升 7 位；人力資本吸引水平指數為 0.758，排名第 9，與去年持平。年末共有普通高等學校 3 所，全年招生 1.59 萬人，在校學生 4.94 萬人；普通高中 60 所，招生 3.95 萬人，在校學生 11.53 萬人。

科技競爭力得分為 326.54，排名第 44，下降 2 位。分析二級指標，2015 年佛山市科技人力資本指數 0.171，排名 49，下降 1 位，全年發明專利申請量 11504 件，授權量 2149 件。

文化形象競爭力得分為 524.41，排名第 39，下降 8 位。二級指數文化資源指數 0.267，排名 57 位，下降 12 位，縣級以上公共圖書館 6 所，公共圖書館圖書總藏量 419.15 萬冊。劇場和影劇院 71 個。

綜合看來，2015 佛山綜合競爭力排名第 26，下降 1 位。除經濟競爭力、產業競爭力、人力資本教育競爭力等指數有所上升外；財政金融競爭力、商業貿易競爭力、基礎設施競爭力、社會體制競爭力、環境資源區位競爭力、科技競爭力、文化形象競爭力等指標均有所下降，造成綜合競爭力的下降。

7.27 合肥綜合競爭力點評分析

合肥，安徽省省會，古稱廬州、廬陽。是一個典型的放射型城市，全省政治、經濟、科教、文化中心和交通樞紐。合肥的歷史可追溯至兩千多年前，以“三國故地、包拯家鄉”而聞名。地處長江中下游，江淮丘陵地區中部，江淮分水嶺南側，巢湖之濱，淝水穿流而過，素有“淮右襟喉，江南唇齒”之稱。

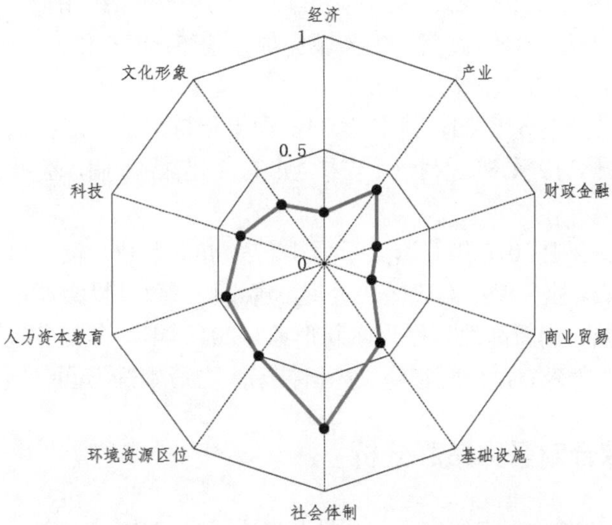

圖 7.27.1　2015 年合肥分項競爭力雷達圖

合肥 2015 年綜合競爭力的基本情況如下：經濟競爭力得分為 220.64，排名第 45，上升 2 位；產業競爭力得分為 799.03，排名第 39，上升 3 位；財政金融競爭力得分為 501.51，排名第 37，上升 1 位；商業貿易競爭力得分為 168.66，排名第 52，下降 11 位；基礎設施競爭力得分為 1266.88，排名第 22，上升 4 位；社會體制競爭力得分為 221.59，排名第 62，下降 7 位；環境資源區位競爭力得分為 391.12，排名第 37，下降 6 位；人力資本教育競爭力得分為 1132.66，排名第 22，下降 2 位；科技競爭力得分為 1197.98，排名第 19，下降 2 位；文化形象競爭力得分為 558.04，排名第 34，與上年持平；綜合競爭力得分為 2677.75，排名第 27，上升 2 位。

經濟競爭力得分為 220.64，排名第 45，上升 2 位。二級指標城市居民生活指數排名 75 位，下降 5 位，全年生產總值（GDP）5660.27 億元，增長 10.5%。

產業競爭力得分為 799.03，排名第 39，上升 3 位。二級指標產業效率指數由 121 上升到 50 位，主要是第一產業增加值 263.43 億元，增長 4.4%；第二產業增加值 3097.91 億元，增長 10.6%；第三產業（服務業）增加值 2298.93 億元，增長 11.0%。

財政金融競爭力得分為 501.51，排名第 37，上升 1 位；二級指標財政金融效率指數排名 53 位，上升 7 位，全年財政收入 1000.50 億元，增長 13.6%，財政支出 772.66 億元，增長 10.6%。

商業貿易競爭力得分為 168.66，排名第 52，下降 11 位；二級指標外貿指數 0.145，排名第 150，較 2014 年 52，下降 98 位，實際利用外商直接投資 25.07 億美元，增長 14.9%。居民消費指數排名 188，下降 159 位。

基礎設施競爭力得分為 1266.88，排名第 22 位，上升 4 位；二級指標基礎設施供應水平指數 0.236，排名第 57，分析具體指標，城市基礎設施投資 977.42 億元，增長 9.7%。

社會體制競爭力得分為 221.59，排名第 62，下降 7 位；社會公平保障指數排名由 86 下降到 149，指數為 0.407。

環境資源區位競爭力得分為 391.12，排名第 37，下降 6 位；二級指標自然資源指數 0.409，排名第 142，下降 2 位，三級指標建成區綠化覆蓋面積 18813.59 公頃，綠化覆蓋率 46%。生活污水集中處理率 96.5%，生活垃圾無害化處理率 100%。

人力資本教育競爭力得分為 1132.66，排名第 22，下降 2 位；其中人力資本素質指數 0.539 排名從 21 上升到 17，上升 4 位，三級指標全市各類高等院校 60 所，在校學生 64.81

萬人；其中普通高校 50 所，在校學生 61. 54 萬人。

科技競爭力得分為 1197. 98，排名第 19，下降 2 位；分析二級指標，科技人力資本指數 0. 268 排名 24，下降 4 位，全市高新技術產業完成產值 5758. 5 億元；實現增加值 1257. 2 億元，增長 13. 3%，占全市生產總值的 22. 2%。

文化形象競爭力得分為 558. 04，排名第 34，與上年持平；二級指標文化設施指數排名第 34 位，較 2014 年排名持平，三級指標年末全市有文化館 11 個，公共圖書館 9 個，博物館 28 個。

從數據分析可知，合肥 2015 年經濟競爭力排名第 45，上升 2 位。2015 年，面對錯綜複雜的宏觀環境，合肥經濟社會保持健康較快發展，建設長三角世界級城市群副中心邁出堅實步伐，打造“大湖名城、創新高地”呈現嶄新形象。2015 年，合肥多項經濟指標躋身全國省會城市“十強”。總體來看，合肥在產業、科技、人力資本等方面發展平穩，變化不大。

7. 28 哈爾濱綜合競爭力點評分析

哈爾濱，黑龍江省省會，副省級城市，中國東北地區北部政治、經濟、文化和交通中心。東北地區第二大城市，中國省轄市中陸地管轄面積最大、管轄總人口居第二位的特大城市。哈爾濱位於東北亞中心位置，位居亞太經濟發展區腹地，被譽為歐亞大陸橋的明珠，是歐亞第一大陸橋和空中走廊的重要樞紐，優越的地理位置使之成為中國東北地區第一大內河港口、第二大鐵路樞紐以及第三大國際航空港的所在地。哈爾濱是中國著名的歷史文化名城和旅遊城市，素有“共和國長子”、“冰城”、“東方莫斯科”以及“冰城夏都”等美稱。特殊的歷史進程和地理位置造就了哈爾濱這座具有異國情調的美麗都市，哈爾濱建築風格別具風韻，很多歐式建築遍佈市區。

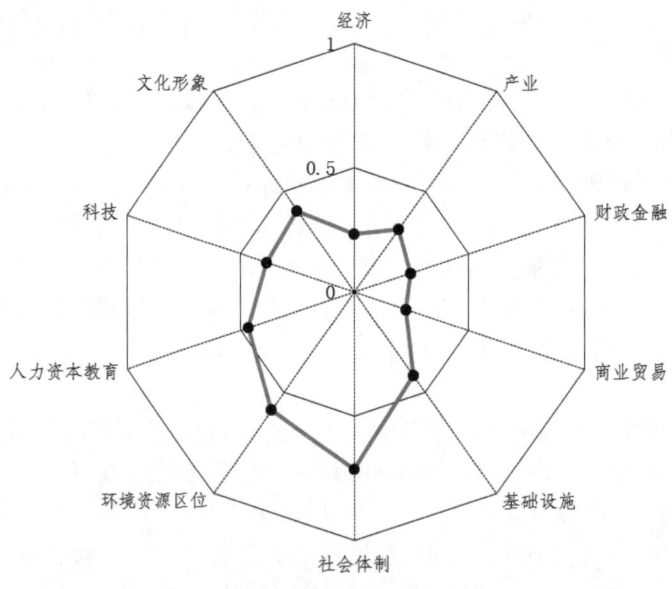

圖 7. 28. 1　2015 年哈爾濱分項競爭力雷達圖

哈爾濱 2015 年綜合競爭力的基本情況如下：經濟競爭力得分為 259. 92，排名第 40，與上年持平；產業競爭力得分為 132. 04，排名第 88，上升 10 位；財政金融競爭力得分為 462. 35，排名第 40，下降 6 位；商業貿易競爭力得分為 162. 43，排名第 53，下降 7 位；基礎設施競爭力得分為 1182. 29，排名第 24，上升 3 位；社會體制競爭力得分為 166. 63，排名第 69，下降 7 位；環境資源區位競爭力得分為 670. 28，排名第 18，上升 3 位；人力資本教育競爭力得分為 1159. 01，排名第 20，上升 3 位；科技競爭力得分為 1123. 61，排名第 20，下降 2 位；文化形象競爭力得分為 978. 82，排名第 14，與上年持平；綜合競爭力得分為 2627. 14，排名第 28，下降 1 位。

經濟競爭力得分為 259.92，排名第 40 位，與上年持平。二級指標城市規模指數排名 21，與上年持平，其中全年實現生產總值 5751.2 億元，比上年增長 7.1%。城市效率指數 0.192，排第 89 位。

產業競爭力得分為 132.04，排名第 88，上升 10 位。二級指標產業結構指數 0.464，排名 171 位，下降 3 位，三次產業結構由上年的 11.7：33.4：54.9 調整為 11.7：32.4：55.9。

財政金融競爭力得分為 462.35，排名第 40，下降 6 位。二級指標財政金融效率指數 0.208，排名 89，下降 19 位。

商業貿易競爭力得分為 162.43，排名第 53，下降 7 位。分析二級指標，商貿機構指數 0.209，排名第 54，與上年持平，地方公共財政預算收入 407.7 億元，下降 3.7%。二級指標居民消費指數 0.247，排名第 79，下降 25 位。

基礎設施競爭力得分為 1182.29，排名第 24，上升 3 位。基礎設施投資指數為 0.458，排名第 18，與上年持平；交通設施水平指數爲 0.267，排名第 45，上升 2 位；基礎設施行業人力資本指數爲 0.457，排名第 7，上升 5 位。

社會體制競爭力得分為 166.63，排名第 69，下降 7 位。社會公平保障水平指數為 0.46，排名第 103，下降 2 位。全年城市居民最低生活保障對象 14.1 萬人，比上年下降 8%；農村居民最低生活保障對象 19 萬人，下降 7%；農村五保戶供養對象 2.6 萬人，增長 1%。

環境資源區位競爭力得分為 670.28，排名第 18，上升 3 位。從二級指標來看，區位水準指數 0.517，排名第 22 位，與上年持平；環境質量指數 0.773，排名第 86，上升 131 位。全年完成造林 20.2 萬畝。濕地自然保護區數量達到 8 處，面積 10.9 萬公頃。城區新植樹木 21.6 萬株、新增綠地 67.4 公頃。活立木積量 8930 萬立方米，森林覆蓋率 46%。

人力資本教育競爭力得分為 1159.01，排名第 20，上升 3 位。從二級指標來看，人力資本素質指數 0.482，排名第 28 位，上升 5 位；人力資本吸引力指數 0.587，排名第 30 位，與上年持平。

科技競爭力得分為 1123.61，排名第 20，下降 2 位。2015 年哈爾濱全年地方登記的科技成果共 80 項，授予專利權 12466 件，增長 34.3%。

文化形象競爭力得分為 978.82，排名第 14，與上年持平。二級指標文化設施指數 0.331，排名 11，下降 2 位，其中公共圖書館 18 個，出版圖書 6797 萬冊。

綜合看來，2015 年哈爾濱在財政金融、商業、社會體制等方面與其他城市相比稍有降低，但在產業、基礎設施、人力資本教育等方面有所上升，總體來說綜合競爭力排名下降了 1 位。

7.29 昆明綜合競爭力點評分析

昆明，享“春城”之美譽，雲南省會，是雲南省政治、經濟、文化、科技、交通中心，西部地區重要的中心城市和旅遊、商貿城市，亦是中國面向東南亞、南亞、東盟開放的重要樞紐城市。昆明市開放而時尚，濃縮了雲南的區位優勢，從兩千多年前的“南方絲綢之路”到開放的昆明一直是東亞大陸與中南半島、南亞次大陸各國進行經濟貿易往來及政治聯繫的陸路樞紐。“中國昆明出口商品交易會”、“中國國際旅遊交易會”、“中國昆明國際旅遊節”使昆明成為中國主要的會展城市之一。

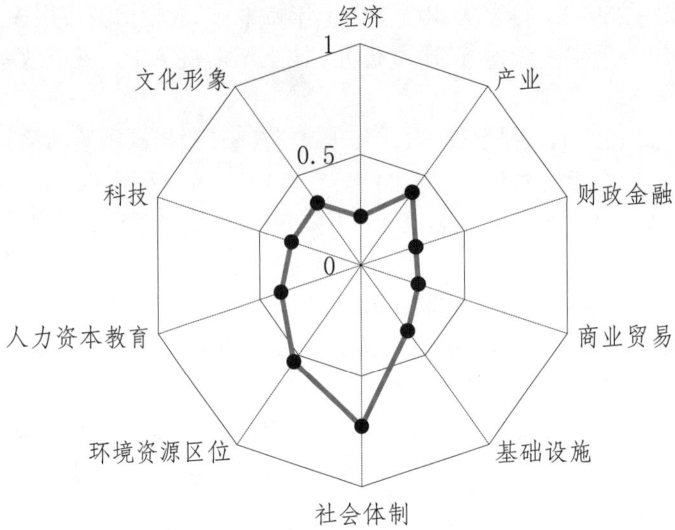

圖 7.29.1　2015 年昆明分項競爭力雷達圖

昆明 2015 年綜合競爭力的基本情況如下：經濟競爭力得分為 133.96，排名第 58，上升 2 位；產業競爭力得分為 139.28，排名第 86，上升 3 位；財政金融競爭力得分為 680.05，排名第 27，下降 5 位；商業貿易競爭力得分為 242.06，排名第 46，下降 2 位；基礎設施競爭力得分為 1342.78，排名第 21，下降 2 位；社會體制競爭力得分為 628.28，排名第 25，下降 10 位；環境資源區位競爭力得分為 827.76，排名第 13，上升 1 位；人力資本教育競爭力得分為 942.45，排名第 27，上升 1 位；科技競爭力得分為 785.30，排名第 27，下降 1 位；文化形象競爭力得分為 723.93，排名第 25，上升 5 位；綜合競爭力得分為 2597.39，排名第 29，下降 1 位。

經濟競爭力得分為 133.96，排名第 58，上升 2 位。全年實現地區生產總值（GDP）3970.0 億元，增長 8.0%。

產業競爭力得分為 139.28，排名第 86，上升 3 位。二級指標產業結構指數 0.464，排名第 171，下降 77 位，其三級指標第一產業實現增加值 188.10 億元，增長 5.8%；第二產業實現增加值 1588.38 億元，增長 7.4%；第三產業實現增加值 2193.52 億元，增長 8.7%。產業效率指數 0.384，排名第 198，下降 5 位。

財政金融競爭力得分為 680.05，排名第 27，下降 5 位。全年地方公共財政預算收入完成 458.89 億元，比上年增長 4.1%，地方公共財政預算支出 558.63 億元，增長 2.6%。

商業貿易競爭力得分為 242.06，排名第 46，下降 2 位。二級指標商貿機構指數 0.209，排名第 54，下降 9 位，居民消費指數 0.247，排名第 79，上升 11 位，其中全年實現社會消費品零售總額 1937.0 億元，增長 8.0%。

基礎設施競爭力得分為 1342.78，排名第 21，下降 2 位。二級指標基礎設施供應水平指數 0.232，排名 59，較 2014 年 0.299，下降 29 位，100 項基礎設施項目完成投資 370 億元，為年度計畫的 120%，完成園區基礎設施建設投資 75 億元。二級指標交通設施水平指數 0.267，排名第 45，下降 16 位。

社會體制競爭力得分為 628.28，排名第 25，下降 10 位。二級指標醫療保健指數 0.702，排名第 17，下降 4 位。社會管理指數 0.695，排名第 10，下降 1 位。城鄉居民基本養老保險和城鎮基本醫療保險參保率分別達 96.6%和 96.1%，城市低保、農村低保和五保供養標準分別提高 15.38%、19.5%和 16.2%。

環境資源區位競爭力得分為 827.76，排名第 13，上升 1 位。二級指標 2015 年自然資源指數 0.369，排名第 170，下降 14 位。其中完成天保公益林 6.9 萬畝，人工造林 32.2 萬畝，主城區新增綠地 732 公頃，主城環境空氣質量優良率達到 97.7%。加快新能源汽車推廣應用和產業發展，推廣應用新能源汽車 3984 輛。

人力資本教育競爭力得分為 942.45，排名第 27，上升 1 位，其中二級指標人力資本素質指數排名從 24 下降到第 27 名，數值為 0.489，下降 3 位。新增優質中小學 40 所，增加優質學位 5 萬個，義務教育鞏固率保持在 99%以上。年末全市共有普通高等院校 43 所(含成人高等教育學校 2 所)

科技競爭力得分為 785.30，排名第 27，下降 1 位。從二級指標來看，科技投入水平指數 0.158，排名 44 位，上升 6 位。抓好 123 個市級轉型升級重點項目建設，27 個技術改造項目獲得省級財政補貼專項資金 5350 萬元；市級重點項目完成投資 700 億元，為年度計畫的 112%；年發明專利授權量達到每百萬人 139 件。

文化形象競爭力得分為 723.93，排名第 25，上升 5 位，從二級指標文化設施指數來 0.151，排名第 150，相對落後。公共圖書館 13 個；博物館 116 個。

綜合來看，昆明 2015 年經濟發展速度平緩，除在文化發展速度加快。在其他方面如財政金融、社會體制等方面發展遲緩。2015 年，全市在經濟下行壓力加大的背景下，全力以赴確保全市經濟在新常態下平穩運行，但總體來看，市場需求依然疲軟，去產能、去庫存、去杠杆、降成本、補短板“五大任務”仍然艱巨，新常態下全市經濟發展面臨新的挑戰和困難。綜合競爭力排名第 29，下降 1 位。

7.30 福州綜合競爭力點評分析

福州，簡稱“榕”，位於福建東部、閩江下游沿岸，是福建省會、中國歷史文化名城、東南沿海重要都市、海西現代金融服務業中心。福州是近代中國最早開放的五個通商口岸之一，福州馬尾是中國近代海軍的搖籃。福州不僅是中國東南沿海重要的貿易港口和海上絲綢之路的門戶，而且是重要的文化中心。

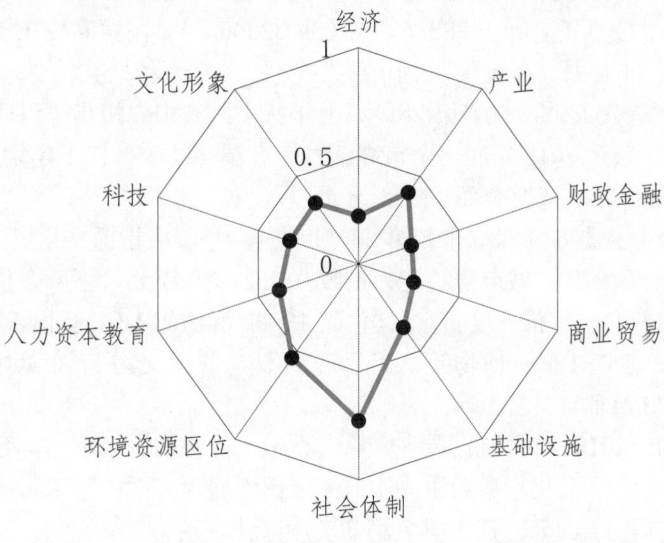

圖 7.30.1 2015 年福州分項競爭力雷達圖

福州 2015 年綜合競爭力的基本情況如下：經濟競爭力得分為 195.58，排名第 49，下降 4 位；產業競爭力得分為 817，排名第 37，上升 3 位；財政金融競爭力得分為 620.92，排名第 29，上升 3 位；商業貿易競爭力得分為 436.37，排名第 36，下降 3 位；基礎設施競爭力得分為 810.35，排名第 35，下降 7 位；社會體制競爭力得分為 245.91，排名第 58，下降 9

位；環境資源區位競爭力得分為 510.47，排名第 28，與上年持平；人力資本教育競爭力得分為 796.80，排名第 29，上升 8 位；科技競爭力得分為 763.92，排名第 28，與上年持平；文化形象競爭力得分為 679.33，排名第 26，上升 1 位；綜合競爭力得分為 2553.78，排名第 30，與上年持平。

經濟競爭力得分為 195.58，排名第 49，下降 4 位。二級指標城市效率指數 0.182，排名為 111，下降 14 位，城市居民生活指 0.271，排名第 78，下降 2 位。三級指標地區生產總值 5618.10 億元，增長 9.6%。人均地區生產總值 75259 元，增長 8.4%。

產業競爭力得分為 817，排名第 37，上升 3 位。二級指標產業效率指數排名由 112 上升到 52 位，第一產業增加值 434.74 億元，占地區生產總值的比重為 7.7%，第二產業增加值 2482.44 億元，比重為 44.2%，第三產業增加值 2700.92 億元，比重為 48.1%。

財政金融競爭力得分為 620.92，排名第 29，上升 3 位。二級指標金融資本質量指數 0.554，排名第 17，上升 12 位。三級指標一般公共預算總收入 848.04 億元，增長 8.7%。

商業貿易競爭力得分為 436.37，排名第 36，下降 3 位，二級指標居民消費指數 0.277，排名由 32 到 42 位，下降 10 位，全年社會消費品零售總額 3488.74 億元，增長 14.0%，占全省比重 21.9%。

基礎設施競爭力得分為 810.35，排名第 35，下降 7 位，二級指標基礎設施供應指數排名從 44 到 70 名，下降 26 位，數值 0.213。三級指標全社會用電量 360.09 億千瓦時，下降 0.34%。

社會體制競爭力得分為 245.91，排名第 58，下降 9 位，二級指標医疗保健指數 0.626，排名 137 位，下降 23 位，三級指標全體居民人均可支配收入 27782 元，增長 8.0%。

環境資源區位競爭力得分為 510.47，排名第 28，與上年持平。二級指標環境質量指數 0.83，排名上升 5 位；環境改善投入指數 0.204，排名第 63，下降 3 位。全市建成區綠化覆蓋面積 11288.2 公頃，增長 3.6%，綠化覆蓋率 43.4%；公園 95 座，比上年增加 11 座，公園綠地面積 3273.48 公頃，增長 7.2%，人均公園綠地面積 13.52 平方米。

人力資本教育競爭力得分為 796.80，排名第 29，上升 8 位。其中人力資本投入指數 0.327，排名 58 位，上升 3 位，人力資本素質指數 0.431，排名第 36 位，上升 4 位。全日制在校研究生 20974 人；高等學校專任老師 19982 人，在校生 320965 人，民辦高校在校生 83638 人，普通高等教育招生 8.74 萬人，在校生 32.10 萬人。

科技競爭力得分為 763.92，排名第 28，與上年持平，其中二級指標科研機構指數排名不變，數值為 0.503；截至 2015 年底，全市高新技術企業 444 家，比上年增加 76 家；全年登記各類技術合同 1483 項，成交金額 18.53 億元。

文化形象競爭力得分為 679.33，排名第 26，上升 1 位。二級指標文化資源指數 0.418，排名 16 與上年相比上升 2 名；城市營銷能力指數 0.452，排名 42，下降 3 位，主要是三級指數城市歷史文化指數和城市推廣度相當。文化館 12 個、群藝館 1 個、藝術表演團體 9 個；電影院 45 個，劇場、劇院 1 個；博物館、紀念館 34 個，收藏文物 17.0 萬件；公共圖書館 13 個，總藏書 835.79 萬冊。

由數據分析可知，2015 年福州的經濟、基礎設施、社會體制競爭力排名下降，產業、財政金融、人力資本教育、文化形象競爭力上升。福州經濟等方面總體來說發展比較平穩，福州市的綜合競爭力得分爲 2553.78，排名第 30，與上年持平。

第八篇 中國 30 個最具成長競爭力城市點評分析

8.1 深圳成長競爭力點評分析

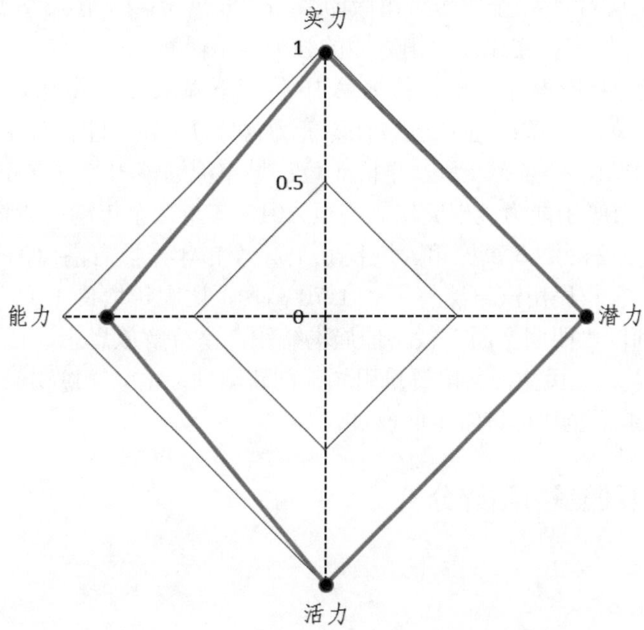

圖8.1.1 2015年深圳成長競爭力雷達圖

深圳 2015 年成長競爭力的基本情況如下：實力指數得分 0.98，排名第 3 位，上升 1 位；潛力指數得分 1，排名第 1 位，與上年持平；活力指數得分 1，排名第 1 位，上升 3 位；能力指數得分 0.83，排名第 15 位，下降 12 位；成長競爭力得分 1915.92，排名第 1 位，上升 1 位。

2015 年深圳實力指數 0.98，排名第 3 位，上升 1 位。其中，相比 2014 年增加或不變的二級指標有：經濟實力指數得分 0.704，排名第 4 位，上升 1 位；產業實力指數得分 0.810，排名第 3 位，上升 1 位；基礎設施實力指數得分 0.794，排名第 4 位，與上年持平，社會體制實力指數得分 0.916，排名第 4，與上年持平；科技實力指數得分 0.521，排名第 5 位，與上年持平。有所下降的指標有：財政金融實力指數得分 0.448，排名第 5 位，下降 1 位；商業貿易實力指數得分 0.545，排名第 6 位，下降 1 位；環境資源區位實力指數得分 0.740，排名第 6 位，下降 2 位；人力資本教育實力指數得分 0.587，排名第 11 位，下降 1 位；文化形象實力指數得分 0.639，排名第 4，下降 1 位。

2015 年深圳潛力指數 1，排名第 1 位，繼續保持著上一年度的領先態勢。其中，居民消費潛力指數得分 0.699，排名 62 位，上升 22 位；金融資本潛力指數得分 0.735，排名第 3 位，與上年度持平；人力資本潛力指數得分 1，排名第 1 位，與上年度持平，保持領先位置；市場潛力指數得分 0.771，排名第 2 位，與上年度持平；區位指數得分 0.715，排名第 7 位，與上年度持平；環境質量指數得分 0.872，排名第 17 位，上升 3 位；可持續發展指數得分 1，排名第 1 位，上升 2 位，佔據領先位置。其中，金融資本潛力指數、人力資本潛力指數、市場潛力指數以及可持續發展指數在全國範圍內有著較大優勢。

2015 年深圳活力指數得分 1，排名第 1 位，上升 3 位。其中，文化力指數得分 0.722，排名第 4 位，下降兩位；學習力指數得分 0.602，排名第 4 位，與上年度持平；創新力指數得分 0.826，排名第 4 位，下降 1 位；法制力指數得分 1，排名第 1 位，上升 2 位，佔據領先位置；應變力指數得分 1，排名第 1 位，保持領先位置；開放力指數得分 0.999，排名第 2 位，與上年度持平；營銷力指數得分為 1，排名第 1 位，保持領先位置。其中法制力指數、應變力指數及營銷力指數表現突出。2015 年深圳市的文化意識指數為 0.722，文化設施指數為 0.415，城市營銷能力指數為 1；全市有各類公共圖書館 620 座，公共圖書館總藏量 3282.12 萬冊（件），比上年增長 7.1%。全市擁有博物館、紀念館 41 座，擁有廣播電臺 1 座，電視臺 2 座，廣播電視中心 3 座，全年報紙出版印數 46726 萬份；雜誌 1578 萬冊；圖書 1014.6 萬冊。這都體現了深圳市在文化及營銷方面的強大競爭優勢。

2015 年深圳能力指數得分 0.83，排名第 15 位，下降 12 位。其中，經濟增長能力得分 0.685，排名第 148 位，下降 87 位；社會保障能力得分 0.649，排名第 8 位，上升 1 位；城市吸引能力得分 0.973，排名第 2 位，下降 1 位；城市流通能力得分 0.469，排名第 7 位，下降 6 位。其中城市吸引能力表現突出。截至 2015 年末，全年港口貨物輸送量 21706.38 萬噸；集裝箱輸送量 2420.46 萬標箱，增長 0.7%。全市年末擁有港口泊位數 156 個，其中萬噸級泊位 67 個；全市民用汽車擁有量 314.70 萬輛，比上年增長 1.1%。

2015 年，深圳以“四個全面”戰略佈局為統領，堅持解放思想，真抓實幹，著力抓改革、促轉型、穩增長、惠民生，突出質量引領、創新驅動，主動適應引領經濟發展新常態，實現了有質量的穩定增長和可持續全面發展。

8.2 天津成長競爭力點評分析

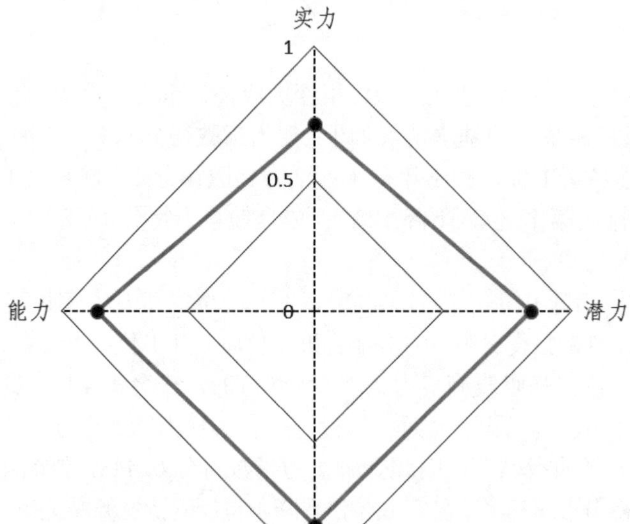

圖 8.2.1　2015 年天津成長競爭力雷達圖

天津 2015 年成長競爭力的基本情況如下：實力指數得分 0.71，排名第 6 位，與上年持平；潛力指數得分 0.84，排名第 3 位，下降 1 位；活力指數得分 0.81，排名第 5 位，下降 4 位；能力指數得分 0.86，排名第 8 位，上升 17 位；成長競爭力得分 1881.51，排名第 2 位，下降 1 位。

2015 年天津實力指數 0.71，排名第 6 位，與上年度持平。其中，相比於 2014 年增加或不變的二級指標有：經濟實力指數得分 0.46，排名第 6 位，上升 1 位；環境資源區位實力指數得分 0.695，排名第 9 位，與上年持平；科技實力指數得分 0.521，排名第 6 位，與上年持平。略有下降的指標有：產業實力指數得分 0.748，排名第 4 位，下降 1 位；財政金融實力指數得分 0.41，排名第 7 位，下降 1 位；商業貿易實力指數得分 0.491，排名第 8 位，下降 1 位；基礎設施實力指數得分 0.632，排名第 7 位，下降 1 位；社會體制實力指數得分 0.806，排名第 22 位，下降 10 位；人力資本教育實力指數得分 0.62，排名第 9 位，下降 1 位；文化形象實力指數得分 0.398，排名第 15 位，下降 4 位。

2015 年天津潛力指數 0.837，排名第 3 位，下降 1 位。其中，居民消費潛力指數得分 0.702，排名 57 位，上升 44 位；金融資本潛力指數得分 0.64，排名第 6 位，與上年度持平；人力資本潛力指數得分 0.735，排名第 9 位，上升 4 位；市場潛力指數得分 0.591，排名第 6 位，上升 1 位；區位指數 0.737，排名第 5 位，與上年度持平；自然資源指數 0.284，排名第 239 位，上升 1 位；環境質量指數 0.757，排名第 108 位，下降 52 位；可持續發展指數 0.975，排名第 2 位，與上年度持平。這之中居民消費潛力指數提升較高，可持續發展指數排名較為靠前。全年金融業增加值 1588.12 億元，增長 11.7%。存貸款餘額兩位數增長。截至年末，全市金融機構（含外資）本外幣各項存款餘額 28149.37 億元，增長 11.9%；全年新增存款 2969.13 億元。

2015 年天津活力指數得分 0.813，排名第 5 位，下降 4 位。其中，文化力指數得分 0.349，排名第 57 位，下降 45 位；學習力指數得分 0.763，排名第 2 位，與上年度持平；創新力指數得分 1，排名第 1 位，上升 2 位；法制力指數得分 0.615，排名第 38 位，下降 12 位；應變力指數 0.913，排名第 6 位，下降 2 位；開放力指數 0.658，排名第 6 位，下降 2 位；營銷力指數 0.626，排名第 13 位，下降 6 位。其中學習力指數依然保持領先，應變力指數和開放力指數排名略有下滑，但在全國範圍內依舊保持競爭優勢。文化惠民取得成效。全年發行 6 萬張“天津文化惠民卡”，更多市民走進劇場，享受高水平、低票價的惠民演出。

2015 年天津能力指數得分 0.86，排名第 8 位，上升 17 位。其中，經濟增長能力得分 0.757，排名第 50 位，上升 15 位；社會保障能力得分 0.55，排名第 35 位，下降 11 位；城市吸引能力得分 0.595，排名第 12 位，上升 1 位；城市流通能力得分 0.55，排名第 5 位，上升 4 位。其中經濟增長能力指數提升明顯。全年全市生產總值 16538.19 億元，按可比價格計算，增長 9.3%。全年金融業增加值 1588.12 億元，增長 11.7%。金融改革創新繼續深化。天津出臺金融改革創新三年行動計劃，融資租賃、商業保理等新型業態集聚發展，融資業務規模繼續位居全國前列。

總的來看，2015 年天津科技創新評分體系進一步調整完善，大批新企業入圍科技創新百強評選，為天津“萬眾創新”局面的形成奠定良好基礎，實現京津冀協同發展。

8.3 重慶成長競爭力點評分析

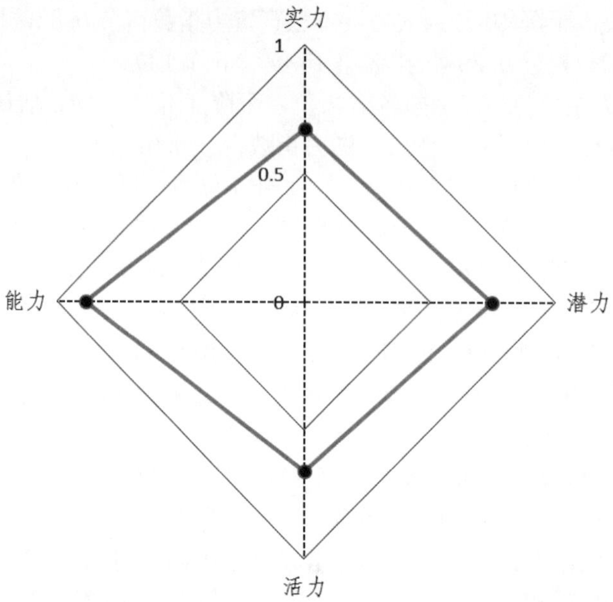

圖 8.3.1　2015 年重慶成長競爭力雷達圖

重慶 2015 年成長競爭力的基本情況如下：實力指數得分 0.67，排名第 8 位，上升 1 位；潛力指數得分 0.75，排名第 9 位，下降 6 位；活力指數得分 0.66，排名第 9 位，下降 6 位；能力指數得分 0.88，排名第 6 位，上升 203 位；成長競爭力得分 1761.26，排名第 3 位，與上年持平。

2015 年重慶實力指數 0.671，上升 1 位。其中，相比於 2014 年有所增加或不變的二級指標有：經濟實力指數得分 0.42，排名第 8 位，上升 1 位；產業實力指數得分 0.606，排名第 9 位，上升 2 位；財政金融實力指數得分 0.428，排名第 6 位，上升 3 位；商業貿易實力指數得分 0.651，排名第 4 位，上升 2 位；基礎設施實力指數得分 1，排名第 1 位，與上年度持平；社會體制實力指數得分 0.785，排名第 33 位，上升 2 位；人力資本教育實力指數得分 0.678，排名第 6 位，上升 5 位；科技實力指數得分 0.433，排名第 12，與上年持平；文化形象實力指數得分 0.386，排名第 18 位，上升 2 位。而有所下降的指標有：環境資源區位實力指數得分 0.739，排名第 7，下降 1 位。

2015 年重慶潛力指數 0.75，排名第 9 位，下降 6 位。其中，居民消費潛力指數得分 0.585，上升 67 位；金融資本潛力指數得分 0.617，排名第 7 位，上升 1 位；人力資本潛力指數得分 0.636，排名第 21 位，與上年度持平；市場潛力指數得分 0.482，排名第 10 位，上升 4 位；區位指數得分 0.561，排名第 16 位，與上年度持平；自然資源指數得分 0.339，排名第 198 位，下降 25 位；環境質量指數得分 0.756，排名第 110 位，下降 28 位；可持續發展指數 0.869，排名第 3 位，上升 1 位。其中相對較為突出的指標是可持續發展指數。

2015 年重慶活力指數得分 0.66，排名第 9 位，下降 6 位。其中，文化力指數得分 0.44，排名第 20 位，下降 10 位；學習力指數得分 0.521，排名第 8 位，與上年度持平；創新力指數得分 0.671，排名第 8 位，與上年度持平；法制力指數得分 0.688，排名第 15 位，上升 2 位；應變力指數得分 0.867，排名第 11 位，上升 2 位；開放力指數得分 0.511，排名第 22 位，上升 3 位；營銷力指數得分 0.536，排名第 21 位，下降 5 位。學習力與創新力指數是其中相對較為突出的指標。全年研究與發展（R&D）經費支出 240 億元。截至年底，市級及以上重點實驗室共 111 個，其中國家重點實驗室 8 個。全年共受理專利申請 8.28 萬件，獲得專利授權 3.89 萬件。技術市場簽訂成交合同 2706 項，成交金額 145.70 億元。

2015 年重慶能力指數得分 0.88，排名第 6 位，上升 203 位。其中，經濟增長能力得分 0.802，排名第 15 位，上升 232 位；社會保障能力得分 0.487，排名第 75 位，下降 15 位；城市吸引能力得分 0.496，排名第 22 位，下降 3 位；城市流通能力得分 0.442，排名第 8 位，下降 5 位。其中經濟增長能力的提升最為明顯。2015 全年實現地區生產總值 15719.72 億元，增長 11.0%。非公有制經濟實現增加值 9637.53 億元，增長 11.1%，占全市經濟的 61.3%。其中，民營經濟實現增加值 7809.35 億元，增長 12.2%，占全市經濟的 49.7%。

2015 年，重慶市委、市政府緊緊圍繞“科學發展、富民興渝”總任務，有效應對國際金融危機持續影響和各種風險挑戰，紮實推進經濟建設、政治建設、文化建設、社會建設和生態文明建設，實現了“十二五”圓滿收官。

8.4 廣州成長競爭力點評分析

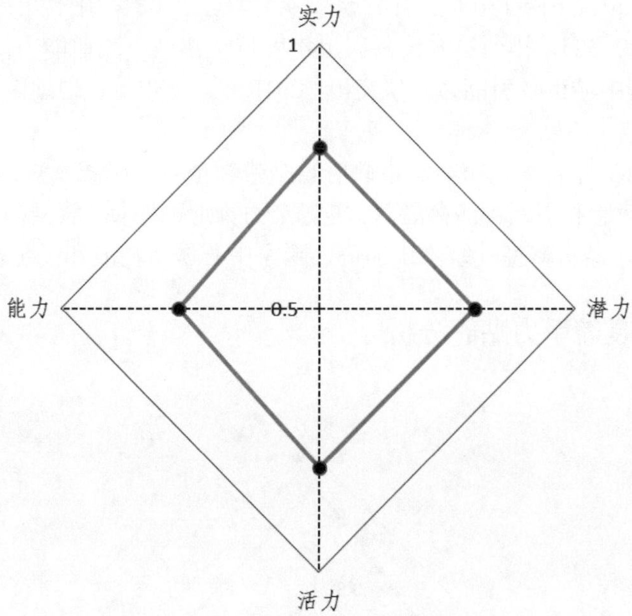

圖 8.4.1　2015 年廣州成長競爭力雷達圖

廣州 2015 年成長競爭力的基本情況如下：實力指數得分 0.81，排名第 5 位，與上年持平；潛力指數得分 0.8，排名第 4 位，上升 7 位；活力指數得分 0.8，排名第 6 位，上升 2 位；能力指數得分 0.77，排名第 63 位，下降 59 位；成長競爭力得分 1602.93，排名第 4 位，上升 2 位。

2015 年廣州實力指數得分 0.81，排名第 5 位，與上年度持平。其中，相比於 2014 年有所增加的二級指標有：產業實力指數得分 0.67，排名第 5 位，上升 1 位；基礎設施實力指數得分 0.787，排名第 5 位，與上年持平；環境資源區位實力指數得分 0.857，排名第 4 位，上升 1 位；人力資本教育實力指數得分 0.779，排名第 4 位，與上年持平；科技實力指數得分 0.522，排名第 4 位，與上年持平；文化形象實力指數得分 0.572，排名第 5 位，與上年持平。略有下降的指標有：經濟實力指數得分 0.446，排名第 7 位，下降 1 位；財政金融實力指數得分 0.409，排名第 8 位，下降 3 位；商業貿易實力指數得分 0.623，排名第 5 位，下降 1 位；社會體制實力指數得分 0.883，排名第 9 位，下降 1 位。

2015 年廣州潛力指數 0.802，排名第 4 位，上升 7 位。其中，居民消費潛力指數得分 0.761，排名 21 位，上升 40 位；金融資本潛力指數得分 0.642，排名第 5 位，上升 2 位；人力資本潛力指數得分 0.897，排名第 6 位，下降 1 位；市場潛力指數得分 0.614，排名第 5 位，上升 1 位；區位指數得分 0.737，排名第 5 位，與上年度持平；自然資源指數得分 0.17，排名第 282 位，下降 2 位；環境質量指數得分 0.871，排名第 19 位，上升 5 位；可持續發展指數得分 0.759，排名第 10 位，下降 2 位。這之中值得關注的是金融資本潛力指數和區位指數。至 2015 年年末，廣州市全部金融機構本外幣各項存款餘額 42843.67 億元，比年初增加 5194.03 億元。全部金融機構本外幣各項貸款餘額 27296.16 億元，增加 3015.06 億元，其中人民幣各項貸款餘額 26136.95 億元，增加 3430.16 億元。

2015 年廣州活力指數得分 0.802，排名第 6 位，上升 2 位。其中，文化力指數得分 0.737，排名第 3 位，下降 2 位；學習力指數得分 0.525，排名第 7 位，與上年度持平；創新力指數得分 0.727，排名第 7 位，下降 1 位；法制力指數得分 0.793，排名第 8 位，下降 1 位；應變力指數得分 0.918，排名第 5 位，上升 1 位；開放力指數得分 0.662，排名第 5 位，與上年度持平；營銷力指數得分 0.74，排名第 6 位，下降 5 位。其中文化力指數與應變力指數表現突出。

2015 年廣州能力指數得分 0.773，排名第 63 位，下降 59 位。其中，經濟增長能力得分 0.667，排名第 171 位，下降 130 位；社會保障能力得分 0.631，排名第 12 位，下降 11 位；城市吸引能力得分 0.685，排名第 8 位，與上年度持平；城市流通能力得分 0.424，排名第 9 位，下降 4 位。其中城市吸引能力表現突出。2015 年，廣州市實現地區生產總值 18100.41 億元，增長 8.4%。

總體來看，2015 年，廣州市委、市政府團結帶領全市人民認真貫徹落實中央和省的各項方針政策，主動適應和引領經濟發展新常態，全力推進穩增長、調結構、促改革、惠民生，經濟實力顯著增強，產業轉型升級步伐加快，國家中心城市功能和民生福祉持續提升。

8.5 北京成長競爭力點評分析

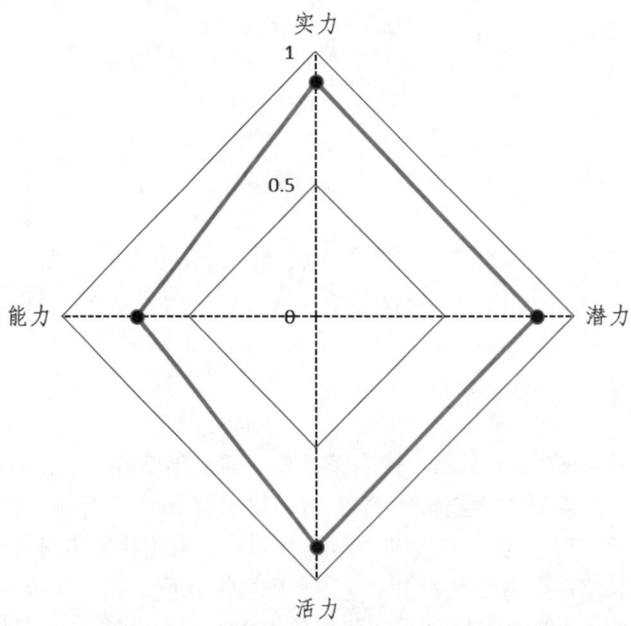

圖 8.5.1 2015 年北京成長競爭力雷達圖

北京 2015 年成長競爭力的基本情況如下：實力指數得分 0.89，排名第 4 位，下降 1 位；潛力指數得分 0.85，排名第 2 位，上升 3 位；活力指數得分 0.87，排名第 4 位，上升 2 位；能力指數得分 0.70，排名第 164 位，下降 147 位；成長競爭力得分 1561.39，排名第 5 位，與上年持平。

2015 年北京實力指數 0.886，下降 1 位。其中，相比於 2014 年有所增加或不變的二級指標有：財政金融實力指數得分 0.871，排名第 2 位，與上年持平；商業貿易實力指數得分

0.891，排名第 2 位，與上年持平；基礎設施實力指數得分 0.918，排名第 2 位，與上年持平；社會體制實力指數得分 0.985，排名第 2 位，上升 1 位；環境資源區位實力指數得分 0.893，排名第 3 位，與上年持平；人力資本教育實力指數得分 1，排名第 1 位，與上年持平；科技實力指數得分 1，排名第 1 位，與上年持平；文化形象實力指數得分 1，排名第 1 位，與上年持平。而有所下降的指標有：經濟實力指數得分 0.576，排名第 5，下降 1 位；產業實力指數得分 0.649，排名第 6，下降 1 位。

2015 年北京潛力指數 0.853，排名第 2 位，上升 3 位。其中，金融資本潛力指數得分 1，排名第 1 位，上升 1 位，佔據領先位置；人力資本潛力指數得分 0.94，排名第 4 位，與上年度持平；市場潛力指數得分 0.739，排名第 3 位，與上年度排位持平；區位指數得分 1，排名第 1 位，與上年度持平；環境質量指數得分 0.575，排名第 237 位，上升 27 位；可持續發展指數得分 0.697，排名第 17 位，下降 9 位。其中值得關注的是金融資本潛力指數和區位指數。年末全市金融機構(含外資)本外幣存款餘額 128573 億元，較年初增加 15248.7 億元。金融機構(含外資)本外幣貸款餘額 58559.4 億元，比年初增加 4822.1 億元，增加額比上年多 929.8 億元。證券市場各類證券成交額 597169.7 億元，增長 1.6 倍。

2015 年北京活力指數得分 0.874，排名第 4 位，上升 2 位。其中，文化力指數得分 0.669，排名第 5 位，下降 4 位；學習力指數得分 1，排名第 1 位，上升 2 位，佔據領先位置；創新力指數得分 0.953，排名第 2 位，與上年度持平；法制力指數得分 0.835，排名第 6 位，下降 1 位；應變力指數得分 0.923，排名第 4 位，上升 3 位；營銷力指數 0.983，排名第 3 位，下降 2 位。其中學習力指數上升到領先位置，創新力指數與營銷力指數表現突出。截至年末共有公共圖書館 25 個，總藏量 5896.2 萬冊；檔案館 18 個，館藏案卷 733 萬卷件；博物館 173 個，其中免費開放 80 個。

2015 年北京能力指數得分 0.7，排名第 164 位，下降 147 位。其中，經濟增長能力得分 0.532，排名第 246 位，下降 116 位；社會保障能力得分 0.955，排名第 2 位，與上年度持平；城市吸引能力得分 0.739，排名第 6 位，上升 1 位；城市流通能力得分 1，排名第 1 位，上升 1 位。其中城市流通能力佔據領先位置，社會保障能力依舊表現突出。2015 年末參加城鄉居民養老保險人數 187.6 萬人，其中農村居民參保人數 174 萬人，參加城鄉居民養老保險人數比上年末增加 1.4 萬人。

總體來看，2015 年北京經濟保持了平穩健康的發展，環境、文化以及社會保障等社會各項工作整體上實現了穩中有進。

8.6 上海成長競爭力點評分析

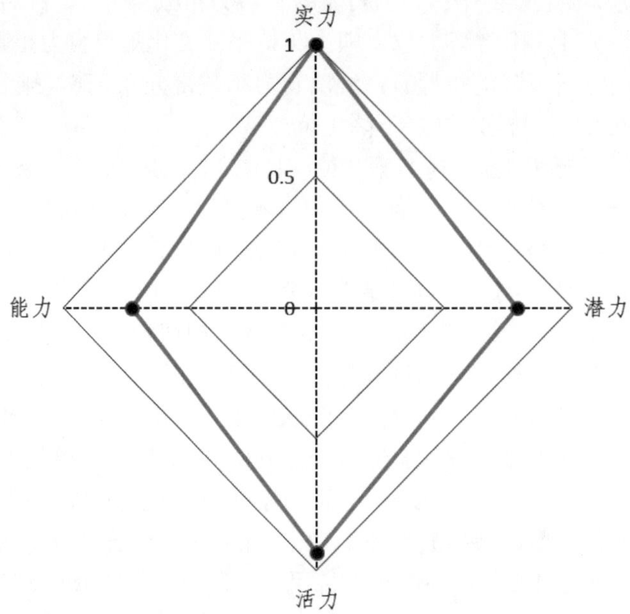

圖 8.6.1　2015 年上海成長競爭力雷達圖

上海 2015 年成長競爭力的基本情況如下：實力指數得分 1，排名第 1 位，與上年持平；潛力指數得分 0.79，排名第 6 位，下降 2 位；活力指數得分 0.93，排名第 2 位，下降 1 位；能力指數得分 0.72，排名第 128 位，下降 67 位；成長競爭力得分 1541.35，排名第 6 位，下降 2 位。

2015 年上海實力指數 1，與上年度得分相同，依舊穩居第一。其中，相比 2014 年有所增加或不變的二級指標有：產業實力指數得分 1，排名第 1 位，與上年持平；財政金融實力指數得分 0.786，排名第 3，與上年持平；商業貿易實力指數得分 0.8，排名第 3 位，與上年持平；基礎設施實力指數得分 0.897，排名第 3 位，與上年持平；環境資源區位實力指數得分 0.976，排名第 2 位，與上年持平；人力資本教育實力指數得分 0.855，排名第 2 位，與上年持平；科技實力指數得分 0.895，排名第 2 位，與上年持平；文化形象實力指數得分 0.778，排名第 2，與上年持平。而相比 2014 年有所下降的指標有：經濟實力指數得分 0.671，排名第 3 位，下降 1 位；社會體制實力指數得分 0.908，排名第 7，下降 6 位。

2015 年上海潛力指數 0.785，排名第 6 位，下降 2 位。其中，居民消費潛力指數得分 0.588，排名 226 位，上升 7 位；金融資本潛力指數得分 0.98，排名第 2 位，下降 1 位；人力資本潛力指數得分 0.934，排名第 5 位，上升 1 位；市場潛力指數得分 1，排名第 1 位，與上年持平；區位指數得分 1，排名第 1 位，與上年持平；自然資源指數 0.152，排名第 286 位，下降 2 位；環境質量指數 0.56，排名第 241 位，下降 5 位；可持續發展指數 0.797，排名第 6 位，下降 5 位。其中值得關注的是市場潛力指數、區位指數和金融資本潛力指數。2015 年全年實現金融業增加值 4052.23 億元，比上年增長 22.9%。新增各類金融單位 93 家。至年末，全市各類金融單位達到 1430 家。

2015 年上海活力指數得分 0.931，排名第 2 位，下降 1 位。其中，文化力指數得分 0.492，排名第 10 位，下降 9 位；學習力指數得分 0.743，排名第 3 位，下降 2 位；創新力指數得分 0.915，排名第 3 位，下降 2 位；法制力指數得分 0.935，排名第 4 位，下降 3 位；應變力指數得分 0.981，排名第 2 位，與上年持平；開放力指數得分 0.763，排名第 3 位，下降 2 位；營銷力指數得分 0.938，排名第 4 位，下降 3 位。這之中學習力指數、創新力指數、應變力指數、開放力指數雖然下滑，但仍然保持顯著。

2015 年上海能力指數得分 0.723，排名第 128 位，下降 67 位。其中，經濟增長能力得分 0.586，排名第 228 位，下降 49 位；社會保障能力得分 0.559，排名第 30 位，下降 20 位；城市吸引能力得分 0.829，排名第 6 位，下降 1 位；城市流通能力得分 0.721，排名第 2 位，上升 2 位。在能力指數的巨幅變化過程中，城市流通能力佔有絕對重要的地位。上海市全年實現生產總值 24964.99 億元，比上年增長 6.9%。

總的來看，2015 年上海經濟呈穩步增長態勢，在社會各個方面依舊保持著強大競爭力，主動適應經濟發展新常態，堅持穩中求進的工作總基調，人民水平進一步提升。

8.7 杭州成長競爭力點評分析

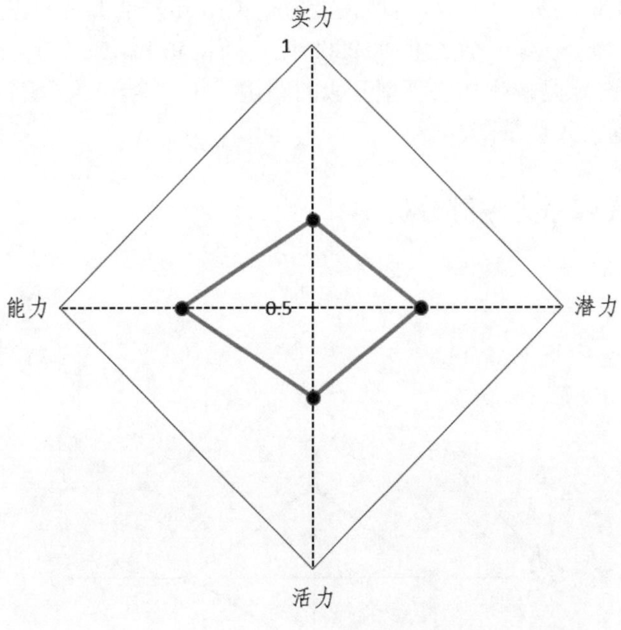

圖 8.7.1　2015 年杭州成長競爭力雷達圖

杭州 2015 年成長競爭力的基本情況如下：實力指數得分 0.67，排名第 9 位，下降 1 位；潛力指數得分 0.72，排名第 12 位，下降 1 位；活力指數得分 0.67，排名第 8 位，上升 1 位；能力指數得分 0.76，排名第 87 位，上升 7 位；成長競爭力得分 1436.87，排名第 7 位，上升 1 位。

2015 年杭州實力指數得分 0.667，排名第 9 位，上升 1 位。其中，相比於 2014 年有所增加或不變的二級指標有：產業實力指數得分 0.509，排名第 14 位，與上年持平；環境資源區位實力指數得分 1，排名第 1 位，與上年持平；文化形象實力指數得分 0.545，排名第 6 位，與上年持平。而有下降的指標有：經濟實力指數得分 0.319，排名第 14 位，下降 1 位；財政金融實力指數得分 0.382，排名第 9 位，下降 2 位；商業貿易實力指數得分 0.43，排名第 11 位，下降 1 位；基礎設施實力指數得分 0.532，排名第 12 位，下降 2 位；社會體制實力指數得分 0.858，排名第 14 位，下降 4 位；人力資本教育實力指數得分 0.552，排名第 14 位，下降 2 位；科技實力指數得分 0.465，排名第 10 位，下降 3 位。

2015 年杭州潛力指數 0.715，排名第 12 位，下降 1 位。其中，居民消費潛力指數得分 0.786，排名 12 位，上升 85 位；金融資本潛力指數得分 0.643，排名第 4 位，上升 1 位；人力資本潛力指數得分 0.713，排名第 15 位，上升 1 位；市場潛力指數得分 0.438，排名第 16 位，上升 1 位；區位指數得分 0.649，排名第 9 位，與上年度持平；環境質量指數得分 0.767，排名第 91 位，下降 4 位；可持續發展指數得分 0.761，排名第 8 位，上升 2 位。其中變化幅度最大的是居民消費潛力指數。

2015 年杭州活力指數得分 0.672，排名第 8 位，上升 1 位。其中，文化力指數得分 0.527，排名第 7 位，與上年度持平；學習力指數得分 0.435，排名第 9 位，與上年度持平；創新力指數得分 0.59，排名第 15 位，下降 4 位；法制力指數得分 0.668，排名第 18 位，下降 4 位；應變力指數得分 0.86，排名第 12 位，下降 3 位；開放力指數得分 0.605，排名第 8 位，與上年度持平；營銷力指數得分 0.637，排名第 10 位，下降 2 位。其中表現相對較為突出的是開放力指數。至 2015 年末，杭州市全市貨物進出口總額 665.66 億美元，其中出口總額 500.67 億美元，增長 1.8%。

2015 年杭州能力指數得分 0.759，排名第 87 位，上升 7 位。其中，經濟增長能力得分 0.676，排名第 157 位，上升 6 位；社會保障能力得分 0.667，排名第 7 位，上升 8 位；城市吸引能力得分 0.523，排名第 19 位，下降 2 位；城市流通能力得分 0.343，排名第 14 位，下降 3 位。其中變化最為明顯的是經濟增長能力。2015 年，全市實現生產總值 10053.58 億元，比上年增長 10.2%，人均生產總值 112268 元，增長 9.1%。

綜合來看，2015 年是杭州加快轉型升級的關鍵一年，全年經濟總量實現歷史性突破，杭州經濟社會發展邁上了新臺階。

8.8 蘇州成長競爭力點評分析

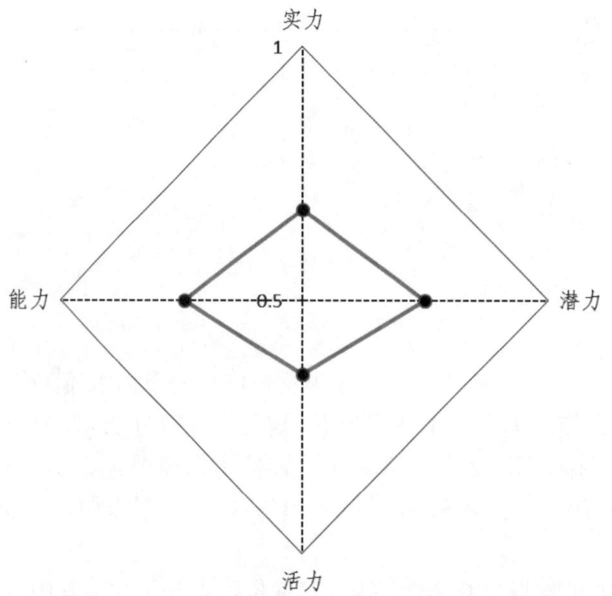

圖 8.8.1　2015 年蘇州成長競爭力雷達圖

蘇州 2015 年成長競爭力的基本情況如下：實力指數得分 0.68，排名第 7 位，與上年持平；潛力指數得分 0.75，排名第 8 位，下降 1 位；活力指數得分 0.65，排名第 10 位，下降 3 位；能力指數得分 0.74，排名第 102 位，下降 65 位；成長競爭力得分 1056.79，排名第 8 位，下降 1 位。

2015 年蘇州實力指數得分 0.678，排名第 7 位，與上年持平。其中，相比於 2014 年增加或不變的二級指標有：產業實力指數得分 0.875，排名第 2 位，與上年持平；財政金融實力指數得分 0.348，排名第 10 位，與上年持平；社會體制實力指數得分 0.924，排名第 6 位，與上年持平；環境資源區位實力指數得分 0.756，排名第 5 位，上升 3 位；人力資本教育實力指數得分 0.465，排名第 21 位，與上年持平；科技實力指數得分 0.468，排名第 9 位，上升 2 位；文化形象實力指數得分 0.517，排名第 7 位，與上年持平。下降的指標有：經濟實力指數得分 0.392，排名第 9 位，下降 1 位；商業貿易實力指數得分 0.46，排名第 9

位，下降 1 位；基礎設施實力指數得分 0.479，排名第 14 位，下降 1 位。

2015 年蘇州潛力指數 0.75，排名第 8 位，下降 1 位。其中，金融資本潛力指數得分 0.411，排名第 23 位，與上年持平；人力資本潛力指數得分 0.685，排名第 18 位，下降 1 位；市場潛力指數得分 0.585，排名第 7 位，下降 2 位；區位指數 0.583，排名第 13 位，與上年持平；環境質量指數 0.88，排名第 13 位，下降 20 位；可持續發展指數 0.864，排名第 4 位，上升 1 位。其中市場潛力指數和可持續發展指數比較相對靠前。全年實現社會消費品零售總額 4424.8 億元，比上年增長 9.0%。

2015 年蘇州活力指數得分 0.646，排名第 10 位，下降 7 位。其中，文化力指數得分 0.796，排名第 2 位，上升 4 位；學習力指數得分 0.53，排名第 6 位，與上年度持平；創新力指數得分 0.74，排名第 6 位，上升 1 位；法制力指數得分 0.99，排名第 2 位，上升 2 位；應變力指數得分 0.963，排名第 3 位，與上年度持平；開放力指數得分 1，排名第 1 位，居於首位；營銷力指數得分 0.825，排名第 5 位，上升 1 位。其中表現最為突出的指標是開放力指數，文化力指數其次。2015 年全市實現進出口總額 3053.5 億美元，其中出口 1814.6 億美元，比上年增長 0.2%。其中國有企業實現進出口 153.2 億美元，比上年增長 10.9%。

2015 年蘇州能力指數得分 0.743，排名第 102 位，下降 65 位。其中，經濟增長能力得分 0.658，排名第 182 位，下降 93 位；社會保障能力得分 0.541，排名第 38 位，下降 18 位；城市吸引能力得分 0.595，排名第 12 位，下降 1 位；城市流通能力得分 0.361，排名第 12 位，下降 4 位。其中城市吸引能力和城市流通能力相對顯著。經濟總體運行平穩。初步核算，全市實現地區生產總值 1.45 萬億元，按可比價計算比上年增長 7.5%，人均地區生產總值 13.63 萬元，按年平均匯率折算超過 2.1 萬美元。

2015 年蘇州統籌抓好穩增長、促改革、調結構、重生態、惠民生、防風險等各項工作，經濟增長勢頭良好，但是當前經濟發展環境依然錯綜複雜，主要經濟增長動力仍有不足，結構矛盾比較突出，新舊產業處在接續關鍵期，自主創新能力有待增強，民生事業需要進一步加大力度，生態環境建設任務依然艱巨。

8.9 青島成長競爭力點評分析

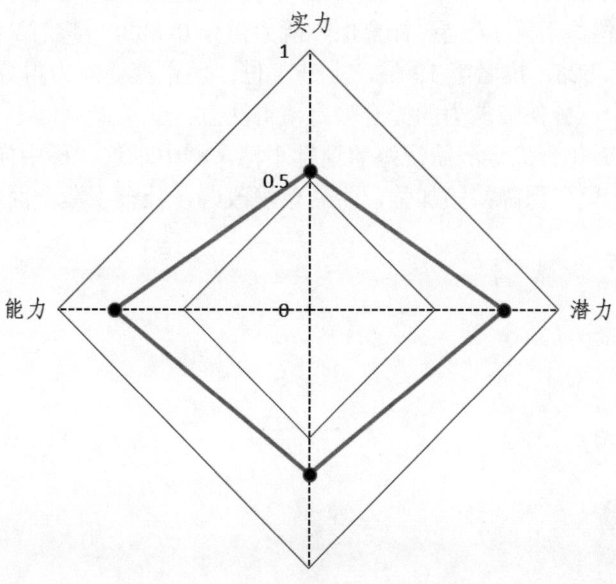

圖 8.9.1　2015 年青島成長競爭力雷達圖

青島 2015 年成長競爭力的基本情況如下：實力指數得分 0.54，排名第 15 位，上升 3

位；潛力指數得分 0.78，排名第 7 位，下降 1 位；活力指數得分 0.64，排名第 12 位，與上年持平；能力指數得分 0.77，排名第 59 位，上升 7 位；成長競爭力得分 1036.62，排名第 9 位，與上年持平。

2015 年青島實力指數得分 0.537，排名第 15 位，上升 3 位。其中，相比 2014 年有所增加或不變的二級指標有：經濟實力指數得分 0.299，排名第 19 位，上升 3 位；產業實力指數得分 0.535，排名第 12 位，與上年持平；社會體制實力指數得分 0.836，排名第 18 位，上升 10 位；環境資源區位實力指數得分 0.646，排名第 12 位，上升 3 位；人力資本教育實力指數得分 0.455，排名第 23 位，上升 1 位；科技實力指數得分 0.405，排名第 16 位，上升 4 位。有下降的指標有：財政金融實力指數得分 0.279，排名第 26 位，下降 3 位；商業貿易實力指數得分 0.296，排名第 32 位，下降 4 位；基礎設施實力指數得分 0.441，排名第 19 位，下降 1 位；文化形象實力指數得分 0.385，排名第 19 位，下降 1 位。

2015 年青島潛力指數 0.776，排名第 7 位，下降 1 位。其中，居民消費潛力指數得分 0.685，排名 77 位，上升 52 位；金融資本潛力指數得分 0.485，排名第 17 位，上升 2 位；人力資本潛力指數得分 0.691，排名第 17 位，上升 1 位；市場潛力指數得分 0.482，排名第 10 位，與上年度持平；區位指數得分 0.583，排名第 13 位，與上年度持平；自然資源指數得分 0.364，排名第 179 位，下降 39 位；環境質量指數得分 0.853，排名第 30 位，上升 9 位；可持續發展指數得分 0.803，排名第 5 位，上升 1 位。其中表現相對突出的是可持續發展指數。2015 年末，青島市全市常住人口城鎮化率達到 69.99%，比上年提高 1.58 個百分點。全市建成區面積 570 平方公里，增長 16.1%。

2015 年青島活力指數得分 0.637，排名第 12 位，與上年度排名持平。其中，文化力指數得分 0.418，排名第 30 位，下降 6 位；學習力指數得分 0.394，排名第 11 位，與上年度持平；創新力指數得分 0.601，排名第 14 位，上升 1 位；法制力指數得分 0.667，排名第 19 位，上升 3 位；應變力指數得分 0.875，排名第 10 位，上升 1 位；開放力指數得分 0.535，排名第 18 位，上升 3 位；營銷力指數得分 0.598，排名第 15 位，與上年度持平。其中開放力指數值得關注。2015 年青島市全市港口輸送量 5.0 億噸，增長 4.3%；外貿輸送量 3.3 億噸，增長 3.7%；集裝箱輸送量 1743 萬標準箱，增長 5.1%。

2015 年青島能力指數得分 0.774，排名第 59 位，上升 7 位。其中，經濟增長能力得分 0.703，排名第 121 位，下降 17 位；社會保障能力得分 0.532，排名第 45 位，上升 47 位；城市吸引能力得分 0.523，排名第 19 位，上升 1 位；城市流通能力得分 0.289，排名第 22 位，下降 3 位。其中社會保障能力的提升較為值得注意。

綜合來看，2015 年青島經濟狀況總體運行平穩，穩中求進，穩中向好，社會其他方面工作也在穩步開展，民生保障持續加強，生態環境改善，社會事業全面發展。

8.10 武漢成長競爭力點評分析

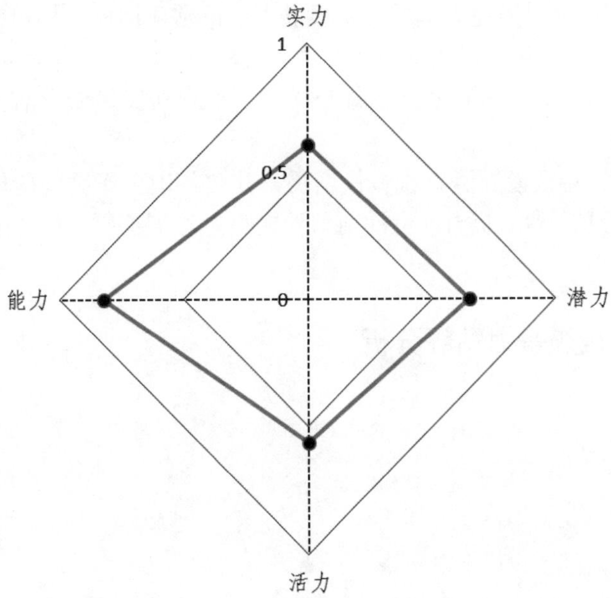

圖 8.10.1　2015 年武漢成長競爭力雷達圖

武漢 2015 年成長競爭力的基本情況如下：實力指數得分 0.6，排名第 10 位，上升 1 位；潛力指數得分 0.65，排名第 26 位，下降 1 位；活力指數得分 0.56，排名第 23 位，下降 2 位；能力指數得分 0.82，排名第 22 位，上升 2 位；成長競爭力得分 982.4，排名第 10 位，上升 2 位。

2015 年武漢實力指數得分 0.601，排名第 10 位，上升 1 位。其中，相比於 2014 年有所增加或不變的二級指標有：經濟實力指數得分 0.313，排名第 16 位，上升 3 位；產業實力指數得分 0.503，排名第 16 位，上升 4 位；財政金融實力指數得分 0.342，排名第 11 位，上升 4 位；社會體制實力指數得分 0.797，排名第 28 位，上升 6 位；環境資源區位實力指數得分 0.607，排名第 16 位，與上年持平；文化形象實力指數得分 0.487，排名第 8 位，上升 2 位。略有下降的指標有：商業貿易實力指數得分 0.325，排名第 25 位，下降 3 位；基礎設施實力指數得分 0.584，排名第 8 位，下降 1 位；人力資本教育實力指數得分 0.633，排名第 8 位，下降 1 位；科技實力指數得分 0.454，排名第 11 位，下降 1 位。

2015 年武漢潛力指數 0.649，排名第 26 位，下降 1 位。其中居民消費潛力指數得分 0.666，排名 103 位，上升 81 位；金融資本潛力指數得分 0.503，排名第 13 位，上升 1 位；人力資本潛力指數得分 0.616，排名第 23 位，下降 1 位；市場潛力指數得分 0.453，排名第 14 位，上升 1 位；區位指數得分 0.627，排名第 11 位，與上度持平；自然資源指數得分 0.246，排名第 258 位，下降 2 位；環境質量指數得分 0.737，排名第 130 位，下降 25 位；可持續發展指數得分 0.711，排名第 12 位，上升 4 位。其中區位指數表現較為突出。

2015 年武漢活力指數得分 0.561，排名第 23 位，下降 2 位。其中，文化力指數得分 0.414，排名第 33 位，下降 15 位；學習力指數得分 0.309，排名第 25 位，與上年度持平；創新力指數得分 0.507，排名第 19 位，與上年度持平；法制力指數得分 0.624，排名第 33 位，下降 4 位；應變力指數得分 0.818，排名第 24 位，下降 3 位；開放力指數得分 0.473，排名第 29 位，與上年度持平；營銷力指數得分 0.558，排名第 19 位，下降 2 位。其中創新力指數和營銷力指數相對突出。2015 年武漢專利申請 33620 件，增加 5818 件。其中，發明專利增加 3206 件。專利授權增加 5405 件。技術市場合同成交額 405.30 億元，比上年增長 31.1%。

2015 年武漢能力指數得分 0.823，排名第 22 位，上升 2 位。其中，經濟增長能力得分

0.748，排名第 60 位，下降 13 位；社會保障能力得分 0.613，排名第 13 位，上升 35 位；城市吸引能力得分 0.487，排名第 24 位，上升 1 位；城市流通能力得分 0.316，排名第 18 位，下降 6 位。其中社會保障能力提升最為顯著。全市常住居民人均可支配收入 32478 元，比上年增長 9.7%。農村常住居民人均可支配收入 17722 元，比上年增長 9.6%。城市居民最低生活保障標準由每人每月 560 元調整為 580 元，農村居民最低生活保障標準由每人每月 270 元調整為 320 元。

綜合來看，2015 年武漢經濟實現較快增長，社會各項工作發展穩穩中向好，經濟社會發展呈現出“總量跨越，質效提升，位次前移”的良好發展態勢，在建設國家中心城市的道路上更前進了一步。

8.11 南京成長競爭力點評分析

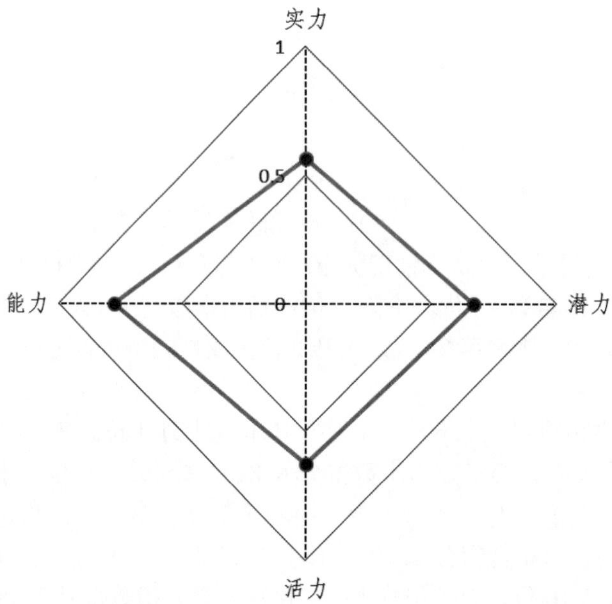

圖8.11.1 2015年南京成長競爭力雷達圖

南京 2015 年成長競爭力的基本情況如下：實力指數得分 0.56，排名第 11 位，下降 1 位；潛力指數得分 0.67，排名第 19 位，下降 2 位；活力指數得分 0.62，排名第 13 位，與上年持平；能力指數得分 0.77，排名第 70 位，下降 57 位；成長競爭力得分 975.27，排名第 11 位，下降 1 位。

2015 年南京實力指數得分 0.56，排名第 11 位，下降 1 位。其中，相比於 2014 年有所增加的二級指標有：產業實力指數得分 0.542，排名第 10 位，上升 3 位；財政金融實力指數得分 0.317，排名第 14 位，與上年持平；商業貿易實力指數得分 0.373，排名第 15 位，上升 3 位；基礎設施實力指數得分 0.537，排名第 11 位，與上年持平；人力資本教育實力指數得分 0.636，排名第 7 位，上升 2 位；科技實力指數得分 0.505，排名第 7 位，上升 2 位。略有下降的指標有：經濟實力指數得分 0.33，排名第 12，下降 1 位，社會體制實力指數得分 0.805，排名第 23 位，下降 2 位；環境資源區位實力指數得分 0.722，排名第 8 位，下降 1 位；文化形象實力指數得分 0.476，排名第 9 位，下降 1 位。

2015 年南京潛力指數 0.67，排名第 19 位，下降 2 位。其中，居民消費潛力指數得分 0.715，排名 44 位，下降 7 位；金融資本潛力指數得分 0.525，排名第 11 位，與上年持平；人力資本潛力指數得分 0.715，排名第 13 位，下降 1 位；市場潛力指數得分 0.458，排名第 13 位，與上年持平；區位指數得分 0.649，排名第 9 位，與上年持平；自然資源指數得分

0.213，排名第 269 位，下降 2 位；可持續發展指數得分 0.7，排名第 14 位，上升 11 位。其中，排名變化比較大的是可持續發展指數，上升 21 位。2015 年南京市首次開展排汙權交易拍賣，化學需氧量、氨氮、二氧化硫、氮氧化物等四項主要污染物成交比例達 100%。狠抓大氣污染防治，實施 58 個重點大氣污染防治工程，全年全市建成區空氣質量達到國家二級標準天數 235 天，達成率為 64.4%，比上年上升 12.3 個百分點。

2015 年南京活力指數得分 0.624，排名第 13 位，與上年持平。其中，文化力指數得分 0.464，排名第 15 位，下降 6 位；學習力指數得分 0.419，排名第 10 位，與上年持平；創新力指數得分 0.648，排名第 10 位，與上年持平；法制力指數得分 0.734，排名第 11 位，上升 3 位；應變力指數得分 0.858，排名第 15 位，下降 3 位；開放力指數得分 0.435，排名第 49 位，下降 7 位。新命名南京市文化產業基地 7 個，共創建國家文化產業示範基地 12 個。秦淮特色文化產業園獲評“第五屆國家級文化產業試驗園區”。“創意南京”文化產業融合公共服務平臺獲評文化部“文化科技創新獎”。

2015 年南京能力指數得分 769，排名第 70 位，下降 57 位。其中，經濟增長能力得分 0.694，排名第 134 位，下降 89 位；社會保障能力得分 0.505，排名第 60 位，下降 15 位；城市吸引能力得分 0.541，排名第 15 位，與上年持平；城市流通能力得分 0.343，排名第 14 位，下降 4 位。其中下降最為明顯的是經濟增長能力。全年實現地區生產總值 9720.77 億元，其中，第一產業增加值 232.39 億元，增長 3.4%；第二產業增加值 3916.11 億元，增長 7.2%。

2015 年，南京按照“四個全面”戰略佈局總要求，瞄準建設“四個城市”“強富美高”新南京奮鬥目標，堅持穩中求進工作總基調，主動適應經濟發展新常態，有序展開“邁上新臺階、建設新南京”工作佈局，經濟社會發展成績斐然，實現“十二五”規劃圓滿收官。

8.12 成都成長競爭力點評分析

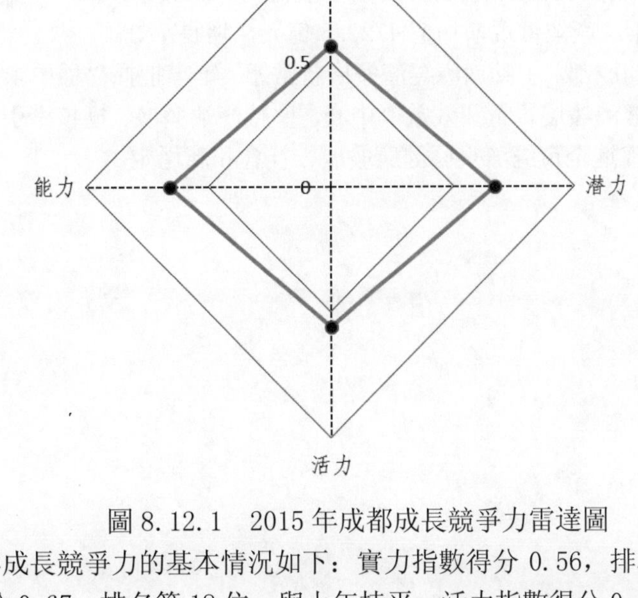

圖 8.12.1　2015 年成都成長競爭力雷達圖

成都 2015 年成長競爭力的基本情況如下：實力指數得分 0.56，排名第 12 位，上升 2 位；潛力指數得分 0.67，排名第 18 位，與上年持平；活力指數得分 0.56，排名第 24 位，下降 4 位；能力指數得分 0.66，排名第 203 位，下降 178 位；成長競爭力得分 922.58，排名第 12 位，上升 3 位。

2015 年成都實力指數得分 0.56，排名第 12 位，上升 2 位。其中，相比 2014 年增加的二級指標有：經濟實力指數得分 0.323，排名第 13 位，上升 2 位；商業貿易實力指數得分 0.529，排名第 7 位，上升 10 位；基礎設施實力指數得分 0.709，排名第 6 位，上升 2 位；社會體制實力指數得分 0.8，排名第 26 位，上升 4 位；環境資源區位實力指數得分 0.68，排名第 11 位，上升 2 位；人力資本教育實力指數得分 0.556，排名第 13 位，上升 1 位。略有下降的指標有：產業實力指數得分 0.474，排名第 19 位，下降 2 位；財政金融實力指數得分 0.284，排名第 23 位，下降 10 位；科技實力指數得分 0.345，排名第 26 位，下降 3 位；文化形象實力指數得分 0.371，排名第 26 位，下降 3 位。

2015 年成都潛力指數 0.673，排名第 18 位，與上年持平。其中，居民消費潛力指數得分 0.662，排名 118 位，下降 22 位；金融資本潛力指數得分 0.546，排名第 10 位，與上年持平；人力資本潛力指數得分 0.654，排名第 20 位，與上年持平；市場潛力指數得分 0.398，排名第 21 位，下降 1 位；區位指數得分 0.561，排名第 16 位，與上年持平；可持續發展指數得分 0.708，排名第 13 位，上升 6 位。其中排名相對突出的指標是可持續發展指數指數。全年空氣質量達標天數 214 天，城區區域環境噪聲平均值 54.2 分貝，城區交通幹線噪聲平均值 69 分貝。集中式飲用水水源地水質達成率 100%。

2015 年成都活力指數得分 0.56，排名第 24 位，下降 4 位。其中，文化力指數得分 0.432，排名第 23 位，下降 6 位；學習力指數得分 0.286，排名第 31 位，上升 1 位；創新力指數得分 0.474，排名第 26 位，下降 2 位；法制力指數得分 0.613，排名第 39 位，上升 4 位；應變力指數得分 0.836，排名第 20 位，與上年持平；開放力指數得分 0.506，排名第 23 位，與上年持平；營銷力指數得分 0.524，排名第 25 位，下降 7 位。其中值得關注的是成都市的文化力指數和法制力指數。年末有博物館 33 個，文化館 22 個，公共圖書館 22 個，館藏圖書 2210.1 萬冊。全市擁有廣播電臺 13 座，製作廣播節目 17 套;擁有電視臺 13 座，製作電視節目 19 套。

2015 年成都能力指數得分 0.675，排名第 203 位，下降 178 位。其中，經濟增長能力得分 0.586，排名第 228 位，下降 174 位；社會保障能力得分 0.487，排名第 75 位，下降 19 位；城市吸引能力得分 0.541，排名第 15 位，上升 2 位；城市流通能力得分 0.334，排名第 16 位，下降 10 位。這之中下降最為顯著的是經濟增長能力。全市實現地區生產總值 (GDP) 10801.2 億元，按可比價格計算，比上年增長 7.9%。其中，第一產業實現增加值 373.2 億元，增長 3.9%;第二產業實現增加值 4723.5 億元，增長 7.2%。

綜上，再出發的成都，主動適應經濟發展新常態，牢牢把握“穩中求進、統籌發展”工作主基調，以提高經濟發展質量和效益為中心，堅持高端發展、極核牽引、改革創新、全域開放、民生優先，促進全市經濟平穩健康發展、社會和諧穩定。

8.13 大連成長競爭力點評分析

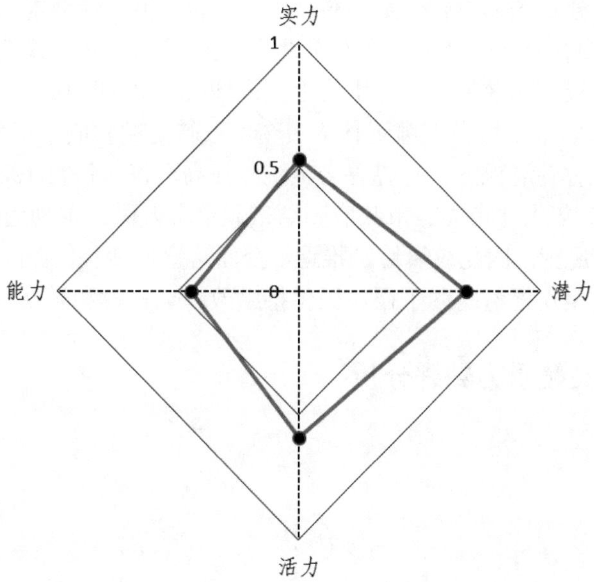

圖 8.13.1　2015 年大連成長競爭力雷達圖

大連 2015 年成長競爭力的基本情況如下：實力指數得分 0.53，排名第 16 位，下降 1 位；潛力指數得分 0.69，排名第 16 位，下降 7 位；活力指數得分 0.59，排名第 16 位，與上年持平；能力指數得分 0.45，排名第 262 位，下降 150 位；成長競爭力得分 870.09，排名第 13 位，下降 2 位。

2015 年大連實力指數得分 0.528，排名第 16 位，下降 1 位。其中，相比於 2014 年有所增加或不變的二級指標有：財政金融實力指數得分 0.306，排名第 16 位，上升 1 位；基礎設施實力指數得分 0.467，排名第 15 位，與上年持平；科技實力指數得分 0.418，排名第 14 位，上升 2 位；文化形象實力指數得分 0.396，排名第 16 位，上升 3 位。略有下降的指標有：經濟實力指數得分 0.289，排名第 22，下降 6 位；產業實力指數得分 0.485，排名第 18 位，下降 2 位；商業貿易實力指數得分 0.292，排名第 33 位，下降 12 位；社會體制實力指數得分 0.791，排名第 30 位，下降 1 位；環境資源區位實力指數得分 0.629，排名第 15 位，下降 3 位；人力資本教育實力指數得分 0.482，排名第 18 位，下降 1 位。

2015 年大連潛力指數 0.692，排名第 16 位，下降 7 位。其中，居民消費潛力指數得分 0.595，排名 223 位，下降 133 位；金融資本潛力指數得分 0.497，排名第 15 位，下降 2 位；人力資本潛力指數得分 0.714，排名第 14 位，與上年持平；市場潛力指數得分 0.492，排名第 9 位，與上年持平；區位指數得分 0.605，排名第 12 位，與上年持平；可持續發展指數得分 0.738，排名第 7 位，與上年持平。其中值得關注的是環境質量指數，2015 年全市完成化學需氧量、氨氮、二氧化硫和氮氧化物四項主要污染物的減排任務。累計建成 29 座汙水處理廠，汙水處理能力 131.5 萬噸/日。

2015 年大連活力指數得分 0.591，排名第 16 位，與上年持平。其中，文化力指數得分 0.384，排名第 41 位，下降 7 位；學習力指數得分 0.331，排名第 17 位，與上年持平；創新力指數得分 0.477，排名第 25 位，下降 5 位；法制力指數得分 0.573，排名第 48 位，下降 8 位；應變力指數得分 0.9，排名第 8 位，下降 3 位；營銷力指數得分 0.645，排名第 8 位，上升 3 位。其中營銷力指標值得關注。全市深入落實《中國製造 2025 大連行動計劃》，在高校、科研院所建立了 62 個關鍵共性技術支撐和服務平臺。出臺《大連市科技創新券實施辦法》，首批為 501 家中小企業發放科技創新券 2995 萬元，帶動研發投入 20 億元。

2015 年大連能力指數得分 0.448，排名第 262 位，下降 150 位。其中，經濟增長能力得分 0.379，排名第 269 位，下降 88 位；社會保障能力得分 0.559，排名第 30 位，上升 11 位；城市吸引能力得分 0.532，排名第 17 位，下降 1 位；城市流通能力得分 0.307，排名第 20 位，下降 2 位。其中社會保障能力方面有所進步。截至年末，基本養老保險參保人數 195.1 萬人，征繳養老保險費 254.8 億元，分別比上年末增長 0.3%和 10.9%。連續第 11 年提高企業退休人員養老金水平，93.96 萬名離退休人員全部按時足額領取了基本養老金。全市 128.7 萬人參加城鄉居民社會養老保險，基礎養老金統一提高至每人每月 195 元。

總體來看，2015 年大連市委、市政府團結帶領全市人民，主動適應和引領經濟發展新常態，保持定力沉著應對，四化統籌協調推進，全面落實穩增長、促改革、調結構、惠民生和防風險各項任務，呈現經濟總體平穩、民生持續改善、社會和諧穩定的良好局面。

8.14 濟南成長競爭力點評分析

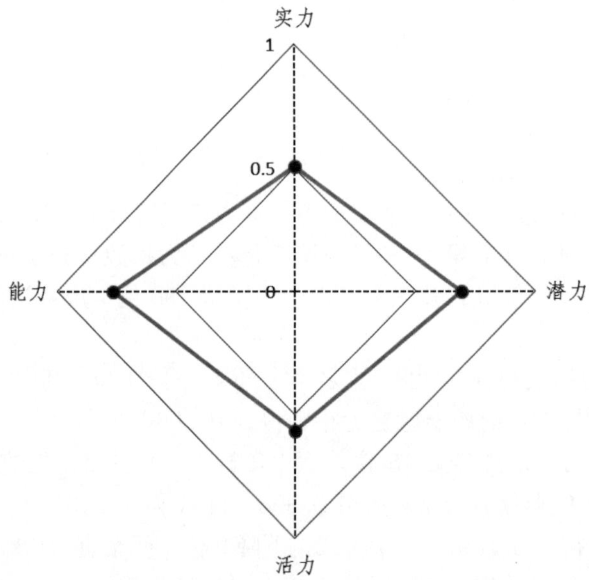

圖8.14.1　2015年濟南成長競爭力雷達圖

濟南 2015 年成長競爭力的基本情況如下：實力指數得分 0.51，排名第 20 位，上升 1 位；潛力指數得分 0.69，排名第 16 位，下降 1 位；活力指數得分 0.57，排名第 19 位，上升 3 位；能力指數得分 0.76，排名第 81 位，上升 5 位；成長競爭力得分 857.01，排名第 14 位，與上年持平。

2015 年濟南實力指數得分 0.506，排名第 20 位，上升 1 位。其中，相比於 2014 年有所增加或不變的二級指標有：經濟實力指數得分 0.255，排名第 31 位，上升 6 位；產業實力指數得分 0.344，排名第 54 位，上升 4 位；社會體制實力指數得分 0.831，排名第 19 位，上升 7 位；人力資本教育實力指數得分 0.563，排名第 12 位，上升 1 位；科技實力指數得分 0.432，排名第 13 位，與上年持平；文化形象實力指數得分 0.445，排名第 11 位，上升 1 位。略有下降的指標有：財政金融實力指數得分 0.272，排名第 28 位，下降 3 位；商業貿易實力指數得分 0.284，排名第 34 位，下降 4 位；基礎設施實力指數得分 0.4，排名第 27 位，下降 5 位；環境資源區位實力指數得分 0.571，排名第 21 位，下降 1 位。

2015 年濟南潛力指數 0.692，排名第 16 位，下降 1 位。其中，居民消費潛力指數得分 0.684，排名 79 位，上升 57 位；金融資本潛力指數得分 0.477，排名第 19 位，上升 2 位；人力資本潛力指數得分 0.613，排名第 25 位，下降 1 位；市場潛力指數得分 0.364，排名第 27 位，下降 5 位；區位指數得分 0.561，排名第 16 位，與上年持平；自然資源指數得分 0.424，排名第 124 位，下降 20 位。其中上升變化明顯的為居民消費潛力指數。2015 年全年社會消費品零售總額 3410.3 億元，增長 10.5%。分城鄉看，城鎮社會消費品零售額 3095.4 億元，增長 10.5%；鄉村社會消費品零售額 314.9 億元，增長 10.0%。

2015 年濟南活力指數得分 0.568，排名第 19 位，上升 3 位。其中，文化力指數得分 0.466，排名第 14 位，與上年持平；學習力指數得分 0.312，排名第 24 位，上升 2 位；創新力指數得分 0.472，排名第 22 位，上升 2 位；法制力指數得分 0.739，排名第 10 位，與上年持平；應變力指數得分 0.845，排名第 17 位，開放力指數得分 0.393，排名第 108 位，營銷力指數得分 0.612，排名第 14 位。其中文化力指數和法制力指數值得關注。全年刑事案件立案 35047 件，比上年下降 22.32%。破獲刑事案件 20806 件，下降 22.77%；受理社會治安案件 86217 件，下降 6.16%。

2015 年濟南能力指數得分 0.761，排名第 81 位，上升 5 位。其中，經濟增長能力得分 0.703，排名第 121 位，上升 6 位；社會保障能力得分 0.478，排名第 87 位，下降 23 位；城市吸引能力得分 0.46，排名第 25 位，上升 2 位；城市流通能力得分 0.253，排名第 35 位，下降 13 名。其中變化最為顯著的是社會保障能力。2015 年，濟南困難群眾生活保障標準進一步提高。城市最低生活保障標準由上年人均每月 510 元提高到 550 元；全年發放最低生活保障金及各類補貼 1.8 億元。農村最低生活保障標準由年人均不低於 3000 元提高到 3600 元，發放最低生活保障金及各類補貼 1.03 億元。

2015 年濟南積極適應引領新常態，緊緊圍繞“打造四個中心、建設現代泉城”總體要求，超前謀劃、積極作為、迎難而上、敢於擔當，全市經濟社會發展保持總體平穩、穩中有進、穩中向好的良好態勢。

8.15 香港成長競爭力點評分析

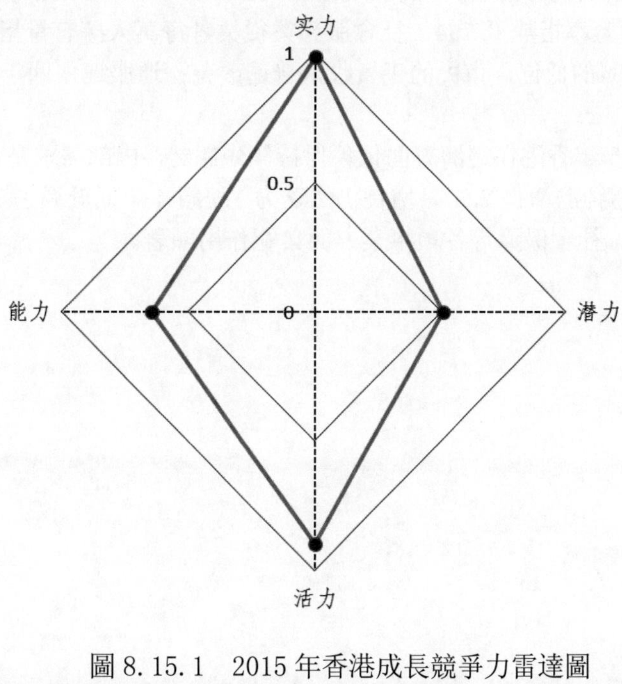

圖 8.15.1 2015 年香港成長競爭力雷達圖

香港 2015 年成長競爭力的基本情況如下：實力指數得分 0.98，排名第 2 位，與上年持平；潛力指數得分 0.51，排名第 111 位，下降 103 位；活力指數得分 0.9，排名第 3 位，上升 2 位；能力指數得分 0.64，排名第 212 位，下降 19 位；成長競爭力得分 837.25，排名第 15 位，下降 2 位。

2015 年香港實力指數得分 0.983，排名第 2 位，與上年持平。其中，相比於 2014 年有所增加或不變的二級指標有：經濟實力指數得分 1，排名第 1 位，與上年持平；財政金融實力指數得分 1，排名第 1 位，與上年持平；商業貿易實力指數得分 1，排名第 1 位，與上年持平；基礎設施實力指數得分 0.565，排名第 9 位，與上年持平；人力資本教育實力指數得分 0.843，排名第 3 位，與上年持平；科技實力指數得分 0.668，排名第 3 位，與上年持平；文化形象實力指數得分 0.764，排名第 3 位，上升 1 位。有所下降的指標有：產業實力指數得分 0.443，排名第 29 位，下降 5 位；社會體制實力指數得分 0.972，排名第 3 位，下降 1 位；環境資源區位實力指數得分 0.633，排名第 14 位，下降 4 位。

2015 年香港潛力指數 0.506，排名第 111 位，下降 103 位。其中，居民消費潛力指數得分 0.884，排名 2 位，上升 5 位；金融資本潛力指數得分 0.599，排名第 8 位，下降 4 位；人力資本潛力指數得分 0.983，排名第 2 位，與上年持平；市場潛力指數得分 0.654，排名第 4 位，與上持平；區位指數得分 0.978，排名第 3 位，與上年持平；自然資源指數得分 0.1，排名第 300 位，下降 2 位。2015 年香港城市居民生活指數 1，排名第 1 位。經濟競爭力 3698.64，排名第 1 位。

2015 年香港活力指數得分 0.899，排名第 3 位，上升 2 位。其中，文化力指數得分 1，排名第 1 位，與上年持平；學習力指數得分 0.577，排名第 5 位，與上年持平；創新力指數得分 0.783，排名第 5 位，下降 1 位；法制力指數得分 0.981，排名第 3 位，下降 1 位；開放力指數得分 0.623，排名第 7 位，下降 1 位，營銷力指數得分 0.99，排名第 2 位，下降 1 位。這之中文化力和營銷力指數均實現了全國領先。2015 年香港市城市歷史文化指數 0.864，城市文化影響指數 0.688，城市知名度和城市推廣度均達到了 1。

2015 年香港能力指數得分 0.641，排名第 212 位，下降 19 位。其中，經濟增長能力得分 0.469，排名第 256 位，上升 17 位；社會保障能力得分 1，排名第 1 位，與上年持平；城市吸引能力得分 0.973，排名第 2 位，與上年持平；城市流通能力得分 0.577，排名第 4 位，上升 3 位。香港在社會保障能力方面表現最為突出。2015 年香港社會保障補助支出指數 0.974，社會保障覆蓋率指數 0.794，社會服務業從業者每萬人擁有量指數為 1。2015 香港的失業率仍維持 3.3%的低位，市民的工資收入普遍改善；通脹連續四年回落，2015 年整體通脹率 3%。

總體來看，2015 年香港在經濟方面依舊保持領先態勢，內部需求是 2015 年香港經濟增長的主要動力，整體經濟增長 2.4%，增長仍然乏力，連續 4 年低於過去 10 年 3.4%的平均增幅。但在諸如文化、社會保障等各項事業方面典範作用顯著。

8.16 合肥成長競爭力點評分析

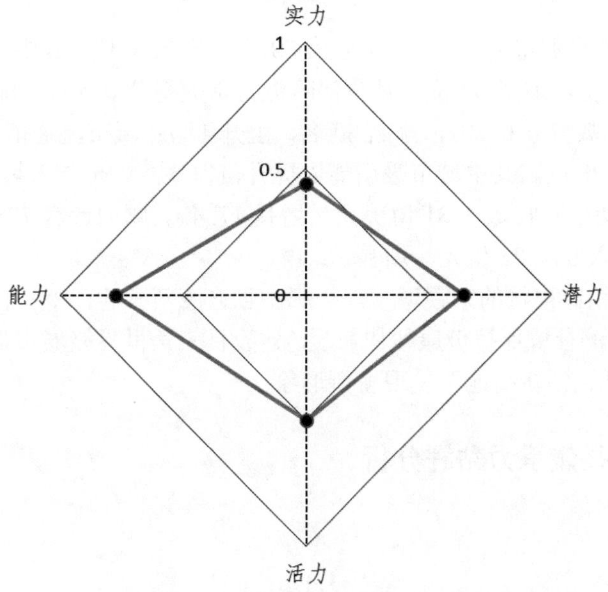

圖 8.16.1　2015 年合肥成長競爭力雷達圖

合肥 2015 年成長競爭力的基本情況如下：實力指數得分 0.44，排名第 27 位，上升 2 位；潛力指數得分 0.64，排名第 28 位，下降 9 位；活力指數得分 0.5，排名第 41 位，下降 3 位；能力指數得分 0.77，排名第 59 位，下降 50 位；成長競爭力得分 833.22，排名第 16 位，與上年持平。

2015 年合肥實力指數得分 0.439，排名第 27 位，上升 2 位。其中，相比於 2014 年有所增加或不變的二級指標有：經濟實力指數得分 0.225，排名第 45 位，上升 2 位；產業實力指數得分 0.404，排名第 39 位，上升 3 位；財政金融實力指數得分 0.251，排名第 37 位，上升 1 位；基礎設施實力指數得分 0.428，排名第 22 位，上升 4 位；文化形象實力指數得分 0.34，排名第 34 位，與上年持平。略有下降的指標為：商業貿易實力指數得分 0.226，排名第 52 位，下降 11 位；社會體制實力指數得分 0.723，排名第 62 位，下降 7 位；環境資源區位實力指數得分 0.501，排名第 37 位，下降 6 位；人力資本教育實力指數得分 0.46，排名第 22 位，下降 2 位；科技實力指數得分 0.394，排名第 19 位，下降 2 位。

2015 年合肥潛力指數得分 0.64，城市潛力指數排名 28 位，下降 9 位。其中居民消費潛力指數得分 0.631，排名第 188 位，下降 175 位；金融資本潛力指數得分 0.375，排名第 30 位，上升 1 位；人力資本潛力指數得分 0.532，排名第 34 位，與上年持平；市場潛力指數得分 0.361，排名第 28 位，下降 1 位。區位指數得分 0.473，排名 27 位，與上年持平，自然資源指數得分 0.409，排名第 140 位，下降 2 位；環境質量指數得分 0.758，排名第 106 位，上升 22 位；可持續發展指數得分 0.694，排名第 17 位，下降 2 位。其中提升最為明顯的是環境質量指數。2015 年末，PM10、PM2.5 年均濃度分別為 91.9 微克/立方米和 66 微克/立方米，比上年分別下降 18.7%和 20.4%，均超過空氣環境質量日均值二級標準要求。巢湖流域 11 個國考斷面中有 5 個斷面達到考核要求。

2015 年合肥活力指數得分 0.499，排名第 41 位，下降 2 位。其中文化力指數得分 0.369，排名第 47 位，下降 1 位；學習力指數得分 0.275，排名第 34 位，與上年持平；創新力指數得分 0.455，排名第 36 位，上升 6 位；法制力指數得分 0.544，排名 54 位，上升 1 位；應變力指數得分 0.842，排名 28 位，下降 2 位；開放力指數得分 0.433，排名 51 位，上升 3 位；營銷力指數得分 0.435，排名 45 位，下降 1 位。其中變化最為明顯的是創新力指數。

全年有 9 項科技成果獲國家科技獎 其中國際科學技術合作獎 1 項 全年受理專利申請 32364 件，其中發明專利 16431 件，比上年增長 27.1%；授權專利 17070 件，其中發明專利 3413 件，增長 80.5%。

2015 年合肥能力指數得分 0.774，排名第 59 位，下降 50 位。其中經濟增長能力指數得分 0.73，排名第 81 位，下降 59 位；社會保障能力指數得分 0.406，排名 146 位，下降 60 位；城市吸引能力指數得分 0.397，排名 36 名，上升 1 位；城市流通能力指數得分 0.226，排名第 49 位，下降 26 位。其中城市吸引能力提升值得注意。全年入境旅遊人數 41.3 萬人次，增長 3.0%；旅遊外匯收入 3.31 億美元，增長 17.4%。國內遊客 7784.24 萬人次，增長 19.1%；國內旅遊收入 953.22 億元，增長 23.1%。

2015 年，面對錯綜複雜的宏觀環境，合肥主動適應新常態，堅持穩中求進，加快調結構轉方式促升級，經濟社會保持健康較快發展，建設長三角世界級城市群副中心邁出堅實步伐，打造“大湖名城、創新高地”呈現嶄新形象。

8.17 寧波成長競爭力點評分析

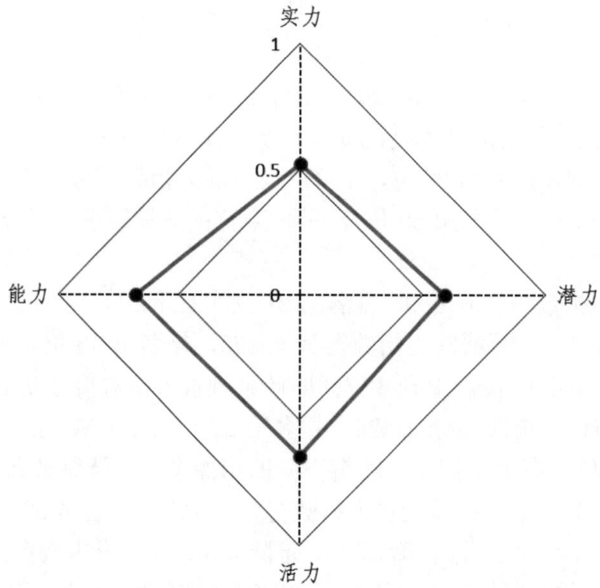

圖 8.17.1　2015 年寧波成長競爭力雷達圖

寧波 2015 年成長競爭力的基本情況如下：實力指數得分 0.52，排名第 17 位，與上年持平；潛力指數得分 0.59，排名第 43 位，下降 16 位；活力指數得分 0.64，排名第 11 位，與上年持平；能力指數得分 0.68，排名第 184 位，下降 133 位；成長競爭力得分 782.15，排名第 17 位，上升 1 位。

2015 年寧波實力指數得分 0.522，排名第 17 位，與上年持平。其中，相比於 2014 年有所增加或不變的二級指標有：社會體制實力指數得分 0.845，排名第 16 位，上升 4 位；人力資本教育實力指數得分 0.399，排名第 28 位，上升 5 位；科技實力指數得分 0.4，排名第 18 位，上升 1 位。略有下降的指標有：經濟實力指數得分 0.277，排名第 27 位，下降 1 位；產業實力指數得分 0.538，排名第 11 位，下降 1 位；財政金融實力指數得分 0.337，排名第 12 位，下降 1 位；商業貿易實力指數得分 0.345，排名第 19 位，下降 3 位；基礎設施實力指數得分 0.411，排名第 25 位，下降 4 位；環境資源區位實力指數得分 0.548，排名第 25 位，下降 2 位；文化形象實力指數得分 0.367，排名第 23 位，下降 6 位。

2015 年寧波潛力指數得分 0.591，排名第 43 位，下降 16 位。其中金融資本潛力指數得分 0.504，排名 12 位，與上年持平；人力資本潛力指數得分 0.675，排名 19 位，與上年持平；市場潛力指數得分 0.348，排名第 31 位，上升 2 位；城市區位指數得分 0.495，排名 25 位，與上年持平；自然資源指數得分 0.183，排名 278 位，下降 7 位；可持續發展指數得分 0.692，排名第 19 位，下降 2 位。其中變化明顯的市場潛力指數。2015 年寧波市居民人均可支配收入 41373 元，比上年增長 8.7%。按城鄉分，城鎮居民人均可支配收入 47852 元，增長 8.4%；農村居民人均可支配收入 26469 元，增長 9.0%。

2015 年寧波活力指數得分 0.643，排名第 11 位，與上年持平。其中城市文化力指數得分 0.43，排名第 26 位，下降 7 位；學習力指數得分 0.377，排第 12 名，與上年持平；創新力指數得分 0.607，排名第 12 位，上升 1 位；法制力指數得分 0.751，排名第 9 位，上升 3 位；應變力指數得分 0.86，排名第 28 位，下降 2 位；開放力指數得分 0.574，排名第 10，下降 1 位；營銷力指數得分 0.508，排名第 27 位，下降 2 位。其中變化較大的是法制力指數，2015 年全市共立案查處各類食品藥品案件 4081 件，增長 27.1%，罰沒款 6456.3 萬元，增長 183%。全年人民調解組織共調處各類民事糾紛 11.4 萬件，調解成功 11.2 萬件，成功率達 98.9%。

2015 年寧波能力指數得分 0.68，排名第 184 位，下降 133 位。經濟增長能力指數得分 0.604，排名第 217 位，下降 123 位；社會保障能力指數得分 0.64，排名第 10 位，上升 32 位；城市吸引能力指數得分 0.532，排名第 17 位，上升 2 位；城市流通能力指數得分 0.271 排名第 26 位，下降 11 位。其中最為值得關注的是社會保障能力方面的進步。2015 年末全市擁有養老機構 245 家，比上年增加 6 家，床位 46439 張、在院人數 24064 人，分別增長 10.6%和 6.0%。市區居民最低生活保障標準從月人均 660 元提高到 744 元。無固定收入殘疾人生活補貼標準由上年的每人每月 100 元調整為每人每月 125 元。

綜上，2015 年寧波成長競爭力得到提升。寧波正在加快構建港口經濟圈與“一帶一路”建設，實現經濟圈層之間的互聯互通，提高港口輻射帶動能力。全市上下紮實推進“雙驅動四治理”決策部署，深入實施“經濟社會轉型升級三年行動計劃”，主動適應經濟發展新常態，質量效益逐步提升，社會民生繼續改善，為“十二五”發展劃上圓滿句號。

8.18 長沙成長競爭力點評分析

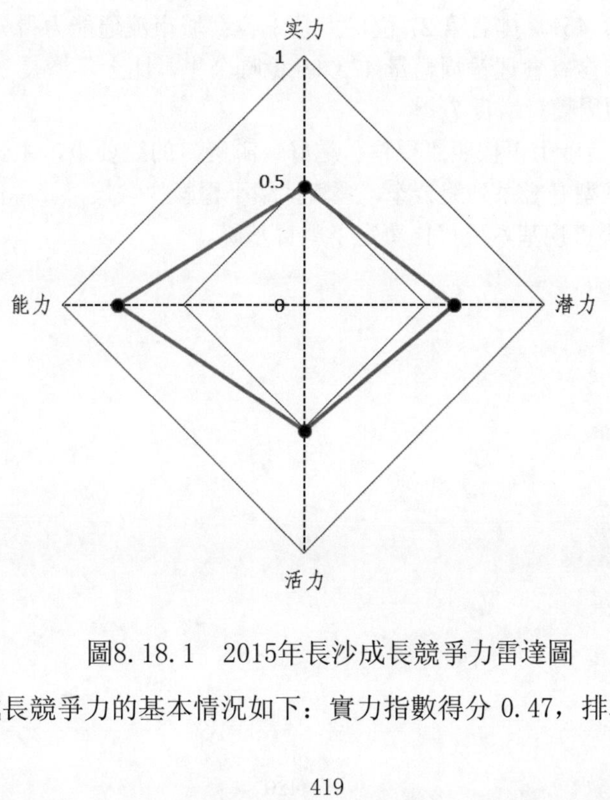

圖8.18.1 2015年長沙成長競爭力雷達圖

長沙 2015 年成長競爭力的基本情況如下：實力指數得分 0.47，排名第 23 位，上升 1

位；潛力指數得分 0.62，排名第 36 位，下降 7 位；活力指數得分 0.51，排名第 38 位，下降 2 位；能力指數得分 0.77，排名第 67 位，下降 17 位；成長競爭力得分 781.41，排名第 18 位，上升 2 位。

2015 年長沙實力指數得分 0.473，排名第 23 位，上升 1 位。其中，相比於 2014 年有所增加或不變的二級指標有：經濟實力指數得分 0.277，排名第 28 位，與上年持平；產業實力指數得分 0.426，排名第 32 位，上升 5 位；財政金融實力指數得分 0.294，排名第 18 位，與上年持平；商業貿易實力指數得分 0.278，排名第 35 位，與上年持平；基礎設施實力指數得分 0.419，排名第 23 位，與上年持平；社會體制實力指數得分 0.767，排名第 37 位，上升 14 位；人力資本教育實力指數得分 0.495，排名第 17 位，上升 1 位；文化形象實力指數得分 0.36，排名第 24 位，上升 5 位。略有下降的指標有：環境資源區位實力指數得分 0.441，排名第 58 位，下降 6 位；科技實力指數得分 0.359，排名第 23 位，下降 2 位。

2015 年長沙潛力指數得分 0.591，排名第 36 位，下降 7 位。其中居民消費潛力指數得分 0.725，排名第 38 位，上升 101 位；金融資本潛力指數得分 0.393，排名 25 位，與上年持平；人力資本潛力指數得分 0.595，排名 27 名，與上年持平；市場潛力指數得分 0.366，排名 26，上升 6 位；區位指數得分 0.429，排名 35 位，與上年持平；自然資源指數得分 0.309，排名 223，下降 12 位。其中表現突出的是居民消費潛力指數。全年實現社會消費品零售總額 3690.59 億元，比上年增長 12.1%；剔除物價因素實際增長 12.6%。按經營地統計，城鎮零售額 3457.38 億元，增長 11.8%；鄉村零售額 233.21 億元，增長 16.2%。

2015 年長沙活力指數得分 0.51，排名第 38 位，下降 2 位。其中文化力指數得分 0.36，排名第 52 位，下降 7 位；學習力指數得分 0.251，排名第 42 位，上升 4 位；創新力指數得分 0.462，排名第 32 位，上升 2 位；法制力指數得分 0.613，排名第 39 位，上升 2 位；應變力指數得分 0.822，排名第 23 位，上升 1 位；開放力指數得分 0.406，排名第 85 位，上升 16 位；營銷力指數得分 0.489，排名第 32 位，下降 2 位。其中開放力指數提升變化較大。全年利用外資項目 118 個，實際使用外商直接投資 44.06 億美元，增長 11.0%。全年新增實際到位省外境內資金項目 225 個，實際到位資金 684.28 億元，增長 12.2%。

2015 年長沙能力指數得分 0.77，排名第 67 位，下降 17 位。其中經濟增長能力指標得分 0.712，排名第 103 位，下降 31 位；社會保障能力得分 0.487，排名第 75 位，上升 1 位；城市吸引能力得分 0.451，排名第 27 位，上升 1 位；城市流通能力得分 0.271，排名第 26 位，下降 6 位。全年全社會運輸周轉量 473.09 億噸公里，比上年增長 9.6%，其中旅客周轉量增長 10.3%；貨物周轉量增長 7.4%。

綜上，2015 年長沙上下按照“穩住、進好、調優”的總要求，主動適應經濟發展新常態，堅定不移打好轉型升級系列組合拳，經濟持續平穩較快發展，社會保持和諧穩定，為率先建成全面小康加快實現基本現代化奠定了堅實基礎。

8.19 瀋陽成長競爭力點評分析

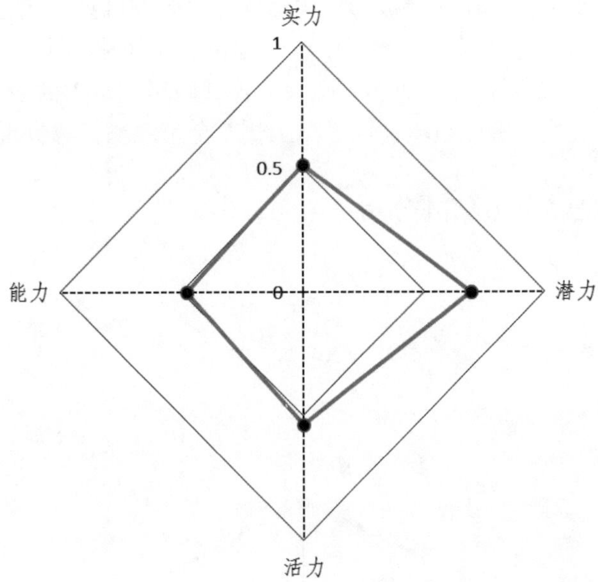

圖 8.19.1　2015 年瀋陽成長競爭力雷達圖

瀋陽 2015 年成長競爭力的基本情況如下：實力指數得分 0.51，排名第 19 位，下降 3 位；潛力指數得分 0.70，排名第 14 位，降 4 位；活力指數得分 0.54，排名第 29 位，下降 5 位；能力指數得分 0.48，排名第 258 位，下降 132 位；成長競爭力得分 770.93，排名第 19 位，下降 2 位。

2015 年瀋陽實力指數得分 0.51，排名第 19 位，下降 3 位。其中，相比於 2014 年有所增加或不變的二級指標有：社會體制實力指數得分 0.781，排名第 35 位，上升 4 位；環境資源區位實力指數得分 0.688，排名第 10 位，上升 1 位；人力資本教育實力指數得分 0.481，排名第 19 位，與上年持平；科技實力指數得分 0.41，排名第 15 位，與上年持平；文化形象實力指數得分 0.413，排名第 12 位，上升 3 位。略有下降的指標有：經濟實力指數得分 0.289，排名第 24 位，下降 1 位；產業實力指數得分 0.486，排名第 23 位，下降 4 位；財政金融實力指數得分 0.285，排名第 21 位，下降 1 位；商業貿易實力指數得分 0.296，排名第 31 位，下降 8 位；基礎設施實力指數得分 0.517，排名第 13 位，下降 1 位。

2015 年瀋陽潛力指數得分 0.696，排名第 14 位，下降 4 位。其中居民消費潛力指數得分 0.592，下降 132 位；金融資本潛力指數得分 0.489，與上年持平；人力資本潛力指數得分 0.606，下降 1 位；市場潛力指數得分 0.515，與上年持平。其中值得關注的是居民消費潛力指數的變化。2015 年，城市居民人均可支配收入 36643 元，比上年增長 7.0%；農村居民人均可支配收入 13486 元，增長 7.7%。

2015 年瀋陽活力指數得分 0.537，排名第 29 位，下降 5 位。其中文化力指數得分 0.372，下降 9 位；學習力指數得分 0.295，排名第 29 位，與上年持平；創新力指數得分 0.470，排名 29 位，下降 2 位；開放力指數得分 0.462，排名 32 位，下降 1 位；營銷力指數得分 0.522，排名 26 位，下降 4 位。其中學習力指數表現較為突出，全市以建設先進裝備製造業基地為目標，積極促進傳統產業升級，大力培育新興產業，以智慧製造為重點的兩化融合取得新突破，使瀋陽成為全國唯一的建築產業現代化示範城市。全市高新技術產品增加值實現 1740 億元，增長 9.6%。

2015 年瀋陽能力指數得分 0.478，排名第 258 位，下降 132 位。其中經濟增長能力得分 0.415，排名第 260 名，下降 87 位；社會保障能力得分 0.577，排名第 22 位，上升 57 位；

城市吸引能力得分 0.46，排名第 25 名，下降 1 位；城市流通能力得分 0.325，排名第 17 位，上升 4 位。其中社會保障能力指數表現較為突出，企業退休人員基本養老金人均每月 2182 元，比上年提高 210 元。全年發放最低生活保障金 5.09 億元。啟動“醫養結合”新型養老服務模式試點，10 個區域性居家養老服務中心和 77 個農村幸福院投入使用。

綜上，2015 年瀋陽緊緊抓住中央新一輪東北振興戰略的重大機遇，紮實推進“深化改革、穩定增長、改善民生、優化環境”等重點工作，全市經濟社會實現了持續穩定發展。

8.20 貴陽成長競爭力點評分析

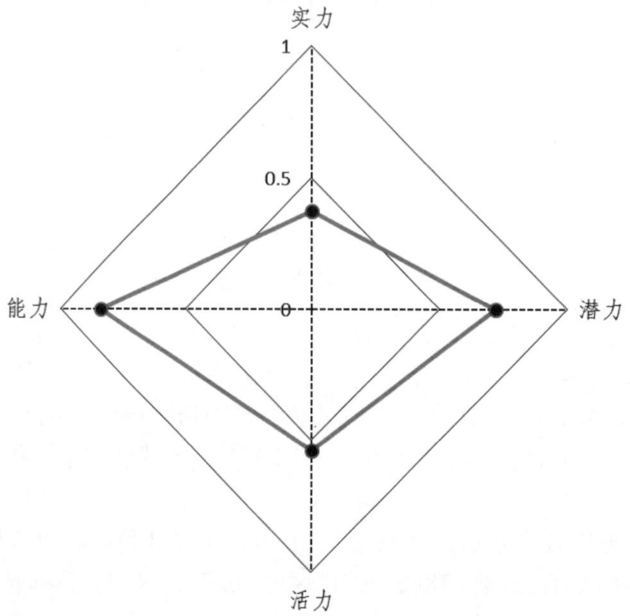

圖8.20.1 2015年貴陽成長競爭力雷達圖

貴陽 2015 年成長競爭力的基本情況如下：實力指數得分 0.37，排名第 45 位，上升 2 位；潛力指數得分 0.72，排名第 11 位，上升 59 位；活力指數得分 0.54，排名第 28 位，上升 25 位；能力指數得分 0.83，排名第 14 位，下降 6 位；成長競爭力得分 766.41，排名第 20 位，上升 1 位。

2015 年貴陽實力指數得分 0.374，排名第 57 位，上升 2 位。其中，相比於 2014 年有所增加或不變的二級指標有：經濟實力指數得分 0.185，排名第 78 位，上升 12 位；產業實力指數得分 0.296，排名第 106 位，上升 7 位；商業貿易實力指數得分 0.436，排名第 60 位，上升 8 位；基礎設施實力指數得分 0.456，排名第 16 位，上升 7 位；社會體制實力指數得分 0.723，排名第 61 位，上升 32 位；人力資本教育實力指數得分 0.369，排名第 38 位，上升 2 位；文化形象實力指數得分 0.29，排名第 50 位，與上年持平。略有下降的指標有：財政金融實力指數得分 0.199，排名第 71 位，下降 16 位；科技實力指數得分 0.271，排名第 50 位，下降 12 位；環境資源區位實力指數得分 0.524，排名第 30 位，下降 3 位。

2015 年貴陽潛力指數得分 0.716，排名第 11 位，上升 59 位。其中居民消費潛力指數得分 0.726，排名第 37 位，上升 67 位；金融資本潛力指數得分 0.362，排名第 35 位，上升 1 位；人力資本潛力指數得分 0.456，排名第 53 位，上升 2 位；市場潛力指數得分 0.356，排名第 29 位，上升 2 位；區位指數得分 0.451，排名 31 位，與上年持平；環境質量指數得分 0.754，排名第 112 位，下降 2 位。其中居民消費指數的變化值得關注。全年城鎮常住居民人均可支配收入 27241 元，比上年增長 9.1%，人均消費性支出 22532 元，比上年增長 15.5%；

教育文化娛樂服務占消費性支出的比重為 14.8%。

2015 年貴陽活力指數得分 0.541，排名第 28 位，上升 25 位。其中文化力指數得分 0.362，排名 50 位，上升 2 位；學習力指數得分 0.201，排名 71 位，與上年持平；創新力指數得分 0.384，排名第 63 位，上升 6 位；法制力指數得分 0.481，排名 70 位，上升 2 位；應變力指數得分 0.748，排名 41 位，上升 4 位；開放力指數得分 0.391，排名 119 位，上升 28 位；營銷力指數得分 0.458，排名 39 位，與上年持平。其中變化較為顯著的是創新力指數，全年專利授權量 8002 件，比上年增長 112.4%，其中發明專利 940 件，實用新型專利 3573 件，外觀設計專利 3489 件。

2015 年貴陽能力指數得分 0.834，排名第 14 位，下降 6 位。其中經濟增長能力指數得分 0.793，排名第 21 位，下降 9 位；社會保障能力指數得分 0.46，排名第 102 位，上升 26 位；城市吸引力能力指數得分 0.361，排名 49 位，上升 6 位；城市流通能力得分 0.181，排名第 97 位，下降 71 位。其中變化最為顯著的是城市流通能力，全年各種運輸方式完成旅客發送量 66790.14 萬人次，下降 7.7%；全市全年旅遊總人數 8477.80 萬人次，比上年增長 17.1%。

綜上，2015 年貴陽成長競爭力較上年有顯著提高，全市上下認真貫徹落實中央、全省各項決策部署，始終堅守發展和生態兩條底線，凝心聚力打造創新型中心城市，全市經濟社會發展保持穩中有進、民生繼續改善的良好態勢。

8.21 廈門成長競爭力點評分析

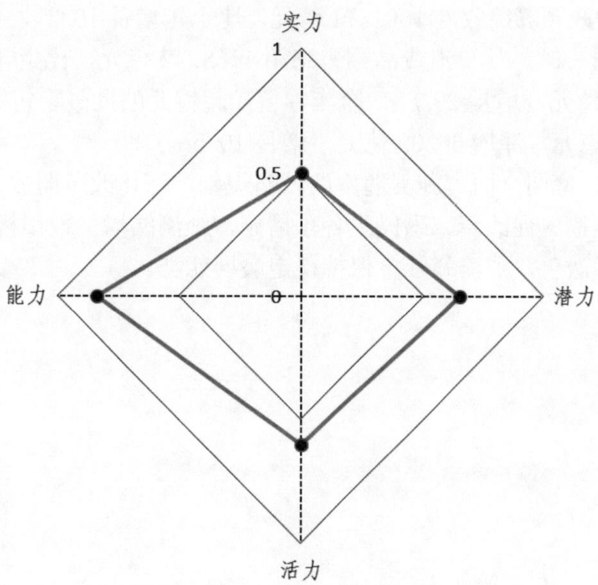

圖 8.21.1　2015 年廈門成長競爭力雷達圖

廈門 2015 年成長競爭力的基本情況如下：實力指數得分 0.5，排名第 21 位，下降 1 位；潛力指數得分 0.65，排名第 25 位，下降 9 位；活力指數得分 0.6，排名第 15 位，下降 1 位；能力指數得分 0.84，排名第 12 位，上升 58 位；成長競爭力得分 758.49，排名第 21 位，上升 1 位。

2015 年廈門實力指數得分 0.5，排名第 21 位，下降 1 位。其中，相比於 2014 年有所增加的二級指標為：科技實力指數得分 0.381，排名第 21 位，上升 1 位。略有下降的指標有：經濟實力指數得分 0.247，排名第 36 位，下降 5 位；產業實力指數得分 0.433，排名第 31

位，下降 3 位；財政金融實力指數得分 0.282，排名第 25 位，下降 9 位；商業貿易實力指數得分 0.312，排名第 27 位，下降 7 位；基礎設施實力指數得分 0.389，排名第 29 位，下降 12 位；社會體制實力指數得分 0.787，排名第 31 位，下降 18 位；環境資源區位實力指數得分 0.571，排名第 20 位，下降 3 位；人力資本教育實力指數得分 0.389，排名第 33 位，下降 8 位；文化形象實力指數得分 0.317，排名第 40 位，下降 18 位。

2015 年廈門潛力指數得分 0.65，排名第 25 位，下降 9 位。其中，居民消費潛力指數得分 0.684，排名 79 位，下降 25 位；金融資本潛力指數得分 0.475，排名第 20 位，下降 3 位；人力資本潛力指數得分 0.695，排名第 16 位，下降 1 位；區位指數得分 0.561，排名第 16 位；可持續發展指數得分 0.727，排名第 11 位，上升 14 位。其中表現較為突出的是可持續發展指數，全市高新技術企業 1000 家，其中國家火炬計劃重點高新技術企業 31 家。國家級創新型（試點）企業 14 家。新建 29 個創新創業集聚片區和 92 個眾創空間，一品威客創客空間、兩岸青年創業創新創客基地被國家認定為“海峽兩岸青年創業基地”。

2015 年廈門活力指數得分 0.6，排名第 15 位，下降 1 位。其中，文化力指數得分 0.39，排名第 39 位，下降 1 位；學習力指數得分 0.345，排名第 14 位，與上年持平；創新力指數得分 0.588，排名第 16 位，與上年持平；法制力指數得分 0.637，排名第 23 位，下降 3 位；應變力指數得分 0.81，排名第 27 位，下降 4 位。其中表現較為突出的是學習力指數，全市共有公共文化館 7 個；博物館、紀念館 23 家；公共圖書館 10 個。共有廣播節目 7 套、電視節目 7 套。全市擁有各級學校（含成人教育、社會辦學）1275 所，學年初招生數 22.91 萬人，在校學生數 89.17 萬人。其中普通高等學校 16 所。

2014 年廈門能力指數得分 0.84，排名第 12 位，上升 58 位。其中，經濟增長能力得分 0.766，排名第 41 位，上升 92 位；社會保障能力得分 0.496，排名第 68 位，下降 50 位；城市吸引能力得分 0.577，排名第 14 位，與上年持平。其中城市經濟增長能力變化較為顯著。全市實現公共財政預算總收入 1001.71 億元，比上年增長 10.2%，其中地方級財政收入 606.06 億元，增長 11.5%。社會消費品零售總額 1168.42 億元，比上年增長 8.9%。其中批發業零售額 101.19 億元，增長 29.8%。全年零售額超億元的批發零售貿易企業有 164 家，實現零售額 634.09 億元，淨增 60.09 億元，增長 10.5%。

綜上，2015 年，廈門全面實施美麗廈門戰略規劃，深化改革開放，突出創新驅動，認真落實穩增長、調結構、促改革、惠民生各項措施，經濟結構呈現積極變化，發展質量不斷提升，民生事業持續改善，經濟和社會保持穩定發展態勢。

8.22 煙臺成長競爭力點評分析

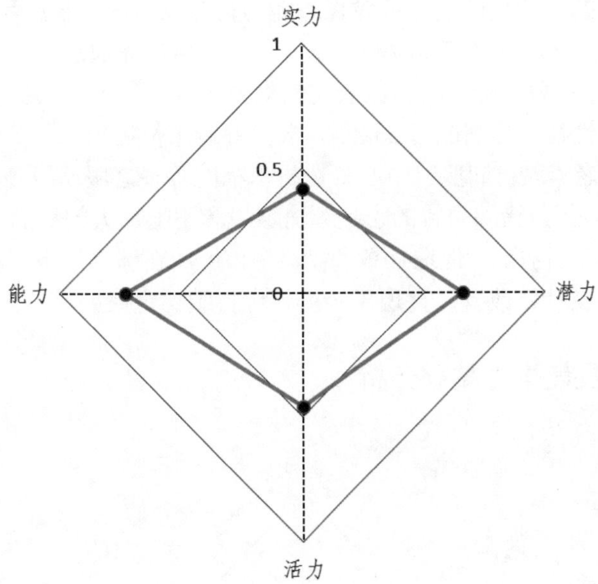

圖 8.22.1　2015 年煙臺成長競爭力雷達圖

煙臺 2015 年成長競爭力的基本情況如下：實力指數得分 0.41，排名第 34 位，上升 3 位；潛力指數得分 0.66，排名第 20 位，降 1 位；活力指數得分 0.46，排名第 51 位，下降 8 位；能力指數得分 0.73，排名第 121 位，上升 48 位；成長競爭力得分 728.43，排名第 22 位，上升 3 位。

2015 年煙臺實力指數得分 0.41，排名第 34 位，上升 3 位。其中，相比於 2014 年有所增加的二級指標有：經濟實力指數得分 0.238，排名第 38 位，上升 1 位；財政金融實力指數得分 0.204，排名第 68 位，上升 5 位；基礎設施實力指數得分 0.353，排名第 39 位，上升 2 位；社會體制實力指數得分 0.792，排名第 29 位，上升 21 位；環境資源區位實力指數得分 0.553，排名第 23 位，上升 2 位；人力資本教育實力指數得分 0.278，排名第 63 位，上升 3 位；科技實力指數得分 0.285，排名第 46 位，上升 5 位；文化形象實力指數得分 0.327，排名第 31 位，上升 10 位。略有下降的指標有：產業實力指數得分 0.489，排名第 30 位，下降 12 位；商業貿易實力指數得分 0.25，排名第 43 位，下降 3 位。

2015 年煙臺潛力指數得分 0.66，排名第 20 位，下降 1 位。其中，居民消費潛力指數得分 0.684，排名 79 位，上升 37 位；金融資本潛力指數得分 0.315，排名第 59 位，上升 33 位；人力資本潛力指數得分 0.292，排名第 99 位，上升 9 位；市場潛力指數得分 0.372，排名第 25 位，上升 3 位；區位指數得分 0.363，排名第 49 位；自然資源指數得分 0.519，排名第 56 位；環境質量指數得分 0.872，排名第 17 位，下降 5 位。其中居民消費潛力指數表現較為突出。全年社會消費品零售總額 2679.45 億元，增長 10.9%。其中，城鎮消費品零售額 2133.05 億元，增長 10.4%；鄉村消費品零售額 546.40 億元，增長 12.6%。按消費類型統計，商品零售額 2449.13 億元，增長 10.4%；餐飲收入額 230.33 億元，增長 15.6%。

2015 年煙臺活力指數得分 0.46，排名第 51 位，下降 8 位。其中，文化力指數得分 0.374，排名第 44 位，上升 1 位；學習力指數得分 0.198，排名第 76 位，下降 2 位；創新力指數得分 0.241，排名第 100 位，上升 10 位；法制力指數得分 0.599，排名第 43 位，與去年持平；應變力指數得分 0.749，排名第 40 位，與去年持平。其中創新力指數表現較為突出。全市財政性科技投入 18.64 億元，占公共財政預算支出的 2.9%。年末累計省級以上工程技術研究中心 91 家，其中國家級 5 家。全市發明專利申請量和授權量分別為 4052 件和 1141 件，分別比上年增長 5.3%和 69%。

2015 年煙臺能力指數得分 0.73，排名第 121 位，上升 48 位。其中，經濟增長能力得分 0.694，排名第 134 位，上升 49 位；社會保障能力得分 0.586，排名第 19 位，上升 97 位；城市吸引能力得分 0.244，排名第 115 位，下降 1 位；城市流通能力得分 0.208，排名第 64 位，下降 26 位。其中社會保障能力指數表現較為突出。企業退休人員養老金實現“十一連調”。全市擁有收養性社會福利機構 252 處，機構養老床位達到 4.4 萬張，收留撫養老年人 1.8 萬人。城市社區老年人日間照料中心、農村幸福院等養老服務設施發展至 856 處。

綜上，2015 年，面對錯綜複雜的宏觀經濟環境和不斷加大的經濟下行壓力，煙臺深入推動轉型升級、推進創新發展、促進社會和諧，全市經濟在新常態下平穩運行，結構調整出現積極變化，民生事業持續改善，實現了經濟社會持續穩定發展。

8.23 無錫成長競爭力點評分析

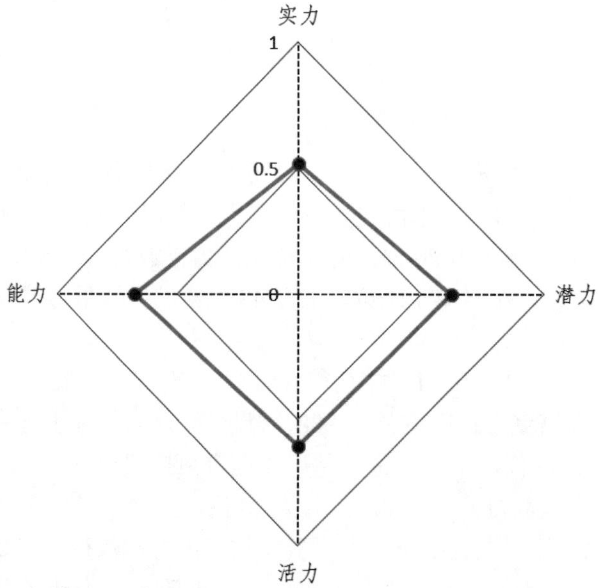

圖8.23.1 2015年無錫成長競爭力雷達圖

無錫 2015 年成長競爭力的基本情況如下：實力指數得分 0.52，排名第 18 位，上升 1 位；潛力指數得分 0.63，排名第 30 位，上升 6 位；活力指數得分 0.61，排名第 14 位，與上年持平；能力指數得分 0.68，排名第 192 位，下降 82 位；成長競爭力得分 666.79，排名第 23 位，上升 1 位。

2015 年無錫實力指數得分 0.52，排名第 18 位，上升 1 位。其中，相比於 2014 年有所增加的二級指標有：商業貿易實力指數得分 0.338，排名第 20 位，上升 4 位；人力資本教育實力指數得分 0.392，排名第 30 位，上升 5 位；科技實力指數得分 0.369，排名第 22 位，上升 7 位；文化形象實力指數得分 0.408，排名第 13 位，上升 3 位。略有下降的指標有：經濟實力指數得分 0.289，排名第 25，下降 4 位；產業實力指數得分 0.53，排名第 13 位，下降 4 位；財政金融實力指數得分 0.266，排名第 30 位，下降 9 位；基礎設施實力指數得分 0.387，排名第 30 位，下降 5 位；社會體制實力指數得分 0.76，排名第 42 位，下降 18 位；環境資源區位實力指數得分 0.587，排名第 19 位，下降 1 位；。

2015 年無錫潛力指數得分 0.63，排名第 30 位，上升 6 位。其中居民消費潛力指數得分 0.722，排名第 41 位，上升 64 位；金融資本潛力指數得分 0.344，排名 35 位，下降 1 位；人力資本潛力指數得分 0.634，排名第 22 位，下降 1 位；市場潛力指數得分 0.412，排名第

18 位，下降 2 位；環境質量指數得分 0.88，排名第 13 位，上升 17 位。其中，環境質量指數表現較為突出。2015 無錫市環境保護力度加大，市區環境空氣達標天數比例（AQI）為 64.1%， PM2.5 平均濃度較 2013 年下降 18.7%。城市綠化不斷擴大，市區新增綠地面積 500 公頃，預計人均公園綠地面積 14.91 平方米，建成區綠化覆蓋率達到 43%。

2015 年無錫活力指數得分 0.61，排名第 14 位，與上年持平。其中，文化力指數得分 0.559，排名第 6 位，上升 2 位；學習力指數得分 0.336，排名第 15 位，上升 1 位；創新力指數得分 0.522，排名第 18 位，下降 1 位；法制力指數得分 0.666，排名第 20 位，上升 3 位。其中表現較為突出的是文化力指數。無錫市文化事業和文化產業加快推進。年末共有藝術表演團體 53 個，文化館 10 個，公共圖書館 10 個，文化站 80 個，博物（紀念）館 60 個。電視人口總覆蓋率和廣播人口覆蓋率均達 100%。規上文化企業 575 家，動漫企業 176 家。

2015 年無錫能力指數得分 0.68，排名第 192 位，下降 82 位。其中，經濟增長能力得分 0.613，排名第 210 位，下降 37 位；社會保障能力得分 0.478，排名第 87 位，下降 66 位；城市吸引能力得分 0.496，排名第 22 位，與上年持平；城市流通能力得分 0.28，排名第 25 位，下降 1 位。其中表現較為突出的是流通能力指數。通運輸能力持續提升，年末擁有車輛 168.23 萬輛，增長 9.1%。其中汽車 143.4 萬輛，增長 12.2%。私人汽車擁有量達 117.90 萬輛，增長 14.9%。全年空港旅客輸送量 460.93 萬人次，比上年增長 10.3%。

綜上，2015 年，無錫上下以“四個全面”戰略佈局為統領，圍繞建設“強富美高”新無錫總目標，堅持穩中求進工作總基調，統籌做好穩增長、促改革、調結構、惠民生、防風險各項工作，全市經濟社會發展各項事業取得了新進步。

8.24 昆明成長競爭力點評分析

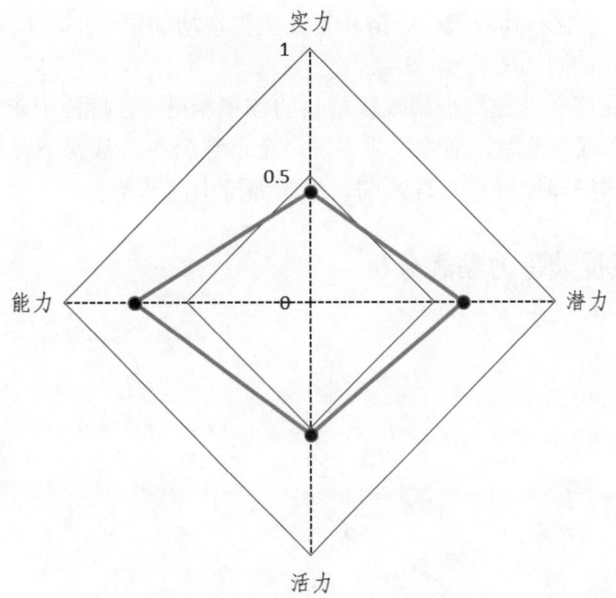

圖 8.24.1　2015 年昆明成長競爭力雷達圖

昆明 2015 年成長競爭力的基本情況如下：實力指數得分 0.44，排名第 29 位，下降 1 位；潛力指數得分 0.62，排名第 33 位，下降 5 位；活力指數得分為 0.52，排名第 34 位，下降 2 位；能力指數得分 0.71，排名第 147 位，下降 120 位；成長競爭力得分 661.45，排名第 24 位，下降 5 位。

2015 年昆明實力指數得分 0.44，排名第 29 位，下降 1 位。其中，相比於 2014 年有所增加的二級指標有：經濟實力指數得分 0.206，排名第 58 位，上升 2 位；產業實力指數得分 0.312，排名第 86 位，上升 3 位；環境資源區位實力指數得分 0.638，排名第 13 位，上升 1 位；人力資本教育實力指數得分 0.423，排名第 27 位，上升 1 位；文化形象實力指數得分 0.355，排名第 25 位，上升 5 位。略有下降的指標有：財政金融實力指數得分 0.275，排名第 27 位，下降 5 位；商業貿易實力指數得分 0.24，排名第 46 位，下降 2 位；基礎設施實力指數得分 0.438，排名第 21 位，下降 2 位；社會體制實力指數得分 0.802，排名第 25 位，下降 10 位；科技實力指數得分 0.345，排名第 27 位，下降 1 位。

2015 年昆明潛力指數得分 0.62，排名第 33 位，下降 5 位。其中，居民消費潛力指數得分 0.561，排名 252 位，下降 153 位；金融資本潛力指數得分 0.493，排名第 41 位，上升 4 位；人力資本潛力指數得分 0.493，排名第 41 位，上升 4 位；市場潛力指數得分 0.403，排名第 19 位，與上年持平；區位指數得分 0.561，排名第 16 位，與上年持平；可持續發展指數得分 0.676，排名第 26 位，上升 144 位。其中表現較為突出的是可持續發展指數。2015 全市規模以上工業綜合能源消費量 877.31 萬噸標準煤，同比下降 6.5%，規模以上工業增加值能耗下降 12.3%。規模以上工業企業用電量 158.94 億千瓦時，下降 3.0%。

2015 年昆明活力指數得分 0.52，排名第 34 位，下降 2 位。其中，文化力指數得分 0.432，排名第 23 位，上升 5 位；學習力指數得分 0.249，排名第 45 位，下降 1 位；創新力指數得分 0.395，排名第 58 位，下降 1 位；法制力指數得分 0.731，排名第 13 位，下降 4 位；開放力指數得分 0.397，排名第 102 位，上升 10 位。其中表現較為突出的是開放力指數。堅持將穩投資作為穩增長的關鍵，特別是四季度以來，投資大幅回升。規模以上固定資產投資完成 2957.34 億元，同比增長 10.7%。

2015 年昆明能力指數得分 0.71，排名第 147 位，下降 120 位。其中，經濟增長能力得分 0.676，排名第 157 位，下降 124 位；社會保障能力得分 0.388，排名第 173 位，下降 119 位；城市吸引能力得分 0.361，排名第 49 位，下降 2 位；城市流通能力得分 0.199，排名第 72 位，下降 47 位。其中城市吸引力能力指數的變化值得關注。傳統服務業增長平穩，批發零售業、交通運輸、倉儲和郵政業、住宿和餐飲業實現增加值分別增長 6.3%、7.3%、7.0%。金融業保持較快增長，同比增長 13.9%。

綜上，2015 年昆明促進經濟平穩較快增長的政策舉措，堅持穩中求進，推進轉型升級，強化產業支撐，全面深化改革，增強民生保障，全市經濟在新常態下爬坡過坎、換擋增效、凝聚動力。全年經濟總體運行在合理區間，繼續保持中高速增長。

8.25 西安成長競爭力點評分析

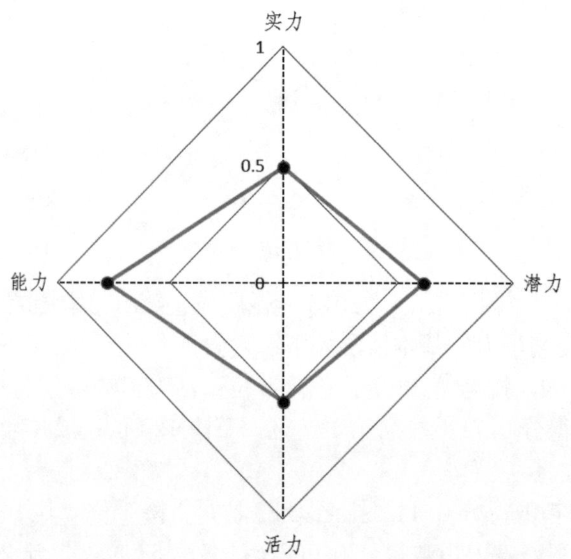

圖 8.25.1　2015 年西安成長競爭力雷達圖

西安 2015 年成長競爭力的基本情況如下：實力指數得分 0.49，排名第 22 位，上升 1 位；潛力指數得分 0.61，排名第 40 位，下降 4 位；活力指數得分 0.5，排名第 40 位，下降 3 位；能力指數得分 0.78，排名第 56 位，下降 12 位；成長競爭力得分 651.78，排名第 25 位，上升 2 位。

2015 年西安的城市實力指數得分 0.49，排名第 22 位，上升 1 位。其中，相比於 2014 年有所增加或不變的二級指標有：經濟實力指數得分 0.261，排名第 30 位，上升 2 位；財政金融實力指數得分 0.296，排名第 17 位，上升 7 位；基礎設施實力指數得分 0.544，排名第 10 位，上升 4 位；社會體制實力指數得分 0.763，排名第 40 位，上升 7 位；環境資源區位實力指數得分 0.508，排名第 35 位，上升 2 位；人力資本教育實力指數得分 0.548，排名第 15 位，與上年持平。略有下降的指標有：產業實力指數得分 0.34，排名第 60 位，下降 12 位；商業貿易實力指數得分 0.276，排名第 37 位，下降 1 位；科技實力指數得分 0.404，排名第 17 位，下降 3 位；文化形象實力指數得分 0.472，排名第 10 位，下降 1 位。

2015 年西安潛力指數得分 0.61，排名第 40 位，下降 4 位。其中，居民消費潛力指數得分 0.71，排名第 49 位，上升 45 位；金融資本潛力指數得分 0.502，排名第 14 位，與上年持平；人力資本潛力指數得分 0.537，排名第 31 位，上升 3 位；市場潛力指數得分 0.42，排名第 17 位，上升 1 位；可持續發展指數得分 0.665，排名第 32 位，上升 103 位。其中可持續發展潛力指數表現較為突出。全年規模以上工業企業經濟效益綜合指數為 283.6，提高 4.3 個百分點。二氧化硫年平均濃度為 24 微克/標立方米，下降 25.0%；可吸入顆粒物年平均濃度為 125 微克/標立方米，下降 15.0%。

2015 年西安活力指數得分 0.5，排名第 40 位，下降 3 位。其中，文化力指數得分 0.407，排名第 35 位，下降 5 位；學習力指數得分 0.263，排名第 36 位，下降 1 位；創新力指數得分 0.406，排名第 51 位，上升 5 位；法制力指數得分 0.611，排名第 41 位，上升 3 位；開放力指數得分 0.427，排名第 55 位，上升 4 位。其中開放力指數表現較為突出。全年進出口總值 1761.92 億元，增長 15.0%。其中，出口 819.86 億元，增長 11.6%；進口 942.06 億元，增長 18.1%。

2015 年西安能力指數得分 0.78，排名第 56 位，下降 12 位。其中，經濟增長能力得分 0.721，排名第 91 位，下降 24 位；社會保障能力得分 0.505，排名第 60 位，上升 25 位；城市吸引能力得分 0.451，排名第 27 位，下降 1 位；城市流通能力得分 0.244，排名第 38 位，下降 24 位。其中社會保障能力指數表現較為突出。城鎮常住居民人均可支配收入 33188 元，名義增長 8.05%；農村常住居民人均可支配收入 14072 元，名義增長 9.10%。農村新型合作醫療參保人數 406.11 萬人，實際參合率 99.22%。

綜上，2015 年，西安堅持穩中求進工作總基調，主動適應引領新常態，全力推動穩增長、調結構、促改革、惠民生、防風險各項政策落實，積極培育新機制、新動力，全市經濟平穩較快發展、社會和諧穩定，實現了“十二五”圓滿收官，為“十三五”經濟社會發展和全面建成小康社會奠定了堅實基礎。

8.26 哈爾濱成長競爭力點評分析

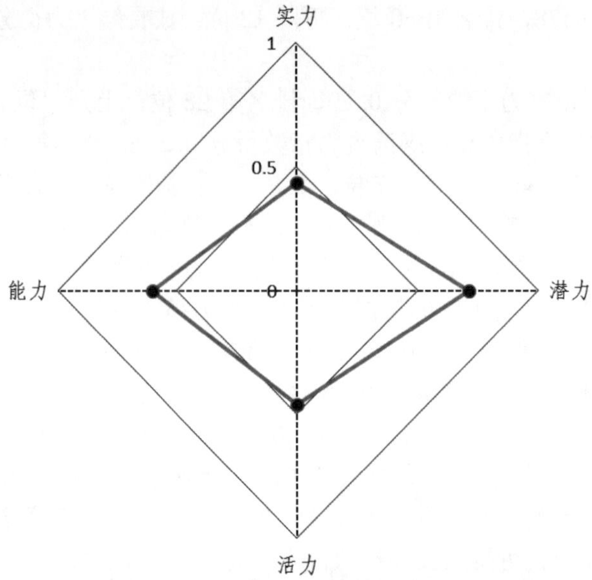

圖 8.26.1　2015 年哈爾濱成長競爭力雷達圖

哈爾濱 2015 年成長競爭力的基本情況如下：實力指數得分 0.436，排名第 28 位，下降 1 位；潛力指數得分 0.71，排名第 13 位，上升 20 位；活力指數得分 0.46，排名第 49 位，下降 3 位；能力指數得分 0.6，排名第 235 位，下降 188 位；成長競爭力得分 645.32，排名第 26 位，與上年持平。

2015 年哈爾濱實力指數得分 0.436，排名第 28 位，下降 1 位。其中，相比於 2014 年有所增加或不變的二級指標有：經濟實力指數 0.234，排名第 40，與上年持平；產業實力指數 0.311，排名第 88 位，上升 10 位；基礎設施實力指數得分 0.416，排名第 24 位，上升 3 位；環境資源區位實力指數得分 0.588，排名第 18 位，上升 3 位；人力資本教育實力指數 0.465，排名第 20 位，上升 3 位；文化形象實力指數得分 0.404，排名第 14 位，與上年持平。而有所下降的指標有：城市財政金融實力指數得分 0.246，排名第 40 位，下降 6 位；商業貿易實力指數得分 0.225，排名第 53 位，下降 7 位；社會體制實力指數得分 0.712，排名第 69 位，下降 7 位；科技實力指數 0.385，排名第 20 位，下降 2 位。

2015 年哈爾濱潛力指數得分 0.71，排名第 13 位，上升 20 位。其中金融資本潛力指數為 0.478，排在第 18 位，與上年持平；人力資本潛力指數得分為 0.554，排名 30 位，上升 1 位；市場潛力指數得分為 0.319，排名第 42 位，上升 11 位；區位指數得分為 0.517，排名 22 位，與上年持平；自然資源指數得分為 0.564，排名 36 位，上升 6 位；環境質量指數為 0.411，排名 272 位，與上年度持平；可持續發展指數得分 0.666，排名 31 位，上升 33 位。其中可持續發展指數表現較為突出。2015 年哈爾濱市全年完成造林 20.2 萬畝。濕地自然保護區數量達到 8 處，面積 10.9 萬公頃。城區新植樹木 21.6 萬株、新增綠地 67.4 公頃。活立木積量 8930 萬立方米，森林覆蓋率 46%。完成人工造林 6.9 萬畝。

2015 年哈爾濱活力指數得分 0.46，排名第 49 位，下降 3 位。其中文化力指數得分 0.431，排名第 25 位，上升 4 位；學習力指數得分 0.198，排名第 76 位，下降 2 位；創新力指數得分 0.392，排名第 59 位，下降 1 位；法制力指數得分 0.539，排名第 55 位，下降 3 位。表現較為突出的是文化力指數。2015 年哈爾濱市共有專業藝術表演團體 5 個；文化館 21 個；公共圖書館 18 個，圖書館分館 53 個；各類電影放映單位 37 個；綜合檔案館 19 個，專業檔案館 1 個。電視綜合覆蓋率 99.96%，廣播綜合覆蓋率 99.86%。

2015 年哈爾濱能力指數得分 0.6，排名第 235 位，下降 188 位。其中經濟增長能力指數得分 0.559，排名 241 位，下降 191 位；社會保障能力指數得分 0.460，排名 102 位，下降 1 位；城市吸引能力指數得分 0.388，排名第 39 位，上升 4 位；城市流通能力指數得分 0.262，排名第 31 位，上升 22 位。其中提升最為顯著的是城市流通能力。全年共新增公車 653 輛；開闢、調整公交線路 62 條。共有編碼公交線路 255 條，公車輛 6923 輛，線路總長度達到 5085.9 公里，公交年客運量達 13.4 億人次，共有計程車 16572 輛，客運量達到 5.0 億人次。

綜上，2015 年，哈爾濱全市上下全面貫徹落實中央、省委省政府的各項決策部署，以提高經濟發展質量和效益為中心，統籌抓好穩增長、促改革、調結構、重生態、惠民生、防風險等各項工作，改善民生取得新成效，社會事業取得新發展。

8.27 鄭州成長競爭力點評分析

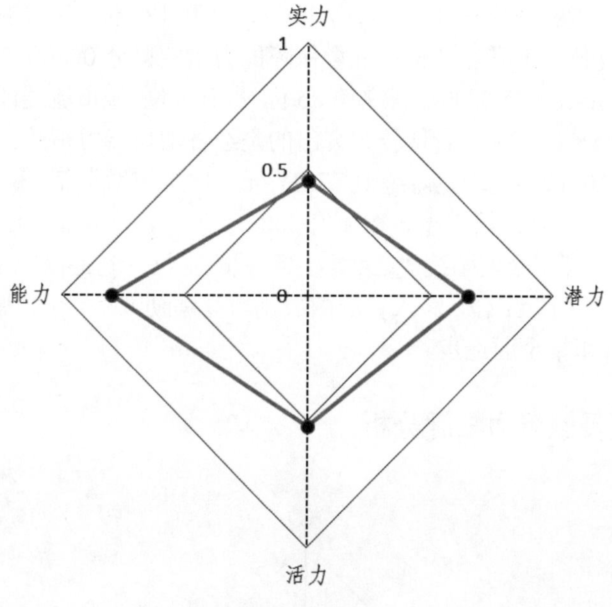

圖8.27.1　2015年鄭州成長競爭力雷達圖

鄭州 2015 年成長競爭力的基本情況如下：實力指數得分 0.45，排名第 25 位，上升 1 位；潛力指數得分為 0.65，排名第 24 位，上升 15 位；活力指數得分為 0.52，排名第 35 位，下降 3 位；能力指數得分為 0.8，排名第 35 位，上升 189 位；成長競爭力得分 619.79，排名第 27 位，上升 17 位。

2015 年鄭州實力指數得分 0.45，排名第 25 位，上升 1 位。其中，相比於 2014 年有所增加或不變的二級指標有：經濟實力指數得分 0.255，排名第 32 位，上升 1 位；產業實力指數得分 0.472，排名第 21 位，上升 2 位；財政金融實力指數得分 0.283，排名第 24 位，上升 22 位；商業貿易實力指數得分 0.268，排名第 38 位，與上年持平；基礎設施實力指數得分 0.443，排名第 18 位，上升 2 位；社會體制實力指數得分 0.759，排名第 43 位，上升 32 位；人力資本教育實力指數 0.528，排名第 16 位，與上年持平；文化形象實力指數得分為 0.32，排名第 38 位，上升 4 位。略有下降的指標有：環境資源區位實力指數得分 0.49，排名第 39 位，下降 9 位；科技實力指數 0.349，排名第 25，位下降 1 位。

2015 年鄭州潛力指數得分 0.65，排名第 24 位，上升 15 位。其中，居民消費潛力指數得分 0.694，排名 67 位，上升 217 位；金融資本潛力指數得分 0.543，排名第 9 位，與上年持平；人力資本潛力指數得分 0.57，排名第 29 位，上升 1 位；市場潛力指數得分 0.399，排名第 20 位，上升 1 位；區位指數得分 0.583，排名第 13 位，與上年持平；環境質量指數得分 0.296，排名第 231 位，上升 7 位；可持續發展指數得分 0.76，排名第 9 位，上升 3

位。其中表現較為突出是居民消費潛力指數。全年人均可支配收入 26502 元，增長 9.2%；人均消費性支出 18530 元，增長 8.1%。其中城鎮居民人均可支配收入 31099 元，增長 8.7%；人均消費性支出 21692 元，增長 7.8%。農村居民人均可支配收入 17125 元，增長 8.9%；人均消費性支出 12080 元，增長 8.6%。

2015 年鄭州活力指數得分 0.52，排名第 35 位，下降 3 位。其中文化力指數得分 0.339，排名第 65 位，下降 12 位；學習力指數得分 0.246，排名第 35 位，與上年持平；創新力指數得分 0.42，排名第 46 位，上升 7 位；法制力指數得分 0.569，排名第 50 位，上升 3 位；應變力指數得分 0.795，排名第 30 位，上升 2 位。其中表現較為突出的是創新力指數。全年專利申請量達到 26406 件，增長 8.6%；授權量 16125 件，增長 30.9%。擁有國家級企業技術中心 18 個，比上年增長 12.5%；國家級創新型試點企業 4 家，省級創新型試點企業獲得國家科技進步獎 12 項，增長 50%。

2015 年鄭州能力指數得分 0.8，排名第 35 位，上升 189 位。其中經濟增長能力指數得分 0.748，排名第 60 位，上升 177 位；社會保障能力指數得分 0.469，排名第 95 位，上升 48 位；城市吸引能力指數得分 0.397，排名第 36 位，上升 5 位；城市流通能力指數得分 0.253，排名第 35 位，下降 18 位。其中表现较为突出的是经济增长能力指数。2015 完成生產總值 7315.2 億元，增長 10.1%；人均生產總值 77217 元，比上年增長 7.9%。其中第二產業增加值 3625.5 億元，增長 9.4%；第三產業增加值 3538.7 億元，增長 11.4%。

綜上，2015 年，鄭州緊緊圍繞“三大一中”戰略定位，堅持以航空港綜合試驗區建設為統攬，突出“三大主體”工作，深入實施開放創新雙驅動戰略，全市國民經濟實現了持續健康快速發展，社會事業全面進步。

8.28 常州成長競爭力點評分析

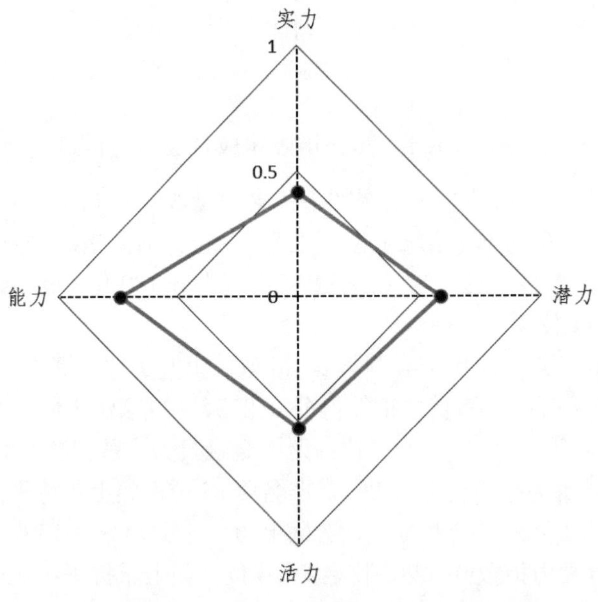

圖 8.28.1　2015 年常州成長競爭力雷達圖

常州 2015 年成長競爭力的基本情況如下：實力指數得分 0.41，排名第 34 位，與上年持平；潛力指數得分 0.58，排名第 46 位，下降 2 位；活力指數得分 0.53，排名第 32 位，下降 2 位；能力指數得分為 0.74，排名第 103 位，下降 74 位；成長競爭力得分 616.72，排名第 28 位，上升 3 位。

2015 年常州實力指數得分 0.41，排名第 34 位，與上年持平。其中，相比於 2014 年有所增加的二級指標有：經濟實力指數得分 0.254，排名第 33 位，上升 3 位；商業貿易實力指數得分 0.306，排名第 28 位，上升 6 位；環境資源區位實力指數得分 0.595，排名第 17 位，上升 2 位；人力資本教育實力指數 0.368，排名第 39 位，上升 12 位；科技實力指數 0.302，排名第 39 位，上升 4 位。而有所下降的指標有：產業實力指數得分 0.446，排名第 28 位，下降 3 位；財政金融實力指數得分 0.216，排名第 59 位，下降 6 位；基礎設施實力指數得分 0.326，排名第 49 位，下降 7 位；社會體制實力指數得分 0.74，排名第 51 位，下降 8 位；文化形象實力指數 0.255，排名第 64 位，下降 26 位。

2015 年常州潛力指數得分 0.58，排名第 46 位，下降 2 位。其中，居民消費潛力指數得分 0.704，排名 56 位，下降 51 位；金融資本潛力指數得分 0.328，排名第 50 位，上升 5 位；人力資本潛力指數得分 0.519，排名第 36 位，上升 5 位；市場潛力指數得分 0.385，排名第 23 位，上升 2 位；區位指數得分 0.407，排名第 40 位，與上年度持平；環境質量指數得分 0.899，排名第 8 位，上升 18 位；可持續發展指數得分 0.643，排名第 57 位，上升 165 位。其中可持續發展潛力指數表現較為突出。全年新增產學研合作項目 1116 項。推進蘇南國家自主創新示範區建設。“一核兩區多園”的常州蘇南國家自主創新示範區建設框架基本形成。“中國以色列常州創新園”建設步伐加快；“常州國家科技領軍人才創新驅動中心”成效明顯；武進高新區及江南石墨烯研究院被列為科技部科技服務業區域和行業試點。

2015 年常州活力指數得分 0.53，排名第 32 位，下降 2 位。其中文化力指數得分 0.364，排名第 49 位，上升 1 位；學習力指數得分 0.323，排名第 20 位，上升 1 位；創新力指數得分 0.457，排名第 34 位，上升 6 位；法制力指數得分 0.635，排名第 24 位，上升 13 位；開放力指數得分 0.486，排名第 28 位，下降 2 位；營銷力指數得分 0.366，排名第 60 位，下降 3 位。其中表現較為突出的是創新力指數。2015 年常州加快創新平臺建設。全年新增省級以上企業研發機構 73 家，累計建成“兩站三中心”1159 個，其中省級以上 602 家。新增孵化器、加速器 16 家，累計 108 家。積極推進江蘇省智慧裝備產業技術創新中心及 4 家省產業研究院預備研究所建設，其中 2 家正式掛牌。

2015 年常州能力指數得分 0.74，排名第 103 位，下降 74 位。其中經濟增長能力指數得分 0.694，排名第 134 位，下降 97 位；城市吸引能力指數得分 0433，排名 30 位，與上年持平；城市流通能力指數得分 0.226，排名第 49 位，下降 9 位。其中表現較為突出的是城市吸引能力指數。2015 年常州市對外合作不斷加強。全年新備案境外投資專案 67 個，中方協定投資額 7.55 億美元，同比增長 61.7%。全年接待外賓 197 批、1025 人次，接待外國駐華使領館官員 28 批、161 人次，外國友好城市團組 38 批、215 人次，外國來訪記者 4 批、8 人次。2015 年新締結友城兩個，分別是智利拉塞雷納市和巴西庫裡蒂巴市。

綜上，2015 年，常州上下積極適應經濟發展新常態，堅持開拓創新，加快轉型發展，紮實做好各項工作，經濟社會運行呈現總體平穩、穩中有優的態勢。

8.29 惠州成長競爭力點評分析

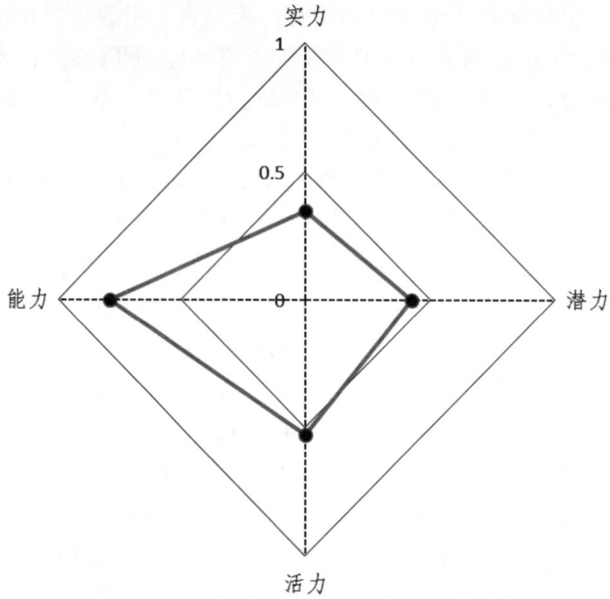

圖 8.29.1　2015 年惠州成長競爭力雷達圖

惠州 2015 年成長競爭力的基本情況如下：實力指數得分 0.35，排名第 61 位，下降 9 位；潛力指數得分為 0.43，排名第 201 位，下降 149 位；活力指數得分為 0.53，排名第 32 位，下降 1 位；能力指數得分為 0.79，排名第 42 位，下降 14 位；成長競爭力得分為 590.25，排名第 29 位，上升 1 位。

2015 年惠州市的城市實力指數得分 0.35，排名第 61 位，下降 9 位。其中，相比於 2014 年有所增加或不變的二級指標有：產業實力指數得分 0.466，排名第 22 位，與上年持平；科技實力指數 0.312，排名第 35 位，上升 4 位。而有所下降的指標有：經濟實力指數得分 0.205，排名第 61 位，下降 4 位；財政金融實力指數得分 0.192，排名第 81 位，下降 3 位；商業貿易實力指數得分 0.228，排名第 51 位，下降 2 位；基礎設施實力指數得分 0.284，排名第 69 位，下降 14 位；社會體制實力指數得分 0.747，排名第 49 位，下降 11 位；人力資本教育實力指數 0.262，排名第 70 位，下降 1 位；文化形象實力指數 0.221，排名第 88 位，下降 9 位。

2015 年惠州潛力指數得分 0.43，排名第 201 位，下降 149 位。其中，居民消費潛力指數得分 0.691，排名 69 位，上升 156 位；金融資本潛力指數得分為 0.321，排名第 53 位，上升 5 位；人力資本潛力指數得分 0.498，排名第 38 位，上升 1 位；市場潛力指數得分 0.303，排名第 58 位，下降 3 位；區位指數得分為 0.298，排名第 65 位，與上年持平；自然資源指數為 0.283，排名第 240 位，下降 13 位；環境質量指數為 0.386，排名第 288 位，下降 61 位；可持續發展指數為 0.695，排名第 58 位，上升 22 位。可持續發展指數相比之下表現較為突出。全市共有自然保護區 25 個，保護區面積 7.73 萬公頃。新建生態景觀林帶 123 公里，森林碳匯工程 11.8 萬畝，新建鎮級以上森林公園 24 個。全市森林覆蓋率 62.34%。新建成農村汙水處理設施 231 座。全市空氣優良率 97.5%。

2015 年惠州活力指數得分 0.53，排名第 32 位，下降 1 位。其中文化力指數得分 0.378，排名第 43 位，上升 4 位；應變力指數得分 0.798，排名第 29 位，上升 7 位；開放力指數得分 0.58，排名第 10 位，上升 2 位。其中表現較為突出的是開放力指數。2015 年全市共接待國內外遊客 4076.8 萬人次，增長 2.7%。接待住宿遊客 2076.84 萬人次，增長 15.8%。全年實現旅遊總收入 330.23 億元，增長 20.9%。

2015 年惠州的城市能力指數得分 0.79，排名第 42 位，下降 14 位。其中經濟增長能力指數得分 0.739，排名第 71 位，下降 29 位；社會保障指數得分 0.505，排名第 60 位，下降 31 位；城市吸引指數得分 0.433，排名第 30 位，上升 1 位。年末全市民用汽車保有量 64.34 萬輛，增長 36.6%，其中私人汽車 59.24 萬輛，增長 41.1‰。民用轎車保有量 41.47 萬輛，

綜上，2015 年，惠州市委、市政府深入貫徹落實中央和省決策部署，主動適應經濟發展新常態，積極有效應對經濟下行壓力加大的各種困難和挑戰，紮實做好各項工作，全市經濟發展穩中有進，各項社會事業邁上新臺階，順利實現“十二五”圓滿收官。

8.30 威海成長競爭力點評分析

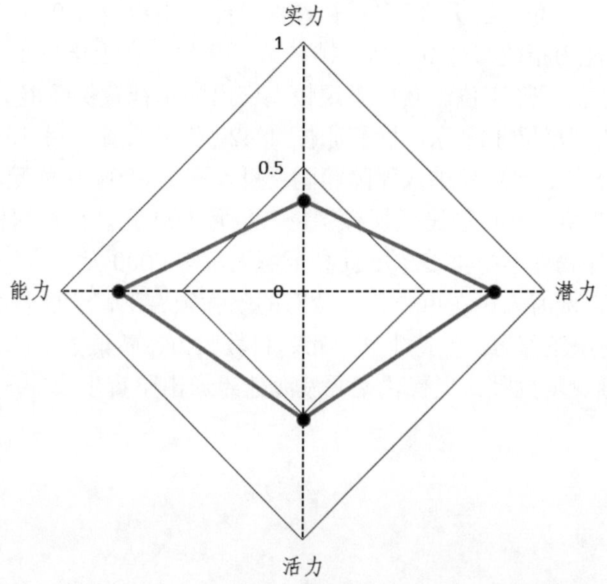

圖 8.30.1　2015 年威海成長競爭力雷達圖

威海 2015 年成長競爭力的基本情況如下：實力指數得分 0.36，排名第 52 位，上升 5 位；潛力指數得分 0.79，排名第 5 位，上升 9 位；活力指數得分 0.52，排名第 36 位，上升 21 位；能力指數得分 0.76，排名第 76 位，上升 40 位；成長競爭力得分 559.22，排名第 30 位，上升 4 位。

2015 年威海實力指數得分 0.36，排名第 52 位，上升 5 位。其中，相比於 2014 年有所增加的三級指標有：基礎設施實力指數得分 0.289，排名第 65 位，上升 2 位；社會體制實力指數得分 0.764，排名第 39 位，上升 21 位；環境資源區位實力指數得分 0.55，排名第 24 位，上升 1 位；科技實力指數 0.287，排名第 45 位，上升 9 位；文化形象實力指數 0.303，排名第 43 位，上升 14 位。有所下降的指標有：經濟實力指數得分 0.189，排名第 73 位，下降 1 位；產業實力指數得分 0.372，排名第 46 位，下降 1 位；財政金融實力指數 0.184，排名第 96 位，下降 8 位；商業貿易實力指數得分 0.2，排名第 71 位，下降 6 位；人力資本教育實力指數 0.246，排名第 78 位，下降 2 位。

2015 年威海潛力指數得分 0.853，排名第 2 位，上升 3 位。其中，居民消費潛力指數得分 0.675，排名 90 位，上升 64 位；金融資本潛力指數得分為 0.305，排名第 104 位，上升 23 位；人力資本潛力指數得分 0.287，排名第 101 位，上升 10 位；市場潛力指數得分 0.284，排名第 66 位，上升 5 位；區位指數得分為 0.363，排名第 49 位，與上年持平；自然資源指數得分 0.649，排名第 13 位，下降 10 位；可持續發展指數得分 0.649，排名第 49 位，下降 4 位。其中表現較為突出的是居民消費潛力指數。全年全體居民人均消費支出 18202 元，增長 10.2%，其中，城鎮居民人均消費性支出 23525 元，增長 9.5%；農村居民人均消費支出

9938 元，增長 10.7%。

2015 年威海活力指數得分 0.52，排名第 36 位，上升 1 位。其中文化力指數得分 0.382，排名第 42 位，上升 5 位；學習力指數得分 0.180，排名第 107 位，上升 1 位；創新力指數得分 0.213，排名第 119 位，上升 91 位；法制力指數得分 0.588，排名第 45 位，上升 6 位；應變力指數得分 0.696，排名第 62 位，下降 7 位；開放力指數得分 0.451，排名第 36 位，下降 3 位；營銷力指數得分 0.488，排名第 33 位，下降 3 位。其中表現較為突出的是創新力指數。全年累計取得重要科技成果 225 項，獲得國家獎勵 1 項，省級獎勵 3 項。全年促成技術合同 1573 項，成交金額 22.65 億元。全年專利申請量 9341 件，增長 49.7%，其中，發明專利申請量 3279 件，占總申請量的 35.1%。全年專利授權量 3792 件，增長 33.9%，

2015 年威海能力指數得分 0.76，排名第 76 位，上升 40 位。其中城市經濟增長能力指數得分 0.73，排名第 81 位，上升 32 名；社會保障能力指數得分 0.577，排名第 22 位，上升 72 位；城市吸引能力指數得分 0.244，排名第 115 位，與上年持平；城市流通能力得分 0.199，排名第 72 位，下降 4 位。其中表現較為突出的是社會保障能力指數。2015 年末全市各類收養性社會福利單位 145 家，擁有床位 28429 張，收養人員 13779 人。共投入資金 7197 萬元，將 34390 名低保對象納入保障範圍；投入資金 5396.9 萬元，保障全市五保老人 10280 人，敬老院 86 所。城市居民低保標準每人每月 500 元，農村居民低保標準提高至每人每年 3500 元，五保物件集中供養標準提高至每人每年 6000 元。

綜上，2015 年，威海人民在市委、市政府的堅強領導下，全面貫徹落實黨中央、國務院和省委、省政府的決策部署，堅持生態立市、科教興市、產業強市，主動適應經濟發展新常態，妥善應對各種風險挑戰，現代化幸福威海建設邁出堅實步伐。

附錄 1　中國城市(城區)綜合競爭力比較評價指標體系說明

中國城市競爭力研究會構建的城市綜合競爭力比較評價指標體系包涵表現性指標與結構性指標，其數據的獲取來源於權威國家統計年鑒、各省市及城市統計年鑒及各城市政府網站所公佈的統計資料、專家評價和普遍的問卷調查。反映了規模（總量)、效率（均量）和增長(動態發展量)，並體現了城市政府、城市企業、城市居民三大主體在整個城市系統中的不同作用。該指標體系涵蓋了經濟、社會、文化、環境四大系統，體現了整個城市系統的經營管理能力、學習能力、創新能力、開放能力、聚集能力、可持續發展能力。它包括一級指標（單項競爭力）10 個，二級指標 50 個，三級指標 216 個。其中一級指標具體情況如下表：

表附錄 1－1

系統	一級指標(單項競爭力)
經濟系統	經濟競爭力
	產業競爭力
	財政金融競爭力
	商業貿易競爭力
	基礎設施競爭力
社會系統	社會體制競爭力
環境系統	環境、資源、區位競爭力
文化系統	人力資本教育競爭力
	科技競爭力
	文化形象競爭力

附錄 1. 1　單項競爭力指標體系說明

(一)、經濟系統

1、城市經濟競爭力比較評價指標體系

二級指標 4 個，三級指標 16 個。

表附錄 1. 1－1

二級指標	三級指標	指標內涵
城市規模指數	城市人口規模	地區人口總數
	城區面積	地區面積數（建成區）
	GDP 規模	地區 GDP 總量
	GDP 增長率[①]	地區 GDP 增長能力

[①]對增長類的指標，由於統計資料可能存在的失真性及中國的實際國情，有可能在某項統計指標的年增長率

城市效率指數	人均 GDP	人均創造財富能力
	地均 GDP	單位城市面積創造財富的規模
	城市經營率	政府財政收入占 GDP 的比重
	城市化率	非農業人口占總人口的比重(%)
	城市帶動率	城區 GDP 占地區 GDP 的比重
城市國際吸引指數	實際利用外資總額	吸引外資能力
	簽訂外資合同數	
	國際旅遊收入	地區年國際旅遊收入
	人均國際旅遊收入	地區年人均國際旅遊收入
城市居民生活指數	人均可支配收入	人均潛在消費能力
	人均消費支出	人均實際消費水平
	恩格爾系數（逆）①	居民消費結構

2、城市產業競爭力比較評價指標體系

二級指標 6 個，三級指標 29 個

表附錄 1.1－2

二級指標	三級指標	指標內涵
產業規模指數	限額以上工業企業數	企業整體活力水平
	就業總人數	產業人力資本總量
	農業財富創造能力	第一產業總產值
	工業財富創造能力	第二產業總產值
	服務業財富創造能力	第三產業總產值
產業貢獻指數	產品的市場認同度	主營業務收入
	企業市場認同感遞增程度	產品銷售收入增長率
	企業利稅貢獻度	利稅總額
	企業增值稅貢獻度	增值稅總額
	企業利稅增值稅占 GDP 比重	企業利稅增值稅對 GDP 的貢獻度
產業效率指數	從業者生產效率	從業者人均 GDP
	企業銷售毛利率②	企業贏利能力
	資產/固定資產比率③	企業資產質量
	銷售額/總資產	
產業結構指數	工業化發展水平	二產產值占 GDP 比重
	第二產業就業水平	第二產業就業人員比重
	第三產業發展水平	三產占 GDP 比重,服務化
	第三產業就業水平	第三產業就業人員比重

上出現絕對值大於 50%以上的非持續性增長或負增長，對此奇異值，我們做了統一處理，都把其絕對值控制為 50%，其中大於 50%以上的非持續性增長都視為 50%，小於 50%以下的非持續性增長都視為－50%，。

①三級指標後面的“逆”表示該項指標的實際數據越高，其對系統具有負作用，但是我們已對其作了調整，調整請見附錄 2，並且本年鑒所列出的該類型的數據都是通過調整後使具有“逆”作用的指標具有和其他指標一樣的表示。

②銷售毛利率過高一般是煙草企業所在城市，因此為了消除奇異值，限最高為 50%。

③根據沃爾評分法，標準比率為 2.5，因此，我們認為當一個城市該項值為 2.5 時為最優，我們令 x 為該指標指數，則 $x=1-|x-2.5|/2.5$，並且如果 x 小於 0,我們就將其取值為 0。

	產業製造能力	綜合製造業總產值及製造業從業人數來獲得該指數值
	製造業人力資本指數	製造業從業人員每萬人擁有量
產業國際化指數	外資企業數	市外資企業數
	外資企業產出規模	外商投資企業總產值
	外資企業貢獻度	外資企業總產值占工業總產值百分比
	外資企業平均產出能力	外資企業總產值/外資企業數
	外資企業相對量	外資企業數占企業數百分比
產業集群指數	工業集中度	市區工業總產值占地區工業總產值比重
	企業固定資產集中度	市區工業企業固定資產占城區工業企業固定資產比重
	地區工業企業相對量	市區工業企業占全市工業企業數的百分比
	企業總資產規模	限額以上工業大中型企業總資產規模

3、城市財政金融競爭力比較評價指標體系

二級指標 5 個，三級指標 18 個。

表附錄 1.1－3

二級指標	三級指標	指標內涵
財政金融規模指數	財政預算內收入	財政實力
	財政預算內支出	財政支出能力
	年末儲蓄總餘額	資金供應總量
	年末貸款總餘額	資本使用規模
	財政收入占 GDP 比重	財政收入/GDP×100%
財政金融效率指數	人均財政預算內收入	人均財政實力
	人均財政預算內支出	人均財政支出能力
	人均年末儲蓄額	年末儲蓄總餘額/地區人口
	人均年末貸款額	年末貸款總餘額/地區人口
	人均財政收入增長率	人均財政收入年增長率
	人均年末存款增長率	人均年末存款年增長率
金融資本質量指數	資本使用率	金融機構貸款總餘額/存款總餘額×100%[①]
	資本充裕指數	金融機構存貸差
金融資本可獲得指數	獲得銀行貸款便利度	獲得銀行資本的難易
	獲得證券市場資本便利度	獲得證券市場資本難易
	獲得民間及風險資本便利度	獲得民間和風險資本難易
金融業人力資本指數	金融業從業人數	金融業從業人數
	金融業從業人員每萬人擁有量	金融從業人員占總人口比重

[①]為了消去奇異值的影響，超過 100%則算為 100%。

4、城市商業貿易競爭力比較評價指標體系

二級指標 5 個，三級指標 18 個

表附錄 1.1－4

二級指標	三級指標	指標內涵
國內商貿規模指數	批發零售貿易業商品銷售總額	城市批發零售貿易業商品銷售總額
	社會消費品零售額	城市社會消費品零售額
	人均批發零售貿易業商品銷售額	地區人均批發零售貿易業商品銷售額
	人均社會消費品零售額	地區人均社會消費品零售額
外貿指數	外貿依存度	進出口總額占 GDP 比重
	進出口總額	對外進出口總額
	進出口總額增長率	進出口總額年增長率
	實際利用外資金額	地區實際利用外資金額
商貿機構指數	限額以上批發零售企業數	地區限額以上批發零售企業數
	限額以上批發零售企業每萬人擁有量	每萬人擁有限額以上批發零售企業數
商貿人力資本指數	批發零售貿易業從業人數	從事批發零售貿易業的從業人員數量
	住宿餐飲業從業人數	從事住宿餐飲業的從業人數
	租賃和商業服務業從業人數	從事租賃和商業服務業的從業人數
	商貿從業人員萬人擁有量	商貿從業人員每萬人擁有量
居民消費指數	人均消費支出	地區年人均消費支出
	人均消費支出增長率	地區人均消費支出年增長率
	居民消費傾向	人均消費支出/人均可支配收入
	社會消費品零售額增長率	地區社會消費品零售額年增長率

5、基礎設施競爭力比較評價指標體系

二級指標 7 個，三級指標 30 個

附錄 1.1－5

二級指標	三級指標	指標內涵
基礎設施投資指數	固定資產投資水平	固定資產投資完成額
	房地產開發水平	房地產開發投資額
基礎設施供應指數	年供水總量	城市年供水總量
	人均生活用水量	城市人均生活用水量
	年用電總量	城市年用電總量
	人均生活用電量	城市人均生活用電量
	煤氣液化氣供應水平	城市煤氣液化氣供應總量
	家庭用煤氣液化氣普及率	使用煤氣液化氣人口/總人口
居民居住指數	市民居住條件	人均住房使用面積
	住宅投資總額	居住投資量
	房價收入比（逆）	購房難易程度

交通設施指數	地區客運總量	交通設施水平
	地區貨運總量	
	人均鋪路面積	
	每萬人擁有公共汽、電車數	
	每萬人擁有出租車數	
	年末實有鋪裝道路面積	
對外交通設施指數	路網設施指數	公路鐵路密集程度,公路鐵路客、貨總運量
	港口設施指數	輸送量、噸位數、萬噸以上泊位,水運客貨總運量
	航空設施指數	國內外航空線路數、機場等級數,空運客、貨總運量
信息化設施指數	郵政網點設施指數	每十萬人擁有郵政網點數
	市民郵政消費	人均郵政業務量
	市民通信消費	人均通信消費
	固定電話使用者普及率	一般信息設施水平[①]
	移動電話普及率	高級信息設施水平[②]
	國際互聯網普及率	
基礎設施行業人力資本指數	交通倉儲郵電通信業從業人數	基礎設施行業從業人數
	電氣水生產供應從業人數	
	建築業從業人數	
	基礎設施行業從業者每萬人擁有量	基礎設施行業從業人員每萬人擁有量

(二)、社會系統

1、城市社會體制競爭力比較評價指標體系

二級指標 4 個，三級指標 20 個

附錄 1.1－6

二級指標	三級指標	指標內涵
社會公平保障指數	失業率(逆)	登記失業人數/勞動力總數
	基尼指數（逆）	社會公平水平
	社會保障和就業支出	財政中社會保障和就業年支出額
	社會保障覆蓋率	市民接受社會保障面
	社會服務業人力資本絕對規模	衛生、社會保險和社會福利業從業人員
	人均社會保障和就業支出	人均社會保障和就業支出

[①]固定電話使用者普及率最高為 100%，超過 100%則算為 100%。

[②]移動電話普及率最高為 100%，超過 100%則算為 100%。

	社會服務業人力資本相對規模	衛生、社會保險和社會福利業從業人員每萬人擁有量
社會治安指數	刑事案件發生率(逆)	每十萬人發生的各種刑事案件數
	刑事案件偵破率	刑事案件偵破數/刑事案件總數
	社會安全民眾滿意度	市民對社會安全的滿意程度
醫療保健指數	平均預期壽命	城市男、女平均預期壽命平均值
	嬰兒死亡率(逆)	城市 1000 名嬰兒死亡數
	每十萬人擁有醫生數	城市每十萬人擁有醫生數
	每十萬人擁有醫院病床數	城市每十萬人擁有病床數
社會管理指數	政府機構規模指數	公共管理和社會組織從業人數/總人口
	地方法規條例健全程度	城市地方法規條例健全程度
	政策法規透明度	市民對法制的瞭解程度
	政府執法能力	城市政府執行法制能力
	政府辦事效率	城市政府辦事環節多少及時滯
	民眾對政府的滿意度	市民對政府的滿意程度

(三)、環境系統

1、城市環境、資源、區位競爭力比較評價指標體系

二級指標 5 個，三級指標 27 個

附錄 1.1－7

二級指標	三級指標	指標內涵
區位指數	自然區位優勢度	距離河湖的遠近
	交通區位優勢度	城市的交通地位
	經濟區位優勢度	城市的經濟地位
	政治區位優勢度	城市的行政級別
	文化區位優勢度	城市的文化影響力
自然資源指數	土地資源絕對豐富度	地區耕地面積
	土地資源相對豐富度	人均耕地面積
	農產品絕對自給度	主要農產品產量
	農產品相對自給度	人均農產品產量
	礦產能源絕對豐富度	主要礦產能源擁有量
	礦產能源相對豐富度	人均主要礦產能源擁有量
環境資源指數	城市綠化絕對量	地區綠地面積
	城市綠化相對量	人均綠地面積
	氣候環境舒適度	氣溫、溫差，城市晴好天數
	自然災害少發率	颱風、地震、洪水、沙爆發頻率及危害程度
	山水環境優美程度	山水風光優美程度
環境質量指數	建成區綠化覆蓋率	城市建成區綠化覆蓋率
	生活污水處理率	城市生活污水處理率
	生活垃圾處理率	城市生活垃圾無害化處理率
	空氣質量指數	地區空氣評價等級
	工業廢水處理率	工業廢水排放達標率

	工業二氧化硫去除率	工業二氧化硫去除量/總排出量
	工業煙塵去除率	工業煙塵去除量/總排出量
	工業固體廢物綜合利用率	工業固體廢物綜合利用率
環境改善投入指數	三廢綜合利用產品產值	三廢治理水平
	環保從業人數	城市從事水利環境和公共設施管理業的人數
	環保從業者每萬人擁有量	環保人數占總人口的比重

(四)、文化系統

1、城市人力資本教育競爭力比較評價指標體系

二級指標 5 個，三級指標 22 個

附錄 1.1—8

二級指標	三級指標	指標內涵
人力資本規模指數	人力資本規模	勞動力總數
	高素質人力資本儲備量	高等學校在校學生總數
	其他人力資本儲備量	其他學校在校學生總數
	教育支出絕對規模	教育經費支出
	教育支出相對規模	教育支出占 GDP 比重
	城市就業率	1-失業率
人力資本投入指數	人力資本基本投入	在崗職工平均工資
	人力資本教育投入	人均教育經費支出
人力資本素質指數	高素質人力資本相對儲備量	每萬人高校學生數
	成人識字率	從業人員文化素質
	大專以上人口比重	
	創業人員指數	創業者占人口比重
	專業技術人員數	各類專業技術人員數
	專業技術人員比重	每萬人各類專業技術人員數
人力資本吸引指數	移民化程度指數	流動人口占總人口比重
	吸引人才指數	城市吸引人才的政策優惠
	高校畢業生求職選擇	高校畢業生求職意願
人力資本教育設施指數	高校數	高等教育設施水平
	高校老師數	高等教育師資力量
	中小學師生比	基礎教育師資力量
	每萬人中小學校數	初等教育設施水平
	中小學校密度	每平方公里中小學校數

2、城市科技競爭力比較評價指標體系

二級指標 5 個，三級指標 18 個

附錄 1.1—9

二級指標	三級指標	指標內涵
科技投入指數	科技經費絕對投入量	財政支出中科技經費支出
	人均科技經費擁有量	人均科技經費
	科技經費相對投入量	科技經費占 GDP 的比重

科技人力資本指數	專業技術人員擁有量	專業技術人員數
	科技服務人員擁有量	科技服務人員數
	專業技術人員相對擁有量	專業技術人員每萬人擁有量
	科技服務人員相對擁有量	科技服務人員每萬人擁有量
	計算機人才擁有量	計算機從業人員每萬人擁有量
	計算機人才相對擁有量	計算機人才每萬人擁有量
	科研人員吸引指數	吸引科研人員的政策及環境
科研機構指數	大學科研院所指數	科研機構擁有量及級別
	大學科研院所相對擁有量	每百萬人擁有大學、科研院所指數
	科研環境指數	城市研究環境與配套設施
科技創新指數	專利總數	年獲取專利總數
	論文發表數	年國內論文發表數
	科技成果數	年省級以上認定科技成果數
科研成果轉化指數	科技成果轉換率	科技成果轉化數量與總量比
	科技進步對 GDP 貢獻率	科技進步作用程度

3、城市文化形象競爭力比較評價指標體系

二級指標 4 個，三級指標 18 個

附錄 1.1－10

二級指標	三級指標	指標內涵
文化設施指數	劇院數	市民享有文化設施水平
	公共圖書數	
	每百萬人影劇院數	
	每百人公共圖書數	
文化意識指數	誠信意識指數	市民誠實守信程度
	競爭意識指數	市民參與競爭的意識
	重商意識指數	市民經商意識
	創新意識指數	市民創新意識
	寬容意識指數	市民寬容意識
文化資源指數	城市歷史文化指數	城市歷史悠久度及影響力
	藝術家和文化組織指數	各種文化組織活躍程度、從事藝術創作的人數
	名勝古跡指數	名勝古跡數量及級別
	文化行業人力資本指數	每萬人擁有教育文藝廣播影視業從業人數
城市營銷能力指數	城市文化影響指數	城市文化對市民行為的影響度
	城市功能定位指數	城市定位是否明確、恰當
	城市建築景觀和諧程度	標誌性建築、商業街、廣場，建築格調
	城市知名度	城市國際國內知名度
	城市推廣度	城市營銷程度

附錄 1.2　中國城市綜合競爭力評價的數據獲取及評價賦值方式

(一)、指標數據的采集途徑及方式

根據指標數據形成方式的不同, 中國城市競爭力研究會把城市競爭力指標分成客觀指標、主觀指標、主客觀結合指標。其中客觀指標的數據都是來自 2001 至 2015 年《中國城市統計年鑒》、《中國城市年鑒》、《中國統計年鑒》及港、澳、台相關統計年鑒（對於其與大陸統計口徑的差異，我們以大陸統計口徑為標準作了適當的調整與估算），除此之外，還參考了其他的專業年鑒和各個城市的統計年鑒或年鑒及各城市政府網站所公佈的資料, 如統計公報等等。

由於城市某些方面的可比數據不夠精確或存在一定的偏差, 因此對於這些數據還應該在已有數據的基礎上進行專家評價，基於這類數據所形成的指標，我們稱之為主客觀結合指標。

主觀指標的原始數據來自問卷調查，通過設計一組可操作的問捲進行問卷調查，取得原始數據，然後在此基礎之上運用模糊綜合判斷法來獲取數據，因而軟性指標的指標具有一定的主觀意向，並不一定完全反映了該城市在該項指標上的真實水平，但我們最大程度地做到客觀。

(二)、指標數據的加工處理

由於城市競爭力各項指數數據的量綱不同，因此，要對這些指標進行綜合統一分析，就必須對這些數據進行無量綱化處理。

我們在分析各種資料之前，都對所有的客觀數據、主客觀數據及主觀數據進行以下兩個步驟的加工處理：

1)　指數化處理

對於所有原始指標的數據，包括正向指標（未標記的指標，該指標數據越大越好）和逆向指標（標記為（逆）的指標，該指標數據越小越好），我們首先運用指數化處理的方式進行第一階段的處理。

對於正向指標，其指數化處理的計算公式如下：

$$X_i = \frac{x_i - \min(x_i)}{\max(x_i) - \min(x_i)}$$

對於逆向指標，為了使其指數有和正向指標指數有一樣的表示（即越大越好），其指數化處理的計算公式如下：

$$X_i = \frac{\max(x_i) - x_i}{\max(x_i) - \min(x_i)}$$

其中 X_i 是指標 i 的指數，x_i 為指標 i 的原始值，$\max(x_i)$ 、$\min(x_i)$ 分別為指標 i 中所有樣本城市中原始數據的最大值和最小值。

另外，為了避免讀者會將綜合競爭力計算中數值為零的三級指標其原始數據誤認為零（有時候也可能存在原始數據為零的這種情形）, 我們將上述指數化的 X_i 的數值轉化為[0. 1, 1]之間的均勻分佈，具體方法如下：

$$Y_i = 0.9X_i + 0.1$$

2) 標準化處理

經過上述處理後，對指數化後的指標數據再進行標準化處理，標準化的計算公式如下：

$$X_i = \frac{x_i - \bar{x}}{\sigma(x)}$$

其中 X_i 是標準化後的數據，x_i 為指數化後的數據，$\bar{x}$ 為該項指標指數化後的平均值，$\sigma(x)$ 為該項指標指數化後的標準差。每一項指數經過標準化處理後其均值為 0，方差為 1。

(三)、中國城市競爭力評價賦值方式及程序

對中國城市競爭力的評價我們主要采用的是現階段學術界對城市競爭力評價比較通行的數學處理方式，即主成分分析方法來進行數據的處理並求得最終的評價結果。我們對分項競爭力的計算是基於二級指標的，即先對三級指標進行指數化及標準化處理後，並在此基礎上通過加權得到二級指標的數值，然後再進行指數化處理得到二級指標的相對值，二級指標體現了我們評價分項競爭力所選的視角。另外，對綜合競爭力我們則是基於十大分項競爭力來進行主成分分析的，它體現了城市競爭力是一個多層次的系統概念。

1）主成分分析方法的基本原理

統計學中的主成分分析法原來是用來處理多維隨機變量在線性變換下其分量相關問題的，其方式是通過求協方差矩陣或相關係數矩陣的特徵值與特徵根運算，按所要求的貢獻率求出集中原來隨機變量主要信息的、相互無關的主成分。在評價城市競爭力的時，由於我們所選取的統計指標之間或多或少存在一定的相關性，而主成分分析法可以剔除這種相關性，並且在不損失已有信息量的情況下對城市競爭力進行測度。主成分方法的主要原理如下：

設 $X = (X_1, \cdots, X_k)$ 為 k 維隨機變量，A 為 X 的協方差矩陣，即

$$A = E[(X - E(X))(X - E(X)^T]$$

顯然，X 的協方差矩陣是非負定的，由對稱矩陣的性質我們可以得出，一定存在正交矩陣 $B(B滿足B^T = B^{-1})$ 使得

$$BAB^T = \Lambda = \begin{pmatrix} \lambda_1 & \dots & 0 & 0 \\ 0 & \lambda_2 & 0 & \vdots \\ \vdots & 0 & \ddots & 0 \\ 0 & \dots & 0 & \lambda_k \end{pmatrix}$$

其中，$\lambda_1 \geq \lambda_2 \geq \lambda_3 \geq \cdots \geq \lambda_k \geq 0$，令 $B^T = (B_1, B_2, \cdots, B_k)$, $C = (B_1, B_2, \cdots, B_k)^T X$, 則 $C_1, C_2, \cdots, C_k$ 是互不相關的，而且 C_i 的方差就是 λ_i。我們把 C_i 稱為 X 的第 i 個主成分，$\lambda_i / \sum_{j=1}^{k} \lambda_j$ 稱為主成分 C_i 的貢獻率，$\sum_{i=1}^{n} \lambda_i / \sum_{i=1}^{k} \lambda_i$ 稱為 $C_1, C_2, \cdots, C_j$ 的累計貢獻率($n \leq k$)，而 $\rho(C_j, C_k)$（相關系數）則稱之為因數負荷量。

由於 C 的各分量之間相互無關，主成分是一定條件之下解釋隨機變量 X 差異能力最有效

的線性組合。由於協方差矩陣或相關系數矩陣的特徵值之間相差較大，因而根據指定的貢獻率而確定的主成分的數量小於原來分量的數量，因此主成分分析法在壓縮隨機變量的數量（並且不損失原有信息條件下）方面的作用是顯著的。同時主成分分析法對於剔除觀測數據中的重複相關信息有著非常的作用。並且由於各分量之間相互無關可以由子系統數學模型合併調整得到整個大的系統的數學模型。因此，國內許多城市競爭力研究的學者都采用這一方法來測量和分析城市競爭力問題。

2）中國城市分項競爭力及城市綜合競爭力量化程序

第一步對原始數據進行指數化和標準化，也就是“歸一化”處理。這是為了解決主成分分析法不具備“尺度不變性”而采取的步驟。我們已有敘述，見“(二)、指標數據的加工處理”。

第二步運用 SPSS 軟件（或者 SAS、Eviews、stata 軟件）編制的主成分分析法程序，對上述處理之後的數據進行主成分分析。

第三步對 SPSS 軟件（或者 SAS、Eviews、stata 軟件）所得的主成分分析的結果，我們可以得到城市綜合競爭力及城市分項競爭力各構成要素的相關矩陣，通過相關矩陣得到特徵值、累計特徵值及主成分的載荷。然後根據最初的幾個特徵值在全部特徵值的累計百分率大於或等於某一百分率的原則（我們對城市總競爭力定為 100%，對城市分項競爭力定為 100%），決定選取主成分的具體數值。假定前 n 個主成分分別為($n \le k$)：

$$C_{i1} = d_{11}X_{i1} + d_{12}X_{i2} + \cdots + d_{1k}X_{ik}$$
$$C_{i2} = d_{21}X_{i1} + d_{22}X_{i2} + \cdots + d_{2k}X_{ik}$$
$$\cdots\cdots\cdots\cdots\cdots\cdots\cdots\cdots\cdots\cdots$$
$$C_{in} = d_{n1}X_{i1} + d_{n2}X_{i2} + \cdots + d_{nk}X_{ik}$$

或者可以寫成矩陣形式：$C = DX$

將某個城市的原始數據經過指數化、標準化處理後的各指標數據代入，可以得到 $C_1, C_2, ..., C_n$ 的數值，然後再根據這 n($n \le k$)個主成分對應的特徵值進行加權累加便可以構造一個城市的綜合競爭力或分項競爭力指數，其數學運算式如下：

$$V_i = (\lambda_{i1}C_{i1} + \lambda_{i2}C_{i2} + \cdots + \lambda_{in}C_{in}) \times 100$$

其中 V_i 為綜合競爭力或分項競爭力指數；$\lambda_{i1}, \lambda_{i2}, \cdots, \lambda_{in}$ 為前 n 個特徵值。用主成分分析法構建的競爭力指數有一部分為負值，這些負值說明該城市在被選所有城市中的相對地位，即處於平均水平之下，而不代表其競爭力的為真正的負值。

附錄 2 中國城市(城區)成長競爭力比較評價指標體系說明①

為了衡量一個城市動態發展的能力，中國城市競爭力研究會提出了成長競爭力的概念，我們認為城市的發展與增長是一個動態的、多維的系統，它是城市綜合實力、發展潛力、制度活力與實現能力“四位一體”的四維系統。為此，中國城市競爭力研究會構建了中國城市（城區）成長競爭力比較評價指標體系，該評價體系包含一級指標 4 個，二級指標[②]29 個。

一、實力指數[③]

實力指數與綜合競爭力一致，是綜合競爭力的指數化。詳見附錄 1。

表附錄 2－1

二級指標	指標內涵或計量基礎（三級指標）
城市經濟實力指數	經濟競爭力
城市產業實力指數	產業競爭力
城市財政金融實力指數	財政金融競爭力
城市商業貿易實力指數	商業貿易競爭力
城市基礎設施實力指數	基礎設施競爭力
城市社會體制實力指數	社會體制競爭力
城市環境資源區位實力指數	環境資源區位競爭力
城市人力教育實力指數	人力資本教育競爭力
城市科技實力指數	科技競爭力
城市文化形象實力指數	文化形象競爭力

二、潛力指數

共 8 個二級指標。

表附錄 2－2

二級指標	指標內涵或計量基礎（三級指標）
居民消費潛力指數	人均可支配收入
	人均可支配收入年增長率
	人均消費支出
	人均消費支出增長率
	居民消費傾向
金融資本潛力指數	年末儲蓄總餘額
	獲得銀行貸款的便利程度
	獲得證券市場資本的便利程度
	獲得民間資本的便利程度

---

①中國城市（城區）成長競爭力評價指標體系的數據獲取及評價賦值方式見附錄 1。另外，我們對城市成長競爭力的計算各城市整體實力競爭力的計算一致，即“四力”指數中除“實力”指數外（實力指數則是綜合競爭力的指數化），也是在二級指標的基礎上用加權計算的方法先計算其值，然後再指數化便得其相應的指數值。成長競爭力則是在“四力”指數值的基礎上用主成分的分析方法計算而得。具體方法請參見附錄 1。

②二級指標也包含了許多統計指標，我們稱之為三級指標，除實力指數是由前面的分析得出外，二級指標的計算是由三級指標加權計算而來的。具體計算請見附錄 1。

③實力指數就是前面所述整體實力競爭力指數化後的指數，具體請見附錄 1。

	獲得國家財政支持的程度
	外資金融機構指數
人力資本潛力指數	人力資本投入指數
	人力資本吸引水平指數
	勞動力的自然增長率
市場潛力指數	市場認同度
	市場認同度遞增程度
	經濟輻射區域指數
區位指數	同資源環境區位競爭力中城地區位水平指數
自然資源指數	同資源環境區位競爭力中自然資源指數
環境質量指數	同資源環境區位競爭力中環境質量指數
可持續發展指數	資源和能源的耗速率(逆)
	城市發展的可持續發展戰略
	生態環境的退化速率(逆)
	城市可持續發展的能源供給
	工業化發展水平
	產業製造能力
	GDP 產值每億元耗電量（逆）
	工業產值每億元耗電量（逆）

三、活力指數

共 7 個二級指標。

二級指標	指標內涵或計量基礎（三級指標）
文化力指數	同文化形象競爭力文化意識指數
學習力指數	城市市民的學習意識
	城市市民的學習能力
	城市學習氛圍
創新力指數	制度創新力
	科研創新指數
法制力指數	地方法規條例健全程度
	政策法規透明度
	政府執法能力
應變力指數	城市根據外部環境的變化及時調整自身發展戰略的能力
	應對緊急事態的能力
開放力指數	外貿指數
	產業國際化指數
	對內對外開放政策（引進外資政策、戶口制度等）
	國際吸引指數
營銷力指數	同文化形象競爭力中的城市營銷指數

四、能力指數

共 4 個二級指標。

二級指標	指標內涵或計量基礎（三級指標）
經濟增長能力	GDP 增長能力
	財政收入增長能力
	人均 GDP 增長能力
	人均財政收入增長能力
	城市居民消費增長能力
	競爭力提升能力
社會保障能力	社會公平保障水平
	社會治安水平
	醫療保健水平
城市吸引能力	城市國際吸引指數
	流動人口指數
	人口密度
城市流通能力	人流
	物流
	資金流
	信息流

參考文獻

1. 《港澳經濟年鑒》編委會，2004-2015：《港澳經濟年鑒》，港澳經濟年鑒社。
2. 2015 年 31 省市自治區統計年鑒。
3. 亞瑟・奧沙利文(美)，2002：《城市經濟學:第 4 版》，中信出版社。
4. 愛德溫・S・米爾斯(美)主編，2003：《城市經濟學:第 2 卷》，經濟科學出版社。
5. 成德寧，2004：《城市化與經濟發展:理論、模式與政策》，科學出版社。
6. 馮雲廷主編，2005：《城市經濟學》，東北財經大學出版社。
7. 付曉東，2004：《經營城市與城市發展》，新華出版社。
8. 付曉東，2005：《中國城市化與可持續發展》，新華出版社。
9. 傅崇蘭,周明俊主編,2003:《中國特色城市發展理論與實踐》,中國社會科學出版社。
10. 顧朝林等，1999：《經濟全球化與中國城市發展》，商務印書館。
11. 國家統計局城市社會經濟調查總隊編，2000-2015：《中國城市統計年鑒》，中國統計出版社。
12. 郝壽義，倪鵬飛，1998：《中國城市競爭力研究》，《經濟科學》第 3 期。
13. 紀良綱，陳曉永等，2005：《城市化與產業集聚互動發展研究》，冶金工業出版社。
14. 李樹琮，2002：《中國城市化與小城鎮發展》，中國財政經濟出版社。
15. 連玉明主編，2004：《中國城市報告》，中國時代經濟出版社。
16. 劉如海，2000：《上海城市經濟競爭力的比較研究》，《現代城市研究》第 5 期。
17. 盧紋岱，2000：《SPSS for Windows 統計分析》，電子工業出版社。
18. 陸新根，徐斌，2003:《中國城市競爭力研究——寧波等國內若干大城市的競爭力比較研究》，《浙江萬里學院學報》第 2 期。
19. 呂玉印，2000：《城市發展的經濟學分析》，生活.讀書.新知，三聯書店上海分店。
20. 馬傳棟，郭東海，李廣傑等，2002:《可持續城市經濟發展論》，中國環境科學出版社。
21. 桂強芳總編，2009：《中國城市競爭力年鑒 2009》，中國城市競爭力年鑒出版社。
22. 桂強芳總編，2010：《中國城市競爭力年鑒 2010》，中國城市競爭力年鑒出版社。
23. 桂強芳總編，2011：《中國城市競爭力年鑒 2011》，深圳海天出版社。
24. 桂強芳總編，2012：《中國城市競爭力年鑒 2012》中文版，中國城市競爭力年鑒出版社。
25. 桂強芳總編，2012：《中國城市競爭力年鑒 2012》英文版，天窗出版社。
26. 桂強芳總編，2013：《中國城市競爭力年鑒 2013》，中國城市競爭力年鑒出版社。
27. 桂強芳總編，2014：《中國城市競爭力年鑒 2014》，中國城市競爭力年鑒出版社。
28. 桂強芳總編，2015：《中國城市競爭力年鑒 2015》，中國城市競爭力年鑒出版社。
29. 倪鵬飛主編，2011：《中國城市競爭力報告 NO.9》,社會科學文獻出版社。
30. 倪鵬飛主編，2012：《中國城市競爭力報告 NO.10》,社會科學文獻出版社。
31. 倪鵬飛主編，2013：《中國城市競爭力報告 NO.11》,社會科學文獻出版社。
32. 倪鵬飛主編，2014：《中國城市競爭力報告 NO.12》,社會科學文獻出版社。
33. 倪鵬飛主編，2015：《中國城市競爭力報告 NO.13》,社會科學文獻出版社。
34. 寧越敏,唐禮智，2001:《城市競爭力的概念和指標體系》，《現代城市研究》第 3 期。
35. 邱東，1991：《多指標綜合評價方法的系統分析》,中國統計出版社。
36. 饒會林，1999：《城市經濟學》，東北財經大學出版社。

37. 藤田昌久(日),雅克-弗朗科斯・蒂斯(比)著，2004：《集聚經濟學:城市產業區位與區域增長》，西南財經大學出版社。
38. 塗文濤,方行明主編，2005：《城市經營學》，西南財經大學出版社。
39. 汪冬梅，2005：《中國城市化問題研究》，中國經濟出版社。
40. 王秉安等，1999：《區域競爭力理論與實證》，航空工業出版社。
41. 王放，2000：《中國城市化與可持續發展》，科學出版社。
42. 王福新，1999：《城市內部經濟競爭力分析》，《中國管理科學》第 8 期。
43. 王青雲，2003：《資源型城市經濟轉型研究》，中國經濟出版社。
44. 王雅莉，2004：《城市化經濟運行分析:一個城市化經濟的均衡模型及其應用》，上海三聯出版社。
45. 香港、澳門、臺北市政府網站及中國內地各城市政府網站公佈的相關資料和統計公報。
46. 向德平主編，2005：《城市社會學》，高等教育出版社。
47. 嚴正主編，2004：《21 世紀中國發展問題報告》，中國發展出版社。
48. 楊重光,梁本凡主編，2002：《中國城市經濟創新透視》，中國社會科學出版社。
49. 于濤方，2004：《城市競爭與競爭力》，東南大學出版社。
50. 趙彥雲，1997：《中國國際競爭力評價》，《經濟研究資料》第 2 期。
51. 趙勇，2004：《城鄉良性互動戰略》，商務印書館。
52. 中國城市發展研究會，2000-2015：《中國城市年鑒》，中國城市年鑒社。
53. 中華人民共和國國家統計局，2015：《中國統計年鑒》，中國統計出版社。
54. 中華人民共和國國家統計局編，2000-2014：《中國統計年鑒》，中國統計出版社。
55. 仲大軍，2003：《中國城市競爭力主要表現在哪裡？》,《開放導報》第 3 期。
56. 朱臘雲，2002：《入世後如何提高中國城市競爭力》,《武漢冶金管理幹部學院學報》第 1 期。
57. Douglas Webster and Larissa Muller, 2000: Urban Competitiveness Assessment in Developing Country Urban Regions: The Road Forward. Paper prepared for Urban Group, INFUD The World Bank.
58. Eamonn D'Arcy and Geoffrey Keogh, 1999: The Property Market and Urban Competitiveness:A Review. *Urban Studies*,Vol.36,No.5-6,917-928.
59. Eamonn D'Arcy and Geoffrey Keogh,1998:Territorial Competition and Property Market Process:An Exploratory Analysis. *Urban Studies*,Vol.35,No.81215-1230.
60. Edward *J.Malecki,2002*:Hard and Soft Networks for Urban Competitiveness. *Urban Studies*,Vol.39,No.5-6,929-945.
61. James Simmie and Peter Wood,2002:Innovation and Competitiv*e Cities in the Global Ec*onomy:Introduction to the Special Issue, *European Planning Studies*,Vol.10,No.2.
62. Leo van den Berg and Erik Braum,1999: Urban Competitiveness, Marketing and the Need for Organizing Capacity. Urban Studies,Vol.36,No.5-6,987-999.
63. Leo van den Berg and Erik Braum,1999: Urban Competitiveness,Marketing and the Need for Organising Capacity. *Urban Studies*,Vol.36,No.5-6,987-999.
64. MarkkuSotarauta and ReijaLinnamaa,1998:Urban Competitiveness and Management of Urban Policy Networks:Some Reflections from Tampere and Oulu.Paper Presented in Conference Cities at the Millenium,17.12-19.12.London.England.
65. Martin Boddy,1999:Geographical Economics and Urban Competitiveness: A Critique, *Urban Studies, Vol. 36,* No.5- 6, 811- 842.